Kulturgeschichte

WILL UND ARIEL DURANT

KULTURGESCHICHTE DER MENSCHHEIT

BAND 18

ULLSTEIN

WILL UND ARIEL DURANT

DIE NAPOLEONISCHE ÄRA

ULLSTEIN

Kulturgeschichte
Ullstein Buch Nr. 36118
im Verlag Ullstein GmbH, Frankfurt/M – Berlin – Wien
Titel der amerikanischen Originalausgabe
»The Story of Civilization«
XI. The Age of Napoleon III- V (Kap. 15–40)
Simon and Schuster, New York
Übersetzt von H. Roland Floerke
und Dagmar Türk
Redaktion: Hans Dollinger

Ungekürzte Ausgabe

Umschlagentwurf: Hansbernd Lindemann
Umschlagfoto: Jacques-Louis David: Der Ballhaus-Schwur
zu Versailles am 20. Juni 1789 (Paris, Louvre)

Lizenzausgabe mit freundlicher Genehmigung
des Südwest Verlags, München

ISBN 3 548 36118 8

September 1982

CIP-Kurztitelaufnahme der Deutschen Bibliothek

Durant, Will:
Kulturgeschichte der Menschheit / Will u. Ariel
Durant – Ungekürzte Ausg. – Frankfurt/M; Berlin,
Wien: Ullstein
(Ullstein-Buch; …)
Einheitssacht.: The story of civilization ⟨dt.⟩

NE: Durant, Ariel:

Bd. 18. Die napoleonische Ära / [übers. von H. Roland
Floerke u. Dagmar Türk]. – 1982.
(Ullstein-Buch; Nr. 36118: Kulturgeschichte)
ISBN 3-548-36118-8

NE: GT

Vorwort

Wie Will und Ariel Durant im Vorwort zur Originalausgabe des elften Bandes ihrer «Story of Civilisation» selbst bemerken, haben die Freunde und Leser ihres Gesamtwerks das Erscheinen dieser erstmals in deutscher Sprache gedruckten beiden Bände 17 und 18 über die Französische Revolution und die Napoleonische Ära nur dem Umstand zu verdanken, daß «der Schnitter uns ein paar Mal übersehen hat», die hoch in den Achtzigern und Neunzigern stehenden Autoren (Will Durant wurde 1885 geboren) sich ihrer «schalen und ungewohnten Muße überdrüssig» fühlten und daranmachten – «um unsere Tage sinnvoll auszufüllen» – auch die Zeit Napoleons in fünfjähriger Arbeit nach der bewährten Methode der integrierten Geschichtsbetrachtung aufzuarbeiten. So verlängerten die beiden Autoren das bisher bis zum Jahr 1789 reichende Riesenpanorama ihrer «Kulturgeschichte der Menschheit» um weitere siebenundzwanzig Jahre bis zum Jahr der nachnapoleonischen Ordnung Europas nach den Ergebnissen des Wiener Kongresses (1815). Politik und Kriege, Wirtschaft, Sitten, Gebräuche, Religion, Wissenschaft und Medizin sowie natürlich auch Philosophie, Literatur, Theater, Musik und bildende Kunst sind «alle als Elemente eines beweglichen Bildes, als aufeinander einwirkende Teile eines großen Ganzen» anzusehen. Hinzu kommt noch, daß Will und Ariel Durant bereits seit der Jugendzeit ein «heimliches Interesse» an dem Phänomen Napoleon mit allen seinen negativen und positiven Aspekten hatten und über sechzig Jahre hinweg ständig Material über ihn gesammelt haben, was dieser wohl umfassendsten, spannend wie ein Roman vorgetragenen Darstellung über die Zeit Napoleons, die je geschrieben wurde, sehr zugute kam. Bescheiden und abgeklärt sehen die beiden Autoren ihre letzte Arbeit als «im ganzen zu lang, im Detail zu kurz und unzulänglich» an. Sie wünschen ihren Lesern, daß diese «darin die eine oder andere Erklärung oder Unterstützung ihrer Vorstellungskraft» finden mögen. Die Leser sollen nun, nachdem mit diesem 18. Band das Gesamtwerk der Durants abgeschlossen scheint (obwohl sie z. Z. am «Zeitalter Darwins» arbeiten), selbst entscheiden, wieviel mehr als nur «Unterstützung ihrer Vorstellungskraft» dieses einmalige Standardwerk zu vermitteln vermag.

Folgen wir auch in diesem Band noch einmal mit großem Gewinn den unbestechlichen Führern Will und Ariel Durant durch die umwälzenden Ereignisse in Europa von 1789–1815, sind wir Zeuge, wie der englische Premierminister William Pitt die Verhaftung des Schriftstellers Thomas Paine anordnete, wie Admiral Nelson Lady Hamilton zu seiner Geliebten machte, wie sich Wordsworth für die Französische Revolution und Byron für die griechische begeisterten, wie Shelley vor Bischöfen und Universitätslehrern in Oxford über Atheismus las, wie Napoleon mit Königen kämpfte und einen Papst zum Gefangenen machte, wie er Physiker und Philosophen mit bohrenden Fragen quälte, wie er Beethovens Widmung der *Eroica* für ein ganzes Kaiserreich verlor, wie er einen fünfzehnjährigen Krieg mit der zwar verwundbaren, aber unbezähmbaren Madame de Staël führte, wie er die geographischen und politischen Grenzen der Staaten und Länder in Europa neu absteckte und schließlich nach entscheidenden militärischen und psychologischen Niederlagen in der Verbannung nicht aufgibt und sein endgültiges Waterloo sucht, wie das Heilige Römische Reich stirbt und Napoleon ungewollt zum Initiator der Wiedergeburt Preußens wird, wie die deutsche Literatur und Philosophie vom romantischen Überschwang der Brüder Schlegel über Fichte und Schelling zum Skeptizismus eines Hegel findet, wie die Schweiz, Schweden, Dänemark, Polen und die Türkei mit der Napoleonischen Ära fertig werden, wie schließlich das Rußland Zar Alexanders I. zum schicksalhaften Prüfstein des Korsen wird, wie dieser Napoleon sich selbst im Todeskampf noch «a la tête de l'armée» (an die Spitze der Armee) kommandiert und wenige Wochen vor seinem Krebstod diese Vision in seine Memoiren aufnimmt: «In fünfhundert Jahren wird die Phantasie der Franzosen erfüllt sein von mir. Sie werden nur noch vom Ruhm unserer glänzenden Feldzüge sprechen. Gott helfe dann jedem, der es wagt, schlecht von mir zu sprechen!»

Der Herausgeber der deutschen Ausgabe dankt an dieser Stelle dem Verlag und allen Mitarbeitern dort für die unkonventionelle und vertrauensvolle Zusammenarbeit – den beiden Autoren Will und Ariel Durant dankt der Herausgeber für die Begegnung mit einem der ungewöhnlichsten, in seiner Konzeption, seiner Sprache und seiner zutiefst humanitären Grundhaltung beispiellosen und unvergleichlichen Werke der Geschichtsschreibung.

München, im Frühjahr 1979 *Hans Dollinger*

Inhaltsverzeichnis

ERSTES BUCH: BRITANNIEN [1789–1812]

ERSTES KAPITEL: ENGLAND AN DER ARBEIT
17

I. Eine andere Revolution *17*
II. Auf dem Tiefpunkt *22*
III. Eine «trostlose Wissenschaft» *25*
IV. Robert Owen: 1771–1858 *26*

ZWEITES KAPITEL: DAS LEBEN IN ENGLAND
32

I. Die Klassen *32*
II. Die Regierung *34*
III. Religion *40*
IV. Erziehung *42*
V. Moral *45*
VI. Sitten *51*
VII. Das englische Theater *54*
VIII. In summa *58*

DRITTES KAPITEL: DIE KÜNSTE IN ENGLAND
60

I. Die Künstler *60*
II. Architektur *61*
III. Von der Karikatur bis Constable *63*
IV. Turner: 1775–1851 *67*

VIERTES KAPITEL: DIE NATURWISSENSCHAFTEN IN ENGLAND
72

I. Straßen des Fortschritts *72*
II. Physik: Rumford und Young *74*
III. Chemie: Dalton und Davy *75*
IV. Biologie: Erasmus Darwin *78*
V. Medizin: Jenner *79*

Fünftes Kapitel: Die Philosophie in England
82

I. Tom Paine über das Christentum *82*
II. Godwin über Gerechtigkeit *85*
III. Malthus über Bevölkerung *89*
IV. Bentham über das Gesetz *93*

Sechstes Kapitel: Literatur im Übergang
98

I. Die Presse *98*
II. Bücher *99*
III. Jane Austen: 1775–1817 *100*
IV. William Blake: 1757–1827 *104*

Siebentes Kapitel: Die Seendichter [1770–1850]
109

I. Umwelt *109*
II. Wordsworth: 1770–1797 *110*
III. Coleridge: 1772–1794 *115*
IV. Southey: 1774–1803 *117*
V. Coleridge: 1794–1797 *118*
VI. Ein Dreiklang: 1797–1798 *120*
VII. Lyrische Balladen: 1798 *122*
VIII. Die fahrenden Scholaren: 1798–1799 *127*
IX. Idyll in Grasmere: 1800–1803 *129*
X. Liebe, Arbeit und Opium: 1800–1810 *132*
XI. Coleridge der Philosoph: 1808–1817 *136*
XII. Wordsworth auf dem Gipfel: 1804–1814 *139*
XIII. Der Weise von Highgate: 1816–1834 *145*
XIV. Am Rande *146*
XV. Southey: 1803–1843 *148*
XVI. Epilog für Wordsworth: 1815–1850 *150*

ACHTES KAPITEL: DIE REBELLENDICHTER [1788–1824] *153*

I. Das befleckte Wappenschild: 1066–1809 *153*
II. Die Kavalierstour: Byron 1809–1811 *156*
III. Der Löwe von London: Byron 1811–1814 *159*
IV. Ehe auf Bewährung: Byron 1815–1816 *164*
V. Shelleys Jugend: 1792–1811 *168*
VI. Erste Flucht: Shelley 1811–1812 *171*
VII. Zweite Flucht: Shelley 1812–1816 *175*
VIII. Ferien in der Schweiz: Byron und Shelley 1816 *179*
IX. Verfall in Venedig: Byron 1816–1818 *182*
X. Shelley Pater Familias: 1816–1818 *185*
XI. Shelley im Zenith: 1819–1821 *186*
XII. Liebe und Revolution: Byron 1818–1821 *192*
XIII. Gegensätze *196*
XIV. Pisanische Melodie: 1821–1822 *201*
XV. Opfer: Shelley 1822 *202*
XVI. Verklärung: Byron 1822–1824 *205*
XVII. Die Überlebenden *209*

NEUNTES KAPITEL: ENGLANDS NACHBARN [1789–1815] *211*

I. Die Schotten *211*
II. Die Iren *217*

ZEHNTES KAPITEL: PITT, NELSON UND NAPOLEON [1789–1812] *223*

I. Pitt und die Revolution *223*
II. Nelson: 1758–1804 *230*
III. Trafalgar: 1805 *234*
IV. England tritt auf der Stelle: 1806–1812 *239*

ZWEITES BUCH: HERAUSFORDERUNG AN DIE KÖNIGE [1789–1812]

ERSTES KAPITEL: IBERIA
245

I. Portugal: 1789–1808 245
II. Spanien: 1808 247
III. Arthur Wellesley: 1769–1807 250
IV. Der 3. Krieg auf der Halbinsel (1808–1812) 252
V. Die Folgen 254

ZWEITES KAPITEL: ITALIEN UND SEINE EROBERER [1789–1813]
257

I. Die Landkarte 1789 257
II. Italien und die Französische Revolution 260
III. Italien unter Napoleon: 1800–1812 262
IV. Kaiser und Papst 265
V. Im Hintergrund der Schlachten 268
VI. Antonio Canova: 1757–1822 272
VII. Vale Iterum Italia 274

DRITTES KAPITEL: ÖSTERREICH [1780–1812]
277

I. Aufgeklärte Despoten: 1780–1792 277
II. Franz II. 279
III. Metternich 280
IV. Wien 282
V. Die Künste 285

VIERTES KAPITEL: BEETHOVEN [1770–1827]
287

I. Jugendjahre in Bonn: 1770–1792 287
II. Entwicklung und Tragödie: 1792–1802 290
III. Die heroischen Jahre: 1803–1809 295
IV. Der Liebende 298
V. Beethoven und Goethe: 1809–1812 300
VI. Die letzten Siege: 1811–1824 303
VII. Comedia finita: 1824–1827 307

Fünftes Kapitel: Deutschland und Napoleon [1786 1811] *311*

I. Das Heilige Römische Reich 1800 *311*
II. Der Rheinbund: 1806 *313*
III. Napoleons deutsche Provinzen *315*
IV. Sachsen *317*
V. Preußen: Friedrichs Vermächtnis, 1786–1787 *318*
VI. Preußens Zusammenbruch· 1797–1807 *320*
VII Preußens Wiedergeburt 1807 1812 *322*

Sechstes Kapitel: Das Deutsche Volk [1789–1812] *327*

I. Wirtschaft *327*
II. Gläubige und Zweifler *328*
III. Die deutschen Juden *330*
IV Moral *331*
V. Erziehung *333*
VI Wissenschaften *335*
VII. Kunst *339*
VIII Musik *341*
IX. Theater *343*
X. Die Dramatiker *346*

Siebentes Kapitel: Deutsche Literatur [1789–1815] *349*

I. Revolution und Reaktion *349*
II. Weimar *350*
III. Die literarische Szene *355*
IV. Die romantische Ekstase *360*
V. Die Stimmen des Gefühls *362*
VI. Die Brüder Schlegel *365*

ACHTES KAPITEL: DEUTSCHE PHILOSOPHIE [1789–1815]
371

I. Fichte: 1762–1814 *371*
II. Schelling: 1775–1854 *379*
III. Hegel: 1770–1831 *381*

NEUNTES KAPITEL: RUND UM DAS HERZLAND [1789–1812]
399

I. Die Schweiz *399*
II Schweden *401*
III. Dänemark *404*
IV. Polen *408*
V. Die Türkei in Europa *410*

ZEHNTES KAPITEL: RUSSLAND [1796–1812]
413

I. Milieu *413*
II. Paul I.: 1796–1801 *416*
III. Die Erziehung eines Kaisers *418*
IV. Der junge Zar: 1801–1804 *420*
V. Die Juden unter Alexander *422*
VI. Russische Kunst *424*
VII. Russische Literatur *427*
VIII Alexander und Napoleon. 1805–1812 *430*

DRITTES BUCH: FINALE [1811–1815]

Erstes Kapitel: Moskau [1811–1812] 437

I. Die Kontinentalsperre 437
II. Frankreich in der Depression: 1811 439
III. Einleitung zum Krieg: 1811–1812 441
IV. Der Weg nach Moskau: 26. Juni–14. September 1812 445
V. Der Brand Moskaus: 15.–19. September 1812 451
VI. Der Rückzug: 19. Oktober–28. November 1812 453

Zweites Kapitel: Nach Elba [1813–1814] 459

I. Nach Berlin 459
II. Nach Prag 462
III. Zum Rhein 465
IV. Die Zerreißprobe 467
V. Nach Paris 470
VI. Dem Frieden entgegen 474

Drittes Kapitel: Nach Waterloo [1814–1815] 478

I. Ludwig XVIII. 478
II. Der Wiener Kongreß: September 1814–Juni 1815 481
III. Elba 484
IV. Die unglaubliche Reise: 1.–20. März 1815 486
V. Wiederaufbau 491
VI. Der letzte Feldzug 495

Viertes Kapitel: Nach St. Helena 502

I. Die zweite Abdankung: 22. Juni 1815 502
II. Die zweite Restauration: 7. Juli 1815 504
III. Auf Gnade und Ungnade: 4. Juli–8. August 1815 507

Fünftes Kapitel: Dem Ende entgegen
511

I. St. Helena *511*
II. Sir Hudson Lowe *513*
III. Die tapferen Gefährten *514*
IV. Der große Diktierer *517*
V. Die letzte Schlacht *520*

Sechstes Kapitel Nachher [1815–1840]
525

I. Die Familie *525*
II. Heimkehr *528*
III. Ausblick *532*

Anhang

Bibliographie *537*
Anmerkungen *543*
Personenverzeichnis *555*

Erstes Buch

BRITANNIEN

[1757–1774]

ERSTES KAPITEL

England an der Arbeit

An der Spitze der Opposition gegen die Revolution standen nach 1792 – ebenso wie an der Spitze des Widerstandes gegen Napoleon, als seine anderen Feinde als widerwillige Alliierte oder vernichtend Geschlagene zusammenbrachen – Regierung und Volk, die sich ausdehnenden Industrien und Handelsunternehmungen, die Flotte mit ihrem Nelson sowie der Geist und Wille Englands. Dies aber nicht auf einmal und auch nicht zusammen Zu Beginn des Brandes waren die Führer und meinungsbildenden Stimmen unsicher und geteilt, eingeschüchtert oder begeistert. Die Dichter und Philosophen antworteten mit Enthusiasmus auf den ursprünglichen Idealismus der Revolution, die Inbrunst und den Mut ihrer Armeen; doch nicht lange, und sie wurden durch Burkes zornige Beredsamkeit und die Berichte über Massaker und Terror in Utopia eines Besseren belehrt. Als dann die Befreier zu Eroberern wurden, die halb Europa den Zielen Frankreichs dienstbar machten, sah England, daß das Gleichgewicht der Kontinentalmächte, von dem Sicherheit und Freiheit der kleinen Insel seit Jahrhunderten abhing, vom Ausgang dieses Konflikts bestimmt wurde.

Langsam schloß sich die Nation zusammen. Trotz der Kapitulation seiner Alliierten, der Behinderung seines Handels, des Bankrotts von Firmen und Finanzleuten, der Erschöpfung seiner Arbeiter, der täglichen Versuchung, die Bedingungen dieses brillanten und schrecklichen Korsen anzunehmen, der den Kontinent unter seine Herrschaft gezwungen hatte und drohte, den Kanal mit einer halben Million unbesiegter Soldaten zu überschreiten – trotz dieser schwersten Herausforderung Englands seit 1066, hielten König und Parlament stand, Adel und Kaufmannschaft zahlten hohe Steuern, die Männer, die nur ihren Körper zu geben hatten, wurden in die Armee oder Flotte gepreßt, die unvergleichlichen englischen Seeleute erfochten Siege anstatt zu meutern. England, das geliebte «Fleckchen Erde», tauchte aus dem Zerfall und der Hungersnot von 1810/11 auf, um in einem halben Jahrhundert das mächtigste und die Zivilisation am weitesten verbreitende Reich seit dem Fall Roms aufzurichten.

Wir müssen das Drama und den Konflikt für eine Weile verlassen, um die Hilfsquellen an Land und Arbeitskraft, Wissenschaften, Literatur und Kunst, Geist, Glauben und Charakter zu betrachten, die diesen Sieg, diese Verwandlung möglich machten.

I. EINE ANDERE REVOLUTION

Die Geographie spielte eine Rolle. Das Klima war nicht ideal: Die vom nordatlantischen Zweig des Golfstroms erwärmte Luft lag in unaufhörlichem Kampf mit arktischen Winden, und diese Zusammenstöße bescherten Irland, Schottland und England häufigen Nebel und Regen, der den Boden fruchtbar, die Parks grün, die Bäume gewaltig und die Straßen naß machte. Ein böser Witz sagte, obwohl die Sonne im britischen Commonwealth niemals unterginge, gehe sie über England niemals auf Auch Napoleon wurde ein Opfer dieser Übertreibung. «Sie haben keine Sonne in England», sagte er zu seinem britischen Arzt Dr. Arnott, der ihm erwiderte: «O doch; ... im Juli und August scheint die Sonne warm in England.»[1] Es mag sein, daß die Nebel ihres Lebensraums die Poesie Blakes umwölkt und Turner eingehullt haben, auch können sie Einfluß auf die Stärkung von Charakter und Einrichtungen des englischen Volkes gehabt haben. Ihre Insel machte sie insular, doch sie schützte sie vor den wechselnden Winden der Lehrmeinungen, den Modelaunen der Kunst, der Raserei der Revolutionen und dem Gemetzel der Kriege, die so oft über den Kontinent tobten. Sie standen fest auf ihrem Fußbreit Erde.

Wenn ihre Insel auch klein war, die Meere, die ihre Küsten bestürmten oder liebkosten, luden sie zu fernen Abenteuern ein; tausend nasse Pfade riefen nach Männern, die auf schlingernden, stampfenden Planken stets aufrecht stehen konnten. Hundert weit entfernte Länder warteten mit ihren Erzeugnissen und Märkten, um bei der Wandlung Englands vom Agrar- zum Industrie-, Handels- und weltumspannenden Finanzstaat zu helfen. Unzählige Einbuchtungen der Küstenlinie boten ruhiges Wasser und sichere Häfen für Schiffe aus allen Teilen der Welt. Die Insel selbst besaß ein Dutzend schiffbare Ströme und Hunderte von Kanälen, die sie miteinander verbanden. Kein Engländer wohnte mehr als einhundertzwanzig Kilometer von einem Wasserlauf entfernt, der ihn ans Meer bringen konnte.

Britannien meisterte seine geographische Lage, indem es die Industrielle Revolution hervorbrachte und trug.* Es baute Handelsschiffe von nie gekannter Größe, einige davon gewaltige «Ostindienfahrer» für Halbjahresreisen nach Indien und China. Machtgierig liebte es die See als Erweiterung Englands und kämpfte bis an die Grenze der Erschöpfung um die Kontrolle dieses *altera patria* gegen die Spanier, dann gegen die Holländer, schließlich gegen die Franzosen. Es zeichnete neue Wege auf das Wasser zu anderen Kontinenten und um sie herum, zu den Rohstoffquellen und Märkten Afrikas, Indiens, des Fernen Ostens, Australiens, des Südpazifik und der beiden Amerika – egal ob anderen gehörig oder aufständisch, immer begierig, Handel zu treiben. Nur die Nordwestpassage trotzte diesen unersättlich suchenden Briten und zwang sie zur Umkehr, kältezitternd, aber ungebeugt.

Diese Handelsflotten aber mußten ebenso wie die zu ihrem Schutz patroullierende Flotte in der Hauptsache aus importiertem Holz gebaut werden. Die Kolonien und Handelspartner mußten für ihre Rohstoffe, ihr Silber und Gold, ihre Gewürze, Lebensmittel und exotischen Früchte mit den Erzeugnissen der britischen Industrie bezahlt, dieser blühende Warenaustausch durch die Industrielle Revolution gespeist und finanziert werden. Schrittweise reorganisierten in England insbesondere

* Dies wurde bereits kurz in »Am Vorabend der Französischen Revolution», S. 213 ff., beschrieben.

die mittel- und nordenglischen Bezirke und Schottland, vor allem der südliche Teil, ihr Wirtschaftsleben, indem sie einen ständig wachsenden Teil ihrer Bevölkerung aus Feldern und Dörfern in Städte und Fabriken zogen. Aus gemächlicher Heimarbeit oder Zunfthandwerk gerieten diese Menschen dann in große Ansammlungen von in ihrer Bewegungsfreiheit beschränkter, harter Zucht unterworfener Männer; auch Frauen und Kinder bedienten Maschinen, von denen ihr Arbeitstempo bestimmt wurde So produzierten sie Industrieerzeugnisse für die Welt.

Einzäunungen förderten die Umstellung. Bereits im zwölften Jahrhundert hatten sich geschäftstüchtige Engländer ausgerechnet, daß man Land in größeren Flächen wirtschaftlicher bearbeiten könne als in kleinen. Sie kauften Bauernland aus Privatbesitz und die Allmenden auf, jene Felder und Wälder in Gemeinbesitz, wo die Bauern von jeher ihr Vieh geweidet und ihr Brennholz geschlagen hatten. Ihre so vergrößerten Besitztümer ließen sie von gemieteten Tagelöhnern unter einem Aufseher bewirtschaften. Im fünfzehnten Jahrhundert kamen sie zu dem Schluß, sie könnten höhere Profite durch Viehzucht, oder besser noch durch Schafhaltung erzielen als durch Ackerbau, denn damit brauchten sie weniger menschliche Arbeitskraft und sie fanden im kühlen fleischliebenden England und im Ausland aufnahmebereite Märkte für Fleisch und Wolle. Mehr und mehr bäuerliche Eigentümer verkauften oder verloren ihre Farmen und zogen in die Städte. Die derbe Pachtbauernschaft verschwand nach und nach und mit ihr einiges von der Kraft und dem Stolz des englischen Charakters. Um 1800 zählte man in Britannien 15 Millionen Seelen und 19 Millionen Schafe; die Schafe, sagte ein Witz, fressen die Menschen auf. Auch heute noch ist man bei Reisen in die mittel- und nordenglischen Grafschaften überrascht von der Spärlichkeit von Farmen und Ackerland und den vielen eingezäunten grünen Flächen, deren einzige sichtbare Bewohner Schafe sind, die träge Gras in Wolle verwandeln und mit ihren Endprodukten einen dankbaren Erdboden beschenken.

Wir dürfen nicht übertreiben. Während dieser ganzen Zeit (mit Ausnahme der als Folge der Kontinentalsperre Napoleons einer Hungersnot nahekommenden Krise von 1811) schaffte es die englische Landwirtschaft, die in zunehmendem Maße kapitalistisch und mechanisiert betrieben wurde, England ohne ausländische Hilfe zu ernähren.[2] Die Anbauer waren so zuversichtlich, daß sie das Parlament dazu bringen konnten, «Korngesetze» zu erlassen, die durch hohe Zollsätze die Einfuhr von Konkurrenzgetreide verhinderten (unter «Korn» wurde damals jede Getreideart verstanden; in England war dies in der Regel Weizen, in Schottland Hafer). Dennoch lieferte um 1790 die Landflucht enteigneter Bauern, verstärkt durch verarmte Immigranten aus Schottland und Irland, die Arbeitskräfte, die eine Industrialisierung möglich machten.

Noch wurde industrielle Erzeugung hauptsächlich in Wohnungen und Werkstätten betrieben und diente zum größten Teil lokalen Bedürfnissen; sie war nicht für eine Großproduktion angelegt, die verschiedene Märkte auch jenseits der Grenzen versorgen konnte. Der Heimarbeiter oder Handwerker war den

Zwischenhändlern ausgeliefert, die ihn mit Material versorgten und seine Erzeugnisse kauften. Sein Erlös richtete sich nach Angebot und Nachfrage und nach den hungrigsten seiner Mitbewerber. Gewöhnlich mußten Frau und Kinder vom frühen Morgen bis zum späten Abend[3] mithelfen, damit er sich über Wasser halten konnte. Es war nötig, tauglichere Wege zur Finanzierung und Organisation der Industrie zu finden, wenn sie die Bedürfnisse einer sich rasch vermehrenden Stadtbevölkerung decken oder die Laderäume der Handelsschiffe füllen sollte, die auf der Suche nach ausländischen Waren oder Gold die Meere befuhren.

Angeregt durch Adam Smith, jedoch uneingedenk seiner Warnungen, war die englische Industrie privatwirtschaftlich orientiert, durch Profitstreben motiviert und weitgehend frei von Reglementierungen durch die Regierung. Sie wurde mit Kapital aus ihren eigenen Rücklagen, von erfolgreichen Kaufleuten, von Grundeigentümern, die über Einkünfte aus landwirtschaftlichen Betrieben oder städtischen Mietshäusern verfügten, sowie von Bankiers versorgt, die wußten, wie man Geld arbeiten läßt und Darlehen zu geringeren Zinssätzen vergaben als ihre französischen Genossen. So stellten Privatpersonen und Gesellschaften Gelder für Unternehmer zur Verfügung, die mit Hilfe von Maschinen und der Arbeitskraft von Männern, Frauen und Kindern Produktionsstätten in größerem Maßstab und mit höheren Gewinnen aufzubauen planten, als England sie jemals gekannt hatte. Die Geldgeber überwachten die Verwendung des Kapitals und übertrugen seinen Namen auf das Wirtschaftssystem, das die westliche Welt verwandeln sollte.

Es war ein riskantes Spiel. Eine Investition konnte sich durch schlechtes Management, Preis- oder Marktschwankungen, Änderungen der Mode, Überproduktion für unterbezahlte Konsumenten oder irgendeine neue Erfindung, die von der Konkurrenz aufgekauft wurde, als Fehlinvestition herausstellen. Die Angst vor Verlusten steigerte die Gewinnsucht. Die Lohnkosten mußten so gering gehalten werden wie möglich; für Erfindungen mußte man Belohnungen aussetzen; die Maschine hatte die Handarbeit soweit als möglich zu ersetzen. Man mußte Eisen aus den heimischen Bergwerken gewinnen oder importieren, um Maschinen, Panzerschiffe, Brücken und Kanonen herzustellen. Kohle (die es in England glücklicherweise im Überfluß gab) war zu fördern, um Schmelzöfen zu heizen, Erze zu läutern und Eisen in Stahl zu verwandeln. So viele Maschinen wie möglich mußten mit einer starken Kraftquelle verbunden werden; es konnten der Wind, das Wasser oder Tiere sein, die eine Tretmühle oder einen Göpel in Betrieb setzten. Der beste Krafterzeuger aber war eine Dampfmaschine wie die, die James Watt in Matthew Boultons Fabrik bei Birmingham installiert hatte (1774). Ausreichend Kapital und sorgfältige Organisation vorausgesetzt, war es möglich, eine beliebige Zahl von Maschinen durch eine oder ein paar Kraftmaschinen zu betreiben. An jede Maschine konnte man einen Mann, eine Frau oder ein Kind stellen, die sie zwölf bis vierzehn Stunden täglich für einen Lohn, der gerade das nackte Leben sicherte, zu bedienen hatten. Das Fabrikwesen nahm Gestalt an. Nach kurzer Zeit spieen tausend Fabrikschornsteine ihren Qualm über aufstrebende Industriezentren – Manchester, Birmingham, Sheffield, Leeds,

Glasgow, Edinburgh. 1750 gab es in Britannien zwei Städte mit 50 000 Einwohnern; 1801 waren es acht, 1851 neunundzwanzig. Straßen wurden gepflastert, um den Transport von Material, Brennstoffen und Fertigprodukten zu Fabriken, Märkten und Häfen zu erleichtern. Man baute Postkutschen, die acht Passagiere mit einer Geschwindigkeit von zehn Meilen pro Stunde befördern konnten.[4] Um 1808 entwickelte Thomas Telford, um 1811 John McAdam (beide schottische Ingenieure) Straßendecken, die im wesentlichen den heutigen Makadamlandstraßen glichen. 1801 baute George Trevithick die erste Dampflokomotive, die Personenwagen auf Schienen zog. 1813 konstruierte George Stephenson eine verbesserte Ausführung; 1825 eröffnete er den ersten regulären Dampfeisenbahnverkehr zwischen Stockton und Darlington. 1801 begann ein kleines Dampfboot mit Versuchsfahrten auf einem schottischen Kanal; 1807 konstruierte die Fabrik Boulton & Watt ein Passagierdampfboot nach einem Modell von Robert Fulton, der im August dieses Jahres seine *Clermont* von New York nach Albany fuhr. Unterdessen legten London, Harwich, Newcastle, Bristol, Liverpool und Glasgow Häfen und Einrichtungen für den Seehandel an; Nelson gewann bei Abukir und Trafalgar die Seeherrschaft für England.

1801 ordnete die Regierung die erste Volkszählung nach statistischen Grundsätzen in Großbritannien (England, Wales und Schottland) an, zur Empörung von Bürgern, die das Eindringen in die Privatsphäre als Vorspiel einer behördlichen Kontrolle ablehnten.[5] Sie ergab eine Gesamtzahl von 10 942 646 Seelen (die Vereinigten Staaten hatten damals etwa 6 000 000). Bis 1811 war die Bevölkerungszahl auf 12 552 144 gestiegen.[6] Wahrscheinlich spiegelte diese Zunahme eine verbesserte Lebensmittelversorgung, eine Vervollkommnung des ärztlichen Dienstes und den daraus resultierenden Rückgang der Kinder- und Altensterblichkeit wieder. London war 1811 auf 1 009 546 Einwohner angewachsen, doch die größte und bezeichnendste Zunahme hatten der industrialisierte Norden und Westen zu verzeichnen. 1811 waren 895 998 britische Familien in Landwirtschaft und Viehzucht, 1 128 049 in Handel und Fabrikation, 519 168 in anderen Berufen beschäftigt.[7] Die Regierung hatte durch die Genehmigung von Umzäunungen die Landwirtschaft eingeschränkt; sie hatte die Industrie durch Förderung des freien Unternehmertums und Schutzzölle ebenso angespornt wie durch das Verbot für Arbeitervereinigungen, für höhere Löhne zu agitieren (1800). Sie hatte den Handel durch Verbesserung von Straßen und Kanälen begünstigt und eine unbezwingliche britische Flotte gebaut. Kaufleute, Fabrikanten und Finanzleute hatten großen Reichtum angehäuft, und einige davon hatten einen Parlamentssitz geerbt oder gekauft.

1800 zeigte die ökonomische Struktur Britanniens an der Spitze eine Aristokratie, die als Landbesitzer noch, aber in ständig abnehmendem Maße, die Wirtschaft beherrschte. Mit ihnen arbeitete ein in seiner Mehrheit dem Adel oder Großbürgertum angehöriges Parlament zusammen; unter ihnen und um sie herum blähte sich eine rücksichtslose und unternehmungslustige Bourgeoisie von Kaufleuten und Fabrikanten, die ihre neuerworbenen Reichtümer und schlechten Manieren zur

Schau stellten und nach größerer politischer Macht verlangten. Unter diesen standen die freien Berufe, vom gelehrtesten Professor bis zum mutigsten oder bösartigsten Journalisten. Ganz unten gab es eine zunehmend enteignete und auf Unterstützung angewiesene Bauernschaft, armselige Bergleute, die die Erde durchwühlten, dann die «navvies», in mobilen Kolonnen zusammengefaßte Erdarbeiter, die Straßen planierten und Kanäle aushoben und schließlich die Masse der hungrigen, unorganisierten, demoralisierten Fabrikarbeiter, die ihre Tragödie in den verschmutzten Himmel schrieben.

II. AUF DEM TIEFPUNKT

Wenn wir nun erneut den Blick auf die Lage der Fabrikarbeiter im Britannien des Jahres 1800 lenken, so dürfen wir ihre Bedeutung im Gesamtbild der Zeit nicht überbewerten. Sicherlich gab es eine Menge angenehmerer Bilder in «Merry England» Die Fabrikarbeit war damals an sich nicht das Kennzeichen der britischen Industrie; ein Großteil der industriellen Produktion wurde noch in ländlichen oder städtischen Heimstätten auf Einzelwebstühlen oder -drehbänken ausgeführt oder von Handwerkern in ihren privaten Werkstätten. Die fabrikmäßige Herstellung war in der Hauptsache auf die Verarbeitung von Baumwolle, Leinen oder Wolle beschränkt. Doch selbst innerhalb dieser Grenzen stellt sie im Gesamtbild des Zeitalters eine der düstersten Episoden der englischen Geschichte dar. Die Fabriken lagen inmitten von Slums, eingehüllt in den Gestank ihrer eigenen Dämpfe und Abwässer. Die Arbeitsräume waren allgemein staubig und schmutzig, schlecht entlüftet und beleuchtet – bis 1805, als hier und da Gasbeleuchtung installiert wurde. Die Maschinen wurden mit einer Geschwindigkeit gefahren, die ihre menschlichen Führer dazu zwang, während der zwölf oder vierzehn Stunden des Arbeitstages die Augen offen zu halten und die Hände emsig zu regen; wie bei einigen Erfindungen der jungsten Zeit sparte die Maschine Arbeit, aber verbrauchte Menschen. Die Mittagspause dauerte eine Stunde, danach ging die Plackerei weiter, meist bis 8 Uhr abends.[8] Bei Bedarf wurde die Belegschaft aus einem Menschenreservoir ergänzt, das seinerseits unablässig durch entwurzelte Bauern oder von sorglosen Bäuchen wieder aufgefüllt wurde.

Zwischen Niederkünften wurden Frauen den Männern als Fabrikarbeitskräfte vorgezogen und Kinder den Frauen, da sie billiger waren. 1816 waren von 10 000 Arbeitern in einundvierzig schottischen Spinnereien 3146 Männer und 6854 Frauen; 4581 waren unter achtzehn.[9] Noch billigere Arbeiter und sehr gesucht waren Waisen oder verelendete Kinder, die von der Armenfürsorge-Verwaltung in die Fabriken geschickt wurden. Das Fabrikbetriebsgesetz von 1802 versuchte einige Mindestvoraussetzungen für die Einstellung solcher «Lehrlinge» durchzusetzen und verbot ihre Beschäftigung für länger als zwölf Stunden täglich; das Parlament lehnte es jedoch ab, die Kommissare zu bezahlen, die zur Überwachung des Gesetzes eingesetzt wurden.[10] Allgemein blieb in englischen Fabriken Kinderarbeit bis 1842 üblich.[11]

Im Jahre 1800 betrug der Durchschnittsverdienst eines erwachsenen männlichen Arbeiters in London 18 Schilling pro Woche. In der Provinz lag der Durchschnittsverdienst um etwa ein Drittel niedriger.[12] Im großen und ganzen richtete sich das Lohneinkommen einer Familie nach dem Betrag, der erforderlich war, um sie für die Arbeit bei Kräften zu halten; doch setzte dies die Mitarbeit von Frau und Kindern in der Fabrik voraus.[13] Die Arbeitgeber behaupteten, die Löhne müßten niedrig gehalten werden, um die Arbeiter zur Arbeit zu zwingen; manche von diesen würden ihr Wochenende auf zwei bis drei Tage verlängern und wären dann bei ihrer Rückkehr an den Arbeitsplatz noch benommen vom genossenen Alkohol.[14] Nur der Hunger zwang sie also an die Maschinen. Hier und dort gab es gewisse Erleichterungen. Manche Unternehmer bezahlten Miete und Heizkosten für ihre Arbeiter. Die Preise der Waren des täglichen Bedarfs waren niedrig – etwa ein Drittel gegenüber dem Durchschnitt im Großbritannien von 1960.[15] Im allgemeinen stiegen und fielen die Löhne mit den Preisen – bis 1793, als der Krieg mit Frankreich begann. Von da an erlitten alle Klassen Einkommenseinbußen, die Arbeiter jedoch am meisten, da sie ohnehin am Rande des Existenzminimums dahinvegetierten

Sie lebten in Städten, deren Luft vergiftet war; in Ghettos, die Brutstätten von Krankheiten waren; in überfüllten Wohnungen – nicht selten feuchten Kellern –, in die selten ein Sonnenstrahl drang, wo die Beleuchtung trübe, Sauberkeit ein Wunder war, wo häuslicher Streit an den übermüdeten Nerven zerrte, Alleinsein unmöglich und wo die einzige Zuflucht für die Frau die Frömmigkeit und für den Mann das Wirtshaus war. Betrunkenheit am Zahltag verstand sich von selbst. Die Haushalte holten ihr Wasser an Brunnen oder öffentlichen Pumpen; wenn diese nichts mehr hergaben, schöpften die Frauen Wasser am nächsten Fluß oder Kanal, der mit großer Wahrscheinlichkeit durch industrielle, häusliche oder menschliche Abfälle verseucht war.[16] Die sanitären Einrichtungen waren primitiv, Abwässerkanäle gab es kaum. «Ich bin überzeugt», schrieb Thorold Rogers 1890 (als er Professor der Nationalökonomie in Oxford war), «daß zu keiner Zeit der englischen Geschichte, über die authentische Aufzeichnungen vorhanden sind, die Arbeitsbedingungen für Handarbeiter schlechter waren als in den vierzig Jahren von 1782 bis 1821, der Zeit, in der Fabrikanten rasch Vermögen anhäuften und sich die Rente (Einnahmen) aus landwirtschaftlich genutztem Land verdoppelte».[17] Diese Zustände hielten bis in die vierziger Jahre an. Carlyle, der zwischen 1795 und 1840 in England und Schottland lebte, schilderte die Lebensbedingungen der englischen Fabrikarbeiter jener Zeit, wobei er zu dem Schluß kam, die Briten seien als Leibeigene im Mittelalter besser gefahren. Der industrielle Fortschritt hatte dem Proletarier einen so minimalen Anteil am wachsenden Reichtum gelassen, daß er in Sitten, Kleidung, Vergnügungen und Sprache in die Barbarei zurückfiel. «Die Kultur vollbringt Wunder», schrieb Alexis de Tocqueville nach einem Besuch in Manchester, «die zivilisierte Menschheit hat sich fast in Wilde zurückverwandelt.»[18] Alle Achtung vor Manchester und seinen Schwesterstädten für die immensen Fortschritte, die sie seit jenen bitteren Tagen gemacht haben.

Die seit 1601 bestehende, später häufig reformierte Armengesetzgebung bedeutete eine gewisse Hilfe für die Besitzlosen. Ihre Durchführung oblag Beamten der Kirchengemeinden, die gewöhnlich die Unterstützungsempfänger in Arbeitshäusern sammelten. Finanziert wurde sie durch eine Sondersteuer für die Hausstandbesitzer, die sich beklagten, daß ihre Abgaben an Taugenichtse verschwendet würden und zu unbekümmerter Fruchtbarkeit ermunterten; sie unterwarfen sich aber der Abgabe als einer Versicherung gegen öffentliche Unordnung. In manchen Distrikten wurden nach 1795 die Unterstützungsbeiträge zur Aufbesserung von Löhnen verwendet, die das Existenzminimum nicht erreichten; manche Unternehmer nützten dies aus, um die Löhne niedrig zu halten.

Trotz solcher Unterstützungsmaßnahmen erreichte die Unzufriedenheit der Arbeiter zu Beginn des neunzehnten Jahrhunderts einen gefährlichen Grad. Da es ihnen bis 1824 nicht erlaubt war, sich zur Durchsetzung höherer Löhne zusammenzuschließen, organisierten sie sich im geheimen; Streiks waren verboten, sie streikten trotzdem; zur Wiederaufnahme der Arbeit gezwungen, streikten sie erneut.[19] Reformer wie Richard Owen warnten das Parlament, daß kostspielige Gewalttaten zunehmen würden, wenn nicht die Arbeitsbedingungen verbessert würden. Die Unzufriedenheit wurde durch das Wiederaufleben der Feindseligkeiten mit Frankreich gedämpft (1803); sie nahm zu, als sich der Krieg in die Länge zog und führte 1811 zur offenen Rebellion. Diese wurde nicht von Fabrikarbeitern angeführt, sondern von Band- und Strumpfwebern, die an Hauswebstühlen in Wohnungen oder kleinen Werkstätten in oder bei Nottingham arbeiteten. Diese Männer und Frauen konnten sich noch an das Freiluftleben auf den Farmen erinnern, das sie vielleicht im Vergleich mit dem Arbeitszwang an ihren Stühlen idealisierten. Sie murrten über ihre Abhängigkeit vom Wirkwarenhändler, der ihnen die Stühle vermietete, das Rohmaterial verkaufte und ihre Erzeugnisse zu Preisen abnahm, die von ihm oder den Finanzleuten hinter ihm bestimmt wurden. Außerdem fürchteten sie, daß selbst ihre derzeitigen Jobs bald den sich ausbreitenden Fabriken und ihren sich vervielfachenden mechanischen Webstühlen zum Opfer fallen würden. In ihrer wachsenden Wut beschlossen sie, die Maschinen, die ihre Knechtschaft symbolisierten, zu zerstören, wo sie konnten.

Ein obskures und vielleicht sogar erdichtetes Individuum namens Ned oder King Ludd organisierte die wütenden Weber und entwarf Pläne für ihre Streifzüge. Im Herbst 1811 überfielen verschiedene Banden von «Ludditen» einen Distrikt nach dem anderen und zerstörten sämtliche Webstühle, deren sie habhaft werden konnten. Die Bewegung griff von Nottinghamshire auf Lancashire, Derbyshire und Leicestershire über und dauerte während des Jahres 1812 an. Die Maschinenstürmer vermieden es, Personen zu verletzen, abgesehen vom Fall eines Fabrikanten, der seinen Leuten befahl, auf sie zu schießen; die Streikenden spürten ihn auf und brachten ihn um. Halb England zitterte vor Angst und erinnerte sich an die Französische Revolution. «In diesem Augenblick», schrieb Robert Southey, «schützt uns nur die Armee vor dem schrecklichsten aller Schrecken, einem Aufstand der Armen gegen die Reichen. Wie lange man sich aber auf die Armee verlassen kann, ist eine Frage, die ich mir selbst kaum zu stellen wage ... Das Land ist unter unseren Füßen unterminiert.»[20] William Cobbett, ein energischer liberaler Journalist, trat im Unterhaus für die Aufrührer ein; der Dichter Byron hielt eine leidenschaftliche Ansprache zu ihren Gunsten im Oberhaus. Der Premierminister Lord Liverpool brachte im Parlament einige verschärfte Gesetze durch und entsandte ein Regiment, um den Aufstand niederzuschlagen. Die Führer wurden festgenommen und in einem Schnellgerichtsverfahren in York (1813) abgeurteilt; ein Teil wurde deportiert, ein Teil gehängt. Die Maschinen vervielfachten sich. Bis 1824 gab es für die Erwachsenenarbeit in England keinerlei Erleichterung.

III. EINE «TROSTLOSE WISSENSCHAFT»

Die Volkswirtschaftler hatten den Arbeitern wenig Trost zu geben. Thomas Malthus erklärte in *An Essay on the Principle of Population* (1798), es sei zwecklos, die Löhne zu erhöhen, denn dies würde zur Vergrößerung der Familien führen, den Druck der Bevölkerung auf die Versorgungsbasis verstärken und binnen kurzem die Armut wiederherstellen, die sich notwendigerweise für immer aus der Ungleichheit der Menschen ergäbe.[21] In einer revidierten, jedoch in der Aussage nicht abgeänderten Ausgabe (1803) seines berühmten Essays legte Malthus sein «ehernes Lohngesetz» nieder: «Die Arbeitslöhne werden stets durch das Verhältnis von (Arbeits-) Angebot und Nachfrage bestimmt.»[22] In *Principle of Political Economy* (1820) warnte er davor, die Sparsamkeit zu weit zu treiben, da sie zum Rückgang von Investitionen und Produktion führen müsse; er verteidigte die «Renten» (Einkünfte aus Kapitalanlagen in Grund und Boden) als «eine Belohnung sowohl für gegenwärtige Entschlossenheit und Klugheit als auch für Stärke und Geschicklichkeit in der Vergangenheit».[23] Mit Voltaire war er der Ansicht, daß der Luxus der Reichen das Gute habe, geschickten Handwerkern Beschäftigung zu verschaffen. In einem Augenblick liberaler Denkweise empfahl er öffentliche Arbeiten zur Milderung der Arbeitslosigkeit in Zeiten gedrosselter Produktion.

David Ricardo schloß sich den Theorien seines Freundes Malthus an und baute auf ihnen seine eigenen *Principles of Political Economy and Taxation* (1817) auf, die für ein halbes Jahrhundert zur klassischen Schrift dessen wurden, was Carlyle «the dismal science» (ironischer Ausdruck für Volkswirtschaftslehre, Anm. d. Ü.) nennen sollte.[24] Geboren als Sohn eines holländischen Juden, der an der Londoner Börse reich geworden war, konventierte er zur unitarischen Kirche, heiratete ein Mädchen aus einer Quäkerfamilie, gründete eine eigene Maklerfirma, machte ein Vermögen, zog sich von den Geschäften zurück (1815) und schrieb mehrere tiefgründige Abhandlungen, besonders über das Geldwesen. 1819 wurde er ins Unterhaus gewählt. Dort griff er die parlamentarische Korruption an, verteidigte Versammlungsfreiheit, Redefreiheit, Freihandel, Arbeitnehmerverbände und warnte die Kapitalisten, auf der Hut zu sein, sonst würden die englischen Grundbesitzer früher oder später durch Hinaufsetzung der Pachten die Gewinne der Industrie verschlingen. In einer epochemachenden Schrift legte er dar, daß eine Erhöhung der Löhne niemals realistisch sei, da sie in kurzer Zeit durch eine Erhöhung der Preise auf Grund gestiegener Produktionskosten ausgeglichen würde; der gerechte Lohn eines Arbeiters sei der Betrag, den er brauche, um zu existieren und den Fortbestand seiner Klasse zu gewährleisten (ohne sie zu vermehren). Ricardo hinterließ Marx ein Scherflein durch seine Definition des Wertes (nicht des Preises) einer Ware, nämlich danach bestimmt, wie groß die zu ihrer Herstellung aufgewendete Arbeitszeit ist.

Er selbst war nicht so trübselig wie seine Wissenschaft. Er und Malthus blieben bis an ihr Ende treue Freunde, obwohl sie oft im privaten Bereich wie in ihren Schriften verschiedener Meinung waren. Als beide gestorben waren (Ricardo 1823, Malthus 1834), sagte Sir James Mackintosh (ein letzter Strahl der schottischen Aufklärung) über sie und ihre gemeinsame Quelle: «Ich habe Adam Smith oberflächlich, Ricardo gut und Malthus genau gekannt. Spricht es nicht für eine Wissenschaft, daß ihre drei größten Vertreter die drei besten Männer waren, die mir jemals begegnet sind?»[25]

IV. ROBERT OWEN: 1771–1858

Wir wenden uns mit Vergnügen Robert Owen zu, dem erfolgreichen Fabrikanten, der den Versuch unternahm, die britische Wirtschaft zu einer Liebesangelegenheit zwischen Kapitalismus und Sozialismus zu machen.

Er wurde in Newtown, Wales, geboren, wo sein Vater nacheinander Sattler, Eisenhüttenbesitzer und Postmeister war. Als Knabe war Robert körperlich ein Schwächling, doch er lernte, auf seine Gesundheit zu achten und wurde siebenundachtzig Jahre alt. Schon mit neun Jahren wurde er zur Arbeit geschickt. Mit zehn Jahren wurde er Lehrling bei einem Tuchhändler in Stamford; mit vierzehn Gehilfe eines Tuchhändlers in Manchester; mit neunzehn Manager einer der größten Textilfabriken in Lancashire mit einem Jahresgehalt von dreihundert Pfund. Dort blieb er acht Jahre und erwarb sich den Ruf eines fähigen und integren Mannes. Er sparte, studierte und las wählerisch und eifrig und schloß anregende Freundschaften: mit John Dalton und seiner atomistischen Chemie, mit Robert Fulton und seinen Dampfschiffen und mit Samuel Coleridge und seinen radikalen Ideen und seiner Traumpoesie. 1799 kaufte er mit achtundzwanzig Jahren für sich und zwei Partner von David Dale eine Gruppe von Textilfabriken in New Lanark in der Nähe von Glasgow und erhielt als Dreingabe Dales Tochter, die ihm eine liebende Gattin wurde. Sie schenkte ihm sieben Kinder.

New Lanark war ein Städtchen von etwa 2000 Seelen, einschließlich 500 Kindern, die aus den Armenhäusern von Glasgow und Edinburgh dorthin geschickt worden waren. Wie Owen sich später erinnerte, «lebte die Bevölkerung in Müßiggang und Armut. Verbrechen aller Art waren an der Tagesordnung. Jedermann war daher verschuldet, krank und verelendet ... Die Unwissenheit und mangelhafte Ausbildung dieser Leute hatte zu Trunksucht, Diebstahl, Falschheit und Unsauberkeit geführt, ... sie besaßen starke heimische Vorurteilte sowohl politischer wie religiöser Natur gegen alle Versuche von seiten eines Fremden, ihre Lebensumstände zu verbessern.»[26] Die kleine Fabrikstadt besaß fast keine öffentliche Kanalisation. Die Häuser waren dunkel und schmutzig, das Verbrechen erschien als aufregende Abwechslung von der abstumpfenden Arbeit, und das «Pub» war eine warme und fidele Zuflucht vor den häuslichen Händeln. Owen hatte jeden Glauben an das Übernatürliche verloren, klammerte sich aber umso fester an den ethischen Idealismus des Christentums; er verwarf die Verbindung der neuen industriellen Knechtschaft mit der alten christlichen Theologie. Er entschloß sich, eine Versöhnung des erfolgreichen Kapitalismus mit der christlichen Moral zu versuchen.

Er gab sich – zum Entsetzen seiner Partner – mit einer fünfprozentigen Verzinsung des investierten Kapitals zufrieden. Er erhöhte die Löhne und verbot die Beschäftigung von Kindern unter zehn Jahren. Er lehnte Malthus' Thesen ab, daß Lohnerhöhungen den Druck der Bevölkerung auf die Lebensmittelversorgung steigern, zu Preiserhöhungen führen und die Reallöhne unverändert lassen würden; er argumentierte, das unerschöpfliche Nahrungsreservoir des Meeres, die durch Bevölkerungsvermehrung ermöglichte Ausdehnung des Ackerbaus sowie die Vervielfachung von Erfindungen und die Steigerung der Produktivität würden es der Bevölkerung ermöglichen, sich zu ernähren und zu florieren – wenn die Regierung die Reformen durchführte, die er vorschlug.[27] Er eröffnete in New Lanark einen gesellschaftseigenen Laden, in dem die Güter des täglichen Bedarfs praktisch zum Selbstkostenpreis verkauft wurden. Geduldig unterwies er seine Arbeiter nicht nur in den Herstellungsverfahren, sondern auch in der richtigen Lebensführung. Er versicherte ihnen, daß sie Frieden und Zufriedenheit empfinden würden, wie sie nie zuvor gekannt hatten, wenn sie sich an gegenseitige Rücksichtnahme und Hilfe gewöhnten. Es hat den Anschein, als sei es ihm gelungen, viele seiner Arbeiter zu Ordnung, Sauberkeit und Nüchternheit zu erziehen. Als seine Geschäftspartner sich beklagten, er gebe Geld für Wohltätigkeit und Erziehung aus, mit dem höhere Profite zu erzielen gewesen wären, löste er die Gesellschaft auf und gründete eine neue Firma (1813), deren Teilhaber (unter ihnen Jeremy Bentham) sein Experiment begrüßten und die mit einer fünfprozentigen Verzinsung ihrer Einlagen zufrieden waren.

Die Fabriken in New Lanark gelangten zu nationalem – sogar internationalem – Ruf. Die Stadt lag weitab von den Hauptstraßen, eine volle Tagesreise per Postkutsche von Glasgow durch nebelverhangene Berge. Trotzdem kamen Tausende von Besuchern, um das unglaubliche Phänomen einer nach christlichen Grundsätzen geleiteten Fabrik kennenzulernen; zwanzigtausend trugen sich zwischen 1815 und 1825 in das Gästebuch ein. Unter ihnen waren Schriftsteller, Reformer, sachliche Geschäftsleute, Fürsten, wie die Erzherzöge Johann und Maximilian von Österreich und – 1815 – der Großfürst Nikolaus (der spätere Zar), der sich von den Einrichtungen und ihren Ergebnissen beeindruckt zeigte und Owen einlud, ähnliche Fabriken in Rußland zu errichten.[28]

Nachdem er sein Experiment vierzehn Jahre lang fortgeführt hatte, fühlte sich Owen berechtigt, mit den erzielten Erfolgen vor die Weltöffentlichkeit zu treten, denn er war der Überzeugung, ihre allgemeine Anwendung «würde jedem menschlichen Wesen in allen nachfolgenden Generationen zum Glück verhelfen».[29] Daher veröffentlichte er 1813 den ersten von vier Essays, die unter dem Gesamttitel *A New View of Society* einer der bedeutendsten Klassiker in der Literatur der Reformbewegung wurden. Er trug seine Vorschläge nicht in kämpferischem Geist vor; er versicherte den Beherrschern und Fabrikanten Britanniens, daß er kein Verlangen nach – und auch keinen Glauben an – einen gewaltsamen Wechsel habe; daß seine Pläne niemand einen Verlust bringen, daß sie im Gegenteil die Renditen der Unternehmer steigern würden; daß sie außerdem England vor einer Revolution bewahren könnten.

Er begann mit einer für jede grundlegende Reform nahezu fundamentalen Behauptung: daß der menschliche Charakter, vermutlich durch das uralte Erbe von Wettbewerb und Konflikt fixiert, wesentlich durch Erfahrungen und Überzeugungen aus der Kindheit geformt wird. «Der größte aller Irrtümer (ist) die Meinung, daß Individuen ihren Charakter selbst ausbilden.»[30] Der Charakter eines Individuums wird im Gegenteil durch Tausende von Einflüssen geformt, die auf ihn (vor seiner Geburt und) von seiner Geburt bis zu seinem Tode einwirken. Owen schloß mit einem Enthusiasmus, der keine Einschränkungen duldete: «Man kann jeder Gemeinschaft, selbst der Welt im ganzen, jeden Charakter vom besten zum schlechtesten, vom unwissendsten bis zum aufgeklärtesten, durch die Anwendung bestimmter Maßnahmen aufprägen. Diese stehen in weitem Umfang zur Verfügung und unter der Kontrolle derer, welche die Nationen regieren.»[31] Aus diesem Prinzip leitete Owen zwei Feststellungen ab: erstens, daß die derzeit besitzenden Klassen nicht für ihre Überzeugungen und Praktiken zu tadeln seien, da auch sie das Produkt ihrer früheren und gegenwärtigen Umwelt seien; zweitens, daß eine Reform bei den Kindern und mit der Verbesserung und Vermehrung der Schulen beginnen müsse. Es müsse jede Anstrengung unternommen werden, um Kinder zum Verständnis der Tatsache zu erziehen, daß – da man keinem Individuum aus seinem Charakter oder den Verhältnissen in Gesellschaft und Industrie einen Vorwurf machen kann – jedes Rücksicht auf alle anderen nehmen, nämlich zur Zusammenarbeit bereit und unwandelbar gütig sein müsse. So forderte Owen zu einer Zeit, als es in England sehr wenige Schulen für die Kinder der unteren Schichten gab, daß «die Regierungskreise aller Länder nationale Erziehungspläne für Erziehung und Charakterbildung ihrer Untertanen aufstellen müßten; ... und dies ohne ... Ausnahme einer Glaubensgemeinschaft, Partei oder eines Landes».[32] David Dale hatte bereits viel für die Kindererziehung in New Lanark getan. Owen führte sein Werk fort, indem er in einem seiner Häuser seine «New Institution» (1813) zur Verwandlung von Engeln und Barbaren in Christen ohne Theologie errichtete. Er wollte sie, «kaum, daß sie laufen konnten».[33] Wie Plato fürchtete er, daß die Eltern, die bereits geformt oder deformiert waren, den herrschenden Aggressions- und Konkurrenzgeist auf ihre Kinder übertragen würden. Er ließ aber Müttern ihren Willen, die darauf bestanden, daß Kinder in ihren ersten Jahren Mutterliebe und -fürsorge brauchten. Im allgemeinen nahm er die Kinder im Alter von drei Jahren auf und ließ sie, wenn es das Wetter zuließ, im Freien spielen und lernen. Die Mädchen wurden, ebenso wie die Knaben, in den drei R's (Lesen, Schreiben, Rechnen – *reading*, (*w*)*riting*, (*a*)*rithmetic* als Grundausbildung, Anm. d. Ü.) unterrichtet, außerdem aber im Haushalt unterwiesen. Die Knaben wurden mit militärischer Disziplin ausgebildet, lernten aber wie die Mädchen Singen, Tanzen und ein Instrument spielen. Dies alles sollte der Bildung eines sittlichen Charakters dienen, mit Betonung auf Höflichkeit, Güte und Gemeinschaftsgeist. Strafen gab es nicht.[34] Am Ende eines jeden Schultages wurden die Kinder zu ihren Eltern zurückgebracht. In der Fabrik durften sie erst vom zehnten Lebensjahr an arbeiten.

Augenscheinlich gab es in Owens Schule keinen Religionsunterricht, ebensowenig wie in den für Erwachsene veranstalteten Abendvorträgen. Als Kind der Aufklärung war er der Überzeugung, daß die Religion den kindlichen Geist durch abergläubische Vorstellungen abstumpfe; daß Intelligenz die höchste Tugend, allgemeine Erziehung die einzige Lösung für soziale Probleme und damit der Fortschritt – auf diese Weise gefördert – unausweichlich und grenzenlos sei.[35] In seinen Manufakturen und in seiner Schule gab es keine Unterschiede von Rasse und Glaubensbekenntnis: «Nächstenliebe und Güte lassen keine Ausnahmen zu.»[36] Er glaubte, die von ihm vertretenen Methoden seien ein Versuch der Annäherung an die Sittenlehre Christi, und er blickte voll Sehnsucht dem moralischen Utopia entgegen, das er als Ergebnis seiner Grundsätze erwartete.

In seinem vierten, dem Prinzregenten gewidmeten Essay (1816), offerierte er einige Vorschläge für die Gesetzgebung. Er forderte das Parlament auf, schrittweise die Einfuhr geistiger Getränke zu reduzieren, ihren Verbrauch mit Steuern zu belegen und schließlich die Lizenzierung von Schnapsläden und Bierhäusern einzustellen, so daß Trunkenheit zu einem Luxus für wohlhabende Narren würde. Er empfahl die Vermehrung und Finanzierung von Elementarschulen zur moralischen Entwicklung der kommenden Generationen. Er plädierte für ein Fabrikgesetz, das die Beschäftigung von Kindern unter zehn Jahren verbieten sollte ebenso wie die Nachtarbeit von Personen unter achtzehn; es sollte Arbeitszeiten und -bedingungen regeln und ein regelmäßiges Überwachungssystem für Fabriken einführen. Ein Ministerium für Arbeit sollte in gewissen Abständen Statistiken der lokalen Schwankungen von Angebot und Nachfrage am Arbeitsmarkt erstellen und diese Informationen zur Steuerung der Arbeitslosigkeit verwenden.[37] Er forderte die Abschaffung der staatlichen Lotterie als einer schändlichen Methode, um «die Unbedachten zu verführen und die Unwissenden zu berauben».[38]

Er stimmte Malthus zu, daß die Armengesetzgebung – welche die Arbeitslosen und Verarmten auf einem Existenzniveau am Rande des Verhungerns hielt – die Unterstützungsempfänger herabwürdige und Fruchtbarkeit wie Verbrechen fördere. Anstelle der Arbeitshäuser, die diesem System zu danken waren, schlug Owen vor (1817), der Staat solle organisierte Gemeinschaften von jeweils fünfhundert bis fünfzehnhundert Mitgliedern einrichten, die unter der Leitung einer Arbeitsselbstverwaltung ihre eigene Nahrung und Kleidung produzieren und ihre eigene Schule unterhalten sollten.[39]

Nachdem Owens Appell an das Parlament nur geringen Erfolg gezeitigt hatte, veröffentlichte er (1818) einen Aufruf «An die britischen Fabrikanten»[40], worin er die Erfolge seines Systems in New Lanark beschrieb und sie beschwor, die Beschäftigung von Kindern unter zwölf Jahren einzustellen. Die Angesprochenen sahen keine Möglichkeit, diese Forderung zu realisieren; außerdem lehnten sie Owens Analyse der wirtschaftlichen Depression als einer Folge des Reichtums an Erfindungen, welche die Kaufkraft des Volkes überstiegen, ab. Sie taten ihn als atheistischen Visionär ab, der in Wirklichkeit kein Verständnis für die Probleme habe, denen sich der Unternehmer gegenüber sähe, wie auch für die menschlichen Nöte, die nur durch die Religion gemildert werden könnten.

Schließlich wandte sich Owen an die Arbeiter selbst und suchte ihre Unterstützung in einer «Address to the Working Classes» (1819). Er errang ihren Beifall, wenn er «Handarbeit, richtig eingesetzt,» als «Quelle jeglichen Reichtums und der nationalen Prosperität»[41] bezeichnete. Er sprach jedoch die Warnung aus, daß England und seine arbeitende Bevölkerung für den Sozialismus noch nicht reif seien; er wies jeden Gedanken an die Vorstellung zurück, die britische Regierung solle jetzt die gesamte arbeitende Bevölkerung direkt beschäftigen.[42] Er mißbilligte alle überstürzten Maßnahmen und lehnte eine Revolution ab als «geeignet, alle bösen Leidenschaften des Hasses und der Rache hervorzurufen».[43] In seinem *Report to the County of Lanark* (einem Gremium von Grundbesitzern) von 1820 erklärte er jedoch, was England jetzt brauche, seien keine stückweisen Reformen, sondern eine grundsätzliche Umgestaltung der sozialen Ordnung.[44] In England enttäuscht, wandte er sich voller Hoffnung den Vereinigten Staaten zu, wo verschiedene religiöse Sekten sich mit kommunistischen Experimenten beschäftigt hatten. 1814 kaufte eine Gruppe deutsch-amerikanischer Pietisten 12 140 Hektar Land entlang dem Wabashfluß im südwestlichen Teil des Territoriums Indiana und gründete dort die Stadt Harmonie. 1825 sahen sie sich dem Bankrott gegenüber. Owen rettete sie und ruinierte sich selbst, indem er ihnen 40 000 Pfund für das Land und die Stadt bezahlte, die er in New Harmony umbenannte. Er lud Männer und Frauen guten Willens ein, dort mit ihm zusammen eine kooperative Gemeinschaft zu errichten. Er übernahm alle Kosten mit Ausnahme der Schule, die von William Maclure finanziert wurde. Tausende von Enthusiasten kamen, lebten ein Jahr lang auf Owens Kosten fanden sich nach und nach mit disziplinierter Arbeit ab und gerieten über religiöse und politische Fragen in Streit. 1827 übergab Owen, nachdem er den größten Teil seiner 40 000 Pfund verloren hatte[45], die Kolonie an Maclure und kehrte nach England zurück.

Er war noch nicht ganz am Ende. Er leitete eine Bewegung zur Entwicklung von Innungen aus den Gewerkschaften, die in der Produktionsgüterindustrie mit Privatunternehmen konkurrieren sollten. Die Nationale Bauunternehmer-Union übernahm Bauaufträge. Andere Gewerkschaften folgten dem Beispiel und wurden 1833 von Owen in der *Grand National Consolidated Trades Union* organisiert, von der er hoffte, sie würde allmählich den britischen Kapitalismus verdrängen und am Ende den Staat ersetzen. Das Parlament antwortete mit Verboten, die rigoros durchgesetzt wurden. Die Banken verweigerten Kredite, und 1834 mußte Owen seine Niederlage eingestehen.

Sein Leben, in der Industrie so erfolgreich, schien nun zu einem vollständigen Mißerfolg geworden zu sein. Religiöse Differenzen hatten seine Ehe verdüstert. Seine Frau war glühende Calvinistin; als sie entdeckte, daß er ein Freigeist war, machte sie sich unentwegt Sorgen über seine unvermeidliche Verdammnis. Später drängte sie ihren Sohn Robert, sich für die Bekehrung seines Vaters zum Calvinismus einzusetzen. Das Resultat war, daß die religiöse Überzeugung des Sohnes beträchtlichen Schaden nahm.[46] Nach seiner Rückkehr aus Amerika lebte Owen von seiner Frau getrennt, obwohl er weiterhin mit ihr auf gutem Fuße stand. Er war zwar Anhänger der Ehescheidung, suchte sie aber nicht. Er ging völlig in seiner Mission auf.

Er lieh seine aktive Unterstützung verschiedenen Gemeinschaften, die versuchten, seine Grundsätze Wirklichkeit werden zu lassen: in Orbiston in Schottland, in Ralahine in Irland, in Queenwood in England. Die erste löste sich nach zwei Jahren auf, die zweite nach drei, die dritte nach sechs. Er fuhr fort, seine Ideen durch Vorträge und Schriften zu verbreiten und erlebte noch die Einrichtung vieler Verbrauchergenossenschaften auf den britischen Inseln. Er sandte Reformvorschläge an gelehrte Körperschaften, Regierungsbeamte, an Königin Victoria. Schließlich, im Jahre 1853, wandte er sich dem Spiritismus zu, wurde zum Opfer verschiedener Medien und führte intime Unterhaltungen mit Franklin, Jefferson, Shakespeare, Shelley, Napoleon und dem Propheten Daniel.[47] 1858 kehrte er, nachdem er längst seine Zeit und sich selbst überlebt hatte, in seine Geburtsstadt Newtown zurück und starb dort in seinem achtundachtzigsten Lebensjahr.

Er war ein guter Mann, so selbstlos, wie ein Ich nur sein kann, das seiner selbst völlig sicher ist. Er konnte nicht aus seiner Haut heraus. Im geheimen war er stolz auf seine Macht und Intelligenz, auf seinen Erfolg. Seine Unternehmungen waren auf seine persönliche Leitung zugeschnitten; er hatte jedoch recht mit der Ansicht, daß eine erfolgreiche Zusammenarbeit Autorität und Disziplin verlangt. Das Beste, was ein Mann tun kann, ist die Ausweitung seines Ego, bis es seine Familie, sein Land, seine Gattung in sich begreift und so Genugtuung in einem beispielhaften Wirken findet.

ZWEITES KAPITEL

Das Leben in England

I. DIE KLASSEN

Unter einer Zivilisation verstehen wir ein Volk, das durch Regierungsform, Gesetz, Religion, Moral, Sitten und Erziehung in sozialer Ordnung lebt und dabei hinreichende Freiheit genießt, zu erfinden und zu experimentieren, Freundschaft, Nächstenliebe und Güte zu entfalten sowie Kunst, Literatur, Wissenschaft und Philosophie hervorzubringen. Wie und mit welchem Ergebnis wurden diese Formen von Ordnung und Freiheit im England von 1789–1815 wirksam?

Zunächst gliederte die naturgegebene Verschiedenheit der Menschen – in Erbgut, Chancen und Fähigkeiten – sie in Klassen, von denen jede ihr Teil zum Gemeinschaftsleben beitrug. Kasten gab es in England nicht, denn eine Persönlichkeit von besonderem Reichtum oder Format konnte sich aus einer Klasse in eine andere erheben, selbst bis zur Peerswürde. Das Verhältnis des Adligen zum Bauern war oft ein recht freundliches, nur selten das eines Brahmanen gegenüber einem Unberührbaren. Leibeigenschaft gab es nicht mehr, obwohl nur eine kleine Minderheit von Bauern das Land, das sie bebaute, auch besaß. Der Adel zahlte Steuern wie jedermann und betätigte sich manchmal (im Gegensatz zu seinen französischen Standesgenossen) in Handel und Industrie. Nur der älteste lebende Sohn eines Edelmanns erbte seinen Adel, die übrigen Kinder waren rechtlich (nicht gesellschaftlich) Bürgerliche.

Dennoch gab es eine Menge künstlicher Barrieren. Die Konzentration des Reichtums war ungewöhnlich stark. Die Gleichheit vor dem Gesetz wurde durch die Kosten von Rechtsstreitigkeiten zunichte gemacht. Gegen angeklagte Lords konnte nur vor dem Oberhaus (vor einer Jury seiner Peers) verhandelt werden. Dieses «Hochadelsprivileg» existierte bis 1841. Liederliche Männer der nichtadligen Klassen konnten zwangsweise in die Flotte gepreßt werden. Bürgerliche erreichten nur selten eine hohe Stellung in Flotte oder Armee, der Beamtenschaft, den Universitäten oder der Rechtsprechung. Die herrschende Klasse des Hoch- und Landadels gewährte der breiten Masse nur selten einen Anteil an den personellen oder politischen Entscheidungen der Regierung.

Vielleicht am schärfsten war das Klassenbewußtsein bei der Bourgeoisie ausgeprägt, die Bauernschaft und Proletariat mit stolzer Reserviertheit gegenüberstand und von der Erhebung in den Adelsstand träumte. Sie selbst spaltete sich wieder in aufeinander eifersüchtige Schichten: der Industriekapitalist sah auf den Ladenbesitzer in der Nachbarschaft herab*; der große Kaufherr, der sein Geld fernen Abenteuern verdankte, dünkte sich mehr als der Industrielle; die aufgeblähten Nabobs, die ihre in den Kolonien zusammengerafften Schätze mit Patriotismus und Religion verbrämten, bildeten eine Klasse für sich. Ebenso wie in Frankreich, schien auch in England niemand mehr mit dem Platz zufrieden zu sein, auf den ihn Vorsehung, Fähigkeiten oder Glück gestellt hatten. Jeder bemühte sich eifrig, zu steigen oder zu fallen; die Ruhelosigkeit der Moderne begann. Ursache des Wettstreits war der Drang der Kapitalisten, die Aristokratie am Ruder des Staates zu ersetzen; in Frankreich nahm dies eine Generation in Anspruch, in England dauerte es Jahrhunderte.

So herrschte die Aristokratie bis 1832 und lächelte über ihre Herausforderer. Im strengen Sinne bestand sie im Jahre 1801 aus 287 «weltlichen» männlichen oder weiblichen Peers und sechsundzwanzig anglikanischen Bischöfen, die als «geistliche Lords» einen Sitz im Oberhaus innehatten. Die weltlichen Peers gliederten sich, in absteigender Rangfolge, in Prinzen von Geblüt, Herzöge, Marquis', Grafen, Viscounts und Barone. Allen diesen gebührte, mit Ausnahme von Prinzen und Herzögen, die Anrede «Lord»; ihre Titel vererbten sich von Generation zu Generation auf den ältesten Sohn. Ihr Reichtum gründete sich auf den Besitz ausgedehnter Ländereien, die von Pächtern und Tagelöhnern bebaut wurden und ihren Besitzern Erträge einbrachten wie z. B. dem Herzog von Newcastle 120000 Pfund oder – wie im Normalfall – Viscount Palmerston 12000 Pfund im Jahr.[2] Die Güter der Herzöge von Bedford, Norfolk und Devonshire bedeckten, zusammengenommen, die Fläche einer mittleren Grafschaft.[3] Als nächste nach diesen weltlichen und geistlichen Lords kamen in England 540 Baronets mit ihren Frauen, berechtigt, ihren Vornamen den Titel «Sir» oder «Lady» voranzustellen und diese Titel weiterzuvererben. Die nächsten waren 350 Ritter und ihre Frauen, welchen dieselben Titel zustanden, die jedoch nicht erblich waren. Hinter diesen folgten etwa 6000 Landedelleute oder «Gentry» – Grundbesitzer aus alten und anerkannten Familien, zur Führung eines Wappens berechtigt. Alle diese Gruppen unterhalb der Lords bildeten zusammen den niederen Adel, wurden jedoch allgemein zur «Aristokratie» gezählt, die England beherrschte.

Diese scheint nicht das Gefühl gehabt zu haben, daß die Herrschaft einer Minorität unrecht sei. Ihre Mitglieder betrachteten mit stoischem Gleichmut die Verarmung der Bauernschaft, die Erniedrigung der Fabrikarbeiter und die Ausplünderung Irlands. Armut, glaubten sie, sei die natürliche und notwendige Strafe für Unfähigkeit oder Faulheit und es dürfe knieweichen Theoretikern nicht gestattet werden, Britannien in eine Demokratie zu verwandeln, die nichts als ein entarteter Wohlfahrtsstaat wäre. Anarchistischen Träumern wie William Godwin oder Percy Shelley zum Trotz ist irgendeine Art von Regierung notwendig; ohne sie würde das Volk zum Mob und zur Gefahr für jedes Individuum und jegliche Freiheit. Napo-

* Samuel Adams hatte 1748 England «eine Schöpfung von Krämern»[1] genannt. Napoleon machte sich dies zu eigen. Es war aber kaum richtig.

leon war nicht zu Gunsten Englands voreingenommen, doch er sagte auf St. Helena: «Es wäre eine europäische Katastrophe, wenn die englische Aristokratie verschwinden sollte, wenn sie einem Londoner Mob ausgeliefert würde».[4] Jede Herrschaft wird von einer Minorität oder von einem Despoten ausgeübt, und die herrschende Minorität ist entweder ein Geburtsadel oder eine Plutokratie der Reichen. Demokratie gehört natürlich zu dieser letzteren, denn nur der Reichtum kann Wahlkämpfe bezahlen oder die Kosten für die Beeinflussung der Bevölkerung tragen, die den Kandidaten der wohlhabenden Minderheit wählen soll. Demokratisch gewählte Männer sind selten von Geburt und Ausbildung her mit dem nötigen Rüstzeug versehen, um Regierungsfragen erfolgreich zu behandeln, von internationalen Beziehungen ganz zu schweigen. Geburtsadel ist eine Schule der Staatskunst. Manche der so Erzogenen mögen wertloser «Ausschuß» sein, doch eine ausreichende Zahl erwirbt durch dauernde Konfrontation mit den Problemen und Personen der herrschenden Kreise die Fähigkeit, mit kritischen Angelegenheiten fertig zu werden, ohne der Nation durch ungeschicktes Vorgehen zu schaden. Außerdem erzieht eine Aristokratie, die ihren Aufgaben gerecht wird, das Volk zu Gehorsam und Respekt vor der Autorität, was der öffentlichen Ordnung und Sicherheit zugute kommt.

Derartige Argumente, im geheimen gefühlt und vorsichtig formuliert, scheinen die Mehrheit des englischen Volkes überzeugt zu haben. Sie überzeugten jedoch nicht die aufstrebende Bourgeoisie, die reichen Grundbesitzern das Recht absprach, Ministerien und Parlament zu kontrollieren. Sie wurden auch von einer rebellischen Arbeiterschaft zornig zurückgewiesen; sie wurden außerdem schärfstens von einer Intelligenzschicht in Frage gestellt, die empört und zu ihrer Anprangerung entschlossen die Methoden beobachtete, mit welchen eine nur an sich selbst denkende Aristokratie England regierte.

II. DIE REGIERUNG

1. *Legislative*

Die englische Verfassung ist die Gesamtheit der unwiderrufenen Gesetzeserlässe des Parlaments und der nicht aufgehobenen Entscheidungen der Gerichtshöfe. Durch solche Präzedentien lag die volle Regierungsautorität bei der Krone (König oder Königin) und dem mit ihr zusammenwirkenden Parlament. In der Regel, seit 1688, akzeptierte der Monarch die vom Parlament erlassenen Gesetze. Kein geschriebenes Dokument begrenzte die Macht des Parlaments, irgendein Gesetz in Kraft zu setzen, dem seine beiden Kammern zugestimmt hatten. Die erste Kammer, das Oberhaus, bestand aus den weltlichen und geistlichen Lords, die ihre Sitze kraft Geburt und Tradition besaßen, keiner Wahl bedurften, befugt waren, jede vom Unterhaus beschlossene Maßnahme abzulehnen und als oberster Gerichtshof in Berufungssachen, bei Anklagen gegen Regierungspersonen und bei allen Maßnahmen wegen Kapitalverbrechen gegen seine weltlichen Mitglieder zu fungieren. Es war eine Bastion der Aristokratie, die Nachhutgefechte gegen die vorrückende Bourgeoisie ausfocht.

Das Unterhaus umfaßte 558 Mitglieder: je zwei von den Universitäten Oxford und Cambridge, eines vom Trinity College, Dublin, fünfundvierzig aus Schottland; der Rest wurde von Wählern aus vierzig Grafschaften («shires») und zwanzig städtischen Wahlbezirken gewählt, die über bestimmte Stimmprivilegien verfügten, die zu unterschiedlich sind, um hier im einzelnen behandelt zu werden.[5] Vom Stimmrecht ausgeschlossen waren Frauen, Fürsorgeempfänger, römische Katholiken, Quäker, Juden, Freidenker und ganz allgemein jeder, der der Autorität und den Lehren der Kirche von England keinen Gehorsam schwören konnte. Alles in allem gab es unter Englands 9 Millionen Seelen 245 000 wählbare Stimmberechtigte. Da die Wahlen öffentlich waren, wagten es nur wenige Wähler, ihre Stimme einem anderen Kandidaten, als dem von dem maßgebenden Grundbesitzer vorgeschlagenen zu geben. Viele städtische Wähler machten keinen Gebrauch von ihrem Wahlrecht, und manche Wahlen wurden durch ein Arrangement zwischen den Parteiführern entschieden, ohne daß überhaupt eine Wahl stattfand. Die Anzahl der jedem Wahlbezirk zustehenden Parlamentsvertreter war durch Tradition festgelegt und nahm kaum Rücksicht auf Bevölkerungszu- oder -abnahme im Bezirk. Manche Bezirke mit nicht mehr als einer Handvoll Wählern erhielten einen oder mehrere Abgeordnete, während London mit 6000 Stimmberechtigten nur vier zustanden. Die neuen Industriezentren waren, wenn überhaupt, nur spärlich im Parlament vertreten; Manchester, Birmingham und Sheffield hatten keinen Abgeordneten, die alte Grafschaft Cornwall dagegen zweiundvierzig. Es muß allerdings angemerkt werden, daß in Angelegenheiten von nur lokaler Bedeutung viele Städte und Gemeinden über ein beträchtliches Maß von Selbstverwaltung verfügten. So wählte die City von London vermittels eines besitzbedingten Stimmrechts ihre eigene Regierung und erhielt sich eine stolze Unabhängigkeit vom Parlament.

Etwa die Hälfte der Unterhaussitze wurde aufgrund von diesen mehr oder weniger allgemeinen Wahlen besetzt, die andere Hälfte aufgrund von örtlichen oder weiter entfernten Grundbesitzern vollzogenen Nominierungen ohne Gegenkandidaten. Diese Nominierungen wurden in vielen Fällen von den Wahlbezirken an den Meistbietenden verkauft. «Wahlbezirke, mit anderen Worten Unterhaussitze, wurden so offen gekauft und verkauft wie irgendeine Handelsware. Der König selbst war zeitweise der größte Aufkäufer von Wahlbezirken.»[6]

Die gewählten Mitglieder verteilten sich lose auf zwei Parteien – Tories und Whigs. Beide hatten weitgehend die Meinungsverschiedenheiten vergessen, die sie einst entzweit hatten; ihre Führer entstammten bei beiden alten adligen Familien. Allerdings neigten die Whigs mehr als die Tories dazu, sich mit den hochkommenden reichen Handels- und Industrieherren zu verständigen, während die Tories die traditionellen königlichen Hoheitsrechte verteidigten, die von den Whigs in Frage gestellt wurden. Zankapfel waren nicht Prinzipien, sondern Macht: welche Partei die Regierung zu bilden, die einträglichen Ämter zu verteilen und die wuchernde Bürokratie zu überwachen hatte.

Ungeachtet ihrer aristokratischen Basis war die britische Regierung in ihrer Gesetzgebung wesentlich demokratischer als die meisten Kontinentalstaaten. Während bei diesen (einschließlich Frankreichs von 1804 an) die oberste Gewalt von einem Kaiser oder König ausgeübt wurde, war in Britannien seit 1688 der wirkliche Herrscher nicht der König, sondern das Parlament. Bei diesem Zweikammerparlament lag die Macht hauptsächlich in den Händen des Unterhauses wegen seiner «power of the purse», (Verfügungsgewalt über den Staatssäckel, Anm. d. Ü.): Ohne seine Zustimmung durften keinerlei Zahlungen aus öffentlichen Mitteln geleistet werden. Theoretisch konnte der König gegen jede vom Parlament beschlossene Maßnahme sein Veto einlegen; tatsächlich aber dehnte Georg III. seine Privilegien niemals bis zu diesem kritischen Punkt aus. Allerdings konnte der König das Parlament auflösen und Neuwahlen ausschreiben. In diesem Fall hatten die von ihm favorisierten und finanzierten Kandidaten gute Chancen, einen Sitz zu erobern, denn der im Lande geborene König war (nach zwei ausländischen Georgs) wieder zur Personifikation der Nation geworden, zur Zentralfigur von Loyalität, Patriotismus und Stolz.

2. *Justiz*

Die englische Justiz war ebenso vom Zufall bestimmt, chaotisch und kompetent wie die Legislative. Vor allen Dingen hatte sie eine Gesetzessammlung zur Anwendung zu bringen, die während Hunderten von Jahren fast täglich angewachsen, lange nicht systematisch geordnet worden und in ihrer überlieferten Strafrechtstheorie so brutal war, daß die Richter sie oft abzumildern oder außer acht zu lassen hatten. Die Gesetzgebung war überfrachtet mit Relikten ihrer feudalen Ursprünge und deren christlichen Verbesserungen. Unter Anklage gestellte Lords verlangten noch, von Lords abgeurteilt zu werden und das «Vorrecht des Klerus» nahm anglikanische Geistliche noch (bis 1827) von der Verhandlung durch weltliche Gerichtshöfe aus. Hunderte von Gesetzen (gegen öffentliches Glücksspiel, nächtliche Vergnügungen, nichtgenehmigte Versammlungen usw.) verblieben im Gesetzbuch, obwohl sie kaum jemals zur Anwendung gelangten. Einzelne Reformen erfolgten in dieser Zeit: Die Zahl der Verbrechen (rund zweihundert), für welche 1800 noch die Todesstrafe vorgesehen war, wurde mehrmals verringert; eine genaue Rechnungslegung über Aktiva und Passiva konnte das Schuldgefängnis abwenden. Das Konkursgesetz allerdings blieb so hinderlich, daß Geschäftsleute vermieden, sich seiner zu bedienen. Die Habeas-Corpus-Akte von 1679, die den Zweck hatte, ungesetzliche Haft vor einer Gerichtsverhandlung zu verhindern, war so häufig suspendiert worden, daß sie in Krisen wie den französischen Revolutionskriegen ihre Macht verlor. Die Wirrnisse, Widersprüche und Barbareien der britischen Gesetzgebung dauerten an, bis Bentham sie mit seinen unermüdlichen, ins einzelne gehenden Forderungen nach Reform drastisch zusammenstrich.

Die Ergreifung von Verbrechern wurde zusätzlich erschwert durch die geringe Zahl von Polizisten in den Städten und ihr fast völliges Fehlen in der Provinz. Die Bürger waren gezwungen, freiwillige Vereinigungen zum Schutz ihres Lebens und Eigentums zu bilden. Selbst ein festgenommener Verbrecher konnte die Haft verzögern oder ihr entgehen, indem er einen Rechtsanwalt bezahlte, der Gründe für das Einlegen von Rechtsmitteln fand oder konstruierte oder eine Gesetzeslücke entdeckte: »Die Rechtsanwälte brüsteten sich, es gäbe nicht eine einzige Gesetzesvorschrift, durch die sie nicht sechsspännig fahren könnten.»[7]

Auf der untersten Stufe der juristischen Berufe standen die Anwälte und Rechtsbeistände, die als gesetzliche Vertreter für einen Klienten tätig wurden oder die Schriftsätze für die Barrister vorbereiteten, welche die einzigen bei Gericht zugelassenen Anwälte waren. Aus ihren Reihen ernannte der König, in der Regel auf Vorschlag des Lordkanzlers, die Richter.

Ein- bis zweimal im Jahr bereisten die Richter der königlichen Gerichtshöfe die Grafschaften, um an Ort und Stelle Zivil- und Kriminalfälle zu verhandeln. Da ihr Aufenthalt an jedem einzelnen Ort nur kurz war, war die Anwendung – in gewissem Umfang auch die Schöpfung – des Rechts in jeder Grafschaft oder in jedem städtischen Gerichtsbezirk dem örtlichen «Friedensrichter» übertragen. Diese wurden von der Zentralregierung unter den wohlhabenderen Grundbesitzern des Distrikts ausgewählt; sie erhielten keine Bezahlung, da man annahm, daß ihr Reichtum sie vor Korruption schützen werde. Sie waren nicht über Klassenvorurteile erhaben, und einzelne unter ihnen wurden für harte Urteile gegen Radikale berühmt. Alles in allem jedoch sorgten sie für eine faire und fähige Verwaltung, fast so gut wie die der Präfekten im Napoleonischen Frankreich.

Der größte Vorzug der englischen Rechtspflege war das Recht des Angeklagten auf eine Verhandlung vor einem Schwurgericht. Augenscheinlich war diese Einrichtung der karolingischen Franken in primitiver Form mit der normannischen Eroberung nach England gekommen. Die Größe der Jury wurde erst 1367 auf zwölf Mitglieder festgesetzt und auch ein einstimmiges Verdikt wurde erst von diesem Zeitpunkt an gefordert. Die Geschworenen wurden aus einer Vorschlagsliste von achtundvierzig bis zweiundsiebzig Männern – vorzugsweise aus der Mittelklasse – ausgewählt, nachdem den streitenden Parteien ausgiebig Möglichkeit zur Ablehnung gegeben worden war. In regelmäßigen Abständen stand den Friedensrichtern in jeder Grafschaft eine große Jury zur Seite, nach deren Empfehlungen der Gerichtshof sich zu richten hatte. Bei Verhandlungen hörten die Geschworenen die Beweisaufnahme, die Plädoyers der Anwälte beider Seiten und die Zusammenfassung des Richters; danach zogen sie sich in einen angrenzenden Raum zurück, wo sie «um Unbeherrschtheit und grundlose Verzögerung zu vermeiden», solange ohne Speise und Trank, Feuer und Licht (es sei denn mit Erlaubnis des Richters) sich selbst überlassen wurden, «bis sie einen einstimmigen Spruch gefällt hatten».[8]

3. *Exekutive*

Theoretisch lag die ausübende Gewalt beim Monarchen, in Wirklichkeit jedoch bei seinem Kabinett. Die Minister mußten Mitglieder des Parlaments sein, dem sie für ihre Maßnahmen verantwortlich waren und von dem die Festsetzung ihres Budgets abhing. Theoretisch ernannte der König diese Minister, in der Praxis mußte er an ihre Spitze den Führer der bei den letzten Wahlen siegreichen Partei berufen. Dieser Premierminister nominierte, zusammen mit anderen prominenten Mitgliedern seiner Partei, die Leiter der verschiedenen Ministerien, die dann vom Herrscher formell bestätigt wurden. In seiner ersten Regierung (1783–1801) übernahm William Pitt sowohl das Portefeuille des Finanzministers wie auch des Ersten Lords des Schatzamtes; das heißt, er kontrollierte, der Zustimmung des Parlaments unterworfen, sowohl Eingang wie Ausgang des Nationaleinkommens. Sowohl im Kabinett wie auch in der Regierung insgesamt war die Verfügungsgewalt über die Staatsfinanzen das Hauptinstrument von Disziplin und Herrschaft.

Georg III. erkannte seine Abhängigkeit vom Parlament nicht an. Seit seiner Thronbesteigung 1760 mit zweiundzwanzig Jahren hatte er danach getrachtet, die königlichen Vorrechte zu stärken. Doch der kostspielige Zusammenbruch seiner Führung im amerikanischen Unabhängigkeitskrieg und die verschiedentlichen Ausbrüche von Geisteskrankheit (1765, 1788, 1804, 1820–21) schwächten seinen Körper, Geist und Willen, und so gestattete er William Pitt 1788, allein zu regieren unter drei Vorbehalten: die Sklaverei dürfe nicht endgültig verurteilt werden, die britischen Katholiken dürften kein Stimmrecht erhalten und es dürfe kein Friede mit Frankreich geschlossen werden, solange Ludwig XVIII. nicht sicher auf seinem angestammten Thron saß.

Georg III. war innerhalb der Grenzen seines Vorstellungsvermögens und seines Glaubens ein guter Mann. Napoleon beschrieb ihn in der Rückschau aus seiner Internierung als «den ehrenwertesten Mann in seinem Herrschaftsbereich».[9] Er unterschied sich von seinen hannoverschen Vorgängern, indem er alle Gebote außer dem fünften erfüllte und es sehr an der Erfüllung der levitischen Forderung «liebe Deinen Nächsten wie Dich selbst» fehlen ließ; er liebte jedoch das englische Volk. Trotz seiner Fehler und wegen seiner Mißgeschicke liebte sein Volk ihn wieder – weil er seine ererbte Religion, seine Frau und seine Töchter liebte und der Nation das anfeuernde Beispiel eines einfachen und aufopfernden Lebens gab. Ihre Herzen schlugen ihm entgegen, als ungeachtet seines Vorbildes die meisten seiner Söhne ihre fürstlichen Titel mit ehelichem Chaos, verantwortungslosem Glücksspiel, wüsten Extravaganzen und sichtbarem Verfall von Körper und Charakter beschmutzten. Wellington sollte sie als «die verdammtesten Mühlsteine, die jemals am Hals einer Regierung hingen» beschreiben.[10]

Der älteste von ihnen – George, Prince of Wales – war der unmöglichste, unangenehmste und gleichzeitig charmanteste. Er sah gut aus und wußte dies. Er hatte eine gute Erziehung genossen, sprach Französisch, Deutsch und Italienisch fließend, sang gut, spielte Cello, schrieb Gedichte, hielt Fühlung mit der zeitgenössischen englischen Literatur, zählte Richard Sheridan und Thomas Moore zu seinen intimen Freunden und war ein intelligenter Förderer der Künste. Er richtete sich in Carlton House einen fürstlichen Haushalt ein, möblierte ihn elegant auf Kosten des

Landes, machte Politik, übertraf den Durst von Charles James Fox und wurde, zum Entsetzen seines Vaters, zum Idol der Whigs. Außerdem schätzte er die jungen Dandys, die ihren Reichtum an Phantasiekleidung, Frauen, Pferde und Hunde verschwendeten.[11] Er begleitete solche Zeitgenossen zu Preisboxkämpfen und übertraf jedermann im Geldhinauswerfen und Schuldenmachen. Das Parlament bewilligte wiederholt 100 000 Pfund, um seine Solvenz wiederherzustellen[12], denn niemand konnte voraussehen, wann dieser gutartige Taugenichts als König der großzügige Spender lukrativer Pfründe sein würde.

Mit siebzehn hatte er bekannt, er sei «den Frauen und dem Wein ein bißchen zu sehr zugetan». Zu seinen ersten Geliebten zählte Mary Robinson, die ihn durch ihre Darstellung der Perdita in *A Winter's Tale* faszinierte. Er hielt sie drei Jahre lang in unpassendem Luxus aus. Dann begann er eine ernsthaftere Affäre mit Maria Anne Fitzherbert, die zweimal verwitwet, römisch-katholisch, sechs Jahre älter als er und von unbeugsamer Sittsamkeit war. Sie weigerte sich, seine Geliebte zu werden, erklärte sich aber bereit, ihn zu heiraten. Die Thronfolgeregelung, die das Haus Hannover auf den englischen Thron berufen hatte, schloß Ehemann oder Gattin eines römischen Katholiken von der Thronfolge aus; ein Gesetz aus dem Jahre 1772 verbot allen Mitgliedern der königlichen Familie, ohne Erlaubnis des Herrschers vor Vollendung des fünfundzwanzigsten Lebensjahres zu heiraten. Dennoch heiratete der Prinz Mrs. Fitzherbert (1785) und bezahlte einem jungen anglikanischen Kuraten 500 Pfund für die Ausführung der illegalen Zeremonie; die Illegalität bewahrte den Prinzen vor dem Verlust des Thronfolgerechtes. Dieses Recht machte er 1788 geltend, als sein Vater in geistige Umnachtung fiel. Er wartete mit Ungeduld auf seinen Tod, doch Vater und Sohn waren selten der gleichen Meinung.

Sie einigten sich aber, daß der Thronfolger seine morganatische Gattin verlassen und die Nichte seines Vaters, Prinzessin Caroline von Braunschweig, heiraten würde, wenn der König (faktisch das Parlament) seine neuerlichen Schulden (110 000 Pfund) bezahlte. Er fand sie abschreckend häßlich, sie ihn ekelhaft fett, doch sie heirateten am 8. April 1795. Caroline behauptete später, er habe die Hochzeitsnacht in trunkener Betäubung verbracht.[13] Dennoch schenkte sie ihm am 7. Januar 1796 eine Tochter, Prinzessin Charlotte. Bald danach verließ er sie und kehrte für eine Weile zu Mrs. Fitzherbert zurück, die offensichtlich die einzige Frau war, die er jemals von Herzen liebte. (Als er starb, fand man ein Miniaturportrait von ihr an seinem Hals.[14])

Im November 1810 verlor Georg III. – zusammengebrochen unter der Opposition des Parlaments, der Scham über seinen Sohn und der Trauer über den Tod seiner Tochter Amelia – endgültig den Verstand. Die nächsten neun Jahre war der König von England ein tobsüchtiger Verrückter, von seinem Volk bedauert und geliebt. Der Regent, der sich mit allem Pomp und aller Macht des Königtums umgab, war eine degenerierte Ruine, fünfzig Jahre alt, fett, gutmütig, zum Hahnrei gemacht und verachtet.

III. RELIGION

Regierung und gebildete Schichten in England waren um diese Zeit zu einem Gentlemen's Agreement in Fragen der Religion gelangt. Der deistische Angriff auf den orthodoxen Glauben war abgeflaut, als die Skeptiker zu der Einsicht kamen, daß sie als Stütze der individuellen Moral und des öffentlichen Friedens nichts an seine Stelle zu setzen hatten. William Godwin, Robert Owen, Jeremy Bentham und James Mill waren überlebende Beispiele des Unglaubens, doch sie machten damit keine Propaganda; Tom Paine war eine Ausnahme. Die englische Aristokratie, die von dem jungen Voltaire angetan gewesen war, erregte nun Aufsehen mit ihrer sorgfältigen Beachtung des Sabbats. «Es erschien den unteren Ständen in ganz England als ein Wunder», notierte das *Annual Register* 1798, an Sonntagen «die zu den Kirchen führenden Straßen mit Kutschen angefüllt zu sehen».[15] John Stuart Mill bemerkte 1838:

> Der englische Geist besitzt, auf dem spekulativen wie auf dem praktischen Felde, einen höchst gesunden Widerwillen gegenüber allen Extremen ... *Quieta non movere*, das Ruhige nicht aufstören, war der bevorzugte Leitsatz jener Zeit; ... daher wurde, unter der Bedingung, daß nicht zuviel Aufhebens von der Religion gemacht, oder sie zu ernst genommen werde, die Kirche auch von den Philosophen unterstützt als Bollwerk gegen den Fanatismus, als Beruhigungsmittel gegen den religiösen Eifer, um diesen daran zu hindern, die Harmonie der Gesellschaft und die Ruhe des Staates zu stören. Der Klerus des Establishments glaubte unter diesen Bedingungen gut zu fahren und hielt sich sehr genau daran.[16]

Die Staatskirche war offiziell die «Vereinigte Kirche von England und Irland». Obwohl sie die neununddreißig Artikel des calvinischen Glaubensbekenntnisses angenommen hatte, bewahrte sie noch viele Züge des katholischen Ritus. Sie besaß Erzbischöfe und Bischöfe, doch heirateten diese gewöhnlich und sie wurden von der Krone ernannt. Die Pfarrer wurden in der Regel von den örtlichen Grundbesitzern gewählt und unterstützten sie bei der Aufrechterhaltung der öffentlichen Ordnung. Der anglikanische Klerus anerkannte den König als Haupt und Herrscher und überließ es dem Staat, von allen Familien Englands den Zehnten einzuziehen, der zum Unterhalt der Kirche diente. Burke beschrieb Britannien als ein christliches Commonwealth, in welchem Kirche und Staat «ein und dasselbe sind, nämlich integrierende Bestandteile eines Ganzen». John Wilson Croker nannte die Westminster-Abtei «einen Teil der britischen Verfassung».[17] Dieses Verhältnis glich dem, wie es zwischen der katholischen Kirche und der französischen Regierung unter Ludwig XIV. bestand, nur daß es hier kaum Verfolgungen wegen Häresie gab.*

Die dissentierenden Sekten – Methodisten, Presbyterianer, Baptisten, Independenten, Kongregationalisten, Quäker und Unitarier – durften ihre Glaubenssätze unter einer Bedingung predigen: sie mußten sich zum Christentum bekennen.[19] Im

---

* Nach dem Buchstaben des Gesetzes stand ein Atheist außerhalb des Gesetzes und konnte wie ein Krimineller verfolgt werden. Blasphemie, jede Schmähung Gottes durch Wort, Schrift oder Bild, konnte mit achtzehnmaligem zweistündigem Stehen am Pranger bestraft werden.[18] Diese Gesetze gelangten nur selten zur Anwendung.

Oberhaus saßen mehrere Dissenter. Methodistische Prediger versammelten wegen ihrer mitreißenden Beredsamkeit große Zuhörermassen um sich. Die unterdrückten Arbeiter in den Städten kehrten nach Verlust aller Hoffnungen auf irdisches Glück zum Glauben ihrer Kindheit zurück und dies mit solcher Inbrunst, daß sie allen Anstrengungen widerstanden, sie zur Revolte aufzuhetzen, als revolutionäre Ideen aus Frankreich über den Kanal drangen. 1792 verlangten die Führer des wesleyanischen Methodismus von ihren Anhängern einen Eid der Loyalität und des Gehorsams gegenüber dem König.[20]

Innerhalb der Staatskirche inspirierte der Methodismus eine «Evangelische Bewegung»: Viele der jüngeren Kleriker und Laien waren bestrebt, den anglikanischen Glauben mit neuem Leben zu erfüllen, indem sie sich das Evangelium zu Herzen nahmen und sich einfachem Leben, Frömmigkeit, Wohltätigkeit und der Reform der Kirche weihten. Einer von ihnen, William Wilberforce, führte die englische Kampagne gegen die Sklaverei an. Eine andere, Hannah More, verbreitete durch ihre Vorträge, Schriften und Sonntagsschulen neuen christlichen Glaubenseifer.

Zwei religiöse Gruppen blieben von der vollen Toleranz ausgeschlossen: Katholiken und Juden. Die englischen Protestanten hatten Guy Fawkes und seinen Versuch, das Parlament in die Luft zu sprengen (1605), nicht vergessen, ebensowenig wie das Liebäugeln von Stuart-Königen – Karl I. und II., Jakob II. – mit katholischen Mächten, Mätressen und Gedankengängen. Sie neigten dazu, einen Katholiken als einen Menschen zu betrachten, der sich einem ausländischen Potentaten zur Treue verpflichtet fühlte (die Päpste waren als Souveräne des Kirchenstaates weltliche Herrscher), und sie fragten sich, welche Partei ein Katholik in einem Konflikt zwischen einem römischen Pontifex und einem britischen König ergreifen würde.

Im England des Jahres 1800 gab es etwa 60000 Katholiken. Die meisten davon waren irischer Abkunft, doch einige waren eingeborene Nachkommen britischer Katholiken aus der Zeit vor der Reformation. Die gegen sie erlassenen Gesetze waren zu dieser Zeit bereits stark gemildert worden. Verschiedene Parlamentsbeschlüsse hatten ihnen zwischen 1774 und 1793 das Recht zurückgegeben, eigenes Land zu besitzen, ihre eigenen Gottesdienste abzuhalten und ihren Glauben durch eigene Schulen weiterzugeben. Ein besonders formulierter Treueid ermöglichte es ihnen, König und Regierung Treue zu schwören, ohne den Papst zu verleugnen. Sie besaßen jedoch kein Stimmrecht und waren nicht ins Parlament wählbar.

Gegen Ende des achtzehnten Jahrhunderts schien die Bewegung für die volle Emanzipation der englischen Katholiken knapp vor dem Erfolg zu stehen. Prominente Protestanten – Wesley, Canning, Wilberforce, Lord Grey – unterstützten sie. Die Französische Revolution weckte in England eine Reaktion gegenüber Voltaire und der Aufklärung und eine gewisse Sympathie für eine Religion, der die Revolutionsregierung so feindselig gegenüberstand. Nach 1792 wurden die französischen *emigrés*, einschließlich katholischer Priester und Mönche, freundlich aufgenommen und vom britischen Staat finanziell unterstützt. Die Exilierten erhielten die Erlaubnis, Klöster und Seminare zu errichten. Die Ansicht, daß eine derart geschwachte und ausgeplünderte Kirche für England eine Gefahr bedeuten könne, erschien jetzt absurd und im Falle eines Krieges gegen Frankreich hätte diese Kirche ein nützlicher Bundesgenosse sein können. 1800 brachte Pitt eine Gesetzesvorlage für die Emanzipation der Katholiken in England ein. Die Tories und die Anglikaner der High Church widersetzten sich, und Georg III. stand entschlossen auf ihrer Seite. Pitt zog seinen Antrag zurück und trat zurück. Die katholische Emanzipation in England mußte bis 1829 warten.

Noch später (1858) wurden die Juden in England von der zivilen Rechtsunfähigkeit befreit. Ihre Zahl betrug 1800 etwa 26 000: die meisten davon in London, einzelne in Provinzstädten, fast keiner auf dem Lande. Der lange Krieg unterbrach die weitere Einwanderung und gestattete es den englischen Juden, sich an die britische Lebensweise anzupassen und vereinzelte rassische Schranken zu überwinden. Das Gesetz verwehrte ihnen noch das Bürgerrecht und den Zugang zu wichtigen Ämtern, indem es einen Eid bezüglich des «Glaubens eines Christenmenschen» und den Empfang des Abendmahls gemäß den Riten der Staatskirche forderte. Davon abgesehen waren sie frei und konnten in ihren Häusern und Synagogen ungehindert ihren Gottesdienst ausüben. Verschiedene prominente Juden konvertierten zum christlichen Glauben, wie der Bankier Sampson Gideon, der Volkswirtschaftler David Ricardo, der Schriftsteller Isaac Disraeli. Der Letztere, Vater des unvergleichlichen Benjamin, publizierte anonym und in Abständen zwischen 1791 und 1834 *Curiosities of Literature*, an denen sich ein gebildeter, freier Geist heute noch erfreuen kann.

Die lange Erfahrung der Juden im Bankwesen und ihre familiären Verbindungen über die Grenzen hinweg ermöglichten es ihnen, die britische Regierung während des siebenjährigen Krieges und des langen Duells mit Frankreich zu unterstützen. Die Brüder Benjamin und Abraham Goldsmid halfen Pitt, den Ring übermächtiger Makler zu sprengen, die die Transaktionen mit Schatzanweisungen monopolisiert hatten. 1810 errichtete Nathan Rothschild (1777-1836) in London eine Niederlassung des Hauses, das sein Vater Meyer Amschel Rothschild in Frankfurt am Main gegründet hatte. Nathan scheint das fähigste der Finanzgenies gewesen zu sein, welche die Familie während mehrerer Jahrhunderte und in vielen Staaten auszeichneten. Er wurde zum wichtisten Vermittler der britischen Regierung bei ihren Finanztransaktionen mit ausländischen Mächten; er oder seine Agenten leiteten die Subsidien Englands an Österreich und Preußen, die es diesen ermöglichte, Napoleon zu bekämpfen. Außerdem spielte er eine führende Rolle bei der industriellen und kommerziellen Expansion Englands nach 1815.[21]

IV. ERZIEHUNG

England schien der Welt zeigen zu wollen, wie eine Regierung zurechtkommen kann, ohne ihre Landeskinder zur Schule zu schicken. Die Aristokratie hatte kein Interesse an Erziehung, soweit sie nicht ihre eigenen Söhne betraf. Es erschien günstiger für die Erhaltung des status quo, wenn der Bauer und der Proletarier, vielleicht sogar der Bourgeois, nicht lesen konnte, besonders jetzt, wo Godwin, Owen, Cobbett, Paine, Coleridge und Shelley solchen Unsinn über ausbeuterische Aristokraten, Landbaugenossenschaften, Fabriksklaven und die Notwendigkeit des Atheismus veröffentlichten. «Die entschiedenen Verfechter des alten Systems», schrieb Godwin um 1793, «haben sich mit einer nicht gering zu schätzenden Voraussicht der Verbreitung von Wissen als einer alarmierenden Neuerung widersetzt. In ihrer wohlbekannten Beobachtung – daß 'ein Dienstbote, der Lesen und Schreiben gelernt hat, nicht länger die passive Maschine ist, die sie verlangen' – liegt der Keim, von dem aus es leicht wäre, die gesamte Philosophie der europäischen Gesellschaft abzuleiten.»[22] Außerdem (argumentierte die Oberklasse) wären die niederen Klassen unfähig, die ihnen in Vorträgen, Zeitungen oder Büchern gebotenen Einsichten mit Weisheit und Vorsicht zu beurteilen. Ideen würden zu Sprengstoffen. Führe man den Schulunterricht für die ganze Nation ein, würde das «monströse Regiment» verträumter Einfaltspinsel bemüht sein, die notwendigen Privilegien und Befugnisse der einzigen Klassen abzuschaffen, die imstande seien, soziale Ordnung und Kultur zu bewahren. Die Unternehmer, in hartem Konkurrenzkampf stehend, von Kapitalanlegern bedrängt und auf der Suche nach billigen Arbeitskräften, sahen keinen Vorteil darin, kindliche Arbeiter über die Menschenrechte und die Großartigkeit Utopias aufzuklären. «Diese Prinzipien», sagte ein von Godwin zitierter anonymer Konservativer, «werden unvermeidlich in den Geistern des Pöbels gären, ... oder der Versuch, sie zu realisieren, wird alles nur denkbare Unheil heraufbeschwören. .. Wissen und Geschmack, die Fortschritte des Intellekts, die Entdeckungen der Wissenschaft, die Schönheiten von Poesie und Kunst werden mit Füßen getreten und von Barbaren vernichtet.»[23]

1806 schätzte Patrick Colquhoun, ehemals Polizeirichter in London, daß zwei Millionen Kinder in England und Wales keinen Schulunterricht erhielten; 1810 berechnete der Philologe Alexander Murray, daß drei Viertel aller Landarbeiter Analphabeten seien; 1819 zählten offizielle Statistiken 674 883 Kinder in England und Wales, die Schulen besuchten, ein Fünfzehntel der Gesamtbevölkerung.[24] Als Pitt 1796 vorschlug, die Regierung solle Schulen für die Ausbildung von Industriearbeitern einrichten, gelangte seine Vorlage nicht zur Abstimmung; als Samuel Whitbread 1806 ein Gesetz über die Errichtung einer Elementarschule in jedem Kirchensprengel durch die Regierung (wie es das bereits in Schottland gab) einbrachte, passierte es zwar das Unterhaus, wurde jedoch von den Lords mit der Begründung abgelehnt, es stelle den Unterricht nicht auf eine religiöse Grundlage.

Religiöse Gruppen erhoben von ihren Mitgliedern Abgaben, um wenigstens einen beschränkten Unterricht für einige ihrer Kinder einrichten zu können. Die Gesellschaft für die Förderung christlichen Wissens unterhielt «caritative Schulen», doch die Gesamtzahl der dort eingeschriebenen Kinder überstieg nie 150 000.[25] Hannah Mores Schulen beschränkten sich nahezu ausschließlich auf den Religionsunterricht. Die Armenfürsorge eröffnete für 21 600 der ihr unterstellten 194 914 Kinder «Industrieschulen», um sie für die Arbeit auszubilden. Etwas lernten die Kinder in den religiösen Schulen gut: die Bibel; sie wurde ihr Glaube, ihre Literatur und ihr Leitstern – ein wertvoller Besitz inmitten der Widrigkeiten, Ungerechtigkeiten und des Durcheinanders im Leben.

1797 richtete Dr. Andrew Bell, um dem Lehrermangel zu begegnen, ein «Klassenordner-System» für Elementarschulen in Verbindung mit dem anglikanischen Gottesdienst ein, wobei ältere Schüler als Hilfslehrer Verwendung fanden. Ein Jahr später führte Joseph Lancaster ein ähnliches System ein, das auf von allen Christen anerkannten Prinzipien basierte. Die Kirchenmänner weigerten sich, mit diesem konfessionell nicht gebundenen Plan zu arbeiten. Lancaster wurde als Deist, als Apostat, als Werkzeug des Satans verteufelt; auch Coleridge schloß sich der Verdammung an.[26] 1910 gründeten James Mill, Lord Brougham, Francis Place und Samuel Rogers die Königliche Lancaster-Gesellschaft für die Verbreitung nicht konfessionell gebundener Schulen. Alarmiert von den Erfolgen dieses Systems organisierten die anglikanischen Bischöfe eine konkurrierende «Gesellschaft für Armenschulen in Übereinstimmung mit den Grundsätzen der Staatskirche». Erst 1870 wurde ein nationales System von Elementarschulen in England eingerichtet.

Bessere Ausbildung erhielten die, die es sich leisten konnten, durch Hauslehrer, «public schools» (höhere, unabhängige, reich dotierte Privatschule; Anm. d. Ü.), Dozenten und zwei Universitäten. Die Privatschulen – Eton, Harrow, Rugby, Winchester, Westminster und Charterhouse – standen gegen Schulgeld den Söhnen des Hoch- und Landadels, gelegentlich auch dem einen oder anderen Bourgeois offen Der Studiengang umfaßte vor allem die Klassik – Sprachen und Literatur des alten Griechenlands und Roms. Nebenbei kam etwas Naturwissenschaft hinzu, doch die Eltern wünschten, daß ihre Söhne auf Regierungsposten vorbereitet und für das Leben in der feinen Gesellschaft erzogen würden und waren der Überzeugung, einem jungen Mann seien hierzu griechische und römische Geschichte, Literatur und Redekunst nützlicher als Physik, Chemie und englische Dichtkunst; nur Milton war zugelassen als nach England verschlagener Römer, der Latein fast ebenso flüssig schrieb wie Englisch.

Die Disziplin an den *public schools* bestand aus einer Mischung von Züchtigungen und Dienstleistungen. Schlimmere Übeltäter wurden von den Lehrern verprügelt; die Dienstleistungen bestanden in der Verrichtung niedriger Obliegenheiten durch Knaben der unteren Klassen für die oberen: Erledigung von Besorgungen, Schuheputzen, Zubereiten des Tees, Tragen ihrer Kricketschläger und Bälle und schweigendes Erdulden ihrer Tyrannei; die Theorie besagte, daß einer gehorchen lernen müsse, um befehlen zu können. (Ein gleiches System herrschte bei Armee und Marine vor, deren Disziplin ebenfalls auf Züchtigungen, Zwang zu Dienstleistung und schweigendem Gehorsam basierte; in diesem Sinne wurden die Siege von Trafalgar und Waterloo nicht allein auf den «Spielplätzen von Eton und Harrow», sondern ebenso in den Unterrichtsräumen und Zimmern der *public schools* gewonnen.) War ein Schüler der unteren Klassen erst einmal in die oberen aufgerückt, war er bereit, das System zu verteidigen. An diesen Pflanzschulen der Aristokratie wurde eine gewisse Demokratie praktiziert; alle Schüler der unteren Klassen waren gleich, ohne Ansehen von Reichtum oder Abstammung, und alle Graduierten betrachteten einander als gleich – und alle übrigen als tieferstehend, wenn sie auch talentiert waren.

Die nächste Stufe für einen Graduierten solcher Schulen war – in der Regel mit achtzehn – der Studienbeginn in Oxford oder Cambridge. Diese Universitäten standen nicht mehr auf der Höhe, die sie im Spätmittelalter und in der Renaissance ausgezeichnet hatte. Gibbon stand nicht allein mit seinem Bedauern, daß er seine Tage in Oxford größtenteils mit belanglosen Studien (obwohl er von Latein und Griechisch in außerordentlichem Maße profitierte) und studentischen Wettbewerben in Spielen, Trinken, Liebeshändeln und Hader mit den Stadteinwohnern verbracht habe. Die Zulassung setzte die Anerkennung der Staatskirche voraus. Der Unterricht wurde durch Collegeleiter erteilt, von denen sich jeder eines oder mehrerer Schüler annahm, denen er sein Wissen vermittelte. Auch hier beherrschten die

Klassiker den Studienplan, doch wurden auch Mathematik, Rechtskunde, Philosophie und moderne Geschichte gelehrt. Außerdem wurden – allerdings spärlich besuchte – Vorlesungen in Astronomie, Botanik, Physik und Chemie geboten.

Oxford war Tory, Cambridge war Whig. An der letzteren war die Unterschrift unter die neununddreißig Artikel als Voraussetzung der Zulassung gefallen, jedoch konnten nur Mitglieder der Kirche von England einen akademischen Grad erwerben. Hier war der Kampf gegen die Sklaverei seit 1785 geführt worden. Den Naturwissenschaften widmeten sich in Cambridge bessere Lehrer und mehr Studenten als in Oxford, doch blieben beide Universitäten hinter den deutschen und französischen zurück. Oxford lehrte Philosophie nach den Werken des Aristoteles, Cambridge fügte Locke, Hartley und Hume hinzu. Cambridge brachte Gelehrte von internationalem Ruf hervor; Oxford war mehr bestrebt, Parlamentsstrategen auszubilden, die dann nach der entsprechenden Bewährung und mit den richtigen Verbindungen eine Rolle in der Regierung Britanniens spielen konnten

V MORAL

1. Mann und Frau

Welcher Art war das moralische Leben, das sich aus dieser Klassenherrschaft, dieser sich wandelnden Wirtschaft, dieser Einheit von Staat und Kirche, dieser nach Inhalt und Ausdehnung so begrenzten Ausbildung, diesem gesamten nationalen Erbgut, das vormals durch Isolierung gestärkt, nun aber durch Kontakte über die Grenzen hinweg, durch Revolution und Krieg bedroht war, entwickelte?

Männer und Frauen sind nicht von Natur aus sittlich, denn ihre sozialen Instinkte, die zur Kooperation führen, sind nicht so stark, wie ihre individualistischen Triebe, die dem Ich dienen; daher müssen diese geschwächt und jene gestärkt werden, sowohl durch Gesetze, die den Willen und die Macht der Gesellschaft zum Ausdruck bringen, als auch durch ein Sittengesetz, das durch Familie, Kirche, Schule, öffentliche Meinung, Herkommen und Tabus vermittelt wird. Unvermeidlich gab es im England von 1789–1815 Verbrechen in beträchtlicher Zahl, Unredlichkeit und vorehelichen Sex im Überfluß. Wenn wir Hogarth und Boswell glauben können, gab es in London und in den Fabrikstädten Bordelle und Straßenmädchen in Menge. Die Aristokratie hatte herausgefunden, daß Prostituierte weniger kostspielig waren als Mätressen. Von Lord Egremont, dem freigebigen Gastgeber Turners und anderer Künstler, wurde erzählt, «er habe eine ganze Serie von Beischläferinnen gehabt, mit denen er eine Anzahl Kinder zeugte ... Diese Gerüchte verstärkten jedoch nur die Herzlichkeit, die seine Freunde ihm entgegenbrachten.»[27] Wir können die Moral der Oberklasse am besten an der Leichtigkeit erkennen, mit der sie sich an die des Prinzen von Wales anpaßte. «Der Prinz wuchs inmitten der zuchtlosesten Aristokratie auf, die England seit dem Mittelalter gekannt hatte.»[28] Man kann annehmen, daß die Bauernschaft den alten Moralkodex respektierte, denn die familiäre Organisation im Landbau erforderte eine starke väterliche Autorität und gestattete eine fast totale Überwachung der Jungen durch die Alten. Das wachsende Proletariat jedoch, von solchen Kontrollen frei, ahmte seine Ausbeuter nach, soweit es sein Einkommen erlaubte. «Niedrige Löhne in ungeordneten Industriebetrieben mit sehr schlechten Arbeitsbedingungen bildeten eine starke Versuchung»[29] für weibliche Arbeitskräfte, sich für einen geringen Zuschuß zu ihrem minimalen Lohn zu verkaufen.

Bis 1929 lag das gesetzliche Mindestalter für die Heiratsfähigkeit des Mannes bei vierzehn, für die der Frau bei zwölf Jahren. Normalerweise wurde nach Geld geheiratet. Mann oder Frau waren als Ehepartner vor allem in Hinblick auf ihr tatsächliches oder zu erwartendes Einkommen begehrt. Mütter schmiedeten Tag und Nacht Pläne (wie in Jane Austens Romanen), um für ihre Töchter eine Geldheirat zustande zu bringen. Liebesheiraten waren noch die Ausnahme, obwohl die Literatur sie in den Himmel hob. Für wilde Ehen gab es kein gesetzliches Hindernis; zu einer gesetzlichen Ehe war ein Geistlicher nötig. Die Familien waren groß, denn Kinder waren ein wirtschaftlicher Faktor, in Fabriken fast ebenso wertvoll wie auf Farmen. Die Empfängnisverhütung war primitiv. Die Zuwachsrate der Bevölkerung wies zwar steigende Tendenz auf, sie hätte jedoch wesentlich höher liegen können, wäre sie nicht durch Kinder- und Altensterblichkeit sowie durch unzureichende Ernährung, unzureichende ärztliche Versorgung und unzureichende öffentliche Hygiene wesentlich beeinträchtigt worden. Ehebruch war weit verbreitet. Eine Scheidung konnte sowohl der Ehemann wie die Ehefrau (nach 1801) erreichen, doch nur durch einen Parlamentsbeschluß, der so kostspielig war, daß bis zur Liberalisierung des Gesetzes im Jahre 1859 nicht mehr als 317 Scheidungen ausgesprochen wurden. Bis 1859 ging das bewegliche Eigentum einer Frau bei der Heirat auf ihren Gatten über, und er erhielt automatisch alles ihr nach der Eheschließung zufallende Eigentum. Sie behielt ihren Landbesitz, doch das daraus erzielte Einkommen gehörte ihrem Mann. Starb sie vor ihm, ging ihr gesamter Besitz in seine Hände über.[30]

Wir hören von reichen Frauen, doch sie waren selten. Durch die Möglichkeit der Errichtung eines unteilbaren Erbgutes konnte ein Vater, der keinen lebenden Sohn besaß, seinen Grundbesitz einem männlichen Verwandten hinterlassen – und tat dies auch zuweilen – womit er seine Töchter in Abhängigkeit von Freundschaft und Wohltätigkeit brachte. Es war eine Männerwelt.

2. *Mary Wollstonecraft*

Die meisten britischen Frauen waren durch die herrschenden Bräuche gegen diese Ungerechtigkeiten abgehärtet. Doch die Strömungen, die nun aus dem revolutionären Frankreich auf England übergriffen, trieben einzelne Dulderinnen zum Protest. Mary Wollstonecraft erhob ihre Stimme in einem der trefflichsten Appelle, die je zur Befreiung der Frau ertönten.

Ihr Vater war ein Londoner, der sich in der Landwirtschaft versuchen wollte Er hatte keinen Erfolg, verlor sein Vermögen und seine Frau, ergab sich dem Trunk und überließ es seinen drei Töchtern, allein für ihren Unterhalt zu sorgen. Sie eröffneten eine Schule, die Samuel Johnsons Beifall fand, und gingen bankrott. Mary wurde Gouvernante, wurde aber nach einem Jahr entlassen, weil «die Kinder ihre Erzieherin mehr liebten als ihre Mutter».[31] Unterdessen schrieb sie mehrere Bücher, darunter 1792 im Alter von dreiunddreißig Jahren *A Vindication of the Rights of Woman*.

Sie widmete es «M. Talleyrand-Perigord, ehemals Bischof von Autun», mit einem Hinweis, daß die Konstituierende Versammlung, nachdem sie die Menschenrechte proklamiert hatte, nunmehr moralisch verpflichtet sei, eine Deklaration der Rechte der Frau zu erlassen. Vielleicht um Schwierigkeiten aus dem Wege zu räumen, erhob sie hohe Moralansprüche und forderte Loyalität gegen Land, Tugend und Gott. Vom Frauenstimmrecht sprach sie nur wenig, denn «da das gesamte System der Volksvertretung in diesem Land heute nur eine bequeme Handhabe des Despotismus ist, brauchen sie (die Frauen) sich nicht zu beklagen; sie sind ebensogut repräsentiert, wie eine zahlreiche Gruppe schwerarbeitender Handarbeiter, die für Unternehmergewinne schuften, während sie kaum die Münder ihrer Kinder mit Brot füllen können». Trotzdem «bin ich der Meinung, daß Frauen Vertreter (im Parlament) haben müßten, anstatt regiert zu werden, ohne irgendeinen direkten Anteil an den Überlegungen der Regierung zu haben».[32] Als Beispiel für eine geschlechtsbezogene Gesetzgebung nannte sie die Primogenitur- und Erbgutgesetze. Im übrigen war das Herkommen noch grausamer als das Gesetz, denn es brandmarkte und bestrafte eine Frau auf Lebenszeit für einen Augenblick des Abweichens vom Weg der Keuschheit, «während Männer ihre Achtbarkeit auch bei Duldung des Lasters nicht verlieren».[33]

Wahrscheinlich waren manche Leser schockiert, daß Mary das Recht einer Frau betonte, körperliche Befriedigung beim Koitus zu finden oder zuzugeben.[34] Sie warnte jedoch beide Geschlechter, daß «Liebe, die lediglich als animalische Begierde betrachtet wird, nicht lange leben kann, ohne sich zu erschöpfen».[35] In diesem Sinne ist sie vielmehr «die flüchtigste aller Leidenschaften».[36] Liebe als körperliche Beziehung sollte allmählich durch Freundschaft ersetzt werden. Dies verlangt gegenseitigen Respekt und dieser wiederum erfordert, daß jeder Partner den anderen als individuellen und sich fortentwickelnden Charakter versteht.[37] Aus diesem Grunde ist der beste Ausgangspunkt für die Befreiung der Frau, daß sie ihre Fehler erkennt und sich darüber klar wird, daß ihre Freiheit von der Ausbildung ihres Geistes und Betragens abhängt.

Die *Vindication* führte dann eine Anzahl weiblicher Fehler jener Zeit auf: die Vorliebe für Schwäche und Ängstlichkeit, aus der sich die Anmaßung männlicher Überlegenheit nährt; die Neigung zu Spielkarten, Klatsch, Astrologie, Sentimentalität und Kolportageliteratur; das Aufgehen in Kleiderfragen und Selbstbewunderung.

> Natur, Musik, Poesie und Galanterie tragen alle dazu bei, die Frauen zu gefühlsbetonten Kreaturen zu machen, ... und diese überspannte Sensibilität schwächt natürlich die übrigen Geisteskräfte und hindert den Intellekt daran, die Souveränität zu erlangen, die ihm zu-

kommt. ... Für die Ausbildung der Urteilskraft mit fortschreitender Entwicklung gibt es nur den von der Natur vorgezeichneten Weg, die Leidenschaften zu dämpfen.[38]

Fast alle diese Fehler, meinte Mary, waren der unterschiedlichen Erziehung und den Männern zu danken, die die Frauen mit Erfolg glauben machten, daß (wie ihnen ein weiblicher Autor gesagt hatte) «Eure beste, Eure süßeste Herrschaft ist, zu gefallen».[39]

Mary verachtete das leere Getue und alle Kunstgriffe und sah mit Neid auf die Französinnen, die darauf bestanden, eine Ausbildung zu erhalten und lernten, Briefe zu schreiben, die zu den schönsten Früchten des französischen Geistes gehören «In Frankreich läßt sich eine viel allgemeinere Verbreitung von Wissen feststellen als in irgendeinem anderen Teil Europas, und ich führe sie zum Teil auf den gesellschaftlichen Verkehr zurück, der lange Zeit zwischen den Geschlechtern gepflegt wurde.»[40] Eine Generation vor Balzac schrieb Mary Wollstonecraft:

> Die Franzosen, bei denen geistige Fähigkeiten einen Teil des Schönheitsbegriffes ausmachen, geben Frauen in den Dreißigern den Vorzug ... Sie schätzen Frauen am höchsten in ihrer Blütezeit, wenn die Lebhaftigkeit gegenüber dem Verstand und jener eindrucksvollen Ernsthaftigkeit des Charakters zurücktritt, die die Reife kennzeichnet ... In der Jugend, bis zwanzig, entwickelt sich der Körper; bis dreißig erfahren die Züge ihre Ausprägung und die flexiblen Muskeln (des Gesichts), die von Tag zu Tag starrer werden, geben dem Gesichtsausdruck Charakter – das heißt, sie zeichnen die Operationen des Geistes mit der eisernen Feder des Schicksals auf und sagen uns nicht nur, welche Kräfte im Innern vorhanden, sondern auch, wie sie angewendet worden sind.[41]

Die Fehler der Frauen, glaubte Mary, hätten ihre Wurzeln zumeist in den ihnen verweigerten Möglichkeiten der Ausbildung, aber auch darin, daß die Männer sie mit Erfolg dazu brachten, sich vor der Ehe als Sexspielzeuge zu betrachten und nachher als dekorative Ornamente, gehorsame Dienerinnen und Mutterschaftsmaschinen. Um beiden Geschlechtern die gleiche Chance zu geben, Geist und Körper zu bilden, sollten Knaben und Mädchen – bis zum Alter der Berufswahl – zusammen erzogen werden, mit dem gleichen Lehrplan und – wenn möglich – denselben oder ähnlichen Leibesübungen. Jede Frau sollte körperlich kräftig und geistig fähig genug werden, um, falls nötig, ihren Lebensunterhalt verdienen zu können[42], doch «alles, was dazu führen kann, den mütterlichen Charakter zu beeinträchtigen, entfremdet die Frau ihrer Sphäre».[43] Früher oder später werden biologische Funktionen und physiologische Unterschiede ihr Recht fordern. Selbst Stillen ist gut für die Gesundheit der Mutter und könnte zur Stärkung der Familien führen.[44] Das Ideal der Frauenemanzipation muß die gebildete Mutter in gleichberechtigter Verbindung mit dem gebildeten Mann sein.[45]

Nachdem sie den Druck ihres Buches besorgt hatte, überquerte die brillante junge Schriftstellerin – fasziniert von den schöpferischen Jahren der Revolution – den Kanal nach Frankreich, gerade zur Zeit der Massaker und des Terrors. In Paris verliebte sie sich in einen Amerikaner, Captain Gilbert Imlay und lebte mit ihm in freier Ehe. Nachdem er sie zur Mutter gemacht hatte, begann Imlay, sie allein zu lassen, manchmal monatelang, seiner Geschäfte wegen oder aus anderen Gründen.

Ihre Briefe, die ihn anflehen, zurückzukommen[46], sind fast so beredt und waren ebenso nutzlos, wie die von Julie de Lespinasse eine Generation früher. 1794 brachte sie ihr Kind zur Welt, doch konnte auch dies den Vater nicht halten. Er bot ihr an, ihr ein Jahrgeld für ihren Unterhalt auszusetzen; sie lehnte ab und kehrte nach England zurück (1795). Sie versuchte, sich in der Themse zu ertränken, wurde aber von hilfreichen Schiffern wieder ins Leben zurückgebracht.

Ein Jahr später begegnete sie William Godwin und wurde seine Lebensgefährtin; keiner von beiden gestand dem Staat das Recht zu, die Ehe zu reglementieren. Trotzdem entschlossen sie sich, zum Wohle ihres ungeborenen Kindes, sich einer religiösen Zeremonie zu unterziehen (29. März 1797). Beschämt darüber verbargen sie die Tatsache, daß sie nicht mehr in Sünde lebten, vor ihren radikalen Freunden. Für eine Weile glänzte sie in dem Rebellenkreis, der sich um den Verleger Joseph Johnson versammelte: Godwin, Thomas Holcroft, Tom Paine, William Wordsworth und William Blake (der einige ihrer Schriften illustrierte). Am 30. August 1797 gebar sie unter außerordentlichen Schmerzen eine Tochter, die Shelleys Frau werden sollte. Zehn Tage danach starb sie.

3. *Gesellschaftsmoral*

Im großen und ganzen hatte in diesem Zeitabschnitt, trotz jener standhaften und anständigen Menschen, von welchen die Geschichte nichts berichtet, jede Schicht der englischen Bevölkerung ihren Teil am allgemeinen Verfall der Moral. Das Glücksspiel war allgemein verbreitet; sogar die Regierung beteiligte sich mit einer Nationallotterie daran (bis 1826). Trunksucht war endemisch, als Refugium gegen kalten Nebel und Regen, brutalisierende Armut, Familienkrach, politische Anspannung und philosophische Verzweiflung. Pitt und Fox, sonst so verschieden, stimmten in der Begünstigung dieser Anästhesie überein. Die Tavernen durften am Samstag die ganze Nacht bis 11 Uhr morgens am Sonntag geöffnet bleiben[47], denn Samstag war Zahltag und das «pub» mußte Zeit haben, sich eine erste Scheibe vom Wochenlohn abzuschneiden. Die Mittelklasse trank etwas mäßiger, die oberen Klassen schwer, sie hatten sich jedoch an ständigen Alkoholkonsum gewöhnt.

Der politischen Korruption auf jeder Stufe der Administration begegnete man mit besonderer Nachsicht. In manchen Fällen wurden, wie oben erwähnt, Stimmen, Stimmbezirke, Ernennungen oder Ämter – in einzelnen Fällen auch die Peerswürde – so offen gekauft und verkauft wie Aktien an der Börse. Georg III., dessen Erfolge auf dem Gebiet der Innenpolitik lagen, sah nichts Böses darin, Geld für den Stimmenkauf für das oder im Parlament auszugeben, oder Ämter für politische Unterstützung auszuteilen. 1809 besaßen sechsundsiebzig Parlamentsmitglieder derartige Pfründe. «Ein paar Begünstigte, durch Verwandtschaft oder gleiche Interessen mit den Reichen und Mächtigen verbunden, empfingen riesige Gehälter fürs Nichtstun, während die Männer, die die Arbeit in Wirklichkeit verrichteten, vielfach schmählich unterbezahlt waren.»[48] Richter verkauften die untergeordneten

Posten in ihrem Zuständigkeitsbereich und verlangten von den Inhabern einen Anteil an den Gebühren, die das Publikum für amtliche Dienste bezahlte.

Die Regierung konnte ebenso grausam sein wie korrupt. Wir haben bereits die Strenge des Strafgesetzes erwähnt. Das gewaltsame Hineinzwingen von Herumtreibern in die Marine war das Vorspiel für niedrige Bezahlung, schlechtes Essen und erbarmungslose Disziplin.[49] Bei verschiedenen Gelegenheiten meuterten die Besatzungen; ein solcher Streik blockierte einen Monat lang den Londoner Hafen. Trotzdem waren die englischen Matrosen die besten Seeleute und Seesoldaten der Geschichte.

Mancherlei Bemühungen galten einer Reform der Moral. 1787 erließ Georg III. eine Verordnung gegen die Mißachtung des Sabbats, Gotteslästerung (Fluchen), Trunkenheit, obszöne Literatur und unsittliche Vergnügungen; über einen Erfolg ist nichts bekannt. Jeremy Bentham war mit seinem *Parliamentary Reform Catechism* (1809) Vorbild für ein Dutzend fähiger Nachfolger in der Anprangerung politischer Korruption und Unfähigkeit. Methodistische und evangelische Prediger hatten einigen Erfolg zu verzeichnen, der sich verstärkte, als die Revolution der Befürchtung Nahrung gab, daß eine moralisch so aus dem Gleichgewicht geratene Nation sich nicht erfolgreich gegen eine französische Invasion oder einen Aufstand im Innern zur Wehr setzen könne. Eine Gesellschaft zur Unterdrückung des Lasters zog gegen Duelle, Bordelle und Pornographie zu Felde. Andere Reformer griffen Kinderarbeit, die Verwendung von Kindern als Rauchfangkehrer, die Schrecken der Gefängnisse und die Grausamkeit des Strafgesetzbuches an. Eine Welle der Nächstenliebe, teils von der Religion, teils von der Aufklärung gespeist, äußerte sich in Werken der Philanthropie und Wohltätigkeit.

William Wilberforce war der unermüdlichste der englischen Reformer. Geboren zu Hull (1759) als Sohn einer durch Landbesitz und Handel reichen Familie, in Cambridge Studienkollege William Pitts, fiel es ihm nicht schwer, ein Jahr nachdem Pitt Premierminister geworden war, ins Parlament gewählt zu werden. Unter dem Einfluß der evangelischen Bewegung beteiligte er sich an der Gründung der Gesellschaft zur Reformierung der Sitten (1787). Vor allem aber protestierte er dagegen, daß eine Nation, die sich als christlich bezeichnete, immer noch den Handel mit afrikanischen Sklaven duldete.

England war jetzt in diesem Handel führend. 1790 transportierten englische Schiffe 38 000 Sklaven nach Amerika, französische 20 000, portugiesische 10 000, holländische 4000, dänische 2000; jede Nation trug nach ihren Möglichkeiten zu der vielleicht verbrecherischsten Aktion der Geschichte bei. Aus Liverpool und Bristol brachten die Schiffe Alkohol, Feuerwaffen, Baumwollwaren und allen möglichen Tand an die «Sklavenküste» in Afrika. Dort, oft mit der gekauften Hilfe eingeborener Häuptlinge, tauschten die christlichen Häuptlinge ihre Ladung gegen Neger, die dann nach Westindien und den Südstaaten Nordamerikas gebracht wurden. Die Gefangenen wurden in den Laderäumen der Schiffe auf engem Raum zusammengepfercht, in vielen Fällen in Ketten gelegt, um Rebellion oder Selbstmord zu verhindern. Sie erhielten gerade genug Nahrung und Wasser, um sie am Leben zu erhalten, die Luftzufuhr war spärlich, sanitäre Einrichtungen gab es kaum. Um im Falle eines schweren Sturmes die Ladung zu erleichtern, kam es vor, daß kranke Sklaven über Bord geworfen wurden, zuweilen auch die gesunden, denn jeder Sklave war versichert und konnte tot mehr einbringen, als lebendig. Man hat berechnet, daß von den 20 Millionen Negern, die nach Britisch Westindien transportiert wurden, nur zwanzig Prozent die Reise überlebten.[50] Für die Rückreise luden die Schiffe Rohzucker; dieser wurde in Britannien zu Rum destilliert, mit dem Sklaven für die nächste Fahrt gekauft wurden.

Die Quäker übernahmen in beiden Kontinenten die Führung beim Angriff auf den Handel als erstem Schritt zur Abschaffung der Sklaverei. Eine Schar von Schriftstellern beteiligte sich in England an diesem Feldzug: John Locke, Alexander Pope, James Thomson, Richard Savage, William Cowper und nicht zuletzt Mrs. Aphra Behn, deren Roman *Oroonoko* (1678) eine aufwühlende Schilderung der westindischen Wirtschaft gebracht hatte. 1772 erlangte der Quäker Granville Sharp vom Lordoberrichter Earl of Mansfield ein Dekret, das die Einfuhr von Sklaven nach Britannien untersagte. Jeder Sklave erlangte automatisch die Freiheit, sobald er den Fuß auf britischen Boden setzte. 1786 veröffentlichte ein anderer Quäker, Thomas Clarkson, einen *Essay on the Slavery and Commerce of the Human Species*, der in einer eindrucksvollen Übersicht die Resultate einer fast lebenslangen Untersuchung darlegte. 1787 gründeten Clarkson, Sharp, Wilberforce, Josiah Wedgwood und Zachary Macaulay (der Vater des Historikers) die Gesellschaft für die Abschaffung des Sklavenhandels. 1789 legte Wilberforce dem Unterhaus ein Gesetz zur Beendigung des Übels vor; es wurde durch die Vertreter merkantiler Interessen überstimmt. 1792 hielt Pitt eine seiner größten Reden, um eine ähnliche Maßnahme durchzusetzen. Auch er scheiterte. Wilberforce versuchte es aufs neue 1798, 1802, 1804, 1805 und wurde immer wieder abgeschlagen. Charles James Fox war es, der während seiner kurzen Zeit als Regierungschef (1806–1807) die Sache zum Siege führte; das Parlament gab nach und verbot jede Teilnahme britischer Kaufleute am Sklavenhandel. Wilberforce und «the Saints», die ihn unterstützten, wußten, daß dieser Sieg erst ein Anfang war. Sie kämpften weiter für die Freilassung aller Sklaven, die sich noch auf britischem Boden befanden. Wilberforce starb 1833. Einen Monat später, am 28. August, wurde die Sklaverei in allen Territorien unter britischer Herrschaft abgeschafft.

VI. SITTEN

Eines der aufregendsten Ereignisse des Jahres 1797 war das erste Auftauchen des Seidenzylinders. Allem Anschein nach wurde er zuerst vom Inhaber eines Londoner Herrenmodegeschäftes getragen, der das angeborene Recht des Engländers, einmalig zu sein, für sich in Anspruch nahm. Menschenmengen sammelten sich um ihn, man erzählt, Frauen seien bei dem beängstigenden Anblick in Ohnmacht gefallen. Doch nichts ist so verrückt, daß Couturiers und Herrenausstatter nicht eine gebieterische Mode daraus machen könnten. Und nach kurzer Zeit trugen alle Männer der Londoner Oberschicht Ofenrohre auf dem Kopf.

Degen an der Seite und Perücken auf den Köpfen verschwanden, Bärte wurden abrasiert. Die meisten Männer ließen ihr Haar bis auf die Schultern wachsen, doch einzelne Jünglinge brachten ihre herausfordernde Individualität zum Ausdruck, indem sie ihr Haar kurz schneiden ließen.[51] Pantalons gewannen die Schlacht um das Männerbein: um 1785 reichten die Hosen bis zur halben Wade, um 1793 fielen sie bis auf die Knöchel. Schnürbänder verdrängten die Schuhschnallen und begannen ihre lästige Herrschaft. Die Überröcke waren lang und verzichteten jetzt auf Stikkereien, dafür wurden Kunstfertigkeit und Einkommen an den Westen zur Schau gestellt.

Wie im zeitgenössischen Frankreich unter dem Direktorium brachte die Kreuzung zwischen Edelmann und Bürger den Dandy – den «buck» oder «beau» hervor. George Bryan «Beau» Brummel (1778–1840) war Spezialist darin, sich herauszuputzen und verbrachte den halben Tag mit An- und Umziehen. In Eton, wo die Studenten ihn «Buck» nannten, schloß er eine intime Freundschaft mit dem Prinzen von Wales, der die Ansicht vertrat, gut angezogen zu sein, sei die halbe Kunst des Herrschens. Brummel, der 30 000 Pfund geerbt hatte, stellte für jeden Teil seines Körpers einen Extraschneider an und schwang sich zum *arbiter elegantiarum* für Londons Männer auf. Er war freundlich und gutmütig und nach den Krawatten war ihm Sauberkeit das wichtigste. Er liebte jedoch das Spiel noch mehr als den Putz, geriet in Schulden, floh über den Kanal, um seinen Gläubigern zu entgehen, lebte zwanzig Jahre lang in erbärmlicher Armut und schäbiger Kleidung und starb mit zweiundsechzig in einem französischen Irrenhaus.

Die Frauen verzichteten auf den Reifrock, doch trugen sie noch Korsetts, um die Brüste voll und straff zu erhalten. Die Taille wurde angehoben und ein großzügiges Dekolleté sorgte für das übrige. Während der Regentschaft (1811–1820) änderte sich die Mode von Grund auf: Korsetts fielen fort, Unterröcke wurden nicht mehr getragen, und die Kleider waren durchsichtig genug, um die Umrisse von Hüften und Beinen sichtbar werden zu lassen. Byron meinte, solche Enthüllungen dämpften die Faszination der Verfolgung und beklagte sich mit einem seltenen Ausflug in die Moral: «Laßt unsere Mädchen wie Mutter Eva ungerügt herumlaufen, denn sie sind nackt und schämen sich nicht ...»[52]

Dennoch, in der Kleidung zeigte sich mehr Bescheidenheit als beim Essen. Die Mahlzeiten waren ungeheuerlich, nicht so sehr aus Gefräßigkeit, sondern weil das Klima Fettgewebe zur Erhaltung der Körperwärme verlangte. Die Armen lebten in der Hauptsache von Brot und Käse, Ale oder Tee, doch bei den besitzenden Klassen konnte die Hauptmahlzeit – die nicht selten von 9 Uhr bis Mitternach dauerte – eine ganze Reihe von Gängen umfassen: Suppe, Fisch, Geflügel, Fleisch, Wildbret, Dessert, dazu die passenden Weine. Nach dem Dessert zogen sich die Damen zurück, so daß sich die Männer ungehindert über Politik, Pferde und Frauen unterhalten konnten. Madame de Staël beklagte, daß diese Teilung der Geschlechter ein Hauptstimulans für die Verfeinerung der Sitten und die Freude an Gesellschaft beseitige. Die Tischsitten waren nicht so elegant wie in Frankreich.

Allgemein waren die Sitten herzlich und rauh. Die Umgangssprache war mit Flüchen gepfeffert. Der Erzbischof von Canterbury klagte, «die Sturzflut des Fluchens macht von Tag zu Tag größere Fortschritte».[53] Handgreifliche Auseinandersetzungen waren bei den unteren Klassen häufig. Boxen war ein bevorzugter Sport und Preisboxkämpfe zogen begeisterte Besucherscharen aus allen Schichten an. Robert Southey liefert uns eine zweifelhafte zeitgenössische Beschreibung (1807):

> Wenn ein Match zwischen zwei Preisboxern veranstaltet wird, erfährt das Publikum die Nachricht sofort aus den Zeitungen. Gelegentlich erscheint dann eine Notiz, die besagt, daß die Kontrahenten im Training sind, welche Übungen sie bevorzugen, welche Diät sie zu sich nehmen, denn einige von ihnen nähren sich als Vorbereitung von rohem Beefsteak. Unterdessen wählen die Amateure und die Spieler ihre Partei, und auch der Stand der Wetten wird in den Zeitungen veröffentlicht. Nicht selten ist das Ganze ein abgekartetes Spiel, damit ein paar Schurken einen großen Haufen Narren betrügen können.[54]

Große Massen – zuweilen zwanzigtausend – kamen zusammen, um sich an der vorgeführten Roheit zu ergötzen. Lord Althorp empfahl den Sport zur Abreagierung aggressiver Instinkte im Volk, doch die Manager benutzten ihn zur Schröpfung der Brieftaschen.

Ärmere Leute suchten Entspannung, indem sie einen Stier oder einen Bären an einen Pfahl banden und ihn mit Stöcken und Hunden quälten – zuweilen zwei oder drei Tage lang – bis sie das Opfer in einem Augenblick des Erbarmens umbrachten oder in den Schlachthof schickten.[55] Hahnenkämpfe wurden als Vergnügen veranstaltet, bis sie 1822 verboten wurden. Kricket, das in England schon 1550 gespielt worden war, wurde im achtzehnten Jahrhundert festen Regeln unterworfen und lieferte die aufregendsten Kämpfe des Sportjahres mit heftigem Wetten und wilder Parteinahme unter den immensen Zuschauermassen. Pferderennen boten eine weitere Möglichkeit, Wetter auszuplündern, doch sie basierten immerhin auf einer alteingewurzelten Liebe zu Pferden und einer liebevollen Fürsorge bei Aufzucht und Training. Die Parforcejagd war der Höhepunkt der Vornehmheit im Sport: die Jäger, die in eleganten Kutschen zum Jagdgebiet fuhren, der rasche Flug über bebaute und unbebaute Felder, Hecken, Zäune und Wasserläufe, auf Pferden und hinter Hunden, die an der Jagd ihre Freude hatten.

Jede Klasse besaß ihre gesellschaftlichen Treffpunkte, von den Kaffeehäusern – wo einfache Männer Bier tranken, ihre Pfeifen rauchten, Zeitung lasen und über Politik und Philosophie redeten – bis zum üppigen Royal Pavillon in Brighton, wo wohlhabende Leute Feste feierten, «im Winter fast so fröhlich wie im Sommer».[56] Bei häuslichen Zusammenkünften spielten die Gäste Karten oder andere Spiele, hörten Musik oder tanzten. Aus Deutschland war der Walzer herübergekommen, der seinen Namen von walzen, sich drehen, hatte. Moralisten halfen mit, ihn populär zu machen, indem sie ihn als sündige Intimität brandmarkten. Coleridge beklagte sich um 1798 in überzeugender Weise: «Ich werde in jeder Ballnacht mit Aufforderungen zum Tanz belästigt, die ich *in aller Bescheidenheit* ablehne. Sie tanzen einen ganz abscheulichen Tanz, der Walzer heißt. Es tanzen etwa zwanzig Paare – der Mann und seine Partnerin umarmen sich, Arme, Hüften und Knie berühren sich fast und wirbeln dann herum ... zu lasziver Musik.»[57]

Die Oberklassen konnten Tanz- oder andere Partys in einem der eleganten Klubs, Almack's, White's, Brook's, arrangieren. Dort konnten sie auch um höhere Einsätze spielen und sich über den letzten Auftritt von Mrs. Siddons, die Possen des Prinzen, die Romane von Jane Austen, die Zeichnungen Blakes, die Stürme Turners, die Landschaften Constables unterhalten. Für die Whigs war Holland House der gesellschaftliche Mittelpunkt, wo man bei Lady Hollands Soireen Würdenträger wie Lord Brougham, Herzog Philipp von Orleans, Talleyrand, Metternich, Grattan, Madame de Staël, Byron, Thomas Moore oder den ausgezeichnetsten aller Whigs, Charles James Fox, treffen konnte.[58] Gegen Ende des achtzehnten Jahrhunderts konnte sich kein französischer Salon mit Holland House messen.

VII. DAS ENGLISCHE THEATER

Zu all diesem bunten Leben kam die Theaterleidenschaft der Engländer, die heute noch lebendig ist. Und ebenso wie heute waren die Dramatiker zweitrangig, und die Güte des Spiels beruhte nur auf dem Können der Schauspieler. Der unvermeidliche Wettstreit mit Shakespeare schien die Schreiber von Dramen zu entmutigen. Nach der Blüte eines Sheridan und Goldsmith waren die besten neuen Komödien todlangweilige Versuche, wie Thomas Holcrofts *The Road to Ruin* (1792) und Elizabeth Inchbalds *Lovers Vows* (1798), die eher der Linie kleinbürgerlicher Sentimentalität folgten als der männlichen Kraft von Johnsons tödlichem Gelächter oder Shakespeares philosophischen Späßen. Nur die Schauspieler standen noch auf der Höhe ihres Könnens.

Auf den ersten Blick schienen sie alle, die auf den Brettern standen, zu einer Familie zu gehören, von Roger Kemble, der 1802 starb, bis Henry Kemble, der 1907 starb. Roger war der Vater von Sarah Kemble, die Mrs. Siddons wurde. John Philippe Kemble schloß sich 1783 der Drury Lane Company an und wurde 1788 ihr Leiter; Stephen Kemble leitete das Edinburgh-Theater von 1792–1800.

Sarah wurde 1755 im Shoulder-of-Mutton Inn (Wirtshaus zum Hammelbug; Anm. d. Ü.) in Brecon, Wales geboren, als zufälliges Ereignis während einer Tournee der Truppe ihres Vaters. Sobald sie auftreten konnte, bekam sie eine Rolle; mit zehn war sie eine fertige Schauspielerin. Während ihres hektischen Lebens schaffte sie es, sich eine beträchtliche Bildung zu erwerben. Sie wurde zu einer Frau von reifem und kultiviertem Geist ebenso wie von beruflicher Brillanz und zeitlosem Charme. Mit achtzehn heiratete sie William Siddons, ein unbedeutendes Mitglied ihrer Truppe. Zwei Jahre später schickte Garrick, der von ihren Erfolgen in der Provinz gehört hatte, einen Beauftragten, um sie auftreten zu sehen. Da der Bericht günstig ausfiel, bot Garrick ihr ein Engagement im Drury Lane an, wo sie am 29. Dezember 1775 als Portia debütierte. Sie hatte keinen Erfolg, teils aus Nervosität, teils vielleicht, weil sie erst vor kurzem niedergekommen war. Sie war dünn, hochgewachsen und ernst, in Rollenauffassung und künstlerischer Zucht der Klassik verbunden; ihre an kleinere Theater gewöhnte Stimme konnte den riesigen Raum nicht füllen. Nach einer enttäuschenden Saison kehrte sie in die Provinz zurück und arbeitete sieben Jahre lang geduldig an der Vervollkommnung ihrer Kunst. 1782 überredete sie Sheridan, der Garrick als Theaterleiter gefolgt war, nach London zurückzukehren. Am 10. Oktober 1782 übernahm sie die Hauptrolle in Thomas Southernes hundert Jahre altem *The Fatal Marriage*. Ihr Erfolg war so vollständig, daß sie von diesem Abend an begann, die größte Tragödin der britischen Geschichte zu werden. Einundzwanzig Jahre lang beherrschte sie Drury Lane und zehn weitere war sie die unangefochtene Königin von Covent Garden. Sie dort als Lady Macbeth zu sehen, war der Höhepunkt im Leben eines Theaterbesuchers. Als sie sich am 29. Juni 1812 im Alter von siebenundfünfzig Jahren von der Bühne zurückzog, verkörperte sie diese Rolle, und das Auditorium war von ihrer Darstellung der Schlafwandlerszene so bewegt, daß es ihr lieber für den Rest des Abends Applaus spendete, als das Spiel weitergehen zu lassen.[59] Sie lebte noch neunzehn Jahre in ruhiger Zurückgezogenheit und betrog den Stadtklatsch durch ihre eheliche Treue. Gainsborough feierte mit ihrem Bildnis Triumphe und sie herrscht heute noch in der National Portrait Gallery.

Ihr Bruder John Philip Kemble, gleich ihr in einem Provinzgasthof geboren, sollte nach dem Willen seiner Eltern katholischer Geistlicher werden, vielleicht nach der populären Theorie, daß ein Mitglied geistlichen Standes den Himmel für die ganze Familie erwerben würde. Er wurde nach Douai geschickt, um im dortigen katholischen College und Seminar zu studieren. Er erhielt hier eine gute Ausbildung in den Klassikern und eignete sich eine priesterliche Feierlichkeit an, die später fast allen seinen Rollen anhaftete. Doch in dieser stillen Umgebung behielt die aufregende Karriere seines Vaters eine geheime Faszination für ihn. Mit achtzehn (1775) verließ er Douai und kehrte nach England zurück. Ein Jahr später schloß er sich einer Theatertruppe an; 1781 trat er in Dublin als Hamlet auf. Seine Schwester Sarah trat dort einige Zeit mit ihm zusammen auf und nahm ihn mit sich an das Drury Lane.[60] Sein dortiges Debüt als Hamlet war nur ein mäßiger Erfolg (1783); das Londoner Publikum fand ihn für seinen Geschmack zu leidenschaftslos, und die Kritiker warfen ihm vor, er kürze Shakespeares Text nicht nur ab, sondern berichtige ihn auch. Trotzdem wurde sein gemeinsamer Auftritt mit Mrs. Siddons in *Macbeth* (1785) als Ereignis in der englischen Theatergeschichte begrüßt.

1788 betraute Sheridan, damals Haupteigentümer des Drury Lane, Kemble mit der Leitung des Ensembles. Er verkörperte weiterhin die Hauptrollen, doch Sheridans fröhlicher Despotismus und seine finanzielle Unzuverlässigkeit behagten dem sensiblen Schauspieler nicht. 1803 übernahm er die Leitung des Covent-Garden-

Theaters und zugleich für 23 000 Pfund ein Sechstel der Geschäftsanteile. 1808 brannte das Gebäude ab. Nach einer kostspieligen Zeit der Untätigkeit übernahm Kemble das Management des wiederaufgebauten Theaters. Als er aber versuchte, die unerwartet hohen Kosten des Wiederaufbaus durch Erhöhung der Eintrittspreise auszugleichen, unterbrach das Auditorium seine nächste Vorstellung mit dem anhaltenden Ruf nach den «alten Preisen». Man erlaubte ihm nicht fortzufahren, bis er versprach, die Preise wieder auf den früheren Stand herabzusetzen.[61] Der Herzog von Norfolk rettete die Gesellschaft durch ein Geschenk von 10 000 Pfund. Kemble kämpfte weiter, in zunehmendem Maße von jüngeren Schauspielern in die Schranken gezwungen. Nach einem letzten Triumph in *Coriolanus*, wobei dasselbe Publikum, das ihn 1809 ausgelacht hatte, das Theater mit seinem Beifall erschütterte, verließ er die britische Bühne und überließ seine Krone Edmund Kean. Mit ihm verschwand in England der klassische Stil der Schauspielkunst, wie er in Frankreich mit seinem Freund Talma verschwand. Die romantische Bewegung triumphierte im Theater ebenso wie in Malerei, Musik, Poesie und Prosa.

Keans Leben zeigte das ganze Auf und Ab seines empfindsamen Berufes, alle seine Verrücktheiten und Tragödien. Er wurde 1787 in einem Londoner Slum geboren, als Folge eines nächtlichen Ausflugs von Aaron (oder Edmund) Kean, einem Bühnenarbeiter, mit Ann Carey, die sich ihre paar Schillinge auf der Bühne und auf der Straße verdiente. In früher Kindheit von seinen Eltern verlassen, wurde er vom Bruder seines Vaters, Moses Kean, einem populären Spaßmacher, oder eigentlich von Moses' Freundin Charlotte Tidswell, einer kleinen Schauspielerin am Drury Lane, aufgezogen. Sie brachte ihm die Schauspielkunst mit den dazugehörigen Tricks bei, während Moses ihn Shakespeares Rollen studieren ließ. Der Knabe lernte alles, was bei einem Provinzauditorium ankommen konnte, von Akrobatik, Bauchreden und Boxen bis zu Hamlet und Macbeth. Er hatte jedoch unruhiges Blut und riß verschiedentlich aus. Schließlich band ihm Charlotte ein Hundehalsband mit der Aufschrift «Drury Lane Theatre» um den Hals. Mit fünfzehn schmiß er das Halsband weg und begann eine selbständige Karriere als Allrounddarsteller für fünfzehn Schilling wöchentlich.

Zehn Jahre lang führte er das hektische erschöpfende Leben eines wandernden Schauspielers, fast ständig in Armut und Erniedrigung, doch erfüllt von der heißen Zuversicht, jeden Mann auf der englischen Bühne übertreffen zu können. Bald ergab er sich, um seine Mühsale und Fehlschläge zu vergessen, dem Alkohol, der ihn von seiner, wie er dachte, edlen Abkunft und seinen künftigen Siegen träumen ließ. 1808 heiratete er Mary Chambers, die zur selben Truppe gehörte. Sie schenkte ihm zwei Söhne und hielt zu ihm während aller seiner Eskapaden mit Frauen und Whisky. Schließlich erhielt er nach vielen Jahren erniedrigenden Wechsels zwischen Shakespearerollen und der Verkörperung eines gelenkigen Schimpansen eine Einladung zu einem Probeauftritt im Drury Lane. Für sein dortiges Debüt (26. Januar 1814) wählte er die schwere Rolle Shylocks. Er legte in die Rolle einiges von den Ressentiments, die die Demütigungen des Lebens in ihm aufgestaut hatten. Als Shylock voll Verachtung und Sarkasmus zu dem christlichen Kaufmann von Venedig, der ihn um ein Darlehen bittet, sagt

Hat ein Hund Geld? Wie soll es möglich sein, daß ein Köter dreitausend Dukaten leiht?

schien Kean vergessen zu haben, daß er nicht Shylock war. Das leidenschaftliche Ungestüm, mit dem er die Rolle erfüllte, beendete – fast mit diesen zwei Zeilen – die klassische Ära im englischen Schauspiel und eröffnete auf Londons Bühnen die Zeit von Gefühl, Phantasie und Romantik. Nach und nach wurde die spärliche, skeptische Zuhörerschaft von diesem unbekannten Schauspieler mitgerissen, der selbst durch die Versenkung in seine Rolle fortgerissen war. Von Szene zu Szene wurde das Publikum wärmer und der Beifall stärker, bis am Ende das halbe Auditorium sich ihm in ekstatischem Applaus ergab. William Hazlitt, der fähigste Kritiker der Zeit, stürzte davon, um eine enthusiastische Besprechung zu schreiben. Kean eilte nach Hause zu seiner Familie, umarmte Frau und Kind und sagte zu ihr: «Jetzt Mary, wirst Du in Deiner Kutsche fahren». Und zu dem Knaben: «Mein Sohn, Du wirst nach Eton gehen!»[62]

Bei Keans zweitem Auftritt in *The Merchant of Venice* war das Haus voll. Nach dem dritten gab der leitende Direktor Samuel Whitbread Kean den Vertrag über ein Dreijahresengagement, den sie mit einer Wochengage von acht Pfund ausgehandelt hatten. Kean unterschrieb. Whitbread nahm das Papier und änderte die acht Pfund in zwanzig. Die Zeit sollte kommen, da Keans Gage fünfzig Pfund pro Auftritt betrug. Er spielte nahezu alle berühmten Rollen Shakespeares – Hamlet, Richard III., Richard II., Heinrich V., Macbeth, Othello, Jago, Romeo. Er war in allen erfolgreich, außer in der letztgenannten. Die delikaten Schattierungen von Romeos aristokratischem Charakter entzogen sich einem Darsteller, der durch die grausamen Ungerechtigkeiten des Lebens zu sehr verhärtet und verbittert war.

Als die Reihe an ihm war, und junge Schauspieler voll ungeduldiger Erwartung kamen, um seine Stelle einzunehmen, vergeudete er sein Einkommen im Trunk, nährte sich von der Verehrung von Tavernenstammgästen[63], schloß sich einer geheimen Bewegung zur «Verdammung aller Lords und Gentlemen» an und wurde wegen Ehebruchs mit der Frau eines Stadtrats verurteilt (1825)[64]. Er zahlte die Buße und bemühte sich, seinen Platz im Theater zurückzuerobern, konnte jedoch seine Rollen nicht mehr im Kopf behalten und vergaß mehr als einmal seinen Text. Das Publikum war nun ebenso erbarmungslos wie es ihn zuvor vergöttert hatte; man rief ihm Beschimpfungen zu und fragte, warum er so unbesonnen tränke. Er verließ England, machte eine triumphale Tournee durch Amerika, erwarb wieder ein Vermögen und vergeudete es. Er kehrte nach London zurück und war einverstanden, in Covent Garden (1833) den Othello zu verkörpern, während sein Sohn den Jago spielte. Das Auditorium applaudierte Jago und empfing Othello mit Schweigen. Die Anstrengung, nicht vom Applaus gestützt, war zuviel für Kean; die Kräfte verließen ihn, und er war einem Zusammenbruch nahe. Nachdem er die Worte gesprochen hatte «Lebt wohl, Othellos Zeit ist um», fiel er seinem Sohn in die Arme und flüsterte ihm zu: «Charles, ich sterbe, sprich Du zu ihnen».[65] Er wurde nach Hause gebracht. Die Frau, die er verlassen hatte, nahm sich mit liebender Sorge seiner an. Zwei Monate später, am 15. Mai 1833, starb er, erst sechsundvierzig Jahre alt. Das Leben hatte den – von Garrick abgesehen – größten Schauspieler der englischen Geschichte zerbrochen.

VIII. IN SUMMA

Alles in allem, es war ein kräftiges und fruchtbares England. Das Bild wies viele dunkle Flecken auf, wie jedes lebenswahre Bild: die freie Bauernschaft war im Verschwinden, das Proletariat versklavt, Trunk und Spiel ruinierten Vermögen und zerstörten Familien; Regieren war ein Klassenprivileg, und das Gesetz wurde von ein paar Männern für die anderen Männer und alle Frauen gemacht. Und doch entwickelten sich mitten unter diesen schädlichen Zuständen und Verbrechen die Wissenschaften, die Philosophie vollbrachte denkerische Leistungen, Constable entdeckte die englische Landschaft, Turner fing die Sonne ein und beschwichtigte den Sturm, und Wordsworth, Coleridge, Byron und Shelley schenkten England poetische Genüsse, die seit den Tagen der ersten Elisabeth nirgendwo übertroffen wurden. Unter aller Turbulenz lag eine bewahrende Ordnung und Stabilität, die viele Freiheiten gestattete – mehr als in irgendeinem anderen europäischen Staat mit Ausnahme von Frankreich, wo eine exzessive Freiheit Selbstmord begangen hatte. Jeder konnte sich ungehindert bewegen und reisen, außer in Kriegszeiten, die Religionsausübung war frei, soweit sie nicht die Gefühle anderer verletzte, die Presse war frei, solange sie keinen Landesverrat beging. Jedermann konnte frei seine Meinung äußern, solange er nicht einen gewaltsamen Umsturz propagierte, der nach allen Präzedenzien eine Dekade oder mehr bestürzender Gesetzlosigkeit und Unsicherheit im Gefolge haben würde.

Die öffentliche Meinung war nicht hoch entwickelt. Sie spiegelte häufig die Ansichten von Dummköpfen und hielt abgenützte Tabus hoch; sie hatte aber den Mut, einen degenerierten Prinzen auszupfeifen und seiner grausam vernachlässigten Gemahlin zu applaudieren.[66] Sie äußerte sich aber auch in Hunderten von Vereinigungen und Gesellschaften, die sich Erziehung, Naturwissenschaften, Philosophie oder Reform widmeten. In kritischen Fällen äußerte sie sich in öffentlichen Versammlungen und übte das vom englischen Gesetz garantierte Petititionsrecht aus. Wenn sie die Hand eines oligarchischen Staates zu schwer auf sich fühlte, so wählte sie den Widerstand als letzte Zuflucht eines geduldigen Engländers; mehr als einmal loderte ein heilsamer Aufstand durch Landbezirke und städtische Straßen.

Die regierende Schicht war eine Aristokratie, doch sie war wenigstens gebildet; sie vererbte Manieren, dämpfte Modetorheiten und hielt Maßstäbe des guten Geschmacks gegen Barbarei in der Kunst und Aberglauben im Glauben aufrecht. Sie unterstützte verschiedentlich den Fortschritt und bewahrte ihre großen Dichter vor dem Verhungern. Der König litt unter gelegentlichen Anfällen von Irrsinn, doch man hatte ihm die Flügel gestutzt, er war durch seine Hilflosigkeit liebenswert geworden und zum Symbol der nationalen Einheit, zum Brennpunkt für nationalen Eifer und Stolz; es erschien sinnlos, eine Million Menschen zu töten, um einen so nützlichen Zeremonienmeister abzusetzen. Nach ein oder zwei Verbeugungen konnte ein Engländer seinen eigenen Launen folgen und seinen eigenen Weg gehen, sofern er nicht auf dem gleichen Recht für Schuhputzer und Baron bestand, die Gesetze des Landes zu machen. «In England», notierte Madame de Staël, «darf das Individuum originell sein, so gut sind die Massen geordnet».[67] Es war die auferlegte Ordnung, welche die Freiheit knospen ließ.

Wir wollen nun sehen, wie sich diese Kombination auf den Gebieten der Kunst, Naturwissenschaft, Philosophie, Literatur und Staatskunst auswirkte. Nur dann wird das Bild des englischen Lebens um 1800 innerhalb der unserer Darstellung gesetzten Grenzen gerecht und vollständig sein.

DRITTES KAPITEL

Die Künste in England

I. DIE KÜNSTLER

Die Bezeichnungen *Kunst* und *Künstler*, die zur Zeit der Zünfte auf jedes Handwerk oder jeden Handwerker angewendet wurden, änderten ihre Bedeutung, als im achtzehnten Jahrhundert Handwerke und Zünfte durch Industrien und Fabrikarbeiter verdrängt wurden. Jetzt fanden sie Anwendung auf die Ausübung von Musik, Dekoration, Gravierkunst, Malerei, Bildhauerei und Architektur und die damit Beschäftigten. Gleicherweise bezeichnete das Wort *Genie*, mit welchem eine angeborene und charakteristische Qualität oder ein übernatürlicher Geist gemeint war, nunmehr in zunehmendem Maße eine transzendente natürliche Befähigung oder deren Träger; so wie *Wunder* und *höhere Gewalt* wurde es eine gebräuchliche Bezeichnung zur natürlichen und präzisen Erklärung ungewöhnlicher Personen oder Ereignisse.

Der Übergang zu Industrie, Handel und Stadtleben brachte einen weiteren Niedergang des aristokratischen Kunstmäzenatentums mit sich; jedoch müssen wir anmerken, daß Wordsworth und Coleridge von wohlhabenden Männern gefördert wurden und Lord Egremont Turner sein Landhaus in Petworth als Zufluchtsort öffnete, wohin er sich von London aus zurückziehen konnte. Georg III. hatte (1768) die Errichtung der Königlichen Kunstakademie mit einer Spende von 5000 Pfund und der Überlassung schöner Räumlichkeiten in Somerset House unterstützt. Ihre vierzig Mitglieder wurden nicht automatisch zu «Unsterblichen» wie ihre französischen Vorbilder, doch wurden sie durch den Titel (e)squire dem niederen Adel eingereiht, und obwohl diese neue Würde nicht auf ihre Nachkommen vererbbar war, trug sie doch zur Hebung der sozialen Stellung bedeutender Künstler in Britannien bei. Die Akademie richtete Klassen für Anatomie, Zeichnen, Malen, Skulptur und Architektur ein. Unvermeidlich mußte eine von einem konservativen Monarchen unterstützte Institution zu einer Zitadelle von Tradition und Konvention werden. Modernere Künstler beklagten dies, wurden so zahlreich und errangen solchen Beifall, daß 1805 einige Adlige und Bankiers die Errichtung der Britischen Gesellschaft zur Förderung der Schönen Künste finanzierten, die regelmäßige Ausstellungen veranstaltete, Preise verlieh und in lebhaften Wettbewerb mit der Königlichen Akademie trat. Geführt, angereizt und genährt durch diese rivalisierenden Kräfte, brachte die britische Kunst auf allen Gebieten ausgezeichnete Werke hervor.

Nein, die Musik bildete eine Ausnahme! Sie weist während dieser Periode keinerlei denkwürdige Kompositionen auf. England war sich dieses Mangels schmerzlich bewußt und glich ihn einigermaßen aus durch großzügige Wertschätzung vom Kontinent kommender Komponisten. So wurde Haydn 1790 und 1794 ein freundlicher Willkommen bereitet. Die Königliche Philharmonische Gesellschaft wurde 1813 gegründet, überlebte die Industrielle Revolution, die Französische Revolution, zwei Napoleons und zwei Weltkriege und blüht heute noch als Element der Dauer inmitten eines unberechenbaren Stromes.

Die kleineren Künste florierten ohne besondere Höhepunkte. Sie brachten weiterhin elegante, aber massive Möbel, schwere oder prunkvolle Metallarbeiten, unauffällig schöne Keramik hervor. Benjamin Smith goß Eisen zu einem verzierten Armleuchter als Geschenk der City von London an den Herzog von Wellington.[1] John Flaxman gestaltete die klassischen Designs des Wedgwood Porzellans und entwarf den berühmten Trafalgar Cup zur Erinnerung an Nelsons Sieg.[2] Er war zugleich Bildhauer und Architekt des mächtigen Nelson-Grabmals in der St.-Pauls-Kathedrale.

Im übrigen gehörte die Bildhauerei in England fast zu den geringeren Künsten, vielleicht weil sie eine Nacktheit darstellte, die dem nationalen Klima und der Moral nicht entsprach. 1801 überredete Thomas Bruce, siebenter Earl of Elgin, während seiner Tätigkeit als Gesandter bei der Hohen Pforte die türkischen Behörden in Athen, ihm zu gestatten, von der Akropolis «alle Steinblöcke mit alten Inschriften oder Figuren darauf» entfernen zu lassen. Elgin interpretierte diese Genehmigung wie ein Lord und demontierte den großen Parthenonfries sowie eine Menge Marmorstatuen und transportierte sie zwischen 1803 und 1812 schiffsladungsweise nach England. Er wurde von Byron und anderen als räuberischer Vandale angeklagt, wurde jedoch von einem Parlamentsausschuß gerechtfertigt. Die «Elgin marbles» wurden von der Nation für 35 000 Pfund angekauft (viel weniger, als Elgin dafür bezahlt hatte) und im Britischen Museum aufgestellt.[3]

II. ARCHITEKTUR

Die Marmorbildwerke hatten Anteil an der Stärkung der klassischen Welle gegen die gotischen Kreuzgewölbe im Kampf der Baustile. Tausend Säulen – dorische, ionische oder korinthische – gewannen Boden gegen die Amateurversuche Walpoles und Beckfords, die Spitzbogen und zinnengekrönten Mauern wieder neu zu beleben, die mittelalterlichen Rittern und Heiligen so teuer gewesen waren. Selbst bei Profanbauten gewannen die Säulen; Sir William Chambers' Somerset House ist ein vergrößertes Pantheon, und manches Landhaus sieht aus wie ein griechisches Peristyl, das zu einem römischen Palast führt. James Wyatts Ashridge Park Mansion (1806–1813) mag als stattliches Beispiel dieser Bauweise dienen. 1792 begann der künftige Sir John Soane, Sohn eines Maurers, mit dem Umbau der Bank von England: Hinter einen korinthischen Portikus projektierte er ein Gebäude, als ob er den Konstantinsbogen mit dem Tempel der Sonne oder des Mondes verbinden wollte.

Die von Horace Walpoles Strawberry Hill (1748–1773) eingeleitete Wiedergeburt der Gotik konnte sich gegen die Lawine von Säulen, Kuppeln und Giebeln nicht behaupten. William Beckford war der romantische Held dieser mittelalterlichen Ekstase. Als Sohn eines reichen Vaters, der zweimal Bürgermeister von London war, genoß er mehr Erziehung, als ihm gut tat. Er erhielt Klavierstunden vom jungen Mozart, Architekturunterricht von Sir William Chambers und lernte Geschichte auf der Grand Tour. In Lausanne kaufte er Edward Gibbons Bibliothek. Nach einigen bisexuellen Skandalen heiratete er Lady Margaret Gordon, die im Kindbett starb. Inzwischen hatte er *Vathek* geschrieben, den bedeutendsten der orientalischen Mysterienromane, die damals die romantische Welle nährten. Er wurde in Englisch und Französisch publiziert (1786–1787) und errang Byrons hohes Lob. Mit Wyatts Hilfe begann Beckford 1796 auf seinem Gut Fonthill in Wiltshire eine gotische Abtei zu bauen, füllte sie mit Kunstwerken und Büchern an und lebte dort hermetisch abgeschlossen von 1807–1822. Dann verkaufte er das Gebäude und als es kurz darauf in sich zusammenstürzte, zeigten sich grundlegende Fehler in Entwurf und Konstruktion. Er starb 1844 im Alter von fünfundachtzig Jahren in Bath. John Hoppners ansprechendes Porträt (um 1800) überliefert einen poetischen, mystischen und humanen Geist.

John Nash lockerte die Schwere der britischen Architektur auf, indem er ein wenig von der Fröhlichkeit des Rokoko hinzufügte. Geschickt unterstützt von dem Gartenarchitekten Humphrey Repton entwarf er Landsitze mit Wohnhäusern, Meiereien und Lauben im französischen, indischen und chinesischen Stil. Sie fanden den Beifall des gelangweilten Landadels; Nash wurde reich und gewann die Förderung des verschwenderischen Prinzen. 1811 erhielt er den Auftrag, die Regent Street auf Meilenlänge in einer schwingenden Kurve vom Carlton House des Regenten bis aufs offene Land auszubauen. Nash lockerte die Baulinien mit halbmondförmigen Häuserreihen und Terrassen auf, streute zwischen die Gebäudegruppen offene Grasflächen und Bäume und verwendete ionische Säulen als Schmuck der Straßenkrümmung. (Die Anlage ist inzwischen zum größten Teil zerstört worden, da man auf Kosten der Rasenflächen mehr Platz für Gebäude schaffen wollte.) Es war ein brillanter städteplanerischer Versuch, doch seine Kosten schockierten eine Nation, die sich, um Napoleon zu besiegen, aufs äußerste einschränkte.

Trotzdem beauftragte der entzückte Regent Nash mit der Restaurierung des Royal Pavillon in Brighton, der ein Lieblingsaufenthalt des Prinzen und seiner Freunde gewesen war. Nash erfüllte die Aufgabe zwischen 1815 und 1823 mit einem Kostenaufwand von 160 000 Pfund. Er baute den Pavillon im indisch-maurischen Stil um, mit zeltähnlichen Kuppeln und Minaretts an den Seiten. Die Banketthalle erhielt eine konvex gewölbte Decke und wurde in chinesischem Stil ausgestattet, einschließlich Lotus- und Drachenkronleuchtern, die 4290 Pfund kosteten.[4] Der erste Eindruck war der einer bizarren Pracht; das endgültige Urteil jedoch lehnte das Übermaß an Ornament und die Kosten ab.

1820 wurde aus dem Regenten Georg IV. Bald darauf berief er Nash, um Buckingham House als königlichen Palast umzubauen. Während der ganzen Notzeit und des fast völligen Staatsbankrotts, die dem Sieg über Napoleon gefolgt waren, arbeitete Nash und verbrauchte Geld, bis der königliche Verschwender starb (1830). Dann wurde der überschwengliche Architekt vor die neue Regierung zitiert, um sich für seine Ausgaben und einige angebliche Fehler in der Konstruktion zu verantworten. Nur selten war England so glänzend und gleichzeitig so arm gewesen.

III. VON DER KARIKATUR BIS CONSTABLE

Zwanzig Kriegsjahre lang hatten sich Tausende von britischen Künstlern abgemüht, ihre Familien zu ernähren und ihre Träume Wirklichkeit werden zu lassen. Nicht die geringsten unter ihnen an Einkommen und Ansehen waren die Karikaturisten, die die Presse mit Karikaturen der wechselnden Szene füllten. Napoleon war ein Segen für diese boshaften Genies, denn ihre täglichen Satiren auf «Little Boney» – oder den «Mediterranean mulatto», wie ihn die *Morning Post* nannte[5] – waren Belebungsspritzen für müde «Kriegsanstrengungen» und Stiche für den Stolz des wutschäumenden Kaisers.

Der größte dieser Akupunkteure war Thomas Rowlandson (1756–1827). Geboren als Sohn eines reichen Kaufmanns und Spekulanten, fand sein Zeichentalent reichliche Förderung. Nach einem Studium an der Königlichen Akademie schrieb er sich in der École de l'Académie Royale in Paris ein, kehrte dann nach England zurück und fand nach kurzer Zeit mit seinen Zeichnungen Anerkennung. Plötzlich verarmt, da sich sein Vater beim Spiel ruiniert hatte, half ihm eine Tante in Frankreich auf die Beine, die ihm 35 000 Pfund schickte. Frei, die Absurditäten und Heucheleien seiner Zeit zu geißeln, zeichnete er Karikaturen, wie eine Herzogin, die einen Metzger für eine Wahlstimme küßt, einen fetten Priester, der von einem halbverhungerten Bauern ein Schwein als Zehnten bekommt, oder eine Gruppe von Seeoffizieren, die an Land auf Dirnenjagd gehen. Dann ging er dazu über, umfangreiche und verwickelte Bildserien zu zeichnen – *Vauxhall Gardens*, *Comforts of Bath* sowie eine heitere Serie, die im ganzen Lande berühmt wurde, *The Tours of Dr. Syntax*. Sein Zorn auf Politiker, Prahlhänse und Dummköpfe verleitete ihn dazu, die entschuldbaren Übertreibungen der Karikatur ins Extreme zu steigern. Viele seiner Zeichnungen mußten von ihrer Obszönität gereinigt werden; seine Satire verlor alles heilsame Mitleid. Seine späteren Arbeiten atmeten Verachtung für das Menschengeschlecht, als ob es nie eine liebende Mutter oder einen großmütigen Mann gegeben hätte.

Noch populärer waren die Karikaturen James Gillrays (1757–1815). Die Leute schlugen sich in den Buchläden um die Erstabzüge seiner Zeichnungen.[6] Wie Rowlandson studierte er an der Königlichen Akademie, die er als fertiger Künstler – lebendig in seiner Vorstellungswelt, aber sicher im Strich – verließ. Er stellte nahezu seine ganze Kunst in den Dienst des Krieges. Er zeichnete Napoleon als Pygmäen und Josephine als Fischweib; er zeigte Fox, Sheridan und Horne Tooke (Parteigänger der Französischen Revolution) wie sie in einem Londoner Klub auf einen siegreichen Revolutionsgeneral warten. Abzüge seiner Satiren – grobschlächtig im Vorwurf, vollendet in der Form – zirkulierten in Europa und trugen zum Sturz Napoleons bei.[7] Er starb siebzehn Tage vor Waterloo.

Es gab in jener Generation viele gute Graphiker, doch William Blake grub sich tief genug ein, um von der Zeit nicht verwischt zu werden. Er entwickelte seine eigenen Methoden und versuchte sogar, die Arbeit des Setzers unnötig zu machen, indem er Text und Illustration in dieselbe Kupferplatte ätzte. Seine Feder überholte jedoch seinen Stichel und schließlich sprach er nur noch durch seine Dichtungen.

Er war ein Rebell, weil er seine Armut schmerzlich empfand; weil die Akademie es ablehnte, Kupferstecher als Künstler oder Kunsthandwerker anzuerkennen oder ihre Arbeiten zu ihren Ausstellungen zuzulassen und weil er von Herzen ihre Gebote zur Bewahrung künstlerischer Norm und Tradition verabscheute. «Man fragt in England nicht,» erklärte er (um 1808), «ob ein Mann Talent oder Genie besitzt, sondern ob er sich alles gefallen läßt, diplomatisch und ein rechtschaffener Esel ist und sich den Kunstauffassungen des Adels beugt. Ist er so, dann ist er ein Gott, wenn nicht, läßt man ihn verhungern.»[8] Dem Verhungern war er zeitweise nahe, da er nur Trinkgelder für Zeichnungen und Stiche erhielt, die 1918 in London 110 000 Pfund erzielten.[9] Seine zweiundzwanzig ganzseitigen Illustrationen zum Buch Hiob brachten ihm von 1823–1825 zwei Pfund pro Woche ein. Sie wurden (1907) für 5600 Pfund an J. Pierpont Morgan verkauft und gehören zu den schönsten Kupferstichen, die es gibt.

Blake war eine komplizierte Kreuzung zwischen heidnisch und puritanisch, klassisch und romantisch. Er war bezaubert von Michelangelos Skulpturen und seiner Decke in der Sixtinischen Kapelle. Auch er empfand die Pracht des gesunden menschlichen Körpers; er symbolisierte sie in dem Druck (1780) «Glad Day», einem Jüngling in durchsichtigem Gewand, Ausdruck sprühender Vitalität. Sexualität spielt in seiner Kunst nur eine bescheidene Rolle, sie findet in seinen Gedichten einen bestimmenden, in seinem Leben nur einen mäßigen Platz. Er hatte eine hilfsbereite und liebende Frau, die ihm eheliche Treue leicht machte. Zu Beginn waren seine Zeichnungen streng klassisch, die Linie dominierte über die Farbe und die Form über die Phantasie; doch als er älter wurde und sich in das Alte Testament vertiefte, ließ er seinen Stift in imaginären Gestalten schwelgen, überwältigend gewandet und die Gesichter gezeichnet von den Rätseln des Lebens.[10]

In seinen letzten Jahren stach er sieben Illustrationen für eine Danteausgabe. Auf seinem Sterbebett (1827) schuf er noch ein Bild Gottes als der «Hochbetagte» bei der Erschaffung der Welt. Seine nahezu übernatürliche Vorstellungskraft ebenso wie die Feinheit seines Strichs ließen ihn eine Generation nach seinem Tode zum anerkannten Vorläufer der Präraffaelitischen Schule werden. Wir werden ihm wieder begegnen.

Für die Maler war es, manchmal im buchstäblichen Sinn, eine Lebensfrage: wieweit sollten sie sich den Anschauungen und dem Geschmack der Akademie anpassen? Einige ihrer Professoren bedachten historische Vorwürfe, die berühmte Gestalten bei denkwürdigen Ereignissen zeigten, mit ihrer höchsten Wertschätzung. Andere priesen die Porträtmalerei, die den Charakter erforsche und enthülle – und den Beifall angesehener Förderer fände, die in Öl verewigt zu werden wünschten. Nur sehr wenige aus der akademischen Bruderschaft schätzten das Genrebild, denn es roch nach Volk. Den geringsten Beifall konnte die Landschaftsmalerei erringen. Ein Constable, der sein Herz an sie verloren hatte, mußte bis zu seinem dreiundfünfzigsten Jahr in der Anonymität arbeiten, bis die Akademie ihm die Vollmitgliedschaft gewährte.

1792 starb Sir Joshua Reynolds, und die Akademie wählte einen in England ansässigen Amerikaner zu ihrem Präsidenten. Benjamin West war 1738 in Springfield, Pennsylvania, geboren. In seiner Jugend zeigte er ein so ausgeprägtes künstlerisches Talent, daß generöse Bekannte ihn zum Studium nach Philadelphia, dann nach Italien schickten. Nachdem er dort in Galerien und Ruinen die klassische Tradition in sich aufgenommen hatte, zog er nach London (1763), malte einige lukrative Porträts, gewann den Beifall Georg III. und wandte sich historischen Themen zu. Sein *Death of Wolfe* (1771), der Montcalm und Frankreich Kanada entrissen hatte, schokkierte die Akademie, da er moderne Gestalten in moderner Kleidung zeigte, doch die Älteren gaben zu, daß ein halber Kontinent eine Verbeugung vor langen Hosen wert war.

Ein anderer Amerikaner, John Singleton Copley, 1738 in der Nähe von Boston geboren, wurde berühmt mit seinen Bildnissen von John Hancock, Samuel Adams und der Familie Copley. 1775 zog er nach London und erreichte bald seinen Gipfel mit *The Death of Chatham* (1779). Um die neoklassizistische Idealisierung historischer Gestalten zu vermeiden, stellte er die Szene mit einem mutigen Realismus dar, der – obwohl er die Akademie in Aufruhr versetzte – eine Revolution der englischen Malerei im Gefolge hatte.

Johann Heinrich Füssli aus Zürich setzte die Umerziehung der Akademie fort; er wurde im Alter von dreiundzwanzig Jahren zu Henry Fuseli aus London. Von Reynolds protegiert, verließ er England 1770, um acht Jahre in Italien zu studieren. Seine Vorliebe für den unkonventionellen Flug der Phantasie wurde durch klassische Vorbilder und Normen nur unvollkommen gedämpft. Als er nach London zurückkehrte, störte er einige Schöne mit seinem *The Nightmare* (1781) im Schlaf, auf dem eine schöne Frau träumt, daß sich ihr ein furchterregender Unhold naht. (Eine Kopie davon hing in Siegmund Freuds Studierzimmer.) Ohne es zu wollen und trotz seines sarkastischen Witzes wurde Fuseli Professor an der Akademie, wo sein Unterricht den Übergang zur Romantik und den Präraffaeliten ebnete.

Die Schwierigkeit, seinen Lebensunterhalt als Landschafter zu verdienen, wurde durch die Lebensläufe von John Hoppner (1758–1810) und John Crome (1768 bis 1821) illustriert. Hoppner verhungerte fast als Liebhaber von Landschaften und hatte dann als Porträtist Erfolg, wobei er Lawrence fast gleichkam, was seine Modelle und Honorare betraf. Nelson saß ihm, ebenso Walter Scott, Wellington und verschiedene Lords; der St.-James-Palast besitzt ein reiches Vermächtnis von Hoppner. Crome blieb fast während der ganzen dreiundfünfzig Jahre seines Lebens in seinem heimatlichen Norwich. Eine Zeitlang arbeitete er als Schildermaler. Er studierte die Gemälde Hobbemas und anderer holländischer Meister und lernte von ihnen den Geschmack an den schlichten Szenen des einfachen Lebens. Zu arm, um zu reisen, suchte er sich seine Sujets im bäuerlichen Hinterland von Norwich. Dort fand er den Ausblick, den er in seiner schönsten Landschaft, *Mousehold Heath*, darstellte. Kunst und Philosophie brauchten nicht mehr.

Sir Thomas Lawrence (1769–1830) folgte dem Rosenpfad der Porträtmalerei. Als Sohn eines Gastwirts besaß er nur eine geringe Schulbildung und wenig künstlerische Ausbildung; es dürfte die Akademie in Verwirrung gestürzt haben, zu sehen, wie gut er ohne sie vorankam. Er besaß eine natürliche Begabung, ein Bild rasch zu erfassen und festzuhalten – als Knabe in Bristol mit dem Bleistift, in seiner Jugendzeit in Bath in Pastell. Erst als er nach London zog (1786), arbeitete er in Öl. Vielleicht öffnete sein gutes Aussehen und sein fröhliches Gemüt ihm Herzen und Türen. Er war erst zwanzig, als er den Auftrag erhielt, nach Windsor zu gehen und Königin Charlotte Sophia zu malen. Er erledigte seine Aufgabe mit solch diplomatischem Geschick (denn sie war keine Schönheit), daß er mit zweiundzwanzig zum assoziierten Mitglied der Akademie und mit fünfundzwanzig zum Vollmitglied gewählt wurde. Hundert Notabeln wetteiferten, ihm zu sitzen. Er hielt nichts von Cromwells Rat, die Warzen ebenso zu malen, wie die Grübchen; Warzen brachten nichts ein. Er korrigierte die Züge seiner Modelle, die nichts dagegen hatten. Was seinen Ladys an Schönheit fehlte, machte er wett, indem er sie in zarten Spitzen malte, ihnen schöne Hände und bezaubernde Augen gab und sie in irgendeiner dramatischen Pose darstellte. Typisch für seine Arbeit ist die schöne und eindrucksvolle Gestalt, in der er den Prinzregenten 1815 darstellte. Gelegentlich, wie beim *Pinkie* der Huntington Gallery, gelang ihm eine hübsche Charakterisierung, doch wir vermissen in seinen Männerporträts den ausgeprägten Charakter, den Reynolds bei seinen Modellen fand oder in sie hineinlegte. Lawrence verdiente viel, war großzügig im Geldausgeben und wurde zum Idol seiner Zeit. Als er starb, geleitete ihn eine hervorragende Trauergemeinde nach St. Paul.

John Constable (1776–1837) spezialisierte sich auf Landschaften und blieb Junggeselle bis zu seinem vierzigsten Jahr. Sein Vater war ein Müller aus Sussex, der das Talent seines Sohnes für Zeichnen und Malen förderte und ihm ein zweijähriges Studium in London ermöglichte. Doch John entwickelte sich langsam; um 1797 hatte er das Gefühl, keinen weiteren Anspruch auf Unterhalt zu haben und kehrte nach Sussex zurück, um in seines Vaters Mühle zu arbeiten. In seiner Freizeit fuhr er fort, zu malen. Er sandte der Akademie einige seiner Arbeiten ein und wurde zur Malklasse zugelassen. So war er 1799 wieder in London, unterstützt von väterlichen Geldzuwendungen und gefördert von Benjamin West. Ein Künstlerkollege, Richard Reinagle, malte in jenem Jahr ein anziehendes Porträt von ihm.

Vielleicht hatte er Wordsworth' Gedichte über die Landschaft rund um den Windermere-See gelesen, denn auch er sah Gott in jedem Blatt. 1806 bereiste er den Seendistrikt, wo er nebelverhüllte Berge und Felder, die unter leisem Regen grünten, studieren konnte. Er kehrte nach London zurück in seinem Entschluß bestärkt, seine Kunst der Natur zu weihen. Er sagte von seinen Landschaften, er hoffe «einem kurzen Augenblick, aus der rinnenden Zeit herausgegriffen, realistische Dauerexistenz zu verleihen.»[11] Von Zeit zu Zeit erhielt er Zufallsaufträge, die seine Ausgaben für Essen und Wohnen deckten. 1811 schuf er schließlich sein erstes anerkanntes Meisterwerk, *Dedham Vale*, eine Landschaft in Essex unter der Mittagssonne.

Es scheint, daß er sich in diesem Jahr in Maria Bickell verliebte, die seine Aufmerksamkeiten gerne entgegennahm. Ihr Vater jedoch verbot ihr, sich mit einem so geringen Einkommen zufrieden zu geben, wie Constable es damals hatte. Erst fünf Jahre später, als der Tod seines Vaters ihn in den Besitz sicherer Einkünfte setzte, wagte er es, seine Werbung zu erneuern. Ihr Vater ließ sich erweichen, Constable nahm die endlich errrungene Braut in Empfang und erfreute sie mit einem Bildnis, das jetzt eine Wand der Tate Gallery ziert. Danach malte er die schönsten Landschaften, die Englands Kunst bisher hervorgebracht hatte. Sie sind nicht so hinreißend, wie die Turnerschen, doch sie vermitteln mit einer Liebe zum Detail, die kein Blatt außer acht läßt, den Frieden und den grünen Reichtum der englischen Landschaft. Während jener glücklichen Periode reichte er der Akademie *Flatford Mill* (1817), *The White Horse* (1819), *The Hay Wain* (1821), *Salisbury Cathedral* (1823) und *The Cornfield* (1826) ein. Jedes einzelne war ein Meisterwerk und errang doch nur matten Beifall.

1824 stellte er *The Hay Wain* im Pariser Salon aus, und 1825 wurde *The White Horse* in Lille gezeigt. Beide gewannen Goldmedaillen, und die französische Kritik begrüßte Constable als Meister. Die Londoner Königliche Akademie sah sich endlich gezwungen, ihm die Vollmitgliedschaft zu verleihen (1829).

Die Ehrung kam zu spät, um ihm noch viel zu bedeuten, denn in jenem Jahr starb seine Frau an einer Tuberkulose, die sich wahrscheinlich durch den Londoner Ruß verschlimmert hatte. Constable fuhr fort, so fesselnde Landschaften wie *Valley Farm* und *Waterloo Bridge* zu malen, doch fast alle seine späteren Arbeiten spiegeln bleibenden Gram. Er trug Trauer bis zu seinem plötzlichen Tod.

IV. TURNER: 1775–1851

Joseph Mallord William Turner war so stolz wie sein Name und ließ sich niemals durch einen feindseligen Kritiker oder eine zerbrochene Liebe auf seinem Weg zur unangefochtenen Meisterschaft stören.

Er wurde am 25. April 1775 geboren und hatte vielleicht Geburtstag und -monat mit Shakespeare gemeinsam. Sein Vater war Barbier, dessen Laden in Maiden Lane, hinter Covent Garden, kaum der geeignete Ort für einen heranwachsenden Landschaftsmaler war. Laut einem frühen Biographen[12] war Maiden Lane ein «finsterer Hohlweg», mit schlammigem Boden, voll von Verkehrslärm und dem Geschrei der Händler. Gegenüber dem Barbierladen befand sich ein Wirtshaus, der Ziderkeller, dessen Stammgäste sich mit prophetisch atonalen Gesängen unterhielten. Hinzu kam, daß Williams Schwester früh starb und seine Mutter den Verstand verlor. Die Natur glich diese unglücklichen Umstände etwas aus, indem sie dem Knaben eine zähe Konstitution, festen Willen und Geist und ein unzerstörbares Selbstvertrauen verlieh, die miteinander sechsundsiebzig Jahre lang Krisen, Kritikern und Krankheitskeimen widerstanden.

Seir Vater erkannte in ihm Zeichen eines zu Maiden Lane schlecht passenden Talents. Er schickte William als Zehnjährigen zu einem Onkel nach Brentwood, Middlesex, wo er auch zur Schule gehen sollte. Während zweier Jahre verfertigte der Knabe Zeichnungen, die sein stolzer Vater im Barbierladen und davor aufhing und zum Verkauf anbot. Ein geistlicher Kunde empfahl einige davon einem Freund an der Akademie. Bald wurde William zu einer Prüfung an der Akademie aufgefordert, die er erfolgreich bestand. Mit vierzehn wurde er als Schüler aufgenommen und durfte ein Jahr später ein Aquarell auf der Ausstellung zeigen.

In den Jahren 1789–1792 durchwanderte er während der Ferienzeit mit seinem Skizzenbuch die Provinz, wobei er bis nach Oxford, Bristol und Wales kam. Diese lebhaften Skizzen von Landschaft, Sonne und See befinden sich heute im Britischen Museum. Mit neunzehn verkaufte er seine Zeichnungen an Zeitschriften, mit einundzwanzig begann er seine Ölbilder in der Akademie auszustellen, mit vierundzwanzig wurde er zum außerordentlichen, mit siebenundzwanzig zum Vollmitglied gewählt. Durch seine Verkäufe wirtschaftlich unabhängig geworden, richtete er sich (1800) ein geräumiges Atelier in der Hurley Street 64 ein. Sein Vater kam, um dort mit ihm als sein Betreuer und Verkaufsagent zu leben. Dieses liebevolle Verhältnis paßte gut mit der Abneigung des Künstlers gegen die Ehe zusammen. Er war körperlich und von Angesicht nicht attraktiv und hatte ein uncharmantes Wesen. Er war ein völlig in seine Arbeit versunkener Mann. Fast ein halbes Jahrhundert lang beherrschte er die Kunst Englands und erdrückte jeden Konkurrenten durch den Reichtum und die Brillanz seines Schaffens.

Die Biographen erleichtern sich die Aufgabe, ihn zu beurteilen, indem sie sein Leben in drei Perioden einteilen. In der ersten (1787–1820) erwärmte er sich für historische Vorwürfe, die er aber in Studien von Sonne und Meer verwandelte. 1799 war er einer der vier Maler, die auf der Akademieausstellung die Vernichtung von Napoleons Flotte bei Akubir durch Nelson feierten. 1802 machte er seine erste Auslandsreise. Als das Postschiff sich Calais näherte, fand man die Wogen zu hoch und zu heftig, um anzulegen. Turner und ein paar andere Passagiere schafften es, die Küste in einem Ruderboot zu erreichen. Dort nahm er sein Skizzenbuch heraus und hielt die ganze Szene mit der gegen den Sturm ankämpfenden Fähre fest. Ein Jahr später stellte er in London seine große Leinwand *Calais Pier* aus, auf der er seiner

Vorliebe für dunkle Wolken, zornige Wogen und tapfere Seeleute freien Lauf ließ. Von Frankreich eilte er nach der Schweiz, wo er vierhundert Zeichnungen zum Himmel ragender Berge machte. Seine Skizzenbücher wurden zu seinem zweiten Gedächtnis.

Als er nach London zurückkehrte, bemängelten die Kritiker der Akademie, er habe seine Farben zu dick, zu sorglos und zu verworren aufgetragen, außerdem in Kombinationen, die allem vernünftigen Herkommen widersprächen. Seine Methoden ließen die Normen außer acht, die der verstorbene Sir Joshua Reynolds für die Nachfolge der alten Meister und die Beachtung traditioneller Regeln aufgestellt hatte. Turner ehrte das Andenken des gütigen Diktators, aber er gehorchte dem Diktat seines eigenen Wesens. Von nun an war er in der Kunst die durchdringendste Stimme der romantischen Revolte gegen jahrhundertealte Sujets, obsolete Regeln und die Unterdrückung von Experiment und Phantasie durch Herkommen und Wirklichkeitstreue. Er antwortete seinen Kritikern mit der Ausstellung von *The Shipwreck* (1804) in seinem Atelier, einer erbarmungslosen Veranschaulichung der Herrschaft der Natur über den Menschen. Das Bild fand Anerkennung. Ein Jahr später gewann er die Herzen der Briten durch seine Verherrlichung von Nelsons Sieg bei Trafalgar. Das Bild war ein Durcheinander von Schiffen, aufgeregten Elementen und Männern; doch so war die Schlacht gewesen. Trotzdem artikulierte die Kritik eine weithin empfundene Verblüffung: Turner zeigte nur Farbe, keine Linie, sogar die Farbe schien formlos herumgespritzt und doch selbst zum Gegenstand der Darstellung gemacht zu sein. Gebäude und menschliche Gestalten auf seinen Leinwänden waren dunkle Flecken, unwichtige Tupfen, als sei der Künstler besessen gewesen von der Hilflosigkeit des Menschen gegenüber der rasenden Natur. Es gab auch wohltuende Ausnahmen, wie *The Sun Rising through Mist* (1807), doch bei *Hannibal Crossing the Alps* (1812) schien jedes Gefühl für menschlichen Heroismus verloren in den schwarzen und gelben Wolken, die über den angstvoll geduckten Soldaten wirbeln. War dieser wilde Künstler ein Feind des Menschengeschlechts?

Turner ging seinen Weg weiter und führte seinen Pinsel mit Kraft und Schwung, offenbar entschlossen, Leben und Menschen vom Antlitz der Erde wegzuwischen, so daß nichts bliebe als Sonne, Wolken, Berge und stürmische See. Er war keineswegs ein vollständiger Misanthrop; er war warmer Zuneigung fähig und entwickelte eine ruhige Freundschaft zu Sir Thomas Lawrence, seinem Gegenpart in Praxis und Theorie. Doch er anerkannte keinen Adel als das Genie und gab sich keiner Täuschung über die Menschen im allgemeinen hin. Er liebte seine Arbeit und seine private Sphäre, denn er fühlte wie Leonardo «wenn Du ganz allein bist, wirst Du ganz Du selbst sein». Er besaß, soweit man feststellen kann, keinerlei Glauben an eine übernatürliche Welt. Die Natur war sein Gott, und er betete sie auf seine Weise an – nicht ihre Weisheit und Schönheit, wie Wordsworth, sondern ihre Beharrlichkeit und Macht. Er wußte, daß sie auch ihn, wie jeden Menschen, zu ihrer Zeit unbarmherzig verschlingen würde. Über Moral machte er sich nicht viele Gedanken. Er hatte die eine oder andere Geliebte, beschränkte sie aber auf den Bereich seines Heims. Er schuf einige Aktzeichnungen erotischen Charakters, die, als sie Ruskin in die Hände fielen, sogleich vernichtet wurden. Er liebte das Geld, verlangte hohe Honorare und hinterließ ein Vermögen. Er war ein roher Diamant, ein Solitär. Seine mittlere Periode begann mit einer Reise in die Sonne Italiens. Innerhalb von sechs Wochen machte er fünfzehnhundert Zeichnungen. Nach seiner Rückkehr nach England wurden einige davon zu neuen Versuchen mit Farbe, Licht und Schatten, wie *The Bay of Baiae* (1832), worin sogar die Schatten sprechen. Wieder in Frankreich (1821), schuf er leuchtende Aquarelle der Seine. 1825–1826 durchwanderte er Belgien und Holland und brachte Skizzen nach Hause. Nach einigen davon malte er die *Cologne* und *Dieppe* benannten Bilder, die sich jetzt in der Sammlung Frick in New York befinden. Zwischendurch, in den dreißiger Jahren, genoß er die Gastfreundschaft Lord Egremonts in Petworth; wie stets, blieb er nur seiner Arbeit zugewandt, schenkte aber seinem Gastgeber einen Augenblick der Unsterblichkeit mit *The Lake at Sunset*.

In der letzten Periode seines fruchtbaren Schaffens (1834–1845) ergab er sich mehr und mehr dem Zauber des Lichtes. Erkennbare Gegenstände verschwanden fast völlig; was blieb, waren faszinierte Studien von Farbe, strahlendem Glanz und Schatten. Gelegentlich wies er Objekten eine bestimmende Rolle zu, wie in *The Fighting Téméraire Towed to Her Last Berth* (1839) nach manchem Kanonenschuß für Britannien; oder der stolzen Lokomotive, die das Jahrhundert der eisernen Pferde ankündigt in *Rain, Steam and Speed* (1844). Als 1834 das Parlamentsgebäude niederbrannte, saß Turner in der Nähe und machte Skizzen für sein späteres Bild dieses Schauspiels. Auf der Überfahrt von Harwich geriet sein Schiff in einen rasenden Aufruhr von Wind und Schnee; der Künstler ließ sich vier Stunden lang an den Mast festbinden, um die Einzelheiten und den Schrecken der Szene seinem Gedächtnis einzubrennen.[13] Später verschmolz er das Erlebte zu einer Raserei in weißer Farbe, benannt *The Snowstorm* (1842). Dann malte er als letzten Triumph *The Sun of Venice Going Out to Sea*.

Seine letzten Jahre wurden durch eine wachsende Übereinstimmung abfälliger Kritiken verdüstert, die jedoch durch den Lobgesang eines Meisters der englischen Prosa gemildert wurden. Ein Kritiker tat *The Snowstorm* als «Seifenlauge und Kalkmilch» ab[14]; ein anderer bezeichnete die letzte Periode des Künstlers als das Werk «eines kranken Auges und einer ruchlosen Hand». *Punch* schlug einen Generaltitel für Turners sämtliche Bilder vor: «Ein Taifun trifft über dem Wirbel des Mahlstroms in Norwegen auf einen Samum mit einem brennenden Schiff, einer Eklipse und den Effekten eines Mondregenbogens.»[15] Nach einem halben Jahrhundert des Schaffens schien das große und brillante Œuvre durch das grausame Urteil eines konservativen Geschmacks der Verachtung preisgegeben und abgelehnt zu werden.

Dann ließ John Ruskin im Mai 1843 den ersten Band seiner *Modern Painters* erscheinen, dessen beharrlich und enthusiastisch behandeltes Thema die Überlegenheit William Turners über alle anderen modernen Landschaftsmaler und die unbedingte

Wahrhaftigkeit seiner Kunst war. Turner war durchaus nicht gekränkt, sich weit über Claude Lorrain gestellt zu sehen, der die Inspiration seiner Jugend gewesen war; doch als er weiterlas, mußte er sich die Frage stellen, ob ihm diese Lobpreisung durch ihre Länge und Übertreibung nicht schaden würde. Eine Zeitlang tat sie das auch. Die Kritik lobte Ruskins Prosa, stellte jedoch seine Urteilsfähigkeit in Frage und empfahl einen ausgewogeneren Standpunkt. Ruskin war nicht zu bremsen; er wiederholte wieder und wieder, in einem Band nach dem anderen, das Unternehmen, Turner zu verteidigen und zu erklären, bis er dem Künstler fast ein Drittel der zweitausend Seiten seines Werkes gewidmet hatte. Schließlich gewann er seine Schlacht und erlebte es, daß sein Idol als einer der schöpferischen Neuerer der modernen Kunst gefeiert wurde.

Unterdessen starb Turner am 19. Dezember 1851 und wurde in der St.-Pauls-Kathedrale beigesetzt. Sein Testament vermachte seine künstlerische Hinterlassenschaft der Nation – dreihundert Gemälde, dreihundert Aquarelle neunzehntausend Zeichnungen – und seine ersparten Einnahmen von 140 000 Pfund einem Fonds für bedürftige Künstler. (Seine überlebenden Verwandten erreichten die Annullierung des letzten Willens und teilten das Geld unter sich und ihren Anwälten.)

Sein größtes Vermächtnis aber war wohl die malerische Entdeckung des Lichts. In derselben Generation, in welcher Thomas Young seine Wellentheorie des Lichts formulierte, verbreitete Turner in Europa lichtdurchflutete Gemälde und Aquarelle, die aussagten, daß das Licht sowohl ein Gegenstand als auch ein Medium ist und daß es verdient, in seinen verschiedenen Formen, Farben, Komponenten und Wirkungen dargestellt zu werden. Dies war Impressionismus vor den Impressionisten; und vielleicht sahen Manet und Pissarro, als sie 1870 London besuchten, einige von Turners spektakulären Bildern.[16] Sieben Jahre später richteten Degas, Monet, Pissarro und Renoir einen Brief an einen Londoner Kunsthändler, worin sie sagten, sie hätten bei ihren Studien über die «flüchtigen Phänomene des Lichts» nicht vergessen, daß ihnen «auf diesem Weg ein großer Meister der englischen Schule, der berühmte Turner, vorangeschritten sei».[17]

VIERTES KAPITEL

Die Naturwissenschaften in England

I. STRASSEN DES FORTSCHRITTS

Es war nur natürlich, daß England, nachdem es auf dem Wege von der Agrarwirtschaft zur Industrialisierung vorangegangen war, sich vorzüglich denjenigen Wissenschaften zuwenden würde, die praktische Möglichkeiten boten und theoretische Studien den Franzosen überließen. Ebenso war zu erwarten, daß seine Philosophen in dieser Periode – Burke, Malthus, Godwin, Bentham, Paine – der Welt zugewandte Männer sein würden, die sich mit den aktuellen Problemen von Moral, Religion, Bevölkerung, Revolution und Regierung befaßten und deutschen Professoren die luftigen Höhenflüge in Logik, Metaphysik und die «Phänomenologie des Geistes» überließen.

«The Royal Society of London for Improving Natural Knowledge» hatte bei ihrer Gründung im Jahre 1660 zu ihrem «Ziel die Errichtung eines Kollegiums zur Förderung physikalisch-mathematisch experimenteller Forschung» erklärt. Es war jedoch kein College im Sinn einer Lehrorganisation für die wissenschaftliche Weiterbildung der Jugend geworden, sondern sie hatte sich zu einem auf fünfundfünfzig Gentlemen-Wissenschaftler beschränkten Klub entwickelt, der sich zu regelmäßigen Konferenzen versammelte, eine Bibliothek naturwissenschaftlicher und philosophischer Bücher zusammentrug, ein fachlich kompetentes Auditorium für Vorträge und Experimente darstellte, Medaillen für wissenschaftliche Entdeckungen vergab und von Zeit zu Zeit seine *Philosophical Transactions* veröffentlichte. «Philosophie» schloß noch alle Naturwissenschaften ein, die sich eine nach der anderen aus ihr entwickelten, als quantitative Formulierung und nachprüfbares Experiment an die Stelle von Argumentation und Logik traten. Die Royal Society organisierte, in der Regel mit Regierungsunterstützung, verschiedene wissenschaftliche Unternehmungen oder Expeditionen. 1780 wies ihr die Regierung elegante Räume in Somerset House zu, wo sie bis 1857 verblieb, als sie in ihren gegenwärtigen Sitz Burlington House in Piccadilly umzog. Sir Joseph Banks, ihr Präsident von 1778 bis 1820, opferte einen großen Teil seines Vermögens der Förderung der Naturwissenschaften und der Wissenschaftler.

Fast so berühmt wie die Royal Society, jedoch mehr auf die Ausbildung ausgerichtet, war das 1800 vom Grafen Rumford gegründete Königliche Institut von London «zur Leitung der Anwendung neuer naturwissenschaftlicher Erkenntnisse in der Entwicklung der Künste und Herstellungsverfahren durch reguläre Kurse wissenschaftlicher Unterweisung und Experimente». Sie bot in der Albemarle Street einen geräumigen Vortragsraum, wo John Dalton und Sir Humphry Davy Vorlesungen über Chemie, Thomas Young über die Natur und Fortpflanzung des Lichts, Coleridge über Literatur, Sir Edwin Landseer über Kunst... hielten. Spezialisierter waren die Linné-Gesellschaft, 1820 für das Gebiet der Botanik gegründet, die Geographische Gesellschaft (1807) und bald danach Gesellschaften für Gartenbau, Zoologie, Biochemie und Astronomie. Manchester und Birmingham, froh, die Naturwissenschaft ihren Industrien dienstbar machen zu können, errichteten ihre eigenen «philosophischen» Gesellschaften, und Bristol gründete ein «Pneumatisches Institut» für das Studium der Gase. Es bildeten sich Akademien mit dem Ziel, die Wissenschaften einem größeren Hörerkreis zugänglich zu machen. An einer von ihnen hielt Michael Faraday im Alter von fünfundzwanzig Jahren (1816) eine Reihe von Vorlesungen, die ein halbes Jahrhundert lang die Erforschung der Elektrizität anregten. Ganz allgemein war die Privatwirtschaft, was wissenschaftliche Erziehung betraf, den Universitäten voraus, und viele epochemachende Fortschritte wissenschaftlicher Art wurden von unabhängigen Forschern erzielt, die sich selbst erhielten oder von Freunden finanziert wurden.

Die britische Naturwissenschaft überließ den Franzosen die Mathematik und konzentrierte sich auf Astronomie, Geologie, Geographie, Physik und Chemie. Die Astronomie erfreute sich des Schutzes und der Förderung durch den König, da sie lebenswichtig für die Schiffahrt und die Kontrolle der Meere war. Das Observatorium von Greenwich, im Besitz der besten Ausrüstung, die für Geld zu haben war, wurde allgemein als das führende Institut auf seinem Gebiet angesehen. James Hutton veröffentlichte 1795 – zwei Jahre vor seinem Tode – *Theory of the Earth*, einen Klassiker der Geologie. Er faßte die Vorgänge auf der Oberfläche unseres Planeten als einen konstanten zyklischen Prozeß auf, bei welchem Regen die Erdoberfläche erodiert, die Flüsse mit Erosionsschutt aufgefüllt werden, oder ihn ins Meer befördern, die Gewässer und die Feuchtigkeit der Erde verdampfen und Wolken bilden, die ihrerseits zu Regen kondensieren ... Am anderen Ende dieses Zeitabschnitts (1815) wurde William Smith – «Strata Smith» genannt – durch die fünfzehn Riesenblätter seiner *Geological Map of England and Wales* berühmt. Sie zeigten, daß die Gesteinsschichten regelmäßig von West nach Ost in leichter Schräge ansteigen, bis sie an der Erdoberfläche enden und sie förderten die Paläontologie durch Identifizierung der Schichten gemäß ihren organischen Einschlüssen. Für die Aufdeckung dieser unterirdischen Geheimnisse gewährte ihm die britische Regierung 1831 ein Jahrgeld von 100 Pfund. Er starb 1839.

Britische Seefahrer fuhren fort, alle Winkel in Land und See zu erforschen. In den Jahren 1791–1794 kartierte George Vancouver die Küsten von Australien, Neuseeland, Hawaii und die pazifische Westküste Nordamerikas; dort umsegelte er die bezaubernde Insel, die heute seinen Namen trägt.

II. PHYSIK: RUMFORD UND YOUNG

Es ist schwierig, jenen Benjamin Thompson einer Nation zuzuordnen, der in Amerika geboren wurde (1753) und aufwuchs, in England zum Ritter geschlagen, in Bayern zum Grafen Rumford erhoben wurde und in Frankreich starb (1814). Im amerikanischen Unabhängigkeitskrieg ergriff er Partei für Britannien und siedelte nach London über (1776). Wieder zurückgesandt, um als britischer Minister in der Kolonie Georgia zu amtieren, wandte sich sein Interesse außer der Politik auch den Naturwissenschaften zu, und er befaßte sich mit Forschungen, die ihm die Mitgliedschaft der Royal Society eintrugen. 1784 trat er mit Genehmigung der britischen Regierung in die Dienste des Kurfürsten Maximilian Joseph von Bayern. In den folgenden elf Jahren reorganisierte er als Kriegs- und Polizeiminister die bayerische Armee, verbesserte in Bayern die Lebensbedingungen der Arbeiterklasse, setzte dort dem Bettlerunwesen ein Ende und fand noch Zeit, Aufsätze für die *Philosophical Transactions* der Royal Society zu schreiben. Der dankbare Maximilian machte ihn (1791) zum Grafen des Heiligen Römischen Reiches. Für seinen Titel wählte er den Namen des Geburtsortes seiner Frau (heute Concord) in Massachusetts. Während eines einjährigen Englandaufenthalts arbeitete er an der Verbesserung der Heiz- und Kocheinrichtungen der Bevölkerung mit dem Ziel, die Luftverschmutzung durch häusliche Feuerstellen einzudämmen. Nach einem weiteren Jahr in bayerischen Diensten kehrte er nach England zurück und gründete mit Sir Joseph Banks das Königliche Institut. Er begründete – und erhielt sie als erster verliehen – die Rumford-Medaille der Royal Society. Er beschaffte die Stiftungsmittel für die Verleihung gleicher Medaillen durch die Akademien für Kunst und Wissenschaft in Bayern und Amerika sowie für die Rumford-Professur an der Harvard-Universität. Nach dem Tod seiner Frau zog er nach Paris, ließ sich in Auteuil nieder, heiratete Lavoisiers Witwe und blieb in Frankreich trotz des erneuten Krieges mit England. Aktiv bis zum Schluß erfand er im letzten Jahr seines Lebens die «Rumfordsuppe» zur Ernährung der französischen Bevölkerung, die unter bitterstem Mangel litt, als Napoleon mit dem letzten Aufgebot ihrer noch verbliebenen Söhne in den Untergang marschierte.

Rumfords Beiträge zu den Naturwissenschaften waren zu vielfältig und beiläufig, um spektakulär zu sein, doch zusammengenommen bildeten sie ein bemerkenswertes Gegengewicht zu einem tätigen Leben in der Administration. Während er in München das Ausbohren von Kanonenrohren beobachtete, war er überrascht von der Hitze, die der Vorgang produzierte. Um diese zu messen, konstruierte er einen massiven Metallzylinder, der mit einem Ende gegen einen Stahlbohrer rotierte. Das Ganze war in einen wasserdichten Behälter eingeschlossen, der achteinhalb Liter Wasser enthielt. In zweidreiviertel Stunden stieg die Temperatur des Wasser von 60 Grad Fahrenheit auf 212 Grad, den Siedepunkt. «Es wäre schwer», schrieb Rumford später, «das Erstaunen auf den Gesichtern der Zuschauer zu beschreiben, als sie sahen, wie eine so große Menge Wasser sich erhitzte und tatsächlich ohne Feuer zum Kochen kam».[1] Dieses Experiment bewies, daß Hitze kein Stoff war, sondern eine Form der Molekularbewegung, die in ihrer Stärke in etwa der zu ihrer Erzeugung aufgewendeten Arbeit entsprach. Diese Auffassung bestand schon lange vorher, doch Rumfords Versuchsanordnung lieferte den ersten experimentellen Beweis dafür und eine Methode, das mechanische Wärmeäquivalent zu messen, d. h. die Energiemenge, die notwendig ist, um einen Liter Wasser um ein Grad Celsius zu erwärmen.

Thomas Young war fast ebenso allgemein interessiert und vielseitig wie Rumford und Montaigne. 1773 als Sohn einer Quäkerfamilie in Somerset geboren, begann er mit der Religion und versenkte sich dann mit unverminderter Hingabe in die Naturwissenschaften. Mit vier Jahren, versichert man uns, hatte er die Bibel schon zweimal gelesen und mit vierzehn konnte er in vierzehn Sprachen schreiben.[2] Mit einundzwanzig wurde er zum Mitglied der Royal Society gewählt; mit sechsundzwanzig war er niedergelassener Arzt in London; mit achtundzwanzig hielt er im Königlichen Institut Vorlesungen über Physik. Im Jahre 1801 begann er dort mit den Experimenten, die Huyghens Auffassung vom Licht als Wellenbewegung eines hypothetischen Äthers bestätigten und weiterentwickelten. Nach langer Diskussion ersetzte diese Theorie im großen und ganzen – nicht generell – Newtons Theorie vom Licht als Emanation von Materiekorpuskeln. Young stellte auch die später von Helmholtz weiterentwickelte Hypothese auf, daß die Farbempfindung auf drei Nervensträngen in der Retina beruht, die jeweils für rot, violett und grün empfänglich sind. Er beschrieb als erster Astigmatismus, Blutdruck, Kapillaranziehung- und -strömung und beteiligte sich aktiv (1814) an der Entzifferung des Steins von Rosette. Er war, wie ein gelehrter Medizinhistoriker es ausdrückte, «der höchstgebildete Arzt seiner Zeit», und, wie Helmholtz hinzufügte, «einer der klarsichtigsten Menschen, die jemals gelebt haben».[3]

III. CHEMIE: DALTON UND DAVY

Im gleichen Jahrzehnt und ebenfalls am Königlichen Institut revolutionierte John Dalton die Chemie mit seiner Atomtheorie (1804). Als Sohn eines Quäkers, der das Weberhandwerk ausübte, wurde er 1766 in Eaglesfield bei Cockermouth geboren, am Nordende jenes wundervollen nebligen Seendistrikts, der bald darauf Wordsworth, Coleridge und Southey beherbergen sollte. Später faßte er seine Frühzeit in einer in der dritten Person geschriebenen schlichten Aufzählung zusammen, die doch nicht völlig den brennenden Ehrgeiz verbirgt, der einen Weg zu seiner Erfüllung sucht:

> Der Schreiber dieser Zeilen ... besuchte die Dorfschule ... bis zu seinem elften Jahr. Bis dahin hatte er Unterricht in Meßkunde, Landvermessung, Nautik etc. erhalten; mit zwölf begann er an der Dorfschule Unterricht zu erteilen; ... war dann über ein Jahr in der Landwirtschaft beschäftigt; war mit fünfzehn als Assistent in einem Internat in Kendal tätig, blieb drei bis vier Jahre in dieser Stellung, übernahm dann dieselbe Schule als Direktor und blieb dort acht Jahre lang. Während der Zeit in Kendal studierte er in seiner Freizeit Latein, Grie-

chisch, Französisch, Mathematik und Naturphilosophie und siedelte dann 1793 nach Manchester über als Tutor für Mathematik und Naturphilosophie am Neuen College.[4]

Wann immer es seine Zeit und seine Mittel erlaubten, führte er Beobachtungen und Experimente durch, ungeachtet seiner Farbenblindheit und grober Instrumente, von denen er viele selbst angefertigt hatte. Neben seinen vielen anderen Interessen fand er noch die Zeit, von seinem einundzwanzigsten Jahr an bis einen Tag vor seinem Tod meteorologische Aufzeichnungen zu machen.[5] Seine Ferien verbrachte er gewöhnlich mit dem Sammeln wissenschaftlicher Daten in denselben Bergen, die Wordsworth ein paar Jahre später durchstreifen sollte. Während dieser aber nach Gott suchte, maß Dalton zum Beispiel die atmosphärischen Bedingungen in verschiedenen Höhen – in ähnlicher Weise, wie es Pascal eineinhalb Jahrhunderte vorher getan hatte.

Bei seinen Experimenten folgte er der Theorie des Leukipp (um 450 v. Chr.) und des Demokrit (um 400 v. Chr.), daß alle Materie aus unteilbaren Atomen besteht. Er stützte sich auf die Annahme von Robert Boyle (1627–1691), daß alle Atome zu einem bestimmten aus einer Reihe letztlich unzerlegbarer Elemente – Wasserstoff, Sauerstoff, Kalzium ... gehörten. In *A New System of Chemical Philosophy* (1808) folgerte Dalton, das Gewicht jedes Atoms eines Elements müsse im Vergleich mit jedem Atom eines anderen Elements ebenso gleich sein, wie das Gewicht einer Menge des ersten Elements verglichen mit einer gleichen Menge des anderen. Indem Dalton das Atomgewicht des Wasserstoffatoms als 1 nahm, ordnete er nach vielerlei Experimenten und Berechnungen alle anderen Elemente nach dem Gewicht ihrer Atome im Verhältnis zum Wasserstoffatom und entwarf so für die dreißig ihm bekannten Elemente eine Tabelle ihrer Atomgewichte. (Heute sind den Chemikern 105 Elemente bekannt.) Daltons Schlußfolgerungen mußten durch spätere Untersuchungsergebnisse berichtigt werden, doch sie – und sein «Gesetz der multiplen Proportionen» bei allen Kombinationen verschiedener Elemente – erwiesen sich als außerordentliche Hilfe für den Fortschritt der Naturwissenschaften im neunzehnten Jahrhundert.

Farbiger und aufregender waren Leben, Ausbildung und Entdeckungen Sir Humphrey Davys. 1778 in Penzance als Sohn einer gutsituierten Mittelstandsfamilie geboren, erhielt er eine gute Ausbildung, die er auf Expeditionen vertiefte, bei denen er Geologie mit Fischen, Zeichnen und Dichten vereinte. Sein glückliches Naturell gewann ihm eine Menge von Freunden, angefangen von Coleridge, Southey und Dr. Peter Roget – dem scharfsinnigen und unermüdlichen Kompilator des *Thesaurus of English Words and Phrases* (1852) – bis zu Napoleon. Einer seiner Freunde gestattete ihm die freie Benutzung eines chemischen Laboratoriums, dessen brodelnde Retorten Davys Begeisterung weckten. Er richtete sich ein eigenes Laboratorium ein, prüfte verschiedene Gase durch Einatmen, überredete Coleridge und Southey, sich an seinem Inhalierteam zu beteiligen und brachte sich selbst fast um, indem er Wassergas, ein starkes Gift, einatmete.

Mit zweiundzwanzig veröffentlichte er einen Bericht über seine Experimente unter dem Titel *Researches Chemical and Philosophical* (1800). Von Graf Rumford und

Joseph Banks nach London eingeladen, hielt er Vorlesungen und Demonstrationen über die Wunder der Speicherbatterie (Voltasche Säule), womit er dem Königlichen Institut zu neuem Ruhm verhalf. Indem er eine Batterie von 250 Metallplattenpaaren als Elektrolyseapparatur benutzte, zerlegte er verschiedene Substanzen in ihre Elemente. So entdeckte und isolierte er Natrium und Kalium. Bald darauf folgte die Isolierung von Barium, Bor, Strontium, Kalzium und Magnesium, die er dem System der Elemente einreihte. Seine Entdeckungen begründeten die Elektrochemie als eine in ihren theoretischen und praktischen Möglichkeiten unerschöpfliche Wissenschaft. Die Kunde von seinen Arbeiten drang zu Napoleon, der ihm 1806, über die Fronten des Krieges hinweg, einen vom Institut National verliehenen Preis übersandte. Berthollet hatte 1786 James Watt auf die Bleichwirkung des Chlors aufmerksam gemacht. England hatte damals dieser Anregung keine besondere Bedeutung beigemessen, aber Davy griff sie mit Erfolg auf. In ihm gelangten Naturwissenschaften und Industrie zu jener wechselseitigen Befruchtung, die bei der wirtschaftlichen Umformung Großbritanniens eine maßgebende Rolle spielen sollte.

1810 führte Davy vor einem Auditorium am Königlichen Institut Experimente zur Demonstration der Kraft eines elektrischen Stromes vor, der im Übergang von einem Kohlefaden zu einem anderen sowohl Licht als auch Hitze erzeugte. Er beschrieb den Vorgang:

> Wenn Holzkohlenstückchen, etwa einen Zoll lang und ein Sechstel Zoll im Durchmesser, nahe zusammengebracht wurden (bis auf ein dreißigstel oder vierzigstel Zoll), entstand ein heller Funke, und mehr als die Hälfte der Holzkohle wurde zur Weißglut gebracht. Wurden dann die Enden voneinander entfernt, fand eine Dauerentladung durch die erhitzte Luft über eine Distanz von mindestens vier Zoll hinweg statt, wobei ein außerordentlich heller Lichtbogen entstand ... Wenn irgendeine Substanz in diesen Lichtbogen gebracht wurde, begann sie augenblicklich zu glühen. Platin schmolz so leicht wie das Wachs in einer gewöhnlichen Kerze; Quarz, Saphir, Magnesia, Kalkstein – alles begann zu schmelzen.[6]

Die Möglichkeiten dieses Prozesses zur Erzeugung von Licht und Hitze wurden erst ausgeschöpft, als billigere Wege zur Erzeugung elektrischen Stromes erschlossen worden waren; doch in jenem brillanten Experiment lagen bereits die Ursprünge der Elektro-Schmelzöfen und der Möglichkeit, die Nacht zum Tage zu verwandeln.

1813 reiste Davy im Besitz eines von Napoleon ausgestellten Geleitbriefs – während fast in ganz Europa die Kriegsfackel loderte – und in Begleitung seines jungen Assistenten Michael Faraday durch Frankreich und Italien, besuchte Laboratorien, führte Experimente durch, erforschte die Eigenschaften des Jods und bewies, daß der Diamant eine Form des Kohlenstoffs ist. Nach England zurückgekehrt, studierte er die Ursachen von Explosionen in Bergwerken und erfand eine Sicherheitslampe für Bergleute. 1818 machte der Prinzregent ihn zum Baronet. 1820 folgte er Banks als Präsident der Royal Society. 1827 gab er seiner schwankenden Gesundheit wegen seine naturwissenschaftlichen Arbeiten auf und wandte sich dem Fischen zu, über das er ein mit eigenen Zeichnungen illustriertes Buch schrieb. 1829 reiste er nach einer teilweisen Lähmung nach Rom, um dort «eine Ruine unter Ruinen zu sein»[7], doch er starb, ehe das Jahr um war. Er war nur einundfünfzig Jahre alt geworden, doch er hatte die Arbeit vieler Leben in dieses halbe Jahrhundert zusammengepreßt. Er war ein guter großer Mann und einer von jenen ausgleichenden Männern und Frauen, die gegen unsere Unwissenheit und Sündhaftigkeit aufgewogen werden müssen.

IV. BIOLOGIE: ERASMUS DARWIN

Die Biologie besaß im England jener Zeit nicht die Bedeutung wie Physik, Chemie und Geographie. Diese waren verwandt und hilfreich für Industrie und Handel; die Biologie jedoch offenbarte Tragödie wie Glanz des Lebens und verwirrte den religiösen Glauben.

Erasmus Darwin, der Großvater von Charles, hat bereits unsere Huldigung empfangen.* Er war ein Funke im brillanten Spektrum seiner Zeit, welche die Publikation seiner *Botanic Garden* (1792), *Zoonomia* (1794–1796) und *The Temple of Nature* (1803) erlebte. Alle diese Bücher waren aus evolutionistischer Sicht geschrieben. Sie stimmten mit Lamarck darin überein, daß sie die Theorie auf eine Hoffnung gründeten, anpassungsfähige Gewohnheiten und Organe, durch Begehren und Anstrengung entwickelt, könnten, wenn sie viele Generationen hindurch gekräftigt würden, dem Nervensystem und den anderen Geweben übertragbar eingeprägt werden. Der geniale Arzt, der einen großen Namen empfing und weitergab, suchte die Evolution mit der Religion zu versöhnen, indem er die Ansicht äußerte, alles animalische Leben habe mit «einem einzigen lebenden Fäserchen, das die erste Große Ursache mit Lebenskraft durchtränkte» begonnen und es ihm dann überlassen, «sich durch seine eigene inhärente Aktivität zu entwickeln und diese Entwicklung durch Fortpflanzung in alle Ewigkeit an die Nachkommen weiterzugeben».[8]

Der jahrelang andauernde Streit zwischen Religion und Wissenschaft, obwohl zu dieser Zeit verstummt, griff auf das einst abgeschirmte Gebiet der Psychologie über, als Hartley und Priestley eine physiologische Interpretation der Assoziation von Ideen erarbeiteten und als Anatomen stufenweise die Korrelation zwischen Körper und Geist aufdeckten. 1811 veröffentlichte Charles Bell *A New Idea of the Anatomy of the Brain*, worin er den Beweis dafür anbot, daß bestimmte Teile des Nervensystems Sinnesempfindungen zu bestimmten Teilen des Gehirns leiten und daß bestimmte Nerven motorische Impulse zu bestimmten Antwortorganen befördern. Die Phänomene des Hypnotismus, in zunehmendem Maße vielfältig, schienen eine physiologische Umwandlung von Empfindungen in Handlung nahezulegen. Die Wirkungen des Opiums und anderer Drogen bei der Herbeiführung des Schlafes, der Beeinflussung von Träumen, der Anregung der Phantasie und der Schwächung des Willens (wie bei Coleridge und De Quincey) stellten außerdem die Freiheit des Willens in Frage und

---

* s. Durant, Bd. 14: «Das Zeitalter Voltaires», III. Buch, 2. Kapitel (Zoologie).

reduzierten diesen zu einer algebraischen Summe wetteifernder Vorstellungen und Impulse. So schien der steigende Rang, der wissenschaftliche Disput und die soziale Stellung der Ärzte im Vergleich zu dem abgesunkenen Rang und der verringerten Aktivität der anglikanischen Geistlichkeit die geheime Ausbreitung von religiöser Indifferenz, Zweifel oder Unglauben widerzuspiegeln.

V. MEDIZIN: JENNER

Die Gemeinschaft der Ärzte verdiente diese Bezeichnung kaum, denn sie demonstrierte voll und ganz den britischen Hang zu Klassen- oder Rangunterschieden. Das Königliche Ärztekollegium, stolz auf seine Gründung durch Heinrich VIII. im Jahre 1518, beschränkte die Zahl seiner «außerordentlichen» Mitglieder auf etwa fünfzig Männer, die in Oxford oder Cambridge einen akademischen Grad erworben hatten und seine «berechtigten» Mitglieder auf etwa fünfzig andere hervorragende Praktiker. Diese hundert Männer stellten für die englischen Mediziner eine Art Oberhaus dar. Sie verdienten beträchtliche Summen, in manchen Fällen bis zu 20 000 Pfund im Jahr. Sie konnten nicht Peers werden, doch konnten sie in den Ritterstand und gelegentlich sogar zum Rang eines Baronets aufsteigen. Einen deutlich geringeren Status besaß das Königliche Chirurgen-Kollegium, 1800 gegründet. Unter diesem rangierten die *accoucheurs*, männliche Hebammen, darauf spezialisiert, Babys aus ihrer warmen Sicherheit in die Unruhe der Welt zu befördern. Die unterste Klasse der Heilberufe nahmen die Apotheker ein, die in ländlichen Gegenden fast allein für die medizinische Betreuung sorgten.

Keines dieser «Kollegien» bot eine medizinische Ausbildung, mit Ausnahme gelegentlicher Vorlesungen durch berühmte Ärzte. Weder Oxford noch Cambridge besaßen eine medizinische Fakultät. Studenten, die eine medizinische Universitätsausbildung wünschten, mußten sich nach Schottland wenden. Im übrigen war die Ausbildung englischer Mediziner den Privatschulen überlassen, die sich in der Nachbarschaft der durch private Philanthropie unterhaltenen großen Hospitäler etabliert hatten. Sir Thomas Bernard verwendete einen großen Teil seines Reichtums für die Verbesserung des berühmten «Findelhauses» im Norden Londons und teilte sich mit anderen reichen Männern in die Finanzierung von kostenlosen Kliniken für die Behandlung von Krebs, Augenkrankheiten und Hernien in London und anderswo. Doch die armselige Hygiene der Städte verbreitete Krankheiten oder brachte neue hervor, schneller als die Medizin sie heilen konnte.

1806 registrierte man in London ein einmaliges Ereignis: Eine volle Woche war verstrichen ohne einen Todesfall wegen Pocken – dieser pustulösen, fiebrigen, das Gesicht verunstaltenden und ansteckenden Krankheit, die einmal in England weit verbreitet gewesen war und jederzeit wieder zu einer verheerenden Seuche werden konnte.

Ein bescheidener englischer Arzt, Edward Jenner – ein Freund der Jagd und der Botanik, der Gedichte verfaßte und Flöte und Geige spielte – machte die Wunderwoche durch unzählige Schutzimpfungen möglich, die schließlich über den Konservativismus der englischen Gesellschaft siegten. Die Vorbeugung gegen Pocken durch Impfung mit abgeschwächtem Virus von einem pockenkranken Menschen war schon von den alten Chinesen praktiziert worden; Lady Mary Wortley Montagu hatte sie in Konstantinopel als dort gebräuchlich kennengelernt und nach England zurückgekehrt empfahl sie dort die Einführung der Prozedur. Sie wurde an Verbrechern, dann an Waisenkindern ausprobiert, mit beachtlichem Erfolg. 1760 berichteten die Doktoren Robert und Daniel Sutton, daß sie bei 30 000 Fällen von Pockenschutzimpfung 1200 Todesfälle gehabt hätten. Gab es eine sicherere Methode zur Verhütung der Pocken?

Jenner fand einen besseren Weg durch die Beobachtung, daß in seinem heimatlichen Gloucestershire sich viele Stallmägde an den infizierten Euterstrichen der Kühe mit Kuhpocken ansteckten und daß diese Frauen später gegen eine Pockeninfektion immun waren. Er kam auf den Gedanken, man könne durch Impfung mit einer aus dem Virus an Pocken erkrankter Kühe hergestellten Vaccine (*vacca* lateinisch für Kuh) eine ebensolche Immunität erzielen. In einer 1798 publizierten Abhandlung berichtete Jenner über eine waghalsige Prozedur, welche die Grundlagen für die experimentelle Medizin und die Immunologie legte.

> ... Ich wählte einen gesunden Jungen aus, etwa acht Jahre alt, zum Zweck der Impfung mit den Kuhpocken. Das Material wurde einer Schwäre an der Hand eines Milchmädchens entnommen, das sich an den Kühen seines Herrn infiziert hatte. Es wurde am 14. Mai 1796 am Arm des Knaben appliziert ... Am siebten Tag klagte er über Unwohlsein, ... und am neunten fröstelte er etwas, verlor den Appetit und hatte leichte Kopfschmerzen ... Am nächsten Tag war er völlig wohlauf ...
>
> Um sicherzustellen, daß der Junge, nachdem das Kuhpockenvirus eine so leichte Störung in seinem Organismus hervorgerufen hatte, vor Pockenansteckung geschützt war, wurde ihm am folgenden 1. Juli variolavirushaltiges Material (*variola* lateinisch für Pocken) inokuliert, das direkt aus einer Pustel entnommen war ... Es erfolgte keine Erkrankung ... Mehrere Monate später wurde ihm erneut Blatternvirus eingeimpft, ohne daß sich ein spürbarer Effekt gezeigt hätte.[9]

Jenner beschrieb im weiteren Verlauf zweiundzwanzig ähnliche Fälle mit vollständig befriedigenden Resultaten. Er erntete Tadel für sein Vorgehen, das nach Humanvivisektion aussah und er versuchte, für die Verwendung eines minderjährigen Freiwilligen zu sühnen, indem er ihm mit seinen eigenen Händen ein Häuschen baute und einen Rosengarten pflanzte.[10] 1802 und 1807 genehmigte das Parlament Jenner 30 000 Pfund, damit er seine Methoden verfeinern und systematisieren könne. Im Laufe des neunzehnten Jahrhunderts verschwanden die Pocken nahezu völlig aus Europa und Amerika. Einzelne Erkrankungsfälle beschränkten sich auf ungeimpfte Personen. Die Schutzimpfung wurde auch bei anderen Krankheiten zur Anwendung gebracht, und die neue Wissenschaft der Immunologie sorgte zusammen mit anderen Fortschritten der Medizin und der Verbesserung der öffentlichen Hygiene dafür, den modernen Städten soviel Gesundheit zu schenken, wie sich mit den Plagen der Armut, der wuchernden Unwissenheit, der Rücksichtslosigkeit des Appetits und dem geduldigen Erfindungsreichtum der Krankheiten vereinigen läßt.

FÜNFTES KAPITEL

Die Philosophie in England

Im Britannien von 1789–1815 hatte die Wissenschaft nur geringen Einfluß auf die Philosophie. «Naturphilosophie» – d. h. die Naturwissenschaften – vertrugen sich mit einer liberalen Theologie, und selbst der Evolutionsgedanke wurde entschärft, indem man die sechs «Tage» der Schöpfung als dehnbare Äonen der Entwicklung interpretierte. Die oberen Klassen hatten, nachdem ihr Flirt mit Voltaire und den Enzyklopädisten durch die Revolution beendet worden war, begonnen, Ideen als ansteckenden Kinderkrankheiten zu mißtrauen. Sie betrachteten den wöchentlichen Gottesdienst als eine kluge Investition im Hinblick auf soziale Ordnung und politische Stabilität und sie bedauerten, daß Premierminister Pitt keine Zeit fand, zur Kirche zu gehen. Vereinzelte Bischöfe waren für ihre Person skeptisch, die Öffentlichkeit kannte sie jedoch als fromme Männer. Trotzdem dauerte der alte Konflikt fort. Im gleichen Jahr 1794 artikulierten ihn zwei gegensätzliche Stimmen: Thomas Paine in *The Age of Reason* und William Paley in *A View of the Evidences of Christianity*. Ein Blick in beide Bücher wird die Stimmung der Zeit sichtbar werden lassen.

I. TOM PAINE ÜBER DAS CHRISTENTUM

«Tom» Paine, wie ihn zwei Kontinente nannten, war Engländer, als Sohn einer Quäkerfamilie 1737 in Thetford, Norfolk, geboren. Dem Rat Benjamin Franklins folgend emigrierte er 1774 nach Amerika und nahm aktiv am amerikanischen Freiheitskrieg teil. General Washington lobte Paines Büchlein *Common Sense* (Januar 1776): es habe «im Geist vieler Menschen eine gewaltige Veränderung bewirkt».[1] Während des Krieges veröffentlichte er als Adjutant General Nathanael Greenes eine Serie von Abhandlungen – *The Crisis* –, um den Kampfgeist der Revolutionsarmee und der Bürgerschaft zu stärken; eine davon begann mit den berühmten Worten: «Die Zeit ist gekommen, wo die Herzen der Menschen erprobt werden.» Von 1787–1802 lebte er hauptsächlich in Europa und war in Frankreich wie in England für die Revolution tätig. Wir haben gesehen, wie er seinen Kopf aufs Spiel setzte, als er für die Umwandlung des Todesurteils gegen Ludwig XVI. in Verbannung votierte. Im Dezember jenes Jahres 1793 dekretierte der Nationalkonvent, offensichtlich auf Betreiben Robespierres[2], den Ausschluß sämtlicher Ausländer. Es waren nur zwei: Anacharsis Cloots und Thomas Paine. Dieser schrieb, in Erwartung seiner Verhaftung, in Eile das, was jetzt Teil I von *The Age of Reason* ist. Er schickte das Manuskript mit folgender Widmung nach Amerika:

An meine Mitbürger in den Vereinigten Staaten von Amerika: Ich stelle das nachfolgende Werk unter Ihren Schutz. Es enthält meine Ansicht über Religion. Sie werden mir Gerechtigkeit widerfahren lassen und sich erinnern, daß ich stets energisch für das Recht jedes Mannes auf seine eigene Meinung eingetreten bin, wie verschieden sie auch von der meinigen sein möge. Wer einem anderen dieses Recht abspricht, macht sich selbst zum Sklaven seiner gegenwärtigen Meinung, denn er beraubt sich des Rechts, sie zu ändern.

Die wirksamste Waffe gegen Irrtümer jeder Art ist die Vernunft; ich habe niemals eine andere gebraucht und bin sicher, nie eine andere zu gebrauchen.

Ihr ergebener Freund und Mitbürger

Thos. Paine

Paris, 17. Januar 1794

Zu Beginn gab Paine eine unerwartete Begründung für die Abfassung dieses Buches: nicht um die Religion zu zerstören, sondern um zu verhindern, daß der Verfall ihrer irrationalen Ausprägungen die soziale Ordnung unterminiere, «damit wir nicht in der allgemeinen Verwüstung durch Aberglauben, falsche Regierungssysteme und verfälschte Theologie den Blick für Moral, Humanität und wahre Theologie verlieren». Und er beteuerte nochmals: «Ich glaube an einen Gott und nur an diesen; und ich glaube an die Seligkeit nach diesem Leben.»[3]

Dann zückte er Occams Klinge:

Ich bekenne mich nicht zum Glauben der jüdischen Kirche, der römischen Kirche, der griechischen Kirche, der türkischen Kirche, der protestantischen Kirche oder irgendeiner anderen mir bekannten Kirche. Meine eigene Seele ist meine eigene Kirche. Alle Nationalkirchen ... sind nach meiner Anschauung nichts anderes als menschliche Erfindungen, errichtet, um die Menschen einzuschüchtern und zu versklaven, sowie Macht und Profit zu monopolisieren.[4]

Er bewunderte Christus als «sittlich hochstehenden und liebreichen Menschen» und «die Moral, die er predigte, war eine der gütigsten»; doch die Erzählung, er sei Gottes Sohn, war nichts weiter, als ein den Heiden geläufiger Mythos.

Fast alle außergewöhnlichen Menschen, welche die heidnische Mythologie kannte, galten als Söhne von ... Göttern ... Der Geschlechtsverkehr von Göttern mit Menschenfrauen wurde damals als selbstverständlich betrachtet. Jupiter hatte, wie berichtet wurde, mit Hunderten geschlafen. Diese Erzählung war demnach weder neu noch wunderbar noch obszön; sie war durchaus vereinbar mit den Ansichten, die damals unter den Nichtjuden herrschten. Die Juden, die an ihrem strengen Monotheismus festhielten und die heidnische Mythologie stets abgelehnt hatten, schenkten der Erzählung keinen Glauben.[5]

So war also die christliche Mythologie nichts weiter als die heidnische in neuem Gewande.

Die dann entwickelte Trinität der Götter war nichts anderes als eine Reduzierung der ursprünglichen Vielheit, die zwanzig- oder dreißigtausend betragen hatte. Das Bildnis Marias folgte dem der Diana von Ephesos; die Vergöttlichung der Heroen wandelte sich zur Kanonisierung von Heiligen. Die Mythendichter kannten Götter für alles, die christlichen Mythenerzähler hatten für alles ihre Heiligen; die Kirche wurde von ihnen so überfüllt, wie es das Pantheon von den anderen gewesen war ... Die christliche Lehre ist kaum etwas anderes als die Götzenanbetung der alten Mythologen, die den Zwecken von Macht und Besitz angepaßt wurde. Es bleibt immer noch die Aufgabe von Vernunft und Philosophie, dem Betrug ein Ende zu bereiten.[6]

Dann richtete Paine den Scheinwerfer seines Verstandes auf das Buch Genesis und fiel, da er kein Verständnis für Gleichnisse aufbrachte, heftig über Eva und den Apfel her. Wie Milton war er von Satan, dem ersten aller Rebellen, fasziniert. Hier fand sich ein Engel, der für den Versuch, einen Herrscher zu entthronen, in die Hölle gestürzt worden war, um dort bis ans Ende der Zeiten zu büßen. Dennoch mußte er diesem unlöschbaren Feuer hin und wieder entkommen sein, denn er hatte den Weg in den Garten Eden gefunden und konnte zum geschmeidigen Verführer werden; er konnte Eva Erkenntnis und Christus die halbe Welt versprechen. Es erstaunte Paine, daß die christliche Mythologie Satan so phantastische Ehre antat. Sie behauptete, er habe den Allmächtigen zwingen können, seinen Sohn nach Judäa zu entsenden und dort kreuzigen zu lassen, um zumindest einen Teil eines Planeten zurückzugewinnen, der offensichtlich Satan anbetete; doch trotz dieser Kreuzigung beherrschte der Teufel noch alle nichtchristlichen Reiche und hatte selbst unter der Christenheit Millionen Diener.

Alles dies, sagte unser ungläubiger Thomas, wurde uns auf die feierlichste Weise als eigenes Wort des Allmächtigen durch eine Reihe von Mittelsmännern von Moses bis Paulus überliefert. Paine lehnte es ab als Geschichte, die für Kindergärten geeignet sei und für Erwachsene nur, soweit sie zu beschäftigt mit ihrem Lebensunterhalt, mit Krankheit und Sterblichkeit waren, um die ihnen von den Theologen verkauften Versprechungen in Zweifel zu ziehen. Stärkeren Seelen bot er einen Gott an, der nicht in Menschengestalt erschien, sondern als das Leben des Universums aufzufassen war.

> Nur im Angesicht der Schöpfung ist es möglich, alle unsere Anschauungen ... von Gott zu vereinigen. Die Schöpfung redet eine allgemeinverständliche Sprache ... und dieses *Wort Gottes* enthüllt der Menschheit alles, was sie über Gott zu wissen nötig hat.
>
> Wünschen wir seine Macht zu erkennen? Wir sehen sie in der Unendlichkeit der Schöpfung. Wünschen wir seine Weisheit zu erahnen? Sie zeigt sich in der unwandelbaren Ordnung, welche die unbegreifliche Welt regiert. Wünschen wir seine Freigebigkeit zu betrachten? Wir sehen sie im Überfluß, mit dem er die Erde erfüllt hat. Wollen wir uns an seiner Gnade erbauen? Wir erkennen sie darin, daß er eben diesen Überfluß auch den Undankbaren mitteilt. Wollen wir schließlich wissen, was Gott ist? Sucht nicht im Buch, das die Schrift genannt wird, ... sondern in der Schrift, die Schöpfung heißt.[7]

Er wurde vom 28. Dezember 1793 bis zum Sturz Robespierres am 24. Juli 1794 eingekerkert. Am 4. November «forderte mich der Nationalkonvent, um das Unrecht, das ich erlitten hatte, soweit gut zu machen, als es in seiner Macht stand, öffentlich und einstimmig auf, meinen Platz im Konvent wieder einzunehmen, ... und ich nahm an».[8] Inmitten des Tumults der Thermidorianischen Reaktion verfaßte er den zweiten Teil von *The Age of Reason*. Er befaßte sich mit einer mühsamen Bibelkritik und trug nur wenig zu dem bei, was gelehrtere Studien – viele davon von Geistlichen verfaßt – bereits festgestellt hatten. Sowohl in England wie in Amerika gingen seine Beteuerungen der Gottgläubigkeit unter angesichts seiner leidenschaftlichen Ablehnung einer Bibel, die dem Volk teuer und für die Regierung wertvoll war, und er sah sich sowohl in seiner Heimat wie in seiner Wahlheimat verachtet. Als er 1802 nach New York zurückkehrte (das seine dem amerikanischen Volk früher geleisteten Dienste mit dem Geschenk eines 150 Hektar großen Gutes in New Rochelle belohnt hatte), wurde ihm eine kühle Aufnahme zuteil, die durch Jeffersons treue Freundschaft nur zum Teil wettgemacht wurde. Seine letzten sieben Lebensjahre waren von seiner Neigung zum Trunk überschattet. Er starb 1809 in New York. Zehn Jahre später ließ William Cobbett Paines Gebeine nach England überführen. Dort spielte sein unbeugsamer Geist vermittels seiner Bücher eine Rolle in den ausgedehnten Kontroversen, die zum Reformgesetz von 1832 führten.

Obwohl Paine eher Deist als Atheist war, fanden viele Christen, sein Deismus sei nur ein schöner Deckmantel für seine Ablehnung eines persönlichen Gottes. William Paley, Pfarrherr von Bishop-Wearmouth, lieferte in *A View of the Evidence of Christianity* (1794) eine so glänzende Verteidigung seines Glaubens, daß die Lektüre dieses Buches bis 1900 eine Vorbedingung für die Zulassung zur Universität Cambridge war. Noch berühmter wurde seine *Natural Theology* (1802), worin er die Existenz einer Höchsten Intelligenz zu beweisen suchte, indem er aus den Naturwissenschaften selbst teleologische Gottesbeweise zusammentrug. Wenn, so argumentierte er, ein Mann, der niemals eine Uhr gesehen hatte, eine solche in die Hände bekam und ihren Mechanismus untersuchte, würde er dann nicht zu dem Schluß kommen, sie sei von einem intelligenten Wesen konstruiert? Gibt es aber nicht in der Natur Hunderte von Vorgängen, welche den Einsatz bestimmter Mittel zur Erzielung eines bestimmten Effekts erkennen lassen?

> Auf der einen Seite sehen wir, wie eine intelligente Kraft Planetensysteme erschafft, ... auf der anderen, ... wie sie einen geeigneten Mechanismus für das Spreizen und Zusammenfalten der Flaumfederfilamente eines Kolibris entwickelt ... Jeder organisierte natürliche Körper bezeugt in den Vorkehrungen, die seiner Erhaltung und Vermehrung dienen, die Vorsorge, die der Schöpfer speziell für diese Zwecke getroffen hat.[9]

Fast das ganze gebildete England begann über Paleys Bücher und seine Uhr zu diskutieren. Coleridge, Wordsworth und Hazlitt führten in Keswick eine lebhafte Debatte über sie. Die *Natural Theology* erfreute sich eines langen Lebens; selbst der große Darwin studierte sie sorgfältig[10], ehe er seine rivalisierende Theorie formulierte, wonach die Anpassung von Organen an bestimmte Zwecke durch natürliche Auslese zustande gekommen ist. Ein Jahrhundert nach Paley griff Henri Bergson beredt in *L'Évolution créatrice* (1906) den «Beweis aus der Zweckmäßigkeit» auf. Die Debatte geht weiter.

II. GODWIN ÜBER GERECHTIGKEIT

William Godwin (1756–1836), heute völlig vergessen, war der einflußreichste englische Philosoph seiner Generation. «Kein Werk unserer Zeit», schrieb Hazlitt um 1823, «gab dem philosophischen Denken dieses Landes einen derartigen Anstoß wie die berühmte *Enquiry Concerning Political Justice*».[11] «Werfen Sie Ihre Chemiebücher weg», riet Wordsworth einem jungen Studenten, «und lesen Sie, was Godwin über die Notwendigkeit geschrieben hat».[12] Im Alter, als Godwin begonnen hatte, an sich selbst zu zweifeln, erlebte er die Verbreitung seiner Ideen auf den Flügeln der Dichtung durch seinen Schwiegersohn Shelley. Wahrscheinlich wäre ihm das Gefängnis nicht erspart geblieben, hätte er nicht einen so hohen Preis für sein Buch gefordert.

Seine Eltern waren strenggläubige Calvinisten, der Prädestinationslehre ergeben, die bei Godwin zum Determinismus wurde. Sein Vater war ein nonkonformistischer Prediger; er selbst wurde für die Kanzel erzogen und war in verschiedenen Städten als Geistlicher tätig. Während eines solchen Aufenthalts in Stowmarket wurde er durch einen jungen Republikaner mit den französischen Philosophen bekannt gemacht, die seinen Glauben bald ins Wanken brachten. Seinen Atheismus bezog er von d'Holbach, obwohl er in späteren Jahren Gott in seinem überfüllten Buch freundlicherweise einen Platz einräumte. Von Helvétius übernahm er den Glauben an Erziehung und Vernunft als Ahnen Utopias. Er teilte Rousseaus Auffassung, daß der Mensch von Natur aus gut sei, zog aber einen philosophischen Anarchismus Rousseaus omnipotentem Staat vor. Er hörte auf, das Christentum zu predigen und begann, von seiner Feder zu leben. Er schloß sich Lord Stanhope und Thomas Holcroft in einem «revolutionären» Klub an, doch in der Hauptsache widmete er sich mühsamen Studien und schwieriger Schriftstellerei. Dann, im Alter von siebenunddreißig Jahren, veröffentlichte er 1793 das radikalste der bedeutenden Werke seiner Zeit.

Er benannte es *Enquiry Concerning Political Justice and Its Influence on General Virtue and Happiness*. Dem Anschein nach ein Buch über Regierungssysteme, behandelte es nahezu alle Fragen der Philosophie von der Wahrnehmung bis zur Staatskunst und machte nur vor Gott halt. Er verlachte die Fabeln von Himmel und Hölle als durchsichtige Zwecklügen, um Gehorsam zu erzielen und das Regieren zu erleichtern.[13] Er tadelte Geistliche, welche die Beachtung der neununddreißig Artikel des offiziellen Glaubens verlangten und sie privat mißachteten.[14] Er lehnte den freien Willen ab wie auch den Willen an sich im Sinne einer besonderen Kraft; er war für ihn lediglich eine abstrakte Bezeichnung für bewußte Antworten auf Reize, Situationen oder Wünsche.[15] Da Handlungen durch Vererbung, individuelle Erfahrung und gegebene Umstände bestimmt werden, sollten wir den Missetaten anderer ohne Zorn oder Gegenbeschuldigungen begegnen und unser Strafsystem reformieren, um eher zu rehabilitieren als zu bestrafen; es könnte allerdings angebracht sein, Lob, Tadel und Bestrafung im Sinne mahnender Korrektive für künftige Versuchungen einzusetzen.[16]

Was sollten wir loben und was verdammen? Das moralisch Gute und das moralisch Schlechte? Was ist überhaupt gut? In Nachfolge von Helvétius (1758) und Bentham (1789) definierte Godwin das Gute als etwas, das individuelles oder Gruppenglück bewirkt und definierte Glück als dauerndes Wohlgefühl von Leib, Geist oder Gefühl. Diese ethische Philosophie ist weder hedonistisch noch sensualistisch, denn sie stellt geistige Freuden über die der Sinne. Sie ist weder egoistisch noch eigennützig, denn sie erkennt an, daß das Individuum Teil einer Gruppe ist; daß das Wohl der Gruppe Voraussetzung für die Sicherheit ihrer Mitglieder ist und daß zu den höchsten aller Freuden die gehört, die einem Individuum aus seinem Beitrag zum Glück seiner Mitmenschen erwächst. Unsere sozialen Instinkte erzeugen altruistische Handlungsweisen, die uns stärkere und dauerhaftere Freuden schenken können, als irgendein Genuß der Sinne oder des Geistes.[17] Gütig zu sein, heißt glücklich sein; lieblos zu sein, heißt elend sein. «Moral, die Wissenschaft vom menschlichen Glück», ist «das Prinzip, welches das Individuum mit der Spezies verbindet und die Anlässe liefert, die bewirken, daß wir unser Verhalten im Sinne des Weges einrichten, der am meisten zum Wohle aller beiträgt».[18]

Gerechtigkeit ist demnach die Regulierung des Verhaltens sowohl des Individuums als auch der Gruppe, um ein Höchstmaß an Glück für die größte Zahl zu erreichen. «Das unmittelbare Ziel des Regierens ist Sicherheit für Gruppe oder Individuum.» Da das Individuum soviel Freiheit wünscht, wie sich mit seiner Sicherheit verträgt, «ist der für die Menschheit günstigste Zustand derjenige, der allgemeine Freiheit mit der geringstmöglichen Einengung der persönlichen Unabhängigkeit verbindet».[19] Es besteht aus diesem Grunde keine Notwendigkeit für staatliche oder religiöse Sanktionierung der Ehe. Das gegenseitige Einverständnis zweier Erwachsener, zusammen zu leben, sollte ausreichen; außerdem sollte diese Union auf den Wunsch beider Teile auflösbar sein.[20] (Diese Ausführungen gefielen Shelley besonders.)

Godwin schätzte Regierungen nicht. Welche Form oder welches System sie auch repräsentierten, sie stellten in der Praxis die Beherrschung einer Majorität durch eine Minorität dar. Er wies die konservative Auffassung zurück, die Massen seien von Natur aus minderwertig und potentiell stets mörderisch; sie müßten daher durch Legenden, Terror oder Gewalt beherrscht werden. Er war wie Owen der Ansicht, Inferiorität sei in der Regel auf unzureichende Erziehung, beschränkte Möglichkeiten oder Umweltbehinderungen zurückzuführen.[21] Er verlachte die Gleichheit vor dem Gesetz, da jeder Tag wohlhabende Übeltäter straffrei ausgehen sah, sei es durch juristische Tricks oder durch richterliche Gunst.[22] Er war kein Sozialist; er akzeptierte die Einrichtung – und die Vererbbarkeit – des Eigentums[23] und widersetzte sich staatlicher Kontrolle von Produktion und Distribution.[24] Er bestand jedoch darauf, daß Privatbesitz als treuhänderische Verwaltung gegenüber der Öffentlichkeit betrachtet werden müsse[25] und warnte vor der Konzentration des Reichtums, da sie zur Revolution einlade.[26]

Für eine Revolution hatte er jedoch nichts übrig. «Solange sich der Charakter der Menschen nicht grundlegend ändert», würde ein gewaltsamer Umsturz des bestehenden Systems, wie auch jeder handgreifliche Versuch einer Umverteilung des Reichtums einen Bruch des Sozialgefüges verursachen, der «für das Gemeinwohl bei weitem schädlicher wäre, als die Ungleichheit, die er zu beseitigen versuchte».[27] Eine Revolution der Überzeugungen ist das einzige Mittel, um eine gerechtere Verteilung des Reichtums zu erreichen»[28], und das wird einen langen und geduldigen Erziehungsprozeß durch Schule und Literatur erfordern.

Es wäre jedoch falsch, die allgemeine Erziehung durch ein nationales Schulsystem erreichen zu wollen, denn diese Schulen würden nur zu Werkzeugen des nationalen Chauvinismus, der zum Krieg führt, und der Regierungspropaganda, die die Einprägung blinden Gehorsams zum Ziel hat.[29] Ausbildung sollte der Privatinitiative überlassen bleiben, sollte stets bei der Wahrheit bleiben und den Schüler an Vernunft gewöhnen. «Die Vernunft ist kein unabhängiges Prinzip» oder eine Geistesgabe «und beinhaltet keine Tendenz, uns zum Handeln anzuspornen; praktisch betrachtet ist sie lediglich ein Vergleichen und Abwägen verschiedener Empfindungen. Die Vernunft ... ist dazu bestimmt, unser Verhalten entsprechend dem relativen Wert zu regulieren, den sie verschiedenen Reizen» oder Impulsen beimißt. «Moral ist nichts weiter, als eine Berechnung von Folgen»[30], einschließlich der Folgen für die Gruppe. «Daher müssen wir auf die Vervollkommnung der Vernunft achten, um unsere soziale Lage zu verbessern.»[31]

Der Weg nach Utopia vermittels einer besseren Erziehung ist lang und steil, doch haben die Menschen auf diesem Weg einige Fortschritte erzielt, und es gibt keine sichtbare Grenze für den weiteren Fortschritt. Das Ziel ist eine menschliche Gesellschaft, ausreichend unterrichtet und vorausblickend, um vernünftig und frei zu handeln. Anarchismus ist das in der Ferne liegende Ideal, doch für viele künftige Generationen wird er ein Ideal bleiben, und die menschliche Natur wird irgendeine Form der Regierung brauchen. Wir dürfen die Hoffnung nicht aufgeben, daß bei unseren fernen und geläuterten Nachkommen die Intelligenz sich zu einer wohlgeordneten Freiheit erheben wird.

In Godwin muß eine reiche Quelle intellektueller Energie gesprudelt haben, denn 1794, nur ein Jahr nach der Veröffentlichung seiner gewichtigen *Enquiry*, ließ er *Caleb Williams* erscheinen, von vielen als der hervorragendste Roman der Zeit betrachtet, der zeigte, wie «Geist und Charakter des Herrschaftssystems sich jeder Gesellschaftsschicht aufzwingen». Zu dieser Geschichte fügte der Autor seine eigene Lebensromanze: Er heiratete Mary Wollstonecraft (1797), adoptierte ihre uneheliche Tochter Fanny Imlay und lebte ein Jahr lang mit Mary in anregender Kameradschaft. «Ich schätzte ihre geistigen Fähigkeiten», sagte er, «und die edle Großzügigkeit ihrer Neigungen; Zärtlichkeit allein hätte nicht ausgereicht, das Glück zu bewirken, das wir genossen».[32] Sie starb, wie wir gesehen haben, kurz nachdem sie Mary Godwin Shelley zur Welt gebracht hatte. 1801 heiratete er Mrs. Jane Clairmont, deren Tochter (von ihrem ersten Gatten) eine von Byrons Geliebten werden sollte. Godwin und seine Frau ernährten ihre Kinderschar, indem sie Bücher herausgaben, darunter die *Tales from Shakespeare* (1807) von Charles und Mary Lamb. Während der Reaktion, die Wordsworth und Coleridge aus seinem Freundeskreis vertrieb, machte Godwin harte Zeiten durch, und auch er teilte den natürlichen Konservativismus des Alters. Shelley, obwohl selbst in Schwierigkeiten, half ihm, und 1833 brachte es die Ironie der Geschichte zuwege, daß die Regierung, die er nur als notwendiges Übel toleriert hatte, ihm eine untergeordnete Stellung beim Finanzministerium gab mit einer bescheidenen Pension, die ihn bis zu seinem Tode ernährte (1836).

III. MALTHUS ÜBER BEVÖLKERUNG

Godwins *Enquiry* hatte das Erscheinen eines Buches zur Folge, das viel berühmter wurde als sein eigenes. Dieser Vorgang wurde durch die ungewöhnliche Reaktion eines Sohnes gegen die liberale Philosophie seines Vaters unterstützt.

Daniel Malthus (1800 verstorben) war ein liebenswürdiger Sonderling, ein persönlicher Freund David Humes und Jean-Jacques Rousseaus. Er teilte den Skeptizismus des Schotten und den Pessimismus des Schweizers hinsichtlich der Kultur. Er kümmerte sich persönlich um die Vor-College-Erziehung seines Sohnes und vertraute darauf, daß Thomas Malthus (1766–1834) ein gesetzestreuer Radikaler werden würde, wie er selbst und Godwin es waren. Thomas absolvierte Cambridge und wurde 1797 anglikanischer Geistlicher. Als Godwins Buch erschien (1793), führten Vater und Sohn viele freundschaftliche Debatten über seinen Inhalt. Thomas teilte den Enthusiasmus seines Vaters über das Werk nicht. Diese utopische Vorstellung einer triumphierenden Vernunft, meinte er, würde immer wieder durch die einfache Tatsache, die der Prediger Salomo so prägnant erklärt, widerlegt, daß bei einem Ansteigen der Nahrungsversorgung deren Nutzen in Kürze durch einen Bevölkerungszuwachs zunichte gemacht wird. Da die Fruchtbarkeit der Erde begrenzt ist und die sexuelle Manie der Menschheit sich nicht einschränken läßt, muß die Vermehrung der Esser – durch frühere Heirat, sorglose Fortpflanzung, herabgesetzte Kinder- und Alterssterblichkeit – bald den Nahrungsüberfluß aufzehren. Der Vater schloß sich dieser Schlußfolgerung nicht an, doch er bewunderte die Beredsamkeit, mit der sie vorgebracht worden war und bat seinen Sohn, seine Ansichten schriftlich darzulegen. Thomas tat dies, und das Ergebnis wurde 1798 unter dem Titel *An Essay on the Principle of Population as It Affects the Future Improvement of Society* veröffentlicht.

Er begann mit einer entwaffnenden Apologie an die Adresse der beiden Schriftsteller, deren Optimismus er in Frage stellte:

> Es gibt für mich keinen Zweifel an den Fähigkeiten von Männern wie Godwin und Condorcet... Ich habe mit großem Vergnügen einiges von ihren Betrachtungen über die Vervollkommnungsfähigkeit der Menschen und der Gesellschaft gelesen. Das von ihnen entworfene zauberhafte Bild hat mich erwärmt und entzückt. Ich sehne mich von ganzem Herzen nach solch glücklichen Veränderungen. Doch ich sehe große und meiner Ansicht nach unüberwindliche Schwierigkeiten auf dem Wege zu ihnen. Diese Schwierigkeiten aufzuzeigen, ist mein Ziel. Gleichzeitig möchte ich erklären, daß mich nichts mehr erfreuen würde, als sie völlig beseitigt zu sehen. Ich bin weit davon entfernt, sie als Grund zum Triumph über die Freunde einer Erneuerung zu betrachten.[33]

Malthus versuchte seine Argumentation mathematisch zu fassen. Angenommen, daß die Versorgung mit Nahrungsmitteln alle fünfundzwanzig Jahre in arithmetischer Progression (von 1 auf 2 auf 3 auf 4 auf 5 auf 6 usw.) zunimmt, würde die Bevölkerungszahl, falls unkontrolliert – und unter Zubilligung von vier überlebenden Kindern für jedes Ehepaar – alle fünfundzwanzig Jahre in geometrischer Progression (von 1 auf 2 auf 4 auf 8 auf 16 auf 32 ...) zunehmen. Bei dieser Steigerungsrate würde sich in zwei Jahrhunderten die Bevölkerungszahl zu den Subsistenzmitteln wie 25 zu 9 verhalten; in drei Jahrhunderten würde das Verhältnis 4096 zu 13 betragen; in zweitausend Jahren wäre der Unterschied nicht mehr berechenbar.[34] Der Grund, warum die Bevölkerung sich nicht so rasch vermehrt hat, liegt darin, daß sie sowohl durch negative als durch positive Einschränkungen daran gehindert wurde. Die negativen Hindernisse wirkten sich präventiv aus: Hinausschiebung der Heirat aus Armut oder anderen Ursachen; «Laster» (womit Malthus außerehelichen Geschlechtsverkehr meinte), «widernatürliche Leidenschaften» (Homosexualität, Sodomie etc.) und die verschiedenen Formen der Geburtenbeschränkung innerhalb oder außerhalb der Ehe. Falls diese negativen Faktoren nicht ausreichten, Bevölkerungszahl und Nahrungsmittelversorgung im Gleichgewicht zu halten, sorgten Natur und Geschichte für positive Hemmnisse, die sich auf bereits lebende Individuen auswirkten: Kindesmord, Krankheit, Hungersnot und Krieg, die auf schmerzliche Weise die Balance zwischen Geburten und Todesfällen herstellten.

Aus dieser düsteren Analyse leitete Malthus überraschende Schlüsse ab. Erstens ist es nutzlos, die Löhne der Arbeiterbevölkerung zu erhöhen, denn wenn dies geschieht, werden die Arbeiter früher heiraten und mehr Kinder haben. Die Bevölkerung wird wachsen, die Esser werden schneller zunehmen als die Versorgungsmöglichkeiten, und die Armut wird sich erneut einstellen. Ebenso hat es keinen Sinn, die Armensteuer (Abgabe für die Versorgung der Arbeitslosen) zu erhöhen. Dies wäre nur ein Anreiz für Faulheit und Vergrößerung der Familien; auch in diesem Fall würden die Mäuler schneller zunehmen als die Güter; der Wettbewerb der Käufer würde es den Verkäufern gestatten, die Preise für ihre schwindenden Warenbestände zu erhöhen. Bald würden die Armen so arm sein wie vorher.[35]

Um Godwins Vernichtung zu vollenden, begann Malthus mit der Betrachtung des «Traumes» vom philosophischen Anarchismus. Wenn es keine Regierung mehr gäbe, «wäre jedermann gezwungen, seinen kleinen Besitz mit Gewalt zu verteidigen», so wie wir unsere Fenster und Türen verbarrikadieren, wenn Gesetz und Ordnung machtlos sind. «Eigennutz würde triumphieren ..., immerwährender Hader herrschen.»[36] Wären alle Hindernisse für Paarung und Geschlechtsverkehr beseitigt, würde die Reproduktion schneller ablaufen als die Produktion, Überbevölkerung den Anteil jedes Individuums an den Gütern reduzieren, und Utopia würde in verzweifeltem Wettbewerb, Preis- und Lohnspiralen, unvermeidlichem Chaos und sich ausbreitendem Elend zusammenbrechen.[37] Es wäre notwendig, wieder ein Regierungssystem einzurichten; das Privateigentum müßte Schutz genießen, um

Produktion und Investition anzuregen; private Gewalttätigkeit müßte durch die Staatsgewalt unterdrückt werden. Die Geschichte würde zu ihrer traditionellen Formel zurückkehren: die Erzeugnisse der Natur verteilt entsprechend der menschlichen Natur.

In einer revidierten und stark erweiterten Fassung des *Essay* legte Malthus klarer und strenger als vorher die Vorbeugungsmittel dar, welche die von Natur und Geschichte angewendeten Katastrophenkuren unnötig machen könnten. Er empfahl eine Einstellung der Armenfürsorge und eine Beendigung der Beschränkungen für das freie Unternehmertum; es solle dem Gesetz von Angebot und Nachfrage überlassen bleiben, die Beziehungen zwischen Produzent und Konsument, Arbeitgeber und Arbeitnehmer zu regeln. Frühehe müsse erschwert werden, um die Geburtenrate niedrig zu halten. «Unsere Pflicht» ist es, «nicht zu heiraten, bis wir die Gewißheit haben, unsere Kinder auch ernähren zu können».[38] Vor allen Dingen aber müßten die Menschen sittliche Zurückhaltung vor und nach der Ehe lernen. «Der Zeitraum zwischen dem Pubertätsalter und ... einer Heirat ... muß in strikter Enthaltsamkeit verbracht werden.»[39] Innerhalb der Ehe darf es keine Empfängnisverhütung in irgendeiner Form geben. Wenn diese oder entsprechende Regelungen nicht befolgt werden, müssen wir uns periodisch wiederkehrenden Verminderungen des Bevölkerungsüberschusses durch Hungersnot, Pest oder Krieg unterwerfen.

Der *Essay on Population* wurde von den konservativen Elementen des britischen Volkes wie eine göttliche Offenbarung aufgenommen. Das Parlament und die Unternehmer fühlten sich in ihrem Widerstand gegen die Forderungen von Liberalen wie Robert Owen nach offiziellen Regelungen der «Gesetze» von Angebot und Nachfrage bestätigt. William Pitt zog die Gesetzesvorlage zurück, die er zur Erweiterung der Armenfürsorge eingebracht hatte.[40]

Die von der Regierung bereits gegen britische Radikale eingeleiteten Maßnahmen schienen durch Malthus' Behauptung gerechtfertigt, daß diese Propagandisten einer Utopie einfache Gemüter zu tragischen Selbsttäuschungen verführten. Britische Fabrikanten wurden in ihrer Meinung bestärkt, daß niedrige Löhne die Voraussetzung für disziplinierte Arbeit und Gehorsam seien. Ricardo machte die Malthusische Theorie zur Grundlage seiner «dismal science». (Nach der Lektüre von Malthus' Buch belegte Carlyle die Nationalökonomie mit diesem Namen.) Nun konnte man fast alle üblen Nebenerscheinungen der industriellen Revolution der unbekümmerten Fruchtbarkeit der Armen anlasten.

Die Liberalen wurden zunächst durch Malthus' *Essay* in Schrecken und Verwirrung gestürzt. Godwin brauchte zwanzig Jahre, um seine Antwort fertigzustellen, und dann war sein Buch *Of Population, an Answer to Malthus* (1820) im wesentlichen eine Wiederholung seiner Hoffnungen und eine Klage darüber, daß Malthus die Freunde des Fortschritts zu Hunderten zu Reaktionären gemacht habe.[41] William Hazlitt bildete eine Ausnahme: In einem Essay über Malthus in *The Spirit of the Age* (1824) griff er den gnadenlosen Gottesmann mit der ganzen Schärfe seines Geistes an. Um die Fruchtbarkeit der Frauen zu kompensieren, meinte er, müsse man sich auf die Fruchtbarkeit der Pflanzen verlassen. «Ein Weizenkorn wird sich noch viel schneller vermehren und fortpflanzen als die Spezies Mensch. Ein Scheffel Weizen genügt, um ein Feld zu besäen; dieses Feld wird Saatgut für zwanzig andere produzieren.»[42] Es wird «grüne Revolutionen» geben.

Spätere Autoren trugen eine Reihe von Fakten zusammen, um Malthus' Ängste zu entkräften. In Europa, in China und Indien hatte sich seit Malthus die Bevölkerung mehr als verdoppelt; dennoch war sie besser ernährt als vorher. In den Vereinigten Staaten hat sich die Einwohnerzahl seit 1800 mehrere Male verdoppelt; trotzdem produziert die Landwirtschaft, obwohl ein immer geringerer Prozentsatz der Bevölkerung in ihr tätig ist, ausreichendere Quantitäten als jemals zuvor und erzielt noch immense Überschüsse für den Export. Im Gegensatz zu Malthus' Behauptung haben Lohnsteigerungen keine Zunahme, sondern eine Senkung der Geburtenrate mit sich gebracht. Die Probleme der Zukunft sind nicht Saatgutmangel oder das Fehlen bebaubarer Flächen, sondern Engpässe in der Bereitstellung nichtmenschlicher Energie zur Betreibung der Mechanismen von Landwirtschaft und Industrie in Dörfern und Städten.

Die eigentliche Antwort auf Malthus war natürlich die Empfängnisverhütung – ihre moralische Akzeptierung, ihre weitere Ausbreitung, ihre größere Wirksamkeit, ihre geringeren Kosten. Die allgemeine Säkularisierung des Denkens riß die theologischen Barrieren gegen die Geburtenkontrolle ein. Die Industrielle Revolution machte Kinder aus den wirtschaftlichen Faktoren, die sie im Landbau dargestellt hatten, zu ökonomischen Handikaps in den Städten, als die Kinderarbeit langsam verschwand, Erziehung teuer wurde und die Überfüllung der Städte zunahm. Die Intelligenz breitete sich aus: Männer und Frauen erkannten, daß die veränderten Lebensbedingungen große Familien überflüssig machten. Selbst die Kriegführung erforderte jetzt eher technische Erfindungsgabe zum Wetteifer in der materiellen Vernichtung als Massen von jungen Männern, die sich in gegenseitigem Mord aufrieben.

So kam die Antwort auf Malthus nicht durch Godwins Theorien, sondern von den «Neo-Malthusianern» und ihrer Propaganda für die Geburtenkontrolle. 1822 veröffentlichte Francis Place *Illustrations and Proofs of the Principle of Population*. Er akzeptierte die Grundthese von Malthus, daß der Bevölkerungszuwachs sich rascher vollzieht als die Ausweitung der Ernährungsbasis. Beschränkung tut not, doch nicht durch Hinausschieben des Heiratsalters; besser wäre es, die Empfängnisverhütung als legitimen und verhältnismäßig moralischen Ersatz für die blinde Fruchtbarkeit der Natur wie auch die totale Vernichtung durch den Krieg einzusetzen. (Er selbst hatte fünfzehn Kinder, von denen fünf in der Kindheit starben.) Er verbreitete in London auf eigene Kosten gedruckte Handzettel, worin die Geburtenkontrolle verteidigt wurde. Diesen Feldzug führte er fort, bis er im Alter von dreiundachtzig Jahren starb (1854).

Malthus lebte lange genug, um die Wirkung von Places Argumentation zu erkennen. 1824 schrieb er einen Artikel für die *Encyclopaedia Britannica*, in welchem er seine Theorie revidierte, indem er seine schreckenerregenden mathematischen Voraussagen zurücknahm und besondere Betonung auf Übervölkerung als einen Faktor im Existenzkampf legte. Viele Jahre später schrieb Charles Darwin in seiner *Autobiography:*

Im Oktober 1838, fünfzehn Monate nachdem ich mit meinen systematischen Untersuchungen begonnen hatte, las ich zu meiner Unterhaltung *Malthus on Population;* da ich gut darauf vorbereitet war, die Bedeutung des Existenzkampfes zu erkennen ... nach lange Zeit durchgeführten Beobachtungen der Verhaltensweisen von Tieren und Pflanzen, kam mir mit einem Mal der Gedanke, daß unter derartigen Umständen günstige Varianten sich erhalten und ungünstige vernichtet werden würden. Das Ergebnis dieses Prozesses würde die Bildung einer neuen Art sein. Hier hatte ich nun endlich eine brauchbare Arbeitshypothese gefunden.

So publizierte Darwin nach jahrzehntelangem weiteren Forschen und Denken 1859 *The Origin of Spezies*, das einflußreichste Buch des neunzehnten Jahrhunderts. Die Verkettung der Ideen verleiht der «Großen Kette des Seins» Glanz und bildet die Grundlage der Kulturgeschichte.

IV. BENTHAM ÜBER DAS GESETZ

Bentham gibt uns härtere Nüsse zu knacken als Godwin oder Malthus, denn Godwin bot verführerische Ideale und Malthus faszinierende Schrecknisse an, während Jeremy Bentham (1748–1832) über Volkswirtschaft, Wucher, Utilität, Gesetz, Rechtspflege und Gefängnisse schrieb, wovon nichts besonders attraktiv ist. Persönlich war er ein einsamer Geistesriese, ungeheuer gelehrt, über Imponderabilien grübelnd. Er veröffentlichte wenig, reformierte alles und rief laut nach der Verbindung von zwei Ungeheuern, Logik und Gesetz. Sein Einfluß jedoch, während seiner vierundachtzig Lebensjahre ständig steigend, überdauerte seine Zeit und durchdrang ein Jahrhundert.

Er war der Sohn eines reichen Rechtsanwalts, der ihn mit Erziehung fast zermalmte. Es wird erzählt, er habe mit drei Jahren bereits Paul de Rapins achtbändige *History of England* gelesen und mit dem Lateinstudium begonnen. (Diese erdrückende Ausbildungsmethode wurde an Benthams Schüler James Mill weitergegeben, der sie bei seinem Sohn John zur Anwendung brachte.) An der Westminsterschule zeichnete sich Jeremy durch die Abfassung griechischer und lateinischer Gedichte aus. In Oxford spezialisierte er sich auf das Fach Logik und erlangte mit fünfzehn einen akademischen Grad. Dann begann er in Lincolns Inn Jura zu studieren, doch das Chaos in den Gesetzbüchern erregte seinen Zorn, und er beschloß, koste es, was es wolle, Vernunft und Ordnung in die britische Rechtspflege und Gesetzgebung zu bringen. Im Dezember 1763 hörte er, fünfzehnjährig, Sir William Blackstones Lobrede auf die englischen Gesetze; er war erstaunt und abgestoßen von dieser unkritischen Lobhudelei, die eine Reform der Rechtspflege nur verzögern konnte. Von da an bis fast zu seinem Tode bemühte er sich, vernünftige Denkweise, Folgerichtigkeit und Humanität in die englische Rechtsprechung zu bringen. «Habe ich», so fragte er sich selbst, «für irgendetwas Talent? Was kann ich schaffen? ... Welche aller irdischen Beschäftigungen ist die wichtigste? Die Gesetzgebung. Habe ich Talent für die Gesetzgebung? Ich gab mir selbst die Antwort, ängstlich und zitternd: ‚Ja'».[43] Dieser schüchterne Stolz kann zur Quelle des Erfolges werden.

Für seine Aufgabe brachte er einen realistischen Geist mit, der Ordnung und Vernunft verschworen. Er lehnte solch tyrannische Abstraktionen wie Pflicht, Ehre, Macht und Recht ab; er zog es vor, sie in spezifische Realitäten aufzulösen und jeden Teil mit beständigem Blick auf die Fakten zu untersuchen. Was ist zum Beispiel ein Recht? Ist es «natürlich», etwas, das uns von Geburt an gebührt, wie es die Menschenrechtsdeklaration der Französischen Revolution unterstellte? Oder ist es lediglich eine individuelle Freiheit, die dem Gemeinwohl untergeordnet ist? Was ist Gleichheit? Gibt es so etwas überhaupt, abgesehen von mathematischen Abstraktionen? Ist Ungleichheit in Begabung, Besitz und Macht das unausweichliche Schicksal jedes Lebewesens? Was ist «gesunder Menschenverstand» oder «Naturgesetz?» Alle diese Abstraktionen waren nach Benthams Meinung «bombastischer Unsinn»[44], der sich hemmend an Universitäten, Parlamenten und Höfen spreizte.

Wir können uns vorstellen, wie ein so ungeduldiger Realist zu der zu seiner Zeit in seinem Land herrschenden Theologie stand. Er hatte bei seinem Versuch, die Welt der Wissenschaft, Geschichte, Wirtschaft, des Rechts oder der Regierung mit unvoreingenommenem Blick zu betrachten, keine Verwendung für die herkömmliche Gottesvorstellung.[45] Er versuchte, seine scharfe Zunge in dieser Beziehung im Zaum zu halten, denn er hielt die Anglikanische Kirche für vergleichsweise rational und sogar für eine wohltätige Einrichtung. Der Klerus fühlte jedoch seine schweigende Feindseligkeit und verurteilte seinen Utilitarismus folgerichtig als «gottlose Philosophie».[46]

Er begann mit dem Versuch, Blackstone als schmeichlerischen Lobredner der britischen Verfassung anzugreifen. Dieses mystische Gebilde erschien ihm als Flickwerk und antiquiertes Produkt aus unbestimmten Zufälligkeiten, einander widersprechenden Kompromissen, überhasteten Abänderungen und vorübergehenden Eingebungen, ohne verbindende Logik und ohne Fundamentalprinzip. So ließ Bentham (während die amerikanischen Kolonien das Gentlemen's Agreement der Grundbesitzer ignorierten) als ersten Funken von seinem Amboß *A Fragment on Government* (1776) erscheinen – den ersten Schlag jenes «philosophischen Radikalismus», der nun ein halbes Jahrhundert lang zu kämpfen hatte, ehe er 1832 einen halben Sieg errang.

Der achtundzwanzigjährige Herausforderer pries zwar Blackstone, weil er «die Jurisprudenz gelehrt habe, die Sprache der Gelehrten und Gentlemen zu sprechen», tadelte ihn jedoch, weil er die Verfassung einzig auf die Souveränität des Königs zurückführe. Eine gesunde Verfassung müsse im Gegenteil die Regierungsgewalt zwischen den verschiedenen Organen der Regierung aufteilen und deren Zusammenarbeit ebenso wie ihre wechselseitige Beschränkung erleichtern. Der oberste Leitsatz der Gesetzgebung dürfe nicht der Wille eines Übergeordneten sein, sondern «der größte Nutzen für die größte Zahl» derer, für welche sie Gesetze erläßt; der richtige Test für ein eingebrachtes Gesetz ist seine Brauchbarkeit für dieses Ziel.[47] Hier, in dem berühmten «Utilitätsprinzip» lag der Kern von Benthams rechtlicher und ethischer Lehre. Es war ein bemerkenswertes Korrelat zur Unabhängigkeitserklärung, die Thomas Jefferson im gleichen Jahr abgegeben hatte; Philosophie und Geschichte umarmten sich für einen Augenblick, und die christliche Tradition wärmte und segnete – ohne daß dies Bentham bewußt wurde – die Vereinigung.

Das kleine Buch war in einem leichter verständlichen Stil und in einem gewinnenderen Geist geschrieben als Benthams spätere Abhandlungen. Er begab sich nun für einige Zeit auf Reisen. 1787 schickte er aus Rußland *Defence of Usury* (d. h. des Zinswuchers) nach England. Er widersetzte sich der theologischen Verdammung des Zinsnehmens; in der Wirtschaft wie in der Politik müsse das Individuum so frei sein, seinem eigenen Urteil zu folgen, soweit es das Gemeinwohl erlaube. Bentham war ein Liberaler, doch im Sinne des achtzehnten Jahrhunderts, als dieses Wort einen Verteidiger der Freiheit bezeichnete. Er stimmte mit den Physiokraten und Jefferson darin überein, daß der Staat seine Eingriffe in die persönliche Freiheit auf ein Minimum beschränken solle. Er war ein Radikaler, ein Mann, der den Dingen auf den Grund ging; er hielt jedoch nichts von einer Nationalisierung der Industrie. 1787 gab es nicht viel Industrie zu nationalisieren.

Nach seiner Rückkehr aus Rußland bereitete Bentham sein Hauptwerk zur Veröffentlichung vor: *The Principles of Morals and Legislation* (1789; seine Publikationen neigten zu revolutionären Daten). Es ist ein schwieriges Buch, überladen mit unzähligen Definitionen, das der nicht fachlich geschulte Leser aber dennoch am Ende ziemlich verwirrt aus der Hand legt. Doch Bentham hatte sich an eine fast unmögliche Aufgabe gewagt: eine theologisch fundierte durch eine natürliche Ethik zu ersetzen; Staatsverwaltung und Gesetz vorzugsweise auf Gruppen- oder nationale Bedürfnisse auszurichten anstatt nach dem Willen einer Exekutive oder einer Klasse; außerdem Gesetz und Staatsverwaltung von religiösen Vorschriften einerseits und revolutionären Träumen andererseits zu befreien. Einem Mann, der sich solchen Aufgaben unterzieht, sollte man gelegentliche Verstöße gegen die moralische Verpflichtung eines Schriftstellers zur Klarheit verzeihen.

Die neue Basis sowohl von Moral wie auch von Gesetz sollte das Utilitätsprinzip sein – der Nutzen einer Handlung für ein Individuum, einer Sitte für eine Gruppe, eines Gesetzes für ein Volk, eines internationalen Abkommens für die Menschheit. Bentham ging davon aus, daß alle Organismen Lust suchen und vor Schmerz zurückscheuen. Lust definierte er als jegliche Befriedigung, Schmerz als jedes Unbefriedigtsein von Geist oder Körper. Nützlichkeit ist die Fähigkeit, Lust hervorzurufen oder Schmerz zu vermeiden; Glücklichsein ist die Kontinuität und Beständigkeit der Freuden. Die Nützlichkeit braucht sich nicht allein auf das handelnde Individuum zu beziehen; sie kann, teilweise oder vornehmlich, der Familie, der Gemeinschaft, dem Staat oder der Menschheit zugute kommen. Das Individuum kann (vermöge seiner sozialen Instinkte) Lust darin finden oder Schmerz dadurch vermeiden, daß es seine Befriedigung der der Gruppe unterordnet, zu der es gehört.[48] Daher liegt, abgesehen vom unmittelbaren Ziel, der letzte Zweck und die moralische Rechtfertigung aller Handlungen und Gesetze in dem Grad, in welchem sie zum größten Nutzen für die größte Zahl beitragen. «Ich möchte dem teuersten Freund, den ich habe, klarmachen, daß seine Interessen, falls sie mit dem Gemeinwohl in Kollision geraten, für mich ohne jede Bedeutung sind. So würde ich meinen Freunden dienen – und so möchte ich, daß sie mir dienen.»[49]

Bentham behauptete nicht, seine Utilitätslehre erfunden zu haben. Er erklärte mit seiner gewohnten Offenheit, er habe sie in Joseph Priestleys *Essay on the First Principles of Government* (1768) gefunden. Er hätte sie auch in Francis Hutchesons *Enquiry Concerning Moral Good and Evil* (1725), wo der gute Bürger als einer definiert wird, der «den größten Nutzen für die größte Zahl» bewirkt[50], oder in Beccarias *Trattato dei delitti e delle pene* (1764), der den moralischen Zweck beschreibt als «*la massima felicità divisa nel maggior numero*», finden können; am klarsten jedoch in Helvétius *De l'Esprit* (1758): «Nützlichkeit ist die Grundlage aller menschlichen Tugenden und die Basis jeglicher Gesetzgebung ... Alle Gesetze müssen einem einzigen Grundsatz folgen, der Nützlichkeit für die Gesamtheit – i. e. der größten Zahl von Einzelpersonen unter derselben Regierung.»[51] Bentham gab lediglich dem biblischen Gebot «Du sollst Deinen Nächsten lieben wie Dich selbst» einen quantitativen Akzent.[52]

Seine Leistung war es, den «Grundsatz des größten Nutzens» (seine endgültige Formulierung) auf die Gesetze Englands anzuwenden. Er besaß nun einen moralischen Imperativ von offenkundiger Bedeutung und einen Maßstab zur Beurteilung der Gebote von Predigern, der Ermahnungen von Lehrern, der Grundsätze von Parteien, der Gesetze von Gesetzgebern, der Edikte von Königen. Das Gesetz durfte keine mystischen Entitäten zulassen wie «Rechte», seien sie natürlichen, populären oder göttlichen Ursprungs. Keine göttlichen Offenbarungen an Moses oder Mohammed oder Christus, keine Strafen nach dem Prinzip der Vergeltung. Jeder Vorschlag muß sich der Frage *Cui bono?* stellen, wem wird es nützen? – einem, wenigen, vielen oder allen? Das Gesetz muß sich der unausrottbaren Natur und den beschränkten Fähigkeiten der Menschen anpassen und ebenso den praktischen Notwendigkeiten der Gesellschaft; es muß eindeutig sein und praktische Anwendung, rasche Untersuchung, prompte juristische Entscheidung und erzieherische und humane Strafen gestatten. Diesen Zielen widmete Bentham die letzten zehn Kapitel seines Buches und die letzten Jahre seines Lebens.

Unterdessen legte er seinen Maßstab an die Erfordernisse des Tages. Er billigte die physiokratische Doktrin des *laissez-faire* in Industrie und Politik. Im allgemeinen ist das Individuum der beste Richter über sein persönliches Glück und sollte soviel Freiheit erhalten, es zu suchen, wie es sozial praktikabel ist; allerdings sollte die Gesellschaft Vereinigungen auf freiwilliger Basis unterstützen, deren Mitglieder einen Teil ihrer Freiheiten der gemeinsamen Anstrengung für die Sache der Allgemeinheit opfern wollten. Aus den gleichen Überlegungen argumentierte Bentham, daß eine parlamentarische Regierung die beste sei, trotz aller ihrer Fehler und ihrer vielfältigen Korruption.

The Principles of Morals and Legislation wurden mit größerem Beifall aufgenommen, als man nach den Schwierigkeiten ihrer Diktion und ihres Stils, nach ihrem kritischen Geist und ihrer streng weltlichen Richtung hätte erwarten können. Im Ausland fanden sie wärmere Aufnahme als in der Heimat. Frankreich übersetzte Bentham und verlieh ihm 1792 die französische Staatsbürgerschaft. Politische Führer und Denker aus verschiedenen Hauptstädten des Kontinents korrespondierten mit ihm. In England verurteilten die Tories den Utilitarismus als unpatriotisch, unchristlich und materialistisch. Einige Schriftsteller stellten sich auf den Standpunkt, daß viele Handlungen – romantische oder elterliche Liebe, Selbstaufopferung, gegenseitige Hilfeleistung – keine bewußte Berechnung egoistischer Befriedigung enthielten. Künstler wiesen die Auffassung zurück, man könne Kunstwerke nach dem Grad ihrer Nützlichkeit beurteilen. Doch mit Ausnahme der Inhaber öffentlicher Ämter waren sich alle einig, daß Eigeninteresse die Moral und die Politik sämtlicher Regierungen ist, wenn man hinter Täuschung und Verstellung blickt.

Bentham lebte nach seiner Philosophie und nützte seine Jahre unermüdlich. In *Rationale of Judicial Evidence* (1825) und anderswo bemühte er sich, alte Gesetze und neue Fälle zu klären und war erfolgreich mit der Milderung der barbarischen Exzesse des traditionellen Strafrechts. 1827 begann er in seinem neunundsiebzigsten Lebensjahr mit der Kodifizierung des englischen Rechts, doch zwischen Band I und II ereilte ihn der Tod. Er war an der Gründung der *Westminster Review* (1823), einem Sprachrohr liberaler Gedankengänge, beteiligt. Um sich versammelte er eine Schar von Schülern, die das warme Herz hinter der rauhen Schale erkannten. Pierre Étienne Dumont war sein Apostel in Frankreich. James Mill, selbst ein bedeutender Denker, redigierte das Manuskript des Meisters zur Lesbarkeit; John Stuart Mill steigerte die Konzeption vom Kalkül zur Humanität.

Unter Benthams Führung arbeiteten diese «radikalen Philosophen» für das Wahlrecht männlicher Erwachsener, geheime Abstimmung, Freihandel, öffentliche Hygiene, die Verbesserung des Gefängniswesens, die Bereinigung der Rechtspflege, die Reformierung des Oberhauses und die Weiterentwicklung des Völkerrechts. Bis in die sechziger Jahre des achtzehnten Jahrhunderts wurden die individualistischen und freiheitlich orientierten Elemente in Benthams Philosophie von seinen Nachfolgern betont; danach wandelte der im «größten Nutzen für die größte Zahl» lauernde Sozialismus die Reformströmung zum Nutzen der Regierung zu einem Werkzeug der öffentlichen Meinung bei der Beseitigung öffentlicher Mißstände.

Als Bentham sich dem Tode nahe fühlte, befaßte er sich mit dem Problem, seinen Leichnam der größtmöglichen Zahl nutzbar zu machen. Er ordnete an, daß er in Gegenwart seiner Freunde obduziert werden sollte. So geschah es. Der Schädel wurde mit Wachs gefüllt und modelliert, das Skelett wurde in Benthams übliche düstere Kleidung gehüllt und in eine Glasvitrine im University College in Cambridge gesetzt, wo es sich noch heute befindet.

SECHSTES KAPITEL

Literatur im Übergang

I. DIE PRESSE

WÄHREND Frankreich in jener Ära die politische Bühne beherrschte, war England in der Literatur führend. Was in Frankreich konnte sich – mit Ausnahme der Prosa Chateaubriands – mit Wordsworth, Coleridge, Byron und Shelley vergleichen? – ohne Keats einzubeziehen (1795–1821), dessen Meisterwerke aus unserem gegenwärtigen Rahmen fallen. Nächst dem Zeitalter Elisabeth I. war dies die glänzendste Blütezeit in den vier Jahrhunderten englischer Dichtung.

Selbst ein Briefwechsel konnte damals Literatur sein, denn die Briefe Byrons und Coleridges erscheinen uns unserer Zeit näher als ihre Verse. In jenen Tagen, als in aller Regel der Empfänger das Porto bezahlte, erwartete er für seine Briefmarke Substanz oder Stil; doch der Adressat eines Briefes eines so überströmenden Geistes zu sein, konnte ein Fortleben nach dem Tode bedeuten.

Die Zeitungen allerdings boten keine Literatur. Normalerweise war jede ein zu vier Seiten gefaltetes Blatt; die erste und vierte davon waren für Anzeigen reserviert, die zweite befaßte sich mit Politik, einschließlich einer Übersicht über die parlamentarischen Aktivitäten des Vortages. In London gab es mehrere Tageszeitungen: in erster Linie die *Times*, 1788 gegründet, mit einer Auflage von 5000 Exemplaren, sodann der *Courier* mit 10 000; die *Morning Post*, das Organ der Whigs mit Leitartikeln aus der Feder Coleridges; schließlich der *Examiner*, die Stimme der Liberalen wie Leigh Hunt. Ländliche oder vorstädtische Zentren besaßen jeweils ihre eigene Zeitung, manchmal sogar zwei, eine für die Regierungspartei, die andere für die Opposition. Es gab verschiedene Wochenschriften, von welchen William Cobbetts *Political Register* am meisten gelesen wurde. Außerdem erschienen einige Zeitschriften politischen, sozialen und literarischen Inhalts. Die einflußreichsten davon waren die Vierteljahresschrift *Edinburgh Review*, 1802 von Francis Jeffrey, Henry Brougham und Sidney Smith* zur Propagierung progressiver Ideen gegründet und die *Quarterly Review*, 1807 von John Murray, Robert Southey und Walter Scott als Organ der Torys ins Leben gerufen.

Die Macht der Presse war ein wesentlicher Faktor der britischen Szene. Sie war kein Medium zur Verbreitung von Literatur mehr, wie in den gemächlichen Tagen eines Addison oder Steele. Sie war zu einem Betätigungsfeld der Wirtschaftswerbung und zu einem Organ politischer Gruppen geworden. Da sich die Höhe der

---

* Nicht zu verwechseln mit Sir William Sidney Smith, der Napoleon bei Akkon so sehr zugesetzt hatte.

Anzeigentarife nach der Verbreitung richtete, mußten Herausgeber und Verleger die öffentliche Meinung in Rechnung stellen, nicht selten auf Kosten der Regierungspartei; so schmähte die Presse die sittenlosen Söhne des Königs trotz aller Bemühungen der Regierung, sie zu decken. Nach und nach, mit dem Herannahen des neunzehnten Jahrhunderts, wurde die Presse ein Instrument, schließlich ein unentbehrlicher Bestandteil der aufstrebenden Demokratie.

II. BÜCHER

Die Buchproduktion wuchs im selben Maße, wie die Mittelklasse und das Lesepublikum zunahmen. Das Verlegen von Büchern wurde rentabel genug, um zu einem unabhängigen Geschäftszweig, getrennt vom Buchhandel, zu werden. Verleger wetteiferten um Autoren, honorierten sie besser und feierten sie in literarischen Salons. So bewirtete und publizierte Joseph Johnson Godwin, Paine und Blake; Archibald Constable unterstützte Walter Scott bei der Begleichung seiner Schulden; Thomas Norton Longman übernahm Wordsworth; Joseph Cottle in Bristol verlegte Coleridge und Southey; John Murray in London hielt den reisenden Byron an der langen Leine. Die alte Firma Longman wendete in dieser Zeit 300 000 Pfund auf, um eine neue Ausgabe (1819) von Chambers' *Cyclopoedia* in neununddreißig Bänden herauszubringen; die *Encyclopaedia Britannica* gab in dieser kurzen Zeitspanne drei neue Ausgaben heraus – die dritte in achtzehn Bänden 1788 bis 1797, die vierte in zwanzig Bänden 1810, die fünfte in fünfundzwanzig Bänden 1815.

Anstelle von Tantiemen bezahlten die Verleger für Manuskripte einmalige bedeutende Honorare und auch gelegentliche Nachzahlungen, wenn weitere Auflagen gedruckt und verkauft wurden. Trotzdem lebten nur sehr wenige Autoren von ihrer Feder – Thomas Moore bequem, Southey und Hazlitt unter Schwierigkeiten, Scott zeitweise reich, zeitweise ruiniert. Die Verleger lösten die Aristokraten als Förderer der Literatur ab, doch einzelne wohlhabende Leute hatten immer noch eine offene Hand; so unterstützten die Wedgwoods Coleridge, und Raisley Calvert hinterließ Wordsworth neunhundert Pfund. Die Regierung bedachte ihr genehme Autoren mit gelegentlichen Honoraren und zahlte einem Laureaten ein Jahrgeld von hundert Pfund. Dafür mußte er bereit sein, in kürzester Frist ein Gedicht zur Feier eines Sieges der Streitkräfte oder einer Geburt, Heirat oder eines Todesfalles im Königshaus zu verfassen.

Das Anwachsen des Leserpublikums wurde zwar durch den hohen Preis der Bücher gehemmt, aber durch Buchklubs und Leihbüchereien gefördert. Von diesen waren die besten das Athenaeum und das Lyceum, beide in Liverpool, der eine mit einem Bestand von 8000, der andere mit 11 000 Bänden. Abonnenten hatten gegen einen Jahresbeitrag zwischen einer und zweieinhalb Guineen das Recht, jedes vorhandene Buch zu entleihen. Jede Stadt besaß ihre Leihbücherei. Als die Freude am

Buch von der Aristokratie auf die Allgemeinheit übergriff, ging einiges an Geschmack und Qualität verloren. Der Übergang von der klassischen Tradition zum romantischen Sentiment wurde durch diese wachsende Leserschaft und die zunehmende Emanzipation jugendlicher Liebender von elterlichen Kontrollen und Besitzrücksichten genährt. Eine einzige Liebesaffäre konnte Stoff für hundert Verwicklungen liefern. Richardsons tränenvolle Erzählungen begannen den rüstigen Liebhabern Fieldings und den männlichen Abenteurern Smollets den Rang abzulaufen.

Unter den Romanschreibern waren die Frauen in der Überzahl, mit Ausnahme von Matthew «Monk» Lewis und seiner Schreckenskammer *Ambrosio, or the Monk* (1795). Gleich nach ihm in der Schilderung geheimnisvoller Schrecknisse kam Mrs. Ann Radcliffe mit ihren aufeinanderfolgenden Erfolgen: *A Sicilian Romance* (1790), *The Romance of the Forest* (1791) und *The Mysteries of Udolpho* (1794). Normalerweise nannte der englische Leser solche Bücher Romanzen (nach dem französischen Wort *roman*, das Erzählung bedeutet) und wandte die Bezeichnung Roman auf ausgedehnte Schilderungen natürlicher Begebenheiten im gewöhnlichen Leben an, wie bei Fielding und Jane Austen; Scotts *Waverley Novels* werden beiden Definitionen gerecht. Als Verfasser romantischer Erzählungen standen weibliche Autoren naturgemäß an erster Stelle. Frances (Fanny) Burney, die mit sechsundzwanzig mit *Evelina* (1778) Aufsehen erregt hatte, glänzte weiterhin mit *Cecilia* (1782), *Camilla* (1796) und *The Wanderer* (1814); nach ihrem Tode (1840) erfreute ihr *Diary* (1842) eine weitere Generation.

Noch berühmter war Maria Edgeworth, deren *Castle Rackrent* (1800) und *The Absentee* (1812?) in erdichteter, jedoch realistischer Darstellung derart machtvolle Schilderungen der Ausbeutung Irlands durch englische Grundherren gaben, daß England selbst sich aufgerufen fühlte, diese Übel zu mildern. Nur eine Schriftstellerin ihrer Generation übertraf sie und diese Frau übertraf ebenso die Männer.

III. JANE AUSTEN: 1775–1817

Ihre sämtlichen Abenteuer erlebte sie durch Vermittlung ihrer Feder, und auch so brauchte sie nur wenige, da ihr das normale Leben graziöser, wohlerzogener und sensibler Frauen wie sie selbst es war, genügend Faszination bot. Ihr Vater war Rektor des Steventon-Kirchspiels in Hampshire. Sie wurde im Pfarrhaus geboren und lebte dort bis zu ihrem sechsundzwanzigsten Lebensjahr. 1809 verschaffte ihr Bruder Edward seiner Mutter und seinen Schwestern ein neues Heim in Chawton. Dort lebte sie bis zu ihrem letzten Jahr. Der gleichförmige Ablauf ihrer Tage wurde nur von Besuchen bei ihren Brüdern und einem Aufenthalt in London unterbrochen. Im Mai 1817 reiste sie nach Winchester, um sich in ärztliche Behandlung zu begeben und starb dort am 18. Juli, unverheiratet, mit einundvierzig Jahren.

Sie gab ihrem Leben Spannung und Sinn durch die schwesterliche Liebe, die ihre Briefe durchpulst; durch ihren feinen und leicht sardonischen Humor, der die Absurditäten und verborgenen Ängste des Lebens erfaßte und sie ohne Bitterkeit schilderte. Dazu kam ihre Freude an der ländlichen Szenerie und dem gemächlichen Ablauf des Lebens in der Provinz. Sie hatte genug von London gesehen, um es zu verabscheuen; ihre diesbezügliche Schilderung beschreibt es als eine Mischung von schmutziger Armut und moralischem Verfall der Wohlhabenden; es war ein Ort, wohin des Landlebens überdrüssige Mädchen gingen, um sich verführen zu lassen. Die feinere Art englischen Lebens fand sich nach ihrer Meinung beim niederen Landadel. In seinen Heimstätten erzeugten Disziplin und eine behütete Tradition Stabilität und ruhige Zufriedenheit. In diesen Inseln des Friedens hörte man selten etwas von der Französischen Revolution, und Napoleon war ein Popanz, zu weit entfernt, um die Gedanken von der wichtigeren Frage abzulenken, wie ein geeigneter Partner zum Tanz oder fürs Leben zu finden sei. Die Religion besaß ihren festen Platz in solchen Häusern, war jedoch durch eine milde Weltklugheit, wie sie wohl in einem Pfarrhaus gedeihen mag, ihrer Strafandrohungen für die Sünder beraubt. Die industrielle Revolution war noch nicht soweit in die Provinz vorgedrungen, um die Klassen zu verbittern und Landschaft wie Luft zu verschmutzen. Wir hören Jane Austens eigene Stimme in ihrem Mitgefühl für Fanny Price, die widerwillig einige Monate in London verbracht hatte:

> Es war traurig für Fanny, aller Freuden des Frühlings verlustig zu gehen ... Sie war sich vorher nicht darüber klar gewesen, wie sehr Beginn und Fortschreiten der Vegetation sie entzückt hatten. Wieviel Anregung, körperlich wie seelisch, hatte sie doch von der Beobachtung jener trotz ihrer Launenhaftigkeit stets lieblichen Jahreszeit empfangen, wenn sie ihre sich entfaltende Schönheit betrachtete, angefangen von den frühesten Blumen in den wärmsten Ecken des Gartens ihrer Tante bis zum Sprießen der Blätter in den Beeten ihres Onkels und der Herrlichkeit seiner Wälder.[1]

Solcherart war der Lebenskreis – ein bequemes Heim, ein duftender Garten, ein Abendspaziergang mit fröhlichen Schwestern, ein ermunterndes Wort eines Vaters, der ihre Manuskripte lobte und sie unterzubringen suchte – der Jane Austens Romanen eine frische Atmosphäre von Frieden, Gesundheit und Freundlichkeit verlieh und ihren nichteiligen Lesern eine ruhige Zufriedenheit schenkt, die in anderen Romanen kaum anzutreffen ist. Sie hatte gelernt, daß der Tag an sich Geschenk genug ist.

So schrieb sie also ihre sechs Romane und wartete geduldig auf diese gemächlichen Leser. 1795 schrieb sie mit zwanzig Jahren die erste Fassung von *Sense and Sensibility;* die Arbeit befriedigte sie jedoch nicht, und sie legte sie beiseite. In den nächsten zwei Jahren arbeitete sie an *Pride and Prejudice*, schrieb es zu wiederholten Malen um und schickte es an einen Verleger, der es ablehnte, da er sich keinen Gewinn davon versprach. 1798–1799 gestaltete sie *Northanger Abbey*. Richard Crosby kaufte das Buch, ließ es jedoch unveröffentlich liegen. Nun folgte ein unproduktives Intervall, durch Wohnungswechsel und vielleicht durch Entmutigung gestört. Im Februar 1811 begann sie mit *Mansfield Park*, und im November ging die Neufassung von *Sense and Sensibility* in Druck. Dann, in ihren letzten fünf Jahren, brachte sie eine reiche Ernte ein. *Pride and Prejudice* fand 1813 einen Verleger,

Mansfield Park 1814, *Emma* 1816, und 1817, nach ihrem Tode, erschienen *Northanger Abbey* und bald danach *Persuasion*.

Pride and Prejudice zeichnet zu Beginn eine Schar von fünf Schwestern, alle bereit und willig zu heiraten. Mrs. Bennet ist ein etwas verdrehter geräuschvoller Typ, dessen Morgengebet und tägliche Gedanken nur um Ehemänner für ihre Nachkommenschaft kreisen. Mr. Bennet hat sich angewöhnt, sich von seiner Frau zu seinen Büchern zurückzuziehen, wo die Worte keinen Lärm machen und hat sich das Problem, eine fünffache Mitgift an Land oder Geld zu beschaffen, völlig aus dem Sinn geschlagen. Er bewohnt sein Heim bis zu seinem Tode, dann geht es als Fideikommiß an den Reverend Mr. Collins, den noch unverheirateten Pfarrer eines nahegelegenen Städtchens über. Könnte nur eine der fünf Schwestern diesen geistlichen Herrn einfangen!

Die älteste und hübscheste, Jane, hat ein Auge auf den reichen und gutaussehenden Mr. Bingley geworfen, doch er scheint eine andere vorzuziehen, und Jane kann ihren Kummer nur mühsam verbergen. Elisabeth, die nächste, ist stolz, nicht auf ihr Gesicht oder ihre Figur, sondern auf ihren unabhängigen, selbstbewußten Charakter; sie denkt selbständig und läßt sich nicht verauktionieren. Sie hat viel gelesen und ist jedem Mann in einem Duell von Geist oder Witz gewachsen, ohne aggressiv-intellektuell zu sein; ihre geistige Mutter bewundert sie offen. Mary, die dritte Schwester möchte gerne heiraten und ärgert sich, weil ihre älteren Schwestern so lange Zeit brauchen, um ihr den Weg frei zu machen. Lydia, die jüngste, macht sich Gedanken darüber, warum ein Mädchen auf die magische Formel der Eheschließung warten muß, ehe es ihm erlaubt ist, die Geheimnisse der Sexualität zu ergründen.

Die Nachricht, daß Mr. Collins der Familie einen Besuch abstatten möchte, bringt Leben ins Haus. Er ist ein Mann, der sich seiner Frömmigkeit stolz bewußt ist, jedoch Klassenunterschieden und materiellen Interessen großes Gewicht beimißt. In ihm zeichnet die Verfasserin ein erbarmungsloses Bild des Kastengeistes, der von der niederen anglikanischen Geistlichkeit Besitz ergriffen hatte; die Satire scheint extrem, ist aber so sauber und perfekt wie eine Guillotine.

Der junge Reverend kommt, merkt, daß die hübsche Jane unempfänglich ist und bietet Elisabeth seine Hand. Sie entmutigt ihre Familie, indem sie ihn abweist, da sie nicht willens ist, ein Opfer seiner Vollkommenheit zu werden. Mary meint, daß es für die dritte von fünf Schwestern ein hübscher Streich sei, als erste unter die Haube zu kommen. Mit Blicken, Lächeln und hübschen Aufmerksamkeiten bezaubert sie den vom Schicksal bestimmten Erben des Besitztums, bis er Mr. und Mrs. Bennet um ihre Hand bittet.

Alles scheint in bester Ordnung zu sein, doch Lydia, die fürchtet, eine alte Jungfer zu werden, läuft unverheiratet mit dem schneidigen Mr. Wickham davon. Die ganze Familie ist durch ihre Sünde beschmutzt und wird von fast allen Nachbarn geschnitten. Der Reverend Mr. Collins schreibt tadelnd an Mr. Bennet: «Der Tod Ihrer Tochter wäre ein Segen gewesen verglichen mit diesem ... Wer kann sich mit einer solchen Familie verbinden?»[2] Elisabeth rettet die Situation, indem sie den klassenbewußten Mr. Darcy durch ihre stolze Unnahbarkeit ködert. Er legt ihr seine Millionen zu Füßen, zwingt Wickham, Lydia durch eine Heirat zu rehabilitieren, und durch die magische Hand der Verfasserin als *dea ex machina* lösen sich alle Probleme. Selbst Mr. Bingley entdeckt, daß er Jane schon immer geliebt hat.

Mansfield Park ist besser gebaut: die Lösung des Konfliktes ist bereits am Beginn vorausgeplant und wird durch fast jede Situation Schritt um Schritt vorbereitet. Die Akteure sind keine Puppen, die in einer Fabel agieren, sondern Menschenwesen, die staunend ihren Weg durchs Leben gehen und exakt das Wort Heraklits illustrieren (das ein Maßstab für die gesamte Romanliteratur sein sollte), daß «der Charakter eines Menschen sein Schicksal ist». Der Park ist das schöne Besitztum Sir Thomas Bertrams, der ein viel besorgterer Vater ist als Mr. Bennet. Auch er macht jedoch erstaunliche Fehler: Von der Jagd nach Reichtum und Ehren in Anspruch genommen, läßt er es zu, daß sein ältester Sohn moralisch wie physisch verkommt und erlaubt seiner Tochter, ihre Ferien in einer Londoner Gesellschaft zu verlängern, für die die gesamte Moral der Provinz anstatt Stütze des Lebens nur Gegenstand der Belustigung ist. Es spricht für ihn, daß er die bescheidene und sensible Fanny Price, die verarmte Nichte seiner Frau, in seine Familie aufnimmt. Sein Trost und Stolz ist der jüngere Sohn Edmund, der für die Kirche bestimmt ist. Seine Schilderung zeigt alle Eigenschaften, die ein künftiger Geistlicher haben sollte; er ist eine Apologie für Mr. Collins. Mehrere hundert Seiten sind nötig, bis Edmund zu der Erkenntnis kommt, daß seine Zuneigung zu Fanny mehr ist als brüderliche Liebe. Doch ihre aufblühende Neigung ist in ihrer ruhigen Entwicklung eine hübsche Romanze im Rahmen einer klassischen Erzählung.

Denn selbst in ihren Betrachtungen über die Liebe ist und war Jane Austen klassisch, von unwandelbarer Vortrefflichkeit und reinen Herzens. In einer Zeit Udolphischer Mysterien und Walpolescher Schlösser blieb sie eine realistische und vernünftige Beobachterin ihrer Zeit. Ihr Stil ist so rein wie der Drydens, ihre Frömmigkeit so nüchtern wie die von Pope. Ihr Gesichtskreis ist begrenzt, doch sie dringt tief in die Dinge ein. Sie erkennt, daß der zentrale Aspekt des Lebens die Forderung an das Individuum zum Dienst an der Gesamtheit ist; daß Regierungskrisen, Machtkonflikte, selbst die Rufe nach sozialer Gerechtigkeit nicht so fundamental sind, wie die immer wiederholten unbewußten Anstrengungen der Jugend, zu reifen, gebraucht und verbraucht zu werden. Sie betrachtet beide Seiten – die weibliche und die männliche – des Mysteriums Mensch mit der gleichen Ruhe; ihre Übel kann sie nicht heilen, ihr Ziel liegt außerhalb ihres Horizontes. Sie erhebt niemals ihre Stimme, doch wir folgen ihr willig, soweit es die Stromschnellen des Lebens zulassen und wir werden von ihrer Ruhe gefesselt sein. Heutzutage gibt es kaum ein Dorf in England, wo sie nicht ihre Verehrer hätte.

IV. WILLIAM BLAKE: 1757–1827

William Blake, achtzehn Jahre vor ihr geboren und sie um zehn Jahre überlebend, bildet den Übergang zur Romantik. Mysterium erfüllte sein Leben, er lehnte die Wissenschaft ab, zweifelte an Gott, betete zu Christus, verwandelte die Bibel, tat es den Propheten gleich und sehnte sich nach einem Utopia erdverbundener Heiliger.

Er war der Sohn eines Londoner Strumpfwirkers. Mit vier Jahren wurde er in Schrecken versetzt durch den Anblick Gottes, der ihn durch ein Fenster ansah. Etwas später sah er Engel in einem Baum flattern und den Propheten Ezechiel, der in einem Feld spazieren ging.[3] Vielleicht wurde er, weil sich seine Phantasie regellos mit seinen Empfindungen mischte, erst im Alter von zehn Jahren zur Schule geschickt, und dann in eine Zeichenschule am Strand. Mit fünfzehn begann er eine siebenjährige Lehre bei dem Kupferstecher James Basire. Er las viel einschließlich romantischer Sagen wie Percys *Reliques of Ancient English Poetry* und Macphersons *Ossian*. Er schrieb selbst Gedichte und illustrierte sie. Mit zweiundzwanzig wurde er zur Gravierklasse der Royal Academy zugelassen, doch er rebellierte gegen Reynolds klassische Zwänge; später jammerte er, er hätte «die Kraft» seiner «Jugend und seines Genius unter dem Alpdruck Sir Joshuas und seiner Bande feiger schlauer Schurken vergeudet».[4] Ihnen zum Trotz entwickelte er seinen eigenen phantasievollen Zeichenstil und konnte sich mit seinen Aquarellen und Stichen durchbringen.

Er war nicht besonders erotisch veranlagt. Bei Gelegenheit äußerte er die Hoffnung, «Sex würde verschwinden und aufhören zu sein».[5] Dennoch heiratete er mit fünfundzwanzig Chaterine Boucher. Er stellte sie oftmals mit seinen Launen auf eine harte Probe und quälte sie mit seinen Visionen; doch sie glaubte an sein Genie und sorgte bis zu seinem Tode treu für ihn. Soweit bekannt, hatte er keine Kinder, doch spielte er gerne mit den Kindern seiner Freunde. Im Jahre 1783 übernahmen John Flaxman und der Reverend A. S. Mathews die Kosten eines Privatdrucks von Blakes frühen Gedichten. Diese *Poetical Sketches* trugen, als sie 1868 neu aufgelegt wurden, zur verspäteten Ausbreitung seines Ruhmes bei. Einige davon, wie die reimlose Rhapsodie «An den Abendstern» brachten eine neue Note in die englische Poesie.[6]

Wie jede mitfühlende Seele verabscheute er Englands konzentrierten Reichtum und seine schwärende Armut. Er schloß sich Tom Paine, Godwin, Mary Wollstonecraft und anderen Radikalen an, die sich um den Verleger Joseph Johnson scharten. Sie tranken zusammen den starken Wein der französischen Aufklärung und sangen von Gerechtigkeit und Freiheit. Sein Äußeres paßte zu seinem Geist, der sich jeder aufgezwungenen Ordnung widersetzte. Er war stämmig und breit, «mit einem edlen Antlitz voll Ausdruck und Beseelung. Seine Haare waren lichtbraun und üppig kraus; seine Locken standen, anstatt herabzuhängen, wie eine Flamme in die Höhe und sahen aus einiger Entfernung wie ein Strahlenkranz aus, was im Verein mit seinen feurigen Augen und seiner ausladenden Stirn, seiner würdevollen und heiteren Physiognomie seinen Anblick recht anziehend gemacht haben muß.»[7]

Im Jahre 1784 eröffnete er eine Druckerei in der Broad Street. Als Assistenten nahm er seinen jungen Bruder Robert zu sich. Es war eine glückliche Verbindung, denn beide waren einander sehr zugetan. Robert war jedoch schwindsüchtig, und sein Tod im Jahre 1787 vertiefte einen düsteren Zug in Williams Gemüt und das mystische Element in seinem Denken. Er war überzeugt, er habe Roberts Seele im Augenblick seines Todes gesehen, wie sie durch die Zimmerdecke entschwand und «vor Freude in die Hände klatschte».[8] Dem Geist Roberts verdankte er, wie er glaubte, eine Methode, Text und Illustration auf ein- und dieselbe Platte zu stechen. Fast alle Bücher Blakes waren auf diese Weise graviert und wurden zu Preisen zwischen ein paar Schilling und zehn Guineen angeboten. Daher war seine Leserschaft während seines Lebens eng begrenzt.

1789 ließ er sein erstes Meisterwerk, neunzehn kleine *Songs of Innocence*, erscheinen. Offensichtlich meinte er mit «Unschuld» die vorpubertäre Periode, in welcher die reizendsten Legenden, die sich um Christus ranken, glücklich geglaubt wurden und das Heranwachsen erhellten und leiteten. Allerdings war Blake beim Erscheinen der Gedichte zweiunddreißig, und sie lassen uns fühlen, daß die Erfahrung schon den Tod der Unschuld betrauert. Wir müssen diese berühmten Verse zitieren, um sie mit den Zeilen vergleichen zu können, die sich fünf Jahre später an einen Tiger richteten.

Little Lamb, who made thee?	Kleines Lamm, wer schuf dich?
Dost thou know who made thee?	Weißt du wohl, wer schuf dich,
Gave thee life and bid thee feed	lieh dir Leben, ließ dich grasen
By the stream and o'er the mead;	an dem Strome auf dem Rasen,
Gave thee clothing of delight,	gab ein Kleid dir, weich und wollig,
Softest clothing, woolly, bright;	glänzend, schön und warm und mollig,
Little Lamb, who made thee?	Kleines Lamm, wer schuf dich?
Dost thou know who made thee?	Weißt du wohl, wer schuf dich?
Little Lamb, I'll tell thee,	Kleines Lamm, ich sag's dir!
Little Lamb, I'll tell thee;	Kleines Lamm, ich sag's dir!
He is called by thy name	Er ist aus deinem Stamm,
For he calls himself a Lamb;	denn er nennt sich selbst ein Lamm.
He is meek and he is mild;	Er ist milde, er ist lind,
He became a little child;	er ward selbst ein kleines Kind.
I a child and thou a lamb,	Ich ein Kind und du ein Lamm,
We are called by his name	beide wir aus seinem Stamm.
Little Lamb, God bless thee	Lämmchen, Gott behüt dich!
Little Lamb, God bless thee.	Lämmchen, Gott behüt dich!*

Vielleicht noch schöner ist das nächste Gedicht «Der kleine schwarze Knabe», worin ein Negerkind fragt, warum Gott seine Haut dunkel gemacht hat und von der Zeit träumt, wenn schwarze und weiße Kinder miteinander spielen werden, ohne daß der Schatten der Farbe auf ihr Zusammensein fällt. Dann, zwei Gedichte später

* Dieses und alle anderen Gedichte Blakes sind in der deutschen Übersetzung von Walter Wilhelm wiedergegeben. (Anm. d. Ü.)

in «The Chimney Sweeper», kommt ein Engel herab, um alle Kaminkehrerjungen aus dem Gewand von Ruß zu erlösen, in dem sie arbeiten und schlafen. «Himmelfahrt» endet mit einer Warnung: «Habt mit den Armen Mitleid, ihr weist sonst Engel von eurer Tür.»

Fünf Jahre gingen vorüber: Die Jahre, in welchen die Französische Revolution sich entlud, flammten in hellem Idealismus (1791) und wandelten sich dann zu Mord und Terror (1792–1794). 1789 trug einem Bericht zufolge Blake öffentlich die rote Mütze der Revolution und vereinigte sich mit Paine zu Angriffen auf die Staatskirche. Bis zur geistigen Verwirrung erregt verließ er die Balladenform und verfaßte «prophecies», worin er als Nachahmer von Jeremia und Hosea der sündigen Welt Unheil verkündete. Ihre Lektüre ist Lesern nicht zu empfehlen, die konstruierte Unverständlichkeit ablehnen, doch notieren wir nebenbei, daß in *The Marriage of Heaven and Hell* (einer Satire auf Swedenborg) Blake diese Bereiche mit Unschuld und Erfahrung identifiziert. Einzelne der «Sprichwörter der Hölle» lassen an einen vorübergehenden vegetarischen Whitman-Freud-Nietzscheschen Radikalismus denken:

Alle bekömmliche Nahrung wird ohne Netz oder Falle gefangen ...
Die erhabenste Tat ist, sich einem anderen unterzuordnen ...
Der Stolz des Pfaus ist der Ruhm Gottes ...
Die Nacktheit des Weibes ist das Werk Gottes ...
Eher ein Kind in der Wiege morden, als untätig Wünsche nähren ...
Gott handelt und ist nur in existierenden Wesen und Menschen ...
Alle Gottheiten wohnen in der menschlichen Brust ...
Gottesdienst ist, seine Gaben in anderen Menschen zu ehren ... und den größten Mann am meisten zu lieben. Jene, die große Männer beneiden oder verleumden, hassen Gott, denn es gibt keinen anderen Gott.

In *Songs of Experience* (1794) stellte der Dichter seinen *Songs of Innocence* Oden des Zweifels und der Verdammung gegenüber.

Tyger, Tyger, burning bright	Tiger, Tiger, grelle Pracht
In the forests of the night,	in den Dickichten der Nacht,
What immortal hand or eye	wes unsterblich Aug und Hand
Could frame thy fearful symmetry? ...	wohl dein furchtbar Gleichmaß band?
And what shoulder, and what art,	Welche Armkraft konnte dehnen,
Could twist the sinews of thy heart?	knüpfen deines Herzens Sehnen,
And when thy heart began to beat,	und als endlich schlug dein Herz,
What dread hands and what dread feet? ..	welche Hand der Füße Erz?
When the stars threw down their spears	Als die Sterne sich erschreckten,
And watered heaven with their tears,	weinend ihre Waffen streckten
Did he smile his work to see?	freute da des Werks er sich?
Did he who made the Lamb make thee?	Schuf, der's Lamm erschuf, auch dich?

Während in *Songs of Innocence* «A Little Boy Lost» von Gott gerettet und fröhlich nach Hause zurückgebracht wird, erzählt ein entsprechender «song of experience» von einem Knaben, der von Priestern verbrannt wird, weil er eingesteht, keinen religiösen Glauben zu haben. In *Innocence* «Himmelfahrt» wird die St.-Pauls-Kathedrale beschrieben, angefüllt mit glücklichen Kindern, die Hymnen singen; «Himmelfahrt» in *Experience* stellt die Frage:

Is this a holy thing to see In a rich and fruitful land, Babes reduced to misery, Fed with cold and usurous hand? Is that trembling cry a song? Can it be a song of joy? And so many children poor? It is a land of poverty.	Ist ein heiliger Anblick dies, daß in solchem reichen Land Kinder man ins Elend stieß, speist mit kalter, karger Hand? Ist dies Kreischen dort ein Sang? Kann's ein Sang der Freude sein? Wo so viele Kinder krank? Arm muß solches Land wohl sein!

Gegen solche Übel erschien die Revolution nicht länger als brauchbares Mittel, denn «Die Eisenfaust zerschmetterte des Tyrannen Haupt und wurde zum Tyrannen an seiner Statt».[9] Vom gewaltsamen Aufstand enttäuscht, suchte Blake Trost in den Resten seines religiösen Glaubens. Er mißtraute jetzt der Wissenschaft als Magd des Materialismus, als Werkzeug des Schlauen gegen den Unschuldigen, der Macht gegen die Einfalt. «Die Kunst ist der Baum des Lebens, die Wissenschaft der Baum des Todes. Gott ist Jesus.»[10]

Nach 1818 schrieb Blake kaum noch Gedichte, fand nur wenige Leser und lebte von seiner Kunst. Zeitweise, in seinen sechziger Jahren, war er so arm, daß er Anzeigen für Wedgwoodkeramik gravieren mußte. 1819 fand er einen rettenden Mäzen in John Linnell, der ihn beauftragte, das Buch Hiob und Dantes Göttliche Komödie zu illustrieren. Mit dieser letzteren Aufgabe war er beschäftigt, als ihn der Tod überraschte (1827). Kein Stein bezeichnete sein Grab, doch ein volles Jahrhundert später wurde eine Tafel an der Stelle errichtet. 1957 wurde eine Bronzebüste von der Hand Sir Jacob Epsteins in der Westminster Abbey aufgestellt.

Zur Zeit seines Todes war der Übergang zur Romantik vollzogen. Er hatte zaghaft, auf dem eigentlichen Höhepunkt des Klassizismus, begonnen mit Thomsons *Seasons* (1730), Collins *Odes* (1747), Richardsons *Clarissa Harlowe* (1747), Greys *Elegy* (1751), Rousseaus *Julie, ou La Nouvelle Héloïse* (1761), Macphersons *Fingal* (1762), Walpoles *Castle of Otranto* (1764), Percys *Reliques of Ancient English Poetry* (1768), schottischen und deutschen Balladen, Chattertons bemerkenswerten Fälschungen (1769), Goethes *Werther* (1774). In Wirklichkeit hatte es zu jeder Zeit, in jedem Heim, unter allen Mädchen und Jungen Romantiker gegeben. Der Klassizismus war eine zerbrechliche Struktur aus Regeln und Beschränkung, bestimmt, Impulse und Leidenschaften zu überdecken, die wie flüssiges Feuer im Blut rannen.

Dann kam die Französische Revolution, und sogar ihr Zusammenbruch brachte Befreiung. Alte Formen von Gesetz und Ordnung verloren Ansehen und Kraft. Gefühl, Phantasie, Sehnsucht, alte gewalttätige Impulse in Wort und Tat wurden freigesetzt. Die Jugend ließ Feuerwerke der Poesie und Kunst unter jeglichem Gesetz der Literatur, jedem moralischen Verbot, jedem einengenden Bekenntnis, in jedem unter Gesetzen erstarrten Staat los. 1798 fanden sich Wordsworth und Coleridge zusammen, um die Gedichte und Vorworte der *Lyrical Ballads* zu schreiben; Burns und Scott sangen von Liebe, Revolte und Krieg in Schottland; Napoleons Armeen zerschmetterten gültige Losungen schneller, als die Revolution ihren Traum verbreiten konnte. Überall war die Literatur zur Stimme der Freiheit in der Revolte geworden. Selten schien die Zukunft so offen, die Hoffnung so grenzenlos oder die Welt so jung.

SIEBENTES KAPITEL

Die Seendichter

[1770–1850]

I. UMWELT

Wir fassen hier Wordsworth, Coleridge und Southey in einem einzigen schwierigen Kapitel zusammen, nicht weil sie eine Schule begründet hätten, auch nicht weil sich in ihren Charakteren und Werken eine gemeinsame Geisteshaltung zeigte. Coleridges zauberhafte Verse waren geheimnisvoll dunkel, erfüllt von wunderlichen Geistern und Mysterien, während Wordsworth' Prosadichtung sich mit einfachen Leuten, Männern, Frauen, Kindern und Dingen begnügte. Coleridge lebte und starb als Romantiker, ein Wesen aus Gefühl, Phantasie, Hoffnungen und Ängsten. Wordsworth war, abgesehen von einem romantischen Zwischenspiel in Frankreich und rebellischen Auslassungen im Jahre 1798, so klassisch wie Crabbe und von konservativer Ruhe. Was Southey betrifft, so war seine Poesie romantisch, solange es sich lohnte; seine Prosa war beherrscht und eines Dryden würdig. Seine ausgereifte politische Einstellung hielt am status quo fest. Sein Leben in einer stabilen Ehe und seine großzügige Freundschaft glichen die gefühlsmäßigen, philosophischen, finanziellen und geographischen Irrungen seines Dichterkollegen wieder aus, mit dem er einst ein kommunistisches Utopia an den Ufern des Susquehanna erträumt hatte.

Diese Männer haben lediglich etwas gemeinsam, daß sie nämlich viele Jahre lang im Seendistrikt des nordwestlichen England lebten – jener nebligen, regenreichen, geheimnisvollen Ansammlung wolkenverhüllter Berge und silberner Seen, die das Gebiet von Kendal über Windermere, Ambleside, Rydal Water, Grasmere, Derwentwater und Keswick bis Cockermouth zu einer der schönsten Gegenden unseres Planeten macht. Keine hochragende Majestät – der größte Berg erreicht nicht mehr als dreitausend Fuß; ungeeignet für Lungenleidende – und es regnet dort fast jeden Tag. Die Nebel aber umziehen freundlich die Berge, die Sonne kommt fast jeden Tag heraus, und die daran gewöhnten Einheimischen ertragen die Launen des Wetters wegen des Friedens der Dörfer, des immergrünen Laubwerks, der unzähligen Blumen, die in der Feuchtigkeit gedeihen und der Geister des verrückten Coleridge und des beständigen Wordsworth, die durch die Hügel streifen. Dort in Cockermouth wurde Wordsworth geboren, in Grasmere starb er. In Keswick lebte Coleridge mit Unterbrechungen und Southey vierzig Jahre lang. In dieser Gegend hielten sich zu verschiedenen Zeiten De Quincey, Arnold von Rugby und Ruskin auf. Dorthin kamen für kurze Zeit Scott und Shelley, Carlyle und Keats, um Eden kennenzulernen und sich seiner lorbeergekrönten Dichter zu erinnern.

II. WORDSWORTH: 1770–1797

Seine Mutter Ann, geborene Cookson, war die Tochter eines Leinenhändlers in Penrith. Sein Vater, John Wordsworth, war Rechtsanwalt, der als geschäftlicher Bevollmächtigter von Sir James Lowther sein gutes Auskommen fand. In ihrem behaglichen Heim in Cockermouth zogen John und Ann fünf Kinder auf: Richard, der Anwalt wurde und später des Dichters Geldverhältnisse regelte; William und Dorothy, mit denen wir uns hier in der Hauptsache beschäftigen; John, der zur See ging und bei einem Schiffbruch ums Leben kam und Christopher, der Gelehrter wurde und es bis zum Rektor vom Trinity College in Cambridge brachte. Aus heute unbekannten Gründen wurde William nicht getauft, bis ein Jahr nach ihm 1771 Dorothy geboren wurde. Bruder und Schwester empfingen nun die Taufe am gleichen Tag, wie um ihre lebenslange Liebe zu heiligen und zu segnen.

Dorothy war William als Spielgefährte lieber als irgendeiner seiner Brüder. Sie war wie er bezaubert von der Mannigfaltigkeit der sie umgebenden Natur. Er war lebhaft interessiert und empfindsam, sie war dies in noch höherem Grade, schneller im Erfassen der Formen und Farben der Vegetation, der Stimmung und des Duftes der Bäume, des langsamen Ziehens der Wolken, des silbernen Mondlichts auf den Seen. «Sie gab mir Augen, sie gab mir Ohren», sagte der Dichter später von seiner Schwester. Sie zähmte seine Begeisterung für Jagen und Töten; sie bestand darauf, daß er niemals ein Lebewesen verletzen dürfe.[1]

Als sie sieben war, stürzte der Tod der Mutter die Familie in tiefste Trauer. Der Vater, völlig niedergeschmettert, weigerte sich, wieder zu heiraten; er begrub sich in seiner Arbeit und schickte seine Kinder zu Verwandten. Dorothy kam zu einer Tante nach Halifax in Yorkshire und konnte nun William nur noch in seinen Ferien sehen. Er wurde 1779 auf eine gute Schule nach Hawkshead in der Nähe des Windermeresees geschickt. Dort studierte er die griechischen und lateinischen Klassiker und begann, wie er es ausdrückte, «Verse zu spinnen».

Es scheint jedoch, daß die Wälder und Gewässer der Umgebung bei der Formung seines Stils und Charakters eine größere Rolle gespielt haben als seine Bücher. Er war kein Einzelgänger; er nahm mit den anderen Jungen an den Spielen der Jugend teil und machte auch gelegentlich bei einem lärmenden Abend im örtlichen Wirtshaus mit. Oftmals aber wanderte er allein über die Hügel oder an den Ufern von Easthwaite Water oder des Windermeresees. Hie und da, des Wetters und seiner Launen nicht achtend, verließ er die sichere Nähe und lernte die Ängste kennen, die einen Jungen überkommen können, wenn er in die Schlupfwinkel der «tieferen» Lebensschichten eindringt. Nach und nach jedoch kam ihm ein verborgener Geist im Wachsen der Pflanzen, dem Spiel und Kampf der Tiere, dem stolzen Aufragen der Berge, dem Lächeln und Stirnrunzeln des ständig wechselnden Himmels zu Bewußtsein. All diese Stimmen aus Feld, Wald, Berg und Wolken schienen in ihrer eigenen Sprache zu ihm zu sprechen, zu geheimnisvoll und leise für Worte, doch in ihm die Gewißheit weckend, daß die unfaßbar mannigfaltige Vielheit der Dinge um ihn her kein hilfloser Mechanismus der Materie war, sondern die Ordnung eines Gottes, größer und näher, als die entfernte, schweigende, formlose Gottheit seiner Gebete. Sein Gemüt entwickelte sich ebenso zu verschlossener Innerlichkeit wie zu mitteilsamer Bewunderung.

1783 starb ganz plötzlich der Vater. Die Unordnung in seiner Hinterlassenschaft führte zu solch langwierigen und kostspieligen Streitigkeiten und die 4700 Pfind, die Sir James Lowther ihm schuldete, wurden so lange zurückgehalten, daß das verfügbare Erbteil in Höhe von sechshundert Pfund für jedes der Kinder in keiner Weise für die Fortsetzung ihrer Ausbildung ausreichte.[2] Bruder Richard fand trotzdem Wege, William die Schule in Hawkshead beenden zu lassen.

Im Oktober ging Wordsworth nach Cambridge und trat in das St.-Johns-College ein. Einer seiner Onkel hatte den Direktor überredet, dem Jungen eine Freistelle zu gewähren, in der Hoffnung, er würde sich darauf vorbereiten, die Weihen der anglikanischen Kirche zu empfangen – und so aufhören, eine finanzielle Last für seine Verwandten zu sein. Anstatt an Vorlesungen teilzunehmen, die ihn auf das Priesteramt vorbereiten sollten, las er zu seinem eigenen Vergnügen (insbesondere Chaucer, Spenser, Shakespeare und Milton) und protestierte gegen die obligatorische täglich zweimalige Teilnahme am Gottesdienst. Offensichtlich hatte seine Lektüre einiges von seinem ererbten Glauben ins Wanken gebracht. Es muß aber viel davon übrig geblieben sein, denn er fand Voltaire langweilig.

Im Juli 1790 überredete er einen walisischen Klassenkameraden, Robert Jones, mit ihm gemeinsam eine Reisekasse von zwanzig Pfund zusammenzubringen und ihn auf einer Wanderfahrt nach dem Kontinent zu begleiten. Sie gelangten bis an den Comer See, wandten sich dann nach der Schweiz, wo ihnen das Geld auszugehen drohte und eilten nach England und Cambridge zurück, gerade rechtzeitig, um den Unmut ihrer Darlehensgeber zu beschwichtigen. Wordsworth, der Dorothy ein Jahr lang vernachlässigt hatte, machte dies wieder gut, indem er die Weihnachtsferien mit ihr in Fornsett Rectory bei Norwich verbrachte. «Wir gingen jeden Morgen zwei Stunden lang spazieren», schrieb sie an Jane Pollard, «und jeden Nachmittag gingen wir gegen vier Uhr in den Garten ... wo wir bis sechs Uhr auf und abgingen ... Oh Jane! Ich spürte die Kälte gar nicht, wenn er bei mir war.»[3] Sie hoffte, er würde Geistlicher werden, und sie könnte ihm dann den Haushalt führen.

Als er sein Abschlußexamen in Cambridge (Januar 1791) machte, enttäuschte er viele Hoffnungen, indem er nach London ging, «wo er vier Monate lang in fast völliger Zurückgezogenheit lebte».[4] Im Mai begab er sich mit Jones auf eine Wanderung durch Wales. Sie erstiegen den Mount Snowdon (1350 Fuß), um den Sonnenaufgang zu erleben. Am 27. November machte er wiederum die Überfahrt nach Frankreich, diesmal allein.

Die Revolution befand sich zu dieser Zeit in ihrem fruchtbarsten Stadium: Eine freiheitliche Verfassung war formuliert, eine Erklärung der Menschenrechte für die Welt proklamiert worden. Wie hätte ein empfindsamer Junge, auf philosophischem Gebiet noch ein Grünschnabel, diesem Ruf nach allgemeiner Gerechtigkeit und Verbrüderung widerstehen können? Es war zu hart für einen armen Studenten, der allerlei Kränkungen von adligen Oberherrn (Sir James Lowther) erfahren hatte, diese Franzosen zu verurteilen, die, wie er es später in seinem autobiographischen *Prelude* ausdrückte,

> held something up to view
> Of a Republic where all stood thus far
> Upon equal ground; that we were brothers all
> In honor, as in one community,
> Scholars and gentlemen; where, furthermore,
> Distinction open lay to all that came,
> And wealth and titles were in less esteem
> Than talents, worth, and prosperous industry.[5]

> daß sie etwas mir vor Augen
> Hielten, was einer Republik glich: ein
> Gemeinwesen, in welchem alle Bürger
> So sehr auf gleichem Boden standen, daß
> Wir Brüder waren im sozialen Rang
> Genauso wie im Miteinanderwohnen,
> Als Lernende und zugleich Ehrenmänner;
> Wo außerdem es jedem, der dazukam,
> Freistand, sich vor den anderen auszuzeichnen,
> Da Reichtum und Geburt weniger galten
> Als Werte der Persönlichkeit, Begabung
> Und Studienfleiß, der zu Erfolgen führte.*

In Frankreich angekommen, war er hingerissen von der Inbrunst der Nation, die spontan zu den Waffen griff, um der Drohung des Herzogs von Braunschweig zu begegnen, die Revolution zu unterdrücken und Paris, wenn es Widerstand leistete, niederzubrennen. Er schloß Freundschaft mit einem Offizier der Revolutionsarmee, Michel de Beaupuis, der «sich durch seine Geburt mit den edelsten messen konnte», sich jetzt aber verpflichtet fühlte, Frankreich gegen die Invasoren zu verteidigen. Diese Hingabe ohne Rücksicht auf Klassenzugehörigkeit bewog Wordsworth zu der Überlegung, wie er selbst der Sache dienen könne. Er fühlte sich jedoch zu schwach, um Waffen zu tragen, und er sprach zu wenig Französisch, um auf einem zivilen oder politischen Posten Dienst zu tun. Er ließ sich in Orleans nieder, um die Sprache zu erlernen, die von den Lippen einer Frau so zauberhaft klingt, deren Orthographie jedoch so überraschende Schwierigkeiten bietet.

Er fand, was er suchte, auf das reizendste, wenn auch etwas überreichlich, bei Annette Vallon, einer warmherzigen, heißblütigen jungen Frau, die ihm nicht nur

---

* Alle Auszüge aus dem «Präludium» von Wordsworth sind in der Übertragung von Hermann Fischer, erschienen bei Philipp Reclam jr. in Stuttgart, wiedergegeben (Anm. d. Ü.).

Unterricht, sondern sich selbst gab. Er konnte ihr dafür nichts bieten als seine Jugend. Er war einundzwanzig, sie fünfundzwanzig. Als sich Folgen ankündigten, meinte Annette, sie habe einen Trauring verdient, doch William überlegte: Konnte er, der Latein besser sprach als Französisch, als Ehemann seinen Lebensunterhalt verdienen, oder konnte sie als Katholikin im puritanischen England leben?

Am 29. Oktober 1892 ließ er sie in Orleans zurück und zog nach Paris. Vor seiner Abreise unterzeichnete er ein Dokument, das einen M. Dufour ermächtigte, ihn als den abwesenden Vater bei der Taufe des Kindes zu vertreten, das Annette erwartete[6]. Es kam am 15. Dezember zur Welt und erhielt den Namen Caroline. Um diese Zeit verstrickte sich Wordsworth in Paris in die Revolution. Er nahm an Versammlungen des Jakobinerklubs teil, besuchte die Gesetzgebende Versammlung und schloß Freundschaft mit Girondisten. Die Erregung der Zeit bemächtigte sich seiner; er fühlte sich im Mittelpunkt welterschütternder, historischer Ereignisse:

> Oh Seligkeit, in dieser Morgendämmerung zu leben;
> Doch jung zu sein, das war der Himmel selbst![7]

Dann erhielt er einen Brief seines Bruders Richard, der ihm weitere Unterstützung verweigerte und auf seiner sofortigen Rückkehr bestand. Da die Revolution ihm keinen Unterhalt bot, setzte er nach London über und versuchte, das gefrorene Rinnsal der Familienfinanzen wiederaufzutauen. Bruder Richard blieb bei aller Liebe hart. Onkel William Cookson, Rektor in Fornsett und Dorothys Gastgeber, verschloß dem jungen Mann, dessen Ausbildung man als Einleitung zum Priesterberuf bezahlt hatte, der sich aber nun zu einem haltlosen Jakobiner gemausert zu haben schien, Börse und Tür.

William war tief verletzt. Er hatte sich die Dichtkunst als Beruf erwählt und war der Meinung, er habe als der Muse Geweihter Anspruch auf Unterhalt seitens seines Bruders und Onkels. Trotzig schloß er sich den Radikalen an, die sich in Johnsons Buchladen trafen und fuhr fort, öffentlich für die Revolution einzutreten. In den letzten fünfzig Zeilen von *Descriptive Sketches*, die er 1793 schrieb und veröffentlichte, pries er die Revolution als die Befreiung nicht nur einer einzelnen Nation, sondern potentiell der gesamten Menschheit. Privat begrüßte er, wie er in einer nachgelassenen Schrift bekannte, französische Siege, selbst «wenn die Engländer zu Tausenden besiegt und ruhmlos auf dem Schlachtfeld geblieben seien».[8] Am 1. Februar 1794 erklärte Frankreich England den Krieg. Im März erhielt Wordsworth einen Brief von Annette, die ihn bat, zu ihr zurückzukehren, doch der Kanal war für den zivilen Verkehr gesperrt. Er vergaß sie nicht, der Gedanke an sie brannte in seinem Gewissen; wir werden sehen, wie er sich neun Jahre später bemüht, einiges wiedergutzumachen. Während dieser Jahre entwickelte sich Annette zu einer glühenden Royalistin, und William entdeckte nach und nach die Vorzüge der britischen Verfassung.

Sein Glaube an die Revolution schwand, als der Terror die Girondisten guillotinierte, die er bewundert hatte (1794). Um diese Zeit war er sehr beeindruckt von Godwins *Enquiry Concerning Political Justice*. Diese Schrift stärkte seinen Radikalismus, doch sie warnte auch vor Revolutionen, die nur wieder Revolutionäre hervorbrächten. 1795 traf er mit Godwin selbst zusammen und war begeistert; sieben Mal in diesem Jahr besuchte er den berühmten Philosophen in seinem Heim. Sogar als er selbst ein eingefleischter Konservativer geworden war, blieb er Godwins Freund, bis der Tod sie trennte (1836).

Ein weiterer Grund zur Besonnenheit kam dazu, als Raisley Calvert Wordsworth neunhundert Pfund vermachte. Unbekümmert verlieh der Dichter dreihundert Pfund aus diesem Legat an seinen notorisch leichtsinnigen Freund Basil Montagu und zweihundert an dessen Intimus Charles Douglas – in beiden Fällen als Hypotheken, die, wie er hoffte, zehn Prozent Zinsen bringen würden. Wordsworth rechnete sich aus, daß die fünfzig Pfund Jahreszinsen (die sehr unregelmäßig bezahlt wurden) zusammen mit den ihm verbliebenen vierhundert selbst unter Hinzunahme von Dorothys Jahresgeld von zwanzig Pfund nicht ausreichen würden, um den Traum seiner Schwester von einem Häuschen, wo sie nur der Dichtkunst und ihrer geschwisterlichen Liebe leben könnten, zu finanzieren. Doch gerade da bot ihnen ein anderer Freund, John Pinney aus Bristol, umsonst sein eingerichtetes Racedown Lodge in Dorset an. So richteten Wordsworth und Dorothy dort am 26. September 1795 ihren Haushalt ein und lebten in unerwartetem Komfort und Glück bis Juni 1797.

Er war nun fünfundzwanzig. Wir stellen ihn uns vor als mittelgroß, hager und leicht gebückt; die dünnen ungepflegten Haare fielen ihm über Ohren und Kragen; seine dunklen melancholischen Augen blickten an einer fragenden, leicht angriffslustigen Nase entlang. Er trug Hosen aus grobem Wollstoff, darüber einen losen, braunen Gehrock, ein schwarzes Halstuch diente als Krawatte. Sein Körperbau war zart, doch er war stark an Energie, Geist und Willen. Er konnte weiter laufen als die kräftigsten seiner Gäste und mit seinen eigenen Armen und seiner Axt sein Feuer mit geschlagenem oder gesammeltem Holz am Brennen halten. Er war sensibel wie ein Dichter, nervös wie eine Frau; er litt unter Kopfschmerzen, insbesondere wenn er dichtete. Er war oft launisch, neigte zu Hypochondrie, und die Tränen saßen ihm nahe. Einmal dachte er daran, Selbstmord zu begehen[9] – doch das ist eine geläufige Drohung. Er war lernbegierig, stolz, egozentrisch, sicher in seiner überlegenen Empfindsamkeit, seiner Urteilskraft und (die Liebesaffäre in Frankreich ausgenommen) moralischen Untadeligkeit.

Dorothy war sein Gegenstück: klein und zierlich, ihr Gesicht von vielen Wanderungen unter der Sonne gebräunt; dem Dienst an ihrem Bruder selbstlos ergeben – oder daran ein selbstsüchtiges Vergnügen findend. Sie zweifelte niemals an seinem Genie, hielt ihr Refugium sauber und warm für ihn, pflegte ihn während seiner Unpäßlichkeiten, suchte mit «den Feuerstrahlen Deiner wilden Augen»[10], wie er es nannte, nach den subtilsten Schönheiten und Wundern der Natur und notierte diese Wahrnehmungen in ihren Tagebüchern zur Erinnerung und für seinen Gebrauch. Sie lieh ihm sowohl ihre Ohren und Hände wie ihre Augen; sie wurde es (anscheinend) nie müde, ihn seine Verse rezitieren zu hören, oder sie in lesbarer Schrift zu kopieren. Dafür liebte er sie, tief, doch ohne verbotene Leidenschaft, als den liebsten und am wenigsten fordernden seiner Gefährten, als einen kostbaren, zarten Seitenzweig seiner selbst. Um diesem ihrem Heim eine Familie zu geben und gleichzeitig ihr Jahreseinkommen um fünfzig Pfund zu erhöhen, nahmen sie den dreijährigen Basil, den Sohn Basil Montagus, in Pflege. Sie waren glücklich zu beobachten, wie sich ihr junger Schützling «aus einem zitternden, halbverwelkten Pflänzchen in einen kräftigen, blühenden, furchtlosen Jungen verwandelte».[11] Im Frühling 1797 kam Dorothys Freundin Mary Hutchinson aus Penrith, um bis zum 5. Juni bei ihnen zu wohnen. Und am 6. Juni beantwortete ein junger Mann von fünfundzwanzig in der ihm eigenen überschwenglichen Weise eine Einladung Wordsworth', schwang sich über ein Gatter, sprang über ein Feld und drang, überquellend von Poesie in William und Dorothy Wordsworths Leben ein. Es war Coleridge.

III. COLERIDGE: 1772–1794

Er ist der Interessanteste in unserem Blütenstrauß, der Vielfältigste in bezug auf seine Talente, seinen Charme, seine Leiden, Ideen und Fehler. Er durchlief die ganze Stufenleiter vom Idealismus bis zum Zusammenbruch in Liebe und Moral, in Literatur sowohl wie in Philosophie. Er plagiierte ebensoviele Autoren, wie er inspirierte. Kein angemessener Anteil eines Kapitels kann ihm Genüge tun.

Samuel Taylor Coleridge wurde am 21. Oktober 1772 geboren als zehntes und letztes Kind von John Coleridge, Schulleiter und später Vikar in Ottery St. Mary in Devonshire, einem ausgezeichneten Mathematiker, einem Gelehrten auf dem Gebiet der klassischen und orientalischen Sprachen, dem Verfasser von *A Critical Latin Grammar*. «S.T.C.», wie der Sohn seinen Namen später abkürzen sollte, wankte unter diesem gelehrten Erbe und erleichterte es, indem er fast in jedem Satz griechische oder lateinische Redewendungen unterbrachte. Von seinem dritten bis zu seinem siebten Jahr, erinnerte er sich später,

> wurde ich mürrisch und ängstlich und ein Zwischenträger. Die Schuljungen verjagten mich vom Spiel und quälten mich in einem fort, so daß ich keine Freude an Knabenspielen fand, sondern ständig las ... Mit sechs hatte ich Belisarius, Robinson Crusoe ... und Tausend und eine Nacht gelesen ... Ich sah Gespenster ... ich wurde ein Träumer und zu jeder körperlichen Betätigung unfähig. Ich war mürrisch und zügellos jähzornig ... träge, von den Knaben gehaßt, weil ich lesen und buchstabieren konnte ... und ein Gedächtnis und Auffassungsvermögen von nahezu unnatürlicher Reife besaß, was alle alten Damen zu Lob und Bewunderung hinriß. Und so wurde ich sehr eingebildet, ... und noch ehe ich acht war, war ich bereits ein *Charakter*. Empfindsamkeit, Phantasie, Eitelkeit, Faulheit und Gefühle bitterer Geringschätzung für alle, die den Horizont meines Verständnisses überschritten, gehörten zu meinen hervorstechendsten Eigenschaften.[12]

Der Tod seines Vaters (1779), den er innigst geliebt hatte, war ein niederschmetternder Schlag für Samuel. Zwei Jahre später wurde er zur weiteren Ausbildung an das Christ's Hospital geschickt, das in London eine Armenschule unterhielt.

Das Essen war dürftig, die Disziplin hart; in späteren Jahren erwähnte er die schimpflichen Züchtigungen, die ein Junge, der das Gefühl hatte, von seiner Familie vergessen zu sein, doppelt schwer empfand. Sie wollten einen Geistlichen aus ihm machen, er aber wollte Schumacher werden. 1830 (zu welcher Zeit sein Gedächtnis ganz besonders unzuverlässig geworden war) erzählte er von seiner einzigen «gerechten» Züchtigung:

> Als ich dreizehn war, ging ich zu einem Schuhmacher und bat ihn, mich als Lehrling aufzunehmen. Er war ein ordentlicher Mann und brachte mich sofort zu Bowyer (Direktor), der in heftige Wut geriet, mich zu Boden schlug und ... mich fragte, warum ich mich so zum Narren gemacht hätte? Darauf antwortete ich, ich hätte den dringenden Wunsch, Schuhmacher zu werden und verabscheue den Gedanken, Geistlicher zu sein. «Warum?» fragte er. «Weil ich, um Ihnen die Wahrheit zu gestehen, Sir», sagte ich, «ein Ungläubiger bin». Daraufhin verprügelte mich Bowyer ohne weitere Umstände.[13]

Offensichtlich hatte er verbotene Früchte gepflückt, vielleicht aus der Wanderbücherei in der King Street. Später behauptete er in seiner pompösen Art,

> Ich las (sämtliche Bücher im) Katalog durch, Foliobände und alles andere, ob ich sie verstand oder nicht, ... und nahm jedes Risiko auf mich, um heimlich die zwei Bände zu ergattern, die ich pro Tag entleihen durfte. Man kann sich vorstellen, wie ich mit vierzehn gewesen sein muß; ich war wie in einem ständigen Fieber. Mein einziges Verlangen war, mich unter Nichtachtung jeglicher Gegenwart in einer sonnigen Ecke zusammenzukauern und zu lesen, lesen, lesen.«[14]

Hier ergeht er sich natürlich in selbstgefälliger Übertreibung. Auf jeden Fall führte er sich an der Christ's Hospital-Schule so gut, daß es seiner Familie gelang, ihn als Stipendiaten im Jesus College in Cambridge unterzubringen. Dort versuchte er sich an höherer Mathematik und dem schwierigsten Griechisch. «Ich lese Pindar und schmiede Verse wie ein toller Hund. In meiner Freizeit übersetze ich Anakreon ... Ich erlerne das Geigenspiel.»[15]

Wie immer bei Coleridge müssen wir ihm einige Übertreibung nachsehen. Jedenfalls achtete er nicht auf seine Gesundheit und zog sich (1793) rheumatisches Fieber zu. Um die Schmerzen zu lindern, nahm er Zuflucht zu Opium. Dies war zu jener Zeit ein gebräuchliches, schmerzstillendes Mittel, doch Coleridge tat wie gewöhnlich zuviel des Guten. Sein Lerneifer ließ nach, und er beschäftigte sich mehr mit den Tagesereignissen. Er verbrauchte mehr Geld als seinen Monatswechsel, machte Schulden, wurde von seinen Gläubigern verfolgt und verließ, in einem verzweifelten Versuch, ihnen zu entwischen, plötzlich Cambridge und (Dezember 1793) ließ sich für die Armee anwerben, die für den Krieg mit Frankreich aufgestellt wurde. Sein Bruder George kaufte Samuel für vierzig Guineen frei und überredete ihn, nach Cambridge zurückzukehren. Er schaffte 1794 seinen Abschluß, jedoch ohne akademischen Grad. Dies bekümmerte ihn wenig, denn inzwischen hatte er Utopia entdeckt.

Dafür war er bereit, seit er seinen religiösen Glauben verloren hatte; der Himmel und Utopia sind die einander ausgleichenden Eimer im Brunnen der Hoffnung. Die Französische Revolution hatte ihn aufgerüttelt, wie fast jeden belesenen und besitzlosen jungen Mann in England. Jetzt, im Frühling 1794, schrieb ihm sein Freund Robert Allen aus Oxford, daß mehrere der dortigen Studenten sich für eine Reform britischer Einrichtungen und Gebräuche einsetzten. Ein Student, schrieb Allen, sei besonders brillant und habe Verse zur Verherrlichung der sozialen Revolution geschrieben. Ob Coleridge nach Oxford kommen und mit diesen jungen Leuten zusammentreffen könne? Er kam im Juni 1794.

IV. SOUTHEY: 1774–1803

Von dem Dreigestirn der Seendichter war Robert Southey als Dichter der schlechteste, als Mensch der beste. Er war in Bristol als Sohn eines Kleiderhändlers geboren; doch aus dieser merkantilen Umgebung holte ihn seine reiche Tante, Elizabeth Tyler, oftmals weg, damit er sich in der feinen Gesellschaft von Bath Schliff und Manieren aneigne. Mit vierzehn wurde er auf die angesehene Westminster-Schule nach London geschickt, wo er – ohne Zweifel unerlaubt – Voltaire, Rousseau, Gibbon und Goethes *Werther* las und einige epische Poesie sowie rebellische Prosa schrieb. Sein Angriff gegen die körperliche Züchtigung unter der Überschrift *The Flagellant* in der Schülerzeitung erregte den Zorn des Direktors, der sich entwaffnet fühlte. Robert wurde kurz vor der Graduierung von der Schule verwiesen, wurde jedoch irgendwie im Dezember 1792 im Balliol College, Oxford, zugelassen. Dort setzte er seine heimliche Tätigkeit fort und schrieb ein Epos, *Joan of Arc*, worin er die Französische Revolution pries. Er arbeitete gerade an einem Versdrama über Wat Tyler, den englischen Revolutionär von 1381, als Coleridge eintraf.

Der ältere Mann fand den jüngeren in Gedanken verloren, denn Robespierre hatte die tüchtigsten Führer der Revolution – Danton und Desmoulins – auf die Guillotine geschickt. Würden die Menschenrechte in gegenseitigem Mord enden? Coleridge sprach ihm Mut zu: Europa, erklärte er, sei dekadent, von der Geschichte verschlissen; fast jede Woche aber segle von Southeys Vaterstadt Bristol ein Schiff nach dem geräumigen, fruchtbaren und republikanischen Amerika. Könnten nicht Coleridge und Southey eine Gruppe beherzter englischer Jungen und Mädchen organisieren, dafür sorgen, daß sie solide verheiratet wären, mit ihnen nach Pennsylvania auswandern und an den lieblichen Ufern des sauberen Susquehannastromes eine kommunistische Kolonie errichten? Es war nichts weiter nötig, als daß jeder männliche Teilnehmer 125 Pfund zur gemeinsamen Kasse beitrug. Jedes Paar sollte das gleiche Stimmrecht bei der Verwaltung der Kolonie haben, daher nannte Coleridge sie eine «Pantisokratie».

Um ihre eigenen Anteile aufzubringen, schrieben die beiden Gründungsväter gemeinsam ein Versdrama, *The Fall of Robespierre*. Es wurde gedruckt, verkaufte sich aber nicht. Southey verkaufte *Joan of Arc* an Cottle in Bristol für fünfzig Guineen. Die beiden ohne akademischen Grad Graduierten hielten in Bristol Vorlesungen und verdienten genug, um es Southey zu ermöglichen, einen Heiratsantrag zu machen.

Edith Fricker gab ihm ihr Jawort, und sie wurden getraut (14. November 1795). Ediths Schwester Mary hatte sich bereits für Robert Lovell und die Pantisokratie entschieden. Es sei daher, sagte Southey, im höchsten Maße wünschenswert, daß Coleridge die dritte Schwester, Sara, liebe und heirate.

Als Elizabeth Tyler nichts mehr von ihm wissen wollte, weil er infolge seiner unstandesgemäßen Heirat und seiner subversiven Ideen für die Gesellschaft verloren sei, nahm Southey eine Einladung an, einen Onkel nach Lissabon zu begleiten, der Kaplan an der dortigen britischen Botschaft war. Die Reise erweiterte den Horizont des jungen Gelehrten; er bereiste Spanien ebenso wie Portugal. Als er im Mai 1796 nach England zurückkehrte, entdeckte er seine Liebe zu seinem Land, und die Pantisokratie verwelkte zugleich mit seiner Jugend. Er studierte Jura, fand eine Tätigkeit als Journalist und hatte Zeit, weitere vergessene Epen und einige berühmte Balladen wie «The Battle of Blenheim» zu schreiben. 1803 ließ er sich im Besitz eines Jahresgeldes von 160 Pfund in Greta Hall, Keswick, nieder, wobei er kaum erwartet haben dürfte, daß er bis zum Ende seiner Tage dort bleiben würde.

V. COLERIDGE: 1794–1797

Er war eine Mischung von nervöser Lebhaftigkeit und Unschlüssigkeit. Er liebte Mary Evans aus London, schreckte aber vor der Aufgabe zurück, ihr ihren gewohnten Lebensstil zu bieten. Sie bewunderte seinen reichen, sprudelnden Geist, hatte aber kein Vertrauen zu seinen Fähigkeiten, Geld zu verdienen. Sie zog sich zurück und er fand sich mit Sara Fricker ab, die, unscheinbar und arm, zwar einen Haushalt führen und Kinder zur Welt bringen, aber keine Oden inspirieren konnte.

Um seine geplante Heirat zu finanzieren, hielt er weitere Vorlesungen in Bristol für ein Eintrittsgeld von 1 Schilling (Januar bis Juni 1795). Diese *Conciones ad Populum* waren rücksichtslos radikal: Sie verdammten die etablierte Kirche als Dienerin der Reichen, die keinen anderen Herrn kenne als den Gutsherrn. Sie verurteilten den Krieg mit Frankreich als einen Versuch, die Revolution zu unterdrücken und das Rad der Geschichte zurückzudrehen. Sie entschuldigten den Terror als Antwort auf «Pitts Krieg» und verurteilten die «Gag Bills» (Knebelungsgesetze, Anm. d. Ü.) als Versuche der Regierung, die öffentliche Meinung mundtot zu machen. Sie fanden eine kleine, aber begeisterte Zuhörerschaft, und mit dem Ertrag konnte Coleridge Sara Fricker zum Altar führen (4. Oktober 1795).

Im gleichen Herbst begegnete er Wordsworth zum ersten Mal. William war nur zwei Jahre älter als Samuel, doch er hatte die Revolution selbst erlebt, hatte Utopia in Wirklichkeit gesehen. Er teilte die Furcht des jüngeren Mannes vor einer Bourbonischen Restauration, konnte aber Pennsylvania kein Interesse abgewinnen. Das Schlachtfeld der Ideen lag in Europa; und was die Pracht des Susquehanna betraf, warum sollte man sich nicht mit dem Glanz der englischen Seen zufriedengeben? Coleridge war nur zur Hälfte überzeugt, doch er merkte in seinen Notizbüchern vor, die Entwicklung dieses William zu beobachten und vielleicht von ihm zu lernen, wie man die Stromschnellen des Lebens überwindet.

Er füllte viele Notizbücher mit Fundstücken aus Büchern und Menschen, denen er begegnete. Er las umfassend, eifrig und auf vielen Gebieten, über Menschen, Tiere, Pflanzen, Wissenschaften, Religionen, Philosophien, Völker, Literatur und Künste. Er war einer der hungrigsten, aufnahmefähigsten und bewahrendsten Geister, von denen wir Kunde haben. Sein Gedächtnis wurde zu einem Lagerhaus, aus dem er bis ans Ende seines Lebens Bilder, Ideen, Sätze, Argumente, manchmal sogar ganze Artikel entnahm. Zu oft unterließ er es oder vergaß absichtlich, die Quelle seines Fundes zu erwähnen und vermengte sorglos seine eigenen Gedanken mit geborgtem Ideengut. Schließlich wurde das Gewicht seiner gestapelten Schätze und ihre nicht mehr zu beherrschende Vielfalt zu erdrückend für einen Geist, der mit der Freiheit verheiratet und von der Ordnung geschieden war. Das Lagerhaus brach fast zusammen unter der Last seines Inhalts. Vielleicht um sein Gedächtnis zu entlasten oder um seine Frau zu ernähren, kam er auf den Gedanken, ein Magazin zu drucken und zu verkaufen, das er fast vollständig allein schreiben wollte. Er knöpfte sich seine Bekannten vor, schrieb die Hörer seiner Vorlesungen als potentielle Subskribenten an und verteilte einen Prospekt: Alle sollen die WAHRHEIT kennen und wissen, daß die WAHRHEIT uns FREI macht. Am Freitag, dem 5. Februar 1796, kam die erste Nummer der Zeitschrift heraus, die wöchentlich erscheinen sollte (Preis 4 Pence). Sie erschien unter dem Titel *The Watchman*, herausgegeben von S. T. Coleridge, dem Autor der «Ansprachen an das Volk».[16] Hier sprach er im Druck wie in seinen Vorlesungen, als Radikaler, der alle Brücken hinter sich verbrannt hat, gegen Krieg, Sklaverei, Knebelung der Presse und ganz besonders gegen die Verbrauchssteuern, die den kleinen Mann schwer belasteten.[17] Er empfahl jedoch nicht das allgemeine Erwachsenenstimmrecht, weder für Männer noch für Frauen. «Wir sollten die politische Wahrheit nur gegenüber denjenigen offen aussprechen, bei denen ein vernunftbegabter Geist vorausgesetzt werden kann; niemals jedoch gegenüber der Menge, die unwissend und arm, notwendigerweise unter dem Antrieb entflammter Leidenschaften handelt.»[18] Coleridge fand es unmöglich, alle acht Tage zweiunddreißig Seiten mit seiner eigenen Feder zu füllen; in zunehmendem Maße griff er auf fremdes Gedankengut zurück, ohne die Quelle zu erwähnen. Manche aufmerksamen Leser protestierten. Der Absatz sank, die Schulden stiegen. Nach der zehnten Nummer war *The Watchman* gestorben.

Am 1. September 1796 kam Coleridges erstes Kind zur Welt. Er nannte es David Hartley, nach dem englischen Protagonisten der Assoziationspsychologie Fouriers. Nun war ein liebes Gesicht, aber auch ein Mund mehr in der Familie, der gefüttert sein wollte. Inzwischen litt er selbst an Herz- und Lungenbeschwerden und griff immer häufiger zum Opium, um seine Schmerzen zu lindern. Er stand vor dem Ende seiner Mittel, als ein befreundeter Liberaler, Thomas Poole, ihm zur nominellen Miete von sieben Pfund im Jahr ein kleines Haus in der Nähe seines eigenen in Nether Stowey bei Bridgewater anbot. Am 31. Dezember 1796 zogen Coleridge,

Sara und David dort ein. Sara machte die Wohnung sauber und behaglich. S. T. C. arbeitete im angrenzenden Garten, half mit, Pooles Geflügel und Schweine zu versorgen und schrieb bemerkenswerte, unverwechselbare Gedichte.

Um diese Zeit, in träumerischen Phantasien lebend, wurde von ihm «Kubla Khan» entworfen und zum größten Teil auch in Traumform niedergeschrieben:

> Im Sommer 1797 hatte sich der Verfasser, damals bei schlechter Gesundheit, in ein einsames Bauernhaus zwischen Porlock und Linton zurückgezogen ... Gegen eine leichte Unpäßlichkeit war ihm ein schmerzstillendes Mittel verordnet worden, unter dessen Einwirkung er in seinem Stuhl einschlief, während er gerade ... in *Purcha's Pilgrimage* las: «Hier befahl Khan Kubla einen Palast zu bauen und einen großen Garten darum anzulegen. So wurden zehn Meilen fruchtbaren Bodens mit einer Mauer eingefriedet.» Der Verfasser saß etwa drei Stunden lang in tiefem Schlaf, zumindest der äußeren Sinne, und ist der sicheren Überzeugung, in dieser Zeit nicht weniger als zwei- bis dreihundert Zeilen gedichtet zu haben ... ohne das Gefühl oder Bewußtsein irgendeiner Anstrengung. Beim Erwachen erschien es ihm, als habe er eine fest umrissene Erinnerung an das Ganze. Er griff zu Feder, Tinte und Papier und schrieb sofort und eifrig die Zeilen nieder, die hier wiedergegeben sind.

Dieses berühmte Vorwort ist als Fabel interpretiert worden, mit welcher Coleridge sich oder andere täuschen oder bewegen wollte, die unbefleckte Empfängnis und Kürze von «Kubla Khan» zu akzeptieren. Es ist jedoch nicht ungewöhnlich, daß ein Autor, der den Tag über Sätze formuliert hat, im Traum damit fortfährt. Fast immer jedoch gleiten solche Juwelen ins Unbewußte, wenn der Schläfer erwacht. Vielleicht induzierte in diesem Fall das Opium nicht nur den Traum, sondern auch die Einbildung, die Dichtung sei Teil eines Traumes. Auf alle Fälle verwandelte Coleridge mit seiner charakteristischen Begabung für Reim und Stabreim Purcha's Prosa in einen der verführerischsten Torsos der englischen Sprache.

Ein vielleicht noch wichtigeres Ereignis in Coleridges Jahr 1797 als «Kubla» war eine Einladung, die Wordsworth' in Racedown zu besuchen. Er verabschiedete sich von Sara und David und marschierte fast die ganze Strecke. Er erreichte sein Ziel am 6. Juni und lief aufgeregt über ein Feld zur Tür seines Bruderpoeten. Als William und Dorothy ihre Haustür und gleichzeitig ihre Herzen öffneten, begann ein neuer Lebensabschnitt für diese drei Menschen und eine fruchtbare Zusammenarbeit, wie die Literaturgeschichte nur wenige kennt.

VI. EIN DREIKLANG: 1797–1798

Coleridge war zu dieser Zeit auf dem Gipfel seines Charmes. Sein ganzer Körper reagierte, ungeachtet seiner heimlichen Schmerzen und Vergiftungen, auf die lebendige Interessiertheit seines Geistes. Sein hübsches Gesicht – sensitiver Mund, feingeformte Nase, graue Augen, die vor Eifer und Neugier sprühten, seine schwarzen Haare, die sich ungebändigt über Ohren und Hals ringelten – machten ihn auf den ersten Anblick attraktiv, insbesondere für Dorothy. Sie brauchte nicht lange, um sich in ihrer scheuen Art in ihn zu verlieben, wobei William unangefochten auf seinem Piedestal verblieb. Coleridge war überrascht von ihrer Zierlichkeit, wurde jedoch von ihrer ruhigen Sympathie angezogen. Dies war eine Freundin, die ihn mit allen seinen Fehlern akzeptieren würde, seine Unbeholfenheit übersehen, um sein warmes Gefühl zu erkennen, seine seltsamen, schwer verständlichen Phantasien, seinen erschütterten und in die Irre gegangenen Glauben, das ängstliche Unbehagen eines Dichters, der sich zwischen Fabriken und Kriegen verloren fühlte. Zunächst allerdings sah er diese schüchterne Elfe in Mädchengestalt kaum, so überwältigt war er von ihrem Bruder.

Hier, so erkannte er, in diesem Mann mit ruhigem, ernstem Gesicht, hoher Stirn, nachdenklichen Augen, steckte ein echter, lebendiger Dichter, empfindsam für jede Schwingung in Dingen und Seelen, der es abseits von ökonomischen Wirbelströmen in aller Ruhe zu seiner Lebensaufgabe gemacht hatte, seine Einsichten und Träume in Worte zu fassen. Coleridge, der *zu jener Zeit* – während *The Ancient Mariner* in ihm bereits Gestalt annahm – von beiden der größere Dichter war, fühlte die Hingabe in diesem Mann, neidete ihm seine Freiheit, sich voll und ganz der Dichtkunst zu weihen und mag sich überlegt haben, ob eine Schwester nicht doch besser sei als ein Eheweib. «Ich komme mir klein vor an seiner Seite», schrieb er bald nach seiner Ankunft. «Dennoch fühle ich mich nicht geringer, als ich mich vorher fühlte. William ist ein sehr bedeutender Mann, der einzige Mann, dem ich mich stets und in allen Formen der Vortrefflichkeit unterlegen fühle.»[19]

So begannen drei Wochen gegenseitiger Anregung. Jeder las dem anderen seine Gedichte vor. Wordsworth las mehr, Coleridge redete mehr. «Seine Konversation», schrieb Dorothy, «strömt von Seele, Herz und Geist über. Außerdem ist er so liebenswürdig, gutgelaunt und fröhlich. Seine Augen ... drücken jede Empfindung seines beseelten Herzens aus.»[20]

Gewöhnlich pflegt sich eine derartige Liebesaffäre zu dritt nach drei Wochen abzukühlen, doch da bat Coleridge, nicht willens, sie enden zu lassen, William und Dorothy, ihn nach Nether Stowey zu begleiten, um ihnen ihre Gastfreundschaft vergelten zu können. Sie gingen mit, in der Erwartung, bald nach Racedown zurückzukommen; Freund Poole jedoch, der erfuhr, daß ihre Mietzeit bald zu Ende gehen werde und nicht verlängert werden könne, fand ein hübsches, möbliertes Häuschen für dreiundzwanzig Pfund im Jahr für sie in Alfoxden, vier Meilen von Coleridge entfernt. Dort fanden William und Dorothy Bequemlichkeit und Inspiration für die nächsten fünfzehn Monate.

In dieser glücklichen Zeit wurde zwischen den beiden Brennpunkten der poetischen Ellipse viel hin- und herspaziert: gelegentlich die beiden Männer, mal Coleridge und Dorothy, mal alle drei. Jeder von ihnen trug zum Austausch von Empfindungen, Beobachtungen und Ideen bei. Wordsworth ermutigte Coleridge, die Phantasie zu seiner Führerin zu machen; Coleridge erweiterte Wordsworth' Bekanntschaft mit den Philosophen und legte ihm nahe, ein Epos zu schreiben. Jahre später, in *The Prelude*, erinnerte Wortsworth seinen wandernden Freund an «die heiteren Geister, die unser täglich Teil gewesen, als wir zuerst gemeinsam in wilder Poesie herumtollten».[21] Dorothy war ihr Band und Katalysator. Sie erwärmte sie mit ihrem Lob und ihrem aufmerksamen Zuhören, forderte sie mit der Schärfe und Tiefe ihrer Beobachtungsgabe heraus und verband sie als ihre Braut im Geiste. Sie waren, wie Coleridge sagte, drei Wesen mit einer Seele.[22]

Wordsworth ebenso wie Coleridge dürften in dem Tagebuch gelesen haben, das Dorothy am 20. Januar 1798 in Alfoxden begann. Eine Zeile auf der zweiten Seite muß sie besonders tief berührt haben: «Das Summen der Insekten, dieser lautlose Lärm, der die Sommerluft erfüllt.» Sara Coleridge allerdings würde eher von Eintragungen zwischen dem 3. und 12. Februar berührt worden sein:

3. Februar: Wanderte mit Coleridge über die Hügel ...
4. Februar: Wanderte einen großen Teil des Weges nach Stowey mit Coleridge ...
5. Februar: Ging mit Coleridge nach Stowey ...
11. Februar: Begleitete Coleridge bis in die Nähe von Stowey.
12. Februar: Wanderte allein nach Stowey. Kam am Abend mit Coleridge zurück.[23]

Sara war nicht glücklich über diese Wanderromanze. In erotischer Beziehung erschien sie harmlos, doch wohin sollte sie führen?

VII. LYRISCHE BALLADEN: 1798

Im Januar empfing Coleridge ein weiteres Stimulans: Josiah und Thomas Wedgwood – Söhne und Erben des Josiah Wedgwood (1730–1795), den seine Keramik in ganz Europa berühmt gemacht hatte – boten dem nahezu mittellosen Dichter ein Jahresgeld von hundertfünfzig Pfund unter der Bedingung an, daß er sich ausschließlich mit Dichtung und Philosophie befasse. Coleridge bedankte sich in einem Brief vom 17. Januar für das Geschenk und machte sich daran, in einem Zustand schöpferischer Ekstase *The Rime of the Ancient Mariner* fertigzustellen.

Mit diesem Beweis seiner schöpferischen Kraft im Hintergrund, schlug er Wordsworth vor, ihre neuen Dichtungen gemeinsam in einem Sammelband herauszugeben, der ihnen genug Geld einbringen würde, um eine Reise nach Deutschland zu finanzieren. Er hoffte, während eines einjährigen Aufenthalts in Deutschland genügend von der Sprache und Kultur in sich aufnehmen zu können, um die Meisterwerke im Original lesen und verstehen zu können, die von Kant bis Goethe Deutschland die unbestrittene Führung auf dem Gebiet der Philosophie gebracht und es in der Literatur instand gesetzt hatten, mit England und Frankreich mindestens zu rivalisieren. Wordsworth fühlte sich nicht nach Deutschland gezogen, doch Frankreich und Norditalien wurden von der Revolution beherrscht. Er stimmte Coleridges Plan zu.

Im April 1798 luden sie den Verleger Cottle ein, von Bristol herüberzukommen und ihre letzten Dichtungen zu hören. Er kam, lauschte und bezahlte dreißig Pfund als Vorschuß für das Copyright. Er wollte auch die Namen der Autoren publizieren, doch das lehnte Coleridge ab. «Wordsworth' Name ist unbekannt», sagte er zu Cottle, «und meiner stinkt».[24]

Achtzehn Jahre später erklärte Coleridge den Plan, der zu dieser Zusammenarbeit geführt hatte.

Wir waren übereingekommen, daß meine Arbeiten sich mit Personen oder Charakteren übernatürlicher oder zumindest romantischer Art befassen sollten; ... Mr. Wordsworth seinerseits sollte sich mit dem Zauber des Ungewöhnlichen in Dingen des täglichen Lebens befassen und ein dem Übernatürlichen entsprechendes Empfinden erwecken, indem er die Aufmerksamkeit des Geistes auf die abstumpfende Macht der Gewohnheit lenkte und ihm die Schönheit und die Wunder der uns umgebenden Welt zeigte ... Unter diesem Gesichtspunkt schrieb ich *The Ancient Mariner* und bereitete unter anderen Stücken *The Dark Ladie* und *Christabel* vor, worin ich einer Realisierung meines Ideals näher gekommen wäre.[25]

Wahrscheinlich nahm der Plan erst Gestalt an, nachdem die Gedichte bereits geschrieben waren. Daher Wordsworth' Erklärung, die der ersten Ausgabe vorangestellt wurde:

Die Mehrzahl der nachfolgenden Gedichte sollte als Experiment betrachtet werden. Sie wurden hauptsächlich geschrieben, um Klarheit darüber zu gewinnen, inwieweit die Umgangssprache der mittleren und unteren Gesellschaftsklassen sich dazu eignet, dichterischen Genuß zu vermitteln. An die pompöse und sinnentleerte Phrasendrescherei vieler moderner Autoren gewöhnte Leser werden, falls sie dieses Buch zu Ende lesen, vielleicht häufig mit dem Gefühl der Befremdung und Peinlichkeit zu kämpfen haben. Sie werden nach Dichtung suchen und sich zu der Frage veranlaßt fühlen, welche Art von Höflichkeit diesen Versuchen eine solche Bezeichnung zuerkennen könne. Es erscheint wünschenswert, daß solche Leser... sich nicht durch das Wort *Dichtung*, dessen Sinn keineswegs eindeutig feststeht, in ihrem Genuß beeinträchtigen lassen ...

Leser mit überlegenem Urteilsvermögen könnten sich am Stil stoßen, in dem manche dieser Stücke abgefaßt sind ... Es mag ihnen scheinen, der Autor sei, um den vorherrschenden Fehlern der Zeit zu entgehen, manches Mal zu weit herabgestiegen und manche Ausdrücke seien zu familiär und nicht so würdig, wie sie sein sollten. Es ist verständlich, daß ein Leser, je vertrauter er mit unseren älteren Schriftstellern ist, ... um so weniger Beanstandungen dieser Art zu machen haben wird.[26]

Die Prosa kam der Poesie ins Gehege: Der Besitzer des Hauses in Alfoxden teilte den Wordsworth mit, daß das Mietverhältnis nicht über den 30. Juni 1798 hinaus verlängert werden könne. Am 25. Juni fuhren William und Dorothy nach Bristol, um mit Cottle zu verhandeln. Am 10. Juli bestiegen sie die Fähre über den Severnfluß und wanderten zehn Meilen durch Wales nach Tintern Abbey. In der Umgebung dieser «prachtvollen Ruine» und auf dem Rückweg nach Bristol skizzierte Wordsworth den ersten Entwurf des Gedichtes, das den Schluß der *Lyrical Ballads* bilden sollte.

Das kleine Buch erschien am 4. Oktober 1798, neunzehn Tage nachdem die uneingestandenen Verfasser nach Deutschland abgereist waren. Der Titel paßte: Coleridges hauptsächliche Beiträge waren direkte Abkömmlinge alter englischer Balladen – Erzählungen in liedähnlichen Versen; Wordsworth steuerte einfache lyrische Gedichte vom einfachen Leben bei, in der fast monosyllabischen Sprache der englischen Bauern. Das Buch begann mit *The Rime of the Ancient Mariner*; die Dichtung nahm fünfzehn von den 117 Seiten in Anspruch. Es war die längste und vielleicht auch die beste Einleitung, obwohl man in England erst langsam zu dieser Erkenntnis kam. Wordsworth begriff es nie.

The Rime weist tatsächlich viele Fehler auf, doch sollten wir unter diesen die Ungereimtheit der Erzählung nicht besonders betonen. Coleridge hatte sich in ein Reich des Mysteriums und der Phantasie begeben, wo alles mögliche geschehen und sich aus unwichtigen Zufällen bedeutende Ereignisse ergeben konnten. Er mußte sich auf seine Einbildungskraft verlassen, denn er war niemals zur See gefahren[27] und mußte seemännische Ausdrücke und Redeweisen aus Reisebüchern entlehnen. Dennoch gelang es ihm, die mystische Stimmung alter Legenden einzufangen, den stampfenden Rhythmus alter Balladen. Der alte Seemann fesselt uns fast bis zum Schluß; auf jeden Fall ist es eines der bedeutendsten lyrischen Gedichte der englischen Sprache.

Wordsworth' Beiträge waren in der Hauptsache Beispiele der Weisheit, die er in einfachen Seelen fand. Einige dieser Gedichte, wie *The Idiot Boy* und *Simon Lee* wurden von den Rezensenten vergnügt ironisiert. Doch wer von uns hat noch keine Sympathie für die geduldige Liebe einer Mutter zu ihrem harmlos-schwachsinnigen Kind empfunden? (Eine Zeile dieses verständnisvollen Gedichts spricht von «dem grünen Gras, fast hörst du es wachsen»[28]; stammte dies von Dorothy?) Dann, nachdem er sich mit seinen bäuerlichen Typen befaßt hatte, beschloß Wordsworth das Buch mit den nachdenklichen *Lines Composed a Few Miles above Tintern Abbey* (Verse, erdacht ein paar Meilen oberhalb von Tintern Abbey). Hier verlieh er dem Gefühl tiefsten Ausdruck, daß Natur und Gott (Spinozas *Deus sive Natura*) eins sind und nicht allein durch das Wunder des Wachsens sprechen, sondern ebenso durch jene furchteinflößenden und (für die Kurzsichtigkeit des Menschen) scheinbar zerstörerischen Kräfte, die Turner damals in Farbe verherrlichte, seinen Wanderungen durch Wald und Feld, dem Rudern über stille Seen, dem Klettern über Felsberge, dem tausendfachen Rufen oder Flüstern der tausend Formen des Lebens, selbst der vermeintlich unbelebten Welt –

> To them I may have owed ... that blessed mood,
> In which the burthen of the mystery,
> In which the heavy and the weary weight
> Of all this unintelligible world,
> Is lightened ...
> While with an eye made quiet by the power
> Of harmony, and the deep power of joy,
> We see into the life of things.[29]

> Ihnen verdank ich wohl ... die Stimmung
> worin die Bürde des Mysteriums,
> das schwere und erdrückende Gewicht
> der Welt, die unserem Geist unfaßlich ist,
> sich aufhellt, ...
> während wir durch die Kraft der Harmonie,
> wie durch die Macht der Freude ruhigen Aug's
> der Dinge inn'rem Leben näher kommen.

Und dann steigerte er sich zu seinem schönsten Glaubensbekenntnis:

I have learned
To look on Nature, not as in the hour
Of thoughtless youth, but hearing oftentimes
The still, sad music of humanity,
Not harsh nor grating, though of ample power
To chasten and subdue. And I have felt
A presence that disturbs me with the joy
Of elevated thoughts: a sense sublime
Of something far more deeply interfused,
Whose dwelling ist the light of setting suns,
And the round ocean, and the living air,
And the blue sky, and in the mind of man;
A motion and a spirit, that impels
All thinking things, all objects of all thought,
And rolls through all things. Therefore am I still
A lover of the meadows and the woods,
And mountains; and ... recognize
In nature and the language of the sense,
The guide, the guardian of my heart, and soul
Of all my moral being.[30]

So lernte ich
Natur zu sehen, nicht wie in den Tagen
gedankenloser Jugend, sondern stets im Ohre
des Menschseins stille, traurige Musik,
nicht hart noch rauh und dennoch stark genug
zu Läuterung und Zucht. Auch fühlte ich
eine Erscheinung, die den Geist mir mit
erhabenen Gedanken füllt: ein Hochgefühl
von einem Alldurchdringenden,
das in den Sonnenuntergängen wohnt,
im Rund des Ozeans, der lebend'gen Luft
dem blauen Himmel und dem Herz des Menschen;
ein Antrieb und ein Geist, der alles,
Denkendes wie Gedachtes, bewegt und kreist
in allem Seienden. Darum liebe ich
noch immer Wiesen, Wälder, Berge und ...
erkenne in meiner Sinne Sprache die Natur
als Führer wie als Wächter meines Herzens,
als Inbegriff all des', was gut in mir.

Auch Dorothy hatte sich zu diesem heilenden, allumfassenden Credo erhoben und empfand es nicht als Widerspruch zu ihrem christlichen Bekenntnis. Dem Schluß seiner Hymne fügte Wordsworth einen Päan auf sie als seine Schwesterseele an und bat sie, bis zum Ende zu behalten

Our cheerful faith, that all which we behold
Is full of blessings. Therefore let the moon
Shine on thee in thy solitary walk;
And let the misty mountain winds be free

To blow against thee; ... and in after years,
When these wild ecstasies shall be matured
Into a sober pleasure, when thy mind
Shall be a mansion for all lovely forms,
Thy memory be as a dwelling place
For all sweet sounds and harmonies ...[31]

Die frohe Sicherheit, daß alles, was wir schaun
des Segens voll ist. Darum laß den Mond
bescheinen dich auf einsamem Spaziergang;
laß frei den kühlen Bergwind stürmen gegen dich; ...
wenn dann in spätern Jahren diese wilden Freuden
gelassenem Genuß gewichen sind, wenn dein Gemüt
ein Wohnplatz lieblicher Gestalten ist,
sei die Erinnerung dir gänzlich ausgefüllt
von süßen Tönen und von Harmonien ...

Lyrical Ballads fand keine freundliche Aufnahme. «Sie gefallen niemand», berichtete Mrs. Sara Coleridge – verzeihlicherweise eifersüchtig auf die Muse ihres Mannes. Die Rezensenten waren so sehr beschäftigt, in *The Mariner* Unklarheiten und in Wordsworth' Gedichtchen wirre Gefühle aufzudecken, daß keiner von ihnen allen erkannt zu haben scheint, daß *The Mariner* künftig ein fester Bestandteil aller Anthologien sein würde. Einige allerdings bemerkten den andächtigen Pantheismus von *Tintern Abbey*. In zwei Jahren wurden fünfhundert Exemplare des kleinen Buches verkauft. Coleridge führte diesen Umsatz zum Teil auf den Irrtum von Seeleuten zurück, die wegen des Wortes *Rime* im Glauben waren, es handle sich um ein Seemannsliederbuch. Wordsworth lastete den langsamen Absatz der günstigen Aufnahme von *The Ancient Mariner* an.

1799 bereitete Wordsworth eine zweite Auflage der *Ballads* vor, während Coleridge sich in Deutschland aufhielt. Am 24. Juni schrieb er an Cottle: «Nach meinen Erfahrungen scheint es, daß *The Ancient Mariner* im ganzen gesehen ein Schaden für das Buch gewesen ist. (Dies mag richtig gewesen sein.) ... Wenn das Bändchen eine zweite Auflage erleben sollte, würde ich ein paar kleine Sachen an seine Stelle setzen, die dem allgemeinen Geschmack mehr entsprechen.»[32] *The Mariner* war auch in der zweiten Auflage enthalten, mit einer (besänftigenden?) Anmerkung von Wordsworth, worin seine Fehler zugegeben, seine Vortrefflichkeit jedoch betont wurde.

Diese Auflage (Januar 1801) enthielt ein neues Gedicht von Wordsworth, *Michael*, eine gemächlich dahinplätschernde Erzählung in Blankversen, von einem vierundachtzigjährigen Schäfer, redlich in seiner Arbeit, fest in seiner Moral, beliebt in seinem Dorf, und von seinem Sohn, der in die Stadt ging und ein liederlicher Lump wurde. Ein neues Vorwort aus Wordsworth' Feder enthielt in Sätzen, die heute berühmt sind, die Einzelheiten seiner Auffassung von Poesie: Jeder Gegenstand oder Gedanke kann Objekt der Dichtung werden, wenn er aus dem Gefühl erwächst und Bedeutung in sich birgt; ebenso kann jeder Stil oder jede sprachliche Ausdrucksweise poetisch sein, wenn sie Gefühl oder Bedeutung vermittelt. «Poesie ist das spontane Überströmen mächtiger Gefühle; sie wurzelt in Gemütsregungen, die in heiterer Gelassenheit gesammelt sind.»[33] Der Künstler muß seine Emotionen selbst geprüft haben, ehe er ihnen Form geben kann. Derartige Emotionen beschränken sich jedoch nicht auf den Mann der Feder oder eine Elite; sie können ebenso bei einem ungebildeten Bauern in Erscheinung treten wie bei einem Gelehrten oder einem Lord; vielleicht sogar reiner und klarer in einer einfachen Seele. Um sie auszudrücken ist weder ein besonderes poetisches Vokabular noch ein besonderer Stil nötig. Der einfachste Stil ist der beste, die besten Worte sind die am wenigsten von Schein und Pomp verfärbten. Im Idealfall sollte der Dichter in der Sprache des einfachen Mannes sprechen; doch auch gelehrte Worte können poetisch sein, wenn sie Gefühl und moralische Kraft vermitteln.

Letzten Endes nämlich zählt bei jeder Kunst das moralische Gewicht. Was nützt unsere eigene Geschicklichkeit mit Klang und Form, wenn sie nicht hilft, einem klärenden, heilenden, veredelnden Gedanken leichter Eingang zu verschaffen? «Ein großer Dichter sollte, in gewissem Grade, die Gefühle der Menschen läutern, ... sie gesünder, reiner und dauerhafter machen, kurz, sie in bessere Übereinstimmung mit der Natur bringen, mit der ewigen Natur und dem eigenen Geist der Dinge. Er sollte den Menschen nicht allein zur Seite, sondern manchmal auch vorausgehen.»[34] Der vollkommene Dichter, Maler oder Bildhauer ist ein Philosoph, der Weisheit im Gewande der Kunst darbietet und Bedeutung durch die Formgebung sichtbar macht. Dieses Vorwort war von geschichtlicher Bedeutung, denn es trug dazu bei, dem Gebrauch der Modesprache, den Klassenvorurteilen, den klassischen Verweisen wie den mythologischen Spielereien ein Ende zu bereiten, die sooft Poesie und Rhetorik des klassischen Zeitalters in England verunziert hatten. Es betonte das Recht des Gefühls und hieß – in höchst unromantischem Stil – erneut die Romantik willkommen. Wordsworth selbst war ein Klassiker, gedanklicher Zucht hingegeben. Er gab ruhige Erinnerung, während Coleridge Emotion und Phantasie brachte. Es war eine ausgezeichnete Zusammenarbeit.

VIII. DIE FAHRENDEN SCHOLAREN: 1798–1799

Ohne das Erscheinen ihres Buches abzuwarten und versehen mit einem zusätzlichen Geldgeschenk Josiah Wedgwoods an Coleridge sowie einem Vorschuß seines Bruders Richard an Wordsworth, schifften sich die beiden Dichter und Dorothy am 15. September 1798 in Yarmouth nach Hamburg ein. Dort trennten sie sich nach einem wenig anregenden Besuch bei dem alternden Dichter Klopstock: Coleridge begab sich zum Studium nach der Universität Göttingen, Wordsworth und Dorothy bestiegen die Postkutsche nach der freien Reichsstadt Goslar, am nördlichen Fuß des Harz gelegen. Dort blieben die Wordsworths entgegen ihrem Reiseplan, aber durch die Kälte behindert, vier Monate lang. Sie streiften durch die Straßen, heizten den Ofen und schrieben oder kopierten Gedichte. Wordsworth wärmte sich an seinen Erinnerungen und verfaßte den ersten Band von *The Prelude*, seinem autobiographischen Epos. Dann kam ihnen plötzlich zum Bewußtsein, wie sehr sie England liebten. Sie wanderten an einem kalten 23. Februar 1799 nach Göttingen, um sich von Coleridge zu verabschieden und reisten dann in Eile über die rauhe Nordsee nach Yarmouth und weiter nach Sockburn on the Tees, wo Mary Hutchinson in Ruhe darauf wartete, daß William sie heirate.

Unterdessen bemühte sich Coleridge in Göttingen nach Kräften, ein Deutscher zu werden. Er lernte die Sprache und verstrickte sich in die deutsche Philosophie. Da er in der Psychologie des Materialismus keine Erklärung für den Geist fand, legte er die Assoziationspsychologie Hartleys zur Seite und wandte sich dem Idealismus Kants und der Theologie Schellings zu, der Natur und Geist als zwei Aspekte Gottes auffaßte. Er hörte oder las die Vorlesungen August Wilhelm von Schlegels über Shakespeare und entnahm ihnen viele Anregungen für seine eigenen späteren Vorlesungen über das elisabethanische Drama. Trunken von Ideen und Abstraktionen verlor er seine frühere Neigung zu Gefühl und Vorstellung und tauschte die Dichtkunst gegen die Philosophie ein. «Der Poet in mir ist tot», schrieb er, «ich habe vergessen, wie man einen Vers macht».[35] Er wurde zum Träger der deutschen Philosophie in England.

Im Juli 1799 verließ er Deutschland und kehrte nach Nether Stowey zurück. Die einjährige Trennung von seiner Frau hatte aber die Freude am Ehestand getrübt, Sara Coleridge war keine Romanze mehr, und beide Ehegatten waren verdüstert durch den kürzlichen Tod ihres zweiten Kindes Berkeley. Er fand keine Ruhe und begab sich im Oktober nach Sockburn, um Wordsworth zu besuchen. Bei diesem Besuch hielt er zu lange die Hand Sara Hutchinsons, der Schwester Marys; irgendein mystischer Strom ging von der Frau auf den Mann über, und Coleridge stürzte sich in seine dritte unglückliche Liebesgeschichte. Diese Sara aber – ihrer Verpflichtungen gegen die andere eingedenk – war freundlich zu ihm, aber nicht mehr. Nach zwei Jahren vergeblichen Werbens gab er sich geschlagen und schrieb eine ergreifende Ode, *Dejektion* (Schwermut), nahezu das letzte Wetterleuchten seiner Poesie.

Er begleitete Wordsworth auf einer Wanderung durch den Seendistrikt, beide auf der Suche nach einem Heim. In Keswick glaubte er eines gefunden zu haben, doch das Angebot einer Anstellung bei der *Morning Post* veranlaßte ihn, sich nach London zu wenden. Inzwischen hatte Wordsworth dreizehn Meilen weiter südlich in Grasmere ein Häuschen gemietet. Er kehrte nach Sockburn zurück und gewann Dorothys Einverständnis zu einem Umzug. Am 17. Dezember 1799 brachen Bruder und Schwester zu ihrer langen Reise auf, die sie meist zu Fuß von Sockburn nach Grasmere führte, über viele Meilen winterharter, zerfurchter Wege. Am 21. Dezember begannen sie ihren Hausstand im von Wordworth so genannten «Towns End», das später den Namen Dove Cottage erhielt. Dort verbrachten sie die härtesten und glücklichsten Jahre ihres Lebens.

IX. IDYLL IN GRASMERE: 1800–1803

Dorothy führte vom 14. Mai 1800 bis zum 16. Januar 1803 ihr «Grasmere-Tagebuch». Diese 150 Seiten lassen uns das tägliche Leben von Bruder und Schwester, und später, abgekürzt, von Bruder, Schwester und Ehefrau miterleben. Das Klima in Grasmere war nicht gerade gesund. Es regnete oder schneite fast jeden Tag und die winterliche Kälte – selbst mit Schneefall – konnte im Juni oder Juli wiederkehren.[36] Sonnige Tage brachten Verzückung, und das gelegentliche Hervortreten des Mondes wurde zur verklärenden Offenbarung. Herd und Ofen des Häuschens wurden mit Kohle geheizt, doch manchmal, notierte Dorothy, «konnte ich vor Kälte nicht schlafen». Sie ertrugen das Wetter stoisch und waren dankbar für den Frühling und die Sanftheit des Regens. «Es regnete sehr sanft und leise», berichtete das Tagebuch wiederholt. «Manchmal war Grasmere so schön, daß mir fast das Herz zerschmolz.»[37]

Sie gingen viel spazieren, allein oder zusammen, manchmal eine Meile nach Ambleside wegen der Post, manchmal eine halbe Tagesreise nach Keswick, nachdem Coleridge sich dort niedergelassen hatte. Wordsworth schien mit seiner Schwester-Braut zufrieden und nannte sie

> Liebe Gefährtin meiner einsamen Wege,
> meine Hoffnung, Freude, Schwester, Freundin,
> und etwas Teureres noch, wenn die Vernunft
> eine noch liebere Bezeichnung kennt, oder das liebende Herz,
> einen noch süßeren Namen findet.

Noch 1802 (im Jahr seiner Hochzeit) sprach er von ihr als «meine Liebste».[38] Sie war zufrieden, ihn «holder Bruder» zu nennen.[39]

Sie hatte jetzt ein Einkommen von vierzig Pfund, er eines von siebzig. Dies summierte sich zusammen mit einigen kleineren Beträgen aus seinen Veröffentlichungen zu jährlichen Gesamteinkünften von hundertvierzig Pfund. Sie hatten ein, gelegentlich auch zwei Dienstmädchen, denn die Armut war so allgemein, daß manch eine unverheiratete Frau bereit war, nur für Kost und Logis zu arbeiten. Der Dichter und seine Schwester kleideten sich einfach: Dorothy in selbstgefertigte Kleider und sogar Schuhe[40], William in Bauernkleidung oder in abgelegte Kleidungsstücke, die ihm Freunde geschickt hatten.[41] Doch sie besaßen einen Gemüsegarten und fingen ab und zu Fische im See. Außerdem, berichtet das Tagebuch, «backte ich Kuchen und Pasteten»[42], «Brot und Pasteten»[43], «Pasteten und Pfannkuchen».[44] William wurde verwöhnt.

Doch er arbeitete ebenfalls. Einen Teil jedes Arbeitstages verbrachte er dichtend, meist auf seinen einsamen Spaziergängen, und diktierte Dorothy nach seiner Rückkehr die Verse. Er hackte Holz, grub und pflanzte im Garten. Und «William machte einen Weg zum Abtritt»[45] – d. h. durch den Schnee zum Häuschen im Garten. Dorothy braute außerdem Ale[46], und «wir liehen uns einige Flaschen aus, um Rum abzufüllen».[47] Ungeachtet der vegetarischen Nahrung litt William an

Hämorrhoiden[48] und (nach 1805) an Verminderung der Sehkraft und Schlaflosigkeit. Manchen Abend mußte Dorothy ihm vorlesen, bis er einschlief.[49]

In diese idyllischen Tage kam mit einem Mal Unruhe durch Geld und Heirat. Am 24. Mai 1802 starb Sir James Lowther, Earl of Lonsdale, und hinterließ seine Besitzungen und seinen Titel seinem Neffen, Sir William Lowther, der anordnete, das von Sir James den Erben von John Wordsworth geschuldete Geld auszuzahlen. Anscheinend wurden viertausend Pfund unter die Kinder geteilt. Obwohl Williams und Dorothys Anteile nicht vor 1803 ausgezahlt wurden, war William der Meinung, seine sicheren Aussichten setzten ihn endlich instand, um Mary Hutchinsons Hand anzuhalten.

Doch die Erinnerung an Annette Vallon nagte an seinem Gewissen. Müßte er nicht seine Beziehungen zu ihr klären, ehe er Mary einen Antrag machte? Am 9. Juli 1802 verließ er mit Dorothy Grasmere und reiste teils mit der Postkutsche, teils zu Fuß nach Marys gegenwärtigem Aufenthaltsort in Gallow Hill. Am 26. Juli nahmen sie dann die Postkutsche nach London. Dort, tief beeindruckt von der Majestät der Stadt, wie sie sich am frühen Morgen von der Westminster Bridge aus darbot, dichtete Wordsworth eines seiner vielen denkwürdigen Sonette – «Die Erde hat nichts Schöneres zu zeigen».[50] Sie reisten weiter nach Dover, nahmen das Postschiff über den Kanal und trafen am 31. Juli Annette und ihre neunjährige Tochter Caroline, die sie in Calais erwarteten.

Wir wissen nicht, welche Vereinbarung sie trafen. Wir wissen nur, daß vierzehn Jahre später, als Caroline heiratete, Wordsworth, dem es damals gut ging, ihr ein Jahresgeld von dreißig Pfund aussetzte. Die vier blieben einen Monat zusammen in Calais und gingen in offenbarer Eintracht am Strand spazieren. Wordsworth verfaßte ein weiteres ausgezeichnetes Sonett («Es ist ein schöner Abend, ruhig und frei, / die heilige Zeit ist still wie eine Nonne / atemlos vor Anbetung»), das mit einem Segenswunsch für Caroline endet. Am 29. August kehrten Wordsworth und Dorothy nach Dover und London zurück. Offensichtlich hatte er keine Eile, denn Bruder und Schwester kamen erst am 24. September nach Gallow Hill zurück.

Am 4. Oktober 1802 wurden William und Mary getraut. Die Braut erhielt keine Geschenke, denn ihre Verwandten mißbilligten Marys Heirat mit einem «Vagabunden».[51] Dorothy, die erst kürzlich noch in ihrem Tagebuch von William als «mein Geliebter» gesprochen hatte, traute sich nicht zu, an der Zeremonie teilzunehmen. «Ihre Empfindsamkeit war fast bis zum Äußersten strapaziert.»[52] Sie ging auf ihr Zimmer und lag «fast bewußtlos», bis Sara Hutchinson ihr zurief «sie kommen» (von der Kirche zurück). «Dies», schrieb sie an diesem Nachmittag in ihr Tagebuch, «jagte mich von meinem Bett, wo ich gelegen hatte, und ich lief, ich weiß nicht wie, ... schneller als es meine Kräfte zuließen, bis ich meinen geliebten William traf und an seine Brust sank. Er und John Hutchinson führten mich ins Haus und dort begrüßte ich meine liebe Mary.»

Am selben Tag machten sich der Dichter, seine Frau und seine Schwester in einer Kalesche auf die lange Fahrt nach Grasmere. Dorothy paßte sich nach und nach der *ménage à trois* an und lernte bald Mary als Schwester und Vertraute zu lieben. Im übrigen brachte Mary dem Haushalt ihr eigenes Einkommen von zwanzig Pfund im Jahr. Als die Zahlung von Lowther endlich eintraf, konnte sich die Familie bürgerlichen Komfort leisten. William wandelte sich zum glühenden Patrioten und trat den Grasmere-Freiwilligen für die Heimatverteidigung Englands gegen Napoleon bei.

Zum Grasmere-Idyll gehören einige von Wordsworth' schönsten lyrischen Gedichten (*An einen Schmetterling*); das machtvolle Sonett an Milton; die Ode *Resolution and Independence* (Entschlossenheit und Unabhängigkeit), worin er seine eigene Melancholie tadelt; und (zwischen 1803 und 1806) die berühmteste seiner Dichtungen *Intimations of Immortality from Recollections of Early Childhood* (Anzeichen ewigen Ruhmes in den Erinnerungen aus früher Kindheit). Nur selten wohl hat die Phantasie eines Philosophen so wundervollen Ausdruck gefunden.

Sie beginnt mit einer trübsinnigen Bemerkung über seine schwindende Sehkraft: «Wohin ich mich auch wende, / ob zur Nachtzeit oder am Tage, / die Dinge, die ich sah, kann ich nicht mehr sehen.» Darin sieht er ein Symbol für das Dahinschwinden unserer idealistischen Visionen mit unserer Jugend – «Wo sind sie nun, die Herrlichkeit und der Traum?» – und er fragt sich, ob nicht die hilflosen Wunderwerke, die wir bei unserer Geburt sind, aus einem himmlischen Heim gekommen sein mögen, dessen Erinnerung unsere Kindheit erhellt und mit unserem Heranwachsen verbleicht:

Our birth is but a sleep and a forgetting;
The soul that rises with us, our life's star,
Hath had elsewhere its setting,
And cometh from afar;
Not in entire forgetfulness,
And not in utter nakedness,
But trailing clouds of glory do we come
From God, who is our home;
Heaven lies about us in our infancy!
Shades of the prison-house begin to close
Upon the growing Boy
But he beholds the light, and whence it flows,
He sees it in his joy; ...
At length the Man perceives it die away,
And fade into the light of common day.

Zu Schlaf und Vergessen werden wir geboren; / die Seele, Stern unseres Lebens, die uns begleitet, / war anderswo zu Hause / und kommt aus weiter Ferne; / hat die Erinnerung nicht ganz verloren / und ist nicht gänzlich schutzlos; / aus Wolken himmlischer Seligkeit kommen wir / von Gott, der unsere Heimat ist; der Himmel umgibt uns in unserer Kindheit! / Des Kerkers Schatten senken sich / auf den heranwachsenden Knaben, / doch er gewahrt das Licht und woher es strömt / sieht er zu seiner Freude ... Der Mann endlich sieht es ersterben / und zum Licht des Alltags verbleichen.

Daher begrüßt der Dichter das Kind als

Thou best Philosopher, who yet dost keep
Thy heritage, ...
Thou, over whom thy Immortality
Broods like the day ...

Größter der Philosophen, der du noch / dein Erbteil bewahrst, ... / du, über dem seine Unsterblichkeit / schwebt wie der Tag ...

Doch selbst wir Erwachsenen haben noch ein flüchtiges Bewußtsein jenes verlorenen Horizonts –

Blank misgivings of a Creature
Moving about in worlds not realized ...
Our souls have sight of that immortal sea
Which brought us hither,
Can in a moment travel thither,
And see the children sport upon the shore,
And hear the mighty waters rolling ever more.

Fassungslos zweifelt ein Geschöpf, / bewegt sich in unbegriffenen Welten ... / Unsere Seelen kennen jene Ewige See, / die uns hierher gebracht / und können sich in einem Augenblick dorthin begeben / wo sie die Kinder sich am Strande tummeln sehen / und die ewige Brandung der mächtigen Wogen hören.

Dies ist Anthropologie, theologisch behandelt: Das Kind, noch Tier, erfreut sich seiner animalischen Bewegungen, seiner Glieder, seiner Freiheit. Es wehrt sich gegen jegliche Kleidung, gegen Verbote und Beschränkungen. Es sehnt sich im Innersten nach der Freiheit und Beweglichkeit animalischen Lebens in Feld und Wald und geht dieser Freiheiten langsam und widerwillig verlustig, wenn es heranwächst und die Jugend sich der Zivilisation unterwirft. Doch nach all dem verspürte Wordsworth kein Verlangen. Er erinnerte sich an Pythagoras und hoffte, bei ihm irgendeine Brücke zurück zum Glauben seiner Kindheit zu finden. Der alternde Mann geht zum Ursprung seiner Gefühle, zum Ursprung seines Lebens zurück.

X. LIEBE, ARBEIT UND OPIUM: 1800–1810

Im April 1800 kam Coleridge, nachdem er seine Tätigkeit bei der *Morning Post* beendet hatte, zu einem dreiwöchigen Aufenthalt zu den Wordsworths nach Grasmere. Dorothy berichtete ihm, sie habe einen angenehmen Ort für ihn und seine Familie in einem Greta Hall genannten großen Haus, etwa drei Meilen außerhalb von Keswick, gefunden. Coleridge ging hin, sah den Platz in der Pracht des Sommers, entdeckte in einem Raum eine Bibliothek von fünfhundert Bänden, viele davon für ihn brauchbar und unterschrieb begeistert den Mietvertrag. Im August 1800 holte er seine Frau Sara und seinen Sohn Hartley aus Nether Stowey in das neue Heim. Dort gebar Sara am 14. September einen weiteren Sohn, den sie nach dem nahegelegenen See und Strom Derwent nannten. Bald machte ihnen der nahende Winter ihren Irrtum klar: Kälte und Regen verschlimmerten Coleridges Neigung zu Asthma und rheumatischem Fieber, und die örtliche Trennung von ihren

Verwandten verstärkte die Melancholie seiner Frau, die sich angesichts der Wanderungen von Körper und Geist ihres Mannes so oft alleingelassen sah. Häufig verließ er sie, um die drei Meilen nach Keswick und die dreizehn nach Grasmere zu marschieren, um Wordsworth' Konversation und Dorothys liebevolle Aufmerksamkeiten zu genießen, und nur wenig seltener wanderten Wordsworth und Dorothy nach Norden, um Coleridge aufzuheitern. Sara Hutchinson kam aus Gallow Hill zu einem mehrmonatigen Aufenthalt bei Mary, William und Dorothy in Dove Cottage und dort begann Coleridge aufs neue mit ihrer Verfolgung. In unbeabsichtigt grausamer Naivität gestand er seiner Frau seine Liebe zu Sara Nummer zwei und erbat ihr Einverständnis, sie alle beide zu lieben. Sie zog sich von Tag zu Tag weiter von ihm zu ihren mütterlichen Pflichten zurück, und er versank über seinen Büchern ins Brüten.

Er versuchte die balladeske Erzählung *Christabel*, die er 1797 begonnen hatte, zu vollenden; doch er fand keine «flammende Inspiration» in sich und ließ die Erzählung unfertig liegen. Scott und Byron lobten das Manuskript und haben ihm möglicherweise die eine oder andere Anregung bezüglich Thema, Metrum und Stimmung entnommen. Schließlich (1816) druckte Murray sie auf Byrons Drängen. Es ist ein quälendes Überbleibsel verblichenen Charmes.

Nach einem Jahr in Greta Hall erkannte Coleridge, nachdem seine Gesundheit ebenso wie seine Mittel erschöpft waren, daß er einen weiteren Winter an den Seen nicht überstehen würde. Er war froh, eine Aufforderung der *Morning Post* zu erhalten, ihrem Redaktionsstab beizutreten. Am 6. Oktober 1801 kam er nach Grasmere, um sich zu verabschieden; am 9. begleiteten Dorothy und Mary ihn nach Greta Hall; am 10. reiste er nach London, und Dorothy wanderte mit Mary nach Grasmere zurück. Dorothy schrieb in ihr Tagebuch: «C. hatte einen schönen Tag für seine Reise. Jeder Blick und jeder Laut erinnerte mich an ihn, lieber, lieber Freund ... Ich war melancholisch und konnte nicht sprechen, doch endlich erleichterte ich mein Herz durch Tränen – nervöses Geflenne, sagt William. Das stimmt nicht. Ach, wie viele, viele Gründe habe ich, besorgt um ihn zu sein.»[53]

In London angekommen, stürzte sich Coleridge in die Arbeit. Er verfaßte Leitartikel, deren wachsender Konservatismus gut mit der Politik der *Post*, des Hauptorgans der halbliberalen Whigs, harmonierte – gegen die Regierung, aber für das Eigentum. Er verurteilte die Sklaverei und die «rotten boroughs» (Wahlkreise, deren Bevölkerung nur aus Anhängern oder Abhängigen eines einzigen Grundbesitzers, oder solchen mit verlassenen oder verfallenen Orten bestand, Anm. d. Ü.), die regelmäßig Torys ins Parlament entsandten, tadelte die Regierung für die Zurückweisung von Napoleons Friedensangebot (1800) und richtete Pitt mit einer erbarmungslosen Analyse des Premierministers als Staatsmann und als Mann fast zu Grunde. Er verteidigte jedoch das Privateigentum als die notwendige Basis einer zwar fortschrittlichen aber ordentlichen Gesellschaft und erklärte, diejenige Regierung sei die beste, die «den Einfluß eines jeden Mannes entsprechend seinem Besitz» staffelt.[54] Er schrieb kraft- und eindrucksvoll. Die Auflage der *Post* erhöhte sich während seiner Tätigkeit beträchtlich.[55] Aber dieses Jahr voll hektischer Arbeit trug zum Zusammenbruch seiner Gesundheit bei. Als er nach Greta Hall zurückkehrte (1802), war er körperlich wie seelisch erschöpft – der Körper leidend, der Ehemann entfremdet, der Liebhaber abgewiesen, der Wille ein Sklave des Opiums.

Er hatte bereits 1791 mit neunzehn Jahren begonnen, die Droge einzunehmen.[56] Er gebrauchte sie, um seine Nerven zu beruhigen, Schmerzen zu lindern, um einschlafen zu können, um die zunehmende Funktionsuntüchtigkeit seines Herzens wie seiner Lunge zu verzögern – oder vor sich selbst zu verbergen! – vielleicht um sich mit Niederlagen abzufinden. Wenn er dann schließlich in unruhigen Schlaf sank, war er erfüllt von erschreckenden Träumen, von denen er in *The Pains of Sleep* (1803) spricht:

> Up-starting from the fiendish crowd
> Of shapes and thoughts that tortured me; ...
> Desire with loathing strangely mixed,
> On wild or hateful objects fixed;
> Fantastic passions, maddening brawl!
> And shame and terror over all.[57]

Fuhr auf aus der teuflischen Schar / von Gestalten und Gedanken, die mich peinigten; ... / Ein Verlangen mit Abscheu seltsam vermischt, im Bann wilder und verhaßter Gegenstände. / Phantastische Leidenschaften! Wahnwitziges Gezänk! / Und Schande und Schrecken über allem!*

Seine Notizbücher erzählen von einem erdachten Volk auf dem Mond, «in allem genau wie die Menschen auf dieser Erde, außer daß sie mit ihren Hinterteilen essen und ihren Stuhl durch den Mund entleeren; ... sie küssen selten».[58] Wie die meisten von uns hatte er Angstträume, doch bei ihm waren sie so lebhaft, daß er manchmal mit seinen Schreien das ganze Haus aufweckte.[59]

Vielleicht öffneten seine Schmerzen und Drogen, obwohl sie manchmal seine Gedanken verwirrten und seinen Willen schwächten, ihm Bereiche des Empfindungsvermögens und der Phantasie, die normalen Geistern verschlossen bleiben. Auf jeden Fall wurde er, was den Umfang seiner Kenntnisse betrifft, in seiner Generation von niemand übertroffen und ließ in dieser Beziehung Wordsworth weit hinter sich. Er demütigte sich selbst vor Wordsworth, doch dieser war selten imstande über etwas anderes zu sprechen als seine Gedichte, während Coleridges Konversation, selbst zur Zeit seines Verfalls, weitgespannt, lebhaft und interessant war, was Carlyle beeindruckte und vielleicht sogar Madame de Staël zum Schweigen gebracht haben würde. Was ihn bei Wordsworth mit Respekt erfüllte, war die Konzentration des älteren Mannes auf seine Ziele und die Stetigkeit seines Willens. Coleridge ersetzte mehr und mehr den Willen durch den Wunsch und die Realität durch die Phantasie.

---

* Die Auszüge aus *The Pains of Sleep* (Die Qualen des Schlafs) sind der Prosaübertragung von Edgar Mestner entnommen (Anm. d. Ü.).

Er verwunderte sich über seine eigene Bescheidenheit, doch war er im höchsten Grade selbstbewußt, hielt sich selbst für das interessanteste aller Gesprächsthemen (in diesem Punkte Wordsworth und uns selbst nicht ungleich), und war hochfahrend stolz. Er erwartete Anerkennung seiner Rechtschaffenheit, seines strengen Moralkodex', seiner Gleichgültigkeit gegenüber Geld oder Ruhm; er gierte aber nach Ehrungen, plagiierte sorglos[60], lieh sich Geld, um dann die Rückzahlung zu vergessen, verließ Frau und Kinder und gestattete Freunden, sie zu unterstützen. Vielleicht schwächte das Opium seine sexuelle Leistungsfähigkeit, so daß er Wunsch mit Wirklichkeit verwechselte.

Im April 1804 versuchte er sein Asthma und Rheuma in der Luft und Sonne des Mittelmeers zu bessern, ließ sich von Wordsworth ein Darlehen von hundert Pfund geben[61] und reiste nach Malta, damals einer entscheidenden, aber nicht mehr unangefochtenen Bastion der britischen Macht. In seinem Gepäck hatte er eine Unze Rohopium und neun Unzen Laudanum. Unterwegs, am 13. Mai, vertraute er seinem Notizbuch ein verzweifeltes Gebet an:

> Lieber Gott! Gib mir die Seelenstärke zu einer gründlichen Prüfung – wenn ich in Malta lande, trotz aller Schrecken einen Monat in Natürlichkeit ohne Stimulanzien zu verleben ... Ich bin liebevoll und gutherzig und kann ungestraft kein Unrecht tun, doch Ach! Ich bin sehr, sehr schwach – bin es von Kindheit an gewesen – und ich lebe für den Augenblick! Habe Erbarmen mit mir, habe Erbarmen mit mir, Vater und Gott![62]

Fast ein Jahr lang schien er seine Selbstkontrolle wiedergewonnen zu haben. Im Juli wurde er zum Privatsekretär des Gouverneurs von Malta, Sir Alexander Ball, ernannt, und im Januar 1805 wurde er auf den verantwortungsvolleren Posten eines Regierungssekretärs berufen. Er arbeitete hart und entfaltete erstaunlichen Fleiß und Urteilsfähigkeit. Dann, nach einjähriger Tätigkeit, war er so erschöpft, daß er wieder dem Drogenmißbrauch verfiel. Er verließ Malta, bereiste Sizilien und Italien und kehrte nach England zurück (1806). Um diese Zeit war er abhängiger vom Opium als jemals zuvor und glich dessen einschläfernde Wirkung mit Brandy aus.

Am 26. Oktober 1806 traf er mit den Wordworths in einem Gasthaus in Kendal zusammen. «Ich habe niemals», schrieb Dorothy unter diesem Datum, «einen derartigen Schock empfunden, wie bei seinem ersten Anblick». Er war so fett, daß «seine Augen kaum sichtbar waren» in seinem verschwollenen Gesicht, und es zeigte sich nur ein vorübergehender Schimmer des früheren «göttlichen Ausdrucks auf seinen Zügen».[63] Er ging nach Keswick und bat seine Frau, in eine Scheidung zu willigen. Sie weigerte sich. Er verließ sie und nahm seinen sechs Jahre alten Sohn Derwent mit sich. Er überschrieb seiner Frau sein Wedgwood-Jahrgeld[64], doch Josiah Wedgwood zog 1813 seinen Anteil daran zurück. Southey, der sich 1803 in Greta Hall niedergelassen hatte, sorgte für seine Schwägerin. Coleridge überwand die Krise mit Hilfe eines Geschenks von hundert Pfund, die ihm anonym von dem ebenfalls süchtigen De Quincey zugeschickt wurden und durch die Einnahmen aus Vorlesungen, die er 1808, 1809 und 1810 an der Royal Institution hielt.

In diesem Jahr endete die große Freundschaft. Ihre Grundlage war die wechselseitige Inspiration zur Dichtung gewesen. Dies hörte auf, als die dichterische Ader in Coleridge nach 1800 eintrocknete als Folge physischer Schwäche, einschläfernder Opiate, ehelicher Entfremdung und der Bezauberung durch die Philosophie. Wordsworth hatte den Wechsel der Musen angeregt, indem er Coleridge einredete, sein Genie läge mehr auf dem Gebiet der Prosa. Coleridge war gekränkt, als er erfuhr, daß alle drei Wordsworths Sara Hutchinson gewarnt hatten, seine Annäherungsversuche zu ermutigen. Der Riß erweiterte sich zu einem Abgrund, als Wordsworth Poole in einem Brief vom 31. Mai 1809 warnte, sich nicht zu sehr bei Coleridges neuem Magazin *The Friend* (1809–1810) zu engagieren. «Als einer von Coleridges nächsten und besten Freunden», schrieb Wordsworth:

> teile ich Ihnen meine wohlerwogene, durch die Beweise von Jahren erhärtete Überzeugung mit, daß Coleridge weder etwas von wesentlichem Nutzen zustandebringen will noch kann, sei es für sich selbst, seine Familie, oder die Menschheit. Weder seine Begabungen noch sein Genie, so außerordentlich sie sind, noch sein weitgespanntes Wissen werden ihm irgendetwas einbringen; alles ist durch den Verfall seiner geistigen und moralischen Verfassung zunichte gemacht. Er besitzt keinerlei Willenskraft und ist unfähig, seine Handlungen irgendeiner *Beschränkung* durch dienstliche oder moralische Verpflichtungen zu unterwerfen.[65]

Dies klingt erbarmungslos und extrem, jedoch hatte Wordsworth ein paar Wochen zuvor dasselbe an Coleridge geschrieben.[66] Die Angelegenheit wurde noch verschlimmert, als, laut Coleridge, Basil Montagu ihm erzählte, Wordsworth habe ihm geraten, Coleridge nicht bei sich wohnen zu lassen, da Coleridge sich in Grasmere durch starkes Trinken und auf andere Weise zu einer «Plage» entwickelt habe.[67] Wordsworth versicherte Coleridge später (1812), Montagu habe ihn falsch zitiert. Coleridge gab vor, die Erklärung zu glauben, doch die zerrissenen Fäden waren nicht mehr anzuknüpfen, und die historische Freundschaft starb.

XI. COLERIDGE DER PHILOSOPH: 1808–1817

Vielleicht haben wir Coleridges Zusammenbruch übertrieben. Wir müssen feststellen, daß er zwischen 1808 und 1815 Vorlesungen hielt – in Bristol und an der Royal Institution in London – die zwar an gelegentlicher Verworrenheit des Aufbaus und des Ausdrucks litten, aber doch Zuhörer wie Charles Lamb, Lord Byron, Samuel Rogers, Thomas Moore und Leigh Hunt beeindruckten. Wie von einem spontanen *esprit de corps* geleitet, schlossen sich diese und andere Schriftsteller zur Unterstützung ihres kranken Kollegen zusammen. Henry Crabb Robinson, der ein Dutzend englische und deutsche Koryphäen zu seinen Freunden zählte, beschrieb die dritte der Londoner Vorlesungen als «hervorragend und sehr deutsch». «In der vierten», berichtete er, «war die Behandlung des Gegenstandes sehr deutsch und viel zu abstrakt für die Zuhörer, deren es nur wenige waren».[68] Coleridges Anhäufung von Fakten, Ideen und Vorurteilen war zu überströmend, als daß er bei seinem angekündigten Thema hätte bleiben können; er erging sich in ziellosen, aber inspirierten Abschweifungen. Charles Lamb, der ihn mit dem berühmt gewordenen

Wort charakterisierte, «ein lädierter Erzengel»[69], kam zu dem Schluß, es sei «genug, das Wehen seines Genius zu spüren, um unsere Herzen anzurühren».[70]

Während der Jahre 1815 bis 1817 bereitete Coleridge, der sich wiederum einem Zusammenbruch näherte, die Schlußfolgerungen seines Alters zum Druck vor. In *Theory of Life* zeigte er überraschende Kenntnisse auf wissenschaftlichem Gebiet, besonders auf dem der Chemie, die er durch seine Freundschaft mit Humphrey Davy kannte. Er lehnte jedoch alle Versuche ab, den Geist durch physiochemische Begriffe zu erklären. Er bezeichnete «die Meinung (Erasmus) Darwins als absurd, ... der Mensch könne sich vom Orang Utan heraufentwickelt haben».[71]

In *The Statesman's Manual* pries er die Bibel als «den besten Führer zu politischem Denken und Voraussicht».

> Der Historiker erkennt, daß bedeutende Ereignisse, selbst die wichtigsten Veränderungen in den Welthandelsbeziehungen, ... ihren Ursprung nicht in den Abkommen von Staatsmännern oder den praktischen Einsichten von Geschäftsleuten hatten, sondern in den Studierzimmern unbeteiligter Theoretiker, in den Visionen einsamer Genies ... Alle epochemachenden Umwälzungen der christlichen Welt, die religiösen Revolutionen und mit ihnen die staatlichen, sozialen und häuslichen Verhaltensweisen der betroffenen Nationen, fielen mit dem Aufstieg und dem Untergang metaphysischer Systeme zusammen.[72]

(Hierbei mag er an die Ergebnisse des Denkens von Christus, Kopernikus, Gutenberg, Newton, Voltaire, Rousseau gedacht haben.) Nach einer fairen Zusammenfassung der Faktoren, die zur Französischen Revolution geführt hatten, schloß Coleridge, daß Volkes Stimme nicht Gottes Stimme ist; daß Völker in leidenschaftlicher Absolutheit denken und nicht mit der Macht betraut werden können[73]; daß der beste Weg zu einer Reform mit Hilfe der Gewissenhaftigkeit und Tatkraft einer gebildeten und besitzenden Minderheit gefunden wird.[74] Der beste Führer zum richtigen Handeln ist sowohl in der Politik als auch sonst die Bibel, denn sie enthält alle wichtigen Wahrheiten der Geschichte und Philosophie. «Von den arbeitenden Klassen wird nicht mehr gefordert als dies» und «ist vielleicht nicht allgemein wünschenswert ... Doch Sie, ... als Männer, die sich in den höheren Schichten der Gesellschaft bewegen», sollten auch in Geschichte, Philosophie und Theologie Bescheid wissen. Das Antidot gegen die falsche Lenkung des Staates ist die Geschichte, als «Vergleich der Gegenwart mit der Vergangenheit und die Gewohnheit, die Ereignisse unserer eigenen Zeit mit Überlegung an denen vergangener Zeiten zu messen».[75]

A Lay Sermon (1817) setzte seinen Appell an die «oberen und mittleren Klassen» als die besten Träger einer gesunden Reform und Wächter gegen die «Sophisten und Brandstifter der revolutionären Schule» fort.[76] Das Buch führte jedoch verschiedene aktuelle Übel an: Das unaufhaltsame Ansteigen der Staatsschuld, die Verarmung der Landbevölkerung, die Kinderarbeit in den Fabriken. Coleridge notierte «die Torheit, Vermessenheit und Extravaganz, die unserer vergangenen beispiellosen Prosperität folgen; die urteilslosen Praktiken und verblendeten Spekulationen der Geschäftswelt mit ihren Untiefen prahlerischer Narrheit und wollüstiger Laster». Er bedauerte die Anfälligkeit der neuen Wirtschaftspraxis für periodische Booms und Depressionen, die zu Zusammenbrüchen und allgemeiner Misere führten.[77]

Er empfahl verschiedene grundlegende Reformen. «Unsere Fabrikanten müssen einer Reglementierung»[78], insbesondere der Kinderarbeit, zustimmen. Für den Staat empfehlen sich als «positive Zielsetzungen: 1. Den Zugang zu den Subsistenzmitteln für jedermann zu erleichtern. 2. Jeden seiner Untertanen in der Hoffnung auf Besserung seiner eigenen Lebensumstände und der seiner Kinder zu bestärken. 3. Die Entwicklung der Eigenschaften, die für seine Humanität wesentlich sind, d. h. für seine rationale und moralische Existenz».[79] Er verlangte eine Organisation der führenden Männer jedes Berufs, welche die sozialen Probleme im Lichte der Philosophie studieren und der Allgemeinheit Verbesserungen vorschlagen sollten; diese «Nationalkirche solle vom Staat finanziert werden».[80] Coleridge schloß seine Laienpredigt mit dem Zugeständnis an die Theologen, daß keine Laien- oder rein weltliche Weisheit die Probleme der Menschheit lösen könne. Nur ein Glaube an das Übernatürliche und eine von Gott eingesetzte Moral kann die eingewurzelte Habgier der Menschen in Schranken halten.[81] Das Böse ist uns in einem Maße eingeboren, daß «menschliche Intelligenz ... allein für die Aufgabe der Gesundung des Strebens» nicht ausreicht.[82] Er forderte eine demütige Rückkehr zur Religion und zum unbedingten Glauben an Christus als Gott, der für die Errettung der Menschheit gestorben ist.[83]

Im Jahre 1815/16 begann Coleridge mit der Niederschrift oder dem Diktat gewisser «Skizzen meines literarischen Lebens und meiner Ansichten» zur Verwendung in einer geplanten Selbstbiographie. Dieses Buch wurde nie vollendet, und Coleridge veröffentlichte die Skizzen 1817 unter dem Titel *Biographia Literaria.* Sie sind heute unsere brauchbarste Quelle für Coleridges Ansichten über Philosophie und Literatur. Das Buch ist bemerkenswert zusammenhängend und klar angesichts des Umstandes, daß es zum größten Teil unter dem Druck der Mutlosigkeit wegen seiner Abhängigkeit vom Opium, seiner zunehmenden Verschuldung und seiner Unfähigkeit, für die Erziehung seiner Söhne zu sorgen, geschrieben wurde.

Er begann mit der Ablehnung der Assoziationspsychologie, die ihn einmal fasziniert hatte. Er wies die Auffassung zurück, daß alles Denken das mechanische Resultat von Empfindungen sei; diese, meinte er nun, liefern uns lediglich das Rohmaterial, aus welchem das Ich (die erinnernde, vergleichende, erhaltende Persönlichkeit) schöpferische Vorstellung, zweckgerichtetes Denken und bewußtes Handeln formt. Unsere gesamte Erfahrung, ob bewußt oder nicht, wird im Gedächtnis registriert, das zum Speicher wird, aus dem der Geist – bewußt oder nicht – Vergleichsmaterial für die Interpretation gegenwärtiger Erfahrung und die Entscheidung der zu treffenden Auswahl nimmt. Hierbei folgte Coleridge natürlich Kant. Die zehn in Deutschland verbrachten Monate hatten nicht nur aus dem Dichter einen Philosophen, sondern auch aus dem Anhänger des Determinismus Spinozas einen der Willensfreiheit nach Kant gemacht. In diesem Punkte anerkannte er voll seine Schuld. «Die Schriften des berühmten Weisen von Königsberg ... mehr als irgendein anderes Werk, stärkten und disziplinierten gleichzeitig mein Verständnis.»[84]

Von Kant kam Coleridge zu Fichtes Erhöhung des Ich zur einzigen direkt erfahrbaren Realität, durch Hegels Gegensatz und Identität von Natur und Selbst zu Schellings Unterordnung der Natur unter den Geist als zwei Aspekte einer einzigen Realität, in welcher allerdings die Natur unbewußt handelt, während der Geist bewußten Handelns fähig sein kann und seinen höchsten Ausdruck in den bewußten Schöpfungen des Genies erreicht. Coleridge entlehnte frei von Schelling und versäumte es oft, seine Quellen anzuführen[85]; er bekannte aber generell seine Schuld und fügte hinzu: «Für mich wird es genug der Ehre und des Glücks sein, wenn es mir gelingen sollte, das System selbst (Schellings) meinen Landsleuten verständlich zu machen».[86]

Die letzten elf Kapitel der *Biographia* enthalten eine philosophische Diskussion über die Literatur als Produkt der Vorstellungskraft. Er unterschied zwischen Einbildungskraft und Imagination: Einbildungskraft ist Phantasie, wie bei der Vorstellung einer Wassernixe; Bildungskraft (*Imagination* – von Coleridge großgeschrieben) ist die bewußte Vereinigung von Teilen zu einem neuen Ganzen, wie im Plan eines neuen Romans, der Exposition eines Buches, der Schaffung eines Kunstwerks oder der Synthese wissenschaftlicher Erkenntnisse zu einem philosophischen System. Diese Konzeption wurde zum Werkzeug für Verständnis wie Kritik jedes Gedichtes, Buches, Gemäldes, Bauwerks, jeder Symphonie oder Statue: Inwieweit ist dem Produkt Struktur eigen oder inwieweit fehlt sie – das Zusammenfügen wesentlicher Teile zu einem zusammenhängenden und bedeutungsvollen Ganzen? Auf diesen Seiten bot Coleridge eine philosophische Grundlage für die romantische Bewegung in Literatur und Kunst.

Er vervollständigte seine verwickelte *Biographia* mit einer scharfen Kritik an Wordsworth' Philosophie und Praxis der Dichtung. Ist es richtig, daß die höchste Lebensphilosophie im Leben und Denken der einfachsten Menschen zu finden ist? Ist die Sprache solcher Menschen das geeignetste Medium der Dichtkunst? Besteht zwischen Poesie und Prosa kein grundlegender Unterschied? Über alle diese Punkte vertrat der zum Kritiker gewordene Dichter höflich, aber pointiert und wirkungsvoll eine abweichende Meinung. Dann schloß er mit einer versöhnlichen Huldigung an den Weisen von Grasmere als größtem Dichter seit Milton.[87]

XII. WORDSWORTH AUF DEM GIPFEL: 1804–1814

Nach einigen kleineren Veränderungen zog die Familie Wordsworth (1808) von Dove Cottage in ein größeres Haus in der Nähe von Allen Bank. Dort entfaltete sich der Dichter als Landschaftsgärtner und umgab das Haus mit Blumen und Pflanzen, die im Regen von Grasmere gediehen. Im Jahre 1813 schließlich zog die Familie in ein bescheidenes Landgut in Rydal Mount in Ambleside, eine Meile südlich von Grasmere. Sie waren jetzt wohlhabend, besaßen mehrere Dienstleute und einige adlige Freunde. In jenem Jahr verschaffte Lord Lonsdale Wordsworth den Vertrieb von Stempelmarken für Westmorland County. Diese Stelle, die er bis 1842 innehatte, brachte dem Dichter ein zusätzliches Einkommen von zweihundert Pfund im Jahr. Frei von wirtschaftlichen Sorgen, verwendete er nun mehr Zeit auf seinen Garten, aus dem er das Paradies aus Rhododendren und anderen Blütensträuchern machte, das es noch bis in unsere Zeit geblieben ist. Aus seinem Fenster im zweiten Stock hatte er eine anregende Aussicht auf den zwei Meilen entfernten Rydalsee.

Unterdessen vollendete er (1805) *The Prelude*, das er 1798 begonnen hatte. «Jeden Tag», notierte Dorothy, «macht er uns ein großes Vergnügen damit», wenn er von seinem Morgenspaziergang zurückkommt.[88] Sie und Sara Hutchinson waren eifrig beschäftigt, sein Diktat aufzunehmen; Wordsworth hatte gelernt, in Blankversen zu denken. Er gab dem ruhigen Epos den Untertitel «Das Wachsen eines Dichtergeistes». Es war als geistige Autobiographie und als Vorwort für *The Excursion* gedacht, die im einzelnen die während dieses Wachstums gereifte Philosophie aufzeigen sollte. Eine zusätzliche Intimität erhielt der Bericht dadurch, daß er wiederholt seine Erinnerungen an Coleridge richtete. Er entschuldigte sich für die scheinbare Selbstgefälligkeit der Dichtung. Es war, wie er eingestand, «ohne Beispiel, daß ein Mann so viel über sich selbst sprach».[89] Vielleicht ließ er es aus diesem Grunde zu seinen Lebzeiten nicht veröffentlichen.

Es ist, in kleinen Dosen konsumiert, durchaus genießbar. Am hübschesten sind die Szenen aus seiner Kindheit (Buch I und II), seine einsamen Waldwanderungen, bei denen er glaubte, im Gezwitscher der Vögel, dem Rauschen der Bäume, selbst im Echo von Felsen und Hügeln die Stimme eines verborgenen vielgestaltigen Gottes zu vernehmen. So beim Sitzen

Alone upon some jutting eminence,
At the first gleam of dawnlight ...
Oft in these moments such a holy calm
Would overspread my soul, that bodily eyes
Were utterly forgotten; and what I saw
Appeared like something in myself, a dream,
A prospect in the mind ...
I, at this time,
Saw blessings spread around me like a sea ...
with bliss ineffable
I felt the sentiment of Being spread
O'er all that moves and all that seemeth still,
O'er all that, lost beyond the reach of thought
And human knowledge, to the human eye
Invisible, yet liveth to the heart;
O'er all that leaps and runs, and shouts and sings
Or beats the gladsome air; o'er all that glides
Beneath the wave, yea, in the wave itself,
And mighty depth of waters. Wonder not
If high the transport, great the joy I felt,
Communing in this sort through earth and Heaven
With every form of creation, as it looked
Towards the Uncreated ...

Allein, wo steile Höh' die Aussicht freigibt,
im ersten Frührot ...
Oft kam in diesen Augenblicken solch ein heil'ger,
geweihter Frieden über meine Seele,
daß ich der ird'schen Augen ganz vergaß,
und was ich sah, schien etwas, das in mir war,
ein Traum, ein Innenbild der Seele ...
Damals
sah Segen ich wie Meer um mich gebreitet, ...
wenn mit unsagbarer Wonne
ich das Lebendigsein des Einen Wesens
allüberall in seiner Wirkung spürte:
In allem, was sich regt, und allem, was
uns unbewegt erscheint; in allem, dem –
jenseits der Grenze menschlichen Verstehens
und Wissens, unsichtbar für unser Auge –
doch Leben einwohnt, wenn dem Herz als Zeugen
wir traun; in allem, was da springt, läuft, ruft
und singt und schlägt die helle Luft mit Flügeln,
was in die Welle taucht, ja, was im dunklen
und mächtigen Schoß des Meeres wohnt. Kein Wunder,
wenn mich ein Rausch der Freude da erfaßte:
Lebt ich doch mit Geschöpfen jeder Form
und Art, durch Erd' und Himmel, in Gemeinschaft,
da alle auf den Unerschaffnen blickten ...

(Hier scheint ein Bruch oder Rückschritt sichtbar zu werden; die letzte Zeile deutet eine Spaltung der Realität zwischen der Schöpfung und ihrem Schöpfer an; wir hatten angenommen, daß in Wordsworth' pantheistischer Vision Gott und Natur, wie bei Spinoza, eins seien.)

In Cambridge (III) beteiligte er sich ab und zu an studentischen Lustbarkeiten und Gelagen, doch die unbekümmerte und disziplinlose Oberflächlichkeit des studentischen Lebens verwirrte ihn. Mehr Vergnügen machten ihm die englischen Klassiker oder eine Bootsfahrt auf dem Cam. Während der Ferien (IV) kehrte er an den Ort seiner Kindheit zurück, aß an der Familientafel und schlief in seinem gewohnten Bett –

That lowly bed whence I had heard the wind
Roar, and the rain beat hard; where I so oft
Had lain awake on summer nights to watch
The moon in splendor couched among the leaves
Of a tall ash that near our cottage stood;
Had watched her with fixed eyes, while to and fro
In the dark summit of the waving tree
She rocked with every impulse of the breeze.

Das karge Bett, von dem ich einst auf Wind
und Regen lauschte, wenn es draußen stürmte,
Wo oft ich wach lag in den Sommernächten
und sah in seinem Glanz den Mond, gebettet

Ins Blätterdach der hohen Esche, die
dicht bei der Hütte vor dem Fenster stand.
Oft hatt' ich mit gebanntem Blick verfolgt,
wie in dem schwarzen Wipfel jenes Baumes
er hin und her geschaukelt und gewiegt ward
mit jedem Anstoß der bewegten Nachtluft.

In Cockermouth konnte er mit seinem alten Hund spazierengehen, der ihn nicht am lauten Deklamieren seiner Verse hinderte und sich dachte, «der ist nicht richtig im Kopf».

Muß ich noch sagen, Freund, daß bis zum Rand
das Herz mir voll war? Damals tat ich kein
Gelübde, und doch ward ich angelobt, ...
daß ich sein sollte: ein geweihter Geist.

Der Poesie geweiht.

Hübsch ist auch der verstohlene Ausflug über den Kanal (VI), um den Glücksrausch der Revolutionsstimmung in Frankreich, die Begeisterung über die Alpen zu erleben und dann bei der Rückkehr den «monströsen Ameisenhaufen», genannt London, wo der alte Burke im Parlament die geheiligten Werte der Tradition hervorhob und «mit hochmütiger Verachtung moderne Theorien» verwarf. Die Menschenmassen, die sich in Vauxhall amüsierten, oder am Gottesdienst in der St.-Pauls-Kathedrale teilnahmen, der Anblick der auf und ab promenierenden Spaziergänger, die unterschiedlichen Rassen, Gesichter, Kleider und Sprachen, der Verkehrslärm, das Lächeln der Dirnen, das Geschrei der Händler, die Rufe der Blumenfrauen, die Vorträge der Straßensänger, die Pflastermaler bei ihrer Tätigkeit, «das komische Affenpaar auf dem Rücken eines Kamels» – all dies empfand der Dichter so tief wie die Wälder, doch er mochte es nicht und floh (VIII) in ruhigere Gefilde, wo die Liebe zur allumschließenden Natur ihn Verstehen und Verzeihen lehren konnte.

Dann wieder nach Frankreich (IX), wo der Despotismus und das Elend der Vergangenheit die Revolution gerechtfertig und geadelt zu haben schienen, so daß selbst ein Brite an ihrer wilden Ekstase teilhaben konnte (XI):

Not favoured spots alone, but the whole earth
The beauty wore of promise ...
What temper at the prospect did not wake
To happiness unthought of?

Nicht nur ein paar vom Glück begünstigte
Regionen – nein, die ganze weite Erde
war mit der Schönheit des verheißnen Kommens
bekleidet ...
Gab's ein Gemüt, das angesichts so hoher
Erwartung nicht zu einer Seligkeit
erwachte, die es nie vorher im Leben
sich hatte träumen lassen?

Aus diesem verzückten Taumel sank Frankreich hinab zum Verbrechen, und Wordsworth wandte sich der Prosa zu:

But now, become oppressors in their turn,
Frenchmen had changed a war of self-defence
For one of conquest, losing sight of all
Which they had struggled for ...

Doch die Franzosen waren ihrerseits
zu Unterdrückern jetzt geworden, denn
sie hatten einen Krieg, der einzig zur
Verteidigung des eignen Landes doch
begonnen worden war, in einen Feldzug
der Unterdrückung umgemünzt, wobei
sie all das aus dem Blick verloren, wofür
sie ursprünglich gefochten hatten ...

Langsam und zögernd brachte der Dichter sein *Prelude* zu Ende (XIV), forderte seinen Freund auf, (aus Malta) zurückzukehren und sich an der Aufgabe zu beteiligen, die Menschen aus Krieg und Revolution wieder zur Natur- und Menschenliebe zurückzuführen. Er war nicht zufrieden mit seinem Werk[90], denn er war sich weiträumiger Wüsten rund um die Oasen bewußt. Er hatte eingestandenermaßen wenig Unterschied zwischen Prosa und Poesie gesehen und mischte sie zu oft im gleichmäßigen, abstumpfenden Marsch seiner Blankverse. Er hatte die «ruhige Erinnerung erlebter Emotionen» zur Essenz der Dichtkunst gemacht, doch eine durch vierzehn Gesänge besänftigte Emotion wird zu einem unwiderstehlichen Schlummerlied. Im allgemeinen macht die Erzählung einer großen oder edlen Handlung den Charakter eines Epos aus; Gedanken sind zu privat, um episch sein zu können. Dennoch vermittelt *The Prelude* dem entschlossenen Leser ein Gefühl gesunden Glaubens, der die Realität überlebt. Wordsworth' *Prelude*, zuweilen einfältig wie ein Kindervers, reinigt uns mit der Frische von Wäldern und Feldern und fordert uns auf, den unzerstörbaren Bergen gleich, den Sturm schweigend zu ertragen und auszuhalten.

Ehe Wordsworth 1798 nach Deutschland reiste, hatte er mit *The Recluse* begonnen, wobei er davon ausging, daß nur ein Mann, der das Leben kennengelernt und sich dann daraus zurückgezogen hatte, es gerecht beurteilen könne. Coleridge drängte ihn, diesen Gedankengang zu einer vollständigen und endgültigen Darstellung seiner Philosophie zu entwickeln. Insbesondere regte Coleridge an: «Ich wünschte, Sie würden ein Gedicht in Blankversen schreiben, das sich an jene wendet, die angesichts des vollständigen Mißerfolgs der Französischen Revolution alle Hoffnungen auf Besserung der Menschheit über Bord geworfen haben und in einer nahezu epikureischen Selbstsucht untergehen.»[91] Sie stimmten darin überein, daß der Gipfel der Literatur eine glückliche Ehe zwischen Philosophie und Poesie sei.

Bei näherer Überlegung aber glaubte sich Wordsworth dieser Herausforderung nicht gewachsen. Er war mit *The Prelude* wesentlich vorangekommen und es versprach, eine Geschichte seiner geistigen Entwicklung zu werden. Wie konnte er nun, ehe es fertiggestellt war, eine Darlegung seiner Einsichten schreiben? Er legte *The Recluse* beiseite und schrieb *The Prelude* bis zu dem uns bekannten Ende. Dann stellte er fest, daß seine Energie und sein Selbstvertrauen nachgelassen hatten.

Außerdem hatte ihn das Verschwinden des früher einmal überschäumenden Coleridge aus seinem Leben der lebendigen Inspiration beraubt, die ihn einst anspornte. In dieser Verfassung erschöpfter Kraft und sorgloser Behaglichkeit schrieb er *The Excursion.*

Sie beginnt schön, mit einer Beschreibung – die offensichtlich dem beiseitegelegten *Recluse* entnommen ist – des verfallenen Häuschens, wo der «Wanderer» lebt. Dieses Ebenbild Wordsworth' führt den Besucher zum Einsiedler, der berichtet, wie er seinen religiösen Glauben verlor, der Zivilisation überdrüssig wurde und sich in den Frieden der Berge zurückzog. Der Wanderer preist die Religion als das einzige Mittel gegen die Verzweiflung. Wissen ist gut, doch es trägt mehr zu unserer Macht bei als zu unserem Glück. Dann führt er weiter zum Pastor, welcher darlegt, daß der einfache Glaube und die familiäre Einheit seiner bäuerlichen Herde mehr Weisheit bergen, als die Versuche des Philosophen, die Weisheit der Jahrhunderte durch das Gewebe intellektueller Argumente zu ersetzen. Der Wanderer beklagt das künstliche Leben in der Stadt und die Übel der Industriellen Revolution; er setzt sich für allgemeine Erziehung ein und sagt ihre «glorreichen Ergebnisse» voraus. Der Pastor aber, der das Schlußwort spricht, stimmt ein Preislied auf einen persönlichen Gott an.

The Excursion, being a Portion of the Recluse, a Poem erschien 1814 zum Preis von zwei Guineen pro Exemplar. (Das vorgesehene Vorwort, *The Prelude*, wurde erst 1850 gedruckt.) Wordsworth bat seine Nachbarn, die Familie Clarkson, sich um den Verkauf des Buches bei ihren Quäkerfreunden zu bemühen, «die wohlhabend und an lehrreichen Büchern interessiert sind». Ein Exemplar gab er dem Schriftsteller Charles Lloyd unter der Bedingung, es an niemanden auszuleihen, der es sich kaufen konnte. Er weigerte sich, es einer reichen Witwe zu leihen, die zwei Guineen für einen recht stattlichen Preis für «ein unvollständiges Buch» hielt.[92] Acht Monate nach Erscheinen waren erst dreihundert Exemplare verkauft. Die Kritiken waren geteilt. Lord Jeffrey verriß das Gedicht in der *Edinburgh Review* vom November 1814. Die einleitenden Worte klangen wenig hoffnungsvoll: «Das wird niemals gehen.» Hazlitt fand, nachdem er «reizvolle Abschnitte, sowohl von Naturbeschreibung als auch inspirierter Betrachtung gelobt hatte, das Gedicht als Ganzes «lang und schwerfällig»; es wiederhole «dieselben Überzeugungen immer wieder, bis sie flach und fade würden».[93] Und Coleridge, der ein Meisterwerk erhofft hatte, sah in *The Excursion* «Langatmigkeit, Wiederholung und Durcheinander anstelle von Weiterentwicklung und Gedankentiefe».[94] In seinem später verfaßten *Table Talk* allerdings lobte Coleridge Buch I und II («Das verlassene Häuschen») als «eines der schönsten Gedichte unserer Sprache».[95] Shelley mochte *The Excursion* nicht, weil es Wordsworth' Übergang von einem naturalistischen Pantheismus zu einer orthodoxeren Gottesauffassung bezeichne; Keats jedoch fand viele Inspirationen in der Dichtung und erkannte Wordsworth, alles in allem, einen Platz über Byron zu.[96] Die Zeit hat Keats recht gegeben.

XIII. DER WEISE VON HIGHGATE: 1816–1834

Im April 1816 wurde Coleridge, der im Alter von dreiundvierzig Jahren vor dem körperlichen und geistigen Zusammenbruch stand, von Dr. James Gillman in Highgate, London, als Patient aufgenommen. Zu dieser Zeit brauchte Coleridge etwa einen halben Liter Laudanum pro Tag. Southey beschrieb ihn damals als «halb so groß wie das Haus», seine Gestalt schlaksig und gebeugt; sein Gesicht rund, bleich und schlaff, kurzatmig, seine Hände zitterten so, daß er kaum ein Glas zum Munde führen konnte.[97] Er hatte ein paar treue Freunde, wie Lamb, De Quincey und Crabb Robinson, doch Frau und Kinder sah er selten, lebte in der Hauptsache von Pensionen und Geschenken und war im Begriff, seinen letzten Halt im Leben zu verlieren. Vielleicht hatte der junge Arzt gehört, daß Byron und Walter Scott diesen gebrochenen Mann als Englands größten Schriftsteller bezeichnet hatten.[98] Auf jeden Fall sah er, daß Coleridge nur durch ständige Überwachung und Fürsorge von berufener Seite gerettet werden konnte. Mit Einwilligung seiner Frau nahm Gillman Coleridge in seinem Hause auf, ernährte ihn, behandelte ihn, tröstete und heilte ihn und behielt ihn bis zu seinem Tode bei sich.

Coleridges Geist erholte sich in erstaunlicher Weise. Der Arzt war so erstaunt über den Umfang des Wissens seines Patienten, seinen Ideenreichtum und die Brillanz seiner Konversation, daß er einem wachsenden Kreis älterer und jüngerer Männer sein Haus öffnete, mit denen sich der «lädierte Erzengel» auf gut Glück unterhielt, selten in völliger Klarheit oder logischer Ordnung, doch mit unfehlbarem Witz, mit Begeisterung und Erfolg. Bruchstücke dieser Unterhaltungen, als *Table Talk* überliefert, sind heute noch anregend: «Jeder Mann ist entweder zum Aristoteliker oder zum Platoniker geboren.» «Entweder wir besitzen eine unsterbliche Seele, oder wir besitzen keine. Wenn wir keine besitzen, so sind wir Tiere; mag sein, die ersten und klügsten der Tiere, aber dennoch echte Tiere.»[99]

Er war nicht damit zufrieden, zu den ersten und klügsten Tieren zu gehören. In seinen letzten Lebensjahren suchte er den Trost der Religion und – wie um seiner Sache ganz sicher zu sein – nahm er sie in der orthodoxest möglichen Form, der englischen Staatskirche an, als der Säule der englischen Stabilität und Moralität. Hoffnungsvoll wünschte er ihr immerwährendes Leben: *Esto perpetua!* Sein Essay *On the Constitution of the Church and the State* (1830) zeigte beide als wechselseitig notwendige Formen der nationalen Einheit, von welchen jede die andere beschützte und unterstützte.[100] Er (und Wordsworth) opponierten gegen die politische Emanzipation der britischen Katholiken mit der Begründung, daß das Anwachsen des «Papismus» den Staat in Gefahr bringe, indem es einen Loyalitätskonflikt zwischen Patriotismus und Religion fördere.

Er machte sich den dem Alter eigenen Konservativismus voll zunutze. Im Jahre 1818 hatte er Robert Owen und Sir Robert Peel bei ihren Feldzügen für die Einschränkung der Kinderarbeit unterstützt, doch 1831 war er gegen das Reformgesetz, das die Vormacht der Tories im Parlament brechen sollte. Er wandte sich gegen die

Abschaffung der Sklaverei in Westindien.[101] Er, der sich mehr als die meisten Philosophen mit dem Studium der Wissenschaften beschäftigt hatte, lehnte den Evolutionsgedanken ab und zog «die Geschichte, die ich in meiner Bibel finde,» vor.[102] Schließlich unterlag dieser umfassende und weitreichende Intellekt den Schwächen des Körpers und Willens und verfiel einer ängstlichen Abneigung gegenüber jeglicher Neuerung in Politik oder Glauben.

Ihm fehlte die stetige Geduld, um in seinem Lebenswerk zu konstruktiver Einheitlichkeit zu gelangen. In der *Biographia Literaria* (1817) hatte er seine Absicht angekündigt, ein *opus magnum* – die *Logosophia* – zu schreiben, das Summe, Gipfel und Versöhnung von Wissenschaft, Philosophie und Religion enthalten sollte. Doch alles, was Körper und Seele zu diesem Unternehmen beitragen konnten, war ein Gemisch langatmiger, chaotischer und dunkler Fragmente. In einen so hoffnungslosen Zustand war der Geist geraten, den De Quincey als «den umfassendsten, ... feinsinnigsten und reichsten ... den es je unter Menschen gegeben hat» geschildert hatte.[103]

Im Juli 1834 begann Coleridge, vom Leben Abschied zu nehmen. «Ich sterbe, habe aber keine Hoffnung auf eine rasche Erlösung ... Hooker wünschte solange zu leben, bis er seine *Ecclesiastical Polity* vollendet hätte, – so bekenne ich, ich wünschte, Leben und Kraft wären mir geblieben, um meine Philosophie zu vollenden. Denn, Gott ist mein Zeuge, der ursprüngliche, fortdauernde und alles bestimmende Wunsch und Plan meines Herzens waren, den Ruhm seines Namens zu preisen; und, was in anderen Worten dasselbe bedeutet, dem Fortschritt der Menschheit zu dienen. Doch *visum aliter Deo* (Gott sah es anders), und sein Wille geschehe.»[104] Coleridge starb am 25. Juli 1834 im Alter von zweiundsechzig Jahren. Wordsworth war über den Tod «des wundervollsten Menschen, den er je gekannt hatte» erschüttert; und Lamb, der beste Freund von allen, sagte: «Sein großer und teurer Geist verfolgt mich».[105]

XIV. AM RANDE

Charles Lamb (1775–1834) war einer unter mehreren scharfsinnigen Geistern, deren wichtigste Publikationen in die Zeit nach 1815 fallen, die aber während unseres Zeitabschnitts intimen Anteil am Leben der Seendichter hatten. Lamb war der engste von Coleridges Londoner Freunden. Sie hatten sich schon als Schuljungen am Christ's Hospital gekannt. Dort brachte Lamb sein unheilbares Stottern um schulische Erfolge. Er verließ die Schule mit vierzehn, um selbst seinen Unterhalt zu verdienen; mit siebzehn erhielt er eine Stelle als Buchhalter im East India House. Dort blieb er, bis er mit fünfzig pensioniert wurde.

In seiner Familie war eine Anlage zum Irrsinn erblich. Er selbst verbrachte sechs Wochen in einer Anstalt (1795–1796), und seine Schwester Mary Ann (1764–1847) tötete in einem Anfall geistiger Umnachtung ihre Mutter. Mary war verschiedentlich in Irrenanstalten interniert gewesen, doch die meiste Zeit behielt Lamb, der auf die Ehe verzichtete, sie bei sich bis zu seinem Tode. Sie erholte sich soweit, daß sie mit ihm zusammen *Tales from Shakespeare* (1807) schreiben konnte. Allein schrieb er lediglich die *Essays of Elia* (1820–1825), deren genialer Stil, Einfachheit und künstlerische Potenz einen der liebenswertesten Charaktere in jenem nicht übermäßig reizvollen Zeitabschnitt zeigen.

Im Juni 1797 folgte er, noch unter dem Eindruck der Tragödie des vergangenen Jahres, einer Einladung Coleridges nach Nether Stowey. Als Stotterer getraute er sich kaum zu sprechen, als er sich in Gegenwart zweier Dichter – Wordsworth und Coleridge – befand, die sich an Redegewandtheit überboten. Fünf Jahre später besuchte er zusammen mit seiner Schwester die Familie Coleridge in Greta Hall. «Er empfing uns mit der denkbar größten Gastlichkeit.»[106] Obwohl Lamb für seine Person bis zu seinem Tode ein Skeptiker blieb, ließ er doch niemals Coleridges theologische Abschweifungen seine Zuneigung und Bewunderung trüben, die jeder Entmutigung trotzten.

Die National Portrait Gallery besitzt ein zartes Porträt Lambs von der Hand seines Freundes William Hazlitt (1778–1830), des lebendigsten und schärfsten Literaturkritikers der Zeit. Hazlitt besuchte Coleridge 1798 und dann noch einmal 1803 in Greta Hall. Beim zweiten Besuch gesellte sich Wordsworth zu ihnen, und sie diskutierten die Frage, ob Gott existiere. William Paley hatte, wie wir gesehen haben, diese Frage mittels des teleologischen Gottesbeweises bejaht; Hazlitt widersprach dieser Beweisführung. Wordsworth nahm einen vermittelnden Standpunkt ein, indem er Gott nicht als außerhalb des Universums befindlich und es von außen lenkend, sondern ihm als sein Leben und Geist inhärent betrachtet wissen wollte. Bei diesem Besuch zog Hazlitt sich den Haß der Nachbarn zu, als er ein Schulmädchen verführte. Verhaftung oder Schlimmeres fürchtend, floh er nach Grasmere, wo Wordsworth ihn eine Nacht beherbergte und ihm am nächsten Morgen Geld vorstreckte, damit er die Postkutsche nach London bezahlen konnte.

Als Coleridge und Wordsworth sich gegen die Revolution wandten und Napoleon in flammenden Versen anklagten, bezeichnete Hazlitt sie als Überläufer und schrieb ein vierbändiges *Life of Napoleon Buonaparte* (1828–1830) aus der Sicht Napoleons. Inzwischen hatte er sich mit seinen Vorlesungen über das elisabethanische Drama (1820) und seinen zeitgenössischen Porträts in *The Spirit of the Age* (1825) einen Namen als Kritiker gemacht; Wordsworth war wenig erfreut über seinen satirischen Angriff auf die «Bauernschule» in der Literatur.[107]

Höher schätzte der alternde Dichter Thomas De Quincey (1785–1859), der ihm nie erlahmende Bewunderung entgegenbrachte. Thomas war ein Genius von eigenen Gnaden, der 1821 Britannien mit *Confessions of an English Opium Eater* in Aufruhr versetzen sollte. Er, der als Wunderkind begonnen hatte, mit fünfzehn Jahren fließend das klassische Griechisch sprach, die Schule ebenso wie Oxford als zu langsam für sein Tempo verließ, muß sich selbst über das Vergnügen gewundert haben, das er in der schlichten Einfachheit der *Lyrical Ballads* fand. Im Mai 1803 schrieb er an Wordsworth einen Brief, der dem einsiedlerischen Poeten den Kopf verdreht haben dürfte:

Ich habe kein anderes Motiv, Sie um Ihre Freundschaft zu bitten, als das, was (wie ich meine) jeder Mann mit mir gemeinsam haben muß, der die *Lyrical Ballads* gelesen und empfunden hat. Die ganze Summe von Entzücken, welche mir die acht oder neun Dichter vermittelt haben, die ich seit Beginn der Welt finden konnte, bleibt weit hinter dem zurück, was allein diese beiden bezaubernden Bände mir gegeben haben – so daß Ihr Name für mich auf immer mit den reizenden Naturschilderungen verbunden ist ... Welches Recht habe ich auf eine Kameradschaft mit einem Mann wie Ihnen, der derart von wildem und großartigem Genie funkelt?

Er fügte hinzu, Wordworth werde niemals irgendjemanden finden, der «mehr bereit sei ... selbst sein Leben hinzugeben, wenn das Ihrem Nutzen und Glück dienlich wäre».

Wordsworth' Antwort war ein Musterbeispiel gütiger Belehrung. «Meine Freundschaft», schrieb er, «zu geben, liegt nicht in meiner Macht. Eine solche Gabe kann kein Mann verschenken ... Eine feste und gesunde Freundschaft erwächst aus Zeit und Umständen; sie wird erblühen wie eine Wiesenblume, wenn diese günstig sind und sind sie es nicht, so ist es nutzlos, sie zu suchen.» Er bemühte sich, den jungen Mann vom Beginn einer regelmäßigen Korrespondenz abzuhalten: «Ich bin der faulste und unfruchtbarste Briefschreiber der Welt.» Er fügte jedoch hinzu: «Ich würde mich übrigens sehr freuen, Sie in Grasmere bei mir zu sehen.»[108]

Ungeachtet seiner Begeisterung ließ De Quincey drei Jahre vergehen, ehe er der Einladung Folge leistete. Dann, in Sichtweite von Wordsworth' Cottage, verlor er den Mut und kehrte, wie der legendäre Pilger beim Anblick von Rom, als unwürdig wieder um. Doch gegen Ende des Jahres 1807, in Bristol, nahm Coleridge sein Anerbieten an, Mrs. Coleridge und ihre Kinder nach Keswick zu begleiten. Unterwegs sprach sie mit ihm in Dove Cottage vor und nun endlich sah De Quincey den «echten» Wordsworth, wie Browning nicht viel später Shelley sehen sollte. «Wie einen Blitzstrahl sah ich die Gestalt eines ziemlich großen Mannes auftauchen, der mir seine Hand bot und mich auf die herzlichste Weise begrüßte.»[109]

XV. SOUTHEY: 1803–1843

Inzwischen ernährte Southey in Greta Hall und London mit seiner fleißigen, aber nicht inspirierten Feder seine Frau Edith, seine fünf Töchter (geboren zwischen 1804 und 1812) und einen vergötterten Sohn, der 1816 als Zehnjähriger starb. Nach Coleridges Abreise nach Malta übernahm es Southey, für Mrs. Coleridge und ihre Kinder zu sorgen. Selbst Wordsworth stützte sich gelegentlich auf ihn: als Williams Bruder John auf See umkam (1805), stürzte die Nachricht die Familie in Grasmere in solche Verzweiflung, daß Wordsworth Southey in einem Brief bat, zu kommen und ihm zu helfen, Dorothy und Mary zu trösten. Er kam und «er war so zart und gütig», schrieb Dorothy, «daß ich ihn sofort liebgewann; er weinte mit uns in unserem Schmerz und darum, glaube ich, muß ich ihn immer lieben».[110]

Eitelkeit führte ihn vorübergehend auf einen Irrweg. Er verfaßte ein Epos nach dem anderen, von denen keines Erfolg hatte; die Zeit war ihr eigenes Epos. Er beschränkte sich auf die Prosa und fuhr besser damit. Im Jahre 1807 veröffentlichte er *Letters from England: By Don Manuel Alvarez Espriella* und legte diesem erfundenen Spanier eine massive Verurteilung der Kinderarbeit und anderer Zustände in britischen Fabriken in den Mund.

Ich wagte mich daran, die Moral der Menschen zu erforschen, die in dieser monströsen Weise aufgezogen worden waren und fand ... daß infolge des Zusammenpferchens so vieler Menschen beider Geschlechter, völlig unvertraut mit den einfachsten Grundsätzen der Religion und Moral, diese so verderbt und zuchtlos waren, wie menschliche Wesen unter derartigen Umständen notwendigerweise werden müssen; die Männer dem Trunk ergeben, die Weiber liederlich. So hoch ihre Löhne auch sein mochten, so dachten sie doch niemals daran, etwas für Notzeiten auf die Seite zu legen, so daß, obwohl das Kirchspiel nicht für die Kosten ihres Unterhalts als Kinder aufzukommen hatte, es doch bei durch ihre Art zu leben hervorgerufenen Krankheiten, bei vorzeitiger Arbeitsunfähigkeit oder im Alter für sie sorgen mußte.[111]

Der Aristokrat schließt daraus im Hinblick auf die englische Volkswirtschaft: «In der kommerziellen Wirtschaft werden, noch mehr als im Krieg, Menschen und Tiere lediglich als Maschinen betrachtet und vielleicht noch bedenkenloser geopfert.»[112]

Southey fand bald heraus, daß er von seiner Feder nicht leben konnte, geschweige denn seine Familie ernähren, insbesondere in Kriegszeiten, wenn er sich nicht zu einer konservativeren Haltung durchrang. Die Umstellung wurde ihm durch eine Regierungspension von hundertsechzig Pfund jährlich und eine Einladung erleichtert, regelmäßig Artikel für die Toryzeitschrift *Quarterly Review* zu schreiben. Im Jahre 1813 hob er sein Ansehen sowohl als Autor wie als Patriot durch die Veröffentlichung seines *Life of Nelson* – einer klaren und lebendigen Schilderung, die auf sorgfältigen Nachforschungen beruhte. Sie ist in einem Stil geschrieben, der an das achtzehnte Jahrhundert gemahnt, so einfach, klar und elegant, daß er den Leser trotz der überstark betonten Vorliebe des Verfassers für seinen Helden und sein Land mitreißt. Die Vernarrtheit Nelsons in Emma Hamilton wird von einer Dekade auf einen einzigen Satz reduziert.

Byron, Shelley und Hazlitt bedauerten es, als Southey durch Annahme des Hofdichtertitels den hohen Rang der Dichtkunst herabzumindern schien. Diese Auszeichnung hatte schon an Prestige verloren, als Pitt sie (1790) an Henry Pye verlieh, einen obskuren Friedensrichter. Beim Tode Pyes bot die Regierung Walter Scott die Würde an, der sie aber ablehnte und Southey als verdienstvollen Literaten empfahl. Southey nahm an und wurde durch eine Anhebung seiner Pension auf dreihundert Pfund jährlich belohnt. Wordsworth, dem die Ernennung gebührt hätte, bemerkte großzügigerweise: «Southey muß eine kleine Welt mit seinem Fleiß erhalten.»[113]

Byron, der späterhin Southey der Verleumdung und Vergessenheit preisgeben sollte, sprach gut von ihm, nachdem er im September 1813 in Holland House mit ihm zusammengetroffen war: «Der bestaussehende Barde, den ich seit längerer Zeit gesehen habe.»[114] Zu Thomas Moore äußerte er: «Für den Kopf und die Schultern dieses Poeten würde ich fast seine sapphischen Verse schreiben. Er ist ohne Zweifel eine einnehmende Persönlichkeit, ein Mann mit Talent... Seine Manieren sind sanft ... Seine Prosa ist perfekt.»[115] Doch Southeys offensichtliches Bemühen, den Besitzern von Reichtum oder Macht zu schmeicheln, veranlaßte Byron, ihm 1818 den offenen Krieg zu erklären. Der grausamste Schlag erfolgte, als einer Gruppe der Rebellen das Manuskript von Southeys radikalem Drama *Wat Tyler* (das er 1794 geschrieben und nicht hatte drucken lassen) in die Hände fiel, die es 1817 voll Schadenfreude veröffentlichte.

Southey zog sich nach Greta Hall zu seiner Bibliothek und seiner Frau zurück. Sie war schon mehr als einmal dem Irrsinn nahe gewesen; 1834 fiel sie in geistige Umnachtung und 1837 starb sie. Southey selbst gab den Kampf 1843 auf; und dann wurde mit fast allgemeiner Zustimmung und gegen seine Proteste, Wordsworth zum «poeta laureatus» erhoben.

XVI. EPILOG FÜR WORDSWORTH: 1815–1850

Poesie und Jugend gehören zusammen, und Wordsworth, der achtzig Jahre alt wurde, starb als Dichter etwa 1807, als er mit siebenunddreißig Jahren *The White Doe of Rylstone* verfaßte. Um diese Zeit hatte Walter Scott *The Lay of the Last Minstrel* (1805) erscheinen lassen. Wordsworth bewunderte seinen flüssigen Stil und benützte das Versmaß für sein eigenes «lay», eine epische Ballade über die Religionskriege in Nordengland im zwölften Regierungsjahr Elisabeth I. Fast eine ganze Familie, der Vater und acht Söhne, wurden in einem einzigen Kriegszug getötet. Emily, die überlebende Schwester, verbringt den Rest ihres Lebens mit Trauern; täglich kommt eine weiße Hirschkuh, um sie zu trösten und begleitet sie bei ihren sonntäglichen Besuchen am Grab des jüngsten Bruders im Friedhof von Bolton. Als Emily stirbt, läuft die Hirschkuh allein jede Woche von Rylstone nach Bolton, legt sich dort ruhig neben das Grab, bis der sonntägliche Gottesdienst in der Kirche vorüber ist und kehrt dann durch Wälder und Flüsse zu ihrem heimatlichen Revier in Rylstone zurück. Es ist eine hübsche Legende, anmutig und melodisch erzählt.

Dies war der letzte Triumph von Wordsworth' Kunst. Abgesehen von einer Anzahl von Sonetten, die er bei der geringsten Veranlassung von sich gab, beschäftigte er sich nicht weiter mit Dichtung. Mit fünfzig bereits vom Scheitel bis zur Sohle wie ein Weiser aussehend, groß und würdevoll, in warme Kleidung gegen die unvorhersehbare Kälte gehüllt, das Haar nachlässig zurückgestrichen, das Haupt geneigt, die Augen schwer von Meditation, wie einer, der Shelley und Byron aus der Kindheit über die Ekstase in den Tod gehen sah und nun ruhig wartet, bis er an der Reihe ist, in der Gewißheit, ein dauerhafteres Denkmal zu hinterlassen als leidenschaftliche Utopien oder sardonische Verse.

Er besaß die Fehler seiner Tugenden, denn es erfordert große Selbstüberhebung, der Menschheit predigen zu wollen. «Milton ist sein größtes Idol», schrieb Hazlitt, «und manchmal wagte er es, sich mit ihm zu vergleichen».[116] Lob akzeptierte er als unvermeidlich, lehnte aber Kritik als Undankbarkeit ab. Er rezitierte gerne seine eigenen Gedichte, wie Emerson, der ihn 1813 besuchte, heimlich notierte. Er sagte jedoch in einem 1815 geschriebenen Vorwort, seine Gedichte verlangten den lauten Vortrag; und in der Tat waren sie ebenso voll Musik wie Bedeutung, und ein lyrisches Werk bedarf einer Lyra.

Mit zunehmendem Alter wurde er natürlich konservativ; es war ein Privileg – vielleicht eine Forderung – der Jahre. Wenn Byron und Shelley dies nicht anerkannten, so mag dies seinen Grund darin haben, daß sie im leidenschaftlichen Überschwang der Jugend starben. Der Abstieg der Französischen Revolution von der Verfassung zur Auflösung legte Wordsworth Vorsicht nahe. Ebenso schien die Brutalität der Industriellen Revolution sein Gefühl zu rechtfertigen, daß England mit der Verdrängung der rüstigen Bauernschaft durch die Fabrikarbeiter etwas Gesundes und Schönes verloren hatte. Von 1805 an war er durch Schenkung oder Kauf Besitzer mehrerer kleiner Anwesen geworden. Als Landeigner sympathisierte er rasch mit den «Grundbesitzern» als dem Bindemittel wirtschaftlicher Ordnung und sozialer Stabilität. Aus diesem Grund stand er in Opposition zur Reformbewegung, einem Plan der Fabrikanten, das Korn und damit die Arbeit zu verbilligen, indem man die «Korngesetze» aufhob, welche durch hohe Zolltarife den Import ausländischen Getreides verhinderten.

Er, der viele Jahre lang ein Bewunderer Godwins gewesen war, lehnte jetzt dessen freien Individualismus mit der Begründung ab, daß Individuen nur innerhalb einer gesellschaftlichen Einheit, die durch allgemeine Achtung vor Tradition, Besitz und Gesetz aufrechterhalten wird, überleben können. Nach 1815 unterstützte er sämtliche repressiven Maßnahmen der Regierung und wurde als der Sache der Freiheit Abtrünniger gebrandmarkt. Er beharrte auf seinem Standpunkt und konterte mit seinem endgültigen Urteil über die Zeit: «Die Welt ist verrückt mit ihrer Meinung, von ihren Übeln durch politische Umwälzungen, politische Heilmittel oder politische Patentrezepte befreit zu werden, während die wirklichen Übel – Zivilisation, Knechtschaft und Elend – tief in den Herzen verwurzelt sind und allein Tugend und Religion sie überwinden können.»[117]

Er appellierte an das englische Volk, die englische Hochkirche zu unterstützen. Er besang Ausschnitte aus der englischen Geschichte in siebenundvierzig «Geistlichen Sonetten» (1821), die uns mit ihren vergessenen Helden langweilen und doch gelegentlich durch ihre Kunstfertigkeit in Erstaunen setzen. Laut Henry Crabb Robinson «sagte Wordsworth, er würde nötigenfalls sein Blut vergießen, um die Staatskirche zu verteidigen. Es focht ihn auch nicht an, als man sich über ihn lustig machte, weil er vorher bekannt hatte, er könne sich nicht erinnern, in seinem eigenen Land eine Kirche besucht zu haben.»[118]

Es finden sich keine Anzeichen, daß er in der Religion Trost gesucht hätte, als die Welt der Liebe um ihn her zu zerbröckeln begann. Im Jahre 1829 erkrankte Dorothy an einem schweren Steinleiden, das ihre Gesundheit und ihre geistigen Fähigkeiten für dauernd schwächte. Weitere Anfälle schädigten ihr Nervensystem. Nach 1835 wurde sie gehunfähig, und ihr Gedächtnis ließ sie im Stich, ausgenommen bei Ereignissen der fernen Vergangenheit und den Gedichten ihres Bruders, die sie noch rezitieren konnte. Die nächsten zwanzig Jahre saß sie im Hause als hilflose, stille Irre und wartete in ihrem Lehnstuhl neben dem Kamin geduldig auf den Tod. 1835 starb Sarah Hutchinson, und Wordsworth und seine Frau Mary sahen sich allein mit der Sorge um Schwester und Kinder. 1837 war er noch mutig genug, um mit dem allgegenwärtigen Robinson eine sechsmonatige Reise durch Frankreich und Italien zu unternehmen. In Paris traf er erneut mit Annette Vallon und seiner inzwischen glücklich verheirateten Tochter Caroline zusammen.

Er starb am 23. April 1850 und wurde neben seinen Nachbarn im Friedhof von Grasmere begraben. Dorothy siechte noch fünf Jahre dahin, geduldig gepflegt von Mary, die inzwischen fast erblindet war. Mary selbst starb 1859 nach einem langen Leben treulicher Pflichterfüllung. Wordsworth muß etwas in sich gehabt haben, das größer war als seine Dichtkunst, um die dauernde Liebe solcher Frauen zu gewinnen. Auch sie und ihresgleichen in Millionen von Heimstätten sollten als Teil des Gemäldes von England in Erinnerung bleiben.

ACHTES KAPITEL

Die Rebellendichter

[1788–1824]*

I. DAS BEFLECKTE WAPPENSCHILD: 1066–1809

Um Byron zu verstehen, müssen wir mit einiger Vollständigkeit Geschichte und Charakter der Vorfahren kennen, deren Blut seine Adern wie Wechselfieber durchpulste. Ein Teil dieses Blutes dürfte, wie sein Name, aus Frankreich stammen, wo die Geschichte mehrere Birons kennt. Byron selbst erwähnte mit Stolz in *Don Juan* (X. Gesang, Strophe 36) einen vermutlichen Ahnherrn, Radulfus de Burun, der mit Wilhelm dem Eroberer nach England gekommen sei. Im zwölften Jahrhundert wurden die Buruns zu Byrons. Ein Sir John Byron leistete Heinrich VIII. so gute Dienste, daß der König ihm bei der Auflösung der Klöster für einen nominellen Betrag die (um 1170 gegründete) Abtei und die Ländereien «des früheren Klosters und der Priorei von Newstede ... in unserer Grafschaft Nottingham»[1] übertrug. Danach spielte eine Reihe freiherrlicher Byrons geringere Rollen in der englischen Geschichte. Sie unterstützten die Stuartkönige, folgten Karl II. ins Exil, büßten Newstead Abbey ein und gewannen es bei der Restauration zurück.

William, der Großonkel des Dichters, der fünfte Lord Byron (1722–1798), ein hübscher und verwegener Mann, diente in der Flotte; er erwarb sich den Beinamen «der böse Lord», weil er in der Abtei das Leben eines Wüstlings führte. Er vergeudete einen großen Teil seines Reichtums, tötete seinen Verwandten William Chaworth in einem improvisierten Duell im Dunkel einer Wirtsstube und wurde unter Mordanklage in den Tower gesteckt. Bei der Verhandlung vor dem House of Lords (1765) lautete der Spruch auf «des Mordes nicht schuldig, aber des Totschlags schuldig». Er zog sich in die Abtei zurück und lebte dort in finsterer Isolierung bis zu seinem Tode.

Sein Bruder John Byron (1723–1786) wurde Seeoffizier, erlitt Schiffbruch und veröffentlichte eine Schilderung, aus welcher sein Enkel die lebendige Schiffbruchszene in *Don Juan* entnahm. Als Fregattenkapitän umsegelte John auf der *Dolphin* den Globus. Später ließ er sich in einem Haus in Westengland nieder, wo man ihn «the Nautical Lover» nannte, weil er in jedem Hafen eine Frau oder Geliebte hatte.

Sein ältester Sohn, Captain John Byron (1756–1791), der Vater des Dichters, leistete sich in den fünfunddreißig Jahren seines Lebens so viele Teufeleien, daß er

---

* Dieses Kapitel beruht vollständig auf Leslie Marchands *Byron*, (New York. Knopf, 1957), einem Meisterwerk unparteiischer Gelehrsamkeit

«Mad Jack» genannt wurde. Nachdem er in den amerikanischen Kolonien gedient hatte, verbrachte er einige Zeit in London und ließ sich von seinen Geliebten aushalten. 1778 brannte er mit der Marchioness of Carmarthen durch. Ihr Gatte, der Marquis, ließ sich von ihr scheiden, Captain Byron heiratete sie und genoß ihr Einkommen. Sie schenkte ihm drei Kinder, von welchen eines, Augusta Leigh, Halbschwester und gelegentliche Geliebte des Dichters wurde.

1784 starb die ehemalige Lady Carmarthen. Ein Jahr darauf heiratete der feurige Witwer ein schottisches Mädchen von zwanzig Jahren mit einem Vermögen von 23 000 Pfund – Catherine Gordon of Gight. Sie war unansehnlich, aber von brennendem Stolz beseelt und konnte ihren Stammbaum bis auf Jakob I. von Schottland zurückführen. Als sie den Dichter unter dem Herzen trug, gab sie ihm eine weitere Linie edler und hektischer Erbmasse mit: französischen Ursprungs, stürmischen Charakters mit einer Neigung zu Raub, Mord und Fehde. Die Mutter selbst war eine Mischung wilder Liebe und ebensolchen Hasses. Beides verschwendete sie an ihren Gatten, der ihr Vermögen vergeudete und sie dann verließ; danach an ihren einzigen Sohn, den sie mit Liebe verwöhnte, durch harte Strenge verletzte und sich durch Kosenamen wie «lahmer Balg» entfremdete. Wie Childe Harold (eigentl. Byron) sagte: «Ich hätte wissen können, welche Frucht aus solchem Samen erwachsen würde.»[2]

George Gordon Byron wurde am 22. Januar 1788 in London geboren. Sein Fuß wurde bei der Geburt durch eine Einwärtsdrehung der Fußsohle und eine Überdehnung der Ferse deformiert. Die Mißbildung hätte durch tägliche Massage des Fußes beseitigt werden können; doch die Mutter besaß weder die Geduld noch die Härte für eine Prozedur, die dem Kind als absichtliche Grausamkeit erscheinen mußte. Auch die Ärzte wollten eine solche Behandlung nicht empfehlen. Als der Knabe das achte Jahr erreichte, hatte sich der mißgebildete Fuß soweit gebessert, daß er einen normalen Schuh über einem inneren Schuh tragen konnte, der die Distorsion ausgleichen und verringern sollte. Im täglichen Leben und beim Sport wurde er flink zu Fuß, doch konnte er sich in keinem Salon bewegen, ohne sich seines Hinkens schmerzlich bewußt zu werden. In der Jugend brauste er bei jeder Erwähnung seiner Behinderung auf. Sie trug dazu bei, seine Sensitivität und sein Temperament zu schärfen; aber sie spornte ihn wahrscheinlich auch an, Siege – im Schwimmen, Liebeswerben und der Dichtkunst – zu erringen, die die Aufmerksamkeit von seiner Mißbildung ablenken konnten.

Im Jahre 1789 zog die Mutter mit ihrem Kind nach Aberdeen. Ein Jahr später floh ihr Gatte nach Frankreich, wo er 1791 starb, nach einem ausschweifenden Leben völlig mittellos. Mrs. Byron tat ihr Bestes, um ihrem Sohn eine eines Lords würdige Erziehung angedeihen zu lassen. Als er sechs Jahre zählte, beschrieb sie ihn liebevoll «als schönen Knaben, der so gut geht und läuft, wie irgendein anderes Kind».[3] Mit sieben kam er in die Mittelschule in Aberdeen, wo er eine gute Grundlage in Latein erhielt. Durch weitere Ausbildung und viele Reisen in Griechenland, Kleinasien und Italien wurde er so vertraut mit der lateinischen und griechischen

Literatur, daß nur ein im klassischen Altertum beschlagener Gelehrter alle Zitate und historischen Anspielungen verstehen kann, mit denen die Ausgelassenheit des Don Juan durchsetzt ist. Byron liebte die Geschichte – gereinigt von Nationalismus und Mythologie – als die alleinige Wahrheit über die Menschheit; Shelley mißachtete sie, da er sich einem mit der Geschichte unvereinbaren Ideal geweiht hatte.

1798 starb Byrons Großonkel, «der böse Lord», in Newstead und hinterließ dem zehnjährigen Knaben seinen Adelstitel, die Abtei mit ihren 1300 Hektar Land und seine Schulden. Die letzteren waren dermaßen hoch, daß gerade genug übrig blieb, um es der Witwe zu ermöglichen, von Aberdeen nach der Abtei umzuziehen und dort in mittelständischer Bequemlichkeit zu leben. Sie schickte ihren Sohn auf eine Schule nach Dulwich und später, 1801, auf die berühmte «public school» nach Harrow, elf Meilen von London entfernt. Dort wiedersetzte er sich den «Putzerdiensten», welche die älteren Schüler üblicherweise von den jüngeren verlangten, und als er selbst, in den höheren Klassen, einen «Putzer» in Anspruch nahm, behandelte er ihn mit geradezu revolutionärer Höflichkeit. Er war ein schwieriger Schüler, beugte sich keiner Disziplin, steckte voller Streiche und vernachlässigte die vorgeschriebenen Studien. Jedoch las er viel, häufig auch gute Bücher und gelangte bis zu Bacon, Locke, Hume und Berkeley. Offensichtlich verlor er seinen religiösen Glauben, denn ein Mitschüler nannte ihn einen «verdammten Atheisten».[4]

Mit siebzehn bezog er Trinity College in Cambridge. Hier nahm er sich ein kostspieliges Quartier mit Dienerschaft, einem Hund und einem Bären als Zimmergenossen. Er wurde Kunde der öffentlichen Dirnen und Patient der örtlichen Ärzte und suchte gelegentlich in London Zerstreuungen für gehobene Ansprüche. Bei einem Ferienaufenthalt in Brighton hatte er ein als Junge verkleidetes Mädchen bei sich; doch mit der gebührenden Unparteilichkeit entwickelte er in Cambridge, was er als «heftige, dennoch aber *reine* Liebe und Leidenschaft» zu einem hübschen Jungen beschrieb.[5] Außerdem schloß er infolge seines Überschwangs, seiner Großzügigkeit und seines Charmes verschiedene dauerhafte Freundschaften; die beste davon mit John Cam Hobhouse, der, fast zwei Jahre älter als er, vorübergehend etwas Vernunft und Vorsicht in Byrons oft gesetzloses Leben brachte. Denn der junge Dichter schien entschlossen, sich selbst mit einer Freiheit von moralischen Bindungen zu ruinieren, die nicht warten wollte, bis Intelligenz die Verbote eines verlorenen Glaubens ersetzte.

Im Juni 1807 veröffentlichte er mit neunzehn einen Band Gedichte – *Hours of Idleness by George Gordon, Lord Byron, a Minor*. Er fuhr nach London, um günstige Besprechungen für das Buch zu arrangieren. Die *Edinburgh Review* vom Januar 1808 bezeichnete in einem sarkastischen Kommentar den Titel als Pose und die Verfasserangabe als Ausflucht. Warum hatte der heranwachsende Peer nicht eine schickliche Zeit abgewartet, um einige Zeichen der Reife zu zeigen? Am 22. Januar 1809 wurde er volljährig. Er bezahlte die drückendsten seiner Schulden und machte beim Glücksspiel noch einige dazu. Er nahm seinen Sitz im Oberhaus ein und litt unter dem für Neulinge gebotenen Schweigen. Drei Tage später aber rechnete er mit den

Kritikern seines Buches in *English Bards and Scotch Reviewers* ab, einer gekonnten und rücksichtslosen Satire, die sich Popes *Dunciad* als Vorbild nahm und ihr nahezu gleichkam. Er zog die sentimentale romantische Bewegung (für welche er bald ein Führer und Gott werden sollte) ins Lächerliche und rief zur Rückkehr zur männlichen Kraft und dem klassischen Stil des Augusteischen Zeitalters auf:

> Thou shalt believe in Milton, Dryden, Pope;
> Thou shalt not set up Wordsworth, Coleridge, Southey ...
> We learn from Horace, «Homer sometimes sleeps»;
> We feel, without him, Wordsworth sometimes wakes.[6]

> An Milton, Dryden, Pope sollst du glauben;
> Setz nicht auf Wordsworth, Coleridge, Southey ...
> Bei Horaz lesen wir, «Homer schläft manchmal»;
> ohne ihn merken wir, Wordsworth ist manchmal wach.

Nachdem er dann in Cambridge zum Magister Artium promoviert, mit Boxern Freundschaft geschlossen, Fechtunterricht genommen und einen Fortbildungskurs im Londoner Nachtleben genossen hatte, schiffte er sich am 2. Juli 1809 mit Hobhouse nach Lissabon ein.

II. DIE KAVALIERSTOUR: BYRON 1809–1811

Sie verlief nicht wie gewohnt: England befand sich im Krieg, und Napoleon war im Besitz von Frankreich, Belgien, Holland, Deutschland und Italien. Daher verbrachte Byron den größten Teil seiner zweijährigen Reise in Albanien, Griechenland und der Türkei, was beträchtliche Auswirkungen auf seine politischen Ansichten, seine Einstellung zu Frauen und Ehe und zum Tod hatte. Er verabschiedete sich mit 13 000 Pfund Schulden und nahm vier Bediente mit sich.

Er fand Lissabon infolge des Halbinselkrieges ungewöhnlich verarmt vor; alle Einwohner schienen feindselig zu sein, und Byron trug stets zwei Pistolen bei sich. Er reiste mit seiner Gesellschaft zu Pferde nach Sevilla und Cadiz und von dort auf einer britischen Fregatte nach Gibraltar (wo er seine Dienerschaft mit Ausnahme seines Kammerdieners William Fletcher entließ) und dann weiter nach Malta. Hier (1.–18. September 1809) verliebte er sich in Mrs. Spencer Smith und zwar so auffallend, daß ein britischer Captain Bemerkungen über seinen Übereifer machte. Byron schickte ihm eine Forderung mit einer zusätzlichen Floskel: «Da mein Schiff beim ersten Umschlagen des Windes unter Segel gehen muß, ist es besser, unsere Angelegenheit so schnell als möglich zu erledigen. Morgen um sechs dürfte die beste Stunde sein.» Der Captain drückte sein Bedauern aus.

Am 19. September verließen Byron und Hobhouse Malta auf der Brigg *Spider*. Nach einer Woche unter Segel landeten sie in Patras. Sie gingen kurz von Bord, wenn auch nur, um den Fuß auf griechischen Boden zu setzen; am selben Abend schifften sie sich wieder auf der *Spider* ein und setzten ihre Reise an Missolunghi und Penelopes Ithaka vorbei fort, um sich in Prévesa, in der Nähe des für Antonius und Kleopatra so verhängnisvollen Actium, auszuschiffen. Von dort ritten sie durch Epirus nach Albanien, von dessen Hauptstadt aus der schreckliche Türke, Ali Pascha, Albanien und Epirus mit Schwert und Feder regierte. Er empfing Byron mit allen Ehren, die einem britischen Lord zukamen, denn (wie er zu dem Dichter sagte) er sah an seinen kleinen Händen und Ohren, daß er aristokratischer Abkunft war.

Am 23. Oktober machte sich Byron mit seiner Gesellschaft auf den Rückweg und erreichte am 27. Joánnina, die Hauptstadt von Epirus. Hier begann er mit der Niederschrift seiner Reiseeindrücke in dem autobiographischen *Childe Harold's Pilgrimage.* Am 3. November reisten sie nach Süden weiter durch das heutige Ätolien, auf Befehl des Paschas mit einer Eskorte albanischer Söldner, von denen jeder einzelne einen Ruf als Mörder und Räuber genoß. Sie bewunderten ihren neuen Herrn, zum Teil auch, weil er keine Furcht vor dem Tode zu kennen schien. Als Byron an Fieber erkrankte, drohten sie dem Arzt, ihn umzubringen, wenn sein Patient stürbe. Der Arzt ergriff die Flucht, aber Byron genas. Am 21. November setzte die Gesellschaft von Missolunghi nach Patras über. Von dort ritten sie unter dem Schutz einer neuen Begleitmannschaft durch den Peloponnes und Attika, besichtigten Delphi und Theben und trafen am Weihnachtstag 1809 in Athen ein.

Es muß für die beiden Pilger ein Tag gewesen sein, aus Freude und Bitterkeit gemischt. Die Zeugnisse früherer Größe und gegenwärtigen Verfalls und das offensichtlich demütige Sichabfinden mit der türkischen Herrschaft durch ein einstmals stolzes Volk, das jetzt anstatt Stärke nur noch Gerissenheit zeigte und sich mit den Geschäften und dem Klatsch des Tages zufrieden gab, amüsierte Hobhouse, stimmte jedoch Byron traurig, der den Geist der Unabhängigkeit und einen extremen Stolz verkörperte. Der Dichter ließ Childe Harold nach dem Aufstand rufen und machte sich Gedanken, wie er diesen Erben einstiger Größe helfen könne, ihre Freiheit wiederzuerlangen.

Auf jeden Fall waren ihre Frauen schön, mit ihren dunklen versengenden Augen und ihrer schmiegsamen Grazie. Byron und Hobhouse hatten bei der Witwe Macri Quartier genommen, die drei Töchter hatte, von denen noch keine das fünfzehnte Jahr erreicht hatte. Der ungestüme Dichter faßte schnell eine Zuneigung zu ihnen, die sich an ihrer Unschuld erfreute. Offensichtlich war es die zwölfjährige Theresa, die ihm den melodischen Gruß beibrachte *zoé mou sas agapo*: «Mein Leben, ich liebe dich». Um diese zarte Phrase herum schrieb er sein berühmtes Lied: «Süßes Mädchen von Athen, gib mein Herz mir, eh' wir gehn!»

Am 19. Januar 1810 brachen Byron und Hobhouse mit einem Diener, einem Führer und zwei Pferdeknechten auf, um eine der begeisterndsten Sehenswürdigkeiten Griechenlands zu besuchen. Sie brauchten vier Tage für den Ritt, doch das Ergebnis rechtfertigte die Mühsal. Sie erreichten die noch aufrechtstehenden Säulen eines Tempels, der in heroischer Vergangenheit auf Kap Soúnion dem Poseidon errichtet wurde, um den Seeleuten zu sagen, sie seien in Sicht von Griechenland. In Erinnerung an diese in Trümmern liegende Vollkommenheit und die scheinbar ruhige

Ägäis tief darunter, dichtete Byron «The Isle of Greece», das später in den dritten Gesang des *Don Juan* eingefügt wurde. Von Sounion war es nur ein Tagesritt nach Marathon, wo den Dichter Gefühle bewegten, die bald in berühmten Zeilen Gestalt annahmen:

The mountains look on Marathon,
And Marathon looks on the sea;
And musing there an hour alone,
I dreamed that Greece might still be free;
For standing on the Persians' grave
I could not deem myself a slave.

Es schaun auf Marathon die Höhn,
und Marathon schaut nach dem Meere:
Dort glaubt' ich träumend einst zu sehn,
daß frei noch einmal Hellas wäre,
denn auf der Perser Leichensteinen
konnt' ich mir selbst kein Sklave scheinen.*

Am 5. März verließen Byron und Hobhouse Athen auf einem englischen Schiff, der *Pylades*, mit dem Reiseziel Smyrna. Genötigt, sich dort einen Monat aufzuhalten, vollendete der Dichter den zweiten Gesang von *Childe Harold*. Ein dreitägiger Abstecher nach Ephesus zeigte ihnen die Ruinen einer Stadt, die dreimal im Zenit gestanden hatte, im griechischen, christlichen und islamischen. «Der Verfall dreier Religionen», bemerkte Hobhouse, «ist dort mit einem Blick zu überschauen».[7]

Am 11. April schifften sie sich auf der Fregatte *Salsette* nach Konstantinopel ein. Widrige Winde und diplomatische Schwierigkeiten zwangen das Schiff, 14 Tage lang an der asiatischen Seite der Dardanellen vor Anker zu liegen. Byron und Hobhouse durchstreiften die troische Ebene, in der Hoffnung, sie berge Homers Ilion (Troja), doch Schliemann war noch nicht geboren. Am 15. April ließen Byron und ein englischer Seeoffizier, Leutnant William Ekenhead, sich über den Hellespont auf die europäische Seite übersetzen und versuchten dann zurückzuschwimmen; doch die Stärke der Strömung und die Kälte des Wassers waren zuviel für sie. Am 3. Mai unternahmen sie einen neuen Versuch, von Sestos in der europäischen Türkei nach Abydos in Kleinasien zu schwimmen; Ekenhead schaffte das Bravourstück in 65 Minuten, Byron in 70. An dieser Stelle ist der Kanal eine Meile breit, doch die Strömung zwang die neuen Leander, vier Meilen weit zu schwimmen.[8]

Am 12. Mai erreichten die Touristen Konstantinopel, bewunderten die Moscheen und reisten am 14. Juli wieder ab. Am 17. ließ ihr Schiff im Hafen von Zea auf der Insel Kéa die Anker fallen. Hier trennten sie sich. Hobhouse reiste nach London weiter, Byron und Fletcher stiegen auf ein nach Patras bestimmtes Schiff um. Wiederum reisten sie auf dem Landweg nach Athen. Dort nahm Byron seine lange Untersuchung über die Verschiedenartigkeit der Frauen wieder auf. Er rühmte sich seiner Eroberungen, zog sich eine Gonorrhoe zu und wählte die Melancholie zu seinem Leitbild. Am 26. November schrieb er an Hobhouse: «Ich habe jetzt die

---

* Nach der Übersetzung von Wilhelm Schäfer in Byrons Werke, Bibliogr. Institut, Leipzig, 1912.

Welt gesehen ... Ich habe alle Arten von Vergnügungen ausprobiert; ... Ich habe nichts mehr zu hoffen und kann mir jetzt den günstigsten Weg aussuchen, um mich zurückzuziehen ... Ich wünschte, ich könnte etwas von Sokrates' Schierling finden.»[9] Im Januar 1811 mietete er in einem Kapuzinerkloster am Fuß der Akropolis Räume für sich und einige Diener und träumte vom klösterlichen Frieden.

Am 22. April verließ er Athen zum letzten Mal, hielt sich einen Monat in Malta auf und setzte dann seine Reise nach England fort. Er traf am 14. Juli dort ein, zwei Jahre und zwölf Tage nach seiner Abreise. Während er damit beschäftigt war, seine Beziehungen in London wieder anzuknüpfen, erreichte ihn die Nachricht, daß seine Mutter im Alter von sechsundvierzig Jahren gestorben sei. Er eilte nach Newstead Abbey und verbrachte eine Nacht im Dunkeln, neben der Leiche sitzend. Als ein Hausmädchen ihn bat, sein Zimmer aufzusuchen, weigerte er sich und sagte: «Ich hatte auf der Welt nur einen Freund, und sie ist tot.». Dasselbe hatte er in einer Grabschrift für seinen Neufundländer Boatswain gesagt, der im November 1808 gestorben und in einer Gruft im Abteigarten begraben worden war:

To mark a friends' remains these stones arise
I never had but one, – and here he lies.

Der Stein birgt eines Freundes Reste mir;
nur einen kannt' ich – und der ruhet hier.*

Im August 1811 setzte Byron ein Testament auf, worin er die Abtei seinem Vetter George Byron als unveräußerlichen Besitz übertrug, Legate für seine Dienerschaft aussetzte und Anordnungen für sein Begräbnis traf: «Ich wünsche, daß mein Leib in der Gruft im Garten von Newstead begraben wird, ohne irgendwelche Begräbnisfeierlichkeiten oder -zeremonien. Auf der Grabplatte darf außer meinem Namen und Alter keine Inschrift stehen. Es ist auch mein Wille, daß mein treuer Hund nicht aus besagter Gruft entfernt werden darf.»[10] Nachdem er so Vorkehrungen für den Fall seines Todes getroffen hatte, machte er sich auf, London zu erobern.

III. DER LÖWE VON LONDON: BYRON 1811–1814

Er fand rasch Freunde, denn sein Aussehen und seine Manieren waren attraktiv, seine Konversation faszinierend, er besaß umfangreiche Kenntnisse in Literatur und Geschichte und war seinen Freunden treuer als seinen Mätressen. Er nahm sich eine Wohnung in der St. James Street Nr. 8, wo er Thomas Moore, Samuel Rogers, Hobhouse u. a. empfing, die seine Einladungen erwiderten. Durch Rogers und Moore fand er Zugang zu dem berühmten Kreis in Holland House. Dort lernte er Richard Brinsley Sheridan kennen, dessen politischer Einfluß im Schwinden war, der aber nichts von seiner gesellschaftlichen Begabung eingebüßt hatte. «Wenn er

* Nach der Übersetzung von Heinrich Stadelmann in Byrons Werke, Bibliograph. Institut, Leipzig, 1912.

sprach», erinnerte sich Byron, «hörten wir zu, ohne auch nur einmal zu gähnen, von sechs Uhr bis ein Uhr morgens ... Armer Kerl! Nach kurzer Zeit schon war er stark betrunken. Von Zeit zu Zeit fiel es mir zu, ihn nach Hause zu bringen.»[11]

Angeregt durch diesen liberalen Geist, nahm sich Byron der Sache der «ludditischen» Webstuhlzertrümmerer in Nottinghamshire, seiner eigenen Grafschaft, an. Am 20. Februar 1812 verabschiedete das Unterhaus ein Gesetz, das für jeden ertappten Maschinenstürmer die Todesstrafe vorsah. Die Vorlage ging an das Oberhaus, und am 27. Februar erhob sich Byron, um dagegen zu sprechen. Er hatte seine Rede vorher in ausgezeichnetem Englisch niedergeschrieben und begann in dem bescheidenen Ton, der sich für eine Jungfernrede ziemt. Er räumte ein, daß einzelne Arbeiter der Gewaltanwendung schuldig seien, was beträchtliche Eigentumsverluste zur Folge gehabt habe und daß die zerstörten Maschinen auf die Dauer gesehen für die Volkswirtschaft von Bedeutung gewesen wären. Inzwischen aber hätten sie Hunderte von Männern arbeitslos gemacht, die sich durch Zeit und Fleiß eine Fachkunde angeeignet hätten, die ihnen nun beim Unterhalt ihrer Familien nicht mehr von Nutzen sei. Sie seien jetzt zur Armut verurteilt und auf Wohltätigkeit angewiesen und in ihrer Gewalttätigkeit zeige sich das Ausmaß ihrer Verzweiflung und Bitterkeit. Als der junge Redner weitersprach, verlor er die Vorsicht und verscherzte sich jede Unterstützung, indem er den Krieg als die Quelle des beispiellosen Elends unter den englischen Fabrikarbeitern anklagte. Die Lords runzelten die Stirn und ließen das Gesetz passieren. Am 21. April hielt Byron eine zweite Rede, worin er gegen die britische Herrschaft in Irland loszog und eine Gleichstellung der Katholiken im gesamten britischen Empire forderte. Die Lords lobten seine Beredsamkeit, lehnten sein Plädoyer ab und betrachteten ihn künftig als politisch unmündig und für seine Partei nutzlos. Er kehrte der Politik den Rücken und beschloß, seine Ansichten mit Hilfe der Dichtkunst zu verfechten.

Zwölf Tage nach seiner Jungfernrede wurden die ersten beiden Gesänge von *Childe Harold's Pilgrimage* dem Publikum vorgelegt. Ihr fast beispielloser Erfolg – die Erstauflage von 500 Exemplaren war in drei Tagen verkauft – bestätigte den Verfasser in seiner Meinung, er habe ein beständigeres Medium gefunden, als forensische Reden. Bei dieser Gelegenheit machte er die überschwengliche Bemerkung «ich erwachte eines Morgens und fand mich berühmt».[12] Selbst seine alten Feinde bei der *Edinburgh Review* zollten ihm Lob, und aus Dankbarkeit sandte er eine Entschuldigung an Jeffrey, weil er ihn in *English Bards and Scotch Reviewers* angegriffen hatte.

Jetzt stand ihm fast jede Türe offen; fast jede prominente Gastgeberin lud ihn zu sich ein. Ein Dutzend Frauen, entzückt von seinem hübschen Gesicht, umschwärmten ihn, in der Hoffnung, den jungen Löwen in ihre Netze zu verstricken. Der ihm anhaftende Ruf sexueller Unersättlichkeit stieß sie nicht ab, und sein Adelstitel ließ ihn allen als wertvolle Beute erscheinen, die nichts von seinen Schulden wußten. Er nahm ihre Aufmerksamkeiten gerne entgegen, rasch begeistert von ihrer geheimnisvollen Ausstrahlung. «In der Gegenwart einer Frau», sagte er, «liegt für mich etwas sehr besänftigendes – irgendein eigenartiger Einfluß, selbst wenn man nicht in sie verliebt ist – den ich mir nicht erklären kann, zumal ich vom Geschlechtlichen keine besonders hohe Meinung habe».[13] Trotz all seiner skeptischen Intelligenz erlag er wieder und wieder der Anziehungskraft, die jede gesunde Frau auf jeden gesunden Mann ausübt.

Eine der ersten, die ihn eroberte, war Lady Caroline Lamb (1785–1828). Sie war die Tochter des dritten Earl of Bessborough und heiratete mit zwanzig William Lamb, den zweiten Sohn von Lord und Lady Melbourne. Nach der Lektüre von *Childe Harold's Pilgrimage* beschloß sie, den Autor kennenzulernen. Als er ihr jedoch vorgestellt wurde, bekam sie Angst und zog sich schnell vor ihm zurück als einer «gefährlichen Bekanntschaft». Die Zurückweisung stimulierte ihn; als sie sich wiederbegegneten, «bat er um die Erlaubnis, mich zu besuchen». Er kam. Sie war drei Jahre älter als er und schon Mutter; doch sie gab sich liebenswürdig und angenehm und war außerdem Erbin eines großen Vermögens. Er wiederholte seine Besuche, fast jeden Tag. Ihr Gatte, mit seinen eigenen Angelegenheiten beschäftigt, akzeptierte ihn als das britische Gegenstück eines italienischen *cavaliere servente*. Sie fühlte sich mehr und mehr zu ihm hingezogen, besuchte ihn in seiner Wohnung, offen oder als Page verkleidet; sie schrieb ihm leidenschaftliche Liebesbriefe. Für kurze Zeit steigerte sich seine Leidenschaft an der ihren, bis er ihr vorschlug, sich von ihm entführen zu lassen.[14] Doch als ihre Mutter und ihr Gatte sie nach Irland brachten (September 1812), tröstete er sich bald und war nach kurzer Zeit in eine Liaison mit Lady Oxford verstrickt.

Während solcher Verzückungen bewahrte sich Byron eine gewisse Stabilität, indem er rasch hintereinander in fließenden Versen eine Reihe orientalischer Erzählungen über Abenteuer, Gewalttat und Liebe schrieb. Sie erhoben keinen Anspruch auf Größe; es waren romantische Phantasien, die des Verfassers Reisen in Albanien, Epirus und Griechenland widerspiegelten. Sie verlangten wenig Nachdenken vom Autor, gar keines vom Leser und verkauften sich hervorragend. Zuerst erschien im März 1813 *The Giaour*; bald darauf im Dezember *The Bride of Abydos*, von dem in einem Monat sechstausend Exemplare abgesetzt wurden. Noch besser ging *The Corsair* (Januar 1814), der alle Rekorde brach, als 10 000 Exemplare am Tage des Erscheinens verkauft wurden; dann erschien *Lara* (1815) und *The Siege of Corinth* (1816). Der Verleger zählte seine Guineen und bot Byron einen Gewinnanteil, der es aber als stolzer Lord ablehnte, ein Honorar für seine Gedichte anzunehmen.

Noch während er diese Geschichten von verwegenen Gesetzlosen schrieb, wurde der Dichter seines gesetzlosen Lebens überdrüssig. Er konnte nicht weiter herumtändeln und seine Gesundheit wie seine günstige Aufnahme in die Gesellschaft aufs Spiel setzen und seine Mittel aufbrauchen. Er und Hobhouse hatten einen Schwur getan, die Ehe als ein Gefängnis sowohl für den Geist als auch für das Fleisch zu meiden. Jetzt überlegte er, ob die Ehe nicht doch ein notwendiger Ankerplatz für Wünsche sein könne, die losgelassen nicht nur den Einzelnen, sondern die Gesellschaft selbst in Unordnung bringen konnten. Er kam zu der Überzeugung, es sei besser, seine Freiheit gegen Sicherheit und Ruhe oder ein sichereres Einkommen einzutauschen, als seine zerbröckelnde Abtei abwerfen konnte.

Annabella Milbanke schien allen Erfordernissen Genüge zu tun. Sie war schön und gebildet, außerdem einzige Erbin eines beträchtlichen Vermögens. Als er sie am 25. März 1812 im Hause ihrer Tante, Lady Melbourne zum ersten Mal traf, gewann er einen günstigen Eindruck: «Ihre Gesichtszüge waren zart und mädchenhaft, wenn auch nicht ganz regelmäßig. Sie hatte die schönste Haut, die man sich denken kann. Ihre Gestalt war wohlproportioniert, und sie zeigte eine Einfachheit, eine zurückhaltende Bescheidenheit, ... die mich im höchsten Maße interessierte.»[15] Er sprach nicht mit ihr, denn beide warteten, daß der andere die Initiative ergreifen würde. Sie war jedoch ebenfalls interessiert, denn in ihrem Tagebuch und in ihren Briefen verwendete sie einige Zeit auf die Analyse seines Charakters: «Ein bitterer Geist, ... verbirgt die Heftigkeit seiner Verachtung ... aufrichtig und unabhängig ... Man sagt, er sei ein Ungläubiger, und ich halte dies angesichts seines ganzen Charakters für wahrscheinlich. Sein Gedicht (*Childe Harold*) zeigt zur Genüge, daß er edler Gefühle fähig ist, doch er mißbilligt seine eigene Güte.»[16] Dies war eine scharfsinnige Bemerkung; vielleicht kam ihr der Gedanke, wie interessant, wenn auch gefährlich, der Versuch sein könnte, diesen sensiblen Mann vor seiner Sinnlichkeit zu bewahren, seine verborgenen Tugenden ans Licht zu bringen und, nebenher, den jungen Löwen von London allen diesen Frauen wegzuschnappen, die von seinem skandalösen Ruf gefesselt waren.

Monate vergingen, während derer Lady Lamb die Szene beherrschte. Dann wurde diese Flamme durch den irischen Kanal gelöscht. Am 13. September 1812 schrieb Byron einen seltsamen Brief an Lady Melbourne, der seinem Leben eine schicksalhafte Wendung gab: «Ich war, bin und werde, fürchte ich, immer gefesselt sein von ... einer, zu der ich nie viel gesprochen habe, die ich aber nie aus dem Auge verlor; ... einer, die ich zu heiraten wünschte, wäre nicht diese (Lamb-) Affäre dazwischen gekommen ... Die Frau, die ich meine, ist Miss Milbanke ... Ich bin noch nie einer Frau begegnet, die ich so hoch schätzte.»[17] Lady Melbourne, sehr erfreut, erzählte ihrer Nichte von Byrons Geständnis und fragte sie, ob sie einen Antrag in Erwägung ziehen würde. Am 12. Oktober schickte Miss Milbanke eine Antwort, die eines Talleyrand würdig gewesen wäre:

> Da ich glaube, daß er niemals zum Gegenstand jener starken Zuneigung werden kann, die mich im häuslichen Leben glücklich machen würde, würde ich ihm durch jede Haltung Unrecht tun, die ihn, wenn auch nur indirekt, in seinen gegenwärtigen Eindrücken bestätigen könnte. Angesichts meiner beschränkten Möglichkeiten, sein Verhalten zu beobachten, mache ich mir gerne Ihr Zeugnis zu seinen Gunsten zu eigen und schreibe es bereitwillig mehr einem Mangel meiner eigenen Gefühle als seines Charakters zu, daß ich nicht geneigt bin, seine Zuneigung zu erwidern. Nach dieser Feststellung, die ich mit echtem Kummer treffe, da sie Schmerz bereiten könnte, muß ich unsere künftigen Beziehungen seinem Urteil überlassen. Für mich gibt es keinen Grund, mich von einer Bekanntschaft zurückzuziehen, die mich ehrt und soviel geistige Anregung mit sich bringt, es sei denn die Furcht, ihn unwillentlich zu täuschen.[18]

Byron, der kein unbezähmbares Verlangen nach dieser gebildeten und gewissenhaften Lady verspürt hatte, nahm die Absage ohne Groll auf und fand bald Trost in den Armen der Countess of Oxford, dann der Lady Frances Webster und, gleichzeitig, seiner Halbschwester Augusta Leigh. 1783 geboren, war sie um fünf Jahre älter als ihr Halbbruder. Sie war jetzt (1813) sechs Jahre mit ihrem leiblichen Vetter Oberst George Leigh verheiratet und hatte drei Kinder. Zu diesem kritischen Zeitpunkt kam sie aus ihrem Heim in Six Mile Bottom, Cambridgeshire, nach London, um Byrons finanzielle Hilfe in Schwierigkeiten zu erbitten, die durch Verluste und häufige Abwesenheiten ihres Gatten auf Rennbahnen entstanden waren. Byron konnte ihr nicht viel geben, denn seine Finanzlage war prekär, doch er unterhielt sie mit sprühender Konversation und entdeckte, daß sie eine Frau war.

Sie war dreißig, nicht ganz die *femme de trente ans*, die Balzac verherrlichte, dazu fehlten ihr intellektueller Hintergrund und Lebhaftigkeit. Doch sie war zärtlich, entgegenkommend, vielleicht vom Ruhm ihres Bruders beeindruckt und geneigt, ihm zu geben, was in ihrer Macht stand. Ihre lange Trennung von ihm machte sie im Verein mit der Vernachlässigung durch ihren Gatten gefühlsmäßig frei. Byron, der unbesonnen jedes moralische Tabu beiseite geworfen hatte, das seinem jugendlichen Verstand nicht behagte, fragte sich, warum er sich nicht mit seiner Schwester verbinden solle, wie es die Pharaonen getan hatten. Spätere Forschungen zeigen, daß er zu dieser Zeit, oder bald danach, sexuelle Beziehungen zu Augusta hatte.[19] Im August dieses Jahres 1813 plante er, sie auf eine Mittelmeerreise mitzunehmen.[20] Dieser Plan fiel ins Wasser, aber im Januar nahm er sie mit nach Newstead Abbey. Als Augusta am 15. April 1814 eine Tochter zur Welt brachte, schrieb Byron an Lady Melbourne: «Wenn es ein Affe ist, so ist es meine Schuld». Das Mädchen selbst, Medora Leigh, glaubte, sie sei seine Tochter.[21] Im Mai schickte er Augusta dreitausend Pfund, um die Verpflichtungen ihres Gatten zu regeln. Im Juli war er mit ihr in Hastings. Im August nahm er sie mit in seine Abtei.

Während sich sein Verhältnis zu seiner Halbschwester immer enger gestaltete, schickte Miss Milbanke ihm Briefe, deren zunehmende Herzlichkeit ihn zu einer Eintragung in sein Tagebuch unter dem 1. Dezember 1813 bewog:

> Gestern ein sehr netter Brief von Annabella, den ich beantwortete. Was für eine seltsame Freundschaft haben wir doch! – ohne einen Funken Liebe auf beiden Seiten ... Sie ist eine ganz überlegene Frau, und gar nicht verwöhnt, ein seltener Fall bei einer Erbin, einem Mädchen von zwanzig Jahren, die einmal Trägerin der Peerswürde sein wird – ein einziges Kind und eine Gelehrte, die stets ihre eigenen Wege ging. Sie ist eine Dichterin, eine Mathematikerin, eine Metaphysikerin, und dabei sehr gütig, generös, liebenswürdig und doch anspruchslos. Jeder andere Kopf wäre verdreht von ihren Kenntnissen und dem zehnten Teil ihrer Vorzüge.[22]

Als ob sie diese erstaunliche Huldigung gelesen hätte, wurden ihre Briefe im Jahre 1814 zunehmend liebevoller, sie versicherte ihm, daß sie ungebunden sei und unterzeichnete «Herzlichst». In der Wärme ihrer Briefe auftauend schrieb er ihr am 10. August: «Ich liebte Sie und liebe Sie immer noch.» Sie antwortete, sie sei für die Ehe ungeeignet, da sie von Philosophie, Dichtkunst und Geschichte absorbiert sei.[23] Als Antwort auf diese Herausforderung sandte er ihr am 9. September einen zweiten Heiratsantrag, ziemlich nüchtern, wie bei einem Schachspiel. Sollte sie ihm wieder einen Korb geben, plante er mit Hobhouse nach Italien zu reisen. Sie nahm an.

Er näherte sich seinem Schicksal in schwankender Gemütsverfassung: Furcht, die Freiheit in Freundschaften, Sex und Gedanken zu verlieren, an die er gewöhnt war einerseits; Hoffnung, eine Heirat würde ihn vor der Verstrickung in ein Netz gefährlicher und unwürdiger Liebesverhältnisse bewahren, auf der anderen Seite. Er erklärte seinen Freunden: «Ich muß mich natürlich bessern, von Grund auf bessern ... Sie ist ein so guter Mensch.» Und zu seiner Verlobten: «Ich möchte gut sein ... Ich werde alles sein, was Sie aus mir machen möchten.»[24] Sie unterzog sich ihrer Aufgabe mit den besten Absichten. An Emily Milner schrieb sie um den 4. Oktober 1814:

> Lord Byrons wahren Charakter darf man nicht in der großen Welt suchen; man muß diejenigen fragen, die ihm am nächsten stehen – die Unglücklichen, die er getröstet, die Armen, denen er geholfen hat, die Untergebenenen, für die er der beste aller Herren war. Für seine Mutlosigkeit bin ich, fürchte ich, mit verantwortlich, was die letzten zwei Jahre betrifft. Ich fühle in mir eine ruhige und tiefe Sicherheit – Vertrauen auf Gott und die Menschen.[25]

Als für Byron die Zeit herannahte, Annabellas Familie in Seaham (bei Durham) aufzusuchen und um ihre Hand anzuhalten, entsank ihm der Mut. Er besuchte unterwegs Augusta und schrieb dort einen Brief an seine Verlobte, worin er die Verlobung rückgängig machte. Augusta überredete ihn, den Brief zu verbrennen[26] und die Heirat als Rettungsanker zu akzeptieren. Am 29. Oktober setzte er seine Reise nach Seaham in Begleitung von Hobhouse fort, der in seinem Tagebuch notierte: «Niemals hatte es ein Liebhaber weniger eilig.» Der Bräutigam wurde von der Familie der Braut herzlich aufgenommen, wappnete sich mit seinen besten Manieren, um einen guten Eindruck zu machen und führte sie am 2. Januar 1815 zum Traualtar.

IV. EHE AUF BEWÄHRUNG: BYRON 1815–1816

Nach der Feierlichkeit fuhren sie an einem düsteren Wintertag zu ihrem Honigmond nach Halnaby Hall, in einer Vorstadt von Durham. Er war fast siebenundzwanzig, sie dreiundzwanzig Jahre alt. Er hatte mindestens acht Jahre verantwortungs- und nahezu wahlloser Geschlechtsbeziehungen hinter sich und hatte noch selten den Koitus mit Liebe in Zusammenhang gebracht. Laut Moores Bericht über eine Eintragung, die er in Byrons Memoiren (sie wurden 1824 verbrannt) gelesen hatte, wartete der Ehemann nicht die Nacht ab, um die Ehe zu vollziehen; er «*hatte* Lady Byron auf dem Sofa vor dem Abendessen an ihrem Hochzeitstag».[27] Nach dem Dinner fragte er sie, ob sie im selben Bett mit ihm schlafen wolle (wenn wir seiner Erinnerung trauen dürfen) und fügte hinzu, «ich kann es nicht ausstehen, das Bett mit einer Frau zu teilen, aber wenn Sie wollen, soll es so sein».[28] Er tat ihr den Gefallen, erzählte aber später Hobhouse, daß er in dieser ersten Nacht «von einem plötzlichen Anfall von Melancholie ergriffen worden sei und sein Bett verlassen habe». Am nächsten Tag (behauptete seine Frau) «war er abweisend und äußerte Worte quälender Ironie: ‹Jetzt ist es zu spät; es ist geschehen und ist nicht mehr ungeschehen zu machen›».[29] Er erhielt einen Brief von Augusta Leigh und las Annabella die Anrede vor: «Liebstes, erstes und bestes aller menschlichen Wesen.»[30] Wie sich die Ehefrau erinnert, beklagte er sich, «wenn ich ihn zwei Jahre früher geheiratet hätte, hätte ich ihm erspart, was er sich niemals vergeben könne. Er sagte, er könne es mir erzählen, aber es sei nicht sein alleiniges Geheimnis ... Ich fragte ... ob sie (Augusta) es kenne. Er schien zu erschrecken.»[31] Dennoch scheint Annabella zu dieser Zeit keinen Verdacht gegen Augusta gehegt zu haben.

Nach einem Aufenthalt von drei Wochen in Halnaby Hall kehrten die Neuvermählten nach Seaham zu einem Aufenthalt bei der Familie Milbanke zurück. Byron paßte sich an und machte sich bei jedermann beliebt, einschließlich seiner Frau. Nach sechs Wochen begann er sich nach der Abwechslung Londons und den Stimmen seiner Freunde zu sehnen. Annabella stimmte zu. In London bezogen sie luxuriöse Räume im Hause Piccadilly Terrace 13.

Am Tag nach ihrer Ankunft kam Hobhouse, und Byron fand seine gute Laune wieder. «Zehn Tage lang», berichtete seine Frau, «war er freundlicher, als ich ihn je erlebt hatte».[32] Vielleicht aus Dankbarkeit oder das Alleinsein fürchtend, lud sie Augusta ein, einige Zeit mit ihnen zu verbringen. Augusta kam im April 1815 und blieb bis zum Juni. Am 20. Juni besuchte George Ticknor, der amerikanische Historiker für spanische Literatur, den jungen Haushalt und gab einen durchaus günstigen Bericht über Byrons Verhalten. Bei dieser Gelegenheit kam ein Onkel Annabellas freudig mit der Nachricht, daß Napoleon gerade bei Waterloo besiegt worden sei. «Das tut mir verdammt leid», sagte Byron.

Er begann wieder Gedichte zu schreiben. Im April 1815 tat er sich mit zwei jüdischen Komponisten zusammen, um *Hebrew Melodies* herauszugeben, wovon sie die Musik und er die Worte geschrieben hatten. Von dieser Gemeinschaftsarbeit wurden trotz des Guineenpreises binnen kurzem 10 000 Exemplare verkauft. Murray brachte eine Ausgabe der Gedichte allein heraus, die ebenfalls großen Absatz fand. Im Oktober beendete Byron *The Siege of Corinth*; Lady Byron machte die Reinschrift für den Drucker. «Annabella», sagte Byron zu Lady Blessington, «besaß ein Maß an Selbstbeherrschung, wie ich nie etwas Ähnliches gesehen habe ... Dies rief bei mir den gegenteiligen Effekt hervor».[33]

Er hatte einige Entschuldigung für seine Reizbarkeit. In der Annahme, daß der Verkauf von Newstead Abbey perfekt sei, hatte er eine teure Wohnung für sich und seine Frau gemietet und sie verschwenderisch möbliert. Doch der Verkauf zerschlug sich und Byron fand sich im wörtlichen Sinne belagert. Im November 1815 kam ein Gerichtsvollzieher in das Appartement, legte Siegel an einige Möbelstücke und drohte, die Nacht dort zu verbringen, wenn Byron seine Rechnungen nicht bezahle. Byron war der Ansicht, Annabellas reiche Eltern hätten großzügiger zu den Kosten des neuen Haushalts beitragen müssen.

Seine Sorgen färbten auch seine zärtlichen Augenblicke mit Bitterkeit oder Groll. «Wenn irgendeine Frau mir die Ehe erträglich hätte machen können», sagte er zu seiner Frau, «wärest Du das gewesen». Dann aber wieder: «Ich glaube, Du wirst mich weiter lieben, bis ich Dich schlage». Als sie die Hoffnung und Zuversicht ausdrückte, er würde lernen, sie zu lieben, wiederholte er: «Jetzt ist es zu spät. Wenn Du mich vor zwei Jahren genommen hättest ... aber es ist mein Schicksal, allen Unglück zu bringen, die in meine Nähe kommen.»[34] Da er eine Stellung im Direktorium des Drury-Lane-Theaters übernommen hatte, leistete er Sheridan und anderen bei Trinkgelagen Gesellschaft und nahm eine der Schauspielerinnen mit ins Bett.[35] Annabella schrieb an Augusta, sie möge wiederkommen und ihr helfen, ihn zu bändigen; Augusta kam (15. November 1815), tadelte ihren Bruder und wurde zusammen mit Annabella ein Opfer seiner Wutausbrüche. «Augusta war voll Mitleid für ihre Schwägerin.»[36]

Während der meisten dieser schwierigen Monate hatte Lady Byron sein Kind getragen. Am 10. Dezember 1815 gab sie einer Tochter das Leben, die Augusta Ada – später nur Ada – genannt wurde. Byron war hocherfreut und liebevoll zu seinem Kind und – vorübergehend – auch zu seiner Mutter. «Meine Frau», sagte er in jenem Monat zu Hobhouse, «ist die Vollendung an sich – das beste lebende Geschöpf. Aber denk an meine Worte – heirate nicht».[37] Bald nach der Geburt kehrten seine Wutanfälle zurück. In einem Anfall von Raserei warf er eine wertvolle Uhr, die er seit seiner Knabenzeit getragen hatte, in den Kamin und zertrümmerte sie mit einem Schüreisen.[38] Am 3. Januar 1816 kam Byron, wie Annabella ihrem Vater berichtete, in ihr Zimmer und sprach mit «beträchtlicher Heftigkeit» über seine Affären mit Damen vom Theater. Am 8. Januar konsultierte sie Dr. Matthew Baillie wegen Byrons geistiger Gesundheit; er kam, sah sich den Poeten im Käfig an, lehnte es jedoch ab, seine Meinung zu äußern. Offensichtlich war Byron einverstanden, daß Annabella mit ihrem Kind zu einem Besuch bei ihrer Mutter, Lady Milbanke, geborene Noel, auf dem Noelschen Besitztum in Kirkby, Leicestershire, verreisen sollte. In der Frühe des 15. Januar verließ sie mit Ada die Wohnung, während Byron noch schlief. In Woburn machte sie Rast und schickte ihm eine sonderbare, ermahnende, aber freundliche Botschaft:

> Liebster B: Das Kind ist wohlauf und eine musterhafte Reisende. Ich hoffe, Sie sind *gut* und erinnern sich meiner Bitten und Ermahnungen. Widmen Sie sich nicht dem abscheulichen Metier des Verseschmiedens – auch nicht dem Brandy – überhaupt niemand und keiner Angelegenheit, die nicht *legitim* und *recht* ist. Wenn ich auch ungehorsam bin, indem ich Ihnen schreibe, so lassen Sie mich doch in Kirkby von *Ihrer* Folgsamkeit hören. Alles Liebe von Ada und mir.[39]

Aus Kirkby schrieb sie wieder, humor- und liebevoll, und teilte ihm mit, daß ihre Eltern ihn zu sehen wünschten. Am gleichen Tage schrieb sie an Augusta (die noch bei Byron weilte), Lady Milbanke habe empfohlen, sie solle Byrons Laudanum

(Opium) zu drei Vierteln mit Wasser verdünnen. Nach und nach, dann ausführlich, erzählte Annabella ihren Eltern, wie, in ihrer Sicht, Byron sie behandelt hatte. Entsetzt bestanden sie auf ihrer völligen Trennung von ihrem Gatten. Lady Milbanke eilte nach London, um einen beamteten Arzt zu konsultieren, der über Byrons Verhalten unterrichtet war. Wenn sie Byron Geisteskrankheit attestieren könnte, wäre es möglich gewesen, die Ehe ohne seine Zustimmung zu anullieren. Der Amtsarzt erklärte, er habe an dem Dichter keine Anzeichen von Geisteskrankheit bemerkt, habe aber von verschiedenen neurotischen Ausbrüchen gehört, als ob Byron in seiner Begeisterung über das Spiel Edmund Keans von konvulsivischen Anfällen gepackt worden wäre. Annabella sandte ihrer Mutter eine Warnung, Augusta Leigh nicht in die Sache hineinzuziehen, denn Augusta sei «mir die treueste aller Freundinnen gewesen ... Ich bin sehr in Sorge, sie könnte von vielen als die Ursache der Trennung betrachtet werden, was ein grausames Unrecht wäre.»[40]

Am 2. Februar 1816 unterbreitete Annabellas Vater, Sir Ralph Milbanke, Byron einen Vorschlag für eine gütliche Trennung. Der Dichter antwortete höflich, er sähe keinen Grund, warum die Frau, die ihm erst kürzlich liebevolle Briefe geschickt habe, ihre Meinung so radikal geändert haben sollte. Er fragte bei Annabella an, ob sie freiwillig der Handlungsweise ihres Vaters zugestimmt habe. Sein Brief verursachte ihr «heftige Seelenpein und Schmerz», doch ihre Eltern verboten ihr, zu antworten. Augusta legte ihr von sich aus eine nochmalige Überlegung nahe, worauf Annabella antwortete: «Ich möchte Lord Byron nur seine eingestandenermaßen unüberwindliche Abneigung gegen das eheliche Leben ins Gedächtnis zurückrufen, wie auch den Wunsch und die Entschlossenheit, die er von Anfang an bekundet hat, sich von dieser Bindung, die er ganz unerträglich fand, zu befreien.»[41]

Am 12. Februar kam Hobhouse, um Byron zu besuchen. Unterwegs kam ihm einiges von dem Klatsch zu Ohren, der in Londons Gesellschaft und Literatenkreisen die Runde machte und besagte, Byron sei seiner Gattin gegenüber brutal und untreu gewesen. Einige Sätze aus Hobhouses Tagebuch von diesem Tag:

> Sah Mrs. L (eigh) und George B (yron, den Vetter des Dichters) und hörte von ihnen, was, wie ich fürchte, die nackte Wahrheit ist, daß nämlich B sich außerordentlich tyrannischen Verhaltens schuldig gemacht hat – Drohungen, Wutausbrüche, Vernachlässigung und sogar tatsächlicher Beleidigungen, indem er seiner Frau erzählte, er *lebe* mit einer anderen Frau – ... er versperrte die Türen, fuchtelte mit Pistolen herum ... sie (Lady Byron) scheint zu glauben, er sei all dieser Dinge schuldig – doch sie sprechen ihn von Schuld frei – wie? und sagen, er sei verrückt. Während ich mir diese Dinge anhörte, ging Mrs. L hinaus und berichtete dann, ihr Bruder sei in seinem Schlafzimmer und weine bitterlich – armer, armer Freund ...
>
> Ich hielt es jetzt für meine Pflicht, Byron zu sagen, daß ich meine Meinung geändert hätte ... Als ich ihm berichtete, was ich an diesem Tage in den Straßen gehört hatte, war er äußerst überrascht – er hatte gehört, man wolle ihn wegen Grausamkeit, Trunksucht und Ehebruch anklagen – ich brachte ihn dazu, vieles von dem zuzugeben, was ich am Morgen gehört hatte – er war entsetzlich aufgeregt – sagte, er sei ruiniert und wolle sich erschießen ... Ein paar Mal sagte er: «Und doch hat sie mich einmal geliebt», dann wieder, er sei froh, solch eine Frau los zu sein – er sagte, wenn ich ins Ausland reiste, würde er sich sofort von seiner Frau trennen.[42]

Ungefähr um diese Zeit erhielt Byron eine Rechnung über zweitausend Pfund für die Kutsche, die er für sich und seine Frau gekauft hatte. Er konnte die Schuld nicht begleichen, da er nur über hundertfünfzig Pfund verfügte. Dennoch schickte er in seiner unbekümmerten Großzügigkeit um den 16. Februar hundert Pfund an Coleridge.

Am 22. Februar kam Annabella nach London und gab Dr. Stephen Lushington einen Bericht, der nach seiner Ansicht eine Trennung unvermeidlich machte. In dieser Woche bemächtigte sich der öffentliche Klatsch Mrs. Leighs und beschuldigte Byron der Sodomie. Er begriff, daß jede weitere Verweigerung einer gütlichen Trennung zu einer Gerichtsverhandlung führen müsse, die unwiderruflich zu Augustas Ruin führen würde. Am 9. März gab er seine Zustimmung und erbot sich, auf alle Rechte an dem Vermögen seiner Frau, das dem Paar ein Einkommen von tausend Pfund im Jahr gebracht hatte, zu verzichten. Sie erklärte sich bereit, ihm jährlich die Hälfte dieser Summe zu überlassen. Sie versprach, öffentlich ihre Freundschaft mit Augusta zu erneuern und hielt sich an dieses Versprechen. Sie reichte keine Scheidungsklage ein.

Bald nach der Trennung verfaßte er ein Gedicht – «Lebewohl, und sei's für immer / lebe dennoch wohl» – und schickte es ihr. Eine Gruppe seiner Freunde – Hobhouse, Scrope Davies, Leigh Hunt, Samuel Rogers, Lord Holland, Benjamin Constant – besuchten ihn und versuchten, ihn den Zusammenbruch seiner Ehe vergessen zu machen. Allein und ohne eingeladen zu sein, überbrachte ihm Godwins Stieftochter, «Claire» Clairmont, Worte der Bewunderung von einem Dichterkollegen, Percy Shelley, und bot sich selbst als Balsam für seine Wunden an. Er nahm ihr Anerbieten an und begann damit eine lange Reihe neuer Kümmernisse. Am 25. April 1816 schiffte er sich mit drei Bedienten und einem Leibarzt nach Ostende ein, um England nie wieder zu betreten.

V. SHELLEYS JUGEND: 1792–1811

Percy rühmte seinen Großvater, Sir Bysshe Shelley, er habe sich «seinen drei Ehefrauen gegenüber ausgezeichnet verhalten; im übrigen «ist er ein kompletter Atheist und setzt alle seine Hoffnungen auf die Vernichtung».[43] Sir Bysshe erhielt seinen ungewöhnlichen Vornamen nach dem Mädchennamen seiner Großmutter. Er besaß einen langen Stammbaum, den er (wie Byron) bis auf die normannische Eroberung zurückführte. In dieser distinguierten Linie war ein Shelley gehängt worden, weil er sich auf die Seite Richard II. geschlagen hatte, ein anderer wegen Beteiligung an einer Verschwörung zur Ermordung Elisabeth I. Sir Bysshe brannte mit seiner zweiten Ehefrau durch, begrub sie und brannte mit einer dritten durch, die von Sir Philip Sidney abstammte. Ihr Vermögen vergrößerte das ihres Gatten und verhalf ihm 1806 zu einer Baronie. Er wurde dreiundachtzig Jahre alt, sehr zum Mißvergnügen seiner Kinder. Der älteste von diesen war Timothy Shelley, der Oxford durchlief und ins Parlament gewählt wurde, wo er sich den halbliberalen Whigs anschloß. 1791 heiratete er Elizabeth Pilfold, eine Frau von großer Schönheit, beträchtlichem Temperament und einigermaßen agnostisch gesinnt[44], welche Eigenschaften sie alle ihrem ältesten Sohn vererbte.

Percy Bysshe Shelley wurde am 4. August 1792 auf dem als Field Place bekannten Familiensitz, einem großen Haus und Landgut in der Nähe von Horsham in Sussex, geboren. Ihm folgten vier Schwestern und viel später noch ein Bruder. Percy wurde in enger Gemeinschaft mit seinen Schwestern erzogen. Es mag sein, daß er von ihnen einiges an Sanftheit, Nervosität und Phantasie übernahm; für die Älteste entwickelte er eine innige Zuneigung.

In Eton litt er Qualen verletzten Stolzes wegen der geforderten niederen Dienstleistungen. Er drückte sich vor den meisten Sportarten mit Ausnahme des Ruderns; unseligerweise lernte er niemals schwimmen. In Latein war er bald gut bewandert und machte sich tyrannische Mitschüler zu Freunden, indem er ihnen bei ihren Aufgaben half. Seine Freizeitlektüre schloß viele Schauergeschichten ein, doch fand er ebenso Geschmack am Materialismus von Lukrez' *De rerum natura*, der Wissenschaft von Plinius' *Natural History*, dem Optimismus von Condorcets *Sketch of a Tableau of the Progress of the Human Mind* und dem philosophischen Anarchismus von Godwins *Enquiry Concerning Political Justice*. «Dieses Buch», schrieb er später, «eröffnete meinem Geist neue und umfassendere Einsichten; es beeinflußte meinen Charakter wesentlich; seine sorgfältige Lektüre machte mich zu einem klügeren und besseren Menschen ... Ich begriff, daß ich Pflichten zu erfüllen hatte.»[45]

Als Sechzehnjähriger verliebte er sich während der Ferien in eine Kusine, Harriet Grove, die oft in Field Place zu Gast war. Sie begannen einen Briefwechsel, dessen Glut sich 1809 zu wechselseitigen Schwüren ewiger Treue steigerte. Als er ihr jedoch seine Zweifel an Gott bekannte, zeigte sie diesen agnostischen Brief ihrem Vater, der ihr riet, Percy aufzugeben. Als Harriet sich im Januar 1811 mit William Helyer verlobte, schrieb Shelley seinem Freund Thomas Jefferson Hogg einen Brief, der Byrons wildester Helden würdig gewesen wäre: «Sie ist nicht länger die Meine, sie verabscheut mich als einen Deisten, was sie früher auch war. O Christenheit, wenn ich diese letzte, schwerste deiner Verfolgungen verzeihe, möge Gott (wenn es einen gibt) mich vernichten! ... Ist Selbstmord Unrecht? Ich schlief letzte Nacht mit einer geladenen Pistole und Gift neben mir, aber ich starb nicht.»[46]

Unterdessen (1810) hatte er nach Eton das University College in Oxford bezogen. Er hielt sich dort, abgesehen von ein paar Probenächten[47], dem sexuellen Treiben fern, das den meisten Studenten als notwendige Vorstufe zur Männlichkeit erschien. Hie und da besuchte er Vorlesungen der Collegelehrer, die ihm in Latein und Griechisch nicht viel mehr als einen Schritt voraus waren. Bald verfaßte er lateinische Gedichte, und seinen Äschylos vergaß er nie. Sein Zimmer war übersät mit umhergestreuten Büchern und Manuskripten und dem ganzen Kram des Amateurwissenschaftlers; bei einem Experiment sprengte er fast den Raum in die Luft. Er vertraute darauf, daß die Wissenschaft Welt und Menschen erneuern würde. Auf die Geschichte gab er nichts, da er sich Voltaires und Gibbons Aussprüche zu eigen gemacht hatte, sie sei in der Hauptsache ein Bericht über Verbrechen und Torheiten der Menschen. Trotzdem las er diese beiden Skeptiker mit Begeisterung. Er dachte, er habe einen Schlüssel zum Rätsel des Universums bei Lukrez und den *philosophes* gefunden: es sei ein Reigen von Atomen, die festen Gesetzen folgten. Dann entdeckte er Spinoza und interpretierte ihn als monistischen Dualisten, der Materie und Geist als zwei Aspekte derselben göttlichen Substanz ansah – gewissermaßen Geist in aller Materie und Materie allen Geist umhüllend.

Er las leidenschaftlich. Sein Klassenkamerad Hogg beschrieb ihn: «Ständig ein Buch in der Hand, las er ... bei Tisch, im Bett und insbesondere beim Spazierengehen ... nicht nur in Oxford ... in der High Street, sondern in den belebtesten Hauptstraßen von London ... Ich habe nie Augen gesehen, die gieriger die Seiten verschlangen.»[48] Essen erschien ihm als reine Zeitverschwendung, wenn er dabei nicht las; die einfachste Nahrung war die beste, wenn auch nur, weil sie am wenigsten von der Verarbeitung von Gedanken abhielt. Er war noch kein Vegetarier, doch Brot in der einen und Rosinen in der anderen Tasche schienen ihm ein gut ausbalanciertes Mahl. Trotzdem war er ein Leckermaul, aß gerne Honig auf Ingwerbrot und mischte sein Trinkwasser mit Wein.[49]

Er wird in dieser seiner Oxforder Zeit beschrieben als hochgewachsenes, schlankes, gebeugtes Bündel von Nerven, Theorien und Argumenten, mit ungepflegtem Haar und nachlässiger Kleidung; das Hemd ohne Kragen und am Hals offen; das Gesicht fast weiblich hübsch; glänzende, aber ruhelose Augen; die Manieren linkisch, aber höflich. Er besaß den Organismus eines Dichters, sensibel in jeder Faser, voll unkontrollierter Gefühle, empfänglich für ein Chaos von Ideen, aber gegen Geschichte allergisch. Er hatte den Moralkodex eines Poeten, der die individuelle Freiheit betont und sozialen Beschränkungen mißtraut. Herrlich, berichtete Hogg, waren die Nächte in Shelleys Zimmer, wenn sie einander Gedichte und Philosophie vorlasen, Gesetze und Glaubensbekenntnisse zerfetzten, bis zwei Uhr morgens Überzeugungen austauschten und vor allen Dingen über einen Punkt einig waren – daß es keinen Gott gäbe.

Über diesen Gegenstand brauten die jungen Rebellen eine Arbeit zusammen, der sie den Titel *The Necessity of Atheism* gaben. Dieser Terminus war damals in der guten Gesellschaft verpönt. Skeptische Gentlemen bezeichneten sich selbst als Deisten und sprachen verehrungsvoll von Gott als einer unerkennbaren Wesenheit, der Natur als ihr Lebensatem und Geist inhärent. Shelley sollte später selbst zu dieser Auffassung gelangen; jetzt aber, als tapfere und nicht vorausblickende Jungen, zogen es die Autoren vor, sich selbst als Atheisten zu bezeichnen, als Herausforderung an ein Tabu und um die Aufmerksamkeit auf sich zu lenken. Thema dieses Essays war, daß weder unsere Sinne, noch die Vernunft, noch die Geschichte einen Gott erkennen lassen. Die Sinne zeigen lediglich Materie, die sich gesetzmäßig bewegt. Die Vernunft lehnt den Gedanken an einen Schöpfer ab, der das Universum aus dem Nichts erschaffen hat. Die Geschichte bietet weder ein Beispiel göttlicher Aktivität, noch berichtet sie vom Erscheinen eines göttlichen Wesens auf der Erde. Die Verfasser nannten ihre Namen nicht, sondern vermerkten auf der Titelseite: «Wegen Mangels an Beweisen, ein Atheist».

Der *Oxford University and City Herald* vom 9. Februar 1811 enthielt eine Anzeige für das Pamphlet. Es erschien am 13. Februar, und Shelley plazierte sogleich Exemplare davon in das Schaufenster oder auf den Ladentisch eines Oxforder Buchladens. Der Reverend John Walker, Mitglied des New College, sah die ausgestellten Stücke und verlangte von dem Buchhändler, sämtliche in seinem Besitz befindlichen Abdrucke zu vernichten, was auch geschah. Inzwischen hatte Shelley Exemplare an eine Reihe von Bischöfen und an mehrere Würdenträger der Universität geschickt.[50] Einer von ihnen brachte das Pamphlet zum Direktor und dem Lehrkörper des University College. Diese forderten Shelley auf, am 25. März vor ihnen zu erscheinen. Er kam, die Schrift wurde ihm vorgelegt und man fragte ihn, ob er der Verfasser sei. Er verweigerte die Antwort und berief sich auf Gedanken- und Pressefreiheit. Daraufhin erging die Anordnung, er habe Oxford am nächsten Morgen zu verlassen. Hogg, der davon erfuhr, bekannte sich als Mitautor und verlangte dieselbe Bestrafung, die er auch erhielt. Am selben Nachmittag verkündete eine Bekanntmachung der Universität, daß Shelley und Hogg relegiert worden seien «wegen Aufsässigkeit durch die Weigerung, gewisse ihnen gestellte Fragen zu beantworten». Privat ließ der Direktor Shelley wissen, daß einer Bitte um ein paar Tage Aufschub entsprochen werden würde, falls es ihm Schwierigkeiten mache, so kurzfristig abzureisen. Die Botschaft blieb unbeantwortet. Am 26. März verließen Shelley und Hogg stolz auf dem Verdeck der Londoner Postkutsche Oxford.

VI. ERSTE FLUCHT: SHELLEY 1811–1812

Sie mieteten sich in der Poland Street Nr. 15 ein. Shelleys Vater, der sich einer Parlamentssession halber in der Stadt aufhielt, besuchte sie dort und forderte sie auf, ihre Ansichten zu widerrufen. Da Shelley sich unnachgiebig zeigte, bat er ihn, sich von Hogg zu trennen, der einen schlechten Einfluß auf ihn ausübe, in den Schoß der Familie zurückzukehren und dort «unter der Leitung eines Gentleman, den ich auswählen werde, seiner Unterweisung und Anleitung» zu verbleiben. Shelley weigerte sich. Der Vater verließ ihn ärgerlich und verzweifelt. Er erkannte Shelleys Fähigkeiten und hatte erwartet, er würde einen ehrenvollen Platz im Parlament einnehmen. Hogg reiste nach York, um die Rechte zu studieren. In kurzer Zeit stand Shelley ohne Mittel dar. Seine Schwestern, die damals zur Ausbildung an Mrs. Fennings Schule im Clapham-Distrikt von London weilten, schickten ihm ihr Taschengeld. Im Mai ließ sich sein Vater erweichen und gewährte ihm ein Jahresgeld von zweihundert Pfund. Unter den Mitschülerinnen seiner Schwestern in Clapham war auch die sechzehn Jahre alte Harriet Westbrook, Tochter des wohlhabenden

Besitzers einer Taverne am Grosvenor Square. Als sie Percy kennenlernte, war sie tief beeindruckt von seiner Abstammung, der Leichtigkeit seiner Unterhaltung, dem Umfang seiner Kenntnisse und dem Übermut, der sich in seinen Ansichten ausdrückte. Nach kurzer Zeit stimmte sie ihm zu, daß Gott tot sei und Gesetze überflüssige Ärgernisse. Sie las mit wonnigem Erbeben die rebellischen Texte, die er ihr lieh und die Übersetzungen der Klassiker, die eine herrliche Kultur enthüllten, die nie etwas von Christus gehört hatte. Sie lud ihn zu sich ein. «Ich verbrachte den größten Teil meiner Zeit bei Miss Westbrook», schrieb Shelley im Mai 1811 an Hogg. «Sie liest Voltaires Dictionnaire philosophique.»[51] Als ihre Mitschülerinnen entdeckten, daß ihr sonderbarer Freund ein Atheist war, boykottierten sie sie, da sie schon den Geruch der Hölle verbreite. Als man sie mit einem seiner Briefe ertappte, wurde sie von der Schule verwiesen.

Anfang August schrieb Shelley an Hoog: «Ihr Vater hat sie auf die schrecklichste Weise drangsaliert, um sie zu zwingen, wieder in die Schule zu gehen. Sie fragte mich um Rat; die Antwort war Widerstand, während ich gleichzeitig vergeblich versuchte, Mr. Westbrook umzustimmen! In der Folge stellte sie sich unter meinen Schutz.»[52] Später berichtete er über das Resultat: «Sie verliebte sich offensichtlich in mich und fürchtete, ich würde ihre Zuneigung nicht erwidern ... Es war unmöglich, nicht aufs stärkste berührt zu sein. Ich versprach, mein Schicksal mit dem ihren zu verbinden.»[53] Anscheinend schlug er ihr vor, in freier Liebe zusammenzuleben, was sie aber ablehnte; daraufhin schlug er eine Heirat vor; sie stimmte zu. Ihr Vater versagte seine Einwilligung. Am 25. August brannte das Paar durch, nahm die Postkutsche nach Edinburgh und wurde dort nach dem Ritus der schottischen Kirche getraut (28. April 1811). Ihr Vater beugte sich dem *fait accompli* und setzte ihr ein Jahresgeld von zweihundert Pfund aus. Ihre ältere Schwester Eliza zog zu ihr nach York und (da Shelley zugab, von praktischen Dingen nichts zu verstehen) verwaltete das Einkommen der jungen Familie. «Eliza», berichtete er, «bewahrt unser gemeinsames Vermögen der Sicherheit halber in irgendeiner Tasche ihres Kleides auf», und «gibt uns davon, was wir brauchen».[54] Shelley war nicht recht glücklich über Elizas Regiment, doch er tröstete sich mit Harriets Fügsamkeit. «Meine Frau», schrieb er später an Godwin, «ist Partnerin meiner Gedanken und Gefühle».[55]

Harriet und Eliza blieben in York, während Shelley nach London fuhr, um seinen Vater zu besänftigen. Hogg war nicht weit weg. Mr. Shelley hatte seine Zahlungen bei der Nachricht vom Ausreißen der beiden eingestellt; jetzt nahm er sie wieder auf, verbot jedoch seinem Sohn, jemals wieder das Heim der Familie zu betreten. Bei der Rückkehr nach York entdeckte Shelley, daß sein treuer Freund Hogg versucht hatte, Harriet zu verführen. Sie erzählte ihrem Mann nichts davon, doch Hogg beichtete, erhielt Verzeihung und verschwand. Im November reiste das Trio nach Keswick, wo Shelley Southey kennenlernte. «Hier», schrieb Southey (4. Januar 1812), «ist ein Mann, der auf mich wirkt, wie es mein eigener Geist tun würde. Er ist genauso, wie ich 1794 war ... Ich sagte ihm, der einzige Unterschied zwischen uns sei, daß er neunzehn ist und ich siebenunddreißig.»[56] Shelley fand Southey liebenswürdig und großzügig und las die Gedichte des älteren Mannes mit Vergnügen. Ein paar Tage später schrieb er: «Ich denke nicht mehr so hoch von Southey wie zuvor. Man muß zugeben, daß er im Kreise seiner Familie höchst sympathisch erscheint ... Wie ist er doch von der Welt korrumpiert, von Konventionen vergiftet. Es zerreißt mir das Herz, wenn ich daran denke, was er hätte sein können.»[57]

Er fand einigen Trost in der Lektüre von Godwins *Political Justice*. Als er erfuhr, daß der einstmals berühmte Philosoph jetzt in Armut und Vergessenheit lebe, schrieb er ihm einen verehrungsvollen Brief:

Ich hatte Ihren Namen auf der Liste der ehrwürdigen Toten vermutet. Es hatte mich geschmerzt, daß der Ruhm Ihres Daseins von unserer Erde gegangen war. Dies trifft nicht zu. Sie leben noch und beschäftigen sich, wie ich überzeugt bin, mit der Wohlfahrt der Menschheit. Ich habe die Bühne menschlichen Wirkens gerade erst betreten, doch meine Gefühle und Überlegungen entsprechen Ihren früheren ... Ich bin jung; ich verteidige leidenschaftlich die Sache der Philosophie und der Wahrheit ... Wenn ich nach London komme, werde ich Sie aufsuchen. Ich bin überzeugt, Sie würden in mir einen Mann sehen, der Ihrer Freundschaft nicht unwürdig ist ...

Adieu. Ich erwarte begierig Ihre Antwort.[58]

Godwins Antwort ist verlorengegangen. Wir können ihren Tenor jedoch nach seinem Brief vom März 1812 beurteilen: «Soweit ich bislang Ihren Charakter zu beurteilen vermag, habe ich den Eindruck, daß er eine außergewöhnliche Ansammlung liebenswerter Qualitäten birgt, verbunden allerdings mit beträchtlichen Fehlern. Die Fehler entstammen und entstammten in der Hauptsache immer derselben Quelle – dem Umstand nämlich, daß Sie noch sehr jung sind und dies in gewissen wesentlichen Punkten nicht genügend erkennen.» Er riet Shelley, nicht jeden Ausbruch gleich zu veröffentlichen und wenn er etwas publiziere, seinen Namen nicht darauf zu setzen. «Das Leben eines Mannes, der dies tut (unter seinem Namen veröffentlicht), wird eine Serie von Widerrufen sein.»[59]

Shelley hatte schon Zurückhaltung geübt, als er seine erste wichtige Dichtung, *Queen Mab*, ungedruckt, bzw. nur in wenigen Exemplaren als Privatdruck erscheinen ließ. «Ich habe sie im Alter von achtzehn Jahren geschrieben – ich kann sagen, in recht ungezügeltem Geist – aber ... war nicht zur Veröffentlichung bestimmt.»[60] 1810 war er noch von den französischen *philosophes* begeistert. Er stellte dem Gedicht Voltaires zorniges Motto *Écrasez l'infâme!* voran und entlieh viele Gedanken aus Volneys *Les Ruines, ou Méditations sur les révolutions des empires* (1791).

Zu Beginn der Dichtung liegt das Mädchen Janthe im Schlummer. Sie träumt, die Feenkönigin Mab komme vom Himmel zu ihr herab, nehme sie mit sich hinauf zu den Sternen und fordere sie auf, aus dieser Perspektive Vergangenheit, Gegenwart und Zukunft der Erde zu betrachten. Eine Folge von Reichen zeigt sich ihrem Auge – Ägypten, Palmyra, Judäa, Griechenland, Rom ... dann zeigt die Königin mit einem Sprung in die Gegenwart einen König (offensichtlich den Prinzregenten), der «Sklave selbst der niedrigsten Triebe ist»[61]; sie ist erstaunt, daß keiner der Elenden, die hungern, während er Feste feiert, «die Hand erhebt, um ihn vom Thron zu stoßen» und fügt ein heute berühmtes Verdikt hinzu:

The man
Of virtuous soul commands not, nor obeys.
Power, like a desolating pestilence,
Pollutes whate'er it touches.[62]

Der Gute will nicht herrschen, noch gehorchen.
Die Macht befleckt, verheerendem Pesthauch gleich,
was irgend sie berührt ...*

Auch der Handel und Adam Smith finden nicht den Beifall der Königin: «Harmonie und Glück der Menschheit weicht dem Reichtum von Nationen»; «alle Dinge sind käuflich, selbst die Liebe.»[63] Sie schildert die Verbrennung eines Atheisten, was Janthe in Schrecken versetzt; die Königin tröstet sie und versichert ihr, «es gibt keinen Gott».[64] Ahasverus, der Ewige Jude, kommt dazu und tadelt den Gott der Genesis heftig, weil er Milliarden von Männern, Frauen und Kindern Tausende von Jahren lang wegen der unbegreiflichen Sünde einer einzigen Frau bestraft.[65] (Hier mag Byron Anregungen für seinen *Cain* gefunden haben; Shelley hatte ihm ein privat gedrucktes Exemplar zugeschickt.) Schließlich malt die Königin eine rosige Zukunft aus: Liebe, von Gesetzen unbeschränkt, Gefängnisse leer und nutzlos, Prostitution verschwunden, Tod ohne Schmerzen. Dann befiehlt sie Janthe, zur Erde zurückzukehren, das Evangelium der universellen Liebe zu predigen und den Glauben an ihren Sieg unzerstörbar zu bewahren. Janthe erwacht.

Es ist eine machtvolle Dichtung, trotz ihrer jugendlichen Gedankengänge und ihres manchmal bombastischen Stils; auf jeden Fall ein bemerkenswertes Werk für einen Jungen von achtzehn Jahren. Als *Queen Mab*, ohne Genehmigung des Verfassers, 1821 veröffentlicht wurde, begrüßten es die englischen Radikalen als ihre eigene Klage und ihren Traum. Innerhalb von zwanzig Jahren wurden vierzehn Raubdrucke publiziert.[66]

Nach einem Aufenthalt in Irland (Februar bis März 1812), wo er sich mit heroischer Unparteilichkeit sowohl für die katholische als auch für die protestantische Sache einsetzte, reisten Shelley und Harriet nach Wales. Von der dort herrschenden Armut überwältigt, begaben sie sich nach London, um Mittel für wohltätige walisische Stiftungen zu sammeln. Er ergriff diese Gelegenheit, um Godwin seine Aufwartung zu machen, der solchen Gefallen an ihm fand, daß die beiden Familien sich häufig gegenseitig einluden. Nach weiteren kurzen Besuchen in Irland und Wales ließ sich das junge Paar in London nieder. Dort wurden, um die Legitimität eines Sohnes und Erben, den sie vielleicht haben würden, zu sichern, Shelley und Harriet ein zweites Mal getraut, diesmal nach dem Ritus der Church of England. Kurz zuvor, an ihrem Geburtstag, hatte er eine poetische Erneuerung seines Gelöbnisses an sie gerichtet:

---

* Nach der Übersetzung von Adolf Strodtmann in Shelleys Ausgewählte Dichtungen, Bibliogr. Institut, Leipzig, 1866.

Harriet! let death all mortal ties dissolve;
But ours shall not be mortal! ...
Virtue and Love! unbending Fortitude,
Freedom, Devotedness, and Purity!
That life my spirit consecrates to you.[67]

Harriet! Laß den Tod alle sterblichen Bande lösen;
Die unseren sollen nicht sterblich sein! ...
Tugend und Liebe! unbeugsame Seelenstärke,
Freiheit, Ergebenheit und Reinheit!
Dies Leben weiht Dir mein Geist.

VII. ZWEITE FLUCHT: SHELLEY 1812–1816

Shelley scheint bei allen seinen Wanderungen niemals daran gedacht zu haben, seinen Lebensunterhalt zu verdienen. Vielleicht teilte er Wordsworth' Ansicht, daß ein der Dichtkunst Geweihter von Arbeiten oder Sorgen frei sein müsse, die seine Dichterseele bedrücken könnten. Er sah keinen Widerspruch zwischen seinem Eintreten für Gleichberechtigung unter einem republikanischen Regime und seinen Bemühungen, seinen Anteil an dem Reichtum zu erhalten, den sein Großvater seinem Vater hinterlassen hatte. Er vermehrte das väterliche Jahresgeld, indem er nach seinem Tode fällige Schuldscheine an Geldverleiher verkaufte; so verpfändete er 1813 zweitausend Pfund seiner erwarteten Erbschaft für sechshundert auf die Hand.

Möglicherweise wurden die Wucherer durch seinen zarten Körperbau und seine häufig wiederkehrenden Erkrankungen ermutigt. Ein anhaltender Schmerz in der linken Seite (berichtete später seine zweite Frau) «irritierte sein Nervensystem bis zu einem Grade der Empfindlichkeit, der seine Betrachtungsweise des Lebens anders sein ließ als bei einem Mann, der sich guter Gesundheit erfreut. Äußerst höflich und geduldig in seinem Betragen, litt er unter krankhafter Erregbarkeit, oder besser Aufgeregtheit, und seine Leidensfähigkeit war fast stets bis zur Grenze angespannt.»[68]

Er glaubte, er könne seine Schmerzen durch eine vegetarische Diät lindern. In dieser Hoffnung wurde er durch in John Newtons *Return to Nature, or Defence of a Vegetable Regimen* (1811) berichtete Experimente bestärkt. Um 1812 waren er und Harriet überzeugte Vegetarier. Um 1813 war er so voller Begeisterung über das von ihr so genannte «Pythagoreische System», daß er in seine Notizen zu *Queen Mab* einen Appell an die Allgemeinheit einfügte:

Bei allem, was an unseren Hoffnungen für das Menschengeschlecht heilig ist, beschwöre ich alle, die Glück und Wahrheit lieben, sich ernsthaft mit der vegetarischen Lehre zu beschäftigen! ... Es gibt keine Krankheit, weder körperlich noch geistig, welche nicht unfehlbar durch Anwendung einer vegetarischen Diät und reinen Wassers gebessert worden wäre, gleich, wo der Versuch unternommen wurde. Schwäche wird nach und nach in Stärke verwandelt, Krankheit in Gesundheit.[70]

In *Vindication of Natural Diet* (1813) führte er die bösen Triebe der Menschen ebenso wie die meisten Kriege auf das Fleischessen zurück und plädierte für eine Rückkehr von Handel und Industrie zur Landwirtschaft:

> Bei einer natürlichen Diät würden wir keine Gewürze aus Indien, keine Weine aus Portugal, Spanien, Frankreich oder Madeira brauchen ... Der Geist der Nation, der die Führung bei dieser großen Reform übernehmen müßte, würde sich unmerklich mehr auf die Landwirtschaft richten. Der Handel mit all seinen Übeln, Selbstsucht und Korruption würden allmählich zurückgehen; natürlichere Gewohnheiten würden sanftere Sitten hervorbringen.[71]

Eine eigenartige Verkettung von Umständen führte von seiner vegetarischen Einstellung zum Zerbrechen seiner ersten Ehe. Durch seine Bewunderung John Newtons kam er in Berührung mit Newtons Schwägerin, Mrs. John Boynton, einer Vegetarierin und Republikanerin, charmant trotz ihres weißen Haars und einer gebildeten Konversation in zwei Sprachen fähig. Im Juni 1813 brachte Harriet eine hübsche Tochter zur Welt, der Shelley den Namen Janthe gab; im Sommer dieses Jahres zog er mit ihnen und Schwester Eliza nach Bracknell, einem freundlichen Ort dreißig Meilen von London. Kurz darauf mietete Mrs. Boynton dort ein Haus und versammelte einen Kreis französischer *émigrés* und englischer Radikaler um sich, deren Ansichten über Regierungsform und Diät Shelley zusagten. Immer häufiger ließ er Harriet und Janthe mit Eliza allein und begab sich in die Gesellschaft Mrs. Boyntons, ihrer Freunde und ihrer verheirateten Tochter.

Die Beziehungen zu seiner Frau hatten sich durch verschiedene Umstände getrübt. Allem Anschein nach muß er in ihrer geistigen Entwicklung eine gewisse Verlangsamung gespürt haben: Sie war in zunehmendem Maße von ihrem Kind in Anspruch genommen und interessierte sich nicht mehr für Politik. Außerdem hatte sie eine Vorliebe für auffälligen Luxus und schöne Kleider entwickelt; zum Teil, um ihr gefällig zu sein, hatte er eine kostspielige Kutsche gekauft. Bei diesem kritischen Stand der Dinge (26. Mai 1813) schrieb ihm sein Vater, wenn er nicht seinen Atheismus widerrufe und dem Direktor seines College in Oxford Abbitte leiste, würde er ihn enterben und jegliche finanzielle Unterstützung einstellen. In Erwartung eines beträchtlichen Erbteils zum Zeitpunkt seiner Volljährigkeit (4. August 1813) hatte Shelley Schulden gemacht, die als Hypotheken auf seiner Zukunft lasteten. Harriet und Eliza gerieten in Panik und fragten sich offenbar, ob Paris nicht doch eine Messe wert sei. Shelley weigerte sich, zu widerrufen und fuhr fort, die Soireen Mrs. Boyntons zu besuchen. Godwin schrieb ihm, daß seine Gläubiger ihm mit dem Schuldgefängnis drohten und ließ durchblicken, daß ihm eine Hilfe willkommen wäre. Im Juni 1814 reiste Harriet mit ihrem Kind nach Bath, offenbar in der Erwartung, daß ihr Gatte ihr bald dorthin nachfolgen würde. Shelley begab sich nach London, mietete ein Zimmer in der Fleet Street, versuchte Geld für Godwin aufzutreiben und aß fast täglich im Hause des Philosophen in Skinner Street zu Abend. Dort traf er Mary Godwin.

Sie war das Kind, bei dessen Geburt vor siebzehn Jahren die begabte, aber unglückliche Verteidigerin der Rechte der Frau ihr Leben verloren hatte. Marys frische Jugend, ihr aufgeweckter Geist, ihr blasses und nachdenkliches Gesicht, ihre unverhüllte Bewunderung für Shelley waren zuviel für den Dichter, der immerhin erst ein Junge von einundzwanzig war. Wiederum mischte sich Mitleid mit Verlangen. Er hatte oft von Mary Wollstonecraft und ihrem bemerkenswerten Buch gehört; hier war ihre Tochter, die, unglücklich unter einer strengen Stiefmutter, oft das Haus verließ, um allein am Grab ihrer Mutter zu sitzen. In diesem Mädchen, dachte Shelley, mit dem doppelten Erbteil von Sensitivität und Intellekt, habe er Geist und Gemüt, schöner als bei Harriet, gefunden. Innerhalb einer Woche wurde er von einer Leidenschaft geschüttelt, wie er sie nie zuvor erlebt zu haben scheint. Am 6. Juli bat er Godwin um die Hand seiner Tochter. Der entrüstete Philosoph nannte seinen Verehrer einen «Wüstling», verbot ihm sein Haus und unterstellte Mary der Aufsicht ihrer Stiefmutter.[72]

Bald darauf fand Thomas Love Peacock den Dichter fast delirierend in seinem Zimmer in der Fleet Street. «Nichts, was ich je in Erzählungen oder Geschichte gelesen habe, könnte schlagender den Eindruck einer plötzlichen, heftigen, unwiderstehlichen ... Leidenschaft vermitteln, als die, unter der ich ihn seufzen fand, als ich auf seine Bitte vom Land hereinkam, um ihn zu besuchen ... Seine Augen waren blutunterlaufen, Haar und Kleidung in Unordnung. Er nahm ein Fläschchen Laudanum zur Hand und sagte: ‹Davon trenne ich mich nie›.»[73]

Ungeachtet aller Hindernisse gelang es Shelley, mit Mary am Grabe ihrer Mutter zusammenzutreffen. Er besiegte ihren Widerstand, indem er ihr erzählte, Harriet habe ihn mit einem Mr. Ryan betrogen.[74] Er fuhr noch einige Zeit fort, die Ehelichkeit des Kindes in Abrede zu stellen, das Harriet jetzt trug (später behauptete er, es sei von ihm). Sie lehnte seine Anschuldigung ab, und Shelleys Freunde Peacock, Hogg, Trelawny und sein Verleger Hookham unterstützten sie; Godwin wies sie später zurück.[75]

Shelley schrieb an Harriet (die sich noch in Bath aufhielt) und bat sie, nach London zu kommen. Sie kam (14. Juli 1814) und wohnte im Hause ihres Vaters. Der Dichter besuchte sie dort und fand ihren Gesundheitszustand besorgniserregend. Er bat sie, in eine Trennung zu willigen, was sie ablehnte. In sein Zimmer zurückgekehrt, schrieb er ihr einen aufgeregten Brief, der irgendeine Vereinbarung vermuten läßt:

Meine liebste Freundin:

Obwohl ich von unserer Unterredung erschöpft und sicher bin, Dich morgen um 12 Uhr zu sehen, kann ich mich nicht enthalten, Dir zu schreiben. Deine Versicherungen haben mich ruhig und sicherer gemacht ...

Dafür, liebste Harriet, danke ich Dir aus innerstem Herzen. Vielleicht ist dies die größte unter den vielen Wohltaten, die ich von Dir empfangen habe und noch empfangen könnte. Ich verabscheute das Licht des Tages und betrachtete mich selbst mit tiefem und unbeschreiblichen Ekel. Ich lebte in der Hoffnung, von Dir Trost und Glück zu empfangen und bin nicht enttäuscht worden.

Ich wiederhole (glaube an meine Aufrichtigkeit), daß meine Zuneigung zu Dir unverändert ist: Meinem Empfinden nach ist sie sogar tiefer und dauerhafter geworden und ist jetzt weniger denn je den Schwankungen der Phantasie oder Laune ausgesetzt. Unsere Verbindung entstand nicht aus Leidenschaft oder einer augenblicklichen Regung. Ihre Basis war Freundschaft und auf dieser Grundlage ist sie gewachsen und stärker geworden. Es ist für mich kein Vorwurf, daß Du mein Herz nie mit einer allesverzehrenden Leidenschaft erfüllt hast ...

Sollte ich nicht mehr sein als ein Freund? Oh, viel mehr Bruder, Vater Deines Kindes, das uns beiden so lieb ist ...

Wenn Du Geld von der Bank abheben willst, ehe ich Dich sehe, wird Hookham Dir die Schecks geben.

Adieu. Bring mein süßes Baby. Ich muß sie immer lieben um Deinetwillen.

Für immer in aller Liebe Dein
P. B. Shelley.[76]

Harriet berichtete aus ihrer Sicht in einem Brief vom 20. November 1814 an Catherine Nugent:

... Mary war entschlossen, ihn zu verführen ... Sie heizte seine Einbildungskraft an, indem sie von ihrer Mutter sprach und jeden Tag mit ihm zu ihrem Grab ging, bis sie ihm schließlich sagte, sie sterbe aus Liebe zu ihm ... Warum (fragte Mary) könnten wir nicht alle zusammen leben? Ich als seine Schwester, sie als seine Frau? Er war verrückt genug, dies für möglich zu halten und schickte nach mir, da ich mich damals in Bath aufhielt. Du kannst Dir meine Gefühle bei dieser Enthüllung vorstellen. Ich lag danach vierzehn Tage lang krank darnieder. Ich konnte mir nicht helfen. Er bat mich, am Leben zu bleiben ... So bin ich nun hier, meine liebe Freundin, und warte darauf, ein weiteres Kind in diese elende Welt zu bringen. Nächsten Monat werde ich niederkommen. Er wird nicht bei mir sein.

H. Shelley.[77]

Godwin teilte in einem Brief an John Taylor vom 27. August 1814 einige Einzelheiten mit:

Ich hatte das größte Vertrauen zu ihm (Shelley). Ich wußte ihn der edelsten Gefühle fähig; er war ein verheirateter Mann, der seit drei Jahren glücklich mit seiner Frau lebte ... Am Sonntag, den 26. Juni, begleitete er Mary und ihre Schwester Jane Clairmont zum Grab von Marys Mutter ... Dort, scheint es, kam ihm der gottlose Gedanke, sie zu verführen, an mir zum Verräter zu werden und seine Frau im Stich zu lassen ... Am Mittwoch, den 6. Juli, ... hatte er die Tollheit, mir seine Pläne zu enthüllen und mich um meine Zustimmung zu bitten. Ich machte ihm ernste Vorhaltungen, ... und mit solchem Erfolg, daß er im Augenblick versprach, seine sündige Liebe aufzugeben ... Sie betrogen mich beide. In der Nacht vom 27. flohen Mary und ihre Schwester Jane aus meinem Haus. Am nächsten Morgen fand ich einen Brief, der mir mitteilte, was sie getan hatten.[78]

Jane Clairmont war nur Marys Stiefschwester, sie war die Tochter der zweiten Mrs. Godwin aus einer früheren Ehe. Ursprünglich Clara Mary Jane getauft, zog sie es vor, Clara gerufen zu werden und wurde zu Clare oder Claire. Am 27. April 1798 geboren, war sie jetzt sechzehn Jahre alt und sich ihrer Heiratsfähigkeit voll bewußt. Talentiert und hochherzig, sensibel und stolz, seufzte sie unter der Herrschaft einer sorgenbeladenen und reizbaren Mutter und einem Stiefvater, der zu bedrückt und bankrott war, um etwas Liebe für sie übrig zu haben. Sie bat Mary und Shelley, sie mitzunehmen. Sie waren einverstanden, und am 28. Juli 1814 flohen die drei von London nach Dover und weiter nach Frankreich.

Am 20. August erreichten die Wanderer Luzern. Dort fand Shelley keine Nachricht vor und auch kein Geld aus London. Er besaß nur noch achtundzwanzig Pfund. Traurig erklärte er seinen Begleiterinnen, daß er nach England zurückkehren und seine Finanzen in Ordnung bringen müsse. Zu Schiff und Wagen eilten sie nach Norden und waren am 13. September 1814 wieder in London. Die nächsten zwanzig Monate verbrachte er damit, sich vor seinen Gläubigern zu verstecken und Darlehen aufzunehmen, um sich selbst, Mary, Claire und Godwin zu ernähren, der es nach wie vor ablehnte, ihn zu sehen, Geldzuwendungen aber gerne annahm. Inzwischen brachte Harriet ihr zweites Kind, Charles, zur Welt; Mary kam mit ihrem ersten, William, nieder; Claire schlüpfte in Byrons Bett. Endlich starb des Dichters Großvater und hinterließ Shelleys Vater, jetzt Sir Timothy Shelley, Besitzungen im Wert von 80 000 Pfund. Shelley war jetzt der nächste Erbe, jedoch als solcher von seinem Vater nicht anerkannt. Er erbot sich, für eine lebenslängliche Jahresrente von 1000 Pfund auf seine Rechte zu verzichten. Die Vereinbarung kam zustande, und Shelley setzte Harriet ein Jahresgeld von zweihundert Pfund aus. Am 4. Mai 1816 reiste er mit Mary, William und Claire wiederum nach Dover und Frankreich. Neun Tage vor ihnen hatte Byron «den Staub Englands von seinen Füßen geschüttelt».

VIII. FERIEN IN DER SCHWEIZ: BYRON UND SHELLEY 1816

Beide Dichter hatten, unabhängig voneinander, die Schweiz als Reiseziel gewählt und Genf als Operationszentrum. Shelleys Gesellschaft kam am 15. Mai an und nahm im vorstädtischen Sécheron Quartier. Byron und sein Gefolge bestiegen in Ostende einen luxuriösen Reisewagen, den er für fünfhundert Pfund nach dem Muster eines von Napoleon benutzten und in Genappe als Teil der Trophäen von Waterloo erbeuteten hatte bauen lassen. Er enthielt ein Bett, eine Bücherei und alle zum Speisen nötigen Einrichtungen. Byron machte extra einen Abstecher zum Schauplatz der Schlacht; wahrscheinlich dichtete er am Abend in Brüssel die Stanzen 21 bis 28, die im II. Gesang von *Childe Harold's Pilgrimage* besonders denkwürdig werden sollten.

Gegen Ende Mai nahm er Wohnung im Hotel d'Angleterre, eine Meile nördlich vom Genfer Stadtzentrum. Im Ankunftsregister mußte er sein Alter angeben; er schrieb «100». Claire Clairmont, die eifrig die Ankunftslisten studierte, entdeckte dies und schickte ihm ein Billet, worin sie ihr Mitleid mit seinem Alter ausdrückte und ein Rendezvous vorschlug. Am 27. Mai stieß er an einer Bootsanlegestelle auf Shelley, Mary und Claire. Es war das erste Zusammentreffen der beiden Dichter. Byron hatte *Queen Mab* gelesen, seine Poesie gelobt, über seinen politischen Inhalt jedoch höfliches Stillschweigen bewahrt. Es war von einem jungen Mann von vierundzwanzig zuviel verlangt, daß er die Vorzüge der Aristokratie verstehen solle – obwohl sie über die Vorzüge des Erbrechts einer Meinung gewesen sein dürften. Shelley betrachtete bis an sein Ende Byron als den größeren Dichter.

Am 4. Juli mietete er ein Haus in Montallègre, zwei Meilen von Genf am Südufer des Genfer Sees. Am 7. Juli zog Byron in die Villa Diodati, zehn Gehminuten von Shelley entfernt. Zusammen mieteten sie ein kleines Segelboot; beide Familien segelten oft zusammen auf dem See oder trafen sich zu einem Diskussionsabend in der Villa Diodati. Gelegentlich einer solchen Zusammenkunft am 14. Juni schlug Byron vor, jeder möge eine Gespenstergeschichte schreiben. Sie versuchten es. Alle mußten ihren Mißrfolg bekennen mit Ausnahme von Mary, die, neunzehn Jahre alt, eine der berühmtesten Novellen des neunzehnten Jahrhunderts schrieb: *Frankenstein, or The Modern Prometheus.* Sie wurde 1818 mit einem Vorwort von Shelley veröffentlicht. Neben vielen anderen bemerkenswerten Zügen behandelte sie zwei Probleme, die noch heute von grundlegendem Interesse sind: Kann die Wissenschaft Leben erschaffen? Und kann sie ihre Macht so steuern, daß sie nicht ebenso Böses wie Gutes erzeugt?

Von Byron kam auch die Anregung, mit Shelley in ihrem bescheidenen Boot den See zu umsegeln und historische Stätten zu besuchen, insbesondere die durch Rousseaus *Julie, ou La Nouvelle Héloïse* berühmt gewordenen. Shelley war einverstanden, obwohl er immer noch nicht schwimmen gelernt hatte. Sie begannen ihre Tour am 22. Juni mit zwei Bootsleuten und erreichten nach zwei Tagen Meillerie (in Savoyen). Dort hielten sie sich an dem Platz auf, wo im Roman Saint-Preux, von Julie fortgeschickt, ihren Namen auf die Felsen geschrieben haben soll Als die Dichter ihre Fahrt fortsetzten, gerieten sie in einen plötzlich aufkommenden Sturm. Die Wellen schlugen immer wieder über den Bug und drohten, das Boot zum Kentern zu bringen. Byron schilderte später die Szene: «Ich zog meinen Rock aus, ließ ihn den seinen auch ausziehen und sich an einem Ruder festhalten. Ich sagte ihm, ich glaube ... ich könne ihn retten, wenn er sich nicht zur Wehr setze, wenn ich ihn festhielte ... Er antwortete mit der größten Kaltblütigkeit, es liege ihm nichts daran, gerettet zu werden, ich würde genug zu tun haben, mich selbst zu retten und ich möge mir keine Gedanken machen».[79]

Der Sturm legte sich, die Dichter gingen an Land und ruhten sich aus. Am nächsten Tag besuchten sie Chillon und das Schloß, wo François de Bonnevard vom Herzog von Lausanne eingekerkert worden war (1530–1536). In Clarens – Shelley hielt Rousseaus Roman als Führer in der Hand – betraten sie den Boden, der als Heiligtum der französischen Romantik denkwürdig geworden ist. Am 27. Juni legten sie in Ouchy, dem Hafen von Lausanne, an. In dieser Nacht schrieb Byron *The Prisoner of Chillon* und skizzierte die Stanzen auf Rousseau in *Childe Harold.* Am 28. Juni besuchten sie das Haus in Lausanne, wo Gibbon *The Decline and Fall of the Roman Empire* geschrieben hatte. Am 1. Juli waren die Ausflügler wieder zurück in Montallègre und Diodati. Während der nächsten beiden Wochen schrieb Byron den III. Gesang von *Childe Harold's Pilgrimage.* Claire Clairmont schrieb das Manuskript für ihn ab und erlebte hier einen der wenigen glücklichen Augenblicke in ihrem Leben.

Es war ihr Schicksal, Unglück zu bringen. Ihre unverhüllte Verehrung für Byron steigerte den Schweizer Klatsch bis zur Unerträglichkeit: Die beiden Dichter, wurde gemunkelt, lebten in unerlaubten Beziehungen mit zwei Schwestern. Einige phantasievolle Seelen bezeichneten Byron und Shelley als Inkarnationen des Teufels; eine englische Lady, welche die Schweiz bereiste, fiel in Ohnmacht, als Byron in Madame de Staëls Salon in Coppet erschien.[80] Vielleicht trug der Klatsch zu Byrons Entschluß bei, sein Verhältnis mit Claire zu beenden. Er legte Shelley nahe, sie nicht mehr in die Villa Diodati kommen zu lassen. Claire, die im dritten Monat mit Byrons Kind schwanger ging, bat, noch einen Besuch machen zu dürfen, wovon ihr aber abgeraten wurde.

Am 24. Juli nahm Shelley Claire und Mary mit auf einen Ausflug nach Chamonix in Savoyen. An diesem Tag gelang es ihnen nicht, das Mer-de-Glace zu erreichen, sie schafften es erst am nächsten. Bei der Rückkehr in die Schweiz rasteten sie in einem Kartäuserkloster in Montenvers. Unter seine Unterschrift im Gästebuch schrieb er – irritiert durch die frommen Eintragungen vor ihm – auf griechisch: «Eimi philantropos demokratikos t'atheos te» (Ich bin Menschenfreund, Demokrat und Atheist).[81] Als Byron kurz darauf am gleichen Ort Rast machte, löschte er das «atheos» aus, da er befürchtete, es würde in England gegen Shelley verwendet werden. Dies war auch der Fall.[82]

Am 29. August reisten Shelley, Mary und Claire nach England ab. Byron gab Shelley das Manuskript von *The Prisoner of Chillon* und die Gesänge II und III von *Childe Harold* mit, um sie dem Verleger Murray zu überbringen. Shelley selbst, mit Mary und Claire beschäftigt, brachte nur die «Hymn to Intellectual Beauty» und die Ode «Mont Blanc: Lines written in the Vale of Chamouni (Chamonix)» mit. Diese Ode ist fast so verworren wie die Eisstürze, die sich die Bergflanken abwärts zum Mer-de-Glace ziehen. Shelley empfand seine Eindrücke als so vielfältig und verschiedenartig, daß er unfähig war, ihnen klaren Ausdruck zu verleihen; während er für einige Zeit die aufgetürmte Masse als Ausdruck von Wordsworth' Gott-Natur auffaßte, zog er sich dann auf die Empfindung einer kalten Unendlichkeit zurück, die angesichts aller menschlichen Urteile in verächtlichem Schweigen verharrt.

Auch die «Hymn to Intellectual Beauty» zeigt gewisse Einflüsse Wordsworth', doch Shelleys «Anzeichen ewigen Ruhmes» verblassen schnell. Er versteht nicht, warum es Finsternis ebenso gibt, wie Licht, Böses ebenso wie Gutes. Er träumt, die Menschheit sei durch eine Vertiefung und Erweiterung des Gefühls für Ästhetik und das Streben nach Schönheit in Gedanke und Tat ebenso wie in Fleisch und Gestalt noch zu retten:

I vowed that I would dedicate my powers
To thee and thine – have I not kept the vow? ...
... never joy illumed my brow
Unlinked with hope that thou wouldst free
This world from its dark slavery,
That thou – O awful Loveliness,
Wouldst give whate'er these words cannot express.[83]

Ich schwor, für ewig meine Kraft zu weihn,
Dir und dem Deinen – hielt ich nicht den Schwur? ...
... Denn nie erglänzte mir der Freude Spur,

als in der Hoffnung, daß der Welt
durch dich einst jede Kette fällt,
daß du, o hehre Lieblichkeit,
uns spendest, was kein Gott zu künden leiht.*

Letzten Endes scheiterten die Versuche Wordsworth', Byrons und Shelleys, in der Natur einen gütigen Freund zu finden, an deren ruhiger Neutralität. Wordsworth flüchtete in die Arme der Church of England, Byron und Shelley ergaben sich der Verzweiflung.

IX. VERFALL IN VENEDIG: BYRON 1816–1818

Im September 1816 kam Hobhouse von England herüber und begleitete Byron auf einer ausgedehnten Tour durch die Schweizer Alpen. Im Oktober überquerten sie die Pässe nach Italien. In Mailand wurden sie gut aufgenommen. Die gebildeten Italiener ehrten Byron als Englands größten lebenden Dichter und schätzten seine offensichtliche Ablehnung der österreichischen Herrschaft in der Lombardei. Er mietete eine Loge in der Scala. Stendhal sah ihn dort und beschrieb ihn enthusiastisch: «Von seinen Augen war ich gefesselt ... In meinem ganzen Leben habe ich nichts Schöneres und Ausdruckvolleres gesehen. Selbst heute noch, wenn ich mir überlege, welchen Ausdruck ein großer Maler einem Genius geben sollte, erscheint sofort dieses sublime Haupt vor mir ... Nie werde ich den göttlichen Ausdruck seines Gesichts vergessen; es war die heitere Würde von Macht und Genie.»[84]

Der Dichter und sein Freund trafen am 16. November 1816 in Venedig ein. Hobhouse trennte sich von ihm, um schnell die Stadt zu besichtigen und reiste bald nach Rom weiter. Byron quartierte sich in einer Seitenstraße der Piazza San Marco ein und machte die Frau seines Hauswirts, Marianna Segati, zu seiner Geliebten. Trotzdem fand er Zeit, den *Manfred* zu vollenden und (September 1818) den *Don Juan* zu beginnen, in welchem er sich aus düsterem, romantischen, zügellosen Brüten zu ausgelassener, humorvoller, realistischer Satire erhob.

Manfred ist natürlich wieder Byron, diesmal als melancholischer Menschenfeind in einem gotischen Schloß verkleidet. Im Gefühl «eines schweren Fluchs auf meiner Seele» und über seine Sünden nachsinnend, zitiert er die Hexen der Alpen aus ihren Schlupfwinkeln und verlangt eine Gabe von ihnen – Vergessen. Sie antworten, daß erst der Tod Vergessen bringt. Er ersteigt die Jungfrau und sieht in einer vom Blitz zerspaltenen Bergkiefer ein Symbol seiner selbst – «ein geborstener Stamm auf einem verfluchten Felsen, der nur das Gefühl des Todes vermittelt». Er sucht den Tod und will sich von einer Felswand stürzen. Ein Jäger hält ihn zurück, führt ihn zu einer Berghütte, bietet ihm wärmenden Wein an und fragt nach der Ursache

* Nach der Übersetzung von Adolf Strodtmann in Shelleys Ausgewählte Dichtungen, Bibliograph. Institut, Leipzig, 1866.

seiner Verzweiflung. Manfred, der den Wein für Blut ansieht, antwortet in Worten, die als Bekenntnis des Inzests angesehen werden können:

I say 'tis blood! the pure warm stream
Which ran in the veins of my fathers, and in ours
When we were in our youth, and had our heart,
And loved each other as we should not love;
And that was shed; but still rises up,
Coloring the clouds that shut me out from heaven.

's ist Blut, sag' ich – mein Blut! der warme Strom,
der in meiner Väter Adern rann und unsern,
als wir noch jung und eines Herzens waren
und liebten, wie wir uns nicht lieben durften.
Das ward vergossen – doch steht's immer auf,
die Wolken färbend, die mich vom Himmel trennen.

Er beneidet den Jäger um sein freies und gesundes Leben:

By danger dignified, yet guiltless; hopes
Of cheerful old age and a quiet grave,
With cross and garland over its green turf,
And thy grandchildren's love for epitaph;
This do I see – and then I look within –
It matters not – my soul was scorched already.

Gehoben durch Gefahr, doch schuldlos; Hoffnung
Auf heitres Alter und ein ruhig Grab,
Mit Kreuz und Kranz auf seinem grünen Rasen
Und Deiner Enkel Lieb' als Inschrift drauf;.
Das sehe ich – und dann schau' ich im Innern –
Gleichviel – verdorrt ist meine Seele schon!

Er gibt dem Jäger Gold und entfernt sich. Er macht von seiner unheiligen Kunst Gebrauch und beschwört Astarte, in der er die Gestalt seiner verbotenen Liebe sieht. Seine Bitte an sie, ihm zu vergeben – «Astarte, meine Geliebte, sprich zu mir!» – ist einer der Höhenflüge von Byrons Leidenschaft und Gefühl. Wie die Schwerverbrecher in Gullivers Land der Luggnaggier ist er zur Unsterblichkeit verdammt und hält dies für die schwerste mögliche Strafe; er bittet sie, ihm vermöge ihrer geheimnisvollen Macht die Gnade des Todes zu gewähren. Sie tut ihm den Willen: «Manfred, morgen endet Dein irdisches Leben». Eine Hexe des Gefolges lobt seinen Mut: «Er meistert sich selbst und macht seine Qualen seinem Willen untertan. Wäre er einer von uns, er wäre ein furchtbarer Geist gewesen.» Miltons Satan dürfte hier eine seiner vielen Spuren in Byrons Werken hinterlassen haben. – Dem Abt, der ihn am nächsten Abend für Christus zurückzugewinnen sucht, antwortet Manfred, es sei zu spät und setzt hinzu:

There is an order
Of mortals on the earth, who do become
Old in their youth, and die ere middle age,
Without the violence of warlike death.

Es gibt auf Erden
eine Art von Sterblichen, die in der Jugend
alt werden und vor mittleren Jahren sterben,
nicht durch Gewalt des Kampfes.

Als dann Manfred zu seinem letzten Stelldichein aufbricht, trauert der Abt:

This should have been a noble creature; he
Hath all the energy which would have made
A goodly frame of glorious elements,
Had they been wisely mingled.

Zum edelen Geschöpf war er geschaffen:
Tatkraft besitzt er, die ein gut Gefäß
aus glanzvoll'n Elementen schaffen konnte,
wenn ihre Mischung weise war.*

Als ob er die Welt zwingen wollte zu denken, die finstersten Verdächtigungen über ihn seien nun erhärtet, schickte Byron *Manfred* nach England und Murray publizierte es am 16. Juni 1817. Eine Woche später verlangte eine Besprechung in einem Londoner Blatt, alle Sympathie für Byron aufzugeben, der «Manfred seine eigenen persönlichen Züge verliehen hat ... Manfred hat sich selbst aus der Gesellschaft ausgeschlossen, und was soll der Grund unseres Mitgefühls mit dem Exilierten sein? Einfach das Geständnis eines der empörendsten Verbrechen. Er hat Inzest begangen!»[85]

Am 17. April 1817 verließ Byron Venedig, um einen Monat mit Hobhouse in Rom zu verbringen. Sein Fuß hinderte ihn, die Museen zu durchstreifen, doch er sah die Überreste des antiken Rom und besuchte Pompeji. «Ich stand als Ruine unter Ruinen», sagte Childe Harold.[86] Am 28. Mai war er wieder in Venedig.

Im Dezember gelang es ihm nach vielen vergeblichen Versuchen, Newstead Abbey und seine Ländereien für 94 500 Pfund zu verkaufen. Er instruierte seinen Londoner Bankier, Douglas Kinnaird, er solle alle Schulden des Dichters begleichen und ihm aus den Erträgnissen der Restsumme jährlich 3300 Pfund überweisen. Außerdem erklärte er sich jetzt einverstanden, sich seine Gedichte honorieren zu lassen. Wohlhabend geworden, kaufte er den prächtigen Palazzo Mocenigo am Canale Grande. Er bevölkerte ihn mit einer vierzehnköpfigen Dienerschaft, zwei Affen, zwei Bulldoggen und einer neuen Mätresse, Margarita Cogni, der hochmütigen Ehefrau eines venezianischen Bankiers. Er war keineswegs monogam geworden; er rühmte sich, in Venedig nacheinander zweihundert Frauen gehabt zu haben.[87] Am 20. Januar 1817 schrieb er an Kinnaird: «Abends gehe ich manchmal aus und erlaube mir jedesmal einen Beischlaf». Und am 9. Mai 1818 schrieb er dem Bankier: «Ich lebe in einer Welt der Hurerei».[88] Im Hochsommer hatte er sich weit von der Göttlichkeit entfernt, die Stendhal beschrieben hatte. Er war fett geworden, sein Haar begann zu ergrauen, und er sah älter aus als seine dreißig Jahre. Shelley war über sein Aussehen entsetzt, als sie wieder zusammentrafen.

---

* Nach der Übersetzung von W. Grüzmacher in Byrons Werke, Bibliogr. Institut, Leipzig, 1912.

X. SHELLEY *PATER FAMILIAS:* 1816–1818

Am 8. September 1816 trafen Shelley, Mary, ihr Sohn William, sein Schweizer Kindermädchen Elise Foggi und Claire Clairmont in England ein. Alle außer Shelley begaben sich nach Bath; er eilte nach London in der Erwartung, dort fünfhundert Pfund von seinem Vater vorzufinden. Es kam kein Geld, und er konnte sein Versprechen nicht erfüllen, dem verzweifelten Vater seiner Geliebten dreihundert Pfund zu geben. Godwin war wütend, und Shelley floh zu seiner illegitimen Gattin nach Bath.

Dort erhielt Mary am 26. September und 3. Oktober zärtliche Briefe von ihrer Halbschwester Fanny Godwin. Fanny, 1794 in Frankreich geboren, war die «natürliche» Tochter von Captain Imlay und Mary Wollstonecraft. Godwin hatte sie adoptiert, als er ihre Mutter heiratete. Trotz seiner Güte war sie unter der widerwilligen Fürsorge seiner zweiten Frau, Mrs. Clairmont, unglücklich gewesen. Ihre Briefe zeigen ein sanftes Wesen, das tapfer sein Unglück trägt, niemandem einen Vorwurf macht und ängstlich bemüht ist, es jedem recht zu machen. Mary hatte ihr schwesterliche Liebe entgegengebracht, doch nachdem Mary und Claire mit Shelley fortgegangen waren, besaß Fanny keinen Schutz gegen ihre Stiefmutter mehr. Als die Ausreißer nach England zurückkehrten, gestattete es ihnen ihre prekäre Finanzlage nicht, Fanny zu sich zu nehmen. Am 12. Oktober brachte Shelley Mary und Claire die Nachricht, daß Fanny nach Swansea gegangen sei, sich dort in einem Hotelzimmer eingeschlossen und sich mit Opium das Leben genommen habe.

Die Furien hatten kein Mitleid mit Shelley. Bei seiner Rückkehr nach England hatte er sich nach seiner Frau erkundigt, an die er immer noch gesetzlich gebunden war. Er erfuhr, daß sie bei ihrem Vater lebe und regelmäßig vierhundert Pfund im Jahr erhalte. Im November wollte er sie besuchen, man sagte ihm aber, sie sei verschwunden. Am 12. Dezember 1816 meldeten die *Times*, ihre Leiche sei vor zwei Tagen aus dem Serpentine-See im Hyde Park geborgen worden.

Bemüht, das Sorgerecht für seine Nachkommenschaft von Harriet – die Tochter Janthe und den Sohn Charles – zu erhalten, beeilte sich Shelley, seine Verbindung mit Mary durch eine Heirat zu legalisieren (30. Dezember 1816). Drei Monate lang schleppte sich sein Antrag wegen der Kinder vor dem Kanzleigericht hin. Mary versicherte ihm, sie würde «sehr glücklich sein, die lieben Schätzchen» – Harriets Kinder – unter ihre Fittiche zu nehmen. Doch Harriets Vater und Schwester bestritten Shelleys Anspruch mit der Begründung, er bekenne sich offen als Atheist und halte nichts von der gesetzlichen Eheschließung, er habe seine Ehefrau verlassen und sei mit einer unverheirateten Frau durchgebrannt; einem solchen Mann, argumentierten sie, könne man nicht zutrauen, daß er Kinder in einer Weise erziehe, die sie für das Leben in England tauglich mache. Der Gerichtshof verwarf das theologische Argument, anerkannte jedoch die übrigen und entschied gegen Shelley (März 1817). Die von ihm ausgesuchten Pflegeeltern wurden aber vom Gericht bestätigt, und er verpflichtete sich, für den Unterhalt der Kinder hundertzwanzig Pfund jährlich zu bezahlen.

Während ihr Mann in London prozessierte, kümmerte sich Mary um Claire Clairmont, die, erst neunzehn, eine Tochter zur Welt brachte (12. Januar 1817), die den Namen Allegra erhielt. Claires seit ihrer Abreise aus der Schweiz an Byron gerichtete Briefe blieben ohne Antwort, im Gegensatz zu Shelleys Briefen; der Gedanke, daß Byron das Kind niemals anerkennen würde, brachte die junge Mutter zur Verzweiflung. Shelley bat Byron um Anweisungen, wobei er hervorhob, was Allegra für ein hübsches Kind sei. Byron erklärte sich bereit, das Mädchen zu sich zu nehmen und es zu versorgen, wenn es zu ihm gebracht würde. Mary komplizierte die Dinge noch, als sie (September 1817) mit ihrem zweiten Kind niederkam, das Clara Everina genannt wurde. Mutter und Kind erkrankten und bald waren sich die Erwachsenen einig, daß die Familie die Wärme, den Himmel und die Früchte Italiens brauche. Am 11. März 1818 setzten sie nach Frankreich über und machten sich in schaukelnden Postkutschen auf die lange Fahrt nach Mailand.

Von dort sandte Shelley Byron eine Einladung, zu kommen und Allegra zu sehen. Byron fürchtete, daß dies zu einer Erneuerung der Liaison mit Claire führen werde und lehnte ab; stattdessen schlug er vor, das Kindermädchen solle Allegra nach Venedig bringen und wenn eine Adoption sich als durchführbar erweise, so stehe es der Mutter frei, das Kind dann und wann zu besuchen. Claire stimmte widerwillig zu. Byron fand das kleine Mädchen so reizend und liebenswert, daß er es in seinen Palazzo aufnahm; Allegra aber war von seinen Tieren und Konkubinen so eingeschüchtert, daß Byron bald den britischen Konsul Richard Hoppner und seine Frau dafür bezahlte, das Kind in Pflege zu nehmen.

Als sie dies erfuhren, reisten Shelley und Claire (Mary blieb mit ihren Kindern in Lucca zurück) nach Venedig und fanden, daß es Allegra recht gut ging. Byron nahm Shelley herzlich auf, lud ihn zu einer Gondelfahrt an den Lido ein und forderte ihn auf, mit seiner Familie, einschließlich Claire und Allegra, solange sie wollten, in Byrons Villa «I Cappuccini» in Este zu wohnen. Mary kam mit ihren Kindern aus Lucca, doch Clara Everina wurde unterwegs krank und starb in Venedig (24. September 1818). Am 29. Oktober, nach einem einmonatigen Aufenthalt in «I Cappuccini», sagten sie Allegra Lebewohl und wandten sich südwärts nach Rom.

XI. SHELLEY IM ZENITH: 1819–1821

In dem zwischen seiner Ankunft in Rom (1819) und seinem erneuten Zusammentreffen mit Byron in Pisa (1821) liegenden Zeitraum waren die großen Ereignisse in Shelleys Leben seine Gedichte. Einzelne Blitze außerordentlicher Begabung waren schon vorher aufgezuckt, wie an verschiedenen Stellen von *Queen Mab* und später in *Ozymandias* (1817) – einem Sonett voll gedrängter Gedanken und von bestürzender Kraft. Den «Lines Written in the Euganean Hills» (1818) fehlen diese Gedrängtheit der Gedanken und die gemeißelte Form, während die «Lines Written in Dejection near Naples» (1818) zu sehr von Selbstmitleid erfüllt sind, um Mitgefühl zuzulassen. Ein Mann sollte seine Kümmernisse nicht so offen zur Schau tragen. Nun aber, innerhalb von drei Jahren, kamen *Prometheus Unbound*, *Ode to the West Wind*, *To a Skylark*, *The Cloud*, *Epipsychidion* und *Adonais*. Wir übergehen *The Cenci* (1819), worin Shelley mit einigem Erfolg versuchte, es John Webster und anderen elisabethanisch-jakobinischen Dramatikern in einer dunklen und blutigen Erzählung von Inzest und Mord gleichzutun.

Prometheus Unbound wurde, wie der Autor im Vorwort sagt, 1820 auf dem Dach der Caracallathermen in Rom geschrieben. Hatte er die Elisabethaner mit *The Cenci* herausgefordert, so wagte er nun den weitesten Ausgriff seines Ehrgeizes, indem er sich an den Griechen maß. In «Der gefesselte Prometheus» hatte Äschylos den «Künder der Zukunft» als aufrührerischen Titanen gezeigt, der an einen Felsen des Kaukasus geschmiedet wurde, weil er der Menschheit zuviel vom Baum der Erkenntnis enthüllte. In dem verlorenen Teil der Trilogie hatte Zeus, gemäß der Tradition, Erbarmen und befreite Prometheus vom Felsen und von dem Adler, der auf göttlichen Befehl immerdar an der Leber des Heros fraß, wie Zweifel an den Überzeugungen eines Rebellen. Shelleys «lyrisches Drama» (wie er es nannte) zeichnet Zeus als verkrusteten alten Bourbonen, gefühllos für das Unglück der Menschen und die Entartung der Welt. Prometheus flucht ihn mit der ganzen Hitze eines Oxfordstudenten, der Bischöfe zu den Obsequien für Gott aufruft. Dann bedauert der Titan die Unerbittlichkeit seines Fluchs: «Ich wünsche keinem lebenden Wesen Schmerz zu leiden.»[89] Er kehrt zu der Aufgabe zurück, die er sich erwählt hat – der ganzen Menschheit Weisheit und Liebe zu bringen. Der Erdgeist begrüßt ihn freudig: «Du bist mehr als Gott, Du bist weise und gütig.»[90]

Im ersten Akt sind die Dialoge erträglich und die Lyrik der begleitenden Geister dröhnt mit elementarer Wucht, funkelt von köstlichen Metaphern und wiegt sich auf melodischen Reimen. Doch Dialoge, seien sie theologisch oder atheologisch, sind nicht der Blitzstrahl der Poesie; Oden werden widerlich und Lyrik verliert ihren Schimmer, wenn sie in verwirrender Überfülle auf den Leser herniederprasseln; nicht endenwollende Schönheit langweilt. Zuviel von Shelleys Poesie ist *unruhige* Erinnerung erlebter Emotionen. Wenn wir weiterlesen, fühlen wir in diesen Versen eine gewisse Schwäche, zuviel Gefühl für zuwenig Taten; zuviele Stimmungen und Zeilen über Herzen und Blumen («Ich bin wie ein Tautropfen, der vergeht», sagt der Erdgeist[91]). Es ist ein Stil, der ein lyrisches Gedicht schmücken kann, ein Drama aber verlangsamt, das, dem Wortsinne nach, bewegte Handlung sein soll; ein «lyrisches Drama» ist ein Widerspruch in sich selbst.

Im Gegensatz dazu berührt uns die *Ode to the West Wind* (1819) von Grund auf, denn ihre gewaltige Inspiration ist in siebzig Verszeilen komprimiert. Hier findet Shelleys Reichtum an Reimen keine Zeit zu übersättigen. Das Gefühl ist nicht fein verteilt, sondern auf einen Gedanken vereinigt – daß dem Winter unseres Mißvergnügens ein hoffnungsfreudiger Frühling des Wachsens folgen möge. Diese altehrwürdige Metapher findet sich bei Shelley wiederholt; sie hielt ihn aufrecht, wenn seine Welt der Hoffnungen und Träume unter dem Ansturm der Erfahrung in

Trümmer zu gehen drohte. Er hoffte, seine Gedanken möchten, wie gefallene Blätter im Wind, durch die «ätherische Beschwörung seiner Verse» erhalten und verbreitet werden. So geschah es.

Jene Ode, die an die Gipfel der Poesie reicht, wurde «erdacht und zum größten Teil zu Papier gebracht» (wie Shelley erwähnt) «in einem Wald, der den Arno in der Nähe von Florenz säumt und an einem Tag, als dieser stürmische Wind ... die Feuchtigkeit vertrieb, die die Herbstregen bringen».[92] Warum hatte er Rom verlassen? Zum Teil, weil er sich entweder einschließen mußte oder die Nähe britischer Touristen ertragen, für die er kein großer Dichter war, sondern ein ehebrecherischer Atheist. Härter empfanden Mary und er den Tod ihres Söhnchens William (7. Juni 1819), das nur vier Jahre alt geworden war. Keiner von beiden verwand jemals völlig den Verlust ihrer beiden Kinder innerhalb von neun Monaten. Graue Haare mischten sich unter Shelleys braune, obwohl er erst siebenundzwanzig war.

Nach Williams Begräbnis im englischen Friedhof in Rom, zog die Familie weiter nördlich nach Livorno, im Englischen Leghorn genannt. Bei einem Spaziergang in einem dortigen Garten schmerzte es Shelley, wie dies manchem Dichter so gehen mag, daß Vögel bei seiner Annäherung erschreckt aufflogen. Insbesondere einer davon faszinierte ihn, der sang, als er sich in die Höhe schwang. In seine Wohnung zurückgekehrt schrieb er die erste Fassung von *To a Skylark*, mit ihren schwebenden, im Ohr bleibenden Hexametern. Diese luftigen Stanzen ermüden nicht mit ihren Reimen, denn jede Zeile ist voll warmen Gefühls und schwer von Gedanken.

Am 2. Oktober 1819 zogen die Shelleys nach Florenz, wo Mary ihrem dritten Kind das Leben schenkte, das Percy genannt wurde. In Florenz fand Claire Clairmont eine Anstellung als Gouvernante und befreite so endlich Shelley von der Sorge um sie.

Am 29. Oktober 1820 brachte er seine Familie im Hotel «Tre Palazzi» in Pisa unter, wo er das vielleicht seltsamste seiner Abenteuer hatte. Trotz seiner verschiedentlichen Erkrankungen hatte er seine Empfänglichkeit für sexuelle Anziehung nicht verloren. Wenn er eine Frau traf, die nicht nur schön, sondern auch unglücklich war, so wurde er von dieser doppelten Anziehung überwältigt. Emilia Viviani war ein Mädchen aus vornehmer Familie, das gegen seinen Willen in ein Kloster in der Nähe von Pisa gebracht worden war, um seine Jungfräulichkeit zu bewahren, bis ein entsprechend begüterter Ehemann für sie gefunden werden konnte. Shelley, Mary und manchmal auch Claire besuchten sie dort, und alle waren bezaubert von ihren klassisch schönen Zügen, ihrem bescheidenen Wesen und ihrer vertrauensvollen Einfachheit. Der Dichter idealisierte sie und machte sie zum Gegenstand seiner Wachträume, von denen er einige in *Epipsychidion* niederlegte, das 1821 unter einem Pseudonym publiziert wurde. Einige überraschende Zeilen:

> I never thought before my death to see
> Youth's vision thus made perfect. Emily
> I love thee; though the World by no thin name
> Will hide that love from its unvalued shame.

Would we two had been twins of the same mother!
Or, that the name my heart lent to another
Could be a sister's bond for her and thee,
Blending two beams of one eternity!
Yet were one lawful and the other true,
These names, though dear, could paint not, as is due,
How beyond refuge I am thine. Ah me!
I am not thine: I am a part of *thee*.

Nie glaubte ich, vor meinem Tod so schön
der Jugendträume Wikrlichkeit zu sehn!
Ich liebe dich, Emilie, ob die Welt
mit ihrem Hohn auch diese Lieb' umgellt.
O wären wir ein Zwillingspaar geboren!
O wär' der Name, den mein Herz erkoren
für eine Andre, dir und ihr ein Band,
das schwesterlich zwei Seelen hell umwand!
Doch wär' der eine recht, der andre wahr:
die theuren Namen sprächen nimmer klar,
wie rettungslos ich dein bin. Wehe mir!
Ich bin nicht dein – ich bin ein Theil von *dir*.

Und so weiter von Ekstase zu Ekstase:

Spouse, Sister! Angel! Pilot of the Fate
Whose course has been so starless! O too late
beloved! O too soon adored by me!
for in the fields of immortality
my spirit should at first have worshipped thine,
a divine presence in a place divine.

Braut! Schwester! Engel! Leitstern dem Geschick,
das hingeflossen ohne Sternenblick!
Zu spät geliebt, zu früh verehrt von mir!
Anbetend hätte sollen knien vor dir
mein Geist in der Unsterblichkeit Gefild,
im Götterhaus vor einem Götterbild.*

Der junge Mann von achtundzwanzig Jahren war natürlich in einer Verfassung, die eine Idealisierung begünstigte. Unsere Gesetze und Gebräuche können unsere Drüsen nicht vollständig steuern; wenn einer nun ein Genie oder ein Dichter ist, so muß er in Handlung oder Kunst sein Ventil und seine Befreiung suchen. In diesem Fall wurde die Krankheit durch ein Gedicht kuriert oder gebessert, das zwischen Absurdität und Perfektion schwankt:

The day is come, and thou wilt fly with me ...
A ship is floating in the harbour now,
a wind is hovering o'er the mountain's brow
Entflieh mit mir, gekommen ist die Zeit! ...
Emilie, dort im Hafen liegt ein Schiff,
ein Wind umflüstert dort das Felsenriff

* Nach der Übersetzung von Adolf Strothmann in Shelleys Ausgewählte Dichtungen, Bibliogr. Institut, Leipzig, 1866.

um sie zu einer Insel in der blauen Ägäis zu bringen;

> It is an isle 'twixt Heaven, Air, Earth, and Sea,
> Cradled, and hung in clear tranquillity ...
> This isle and house are mine, and I have vowed
> Thee to be lady of the solitude.
>
> Ein Eiland ist's, das zwischen Himmel, Fluth,
> Erde und Luft in hehrer Stille ruht ...
> Dies Haus und dieses Eiland nenn' ich mein,
> und du sollst Herrin dieser Wildnis sein.

Dort soll sie seine Liebste und er ihr Liebster sein:

> Our breath shall intermix, our bosoms bound,
> And our veins beat together; and our lips
> With other eloquence than words, eclipse
> The soul that burns between them, and the wells
> Which boil under our being's inmost cells,
> The fountains of our deepest life, shall be
> Confused in Passion's golden purity ...
> I pant, I sink, I tremble, I expire![93]
>
> In eins soll unser warmer Odem schwellen,
> vereint sich heben unsres Busens Wellen;
> und vor der Lippen vielberedtem Schweigen
> soll sich verfinstert fast die Seele zeigen,
> die zwischen ihnen glüht; und jene Bronnen,
> die unsres Wesens tiefstem Schacht entronnen,
> die Quellen unsres Lebens, sollen kraus
> erblinken in der Leidenschaft Gebraus ...
> Ich keuche, stöhne, zittre und verhauche!*

Sollte dies der «wirkliche» Shelley sein? Die arme Mary, der Sorge für ihr Baby Percy und ihren eigenen Träumen überlassen, sah diese Ergüsse erst später. Unterdessen verblaßte die Vision; Emilia heiratete und (laut Mary) machte ihrem Gatten «das Leben zur Hölle».[94] Shelley bereute seine melodische Sünde, und Mary nahm sich seiner Verlassenheit mit mütterlichem Verständnis an.

Die Nachricht, daß Keats gestorben sei (23. Februar 1821), entflammte ihn zu gesteigerter Poesie. Er mag sich nicht viel aus *Endymion* gemacht haben, aber die «wüste Kritik», mit welcher die *Quarterly Review* Keats' größten Versuch aufgenommen hatte, erzürnte ihn so, daß er ihre gemeinsame Muse anrief, ihn zu einem passenden Klagegesang zu inspirieren. Am 11. Juni schrieb er an seinen Londoner Verleger: «‹Adonais› ist beendet, und Sie werden es in Kürze erhalten. Popularität wird ihm kaum beschieden sein, doch ist es vielleicht die am wenigsten unvollkommene meiner Dichtungen.»[95] Als Metrum hatte er die schwierige Spenserstanze gewählt, die erst vor kurzer Zeit von Byron mit einer besser sprudelnden Quelle von Reimen in *Childe Harold's Pilgrimage* gebraucht worden war. Er arbeitete an dem Requiem mit der ganzen Sorgfalt eines Bildhauers, der ein Denkmal für einen Freund mei-

---

* Übersetzung von A. Strothmann.

ßelt; jedoch gaben die Forderungen der starren Form einigen der fünfundzwanzig Stanzen einen Hauch von Künstlichkeit, den eine nicht unter dem Zwang zur Eile stehende Kunst hätte verbergen können. Der Leitgedanke unterstellte vorschnell, eine Rezension habe Keats Tod verursacht und der Trauernde fordert «Fluch dem Wicht, der deine Engelsseele scheucht' aus irdischem Licht».[96] Keats' Autopsie ergab allerdings, daß er an akuter Tuberkulose gestorben war.

In den Schlußstanzen heißt Shelley den eigenen Tod als gesegnete Vereinigung mit den unsterblichen Toten willkommen:

The One remains, the many change and pass;
Heaven's light forever shines, Earth's shadows fly;
Life, like a dome of many-coloured glass,
Stains the white radiance of Eternity,
Until Death tramples it to fragments. – Die,
If thou wouldst be with that which thou dost seek! ...
Why linger, why turn back, why shrink, my Heart?
Thy hopes are gone before; from all things here
They have departed; thou shouldst now depart! ...
'Tis Adonais calls! Oh! hasten thither,
No more let Life divide what Death can join together ...
I am borne darkly, fearfully, afar;
Whilst, burning through the inmost veil of Heaven,
The soul of Adonais, like a star,
Beacons from the abode where the Eternal are.[97]

Das Eine bleibt, die vielen wechseln, sinken;
Himmelsglanz auf ewig scheint, das Nichts zerfällt;
auch Leben, eines bunten Glases Blinken,
färbt nur den Strahl, den Ewigkeit erhält,
bis dann der Tod in Trümmer es zerschellt.
Stirb, wenn mit dem du sein willst, was dir schwand! ...
Was zögerst du, mein Herz, was wähnst du Leiden?
Dein Hoffen ging voran; wo sonst es war,
ist es geschieden; du sollst auch nun scheiden! ...
Mein Adonais ruft! O schnell hinan!
Nicht mehr soll Leben zwei'n, was Tod vereinen kann.
Es trägt mich fort, hin wo ich wär' so gerne!
Und funkelnd durch die Nacht in all mein Lieben
blinkt Adonais her gleich einem Sterne
und grüßt in Wonneglanz aus weiter sel'ger Ferne.*

Keats hätte darauf mit seinen unvergeßlichen Zeilen antworten können:

Now more than ever seems it rich to die,
To cease upon the midnight with no pain,
Whilst thou art pouring forth thy soul abroad
In such an ecstasy![38]

Am schönsten scheint es heute mir zu sterben,
zur Mitternachtsstund zu schweben aus der Welt,
wenn singend du das Äthermeer durchdringst
in wildem Liebeswerben!

* Nach der Übersetzung von Ernst Baschel in «Neue Metaphysische Rundschau,» 1920.

XII. LIEBE UND REVOLUTION: BYRON, 1818–1821

Shelley behielt von seinem letzten Zusammentreffen mit Byron verschiedenerlei Erinnerungen im Gedächtnis – seine feinen Manieren, die unvoreingenommene Konversation, großzügige Regungen – und seine offensichtliche Zufriedenheit mit einer unwürdigen Promiskuität seiner Gefährtinnen und Kurtisanen. «Die italienischen Frauen, mit denen er sich abgibt, sind vielleicht die nichtswürdigsten, die der Mond bescheint ... Byron ist mit der untersten Klasse dieser Weiber intim, dem Volk, das seine Gondoliere in den Straßen auflesen. Er läßt es sich gefallen, daß Väter und Mütter mit ihm um ihre Töchter feilschen ... Doch daß er ein großer Dichter ist, beweist, wie ich meine, seine Ansprache an den Ozean.»[99] Byron war sich völlig im klaren über seine Preisgabe englischer Sitten und Anschauungen; der englische Kodex hatte ihn ausgestoßen, und er lehnte ihn seinerseits ab. Doch 1819 erzählte er einem Freund, «ich war abgestoßen und ermüdet von dem Leben, das ich in Venedig führte und war froh, ihm den Rücken zu kehren».[100] Dies gelang ihm mit der Hilfe, Geduld und Anhänglichkeit von Teresa Guiccioli.

Sie begegneten sich zum ersten Mal bei einem Besuch, den sie von Ravenna aus im April 1819 in Venedig machte. Sie war neunzehn, zierlich, hübsch, eitel, im Kloster erzogen, warmherzig und leidenschaftlich. Ihr Gatte, Graf Alessandro Guiccioli, war achtundfünfzig, hatte schon zwei Ehen hinter sich und war häufig von Geschäften in Anspruch genommen. Es war genau diese Situation, für welche der Moralkodex der italienischen Oberschicht einer Frau gestattete, einen *cavaliere servente* – einen adligen Gefolgsmann zu haben, der stets in ihrer Nähe weilte, um sie zu bewundern, zu unterhalten, zu begleiten und dafür mit einem Handkuß – oder etwas mehr belohnt zu werden, wenn es diskret geschah und der Ehemann anderweitig in Anspruch genommen oder müde war. Es bestand zwar unter Umständen die Gefahr eines Duells, doch manchmal wußte der Gatte die Untersützung zu schätzen und hielt sich eine Weile fern. So sah die Contessa kein Hindernis, sich von dem schönen Gesicht, der fesselnden Unterhaltung und dem interessanten Hinken des Engländers angezogen zu fühlen. Wie sie es später ausdrückte:

> Sein edles und vollkommen schönes Antlitz, der Klang seiner Stimme, seine Manieren, der ganze ihn umgebende Zauber machten ihn so verschieden und zu einem so überlegenen Wesen im Vergleich mit allen, denen ich bisher begegnet war, daß er unausweichlich den tiefsten Eindruck auf mich machte. Von jenem Abend an trafen wir uns bei meinem anschließenden Aufenthalt in Venedig jeden Tag.[101]

Diese Tage unbekümmerten Glücks endeten, als der Graf Teresa wieder mit sich nach Ravenna nahm. Byron schrieb ihr mehrere anbetungsvolle Briefe, wie jenen vom 22. April 1819: «Ich versichere Ihnen, daß Sie meine letzte Leidenschaft sein werden. Ehe ich Sie kannte, habe ich mich für viele Frauen interessiert, aber niemals für eine allein. Jetzt liebe ich *Sie*; es gibt keine andere Frau für mich auf der Welt.» Soweit wir unterrichtet sind, hielt er dieses Versprechen.

Am 1. Juni verließ er in seiner «schweren Napoleonischen Kutsche» Venedig, um als Tourist zum Besuch von Dantes Grab nach Ravenna zu reisen. Teresa begrüßte ihn; der Graf war artig. Byron schrieb an einen Freund: «Die Leute hier lieben gerne und bringen einander ein bißchen um.»[102] Es wurde ihm gestattet, Teresa nach La Mira (sieben Meilen südlich von Venedig) mitzunehmen, wo er eine Villa besaß. Dort machte das Liebesverhältnis Fortschritte, nicht einmal von Teresas Hämorrhoiden behindert.[103] Allegra besuchte sie und machte das Beisammensein respektabel. Tom Moore schaute vorbei und erhielt jetzt von Byron das Manuskript von *My Life and Adventures*, das nach des Verfassers Tod soviel Durcheinander verursachen sollte.

Von La Mira nahm Byron Teresa mit nach Venedig, wo sie in seinem Palazzo Mocenigo mit ihm zusammenlebte. Dort forderte ihr Vater sie zurück und brachte sie – während er Byron verbot zu folgen – wieder nach Ravenna. Nach der Ankunft erkrankte Teresa so schwer, daß der Graf eiligst nach ihrem Liebhaber schickte. Byron kam (24. Dezember 1819) und ließ sich nach verschiedentlichem Quartierwechsel als zahlender Mieter im dritten Stock des gräflichen Palastes nieder. Seine neue Wohnung bevölkerte er mit zwei Katzen, sechs Hunden, einem Dachs, einem Falken, einer zahmen Krähe, einem Affen und einem Fuchs. Während er so seine Zeit verschiedenartigen Beschäftigungen widmete, schrieb er weiter am *Don Juan*, verfaßte ein paar schwülstige und unspielbare Stücke über venezianische Dogen, ein etwas besseres über Sardanapal und, im Juli 1821, *Cain: A Mystery*, welches seinen Namen in England endgültig zum Gegenstand des Abscheus machte.

Die Eingangsszene zeigt Adam und Eva, Kain und seine Schwester-Frau Adah, Abel und seine Schwester-Frau Zillah, die Opfer und Gebete an Jehova vorbereiten. Kain stellt seinen Eltern einige der Fragen, die Byron während seiner Schulzeit zu schaffen machten: Warum erfand Gott den Tod? Wenn Eva vom Baum der Erkenntnis gegessen hatte, warum hatte Gott dann diesen verbotenen Baum an so hervorragender Stelle in den Garten Eden gepflanzt; und warum sollte der Wunsch nach Erkenntnis eine Sünde sein? Warum hatte der Allmächtige, als Strafe für Evas bescheidene Mahlzeit, Mühsal und Tod als Schicksal aller lebenden Wesen bestimmt? Was ist Tod? (Niemand hatte ihn bisher gesehen.) Kain wird seinem aufrührerischen Brüten überlassen, während die anderen an ihre tägliche Arbeit gehen. Luzifer (der Lichtbringer) erscheint, übernimmt die Bühne, wie bei Milton, und nennt sich selbst stolz eine jener

Souls who dare look the Omnipotent tyrant in
His everlasting face, and tell him that
His evil is not good.

Seelen, die ihr Unsterbliches gebrauchen,
die dem allmächtigen Tyrannen kühn
ins ew'ge Antlitz schaun und ihm erklären,
Sein Übel sei nicht gut!*

---

* Nach der Übersetzung von W. Grüzmacher in Byrons Werke, Bibliogr. Institut, Leipzig, 1912.

Adah kehrt zurück und bittet Kain flehentlich, sich zu seinen Verwandten aufs Feld zu begeben. Er hat seinen Anteil an der Tagesarbeit vernachlässigt; sie hat sein Tagewerk mitgetan und lädt ihn jetzt zu einer Liebes- und Ruhestunde ein. Luzifer macht ihr Vorwürfe, nennt die Liebe ein Lockmittel zur Vermehrung und sagt die Jahrhunderte voll Mühsal, Hader, Leiden und Tod voraus, welche die Menschenmengen erwarten, die ihr Dasein auf ihren Leib zurückführen werden ... Kain und Abel richten ihre Altäre her. Abel opfert den Erstling seiner Herde; Kain opfert Früchte, doch anstatt zu beten, fragt er erneut, warum der Allmächtige das Böse erlaubt hat. Abels Opferlamm verbrennt in einer hellen Flamme, die zum Himmel aufsteigt; Kains Altar wird von einem wütenden Windstoß umgeworfen, der seine Früchte in den Staub streut. Außer sich, versucht er, Abels Altar zu zerstören. Abel widersetzt sich; Kain erschlägt ihn; Abel stirbt. Adam klagt Eva als die erste Quelle der Sünde an, Eva flucht Kain, Adah bittet für ihn: «Fluche ihm nicht, Mutter, denn er ist mein Bruder und mein Verlobter.» Adam befiehlt Kain, sie zu verlassen und niemals zurückzukehren; Adah begleitet Kain in die Verbannung. Da Abel kinderlos starb, stammen alle Menschen (schließt Byron) von Kain ab und tragen sein Zeichen in verborgenen Instinkten, die sich in Gewalttaten, Mord und Krieg entladen.

Cain mutet streckenweise wie der trotzige Esay eines atheistischen Schuljungen an, der den Prediger Salomon nicht gelesen hat; und doch steigert sich das Drama zeitweise zu fast Miltonscher Wucht. Walter Scott, dem *Mystery* gewidmet war, lobte es; Goethe verlor für einen Augenblick die Perspektive des Olympiers und sagte: «Es ist von einer Schönheit, die wir in der Welt nicht ein zweites Mal antreffen werden».[104] In England begegnete seine Veröffentlichung einem Sturm von Kritik und Entsetzen: hier, schien es, war ein neuer Kain, ein noch schlimmerer Mörder – der den Glauben tötete, der tausend Generationen aufrechterhalten hatte. Murray warnte Byron, daß er rasch Leser seiner Werke verliere.

Das Porträt von Kains treuer Adah lieferte einen weiteren Beweis sanfter Züge in Byrons Charakter, während die Art, wie er Allegra und ihre Mutter behandelte, härtere Züge erkennen läßt. Das früher glückliche Kind, jetzt vier Jahre alt, war verstört durch die Trennung von beiden Elternteilen; außerdem spürte sie, daß die Hoppners ihrer überdrüssig wurden. Byron ließ sie nach Ravenna kommen; dabei konnte er ihr kaum anbieten, mit ihm und seiner Menagerie in dem Palast des Mannes zu leben, der sich mit den ihm aufgesetzten Hörnern sichtbar unbehaglich fühlte. Nach langem Überlegen steckte er sie in ein Kloster in Bagnacavallo, zwölf Meilen von Ravenna entfernt (1. März 1821). Dort, nahm er an, würde sie Freundinnen finden, ihm aus dem Wege sein und eine gewisse Erziehung erhalten. Daß dies eine katholische sein würde, störte ihn nicht. Er war im Gegenteil der Ansicht, es müsse eine Tagödie für ein Mädchen sein, ohne Religion in einem Italien aufzuwachsen, wo jede Frau eine fromme Katholikin war, selbst in Liebesdingen. Im übrigen, wenn schon Christ, dann sollte man aufs Ganze gehen, das apostolische Glaubensbekenntnis, die Messe und die Heiligen anerkennen und Katholik werden. «Es ist mein Wunsch», schrieb er am 3. April 1821, «daß Allegra im römisch-katholischen Glauben erzogen wird, den ich für die beste Religion halte».[105] Wenn Allegra das heiratsfähige Alter erreichte, wollte er ihr ein Vermögen von viertausend Pfund überschreiben, so daß sie keine Schwierigkeiten haben würde, einen Gatten zu finden.

Die Regelung war bequem für Byron, doch als Claire Clairmont davon erfuhr, protestierte sie leidenschaftlich und bat Shelley, sich zu bemühen, daß ihr das Kind zurückgegeben würde. Shelley machte sich auf die Reise nach Ravenna, um zu sehen, wie es Allegra ginge. Er traf am 6. August dort ein und wurde von Byron herzlich empfangen. Er schrieb an seine Frau: «Lord Byron geht es sehr gut und er war erfreut, mich zu sehen. Seine ... Gesundheit ist völlig wiederhergestellt und er führt ein Leben, das dem, das er in Venedig führte, völlig entgegengesetzt ist.»[106] Byron erzählte ihm, daß die politischen Verhältnisse ihn in Kürze zwingen würden, nach Florenz oder Pisa zu ziehen. Er wolle Allegra mit sich nehmen, und sie würde dann in der Nähe ihrer Mutter sein. Shelley gab sich damit zufrieden und wandte seine Aufmerksamkeit einer Angelegenheit zu, die ihn unmittelbar selbst betraf.

Er hatte zu seinem Entetzen erfahren, daß Allegras Kindermädchen Elise (die er 1821 aus seinem Dienst entlassen hatte) den Hoppners erzählt hatte, er habe heimlich sexuelle Beziehungen zu Allegras Mutter gehabt; Claire habe in Florenz ein Kind von ihm zur Welt gebracht, das er sofort einem Findelhaus übergeben habe; weiterhin, daß Shelley und Claire Mary schändlich behandelten, daß er sie sogar schlage. Der erstaunte Dichter schrieb sofort an Mary (7. August) und bat sie, an Hoppners zu schreiben und die Unwahrheit dieser Erzählungen zu bekräftigen; Mary schrieb einen solchen Brief, schickte ihn aber an Shelley, damit er sein Einverständnis gebe; er zeigte ihn Byron und verließ sich offenbar darauf, daß dieser ihn an Hoppner weitergeben würde. Shelley mußte zu seiner Enttäuschung feststellen, daß Byron von den Gerüchten wußte und ihnen offensichtlich Glauben geschenkt hatte. Die berühmte Freundschaft begann zu erkalten und kühlte sich noch weiter ab, als Byron von Ravenna nach Pisa zog, Allegra aber in ihrem Kloster ließ.

Dieser Umzug war das Resultat einer Vermengung von Liebe und Revolution. Im Juli hatte Teresas Vater, Graf Ruggero Gamba, von der päpstlichen Kurie ein Reskript erwirkt, das ihr die Trennung von ihrem Gatten gestattete, mit regelmäßigen Unterhaltszahlungen von seiner Seite, unter der Bedingung, daß sie bei ihren Eltern lebe. Sie zog also um, und Byron, der noch im Palazzo Guiccioli wohnte, wurde ein häufiger Besucher im Hause der Gambas. Er war entzückt zu erfahren, daß Gamba und sein Sohn Pietro eine führende Rolle bei den Carbonari spielten, einer Geheimorganisation mit den Zielen, die österreichische Herrschaft in Norditalien ebenso wie die päpstliche in Mittelitalien und die Bourbonische in Neapel über das «Königreich beider Sizilien», d. h. Süditalien und Sizilien, zu stürzen. Byron hatte schon in «The Prophecy of Dante» (1819) das italienische Volk aufgerufen, sich zu erheben und sich von der Herrschaft der Habsburger und Bourbonen zu befreien. Um 1820 verdächtigten ihn österreichische Spione, Waffen für die Carbonari gekauft zu haben und ein in Ravenna angeschlagenes royalistisches Plakat rief zu seiner Ermordung auf.[107] Ein Aufstand der Carbonari am 24. Februar 1821 mißlang; ihre Führer flohen aus den unter österreichischer, päpstlicher oder Bourbonischer Herrschaft stehenden Territorien Italiens. Graf Gamba und sein Sohn gingen nach Pisa; auf Byrons Rat folgte ihnen Teresa bald nach. Am 1. November 1821 traf Byron selbst ein und ließ sich in der Casa Lanfranchi am Arno nieder, wo Shelley schon Räume für ihn gemietet hatte. Jetzt sollte die letzte Erprobung ihrer Freundschaft kommen.

XIII. GEGENSÄTZE

Die beiden Dichter standen jetzt auf der Höhe ihrer Entwicklung. Der Ältere hatte noch einige Gesänge am *Don Juan* zu schreiben. Sie sind in ihrer Feindseligkeit gegen England so bitter, daß sogar ein französischer Geist sie als übertrieben empfinden kann. *The Vision of Judgement* (Oktober 1821) ist ebenfalls eine gnadenlose Satire, doch Southeys frühere *A Vision of Judgement* hatte eine Vergeltung provoziert, als sie Byron den Führer der «satanischen» Schule in der englischen Dichtung nannte; Byron nahm ihn mit Genuß und Geschick auseinander. In diesen späten Dichtungen wandte er sich von der romantischen, sich selbst bemitleidenden Melancholie *Childe Harolds* zu einer klassischeren Pose, die alles mit Vernunft und Humor beurteilt – Mäßigung jedoch war ihm noch fremd. Seine Briefe – insbesondere die an Murray gerichteten – zeigen einen reiferen Geist, denn hier ist sein kaustischer Witz durch kritische Selbstprüfung gedämpft, als ob er entdeckt hätte, daß Bescheidenheit ein Tor zur Weisheit öffnet.

Hinsichtlich seiner Dichtungen war er bescheiden. «Ich möchte die Poesie oder die Poeten auf der Stufenleiter des Intellekts durchaus nicht hoch einstufen. Dies mag nach Heuchelei aussehen, ist aber meine wahre Meinung ... Ich ziehe die Begabung zur Tat – im Krieg, im Senat, oder selbst in der Wissenschaft – allen Spekulationen dieser reinen Träumer vor.»[108] Er schätzte Shelley als Mann, hielt aber viele seiner Verse für kindische Phantasie. Er legte mehr Wert darauf, als Mann, denn als Poet geschätzt zu werden. Er war peinlich auf sein gutes Aussehen bedacht. Reiten zog er dem Gehen vor, da sein verkrüppelter rechter Fuß die Aufmerksamkeit von seinem schönen Gesicht ablenkte. Hinsichtlich der Ernährung schwankte er zwischen starkem Essen bis zur Korpulenz und Einhaltung einer Diät bis zu Schwächezuständen. So wog er 1806 bei einer Körpergröße von 174 Zentimetern 87 kg; um 1812 war er auf 61 kg heruntergekommen; gegen 1818 hatte er wieder auf 91 kg zugenommen. Er war stolz auf seine sexuellen Eroberungen und schickte seinen Freunden Berichte darüber mit genauen Zahlenangaben. Er war ein Gefühlsmensch; oft verlor er die Geduld oder seine Selbstkontrolle. Sein Intellekt war brillant, aber unstetig. «Sobald Byron nachdenkt», sagte Goethe, «ist er ein Kind».[109]

Was seinen Glauben betrifft, so begann er als Calvinist; in *Childe Harold* sprach er vom Papsttum mit alt-protestantischem Nachdruck als «die Babylonische Hure».[110]

In seinen zwanziger Jahren las er Philosophie, schätzte Spinoza, zog Hume vor und erklärte: «Ich leugne nichts, bezweifle aber alles».[111] Im Jahre 1811 schrieb er an einen Freund, der ihn bekehren wollte: «Ich will mit Ihrer Unsterblichkeit nichts zu tun haben». Zehn Jahre später schrieb er: «Was die Unsterblichkeit der Seele angeht, so kann es darüber, scheint mir, kaum einen Zweifel geben».[112] In Italien sagten ihm Klima und Menschen zu, und er begann katholisch zu denken; beim Angelusläuten sehnte er sich danach, an dem Frieden teilzuhaben, der sich für einen Augenblick auf alle eingeborenen Seelen niederzusenken schien. «Ich habe mir oft gewünscht, als Katholik geboren zu sein.»[113] Gegen Ende seines Lebens (1823) sprach er wie in seiner Knabenzeit von Prädestination und Gott.[114]

Da er als Heranwachsender seinen religiösen Glauben eingebüßt hatte und in Literatur oder Philosophie keinen moralischen Halt fand, besaß er keinen Angelpunkt, von dem aus er den Empfindungen, Gefühlen oder Wünschen, die ihn erregten, hätte widerstehen können. Sein freier und wacher Intellekt fand überzeugende Gründe zum Nachgeben, oder sein Temperament ließ der Vernunft keine Zeit, die Weisheit sozialer Beschränkungen zur Geltung kommen zu lassen. Offensichtlich zügelte er seine homosexuellen Neigungen und schaffte ihnen mit warmen und treuen Freundschaften Genüge. Er ließ sich jedoch durch die Reize seiner Schwester gefangen nehmen. In *Childe Harold* berichtete er kühn von seiner Liebe zu

> one soft breast
> Which unto his was bound by stronger ties
> Than the Church links withal.[115]
>
> Es gab ein zartes Herz, wie schon erzählt,
> das durch ein stärkres Band verknüpft ihm war,
> als es die Kirche schließt.*

Von der englischen Gesellschaft ausgestoßen, weil er die von ihr gestatteten Schwächen zu weit ausgenützt oder sie nicht taktvoll versteckt hatte, erklärte er der britischen «Heuchelei» und «Scheinheiligkeit» den Krieg. Er satirisierte die Oberklassen als «von zwei mächtigen Stämmen gebildet, den Langweilern und den Gelangweilten». Er verurteilte die Ausbeutung der Arbeitskraft durch die Fabrikbesitzer und rief gelegentlich sogar nach einer Revolution:

> «God save the king!» and kings
> For if he don't I doubt if *men* will longer.
> I think I hear a little bird, who sings,
> The people by and by will be the stronger, ...
> and the mob
> At last all sick of imitating Job ...
> I would fain say, «Fie on't».
> If I had not perceived that revolution
> Alone can save the earth from hell's pollution.[116]

---

* Nach der Übersetzung von A. H. Janert in Byrons Werken, Bibliogr. Institut, Leipzig 1912.

«Erhalte Gott den König!» und die Könige alle,
denn tut er's nicht, die Menschen werden's kaum.
Mir scheint, ich höre einen kleinen Vogel singen,
das Volk wird mit der Zeit der Stärkre sein, ...
Auch das Volk
wird's schließlich müde, Hiob nachzuahmen ...
Ich würde gerne sagen, «Pfui darüber!»
Hätte ich nicht erkannt, daß Aufstand nur allein
die Welt kann von der Hölle Schmutz befrein.

Nach reiflicher Überlegung fühlte er sich jedoch nicht zu einer Demokratie hingezogen. Er mißtraute den Massen und fürchtete, eine Revolution würde zu einer Diktatur führen, schlimmer als die des Königs oder des Parlaments. Er sah einige Vorzüge in der Herrschaft einer Geburtsaristokratie und verlangte nach einem geläuterten, der Vernunft zugänglichen, gebildeten und kompetenten Adel. Er selbst vergaß niemals, daß er ein Lord war. Jede Anmaßung gleichmacherischer Familiarität merzte er rasch aus. Er wußte, daß für das Gedeihen gesellschaftlicher Beziehungen der Abstand von Bedeutung ist.

Seine Beurteilung Napoleons wechselte mit den Ereignissen. Bis Bonaparte sich selbst zum Kaiser krönte, sich Titel zulegte und sich mit solchen umgab, war er für Byron ein ausgezeichneter Kompromiß zwischen Königen und Volksmassen. Trotz des ganzen Herrscherprunks und der fragwürdigen Invasionen Spaniens und Rußlands hoffte Byron, daß Napoleon die kontinentalen Monarchien besiegen würde. Er schalt den besiegten Kaiser, daß er sich nicht selbst den Tod gegeben habe, anstatt abzudanken. Als Napoleon jedoch von Elba zurückkehrte, betete der Dichter wiederum für seinen Sieg über die Alliierten. Als er sechs Jahre später von Napoleons Tod erfuhr, klagte er: «Sein Sturz war für mich ein Schlag auf den Kopf. Seit diesem Zeitpunkt sind wir die Sklaven von Narren gewesen.»[117]

Er war eine erstaunliche Mischung von Fehlern und Tugenden. Im Zorn konnte er brutal und grausam sein; normalerweise war er ritterlich, taktvoll und großzügig. Robert Dallas übertrug er Copyrights im Wert von tausend Pfund; weitere tausend ermöglichten es Francis Hodgson, seinen Bankrott abzuwenden. Teresa Guiccioli, die ihn während vier Jahren fast täglich sah, beschrieb ihn auf neunhundert Seiten als veritablen Engel.[118] Er war, in weit höherem Grade als Coleridge, ein «lädierter Erzengel», der in seinem Körper die Makel seiner Erbmasse trug, die er mit einer Kühnheit des Verhaltens, einer Überfülle von Versen und einer Gewalt rebellischer Gedanken zur Schau stellte und abbüßte, die den alten Goethe so überwältigten, daß er ihn «den größten (literarischen) Genius unseres Jahrhunderts» nannte.[119]

Im Gegensatz zu ihm war Shelley der «ineffectual angel» der historischen Redewendung. Dennoch wird niemand bestreiten können, daß seine Verse Samenkörner darstellten, aus denen die religiöse Toleranz, die Befreiung der Frau, der Sieg der Wissenschaft in Technologie und Philosophie, die Ausdehnung des Wahlrechts und der Parlamentsreform erwuchsen, die das neunzehnte zu einem «wundervollen Jahrhundert» machten.

Er war zudem ein recht menschlicher Engel. Er besaß einen Körper und gab dessen Forderungen nach, zumindest jene zwei Male, als er «ausriß», von der Affaire mit Emilia Viviani nicht zu reden. Er war schmächtig, von Krankheiten geplagt und litt an dauernden Rückenschmerzen. Natürlich war er außergewöhnlich sensibel – sogar in höherem Grade als Byron – gegenüber äußeren und inneren Reizen. Nehmen wir nur seinen Brief an Claire Clairmont (16. Januar 1821): «Du fragst, woran ich Freude finde. Der Wind, das Licht, die Luft, der Duft einer Blume bereiten mir starke Gefühlsregungen.»[120]

Wie wir alle, war er von sich selbst besonders eingenommen. Er gestand Godwin (28. Januar 1812): «Meine Selbstgefälligkeit erscheint unerschöpflich.»[121] Als er Mary Godwin nahm und seine Frau Harriet bat, sich mit der Rolle einer Schwester zu begnügen, stillte er seine Wünsche wie jeder andere Sterbliche und enthüllte sein innerstes Wesen, als er erklärte, Harriet entspreche weniger als Mary seiner Philosophie und seinen Idealen. Seine Dichtkunst beurteilte er zurückhaltend und stellte sie unter die von Byron. In der Freundschaft war er treu und aufmerksam bis zu seinem Ende. Als Byron Murray Shelleys Tod mitteilte, schrieb er: «Sie haben sich alle schrecklich in Shelley getäuscht, der, ohne Ausnahme, der beste und am wenigsten selbstsüchtige Mann war, den ich jemals gekannt habe. Ich habe niemals jemanden gekannt, der mit ihm verglichen nicht eine Bestie gewesen wäre.»[122] Hogg schilderte den Dichter als unberechenbar, vergeßlich hinsichtlich Verabredungen und Versprechen und rasch in Meditation versinkend, die Zeit und Ort nicht achtete.[123] Er galt allgemein als unpraktisch, war jedoch in Geldangelegenheiten nicht leicht zu täuschen und gab seine ererbten Rechte erst nach langem Kampf auf. Er war zu nervös, um ein wirklich rationaler Denker zu sein, auch fehlte ihm der nötige Sinn für Humor, um seine eigenen Gedankengänge in Frage zu stellen. Die Phantasie war seine ständige Verlockung; die Realität erschien so trostlos und vulgär, verglichen mit denkbaren Verbesserungen, daß er dazu neigte, in den elysischen Gefilden seiner Wachträume Zuflucht zu suchen. Er schlug vor, Könige, Rechtsanwälte und Priester abzuschaffen, eine Welt, die noch auf der Stufe der Jäger stand, zum Vegetarismus zu bekehren und die Liebe der Geschlechter von allen gesetzlichen Fesseln zu befreien. Er sah keinerlei Hindernis für all dies in der Natur oder in der biologischen Vergangenheit der Menschen. «Shelley glaubte», sagte seine liebende Witwe, «die Menschheit müsse nur wollen, daß es das Böse nicht gebe und es würde verschwinden ... Diese Meinung vertrat er ... mit glühendem Enthusiasmus.»[124] Die Geschichte nahm er nicht zur Kenntnis, es sei denn, um die Griechen zu idealisieren, und selbst dabei ignorierte er die Sklaverei.

Wir neigen dazu, Shelleys Einfachheit überzubewerten, weil wir vergessen, daß der Tod ihm keine Zeit ließ, zu reifen. Auf Grund ihres vorzeitigen Endes sind Byron und Shelley als romantische Dichter auf uns gekommen, als die echten Götter der romantischen Bewegung in England. Hätten sie die sechzig erreicht, wären sie wahrscheinlich konservative Bürger geworden und hätten sich möglicherweise mit einem bescheideneren Platz in der Geschichte begnügen müssen, als dem, den ihr frühzeitiger romantischer Tod ihnen einbrachte.

In der Tat war Shelley im Alter von achtundzwanzig Jahren bereits zu beachtlicher Mäßigung abgekühlt. 1820 schrieb er einen wesentlichen Essay unter dem Titel *A Philosophical View of Reform*, der ein Jahr später veröffentlicht wurde. «Dichter und Philosophen», verkündete er, «sind die uneingestandenen Gesetzgeber der Welt».[125] Die Dichter, weil sie die Stimme der Phantasie sind, die unter vielen Absurditäten auch neue Gedanken konzipieren, die zu ihrer Zeit Menschen zu Experiment und Fortschritt anstacheln; die Philosophen, weil sie die sozialen Probleme mit kühler Vernunft und aus der Perspektive von Jahren behandeln. Wie Byron und jeder humane Geist der Zeit war Shelley empört über die Lebensbedingungen der Fabrikarbeiter in England und über die kalten Rezepte eines Malthus, der die Geburtenkontrolle forderte, aber die Arbeitslöhne dem Gesetz von Angebot und Nachfrage unterstellt wissen wollte, d. h. der Zahl der Arbeitslosen, die um verfügbare Arbeitsplätze konkurrierten.[126] Er klagte sowohl den Protestantismus wie den Katholizismus an, es versäumt zu haben, den Geist Christi auf die Beziehungen zwischen reich und arm anzuwenden.[127] Er schlug vor, vermittels einer von den Reichen zu erhebenden Zwangsabgabe die Staatsschuld zu liquidieren, deren jährlicher Zinsendienst die Allgemeinheit mit schweren Steuern belastete.[128] Er legte dar, daß die Zunahme der Bevölkerung zwischen 1689 und 1819 das Verhältnis der Wahlberechtigten zu den Nichtwahlberechtigten verschoben und die Wahl des Parlaments einer noch kleineren Minorität überlassen hatte, so daß die Gesamtbevölkerung praktisch ihres Wahlrechts beraubt war.[129] Er akzeptierte die landbesitzende Aristokratie als in Recht und Herkommen wurzelnd und er sanktionierte (vielleicht im Hinblick auf künftige Shelleys) eine begrenzte Vererbung von Reichtum; er blickte jedoch mit Verachtung auf die aufsteigende Plutokratie aus Fabrikanten, Kaufleuten und Finanziers.[130] Machiavellis Ansicht, Moral gelte nicht für Regierungen, wies er zurück: «Politik ist nur dann gesund, wenn sie nach den Grundsätzen der Moral geführt wird; sie ist die eigentliche Moral der Nationen.»[131] Er verlangte nach einer von einer Versammlung regierten Republik, warnte aber wie sein Mentor Godwin vor einem gewaltsamen Umsturz.[132] Er verteidigte die Französische Revolution, lobte den Konsul Napoleon, lehnte den Kaiser Napoleon ab und bedauerte die französische Niederlage bei Waterloo.

Shelleys *Defence of Poetry*, geschrieben 1821, fand erst 1840 einen Verleger. Hier erhob der im freiwilligen Exil lebende Dichter unter Außerachtlassung der Philosophen, die Poeten zu den «obersten Gesetzgebern der Welt».[133] Er hatte diese tröstliche Meinung schon in seinem Vorwort zu *Prometheus Unbound* vertreten: «Die großen Schriftsteller unseres Zeitalters sind, wie wir mit gutem Grund annehmen dürfen, Gefährten und Vorläufer eines ungeahnten Wechsels in unserer Sozialstruktur oder in den Auffassungen, die sie stützen. Die Wolke des Geistes entlädt ihre aufgespeicherten Blitze und das Gleichgewicht zwischen Einrichtungen und Meinungen stellt sich her oder ist im Begriff, sich wiederherzustellen.»[134] Jetzt setzte er hinzu: «Unser Zeitalter wird, was seine geistigen Errungenschaften betrifft, ein denkwürdiges sein, und wir leben unter Philosophen (Kant, Fichte, Hegel, Schelling – und Godwin) und Dichtern (Goethe, Schiller, Wordsworth, Coleridge, Byron, Shelley) welche alle, die seit dem letzten nationalen Kampf für die zivile und religiöse Freiheit erschienen sind (1642), unvergleichlich überragen.»[135]

Im Gegensatz dazu unterschätzte Shelley die Rolle, welche die Wissenschaften bei der Umformung von Einrichtungen und Ideen zu spielen begannen. Er warnte davor, den wissenschaftlichen Fortschritt, der nur unsere Werkzeuge verbessert, die Entwicklung von Literatur und Philosophie überholen zu lassen, die sich mit unseren Zielen befassen.[136] So habe die «ungehemmte Ausübung der Rechenkunst» die wenigen Geschickten weiterhin bereichert und zur Konzentration von Reichtum und Macht beigetragen.[137]

Shelleys Unzufriedenheit mit den Geldverhältnissen seines zweiten Schwiegervaters griff auf Godwins Philosophie über. Nachdem er Platon wiederentdeckt hatte (er hatte das *Symposion* und *Jon* übersetzt), gelangte er von der naturalistischen zu einer geistigen Interpretation von Natur und Leben. Er bezweifelte jetzt die Allmacht der Vernunft und hatte seine Begeisterung für den Atheismus verloren. Als er sich den Dreißigern näherte, hörte er auf, den Glauben an das Übernatürliche anzugreifen. Jetzt dachte er – darin dem jungen Wordsworth sehr ähnlich – Natur sei die äußere Form einer sie im Innern erfüllenden Seele. Es mochte sogar eine Art Unsterblichkeit geben: die dem Individuum innewohnende Lebenskraft geht bei seinem Tode in eine andere Form über, stirbt aber niemals.[138]

XIV. PISANISCHE MELODIE: 1821–1822

Als Byron nach Pisa kam, lag sein Sexualleben mehr oder weniger hinter ihm, von idealisierender Erinnerung, wie den Haidee-Episoden in *Don Juan*, abgesehen. In Pisa lebte Teresa Guiccioli mit Byron zusammen, jedoch in schwindender Intimität; er verbrachte seine meiste Zeit mit seinen und Shelleys Freunden. Für sie gab er wöchentliche Diners, bei welchen die Diskussion ungehemmt dahinfloß. Shelley nahm daran teil, vertrat seinen Standpunkt höflich, aber fest und entfernte sich, wenn das starke Trinken seinen Anfang nahm. Teresa versuchte, ihrem ruhigen Leben Inhalt zu verleihen, indem sie mit Mary Shelley Freundschaft schloß und sich mit Geschichte beschäftigte, um mit Marys geistigen Interessen Schritt halten zu können. Byron hielt nichts von Teresas Studien, da er Frauen vorzog, deren Geist ihren Reizen bescheiden untergeordnet war. Allegra hatte er fast vergessen. Ihre Mutter flehte Mary Shelley an, nach Florenz zu kommen, um ihr bei dem Plan behilflich zu sein, nach Ravenna zu reisen, das Mädchen zu entführen und sie in ein gesünderes Klima und ein fröhlicheres Leben zu bringen. Shelley lehnte es ab, seine Erlaubnis dazu zu geben. Dann kam die Nachricht, daß Allegra, fünf Jahre alt, am 20. April 1822 im Kloster an Malaria gestorben sei. Dieser Todesfall trug dazu bei,

Shelleys Freundschaft zu Byron weiter abzukühlen. Zu Beginn dieses Frühlings hatte er an Leigh Hunt geschrieben: «Gewisse Charakterzüge Lord Byrons machen die enge und exklusive Vertrautheit, die uns verbindet ... für mich unerträglich. Soviel, bester Freund, will ich Ihnen eingestehen und anvertrauen.»[139]

Er versuchte, sein Unbehagen zu verbergen, denn er hatte Byron überredet, Hunt einzuladen, nach Pisa zu kommen und Herausgeber eines neuen Magazins, *The Liberal*, zu werden, das Byron und Shelley als Gegengewicht zu der konservativen *Quarterly Review* planten. Byron schickte dem bankrotten Hunt zweihundertfünfzig Pfund; Hunt schiffte sich mit seiner Familie in London ein und hoffte, Livorno am 1. Juli 1822 zu erreichen. Shelley versprach, ihn dort zu treffen.

Äußerlich gesehen waren die ersten sechs Monate dieses Unglücksjahres eine schöne Zeit für die beiden Dichter. Sie ritten fast jeden Tag zusammen aus und maßen ihre Schießkunst in einem Pistolen-Schießklub; Shelley kam Byron an Treffsicherheit nahezu gleich. «Meine Gesundheit», schrieb er an Peacock, «ist besser, und meine Sorgen sind geringer geworden; obwohl nichts gegen die Schwindsucht meines Geldbeutels helfen will, schleppt er sich doch als eine Art Halbtoter dahin, seinem Herrn ziemlich ähnlich und scheint, wie Fortunatus' Säckel, stets leer, doch nie völlig erschöpft».[140] Im Januar starb Byrons Schwiegermutter und hinterließ ihm (trotz der Trennung von seiner Gattin) Besitzungen, die ihm ein zusätzliches Einkommen von dreitausend Pfund jährlich brachten. Nun im Besitz reichlicher Mittel, ließ er sich in Livorno eine geräumige Yacht bauen, heuerte John Trelawny als Kapitän an, taufte sie *Bolivar* zu Ehren des südamerikanischen Revolutionärs und lud Shelley mit seinen neuen Freunden Edward Williams und Thomas Medwin ein, ihn und die Gambas auf einer Kreuzfahrt im kommenden Sommer zu begleiten. Shelley und Williams teilten sich in ein kleineres Segelboot – 25,60 m lang, 2,44 m in der Breite –, das sie sich für achtzig Pfund bauen ließen. Trelawny taufte es *Don Juan*, Mary benannte es in *Ariel* um.[141]

In Erwartung eines Segelsommers zog Byron in die Villa Dupuy bei Livorno, Shelley und Williams mieteten für ihre Familien die Casa Magni in der Nähe von Lerici am Nordufer der Bucht von La Spezia, etwa vierzig Meilen nördlich von Livorno. Am 26. April 1822 verlegten Shelleys und Williams' ihre Haushalte in die Casa Magni und erwarteten dort die Lieferung ihres Bootes.

XV. OPFER: SHELLEY 1822

Nur dichterische Verzückung konnte sich für einen Ferienaufenthalt einen so einsamen Ort oder eine so wilde Umgebung aussuchen. Casa Magni war groß genug für zwei Familien, doch das Haus war unmöbliert und stark verfallen. Von drei Seiten war es von Wald umgeben, an der vierten lag die See, deren Wellen manchmal bis an die Haustür schlugen. «Sturmböen begrüßten uns bei unserer Ankunft», erinnerte sich Mary später, und «die Eingeborenen waren noch wilder als der Ort.

Wären wir als Schiffbrüchige an einer Südseeinsel gelandet, würden wir uns kaum weiter von Zivilisation und Behaglichkeit verschlagen vorgekommen sein.»[142]

Am 12. Mai kam die *Ariel* aus Genua. Williams, der bei der Marine gedient hatte, und Shelley, noch immer des Schwimmens unkundig, waren von dem Boot begeistert und verbrachten manchen Nachmittag oder Abend längs der Küste segelnd. Noch selten war Shelley so glücklich gewesen oder hatte sich so wohlgefühlt. Die Frauen begleiteten sie selten; Mary war erneut schwanger, häufig unwohl und unglücklich, weil ihr Mann ihr die Klagebriefe ihres Vaters nicht zeigen wollte.[143]

In jenem Haus oder auf dem Boot schrieb Shelley seine letzte Dichtung, «The Triumph of Life», die durch seine letzte Reise bei Zeile 544 abbrach. Sie zeigt keinen Triumph, denn sie beschreibt eine Prozession menschlicher Typen, nichts als heruntergekommene Versager, die dem Tod entgegeneilen. In Vers 82 erhebt sich der Schatten Rousseaus, um die Stupidität der Kultur zu erläutern. Er zeigt berühmte Gestalten der Geschichte – Platon, Cäsar, Konstantin, Voltaire, Napoleon – Gefangene des gleichen tollen Strebens nach Reichtum oder Macht und rät, als einzige Rettung, zur Rückkehr zu einem einfachen und natürlichen Leben.

Noch nicht dreißig Jahre alt, schrieb Shelley, nachdem er sich am 18. Juni 1822 mit Selbstmordgedanken befaßt hatte, an Trelawny:

Sollten Sie mit irgendwelchen wissenschaftlich erfahrenen Leuten zusammentreffen, die in der Lage sind, Blausäure oder destilliertes Bittermandelöl herzustellen, so würde ich es als großes Zuvorkommen betrachten, wenn Sie mir eine geringe Menge davon verschaffen könnten ... Ich würde jeden Preis für diese Medizin bezahlen ... Ich brauche Ihnen nicht zu sagen, daß ich gegenwärtig keine Selbstmordabsichten hege, doch muß ich gestehen, daß es mich sehr beruhigen würde, den goldenen Schlüssel zum Bereich der ewigen Ruhe in meinem Besitz zu wissen.[144]

Vielleicht, um seine kranke Frau zu unterstützen, hatte Shelley Claire Clairmont eingeladen, aus Florenz zu kommen und den Sommer in Casa Magni zu verbringen. Sie kam Anfang Juni, gerade rechtzeitig, um Mary zu helfen, eine nahezu verhängnisvolle Fehlgeburt zu überstehen. Am 22. Juni hatte Shelley, der am Rande eines Nervenzusammenbruchs stand, einen so schrecklichen Alptraum, daß er schreiend aus seinem Zimmer zu Mary rannte.

Am 1. Juli erhielt er die Nachricht, daß Leigh Hunt mit Familie in Genua eingetroffen war und sich darauf vorbereitete, mit einem Küstensegler zu Byron nach Livorno zu reisen. Shelley, besorgt, seinen treuen Freund willkommen zu heißen, sein Zusammentreffen mit Byron zu erleichtern und das erlahmende Interesse seines Partners an ihrem neuen Magazin zu festigen, entschloß sich, sofort mit William in der *Ariel* nach Livorno zu segeln. Mary hatte ein Vorgefühl kommenden Unheils. «Ich rief Shelley zwei- oder dreimal zu, zurückzukommen ... Ich weinte bitterlich, als er absegelte.»[145]

Die *Ariel* verließ Casa Magni am 1. Juli mittags und erreichte Livorno sicher um 9 Uhr abends. Shelley begrüßte Hunt freudig, war aber niedergeschlagen, als er erfuhr, daß die toskanischen Behörden die Gambas aufgefordert hatten, ihr Gebiet sofort zu verlassen und daß Byron, entschlossen, Teresa zu folgen, plante, Livorno bald den Rücken zu kehren, um sich in Genua mit ihr zu treffen. Trotzdem stimmte Byron zu, seine Abmachung mit Hunt einzuhalten und dessen Familie Räume in der Casa Lanfranchi in Pisa zu überlassen. Shelley begleitete sie nach Pisa, half ihnen, sich einzurichten und fuhr am 7. Juli nach Livorno zurück.

Den Vormittag des Montag, des 8. Juli, verbrachte er mit Einkäufen für die Familie in Casa Magni. Williams trieb zur Eile, um den günstigen Wind auszunützen, der gerade in Richtung Lerici wehte. Captain Roberts von der *Bolivar* sagte für diesen Nachmittag einen Sturm voraus und empfahl, die Abreise um einen Tag zu verschieben. Aber Williams drängte auf sofortige Abfahrt; Shelley stimmte zu und um 1 Uhr 30 mittags legte die *Ariel* in Livorno ab, mit Shelley, Williams und einem jungen Seemann, Charles Vivian.

Gegen 6 Uhr 30 an diesem Abend kam in der Bucht von La Spezia ein heftiger Gewittersturm auf, und Hunderte von Booten eilten in den Hafen. Bei Casa Magni wütete das Unwetter so, daß die dort angstvoll wartenden drei Frauen sich mit der Hoffnung trösteten, die beiden Ehemänner hätten den Sturm in Livorno abgewartet. Dienstag, Mittwoch und Donnerstag vergingen. «Die wirkliche Qual dieser Tage», schrieb Mary später, «übersteigt alle Vorstellungen, welche die glühendste Einbildungskraft jemals geschildert hat. Unsere Abgeschlossenheit, die wilde Natur der Bewohner des benachbarten Dorfes und die unmittelbare Nähe der aufgewühlten See vereinigten sich, um diese Tage der Ungewißheit mit ungewohnten Schrecken zu erfüllen.»[146] Am Freitag kam ein Brief Hunts an Shelley an, der Sätze enthielt, die die wartenden Frauen mit Entsetzen erfüllten: «Bitte teilen Sie uns mit, wie Sie nach Hause gekommen sind, denn es heißt, Sie seien nach Ihrer Abfahrt am Montag in schlechtes Wetter geraten, und wir sind in Sorge.» Jane Williams und Mary fuhren eine Tagereise weit nach Pisa. Gegen Mitternacht erreichten sie die Casa Lanfranchi, fanden dort Byron und Hunt, die ihnen versicherten, daß Shelley und Williams Livorno am Montag verlassen hätten. Sie fuhren weiter durch die Nacht und kamen am Sonnabend, den 13. Juli um 2 Uhr früh in Livorno an. Dort versuchten Trelawny und Roberts sie mit der Möglichkeit zu beruhigen, daß die *Ariel* nach Korsika oder Elba verschlagen worden sei. Byron beauftragte Roberts, mit der *Bolivar* See und Küste zwischen Livorno und Lerici abzusuchen. Trelawny begleitete Mary und Jane bei einer vergeblichen Suche entlang dem Strand nach Zeichen oder Nachrichten von den vermißten Männern. Er blieb bis zum 18. Juli bei den trauernden Frauen in Casa Magni und verließ sie dann, um die Suche fortzusetzen. Am 19. Juli kehrte er zu ihnen zurück und unterrichtete sie, so zart er konnte, daß die Leichen ihrer Ehemänner am 17. oder 18. Juli bei Viareggio am Strand angespült worden seien. (Um den 30. Juli wurde der verstümmelte Körper Charles Vivians vier Meilen weiter nördlich am Strand gefunden und begraben.) Trelawny nahm Mary und Jane mit nach Pisa, wo Byron ihnen anbot, in der Casa Lanfranchi zu wohnen, doch sie zogen es vor, sich in der Nähe einzuquartieren. Mary schrieb an einen Freund: «Lord Byron ist sehr liebenswürdig zu mir und kommt oft mit der Guiccioli, um uns zu besuchen.»[147]

Die Leichen waren bereits von den Küstenbewohnern im Sand begraben worden. Die toskanischen Gesetze untersagten die Exhumierung und ein Wiederbegräbnis solcher Körper; doch Trelawny wußte, daß Mrs. Shelley die Gebeine ihres Mannes in der Nähe derer ihres Sohnes in Rom begraben zu sehen wünschte. Er überredete die toskanischen Behörden, eine Exhumierung unter der Bedingung zu gestatten, daß die Überreste am Strand verbrannt würden. Die Körper waren verstümmelt und fast bis zur Unkenntlichkeit entstellt, doch in einer Jacke fand sich in einer Tasche ein Band Sophokles und in der anderen ein Band Keats.[148]

Am 15. August waren Byron, Hunt und Trelawny mit einem Quarantänebeamten und einem englischen Offizier, Captain Shenley, Zeugen, als ein Trupp Soldaten Williams' Überreste verbrannte. Am nächsten Morgen wurde an einer Stelle gegenüber von Elba Shelleys Leichnam exhumiert und in Gegenwart von Byron, Hunt und Trelawny sowie einiger Dörfler aus der Umgebung verbrannt. Trelawny goß Öl, Wein und Weihrauch in die Flammen und übergab mit beschwörenden Worten die Asche «der Natur, die er verehrte».[149] Byron, unfähig, dem Schauspiel bis zum Ende beizuwohnen, schwamm zur *Bolivar* hinüber. Nach drei Stunden war fast der ganze Körper dahingeschwunden, mit Ausnahme des Herzens. Trelawny holte, auf Kosten einer verbrannten Hand, das Herz aus dem Feuer. Ein Behälter mit der Asche wurde nach Rom gebracht und in einem neuen Friedhof dicht bei dem alten protestantischen Friedhof, der die Reste des Kindes William barg, begraben. Shelleys Herz übergab Trelawny Hunt und dieser überbrachte es Mary. Nach ihrem Tode im Jahre 1851 wurde die Asche des Herzens in ihrem Exemplar von *Adonais* gefunden.

XVI. VERKLÄRUNG: BYRON 1822–1824

Im September 1822 zogen Byron und die Gambas von Pisa nach Albaro, einem Vorort von Genua. Die verschiedentlichen Veränderungen an Körper, Geist und Verfassung, die er durchgemacht hatte, seit er England verließ, hatten ihn ermüdet, und er begann sogar Teresas unwandelbarer Liebe überdrüssig zu werden. Seine scharfen Augen und sein sardonischer Geist hatten die Schleier fortgezogen, die das Leben verhüllen und hatten offenbar keine Realität vorgefunden, die ihn zu Idealismus oder Verehrung hätte anregen können. Er war der berühmteste lebende Dichter, doch er war nicht stolz auf seine Dichtungen. Die fiebrigen Klagen *Childe Harolds* erschienen jetzt unmännlich, und der wache Zynismus in *Don Juan* ließ Autor und Leser nackt in einer desillusionierten Welt allein. «Ein Mann», meinte er jetzt, «müßte mehr für die Menschheit tun, als Verse schreiben».[150] In Genua bat er seinen Arzt, ihm zu sagen: «Was ist das beste und am schnellsten wirkende Gift?»[151]

Griechenland bot ihm einen erlösenden Tod. Es war 1465 unter türkische Herrschaft geraten und unter der Fremdherrschaft schläfrig geworden. Byron hatte es in *Childe Harold* (II. Gesang, Stanzen 73–84) zur Revolte aufgerufen: «Geborene Sklaven! Wißt ihr nicht / Wer frei sein will, muß selbst den Schlag führen?» Griechenland hatte sich 1821 erhoben, doch es besaß weder Waffen noch Geld, noch war es einig. Es rief diejenigen Nationen zu Hilfe, denen es sein reiches Erbe übertragen hatte. Es entsandte ein Komitee nach London, um Gelder zu sammeln; dieses schickte Beauftragte nach Genua mit einem Appell an Byron, er möge einen Teil seines Reichtums zur Förderung der Revolution benützen, die er zu inspirieren gesucht hatte. Am 27. April 1823 teilte er den Emissären mit, er stehe zur Verfügung der provisorischen griechischen Regierung.

Er war wie umgewandelt. Jetzt war er ganz Tatmensch. Zynismus wich der Hingabe, die Poesie wurde auf die Seite gelegt, die Romantik ging von Versen zu Entschlossenheit über. Nachdem er Gelder für die Familie Hunt und vor allem für Teresa abgezweigt hatte, weihte er den Rest seines Vermögens der griechischen Revolution. Er wies seine Beauftragten in London an, seinen gesamten Besitz in England, soweit er zu Geld zu machen war, zu verkaufen und ihm den Erlös zu schicken. Er verkaufte die *Bolivar* für die Hälfte ihrer Baukosten und charterte ein englisches Schiff, die *Hercules*, die ihn, Pietro Gamba und Trelawny samt einigen Geschützen und Munition sowie einem Zweijahresbedarf an Medikamenten und Verbandstoffen für tausend Mann nach Griechenland bringen sollte. Teresa Guiccioli kämpfte darum, mitgenommen zu werden, doch er widerstand ihr liebevoll und hatte den Trost zu erfahren, daß sie und ihre Eltern die Erlaubnis erhalten hatten, in ihr Heim in Ravenna zurückzukehren. An Lady Blessington schrieb er: «Ich habe ein Vorgefühl, daß ich in Griechenland sterben werde. Ich hoffe, es wird im Kampf sein, denn das wäre ein gutes Ende für ein sehr trauriges Dasein.»[152]

Am 16. Juli 1823 setzte die *Hercules* die Segel, um von Genua nach Griechenland zu fahren. Nach ärgerlichen Verzögerungen ließ sie (3. August) in Argostólion, dem Hafen von Kephallenia, der größten der Jonischen Inseln, die Anker fallen. Griechenland lag noch fünfzig Meilen entfernt, doch Byron war zu seinem Ärger gezwungen, Monate dort zu verbringen. Er hatte gehofft, in Missolunghi mit dem bedeutendsten der griechischen Führer zusammenzutreffen. Aber Marco Bozzaris war im Kampf gefallen, Missolunghi in der Hand der Türken, und türkische Kriegsschiffe kontrollierten alle westlichen Zufahrten zum griechischen Festland. Anfang Dezember eroberte Fürst Alexandros Mavrokordatos Missolunghi zurück, und am 29. verließ Byron Kephallenia. Oberst Leicester Stanhope, Beauftragter des griechischen Komitees, das in England Gelder zur Unterstützung der Revolution sammelte, schrieb aus Missolunghi: «Alle warten auf die Ankunft Lord Byrons, so wie sie die Ankunft des Messias erwarten würden.»[153] Nach verschiedenen Abenteuern und Verzögerungen erreichte der junge Retter am 24. Januar 1824 Missolunghi und wurde vom Fürsten und der Bevölkerung, die Gold witterten, freudig empfangen.

Mavrokordatos übertrug ihm das Kommando ebenso wie die Sorge für Bezahlung und Verpflegung für eine Bande von sechshundert Sulioten, kriegerischen Barbaren, halb Griechen, halb Albaner. Sie machten keinen guten Eindruck auf ihn, außerdem wußte er, daß die griechischen Revolutionäre in rivalisierende Gruppen unter Führern gespalten waren, die mehr Politiker als Soldaten waren. Trotzdem war er glücklich über die ihm zugefallene aktive Rolle und zögerte nicht, seine Hilfe zu verteilen; Mavrokordatos allein erhielt an die zweitausend Pfund wöchentlich, um die Missolunghier zu verpflegen und ihren Kampfgeist zu stärken. Inzwischen wohnte Byron in einer Villa nördlich der Stadt in Küstennähe, «am Rande», sagte Trelawny, «des übelsten Sumpfes, den ich je gesehen habe». Die Sulioten erwiesen sich als undiszipliniert und rebellisch, mehr auf sein Geld, als auf seine Führung erpicht. Der junge Lochinvar mußte seine Hoffnung auf Kampfhandlungen zügeln, bis Ordnung und Disziplin wiederhergestellt waren. Trelawny, des Wartens müde, verabschiedete sich, um anderswo Abenteuer zu suchen. Nur Pietro Gamba blieb in Byrons Nähe und wachte besorgt über ihn, als er sah, wie er unter der Hitze, dem Ärger und der malariageschwängerten Luft immer schwächer wurde.

Am 15. Februar, während eines Besuches bei Oberst Stanhope, wurde Byron plötzlich bleich und stürzte in Krämpfen zu Boden, bewußtlos und mit Schaum vor dem Mund. Er kam wieder zu sich und wurde in seine Villa gebracht. Ärzte versammelten sich um ihn und setzten ihm Blutegel an, um ihn zur Ader zu lassen. Als diese entfernt wurden, konnte die Blutung nicht rasch genug gestillt werden, und Byron fiel infolge des Blutverlustes in Ohnmacht. Am 18. Februar meuterten seine Sulioten erneut und drohten, in sein Haus einzudringen und alle erreichbaren Ausländer umzubringen. Er erhob sich von seinem Bett und beruhigte sie, doch seine Hoffnung, sie bei Lepanto gegen die Türken zu führen, schwand und mit ihr sein Traum von einem nützlichen und heroischen Tod. Er tröstete sich mit einem Brief von Augusta Leigh, dem ein Bild seiner Tochter Ada und Annabellas Beschreibung von des Kindes Körperbeschaffenheit und Temperament beigefügt waren. Seine Augen leuchteten einen glücklichen Augenblick lang auf. Alles Normale war ihm versagt geblieben.

Am 9. April ritt er mit Pietro aus. Auf dem Rückweg gerieten sie in heftigen Regen, und Byron litt an diesem Abend unter Fieber und Schüttelfrost. Am 11. verschlimmerte sich das Fieber, er legte sich zu Bett, fühlte seine Kräfte schwinden und erkannte, daß das Ende nahte. Von Zeit zu Zeit kam ihm in diesen letzten zehn Tagen der Gedanke an die Religion, doch, «um ehrlich zu sein», bemerkte er, «ich finde es ebenso schwierig zu wissen, was man in dieser Welt glauben soll, als was man nicht glauben soll. Es gibt ebensoviele gute Gründe, mich zu verführen, als Frömmler zu sterben, wie es bislang für mich gegeben hat, als Freidenker zu leben.»[154] Dr. Julius Millingen, der erste unter seinen Ärzten, berichtete:

> Zu meinem unendlichen Bedauern muß ich feststellen, daß ich, obwohl ich während des letzten Stadiums seiner Erkrankung nur selten von Lord Byrons Bett wich, ihn keinerlei, auch nicht die geringfügigste Erwähnung der Religion tun hörte. Einmal hörte ich ihn sagen, «soll ich um Erbarmen flehen?» Nach einer langen Pause fügte er hinzu: «Komm, komm, keine Schwäche! Sei ein Mann bis zum Ende.»

Derselbe Arzt läßt ihn sagen: «Schickt meinen Leichnam nicht nach England. Laßt meine Gebeine hier vermodern. Legt mich ohne Gepränge und Unsinn in die nächste Ecke.»[155]

Am 15. April erlaubte er nach einem erneuten Krampfanfall den Ärzten, ihn nochmals zur Ader zu lassen. Sie entnahmen ihm zwei Pfund Blut und nach zwei Stunden ein weiteres. Er starb am 19. April 1824. Die ungewöhnlich mangelhafte Autopsie ergab Urämie – die giftige Anhäufung von Stoffen, die mit dem Urin ausgeschieden werden sollen, im Blut. Es fanden sich keine Anzeichen einer Syphilis, jedoch ausreichende Beweise dafür, daß wiederholte Aderlässe und starke Abführmittel die letzte Ursache des Todes gewesen waren. Das Gehirn war eines der größten jemals ermittelten – 720 Gramm über dem normalen Höchstgewicht.[156] Vielleicht hatten Jahre sexueller Exzesse und abwechselnde Perioden übermäßigen Essens und rücksichtslosen Fastens die Abwehrkräfte des Körpers gegen Überanstrengung, Sorgen und miasmatische Luft geschwächt.

Die Todesnachricht erreichte England erst am 14. Mai. Hobhouse überbrachte sie Augusta Leigh; beide waren zutiefst bestürzt. Hobhouse griff dann das Problem von Byrons geheimen Memoiren auf. Moore hatte diese für zweitausend Guineen an Murray verkauft, der geneigt war, sie trotz der Warnung seines Hauptberaters William Gifford in Druck zu geben, der meinte, daß (in Hobhouses Worten) «sie nur für Bordelle geeignet wären und ihre Veröffentlichung Lord Byron ewiger Schande preisgeben würde».[157] Murray und Hobhouse schlugen vor, das Manuskript zu vernichten. Moore protestierte, erklärte sich aber einverstanden, Mrs. Leigh entscheiden zu lassen; sie bat, es zu verbrennen, was auch geschah. Moore gab Murray die zweitausend Guineen zurück.

Byrons alter Diener Fletcher beharrte, daß sein Herr kurz vor seinem Tod den Wunsch geäußert habe, in England begraben zu werden. Die griechischen Behörden und die Bevölkerung protestierten, doch mußten sie sich mit Teilen der Eingeweide zufrieden geben, die vor der Einbalsamierung entfernt worden waren. Der Körper, in 180 Gallonen Spiritus konserviert, kam am 29. Juni in London an. An die Kirchenbehörde der Westminster Abbey wurde der Antrag gestellt, den Leichnam im dortigen Dichterwinkel beizusetzen; die Genehmigung wurde versagt. Vom 9. bis 10. Juli hatte die Bevölkerung Gelegenheit, die eingesargten Überreste zu besuchen. Es kamen eine Menge Leute, doch nur wenige von Bedeutung; einige Notabeln ließen jedoch ihre leeren Kutschen am Leichenzug teilnehmen, der den Sarg vom 12.–15. Juli nach Nottingham brachte. Von einem Fenster aus sahen Claire Clairmont und Mary Shelley den Trauerzug vorbeiziehen. Ein Stück weiter kam er an einem offenen Wagen vorbei, in welchem Caroline Lamb saß. Ihr Gatte, der voraus ritt, erfuhr den Namen des Toten, enthüllte ihn aber erst Tage später seiner Frau. Am 16. Juli wurde der Dichter neben seiner Mutter in der Pfarrkirche von Hucknall Torkard, einem Dorf in der Nähe von Newstead Abbey, beigesetzt.

XVII. DIE ÜBERLEBENDEN

Die meisten von denen, die in Byrons Drama eine Rolle gespielt hatten, überlebten bis weit in den nächsten Abschnitt der Geschichte hinein. Als erster ging Pietro Gamba dahin. Nachdem er den Leichnam seines Helden nach London begleitet hatte, kehrte er nach Griechenland zurück, blieb weiter der Revolution treu und starb dort 1827 am Fieber. – Lady Caroline Lamb fiel in «schwere Krankheit», als ihr Gatte ihr erzählte, daß Byrons Leichnam an ihr vorbeigefahren worden sei. Sie hatte ihn in einem Roman *Glenarvon* (1816) ironisiert, doch jetzt sagte sie: «Es tut mir sehr leid, daß ich auch nur ein böses Wort über ihn gesagt habe».[158] Sie überlebte ihn nicht einmal um vier Jahre. – Augusta Leigh erbte laut Byrons Testament fast den ganzen Rest (an die 100 000 Pfund) seines Vermögens; sie verbrauchte das meiste davon, um die Spielschulden ihres Gatten und ihrer Söhne zu bezahlen und starb 1852 in Armut.[159] – Lady Byron bewahrte bis zu ihrem Tode eine gewisse Zärtlichkeit für den Mann, dessen ererbte Teufel der Fluch ihrer Ehe gewesen waren. «Solange ich lebe», schrieb sie, «wird meine Hauptschwierigkeit wahrscheinlich sein, ihn nicht in zu gutem Andenken zu behalten».[160] «Muß man mir nicht glauben, wenn ich, nach allem, was ich enthüllt habe, sage, daß ein höheres, besseres Wesen in dieser Brust wohnte, ... das er stets geringschätzte, aber niemals zerstören konnte?»[161] Ihre Tochter Ada, auf deren Entwicklung Byron so große Hoffnungen gesetzt hatte, heiratete den zweiten Earl of Lovelace, verlor ein Vermögen mit Rennwetten, wurde durch ihre Mutter vor dem finanziellen Ruin gerettet, verlor Hoffnung und Gesundheit und starb wie ihr Vater mit sechsunddreißig Jahren (1852). Lady Byron versuchte, ihrem einsamen Leben durch karitative Tätigkeit einen Sinn zu geben und starb 1860.

John Cam Hobhouse gelangte als Radikaler ins Parlament, stieg zum Heeresminister auf (1832–1833), wurde baronisiert und starb 1869 mit dreiundachtzig Jahren. – Teresa Guiccioli kehrte nach Byrons Tod zu ihrem Gatten zurück, suchte jedoch bald um eine zweite Trennung nach, die ihr auch gewährt wurde. Sie hatte kurze Affären mit Byrons lahmem Freund Henry Fox und mit Byrons Bewunderer, dem französischen Dichter Lamartine. Nachdem sie noch eine Reihe weiterer Anbeter beglückt hatte, heiratete sie mit siebenundvierzig den reichen und leutseligen Marquis de Boissy, der sie (nach einem leicht voreingenommenen englischen Urteil) stolz als «meine Gattin, Byrons frühere Geliebte» vorstellte. Als der Marquis starb, wandte sie sich dem Spiritismus zu, sprach mit den Geistern Byrons und ihres verstorbenen Gatten und berichtete, daß «sie jetzt zusammen sind und die besten Freunde».[162] Sie starb 1873, nachdem sie mehrere Bücher geschrieben hatte, in welchen Byron als fast makelloser Genius und Gentleman geschildert wird. – Claire Clairmont starb einundachtzigjährig im Jahre 1879 und sah bis zu ihrem Tod Byron als «die reinste Mischung aus Eitelkeit, Verrücktheit und jeder elenden Schwäche, die jemals in einem menschlichen Wesen zusammenkamen».[163]

Mary Shelley bewahrte trotz verschiedener erlittener Kränkungen ein günstigeres Andenken an «Albé» (wie sein Freundeskreis Byron nannte). Als sie von seinem Tod erfuhr, schrieb sie: «Albé – der liebe kapriziöse, faszinierende Albé – hat diese öde Welt verlassen! Möge Gott mich jung sterben lassen!»[164] Sie verbrachte einen großen Teil der ihr verbleibenden siebenundzwanzig Jahre mit der liebevollen und sorgfältigen Herausgabe der Werke ihres Gatten und einigen eigenen Veröffentlichungen.

Leigh Hunt, der den Mut gehabt hatte, Shelleys Dichtungen zu preisen, während nahezu sämtliche Kritiker sie als Eskapaden einer unreifen Jugend abtaten, blieb seinem jugendlichen Radikalismus treu, schrieb feindselige Erinnerungen an Byron und lebte bis 1859. – Thomas Jefferson Hogg heiratete, nachdem er eine Anzahl Liebesverhältnisse hinter sich gebracht hatte, Williams Witwe Jane und lebte mit ihr die letzten fünfunddreißig Jahre seines Lebens. Der bemerkenswerteste dieser Epigonen war Edward John Trelawny, der in Pisa Shelleys Weg kreuzte, als beide Anfang dreißig waren. Shelley stand kurz vor seinem Ende, Trelawny hatte noch neunundfünfzig Jahre vor sich. Doch dieser «fahrende Ritter, ... dunkel, hübsch und schnurrbärtig» (wie Hunt ihn beschrieb), hatte schon so viele Abenteuer in so vielen Ländern bestanden, daß seine Erzählungen seinen neuen Freunden nie langweilig wurden. Obgleich Byron ihn als Oberstallmeister und Kapitän der *Bolivar* anstellte, war es doch Shelley, dieser «gesittete, bartlose Knabe», den dieser Mann der Tat am meisten zu lieben lernte. Nachdem er gesehen hatte, daß Byron sicher in Missolunghi angekommen, dort aber zur Untätigkeit verdammt war, ging er fort, um sein eigenes Geschick zu suchen, in der Erwartung, für die griechische Sache zu sterben. Er erlebte die Befreiung Griechenlands, nahm seine Wanderungen wieder auf, lebte bis 1881 und wurde in dem Grab beerdigt, das er 1812 gekauft hatte, neben Shelleys Asche im englischen Friedhof in Rom.

NEUNTES KAPITEL

Englands Nachbarn

[1789–1815]

I. DIE SCHOTTEN

Sie standen seit der Union von 1707 unter britischer Herrschaft, konnten sich innerhalb der Insel frei bewegen und Handel treiben, fanden sich jedoch nie damit ab, durch ein fernes Parlament regiert zu werden, in dessen Unterhaus die 1,8 Millionen Seelen Schottlands durch fünfundvierzig Abgeordnete vertreten waren gegenüber den fünfhundertdreizehn, welche die 10,164 Millionen der Bevölkerung von England und Wales repräsentierten. Fünfzehn der schottischen Mitglieder wurden von korrupten, sich selbst verewigenden Stadtparlamenten, deren Abgeordnete von insgesamt 1220 Wahlmännern aus sämtlichen Wahlbezirken gewählt wurden, ernannt. Die übrigen dreißig wurden von den ländlichen Grafschaften auf Grund eines einflußreichen Grundbesitzern vorbehaltenen Wahlprivilegs gewählt. So zählte die Grafschaft Bute mit ihren 14 000 Einwohnern einundzwanzig Wahlberechtigte, alls Grafschaften zusammen deren 2405.[1] Die Mehrzahl der erfolgreichen Kandidaten war von den großen Adelsherrn ausgewählt worden, die alten und ausgedehnten Landbesitz ihr eigen nannten. Der Feudalismus war 1748 in ganz Schottland abgeschafft worden, doch die Armut blieb, da Habgier und Ungleichheit zum Wesen des Menschen gehören. Im großen und ganzen akzeptierte Schottland wie England diese Form der parlamentarischen Regierung als die beste, die für ein Volk errichtet werden konnte, das tief in der Tradition verwurzelt und zu sehr von des Tages Nöten in Anspruch genommen war, um sich die Kenntnisse und Erfahrungen anzueignen, die notwendig sind, um den nationalen Anliegen entsprechend zu votieren.

Die Religion war mächtiger als der Staat. Der Sabbat war ein Tag des feierlichen Gottesdienstes und der Erinnerung an die Sünde; die Geistlichen verkündigten Adams Sündenfall, einen personifizierten Teufel und einen rächenden Gott. Die Kongregationen waren in Doktrin und Moral noch härter als ihre Hirten. David Deans in *The Heart of Midlothian* ist völlig sicher, daß ein Mädchen, das zum Tanzen geht, in die Hölle kommen wird.[2]

Dennoch war Schottland in vieler Hinsicht England voraus. Es besaß ein nationales System echter öffentlicher Schulen: Jedes Kirchspiel war verpflichtet, eine Schule zu unterhalten, wo Knaben und Mädchen zusammen in Lesen und Rechnen unterrichtet wurden. Für diesen Unterricht hatten die Eltern pro Vierteljahr und Schüler zwei Schilling zu bezahlen; für zwei Schilling mehr konnten die Schüler auch in die Anfangsgründe des Lateinischen eingeführt werden. Für die Kinder armer Leute bezahlte das Kirchspiel, und wenn der Pfarrbezirk zu ausgedehnt war, um seine Kinder zusammenzubringen, brachte ein Wanderschulmeister abwechselnd jeder Sektion einen gewissen Unterricht. Die Lehrer waren der Geistlichkeit des Kirchspiels auf das strengste unterstellt, und man erwartete von ihnen Unterstützung bei der Vermittlung einer einschüchternden Theologie. Die Ältesten hatten herausgefunden, daß der Calvinismus einen billigen Weg darstellte, um in jede Seele einen Polizisten hineinzusetzen. Es blieb trotzdem eine ausreichende Anzahl unerschrockener Geister übrig, um in der Generation vor der Französischen Revolution die Schottische Aufklärung hervorzubringen und sie, wenn auch etwas gemäßigt, im Zeitalter Napoleons weiter zu pflegen.

Schottland war stolz auf seine Universitäten in St. Andrews (gegründet 1410), Glasgow (1451), Aberdeen (1494) und Edinburgh (1583). Diese betrachteten sich als in mancher Hinsicht Oxford und Cambridge überlegen, welcher Ansicht auch einige moderne Gelehrte zuneigen[3]; auf dem Gebiet der medizinischen Lehre war die Universität Edinburgh anerkanntermaßen führend.[4] Die *Edinburgh Review*, 1802 gegründet, war nach allgemeiner Ansicht die hervorragendste Zeitschrift in Großbritannien, und der unerschrockene liberale Rechtsanwalt Thomas Erskine (1750 bis 1823) stellte fast sämtliche anderen Anwälte vor den Londoner Gerichten in den Schatten. Allerdings muß zugegeben werden, daß, als die Unterdrückung der Gedankenfreiheit kam – insbesondere wenn es sich um Gedankengut der Französischen Revolution handelte – sich kein englischer Jurist mit den Schotten messen konnte. Davon abgesehen war das intellektuelle Klima in Edinburgh und Glasgow weiterhin der Freiheit günstig, die David Hume, William Robertson, James Boswell, Robert Burns und Adam Smith beschützt hatte. Es wird berichtet, daß man nicht nur die Studenten, sondern die gesamte Intelligenz von Edinburgh sehen konnte, wie sie sich bei Dugald Stewarts Vorlesungen über Philosophie Notizen machte.

Stewart ist heute außerhalb Schottlands fast völlig vergessen, doch eines der würdigsten Denkmäler in Edinburgh ist ein zu seinen Ehren errichteter kleiner klassischer Tempel. In der Nachfolge Thomas Reids unterwarf er die skeptischen Schlußfolgerungen Humes und die mechanistische Psychologie David Hartleys der Prüfung durch den «gesunden Menschenverstand»[5]. Metaphysik lehnte er als vergeblichen Versuch des Geistes, das Wesen des Geistes auszuloten, ab. (Nur Baron Münchhausen konnte sich selbst an seinem Schopf aus dem Sumpf ziehen.) An die Stelle der Metaphysik setzte Stewart die induktive Psychologie, welche die geduldige und exakte Beobachtung geistiger Prozesse erlaubt ohne vorzugeben, den Geist als solchen zu erklären. Stewart war ein Mann mit Witz und Stil, der scharfsinnige Interpretationen von Humor, Traumvorstellungen und dichterischen Fähigkeiten gab. (Sein Land war damals noch eine Quelle von Liebesliedern, und einige der zartesten Melodien, die in der Jugend unser Herz erwärmten, kamen von den Ufern und Hügeln Schottlands.)

James Mill war – obwohl er seinen Sohn mit einem Übermaß an Ausbildung plagte – ein Mann guten Willens und ein umfassender Geist. Sohn eines Schuhmachers, machte er sein Examen an der Universität Edinburgh in Griechisch mit Auszeichnung. Nach seiner Graduierung zog er nach London, führte dort als Journalist ein riskantes Leben, heiratete und zeugte einen Sohn, den er nach seinem Abgeordneten-Freund John Stuart nannte. Zwischen 1806 und 1818 schrieb er eine *History of British India*, die eine so überzeugend dokumentierte Kritik der dortigen Mißwirtschaft enthielt, daß sie bedeutende Reformen im Regierungssystem Indiens förderte.

In der Zwischenzeit (1808) lernte er Jeremy Bentham kennen und machte sich die utilitaristische Forderung zu eigen, daß ethische wie politische Einrichtungen und Planungen entsprechend ihrer Tauglichkeit, zum Glück der Menschheit beizutragen, beurteilt werden sollten. Von Energie und Ideen überfließend, wurde Mill zu Benthams Apostel in Britannien. Für die vierte (1810), fünfte (1815) und sechste (1820) Auflage der *Encyclopaedia Britannica* (selbst ein schottisches Unternehmen) schrieb er Aufsätze – über Regierung, Jurisprudenz, Gefängnisreform, Erziehung und Pressefreiheit – die nach erneuter Veröffentlichung weite Verbreitung und Einfluß gewannen. Diese Essays und seine Beiträge in der *Westminster Review* wurden zu einer Macht in der Bewegung, die zur Reformakte von 1832 führte. Unter einer solchen Führung änderten die britischen Radikalen ihre Forderung nach totaler Revolution in eine nach fortschreitenden Reformen durch eine auf erweitertem Stimmrecht und einer utilitaristischen Philosophie beruhende Regierung. In *Elements of Political Economy* (1821) warnte Mill vor einer die Ausbreitung des Unternehmertums übersteigenden Bevölkerungszunahme und schlug vor, den «unverdienten Zuwachs» – die automatische Wertsteigerung von Grund und Boden – zu besteuern. In einer *Analysis of the Phenomena of the Human Mind* (1829) versuchte er alle geistigen Vorgänge durch die Assoziation von Ideen zu erklären. 1835, ein Jahr vor seinem Tod, veröffentlichte er ein *Fragment on Mackintosh*.

Sir James Mackintosh setzte die Erziehung Englands durch Schottland fort. Nachdem er sich an den Universitäten von Aberdeen und Edinburgh das geistige Rüstzeug angeeignet hatte, wandte er sich nach London (1788). Bald begeisterte er sich an der Nachricht, daß die Bastille bei einem Volksaufstand erstürmt worden war. 1790 stieß er sich an Edmunds Burkes feindseligen *Reflections on the French Revolution* und beantwortete diese historische Schmähschrift 1791 mit *Vindiciae Gallicae*, einer Verteidigung der gallischen Demokratie. Der sechsundzwanzigjährige Philosoph sah in den Frühphasen der Umwälzung den edlen Ausdruck und die Frucht humanitärer Philosophie; wo doch die bedrohten Monarchien nicht, wie Burke annahm, die erprobte Weisheit von Tradition und Erfahrung verkörperten, sondern die chaotischen Überreste vom Zufall geprägter Einrichtungen, unvorhergesehener Ereignisse und zusammengestückelter Verbesserungen.

Sämtliche Regierungen, die derzeit in der Welt bestehen (mit Ausnahme der Vereinigten Staaten von Amerika) sind zufällig gebildet worden ... Es war gewiß nicht anzunehmen, daß diese zufälligen Regierungen sich durch besondere geistige Leistungen auszeichnen würden ... Es war an der Zeit, daß die Menschen lernten, nichts Altes zu dulden, das von der Vernunft nicht anerkannt wird, und vor keiner Neuerung zurückzuscheuen, zu welcher die Vernunft den Weg zeigen mag. Es war an der Zeit, daß die menschlichen Fähigkeiten ... den Beginn einer neuen geschichtlichen Ära aufzeigten, indem sie die Kunst vollkommenerer Regierung hervorbrachten und damit das allgemeine Glück der Menschheit förderten.[6]

Als die Revolution von den Idealen der Philosophen zur chaotischen Tyrannei angstgequälter Menschen herabstieg, revidierte Mackintosh seine Theoreme und paßte sich den gesellschaftlichen Kräften an, die auf ihn einwirkten. In seinen Vorlesungen über «Die Gesetze der Natur und der Nationen» (1799) erörterte er in einer Art, die den Beifall Burkes gefunden haben würde, wie gesellschaftliche Organisation – in der Entwicklung des Individuums – Verhaltensweisen und Beurteilungsmaßstäbe erzeugen kann, die wie angeboren erscheinen; daher ist der Erwachsene vermöge der Zivilisation ebenso ein Produkt der Natur wie der Erziehung. – In seinen letzten Jahren schrieb Mackintosh nach Originaluntersuchungen und Dokumenten eine *History of the Revolution in England* (1832).

An diesen Beispielen läßt sich erkennen, daß sich die schottische Kultur um die Wende vom achtzehnten zum neunzehnten Jahrhundert nicht auf ihren Lorbeeren ausruhte. Der Ackerbau gedieh, insbesondere in den Lowlands. Dort arbeiteten auch die Textilfabriken, und Robert Owen zeigte neue Wege menschlicher Zusammenarbeit auf. Glasgow war stolz auf seine Wissenschaftler, und Edinburgh wimmelte in dieser Zeit von führenden Advokaten, Ärzten und Geistlichen. Auf dem Gebiet der Kunst malte Sir Henry Raeburn Porträts, die ihn zum schottischen Reynolds werden ließen. Auf literarischem Gebiet veröffentlichte (1791) Boswell jene unerschöpfliche Quelle des Vergnügens, *The Life of Samuel Johnson*; und in Abbotsford on the Tweed söhnte der größte Schotte und Gentleman von allen alte Feinde aus, sang melodische Lieder und schrieb weltberühmte Romane, um Schulden abzuzahlen, die nur zum Teil die seinigen waren.

Walter Scott war vom Temperament her wohlgeeignet als Führer der romantischen Blütezeit der britischen Literatur, denn er liebäugelte mit dem Gedanken, ein Abkömmling der schottischen Häuptlinge aus den Grenzdistrikten zu sein, deren Fehden und Kriege den begeisternden Hintergrund für die Balladen lieferten, mit denen er in seiner Kindheit vertraut geworden war. Seine unmittelbaren Vorfahren waren allerdings ein Edinburgher Anwalt und die Tochter eines Professors für Medizin an der dortigen Universität. Er wurde dort 1771 als eines von zwölf Kindern geboren, von welchen, wie es in der damaligen Zeit die Regel war, die Hälfte die Kindheit nicht überlebten. Mit achtzehn Monaten erkrankte er an Poliomyelitis, wovon ihm eine Dauerlähmung seines rechten Beines blieb. Byrons ähnliche Behinderung mag dazu beigetragen haben, daß Scott eine unerschütterliche Freundschaft zu dem jüngeren Dichter durch alle Meinungsverschiedenheiten in Moral und Glauben aufrechterhielt.

Nach dem Besuch des Old College in Edinburgh begann Scott eine fünfjährige juristische Ausbildung unter Leitung seines Vaters und wurde 1792 als Anwalt an den schottischen Gerichten zugelassen. Seine Heirat mit Charlotte Charpentier (1797) und eine Erbschaft von seinem Vater (1799) sicherten ihm ein gutes Einkommen. Er war liebenswürdig und umgänglich und gewann viele einflußreiche Freunde, durch die er 1806 zum *clerk of session* (Vizepräsident des Friedensgerichts; Anm. d. Ü.) in Edinburgh ernannt wurde. Die Einkünfte aus diesem Amt und Vermächtnisse einiger Verwandter gestatteten es ihm, seine Anwaltspraxis zunächst zu vernachlässigen und dann aufzugeben, um sich ganz seinen literarischen Interessen zu widmen.

Ein zufälliges Zusammentreffen mit Robert Burns, die Vorliebe für Thomas Percys *Reliques of Ancient English Poetry* und die Bekanntschaft mit der Lyrik – insbesondere der *Lenore* Gottfried Bürgers – erneuerten das Interesse seiner Jugendzeit an alten britischen Balladen. 1802–1803 gab er in drei Bänden *The Minstrelsy of the Scottish Border* heraus. Angeregt durch diese lebendigen Erzählungen versuchte er sich an Eigenem und veröffentlichte 1805 *The Lay of the Last Minstrel*. Der Verkaufserfolg war ein Markstein in den Annalen der britischen Poesie. Als er 1807 nach London reiste, rissen sich die Salons um ihn. Er entschloß sich, die Literatur zu seinem Beruf, fast kann man sagen, zu seinem Geschäft, zu machen und begann mit einer riskanten Investition von Zeit und Geld in Schreiben, Drucken und Verlegen.

In den achtsilbigen Reimpaaren von Coleridges *Christabel* fand er ein geeignetes Medium für seine rasch bewegten, romantischen Erzählungen von Liebe und Krieg, von geheimnisvollen und übernatürlichen Geschehnissen in der schottischen Legende und Geschichte. Er erschloß das neue Feld mit *Marmion* (1808), *The Lady of the Lake* (1810), *Rokeby* (1813) und *The Lord of the Isles* (1815). Er erhob keinen Anspruch darauf, ein großer Dichter zu sein; er wollte dem Publikum einträgliche Unterhaltung bieten und nicht den Musen, die im übrigen der Epen und Hexameter müde geworden waren. Seine Leser verfolgten atemlos die heroischen Kämpfe seiner Ritter um ihre schönen Damen und sangen mit Begeisterung die eingestreuten Lieder wie «Oh, Jung-Lochinvar ist von Westen her gekommen / an der ganzen weiten Grenze war sein Schlachtroß das beste».[7] Dann veröffentlichte Byron 1813 *The Giaour* und *The Bride of Abydos* und 1814 *The Corsair* und *Lara*. Scott mußte zusehen, wie seine Lesergemeinde zu orientalischen Mysterien und verwegenen Menschenfeinden abwanderte. Er erkannte, daß der junge Lord von Newstead Abbey imstande war, den Laird von Abbotsford im Reimen zu übertreffen. So wandte er sich 1814 mit *Waverley* von der Poesie zur Prosa und scheffelte neues Geld.

Es war höchste Zeit. Im Jahre 1802 hatte er James Ballantyne, einem Drucker in Kelso, Geld vorgeschossen, um seine Druckerei nach Edinburgh zu verlegen; 1805 wurde er stiller Teilhaber in James und John Ballantynes Druckerei und Verlagsfirma. Von da an richtete er es so ein, daß alle seine Veröffentlichungen, von wem auch immer verlegt, bei Ballantyne gedruckt wurden. Mit seinem Einkommen und seinen Gewinnanteilen kaufte Scott 1811 das Landgut Abbotsford (bei Melrose), erweiterte seinen Besitz von 44,5 Hektar auf 486 Hektar und ersetzte das alte Farmhaus durch ein schön ausgeschmücktes und kostspielig möbliertes Schloß – heute noch eine Sehenswürdigkeit in Schottland. 1813 jedoch stand die Firma Ballantyne vor dem Bankrott, was zum Teil auf die Veröffentlichung verschiedener, von Scott redigierter, unrentabler Projekte zurückzuführen war. Er machte sich daran, die Ballantynes mit Anleihen bei seinen reichen Freunden und den Einkünften aus seinen eigenen Schriften wieder flüssig zu machen. Um 1817 war das Unternehmen wieder solvent, und Scott war in eine der berühmtesten Romanfolgen der Literaturgeschichte vertieft.

Waverley erschien 1814 anonym und brachte etwa zweitausend Pfund ein, wovon bald ein großer Teil für Abbotsford aufgewendet wurde. Scott verheimlichte seine Urheberschaft, da er es als nicht ganz passend für einen *clerk of session* empfand, Romane für den Verkauf zu schreiben. Seine Feder war in Prosa fast ebenso geschwind, wie sie es in Versen gewesen war. Innerhalb von sechs Wochen schrieb er *Guy Mannering* (1815); 1816 *The Antiquary*; 1816–1819 legte er (unter dem Sammeltitel *Tales of my Landlord*) ein anziehendes Panorama schottischer Bilder vor – *Old Mortality*, *The Heart of Midlothian*, *The Bride of Lammermoor* und *The Legend of Montrose*. Mit der vertonten «Lucia von Lammermoor» verdiente Donizetti ein Vermögen. Scott unternahm ausgedehnte Reisen durch Schottland, England und die benachbarten Inseln. Er nannte sich selbst lieber einen Altertumsforscher als einen Romancier und brachte es fertig, seinen Erzählungen ein Lokalkolorit und eine mundartliche Färbung zu geben, die seine schottischen Anhänger entzückten. *Ivanhoe*, *The Monastery* und *The Abbot*, alle 1820 erschienen, spielten vor dem Hintergrund des mittelalterlichen England, jedoch nicht mit dem gleichen Realismus wie die schottischen Erzählungen. 1825 wagte sich Scott in den mittelalterlichen Orient und zeichnete in *The Talisman* ein so schmeichelhaftes Bild Saladins, daß fromme Schotten an der Rechtgläubigkeit des Verfassers zu zweifeln begannen. Als George Eliot gefragt wurde, was zuerst ihren christlichen Glauben erschüttert habe, entwortete sie: «Walter Scott».[8]

Diejenigen unter uns, die sich in ihrer Jugend an den «Waverley-Romanen» erfreut haben, sind jetzt durch das Tempo unserer Zeit zu sehr abgelenkt, um sie heute noch genießen zu können. Doch selbst eine flüchtige Vertiefung in einen davon – sagen wir *The Heart of Midlothian* – läßt uns erneut spüren, daß der Mann, der über eine Dekade hinweg Jahr für Jahr ein solches Buch produzieren konnte, eines der Wunder seiner Zeit gewesen sein muß. Wir sehen ihn den feudalen Baron von Abbotsford spielen (er wurde 1820 geadelt) und doch jedermann mit Güte und Einfachheit begegnen, wir sehen ihn als den berühmtesten Autor seiner Zeit – bekannt von Edinburgh bis St. Petersburg (wo Puschkin zu seinen Verehrern zählte), von Herzen lachend, als er hörte, daß man ihn mit Shakespeare verglich. Seine Gedichte und Romane gewannen großen Einfluß auf die romantische Bewegung, obwohl er sich persönlich wenig romantischen Illusionen hingab. Er hatte Anteil am wiederauflebenden Interesse am Leben des Mittelalters, trotzdem plädierte er bei den Schotten dafür, die Idealisierung ihrer gewalttätigen Feudalvergangenheit aufzugeben und sich an die Union anzupassen, die langsam zwei Völker zu einem einzigen verschmolz. Im Alter erwärmte er sich für einen Tory-Patriotismus, der keinen Fehler in der britischen Verfassung zugeben wollte.

Unterdessen standen seine Drucker, die Ballantynes, und sein Verleger Archibald Constable beide vor dem Bankrott. 1826 übergaben sie die ihnen verbliebenen Aktiva dem Konkursgericht, und Sir Walter mußte als Teilhaber für die Schulden der Ballantynes haften. Jetzt erst erfuhr Europa, daß der Verfasser der Waverley-Romane der Herr auf Abbotsford war. Das Gericht beließ ihm sein Haus und etwas Land sowie sein offizielles Gehalt als *clerk of session*, doch verlor er seinen gesamten übrigen Besitz. Er konnte immer noch bequem leben und fuhr fort, einen Roman nach dem anderen zu schreiben, in der Hoffnung, seine Einkünfte würden seine Schulden abdecken. 1827 ließ er ein schwerfälliges *Life of Napoleon* erscheinen, das ein Scherzwort «eine Blasphemie in zehn Bänden» nannte. Es entkleidete den Korsen fast jeglicher guten Eigenschaft, doch es erwärmte die britische Seele und reduzierte die Schulden des Verfassers ein wenig.

Der künstlerische Wert seiner letzten Werke leidet unter seiner Eile und seinem Unbehagen. In den Jahren 1830–1831 hatte er mehrere Schlaganfälle. Er erholte sich wieder, und die Regierung stellte ihm eine Fregatte für eine Kreuzfahrt in der Sonne des Mittelmeers zur Verfügung. Neue Schlaganfälle warfen ihn jedoch nieder, und er wurde, so schnell es ging, zurückgebracht, damit er in seinem geliebten Abbotsford sterben könne (1832). Ein neuer Verleger, Robert Cadell, übernahm seine restlichen Schulden (7000 Pfund) und Copyrights und machte ein Vermögen damit, denn die Romane Walter Scotts blieben bis zum Ende des Jahrhunderts populär. Wordsworth hielt ihn für «den größten Geist seiner Generation».[9]

II. DIE IREN

Irland zählte um 1800 etwa 4,55 Millionen Seelen, von welchen 3,15 Millionen römisch-katholisch waren, 500 000 gehörten der protestantischen Episkopalkirche an, und 900 000 (hauptsächlich in Ulster) verteilten sich auf protestantische Dissenter-Sekten. Die Katholiken erhielten 1793 das Wahlrecht und wurden dann für die meisten zivilen Verwaltungsposten wählbar. Von den höchsten Ämtern jedoch blieben sie nach wie vor ausgeschlossen, so vom Richterstand und vom irischen Parlament. Im Endeffekt konnten die Katholiken nur protestantische Kandidaten in die Regierung des katholischen Irland wählen. Der König oder seine Minister ernannten einen protestantischen Lordlieutenant oder Vizekönig als obersten Exekutivbeamten in Irland und ließen ihn die Verwaltung – und in erheblichem Maße auch das irische Parlament – durch Bestechung bzw. Verleihung oder Verkauf von Ämtern beherrschen.[10]

Bis 1793 befand sich der gesamte Grund und Boden Irlands im Besitz von britischen oder irischen Protestanten. Nach 1793 durfte eine geringe Zahl von Katholiken Land erwerben; der Rest waren Kleinpächter, die schmale Streifen Landes bewirtschafteten, Land- oder Fabrikarbeiter. Pachten und Zehnte wurden mit Strenge eingetrieben, was dazu führte, daß die meisten irischen Bauern in hoffnungsloser Armut lebten. Sie waren zu arm und es fehlte ihnen jeglicher Anreiz, um die neuen

Maschinen zu kaufen, welche die landwirtschaftliche Produktion in Britannien vervielfachten; der irische Landbau blieb statisch. «Die größten Grundbesitzer waren Auswärtige, die in England lebten und aus Irland herauszogen, was sie konnten, ohne seine Produktionskraft zu stärken.»[11] In den Industriegebieten von Dublin war das Elend noch größer als auf dem Land. Die irische Industrie wurde durch hohe Zölle gewürgt, welche die Einfuhr von Rohbaumwolle verhinderten, sowie durch Handelsrestriktionen, die es für irische Erzeugnisse mit Ausnahme von Leinen weitgehend unmöglich machten, innerhalb des Empire mit britischen Gütern zu konkurrieren.[12] Shelley schrieb angesichts der Lebensbedingungen der Dubliner Fabrikarbeiter 1812: «Bis heute hatte ich keine Vorstellung von den Abgründen menschlichen Elends.»[13]

Die irischen Katholiken bezahlten, wie die gesamte Bevölkerung, den Zehnten zum Unterhalt der protestantischen Staatskirche in Irland. Zusätzlich aber unterhielten sie auch durch freiwillige Beiträge ihre katholischen Geistlichen, die ihres früheren Reichtums beraubt worden waren. Die römische Kirche unterstützte natürlich die irische Unabhängigkeitsbewegung und empfing dafür Liebe und Loyalität des katholischen Bevölkerungsteils. Hier war der Sozialrebell in der Regel religiös konservativ. Liberale, wie Thomas Moore, kehrten sich niemals offen von der katholischen Orthodoxie ab, mochten sie auch mit Skeptikern wie Byron befreundet sein.

Es war ein Protestant, der in der zweiten Hälfte des achtzehnten Jahrhunderts die Revolte gegen die Ausbeutung Irlands anführte. Henry Grattan (1746–1820) gehörte zur Schule zweier anderer Iren – Burke und Sheridan – und glaubte an die Macht einer beredsam vorgetragenen Vernunft. Mit dieser Waffe erzielte er einige begrenzte, jedoch wesentliche Siege: die Aufhebung der Test-Akte, die ein Bekenntnis zur englischen Staatskirche als Voraussetzung für die Mitgliedschaft im Parlament gefordert hatte; die Beseitigung der drückendsten Beschränkungen des irischen Handels; die Anerkennung, daß – wie er es ausdrückte – nur der König von England, mit Zustimmung des Parlaments von Irland, Gesetze für Irland erlassen könne. Das bedeutete, daß die Erlasse des irischen Parlaments nicht länger die Genehmigung des Parlaments von Großbritannien benötigten. Grattan scheiterte allerdings, als er versuchte, für die irischen Katholiken die volle Wählbarkeit zum irischen Parlament zu erreichen. Irland blieb ein katholisches, von einer protestantischen Regierung beherrschtes Land.

Theobald Wolfe Tone (1763–1798) führte den Kampf weiter. Wie Grattan ein Graduierter des Trinity College in Dublin, ging er nach London, um Jura zu studieren. Nach seiner Rückkehr beteiligte er sich an der Organisation der Gesellschaft Vereinigter Iren (1791), deren Ziel die Zusammenarbeit zwischen Protestanten und Katholiken bei der Durchsetzung sozialer und politischer Reformen war. Tone, der mit leidenschaftlicher Energie vorwärtsdrängte, brachte eine katholische Konvention zustande, deren Aktionsprogramm das irische Parlament so einschüchterte, daß es die Relief-Akte von 1793 passieren ließ, die den Katholiken das Wahlrecht gab.

Tone war damit nicht zufrieden. 1794 trat er in Verhandlungen mit William Jackson ein, dem heimlichen Vertreter des Wohlfahrtsausschusses, der zu dieser Zeit das mit England im Krieg befindliche Frankreich beherrschte. Jackson wurde entdeckt und verhaftet; Tone floh in die Vereinigten Staaten und dann nach Frankreich. Dort überredete er Lazare Carnot, Mitglied des Ausschusses, einer französischen Invasion Irlands zuzustimmen. General Lazare Hoche wurde mit dem Oberbefehl betraut, ernannte Tone zum Generaladjutanten und ging am 15. Dezember 1796 mit sechsundvierzig Schiffen und 14 000 Mann nach Irland in See. Die Expedition geriet vor der englischen Küste in einen Sturm und ging fast vollständig zugrunde. Tone kam davon und begleitete ein kleineres Expeditionskorps, das in Irland eingreifen sollte. Diese Streitmacht wurde von den Briten gefangen genommen. Tone wurde zum Galgen verurteilt, entging der Schlinge aber, indem er sich im Gefängnis die Kehle durchschnitt (November 1798).

Inzwischen hatte der Unmut der Iren über die englische Herrschaft zu einer ausgedehnten Revolte geführt. Pitt, Britanniens Premierminister, hoffte die Bewegung durch eine versöhnliche Haltung dämpfen zu können. Er ließ durch den Innenminister (auch für irische Angelegenheiten zuständig) Herzog von Portland als Vizekönig William Wentworth, den zweiten Earl Fitzwilliam ernennen, der offen seine Sympathie mit den Iren zu erkennen gab. Nachdem er sein Amt drei Monate (Januar bis März 1795) ausgeübt und dabei den Katholiken mehr Konzessionen gemacht hatte, als Pitt für klug hielt, wurde er abberufen, und der irische Widerstand flammte zu offenem Krieg auf. Eine Zeitlang gingen die irischen Protestanten im Angriff auf die Fremdherrschaft mit den Katholiken zusammen; in Ulster jedoch, wo die Protestanten in der Mehrheit waren, wechselten sie nach kurzer Zeit von der Kooperation zur Opposition, da sie fürchteten, eine erfolgreiche Rebellion würde Ulster unter katholische Herrschaft bringen. Im September 1795 gründeten Protestanten aus Ulster die Orangistische Gesellschaft und vereinigten sich mit den «Peep-of-Day Boys», um katholische Häuser und Kirchen anzuzünden oder zu zerstören. Hunderte von Katholiken flohen aus Angst vor einem Massaker aus Ulster. Mehr und mehr Protestanten sagten sich von den Vereinigten Iren los. Die übriggebliebenen Katholiken griffen zu den Waffen, nahmen mehrere Grafschaften in Besitz und marschierten gegen die Festungen der Regierung in Dublin. Grattan glaubte, er könne den Frieden wiederherstellen, wenn er im irischen Parlament die Wählbarkeit von Katholiken in dieses Gremium durchsetzte. Diese Vorlage wurde jedoch mit überwältigender Mehrheit abgelehnt, da sie (weil die Katholiken jetzt das Wahlrecht besaßen) eine baldige Verwandlung des irischen Parlaments in eine katholische Macht nach sich ziehen müsse. Der britische General forderte Verstärkungen an, die er auch erhielt und erklärte das Kriegsrecht; wochenlang wurde die einst fröhliche Hauptstadt eine Hölle von Haß und Mord. Die Zählung der Leichen ließ den Sieg der Regierung offenbar werden; im Herbst 1798 war der Aufstand unterdrückt.

Pitt war sich darüber klar, daß Unterdrückung keine Lösung war und daß die in Irland schwelende Unzufriedenheit zu einer Lebensgefahr für Britannien geworden war. Um 1800 lag England seit sieben Jahren im Krieg mit Frankreich und hatte während dieser Zeit von dem durch die Revolution in Frankreich angerichteten Chaos profitiert. Jetzt aber brachte Napoleon Frankreich Ordnung und seinen Armeen Schlagkraft. Er war im Begriff, eine Flotte zu bauen, die in kurzer Zeit die englische Seeherrschaft in Frage stellen konnte. Ein unzuverlässiges, stets am Rande des Aufstandes stehendes Irland bedeutete eine ständige Einladung an Napoleon, seine Truppen über den Kanal zu führen und – Katholiken mit Katholiken – den größten Teil Irlands in eine feindliche Bastion an Englands Flanke zu verwandeln. Nach Pitts Ansicht mußte ein Weg gefunden werden, das irische Volk in einer festen Union unter einem Parlament und einem König mit Britannien zu vereinigen. Sollte dies möglich sein, war Pitt bereit, allen erwachsenen männlichen Katholiken nicht nur in Irland, sondern auch in ganz England, Schottland und Wales das volle Wahlrecht – Stimmrecht und Wählbarkeit in ein Amt – zu gewähren, Katholiken zu einem gemeinsamen Parlament in London zuzulassen und Dissentergeistliche und katholische Priester ebenso wie den Klerus der Staatskirche durch die Regierung zu besolden.[14] Durch eine solche Regelung wäre die Religion aus einem revolutionären Ferment zu einer einigenden Macht der nationalen Einheit und der öffentlichen Übereinstimmung geworden.

Dieser staatsmännische Plan, der Napoleons Konkordat mit der katholischen Kirche um ein Jahr vorausging, traf auf Opposition von den verschiedensten Seiten. Irische Katholiken beargwöhnten ihn als Bemäntelung der fortdauernden Beherrschung Irlands durch England; irische Protestanten wandten ein, er würde sie der Herrschaft – vielleicht sogar der Rache und Enteignung – siegreicher irischer Katholiken preisgeben; das irische Parlament wollte nicht sein eigenes Grab graben. Pitt hoffte, daß auf die Dauer gesehen eine Union mit England – die freien Handel mit allen Teilen des Empire in sich schloß – letztlich der irischen Wirtschaft von Nutzen sein und die Iren ebenso wieder einigen werde, wie die Schotten befriedet worden waren. Die katholische Mehrheit in Irland könnte durch die immense protestantische Mehrheit in Britannien zur Mäßigung gebracht und kontrolliert werden. Durch verschwenderische Geldzuwendungen, die Verteilung von Pfründen und Erhebungen zur Peerswürde[15] sowie die Unterstützung irischer Kaufleute wurde das irische Parlament bewogen, seine eigene Auflösung zu beschließen (1. August 1800). Von da an wurde Irland bis 1921 durch das britische Parlament regiert, in welchem es durch vier geistliche und achtundzwanzig weltliche Lords im Oberhaus und hundert Mitglieder im Unterhaus vertreten war.

Pitts offensichtlicher Erfolg wurde getrübt, als es ihm nicht gelang, den König für seinen Plan zu gewinnen. Als er vorschlug, das darin enthaltene Versprechen der vollständigen Emanzipation der Katholiken im neuen «Vereinigten Königreich von Großbritannien und Irland» zu realisieren, verweigerte Georg III. seine Zustimmung mit der Begründung, sein Krönungseid verpflichte ihn zum Schutz der englischen Staatskirche. Als Pitt ihn bedrängte, ließ der König Anzeichen eines Rückfalls in geistige Unzurechnungsfähigkeit erkennen. Pitt gab nach und trat, da er sich kompromittiert fühlte, von seinem Amt zurück (3. Februar 1801). Die Emanzipation der Katholiken wurde auf die lange Bank geschoben und hatte bis 1829 zu warten.

Die Mehrzahl der irischen Führer kam zu dem Schluß, sie seien hintergangen worden und Pitt habe niemals daran gedacht, sein Versprechen einzulösen. 1803 machte sich Robert Emmet zum Führer einer fast aussichtslosen Revolte, durch welche er zu einer der meistgeliebten Gestalten in Irlands Geschichte und Liedgut wurde. Er wurde in Dublin geboren (1778), als jüngster Sohn eines Arztes in Diensten des Vizekönigs. Als Student am Trinity College stand er vor einer Graduierung mit Auszeichnung, als er seinen Namen aus Protest gegen behördliche Ausforschung ihrer politischen Ansichten von der Liste der Untergraduierten streichen ließ. Er schloß sich den Vereinigten Iren an, bei denen sein Bruder Thomas Sekretär des obersten Rates war. Thomas riet von revolutionärer Gewalt ab, doch Robert reiste nach Frankreich, fand Zugang zu Napoleon und setzte sich für eine erneute Invasion der Franzosen in Irland ein. Da es ihm nicht gelang, Napoleon zu überzeugen, kehrte Emmet nach Dublin zurück, sammelte Waffen und Verbündete und plante einen Angriff auf die Dubliner Festung. Als er erfuhr, daß die Regierung Kenntnis von seinem Komplott erhalten und seine Verhaftung angeordnet hatte, bildete er eine Freiwilligentruppe von hundertsechzig Mann und setzte sie gegen die Festung in Marsch. Unterwegs trafen sie auf Lord Kilwarden, den obersten Richter in Irland. Die erregte und nicht zu kontrollierende Menge brachte ihn und seinen Neffen auf der Stelle um. Emmet erkannte, daß sein Unternehmen jetzt fehlschlagen mußte, floh und verbarg sich einige Zeit in den Wicklow Mountains. Er riskierte es, aufgespürt zu werden, als er sich in die Nähe des Heims seiner Verlobten Sarah Curran, Tochter von John Philpot Curran, dem protestantischen Verfechter der katholischen Sache, wagte. Robert wurde entdeckt, verhaftet, wegen Hochverrat vor Gericht gestellt und zum Tode verurteilt. Sein Schlußwort an die Jury ist eines der klassischen Beispiele irischer Beredsamkeit:

> Nur eine Bitte habe ich bei meinem Abschied von der Welt: die Nachsicht des Schweigens. Niemand möge eine Grabschrift für mich verfassen; denn da keiner, der meine Motive kennt, sie heute zu verteidigen wagt, möge Vorurteil oder Unwissenheit sie nicht beschmutzen. Laßt sie und mich in Frieden ruhen, mein Grab ohne Inschrift bleiben und mein Andenken der Vergessenheit anheimfallen, bis eine andere Zeit und andere Menschen meinem Charakter Gerechtigkeit widerfahren lassen können. Wenn mein Land den ihm gebührenden Platz unter den Nationen der Erde einnehmen wird, dann, und nicht früher, soll man meine Grabschrift schreiben.[16]

ZEHNTES KAPITEL

Pitt, Nelson und Napoleon

[1789–1812]

I. PITT UND DIE REVOLUTION

William Pitt II hatte 1783 das Amt des Schatzkanzlers und Ersten Lords des Finanzministeriums übernommen. Der Mann, der über die Einnahmen und Ausgaben des Reiches bestimmte, war der Herr der Inseln und Mäzen der Koalitionen.

Er hatte fast alle Vorteile genossen, die es für einen Briten gab. Er entstammte einer prominenten Familie und nahm Weltpolitik, Kenntnis des Finanzwesens und gute Manieren durch Vorbild und Belehrung seitens seines brillanten Vaters, des Earl of Chatham, in sich auf. Er hatte die beste private Erziehung genossen, zum Großteil durch seinen Vater selbst. Er gelangte mit einundzwanzig ins Parlament und übernahm mit vierundzwanzig die Führung Englands. Opposition überwand er durch seine stolze Reserviertheit, seine geistigen Fähigkeiten, seine mehr logische als leidenschaftliche Beredsamkeit, die Festigkeit und Schärfe seines Blicks, seine Kenntnis und geschickte Handhabung der Staatsfinanzen. Er hatte Adam Smith' *Wealth of Nations* gelesen und bewundert; er akzeptierte die Vorstellungen Smith' von freiem Unternehmertum und Freihandel. Er, der Aristokrat, unterstützte die Forderungen der aufstrebenden kaufmännischen und industriellen Bourgeosie nach besserer Repräsentation in Parlament und Politik; mit Hilfe ihrer liquiden Mittel bekämpfte er Napoleon, während die Aristokratie, deren Reichtum auf unbeweglichen Liegenschaften beruhte, Rat, Diplomatie und Protokoll beisteuerte. Er errichtete einen Tilgungsfonds für die Abtragung der Staatsschuld und reduzierte diese Schuld erfolgreich, bis der Krieg jeden Schilling verschlang, der aus der Nation herausgezogen werden konnte. Er bemühte sich mannhaft, wenn auch vergeblich, «rotten boroughs» abzuschaffen, obwohl er selbst sich ihrer für seinen Aufstieg bedient hatte. Er unterstützte ein Gesetz, das in Fällen von vorgeblicher Verleumdung die Entscheidung von einem Einzelrichter auf ein Schöffengericht übertrug, das heißt, er unterstützte die Presse bei der Anprangerung öffentlicher Mißgriffe. Er unterstützte Wilberforce bei dem langen Kampf gegen den Sklavenhandel. Napoleon besiegte ihn und brach seinen Kampfgeist, doch das Britannien, das er reorganisiert, dessen Finanzwesen er gefestigt und das er begeistert hatte, besiegte Napoleon.

Der britische König stellte ein fast ebensogroßes Problem dar wie der französische Konsul. Georg III. folgte Pitts Rat nahezu in allem, mit Ausnahme der Emanzipation der Katholiken; jedoch konnte der alternde Monarch in jedem Augenblick wieder in geistige Umnachtung fallen, wie es 1788–1789 geschah – und wenn sich ein derartiger Zusammenbruch ereignete, lauerte stets der Prince of Wales auf den Thron, der Prinz, der das Idol der Whigs und der Freund von Charles James Fox war, der mit Pitt nur in einem übereinstimmte, daß auch er den Wein bis zum Exzeß liebte. Eine Zeitlang erwartete man, daß Georg III. sterben würde (1787), er erholte sich zwar, blieb aber schwach und unentschlossen; im allgemeinen folgte er danach Pitts Direktiven, wenn auch halbherzig.

Als der junge Staatsmann die Zügel ergriff, begann England sich gerade von dem unglücklichen Krieg mit seinen amerikanischen Kolonien zu erholen. Britannien erschien militärisch ruiniert angesichts eines bankrotten, aber siegreichen Frankreich, eines aufblühenden und aufgeklärten Spanien unter Karl III. und eines Rußland, das unter Katharina II. seine Grenzen ausdehnte, riesige Armeen aufstellte, halb Polen schluckte und plante, die europäische Türkei zwischen sich und Joseph II. von Österreich aufzuteilen. Die Sicherheit Englands hing jetzt von zwei Voraussetzungen ab: seiner Seeherrschaft und dem Gleichgewicht der politischen Kräfte in Europa. Wenn eine Seite dieses Gleichgewichts die Oberhand bekam, so konnte sie England unter ihr Diktat zwingen, indem sie einfach die europäischen Märkte für britische Güter schloß. Der Tod Josephs II. (1790) verringerte die Gefahr aus dem Osten; Katharina zögerte und Pitt war im Begriff, sich von den auswärtigen den inneren Angelegenheiten zuzuwenden, als die Französische Revolution ankündigte, sie wolle den Monarchien eine Verfassung aufzwingen oder sie zerstören. Tag um Tag drangen die erstaunlichsten Nachrichten über den Kanal: Die Bastille war vom städtischen Pöbel gestürmt worden; Feudalrechte waren abgeschafft; Kirchengut war durch einen gottlosen Staat beschlagnahmt worden; eine Horde Weiber war nach Versailles marschiert und hatte Ludwig XVI. und Marie Antoinette gezwungen, nach Paris zu kommen und dort unter Aufsicht des Volkes zu leben.

Zunächst war Pitt nicht so beunruhigt wie seine Freunde aus der Oberschicht. Schließlich hatte England bereits eine Verfassung, die von zahllosen berühmten Franzosen gelobt und um die es beneidet worden war. Ein bißchen Tumult in Frankreich konnte nur von Nutzen sein: England konnte sich so in Frieden seinen innenpolitischen Problemen widmen, während Frankreich sein politisches Leben durcheinanderbrachte und dann wiederherstellte.[1] Während Aristokraten zitterten, waren britische Schriftsteller begeistert – Godwin, Wordsworth, Coleridge, Southey, Cowper, Burns. Am 4. November 1789 wurde eine «Gesellschaft zum Gedächtnis der Revolution» (von 1688) von einem unitarischen Prediger, Richard Price, so aufgerüttelt, daß sie eine Glückwunschadresse an die Nationalversammlung in Paris schickte, worin die Hoffnung ausgedrückt wurde, «das glorreiche Beispiel Frankreichs» möge andere Nationen ermutigen, auf den «unveräußerlichen Rechten der Menschheit zu bestehen.»[2] Die Botschaft war vom Präsidenten der Gesellschaft, dem 3. Earl Stanhope, dem Schwager William Pitts, unterzeichnet. Die Ansprache von Price, die als Pamphlet in England zirkulierte, rief fast nach einer Revolution:

Faßt Mut, ihr alle, die ihr Freunde der Freiheit seid und sie in euren Schriften verteidigt! Die Zeiten sind günstig. Eure Bemühungen sind nicht umsonst gewesen. Seht, wie Königreiche, durch euch aufgerüttelt, aus ihrem Schlaf erwachen, ihre Fesseln zerbrechen und von ihren Unterdrückern Gerechtigkeit fordern! Seht, wie das Licht, das ihr entzündet habt – nachdem ihr Amerika die Freiheit gegeben habt – in Frankreich widerscheint und dort zu einer Flamme auflodert, die den Despotismus zu Asche verbrennt und Europa wärmt und erhellt!

Zittert, ihr Unterdrücker der Welt! Seid gewarnt, ihr Helfer knechtischer Regierungen und niederträchtiger Hierarchien! ... Jetzt könnt ihr die Welt nicht mehr in Finsternis lassen ... Gebt der Menschheit ihre Rechte zurück und schafft die Mißbräuche ab, ehe sie mit euch zusammen vernichtet werden.[3]

Dies war mehr, als Edmund Burke vertragen konnte. Er war nicht mehr der feurige Redner, der die Sache der amerikanischen Kolonien vor dem Parlament vertreten hatte; er war jetzt sechzig, hatte sich in ein großes Landgut eingekauft und hatte zum religiösen Glauben seiner Jugend zurückgefunden. Am 9. Februar 1790 begann er im Unterhaus einen Redestreit, der zum Ende seiner alten Freundschaft mit Charles James Fox führte:

Die Gefahr, die uns heute bedroht, rührt ... von der Anarchie her: die Gefahr nämlich, durch die Bewunderung von erfolgreichem Betrug und Gewalttaten zur Nachahmung einer irrationalen, prinzipienlosen, ächtenden, beschlagnahmenden, plündernden, wüsten, blutigen und tyrannischen Demokratie verleitet zu werden. Hinsichtlich der Religion ist die Gefahr nicht mehr die Intoleranz, sondern der Atheismus, ein abscheuliches, unnatürliches Laster, ein Feind der Würde und des Trostes der Menschheit, der sich, wie es scheint, seit langer Zeit in Frankreich in einer Partei verkörpert, der respektiert und fast zum Bekenntnis erhoben wird.[4]

Im November 1790 ließ Burke seine *Reflections on the French Revolution* erscheinen. Er kleidete sie in die Form eines Briefes an «einen Gentleman in Paris» – eines Briefes von 365 Seiten. Er verurteilte Dr. Price und die Gesellschaft zum Gedächtnis der Revolution: seiner Meinung nach sollten sich Geistliche um ihren Beruf kümmern, nämlich, christliche Tugenden predigen und nicht politische Reformen; die Tugenden dringen zum Kern der Frage vor, die in der Veranlagung der menschlichen Natur zum Bösen besteht; Reformen ändern lediglich die äußere Erscheinung des Bösen, weil sie keine Änderung der menschlichen Natur bewirken. Das allgemeine Wahlrecht ist ein Betrug, der sich der Irreführung bedient; die Zählung von Stimmen hat keinen Einfluß auf die Verteilung und die Entscheidungen der Macht. Soziale Ordnung ist für die persönliche Sicherheit unerläßlich, doch kann sie nicht überleben, wenn es jedem Individuum freisteht, jedes Gesetz, das ihm nicht paßt, zu brechen. Eine Aristokratie ist wünschenswert, da sie einer Nation das Regiment ausgebildeter und ausgewählter Geister gewährleistet. Monarchie ist gut, da sie die psychologische Einheit und historische Kontinuität vermittelt, die bei der schwierigen Aufgabe, Ordnung mit Freiheit zu versöhnen, von Nutzen ist.

Zwei Monate nach diesem historischen Trompetenstoß veröffentlichte Burke *Letter to a Member of the National Assembly* Frankreichs. Darin – und noch ausführlicher in *Letter to a Noble Lord* (1796) – entwickelte er eine philosophische Basis des Konservatismus. Kein Individuum, so brillant und wohlunterrichtet es auch sei, kann sich während der Dauer eines Lebens die Kenntnisse und die Weisheit aneignen, die ihm das Recht zur Beurteilung jener komplexen, subtilen und dauerhaften Traditionen gäben, die Erfahrung und Urteil der Gemeinschaft, der Nation oder der Rasse nach Tausenden von Experimenten in dem großen Laboratorium, das man Geschichte nennt, beinhalten. Zivilisation wäre unmöglich, «wenn das Praktizieren aller moralischen Pflichten, wie auch die Grundlagen der Gesellschaft darauf beruhten, daß ihr Gründe jedem Individuum klar und einleuchtend gemacht würden».[5] So ist es nur unter großen Schwierigkeiten möglich, einem jungen Menschen, der sich ein wenig Wissen angeeignet hat und sich seines freien Geistes freut, die Religion zu erklären; erst wenn er große Erfahrungen in Bezug auf die menschliche Natur gesammelt und die Macht der Primitivinstinkte erkannt hat, wird er die Dienste zu schätzen wissen, welche die Religion der Gesellschaft bei der Kontrolle des angeborenen Individualismus der Menschen leistet. «Wenn wir unsere Nacktheit enthüllten (unsere Instinkte freisetzten), indem wir den christlichen Glauben ablegten, der ... für uns eine bedeutende Quelle der Kultur gewesen ist, ... müßten wir befürchten ... daß irgendein unerfreulicher, verderblicher, entwürdigender Aberglaube an seine Stellte tritt.»[6] Ebenso schwierig ist es, einem jungen Menschen, der gerade erst denken gelernt hat, und dem Nachbarn seinen Besitz neidet, zu erklären, daß ein Mann von außergewöhnlichen Fähigkeiten die Mühen und Kosten einer langen Ausbildung zum Zweck der Erlangung einer für die Gesellschaft nützlichen Befähigung, beziehungsweise deren Ausübung, nur dann auf sich nehmen wird, wenn es ihm freisteht, einen Teil seines Einkommens seinen Kindern zu hinterlassen. Überdies ist die menschliche Gesellschaft nicht nur eine Ansammlung von Personen im Raum, sondern ebenso eine Aufeinanderfolge von Personen in der Zeit – von lebenden, toten oder ungeborenen Personen in fortlaufender Folge von Fleisch und Blut durch Generationen. Diese Kontinuität ist tiefer in uns verwurzelt, als unsere Vereinigung an einem gegebenen Ort auf der Erde; sie kann Wanderungen über Grenzen hinweg überdauern. Wie könnte man dies jungen Leuten klar machen, die vor individuellen Ambitionen und überheblichem Stolz bersten und ohne Bedenken bereit sind, Familienbande oder moralische Beschränkungen zu zerbrechen?

Burkes Grabgesang für eine sterbende Welt wurde von den konservativen Führern Britanniens mit Dankbarkeit und Freude begrüßt; Männer mit gereiftem Urteil betrachteten die drei Veröffentlichungen als einen hervorragenden Beitrag zur Gesellschafts- und politischen Philosophie. Coleridge war in seinen späteren Jahren ebenso begeistert von ihnen, wie er seinerzeit über die Revolution gejubelt hatte. «Ich kann mir», schrieb er 1820, «keine Zeit oder Lage vorstellen, in welcher Burkes Schriften nicht von höchstem Wert wären ... Es steht kein Wort darin, das ich ändern oder streichen würde.»[7]

Unter vielen anderen verteidigten vor allem zwei Briten die Revolution: Sir James Mackintosh mit *Vindiciae Gallicae* und Thomas Paine mit *The Rights of Man* –

beide 1791. Die Revolution war gerade zwei Jahre alt, doch hatte sie bereits ihre grundlegenden Neuerungen vollbracht: Frankreich eine liberale Verfassung geschenkt, die feudalen Privilegien abgeschafft, Rede-, Presse- und Versammlungsfreiheit proklamiert und sich des Reichtums der Kirche zur Rettung eines bankrotten Staates bemächtigt; die zerstörerischen Exzesse der Revolution waren noch nicht in Erscheinung getreten. Unter diesen Umständen konnte Mackintosh erwidern, daß die Revolution ein legitimer Protest gegen ein ungerechtes und unfähiges Regime sei. Paine konnte anführen, daß es keiner Tradition gestattet werden dürfe, alle Reformbestrebungen zunichte zu machen und daß die von der Revolution proklamierten Rechte die passende Charta eines modernen Staates seien.

Paine ging aber noch viel weiter. Er forderte, Monarchie und Aristokratie durch eine Republik zu ersetzen; ferner eine Einkommensteuer mit scharfer Progression zur Umverteilung des konzentrierten Reichtums, der verwendet werden sollte, um Arbeitslosigkeit und Armut zu beseitigen, Lernmöglichkeiten für jedes Kind und eine Pension für die Alten zu schaffen. Außerdem formulierte er die Menschenrechte neu in der Ausdrucksweise Rousseaus:

1. Die Menschen sind frei geboren und bleiben stets frei und gleich, soweit es ihre Rechte angeht. Zivile Unterscheidungen können daher ihre Begründung nur im Nutzen für die Allgemeinheit finden.

2. Das Ziel aller politischen Zusammenschlüsse ist die Bewahrung der natürlichen und unveräußerlichen Menschenrechte; diese Rechte sind Freiheit, Eigentum, Sicherheit und Widerstand gegen Unterdrückung.

3. Die Nation ist grundsätzlich die Quelle jeglicher Souveränität; *Kein Individuum* und *keine Körperschaft* kann irgendeine Autorität beanspruchen, die sich nicht ausdrücklich von ihr herleitet.[8]

Von *The Rights of Man* wurden in wenigen Wochen 50 000 Exemplare abgesetzt; dies mag die Stärke der radikalen Bewegung im England von 1791 deutlich machen. Mehr oder weniger radikale Gesellschaften blühten: die Gesellchaft für Verfassungsinformation, die korrespondierende Gesellschaft von London, die schottischen Volksfreunde, die Gesellschaft zum Gedächtnis der Revolution. Einige davon schickten Grußadressen an die Französische Revolution; zwei davon halfen mit, Paines Buch eine weite Verbreitung zu sichern.

Pitt beobachtete die Lage und war beunruhigt. Persönlich war er von Paines Buch beeindruckt: «Paine ist kein Narr», sagte er zu seiner Nichte, «vielleicht hat er sogar recht. Doch wenn ich täte, was er verlangt, hätte ich morgen Tausende von Banditen auf dem Hals, und London würde brennen.»[9] Er erließ einen Haftbefehl gegen Paine. Paine floh nach Frankreich; die Verhandlung gegen ihn fand in Abwesenheit statt, und er wurde des Hochverrats für schuldig erklärt (Dezember 1792).

Die Engländer hatten viele Gründe, Frankreich nicht auf dem Weg zur Revolution zu folgen. Sie hatten ihr 1789 schon 1642 gehabt. Ihr geistiger Umschwung hatte früher eingesetzt als der der Franzosen: die deistische Aushöhlung des orthodoxen Glaubens war der französischen Aufklärung vorausgegangen und war zu der Zeit, als Voltaire 1726 in England bekannt wurde, bereits vom britischen Gleichmut neutralisiert worden. Die methodistische Bewegung lenkte einen Teil der Unzufriedenheit auf die Frömmigkeit ab. Die anglikanische Kirche war verhältnismäßig liberal und hatte nicht genug Reichtum angesammelt, um den Neid und die Feindseligkeit der Laienschaft zu erregen. Der Feudalismus war verschwunden. Es gab keine Feudalabgaben, ein großer Teil der Bauern besaß das von ihnen bebaute Land als Eigentum. Die Mittelklasse war schon ins Parlament vorgedrungen und redete in der nationalen Politik ein gewichtiges Wort mit; der Premierminister unterstützte häufig ihre Forderungen. Die Arbeiter wurden von Unternehmern und Gesetzgebern schlecht behandelt, einige revoltierten gewaltsam, doch auf die Armee war bei ihrer Unterdrückung Verlaß, und die Gerichtshöfe ließen ihre Führer hängen. Als die kriegerischen Auseinandersetzungen zwischen England und Frankreich begannen, verwandelte Patriotismus den Klassenhaß in nationalistische Leidenschaft. Die Revolution wandelte sich zur Reform und breitete sich durch das ganze neunzehnte Jahrhundert aus.

Inzwischen war die Französische Revolution von der Gesetzgebung zu den Septembermorden gelangt; ihre Armeen hatten die Preußen und Österreicher bei Valmy besiegt (20. September 1792), und das revolutionäre Fieber hatte das deutsche Rheinland erfaßt. Die Bürger von Mainz und Darmstadt hatten die Feudalherrschaft gestürzt und bürgerliche Regierungen errichtet, und da sie den Einmarsch und eine Bestrafung durch monarchistische Truppen fürchten mußten, Gesandte nach Frankreich geschickt und um Schutz gebeten. Nach einigen Debatten erließ die französische Regierung (19. November 1792) das revolutionärste aller ihrer Dekrete:

> Der Nationalkonvent erklärt im Namen der französischen Nation, daß er allen Völkern, die ihre Freiheit wiederzuerlangen wünschen, Verbrüderung und Hilfe bietet und beauftragt die vollziehende Gewalt, den Generälen die notwendigen Befehle zu geben, um diesen Völkern Hilfe zu bringen und diejenigen Bürger zu schützen, die für die Sache der Freiheit gelitten haben oder noch leiden werden.[10]

Diese verwegen großzügige Ankündigung war eine Herausforderung für jede europäische Monarchie. Die Regierung von Großbritannien wurde ferner alarmiert durch den Einmarsch französischer Truppen in Belgien und die Forderung Frankreichs an Holland, die Schelde dem allgemeinen Handelsverkehr zu öffnen. Dieser schiffbare Strom, 270 Meilen lang, entspringt in Ostfrankreich und fließt durch Belgien (dicht an Antwerpen vorbei) nach Holland, wo er sich in zwei Arme teilt und in die Nordsee mündet. Im Westfälischen Frieden (1648) war es Holland gestattet worden, beide Mündungsarme für jeden von ihm nicht besonders genehmigten Handel zu sperren, was Britannien begünstigte und Belgien ausschloß: Antwerpen verlor an Bedeutung, und Amsterdam blühte. Am 27. November 1792 unterrichtete die französische Regierung England von ihrer Entschlossenheit, die Öffnung der Scheldemündung zu erzwingen. Pitt erwiderte, Britannien sei durch einen Vertrag von 1788 verpflichtet, Holland vor jedem fremden Angriff zu beschützen. Außerdem hätte, da der Rhein ebenfalls auf holländischem Gebiet in die Nordsee mündete, die

Kontrolle Hollands durch Frankreich bedeutet, daß Frankreich alle Rheinmündungen kontrollierte und damit den britischen Handel, der auf dem Rhein Mitteldeutschland erreichte. Am 31. Dezember richtete die britische Regierung eine Note an Frankreich, des Inhalts, daß

> England niemals zustimmen wird, daß Frankreich sich das Recht anmaßt, nach seinem Belieben – unter dem Vorwand angeblicher natürlicher Rechte, zu deren einzigem Richter es sich selbst macht – das durch feierliche Verträge errichtete und durch Zustimmung aller Mächte garantierte politische System Europas zu zerstören. Diese Regierung wird, getreu den Maximen, denen sie länger als ein Jahrhundert gefolgt ist, auch niemals gleichgültig zusehen, wenn Frankreich sich direkt oder indirekt zum Souverän der Niederlande oder zum Generalschiedsrichter über die Rechte und Freiheiten Europas macht.[11]

Am 21. Januar 1793 ließ die französische Regierung Ludwig XVI. enthaupten. Die Nachricht erreichte London zwei Tage später, erschütterte Georg III. und dann die Mehrheit des englischen Volkes. Am 24. Januar forderte die britische Regierung den französischen Botschafter, Marquis François Bernard de Chauvelin, auf, das Königreich zu verlassen. Am 1. Februar erklärte Frankreich sowohl England wie Holland den Krieg.

Georg III. begrüßte den Krieg im Glauben, er würde die Nation einigen. Pitt bedauerte ihn, setzte sich aber mit aller Kraft ein. Er begann Verhandlungen, die zur Ersten Koalition führten (1793): Britannien, Portugal, Spanien, Sardinien, Neapel, Österreich, Preußen und Rußland. Er erhob von allen Klassen und Gruppen im Königreich hohe Steuern und schickte wiederholt Subsidien an seine Alliierten. Er verschärfte die Gesetze gegen jegliche Propaganda für Frankreich oder die Revolution. Er suspendierte die Pressefreiheit und (1794) die Habeas-Corpus-Akte, die das Recht jedes Verhafteten auf frühzeitige Verhandlung oder rasche Freilassung festgelegt hatte; politisch Verdächtige konnten jetzt ohne Verhandlung in Gewahrsam gehalten werden. (Frankreich tat dasselbe.) Nach einer Antikriegsdemonstration, bei welcher ein Stein gegen den König geschleudert wurde, verbot das Gesetz gegen aufrührerische Versammlungen (1796) Zusammenrottungen von mehr als fünfzig Personen ohne Erlaubnis und Kontrolle der Regierung. Kritik an der britischen Verfassung wurde mit sieben Jahren Deportation nach Botany Bay in Australien bedroht. Prominente Radikale – der Philologe John Horne Tooke, John Telwall, ein Freund des jungen Coleridge und der Schuhmacher Thomas Hardy, der Gründer der Londoner korrespondierenden Gesellschaft, wurden wegen Hochverrats vor Gericht gestellt (Mai 1794), von Thomas Erskine verteidigt und freigesprochen.

Diese Prozesse enthüllten die Panik, welche die britischen Oberklassen erfaßt hatte, als sie sich so kurz nach dem kostspieligen Aufstand der amerikanischen Kolonien einer neuen Revolution gegenübersahen. Die tausendjährige Welt der Könige und Aristokratien schien zusammenzubrechen, bedrängt durch Bauern, die feudale Schlösser und Privilegien verbrannten, und vom städtischen Pöbel, der die königliche Familie einkerkerte und Hunderte adliger Köpfe rollen ließ. Dies alles, glaubten viele Briten, war das Werk atheistischer französischer *philosophes* und ihrer englischen Nachahmer Godwin und Paine. Jederzeit konnten jetzt die gottlosen französischen Truppen Holland und das Rheinland besetzen; in ein oder zwei Jahren konnten sie eine Invasion Englands versuchen. Wie konnte Britannien, mit nur 15 Millionen Menschen und ohne stehendes Heer, ein Frankreich mit 28 Millionen Menschen und einer jetzt schon siegestrunkenen Armee im Kriege besiegen?

Pitt wußte dies alles, doch er dachte eher in Geld als in Menschen. Menschen konnte man für Geld kaufen, wenn nicht in England, dann in Österreich, Preußen oder Rußland; und Geld hatte England, es strömte jeden Tag herein aus Handel, Industrie, Landbesitz, Anleihen, Steuern auf Gebrauchsartikel jeder Art, auf jede Form von Einkommen. Mit diesen Einnahmen konnte man eine kleine Verteidigungsstreitmacht gegen eine wenig wahrscheinliche Invasion ausrüsten; sie konnten die britischen Fabriken in Gang, Britanniens Presse patriotisch und seine Karikaturisten in Höchstform halten; sie konnten für neue Armeen bezahlen, die von alliierten Staaten gestellt wurden, die knapp an Geld und reich an Menschen waren. Vor allem aber konnten sie Schiffe bauen und bemannen, genug, um die Meere zu beherrschen, jeden französischen Hafen zu blockieren, jedes französische Fahrzeug auf See zu kapern und jede französische Kolonie für das britische Empire zu annektieren. Die Flotte wurde mit jedem Monat stärker an kampfkräftigen Schiffen und disziplinierten, unvergleichlichen Seeleuten. Außerdem besaß sie einen der größten Admirale der Geschichte.

II. NELSON: 1758–1804

Die Nelsons waren ursprünglich Nielsens und stammten von ostenglischen Wikingern ab; vielleicht lag Horatio deshalb die Seefahrt im Blut. Er wurde am 29. September 1758 in Burnham Thorpe, Norfolk, geboren, das der See benachbart ist. Sein Vater war Rektor des Kirchspiels. Seine Mutter war mit Premierminister Robert Walpole verwandt. Ihrem Bruder, Captain Maurice Suckling, wurde 1770 in Erwartung eines Krieges mit Spanien das Kommando von *H.M.S. Raisonnable* übertragen. Horatio, zwölf Jahre alt, erbat und erhielt die Erlaubnis, unter ihm zu dienen. Von da an war die See die Schule des Knaben.

Körperlich war er nicht stark, er war oft krank. Doch er war entschlossen, jede sich bietende Gelegenheit zu ergreifen, die Ausbildung, Förderung und Aufstieg versprach. Er diente auf verschiedenen Schiffen bei den verschiedensten Einsätzen, wobei er mehrfach sein Leben riskierte. Er wurde Schritt für Schritt befördert und mit zwanzig Jahren zum Kapitän der Fregatte *Hinchinbrook* ernannt. Er war so eingebildet, wie er tüchtig war, und zweifelte niemals daran, daß er eines Tages in Stellung und Ruhm ganz nach oben kommen würde. Er war ebenso saumselig im Gehorchen, wie seine Vorgesetzten in der Anerkennung seiner Dienste waren; doch er gab einen Arm, dann ein Auge und schließlich sein Leben für England und konnte in einem Stolz schwelgen, so erhaben wie sein Denkmal.

Sensibel gegenüber jedem Anblick und jeder Berührung erlag er frühzeitig der Schönheit, Anmut und Zärtlichkeit von Frauen. Als Kapitän der *Albemarle* war er 1782 in Quebec im Begriff, seinen Posten auf Kosten seiner Laufbahn zu verlassen, um mit einem Heiratsantrag zu einer Frau in die Stadt zurückzukehren, die ihm in der Nacht zuvor ihre Wärme geschenkt hatte; ein energischer Freund trat ihm in den Weg und rief ihn zu seiner Pflicht und zu seinem Schicksal zurück.[12] Im Jahre 1787 fing er als Kapitän des Kreuzers *Boreas* in Antigua in Westindien eine Liebschaft an und heiratete Mrs. Frances Nisbet, eine hübsche junge Witwe mit einem reichen Onkel. Er nahm sie mit nach England, brachte sie auf einem kleinen, aber behaglichen Landsitz unter und verbrachte ein glückliches Intermezzo mit ihr auf dem Lande. Als der Krieg mit Frankreich wahrscheinlich wurde, ernannte man ihn (1793) zum Kapitän der *Agamemnon* – eines der leistungsfähigsten Schiffe der Flotte – mit der Instruktion, zu Lord Hoods Flotte im Mittelmeer zu stoßen und bei dieser Gelegenheit eine Note an Sir William Hamilton, den britischen Gesandten am Hof von Neapel, zu übermitteln. Er überbrachte die Botschaft und begegnete Lady Hamilton.

Amy Lyon, 1761 als Tochter eines walisischen Schmiedes geboren, hatte als junges Mädchen ihren Lebensunterhalt mit ihrem Körper verdient und bis zu ihrem neunzehnten Jahr schon zwei uneheliche Kinder geboren. In jenem Jahr fand sie als Geliebte des Honorable Charles Greville, des zweiten Sohnes des Earl of Warwick, zu einem anderen Leben. Er taufte sie in Emma Hart um, brachte ihr das Benehmen und die Künste einer Dame bei – Singen, Tanzen, das Spinett spielen, einen Raum anmutig betreten, süße Konversation machen und den Tee eingießen. Als er alles an ihr umgekrempelt hatte außer ihrer Seele, nahm er sie mit zu George Romney, der dreißig Porträts von ihr malte. Als Greville die Chance erhielt, eine Erbin zu heiraten, mußte er ein neues Nest für seine Liebste finden, die inzwischen gelernt hatte, ihn zu lieben. Glücklicherweise war damals sein Onkel Sir William Hamilton, ein kinderloser Witwer, in England. Er war reich, ein Milchbruder Georgs III., Mitglied der Royal Society, ein hervorragender Sammler von Funden aus Herculaneum und klassischer Kunst. Er fand Emma nach seinem Geschmack und war einverstanden, sie seinem Neffen abzunehmen. Nach Neapel zurückgekehrt, schickte er Emma eine Einladung, mit ihrer Mutter nach Neapel zu kommen und dort ihre musikalische Ausbildung zu vervollständigen. Sie nahm unter der Voraussetzung an, daß Charles Greville ihr bald folgen würde. Er kam aber nicht.

Sir William stellte ihr und ihrer Mutter vier Räume in der britischen Gesandtschaft zur Verfügung. Er verwöhnte sie mit Luxus und taktvoller Bewunderung; er ließ sie in Musik und Italienisch unterrichten; er bezahlte anstandslos die Rechnungen ihrer Schneiderinnen. Sie schrieb liebevolle Briefe an Greville und bat ihn zu kommen. Dieser aber befahl ihr: «Erweise Dich Sir William dankbar». Seine Briefe wurden seltener, kürzer und blieben dann ganz aus. Sie wurde Sir Williams Geliebte, denn neben dem Luxus war ihr die Liebe das wichtigste. Im übrigen gab sie sich bescheiden und diskret, übte Wohltätigkeit, wurde ein Liebling der Nonnen, des Königs und der Königin. Sie saß Raphael Mengs, Angelica Kauffmann und Madame Vigée-Lebrun Modell für ihr Porträt. Zufrieden mit ihr, machte Sir William sie zu seiner Frau (1791). Als Frankreich England den Krieg erklärte, wurde sie eine aktive und leidenschaftliche Patriotin und richtete ihre Bemühungen darauf, Neapel in der Koalition mit England zu halten.

Im Sommer 1794 erhielt Nelson Befehl, Calvi, einen Seehafen auf Korsika, zu belagern, der von den Franzosen besetzt war. Er eroberte die Festung, doch während des Kampfes wurde durch ein neben ihm einschlagendes feindliches Geschoß Sand in sein rechtes Auge geschleudert. Die Wunde heilte ohne Verunstaltung, doch das Auge blieb für dauernd blind.

Im Gesamtbild der Ereignisse bedeutete dieser Sieg wenig, denn ihr Ablauf in den nächsten zwei Jahren war entschieden gegen England gerichtet. Napoleon drang in Italien ein, zersprengte die sardischen und österreichischen Armeen und zwang die Regierungen von Sardinien, Österreich und Neapel, aus der Ersten Koalition auszuscheiden und Frankreichs Friedensbedingungen anzunehmen. Im Oktober 1796 erklärte Spanien, durch das britische Vorgehen in Westindien verärgert, England den Krieg. Angesichts der spanischen Flotte, die bereit war, sich mit den Franzosen im Mittelmeer zu vereinigen, wurde die See für die Engländer unsicher. Am 14. Februar 1797 traf ein britisches Geschwader von fünfzehn Schiffen unter dem Befehl von Admiral Sir John Jervis, dem damaligen Oberbefehlshaber der Mittelmeerflotte, etwa dreißig Meilen vor Kap São Vicente, der äußersten Südwestspitze von Portugal, auf eine spanische Armada von siebenundzwanzig Schiffen. Nelson, der *H.M.S. Captain* befehligte, griff mit seinem und anderen Schiffen die Nachhut der spanischen Flotte an und führte seine Männer selbst beim Entern und Aufbringen der *San Josef* und dann der *San Nicolas.* Die spanischen Schiffe, schlecht bewaffnet und geführt, mit unausgebildeten Mannschaften an den Kanonen, ergaben sich eines nach dem anderen. Der Sieg der Engländer war so vollständig, daß Jervis zum Earl von St. Vincent und Nelson zum Ritter des Bathordens erhoben wurden. Die britische Flotte war wiederum Herrin des Mittelmeers.

Im Juli 1797 wurde Nelson – inzwischen zum Konteradmiral befördert – ausgesandt, um Santa Cruz auf einer der Kanarischen Inseln einzunehmen. Die Spanier hatten die Stadt stark befestigt, da sie für die Sicherung ihres Handels mit den amerikanischen Ländern von größter strategischer Bedeutung war. Sie leistete unerwartet heftigen Widerstand, der von einer rauhen Brandung unterstützt wurde, welche die britischen Landungsboote fast unbrauchbar machte. Einige wurden an den Felsen zerschmettert, andere von den spanischen Kanonen versenkt. Nelson selbst erhielt einen Schuß in den rechten Ellbogen; der Arm wurde ungeschickt amputiert, und Nelson wurde nach Hause geschickt, um unter der Pflege seiner Frau zu genesen.

Er machte sich Sorgen, daß die Admiralität ihn – mit nur einem Auge und einem Arm – als dauernd dienstuntauglich betrachten würde. Er bat um ein neues Kommando. Im April wurde ihm als Konteradmiral die *H.M.S. Vanguard* zugeteilt, mit dem Befehl, zu Lord St. Vincents Geschwader bei Gibraltar zu stoßen. Am 2. Mai wurden drei Linienschiffe und fünf Fregatten seinem Befehl unterstellt, mit dem Auftrag, den Hafen von Toulon zu bewachen, wo Napoleon unter dem Schutz der Hafenforts eine mysteriöse Expedition vorbereitete. Am 20. Mai wurde Nelsons Geschwader bei einem Sturm so schwer mitgenommen, daß es sich zur Reparatur nach Gibraltar zurückziehen mußte. Als die Schiffe zu ihrer Wacht zurückkehrten, erfuhr Nelson, daß die französische Flottille unter dem Schutz der Dunkelheit Toulon verlassen hatte und mit unbekanntem Ziel nach Osten gesegelt war. Er machte sich an die Verfolgung, verlor viel Zeit mit falschen Spuren, seine Vorräte wurden knapp, und er ging in Palermo vor Anker, um seine Schiffe zu verproviantieren und zu überholen. Dies wurde ihm nach einer Intervention Lady Hamiltons bei der neapolitanischen Regierung gestattet, die, da mit Frankreich im Frieden, gezögert hatte, diese Verletzung ihrer Neutralität zu erlauben.

Als seine Schiffe wieder in Ordnung waren, führte Nelson sie weiter auf der Suche nach Napoleons Flotte. Er fand sie schließlich bei Abukir in der Nähe von Alexandria. Wieder setzte er alles auf eine Karte. In der Nacht des 31. Juli 1798 befahl er seinen Offizieren, ihre Schiffe für ein Treffen in der Morgendämmerung gefechtsklar zu machen. «Morgen um diese Zeit», sagte er, «werde ich die Peerswürde erlangt haben oder Westminster Abbey» – also das Heldengrab.[13] In der Schlacht exponierte er sich wie immer. Ein Geschoßsplitter traf ihn an der Stirn; er wurde unter Deck gebracht, da man seinen Tod erwartete, doch die Wunde erwies sich als oberflächlich, und bald war Nelson mit verbundenem Kopf wieder auf Deck und blieb dort, bis der britische Sieg vollständig war.

Da der gefährliche «Kleine Korporal» nun offensichtlich eingeschlossen war, konnte Pitt eine Zweite Koalition mit Rußland, der Türkei, Österreich, Portugal und Neapel bilden. Maria Carolina, Königin von Neapel und Schwester der guillotinierten Marie Antoinette war glücklich, ihr chaotisches Königreich wieder einmal an der Seite der Habsburger Dynastie und der katholischen Kirche zu wissen. Gemeinsam mit ihrem energielosen König Ferdinand IV. bereitete sie einen königlichen Empfang für Nelsons siegreiches, aber beschädigtes Geschwader vor, das am 22. September 1798 im Hafen von Neapel vor Anker ging. Als Lady Hamilton sah, daß der Admiral verwundet war, stürzte sie ihm zur Begrüßung entgegen und wurde in seinen Armen ohnmächtig.[14] Sie und ihr Gatte nahmen ihn in ihrer Gesandtschaft im Palazzo Sassa auf und taten alles nur mögliche für seine Bequemlichkeit. Emma machte keinen Versuch, ihre Verliebtheit zu verbergen, und der ausgehungerte Held erwärmte sich zusehends unter ihrer Fürsorge. Er war vierzig, sie siebenunddreißig; sie war nicht mehr hinreißend, doch sie umsorgte ihn und verwöhnte den Engländer mit Schmeicheleien, die für ihn, nächst dem Schlachtgetümmel, die Essenz des Lebens waren. Sir William, der jetzt achtundfünfzig war, nicht mehr so wohlhabend und mit Kunstsammeln und Politik beschäftigt, nahm die Situation philosophisch und fühlte sich vielleicht sogar entlastet. Im Frühjahr 1799 beglich Nelson bereits einen großen Teil von Emmas Ausgaben. Die britische Admiralität, die ihn mit den höchsten

Auszeichnungen und beträchtlichen Geldsummen überhäuft hatte, schickte ihm die Order, zur Unterstützung der anderen Admirale auszulaufen; er entschuldigte sich mit der Begründung, es erscheine ihm wichtiger, zu bleiben und Neapel vor der sich ausbreitenden Revolution zu schützen.

Gegen Ende des Jahres 1799 wurde Hamilton durch Arthur Paget als britischer Gesandter in Neapel abgelöst. Am 24. April 1800 reisten Sir William und Emma von Neapel nach Livorno, wo Nelson sich ihnen zugesellte; dann reisten sie zu Land an den Kanal und weiter nach England. Ganz London feierte ihn, aber die öffentliche Meinung verurteilte seine fortdauernde Bindung an die Frau eines anderen Mannes. Mrs. Nelson kam, um ihren Mann zurückzufordern und verlangte, daß er Emma aufgebe. Als er sich weigerte, verließ sie ihn. Am 30. Januar 1801 brachte Emma auf dem Landsitz Sir Williams eine Tochter zur Welt, die sie Horatia Nelson Thompson nannte, mutmaßlich ein Produkt des «Nelson touch». In jenem Monat brach Nelson, der mittlerweile zum Vizeadmiral avanciert war, zu seiner nächsten Aufgabe auf: die dänische Flotte zu kapern oder zu versenken. Nach seiner Rückkehr und solange der Friede von Amiens dauerte, lebte er auf seinem Landgut in Merton, Surrey; die Hamiltons waren bei ihm zu Gast. Am 6. April 1803 starb Sir William in den Armen seiner Frau, Nelsons Hand in der seinen haltend. Von da an lebte sie mit einem Erbteil von achthundert Pfund jährlich mit Nelson in Merton zusammen, bis er zu seinem größten Sieg und zu seinem Tod abberufen wurde.

III. TRAFALGAR: 1805

Als Pitt zum ersten Mal als Premierminister zurücktrat (3. Februar 1801), unterstützte er sogleich die Ernennung seines Freundes Henry Addington zu seinem Nachfolger. Addington teilte Pitts Abneigung gegen den Krieg. Er wußte wie unpopulär dieser im Lande, insbesondere bei den Kaufleuten, wegen des Exporthandels war. Er sah, wie rasch Österreich die Zweite Koalition nach seiner Niederlage bei Marengo verlassen hatte, und er sah keinen Sinn in der Verschwendung von Hilfsgeldern an derart knieweiche Alliierte. So entschloß er sich, den Krieg so rasch zu beenden, wie dies möglich war, ohne das Gesicht zu verlieren. Am 27. März 1802 unterzeichneten seine Bevollmächtigten mit Napoleon den Frieden von Amiens. Vierzehn Monate lang schwiegen die Kanonen. Die Machterweiterung Napoleons in Italien und der Schweiz jedoch und Englands Weigerung, Malta zu räumen, beendeten diese lichte Intervall, und am 20. Mai 1803 flammten die Feindseligkeiten wieder auf. Addington übertrug Nelson Kommando und Ausrüstung einer Flotte, die einen einfachen Auftrag hatte: die französische Hauptkriegsflotte aufzuspüren und sie bis zum letzten Schiff zu vernichten. Unterdessen füllte Napoleon riesige Lager, Häfen und Arsenale in Boulogne, Calais, Dünkirchen und Ostende mit Menschen und Material und ließ Hunderte von Schiffen bauen, um seine Legionen zur Eroberung Englands über den Kanal zu transportieren. Addington bemühte sich, dieser Herausforderung zu begegnen, doch er zauderte mehr, als er befahl, und die

Organisation der Heimatverteidigung stolperte in ein Chaos. Als seine Anhänger in seiner Partei von 270 auf 107 zusammenschrumpften, gab er seine Bereitschaft zum Rücktritt zu erkennen; am 10. Mai 1804 übernahm Pitt zum zweiten Mal das Amt des Premierministers.

Er machte sich sofort daran, eine Dritte Koalition (1805) mit Rußland, Österreich und Schweden zu bilden und gewährte diesen Ländern Subsidien, die zum Teil durch eine Steuererhöhung von fünfundzwanzig Prozent aufgebracht wurden. Napoleon antwortete mit dem Befehl an seine Kanal-Armee, quer durch Frankreich zu marschieren und Österreich eine weitere Lektion zu erteilen. Seinem Vizeadmiral, Pierre de Villeneuve, schickte er Instruktionen, die besten Schiffe der französischen Flotte zusammenzuziehen, um Nelson zu einer Seeschlacht zu zwingen, die der britischen Seeherrschaft ein Ende setzen sollte.

Nelsons Flaggschiff, die *Victory*, hatte eine Besatzung von 703 Mann, im Durchschnitt zweiundzwanzig Jahre alt; einige waren zwölf oder dreizehn, ein paar erst zehn. Etwa die Hälfte davon war von Preßpatrouillen verschleppt worden; viele waren als Strafe für begangene Verbrechen zum Dienst in der Marine verurteilt worden. Ihre Löhnung war minimal, doch hatten sie entsprechend ihrem Dienstgrad und ihrer Führung Anteil am Erlös gekaperter Schiffe oder Vorratslager. Landurlaub gab es nur selten, weil man Desertion fürchten mußte. Um die Bedürfnisse der Männer zu befriedigen, wurden Ladungen von Prostituierten an Bord gebracht. In Brest waren einmal 309 Weiber für 307 Männer an Bord.[15] Die Gepreßten lernten durch harte Disziplin rasch, sich den Umständen anzupassen und waren in der Regel stolz auf ihren Dienst und ihren Mut. Nelson war, wie wir hören, bei seinen Männern beliebt, weil er niemals Strafen verhängte, es sei denn bei zwingender Notwendigkeit. Dann aber tat er dies mit offenbarer Abneigung, einmal weil er das Seemannshandwerk kannte und in seiner Taktik oder in seinen Befehlen selten irrte, dann weil er den feindlichen Kanonen persönlich die Stirn bot und weil er seinen Männern das Gefühl einflößte, daß sie ihn oder England niemals im Stich lassen dürften und daß sie niemals besiegt werden würden. Dies war der «Nelson touch», der diese Verdammten ihren Führer lieben ließ.[16]

Am 8. Juli 1803 versammelte er seine elf Schiffe im Mittelmeer vor Toulon, in dessen geräumigem Hafen Villeneuve und seine Flotte unter den Kanonen der Forts Schutz gesucht hatten. Der französische Admiral hatte vor kurzem von Napoleon neue Befehle erhalten: Er solle aus Toulon auslaufen, die Durchfahrt bei Gibraltar erzwingen, nach Westindien segeln, sich dort mit einem zweiten französischen Geschwader vereinigen und die britischen Streitkräfte angreifen, wo immer er auf sie träfe. Während Nelsons Schiffe in einem sardischen Hafen Wasser aufnahmen, entwischte Villeneuve aus Toulon (30. März 1805) und eilte unter vollen Segeln nach Amerika. Nelson verfolgte ihn zu spät und erreichte Barbados am 4. Juni. Als ihm dies gemeldet wurde, kreuzte Villeneuve wiederum den Atlantik und vereinigte sich bei La Coruña mit einem spanischen Geschwader von vierzehn Schiffen unter dem Befehl von Admiral Federico de Gravina.

Neuerlich geänderte Befehle Napoleons wiesen ihn an, nordwärts zu segeln, mit einer anderen französischen Streitmacht in Brest zusammenzutreffen und zu versuchen, die Kontrolle über den Kanal an sich zu reißen, ehe Nelson aus Westindien herankommen konnte. Doch Villeneuves Schiffe waren nach ihrer karibischen Kreuzfahrt nicht in der Verfassung, sich zur Schlacht zu stellen. Am 13. August führte er seine vergrößerte Flotte in einem Zug nach Süden in den gut versorgten und stark befestigten Hafen von Cadiz und begann dort, seine Schiffe zu überholen und seine Mannschaften neu zu ordnen. Ende August übernahm ein britisches Geschwader unter Vizeadmiral Cuthbert Collingwood die Aufgabe, Villeneuve zu bewachen. Nachdem Nelson die Komödie seiner Überfahrten beendet hatte, gelangte er zur Einsicht, daß auch er und seine Männer Ruhe und Reparaturen nötig hätten. Er erhielt einige Wochen Urlaub, die er mit seiner Geliebten in Merton verbrachte. Am 28. September vereinigte er seine Schiffe vor Cadiz mit denen von Collingwood und wartete ungeduldig, daß die Franzosen herauskämen und sich zum Kampf stellten.

Napoleon änderte seine Instruktionen abermals: Villeneuve hatte Cadiz zu verlassen, der britischen Flotte auszuweichen und sich Joseph Bonaparte zur Kontrolle Neapels zur Verfügung zu stellen. Am 19. und 20. Oktober führte der Admiral widerstrebend seine dreiunddreißig Schiffe aus Cadiz heraus und setzte Segel nach Gibraltar. Am 20. sichtete Nelson sie und gab sofort Befehl an seine siebenundzwanzig Schiffe, die Decks gefechtsklar zu machen. In dieser Nacht begann er einen Brief an Lady Hamilton, den er am nächsten Morgen beendete:

> Innigstgeliebte Emma, teure Freundin meines Herzens, es wurde gemeldet, daß die vereinigten feindlichen Flotten aus dem Hafen kommen. Wir haben nur sehr wenig Wind, so daß ich keine Hoffnung habe, sie vor morgen zu Gesicht zu bekommen. Möge der Gott der Schlachten meine Unternehmungen mit Erfolg krönen. Auf alle Fälle will ich Sorge tragen, daß mein Namen Dir und Horatia stets teuer sein wird, da ich Euch beide mehr liebe als mein Leben ... Möge Gott der Allmächtige uns den Sieg über diese Burschen gewähren und uns in Stand setzen, zum Frieden zu gelangen.[17]

In sein Tagebuch schrieb er am Tag der Schlacht:

> ... Möge der große Gott ... meinem Land, und zum Nutzen ganz Europas, einen großen und glorreichen Sieg gewähren und möge ihn keine schlechte Führung beflecken; möge Menschlichkeit nach dem Sieg der vorherrschende Zug bei der britischen Flotte sein. Was mich betrifft, so empfehle ich mein Leben Ihm, der mich geschaffen hat; möge sein Segen auf meinem Unternehmen ruhen, damit ich meinem Land in Treue diene. Ihm übergebe ich mich und die gerechte Sache, deren Verteidigung mir anvertraut ist. Amen, Amen, Amen.[18]

Die feindlichen Flotten trafen am 21. Oktober 1805 vor Kap Trafalgar, an der spanischen Küste nicht weit südlich von Cadiz, aufeinander. Villeneuve signalisierte von seinem Flaggschiff *Bucentaure* seinen Schiffen, sich in Kiellinie von Norden nach Süden zu formieren, ihre Backbordseite dem herannahenden Feind zugekehrt. Die Fahrzeuge, ungeschickt manövrierend, hatten kaum Aufstellung genommen, als sie sich als Zielscheibe der britischen Streitkräfte sahen, die in doppelter Linie auf nordöstlichem Kurs herannahten. Um 11 Uhr 35 telegraphierte Nelson von seinem Flaggschiff *Victory* seiner Flotte das berühmte Signal «England erwartet, daß jeder

Mann seine Pflicht tut». Um 11 Uhr 50 eröffnete Admiral Collingwood mit fünfzehn Schiffen den Angriff, indem er sein Flaggschiff, die *Royal Sovereign*, direkt in den Zwischenraum zwischen Admiral Gravinas erstem und zweitem Kriegsschiff, der *Santa Ana* und der *Fougueux*, führte. Durch diese Wendung waren seine Kanoniere im Stande, Breitseiten gegen beide spanischen Schiffe zu feuern, die das Feuer nicht erwidern konnten – Kriegsschiffe trugen damals auf Vorder- und Achterdeck nur wenige oder gar keine Geschütze. Die britischen Kanoniere hatten einen weiteren Vorteil: Sie zündeten ihre Kanonen mit Feuersteinschlössern (Pistolenschlösser mit einem in den Hahn gespannten Feuerstein, der den Funken erzeugte). Diese Methode war doppelt so rasch wie die französische Zündweise mit langsam brennenden Lunten; außerdem war das Feuer leichter mit dem Rollen des Schiffes zu synchronisieren.[19] Das übrige Geschwader Collingwoods folgte seinem Beispiel und durchbrach die feindliche Linie, wendete dann und konzentrierte seinen Angriff auf Gravinas Schiffe, wo die Kampfmoral ohnehin niedrig war. Am Nordende der Kampflinie wehrten sich die Franzosen tapfer gegen Nelsons ungestümen Angriff; einige riefen sterbend «Vive l'Empereur!». Trotzdem trugen, wie bei Akubir, die überlegene Ausbildung und Kampftüchtigkeit der britischen Mannschaften als Seeleute und Kanoniere den Sieg davon.

Der Ausgang war schon entschieden, als ein Scharfschütze vom Hauptmast der *Redoutable* einen tödlichen Schuß auf Nelson abfeuerte. Der Admiral hatte sich nicht nur wie gewöhnlich dem Feuer ausgesetzt, er hatte seine Gefährdung noch erhöht, weil er es ablehnte, die auffallenden Orden von seiner Brust zu entfernen, die England ihm verliehen hatte. Die Kugel traf ihn in die Brust und zerschmetterte sein Rückgrat. Sein ergebener Adjutant, Captain Thomas Masterman Hardy, trug ihn unter Deck, wo Dr. Beatty Nelsons Überzeugung bestätigte, daß er nur noch ein paar Stunden zu leben habe. Er blieb noch vier Stunden bei Bewußtsein, lange genug, um zu erfahren, daß seine Flotte einen vollständigen Sieg errungen hatte, daß sich neunzehn der feindlichen Schiffe ergeben hatten und kein einziges britisches. Fast seine letzten Worte waren: «Kümmern Sie sich um meine liebe Lady Hamilton, Hardy; kümmern Sie sich um die arme Lady Hamilton.» Darauf: «Küssen Sie mich, Hardy. Jetzt bin ich zufrieden. Gott sei gedankt, ich habe meine Pflicht getan.»[20]

Nelsons sämtliche Schiffe, auf seinen vom Sterbebett aus erteilten Befehl vor Anker gegangen, überstanden den Sturm, den er vorausgesagt hatte und erreichten England rechtzeitig, um ihre Besatzungen an der nationalen Feier ihres Sieges teilnehmen zu lassen. Der Leichnam des Seehelden, in Brandy konserviert, um die Verwesung zu verzögern, wurde aufrecht in einem Faß nach England gebracht, wo er das großartigste Leichenbegängnis erhielt, soweit die Erinnerung reicht. Captain Hardy übergab Lady Hamilton den Abschiedsbrief ihres toten Liebsten. Sie bewahrte ihn als ihren einzigen Trost. Unter seinen Schluß schrieb sie:

Oh, elende, unglückliche Emma,
Oh, ruhmreicher und glücklicher Nelson.

In seinem Testament hinterließ er seinen gesamten Besitz und die Zuwendungen der Regierung seiner Frau, mit Ausnahme des Hauses in Merton, das Emma Hamilton behielt. Besorgt, daß dies – und das von ihrem Mann ererbte Jahreseinkommen – für ihre gewohnte Lebensführung nicht ausreichen könnte, fügte er am Tag der Schlacht seinem Testament eine Nachschrift hinzu: «Ich hinterlasse Emma Lady Hamilton meinem König und Land und bitte sie großzügig Vorsorge zu treffen, damit sie ihre Stellung im Leben aufrecht erhalten kann.» Und in seiner Todesstunde bat er, laut Dr. Scott, daß sein Land ebenso für «meine Tochter Horatia» sorgen solle.[21] König und Land ignorierten diese Bitten. Emma wurde 1813 Schulden halber verhaftet, bald jedoch freigelassen und floh vor ihren Gläubigern nach Frankreich. Sie starb in Armut am 20. Januar 1815 in Calais.

Admiral Gravina entkam nach ehrenvollem Widerstand mit seinem Flaggschiff nach Spanien, war aber so schwer verwundet worden, daß er ein paar Monate später starb. Villeneuve hatte schlecht geführt, aber tapfer gekämpft und sich so rücksichtslos exponiert, wie Nelson selbst; er ergab sich mit seinem Schiff erst, nachdem fast alle seine Männer tot waren. Er wurde nach England gebracht, dort freigelassen und begab sich nach Frankreich. Nicht stark genug, Napoleon gegenüberzutreten, tötete er sich selbst am 22. April 1806 in einem Hotel in Rennes. In seinem Abschiedsbrief bat er seine Frau um Verzeihung, weil er sie allein lasse und dankte dem Schicksal, daß er kein Kind zurücklasse, das «mit meinem Namen belastet ist».[22]

Trafalgar war eine der «geschichtsentscheidenden Schlachten». Diese Schlacht entschied für ein Jahrhundert die britische Seeherrschaft. Sie nahm Napoleon jede Möglichkeit, Frankreich von der Sperrkette zu befreien, welche die britische Flotte um seine Küsten gezogen hatte. Sie zwang ihn, jeden Gedanken an eine Invasion Englands aufzugeben. Sie bedeutete, daß er immer kostspieligere Schlachten zu Lande ausfechten mußte, die ihrerseits zu immer neuen führten. Er hoffte, durch seinen vollständigen Sieg bei Austerlitz (2. Dezember 1805) Trafalgar wettzumachen, doch danach kamen Jena, Eylau, Friedland, Wagram, Borodino, Leipzig, Waterloo. Die Seemacht mußte gewinnen.

Allerdings stimmte Pitt, der durch Hunderte von Krisen gegangen war, um über Trafalgar zu jubeln, mit Napoleon darin überein, daß Austerlitz Nelsons Sieg übertroffen und ausgeglichen habe. Durch eine Aufeinanderfolge von Krisen sowohl im Innern als auch in der Außenpolitik erschöpft, zog er sich aus London zurück, um sich in Bath zu erholen. Dort erhielt er die Nachricht, daß Österreich, der Angelpunkt seiner Koalitionen, erneut zusammengebrochen war. Dieser Schock war der letzte Schlag für seinen kranken, durch Alkohol betäubten und noch stärker geschwächten Organismus. Am 9. Januar 1806 wurde er in sein Heim nach Putney gebracht. Dort starb er am 23. Januar 1806, siebenundvierzig Jahre alt, nachdem er fast sein ganzes Leben als erwachsener Mann Premierminister von Großbritannien gewesen war. In jenen neunzehn Jahren hatte er dazu beigetragen, sein Land zur industriellen, kommerziellen und maritimen Vorrherrschaft zu führen und hatte sein

Finanzwesen meisterhaft reformiert. Es war ihm jedoch mißlungen, die Französische Revolution zu demütigen und aufzuhalten oder die gefährliche Expansion von Napoleons Macht in Europa aufzuhalten. Das für England so wichtige Gleichgewicht der Kräfte auf dem Kontinent begann zu verschwinden, und die harterkämpften bürgerlichen Freiheiten für Rede, Versammlung und Presse waren für die Dauer eines Krieges verloren, der jetzt seit zwölf Jahren andauerte und kein Zeichen einer Beendigung erkennen ließ.

IV. ENGLAND TRITT AUF DER STELLE: 1806–1812

Der Rahmen unserer Darstellung erlaubt uns nicht, die vier Ministerien, die auf Pitt folgten, im einzelnen zu schildern. Abgesehen von einem Jahr, als Fox Regierungschef war, verwandten sie ihre Energie eher auf personelle und auf Parteiprobleme als auf Staatskunst und Politik, und das Fazit ihrer Tätigkeit war, international gesehen, im wesentlichen das gleiche: Abstieg von Prosperität zu Armut und von Unternehmungsgeist zu Unentschlossenheit.

Die kurze «Regierung aller Talente» (1806–1807) hob sich durch die Bemühungen von Charles James Fox als Außenminister heraus, einen Frieden mit Frankreich auszuhandeln. Seine unstete Laufbahn war durch einen geduldigen Liberalismus und seine Fähigkeit, die Französische Revolution und selbst Napoleon als erträgliche Ausnahmefälle der Geschichte zu tolerieren, gekennzeichnet. Unglücklicherweise kam er an die Macht, als sein Körper und Geist durch seine unbekümmerte Vorliebe für Essen und Trinken bereits Schaden genommen hatten. Er fand eine günstige Ausgangsbasis für Verhandlungen, als er Talleyrand davon unterrichtete (16. Februar 1806), daß ein britischer Patriot dem Foreign Office einen Plan zur Ermordung Napoleons vorgelegt hatte und die Versicherung hinzufügte, daß der Verrückte sorgfältig beobachtet werde. Der Kaiser wußte die Geste zu würdigen, doch er war so stolz auf seinen Triumph über Österreich, und England war so stolz auf Nelsons Sieg bei Trafalgar, daß keiner zu den Konzessionen bereit war, die Voraussetzungen für einen Frieden gewesen wären. Mehr Erfolg hatte Fox mit seiner Vorlage an das Parlament zur Einstellung des Sklavenhandels. Nach den Anstrengungen einer ganzen Generation von Männern wie Wilberforce und zahllosen anderen wurde die Maßnahme Gesetz (März 1807). Da aber war Fox bereits mit siebenundfünfzig Jahren gestorben (13. September 1806), und die britische Politik geriet in die Routine erwartungsvoller Untätigkeit.

Dieser Ausdruck dürfte allerdings kaum auf die beherrschenden Figuren der Regierung (1807–1809) von William Cavendish Bentinck, Herzog von Portland, zutreffen. Außenminister George Canning schickte eine Flotte aus, um Kopenhagen zu beschießen (1807), und der Kriegsminister Robert Stewart, Viscount Castlereagh, schickte eine unglückliche Expedition nach Walcheren, um die Einnahme von Antwerpen zu versuchen (1808). Die beiden Minister, einander an Fähigkeiten und

Erregbarkeit ebenbürtig, gerieten über ihre jeweiligen Unternehmungen in Streit und duellierten sich, wobei Canning verwundet wurde. Doppelt blamiert durch eine Komödie im Innern und Tragödien in der Außenpolitik, trat die Regierung Portland zurück.

Regierungschef Spencer Perceval (1809–1812) hatte das doppelte Pech, Britanniens Tiefpunkt im neunzehnten Jahrhundert miterleben zu müssen und für seine Bemühungen ermordet zu werden. Im Herbst 1810 hatte Napoleons Kontinentalsperre Industrie und Handel Englands so geschädigt, daß Tausende von Briten arbeitslos wurden und Millionen am Rande der völligen Verelendung standen. Unbehagen steigerte sich zu revolutionärer Gewalt; die ludditischen Weber begannen 1811, Maschinen zu zertrümmern. Im Jahre 1810 hatten die britischen Exporte nach Nordeuropa 7,7 Millionen Pfund eingebracht; 1811 waren es nur noch 1,5 Millionen.[23] Im Jahre 1811 schlitterte England in einen zweiten Krieg mit Amerika; als Teil der Kriegskosten fielen seine Exporte in die Vereinigten Staaten von 11,30 Millionen Pfund von 1810 auf 1,87 Millionen im Jahr 1811. Unterdessen stiegen die Steuern für jeden einzelnen Briten, bis um 1814 ihre Last zum Zusammenbruch des britischen Geldwesens und dem Schwund des Vertrauens in die britische Währung im Ausland zu führen drohte. Hungrige Engländer forderten eine Verringerung der Einfuhrzölle auf ausländisches Getreide; landwirtschaftliche Erzeuger widersetzten sich einer solchen Herabsetzung, da sie den Preis ihrer Produkte drücken würde. Napoleon erleichterte Englands Schwierigkeiten (1810–1811) durch den Verkauf von Exportlizenzen an französische Kornproduzenten; er brauchte Bargeld für seine Feldzüge. Als die Große Armee 1812 nach Rußland aufbrach, wußte England, daß ein Sieg Napoleons eine noch rigorosere Schließung der kontinentalen Häfen für britische Güter und eine noch vollständigere Kontrolle Napoleons über Verschiffungen vom Kontinent nach England bedeuten würde. Ganz England wartete und machte sich Sorgen.

Ausgenommen Georg III. Jene Ereignisse drangen nicht mehr in sein Bewußtsein, da er endgültig taub, blind und unzurechnungsfähig geworden war. Der Tod seiner Lieblingstochter Amelia (November 1810) war der letzte Schlag, der jede Verbindung zwischen seinem Geist und der Realität zerriß. Jetzt durfte er in seiner eigenen Welt leben, in der es keine aufrührerischen Kolonien, keine Füchse in der Regierung, keinen unmanierlichen, mörderischen Napoleon gab. Er muß sich unter diesen Umständen doch irgendwie wohl gefühlt haben, denn im übrigen besserte sich seine Gesundheit; er lebte noch zehn Jahre lang, unterhielt sich leutselig, ohne Logik oder Grammatik zu strapazieren, genoß jegliche Bequemlichkeit und Dienstleistung und das während einer Nachkriegsdepression, welche schlimmer war, als die von 1810–1812. Seine Popularität steigerte sich mit seiner Erkrankung. Sein hungerndes Volk bemitleidete ihn und fragte sich, ob er nicht, wie in alten Sagen, von Gott angerührt worden sei.

Am 11. Mai 1812 wurde Premierminister Perceval in den Wandelgängen des Unterhauses von einem bankrotten Makler, John Bellingham, erschossen, der der

Meinung war, seine geschäftlichen Unternehmungen seien durch die Politik der Regierung ruiniert worden. Im Juni wurde ein neues Kabinett unter dem Earl of Liverpool gebildet, das dank Taktgefühl und der Gunst der Verhältnisse wunderbarerweise bis 1827 im Amt blieb. Im gleichen Juni erklärten die Vereinigten Staaten England den Krieg, und Napoleons 500 000 Mann überschritten die Memel nach Rußland.

Zweites Buch

HERAUSFORDERUNG AN DIE KÖNIGE

[1789—1812]

ERSTES KAPITEL

*Iberia**

I. PORTUGAL: 1789–1808

DIE Kunde von der Französischen Revolution gelangte in ein Portugal, das nach dem gewaltsamen und schmählichen Versuch des Marquês de Pombal, das Land in Kultur und Gesetzgebung auf das Niveau des Frankreich Ludwigs XV. oder des Spaniens Karls III. zu bringen, bemüht war, zu der ruhigen Ordnung des Mittelalters zurückzufinden. Die Pyrenäen behinderten den Ideenaustausch zwischen Frankreich und der Halbinsel; das Eindringen von Gedanken aus Spanien wurde durch die wiederholt gezeigte Begierde Spaniens gestört, sich seinen Schwesterstaat einzuverleiben. In beiden Ländern lauerten drohend die Häscher der Inquisition wie Löwen vor einem Palasttor, um Worte wie Gedanken zurückzuweisen, die den alten Glauben hätten in Frage stellen können.

Auf der untersten Sprosse der gesellschaftlichen Leiter standen andere Wächter der Vergangenheit: das einfache, meist des Lesens und Schreibens unkundige Volk – Bauern, Handwerker, Händler, Soldaten –, das seinen überlieferten Glauben liebevoll pflegte, getröstet von seinen Legenden, mit Ehrfurcht erfüllt von seinen Wundern, begeistert von seinem Ritual. An der Spitze standen die feudalen Barone, Männer von Kultur und die Besitzer des Bodens; die ängstliche, geistesschwache Königin Maria Francisca und ihr Sohn Johann, zuerst Regent (1799) und dann König (1816–1826). Allesamt waren sie verläßliche Beschützer der Kirche als der unerläßlichen Stütze der gesellschaftlichen Moral, sozialen Ordnung und der absoluten Monarchie von Gottes Gnaden.

Zwischen diesen verschiedenen Wächtern verbarg sich eine kleine Minderheit, Studenten, Freimaurer, Wissenschaftler, Dichter, Geschäftsleute, einzelne Beamte, selbst der eine oder andere Adlige, die, verdrossen vom Despotismus der Vergangenheit, einen heimlichen Flirt mit der Philosophie pflegten und von einer parlamentarischen Regierung, freiem Handel, Versammlungs-, Presse- und Gedankenfreiheit sowie einer anregenden Teilnahme an der Internationale des Geistes träumten.

Über diese ängstliche Minderheit, dieses bestürzte Volk, diese alarmierten Würdenträger und Inquisitoren, brach die Nachricht von der Französischen Revolution, wenn auch durch Verspätung abgeschwächt, als freudig begrüßte oder erschreckende Offenbarung herein. Einige furchtlose Geister zeigten offen ihre Freude; Frei-

* Dieser von den alten Griechen dem Landstrich entlang dem Fluß Iberus (heute Ebro) gegebene Name wurde in der Folge auf die ganze spanisch-portugiesische Halbinsel ausgedehnt.

maurerlogen in Portugal feierten das Ereignis, der portugiesische Botschafter in Paris, der vielleicht Rousseau gelesen oder Mirabeau gehört hatte, spendete der Nationalversammlung seinen Beifall; der portugiesische Außenminister gestattete der Regierungszeitung, die Eroberung der Bastille zu begrüßen; Abdrucke der revolutionären Verfassung von 1791 wurden von französischen Buchhändlern in Portugal vertrieben.[1]

Doch als Ludwig XVI. durch einen Aufstand in Paris gestürzt wurde (1792), fühlte Königin Maria ihren Thron wanken und übergab ihrem Sohn die Regierung. Der spätere Johann VI. wandte sich vehement gegen die portugiesischen Liberalen und wies seinen Polizeichef an, sämtliche Freimaurer, alle Ausländer von Bedeutung und alle Schriftsteller, die für politische Reformen eintraten, zu verhaften, auszuweisen oder unter ständiger Beobachtung zu halten. Der Führer der Liberalen, Francisco da Silva, wurde eingesperrt; liberale Adlige wurden vom Hof verbannt. Manuel du Bocage (1756–1805), der führende portugiesische Dichter der Zeit, Verfasser eines machtvollen Sonetts gegen den Despotismus, wurde 1797 eingekerkert und verdiente sich im Gefängnis seinen Unterhalt, indem er Vergil und Ovid übersetzte.[2] 1793 schloß sich die portugiesische Regierung, erbittert über die Hinrichtung Ludwig XVI., Spanien in einem heiligen Krieg gegen Frankreich an und entsandte ein Geschwader ins Mittelmeer zur Verstärkung der britischen Flotte. Spanien schloß nach kurzer Zeit (1795) einen Separatfrieden; Portugal bemühte sich um eine gleiche Regelung, doch Frankreich lehnte mit der Begründung ab, Portugal sei faktisch eine Kolonie und ein Verbündeter Englands. Der Streit zog sich hin, bis Napoleon, nachdem er halb Europa erobert hatte, nach dem kleinen Staat griff, der sich weigerte, seiner Kontinentalsperre gegen England beizutreten.

Die militärische und politische Situation Portugals wurde wesentlich von seiner prekären wirtschaftlichen Lage bestimmt. Wie in Spanien hing der Reichtum der Nation vom Import edler Metalle aus ihren Kolonien ab. Dieses Gold und Silber diente weit mehr als einheimische Erzeugnisse dazu, Importwaren zu bezahlen, den Thron zu vergolden, die Reichen weiter zu bereichern sowie Luxuserzeugnisse und Sklaven zu kaufen. Es gab keine Mittelklasse, die mit einer fortschrittlichen Landwirtschaft oder Industrie die natürlichen Hilfsquellen entwickelt hätte. Als die Seeherrschaft an England überging, hing der Goldnachschub davon ab, der britischen Flotte auszuweichen oder sich mit der britischen Regierung zu verständigen. Spanien wählte den Kampf und erschöpfte fast seine Kräfte, um eine Seestreitmacht aufzubauen, die in jeder Beziehung, außer in seemännischem Können und Kampfmoral, hervorragend war. Als diese Flotte, zögernd mit der französischen vereinigt, bei Trafalgar besiegt wurde, geriet Spanien in Abhängigkeit von Frankreich und Portugal wurde, um nicht von Frankreich und Spanien verschluckt zu werden, abhängig von England. Unternehmende Engländer besetzten wichtige Stellen in Portugal, errichteten oder leiteten dort Fabriken. Britische Güter dominierten im portugiesischen Einfuhrhandel, und die Briten fingen an, Portwein aus Oporto in Portugal zu trinken.

Die Situation irritierte Napoleon und forderte ihn heraus. Sie trotzte seinem Plan, England zum Frieden zu zwingen, indem seine Erzeugnisse von den Märkten des Kontinents ausgeschlossen wurden. Sie gab ihm einen Vorwand zur Eroberung Portugals, denn ein besetztes Portugal konnte sich mit Frankreich in die Einbeziehung Spaniens in die französische Politik teilen; ein unterworfenes Spanien konnte einen weiteren Thron für einen weiteren Bonaparte liefern. So veranlaßte Napoleon, wie wir gesehen haben, die spanische Regierung, sich an der Seite Frankreichs an der Invasion Portugals zu beteiligen; die portugiesische Königsfamilie floh auf einem englischen Schiff nach Brasilien. Am 30. November 1807 führte Junot eine französisch-spanische Armee, fast ohne auf Widerstand zu treffen, nach Lissabon. Liberale Führer der Portugiesen strömten der neuen Regierung zu, in der Hoffnung, Napoleon würde ihr Land annektieren und ihm demokratische Einrichtungen geben.[3] Junot ließ diese Männer gewähren, lachte insgeheim über sie, verkündete (1. Februar 1808): «Das Haus Braganza hat aufgehört, zu regieren» und gebärdete sich mehr und mehr wie ein König.

II. SPANIEN: 1808

Spanien befand sich noch im Mittelalter und fühlte sich wohl dabei. Ein gottrunkenes Volk füllte seine düsteren Kathedralen, begab sich auf demütige Pilgerfahrten zu heiligen Schreinen, ließ seine Mönche sich vervielfachen, fand Trost in Ablaß und Absolution, fürchtete und verehrte die Inquisition, kniete nieder, wenn die geweihte Hostie in feierlicher Prozession durch die Straßen getragen wurde und liebte den Glauben über alles, der Gott in jedes Heim brachte, die Kinder erzog, die Jungfräulichkeit bewahrte und am Ende der mühseligen Prüfung, die Leben genannt wird, das Paradies verhieß. Eine Generation später fand George Borrow «die Unwissenheit der Massen derart groß», zumindest in León, «daß gedruckte Beschwörungen gegen Satan und seine Scharen und gegen jede Art von Mißgeschick öffentlich in den Läden verkauft werden und reißenden Absatz finden».[4] Napoleon, immer noch ein Sohn der Aufklärung, auch während er Konkordate mit der Kirche unterzeichnete, kam zu dem Schluß, daß «die spanischen Bauern sogar noch weniger an der europäischen Kultur teilhaben als die Russen».[5] Doch die spanischen Bauern konnten nach Byrons Zeugnis so «stolz wie der edelste Herzog»sein.[6]

Die Erziehung war fast ausschließlich Bürgertum und Adel vorbehalten. Die Fähigkeit zu lesen und zu schreiben war eine Auszeichnung; selbst die Hidalgos lasen selten ein Buch. Die herrschende Klasse mißtraute dem Buchdruck[7]; in der damaligen Volkswirtschaft Spaniens bestand keinerlei Bedarf an verbreiteten Kenntnissen des Lesens und Schreibens. Einzelne Handelsstädte, wie Cadiz oder Sevilla, waren ziemlich wohlhabend, und Byron hielt 1809 Cadiz für die «hübscheste Stadt in Europa».[8] Einzelne Industriezentren florierten; Toledo war immer noch berühmt für seine Klingen.[9] Das Land war jedoch so bergig, daß nur ein Drittel des Bodens ertragreich bebaut werden konnte; Wege und Kanäle waren so wenig zahlreich, schwierig und schlecht gehalten, so blockiert durch provinzielle oder feudale Zölle, daß es billiger war, Korn einzuführen, als es selbst zu produzieren.[10] Von ihrem schwierigen Boden entmutigt, gefielen sich die Bauern eher in selbstgefälliger Muße, als sich um die unsicheren Früchte des Landbaus zu bemühen, und die Stadtbewohner fanden mehr Freude am Schmuggel als an schlechtbezahlter Arbeit. Über der gesamten wirtschaftlichen Szene lag die Last von Steuern, die schneller stiegen als die Einkommen und die von einem sich ausbreitenden Verwaltungsapparat, einer allgegenwärtigen Polizei und einer entarteten Regierung gefordert wurden.

Trotz dieser Schwierigkeiten überlebte der kühne Geist der Nation durch die Tradition Ferdinands und Isabellas, Philips II., Velazquez' und Murillos, durch die Ausbreitung und den potentiellen Reichtum des spanischen Reiches in beiden Amerika und im Fernen Osten. Die spanische Kunst erfreute sich eines Ruhmes, der dem der Italiener und Holländer gleichkam. Jetzt sammelte die Nation ihre Schätze an Malerei und Skulptur im Museo del Prado, von Juan de Villanueva, seinen Helfern und Nachfolgern in Madrid erbaut (1785–1819). Zu den größten Ruhmesblättern dort gehören die erschreckenden Meisterwerke des größten Meisters jener Zeit, Francisco José Goya y Lucientes (1746–1828).* Vicente López y Portana überlieferte ihn uns in einem ausdrucksvollen Porträt, das völlig mit dem mächtigen düsteren Geist übereinstimmt, der den Krieg in all seiner mörderischen Wildheit schilderte, der sein Land liebte und seinen König verachtete.

Die spanische Literatur blühte – bis Bürger- und auswärtiger Krieg die Nation schwächten – unter dem doppelten Antrieb katholischer Gelehrsamkeit und der französischen Aufklärung. Ein Jesuit, Juan Francisco de Masdeu, gab zwischen 1783 und 1805 eine gelehrte *Historia crítica de España y de la cultura española* (Kritische Geschichte Spaniens und der spanischen Kultur) in Fortsetzungen heraus, die der integrierten Geschichtschreibung zuzurechnen ist, da sie die Kulturgeschichte mit der allgemeinen Geschichte verflocht.[11] Juan Antonio Llorente, Generalsekretär der spanischen Inquisition von 1789–1801, erhielt von Joseph Bonaparte (1809) den Auftrag, eine Geschichte dieser Institution zu schreiben; er hielt es für sicherer, dies in Paris und in französischer Sprache zu tun (1817–1818). Die Blüte von Prosa und Poesie, welche die Zeit Karls III. verschönt hatte, war bei seinem Tod noch nicht ganz verwelkt. Gaspar Melchor de Jovellanos (1744–1811) war weiterhin die Stimme des Liberalismus in Erziehung und Regierung; Leandro Fernandez de Moratín (1760–1828) beherrschte weiterhin die Bühne mit Lustspielen, die ihm den Titel eines spanischen Molière einbrachten. Während des Befreiungskrieges (1808 bis 1814) verfaßten Manuel José Quintana und der Priester Juan Nicasio Gallego leidenschaftliche Gedichte, um den Aufstand gegen die Franzosen zu schüren.

Bis dieser Kampf sie entzweite, waren die führenden Schriftsteller in der Mehrzahl Anhänger der französischen Vorstellungen von geistiger und politischer Freiheit

---

* Siehe «Europa und der Osten im Zeitalter der Aufklärung», Drittes Buch, 3. Kapitel.

gewesen. Sie und die Freimaurer waren *afrancesados* – Frankophile; sie beklagten die von der Monarchie bewirkte Schwächung der Provinzcortes, die früher Spanien in allen seinen Teilen lebendig erhalten hatten; sie begrüßten die Französische Revolution und hießen Napoleon willkommen, der Spanien aufrief, sich von einer feudalen Aristokratie, einer mittelalterlichen Kirche und einer unfähigen Regierung zu befreien. Hören wir den eindrucksvollen Grabgesang eines Meisters der spanischen Geschichtschreibung für eine sterbende Dynastie:

Im Jahre 1808, als die bourbonische Monarchie auf ihren eigenen Untergang hinarbeitete, stellte sich die politische und gesellschaftliche Situation Spaniens folgendermaßen dar: Ein Adel, darunter insbesondere die Höflinge, der die Achtung vor den Königen verloren hatte; eine verrottete, von persönlichen Animositäten und wechselseitiger Angst bestimmte Politik; der absolute Mangel an Patriotismus bei den Oberklassen, die alles und jedes ihren Leidenschaften und ihrer Habgier unterordneten; die irren Hoffnungen der breiten Masse, die sich auf einen Prinzen – Ferdinand – konzentrierten, der sich bereits als falsch und rachsüchtig erwiesen hatte; und endlich der tiefgehende Einfluß der Ideen der Enzyklopädisten und der Französischen Revolution auf die Kreise der Intelligenz.[12]

Im Band 17 «Die Französische Revolution», Zweites Buch, 3. Kapitel, wurde, aus der Sicht Napoleons, der Zusammenbruch der spanischen Monarchie beschrieben: Karl IV. (Regierung von 1788–1808) erlaubte seiner Frau Maria Luisa und ihrem Liebhaber Godoy, ihm die Regierung aus der Hand zu nehmen. Der Kronprinz Ferdinand manövrierte seinen Vater in die Abdankung; Godoyisten bekämpften Fernandisten. Madrid und seine Umgebung versanken im Chaos. Napoleon sah in dieser Verwirrung eine Gelegenheit, die gesamte Halbinsel unter französische Herrschaft zu bringen und die Kontinentalsperre weiter zu festigen. Er entsandte Murat mit einer zweiten Armee nach Spanien, mit Instruktionen zur Aufrechterhaltung der Ordnung. Murat marschierte in Madrid ein (23. März 1808) und unterdrückte am historischen Dos de Mayo – dem 2. Mai – einen Volksaufstand. Inzwischen hatte Napoleon sowohl Karl IV. als auch Ferdinand eingeladen, mit ihm in Bayonne in Frankreich, nahe der spanischen Grenze, zusammenzutreffen. Er schüchterte den Prinzen so ein, daß er seinem Vater den Thron zurückgab, und überredete diesen dann, zugunsten eines von Napoleon ernannten Nachfolgers abzudanken, unter der Bedingung, daß der Katholizismus als nationale Religion anerkannt und geschützt werden sollte. Napoleon befahl seinem Bruder Joseph, zu kommen und den spanischen Thron zu besteigen. Joseph kam widerstrebend und erhielt von Napoleon eine neue Verfassung für Spanien, die vieles von dem garantierte, was die spanischen Liberalen erhofft hatten, aber von ihnen verlangte, ihren Frieden mit einer gedemütigten Kirche zu machen. Joseph übernahm seine neue Verantwortung ungern, und Napoleon kehrte zufrieden mit der Einverleibung Spaniens nach Paris zurück.

Er hatte nicht mit dem spanischen Volk und mit Wellington gerechnet.

III. ARTHUR WELLESLEY: 1769–1807

Wellington sollte er nicht vor 1809 sein; bis 1798 hieß er Wesley, hatte aber keinerlei Berührung mit den Methodisten. Er wurde am 1. Mai 1796 in Dublin geboren (105 Tage vor Napoleon) und war der fünfte Sohn von Garret Wesley, dem ersten Earl of Mornington, dem englischen Besitzer eines Landgutes nördlich der irischen Hauptstadt. Mit zwölf Jahren wurde er nach Eton geschickt, jedoch nach «drei wenig ruhmvollen Jahren» nach Hause zurückgerufen.[13] Es gibt keine Anzeichen dafür, daß er sich im Sport mehr auszeichnete als in den Studien, und er stritt später die Urheberschaft der jetzt anonymen Bemerkung ab, daß «die Schlacht von Waterloo auf den Sportplätzen von Eton gewonnen worden sei».[14] Mit Hauslehrern kam er besser zurecht, trotzdem aber klagte seine Mutter: «Ich schwöre bei Gott, daß ich nicht weiß, was ich mit meinem tölpelhaftem Sohn Arthur anfangen soll».[15] Er wurde also der Armee übergeben und mit siebzehn Jahren an die Académie Royale de l'Equitation in Angers geschickt, wo Söhne des Adels Mathematik, einen Hauch von humanistischer Bildung und sehr viel von der Reit- und Fechtkunst lernten, die für Offiziere so wertvoll sind.

Als er sich die Sporen verdient hatte, wurde er – durch Familienbeziehungen oder simplen Stellenkauf – zum Flügeladjutanten des Vizekönigs von Irland ernannt und erhielt einen Sitz im irischen Unterhaus als Vertreter des Stimmbezirkes Trim. 1799 wurde er zum Oberstleutnant befördert und befehligte drei Regimenter bei der vom Herzog von York geführten Invasion Flanderns. Von diesem fehlgeschlagenen Wagnis kam er so angeekelt von Krieg, Dreck und adliger Unfähigkeit zurück, daß er daran dachte, die Armee mit dem Zivilleben zu vertauschen. Er zog das Geigenspiel der Kaserne vor, machte eine Reihe von Erkrankungen durch und wirkte auf seinen Bruder Mornington so unfähig, daß dieser meinte, es sei nicht viel Vernünftiges von ihm zu erwarten.[16] Auf einem Porträt des Sechsundzwanzigjährigen von John Hoppner sieht er aus wie ein Dichter, ebenso hübsch wie Byron. Wie dieser machte er einer adligen Dame einen Heiratsantrag, erhielt einen Korb und wechselte dann von einer flüchtigen Liebschaft zur anderen. 1796 ging er nach Indien, um unter seinem Bruder Richard, jetzt Marquis Wellesley, zu dienen, der Gouverneur von Madras, dann von Bengalen, wurde und dem britischen Empire einige indische Fürstentümer einverleibte. Arthur Wellesley (wie der künftige Herzog seinen Namen jetzt schrieb), errang in diesen Feldzügen ein paar einträgliche Siege und wurde 1804 in den Adelsstand erhoben. Nach England zurückgekehrt, nahm er einen Sitz im britischen Parlament ein, machte Cathey Pakenham einen zweiten Heiratsantrag, der angenommen wurde (1806), und lebte schlecht und recht mit ihr, bis sie gelernt hatten, die meiste Zeit getrennt zu leben. Sie schenkte ihm zwei Söhne.

Er stieg weiter die Karriereleiter empor, jetzt nicht mehr so sehr durch Stellenkauf, sondern weil er sich einen Ruf für sorgfältige Planung und fähige Durchführung erworben hatte. William Pitt kennzeichnete ihn kurz vor seinem Tod als einen Mann, der «auf jede Schwierigkeit hinweist, ehe er eine Aktion unternimmt, aber auf keine, nachdem er sie unternommen hat».[17] 1807 wurde er Chefminister für Irland im Kabinett des Herzogs von Portland; 1808 wurde er Generalleutnant; im Juli erhielt er den Auftrag, mit 13 500 Mann Junot und die Franzosen aus Portugal hinauszuwerfen.

Am 1. August landete er mit seinen Truppen in der Bucht von Mondego, hundert Meilen nördlich von Lissabon. Dort stießen 5000 verbündete Portugiesen zu ihm, und ein Brief des Kriegsministeriums versprach ihm in Kürze weitere 15 000 Mann, allerdings mit dem Zusatz, daß Sir Hew Dalrymple, achtundfünfzig Jahre alt, mit den Verstärkungen kommen und das Oberkommando über die ganze Expedition übernehmen werde. Wellesley hatte bereits seinen Feldzugsplan entworfen und kein Verlangen nach Unterordnung. Er entschloß sich, nicht auf diese 15 000 Mann zu warten, sondern mit seinen 18 500 zu marschieren und eine Schlacht zu suchen, die Junots und sein eigenes Schicksal entscheiden würde. Junot, der seiner Armee gestattet hatte, unter dem Einfluß der hauptstädtischen Vergnügungen zu verlottern, führte seine 13 000 Mann an, um der Herausforderung zu begegnen und erlitt bei Vimeiro in der Nähe von Lissabon eine schwere Niederlage (21. August 1808). Dalrymple traf nach der Schlacht ein, übernahm das Kommando, ließ die Verfolgung abbrechen und schloß mit Junot die Konvention von Cintra (3. September), derzufolge Junot alle Städte und Festungen übergeben mußte, die die Franzosen in Portugal besetzt hatten, aber mit seinen überlebenden Kräften ungehindert abziehen durfte. Die Briten erklärten sich bereit, für die, die nach Frankreich zurückkehren wollten, Schiffsraum zur Verfügung zu stellen. Wellesley unterschrieb das Dokument, da er dachte, die Befreiung Portugals in einer einzigen Schlacht rechtfertige einiges Entgegenkommen seitens der Briten.

Dies war die Konvention, die Wordsworth und Byron, für dieses Mal einig, was später selten vorkam, als eine unglaubliche Dummheit beklagten. Diese entlassenen Franzosen würden, wenn sie marschfähig waren, bald wieder eingezogen werden, um wieder gegen England oder seine Alliierten zu kämpfen. Wellesley wurde nach London befohlen, um sich vor einem Untersuchungsausschuß zu verantworten. Er war nicht sonderlich unglücklich über seine Abberufung; die Aussicht, unter Dalrymple zu dienen, erschien ihm wenig verlockend. Außerdem – so unglaublich es erscheinen mag – er haßte den Krieg. «Auf mein Wort», sollte er nach vielen Siegen sagen, «wenn Sie nur einen Tag Krieg erlebt hätten, würden Sie den Allmächtigen Gott bitten, daß Sie niemals mehr auch nur eine Stunde davon sehen müßten».[18] Er scheint den Untersuchungsausschuß davon überzeugt zu haben, daß der Vertrag von Cintra, indem er weiteren Widerstand als zwecklos erscheinen ließ, Tausende britischer und alliierter Leben gerettet habe. Dann zog er sich nach Irland zurück und wartete auf eine bessere Gelegenheit, seinem Land und dessen gutem Namen zu dienen.

IV. DER 3. KRIEG AUF DER HALBINSEL: 1808–1812

Joseph Bonaparte, König von Spanien, sah sich einer Menge von Schwierigkeiten gegenüber. Er bemühte sich um weitergehende Anerkennung, als sie ihm von einer Handvoll Liberaler zuteil werden konnte. Diese empfahlen konfiskatorische Maßnahmen gegen die reiche Kirche, aber Joseph, bereits durch seinen Ruf als Agnostiker behindert, wußte, daß jeder Schritt gegen den Klerus den Widerstand gegen die Fremdherrschaft weiter anheizen würde. Die von Napoleon besiegten spanischen Armeen hatten sich in zerstreuten Abteilungen neu formiert – undiszipliniert, aber begeistert. Der Guerillakrieg der Landbevölkerung gegen die Usurpatoren ging Jahr für Jahr zwischen Saat und Ernte weiter. Die französische Armee in Spanien war gezwungen, sich unter aufeinander eifersüchtigen Generalen aufzusplittern und eine Vielzahl von Feldzügen zu führen, die Napoleons Anstrengungen, sie von Paris aus zu koordinieren, trotzten. Napoleon erkannte, sagte Karl Marx, «wenn auch der spanische Staat untergegangen war, so war doch die spanische Gesellschaft voller Leben und alle ihre Teile strömten von Widerstandswillen über ... Das Zentrum des spanischen Widerstandes war überall und nirgends.»[19] Nach der Niederlage einer starken französischen Armee bei Bailén schloß sich ein großer Teil des spanischen Adels der Erhebung an und lenkte so die Feindseligkeit der Bevölkerung von sich selbst auf die Invasoren ab. Die aktive Unterstützung der Revolte durch den Klerus trug dazu bei, die Bewegung von liberalen Gedankengängen frei zu halten; der Erfolg des Befreiungskrieges stärkte im Gegenteil die Kirche und die Inquisition.[20] Einzelne liberale Elemente überlebten in den Provinzjuntas; diese entsandten Vertreter zu den nationalen Cortes nach Cadiz, die eine neue Verfassung ausarbeiteten. Die iberische Halbinsel glühte in Aufstand, Hoffnung und Frömmigkeit, während sich Joseph nach Neapel sehnte, Napoleon gegen Österreich focht und Wellesley-Wellington – ein durch und durch moderner Mensch – sich darauf vorbereitete, zurückzukommen und seine Hand zur Wiederaufrichtung des mittelalterlichen Spanien zu leihen.

Sir John Moore hatte, ehe er in La Coruña fiel (16. Januar 1809), der britischen Regierung empfohlen, keine weiteren Anstrengungen zu unternehmen, um Portugal unter ihre Botmäßigkeit zu bringen. Er war der Ansicht, die Franzosen würden früher oder später Napoleons Befehl ausführen, Portugal zu einem Vasallenstaat Frankreichs zu machen. Wie wäre England in der Lage gewesen, genügend Soldaten zu transportieren und auszurüsten, um den 100 000 fronterfahrenen französischen Soldaten, die derzeit in Spanien standen, die Stirn zu bieten? Sir Arthur Wellesley jedoch, der in Irland keine Ruhe fand, erklärte dem Kriegsministerium, er sei in der Lage, wenn man ihm den ungeteilten Oberbefehl über zwanzig- bis dreißigtausend britische Soldaten, sowie einheimische Verstärkungen gäbe, Portugal gegen jede französische Armee, die nicht über 100 000 Mann stark sei, zu halten.[21] Seine Regierung nahm ihn beim Wort, und am 22. April 1809 traf er mit einem Kontingent von 25 000 Briten in Lissabon ein, die er später als «den Abschaum der Erde, ... eine Bande von Schurken, ein Haufen, der sich nur anwerben läßt, um zu saufen und nur mit der Peitsche regiert werden kann»[22] beschreiben sollte. Doch vor die Wahl gestellt, zu töten oder getötet zu werden, konnten sie wacker fechten. In Erwartung ihrer Ankunft hatte Marschall Soult 23 000 Franzosen – ohne Zweifel auch arme Teufel, denen Tavernen vertrauter waren als Salons – an der Küste entlang nach Oporto geführt, während eine zweite französische Armee unter Marschall Claude Victor entlang des Tejo vormarschierte. Wellesley, der Napoleons Feldzüge sorgfältig studiert hatte, entschloß sich, Soult anzugreifen, ehe die beiden Marschälle ihre Streitkräfte zu einem Angriff auf das von den Briten gehaltene Lissabon vereinigen konnten. Nachdem er seine 25 000 Soldaten durch 15 000 Portugiesen unter dem Befehl von William Carr Beresford (dem künftigen Viscount Beresford) verstärkt hatte, führte er sie an einen Platz am Douro gegenüber Oporto. Am 2. Mai 1809 ging er über den Strom und griff Soults nichtsahnende Armee im Rükken an. Die Schlacht zwang die Franzosen zu ungeordnetem Rückzug, nachdem sie 6000 Mann und ihre gesamte Artillerie verloren hatten. Wellesley verfolgte sie nicht, denn er mußte nach Süden eilen, um Victor Halt zu gebieten; dieser jedoch zog sich auf die Nachricht von Soults Niederlage nach Talavera zurück, wo er von Joseph Verstärkungen erhielt, die seine Truppenkraft auf 46 000 Mann brachten. Dagegen hatte Wellesley 23 000 Briten und 36 000 Spanier einzusetzen. Die feindlichen Heere trafen am 28. Juli 1809 bei Talavera aufeinander. Die spanischen Truppen hatten bald genug und flohen; trotzdem schlug Wellesley mehrere französische Angriffe zurück, und Victor retirierte mit einem Verlust von 7000 Mann und siebzehn Kanonen. Die Engländer hatten 5000 Mann verloren, behaupteten aber das Schlachtfeld. Die britische Regierung belohnte Wellesley für seine mutige Führung und machte ihn zum Viscount Wellington.

Trotzdem wurde sein Rückhalt im Kriegsministerium schwächer. Der Sieg Napoleons bei Wagram (1809) und seine Verheiratung mit der Tochter des österreichischen Kaisers (März 1810) hatten der österreichischen Loyalität gegenüber England ein Ende bereitet; Rußland war noch mit Frankreich verbündet, und zusätzliche 138 000 Mann französischer Truppen waren nun für den Einsatz in Spanien verfügbar. Marschall André Masséna, der 65 000 Mann befehligte, plante, diese zur endgültigen Eroberung Portugals aus Spanien abzuziehen. Die britische Regierung informierte Wellington, daß es bei einer neuerlichen französischen Invasion in Spanien gerechtfertigt sei, wenn er seine Armee nach England zurückziehe.[23]

Es war dies ein entscheidender Augenblick in Wellingtons Karriere. Ein Rückzug, selbst ein erlaubter, würde Flecken auf seinem Ruf hinterlassen, es sei denn, daß ein großer Sieg in der Zukunft, mit welchem nicht zu rechnen war, selbst seinen Niederlagen Glanz verleihen würde. Er entschied sich, seine Leute, seine Laufbahn und sein Leben in einem weiteren Wurf zu wagen. Zunächst ließ er seine Truppen eine Linie von Befestigungen vom Tejo über Torres Vedras bis an die See bauen, fünfundzwanzig Meilen nördlich seiner Basis Lissabon.

Masséna begann seinen Feldzug mit der Einnahme der spanischen Festung Ciudad Rodrigo und drang dann mit 60 000 Mann in Portugal ein. Wellington, der 52 000

Verbündete (d. h. Briten, Spanier und Portugiesen) befehligte, traf am 27. September 1810 bei Bussaco (nördlich von Coimbra) auf ihn. Er bezahlte die Schlacht mit 1250 Toten und Verwundeten, Masséna mit 4600. Trotzdem zog sich Wellington, der wußte, daß er sich nicht wie Masséna auf Verstärkungen verlassen konnte, auf die Torres-Vedras-Linie zurück, befahl eine Taktik der «verbrannten Erde» während des Rückzugs seiner Truppen und wartete, daß Massénas Armee Hunger leiden und verschwinden würde. So kam es auch. Am 5. März 1811 führte Masséna seine verhungernden Männer nach Spanien zurück und übergab den Oberbefehl an Auguste Marmont.

Nachdem er den Winter über gerastet und seine Leute gedrillt hatte, ergriff Wellington die Initiative, marschierte in Spanien ein und griff mit einer Streitmacht von 50 000 Mann am 22. Juli 1812 Marmonts 48 000 Mann starke Armee bei Salamanca an. Dieser Waffengang kostete die Franzosen 14 000 Mann, die Verbündeten 4700; Marmont zog sich zurück. König Joseph hatte am 21. Juli Madrid mit 15 000 Soldaten verlassen, um Marmont zu Hilfe zu kommen. Auf dem Marsch erhielt er die Nachricht von Marmonts Niederlage. Er wagte nicht, in die Hauptstadt zurückzukehren und führte seine Armee nach Valencia, um sie mit einer stärkeren französischen Streitmacht unter Marschall Suchet zu vereinigen. Sein Hof, seine Beamten und einige 10 000 *afrancesados* folgten ihm in wirrer Eile. Am 12. August marschierte Wellington in Madrid ein und wurde von der Bevölkerung, die französischem Charme und Napoleons Verfassung gegenüber gleichgültig geblieben war, mit frenetischem Jubel empfangen. «Ich befinde mich unter einem Volk, das vor Freude außer sich ist», schrieb Wellington an einen Freund, «gebe Gott, daß mein Glück von Dauer ist und ich das Werkzeug zur Sicherung ihrer Freiheit sein werde».[24]

Gott zögerte. Marmont reorganisierte seine Armee hinter den Wällen von Burgos. Wellington belagerte ihn dort. Joseph näherte sich aus Valencia mit 90 000 Mann, um den Verbündeten entgegenzutreten, Wellington zog sich (18. Oktober 1812) über Salamanca nach Ciudad Rodrigo zurück, wobei er auf dem Marsch 6000 Mann verlor. Joseph zog wieder in Madrid ein, zur Erbitterung des gemeinen Volkes und zur Freude der Mittelklasse. Unterdessen fror Napoleon in Moskau, und Spanien erwartete, wie das übrige Europa, den Ausgang seines Spiels um einen Kontinent.

V. DIE FOLGEN

Bereits während dieses Waffenstillstands im Krieg auf der Halbinsel hatten einzelne Ergebnisse greifbare Form angenommen. Geographisch gesehen war das einschneidendste Resultat, daß Spaniens und Portugals südamerikanische Kolonien sich vom geschwächten Mutterland gelöst und mutig ihre ureigene Entwicklung in die Hand genommen hatten. Das gesamte Spanien südlich des Tejo war von französischen Truppen gesäubert. Militärisch hatte Wellington bewiesen, daß Frankreich Portugal nicht besetzen und wahrscheinlich auch Spanien nicht halten konnte, ohne den Verlust seiner sämtlichen Eroberungen östlich des Rheins zu riskieren. Im sozialen Bereich hatte der Widerstand der Bevölkerung, obzwar chaotisch, einen Sieg für die Bauernschaft und die Kirche erfochten. Politisch hatten die Provinzialversammlungen einiges von ihrer örtlichen Verwaltungsmacht zurückgewonnen. Jede hatte ihre eigene Armee aufgestellt, ihr eigenes Geld geprägt, ihre eigene Politik betrieben – in einzelnen Fällen sogar einen Separatfrieden mit England geschlossen. Und das Wichtigste, die Juntas hatten Delegierte zu den nationalen Cortes entsandt, um eine neue Verfassung für ein neues Spanien zu entwerfen.

Diese obersten Cortes waren auf der Flucht vor den französischen Armeen zuerst 1810 auf der Isla de León zusammengetreten; als sich die Franzosen zurückzogen, gingen sie nach Cadiz. Von dort verkündeten sie am 19. März 1812 eine stolze liberale Verfassung. Da fast alle Abgeordneten gute Katholiken waren, erklärte Artikel XII: «Die Religion der spanischen Nation ist und wird für immer katholisch, apostolisch und römisch sein, die einzig wahre Religion. Die Nation beschützt sie durch weise und gerechte Gesetze und verbietet die Ausübung irgendeiner anderen (Religion), welche es auch sei.» Allerdings schaffte die Verfassung das Inquisitionstribunal ab und beschränkte die Zahl der religiösen Gesellschaften. In fast allen anderen Punkten fügten sich die Cortes der Führung der 184 Abgeordneten der Mittelklasse. Die meisten von diesen nannten sich selbst «Liberale» – der erste bekannte Gebrauch dieses Terminus als politische Kennzeichnung. Unter ihrer Leitung kam die Verfassung von 1812 der des revolutionären Frankreich von 1791 nahe.

Sie akzeptierte die spanische Monarchie und erkannte den abwesenden Ferdinand VII. als rechtmäßigen König an, übertrug jedoch die Souveränität nicht auf den König, sondern auf die Nation, die durch ihre gewählten Abgeordneten handelte. Der König sollte ein konstitutioneller Herrscher sein, der den Gesetzen gehorchte und zu ihrer Durchsetzung beitrug. Er durfte Verträge nur in Übereinstimmung mit den nationalen Cortes schließen, die aus einer einzigen Kammer bestehen sollten. Jedes zweite Jahr sollten die männlichen Erwachsenen der Nation neue Cortes wählen, mittels dreier Wahlstufen: Kirchspiel, Distrikt und Provinz. Gesetze sollten einheitlich für ganz Spanien gelten, jeder Bürger vor dem Gesetz gleich sein; die Rechtsprechung sollte unabhängig von Cortes und König arbeiten. Die Verfassung trat für die Abschaffung von Folter, Sklaverei, feudalen Gerichtshöfen und -Rechten ein. Die Presse sollte frei sein, ausgenommen in Fragen der Religion. Unbebaute Ländereien der Kommunen waren unter die Armen zu verteilen.

Unter den gegebenen Umständen – zu denen die religiösen Traditionen Spaniens gehörten – war es eine tapfere und fortschrittliche Verfassung. Jetzt konnte, so schien es, Spanien ins neunzehnte Jahrhundert eintreten.

ZWEITES KAPITEL

Italien und seine Eroberer

[1789–1813]

I. DIE LANDKARTE 1789

WÄHREND dieses Zeitabschnitts war Italien keine Nation, sondern ein Schlachtfeld. Das in eifersüchtig voneinander geschiedene Regionen und Dialekte zersplitterte Land war zu sehr zerstückelt, um vereint einem ausländischen Angriff standzuhalten und andererseits (nördlich von Neapel) zu gesegnet mit Sonne und einem fruchtbaren, gutbewässerten Boden – angesichts wohltätiger Flüsse, die von den Alpen oder dem Apennin herabströmten –, um wieder und wieder die Waffen wegen der Streitigkeiten zwischen einheimischen und ausländischen Steuereintreibern zu ergreifen.

Der größte Teil Italiens war seit dem Frieden von Utrecht (1713), der Mailand, Mantua, Neapel, Sardinien und die von ihnen abhängigen Gebiete Kaiser Karl VI. zusprach, Herrschafts- oder Einflußgebiet der österreichischen Habsburgerdynastie. In der nordwestlichen Ecke der Halbinsel wurden Savoyen und Piemont von den Königen von Sardinien beherrscht. 1734 wurde das «Königreich beider Sizilien» mit seinen Mittelpunkten Neapel und Palermo den Habsburgern durch den fähigen Kriegsmann und Herrscher, der dann Karl III. von Spanien wurde, von den Bourbonen abgenommen. Ehe er nach Spanien aufbrach, vermachte er das Königreich Neapel seinem Sohn Ferdinand IV., der sich mit der Erzherzogin Maria Carolina vermählte. Sie beherrschte ihren Gemahl und brachte das gesamte neapolitanische Königreich unter österreichischen Einfluß. Als Kaiserin Maria Theresia starb (1780), regierten ihre Söhne die Lombardei, die Toskana und Modena; ihre Töchter waren mit den Herrschern von Neapel und Parma verheiratet; Savoyen, Piemont und Sardinien waren zu österreichischen Protektoraten geworden. Als einzige unabhängige Regionen in Italien verblieben also Venedig, Lucca, San Marino und Genua. Bei dieser Aufteilung Italiens zwischen den österreichischen Habsburgern im Norden und den spanischen Bourbonen im Süden blieben die päpstlichen Staaten nur deshalb päpstlich, weil die rivalisierenden Dynastien, die sie beutegierig umarmten, durch ihre gegenseitige Eifersucht und die katholische Frömmigkeit, die Italien allein einte, zurückgehalten wurden.

Die österreichische Herrschaft in Norditalien war nach den Begriffen der Zeit ausgezeichnet. In der Lombardei wurden die feudalen und kirchlichen Grundbesitzer besteuert und ihre Privilegien waren beträchtlich eingeschränkt worden. An die hundert Klöster waren aufgelöst worden, und ihre Einkünfte dienten Erziehungs- oder wohltätigen Zwecken. Als Folge des gelehrten Ansporns von Cesare Beccarias *Dei delitti e delle pene* (1764) wurden Gerichtsverfahren reformiert, die Folter abgeschafft und die Strafgesetze humaner gestaltet. In der Toskana gab zwischen 1765 und 1790 Großherzog Leopold dem früheren Herrschaftsgebiet der Medici «vielleicht die beste Regierung in Europa».[1] Ihre Hauptstadt Florenz blieb während aller Schwankungen der Machtverhältnisse und Ideen eine Hochburg der Kultur.

Venedig, reich, korrupt und schön, hatte jetzt (1789) sichtbar sein Ende als souveräner Staat erreicht. Sein Imperium im Osten war bereits seit langem an die Türken verloren gegangen, doch zwischen den Alpen und Padua, wie zwischen Triest und Brescia, wurde seine Herrschaft immer noch anerkannt. Formell eine Republik, in Wirklichkeit eine Oligarchie, war seine Regierung interesselos, tyrannisch und unfähig geworden. Es besaß die besten Spione der Christenheit, aber keine Armee. Es war der Spielplatz Europas geworden, dem Vergnügen geweiht, und vertraute darauf, daß seine Kurtisanen seine Feinde bei guter Laune halten würden. Zwischen Österreich im Norden und der österreichischen Lombardei im Westen eingezwängt, war es offenkundig dazu bestimmt, von Österreich geschluckt zu werden, sobald Frankreich aufhörte, es zu beschützen.

Südlich der Toskana und des Po begann die gewundene Grenzlinie der päpstlichen Staaten mit der Romagna und ihren «Legationen» Ferrara, Bologna und Ravenna, jede von einem päpstlichen Legaten verwaltet; dann weiter südlich den «Marken» oder Grenzländern an der Adria – Rimini, Ancona und Urbino; dann durch den Apennin über Perugia und Spoleto in Umbrien und Orvieto und Viterbo in Latium nach Rom. Diese gesamte historische Region stand unter der Herrschaft der Päpste, entsprechend den «Schenkungen» des Frankenkönigs Pippin von 754 und Karls des Großen von 774. Nach einem entscheidenden Sieg auf dem Konzil von Trient (1545 – 1563) hatten die Päpste ihre Autorität über die Bischöfe genauso gefestigt wie die zeitgenössischen Könige über die Feudalherrn. Die Macht ist zentripetal.

Nicht lange danach jedoch begann der langsame Verfall des Papsttums, als die Fortschritte der Wissenschaften und das Vordringen der Philosophie in gefährlicher Weise die Unterstützung der Kirche durch die einflußreichen Klassen Westeuropas schmälerten; außerdem stieß sie auf offene Opposition nicht nur von seiten protestantischer Herrscher, sondern auch katholischer Souveräne wie Joseph II. von Österreich und Ferdinand IV. von Neapel. Selbst im Kirchenstaat schwächte eine wachsende Minderheit heimlicher Skeptiker den Einfluß des Klerus auf das Volk. Die Kurie (schrieb Joseph II. 1768) «ist fast zum Gegenstand der Verachtung geworden; ihre Untertanen leben im tiefsten Elend, vollständig unterdrückt, während ihre Finanzen in komplette Unordnung und Mißkredit geraten sind». Der Skeptiker Joseph mag voreingenommen gewesen sein, doch der venezianische Gesandte berichtete 1783: «Die inneren Angelegenheiten des Kirchenstaates befinden sich in größter Unordnung; er befindet sich in fortschreitendem Verfall, und seine Regierung verliert von Tag zu Tag mehr an Macht und Autorität».[2] Trotz ihrer Armut und der malariageschwängerten Luft des Sommers gestaltete die römische Bevölkerung ihr Leben erträglich, indem sie die kirchliche Duldung ihrer ständigen Liebesaffären und ausgelassenen Lustbarkeiten voll ausnützte. Unter der italienischen Sonne war auch der Klerus duldsamer.

Beide Päpste dieser kritischen Periode waren fromme und würdige Männer. Pius VI. (er regierte von 1755–1799) gelang es trotz seiner mühseligen Reise nach Wien nicht, Joseph II. von Österreich zum Gehorsam zu bringen, und seine ganze Kultur und Liebenswürdigkeit bewahrte ihn nicht davor, Avignon an Frankreich zu verlieren und als Gefangener des Direktoriums zu sterben. Pius VII. (1800–1823) tat sein Bestes, um den Katholizismus in Frankreich wieder aufzurichten, mußte unter Napoleon eine lange Gefangenschaft erdulden und erlebte es noch, über den gestürzten Kaiser triumphieren zu dürfen (1814).

Im Süden des Kirchenstaates wurden zwar die spanischen Bourbonen durch die blühenden Städte Gaeta, Capua, Caserta, Neapel, Capri und Sorrent reich, mit dem Wohlstand Italiens jedoch war es zu Ende. Städte wie Pescara, Aquila, Foggia, Bari, Brindisi, Tarent und Croton pflegten die Erinnerungen an Milo, Caesar, Friedrich II. (Römischer Kaiser, «stupor mundi»), sogar an Pythagoras; doch sie wurden von einer unbarmherzigen Sonne verbrannt, durch Steuern ausgeplündert und fanden einzig in ihrem Glauben Trost. Dann setzten die Steuereintreiber von Reggio Calabria nach Messina in Sizilien («von Scylla zu Charybdis») über. Auch dort übertünchten die Städte ihre Armut mit Erinnerungen an die Phönizier, Griechen, Karthager, Römer, Vandalen, Moslems, Normannen und Spanier. Schließlich ließen sich die Steuereintreiber in Palermo nieder und dienten den Bedürfnissen und dem Luxus von Königen und Königinnen, reichen Kaufherrn, Briganten und Heiligen. So war das buntscheckige Reich beschaffen, das der achtzehnjährige Ferdinand 1759 erbte. Er entwickelte sich zu einem gutaussehenden Athleten, der Vergnügungen und Sport der Bürde der Macht vorzog und die Regierung in der Hauptsache seiner Gemahlin Maria Carolina überließ.

Unter der Leitung ihres Premierministers und Liebhabers Sir John Acton orientierte Maria die Politik Neapels von einer prospanischen zu einer proösterreichischen und 1791 zu einer proenglischen um. Mittlerweile preßten feudale Barone aus einer verelendeten Bauernschaft auch noch den letzten Groschen heraus; am Hof, in Verwaltung und Rechtsprechung herrschte Korruption; die Steuern waren hoch und belasteten hauptsächlich die unteren Klassen; der städtische Pöbel war durch Armut verroht, an Unordnung und Verbrechen gewöhnt, wurde aber von einer großen Polizeitruppe und der in Wundern geübten, bildungsfeindlichen Geistlichkeit im Zaum gehalten. (In einer Kapelle der Kathedrale bluteten Jahr für Jahr die Reliquien des heiligen Januarius.) Wie üblich war die Kirche den Sünden des Fleisches gegenüber nachsichtig; schließlich waren sie der einzige, den Armen erlaubte Luxus. Vor allem während des Karnevals wurde das sechste Gebot als ungerechtfertigte Zumutung an die menschliche Natur betrachtet.

Dessenungeachtet war die Königin auf Katharina II. von Rußland neidisch, die so viele Philosophen zu ihren Füßen sah. Also begünstigte sie Künstler, Gelehrte und kluge Männer; obgleich sie es wahrscheinlich nicht wußte, besaß Neapel «mehr gebildete Männer und Frauen mit modernen Ideen, als irgendeine andere Stadt in Italien».[3] Viele dieser Männer verfolgten mit stiller Hoffnung die Nachrichten aus Paris über die Erstürmung der Bastille durch die Bevölkerung.

II. ITALIEN UND DIE FRANZÖSISCHE REVOLUTION

Eine nicht geringe Zahl von Liberalen hatte die gebildeten Stände Italiens auf grundsätzliche Veränderungen in Frankreich vorbereitet. Beccaria und Parini in Mailand, Tanucci, Genovesi und Filangieri in Neapel, Caraccioli in Sizilien hatten sich bereits in Prosa und Dichtung, in Gesetzgebung und Philosophie um einzelne Maßnahmen bemüht, die jetzt durch eine französische Nationalversammlung durchgeführt wurden, die sich, wie es schien, der Vernunft und Mäßigung verschrieben hatte. In der Toskana begrüßte Großherzog Leopold in eigener Person die Revolution als ein Versprechen für wichtige Reformen in allen Ländern Europas.[4]

Als Napoleon, Sohn und General der Revolution, wie ein wilder Westwind in Italien eindrang (1796) und die sardischen und österreichischen Armeen aus Piemont und der Lombardei verjagte, begrüßte ihn fast die gesamte Bevölkerung als einen Italiener, der französische Truppen zur Befreiung Italiens anführte. Für einige Zeit war er trotz lokaler Aufstände in Pavia, Genua und Verona in der Lage, italienische Staaten und Fürstentümer zu behandeln, als ob sie als uneingeschränkte Schenkungen in seine Hände gefallen seien. So faßte er im Juli und August 1797 Mailand, Modena, Reggio Emilia, Bologna und ein Stück der Schweiz zu einem Zisalpinische Republik genannten Staatenbündel zusammen, dem er eine dem revolutionären Frankreich angeglichene Verfassung gab.

Der Liberalismus seiner damaligen Herrschaft in Italien dämpfte für einige Zeit die örtlichen Freiheitsträume. Die einheimischen Führer, durch die Zuteilung von Pfründen und Würden besänftigt, sahen ein, daß in einem unter Wölfe aufgeteilten Kontinent der eine oder andere dieser Wölfe als Protektor akzeptiert werden müsse. Immer noch am besten einer, der ausgezeichnet italienisch sprach und Besteuerung und Plünderung von Kunstschätzen durch aufgeklärte Gesetze erträglicher machte. Doch die Gesetzgebung der Revolution, die sich fortschreitend gegen die katholische Kirche in Frankreich wandte, erstickte diese italienische Sympathie; der italienischen Bevölkerung erschien ihre Religion wertvoller als eine politische Freiheit, die Priester verfolgte und nach den Septembermorden roch.

Am 13. Januar 1792 wurde in Rom ein diplomatischer Vertreter Frankreichs von einer Volksmenge angegriffen und so schwer mißhandelt, daß er am nächsten Tag starb. Dies führte zu einer neuen Krise für Papst Pius VI., der bereits unter dem Toleranzedikt (1781) für Österreich gelitten hatte. Nun sah er sich mit der von der

Revolution praktizierten Enteignung französischen Kirchengutes und dem Staatsgesetz über die Geistlichkeit (12. Juli 1790) konfrontiert. In vollständiger Orthodoxie und in einem vertrauensvollen Respekt für die Tradition großgeworden, verurteilte Pius die Revolution und unterstützte die herausgeforderten Könige bei ihren Bemühungen zu ihrer Unterdrückung. Im Frieden von Tolentino (19. Februar 1797) sah er sich angesichts der Siege und Drohungen Napoleons gezwungen, die päpstlichen Enklaven Avignon und Venaissin an Frankreich sowie die Stadtstaaten Ferrara, Bologna und Ravenna an die Zisalpinische Republik abzutreten.

Im Dezember 1797 brachte in Rom ein Pöbelhaufen den französischen General Léonard Duphot um. General Louis Berthier, der Napoleon (damals in Ägypten) im Oberbefehl der Italienarmee gefolgt war, ergriff die Gelegenheit, um Rom zu besetzen und eine Römische Republik unter französischer Oberherrschaft zu errichten. Pius VI. protestierte, wurde gefangengenommen, widersetzte sich und wurde von Ort zu Ort verschleppt, bis er als Gefangener des Direktoriums am 29. August 1799 in Valence starb. Mit dem Lauf der Geschichte nicht vertraute Beobachter glaubten, das Ende des Papsttums sei gekommen.[5]

Für Ferdinand IV. von Neapel bot diese Situation eine dreifache Chance: Er konnte die neue Armee erproben, die Sir John Acton für ihn aufgestellt hatte, sich als loyaler Sohn der Kirche erweisen und ein Stück des päpstlichen Territoriums als Gegenleistung kassieren. Admiral Nelson, der sich damals als Anbeter Emma Hamiltons in Neapel aufhielt, war bereit, das Unternehmen durch eine Landung von Marinetruppen in Livorno zu unterstützen. Der König übertrug dem österreichischen General Karl Mack den Befehl über seine Armee und brach mit ihr zur leichten Eroberung Roms auf (29. November 1798). Die dort liegenden französischen Regimenter hielten sich für zu schwach, um es mit der ganzen neapolitanischen Armee aufzunehmen und evakuierten schnell die Stadt.

Während die Kardinäle in Venedig zusammentraten, um einen neuen Papst zu wählen, erfreuten sich Ferdinands Truppen an den Vergnügungen und den Schönen von Rom. Dann nahte von Norden ein ausgezeichneter General, Jean Étienne Championnet, mit einer frischen französischen Armee, schlug Macks verlotterte Truppen bei Civitá Castellana (15. Dezember 1798), verfolgte sie bis nach Neapel, nahm die Stadt zur Freude ihrer gebildeten Schichten ein und errichtete die Parthenopeische Republik (23. Januar 1799). Ferdinand und seine Königin, Sir William Hamilton und seine Bovary setzten sich auf Nelsons Flaggschiff *Vanguard* nach Palermo ab.

Die neue Republik bestand nicht einmal fünf Monate. Championnet und das Gros seiner Truppen wurden nach Norden befohlen, um die Österreicher zurückzuwerfen; er starb auf diesem Feldzug (1800). Kardinal Fabrizio Ruffo organisierte mit Unterstützung des englischen Captains Edward Foote eine neue Armee für Ferdinand und eroberte mit Hilfe der Bevölkerung, welche die französischen Besatzungstruppen als wahrhaft verdammte Atheisten betrachtete, Neapel zurück. Die Franzosen zogen sich mit Hilfe eines neapolitanischen Admirals, Francesco Caracciolo, in zwei der Hafenforts zurück. Kardinal Ruffo und Captain Foote boten ihnen freien Abzug nach Frankreich an, falls sie kapitulierten. Sie stimmten zu, doch ehe das Abkommen durchgeführt werden konnte, traf Nelson mit seiner Flotte, mit dem königlichen Hof an Bord, aus Palermo ein. Nelson übernahm das Kommando und richtete, der Proteste des Kardinals nicht achtend, seine Kanonen auf die Forts.[6] Die Franzosen ergaben sich bedingungslos.

Caracciolo wurde gefangengenommen, als er zu Schiff zu fliehen versuchte; er wurde eilends vor ein auf Nelsons Schiff zusammengetretenes Kriegsgericht gestellt und an der Rahnock seines eigenen Flaggschiffs *La Minerva* aufgeknüpft (29. Juni 1799). Der König und die Königin, wieder an der Macht, kerkerten Hunderte von Liberalen ein und ließen ihre Führer hinrichten.

III. ITALIEN UNTER NAPOLEON: 1800–1812

Nach seiner Rückkehr aus Ägypten widmete sich Napoleon neun Monate lang der Aufgabe, die französische Nation mit seiner Definition der politischen Freiheit als einer Folge von Volksabstimmungen, die vorhersehbar einem aufgeklärten Despotismus zustimmen würden, zu versöhnen. Frankreich wurde gerade zu der Zeit der demokratischen Freiheit müde, als italienische Liberale, die unter der wiederhergestellten österreichischen Herrschaft seufzten, sich nach ihr sehnten. Wann würde dieser brillante, zum Franzosen gewordene Italiener wieder nach Italien kommen, die Österreicher hinauswerfen und Italien eine italienische Regierung geben?

Der verschlagene Konsul ließ sich Zeit, denn sorgfältige Vorbereitung war der erste Grundsatz seiner Strategie. Als er schließlich kam, tat er es in einem Vorstoß, der noch brillanter war als der Einbruch von 1796: Er stürmte über die Alpen, zerstreute die Österreicher, griff ihre Hauptarmee im Rücken an, kesselte sie ein und hielt sie und ihren alten Oberbefehlshaber gefangen, bis der österreichische Wolf dem gallischen Fuchs seine sämtliche italienischen Besitzungen westlich von Venedig abtrat (1801). Napoleon faßte seine Eroberungen zu einem Gebilde zusammen, das dem von ihm 1797 geschaffenen sehr ähnlich war. Die Zisalpinische Republik mit dem Zentrum Mailand und die Ligurische Republik mit Genua erhielten eine relative Unabhängigkeit mit italienischen Präsidenten unter französischem Protektorat. Der Kirchenstaat blieb zunächst noch ungeschoren. Konkordate mit der Kirche wurden vorbereitet, und Napoleon war kein Mohammedaner mehr. In einem Vertrag vom 18. März 1801 verpflichtete sich Ferdinand IV. von Neapel, seine Häfen für die britische Schiffahrt zu sperren. Nelson konnte keine Hilfe bringen, denn er war mit dem Angriff auf Kopenhagen beschäftigt (2. April 1801). Die Italiener fühlten eine raffinierte italienische Hand hinter den neugeschaffenen Tatsachen und freuten sich.

Dann schloß sich die Hand im Zugriff der Macht. Im Januar 1802 traten 454 Abgeordnete der Zisalpinischen Republik in Lyon zusammen, nahmen eine neue, von

Napoleon entworfene Verfassung an und machten sich den von Talleyrand inspirierten Vorschlag zueigen, Napoleon zum Präsidenten der neuen Republik Italien zu wählen. Nachdem er sich selbst zum Kaiser der Franzosen gemacht hatte (1804), erschien der Titel Präsident von Italien unangemessen bescheiden; daher empfing Napoleon am 26. Mai 1805 in Mailand die alte, ehrwürdige Eiserne Krone der lombardischen Könige und wurde zum Souverän von (Nord-) Italien. Er führte den Code Napoléon ein, schuf ein ausgeglichenes Erziehungsniveau, indem er die reichen Provinzen mit Sondersteuern belastete, um den ärmeren zu helfen und versprach, daß «mein italienisches Volk ... das am wenigsten schwer besteuerte von allen Nationen Europas sein soll». Als er Italien verließ, hinterließ er ihm, als Vizekönig und Unterpfand seiner Fürsorge, seinen geliebten Stiefsohn Eugène de Beauharnais.

Während der nächsten acht Jahre erfreute sich das neue Königreich (hauptsächlich die Lombardei) einer allgemeinen Blüte und eines kraftvollen politischen Lebens, an das Italien noch lange voll Wehmut denken sollte. Die Regierung gab nicht vor, demokratisch zu sein; Napoleon setzte weder dort noch anderswo Vertrauen in die Fähigkeit der Volksmassen, ihre Führer und ihre Politik mit Weisheit zu bestimmen. Stattdessen riet er Eugène, die erfahrensten und fähigsten Administratoren um sich zu versammeln. Sie dienten ihm mit Begeisterung und Geschick. Sie organisierten eine fähige Bürokratie; sie begannen ausgedehnte öffentliche Arbeiten – Straßen, Kanäle, Parks, Wohnungen, Schulen; sie reformierten sanitäre Einrichtungen, Gefängnisse und das Strafgesetzbuch; sie förderten die Kenntnis des Lesens und Schreibens und pflegten die Musik und die Künste. Die Steuereinnahmen stiegen von 82 Millionen Francs im Jahre 1805 auf 144 Millionen im Jahre 1812, doch ein Teil dieses Anstiegs spiegelt die Entwertung des Geldes infolge der Kriegsfinanzierung, ein anderer Teil die Umverteilung konzentrierten Reichtums zu Gunsten des öffentlichen Wohls.

Unterdessen fuhr der Kaiser fort, Italien zu napoleonisieren. Im September 1802 annektierte er Piemont für Frankreich. Im Juni 1805 bewog er die genuesische Regierung, um die Einverleibung ihrer Ligurischen Republik in das französische Kaiserreich nachzusuchen. Im September 1805 schluckte er die Herzogtümer Parma, Piacenza und Guastalla. Im Dezember 1805, nachdem er die österreichische Armee bei Austerlitz nahezu vernichtet hatte, erreichte er von Kaiser Franz II. die Zustimmung zur Angliederung Venedigs an Eugènes neues Königreich. Venedig war so dankbar für diese teilweise Wiedergutmachung des schändlichen Tauschgeschäfts, das Napoleon 1797 mit ihm betrieben hatte, daß es sich in Festlichkeiten erschöpfte, als er die Stadt 1807 besuchte.[7] Im Mai 1808 übernahm er die Regierung des Großherzogtums Toskana, wo die österreichische Verwaltung ihre besten Leistungen vollbracht hatte. Seine Schwester Elisa hatte Lucca so vorzüglich regiert, daß Napoleon ihr die Toskana übertrug, wo unter ihrem weisen und versöhnlichen Regiment Florenz eine Freistatt der Wissenschaften und Künste wurde, die an die Tage der Medici erinnerte.

Am 30. März 1806 ernannte Napoleon seinen Bruder Joseph zum König von Neapel und schickte ihn mit einem Truppenkontingent dorthin, um den widerspenstigen Ferdinand IV. und seine herausfordernde Königin zu vertreiben. Der Kaiser scheint die schwierigsten Aufgaben für den genialen Joseph reserviert und die Durchführung unter Geringschätzung der damit verbundenen Schwierigkeiten beurteilt zu haben. Joseph war ein kultivierter Mann, der die Gesellschaft gebildeter Männer ebenso schätzte wie die von Frauen, deren Erziehung ihren Charme nicht beeinträchtigt hatte.[8] Bonaparte war der Meinung, ein Mann mit einem so gearteten *modus vivendi* sei nie in der Lage, ein Königreich erfolgreich zu regieren. Warum ernannte er ihn dann? Weil der Eroberer mehr Königreiche besaß als Brüder und glaubte, er könne niemandem trauen außer seinen nächsten Verwandten.

Joseph wurde von den Führern der Mittelklasse, die sich unter dem Feudalismus nicht wohlfühlten, bereitwillig als König von Neapel akzeptiert. Die Masse der Bevölkerung lehnte ihn jedoch als Usurpator und Ungläubigen ab, und Joseph mußte sich zu harten Maßnahmen entschließen, um ihren Widerstand zu brechen. Die Königin hatte die gesamten Geldbestände der Staatsbank mit nach Sizilien genommen; eine britische Flotte blockierte den Hafen und lähmte den Handelsverkehr zur See; außerdem waren die französischen Truppen, zwar siegreich, aber schlecht bezahlt, in gefährlicher Weise aufsässig. Joseph wandte sich wegen bankfähiger Zahlungsmittel an seinen Bruder; Napoleon befahl ihm, Neapel für seine Befreiung bezahlen zu lassen. Joseph nahm eine Anleihe bei holländischen Bankiers auf und legte eine Steuer auf sämtliche Einkommen, sowohl des Adels wie des Volkes, der Kirche wie der Laien. Er ließ aus Paris Comte Pierre Louis Roederer, einen von Napoleons bevorzugten Wirtschaftsfachmännern, kommen, damit er sich der Staatsfinanzen annähme, die dieser auch in kurzer Zeit in Ordnung brachte. Andere erfahrene Verwaltungsfachleute richteten in jedem Ort des Königreichs eine öffentliche Schule ein und in jeder Provinz eine Oberschule. Der Feudalismus wurde abgeschafft; die Ländereien der Kirche wurden nationalisiert und an die Landbevölkerung ebenso wie an eine wachsende Mittelklasse verkauft. Die Gesetze wurden nach Vorbild des napoleonischen Kodex' harmonisiert. Die Rechtsprechung wurde gesäubert, die Gerichtsverfahren beschleunigt, Gefängnisse und Strafgesetzbuch wurden reformiert.[9]

Joseph stand kurz vor dem Erfolg und der Zustimmung der Öffentlichkeit, als er plötzlich auf einen anderen Thron und zu einer noch schwierigeren und gefährlicheren Aufgabe abberufen wurde – auf den spanischen Königsthron (10. Juni 1808). An seiner Stelle setzte Napoleon, der über keine weiteren Brüder mehr verfügte, Joachim Murat, seinen Schwager durch Heirat mit Caroline Bonaparte, als König von Neapel ein.

Murat lebt in der Erinnerung hauptsächlich wegen seiner prunkvollen Kleidung und wegen seines furchtlosen Draufgängertums in der Schlacht fort. Es gebührt ihm jedoch Achtung wegen seiner Reorganisierung der neapolitanischen Regierung. Er war ein Mann mit allen Tugenden eines Bauern, ausgenommen der Geduld, geeigneter für herkulische Aufgaben als für kluge Diplomatie oder vorausschauende Staatskunst.

Zwischen Streitszenen ein liebender Gatte und seinem kaiserlichen Schwager treu, bis er anfing, ihn für verrückt zu halten. Wir können seine Klage verstehen, daß die von Napoleon geforderte Kontinentalsperre das Wirtschaftsleben Neapels ruiniere. Trotzdem brachte er in seiner vierjährigen Herrschaft mit seinen Gehilfen viel zuwege. Sie vollendeten die Steuerreform, errichteten eine Nationalbank, zahlten die Staatsschuld ab (in der Hauptsache durch den Verkauf kirchlichen Eigentums), schafften die Binnenzölle ab und finanzierten bedeutende öffentliche Arbeiten. Insgesamt veränderten die nicht einmal acht Jahre dauernden Administrationen Josephs und Murats das politische, wirtschaftliche und gesellschaftliche Leben in Neapel so grundlegend, daß Ferdinand IV., als er 1815 auf seinen Thron zurückkehrte, fast alle von den Franzosen eingeführten Reformen bestehen ließ.

Mehr als diese Leistungen lag Joachim Murat die Armee von 60 000 Mann am Herzen, die er aufgestellt und ausgebildet hatte und mit deren Hilfe er hoffte, Italien zu einigen und sein erster König zu werden. Aus diesem Traum und der Sonne Italiens wurde er 1812 gebieterisch herausgerissen, um seinem Schwager bei der Eroberung Rußlands beizustehen.

IV. KAISER UND PAPST

Napoleon glaubte, er habe mit der Errichtung der Zisalpinischen Republik im Norden und des Königreichs Neapel im Süden wesentliche Schritte zur Umwandlung Italiens aus einem geographischen Begriff zu einer Nation getan. Doch die Österreicher hatten während seiner Abwesenheit in Ägypten der von den Franzosen erst ein Jahr zuvor errichteten Römischen Republik ein Ende bereitet. Das Papsttum war wieder im Besitz seiner historischen Hauptstadt und des größten Teils des Kirchenstaates. Am 13. März 1800 hatte ein Konklave der Kardinäle einen neuen Pontifex, Pius VII., gewählt, von dem fast alle Katholiken eine unbeugsame Verteidigung der «weltlichen Macht» – des territorialen Besitzstandes der Päpste – erhofften.

Pius war Napoleon gegenüber einsichtig genug, um mit ihm in Paris und Rom Konkordate abzuschließen und seine Übernahme der kaiserlichen Macht abzusegnen. Doch jene päpstlichen Staaten (obwohl sie der Kirche nicht, wie früher behauptet, durch die sogenannte «Konstantinische Schenkung»* übertragen worden waren) hatte Papst Stephan II. 754 von Pippin dem Kurzen, König der Franken, erhalten. Karl der Große bestätigte 774 diese «Pippinsche Schenkung», jedoch «griff er in die Regierung des päpstlichen Staates ein» und «betrachtete sich selbst als das Haupt der Christenheit, auf das der Papst zu hören hatte, selbst in Fragen der Theologie».[10] Napoleon bekannte sich zu ähnlichen Vorstellungen. Er hatte seinen Sinn darauf gerichtet, die Blockade Frankreichs durch England mit einer Kontinentalsperre für die Einfuhr britischer Güter zu beantworten, jedoch die päpstliche Kurie

* Siehe Band 8 «Glanz und Zerfall der italienischen Renaissance», S. 120.

– oder Regierung der Päpste – bestand darauf, die Häfen des Kirchenstaates für den gesamten Handel offen zu halten. Außerdem lagen diese Staaten als trennende Barriere zwischen Nord- und Süditalien. Nun war der Wunsch, Italien unter seiner eigenen Krone zu einigen, bei Napoleon zu einer beherrschenden Leidenschaft geworden. «Dies», sagte er zu Joseph, «ist das hauptsächliche und ständige Ziel meiner Politik».[11] In Übereinstimmung mit dieser Politik hatten französische Truppen Ancona besetzt (1797), einen strategisch wichtigen Adriahafen, der eine Hauptverbindung zwischen Nord- und Süditalien beherrschte. Jetzt, am 13. November 1805, als sich Napoleon darauf vorbereitete, Österreich und Rußland auf dem Schlachtfeld gegenüberzutreten, übersandte Pius VII., von seiner Kurie zu einer für ihn uncharakteristischen Verwegenheit aufgestachelt, ihm eine alarmierende Herausforderung: «Wir sind es uns selbst schuldig, von Eurer Majestät die Räumung von Ancona zu fordern. Sollten wir auf Ablehnung stoßen, sehen wir kaum eine Möglichkeit, eine solche mit der Aufrechterhaltung freundschaftlicher Beziehungen mit dem Gesandten Eurer Majestät zu vereinbaren.»[12] Voller Zorn über den Zeitpunkt dieses Ultimatums, das ihn am Vorabend von Austerlitz in Wien erreichte, forderte Napoleon nun seinerseits den Papst heraus: «Eure Heiligkeit ist Souverän von Rom, ich aber bin sein Kaiser.»[13] Nachdem er solchermaßen gesprochen hatte wie Karl der Große, griff er an wie Caesar und besiegte die Österreicher und die Russen bei Austerlitz.

Ein Jahr später (12. November 1806), nach der Zerschlagung der preußischen Armee bei Jena, übermittelte Napoleon von Berlin aus dem Papst eine Aufforderung, die Engländer aus Rom auszuweisen und den Kirchenstaat der «Italienischen Konföderation» anzuschließen. Er könne nämlich, wie er sagte, «zwischen seinem Königreich Italien und seinem Königreich Neapel» nicht das Bestehen von «Häfen und Festungen, die im Falle eines Krieges von den Engländern besetzt werden und die Sicherheit seiner Staaten und Völker bedrohen könnten»[14] dulden. Pius erhielt bis zum Februar 1807 Zeit zu gehorchen. Er lehnte ab und gestattete dem britischen Gesandten, in Rom zu bleiben. Nach seiner triumphalen Rückkehr aus Tilsit forderte Napoleon erneut die Ausweisung der englischen Vertreter aus Rom; Pius lehnte wiederum ab. Am 30. August drohte Napoleon, sich der päpstlichen Marken zu bemächtigen. Eingeschüchtert, erklärte Pius sich bereit, seine Häfen für die Engländer zu sperren. Dann verlangte Napoleon, der Papst müsse seine Partei gegen die Feinde Frankreichs ergreifen. Pius weigerte sich. Am 10. Januar 1808 befahl Napoleon General Miollis (der eine französische Division in Florenz befehligte) nach Rom zu marschieren.

Von diesem Tage an spitzten sich die Ereignisse zu einem weiteren historischen Konflikt zwischen Kirche und Staat zu. Am 2. Februar nahmen Miollis' Truppen Civitavecchia ein; am nächsten Tag besetzten sie Rom und bezogen Stellung rund um den Quirinal – den Hügel, auf welchem sich der päpstliche Palast und die Gebäude der Kurie befanden. Von da an bis zum März 1814 war Pius VII. ein Gefangener Frankreichs. Am 2. April 1808 befahl Napoleon die Einverleibung der päpstlichen Marken in das Königreich Italien. Nun gab es einen offenen Korridor zwischen dem Königreich Neapel und dem Königreich Italien – zwischen Joseph und Eugène.

Ein Jahr verging, während dem Napoleon in Spanien beschäftigt war. Am 17. Mai 1809 proklamierte er aus dem erneut besetzten Wien die Annexion des Kirchenstaates in das französische Kaiserreich und das Ende der weltlichen Macht der Päpste. Am 10. Juni exkommunizierte der Papst Napoleon. Am 6. Juli drang General Radet mit französischen Truppen in den Audienzsaal des Papstes ein und stellte ihn vor die Wahl, abzudanken oder ins Exil zu gehen. Pius nahm lediglich sein Brevier und ein Kruzifix mit sich und folgte seinen Kerkermeistern zu einem wartenden Wagen, der ihn an der italienischen Küste entlang durch Genua nach Savona brachte. Dort wurde er mit allen Ehren als Gefangener gehalten, bis Napoleon – nachdem er ein angebliches Komplott zur Entführung des Pontifex nach England hatte veröffentlichen lassen – ihn nach Fontainebleau bringen ließ (Juni 1812). Am 13. Februar 1813 unterzeichnete Pius ein neues Abkommen mit Napoleon; am 24. März widerrief er seine Unterschrift. In seinem Gefängnispalast lebte er einfach und flickte sogar sein eigenes Hemd.[15] Er blieb dort während aller Ereignisse von 1812 und 1813, bis Napoleon, der selbst vor der Gefangennahme stand, ihn am 21. Januar 1814 nach Savona zurückbringen ließ. Im April teilten die Alliierten, nachdem sie Paris eingenommen und Napoleon gefangengesetzt hatten, dem Papst mit, daß er frei sei. Am 24. Mai zog Pius VII., erschöpft von körperlichen und seelischen Leiden, wieder in Rom ein. Fast die gesamte Bevölkerung bewillkommnete ihn mit Begeisterung und Beifall. Junge Römer wetteiferten um das Vorrecht, ihm die Pferde ausspannen und seinen Wagen zum Quirinal ziehen zu dürfen.[16]

Während der kurzen Zeit ihrer Herrschaft über den Kirchenstaat veränderten die französischen Administratoren mit Hilfe einheimischer Liberaler die wirtschaftliche und politische Situation mit vielleicht übertriebener Energie und Schnelligkeit. Feudalismus und Inquisition wurden abgeschafft. Über fünfhundert religiöse Häuser wurden geschlossen, wobei 5852 Mönche und Nonnen in eine schwer zu bewältigende Freiheit entlassen wurden. Korrupte Beamte wurden entfernt, öffentliche Rechnungslegung wurde eingeführt. Die Landstraßen wurden instand gesetzt und polizeilich überwacht; das Brigantentum wurde fast völlig ausgerottet. Die Straßen wurden gesäubert und beleuchtet; ein Viertel der Pontinischen Sümpfe wurde trockengelegt und kultiviert. Religionsfreiheit wurde verkündet; die Juden konnten sich auch außerhalb ihres Gettos frei bewegen; Freimaurerlogen blühten. Hospitäler wurden vermehrt, die Gefängnisse verbessert; Schulen wurden gebaut und mit Lehrern versehen; in Perugia wurde eine neue Universität gegründet. Die Ausgrabungen klassischer Überreste wurden verfügt und Canova mit der Leitung eines Museums betraut, in welchem die Funde aufbewahrt wurden. Doch die Steuern wurden mit einer bislang unbekannten Härte eingetrieben und Männer wurden zur Nationalarmee eingezogen. Die Kaufleute klagten über die Behinderung des Handels mit England. Die Mehrheit der Bevölkerung runzelte die

Stirn über die plötzliche Veränderung ihrer traditionellen Einrichtungen und die skandalöse Behandlung eines Papstes, den selbst die Atheisten lieben gelernt hatten. «Die Masse des Volkes erinnerte sich mit Bedauern an die sanfte und lässige Herrschaft des Papstes.»[17]

Alles in allem war die Gefangenhaltung des Papstes durch Napoleon ein für einen so scharfsinnigen Herrscher erstaunlicher Fehler. Die Konkordate und die Krönung hatten für Konsul und Kaiser eine vorteilhafte Versöhnung mit Katholiken in ganz Europa gebracht und sogar eine formelle Anerkennung seiner Herrschaft seitens fast aller Könige Europas. Seine spätere Behandlung des Papstes jedoch entfremdete ihm fast alle Katholiken und viele Protestanten. Das Papsttum wurde durch Napoleons Versuch, es zum Werkzeug seiner Politik zu machen, gestärkt. Die katholische Kirche Frankreichs, die bis dahin «gallikanisch» – d. h. antipäpstlich – gewesen war, bezeugte nunmehr dem Papsttum ihre Verehrung und Loyalität. Die Jesuiten, die von einem politisch eingeschüchterten Papst ausgewiesen worden waren, wurden durch den liebenswürdigen aber energischen Pius VII. im Jahre 1814 in der ganzen Christenheit wieder zugelassen. In diesem Jahr wurde die weltliche Macht des Papsttums erneuert, und seine geistliche Macht wurde durch den stillen Widerstand des gefangenen Papstes gestärkt. Napoleon selbst gab zwischen den Abdankungen seine Fehlbeurteilung Pius VII. zu. «Ich hielt den Papst stets für einen Mann von sehr weichem Charakter ... Ich habe ihn hart behandelt. Ich war im Unrecht, ich war blind.»[18] Pius seinerseits hatte Napoleon niemals unterschätzt, hatte ihn nicht selten bewundert und ließ eine gewisse Zuneigung zu ihm erkennen, als sein früherer Kerkermeister nun seinerseits zum Gefangenen gemacht wurde. Als Napoleons Mutter sich beim Papst beklagte, daß die Engländer ihren Sohn auf St. Helena schlecht behandelten, bat Pius Kardinal Consalvi, zu Gunsten seines gestürzten Feindes zu intervenieren.[19] Der Papst überlebte den Kaiser um zwei Jahre. Er starb 1823 und murmelte im Todeskampf: «Savona, Fontainebleau».[20]

V. IM HINTERGRUND DER SCHLACHTEN

Schlachten sind das technische Feuerwerk im Drama der geschichtlichen Abläufe. Hinter ihnen stehen Liebe und Haß von Männern und Frauen, Mühen und Wagnisse des Wirtschaftslebens, Niederlagen und Triumphe in Wissenschaft, Literatur und Kunst ebenso wie die verzweifelten Sehnsüchte des Glaubens.

Der Italiener mag ein eiliger Liebhaber gewesen sein, doch widmete er sich kräftig der Fortpflanzung der Art und besäte die goldene Halbinsel dermaßen mit seinesgleichen, daß es eine der Funktionen der Schlachten war, die wimmelnden Massen zu reduzieren. Die Kirche verdammte Kinderlosigkeit eher als Ehebruch, denn so konnte sie abweichende Meinungen durch Vervielfachung entschärfen. Sie lächelte Eros zu und legte kein puritanisches Bahrtuch auf karnevalistische Ekstasen. Die Mädchen waren fast immer jungfräulich, denn es wurde frühzeitig geheiratet und die voreheliche Überwachung war streng. Nach der Heirat jedoch – die ja in aller Regel eine Verbindung von Besitz war – konnte sich eine Frau einen *cavaliere servente* oder sogar einen Liebhaber nehmen und immer noch ihren Ruf bewahren. Wenn sie zwei oder drei Liebhaber beschäftigte, wurde sie als «ein bißchen wild» angesehen. Zeuge für diese Behauptung ist Byron[21], der gerne glaubte, daß jede Frau zugänglich sei. Vielleicht bezog er sich nur auf Venedig, wo Venus ganz besonders beheimatet zu sein schien, doch Stendhal zeichnete in seiner *Chartreuse de Parme* ein ganz ähnliches Bild von Mailand.

Ungeachtet solch weitherziger Moralauffassungen erschien Madame de Rémusat 1805 das gesellschaftliche Leben der Mailänder langweilig. Sie beklagte «das vollständige Fehlen eines Familienlebens» – die Ehemänner seien Fremde für ihre Frauen, die sie der Sorge eines *cavaliere servente* überließen.[22] Madame de Staël, die in der Konversation mit beiden Geschlechtern glänzte, war abgestoßen von der Oberflächlichkeit, wie sie es nannte, einer von Männern beherrschten Unterhaltung. «Die Italiener», folgerte sie, «schrecken vor der Mühe des Denkens zurück».[23] Die Italiener hätten sie daran erinnern können, daß die Kirche über lautes Denken die Stirn runzelte; in ihrer großen Mehrheit stimmten sie mit dem Papst darin überein, daß eine Religion mit einem gefestigten Glaubensbekenntnis und transalpinen Einkünften für Italien eine segensreiche Institution sei. Dennoch fand sich bei der gebildeten Minderheit im stillen allerlei freiheitliches Gedankengut[24] und beträchtliche politische Häresie. Alfieri konnte von der Französischen Revolution schwärmen, bis sie seinen Besitz beschlagnahmte, und Hunderte von Italienern begrüßten die Nachricht vom Fall der Bastille. Italien besaß für beide Geschlechter zugängliche Gesellschaften für die schönen Wissenschaften, wie die Accademia dell'Arcadia, und jene einst berühmte Vereinigung gelehrter Männer und Frauen, die Accademia della Crusca, wurde 1812 erneut gegründet. Im Jahre 1800 lehrte eine Frau, Clotilda Tambroni, an der Universität Bologna Griechisch.

Dort und an anderen italienischen Universitäten blühten Wissenschaften und Medizin. 1791 demonstrierte Luigi Galvani (1737–1798) an der Universität Bologna, daß, wenn man die Muskulatur eines Froschschenkels mit einem Eisendraht und den Nerv mit einem Kupferdraht verbindet, ein elektrischer Strom erzeugt wird, der die Muskeln zur Kontraktion bringt.

1795 erfand Alessandro Volta (1745–1825) an der Universität Pavia die «Voltasche Säule» oder den Akkumulator, worüber Europa so staunte, daß er 1801 nach Paris berufen wurde, um sie vor dem Institut zu demonstrieren. Am 7. November hielt er hier vor einer Zuhörerschaft, zu der auch Napoleon zählte, eine Vorlesung über «die Identität des elektrischen Stromes mit dem galvanischen Strom». 1807 publizierte Luigi Rolando seine epochemachenden Untersuchungen über die Anatomie des Gehirns. Das «gedankenlose» Italien zeigte Europa eine Revolution, die größer war als die Französische.

Das italienische Theater siechte dahin, da die Italiener es völlig natürlich fanden, Sprache in Gesang und ein Drama in Oper zu verwandeln. Das breite Publikum drängte sich zu einfachen Schauspielen im Stil der *commedia dell'arte;* die reiferen Geister bevorzugten Dramen wie die, in welche Vittorio Alfieri (1749–1803) seinen Haß gegen die Tyrannei und seine Sehnsucht nach der Befreiung Italiens von fremder Herrschaft gegossen hatte. Fast alle seine Bühnenwerke nahmen die Französische Revolution vorweg[25]; seine leidenschaftliche Abhandlung *Della Tirannide* jedoch, 1777 geschrieben, 1787 in Baden und schließlich 1800 in Italien veröffentlicht, wurde zu einem Klassiker italienischer Philosophie und Prosa. In *Misogallo* (1799) endlich appellierte er, dem Ende seines unruhigen Lebens nahe, an das italienische Volk, sich zu erheben, jegliche ausländische Herrschaft abzuwerfen und eine geeinte Nation zu werden. Hier fand das Risorgimento Mazzinis und Garibaldis zum ersten Mal klaren Ausdruck.

Die extrovertierte Leidenschaftlichkeit, die melodische Sprache und die Liebe der Italiener zur Musik boten sich für die Dichtung an. Dieser kurze Zeitabschnitt – selbst wenn wir Alfieri der Vergangenheit und Leopardi der Zukunft zurechnen – sah Hunderte von Poeten den Parnaß erklimmen. Der erfolgreichste von ihnen war Vincenzo Monti (1754–1828), der zu jedem aussichtsreichen Sujet ein gutes Wort zu sagen hatte. *La Bassevilliana* verteidigte die Religion gegen die Französische Revolution und gewann ihm die Gunst des päpstlichen Hofes. In *Il bardo della Selva Nera* (1806) verherrlichte er die Befreiung Italiens durch Napoleon und wurde von dem Eroberer zum Professor an der Universität Pavia ernannt. Nach Napoleons Sturz entdeckte und verkündete er die Fehler der Franzosen und die Tugenden der Österreicher. Während all dieser Bocksprünge fuhr er fort, *La bellezza dell'universo* zu preisen. Diese Höhenflüge übertraf er noch in seiner Übersetzung der *Ilias* (1810); er verstand kein Griechisch, sondern brachte lediglich eine Prosaversion in Versform, so daß Foscolo ihn *gran traduttor dei traduttori d'Omero* nannte.

Ugo Foscolo (1778–1827) war ein größerer Dichter und ein schwerblütigerer Mann. Als Dichter neigte er eher zu sinnenfreudiger Leidenschaft als zur Ordnung der Gedanken. Er gab seinen Sehnsüchten nach, verlor sich von einer Romanze in die andere, von einem Land oder Bekenntnis in das andere und endete mit dem Verlangen nach alten Träumen. Doch während aller dieser Phasen war er ein geduldiger Künstler, der nach der vollkommenen Form für seine Verse suchte, selbst als er nicht nur den Reim, sondern sogar den Rhythmus als trügerische Ornamente verwarf und Vollkommenheit in der Musik seiner ureigenen Sprache suchte.

Er wurde zwischen zwei Welten geboren – auf der ionischen Insel Zante zwischen Griechenland und Italien, als Sohn eines italienischen Vaters und einer griechischen Mutter. Nach fünfzehn in Zante verbrachten Jahren zog er nach Venedig, sammelte Erfahrungen mit den anmutigen Schönen der Stadt, verliebte sich in ihren dekadenten Charme und lernte es, den nachbarlichen Druck Österreichs zu hassen. Er jauchzte, als Napoleon wie ein Sturzbach von Nizza nach Mantua vordrang; er pries den Helden von Arcole als *Buonaparte liberatore.* Als jedoch der gewissenlose Retter Venedig Österreich überließ, wandte er sich in einem romantischen Werk, *Le ultime lettere di Iacopo Ortis* (1798) gegen ihn – den letzten Briefen eines veneziani schen Werther, der in Briefen an einen Freund den doppelten Verlust seiner Geliebten an einen Rivalen und seines geliebten Venedig an einen teutonischen Drachen beklagt.

Als die Österreicher sich daran machten, Norditalien zurückzuerobern, schloß sich Foscolo der französischen Armee an, kämpfte tapfer bei Bologna, Florenz und Mailand und diente als Hauptmann bei den Streitkräften, die Napoleon für die Invasion Englands aufstellte. Als dieser Traum verblich, vertauschte Foscolo das Bajonett mit der Feder, kehrte nach Italien zurück und veröffentlichte dort sein schönstes Buch, *I sepolcri* (1807). Auf den klassisch geglätteten, romantisch gefühlvollen dreihundert Seiten dieses Buches pries er Grabmalinschriften als erleuchtende Denkmäler der Erinnerung an große Männer. Er verherrlichte die Kirche Santa Croce in Florenz, weil sie die Überreste Machiavellis, Michelangelos und Galileis pietätvoll bewahre; er stellte die Frage, wie ein Volk, das durch so viele Jahrhunderte so viele Helden des Gedankens und der Tat, so viele Meisterwerke der Philosophie, Poesie und Kunst hervorgebracht habe, sich mit der Herrschaft von Ausländern zufrieden geben könne. Er pries die Vermächtnisse großer Männer als ihre tatsächliche Unsterblichkeit und als Seele wie als geistiges Leben der Nation und des Volkes.

Als 1814–1815 die Österreicher wieder zu Herren Norditaliens wurden, emigrierte Foscolo in die Schweiz und dann nach England. Er lebte von Unterrichtsstunden und Artikelschreiben und starb 1827 in großer Armut. 1871 wurden seine sterblichen Überreste von England nach Florenz gebracht und in einem endlich befreiten Italien in Santa Croce beigesetzt.

«In Italien», sagte Byron (der es nichtsdestoweniger liebte), «muß ein Mann ein Cicisbeo (ein ‹dienender Kavalier›) oder ein Duettsänger oder ein Opernkenner oder garnichts sein».[26] Die italienische Oper, entstanden insbesondere in Venedig und Neapel, beherrschte immer noch die Bühnen Europas, nach einer kurzen Herausforderung durch Gluck und Mozart; bald (1815) sollten Rossinis reizende Melodien und ungestüme Arien auf den Bühnen dominieren, sogar in Wien. Puccini kehrte nach seinem Wettkampf mit Gluck in Paris nach Neapel zurück und wurde als Sympathisant der Französischen Revolution unter Hausarrest gestellt. Nach der Eroberung Italiens durch Napoleon wurde er wieder nach Frankreich eingeladen (1798) und starb dort zwei Jahre später. Paisiello feierte als Komponist und Dirigent Triumphe in Wien und Paris, dann in Neapel unter Ferdinand IV., unter Joseph und Murat. Domenico Cimarosa wurde Antonio Salieris Nachfolger als Kapellmeister in Wien und schrieb dort die berühmteste seiner Opern, *Il matrimonio segreto* (1792). Im Jahre 1793 rief Ferdinand ihn als *maestro di capella* nach Neapel zurück; als die Franzosen Neapel einnahmen, empfing er sie freudig; als Ferdinand wieder eingesetzt wurde, verurteilte er den Komponisten zum Tode, ließ sich aber überreden, das Urteil in Verbannung umzuwandeln. Cimarosa begab sich auf die Reise nach St. Petersburg, starb aber unterwegs in Venedig (1801). Muzio Clementi komponierte und trat in verschiedenen Hauptstädten als Pianist auf und stellte das seinerzeit berühmte *Gradus ad Parnassum* (1817), ein Unterrichtswerk für junge Pianisten, zusammen.

Niccolò Paganini (1782–1840) begann 1797 in Genf seine lange Laufbahn als Konzertgeiger. Er liebte seine Geige leidenschaftlicher und treuer, als irgendeine der vielen Frauen, die unter seiner Musik erbebten und entwickelte die Möglichkeiten des Instruments zu nie dagewesener Kompliziertheit von Komposition und Darbietung. Er komponierte vierundzwanzig *capricci*, die durch die Absonderlichkeit ihrer Durchführung in Erstaunen setzten. Elisa Bonaparte Bacciocchi ernannte ihn zum Musikdirektor in Piombino (1805), doch dies konnte ihn nicht lange von seinen Konzertreisen abhalten, die ihm eine breite Zuhörerschaft und beträchtlichen Reichtum einbrachten. 1833 ließ er sich in Paris nieder. Er schenkte Berlioz, der mit der Armut zu kämpfen hatte, zwanzigtausend Franc und ermunterte ihn, *Harold in Italien* zu komponieren. Paganinis angestrengtes Komponieren und Auftreten brachte ihn der Erschöpfung nahe. Er entschloß sich, die Aufregungen einer Hauptstadt zu meiden, die vor Genie raste und vor Revolution kochte. Er starb 1840 in Nizza und hinterließ – neben seinen *capricci* – acht Konzerte und zahlreiche Sonaten als Herausforderung an die Violinvirtuosen des Jahrhunderts. Die Kunst des Geigenspiels befreite sich erst in unserer Zeit von seinen absonderlichen Kapriolen.

VI. ANTONIO CANOVA: 1757–1822

Italien war im Zeitalter Napoleons zu tief in Krieg und Politik verstrickt, zu arm an Bürgersinn oder privatem Mäzenatentum, um eine Kunst, und insbesondere eine Architektur, hervorzubringen, wie sie entstanden war, als ganz Europa den «Peterspfennig» an die Päpste abführte und Florenz, Venedig und Mailand ebensogut wie Rom und Neapel reich und ihre eigenen Herren waren. Einzelne bemerkenswerte Bauten wurden errichtet: Luigi Cagnolas Arco della Pace in Mailand (1806–1833); Antonio Selvas Teatro la Fenice in Venedig (1792); Cosimo Morellis Palazzo Braschi in Rom (1795) mit seinem imposanten Treppenhaus und Antonio Niccolinis eindrucksvolle Fassade (1810–1812) des Teatro San Carlo in Neapel. Die Malerei brachte nichts Denkwürdiges hervor, doch die italienischen Bildhauer ließen sich durch die Ausgrabungen in Herculaneum anregen, die Extravaganzen des Barock und den Überschwang des Rokoko zu verlassen und die Anmut, Ruhe und einfache Linie klassischer Skulptur zu suchen. Einer dieser Bildhauer hinterließ uns Arbeiten, die immer noch das Auge fesseln, zur Berührung verlocken und in Erinnerung bleiben.

Antonio Canova wurde in Possagno am Fuß der venezianischen Alpen geboren. Sowohl sein Vater wie sein Großvater waren Bildhauer, spezialisiert auf Altäre und religiöse Denkmäler. Als der Vater starb, nahm der Großvater Antonio in sein Haus und später in seine Werkstatt auf. Die Freude des Jungen und sein Lerneifer erregten die Aufmerksamkeit Giovanni Faliers, eines Patriziers aus Arsolo. Falier stiftete die Mittel für Antonios Studium in Venedig und erhielt zum Lohn die erste bemerkenswerte Arbeit des jungen Mannes, *Orpheus und Eurydice*.[27] 1799 ging er mit Faliers Billigung nach Rom. Von dort aus studierte er die Überbleibsel der antiken Kunst. Er neigte mehr und mehr zu Winckelmanns Interpretation der griechischen Skulptur als dem Bestreben, die ideale Schönheit durch Perfektion von Form und Linie darzustellen. Er weihte sich der Erneuerung des klassischen Stils.

Seine venezianischen Freunde erreichten bei der Regierung, daß ihm für die nächsten drei Jahre ein Jahresgeld von dreihundert Dukaten ausgesetzt wurde. Dies verdarb ihn weder, noch hielt es ihn von der Arbeit ab. Er imitierte offen klassische Vorbilder und schien ihnen manchmal gleichzukommen. So waren sein *Perseus* und der *Faustkämpfer*, beide 1800 entstanden, die einzigen modernen Werke, die als würdig erachtet wurden, im Belvedere des Vatikans neben weltberühmten Werken des klassischen Altertums zu stehen.[28] Sein *Theseus erschlägt den Zentaur* (1805) – eine kolossale Marmorgruppe in den ehemals kaiserlichen Gärten in Wien – könnte leicht für ein Meisterwerk der Antike gehalten werden, wären Muskulatur und Wildheit nicht übertrieben. Das Beste leistete Canova bei sanfteren, seinem Charakter kongenialeren Vorwürfen wie bei der *Hebe* der Nationalgalerie in Berlin. Hier ist die Tochter von Zeus und Hera die Göttin der Jugend, erfaßt in ihrer behenden Anmut als Mundschenkin der Götter.

In jenem fruchtbaren Jahr 1805 begann Canova mit der Arbeit an seiner berühmtesten Statue – der *Venus Victrix* der Galleria Borghese in Rom. Er bewog Napoleons Schwester Pauline Borghese, ihm für diese die Sinne ansprechende Gestalt Modell zu sitzen. Sie war damals fünfundzwanzig, ihre Formen waren vollendet. Es wird jedoch berichtet[29], der Künstler habe nur ihr Gesicht als Modell benützt, Gewandung und Glieder habe er nach seiner Imagination, seinen Träumen und Erinnerungen gestaltet. Er brauchte zwei Jahre für die Arbeit und stellte sie dann dem Urteil des Publikums und seiner Künstlerkollegen vor. Sie staunten über ihre stolze Schönheit und die liebevolle Ausführung; dies war keine bloße Nachahmung eines antiken Meisterwerkes, sondern eine lebende Frau ihrer Zeit, nach dem Urteil ihres Bruders sogar die schönste. Canova machte sie zu einem Geschenk für die folgenden Generationen.

Im Jahre 1802 forderte Napoleon Canova auf, von Rom nach Paris zu übersiedeln. Papst Pius VII., der gerade ein Konkordat mit dem Konsul abgeschlossen hatte, riet Canova zu gehen, sei es auch nur als ein weiterer italienischer Eroberer Frankreichs. Von den verschiedenen Porträtbüsten, die der Bildhauer von Napoleon machte, ist die gefälligste die in dem kleinen Musée Napoléon in Cap d'Antibes. Hier ist der junge Krieger als versonnener Denker dargestellt. Zu Unrecht berühmter ist das Standbild, das Canova in Gips modellierte und nach seiner Rückkehr nach Rom aus einem Block Carraramarmor meißelte. Es wurde 1811 nach Paris transportiert und im Louvre aufgestellt. Napoleon fand jedoch keinen Gefallen daran, angeblich, weil die kleine geflügelte Siegesgöttin, die auf seiner rechten Hand stand, von ihr fortzufliegen schien. Die Statue wurde in einen Lagerraum verbannt. 1816 kaufte die britische Regierung sie an und machte sie Wellington zum Geschenk. Sie steht heute, elf Fuß hoch, am Fuß des Treppenaufgangs in Wellingtons Londoner Palais, Apsley House. 1810 kam Canova nochmals nach Paris, um eine sitzende Statue von Marie Louise zu modellieren. Das Resultat enttäuschte, doch Napoleon stattete den scheidenden Künstler mit Geldmitteln für die Renovierung der Kathedrale von Florenz und die Finanzierung der Akademie St. Lukas (für Künstler) in Rom aus. Nach Napoleons Sturz ernannte der Papst Canova zum Vorsitzenden der Kommission, deren Aufgabe es war, die von französischen Generalen nach Paris entführten Kunstwerke ihren ursprünglichen Besitzern zurückzugeben.

Er stand an der Spitze der italienischen Bildhauer seiner Zeit und wurde in Europa nur von dem heute altehrwürdigen Houdon (1741–1828) übertroffen. Byron, der in Italien mehr zu Hause war als in Frankreich, war der Meinung, daß «Europa – die Welt – nur einen Canova hat»[30], und «so, wie die Großen von ehemals, ist Canova heute».[31] Zum Teil mag dieser Ruhm der neoklassischen Welle zu verdanken sein, die ihn, wie David – beide mit Hilfe Napoleons – zu anerkannter Führerschaft auf dem Gebiet seiner Kunst trug. Doch Europa konnte sich nicht lange damit bescheiden, die Kunst der Antike zu imitieren oder zu kopieren; nach kurzer Zeit ordnete die Romantische Bewegung Linie und Form Farbe und Gefühl unter, und Canovas Ruhm verblaßte.

Es erscheint nicht unwichtig hinzufügen, daß Canova ein guter Mensch war, bekannt für seine Bescheidenheit, Wohltätigkeit und Frömmigkeit und fähig, seine Mitbewerber zu schätzen. Er arbeitete hart und litt unter der malariaverseuchten Luft Roms wie unter der Schwerarbeit beim Aushauen massiver Denkmäler. Im Sommer 1821 verließ er Rom und suchte sich klarere Luft und ein ruhigeres Leben in seinem heimatlichen Possagno. Dort starb er am 13. Oktober 1822 im Alter von vierundsechzig Jahren, von allen Gebildeten Italiens betrauert.

VII. VALE ITERUM ITALIA

Wie sieht die Endsumme des Guten und Bösen aus, die Frankreich in diesem Zeitabschnitt Italien gebracht hat? Es brachte einer durch Fremdherrschaft in Lethargie versunkenen Nation den aufrüttelnden Schrei und das Beispiel einer sich zornig erhebenden Nation, die mit ihrem eigenen Wollen und Tun die Freiheit errang. Es brachte einen neuen, fordernden Geist in die Beziehungen der Bürger zu ihrem Staat. Es brachte einem seit langer Zeit in Klassen aufgesplitterten und dem Gesetz gegenüber allergischen Volk einen Code Napoléon, streng, aber konstruktiv und klar formuliert, der Ordnung, Einheit und Gleichheit förderte. Napoleon und seine tüchtigen Verwaltungsbeamten reorganisierten die Amtsgeschäfte, beschleunigten die Durchführung aller Maßnahmen, vervielfachten die öffentlichen Arbeiten, verschönerten die Städte durch Anlage von Boulevards und Parks, legten Wege und Kanäle an, trockneten Sümpfe aus, errichteten Schulen, machten der Inquisition ein

Ende, unterstützten Landwirtschaft und Industrie, Wissenschaft, Literatur und Kunst. Die Religion der Bevölkerung wurde durch das neue Regime geschützt, verlor aber die Macht, nonkonformistische Anschauungen zu unterdrücken und wurde gezwungen, zum Budget des Staates beizutragen. Andererseits war es der skeptische Napoleon, der die Geldmittel für die Vollendung des Mailänder Domes zur Verfügung stellte. Die gesamte Gesetzesmaschinerie wurde gestrafft und reformiert; die Anwendung der Folter wurde für ungesetzlich erklärt, Latein als Gerichtssprache abgeschafft. In dieser Periode (1789–1813) waren Joseph und Murat in Neapel, Eugène in Mailand ein Segen für ihre Königreiche, und man hätte sie geliebt, wären sie Italiener gewesen.

Die andere Seite der Medaille war Konskription, Besteuerung und fachmännischer Diebstahl. Napoleon setzte dem Brigantenunwesen ein Ende, doch er eignete sich Kunstwerke mit einer Kennerschaft an, die ihnen möglicherweise in dem von Kunstschätzen übersättigten Italien kaum mehr zuteil wurde. Vom Standpunkt Napoleons aus war die Konskription die rationellste und gerechteste Methode, die neuen Nationen vor innerer Unordnung und Fremdherrschaft zu bewahren. «Die Italiener», sagte er, «sollten sich daran erinnern, daß Soldaten die Hauptstütze eines Staates sind. Es wird Zeit, daß die jungen Leute, die sich müßig in den großen Städten herumdrücken, aufhören, sich vor den Mühsalen und Gefahren des Krieges zu fürchten.» Wahrscheinlich wäre die Konskription als notwendiges Übel hingenommen worden, hätten nicht zum Militärdienst eingezogene Italiener festgestellt, daß man sie allenthalben einsetzte, um die Interessen Napoleons oder Frankreichs zu verteidigen. So wurden 6000 Mann 1803 an den Englischen Kanal verlegt, um an einer umstrittenen Invasion Englands teilzunehmen; 80 000 Italiener[32] wurden ihrer heimatlichen Sonne entrissen, um mit den Ebenen, Schneemassen und Kosaken Rußlands Bekanntschaft zu machen.

Auch hinsichtlich der patriotischen Notwendigkeit der Besteuerung dachten die Italiener anders. Auch hier diente die Arbeit Italiens nicht allein dem Schutz, der Regierung und der Verschönerung Italiens, sondern ebenso Napoleon zur Deckung der Kosten seines sich ausdehnenden und gefährdeten Imperiums. Eugène sollte sich die Liebe seiner Untertanen erringen, während er ihnen die Taschen leerte. Die Steuereinnahmen in seinem kleinen Königreich stiegen von 82 Millionen Francs im Jahre 1805 auf 144 Millionen im Jahre 1812. Hinzu kam nach Meinung der Italiener, daß es leichter gewesen wäre, solche Steuerlasten zu tragen, wenn die Kontinentalsperre des Kaisers die italienische Industrie nicht ihrer englischen Märkte beraubt hätte, während andererseits Export- und Importzölle zu Gunsten Frankreichs den italienischen Handel mit Frankreich und Deutschland schädigten.

So waren die Italiener des napoleonischen Protektorats müde, selbst ehe die Österreicher zurückkamen. Sie wurden gewahr, daß sie nicht allein bedeutende Kunstwerke verloren, sondern daß ihnen auch der Wohlstand genommen wurde, den sie erarbeiteten, damit Frankreich England überwältigen und Rußland erobern konnte. Sie leugneten nicht, daß sich unter den päpstlichen Beamten ein hohes Maß von Korruption in der Verwaltung der päpstlichen Staaten breitgemacht hatte, aber sie fanden sich nicht mit der rauhen Behandlung Pius VII. durch französische Offiziere und auch nicht mit seiner langen Gefangenschaft auf Napoleons Befehl ab. Schließlich schwand auch ihre Zuneigung zu dem liebenswerten Eugène, denn er war es, der viele von Napoleons einschneidendsten Edikten durchgeführt hatte. Als dann, nach Leipzig, Napoleon von der totalen Niederlage bedroht war (1813), weigerten sie sich, Eugènes Anstrengungen, ihm zu Hilfe zu kommen, zu unterstützen. Das Bemühen, Italien mit Hilfe ausländischer Herrschaft und Militärmacht zu befreien, scheiterte. Die Befreiung hatte auf die Entwicklung der nationalen Einheit durch einheimische Literatur, eigene Staatskunst und Waffen zu warten.

Napoleon selbst hatte, neben seinen vielen Fehleinschätzungen, diese Schwierigkeiten vorausgesehen. 1805 – im Jahr seiner Krönung zum König von Italien – sagte er zu Bourrienne:

> Die Union Italiens mit Frankreich kann nur vorübergehend sein, sie ist aber notwendig, um die Nationen (Staaten) Italiens daran zu gewöhnen, nach gemeinsamen Gesetzen zu leben. Die Genueser, Piemonteser, Venezianer, Mailänder, die Bewohner der Toskana, die Römer, die Neapolitaner hassen einer den anderen ... Doch Rom ist auf Grund der mit ihm verknüpften Erinnerungen die natürliche Hauptstadt Italiens. Um es jedoch tatsächlich zu einer solchen zu machen, ist es notwendig, die Macht des Papstes auf rein geistliche Angelegenheiten zu beschränken. Daran kann ich derzeit nicht denken, ich will mich aber später damit befassen ... Alle diese kleinen Staaten werden unmerklich an die gleichen Gesetze gewöhnt werden. Wenn dann die Sitten einander angeglichen und Feindschaften begraben sein werden, wird es ein einiges Italien sein, und ich will ihm seine Unabhängigkeit geben. Dazu brauche ich aber zwanzig Jahre, und wer kann sich auf die Zukunft verlassen?[33]

Bourrienne ist nicht immer zuverlässig, doch Las Cases zitiert eine gleichlautende Äußerung Napoleons auf St. Helena: «Ich habe den Italienern Grundsätze ins Herz gepflanzt, die niemals ausgerissen werden können. Früher oder später wird ihre Regeneration vollzogen sein.»[34] So geschah es auch.

DRITTES KAPITEL

Österreich

[1780–1812]

I. AUFGEKLÄRTE DESPOTEN: 1780–1792

Im Jahre 1789 war Österreich einer der größten Staaten Europas, stolz auf seine Geschichte, Kultur und Macht, mit einem Reichsgebiet, das weit mehr umfaßte, als nur das Land Österreich. Sein Name, abgeleitet von *Auster*, dem Südwind, vermittelte so richtig das Wesen eines teutonisch zähen, aber gutartigen und freundlichen Volkes, das gerne an der *joie de vivre* und der musikalischen Tollheit Italiens teilhatte. Es war ein keltischer Stamm, als es kurz vor der Zeitenwende von den Römern unterworfen wurde, und es scheint sich durch zwei Jahrtausende etwas von der Lebhaftigkeit und dem Witz der Kelten bewahrt zu haben. In Vindobona (woraus Wien wurde) errichteten die Römer einen Außenposten ihrer Kultur gegen die Barbareneinfälle. Hier wies Mark Aurel um 170 v. Chr., während er sich mit philosophischen Gedankengängen beschäftigte, die Markomannen ab; hier errichtete Karl der Große die Ostmark oder das östliche Grenzland seines Reiches; hier schuf Otto der Große 955 sein Österreich oder Königreich des Ostens gegen die Magyaren; und hier begründete 1278 Rudolf von Habsburg die Herrschaft einer Dynastie, die bis 1918 bestand. 1618–1648 blies der Südwind streng katholisch, als er im Dreißigjährigen Krieg den alten Glauben gegen den neuen verteidigte; dieser Glaube wurde weiter gestärkt, als Wien sich 1683 zum zweiten Mal als Bollwerk der Christenheit erwies und die Türken zurückwarf. In der Zwischenzeit dehnte die Habsburger Monarchie die Herrschaft Österreichs über die angrenzenden Herzogtümer Steiermark, Kärnten, Krain und Tirol aus; dann über Böhmen, Transsylvanien (Rumänien), Ungarn, Polnisch-Galizien, die Lombardei und die spanischen Niederlande (Belgien). So sah das zersplitterte Reich aus, das Europa als das Kaiserreich Österreich kannte, als Napoleon 1797 zum ersten Mal an die Tore Wiens klopfte.

Die Habsburger Dynastie erreichte ihren Gipfelpunkt unter der Regierung Maria Theresias (Regierungsdaten 1740–1780), jener eigenwilligen, wundervollen Stammmutter, die unter den Monarchen ihrer Zeit Katharina II. und Friedrich dem Großen gleichkam. Sie verlor zwar Schlesien unter Friedrichs machiavellistischem Zugriff, bekriegte ihn aber danach im Verein mit ihrem Volk und ihren Verbündeten bis zur völligen Erschöpfung. Sie überlebte diesen Konflikt und konnte fünf ihrer sechzehn Kinder auf Throne setzen: Joseph in Wien, Leopold in der Toskana, Maria Amalia in Parma, Maria Carolina in Neapel, Marie Antoinette in Frankreich. Sie überließ ihr Reich nur widerstrebend ihrem ältesten Sohn, denn sie mißtraute seinem Agnostizismus und seinen Reformen und sah voraus, daß ihr Volk, das in unwandelbarer Liebe an ihr hing, unter keiner Veränderung seiner traditionellen Glaubensinhalte und Lebensweisen glücklich sein würde.

Ihr Urteil erscheint gerechtfertig durch die Schwierigkeiten, mit denen Joseph zu kämpfen hatte, der den Thron von 1765–1780 mit ihr teilte und ihn dann noch für weitere zehn Jahre allein besaß. Er schockierte die Aristokratie durch die Aufhebung der Leibeigenschaft und ebenso die streng katholische Bevölkerung durch seinen Flirt mit Voltaire, indem er den Protestanten freie Ausübung ihres Gottesdienstes gestattete und damit Pius VI. beunruhigte. Von der ihn umgebenden Bürokratie im Stich gelassen, mußte er in seinen letzten Lebenstagen zugeben, daß die plötzlich von ihren Feudalherren befreiten Bauern einen schlechten Gebrauch von ihrer Freiheit gemacht hatten; daß er die Wirtschaft des Landes ruiniert hatte; daß er den Adel in Ungarn und den österreichischen Niederlanden in den Aufstand getrieben und so das Bestehen des Reiches gefährdet hatte. Seine Absichten waren menschenfreundlich, doch es war seine Methode, durch unzählbare Dekrete zu regieren, die ein Ziel befahlen, ohne die zu seiner Erreichung nötigen Mittel vorzubereiten. Friedrich der Große sagte von ihm: «Er unternimmt unweigerlich den zweiten Schritt vor dem ersten.»[1] Als er starb (20. Februar 1790), bedauerte er sein rücksichtsloses Vorgehen und beklagte den Konservativismus einer Bevölkerung, die zu sehr am Althergebrachten hing, um Reformen zu dulden.

Sein Bruder Leopold verfolgte die gleichen Ziele, vermied jedoch seine Hast. Obwohl erst achtzehn, als er Großherzog der Toskana wurde (1765), zügelte er seine Macht durch Vorsicht, versammelte erfahrene Italiener um sich (z. B. Cesare Beccaria), die mit der Bevölkerung, den Bedürfnissen und Möglichkeiten des Herzogtums vertraut waren und gab mit ihrer Hilfe seinem historischen Reich eine Regierung, um die es Europa beneidete. Als der Tod seines Bruders ihn auf den Kaiserthron erhob, hatte er eine fünfundzwanzigjährige Erfahrung hinter sich. Er schwächte verschiedene von Josephs Reformen ab, hob andere ganz auf, erkannte jedoch voll die Verpflichtung eines «aufgeklärten Despoten» an, die erzieherischen und wirtschaftlichen Möglichkeiten seines Volkes zu verbessern. Er zog die österreichische Armee aus dem unüberlegten Angriffskrieg Josephs gegen die Türkei zurück und machte einigen Gebrauch von ihr, um Belgien zu seiner Untertanenpflicht zurückzuführen. Er befriedete die ungarischen Adligen durch die Anerkennung von Ungarns Reichstag und Verfassung als deren höchste nationale Instanz. Er beschwichtigte die Böhmen, indem er die alte böhmische Königskrone an Prag zurückgab und sich mit seiner Krönung im Veitsdom einverstanden erklärte. Er wußte, daß die Ausübung der Herrschaft die Entleerung der Substanz gestattet, wenn die Form erhalten bleibt.

Er widerstand den Versuchen französischer *émigrés* und europäischer Könige, ihn in den Krieg mit dem revolutionären Frankreich zu verwickeln. Er fühlte sich zwar für seine jüngere Schwester Marie Antoinette mitverantwortlich, doch er fürchtete, daß ein Krieg mit Frankreich zum Verlust des noch nicht befriedeten Belgien führen könne. Trotzdem schlug Leopold, als Ludwig XVI. und Marie Antoinette in Varennes auf der Flucht aufgehalten und nach Paris zurückgebracht wurden, um dort in täglicher Lebensgefahr zu leben, seinen Mitmonarchen vor, sich in einer gemeinsamen Aktion zur Unterdrückung der Revolution zusammenzuschließen. Friedrich Wilhelm II. von Preußen traf mit Leopold in Pillnitz zusammen und unterzeichnete mit ihm gemeinsam eine Deklaration (27. August 1791), die eine Intervention in Frankreich androhte. Ludwig XVI. versetzte sie in eine mißliche Lage, als er die revolutionäre Verfassung genehmigte (13. September). Doch der Tumult ging weiter und verstärkte sich noch, wodurch König und Königin erneut in Gefahr gerieten. Leopold befahl die Mobilmachung der österreichischen Armee; die französische Nationalversammlung verlangte eine Erklärung. Leopold starb (1. März 1792), ehe die Note eintraf. Sein Sohn und Nachfolger, Kaiser Franz II., vierundzwanzig Jahre alt, wies das Ultimatum zurück, und am 20. April erklärte Frankreich den Krieg.

II. FRANZ II.

Wir haben über diese geschichtlichen Vorgänge bislang aus französischer Sicht berichtet. Wie sahen die Österreicher sie und wie stellten sie sich dazu? Sie hatten gehört, daß ihre Erzherzogin – deren Schönheit Burke zu einem Ausbruch begeisterter Beredsamkeit bewogen hatte – von den Parisern als «L'Autrichienne» verhöhnt, in Wahrheit als Gefangene des Pöbels in den Tuilerien festgehalten und dann von der Nationalversammlung abgesetzt und eingekerkert wurde. Sie hörten von den Septembermorden und wie der abgeschnittene Kopf der Prinzessin Lamballe, die die Königin geliebt hatte, auf eine Pike gespießt an ihrem Fenster vorbeigetragen wurde. Sie hörten, daß sie mit weißgewordenem Haar durch eine höhnende Menge zu ihrem Tod unter der Guillotine gefahren wurde. Es brauchte nicht mehr, um das österreichische Volk sich um den jungen Kaiser scharen zu lassen, der es in den Krieg mit diesen französischen Mördern führen sollte. Es spielte keine Rolle, daß er nur ein mittelmäßiger Geist, ein stümperhafter, wenn auch wohlwollender Despot war, der seine Truppen von unfähigen Generalen führen ließ, eine Schlacht nach der anderen verlor, ein Stück österreichischen Hoheitsgebiets nach dem anderen preisgab und schließlich seine Hauptstadt der Gnade und Willkür des Eroberers überließ. Diese Niederlagen steigerten die Liebe der Österreicher zu Franz nur noch mehr. Für sie war er der ihnen bestimmte Herrscher, kraft göttlichen Rechts, päpstlicher Salbung und der unbestrittenen Legitimität königlicher Abkunft; er verteidigte sie so gut er konnte gegen mörderische Barbaren und dann gegen einen korsischen Teufel. Seine Ablehnung aller von seinem Onkel und seinem Vater eingeführten liberalen Maßnahmen, seine Wiederherstellung der feudalen Privilegien und der *corvée*, seine Ablehnung jeden Schrittes von der Autokratie zu einem konstitutionellen Regime – all dies schien vergessen, als er nach Austerlitz und Preßburg, geschlagen und ausgeplündert, wieder in seine Hauptstadt einzog. Er wurde von seinem Volk mit Begeisterung und Ergebenheit empfangen.[2] In all den sich überstürzenden Ereignissen der nächsten acht Jahre sahen sie nur den Triumph des Bösen und die schändliche Erniedrigung eines von Gott eingesetzten Herrschers, der, so wahr wie Gott lebte, zur rechten Zeit an den Feinden Österreichs gerächt und wieder voll in die ihm durch seine Geburt zustehenden Rechte an Macht und Besitz eingesetzt werden würde.

III. METTERNICH

Der Mann, der ihm zu dieser Erfüllung verhalf, wurde am 15. Mai 1773 in Koblenz am Rhein geboren und erhielt den Namen Klemens Wenzel Lothar von Metternich. Er war der älteste Sohn des Fürsten Franz Georg Karl von Metternich, des österreichischen Vertreters bei den Höfen der Fürsterzbischöfe und Kurfürsten von Trier, Mainz und Köln. Der Knabe erhielt seine ersten beiden Vornamen vom ersten dieser geistlichen Herrscher und er vergaß während seiner ganzen von Voltaire beeinflußten Jugend und seiner im Sinne Machiavellis geführten Ministerämter niemals seine religiösen Verbindungen und Anhänglichkeiten. Den Namen Lothar erhielt er zur Erinnerung daran, daß einer seiner Vorfahren dieses Namens im siebzehnten Jahrhundert über Trier geherrscht hatte. Manchmal fügte er seinem Namen «Winneburg-Beilstein» hinzu, was die Besitzungen bezeichnete, die der Familie acht Jahrhunderte lang zu eigen gewesen waren und von deren fünfundsiebzig Quadratmeilen Grund sich das Adelsprädikat ableitete. Er war offensichtlich nicht der Mann, Revolutionen zu lieben oder anzuführen.

Er erhielt die seinem Stand entsprechende Erziehung durch einen Hauslehrer, der ihn mit der französischen Aufklärung bekannt machte[3], seine weitere Ausbildung an der Universität Straßburg. Als diese Institution einige Erschütterungen infolge des Falls der Bastille verspürte, wurde Klemens an die Universität Mainz geschickt, wo er Jura als die Wissenschaft von Besitz und Präjudiz studierte. Im Jahre 1794 besetzten die Franzosen Koblenz als einen Bienenkorb voll intrigierender *émigrés* und «nationalisierten» fast alle Metternichschen Liegenschaften. Die Familie fand Zuflucht in Wien, wo sie in Wohlstand lebte. Hochgewachsen, athletisch und elegant, warb Klemens um Eleonore von Kaunitz, die reiche Enkelin des Staatsmannes, der das Österreich der Habsburger mit dem Frankreich der Bourbonen vermählt hatte, und er gewann sie. Von seiner Braut in die diplomatischen Künste unverbindlicher Höflichkeit und durch den Schein der Rechtmäßigkeit getarnter Besitzergreifung eingeführt, war er nach kurzer Zeit mit den nötigen Kunstgriffen für die Ausübung staatlicher Ämter vertraut.

1801 wurde er mit achtundzwanzig Jahren zum Gesandten am sächsischen Hof ernannt. Dort begegnete er Friedrich von Gentz, der für die nächsten dreißig Jahre sein Mentor und Sprachrohr wurde und ihn mit den gewichtigsten Argumenten für den *status quo ante revolutionem* ausrüstete. Den Moralauffassungen des Ancien Régime getreu nahm er sich eine Geliebte, Katharina Bagration, die achtzehnjährige Tochter eines russischen Generals, dem wir wieder begegnen werden. 1802 gebar sie ihm eine Tochter, die von seiner Frau und ihm als die seinige anerkannt wurde.[4] Von seiner Entwicklung beeindruckt, beförderte ihn Wien (1803) an die österreichische Botschaft in Berlin. Während seines dreijährigen Aufenthalts in Preußen lernte er Zar Alexander I. kennen und schloß mit ihm eine Freundschaft, die dauerte, bis sie Napoleon besiegt hatten. Dies hatte Bonaparte allerdings nicht im Auge, als er nach Austerlitz die österreichische Regierung aufforderte, ihm «einen Kaunitz» als Botschafter nach Frankreich zu schicken. Graf Philipp von Stadion, damals Leiter des Außenministeriums, schickte ihm Metternich. Der dreiunddreißig Jahre junge Kaunitz-Schwiegersohn traf am 2. August 1806 in Paris ein.

Nun begann eine neunjährige Schlacht des Geistes zwischen Diplomatie und Krieg, die der Diplomat gewann, da der General ihm in die Hände arbeitete. Zur Entspannung von Begegnungen mit Napoleons durchdringenden Augen – und da er seine erlauchte Gemahlin intellektuell nicht anregend und physisch *toujours la même* fand – amüsierte sich Metternich mit Madame Laure Junot, der Gattin des damaligen Gouverneurs von Paris. Er vergaß jedoch nicht, daß man von ihm erwartete, er werde Napoleons Gesinnung erforschen, seine Pläne aufdecken und alle Möglichkeiten ausschöpfen, um sie zu Österreichs Vorteil zu wenden. Jeder der beiden Männer bewunderte den anderen. Napoleon, schrieb Metternich 1806 an Gentz, «ist der einzige Mann in Europa, der will und handelt»[5]; und Napoleon fand bei Metternich einen Intellekt, der ebenso durchdringend war wie sein eigener.[6] In der Zwischenzeit lernte der Österreicher eine Menge durch das Studium Talleyrands.

Er blieb drei Jahre als Botschafter in Paris. Er beobachtete mit heimlicher Genugtuung die Schwierigkeiten, denen sich die Grande Armée in Spanien gegenüber sah. Er versuchte, allerdings ohne Erfolg, die Wiederaufrüstung Österreichs zu einem neuen Versuch, Napoleon zu entthronen, vor diesem zu verheimlichen. Er verließ Paris am 25. Mai 1809, traf im Felde mit Franz II. zusammen und wurde Zeuge der österreichischen Niederlage bei Wagram. Stadion, der sein kriegerisches Wagnis vereitelt sah, legte die politische Führung nieder. Franz bot Metternich die Stellung, an und so begann dieser am 8. Oktober 1809 seine neununddreißigjährige Laufbahn als Minister des kaiserlichen Haushalts und des Äußeren.

Im Januar 1810 fand General Junot im Schreibtisch seiner Frau einige Liebesbriefe von Metternichs Hand. Er erwürgte sie fast und schwor, er werde dem feurigen Minister eine Herausforderung zu einem Duell in Mainz senden. Napoleon machte dem Krach ein Ende, indem er den General mit seiner Frau nach Spanien schickte. Offensichtlich schadete die Affäre weder Metternichs Reputation noch seiner Ehe noch seiner Position in der österreichischen Regierung. Er hatte Anteil am Zustandekommen der Heirat zwischen Napoleon und der österreichischen Erzherzogin Marie Louise. Er war entzückt zu erfahren, daß dieses plötzliche *rapprochement* (Annäherung) zwischen Frankreich und Österreich in Rußland Verärgerung hervorgerufen hatte. Er beobachtete, wie die Spannung zwischen diesen beiden Machtzentren Europas wuchs. Er hoffte und plante, daß eine Schwächung der beiden Kaiserreiche Österreich zur Wiedererlangung seiner verlorenen Territorien und des hohen Ranges, den es im widersprüchlichen Konzert der Mächte innegehabt hatte, verhelfen würde.

IV. WIEN

Hinter den Fronten des Krieges lebte die friedliebende und liebenswürdige Bevölkerung Wiens, eine ebenso vernünftige wie duldsame Mischung aus Deutschen, Ungarn, Tschechen, Slowaken, Kroaten, Mährern, Franzosen, Italienern, Polen und Russen, insgesamt 190 000 Seelen. Sie waren zum größten Teil römisch-katholisch und verehrten, wenn sie Zeit hatten, ihren Stadtheiligen im Stephansdom. Die Straßen waren zumeist eng, doch gab es verschiedene breite und gutgepflasterte Boulevards. Um das Schloß Schönbrunn, wo der Kaiser mit seiner Familie wohnte und die wichtigsten Regierungsämter untergebracht waren, gruppierte sich eine große Anzahl stattlicher Baulichkeiten. An der Stadt vorbei floß die «blaue» Donau und trug Last- und Vergnügungsboote in bunter Mischung. Gegen den Fluß zu abfallend lag der «Prater» (Wiese) genannte Park, wo jung und alt sich mit Wagenfahrten und Spaziergängen vergnügte. Direkt vor den Stadttoren lud der Wienerwald die glücklichen Wanderer ein, die ein Stelldichein unter Bäumen, den Geruch des Laubes und das Singen und Zwitschern der gefiederten Bewohner liebten.

Alles in allem waren die Wiener ein fügsames und manierliches Volk, ganz unähnlich den Parisern, die, mit oder ohne Revolution, von Aufregungen lebten, die Ehe geringschätzten, ihren Adel haßten, dem König mißtrauten und an Gott zweifelten. Auch hier gab es Adlige, doch sie tanzten und musizierten in ihren Palästen, sahen nicht auf die Fußgänger herab, gefielen sich nicht in Protzertum und starben tapfer, wenn auch zwecklos, im Angesicht von Napoleons nüchternen Soldaten. Das Klassenbewußtsein war am ausgeprägtesten bei der gehobenen Mittelklasse, die ihr Vermögen durch Armeelieferungen machte oder durch Anleihen an die durch einen Feudalismus ohne Antrieb verarmte Aristokratie und an einen Staat, der unentwegt Kriege führte und verlor.

Nach und nach bildete sich ein Proletariat. Um 1810 gab es in oder bei Wien über hundert Fabriken, die zusammen an die 27 000 Männer und Frauen beschäftigten, fast durchweg zu Löhnen, die den Lebensunterhalt sicherten und ein Familienleben ermöglichten.[7] Bereits im Jahre 1811 wurden Klagen laut, daß Ölraffinerien und chemische Fabriken die Luft verschmutzten.[8] Der Handel entwickelte sich dank dem Zugang zur Adria in Triest und dank der Donau, die außer Budapest noch zahlreiche Städte berührte, ehe sie sich ins Schwarze Meer ergoß. Nach 1806 lähmte Napoleons Versuch, britischen Gütern den Kontinent zu versperren, wie auch die französische Herrschaft in Italien Österreichs Handel und Industrie und gab Hunderte von Familien der Arbeitslosigkeit und Not preis.

Das Finanzwesen lag größtenteils in den Händen von Juden, die, von der Landwirtschaft und den meisten Industrien ausgeschlossen, Experten im Umgang mit Geld wurden. Einzelne jüdische Bankiers in Österreich wetteiferten mit den Esterházys in der Pracht ihrer Niederlassungen; einzelne wurden zu geschätzten Freunden der Kaiser; einige wurden als Retter des Staates gefeiert. Joseph II. adelte gewisse jüdische Bankiers in Würdigung ihres Patriotismus. Der Kaiser liebte es besonders, das Heim des Finanziers Nathan von Arnstein zu besuchen, wo er sich mit der hübschen Frau des Bankiers über Literatur und Musik unterhalten konnte. Es war die vielseitig begabte, kultivierte Fanny Itzig, die einen der besuchtesten Salons von Wien unterhielt.[9]

Die Regierung lag in den Händen des Adels, der die Geschäfte mit mittelmäßigen Fähigkeiten und geringer Rechtschaffenheit führte. Jeremy Bentham beklagte in einem Brief vom 7. Juli 1817 die «totale Fäulnis des österreichischen Staates» und verzweifelte daran, «einen ehrenhaften Menschen» zu finden. Kein Bürgerlicher konnte zu einem gehobenen Posten in den Streitkräften oder der Regierung aufsteigen. Es gab demzufolge wenig Anreiz für Soldaten oder Beamte, Schwierigkeiten oder Risiken um einer Beförderung willen in Kauf zu nehmen. Die Reihen der Armee wurden durch unbeholfene Freiwillige, Konskription mittels Auslosung oder gewaltsame Dienstverpflichtung von Bettlern, Radikalen oder Kriminellen aufgefüllt.[10] Kein Wunder, daß diese österreichischen Armeen immer wieder von den französischen Legionen in die Flucht geschlagen wurden, in denen jeder Gemeine zur Führung aufsteigen und sich sogar in Napoleons Sammlung von Herzögen einreihen konnte.

Die öffentliche Ordnung wurde durch Armee, Polizei und den religiösen Glauben aufrechterhalten. Die Herrscher aus dem Hause Habsburg lehnten die Reformation ab, blieben der katholischen Kirche gegenüber loyal und verließen sich auf ihren wohlausgebildeten Klerus, um die Schulen zu leiten, die Presse zu zensieren und jedes christliche Kind in einem Glauben zu erziehen, der die erbliche Monarchie als göttliches Recht heiligte und Armut wie Kummer durch die Tröstungen und Versprechungen des Glaubens milderte. Große Gotteshäuser wie der Stephansdom und die Karlskirche boten feierliche Gottesdienste mit Gesang, geschwenkten Weihrauchfässern und gemeinsamem Gebet und begeisterten mit Messen, die von Protestanten wie Bach oder Skeptikern wie Beethoven komponiert waren. Religiöse Prozessionen erfüllten regelmäßig die Straßen mit erregendem Geschehen, belebten die Erinnerung an Märtyrer und Heilige und priesen die gnadenreiche Vermittlung der Königin von Wien, der jungfräulichen Muttergottes. Abgesehen von der erzieherischen Angst vor der Hölle und einzelnen unerfreulichen Bildern gemarterter Heiliger war es die tröstlichste Religion, die der Menschheit jemals angeboten wurde.

Die Erziehung in Grundschule und höherem Schulwesen war der Kirche überlassen. Die Universitäten von Wien, Ingolstadt und Innsbruck waren mit gelehrten Jesuiten besetzt. Die Presse unterlag strenger Kontrolle; alle Voltaireianer wurden an den Landesgrenzen oder den Stadttoren zurückgehalten. Freidenker waren eine Rarität. Einzelne Freimaurerlogen hatten Maria Theresias Versuch, sie auszurotten, überlebt; sie beschränkten sich jedoch auf einen gemäßigten Antiklerikalismus, den selbst ein guter Katholik tolerieren, und ein Programm sozialer Reformen, das auch ein Kaiser billigen konnte. So war Mozart ein guter Katholik und Freimaurer. Joseph II. schloß sich der Geheimgesellschaft an, genehmigte die Reformgrundsätze und verlieh einzelnen davon Gesetzeskraft. Eine radikalere Geheimgesellschaft, die Illuminaten – 1776 von dem Exjesuiten Adam Weishaupt in Ingolstadt gegründet – bestand weiter, befand sich aber in ziemlichem Verfall. Leopold II. erneuerte die gegen alle geheimen Gesellschaften gerichteten Verbote seiner Mutter.

Die Kirche war ihrer Aufgabe, das Volk zu Patriotismus, Mildtätigkeit, gesellschaftlicher Ordnung und sexueller Zurückhaltung zu erziehen, vollauf gewachsen. Madame de Staël berichtete 1804: «Man trifft nirgends auf Bettler ... Die Wohltätigkeitseinrichtungen werden sorgfältig und großzügig geführt. Alles trägt den Stempel einer väterlichen, weisen und gottesfürchtigen Regierung.»[11] Die Sexualmoral war im Bürgertum fest, bei den oberen Schichten wesentlich freizügiger, wo die Männer Mätressen und die Frauen Liebhaber hatten. Beethoven verurteilte, wie uns Thayer berichtet, «die in Wien zu seiner Zeit nicht ungewöhnliche Praxis, mit einer unverheirateten Frau wie mit einer Ehefrau zusammenzuleben».[12] Doch war die familiäre Einheit die Regel und die väterliche Autorität fest gegründet. Die Sitten waren urban und ließen revolutionären Gefühlen wenig Raum. Beethoven schrieb am 2. August 1794: «Es ist meine Überzeugung, daß der Österreicher, solange er sein dunkles Bier und seine Wurst hat, nicht revoltieren wird.»[13]

Der typische Wiener schätzte es mehr unterhalten als reformiert zu werden. Er opferte bereitwillig seine Kreuzer oder Groschen für simple Vergnügungen, wie den Besuch bei Niklos Roger, dem «unverbrennbaren Spanier», der behauptete, das Feuer könne ihm nichts anhaben.[14] Wenn er sich ein bißchen mehr leisten konnte, spielte er Billard oder er ging zum Kegeln. Wien und seine Umgebung waren voll von Cafés – so genannt nach dem Kaffee, der jetzt das Bier als Hauptgetränk zu verdrängen begann. Sie waren die Vergnügungsstätten der armen Bevölkerung. Wiener in gehobenen Lebensumständen besuchten Bierhallen, die Gärten und gutausgestattete Gasträume besaßen. Die Wohlhabenden konnten ihr Geld in Spielsälen verlieren oder einen Maskenball besuchen – vielleicht im Redoutensaal, wo Hunderte von Paaren gleichzeitig tanzen konnten. Selbst vor den Tagen von Johann Strauß (1804–1849) lebten die Männer und Frauen Wiens, um zu tanzen. Das zurückhaltende und vornehme Menuett wich dem Walzer; jetzt konnte sich der Mann am direkten Kontakt mit seiner anderen Hälfte erfreuen und sie in dem erregenden Wirbel führen, der dem Tanz seinen Namen gegeben hat. Die Kirche protestierte und vergab.

V. DIE KÜNSTE

Das Theater blühte in Wien auf allen Stufen: von billigen Possen oder Laienbühnen bis zu klassischen Dramen in pompösen Häusern und Dekorationen. Das älteste ständige Theater war das am Kärtnertor, das die Stadt 1708 erbaut hatte; hier kreierte und entwickelte der Schauspieler-Autor Joseph Anton Stranitzky (gest. 1726), aufbauend auf dem Charakter des italienischen Arlecchino (Harlekin) die Gestalt des Hanswurst, des fröhlichen Possenreißers, in welchem die Deutschen im Norden wie im Süden ihre eigenen geliebten Albernheiten ironisierten. 1776 förderte und finanzierte Joseph II. das Burgtheater, dessen klassische Fassade die besten alten und modernen Schauspiele versprach. Das üppigste von allen war das Theater an der Wien (am Fluß Wien), 1793 von Johann Emanuel Schikaneder erbaut, der das Libretto für Mozarts Zauberflöte (1791) schrieb – und darin die Rolle des Papageno übernahnm. Er stattete sein Theater mit der gesamten Maschinerie aus, die den Bühnentechnikern seiner Zeit zu Gebote stand. Er setzte sein Publikum mit dramatischen Aufführungen in Erstaunen, die die Wirklichkeit weit übertrafen und er gewann für sein Theater die Auszeichnung, die Erstaufführung von Beethovens Fidelio zeigen zu können.

Eine einzige Kunst trat in Wien mit dem Drama in Wettbewerb. Nicht die Architektur, denn in Österreich war um 1789 das goldene Zeitalter des Barock zu Ende gegangen. Auch nicht die Literatur, denn die Kirche lastete zu schwer auf den Schwingen des Genius und die Zeit Grillparzers (1791–1872) war noch nicht gekommen. In Wien, berichtete Madame de Staël, «lesen die Leute wenig».[15] Wie heute noch in manchen Städten genügte eine Tageszeitung ihren literarischen Bedürfnissen völlig, und sowohl die *Wiener Zeitung* wie auch die *Wiener Zeitschrift* waren ausgezeichnet.

Natürlich war in Wien die Musik die erste der Künste. In Österreich und Deutschland – wie es sich für Völker ziemte, die das Heim als Quell und Zitadelle der Kultur hochschätzten – war Musik mehr eine häusliche Kunst und Sache der Amateure als öffentliche Darbietung durch Berufsmusiker. Fast jede gebildete Familie besaß Musikinstrumente, und manche konnten mit einem Quartett aufwarten. Ab und zu wurde ein Konzert für vorauszahlende Subskribenten veranstaltet, doch Konzerte, die einem breiten Publikum für Eintrittsgeld offengestanden hätten, waren selten. Trotzdem war Wien überfüllt von Musikern, die einander durch ihre Vielzahl zu einem Hungerdasein zwangen.

Wie konnten sie überleben? In der Hauptsache, indem sie Einladungen zu Auftritten in Privathäusern folgten oder indem sie ihre Kompositionen – mit oder ohne abgesprochene Bezahlung – reichen Adligen, Geistlichen oder Geschäftsleuten widmeten. Liebe zur Musik, ihre Ausübung und Förderung, war bei den Herrschern aus dem Hause Habsburg seit zwei Jahrhunderten Tradition. Sie wurde in jener Zeit aktiv durch Joseph II., Leopold II. und Leopolds jüngsten Sohn, Erzherzog Rudolf (1788–1831), fortgeführt, der sowohl Schüler wie Gönner Beethovens war. Die Familie Esterházy förderte mehrere Generationen lang die Musik. Wir haben gesehen, daß Fürst Miklós József Esterházy (1714–1790) Haydn dreißig Jahre lang als Orchesterleiter im Schloß Esterházy, dem «Ungarischen Versailles», beschäftigte. Sein Enkel Fürst Miklós Nicolaus Esterházy (1765–1833) beauftragte Beethoven mit der Komposition von Musikstücken für das Familienorchester. Fürst Karl Lichnowsky (1753–1815) wurde ein intimer Freund und Gönner Beethovens und ließ ihn einige Zeit in seinem Palais wohnen. Fürst Jose Fran Lobkowitz, der einer alten böhmischen Familie entstammte, teilte sich mit Erzherzog Rudolf und dem Grafen Kinsky in die Ehre, Beethoven bis zu seinem Tod zu unterstützen. Zu diesen Männern müssen wir Baron Gottfried van Swieten zählen, der Musiker nicht so sehr mit Geld unterstützte, als vielmehr mit seiner Energie und Geschicklichkeit bei der Suche nach Engagements und Gönnern. Er öffnete London für Haydn und Beethoven, der letztere widmete ihm seine erste Symphonie. In Wien gründete er die Musikalische Gesellschaft – fünfundzwanzig Angehörige des Adels, die sich verpflichteten, bei der Überbrückung der Schwierigkeiten zwischen Komponisten, Musikverlegern und der Zuhörerschaft behilflich zu sein. Es war zum Teil das Verdienst solcher Männer, daß der unliebenswürdigste Komponist, den die Geschichte kennt, leben konnte, um zum unbestrittenen Meister der Musik des neunzehnten Jahrhunderts zu werden.

VIERTES KAPITEL

Beethoven

[1770–1827]

I. JUGENDJAHRE IN BONN: 1770–1792

Er wurde am 16. Dezember 1770 in Bonn geboren. Bonn war der Sitz des Fürstbischofs und Kurfürsten von Köln – eines jener rheinischen Fürstentümer, die, bevor Napoleon sie säkularisierte, von katholischen Erzbischöfen regiert wurden, die sympathisch weltlich und sehr geneigt waren, ihnen genehme Künstler zu unterstützen. Ein beträchtlicher Teil der 9560 Einwohner Bonns war abhängig vom kurfürstlichen Hof. Beethovens Großvater war Baßsänger im Chor des Kurfürsten; sein Vater, Johann van Beethoven, war dort Tenor. Die Familie stammte aus Holland, und zwar aus einem Dorf bei Louvain. Das holländische *van* wies auf den Herkunftsort hin und nicht etwa, wie das deutsche *von* oder das französische *de*, auf adeligen Titel und Besitz. Vater und Großvater neigten zu übermäßigem Trinken, und auch der Komponist war nicht ganz frei von dieser Veranlagung.

1767 heiratete Johann van Beethoven die junge Witwe Maria Magdalena Keverich Laym, die Tochter eines Kochs aus Ehrenbreitstein. Sie entwickelte sich zu einer Mutter, die von ihrem berühmtem Sohn wegen ihrer Zärtlichkeit und ihres natürlichen Wesens sehr geliebt wurde. Sie gebar ihrem Mann sieben Kinder, von denen vier in der Kindheit starben. Die Brüder Ludwig, Caspar Carl (1774–1815) und Nikolaus Johann (1776–1848) überlebten.

Offenbar waren die dreihundert Gulden, die der Vater als «kurfürstlicher Hoftenor» verdiente, sein einziges Einkommen. Die Familie lebte in einem ärmlichen Viertel Bonns, und Umgebung und Umgang des jungen Beethoven waren nicht dazu angetan, einen Gentleman aus ihm zu machen; er blieb bis an sein Ende ein ungehobelter Rebell. Beethovens Vater, der hoffte, das Familieneinkommen zu verbessern, indem er einen der Söhne zu einem Wunderkind machte, veranlaßte oder vielmehr zwang den Vierjährigen, viele Stunden täglich und manchmal sogar nachts Klavier- oder Geigespielen zu üben. Offenbar fühlte sich der Knabe nicht von selbst zur Musik hingezogen[1] und mußte (nach Aussage mehrerer Zeugen) mit Hilfe einer strengen Disziplin dazu angetrieben werden, die ihn manchmal in Tränen ausbrechen ließ. Die Marter hatte Erfolg, und der Knabe lernte die Kunst lieben, die ihm so viele schmerzliche Stunden bereitet hatte. Am 26. März 1778, mit acht Jahren, trat er zusammen mit einem anderen Schüler in einem öffentlichen Konzert auf, über dessen finanzielle Ergebnisse nichts überliefert ist. Auf jeden Fall ermutigte es den Vater dazu, Lehrer anzustellen, die Ludwig in die tieferen Geheimnisse der Musik einweihen sollten.

Abgesehen davon genoß er kaum eine geregelte Ausbildung. Sicher ist, daß er eine Schule besuchte, wo er genügend Latein lernte, um einige seiner Briefe mit selbsterfundenen, humorvollen lateinischen Ausdrücken zu würzen. Französisch (das Esperanto jener Zeit) schnappte er so viel auf, daß er sich verständlich darin ausdrücken konnte. Keine Sprache lernte er je wirklich korrekt schreiben, und er kümmerte sich selten um Interpunktion. Aber er las einige gute Bücher, von Scotts Romanen bis zu persischen Gedichten, und er schrieb sich manche dieser Weisheitsbrocken, die er bei seiner Lektüre aufgefunden hatte, in sein Tagebuch. Körperlich betätigte er sich nur mit den Händen. Er improvisierte gern, und darin konnte es nur Abt Vogler mit ihm aufnehmen.

1784 wurde Maria Theresias jüngster Sohn Maximilian zum Kurfürsten von Köln gewählt und nahm seinen Wohnsitz in Bonn. Er war ein freundlicher Mann, der gutes Essen und Musik liebte. Er entwickelte sich zum «fettesten Mann Europas»[2], aber er stellte auch ein einunddreißig Mann starkes Orchester auf die Beine. Der vierzehnjährige Beethoven spielte die Bratsche in diesem Ensemble und war zudem als «stellvertretender Hoforganist» mit einem Jahresgehalt von 150 Gulden aufgeführt.[3] Ein Bericht an den Kurfürsten aus dem Jahre 1785 beschrieb ihn als «von guter Fähigkeit», noch jung, von stiller Aufführung und arm.[4]

Trotz gewisser Zeugnisse für sexuelle Eskapaden* des jungen Mannes, veranlaßten sein gutes Benehmen und seine wachsenden Fähigkeiten den Kurfürsten (1787), ihm die Erlaubnis und Mittel für eine Reise nach Wien zur weiteren Ausbildung in Komposition zu geben. Bald nach seiner Ankunft wurde er von Mozart empfangen, der ihn spielen hörte und ihn mit enttäuschender Zurückhaltung lobte, da er wohl dachte, Beethoven habe das Stück seit langem einstudiert. Beethoven wiederum, der diesen Verdacht ahnte, bat Mozart, ihm ein Thema zu geben, das er am Klavier variieren könne. Mozart war erstaunt über den Erfindungsreichtum und den sicheren Anschlag des jungen Mannes und sagte zu seinen Freunden: «Auf den gebt Acht, der wird einmal in der Welt von sich reden machen».[6] Doch ist diese Geschichte nur allzu bekannt. Mozart scheint dem Knaben einige Stunden gegeben zu haben, aber der Tod von Mozarts Vater Leopold (28. Mai 1787) und die Nachricht, daß Beethovens Mutter im Sterben liege, setzte dieser Bekanntschaft ein vorzeitiges Ende. Ludwig eilte nach Bonn zurück und befand sich am Bett seiner Mutter, als sie starb (17. Juli).

Der Vater, dessen Tenorstimme seit langem ihre Kraft verloren hatte, schrieb an den Kurfürsten, stellte ihm seine außerordentliche Armut dar und bat ihn um

---

* Die Leichenöffnung offenbarte diverse innere Erkrankungen, die *Grove's Dictionary of Music and Musicians* (3. Aufl., Bd. I., S. 271b) als „die sehr wahrscheinliche Folge einer Syphilis in seiner Jugend" beschreibt. Thayer, Beethovens hervorragendster Biograph, kleidete die Angelegenheit in höflichere Worte: „Beethoven war es nicht gelungen, den üblichen Folgen zu entgehen, die ein Überschreiten der strikten Keuschheitsgrenzen mit sich brachte".[5] Die Diskussion darüber ist noch immer nicht abgeschlossen.

Unterstützung. Über eine Antwort ist nichts bekannt, doch kam ihm ein anderer Sänger aus dem Chor zu Hilfe. 1788 trug Ludwig selbst zum Familieneinkommen bei, indem er Leonore von Breuning und ihrem Bruder Lorenz Klavierunterricht gab. Ihre verwitwete, reiche, kultivierte Mutter behandelte den jungen Lehrer völlig gleichberechtigt mit ihren Kindern, und die so entstandenen Freundschaften trugen einiges dazu bei, die scharfen Kanten von Beethovens Charakter abzuschleifen.

Eine Hilfe war auch die freundliche Unterstützung des Grafen Ferdinand von Waldstein (1762–1823), der selbst ein guter Musiker und ein enger Freund des Kurfürsten war. Als er von Beethovens Armut erfuhr, sandte er ihm gelegentlich Geld, wobei er vorgab, es käme vom Kurfürsten. Beethoven widmete ihm später die Klaviersonate (Opus 53 in C-dur), die seinen Namen trägt.

Ludwig benötigte jetzt mehr Hilfe denn je, denn sein Vater hatte sich in seiner Verzweiflung dem Alkohol hingegeben und war nur mit Mühe und Not einer Verhaftung wegen Erregung öffentlichen Ärgernisses entgangen. 1789 übernahm der noch nicht neunzehnjährige Ludwig die Verantwortung für seine jüngeren Brüder und wurde gesetzliches Familienoberhaupt. Eine Verfügung des Kurfürsten (20. November) besagte, daß man auf die weiteren Dienste des Johann van Beethoven verzichte und daß die eine Hälfte seines jährlichen Einkommens von zweihundert Reichstalern an ihn und die andere an seinen ältesten Sohn gezahlt werden solle. Beethoven verdiente sich weiterhin einen kleinen Betrag als erster Pianist und zweiter Organist im kurfürstlichen Orchester.

1790 machte Franz Joseph Haydn, noch ganz erfüllt von seinem triumphalen Erfolg in London, auf dem Weg nach Wien in Bonn Halt. Beethoven spielte ihm eine Kantate vor, die er kurz zuvor komponiert hatte; Haydn lobte sie. Wahrscheinlich erfuhr der Kurfürst davon, denn er hörte wohlwollend zu, als man ihm vorschlug, er möge dem jungen Mann erlauben, nach Wien zu gehen, um dort bei Haydn zu studieren und er solle ihm doch noch einige Monate sein Gehalt als Musiker des kurfürstlichen Orchesters weiterzahlen. Wahrscheinlich hatte der Graf von Waldstein für seinen jungen Freund diese Gunst durchgesetzt. Er schrieb eine Abschiedsnotiz in Ludwigs Stammbuch: «Lieber Beethoven. Sie reisen itzt nach Wien zur Erfüllung Ihrer so lange bestrittenen Wünsche. Mozart's Genius (dieser war am 5. Dezember 1791 gestorben) trauert noch und beweinet den Tod seines Zöglings ... Durch ununterbrochenen Fleiß erhalten Sie: Mozarts Geist aus Haydn's Händen. Ihr ergebener Freund Waldstein.»

Am oder um den 1. November 1792 verließ Beethoven Bonn, Vater, Familie und Freunde. Bald darauf wurde Bonn von Revolutionstruppen besetzt, und der Kurfürst floh nach Mainz. Beethoven sah Bonn nie wieder.

II. ENTWICKLUNG UND TRAGÖDIE: 1792–1802

In Wien angekommen, fand er die Stadt voller Musiker, die um die Gunst von Mäzenen, Zuhörern und Verlegern buhlten, jeden Neuankömmling mit Mißtrauen betrachteten und die den jungen Mann aus Bonn nicht gerade von entwaffnender Schönheit fanden. Er war klein, untersetzt, von dunkler Hautfarbe (Anton Esterházy nannte ihn den «Mohren»), pockennarbig, seine oberen Schneidezähne standen vor, die Nase war breit und flach, seine tiefliegenden Augen blickten herausfordernd, er hatte schon rein äußerlich einen «Dickschädel», er trug eine Perücke und ein *van* vor seinem Namen. Er war nicht der Mann, um sich beim Publikum wie bei seinen Konkurrenten besonders beliebt zu machen, aber es fehlte ihm selten an einem hilfreichen Freund.

Bald darauf erhielt er die Nachricht, daß sein Vater gestorben war (18. Dezember 1792). Da es wegen Beethovens Anteil an seines Vaters bescheidenem Jahresgehalt einige Schwierigkeiten gegeben hatte, bat er den Kurfürsten, ihm die Summe weiterzubezahlen. Der Kurfürst antwortete, indem er ihm das Gehalt verdoppelte, und fügte hinzu: «... und sollen ihm auch die zu Erziehung seiner Geschwisteren ggst. Verwilligte drei Mltr. korn, ferner abgereicht werden»[7] (Karl und Johann, die ihm nach Wien gefolgt waren). Beethoven in seiner Dankbarkeit faßte einige gute Vorsätze. Am 22. Mai 1793 schrieb er in das Album eines Freundes – wobei er sich der Worte aus Schillers *Don Carlos* bediente: «Ich bin nicht schlimm – heißes Blut ist meine Bosheit, mein Verbrechen Jugend ... Wenn auch oft wilde Wallungen mein Herz verklagen, mein Herz ist gut.» Und er beschloß: «Wohltun, wo man kann – Freiheit über alles lieben, Warheit nie – auch sogar am Throne nicht verleugnen!»[8]

Er hielt seine Ausgaben auf einem gleichbleibenden Minimum: im Dezember 1792 vierzehn Gulden für die Miete; sechs Gulden für ein gemietetes Klavier; «Essen, jedesmal 12 Kreuzer»; «Mahlzeiten mit Wein insgesamt sechseinhalb Gulden». In einer anderen Aufzeichnung wird «Haidn» wiederholt mit zwei Groschen aufgeführt; offenbar verlangte Haydn sehr wenig für seine Stunden. Eine Zeitlang nahm der Student die Belehrungen widerspruchslos an. Aber im weiteren Verlauf des Unterrichts fand Haydn es unmöglich, Beethovens Abweichungen von den orthodoxen Kompositionsregeln durchgehen zu lassen. Gegen Ende des Jahres 1793 verließ Beethoven seinen alternden Lehrmeister und ging dreimal in der Woche zu Johann Georg Albrechtsberger, einem Mann, der als Lehrer berühmter war denn als Komponist, um bei ihm den Kontrapunkt zu studieren. Gleichzeitig nahm er dreimal wöchentlich Geigenunterricht bei Ignaz Schuppanzigh. 1795, als er bei Albrechtsberger alles Notwendige gelernt zu haben glaubte, wandte er sich an Antonio Salieri, den damaligen Direktor der Wiener Oper, um bei ihm Kompositionsunterricht für Gesang zu nehmen. Salieri unterrichtete mittellose Schüler umsonst; Beethoven stellte sich als ein solcher vor und wurde angenommen. Alle diese vier Lehrer sahen in ihm einen schwierigen Schüler, der vor eigenen Ideen sprühte und unter dem Formalismus der ihm angebotenen Musiktheorie litt. Man kann sich vorstellen, welche Schauder die Regelwidrigkeiten und die Klangstärke von Beethovens Kompositionen «Papa Haydn» (der bis 1809 lebte) verursachten.

Obwohl – oder vielleicht weil – er aus den eingefahrenen Bahnen ausbrach, hatte sich Beethoven um 1794 aufgrund seines Spiels den Ruf erworben, der interessanteste Pianist von Wien zu sein. Das Piano hatte die Schlacht gegen das Cembalo gewonnen: Johann Christian Bach hatte 1768 in England begonnen, Solostücke darauf zu spielen; Mozart übernahm diese neue Methode. Haydn folgte 1780 nach, Muzio Clementi komponierte Konzerte, die speziell auf das Klavier abgestimmt waren und auf die neuen Möglichkeiten, *piano* und *forte*, *staccato* und *sostenuto* darauf zu spielen. Beethoven schöpfte seine eigenen und die Möglichkeiten des Klaviers voll aus, vor allem bei seinen Improvisationen, bei denen keine gedruckte Notenschrift seinen charakteristischen Stil beeinflussen konnte. Ferdinand Ries, der sowohl Schüler von Haydn wie von Beethoven war, erklärte später: «Alle Künstler, die ich je phantasieren hörte, erreichten bei weitem nicht die Höhe, auf welcher Beethoven in diesem Zweige der Ausübung stand. Der Reichtum der Ideen, die sich ihm aufdrangen, die Launen, denen er sich hingab, die Verschiedenheit der Behandlung, die Schwierigkeiten, die sich darboten oder von ihm herbeigeführt wurden, waren unerschöpflich.»[9]

Die Musikfreunde schätzten ihn vor allem als Pianisten. Beethovens Biograph Schindler erzählt, daß der Baron van Swieten «nach den musikalischen Aufführungen in seinem Hause Beethoven in der Regel spät fortließ, weil dieser sich bequemen mußte, noch eine Anzahl Fugen von Sebastian Bach zum ‚Abendsegen' vorzutragen».[10] Fürst Karl Lichnowsky – der bedeutendste Amateurmusiker Wiens – schätzte Beethoven so sehr, daß er ihn regelmäßig für seine Hauskonzerte am Freitag engagierte, und er beherbergte ihn eine Zeitlang als Hausgast; Beethoven fand es jedoch unmöglich, sich an die Essenszeiten des Fürsten anzupassen und zog ein nahegelegenes Hotel vor. Der begeistertste von allen adligen Förderern des Komponisten war Fürst Lobkowitz, ein hervorragender Geiger, der fast seine gesamten Einkünfte für Musik und Musiker ausgab. Jahrelang unterstützte er Beethoven trotz diverser Meinungsverschiedenheiten und nahm Beethovens Forderung, als gesellschaftlich gleichrangig behandelt zu werden, mit Gelassenheit hin. Die Ehefrauen dieser hilfreichen Adligen bewunderten seine stolze Unabhängigkeit, nahmen Unterricht und Rügen von ihm an und erlaubten dem armen Junggesellen, sie brieflich zu lieben.[11] Sie und ihre Ehegatten nahmen seine Widmungen an und zeigten sich mäßig erkenntlich.

Bisher hatte er nur als Pianist einen Ruf, der bis nach Prag und Berlin gedrungen war; 1796 reiste er als Virtuose dorthin. Aber in der Zwischenzeit komponierte er. Am 21. Oktober 1795 erschien sein Opus 1, die drei Trios, von denen Johann Cramer, nachdem er sie gespielt hatte, sagte: «Das ist der Mann, der uns für den Verlust Mozarts trösten wird!»[12] Durch solches Lob beflügelt, schrieb Beethoven in sein Tagebuch: «Mut. Auch bei allen Schwächen des Körpers soll doch mein Geist herrschen. Fünfundzwanzig Jahre, sie sind da, dieses Jahr muß den völligen Mann entscheiden. Nichts muß übrigbleiben.»[13]

1797 trat Napoleon, unsichtbar, zum erstenmal in Beethovens Leben. Nachdem der junge General die Österreicher aus der Lombardei vertrieben hatte, führte er seine Armee über die Alpen und marschierte auf Wien zu. Die überraschte Hauptstadt machte sich mit Gewehren und mit Hymnen so gut es ging zur improvisierten Verteidigung bereit. Und nun schrieb Haydn Österreichs Nationalhymne: «Gott erhalte Franz den Kaiser, unsern guten Kaiser Franz.» Und Beethoven schrieb die Musik für ein weiteres Kriegslied: «Ein großes deutsches Volk sind wir.» Diese schwungvollen Kompositionen waren später viele Regimenter wert, aber Napoleon rührten sie nicht: Er erzwang einen demütigenden Frieden.

Ein Jahr später kam General Bernadotte als neuer französischer Botschafter in die österreichische Hauptstadt und schockte die Wiener, indem er die französische Revolutionsflagge, die Trikolore, an seinem Balkon aufzog. Beethoven, der freimütig republikanische Ideen geäußert hatte, erklärte offen seine Bewunderung für Bonaparte und war häufig bei den Empfängen des Gesandten zu finden.[14] Es dürfte Bernadotte gewesen sein, der Beethoven auf die Idee brachte, ein Werk zu Ehren Napoleons zu komponieren.[15]

Auf der Suche nach nähergelegenen, anzapfbaren Quellen widmete Ludwig (1799) sein op. 13, die *Grande Sonate Pathétique*, dem Fürsten Lichnowsky als Dank für bereits erhaltene oder noch erhoffte Gunst. Die Antwort des Fürsten bestand darin (1800), Beethoven sechshundert Gulden zur Verfügung zu stellen: «... Unter allen ist mir Lichnowsky der erprobteste; er hat mir seit vorigem Jahre 600 Gulden ausgeworfen; das und der gute Abgang meiner Werke setzt mich in den Stand, ohne Nahrungssorgen zu leben.»[16] Diese Sonate begann sehr einfach, wie in ehrfurchtsvoller Anlehnung an Mozart; dann wurde sie zunehmend komplizierter. Später jedoch sollte sie sich neben der beinahe aggressiven Vielschichtigkeit und Kraft der Hammerklavier-Sonaten oder der *Appassionata* eher einfach ausnehmen. Noch unkompliziert in Notenbild und Wiedergabe waren die 1. Symphonie (1800) und die *Mondscheinsonate* in Cis-moll (1801). Beethoven gab dem letzteren Stück nicht jenen berühmten Namen, sondern nannte es *Sonata quasi Fantasia*. Offenbar hatte er es nicht als Liebeslied komponiert. Zwar widmete er es der Gräfin Julia Guicciardi, die zu den unerreichbaren Göttinnen seiner Träume gehörte, aber er hatte es für eine ganz andere Gelegenheit geschrieben, die in keinerlei Beziehung zu dieser Angebeteten stand.[17]

In das Jahr 1802 gehört eines der ungewöhnlichsten und bewegendsten Dokumente in der Geschichte der Musik. Dieses geheime «Heiligenstädter Testament», das niemand außer Beethoven selbst je zu sehen bekommen hatte, bis man es nach seinem Tod zwischen seinen Papieren fand, wird erst durch eine ehrliche Betrachtung seines Charakters verständlich. Er hatte in seiner Jugend viele angenehme Eigenschaften gehabt: einen lebhaften Geist, viel Humor, Lerneifer, Hilfsbereitschaft; und viele seiner Bonner Freunde – sein Lehrer Christian Gottlob Neefe, seine Schülerin Eleonore von Breuning, sein Gönner Graf von Waldstein – blieben ihm trotz seiner wachsenden Verbitterung treu. In Wien jedoch entfremdete er sich einen Freund nach dem anderen, bis er schließlich fast ganz allein war. Doch als sie erfuhren, daß er im Sterben lag, kamen sie zurück und taten, was sie konnten, um seine Qualen zu erleichtern.

Die Zeit seiner Jugend ließ Wunden zurück, die nie vernarbten. Er konnte weder die mühselige und bedrückende Armut jemals vergessen oder vergeben noch die Demütigung, zusehen zu müssen, wie sein Vater scheiterte und dem Trunk verfiel. Er selbst gab sich, je trauriger ihn die Jahre machten, immer mehr der betäubenden Wirkung des Weines hin.[18] In Wien machte man sich lustig über seine geringe Größe (er war etwa 1,60 Meter groß), und sein Gesicht war nicht gerade schön zu nennen. Sein Haar war dick, struppig, verwildert; sein starker Bart reichte fast hinauf bis zu seinen tiefliegenden Augen, und er ließ ihn manchmal übermäßig lang wachsen, bevor er ihn abrasierte.[19] «O Gott!» stöhnte er 1819, «was ist man geplagt, wenn man ein so fatales Gesicht hat wie ich.»[20]

Diese körperlichen Mängel waren wahrscheinlich ein Antrieb zum Erfolg, aber nach den ersten paar Jahren in Wien entmutigten sie ihn mehr und mehr, sich um seine Kleidung, seinen Körper, seine Wohnung und seine Manieren zu kümmern. «Ich bin ein unordentlicher Mensch,» schrieb er am 22. April 1801 an Franz Hofmeister, «und vergesse bei meinem besten Willen auch alles; doch habe ich schon hier und da davon gesprochen und finde überall die beste Neigung dazu». Er verdiente genug, um sich Dienstboten zu halten, aber er stritt sich sehr schnell mit ihnen, und sie blieben selten lange bei ihm. Er war barsch zu einfachen Leuten; zu höhergestellten war er manchmal unterwürfig, häufig stolz, sogar überheblich. Er war erbarmungslos im Urteil über seine Konkurrenten, und sie lohnten es ihm beinahe ausnahmslos mit Feindseligkeit. Seine Schüler behandelte er streng, aber er unterrichtete einige von ihnen umsonst.[21]

Er war ein Misanthrop und ging davon aus, daß alle Menschen im Grunde schlecht seien, aber seinem schwierigen Neffen Karl vergab er liebevoll, und er liebte jede hübsche Schülerin. Er schenkte der Natur die bedingungslose Zuneigung, die er den Menschen versagte. Er verfiel oft in melancholische Stimmungen, aber er hatte fast ebenso häufig, mit oder ohne Wein, Anwandlungen von rauhbeiniger Fröhlichkeit. Er zeigte häufig einen etwas taktlosen Sinn für Humor (typisch hierfür sind seine Briefe an Zmeskall aus den Jahren 1795–1798[22]), machte sich über alles und jedes lustig und erfand manchmal beleidigende Spitznamen für seine Freunde. Das Lachen lag ihm näher als das Lächeln.

Angstvoll versuchte er Jahre hindurch vor der Welt das Leiden zu verbergen, das ihm das Leben vergällte. In einem Brief vom 29. Juni 1801 enthüllt er es einem Jugendfreund, Franz Wegeler:

> Mein Gehör ist seit drei Jahren immer schwächer geworden und zu diesem Gebrechen soll mein Unterleib, der schon damals, wie Du weißt, elend war, hier aber sich verschlimmert hat, indem ich beständig mit einem Durchfall behaftet war und mit einer dadurch außer-

ordentlichen Schwäche, die erste Veranlassung gegeben haben... Das dauerte bis voriges Jahr im Herbst, wo ich manchmal in Verzweiflung war... Ich kann sagen, ich bringe mein Leben elend zu, seit zwei Jahren fast meide ich alle Gesellschaften, weil's mir nicht möglich ist, den Leuten zu sagen: Ich bin taub. Hätte ich irgendein anderes Fach, so ging's noch eher, aber in meinem Fache ist das ein schrecklicher Zustand... Was es nun werden wird, das weiß der liebe Himmel... Ich habe schon oft den Schöpfer und mein Dasein verflucht... Ich bitte Dich, von diesem meinem Zustande niemandem, auch nicht einmal der Lorchen (Eleonore von Breuning) etwas zu sagen...

Beethoven verbrachte einen Teil des Jahres 1802 in Heiligenstadt, einem kleinen Dorf in der Nähe von Göttingen, da er sich von den Schwefelbädern Besserung erhoffte. Als er durch die nahegelegenen Wälder wanderte, erblickte er in nächster Nähe einen Schäfer, der Flöte spielte. Als er keinen Ton vernahm, begriff er, daß ihn von nun an nur noch die lauteren Töne eines Orchesters erreichen würden. Er spielte und komponierte nicht nur, sondern er dirigierte auch; die unhörbare Flöte dieses Bauern stürzte ihn in totale Verzweiflung. Er kehrte in sein Zimmer zurück und verfaßte (am 6. Oktober 1802) das «Heiligenstädter Testament,» ein geistiges Vermächtnis und eine *apologia pro vita sua*. Obwohl er es überschrieb: «Für meine Brüder Karl und (Johann van) Beethoven,» verbarg er das Dokument sorgfältig vor aller Augen, mit Ausnahme seiner eigenen. Es ist hier in seinen wesentlichen Passagen wiedergegeben:

O ihr Menschen, die ihr mich für feindselig, störrisch oder misanthropisch haltet oder erkläret, wie unrecht tut ihr mir, ihr wißt nicht die geheime Ursache von dem, was euch so scheinet. Mein Herz und mein Sinn waren von Kindheit an für das zarte Gefühl des Wohlwollens, selbst große Handlungen zu verrichten, dazu war ich immer aufgelegt. Aber bedenket nur, daß seit sechs Jahren ein heilloser Zustand mich befallen, durch unvernünftige Ärzte verschlimmert... endlich zu dem Überblick eines dauernden Übels ... gezwungen, mit einem feurigen lebhaften Temperamente geboren, selbst empfänglich für die Zerstreuungen der Gesellschaft, mußte ich mich früh absondern, einsam mein Leben zubringen; wollte ich auch zuweilen mich einmal über alles das hinaussetzen, o wie hart wurde ich durch die doppelte traurige Erfahrung meines schlechten Gehörs dann zurückgestoßen, und doch war's mir noch nicht möglich den Menschen zu sagen: Sprecht lauter, schreit, denn ich bin taub, ach wie wär es möglich, daß ich dann die Schwäche eines Sinnes angeben sollte, der bei mir in einem vollkommeneren Grade als bei anderen sein sollte, einen Sinn, den ich einst in der größten Vollkommenheit besaß... O ich kann es nicht, drum verzeiht, wenn ihr mich da zurückweichen sehen werdet, wo ich mich gerne unter euch mischte... Aber welche Demütigung, wenn jemand neben mir stund und von weitem eine Flöte hörte und ich nichts hörte... solche Ereignisse brachten mich nahe an Verzweiflung, es fehlte wenig, und ich endigte selbst mein Leben. – Nur sie, die Kunst, sie hielt mich zurück, ach es dünkte mir unmöglich, die Welt eher zu verlassen, bis ich das alles hervorgebracht, wozu ich mich aufgelegt fühlte... Gottheit! du siehst herab auf mein Inneres, du kannst es, du weißt, daß Menschenliebe und Neigung zum Wohltun drin hausen. O Menschen, wenn ihr einst dieses leset, so denkt, daß ihr mir unrecht getan... Ihr meine Brüder Karl und Johann, sobald ich tot bin und Professor Schmidt lebt noch, so bittet ihn in meinem Namen, daß er meine Krankheit beschreibe, und dieses hier geschriebene Blatt füget ihr dieser meiner Krankengeschichte bei, damit wenigstens soviel als möglich die Welt nach meinem Tode mit mir versöhnt werde. – Zugleich erkläre ich Euch beide hier für die Erben des kleinen Vermögens... mein Wunsch ist, daß Euch ein besseres, sorgloseres Leben, als mir, werde, empfehlt Euren

Kindern Tugend, sie nur allein kann glücklich machen, nicht Geld, ich spreche aus Erfahrung; sie war es, die mich selbst im Elende gehoben, ihr danke ich nebst meiner Kunst, daß ich durch keinen Selbstmord mein Leben endigte. – Lebt wohl und liebt Euch... mit Freuden eil' ich dem Tode entgegen...

An den Rand schrieb er: «... nach meinem Tode zu lesen und zu vollziehen.»[23]

Es war keine Selbstmordankündigung; es zeugte von Verzweiflung wie von Entschlossenheit. Beethoven war willens, sein Leiden zu akzeptieren und zu überwinden und all die Musik, die er lautlos in sich trug, anderen Ohren hörbar zu machen. Wenig später – noch in Heiligenstadt, im November 1802 – komponierte er seine 2. Symphonie in D-dur, die weder Kummer noch Klage ausdrückt. Nur ein Jahr nach seinem Schrei aus der Tiefe komponierte er seine 3. Symphonie, die *Eroica*, und trat in seine zweite und schöpferischste Schaffensperiode ein.

III. DIE HEROISCHEN JAHRE: 1803–1809

Die Musikwissenschaftler, deren Spuren wir auf diesen Seiten mit vorsichtigen Schritten gefolgt sind, teilen Beethovens Schaffenszeit in drei Perioden ein: 1792 bis 1802, 1803–1816 und 1817–1824. Während der ersten Periode versuchte er sich in dem unkomplizierten und friedlichen Stil von Mozart und Haydn. Während der zweiten Periode stellte er an die Musiker größere Anforderungen in bezug auf Tempo, Beweglichkeit und Kraft; er erforschte die verschiedensten Stimmungen zwischen Zartheit und Wucht; er ließ seiner Phantasie in bezug auf die Erfindung von Variationen und seiner Neigung zur Improvisation freien Lauf, aber er zwang sie unter die Logik von Aufbau und Entwicklung; er änderte das Geschlecht von Sonate und Symphonie: verwandelte weibliches Gefühl und Empfindsamkeit in männliches Selbstbewußtsein und Willenskraft. Als wollte er diesen Wechsel deutlich machen, ersetzte Beethoven nun das Menuett im dritten Satz durch ein übermütiges Scherzo, das dem Schicksal ins Gesicht lachte. Er fand nun in der Musik einen Ausgleich zu seinem Unglück: Er konnte sich ganz in die Erschaffung einer Musik versenken, die den Tod seines Körpers zu einem bedeutungslosen Vorfall in einem umfassenderen Leben machen würde. «Ich will, wenn's anders möglich ist, meinem Schicksale trotzen ... Ich lebe nur in meinen Noten.»[24] Er konnte seine Musik mit seinen eigenen Ohren nicht mehr hören, aber er konnte sie mit seinen Augen hören, mit Hilfe der geheimnisvollen Fähigkeit des Musikers, erdachte Töne in Tintenpunkte und -linien zu verwandeln und sie dann lautlos aus den beschriebenen Seiten heraus zu hören.

Fast alle Werke dieser Periode wurden zu Klassikern und tauchten durch alle folgenden Generationen in den Orchesterrepertoires auf. Die *Kreutzer-Sonate*, Opus 47, die er 1803 für den Geiger George Bridgetower komponiert hatte, widmete er Rudolph Kreutzer, der Geigenlehrer am Pariser Konservatorium war. Beethoven hatte ihn 1798 in Wien getroffen, Kreutzer empfand dieses Stück als seinem Stil oder seiner Auffassung zu fremd und scheint es niemals öffentlich gespielt zu haben.

Beethoven hielt die *Eroica*[25], die er 1803/04 komponiert hatte, für die beste seiner Symphonien. Die halbe Welt kennt die Geschichte, daß er sie ursprünglich Napoleon widmen wollte. Trotz seiner adligen Freunde und seiner wohlberechneten Widmungen blieb Beethoven bis zum Ende seines Lebens ein überzeugter Republikaner; und als Bonaparte 1799–1800 die Regierung in Frankreich übernahm und wieder funktionsfähig machte, begrüßte er dies als einen Schritt in Richtung auf eine verantwortungsvolle Ordnung. 1802 jedoch drückte er sein Bedauern darüber aus, daß Napoleon ein Konkordat mit der Kirche unterzeichnet hatte. «Jetzt, da sich alles wieder ins alte Gleis zu schieben sucht ...,» schrieb er.[26] Was die Widmung anbelangt, so lassen wir einen Augenzeugen, Ferdinand Ries, die Geschichte erzählen:

Bei dieser Symphonie hatte Beethoven sich Bonaparte gedacht, als er noch Erster Konsul war. Beethoven schätzte ihn damals außerordentlich hoch. Sowohl ich als mehrere seiner näheren Freunde haben diese Symphonie, schon in Partitur abgeschrieben, auf seinem Tische liegen gesehen, wo ganz oben auf dem Titelblatte das Wort «Buonaparte» und ganz unten «Luigi van Beethoven» stand, aber kein Wort mehr... Ich war der erste, der ihm die Nachricht brachte, Bonaparte habe sich zum Kaiser erklärt, worauf er in Wut geriet und ausrief: «Ist der auch nicht anders wie ein gewöhnlicher Mensch! Nun wird er auch alle Menschenrechte mit Füßen treten, nur seinem Ehrgeize frönen; er wird sich nun höher wie alle andern stellen, ein Tyrann werden!» Beethoven ging an den Tisch, faßte das Titelblatt oben an, riß es ganz durch und warf es auf die Erde. Die erste Seite wurde neu geschrieben, und nun erst erhielt die Symphonie den Titel: «Sinfonia eroica...«[27]

Als die Symphonie veröffentlicht wurde (1805), trug sie den Titel: «*Sinfonia eroica composta per festeggiare il sovvenire d'un grand'uomo*» – Heroische Symphonie, komponiert, um das Andenken eines großen Mannes zu feiern.[28]

Am 7. April 1805 wurde sie im Theater an der Wien zum ersten Mal öffentlich aufgeführt. Beethoven dirigierte sie trotz seines mangelhaften Gehörs. Seine Art zu Dirigieren entsprach seinem Charakter – nervös, anspruchsvoll und äußerst eigenwillig. «Das Diminuendo pflegte er dadurch zu markieren, daß er immer kleiner wurde und beim Pianissimo sozusagen unter das Taktierpult schlüpfte. Sowie die Tonmassen anschwellten, wuchs auch er wie aus einer Versenkung empor, und mit dem Eintritt der gesamten Instrumentalkraft wurde er, auf den Zehenspitzen sich erhebend, fast riesengroß und schien, mit beiden Armen wellenförmig rudernd, zu den Wolken hinaufschweben zu wollen.»[29] Die Kritik bemängelte «seltsame Modulationen und gewaltsame Übergänge ... eine gewisse nicht eben erwünschte Originalität» und übermäßige Länge. Man riet Beethoven, zu seinem früheren und einfacheren Stil zurückzukehren.[30] Beethoven zuckte zusammen, grollte und arbeitete weiter.

Ein neues Abenteuer ging er ein, als er sich an der Oper versuchte. Am 20. November 1805 dirigierte er die Premiere von *Leonore*. Aber Napoleons Truppen hatten am 13. November Wien eingenommen; Kaiser Franz und die führenden adligen Familien waren geflohen; die Wiener waren nicht in der Stimmung, in die Oper zu gehen; die Aufführung war trotz der fleißig applaudierenden französischen

Offiziere im kärglich besetzten Zuschauerraum ein rauschender Mißerfolg. Man sagte Beethoven, seine Oper sei zu lang und unbeholfen arrangiert. Er kürzte und überarbeitete sie und brachte sie am 29. März 1806 zum zweiten Mal auf die Bühne; sie fiel wieder durch. Acht Jahre später, als der Wiener Kongreß die Stadt mit lärmendem Leben erfüllte, erlebte die Oper unter dem neuen Namen *Fidelio* einen dritten Versuch und errang einen mäßigen Erfolg. Beethovens Kompositionsstil war abgestimmt auf Instrumente, die einen größeren Umfang und eine größere Beweglichkeit besaßen als die menschliche Stimme. So begierig die Sänger auch waren, sich neue Bereiche zu erobern, so waren sie in höheren Lagen doch ganz einfach überfordert und lehnten sich schließlich auf. Die Oper wird, getragen von der Berühmtheit des Komponisten, heutzutage noch hin und wieder aufgeführt – meist in Überarbeitungen, gegen die er sich nicht mehr wehren kann.

Nach dieser schwierigen und wenig lohnenden Erfahrung schuf er ein Meisterwerk nach dem anderen. 1805 stellte er das Klavierkonzert in G-dur, Nr.4, Opus 58 vor, das in der Wertschätzung der Virtuosen nur Nr. 5 nachstand. Er beging das Jahr 1806 mit der Sonate in F-moll, Opus 57, die später *Appassionata* genannt wurde und fügte drei Quartette, Opus 59 hinzu, die er dem Grafen Andreas Razumowsky, dem russischen Botschafter in Wien, widmete. Im März 1807 organisierten Beethovens Freunde – wohl um ihn über den Mißerfolg seiner Oper hinwegzutrösten – ein Benefizkonzert für ihn. Bei diesem Anlaß dirigierte er seine Symphonien Nr. 1, 2 und 3 (die *Eroica*) und seine neue Symphonie Nr. 4 in B-dur, Opus 60. Es ist nicht bekannt, wie das Publikum diesem etwas reichhaltigen Programm standhielt.

1806 beauftragte Fürst Miklós Nicolaus Esterházy Beethoven, für den Namenstag seiner Frau eine Messe zu komponieren. Beethoven begab sich zum Schloß Esterházy im ungarischen Eisenstadt und führte dort am 13. September 1807 seine C-dur-Messe, Opus 86, auf. Nach der Aufführung fragte ihn der Fürst: «Aber, lieber Beethoven, was haben Sie denn da wieder gemacht?» Beethoven interpretierte diese Frage als Ausdruck der Unzufriedenheit und verließ das Schloß, bevor seine Einladung abgelaufen war.

1808 komponierte er zwei heute weltberühmte Symphonien: die Symphonie Nr. 5 in C-moll und die Symphonie Nr. 6 in F-dur oder *Pastorale*. Er scheint mehrere Jahre hindurch gleichzeitig an beiden komponiert zu haben, im jeweiligen Stimmungswechsel zwischen der Schwere der Fünften und der Heiterkeit der Sechsten; passenderweise wurden sie am 22. Dezember 1808 gleichzeitig aufgeführt. Allzu häufige Wiederholungen haben ihren Reiz selbst für passionierte Musikliebhaber verblassen lassen. Das «Schicksal, das an die Pforte klopft» oder die Vögel, die in den Bäumen trillern, bewegen uns heute nicht mehr. Aber daß dieser Zauber für uns gebrochen ist, liegt wohl nicht zuletzt daran, daß uns die entsprechende musikalische Vorbildung fehlt, die es uns ermöglicht hätte, die Logik der thematischen Gegenüberstellungen und Entwicklungen zu schätzen und zu genießen, den Einsatz des Kontrapunktes, den spielerischen Wettstreit der verschiedenen Instrumente, den Dialog zwischen Bläsern und Streichern, die unterschiedlichen Stimmungen innerhalb der einzelnen Sätze, den Aufbau und die Ausrichtung dieser Werke. Die Menschen sind verschieden – die einen neigen mehr den Gefühlen, die anderen mehr dem Verstand zu. Hegel wird die gleichen Schwierigkeiten gehabt haben, Beethoven zu begreifen, wie Beethoven – und manch anderer – Hegel.

1808/09 komponierte er das Klavierkonzert Nr. 5 in Es-dur, Opus 73, das auch als Schwesterwerk der *Eroica* bezeichnet wird. Von all seinen Werken ist dies das liebenswerteste, von stets gleichbleibender Schönheit, und wir werden es niemals leid. Sooft wir es auch angehört haben, stets hat es uns, mehr als Worte es auszudrücken vermögen, durch seine sprühende Lebendigkeit berührt, durch seine phantasievolle Fröhlichkeit, die eine unerschöpfliche Quelle der Freude und des Gefühls ist. Mit diesem Konzert lieferte ein vom Schicksal geschlagener Mensch ein Bekenntnis zum Leben, weit überzeugender als die überlaute «Ode an die Freude» in der 9. Symphonie.

Vielleicht spiegelten sich in der Heiterkeit des 5. Klavierkonzerts und der *Pastorale* Beethovens wachsender Wohlstand. 1804 war er von Erzherzog Rudolph, dem jüngsten Sohn des Kaisers Franz, als Klavierlehrer engagiert worden; dies war der Beginn einer Freundschaft, die für Beethoven – der in seinen republikanischen Äußerungen zunehmend zurückhaltender wurde – oft sehr hilfreich war. 1808 erhielt er ein schmeichelhaftes Angebot von Jérôme Bonaparte, dem König von Westfalen, als Kapellmeister für den königlichen Chor und für das Orchester nach Kassel zu kommen. Beethoven erklärte sich bereit, den Posten für sechshundert Golddukaten im Jahr zu übernehmen; offenbar traute er seinen Ohren trotz zunehmender Taubheit immer noch genügend zu. Als es sich herumsprach, daß er in Verhandlungen mit Kassel stand, beschuldigten ihn seine Freunde der Treulosigkeit gegen Wien. Er antwortete, daß er sich dort sechzehn Jahre abgemüht habe, ohne einen sicheren Posten zu bekommen. Am 26. Februar 1809 sandte ihm der Erzherzog einen förmlichen Vertrag, in dem Beethoven als Ausgleich für sein Verbleiben in Wien eine jährliche Summe von 4000 Gulden garantiert wurde, wovon Rudolph 1500, Fürst Lobkowitz 700 und Graf Kinsky 1800 Gulden bezahlten; außerdem konnte Beethoven alles, was er verdiente, behalten. Er nahm an und blieb. In diesem Jahr 1809 starb Papa Haydn, und Beethoven erbte seine Krone.

IV. DER LIEBENDE

Nachdem er finanziell gesichert war, begab er sich erneut auf seine lebenslange Suche nach einer Frau. Er war ein Mann von ausgeprägter Sinnlichkeit. Wahrscheinlich fehlte es ihm nicht an Gelegenheiten, seine Bedürfnisse zu befriedigen[31], aber er hatte seit langem das Bedürfnis nach einer dauerhaften Verbindung verspürt. Nach Aussage seines Freundes Wegeler war er in Bonn «nie ohne Liebe» gewesen. 1801 erwähnt er Wegeler gegenüber «ein liebes zauberisches Mädchen ..., die mich liebt und die ich liebe». Es wird allgemein vermutet, daß es sich hierbei um seine siebzehnjährige Schülerin, die Komteß Julia Guicciardi handelte; doch heiratete sie den Grafen Gallenberg. 1805 konzentrierte Beethoven seine Hoffnungen auf die verwitwete Gräfin Josephine von Deym, der er eine leidenschaftliche Liebeserklärung schickte:

– hier verspreche ich es ihnen hoch und theuer, in kurzer Zeit werde ich meiner und ihrer Würdiger da stehn – o mögen sie doch einigen Werth drauf legen, durch ihre Liebe meine Glückseeligkeit zu gründen ... o geliebte Josephine, nicht der Hang zum andern Geschlecht zieht mich zu ihnen, nein nur sie ihr ganzes Ich mit allen ihren Eigenheiten haben meine Achtung – alle meine gefühle – mein ganzes Empfindungsvermögen an sie gefesselt ... o sie lassen mich hoffen, daß ihr Herz lange – für mich schlagen werde - das meinige kann nur – aufhören – für sie zu schlagen – wenn – es gar nicht mehr schlägt ...[32]

Offenbar hatte die Dame andere Pläne. Zwei Jahre später bat Beethoven noch immer darum, bei ihr vorgelassen zu werden; sie antwortete ihm nicht.

Im März 1807 widmete er Madame Marie Bigot so viel hingebungsvolle Aufmerksamkeit, daß ihr Gatte Einspruch erhob. Beethoven sandte der «lieben Marie» und dem «lieben Bigot» einen Entschuldigungsbrief, in dem er betonte: «Ohnedem ist es einer meiner ersten Grundsätze, nie in einem anderen als freundschaftlichen Verhältnis mit der Gattin eines anderen zu stehn.»[33]

Da er eine Reise nach Freiburg plante, schrieb er am 18. März 1809 an Baron von Gleichenstein:

Nun kannst Du mir helfen eine Frau suchen. Wenn Du dort in Freiburg eine schöne fin. dest, die vielleicht meinen Harmonien einen Seufzer schenkt ... so knüpf' im voraus an- – Schön muß sie aber sein, nichts nicht Schönes kann ich nicht lieben – sonst müßte ich mich selbst lieben.[34]

Aber dies war wahrscheinlich einer von Beethovens Scherzen.

Ernsthafter war seine Affäre mit Therese Malfatti. Auch sie, die Tochter eines berühmten Arztes, war seine Schülerin. Einem Brief, den er am 8. Mai 1810 an sie schrieb, ist zu entnehmen, daß er sich Hoffnung machte, als Anbeter nicht ganz erfolglos zu bleiben. Am 2. Mai hatte Beethoven den damals in Bonn weilenden Wegeler dringend gebeten, ihm dort einen Taufschein zu besorgen und zuzusenden, «da man mich älter angegeben, als ich war». Wegeler erfüllte ihm den Wunsch. Beethoven bedankte sich nicht dafür, und im Juli schrieb Stephan von Breuning an Wegeler: «... allein ich glaube, seine Heirats-Partie hat sich zerschlagen, und so fühlt er keinen so regen Trieb mehr, Dir für die Besorgung des Taufscheins zu danken.» Bis zu seinem vierzigsten Jahr bestand er darauf, daß er 1772 geboren sei. Der Taufschein gab 1770 als sein Geburtsjahr an.

Nach seinem Tod fand man drei Briefe in einer verschlossenen Schublade, die zu den zärtlichsten und leidenschaftlichsten Liebesbriefen der Geschichte gehören. Sie wurden niemals abgeschickt. Da sie weder Namen noch Jahr noch Adresse enthalten, bleiben sie ein Geheimnis, um das sich eine eigene Literatur gerankt hat. Der erste Brief, der «am 6. Juli morgens» datiert ist, erzählt von einer hektischen Dreitagereise Beethovens von Wien zu einer Frau an einem nicht näher bezeichneten Ort in Ungarn. Einige Sätze daraus:

Mein Engel, mein Alles, mein Ich! ... Kann unsere Liebe anders bestehen als durch Aufopferungen, durch Nicht-alles-Verlangen? Kannst Du es ändern, daß Du nicht ganz mein, ich nicht ganz Dein bin? – Ach Gott, blick' in die schöne Natur und beruhige Dein Gemüt über das Müssende – die Liebe fordert alles ... Wir werden uns wohl bald sehen ... Die Brust ist voll, Dir viel zu sagen. Ach! – es gibt Momente, wo ich finde, daß die Sprache noch gar nichts ist. – Erheitere Dich – bleibe mein treuer, einziger Schatz, mein alles, wie ich Dir ...

Dein treuer Ludwig

Der zweite und wesentlich kürzere Brief trägt als Datum «Abends Montags am 6. Juli» und endet: «Ach Gott – so nah! so weit! Ist es nicht ein wahres Himmelsgebäude, unsere Liebe – aber auch so fest, wie die Feste des Himmels!» Der dritte Brief:

Guten Morgen am 7. Juli

Schon im Bette drängen sich die Ideen zu Dir, *meine unsterbliche Geliebte*, hier und da freudig, dann wieder traurig, vom Schicksal abwartend, ob es uns erhört. Leben kann ich entweder nur ganz mit Dir oder gar nicht; ja ich habe beschlossen, in der Ferne so lange herumzuirren, bis ich in Deine Arme fliegen kann und mich ganz heimatlich bei Dir nennen kann, meine Seele von Dir umgeben ins Reich der Geister schicken kann ... O Gott, warum sich entfernen müssen, was man so liebt; und doch ist mein Leben in Wien so wie jetzt ein kümmerliches Leben. – Deine Liebe machte mich zum Glücklichsten und zum Unglücklichsten zugleich. – In meinen Jahren jetzt bedürfte ich einiger Einförmigkeit, Gleichheit des Lebens ... Sei ruhig, – nur durch ruhiges Beschauen unseres Daseins können wir unsern Zweck, zusammenzuleben, erreichen. – Sei ruhig, – liebe mich! – Heute – gestern! – Welche Sehnsucht mit Tränen nach Dir – Dir – Dir mein Leben – mein alles, – leb' wohl – o liebe mich fort – verkenne nie das treueste Herz Deines Geliebten L.

Ewig Dein, ewig mein, ewig uns.[35]

Wer war sie? Niemand weiß es. Die Gelehrten streiten sich, ob es nun die Gräfin Guicciardi-Gallenberg oder die Komteß Theresa von Brunswick war. Auf alle Fälle mußte es eine Gräfin sein. Offensichtlich war die Dame verheiratet. Als Beethoven sie umwarb, hatte er auf jeden Fall jenen löblichen Grundsatz vergessen, zu dem er sich den Bigots gegenüber bekannt hatte. Doch wurden die Briefe nicht abgeschickt, somit wurde kein Unheil angerichtet und es mag sehr wohl sein, daß die Musik davon profitiert hat.

V. BEETHOVEN UND GOETHE: 1809–1812

1809 befand sich Österreich wieder im Krieg mit Frankreich. Im Mai regnete es in Wien französische Kanonenkugeln. Hof und Adel flohen. Beethoven suchte in einem Keller Schutz. Nachdem die Stadt sich ergeben hatte, belegten die Sieger das Volk mit einer Steuer von einem Zehntel eines Jahreseinkommens, die Wohlhabenden mit einem Drittel. Beethoven zahlte, aber aus sicherer Entfernung drohte er einem vorbeipatroullierenden Franzosen mit der Faust und schrie: «Wenn ich als General von der Strategie verstünde, was ich als Komponist vom Kontrapunkt verstehe, dann wollte ich euch schon etwas zu schaffen geben!»[36]

«Der Baum der Freiheit»: Charles James Fox, seit 1784 Führer der liberalen Opposition in England, versucht in der Gestalt der Schlange vergeblich, den armen John Bull nach dem Vorbild in Frankreich zur Revolution zu bewegen. Eine kolorierte Karikatur von James Gillray (1757–1815) aus dem Jahr 1798 (Kunstbibliothek Berlin).

Zwischen 1810 und 1820 radierte Goya seinen berühmten graphischen Zyklus «Desastres de la Guerra», in denen er die «verhängnisvollen Folgen des blutigen Krieges in Spanien gegen Bonaparte» mit einem bis dahin in der Kunst nicht dagewesenen Realismus geißelte, wie dieses Blatt von gehängten spanischen Freiheitskämpfern zeigt.

Vorige Seite: So präsentierten sich englische Offiziere zu Beginn des Empire bei Seegefechten im Indischen Ozean (Zeichnung von J. A. Atkinson).

Nach fast einjähriger Belagerung durch die Türken fiel am 22. April 1826 das von griechischen Freiheitskämpfern verteidigte Missolunghi. Eugene Delacroix (1798–1863), bedeutendster Repräsentant der romantischen Malerei in Frankreich, idealisierte dieses Ereignis in seinem Gemälde «Das sterbende Griechenland auf den Ruinen von Missolunghi» (Musée des Beaux-Arts, Bordeaux).

Nach einem Schlaganfall, der ihn gehörlos machte, fand Francisco de Goya ab 1792 in seinem weiteren Werk, das von Bitterkeit gezeichnet war, den Durchbruch seines Genies zur höchsten Vollendung. Aus dem Jahr 1793 stammt seine berühmte «Karnevalszene» vom «Begräbnis der Sardine» (Madrid, Academia de S. Fernando).

Nächste Seite: Der geniale Geiger Niccolò Paganini (1782–1840), hier gezeichnet von J. A. D. Ingres im Jahr 1819, begeisterte ganz Europa mit seinem dämonischen und virtuosen Spiel.

Typisch für die italienische Theaterszene des beginnenden 19. Jahrhunderts waren die Straßentheater-Gruppen, wie auf diesem Blatt eine in Neapel in Aktion dargestellt ist.

Carl Philipp Fohr (1795–1818), ein frühverstorbener deutsch-römischer Maler (er ertrank mit 23 Jahren im Tiber), fiel mit einer freien und beseelten Landschaftsauffassung zuerst durch seine Tiroler Aquarelle aus dem Jahr 1815 auf, woraus dieses Blatt «Prozession auf dem Friedhof zu St. Peter in Salzburg» stammt.

Josef Stieler (1781–1858), der ab 1820 als bayerischer Hofmaler für König Ludwig I. dessen «Schönheitsgalerie» malte, weilte von 1816–1820 in Wien, wo dieses idealisierte Bildnis des großen Beethoven entstand.

Der Philosoph Georg Wilhelm Friedrich Hegel (1770–1831) – hier die Lithographie nach einem verschollenen Gemälde von Sebbers – wirkte wie kein zweiter seiner Zeit entscheidend auf das moderne Denken ein. So orientiert sich am Hegelianismus die marxistische Theorie bis Lukács, Bloch und Sartre.

Der Nazarener Julius Schnorr von Carolsfeld (1794–1872) wurde 1827 Akademieprofessor in München und zeichnete sich durch hohe Qualität in seinen zeichnerischen Arbeiten aus. Dieser weibliche Akt mit Spindel ist aus dem Jahr 1834 datiert (Federzeichnung).

Das blaue Zimmer im Humboldt-Schlößchen in Tegel (Berlin), das Wilhelm von Humboldt von 1822–1824 nach Plänen des Baumeisters Karl Friedrich Schinkel (1781–1841), dem bedeutendsten Vertreter des deutschen Klassizismus, umbauen ließ.

Das bedeutendste Bauwerk des russsischen Klassizismus ist die «Admiralität» in St. Petersburg (Leningrad), die von Andrejan D. Sacharow (1761–1811) ab dem Jahr 1806 erbaut wurde (vollendet 1823; im Bild die Südseite des Bauwerks).

Nächste Seite: Der große Dichter und Rat von Weimar, Johann Wolfgang Goethe (1749–1832), beim Diktat mit seinem Sekretär John; Druck nach dem Gemälde von Schmeller, um 1830.

Auf dieser zeitgenössischen deutschen Karikatur zum Wiener Kongreß (1814/15) sind bei der Aufteilung Europas v. l. n. r. beteiligt: Zar Alexander I., Kaiser Franz I., König Friedrich Wilhelm III. von Preußen (im Hintergrund richtet Napoleon auf Elba sein Fernrohr nach Wien.

Ausschnitt aus einem zeitgenössischen Farbblatt «Untergang des napoleonischen Heeres» in der Schlacht von Belle Alliance oder bei Waterloo am 18. Juni 1815, die zum endgültigen Sturz Napoleons führte (British Museum, London).

Andererseits befand sich Beethoven in dem Zeitraum von 1809–1815 in relativ guter Verfassung. In jenen Jahren war er häufig zu Gast bei Franz Brentano, dem wohlhabenden Kaufmann und Kunst- und Musikmäzen, der Ludwig manches Mal mit einem Darlehen aushalf. Antonie, die Frau von Franz, war hin und wieder ans Bett gefesselt; in solchen Zeiten kam Beethoven mehr als einmal leise herein, spielte ihr auf dem Klavier vor und ging wieder, ohne ein Wort zu sagen, nachdem er in seiner eigenen Sprache zu ihr gesprochen hatte. Bei einer dieser Gelegenheiten bemerkte er während des Spiels überrascht, wie sich Hände auf seine Schultern legten. Als er sich umwandte, sah er eine hübsche junge Frau (damals fünfundzwanzig), deren Augen vor Vergnügen glänzten, nicht nur über sein Spiel, sondern auch über den Text, den er mit seiner eigenen Melodie begleitete. Es war Goethes berühmtes Gedicht über Italien: «Kennst du das Land...» Die Frau war Elisabeth – «Bettina» – Brentano, die Schwester von Franz und von Clemens Brentano, dem berühmten deutschen Dichter, dem wir noch begegnen werden. Sie selbst sollte später eine ganze Reihe von erfolgreichen Büchern veröffentlichen, in denen sie Autobiographie und Dichtung zu einer heute unentwirrbaren Mischung verflochten hat. Sie ist unsere einzige Quelle für die eben erzählte Geschichte ebenso wie für eine spätere Episode, als sie anläßlich einer Gesellschaft in Franz' Haus Beethoven nicht nur tiefgründig, sondern auch sehr geschliffen und geistreich plaudern hörte, wie man es für gewöhnlich nicht von ihm kannte. Eine Begabung, die sich manchmal in seinen Briefen zeigte. Am 28. Mai 1810 schrieb sie einen enthusiastischen Brief über ihn an Goethe, den sie nicht nur aufgrund des nachbarschaftlichen Verhältnisses mit seiner Familie in Frankfurt kannte, sondern auch durch einen Besuch in Weimar. Hier einige Auszüge aus diesem berühmten Brief:

> Wie ich diesen sah, von dem ich Dir jetzt sprechen will, da vergaß ich der ganzen Welt ... Es ist Beethoven, von dem ich Dir jetzt sprechen will und bei dem ich der Welt und Deiner vergessen habe ... er schreite weit der Bildung der ganzen Menschheit voran, und ob wir ihn je einholen? – Ich zweifle; möge er nur leben, bis das gewaltige und erhabene Rätsel, was in seinem Geist liegt, zu seiner höchsten Vollendung herangereift ist ... gewiß dann läßt er den Schlüssel zu einer himmlischen Erkenntnis in unseren Händen ...
>
> ... er selber sagte: «Wenn ich die Augen aufschlage, so muß ich seufzen, denn was ich sehe, ist gegen meine Religion, und die Welt muß ich verachten, die nicht ahnt, daß Musik höhere Offenbarung ist als alle Weisheit und Philosophie, sie ist der Wein, der zu neuen Erzeugungen begeistert, und ich bin der Bacchus, der für die Menschen diesen herrlichen Wein keltert und sie geistestrunken macht ... mir ist auch gar nicht bange um meine Musik, die kann kein böses Schicksal haben; wem sie sich verständlich macht, der muß frei werden von all dem Elend, womit sich die andern schleppen ...
>
> ... ja, Musik ist so recht die Vermittlung des geistigen Lebens zum sinnlichen. Ich möchte mit Goethe hierüber sprechen, ob der mich verstehen würde! ... Sprechen Sie dem Goethe von mir ... er solle meine Symphonien hören, da wird er mir recht geben, daß Musik der einzige unverkörperte Eingang in eine höhere Welt des Wissens ist ...

Bettina übermittelte Goethe dieses hingerissene Urteil über Beethoven und fügte hinzu: «Erfreue mich nun mit einer baldigen Antwort, die dem Beethoven beweist, daß Du ihn würdigst.» Goethe antwortete am 6. Juni 1810:

Dein Brief, herzlich geliebtes Kind, ist zur glücklichen Stunde an mich gelangt, Du hast Dich brav zusammengenommen, um mir eine große und schöne Natur in ihren Leistungen wie in ihrem Streben, in ihren Bedürfnissen, wie in dem Überfluß ihrer Begabtheit darzustellen ... indessen fühle ich keinen Widerspruch gegen das, was sich von Deiner raschen Explosion erfassen läßt; im Gegenteil möchte ich Dir für einen innern Zusammenhang meiner Natur mit dem, was sich aus diesen mannigfaltigen Äußerungen erkennen läßt, einstweilen einstehen; der gewöhnliche Menschenverstand würde vielleicht Widersprüche darin finden, was aber ein solcher vom Dämon besessener ausspricht, davor muß ein Laie Ehrfurcht haben ... Sage Beethoven das Herzlichste von mir, und daß ich gern Opfer bringen würde, um seine persönliche Bekanntschaft zu haben ... vielleicht vermagst du so viel über ihn, daß er sich zu einer Reise nach Karlsbad bestimmen läßt, wo ich doch beinah jedes Jahr hinkomme und die beste Muße haben würde, von ihm zu hören und zu lernen ...[37]

Beethoven war es unmöglich, nach Karlsbad zu fahren, aber die beiden größten Künstler ihrer Zeit trafen sich im Juli 1812 in Teplitz (einem Badeort in Böhmen). Goethe besuchte Beethoven dort in seiner Unterkunft und beschreibt seinen ersten Eindruck in einem Brief an seine Frau: «Zusammengefaßter, energischer, inniger habe ich noch keinen Künstler gesehen. Ich begreife recht gut, wie er gegen die Welt wunderlich stehen muß.»[38] Am 21. und 23. Juli verbrachte er die Abende mit Beethoven, der, wie er berichtet, «wunderbar spielte». Bekannt ist die Geschichte, wie sich bei einem ihrer Spaziergänge folgendes zutrug:

Indem kam auf dem Spaziergang ihnen entgegen mit dem ganzen Hofstaat die Kaiserin und Herzoge. Nun sagte Beethoven: «Bleibt nur in meinem Arm hängen, sie müssen uns Platz machen, wir nicht.» Goethe war nicht der Meinung, und ihm wurde die Sache unangenehm. Er machte sich aus Beethoven's Arm los, und stellte sich mit abgezogenem Hut an die Seite, während Beethoven mit untergeschlagenen Armen mitten zwischen den Herzogen durchging, und nur den Hut ein wenig rückte, während diese sich von beiden Seiten theilten, um ihm Platz zu machen, und ihn alle freundlich grüßten; jenseits blieb er stehen, und wartete auf Goethe, der mit tiefen Verbeugungen sie hatte an sich vorbei gelassen. Nun sagte er: «Auf Euch hab' ich gewartet, weil ich Euch ehre und achte, wie Ihr es verdient. Aber jenen habt Ihr zu viel Ehre angethan.»[39]

Dies war, nach Bettina, Beethovens Darstellung, und Bettina fügt hinzu: «Nachher kam Beethoven zu uns gelaufen, und erzählte uns alles.» Wir haben keinen Bericht von Goethe über diesen Vorfall. Vielleicht sollten wir auch jene andere Geschichte mit Vorsicht genießen, von der immer wieder und oft widersprüchlich berichtet wird, nach welcher Goethe durch die unaufhörlichen Grüße der ihnen Entgegenkommenden sich sehr belästigt gefühlt habe und Beethoven ihm auf die Äußerung seines Unwillens erwidert habe: «Machen sich Excellenz nichts daraus, vielleicht geht es mich an.»[40]

So zweifelhaft diese Geschichten klingen, stimmen sie doch im Tenor sehr wohl mit den authentischen Eindrücken überein, in denen die beiden Genies ihre Begegnungen zusammenfaßten. Am 9. August schrieb Beethoven an seine Verleger Breitkopf & Härtel in Leipzig: «Goethe behagt die Hofluft zu sehr, mehr als es einem Dichter ziemt.» Am 2. September schrieb Goethe an Karl Zelter:

Beethoven habe ich in Teplitz kennengelernt. Sein Talent hat mich in Erstaunen gesetzt; allein er ist leider eine ganz ungebändigte Persönlichkeit, die zwar nicht unrecht hat, wenn sie die Welt detestabel findet, aber sie freilich dadurch weder für sich noch für andere genußreicher macht. Sehr zu entschuldigen ist er hingegen und sehr zu bedauern, da ihn sein Gehör verläßt, was vielleicht dem musikalischen Teil seines Wesens weniger als dem geselligen schadet. Er, der ohnehin lakonischer Natur ist, wird es nun doppelt durch diesen Mangel.[41]

VI. DIE LETZTEN SIEGE: 1811–1824

Er komponierte, wo immer er ging und stand. 1811 vollendete er das Opus 97 in B-dur, ein Trio für Klavier, Violine und Violoncello und widmete es dem Erzherzog Rudolph. Es ist eines seiner hellsten, klarsten, saubersten Werke, am wenigsten durch verschwenderische Fülle überladen und beinahe statuarisch in seiner organischen Form. Er selbst gab seine letzte Vorstellung als Musiker, als er bei einer Aufführung dieses «Klassikers» im April 1914 den Klavierpart spielte. Er war nun so taub, daß er den Anschlag von Tastatur und Pedalen nicht mehr mit seiner eigenen musikalischen Intention in Übereinstimmung bringen konnte. Einige seiner *fortissimi* übertönten die Streicher, während einige *pianissimi* unhörbar blieben.

Als Napoleon im Mai 1812 eine halbe Million Männer ansammelte, um sie nach Rußland in den Tod zu schicken, brachte Beethoven seine Siebente Symphonie heraus, die uns heute, da sie nicht so häufig zu hören ist, besser zu «tragen» scheint als die Fünfte oder die Sechste. Düster beklagt sie verlorene Größe und zerstörte Hoffnungen und zeigt zugleich Verständnis für eine schwindende und dennoch sorgsam gehegte Liebe und schließt außerdem die Bitte um Verständigung und Frieden mit ein. So wie der Trauermarsch eine unbeabsichtigte «Ouvertüre» zu Napoleons katastrophaler Niederlage 1812 in Moskau war, so fiel die Uraufführung am 8. Dezember 1813 mit dem Zusammenbruch der napoleonischen Macht in Deutschland und Spanien zusammen. Die enthusiastische Aufnahme, die diese Symphonie fand, heiterte den alternden Pessimisten für eine Weile auf. Er schuf weitere Meisterwerke, und sie waren für ihn, wie jene auf Keats' griechischer Urne «Lieder ohne Ton».

Die Achte Symphonie, die er im Oktober 1812 schrieb und die am 27. Februar 1814 zum ersten Mal aufgeführt wurde, fand keine so gute Aufnahme. Der Meister hatte sich entspannt und beschlossen, spielerisch zu sein; sie paßte nicht so ganz zu der Stimmung einer Nation, die mit Sorge zusah, wie ihr Schicksal von den täglichen Ereignissen des Krieges abhing. Aber heute können wir uns an dem vergnügten, beschwingten Scherzando erfreuen, dessen ständig wiederkehrende Akzente sich offenbar über eine erst vor kurzem gemachte Erfindung, das Metronom, lustig machten.

Die erfolgreichste von Beethovens Kompositionen war *Die Schlacht bei Vitoria*, die am 8. Dezember 1813 in Wien aufgeführt wurde, zur Feier jener Schlacht, mit der Wellington endgültig die französische Macht in Spanien gebrochen hatte. Diese Neuigkeit war eine späte Genugtuung für die österreichische Hauptstadt, die von dem scheinbar unbesiegbaren Korsen wiederholt gedemütigt worden war. Erst jetzt wurde Beethoven in seiner Wahlheimat richtig berühmt. Die Musik, so heißt es, verdiente diesen Triumph kaum: *die Schlacht war schlecht*. Ihr Thema und ihr Erfolg brachten Beethoven die Bekanntschaft der Würdenträger ein, die 1814 den Wiener Kongreß besuchten. Verständlicherweise benutzte der Komponist die Gelegenheit, um ein Benefizkonzert für sich selbst zu organisieren. Der kaiserliche Hof, der sich im Glanz des Sieges sonnte, bot ihm zu diesem Zweck den geräumigen Redoutensaal an. Beethoven sandte allen wichtigen Persönlichkeiten des Kongresses persönliche Einladungen; sechstausend Gäste kamen, und Beethoven sah sich in der Lage, eine beachtliche Summe für seine Zukunft und die seines Neffen zurückzulegen.

Am 11. November 1815 starb sein Bruder Karl. Er hinterließ Ludwig eine kleine Summe und vertraute ihm und seiner Witwe die Obhut über seinen achtjährigen Sohn Karl an. Von 1815–1826 trug Beethoven in Briefen und vor den Gerichten einen erbitterten Streit mit der Witwe Theresia um die Fürsorge für Karls Entwicklung, Erziehung und Seele aus. Theresia hatte Karl eine Aussteuer und ein Haus in die Ehe eingebracht, aber sie hatte Ehebruch begangen; sie gestand ihn ihrem Gatten, der ihr verzieh. Beethoven vergab ihr nie und hielt sie für unfähig, Karls Erziehung in die Hand zu nehmen. Wir wollen diesen Streit nicht in seiner ermüdenden Länge und durch all seine unerfreulichen Details verfolgen. 1826 machte Karl, der zwischen Mutter und Onkel hin- und hergerissen wurde, einen Selbstmordversuch. Beethoven sah schließlich ein, daß seine gutgemeinte Strenge zu nichts geführt hatte. Karl erholte sich wieder, trat in die Armee ein und bewies, daß er sich ganz gut um sich selber kümmern konnte.

Mit dem Jahr 1817 trat Beethoven in seine letzte Schaffensperiode ein. Nachdem er lange in seinem privaten Bereich ein Revolutionär gewesen war, nahm er nun den offenen Kampf gegen die klassischen Regeln auf, begrüßte die romantische Bewegung in der Musik, gab Sonate und Symphonie eine freiere Form, in der die alten Regeln zugunsten der grenzenlosen Freiheit des gefühlvollen und persönlichen Ausdrucks aufgegeben wurden. Ein wenig von dem freiheitlichen Geist, der in Frankreich durch Rousseau und die Revolution, in Deutschland durch Sturm und Drang, im *Werther* des jungen Goethe, in den *Räubern* des jungen Schiller, dann in den Gedichten von Tieck und Novalis, in der Prosa der Schlegels und in der Philosophie von Fichte und Schelling zum Ausdruck kam – ein wenig von all dem erfaßte auch Beethoven und fand fruchtbaren Boden in seiner natürlichen Gefühlsbetontheit und in seinem persönlichen Stolz. Das ganze alte System von Gesetz, Konvention und Zwang brach sowohl in der Kunst wie in der Politik zusammen, wodurch sich dem entschlossenen einzelnen die Möglichkeit bot, seine Wünsche und Gefühle in einem freudigen Ausbruch aus alten Regeln, Bindungen und Formen zum Ausdruck zu bringen. Beethoven verspottete die Massen als Dummköpfe, die Adligen als Betrüger, ihre Sitten und Gepflogenheiten als völlig irrelevant für eine schöpferische Kunst. Er weigerte sich, sich in Formen einpressen zu lassen, die von Toten vorgegeben worden waren, selbst wenn die Namen der Toten so klangvoll waren wie

Bach und Händel, Haydn, Mozart und Gluck. Er machte auf seine Weise Revolution und schuf die *Ode an die Freude*, eine Unabhängigkeitserklärung noch im Angesicht des Todes.

Die drei Hammerklavier-Sonaten bildeten eine Brücke zwischen der zweiten und der dritten Periode. Schon ihr Name war eine Rebellion. Einige ärgerliche Teutonen, die der italienischen Herrschaft in Sprache und Inhalt der Musik müde waren, hatten vorgeschlagen, daß man statt der italienischen deutsche Bezeichnungen für musikalische Begriffe und Instrumente benutzen sollte. So sollte das majestätische Pianoforte von den italienischen Bezeichnungen für *leise* und *kräftig* befreit und *Hammerklavier* genannt werden, da die Töne von kleinen Hämmern hervorgebracht wurden, die gegen Saiten schlugen. Beethoven nahm die Idee bereitwillig auf und schrieb am 13. Januar 1817 an den Instrumentenhersteller Sigmund Steiner: «Statt Pianoforte – Hammerklavier, womit es sein Abkommen einmal für allemal hiermit hat.»[42]

Die bemerkenswerteste der Hammerklavier-Sonaten ist die zweite, Opus 106 in B-dur, die er 1818–1819 als eine «Große Sonata für das Hammerklavier» schrieb. Beethoven meinte zu Czerny, daß dies sein größtes Klavierwerk bleiben würde, und dieses Urteil wurde von den Pianisten aller folgenden Generationen bestätigt. Es scheint eine düstere Resignation in bezug auf Alter, Krankheit und zunehmende Einsamkeit auszudrücken, und doch ist es ein Triumph der Kunst über die Verzweiflung.

Beethovens Neunte Symphonie war eine weitere Absage an Resignation und Mutlosigkeit. Er begann die Arbeit daran 1818, gleichzeitig mit der *Missa solemnis*, die anläßlich der Einsetzung von Erzherzog Rudolph als Erzbischof von Olmütz aufgeführt werden sollte. Die Messe war zuerst fertig – 1823, drei Jahre zu spät für den gedachten Anlaß.

Beethoven, dem viel daran lag, den kleinen Schatz ein wenig zu vergrößern, den er als Sicherheit für sein Alter und als Hinterlassenschaft für seinen Neffen Karl angesammelt hatte, plante Subskriptionen für den Verkauf von Vorexemplaren seiner Messe auszuschreiben. Er versandte zu diesem Zweck Einladungen an alle europäischen Herrscher und verlangte von jedem von ihnen fünfzig Golddukaten.[43] Die Zusagen kamen nur langsam, aber 1825 hatte er zehn erhalten: von den Herrschern von Rußland, Preußen, Frankreich, Sachsen, Toskana, den Fürsten Golizyn und Radziwill und vom Caecilia-Bund in Frankfurt.

Allgemein herrscht die Ansicht, daß die *Missa solemnis* die lange Entstehungszeit und das seltsame Hin und Her um ihre endgültige Form rechtfertigt. In ihr finden sich keine Spuren von den gelegentlichen Blasphemien, die sich Beethoven trotz seines katholischen Glaubens von Zeit zu Zeit erlaubte. Jeder Teil der Liturgie wird durch entsprechende Musik interpretiert und durch alles hindurch ist der verzweifelte Glaube eines sterbenden Mannes zu spüren, eines Mannes, der zu Beginn des Credos in die Partitur schrieb: «Gott über alles – Gott hat mich niemals verlassen.»[44] Diese Musik ist zu gewaltig, um ein Ausdruck christlicher Demut zu sein; aber die hingebungsvolle Konzentration auf jede einzelne Partie und auf jeden Takt und die gleichbleibende Majestät des ganzen Werkes machen die *Missa solemnis* zum würdevollen und tiefen Dialog eines großen gebrochenen Geistes mit einem unbegreiflichen Gott.

Im Februar 1824 vollendete er die Neunte Symphonie. Hier durchbrach er mit seinem Bedürfnis, die Essenz seiner Philosophie zum Ausdruck zu bringen – das menschliche Schicksal freudig anzunehmen – alle Fesseln der klassischen Ordnung, und ungestüm läßt er sich vom Stolz seiner Macht zu mächtigem Jubel hintragen, der den alten Gott Ordnung dem jungen Gott Freiheit opfert. Inmitten all der zerstörten Götzenbilder bleiben die Themen, die das Gebäude wie Säulen hätten tragen sollen, nur noch Eingeweihten erkennbar. Die Takte schienen unnötig häufig und hartnäckig wiederholt; ein gelegentlicher Moment der Zartheit oder Ruhe wurde von einem plötzlichen Fortissimo überwältigt, das wie im Zorn gegen eine verrückte und teilnahmslose Welt geschleudert wurde. Doch so, widerspricht ein großer Gelehrter, sei es nicht: in dieser scheinbaren Verwirrung von reichen Einzelelementen zeige sich «eine große Schlichtheit der Form, der eine ausführliche Behandlung im Detail zugrunde liegt, die auf den ersten Blick verwirrend erscheinen mag, bis wir erkennen, daß es sich hierbei nur um die logische und konsequente Ausarbeitung von Ideen handelt, die so einfach und so natürlich sind wie die Form selbst».[45]

Vielleicht enthielt sich der Meister absichtlich der klassischen Anstrengung, sterblicher Schönheit oder verhüllter Bedeutung eine bleibende Form zu geben. Er gab auf und tobte sich in den ungeordneten Schätzen seiner Phantasie mit den reichlich fließenden Quellen seiner Kunst aus. Am Ende gewann er ein wenig von seinem jugendlichen Trotz zurück und faßte Schillers Ode in Musik, die sich nicht wirklich an die reine Freude richtete, sondern eher an den freudigen Kampf gegen Unmenschlichkeit und Unterdrückung:

Männerstolz vor Königsthronen, –
  Brüder, gält' es Gut und Blut –
Dem Verdienste seine Kronen,
  Untergang der Lügenbrut!

Nachdem Beethoven diese seine größten Meisterwerke nun vollendet hatte, wartete er auf eine Gelegenheit, sie dem Publikum vorzustellen. Aber 1823 hatte Rossini Österreich erobert, und das Wiener Publikum schwelgte im Taumel der Begeisterung für die italienische Musik, so daß kein lokaler Impresario das Risiko einzugehen wagte, ein Vermögen auf zwei so schwierige Kompositionen zu setzen wie die *Missa solemnis* und die Neunte Symphonie. In Berlin fand sich ein Mäzen, der anbot, sie aufführen zu lassen. Beethoven war im Begriff zuzustimmen, als sich eine Gruppe von Musikliebhabern unter Anführung der Familie Lichnowsky, alarmiert von dem Gedanken, daß Wiens herausragendster Komponist gezwungen sein sollte, seine jüngsten und anspruchvollsten Werke in einer konkurrierenden Hauptstadt zur Aufführung zu bringen, bereit erklärte, für eine Aufführung im Kärtnertor-Theater zu sorgen. Nach harten Verhandlungen zwischen allen Beteiligten fand das Konzert am 7. Mai 1824 vor ausverkauftem Hause und mit einem ausgewogenen Programm statt: eine Ouvertüre («Die Weihe des Hauses»), vier Partien der *Missa solemnis* und die Neunte Symphonie mit dem gewaltigen Schlußchor als Krönung. Die Sänger, die nicht in der Lage waren, die vorgeschriebenen hohen Töne zu erreichen, unterschlugen diese Noten einfach.[46] Die Messe wurde mit feierlichem Ernst, die Symphonie mit enthusiastischem Beifall aufgenommen. Beethoven, der mit dem Rücken zum Publikum auf dem Podium gestanden hatte, hörte den Applaus nicht und wurde gebeten sich umzudrehen, damit er ihn zumindest «sah».[47]

VII. COMEDIA FINITA: 1824–1827

Er stritt mit Schindler und anderen Freunden wegen des kleinen Anteils (420 Gulden), den sie ihm von den 2200 beim Konzert eingenommenen Gulden gaben; und er warf ihnen vor, sie wollten ihn betrügen. Sie ließen ihn nun allein; nur sein Neffe kam gelegentlich, dessen Selbstmordversuch (1826) den Kummer dieses grimmigen Genies ins Unerträgliche steigerte. In jenen Jahren schrieb er die letzten fünf seiner sechzehn Quartette.

Der Antrieb für diese Arbeiten hatte sich 1823 aus dem Angebot des Fürsten Nikolai Golizyn ergeben, Beethoven «jede gewünschte Summe» für ein, zwei oder drei Quartette zu zahlen, die er ihm widmen würde. Beethoven stimmte für fünfzig Dukaten pro Stück zu. Diese drei (Opus 127, 130 und 132) und Opus 131 und 135 bilden die letzten Quartette, deren geheimnisvolle Fremdartigkeit ihren bleibenden Ruhm sicherte. Opus 130 wurde 1826 vor enthusiasmierten Zuhörern privat aufgeführt, abgesehen davon, daß der vierte Satz die Musiker überforderte. Beethoven schrieb einen einfacheren Schlußsatz. Dieser verworfene letzte Satz wird heute als «Große Fuge,» Opus 133, bezeichnet, die ein Beethoven-Spezialist tapfer als Ausdruck der letztendlichen Philosophie des Komponisten interpretiert: Leben und Wirklichkeit bestehen aus untrennbaren Gegensätzen – Gut und Böse, Freude und Kummer, Gesundheit und Krankheit, Geburt und Tod; und der Kluge wird sie als die unentrinnbare Substanz des Lebens akzeptieren. Das höchstgelobte und von Beethoven als das beste seiner Quartette eingeschätzte ist Opus 131 in Cis-moll, das er am 7. August 1826 vollendete. Hier, so sagt man, «wird die mystische Vision am konsequentesten durchgehalten».[48] Als wir es kürzlich wieder hörten, klang es uns wie eine langgezogene, unheimliche Klage, der Schmerzensschrei eines tödlich verwundeten Tieres. Das letzte der fünf, Opus 135, trägt als Motto über dem letzten Satz «Muß es sein?» und gibt die Antwort: «Es muß sein.»

Am 2. Dezember 1826 schickte Beethoven, der von einem heftigen Husten gepeinigt wurde, nach einem Arzt. Zwei seiner früheren Ärzte weigerten sich zu kommen.[49] Ein dritter, Dr. Wawruch, kam und diagnostizierte Lungenentzündung. Beethoven hütete das Bett. Sein Bruder kam und kümmerte sich um ihn. Der Neffe

Karl folgte mit Beethovens Segen der Einberufung in die Armee. Am 11. Januar kam Dr. Malfatti, um Dr. Wawruch zu unterstützen. Er verschrieb dem Patienten Punscheis als Schlafmittel; Beethoven schmeckte den Alkohol darin und «mißbrauchte die Verordnung».[50] Wassersucht und Gelbsucht verschlimmerten sich. Der Urin sammelte sich in Beethovens Körper, anstatt ausgeschieden zu werden. Zweimal wurde eine Punktion vorgenommen, um den Körper vom Wasser zu befreien; Beethoven verglich sich selbst mit einer Quelle.

Da er entschlossen war, seine Bankaktien, die er für Karl versteckt hatte – sie beliefen sich im ganzen auf gut siebentausend Gulden – nicht anzugreifen, schrieb Beethoven angesichts der rapide ansteigenden Kosten für seine Krankheit am 6. März 1827 an Sir George Smart in London:

> ... und was soll dann aus mir werden? Von was soll ich denn leben, bis ich meine ganz gesunkenen Kräfte zusammenraffe, um mir wieder mit der Feder meinen Unterhalt zu verdienen? ... Ich will Sie bitten, allen Ihren Einfluß anzuwenden, die Philharmonische Gesellschaft dahin zu vermögen, ihren früheren Entschluß rücksichtlich der Akademie zu meinem Besten jetzt in Vollführung zu bringen.[51]

Die Gesellschaft sandte ihm hundert Pfund als Vorschuß auf die Einnahmen aus dem vorgeschlagenen Benefizkonzert.

Am 16. März waren die Ärzte sich einig, daß Beethoven nicht mehr lange zu leben haben würde. Gemeinsam mit seinem Bruder Johann baten sie ihn zuzustimmen, daß man einen Priester hole. «Ich will's!» antwortete er. Seine gelegentlichen Auseinandersetzungen mit Gott waren vergessen. In seinem Brief vom 14. März zeigt er sich bereit, sein «Los, so hart und schrecklich es immer sein möge, mit Ergebenheit in den Willen des Allerhöchsten zu ertragen».[52] Am 23. März wurde er in offenbar fügsamer Verfassung mit den Sterbesakramenten versehen. Sein Bruder berichtete später, daß der Sterbende zu ihm gesagt habe: «Ich danke dir für diesen letzten Dienst.»[53] Bald nach dieser Feierlichkeit sagte Beethoven zu Schindler: *Comedia finita est* – was sich offensichtlich nicht auf die heilige Handlung, sondern auf das Leben selbst bezog.[54] Im klassischen römischen Theater bezeichnete dieser Satz das Ende des Dramas.

Er starb am 26. März 1827 nach dreimonatigem Leiden. Ein paar Augenblicke vor seinem Tod erhellte ein Blitz den Raum, gefolgt von einem heftigen Donnerschlag. Beethoven, davon aufgeweckt, erhob seinen rechten Arm und reckte die geballte Faust, als wollte er gegen den Sturm angehen. Kurz darauf war sein Todeskampf beendet. Wir werden niemals erfahren, was diese letzte Geste zu bedeuten hatte.

Die Leichenöffnung ergab, daß Beethoven an einer ganzen Reihe von inneren Erkrankungen gelitten hatte, die ihm Leben und Stimmung verdüsterten. Die Leber war geschrumpft und nicht voll funktionsfähig. Die Ohrarterien waren durch Fetttröpfchen verstopft und die Gehörnerven verkümmert. «Kopfschmerzen, Durchfall, Koliken und Gelbsucht, worüber er häufig klagte, und die tiefe Niedergeschlagenheit, die der Schlüssel zu so vielen seiner Briefe ist, ergaben sich alle ganz natürlich aus der chronischen Entzündung der Leber und den Störungen des Verdauungsapparates, die von dieser Entzündung verursacht waren.»[55] Wahrscheinlich hatte seine Freude am Spazierengehen und an frischer Luft diese Leiden gemildert und ihm die unbeschwertesten Stunden seines Lebens geschenkt.

Zu seiner Beerdigung kamen dreißigtausend Menschen. Der Pianist Hummel und der Geiger Kreutzer waren unter den Sargträgern; Schubert, Czerny und Grillparzer gehörten zu den Fackelträgern. Der Grabstein trägt nur den Namen Beethoven und sein Geburts- und Todesdatum.

FÜNFTES KAPITEL

Deutschland und Napoleon

[1786–1811]

I. DAS HEILIGE RÖMISCHE REICH: 1800

NACH Meinung des preußischen Patrioten, aber großen Historikers Heinrich von Treitschke hatte «Deutschland niemals seit den Zeiten Luthers eine so glänzende Stellung eingenommen, wie jetzt (1800), als die größten Helden und Dichter ihrer Zeit unserer Nation angehörten».[1] Wir könnten den siegreichen Friedrich unter den geschlagenen Napoleon einreihen, doch strahlte ohne Zweifel Goethes und Schillers Ruhm in Prosa und Poesie von Edinburgh bis Rom; und die deutschen Philosophen von Kant über Fichte, Schelling und Hegel bis Schopenhauer erfüllten den europäischen Geist von London bis St. Petersburg mit Ehrfurcht. Es war Deutschlands zweite Renaissance.

Wie Italien im sechzehnten Jahrhundert war Deutschland keine Nation, wenn man darunter ein Volk versteht, das unter einer Regierung und den gleichen Gesetzen lebt. Deutschland war um 1800 ein loses Bündel von etwa 250 «Staaten», jeder davon mit eigenen Gesetzen und Steuern, viele mit eigener Armee, Münzsystem, Religion, Gebräuchen und Kleidung und einzelne mit einer Umgangssprache, die für die Hälfte der deutschen Welt unverständlich war. Dennoch besaßen sie dieselbe Schriftsprache, die ihren Schriftstellern ein Drittel des Kontinents als potentielle Leserschaft öffnete.

Wir sollten im Vorbeigehen anmerken, daß die relative Unabhängigkeit der einzelnen Staaten, wie im Italien der Renaissance, eine nicht typisierte Vielfalt, eine anregende Rivalität, eine Freiheit des Charakters, Experiments und Gedankens mit sich brachte, die in der alles zentralisierenden Hauptstadt eines großen Staates durch des Gewicht der kompakten Masse erdrückt hätte werden können. Würden nicht die alten Städte Deutschlands mit ihrer immer noch so attraktiven Eigenart, Vitalität und Charakter eingebüßt haben, wären sie politisch und kulturell nach Berlin ausgerichtet worden, wie es die Städte Frankreichs nach Paris waren oder noch sind? Und wenn diese Teile Deutschlands zu einer geeinten Nation zusammengeschmolzen wären, würde dann nicht dieses Herzland Europas, reich an Menschen und Bodenschätzen, Europa unaufhaltsam über den Haufen gerannt haben?

Die deutschen Staaten waren lediglich in einer Hinsicht in ihrer Unabhängigkeit beschränkt: sie fühlten sich als Glieder jenes «Heiligen Römischen Reiches», das im Jahre 800 mit der Krönung Karls des Großen durch den Papst seinen Anfang genommen hatte. Um 1800 umfaßte dieses Reich eine verwirrende Vielfalt deutscher Staaten. Führend waren neun Kurfürstentümer, die den Kaiser zu wählen hatten: Österreich, Preußen, Bayern, Sachsen, Braunschweig-Lüneburg, Köln, Mainz, Hannover und Trier. Als nächste kamen siebenundzwanzig «geistliche Herrschaften», von katholischen Prälaten regiert, als ob sie an die bischöfliche Herrschaft über Städte des sterbenden Weströmischen Reiches ein Jahrtausend zuvor erinnern wollten: das Erzbistum Salzburg (wo Mozart sich abquälte) und die Bistümer Münster, Lüttich, Würzburg, Bamberg, Osnabrück, Paderborn, Augsburg, Hildesheim, Fulda, Speyer, Regensburg, Konstanz, Worms, Lübeck ... Siebenunddreißig Staaten wurden von weltlichen Fürsten regiert, darunter Hessen-Kassel, Hessen-Darmstadt, Holstein, Württemberg (mit Stuttgart), Sachsen-Weimar (mit Goethe), Sachsen-Gotha (mit seinem «aufgeklärten Despoten» Herzog Ernst II.), Braunschweig-Wolfenbüttel, Baden (mit Baden-Baden und Karlsruhe) ... Fünfzig Städte waren «freie Reichsstädte»: Hamburg, Köln, Frankfurt am Main, Bremen, Worms, Speyer, Nürnberg, Ulm, Biberach, Ravensburg usw. Aus diesen und anderen Teilen Deutschlands kamen Kurfürsten, «Reichsritter» und andere Vertreter zum Reichstag, der, vom Kaiser einberufen, in Regensburg tagte. Im Jahre 1792 wählten die Kurfürsten Franz II. von Österreich zum Haupt des Heiligen Römischen Reiches und krönten ihn in einer feierlichen Zeremonie in Frankfurt am Main.

Um 1800 hatte diese einst imponierende und nützliche Institution ihre Wirksamkeit und ihren Nutzen fast ganz verloren. Sie war ein Relikt des Feudalismus. Jeder ihrer Teile war von einem Oberherrn beherrscht worden, der einer Zentralgewalt unterstand; diese aber war durch die Zunahme der Gliedstaaten an Bevölkerung, Reichtum, Weltlichkeit und militärischer Stärke geschwächt worden. Die Reformation, der Dreißigjährige Krieg und der Siebenjährige Krieg von 1756–1763 hatten der religiösen Einheit des «Heiligen» Reiches ein Ende bereitet. Norddeutschland war 1800 protestantisch, Süddeutschland katholisch; das westliche Deutschland hatte durch die französische Aufklärung und ihre deutsche Entsprechung in den Tagen Lessings etwas an Frömmigkeit eingebüßt. Der Nationalismus nahm in größerem oder geringerem Maße zu, als die Religion verfiel, denn irgendein Bekenntnis – ob politisch oder sozial – muß eine Gesellschaft entgegen dem zentrifugalen Egoismus ihrer Glieder zusammenhalten.

Die Polarisierung Deutschlands in den von Preußen geführten protestantischen Norden und den von Österreich geführten katholischen Süden hatte unheilvolle Folgen, indem sie den Zusammenschluß der beiden Mittelpunkte gegen Napoleon bei Austerlitz 1805 oder bei Jena 1806 verhinderte. Österreich selbst hatte begonnen, den Reichstag als nicht vorhanden zu betrachten und andere Staaten folgten seinem Beispiel.[2] Im Jahre 1788 folgten von hundert wählbaren Fürsten nur vierzehn und von fünfzig wählbaren Stadtoberhäuptern lediglich acht der Einberufung zum Reichstag.[3] Entscheidungen konnten daher nicht gefällt werden. In den Verträgen von Campoformio (1797) und Lunéville (1801) zwang Napoleon Österreich, Frankreichs Herrschaft über das linke Rheinufer anzuerkennen. Damit fielen reiche

Gebiete des Heiligen Römischen Reiches – einschließlich der Städte Speyer, Mannheim, Worms, Mainz, Bingen, Trier, Koblenz, Aachen, Bonn und Köln – an die Franzosen. Um 1801 bestand allgemeine Übereinstimmung darüber, daß das Heilige Römische Reich, wie es Voltaire ausgedrückt hatte, weder heilig, noch römisch, noch ein Reich war; daß kein wichtiger Staat seine oder die Autorität des Papstes anerkannte; daß aber irgendeine neue Form der Ordnung und Zusammenarbeit angesichts des bestehenden Chaos gefunden, eingeführt oder aufgezwungen werden müsse. Napoleon stellte sich dieser Herausforderung.

II. DER RHEINBUND: 1806

Der große Strom war eine Galerie landschaftlicher Schönheit und vielfach architektonisch bewahrter Erinnerungen. Ebenso aber war er ein lebendiger Segen für die Wirtschaft, da er einen dankbaren Boden bewässerte, jede Stadt mit einem Dutzend anderer verband, die in ihrer Kultur wetteiferten und mit ihren Gütern Handel trieben. Hier hatte der Feudalismus seinen Sinn und seine Zähne verloren, als Handel und Industrie die Ufer bevölkerten. Doch inmitten dieser wachsenden Prosperität schwärten vier Probleme: die epikureische Schlaffheit der Herrschenden, die Korruption in der Verwaltung, eine trennende Konzentration des Reichtums und eine für Eroberer einladende militärische Zersplitterung.

Der Weg zu einer Neuordnung der rheinischen Staaten wurde durch das Versprechen sowohl Frankreichs wie Österreichs geebnet, jene deutschen Fürsten, die ihre Territorien durch Österreichs Anerkennung der Souveränität Frankreichs über das linke Rheinufer eingebüßt hatten, mit neuen Besitzungen zu entschädigen. Das Geschrei der Enteigneten nach Wiedergutmachung führte zur Einberufung des Kongresses zu Rastatt (16. Dezember 1797) durch Frankreich und Österreich. Dort verlangten einige respektlose Fürsten, die geistlichen Fürstentümer sollten «säkularisiert» werden, d. h. in nüchternen Worten, aus den Händen der regierenden Bischöfe an die zu entschädigenden Laien übergehen. Außerstande sich zu einigen, unterbreitete der Kongreß die Angelegenheit dem nächsten Reichstag des Heiligen Römischen Reiches. Sie blieb in der Schwebe, bis Napoleon aus Ägypten zurückkehrte, die Macht in Frankreich ergriff, Österreich bei Marengo besiegte und mit Österreich, Preußen und Rußland ein Übereinkommen traf, nach welchem ein Ausschuß des Reichstages am 25. Februar 1803 unter der überwältigenden Bezeichnung «Reichsdeputationshauptschluß» ein Dekret beschloß, das summarisch die Karte und die Herrschaftsverhältnisse Westdeutschlands veränderte. Nahezu alle herrschenden Bischöfe verloren ihren Besitz. Preußen akzeptierte mit Gelassenheit die Zurückdrängung der bischöflichen Herrschaft; Österreich hätte sich gerne beklagt, doch es war machtlos.

Die neuen Herrscher waren sich darüber klar, daß Österreich weder willens, noch in der Lage sein würde, ihnen militärischen Schutz zu gewähren; ebensowenig konnten sie (zumeist katholisch) Schutz vom protestantischen Preußen erwarten. Einer nach dem anderen wandten sich die neugebildeten Staaten Napoleon zu, der militärisch überragend und offiziell Katholik war. Am 30. Dezember 1805 trug in München Karl Theodor von Dalberg, Erzbischof und Kurfürst von Mainz, dem von Austerlitz zurückkehrenden sieggeschwellten Napoleon die Führung der neuorganisierten Fürstentümer an. Der vielbeschäftigte Kaiser nahm sich ein halbes Jahr Zeit zum Überlegen. Er erkannte, daß eine Übernahme des Protektorats über ein Drittel Deutschlands durch Frankreich die Feindschaft der restlichen zwei Drittel herausfordern und zu verschärfter Feindseligkeit seitens Englands und Rußlands führen müsse. Am 12. Juli 1806 schlossen sich Bayern, Württemberg, Baden, Hessen-Darmstadt, Nassau, Berg und eine Reihe anderer Staaten zum «Rheinbund» zusammen. Am 1. August erklärte sich Napoleon bereit, sein Protektorat zu übernehmen. Die bedeutenderen Mitglieder behielten ihre Unabhängigkeit in inneren Angelegenheiten, stimmten aber zu, ihre Außenpolitik seiner Leitung unterzuordnen und seinem Befehl beträchtliche Streitkräfte zu unterstellen.[4] Sie teilten Franz II. und dem Reichstag mit, daß sie sich nicht länger als Glieder des Reiches betrachteten. Am 6. August erklärte Franz offiziell das Heilige Römische Reich für aufgelöst und verzichtete auf den Kaisertitel, so daß er nur noch Kaiser von Österreich blieb. Der Ruhm der Habsburger verblaßte und ein neuer Charlemagne (Karl der Große) übernahm von Frankreich aus die Herrschaft über Westdeutschland.

Die Föderation brachte wesentliche Vorteile und forderte dafür unheilvolle Gegenleistungen. Sie brachte den Code Napoléon (mit der Abschaffung feudaler Privilegien und kirchlicher Zehnten), Freiheit des Gottesdienstes, Gleichheit vor dem Gesetz, das französische System der Verwaltung durch Präfekten, zentralisiert aber leistungsfähig und ein ausgebildetes Gerichtswesen, das der Bestechung weniger zugänglich war, als das vorhergehende. Der grundsätzliche Fehler des ganzen Aufbaus war, daß er auf einer ausländischen Macht ruhte und nur von so langer Dauer sein konnte, wie der ausländische Schutz die durch ihn verursachten Kosten überwog. Als Napoleon Deutsche aushob, um 1809 die Österreicher zu bekriegen, wurde das Protektorat überfordert. Als er Tausende von Deutschlands Söhnen mitnahm, um 1812 Rußland anzugreifen und zur Finanzierung seines Feldzugs schwere Opfer forderte, erschien das Protektorat im ganzen als schwere Bürde, die durch vereinzelte Wohltaten nicht aufgewogen wurde. Als Rheinbunddeutsche zum Kriegsdienst einberufen wurden, um 1813 gegen ihre preußischen Brüder zu fechten, wartete die Föderation nur noch auf einen entscheidenden Rückschlag Frankreichs, um die ganze wacklige Struktur über dem erschöpften Korsen zusammenbrechen zu lassen.

In jedem Falle war es ein Triumph für Napoleon, daß er eine doppelte Sicherheitsgarantie für Frankreichs neue Grenze erreicht hatte. Das Gebiet westlich des Rheins war Frankreich einverleibt worden und die reichen Länder im Osten, die bis zur Elbe reichten, waren nun mit Frankreich verbündet und von ihm abhängig. Obwohl sich die Föderation nach Napoleons Niederlage bei Leipzig 1813 auflöste, hinterließ sie doch einen Gedankenanstoß für Bismarck, genau wie die Einigung Italiens durch Napoleon eine Inspiration für Mazzini, Garibaldi und Cavour bildete.

III. NAPOLEONS DEUTSCHE PROVINZEN

Nördlich von Köln lagen zwei Gebiete, die, obwohl sie Mitglieder des Rheinbundes wurden, Napoleon infolge der Kriegsereignisse vollständig untertan waren und von ihm oder seinen Verwandten regiert wurden: das Großherzogtum Berg von seinem Schwager Joachim Murat und das Königreich Westfalen von seinem Bruder Jérôme. Als Murat zum König von Neapel befördert wurde (1808), regierte Napoleon das Herzogtum durch Kommissäre. Jahr um Jahr führte er neue französische Methoden der Verwaltung, Besteuerung und Rechtspflege ein. Der nur noch in Spuren vorhandene Feudalismus fand sein Ende, Industrie und Handel wurden entwickelt, bis die Region zu einem blühenden Zentrum des Bergbaus und der Erzverhüttung wurde.

Westfalen war ausgedehnter und verschiedenartiger. Seinen westlichen Teil bildete das Herzogtum Kleve (Stammland der vierten Gemahlin Heinrichs VIII.); von dort zog es sich ostwärts durch Münster, Hildesheim, Braunschweig und Wolfenbüttel bis Magdeburg, über Paderborn nach Kassel (der Hauptstadt) und über die Ruhr, Ems und Lippe zur Saale und zur Elbe.

Jérôme Bonaparte, 1807 zum König erhoben, war damals dreiundzwanzig Jahre alt und mehr am Vergnügen als an der Macht interessiert. Napoleon, der hoffte, die Verantwortung würde ihn reifen und ruhiger werden lassen, schickte ihm Briefe mit ausgezeichneten Ratschlägen, realistisch und doch human. Doch dem standen seine finanziellen Forderungen gegenüber und Jérôme fand es schwierig, seines Bruders Wünsche nach Revenuen und seine eigenen Bedürfnisse nach einem üppigen Hof und Lebensstil zu befriedigen. Dennoch beteiligte er sich erfolgreich an der Einführung der Reformen, die Napoleon während der kreativen Periode seiner Eroberungszüge in der Regel mit sich brachte. Es war eine von Bonapartes Maximen, daß «Männer machtlos sind, die Zukunft zu bestimmen; ausschließlich Institutionen legen das Schicksal von Nationen fest».[5] Daher gab er Westfalen ein Gesetzbuch, eine tüchtige und relativ anständige Verwaltung, religiöse Freiheit, eine fähige Rechtspflege, Geschworenengerichte, Gleichheit vor dem Gesetz, einheitliche Besteuerung und ein System periodischer Rechenschaftslegung über alle Maßnahmen der Regierung. Mit Hilfe eines eingeschränkten Wahlrechts wurde eine Nationalversammlung gewählt; fünfzehn der hundert Abgeordneten mußten aus dem Stand der Kaufleute und Fabrikanten, fünfzehn unter renommierten Gelehrten und anderen verdienstvollen Personen ausgewählt werden. Diese Versammlung war nicht ermächtigt, Gesetze vorzuschlagen, konnte jedoch die ihr vom Staatsrat vorgelegten Maßnahmen kritisieren; ihr Rat wurde häufig befolgt.

Grundsätzliche Wirtschaftsreformen folgten. Der Feudalismus war abgeschafft. Die Freiheit des Unternehmertums öffnete jedem Ehrgeiz sein Feld. Wege und Wasserstraßen wurden in Ordnung gebracht und verbessert; die Binnenzölle wurden aufgehoben, Maße und Gewichte im gesamten Königreich vereinheitlicht. Ein Dekret vom 24. März 1809 machte jede Gemeinde für ihre Armen verantwortlich und verpflichtete sie, für deren Beschäftigung oder ihren Lebensunterhalt zu sorgen.[6] Die Steuerzahler beschwerten sich darüber.

In kultureller Hinsicht war Westfalen der fortschrittlichste unter den deutschen Staaten. Das Geistesleben war dort seit eh und je gepflegt worden, vor allem seit die Klosterbibliothek von Fulda die Renaissance mit klassischen Manuskripten versorgte. Hildesheim hatte seinen Leibniz und Wolfenbüttel seinen Lessing gehabt. Jetzt beschäftigte König Jérôme Jacob Grimm als seinen Bibliothekar, dem wir als Begründer der deutschen Philologie begegnen werden. Im Jahre 1807 verließ Johannes von Müller, der führende Historiker der Zeit, auf Einladung Napoleons seine Stelle als königlicher Historiograph in Berlin, um in Westfalen das Amt eines Staatssekretärs und (1808–1809) Generaldirektors des öffentlichen Erziehungswesen zu übernehmen. Westfalen hatte damals fünf Universitäten, die unter Jérôme zu dreien zusammengelegt wurden: Göttingen, Halle und Marburg. Zwei davon waren in ganz Europa berühmt; wir haben gesehen, wie Coleridge von Nether Stowey direkt nach Göttingen ging und ein Jahr später, schwindlig von deutschen Ideen, nach England zurückkehrte.

Diesen Vorzügen standen zwei schwerwiegende Übel gegenüber: Besteuerung und Konskription. Napoleon verlangte von jedem der von ihm abhängigen Gebiete einen erheblichen Beitrag zu den Kosten seiner Regierung, seines immer verschwenderischer werdenden Hofes und seiner Armeen. Seine Begründung war simpel: falls Österreich oder eine andere reaktionäre Macht ihn besiegen oder sonstwie stürzen würde, so würden die Segnungen, die er gebracht hatte, wieder in Wegfall kommen. Aus dem gleichen Grunde müßten sich die unter seinem Schutz stehenden Staaten mit Frankreich in die Verpflichtung teilen, kräftige Söhne zur Ausbildung als Soldaten hervorzubringen, die, wenn nötig, zum Sterben bereit wären. Bis 1813 ertrugen Jérômes Untertanen diese Belastung mannhaft; schließlich war bei den Napoleonischen Armeen die Knute unbekannt, die Beförderung erfolgte nach Verdienst, jeder Soldat konnte zum Offizier aufsteigen, selbst in den Marschallsrang. Doch um 1813 hatte Westfalen 8000 junge Männer im Dienst Napoleons nach Spanien und 16 000 nach Rußland geschickt; aus Spanien kehrten nur 800 zurück, aus Rußland nicht mehr als 2000.

Nordöstlich von Westfalen lag das Kurfürstentum Hannover. Im Jahre 1714 war sein Kurfürst König Georg I. von England geworden und Hannover ein Satellitenstaat Englands. Der derzeitige Kurfürst war Georg III., für den es eine Frage des Patriotismus war, Britannien nicht zu verlassen; er überließ es daher den großen Grundeigentümern in Hannover, die Provinz zu regieren «zum Nutzen der exklusivsten Aristokratie in Deutschland. Alle wichtigen Stellen ... waren Monopol des

Adels, ... der dafür sorgte, daß keinerlei Steuerlasten auf ihn selbst fielen», und außerdem, «daß Bürger und Bauer am meisten zu leisten hatten». Der Feudalismus bestand weiter, allerdings durch eine fast familiäre Beziehung zwischen dem Herrn und seinen Leuten gemildert. Die Verwaltung war von einer geradezu unglaubhaften Ehrenhaftigkeit.[7]

Beim Wiederaufflammen des Krieges mit England 1803 befahl Napoleon seinen Truppen und Verwaltungsbeamten, sich Hannovers zu bemächtigen, Vorkehrungen gegen eine etwaige Landung britischer Truppen zu treffen und den Import sämtlicher britischen Güter zu verhindern. Die Franzosen trafen kaum auf Widerstand. 1807 schloß Napoleon, der mit wichtigeren Fragen beschäftigt war, Hannover mit Westfalen zusammen und überließ es den Besteuerungsmethoden König Jérômes. Die Hannoveraner beteten um die Rückkehr der englischen Herrschaft.

Im Gegensatz zu Hannover waren die Hansestädte – Hamburg, Bremen, Lübeck – Stätten des Gedeihens und des Stolzes. Die Hanse selbst existierte schon lange nicht mehr, doch der Niedergang Antwerpens und Amsterdams unter französischer Kontrolle hatte einen Großteil ihres Handels nach Hamburg umgeleitet. An der Elbmündung gelegen, schien die Stadt – die 1800 eine Bevölkerung von 115 000 Seelen besaß – prädestiniert für den Seehandel und den prompten Weiterversand importierter Güter. Sie wurde von ihren führenden Kaufleuten und Finanziers regiert, jedoch mit einem Grad von Geschicklichkeit und Fairness, der dieses Monopol erträglich machte. Napoleon verlangte es danach, diese Kaufmannsstädte seiner Herrschaft zu unterwerfen, sie zum Anschluß an das auf britische Importe gelegte Embargo zu zwingen und mit ihren Anleihen seine Kriege finanzieren zu helfen. Er schickte Bourrienne und andere, um den Strom britischer Waren nach Hamburg zu stoppen; der habgierige Exsekretär wurde ein reicher Mann, indem er beide Augen zudrückte. Schließlich unterwarf sich Napoleon die große Stadt (1810) und unterdrückte die Bürger dermaßen, daß sie Geheimgesellschaften zu seiner Ermordung bildeten und unaufhörlich seinen Sturz planten.

IV. SACHSEN

Östlich von Westfalen und südlich von Preußen lag ein deutscher Staat, Sachsen genannt, der sich früher einmal von Böhmen bis zur Ostsee erstreckt, seinen Namen in den Endungen verschiedener Provinzbezeichnungen Britanniens hinterlassen hatte, erst kürzlich vom Siebenjährigen Krieg verwüstet worden war, sich jetzt aber damit zufrieden gab, ein blühendes Kurfürstentum zu sein, das sich auf beiden Seiten der Elbe von Luthers Wittenberg bis Dresden, dem deutschen Paris erstreckte.

Unter der langen Regierung Friedrich August III. als Kurfürst (1786–1806) und dann als König Friedrich August (1806–1827) gewann das Land, mit der Elbe als seiner Nährmutter, bald seinen Wohlstand zurück. Dresden erfreute sich wieder seiner Rokokoarchitektur, seiner breiten Straßen und schönen Brücken, seiner Sixtinischen Madonna und seines Meißner Porzellans. Der junge Herrscher tat sich zwar nie als Staatsmann hervor, regierte jedoch sein Land gerecht, gab seine Einkünfte mit Vorsicht aus, zahlte die Staatsschuld zurück und gründete in Freiberg eine berühmte Bergbauschule. Leipzig, Dresdens Rivalin, eröffnete wieder seine jährliche Buchmesse, wo Verleger aus ganz Europa ihre letzten Neuerscheinungen zeigten und Deutschlands blühende Literatur die Parade des Geistes anführte.

Friedrich August «der Gerechte» vereinigte sich mit Preußen und Österreich in einem Versuch, die Französische Revolution zu bändigen und hatte teil an dem Rückschlag von Valmy 1792. Er war äußerst erbittert über die Hinrichtung seines Vetters Ludwig XVI., doch nahm er bereitwillig am Friedensschluß mit Frankreich von 1795 teil. Als Napoleon an die Macht kam, unterhielt Friedrich gute Beziehungen zu ihm und Napoleon respektierte ihn als aufgeklärten Despoten, der von seinem Volk geliebt wurde. Als Napoleons Armee sich jedoch 1806 Jena näherte, sah sich Friedrich zwischen Hammer und Amboß: Napoleon warnte ihn davor, preußischen Truppen den Durchmarsch durch Sachsen zu gestatten; Preußen bestand aber darauf und marschierte ein; der Kurfürst gab nach und ließ seine kleine Armee zu den Preußen stoßen. Der siegreiche Napoleon behandelte Friedrich August vergleichsweise milde: Er forderte eine Kriegsentschädigung von 25 Millionen Francs, befahl ihm, seinen Titel in König von Sachsen zu ändern, machte ihn zum Staatsoberhaupt des Großherzogtums Warschau und zwang Preußen, den Kottbuser Kreis am Westufer der Spree an Sachsen abzutreten. Damit war Preußen im Norden und Osten von Polen, im Westen von Westfalen und im Süden von Sachsen eingezwängt, die alle Napoleon verpflichtet waren. Es schien nur noch eine Frage der Zeit, bis Preußen gezwungen sein würde, sich dem übrigen Deutschland als Vasall von Bonapartes Frankreich anzuschließen.

V. PREUSSEN: FRIEDRICHS VERMÄCHTNIS, 1786–1797

Beim Tode Friedrichs II. des Großen umfaßte das Königreich Preußen das Kurfürstentum Brandenburg, die Herzogtümer Schlesien und Vorpommern; die Provinzen Ostpreußen – mit Königsberg, Friedland und Memel – und das 1772 von Polen abgetrennte Westpreußen; verschiedene Enklaven in Westdeutschland, einschließlich Ostfriesland, Münster und Essen. Nach Friedrichs Tod gliederte Preußen sich bei der zweiten Teilung Polens (1792) das Gebiet von Thorn und Danzig an; Warschau und Zentralpolen bei der dritten Teilung Polens (1795); Ansbach, Bayreuth und Mansfeld 1791; Neuchâtel in der Schweiz 1797. Preußen schien entschlossen, sich das gesamte nördliche Deutschland einzuverleiben, als Napoleon es dieser Aufgabe enthob.

Der Mann, der diese Ausdehnung der preußischen Macht ermöglicht hatte, war der Vater Friedrichs des Großen. Friedrich Wilhelm I. hatte seinem Sohn, während er ihn und sein Volk dazu erzog, Leiden schweigend zu ertragen, die beste Armee der Christenheit und eine Nation hinterlassen, die durch allgemeine Erziehung, allgemeine Besteuerung und allgemeine Wehrpflicht straff organisiert war. Preußen war zum geeigneten Machtinstrument für einen kriegerischen Monarchen geworden. Ganz Europa, ganz Deutschland, ganz Preußen zitterte im Angesicht dieses menschenverschlingenden Monarchen, mit seiner aus Junkern bestehenden Offizierskaste und seinen langen Grenadieren. «Werde nicht zu groß», warnte eine Mutter ihren Sohn, «sonst werden dich die Werber packen».[8]

Zu dieser Armee und diesem Staat fügte Friedrich der Große (reg. 1740–1786) seinen eigenen, an Voltaire geschärften Geist und einen in seiner Erbmasse wurzelnden Stoizismus. Er machte Preußen aus einem kleinen Königreich wie Sachsen oder Bayern zu einer Macht, die in der deutschsprachigen Welt mit Österreich rivalisierte und sich als der stärkste Wall gegen den ständigen Druck der fruchtbaren Slawen erwies, die ihre alten Grenzen an der Elbe wieder erreichen wollten. Im Inneren errichtete er eine für ihre Integrität berühmte Rechtsprechung und eine staatliche Verwaltung, die allmählich den Adel als Beamtenstand des Staates verdrängte. Er gewährte die Freiheit der Rede, Presse und des Gottesdienstes, und unter seiner Protektion «überwand das deutsche Schulsystem den tiefen geistigen Schlummer, in dem es unter klerikaler Erziehung dahingedämmert war».[9] Er war der einzige Mann seiner Zeit, der Voltaire an Schlauheit übertreffen und sogar Napoleon etwas beibringen konnte. «Der große Friedrich,» sagte Napoleon 1797, «ist der Held, den ich im Krieg wie in der Verwaltung als Vorbild betrachte; ich habe seine Grundsätze mitten im Feldlager studiert, und seine persönlichen Briefe sind für mich Lektionen in Philosophie».[10]

Einzelne Lücken klafften in seinem Werk. Er fand während seiner Feldzüge keine Zeit, den preußischen Feudalismus auf das humanere Niveau zu bringen, das er in den rheinischen Staaten erreicht hatte; überdies ließen seine Kriege sein Volk in einem Zustand der Verarmung und Erschöpfung zurück, der zum Teil für den Niedergang Preußens nach seinem Tod verantwortlich war. Friedrich Wilhelm II. (reg. 1786–1797) war, im Gegensatz zu den Neigungen seines Onkels interessierter an Frauen und Kunst, als an Regierungsgeschäften und Krieg. Seine erste Gemahlin ergänzte er mit einer Mätresse, die ihm fünf Kinder gebar; er ließ sich 1769 von seiner Frau scheiden und heiratete Friederike Louise von Hessen-Darmstadt, die ihm sieben Kinder schenkte. Während dieser Ehe bewog er seine Hofprediger, ihm morganatische Verbindungen mit Julie von Voss (1787), die zwei Jahre später starb, und dann mit der Gräfin Sophie Dönhoff (1790) zu gestatten, von welch letzterer er einen Sohn hatte. Er fand genug Zeit, um Violoncello zu spielen, Mozart und Beethoven zu empfangen, eine Musikakademie und ein Nationaltheater zu gründen. Er finanzierte die Ausarbeitung und Einführung eines neuen Gesetzbuches, das viele liberale Elemente enthielt. Schließlich wurde er fromm und gestattete seinem Günstling, dem reformierten Rationalisten[11] Johann von Wöllner, 1788 ein «Religionsedikt» zu erlassen, das der religiösen Toleranz ein Ende machte und eine Zensur etablierte, die viele Schriftsteller aus Berlin vertrieb.

Seine Außenpolitik läßt sich verteidigen. Er teilte die aggressive Haltung seines Vorgängers nicht; ein Jahrhundert von Präzedentien beiseiteschiebend suchte er die Freundschaft Österreichs als wichtigsten Schritt zu Deutschlands Einigung und Sicherheit. Er war ein Gegner der Französischen Revolution, da ihm die Monarchie als die gegebene Staatsform erschien (wie auch seinem Volk), und entsandte Truppen, die an der Niederlage von Valmy teilhatten (1792). Er war aber froh, die Überlebenden nach Hause führen zu können, um sie bei der zweiten Teilung Polens einzusetzen. 1795 unterzeichnete er mit Frankreich den Frieden von Basel, der ihm freie Hand gab, bei der dritten Teilung Warschau seinem Reich einzuverleiben.

Ungeachtet seiner Erwerbungen hatte er den Verfall von Wohlstand und Macht seines Landes nicht verhindern können. Bereits 1789 schrieb Mirabeau nach einem langen Aufenthalt in Berlin prophetisch: «Die preußische Monarchie ist so strukturiert, daß sie mit keinerlei Schwierigkeiten fertig werden kann.»[12] Die Armee ließ in der Disziplin nach und sonnte sich in ihrem Stolz; die Bürokratie war zu Korruption und Intrigenwirtschaft herabgesunken; die Staatsfinanzen waren in Unordnung und dem Bankrott nahe.[13] «Einzig der einschneidende Anschauungsunterricht eines Krieges konnte dieser verblendeten Generation den innerlichen Verfall vor Augen führen, der ... jede Aktivität durch die Magie früheren Ruhmes lähmte.»[14]

VI. PREUSSENS ZUSAMMENBRUCH: 1797–1807

Der liebebedürftige König starb, und die Sorge um den kranken Staat ging auf seinen Sohn Friedrich Wilhelm III. über, der die Last während der Zeit Napoleons und Metternichs bis 1840 trug. Jedermann wer erstaunt, daß er so lange regierte, willensschwach und gütigen Herzens, wie er war. Er besaß alle Tugenden, die man von einem guten Bürger erwartet: Bereitwilligkeit zur Zusammenarbeit, Gerechtigkeit, Freundlichkeit, Bescheidenheit, eheliche Treue und Friedensliebe. Er ließ die Leibeigenen auf den königlichen Domänen frei. 1793 verheiratete er sich mit Luise von Mecklenburg-Strelitz, siebzehn, schön, eine leidenschaftliche Patriotin, die bald zum Idol der Nation wurde; sie blieb die Hauptquelle eines Glücks, auf das er jedes nur denkbare Unglück herabzubeschwören schien.

Das neue Jahrhundert brachte ihm eine Krise nach der anderen. 1804 besetzten die Franzosen Hannover, dessen Neutralität von Preußen garantiert worden war. Die jungen Offiziere der preußischen Armee riefen laut nach einem Bruch, wenn nicht einem Krieg mit Frankreich; Friedrich Wilhelm hielt Frieden. Französische Streitkräfte sperrten die Weser- und Elbmündungen und schadeten damit dem preußischen Handel; Friedrich riet zur Geduld. Königin Luise trat für den Krieg ein; in der Uniform des Regiments, das ihren Namen trug, nahm sie zu Pferd die Parade ab und entflammte die unbesiegte Armee. Prinz Louis Ferdinand, der Vetter des Königs, gierte nach einer Gelegenheit, seinen Mut zu beweisen; der alternde

Herzog von Braunschweig bot sich an, die preußische Armee zu führen; General Blücher, der spätere Held von Waterloo, unterstützte ihn; Friedrich widerstand ihnen in aller Ruhe. 1805 suchte Österreich nach seiner Herausforderung Napoleons die Hilfe Preußens; der König war nicht vorbereitet. Doch als die Franzosen, auf dem Wege nach Austerlitz, durch das preußische Bayreuth marschierten, war Friedrich Wilhelms Geduld zu Ende. Er lud Alexander von Rußland zu einer Konferenz nach Potsdam ein. Dort beschworen sie am Grabe Friedrichs des Großen, gegen Napoleon zusammenzustehen und Österreich zu Hilfe zu eilen. Alexanders Truppen marschierten nach Süden und erlitten eine Niederlage. Bis die preußische Armee mobilisiert war, war die Schlacht vorbei und Alexander auf der Flucht nach Rußland. Napoleon gewährte Friedrich Wilhelm einen milden, aber mit Zündstoff geladenen Frieden (15. Dezember 1805; 15. Februar 1806): Preußen mußte Neuchâtel, Kleve und Ansbach an Frankreich abtreten und sollte dafür Hannover erhalten. Begierig nach diesem langersehnten Preis erklärte Friedrich Wilhelm seine Bereitschaft, alle preußischen Häfen für britische Güter zu sperren und ein Defensiv-Offensiv-Bündnis mit Frankreich zu schließen. England erklärte Preußen den Krieg.

Napoleon forderte das Schicksal heraus und fuhr mit der Bildung des Rheinbundes fort, der einige preußische Provinzen in Westdeutschland umschloß. Auf die Nachricht, daß Napoleon Hannover unter der Hand England angeboten habe, schloß Friedrich Wilhelm eine geheime Verteidigungsallianz mit Rußland (Juli 1806) gegen Frankreich. Am 1. August nahm Napoleon ganz Westdeutschland unter sein Protektorat. Am 9. August ordnete Friedrich Wilhelm eine Teilmobilmachung seiner Armee an; am 4. September ließ er die preußischen Häfen wieder für britische Güter öffnen; am 13. September befahl er seinen Truppen den Einmarsch in Sachsen. Einschließlich der Verstärkungen durch sächsische Streitkräfte befehligten seine Generale unter dem Herzog von Braunschweig 200 000 Mann. Außer sich über ein Vorgehen, das in seinen Augen der Bruch von zwei Verträgen und einem Bündnispakt war, befahl Napoleon seinen bereits in Deutschland stehenden Armeen, die Alliierten frontal und von der Flanke her in die Zange zu nehmen. Er selbst eilte an die Front und übernahm die Führung bei der Vernichtung der Preußen und Sachsen bei Jena und Auerstedt am gleichen Tage, dem 14. Oktober 1806.

So verliefen die Ereignisse aus französischer Sicht. Mit preußischen Augen betrachtet, war es eine der düstersten Tragödien in der Geschichte des Landes. Friedrich Wilhelm floh mit seiner Regierung und Familie nach Ostpreußen und versuchte, von Memel aus weiter zu regieren. Napoleon ließ sich in den Gemächern des Königs in Berlin nieder, erließ von dort seine Befehle an einen ganzen Kontinent und proklamierte die Kontinentalsperre. Seine Truppen vertrieben die Preußen aus Polen, besiegten die Russen bei Friedland und begleiteten Napoleon nach Tilsit, wo er mit Alexander Frieden schloß. Dort erfuhr Friedrich Wilhelm die endgültigen Bedingungen, unter welchen es Preußen gestattet sein sollte, weiter zu existieren. Es mußte sein gesamtes Staatsgebiet westlich der Elbe an Frankreich abtreten und an Polen alle Gebiete zurückgeben, die es sich bei den drei Teilungen angeeignet hatte. Es mußte die Besetzung Restpreußens durch französische Truppen dulden und für sie aufkommen, bis es eine Kriegsentschädigung von 160 Millionen Francs vollständig bezahlt haben würde. Durch diesen am 9. Juli 1807 unterzeichneten Vertrag verlor Preußen neunundvierzig Prozent seines früheren Gebietes und 5 250 000 seiner vorher 9 750 000 Köpfe zählenden Bevölkerung. In den Jahren 1806–1808 verschlangen die Besatzungskosten und die Abzahlung der Kriegsentschädigung die gesamten Staatseinnahmen Preußens.[15] Es gab vereinzelte Deutsche, die angesichts des zugrunde gerichteten Staates prophezeiten, daß er niemals wieder eine bedeutende Rolle in der deutschen Geschichte spielen werde.

VII. PREUSSENS WIEDERGEBURT: 1807–1812

Im deutschen Charakter steckt ein harter Kern – gefestigt durch Jahrhunderte mühsamen Überlebens zwischen fremden und kriegerischen Völkern – der Niederlagen stolz ertragen und die richtige Zeit für eine Entgegnung abwarten kann. Außerdem gab es noch Männer wie Stein und Hardenberg, Scharnhorst und Gneisenau, die keinen Tag vorübergehen ließen, ohne an Preußens Wiederaufstieg zu denken. Die Millionen Leibeigener, ohne Hoffnung in der überkommenen Knechtschaft schmachtend – wieviel Energie könnten sie der preußischen Wirtschaft zuführen, wenn sie von erniedrigenden Lasten befreit und auf dem Lande wie in den Städten als freie Arbeitskräfte geachtet würden? Und die Städte, jetzt teilnahmslos unter den Handel verachtenden Adligen, die die Nation von einer entfernten Hauptstadt aus regierten, welch belebende Initiativen könnten sie in Industrie, Geschäftsleben und Finanzwesen unter dem Antrieb und mit den Experimentiermöglichkeiten der Freiheit entwickeln?

Das revolutionäre Frankreich hatte seine Leibeigenen befreit und war zur Blüte gelangt, doch es hatte die Städte unter der politischen Bevormundung von Paris belassen; warum sollte man dem Eroberer nicht zuvorkommen und die Städte ebenso befreien wie die Leibeigenen?

So dachte der Freiherr Heinrich Friedrich Karl vom und zum Stein, der Stammburg seiner Familie an der Lahn, die oberhalb von Koblenz in den Rhein fließt. Er war kein Baron, sondern ein Freiherr, Angehöriger der Reichsritterschaft, verpflichtet, seinen Besitz und das Reich zu verteidigen. Er wurde am 26. Oktober 1757 nicht «auf dem Stein», sondern im nahegelegenen Nassau als Sohn eines Kammerherrn des Mainzer Kurfürsten geboren. Mit sechzehn begann er mit dem Studium der Rechte und politischen Wissenschaften an der Universität Göttingen. Dort las er Montesquieu, teilte dessen Bewunderung für die britische Verfassung und beschloß, ein großer Mann zu werden. Seine juristischen Lehrjahre absolvierte er an den Gerichtshöfen des Heiligen Römischen Reiches in Wetzlar und am Reichstag in Regensburg.

Im Jahre 1780 trat er in den preußischen Zivildienst ein und war in der Verwaltung westfälischer Fabriken und Bergbauunternehmen tätig. Um 1796 hatte er sich eine prominente Stellung in der Wirtschaftsadministration aller preußischen Provinzen längs des Rheins geschaffen. Seine Leistungen und der Erfolg seiner Vorschläge brachten ihm eine Berufung nach Berlin als Minister für Zoll, Fabriken- und Handelswesen. Innerhalb eines Monats wurde er an das Finanzministerium versetzt. Als in der Hauptstadt die Nachricht eintraf, daß Napoleon die preußische Armee bei Jena zerschlagen hatte, gelang es Stein, den preußischen Staatsschatz nach Memel zu bringen; diese Gelder ermöglichten es Friedrich Wilhelm III., seine Regierung im Exil zu finanzieren. Vielleicht beeinflußten die Aufregungen und das Mißgeschick im Kriege die Stimmung des Königs und seiner Minister; am 3. Januar 1807 entließ Friedrich Wilhelm Stein als «einen störrischen, anmaßenden, eigensinnigen und ungehorsamen Beamten, der stolz auf seinen Geist und seine Talente, ... seine Handlungen durch Leidenschaft, persönlichen Haß und Böswilligkeit bestimmen läßt».[16] Stein zog sich in sein Haus in Nassau zurück. Sechs Monate später, nachdem der König gehört hatte, daß Napoleon Stein als Administrator empfahl, bot er ihm das Innenministerium an.

Dies war genau die Position, in der der reizbare Freiherr am besten Reformen fördern konnte, die geeignet waren, die Energien des preußischen Volkes freizusetzen. Am 4. Oktober 1807 trat er seine neue Stellung an; bis zum 9. Oktober hatte er die Proklamation für den König vorbereitet, nach welcher Millionen von Bauern und Hunderte preußischer Liberaler seit langer Zeit gerufen hatten. Artikel I war offensichtlich bescheiden, denn er bestätigte das Recht «jedes Einwohners Unserer Staaten», Land zu kaufen und zu besitzen; dieses Recht aber war bisher den Bauern verweigert worden. Artikel II gestattete jedem Preußen, sich jeder nicht vom Gesetz verbotenen Beschäftigung oder Unternehmung zu widmen; so wurde, wie unter Napoleon, jedem Talent gleich welcher Abstammung eine Laufbahn eröffnet, und die Wirtschaft wurde nicht mehr durch Klassenschranken behindert. Artikel X verbot es, weiterhin Bauern in die Gutsuntertänigkeit zu zwingen; und Artikel XII erklärte «Mit dem Martini-Tage 1810 hört alle Guts-Unterthänigkeit in Unsern sämtlichen Staaten auf. Nach dem Martini-Tage 1810 giebt es nur freie Leute».[17] Viele Adlige widersetzten sich dem Edikt, das erst 1811 vollständig durchgeführt war.

Stein und seine liberalen Helfer bemühten sich während des Jahres 1808, die preußischen Städte von der Herrschaft feudaler Barone, pensionierter Armeeoffiziere oder Steuerkommissare mit fast unbeschränkter Macht zu befreien. Am 19. November 1808 erließ der König, nunmehr wieder reformbereit, eine «Munizipalordonanz», laut der die Städte von einem örtlichen Rat zu verwalten seien, der seine eigenen Beamten ernennen konnte; ausgenommen waren die großen Städte, in welchen der Bürgermeister aus drei vom Rat vorgeschlagenen Männern vom König ernannt wurde. So begann das gesunde politische Leben der Gemeinden, aus dem die überragende Vortrefflichkeit der deutschen Städteverwaltung erwuchs.

Stein war beim Wiederaufbau Preußens nicht allein. Gerhard von Scharnhorst (1755–1813), Graf August Neithardt von Gneisenau (1760–1831) und Fürst Karl von Hardenberg (1750–1822) arbeiteten gemeinsam an der Reorganisierung der preußischen Armee, wobei sie die von Napoleon verfügten Beschränkungen mit den verschiedensten Manövern umgingen. Dieses Unternehmen machte so gute Fortschritte, daß Stein am 15. August 1808 einen Brief an einen preußischen Offizier schrieb, der den Franzosen in die Hände fiel und im *Moniteur* vom 8. September abgedruckt wurde. Ein Auszug daraus besagte:

Die Erbitterung in Deutschland wächst mit jedem Tag; wir müssen sie schüren und auf das Volk einwirken. Ich wünschte sehr, wir könnten Verbindungen mit Hessen und Westfalen anknüpfen und uns auf gewisse Ereignisse vorbereiten; wir sollten danach trachten, Beziehungen zu Männern mit Energie und gutem Willen aufrechtzuerhalten und solche Männer mit Gleichgesinnten in Kontakt bringen ... Die spanischen Angelegenheiten liefern einen lebendigen Anschauungsunterricht; sie zeigen, was wir schon seit langer Zeit vermutet haben sollten. Es würde von Nutzen sein, diese Nachrichten vorsichtig zu verbreiten. Wir hier glauben, daß ein Krieg zwischen Frankreich und Österreich unvermeidlich ist. Dieser Konflikt wird das Schicksal Europas entscheiden.[18]

Napoleon, im Begriff, zu einem großen Feldzug nach Spanien aufzubrechen, forderte Friedrich Wilhelm auf, Stein zu entlassen. Der König, immer noch in Memel, zögerte, der Aufforderung nachzukommen, bis er die Warnung erhielt, die Franzosen würden die Besetzung preußischen Territoriums fortsetzen, bis er gehorchte. Am 24. November 1808 wurde Stein erneut entlassen. Am 16. Dezember erließ Napoleon von Madrid aus ein Dekret, worin er für vogelfrei erklärt, sein gesamter Besitz beschlagnahmt und seine Verhaftung angeordnet wurde, wo immer man ihn auf französisch kontrolliertem Gebiet fände. Stein entkam nach Böhmen.

Sein Verlust wurde für Preußen durch die Ernennung Hardenbergs als Staatskanzler (1810) aufgewogen. Er war vorher schon Mitglied der Regierung gewesen, hatte das Finanzministerium reorganisiert, die Verhandlungen geleitet, die zum Frieden von 1795 führten, hatte die Verantwortung für den Zusammenbruch von 1806 mit übernommen und war auf Napoleons Drängen entlassen worden (1807). Jetzt, mit sechzig Jahren, lenkte Hardenberg, während Napoleon sich liebevoll um seine neue Kaiserin bemühte, den König in Richtung einer konstitutionellen Monarchie, indem er ihn überredete, zunächst eine Notabelnversammlung (1811) und dann (1812) eine Nationalversammlung mit beratenden Funktionen, zugleich als Kontrolle und als Ansporn für den König einzuberufen. Als Bewunderer der französischen *philosophes*, säkularisierte Hardenberg die Kirchengüter, setzte die Judenemanzipation durch (11. März 1812), belegte den Adel mit einer Grundsteuer und die Geschäftsleute mit einer Ertragssteuer, schaffte die hinderlichen Monopole der Zünfte ab und führte Freiheit von Unternehmertum und Handel ein.

Der rasche Wiederaufbau Preußens zwischen 1807 und 1812 enthüllte das Vorhandensein einer rettenden Kraftreserve im deutschen Charakter. Unter den feindseligen Blicken der Franzosen und unter einem von Preußens schwächsten Königen unternahmen es Männer wie Stein und Hardenberg, die beide nicht dem Hochadel angehörten, eine besiegte, besetzte und bankrotte Nation wiederaufzubauen und ihr in sechs Jahren die Macht und den Stolz zu sichern, die sie 1813 zum naturgegebenen Führer in den Befreiungskriegen machten. Jede Klasse hatte Anteil an diesen Anstrengungen: Der Adel stellte sich für die Führung der Armee zur Verfügung, die Bauern unterzogen sich der Konskription, die Kaufleute traten einen großen Teil ihrer Gewinne an den Staat ab, Schriftsteller und Gelehrte beiderlei Geschlechts erhoben in ganz Deutschland den Ruf nach Freiheit von Presse, Gedanken und Gottesdienst. 1807 hielt in einem von französischen Truppen überwachten Berlin Fichte jene berühmten «Reden an die deutsche Nation», die nach einer disziplinierten Minderheit verlangten, um das preußische Volk zur sittlichen Erneuerung und nationalen Wiedergeburt zu führen. In Königsberg gründeten im Juli 1808 einige Universitätsprofessoren eine «Moralisch-wissenschaftliche Vereinigung», die unter dem Namen «Tugendbund» bekannt wurde und der Befreiung Preußens geweiht war.

Inzwischen irrte Stein in Armut im Exil umher, in täglicher Gefahr, verhaftet oder erschossen zu werden. Im Mai 1812 lud Alexander I. ihn an den kaiserlichen Hof nach St. Petersburg ein. Er ging hin und wartete dort mit seinem Gastgeber auf das Kommen Napoleons.

SECHSTES KAPITEL

Das deutsche Volk

[1789–1812]

I. WIRTSCHAFT

Die Deutschen der Zeit um 1800 waren ein klassenbewußtes Volk, die Klassentrennung war für sie ein System der Sozialordnung und wirtschaftlichen Organisation. Ein Mann, der einen Adelstitel errang, den er nicht kraft seiner Geburt besaß, war eine Seltenheit. «In Deutschland», schrieb Madame de Staël, «hält jedermann auf seinen Rang oder seinen Platz in der Gesellschaft, als ob es seine ihm vorbestimmte Stellung wäre».[1] Im Rheinland und unter Akademikern war dies weniger ausgeprägt, doch im ganzen gesehen waren die Deutschen ein geduldigeres Volk als die Franzosen. Sie hatten ihr 1789 erst 1848.

Der Einfluß der Französischen Revolution äußerte sich in der Literatur anregend, in der Industrie nur geringfügig. Deutschland besaß reiche natürliche Hilfsquellen, doch die Fortdauer des Feudalismus und die Macht feudaler Barone hemmte in den mittleren und östlichen Staaten den Aufstieg einer Klasse von Geschäftsleuten und Fabrikanten, die in einer freien und klassenlosen Wirtschaft wohl Anreiz gefunden hätten, die überreichen Bodenschätze Deutschlands an Kohle und Metallen industriell zu verwerten. Dem Handel standen bedeutende Flüsse zu Gebot – Rhein, Weser, Elbe, Saale, Main, Spree und Oder. Doch als Resultat der staatlichen Zersplitterung waren die Straßen kurz, wenig und schlecht gehalten, überdies unsicher und von feudalen Zöllen blockiert. Der Handel wurde durch Zunftreglementierungen, hohe Steuern und von Land zu Land verschiedene Maße und Gewichte, Münzen und Gesetze behindert.

Die deutsche Industrie stand bis 1807 im Wettbewerb mit britischen Waren, die mit den neuesten Maschinen hergestellt waren; England besaß auf dem Gebiet der industriellen Revolution einen Vorsprung von einer Generation, und es verbot den Export seiner modernen Technologie und die Ausreise seiner erfahrenen Techniker.[2] Der doppelgesichtige Gott des Krieges, der Industrien schuf, um Männer ebenso zu ernähren und zu kleiden, wie um sie zu töten, förderte die Volkswirtschaft; nach 1806 ließ dann die Kontinentalsperre, indem sie die Einfuhr britischer Güter mehr oder weniger verhinderte, die festländischen Industrien aufblühen. In Westdeutschland, besonders in der Gegend um Düsseldorf und Essen entwickelten sich Bergbau und Metallverarbeitung. In Essen begann Friedrich Krupp (1787–1826) um 1810 mit dem Bau der Stahlwerke, die ein Jahrhundert lang Deutschlands Waffenschmiede werden sollten.

Trotz solcher Gestalten sahen Adel und König auf die Unternehmer als potentielle Schieber herab, und kein Kaufmann oder Fabrikant durfte in adlige Kreise einheiraten oder ein Rittergut kaufen. Finanziers – Hugenotten, Juden oder andere – durften zwar Adel und Krone mit Anleihen unterstützen, doch als sie (1810) den Vorschlag machten, Preußen solle es wie England und Frankreich machen, eine Nationalbank gründen, Staatsanleihen zu günstigem Zinsfuß auflegen und so den Staat durch Schuldverschreibungen der öffentlichen Hand finanzieren, trat der König der Auffassung des Adels bei, ein solches Vorgehen würde das Königreich der Gnade der Bankiers ausliefern. Preußen lehnte es ab, die Nation durch kapitalistische Manager kontrollieren zu lassen und ließ sich lieber von einer Militärkaste und Junkeraristokratie führen.

II. GLÄUBIGE UND ZWEIFLER

Was die Religion betrifft, so war Deutschland noch ebenso geteilt wie im Dreißigjährigen Krieg, und in mancher Beziehung waren die Kriege Friedrichs des Großen mit Österreich und Frankreich Wiederholungen dieser ausgedehnten Tragödie. Hätte Friedrich verloren, so hätte der Protestantismus aus Preußen ebenso verschwinden können, wie er nach 1620 aus Huss' Böhmen verschwunden war. Als der protestantische Klerus den Besitz der katholischen Bischöfe im protestantischen Norden übernahm, war er auf den militärischen Schutz der protestantischen Fürsten angewiesen und erkannte diese als Oberhäupter der protestantischen Kirche in ihren Herrschaftsgebieten an; so war der Agnostiker Friedrich das Oberhaupt der preußischen Kirche. In den katholischen Staaten – Österreich, Böhmen und fast dem gesamten Rheinbund – brauchten die Bischöfe, wenn sie nicht selbst Landesherrn waren, einen ähnlichen Schutz und mußten sich der weltlichen Gewalt unterstellen. Viele von ihnen schenkten päpstlichen Erlässen nur geringe Beachtung, aber die meisten verlasen regelmäßig von der Kanzel die Verordnungen der staatlichen Behörden, die sie beschützten. So verlasen in Napoleons deutschen Staaten die Bischöfe – ob protestantisch oder katholisch – von der Kanzel seine Verwaltungsanordnungen und militärischen Bulletins.[3]

Diese Abhängigkeit der Kirche zeitigte verschiedenartige – fast gegensätzliche – Wirkungen: den Pietismus und den Rationalismus. In vielen deutschen Familien wurde traditionell eine Frömmigkeit gepflegt, die sich als stärker erwies als politische Überlegungen und tiefer ging als kirchliches Ritual. Diese Menschen fanden im Familiengebet mehr Inspiration als in der Eloquenz von Kanzelrednern oder berufsmäßigen Theologen. Sie wandten sich mehr und mehr von den Kirchen ab und feierten ihren Gottesdienst privat und hingebungsvoll in esoterischen Zirkeln. Noch leidenschaftlicher gebärdete sich eine stolze Gruppe von Mystikern, die die Traditionen von Propheten wie Jakob Böhme pflegten, behaupteten, Gott ins Antlitz geblickt und Erleuchtungen empfangen zu haben, welche die tiefsten und schwierigsten Probleme des Lebens lösten. Besonders beeindruckend, wenn auch nur durch die Tatsache, daß sie Jahrhunderte der Verfolgung mit schweigendem Heroismus ertragen hatten, waren die ohne Gelübde und nicht klösterlich lebenden Mönche und Nonnen der Mährischen Brüder, die, aus dem katholischen Böhmen verbannt, sich im protestantischen Deutschland ausbreiteten und sein religiöses Leben nachhaltig beeinflußten. Madame de Staël traf mit einigen von ihnen zusammen und war beeindruckt von ihrer vorehelichen Keuschheit, ihrer Gütergemeinschaft und der Grabschrift, die für jeden ihrer Toten dieselbe war: «er wurde dann und dann geboren und kehrte dann und dann in seine Heimat zurück.»[4] Baronesse Julie (Barbara Juliane) von Krüdener (1764–1824), Madame de Staëls Lieblingsmystikerin, wurde zu ihrem Glauben bekehrt und predigte ihn so hinreißend, daß Königin Luise von Preußen – und eine Zeitlang auch Zar Alexander von Rußland – unter ihren Einfluß gerieten, natürlich abgesehen von der Gütergemeinschaft.

Den Mystikern standen die Skeptiker gegenüber, die die Luft der Französischen Aufklärung geatmet hatten. Lessing hatte der deutschen Aufklärung den Weg gebahnt, als er die «Fragmente eines Ungenannten» ausgrub und teilweise publizierte (1774–1778), in welchen Hermann Reimarus seine Zweifel an der Geschichtlichkeit der Evangelien zum Ausdruck gebracht hatte. Es hatte natürlich in jeder Generation Skeptiker gegeben, doch die meisten von ihnen hatten gefunden, daß Schweigen Gold ist, und die Ansteckung war durch das höllische Feuer und die Polizei unter Kontrolle gehalten worden. Nun jedoch hatte sie ihren Weg in die Freimaurer- und Rosenkreuzerlogen ebenso wie in die Universitäten und sogar die Klöster gefunden. 1781 versetzte Kants *Kritik der reinen Vernunft* das ganze gebildete Deutschland in Aufruhr, indem sie die Schwierigkeiten einer rationalen Theologie auseinandersetzte. Noch eine Generation nach Kant bemühte sich die deutsche Philosophie, seine Zweifel zu widerlegen oder zu verbergen und einzelne besonders geschickte Gegner wie Friedrich Schleiermacher erwarben internationale Anerkennung. Laut Mirabeau (der sich zwischen 1786 und 1788 dreimal in Deutschland aufhielt) hatten um diese Zeit nahezu sämtliche protestantischen Geistlichen in Preußen sich insgeheim ihrer Orthodoxie entäußert und betrachteten Jesus nur noch als einen liebenswerten Mystiker, der den nahe bevorstehenden Weltuntergang verkündete. Im Jahre 1800 berichtete ein voreiliger Beobachter, die Religion sei in Deutschland tot und «es sei nicht mehr Mode, ein Christ zu sein».[5] Georg Lichtenberg (1742–1799) prophezeite, daß «der Tag kommen wird, wo aller Glaube nur noch ein Kinderschreck sein wird».[6]

Solche Berichte waren gefühlsmäßig übertrieben. Einige wenige Professoren und vereinzelte Studenden schlugen sich mit religiösen Zweifeln herum, doch berührten diese die breiten Massen kaum. Der christliche Glaube appellierte weiterhin an das Gefühl der Menschen für ihre Abhängigkeit von übernatürlichen Mächten und an den selbst bei den Gebildeten bestehenden Hang, auf Hilfe von Oben zu vertrauen. Die protestantischen Kongregationen erwärmten ihre Herzen mit gewaltigen Hymnen. Die katholische Kirche war nach wie vor eine Heimstatt für Wunder, Mythos,

Mysterium, Musik und Kunst und schließlich ein Hafen für Geister, die sich in Jahren geistiger Irrfahrten zwischen den Stürmen und Untiefen von Philosophie und Sex erschöpft hatten; so tiefschürfende Gelehrte wie Friedrich von Schlegel oder brillante Jüdinnen wie die Töchter Moses Mendelssohns, suchten schließlich die Nestwärme der Mutterkirche. Der Glaube erhebt sich stets wieder, und der Zweifel bleibt.

III. DIE DEUTSCHEN JUDEN

Der Glaube muß jedoch eine Abschwächung erfahren haben, denn die Toleranz wuchs. Das wachsende Allgemeinwissen überflutete die Grenzen, innerhalb derer die Glaubensbekenntnisse ihre Naivität bewahrt hatten. Es wurde zur Unmöglichkeit für einen gebildeten Christen, einen modernen Juden wegen einer politisch motivierten Kreuzigung vor achtzehn Jahrhunderten zu hassen; vielleicht hatte er außerdem im Matthäus-Evangelium (Kap. XXI, Vers 8) gelesen, daß eine jüdische Volksmenge den Weg des geliebten Predigers mit Palmblättern bestreut hatte, als er ein paar Tage vor seinem Tod nach Jerusalem kam. Jedenfalls wurden die Juden in Österreich durch Joseph II., im Rheinland durch die Revolution oder Napoleon und in Preußen durch Hardenberg befreit. Sie verließen die Ghettos gerne, nahmen Kleidung, Sprache und Gewohnheiten ihrer Zeit und ihres Aufenthaltsortes an und wurden geschickte Handwerker, loyale Bürger, interessierte Gelehrte und schöpferische Wissenschaftler. Bei den Ungebildeten blieb der Antisemitismus bestehen, doch in gebildeten Kreisen verlor er seine religiöse Aura und mußte sich aus wirtschaftlichen und intellektuellen Rivalitäten nähren, wie auch aus Spuren des Ghettos, die den ärmeren Juden weiterhin anhafteten.

Im Frankfurt Goethes war die Feindseligkeit zwischen Christen und Juden besonders ausgeprägt gewesen und hatte sich länger gehalten, weil dort die herrschende Bourgeoisie die Stärke der jüdischen Konkurrenz in Handel und Finanzwesen zu spüren bekam. Unter ihnen lebte auch Meyer Amschel Rothschild (1743–1812), der mit Anleihen an geldbedürftige Fürsten wie die Landgrafen von Hessen-Kassel oder durch seine Tätigkeit als Agent Englands bei der Weiterleitung von Subsidien an die herausgeforderten Könige für ihren Kampf gegen Napoleon das größte Bankhaus der Geschichte gründete. Trotzdem war es Napoleon, der 1810 die Gewährung der vom Code Napoléon garantierten vollen bürgerlichen Freiheiten an die Frankfurter Juden befahl.[7]

Marcus Herz (1747–1803) mag als Beispiel für die fruchtbare Verbindung jüdischer Finanzleute mit der Förderung von Wissenschaft und Kunst gelten. In Berlin geboren, wandte er sich 1762 nach Königsberg, wo Kant und andere Liberale die Zulassung von Juden zur Universität durchgesetzt hatten. Herz schrieb sich als Student der Medizin ein, wohnte jedoch Kants Vorlesungen fast ebenso oft bei wie den medizinischen und wurde durch sein leidenschaftliches Interesse an der Philosophie zu Kants Lieblingsschüler.[8] Nach Abschluß seines Medizinstudiums ging er nach Berlin zurück und machte sich bald nicht nur als Arzt, sondern auch mit seinen Vorlesungen über Philosophie einen Namen. Seine Vorträge und Demonstrationen auf dem Gebiet der Physik zogen einen distinguierten Zuhörerkreis an, zu dem auch der künftige König Friedrich Wilhelm III. gehörte. Sein Leben wurde durch seine Heirat mit Henrietta de Lemos, einer der schönsten Frauen ihrer Zeit, sowohl erhellt wie getrübt. Sie machte aus seinem Heim einen Salon, der sich mit den besten in Paris messen konnte. Ihre Gastfreundschaft erstreckte sich auch auf andere jüdische Schönheiten wie Moses Mendelssohns Tochter Brendel – später Dorothea – und Rachel Levin, die künftige Frau des Diplomaten und Schriftstellers Varnhagen von Ense. Christliche wie jüdische Persönlichkeiten versammelten sich um diese drei Grazien und die Christen waren entzückt festzustellen, daß sie geistig ebenso anziehend wie körperlich und von verführerischem Reiz waren. Mirabeau nahm an diesen Zusammenkünften teil, um sich mit Marcus über Politik und noch öfter, um sich mit Henrietta über delikatere Gegenstände zu unterhalten. Sie genoß die ihr von christlichen Persönlichkeiten entgegengebrachte Bewunderung und verstrickte sich in «nicht ganz eindeutige Beziehungen» mit dem Erzieher Wilhelm von Humboldt und danach mit dem Theologen und Philosophen Friedrich Schleiermacher. Gleichzeit ermutigte sie Dorothea – die Simon Veit geheiratet und ihm zwei Kinder geboren hatte – Mann und Heim zu verlassen und mit Friedrich von Schlegel zu leben, zuerst als seine Geliebte, dann als seine Gattin.

So zeitigte der freie Verkehr von Juden und Christen untereinander einen in doppelter Weise auflösenden Effekt: Er schwächte den Glauben von Christen, die herausfanden, daß Christus und seine zwölf Apostel ihre Lehre als Reform eines dem Tempel und dem mosaischen Gesetz treuen Judaismus aufgefaßt hatten, und er schwächte den Glauben von Juden, die einsahen, daß das Festhalten am jüdischen Glauben ein ernsthaftes Handikap für die Heirat mit Christinnen und die gesellschaftliche Stellung sein konnte. In beiden Lagern höhlte der Verfall des religiösen Glaubens den Moralkodex aus.

IV. MORAL

Dieser Kodex gründete sich auf den Glauben an einen ebenso guten wie furchtbaren Gott, der jeder demütigen Bitte zugänglich war, Tun und Denken jeder einzelnen Seele kannte, nichts vergaß und niemals auf das Recht und die Macht zu strafen oder zu vergeben verzichtete, ein Gott der Liebe und Vergeltung, in seiner mittelalterlichen Gestalt der Herr von Himmel und Hölle. Dieser düstere und vielleicht unverzichtbare Glaube war im Volk weiterhin lebendig und half der Geistlichkeit, den Junkern, den Generalen und den *patres familias*, ihre Herden, Bauern, Soldaten und Heimstätten zu beherrschen. Immer neue Kriege, wirtschaftliche Konkurrenz und die Notwendigkeit familiärer Disziplin forderten vom heranwachsenden Jungen die Ausbildung von Gehorchenlernen und Anpassung, vom Mädchen einnehmende Bescheidenheit und häusliche Fertigkeiten, von der Ehefrau geduldige Hingabe, vom Ehemann und Vater die Fähigkeit zum strengen Regiment.

Der durchschnittliche Deutsche war von Natur aus gutmütig, zumindest im Wirtshaus, er hielt es jedoch für klug, vor Frau und Kindern, Konkurrenten und Angestellten eine würdevolle Miene zur Schau zu tragen. Er pflegte die Tradition als Quelle aller Weisheit und Pfeiler der Autorität; überkommene Gebräuche ermöglichten es ihm, sich seinen täglichen Aufgaben ohne viel anstrengende Überlegungen zu widmen. Seine Religion bewahrte er als geheiligtes Erbe und war dankbar für ihre Hilfe bei der Erziehung seines Kinder zu Höflichkeit, Ordnung und Beharrlichkeit. Er lehnte die Revolution, die Frankreich in Unordnung gestürzt hatte, ebenso ab wie den Sturm und Drang der deutschen Jugend, denn er sah darin die rücksichtslose Auflösung festgefügter, für Ordnung und Gesundheit im Heim wie im Staat lebenswichtiger Beziehungen. Er verlangte Unterordnung von Frau und Kindern, doch er konnte in seiner schlichten Art human und liebevoll sein, und er arbeitete ohne zu klagen, um für ihre körperlichen und geistigen Bedürfnisse zu sorgen.

Seine Frau fügte sich ohne besonderen Widerstand in die Situation, denn auch sie war der Meinung, daß eine große Familie in einem von möglichen Feinden umgebenen unsicheren Land einer starken und sicheren Hand bedurfte. Im Haus, durch Gesetz von ihrem Gatten abhängig, wurde sie als die maßgebende Autorität anerkannt und fast immer durch die lebenslange Liebe ihrer Kinder belohnt. Sie war zufrieden, die «schuldlose Mutter der Kinder»[9] zu sein, verbraucht im Ringen mit der Erde und der Fortpflanzung der Rasse.

Es gab jedoch auch andere Stimmen. Im Jahre 1774 veröffentlichte Theodor von Hippel *Über die Ehe*, eine Verteidigung der Gleichstellung der Frau durch einen Mann, womit er Mary Wollstonecraft um achtzehn Jahre vorwegnahm. Er wandte sich gegen den Gehorsamkeitsschwur der Braut; Ehe sollte Partnerschaft bedeuten, nicht Unterwerfung. Er forderte die volle Emanzipation der Frau – nicht nur das Stimmrecht, sondern auch die Wählbarkeit in Ämter, auch in die höchsten; er zählte einige große Herrscherinnen der Zeit auf – Christine von Schweden, Katharina von Rußland, Maria Theresia von Österreich. Wenn die volle Gleichberechtigung der Frau nicht Gesetz würde, so sei es ehrlicher, die «Menschenrechte» als die «Rechte der Männer» zu bezeichnen.[10]

Deutschland hörte nicht auf ihn, doch sahen – unter dem Ansporn der Französischen Revolution und der Ausbreitung radikaler Literatur in Deutschland – das Ende des achtzehnten und der Beginn des neunzehnten Jahrhunderts ein Schneegestöber emanzipierter Frauen, wie es an Zahl nur von unserer Zeit und an Brillanz nur vom Frankreich des achtzehnten Jahrhunderts, an wildem Übermut aber niemals übertroffen wurde. Die romantische Bewegung nahm sich auf dem Gebiet der Literatur die Troubadours des Mittelalters zum Vorbild und idealisierte die Frau nicht länger als mütterliche Demeter, noch als Jungfrau wie Maria, sondern als berauschendes Bukett körperlicher Schönheit und intellektueller Lebendigkeit, skandalumwittert, um die Verführung zu vollenden. Wir haben bereits Henrietta Herz und Dorothea Mendelssohn erwähnt; fügen wir Caroline Michaelis (Tochter eines Göttinger Orientalisten) hinzu, die, eine revolutionäre Witwe, August von Schlegel heiratete, sich von ihm scheiden ließ und den Philosophen Schelling ehelichte. Oder Therese Forster, die es ihrem Gatten an republikanischer Leidenschaft gleichtat, ihn verließ, um mit einem sächsischen Diplomaten zusammenzuleben und einen politischen Roman, «Die Familie Seldorf», schrieb, der im Rheinland Aufsehen erregte; «was ihre intellektuellen Fähigkeiten betrifft», schrieb Wilhelm von Humboldt, «war sie eine der bemerkenswertesten Frauen ihrer Zeit».[11] Oder Rachel Levin Varnhagen von Ense, deren Berliner Salon von Diplomaten und Intellektuellen besucht wurde. Oder Bettina von Arnim, die wir als Verehrerin Beethovens und Goethes kennengelernt haben. Und dann jene kultivierten, weniger revolutionären Damen, die Goethe in Weimar überstrahlten: die Herzogin Luise, Charlotte von Stein, Charlotte von Kalb.

In den größeren Städten Deutschlands war diese Befreiung der Frau natürlich von einer Lockerung moralischer Bindungen begleitet. König Friedrich Wilhelm II. hatte Mätressen in Mode gebracht, und in der nächsten Regierungsperiode übertraf Prinz Louis Ferdinand ihn noch. Liebesheiraten vervielfachten sich, als junge Leute die romantische Ekstase den Freuden des Besitzes vorzogen. Der alternde Goethe sah aus Weimar scheel auf das fröhliche Leben der oberen Stände in Berlin, doch machte er sich die neue Moral zu eigen, als er sich in Karlsbad zur Kur aufhielt. Dort zeigten sich die Frauen stolz in den neuen, von den Damen Tallien und de Beauharnais 1795 in Paris kreierten Moden.

Die Unmoral in der Politik wetteiferte mit der sexuellen Laxheit. Bestechung war ein beliebtes Instrument der Diplomatie, und verbreitete Käuflichkeit schmierte sowohl in katholischen wie in protestantischen Staaten die Bürokratie. Im Geschäftsleben scheint es anständiger zugegangen zu sein als in der Politik; wenn auch die Bourgeoisie emanzipierte Frauen heiratete, so hielt sie sich doch von der an der Spree in Schwang gekommenen Ausgelassenheit fern. Unterdessen zersetzte aber die von den Universitäten des Landes kommende halbgebildete Jugend das Leben und die Moral der Deutschen.

V. ERZIEHUNG

Zum wichtigsten Anliegen und zur bedeutendsten Leistung Deutschlands wurde nun die Erziehung. Sie wurde wesentlicher als der Wunsch nach Krieg, der durch die Erhebung von Geist und Körper gegen Napoleon angefacht worden war. Fichtes «Reden an die deutsche Nation» (1807)[12], obwohl nur von wenigen gehört, drückten die wachsende Überzeugung der Zeit aus: Nur eine Reform des Erziehungswesens auf allen Stufen konnte in diesen Jahren Deutschland aus der Jagd nach dem Vergnügen zu einer strikten Hingabe an die Notwendigkeiten des Staates emporheben, nachdem rascher Verzicht und nationale Erniedrigung den deutschen Geist fast zerbrochen hatten. Im Jahre 1809 wurde Wilhelm von Humboldt (1767–1835) zum preußischen Erziehungsminister ernannt. Er widmete sich seiner Aufgabe mit Erfolg, und unter seiner Leitung vollzog sich im deutschen Erziehungswesen eine Erneuerung, die es bald zum besten Europas machte. Studenten aus einem Dutzend Ländern kamen zum Studium an die Universitäten Göttingen, Heidelberg, Jena und Berlin. Die Erziehung wurde auf alle Klassen ausgedehnt und in ihren Gegenständen und Zielen erweitert; und obwohl der Religion als Stütze des Charakters besonderes Gewicht beigemessen wurde, so machten die Rechtslehrer den Nationalismus zur neuen Religion an den deutschen Schulen – genau wie Napoleon ihn an den französischen zur neuen Gottheit gemacht hatte.

Die deutschen Universitäten verlangten und erhielten eine gründliche Überprüfung, denn viele von ihnen litten unter der Vernachlässigung, die hohes Alter gewöhnlich mit sich bringt. Die Universität Heidelberg war 1386 gegründet worden, Köln 1388, Erfurt 1379, Leipzig 1409, Rostock 1419, Mainz 1476, Tübingen 1477, Wittenberg 1502. Jetzt waren sie alle in Nöten und Schwierigkeiten. Die Universität Königsberg, gegründet 1544, blühte mit Immanuel Kant. Die Universität Jena, 1558 errichtet, wurde zum Kulturzentrum Deutschlands, mit Schiller, Fichte, Schelling, den Brüdern Schlegel und dem Dichter Hölderlin; hier begrüßte die Fakultät die Französische Revolution fast ebenso begeistert wie die Studenten. Die Universität Halle war in dreifachem Sinne «die erste moderne Universität:» Sie verschrieb sich der Freiheit von Gedanken und Lehre und verlangte von ihrer Fakultät keine Verpflichtung zu religiöser Orthodoxie; sie schuf Raum für Wissenschaft und moderne Philosophie und sie wurde zu einem Zentrum originaler Gelehrsamkeit und einer Werkstatt wissenschaftlicher Forschung.[13] Die Universität Göttingen, erst 1736 gegründet, war um 1800 zur «größten Schule Europas» geworden[14]; nur die Universität Leiden in Holland kam ihr gleich. «Das ganze nördliche Deutschland», sagte Madame de Staël, «ist voll der gelehrtesten Universitäten Europas».[15]

Wilhelm von Humboldt, der Francis Bacon dieser Wiedergeburt der Gelehrsamkeit, war einer der großen unabhängigen Geister der Zeit. Obwohl durch Geburt dem Adel zugehörig, nannte er diesen ein «einst notwendiges und heute unnötiges Übel». Er schloß aus dem Studium der Geschichte, daß fast jede Institution, wie fehlerhaft und hinderlich sie auch geworden sein mochte, einst wohltätig gewesen war. «Was erhielt im Mittelalter die Freiheit am Leben? Das Lehenswesen. Was bewahrte die Wissenschaften in den Jahrhunderten der Barbarei? Das Mönchstum.»[16] Dies schrieb er mit vierundzwanzig. Ein Jahr später (1792) beurteilte er mit prophetischer Weisheit die neue Verfassung, die Frankreich sich 1791 gegeben hatte; sie enthielt, wie er meinte, eine Menge bewundernswerter Vorsätze, doch das französische Volk, erregbar und leidenschaftlich, würde nicht im Stande sein, nach ihr zu leben und würde sein Land ins Chaos stürzen. Eine Generation später, als er mit einem befreundeten Philologen über das Schlachtfeld von Leipzig wanderte, wo Napoleon 1813 geschlagen worden war, bemerkte er: «König- und Kaiserreiche gehen unter, wie wir hier sehen, doch ein schönes Gedicht hat ewig Bestand».[17] Vielleicht dachte er an Pindar, dessen Gedichte er aus ihrem außergewöhnlich schwierigen Griechisch übertragen hatte.

Als Diplomat versagte er, da er von der Revolutionierung der Ideen zu sehr gefesselt war, als daß ihn die flüchtigen Probleme der Politik hätten absorbieren können. Auf der Bühne der Öffentlichkeit unbefriedigt, zog er sich in ein fast einsiedlerisches Leben der Studien zurück. Die Philologie faszinierte ihn, und er verfolgte die Abenteuer von Wörtern auf ihrer Reise von einem Land in das andere. Er vertraute nicht darauf, daß eine Regierung die sozialen Probleme lösen könne, da bessere Gesetze durch die gleichbleibende Natur der Menschen unwirksam gemacht werden würden. Nach seiner Meinung bestand die größte Hoffnung der Menschheit in der Ausbildung einer Minderheit, deren soziales Engagement selbst in einer mutlos gewordenen Generation für die Jugend als Leitbild dienen könnte.

So trat er also im Alter von zweiundvierzig Jahren aus seiner Zurückgezogenheit heraus, um das Erziehungsministerium zu übernehmen; im Jahre 1810 beauftragte ihn die Regierung mit der Reorganisation der Universität Berlin. Dort führte er eine Änderung ein, die europäische und amerikanische Universitäten bis in unsere Tage beeinflußte: Die Hochschullehrer wurden nicht so sehr nach ihrer Lehrbefähigung ausgewählt, als vielmehr nach ihrer Bekanntheit oder Bereitwilligkeit für eigenständige wissenschaftliche Forschung. Die Berliner Akademie der Wissenschaften (gegründet 1711), das Observatorium, der Botanische Garten, Museum und Bibliothek wurden der neuen Universität angegliedert. Dorthin kamen der Philosoph Fichte, der Theologe Schleiermacher, der Jurist Savigny und Friedrich August Wolf (1759–1824), der Erforscher des klassischen Altertums, dessen *Prolegomena ad Homerum* (1795) die Hellenisten mit der interessanten Vermutung überrascht hatten, daß «Homer» nicht ein einzelner Dichter gewesen sei, sondern eine Reihe von Sängern, die nach und nach Ilias und Odyssee zusammengefügt hätten. An der Universität Berlin hielt Barthold Georg Niebuhr (1776–1831) die Vorlesungen, aus welchen seine wegweisende «Römische Geschichte» (1811–1832) entstand. Er überraschte die wissenschaftliche Welt, als er Livius' erste Kapitel nicht als Geschichte, sondern als Legende interpretierte. Von da an war Deutschland in klassischer Gelehrsamkeit, Philologie, Geschichtsschreibung und Philosophie führend in der Welt. Seine Überlegenheit auf dem Gebiet der Naturwissenschaften sollte erst noch kommen.

VI. WISSENSCHAFTEN

Die Naturwissenschaften waren in Deutschland durch ihre nahezu siamesische Verbindung mit der Philosophie in ihrer Entwicklung gehemmt worden. Während des größten Teils dieser Periode wurden sie als Bestandteil der Philosophie angesehen und zusammen mit geisteswissenschaftlicher Forschung und Geschichtschreibung unter der Bezeichnung Wissenschaftslehre zusammengefaßt. Diese Verbindung mit der Philosophie gereichte den Naturwissenschaften zum Nachteil, denn die deutsche Philosophie übte sich damals in theoretischer Logik und schwebte stolz über der exakten Untersuchung beziehungsweise Verifizierung durch das Experiment.

Zwei Männer waren es vor allem, die Deutschland in diesem Zeitabschnitt zu wissenschaftlichen Ehren brachten – Karl Friedrich Gauss (1777–1855) und Alexander von Humboldt (1769–1859). Gauss wurde in einem Braunschweiger Bauernhaus geboren. Sein Vater, Gärtner, Maurer und Kanalwärter von Beruf, betrachtete Erziehung als einen Pfad zur Hölle.[18] Karls Mutter jedoch bemerkte seine Begeisterung und sein Geschick für Zahlen; so knauserte und sparte sie, um ihn zur Schule und dann aufs Gymnasium zu schicken. Dort bewogen seine raschen Fortschritte in Mathematik seinen Lehrer, ihm eine Audienz bei Herzog Karl Wilhelm Ferdinand von Braunschweig zu vermitteln. Der Herzog war beeindruckt und gab ihm für drei Jahre einen Freiplatz am Braunschweiger Collegium Carolinum. Von dort bezog Karl Friedrich die Universität Göttingen (1795). Nachdem er ein Jahr dort verbracht hatte, fragte seine Mutter, völlig außerstande, das Spiel ihres Sohnes mit Zahlen und Diagrammen zu verstehen, einen Lehrer, ob ihr Sohn Zeichen außergewöhnlicher Begabung zeige. Die Antwort war: «Er wird der größte Mathematiker Europas werden».[19] Die Mutter könnte noch vor ihrem Tod von Laplaces Feststellung gehört haben, daß Gauss diese Voraussage bereits erfüllt habe. Er wird heute mit Archimedes und Newton auf eine Stufe gestellt.[20]

Wir maßen uns nicht an, die Entdeckungen auf den Gebieten der Zahlentheorie, der imaginären Größen, quadratischen Residuen, der Methode der kleinsten Quadrate oder der Infinitesimalrechnung zu verstehen, geschweige denn zu erläutern, durch welche Gauss die Mathematik aus dem, was sie zu Newtons Zeiten gewesen war, in eine fast neue Wissenschaft verwandelte, die zum Werkzeug der wissenschaftlichen Wunder unserer Zeit wurde. Er selbst machte seine mathematischen Erkenntnisse auf einem halben Dutzend von Gebieten fruchtbar. Seine Beobachtungen der Umlaufbahn von Ceres (dem ersten, am 1. Januar 1801 entdeckten Planetoiden) führten ihn zu einer neuen und raschen Methode der Berechnung von Planetenbahnen. Er stellte Untersuchungen an, die die Theorie von Magnetismus und Elektrizität auf eine mathematische Grundlage stellten. Er war eine Bürde und ein Segen für alle Wissenschaftler, die glauben, es sei nichts als Wissenschaft zu bezeichnen, das nicht in mathematischen Begriffen ausgedrückt werden kann.

Er selbst war so interessant wie seine Arbeit. Während er eine Wissenschaft neu schuf, blieb er ein Vorbild an Bescheidenheit. Er hatte keine Eile, seine Entdeckungen zu veröffentlichen, so daß ihm der Ruhm dafür erst nach seinem Tode zufiel. Er nahm seine alte Mutter zu sich und seiner Familie. In den letzten vier ihrer siebenundneunzig Lebensjahre, als sie vollständig erblindet war, war er ihr Pfleger und erlaubte niemand anderem, für sie zu sorgen.[21]

Der zweite Heros der deutschen Wissenschaft jener Zeit war Wilhelm von Humboldts jüngerer Bruder Alexander. Nach Abschluß seines Studiums in Göttingen trat er in die Bergakademie Freiberg ein und zeichnete sich dort durch seine Untersuchungen über die unterirdische Vegetation aus. Als Bergwerksdirektor in Bayreuth entdeckte er die Wirkungen des Erdmagnetismus auf Erzlagerstätten, begründete eine Bergbauschule und verbesserte die Arbeitsbedingungen. Mit H. B. de Saussure studierte er in der Schweiz Gebirgsformationen und mit Alessandro Volta in Pavia elektrische Phänomene. 1796 begann er, durch einen Zufall, die lange wissenschaftliche Entdeckungsreise (ähnlich der Reise Darwins auf der *Beagle*), deren Ergebnisse ihn, nach einem zeitgenössischen Scherzwort, «zum berühmtesten Mann Europas nach Napoleon» machten.[22]

Mit seinem Freund, dem Botaniker Aimé Bonpland, brach er von Marseille auf in der Hoffnung, Napoleon in Ägypten zu begegnen. Besondere Umstände lenkten ihren Weg nach Madrid, wo die unerwartete Gönnerschaft des Premierministers sie zur Erforschung Spanisch-Amerikas ermutigte. Sie gingen 1799 unter Segel und unterbrachen ihre Reise für sechs Tage in Teneriffa, der größten der Kanarischen Inseln. Dort bestiegen sie den Pik (3800 m) und wurden Zeugen eines Meteoritenschauers, der Humboldt dazu veranlaßte, die Periodizität solcher Erscheinungen zu studieren. 1800 brachen sie von Caracas in Venezuela auf und verbrachten vier Monate mit dem Studium der Pflanzen- und Tierwelt in den Savannen und Regenwäldern entlang des Orinoco, bis sie die gemeinsame Quelle dieses Stroms und des Amazonas erreichten. 1801 erkämpften sie sich von Cartagena (einem Seehafen in Kolumbien) aus ihren Weg durch die Anden nach Bogotà und Quito und stiegen auf den Chimborasso (bis in 5400 m Höhe), womit sie einen Weltrekord aufstellten, der in den nächsten sechsunddreißig Jahren nicht überboten wurde. Auf einer Reise entlang der Pazifikküste nach Lima stellte Humboldt Temperaturmessungen der Meeresströmung an, die heute seinen Namen trägt. Er beobachtete den Durchgang des Planeten Merkur. Er untersuchte die chemische Beschaffenheit von Guano, erkannte seine Möglichkeiten als Düngemittel und sandte eine Probe dieser Exkremente von Seevögeln zur eingehenden Analyse nach Europa; so begann einer der bedeutendsten Exporte Südamerikas. Nachdem sie fast bis nach Chile gekommen waren, wandten sich die unermüdlichen Forscher wieder nach Norden, verbrachten ein Jahr in Mexiko, dann einige Zeit in den Vereinigten Staaten und betraten 1804 wieder europäischen Boden. Es war eine der fruchtbarsten wissenschaftlichen Reisen der Geschichte.

Humboldt blieb fast drei Jahre in Berlin und beschäftigte sich mit dem Sichten seiner Unmengen von Notizen und der Niederschrift seiner *Ansichten der Natur* (1807). Ein Jahr später übersiedelte er nach Paris, um wissenschaftlichen Sammlungen und Hilfsmitteln näher zu sein. Er hielt sich neunzehn Jahre lang dort auf und erfreute sich der Freundschaft der führenden Wissenschaftler Frankreichs wie des Lebens und der geistigen Anregung der Salons; er war einer von Nietzsches «guten Europäern». Mit dem Gleichmut eines Geologen wurde er Zeuge jener oberflächlichen Störungen, die man den Aufstieg und Untergang von Staaten nennt. Er begleitete Friedrich Wilhelm III. 1814 beim Besuch der siegreichen Könige in London, doch in der Hauptsache beschäftigte er sich damit, alte Wissenschaften weiterzuentwickeln oder neue zu schaffen.

Er entdeckte (1804), daß der Erdmagnetismus von den Polen zum Äquator hin an Intensität abnimmt. Er bereicherte die Geologie mit seinen Studien über den feuerflüssigen Ursprung gewisser Gesteinsarten, der Gebirgsbildung und der geographischen Verteilung von Vulkanen. Er erbrachte die ersten Hinweise auf die Gesetze, denen atmosphärische Störungen unterliegen und brachte dabei Licht in Entstehung und Zugrichtung tropischer Stürme. Er machte klassische Studien über Luft- und ozeanische Strömungen. Er war der erste (1817), der für die Geographie die Isothermenlinien festlegte, die Orte mit der gleichen Jahresdurchschnittstemperatur ungeachtet ihrer geographischen Breite verbinden. Die Kartographen waren erstaunt, auf Humboldts Karte zu sehen, daß London, obwohl so weit nördlich gelegen wie Labrador, dieselbe Durchschnittstemperatur aufweist wie Cincinnati, das so weit südlich liegt wie Lissabon. Mit seinem *Essai sur la géographie des plantes* begann die Wissenschaft der Biogeographie – das Studium der Verteilung des Pflanzenwuchses in Abhängigkeit von den physikalischen Bedingungen des Terrains. Diese und hundert andere Beiträge, äußerlich bescheiden, doch von weitreichendem und dauerndem Einfluß, wurden von 1805–1834 in dreißig Bänden als *Voyages de Humboldt et Bonpland aux régions equinoxiales du nouveau continent* veröffentlicht. Schließlich, nachdem er sein Vermögen mit seiner Arbeit erschöpft hatte, nahm er einen bezahlten Posten als Kammerherr am preußischen Hof an (1827). Bald, nachdem er wieder seßhaft geworden war, hielt er in Berlin öffentliche Vorlesungen, die später den Inhalt seines vielbändigen «Kosmos» (1845–1862) bildeten, der zu den berühmtesten Büchern im europäischen Wissensbereich gehörte. Die Einleitung spiegelte die Bescheidenheit eines reifen Geistes:

> Am Spätabend eines aktiven Lebens lege ich dem deutschen Publikum ein Werk vor, das meinem Geist in unbestimmter Form schon seit einem halben Jahrhundert vorschwebte. Ich habe seine Vollendung schon oft als undurchführbar angesehen. Doch so oft ich geneigt war, das Unternehmen ganz aufzugeben, so habe ich mich doch – vielleicht unklugerweise – der Aufgabe wieder unterzogen ... Meine Haupttriebfeder war dabei das ernste Bemühen, die Erscheinungsformen physikalischer Gegenstände in ihrem allgemeinen Zusammenhang zu verstehen und die Natur als ein großes Ganzes, von einer inneren Kraft bewegt und beseelt, aufzuzeigen.[23]

In der englischen Übersetzung von 1849 hatte das Werk beinahe zweitausend Seiten, umfaßte Astronomie, Geologie, Meteorologie und Geographie und enthüllte eine physikalische Welt voll lebendiger Überraschungen, doch nach den Regeln der Mathematik und physikalischen wie chemischen Gesetzmäßigkeiten gelenkt. Dennoch zeigt das Gesamtbild eine unendliche Szene, die nicht durch einen unbeseelten Mechanismus, sondern durch die unerschöpfliche Kraft, Ausdehnung und Erfindungsgabe des ihr innewohnenden Lebens hervorgebracht wird.

Humboldts eigene Vitalität war mitreißend. Kaum hatte er sich in Berlin niedergelassen, als er eine Einladung Zar Nikolaus' I. annahm, die Leitung einer wissenschaftlichen Expedition nach Zentralasien zu übernehmen (1829). Sie verbrachte ein halbes Jahr mit der Sammlung meteorologischer Daten und dem Studium geologischer Formationen und entdeckte auf ihrem Wege im Ural Diamantminen. Nach Berlin zurückgekehrt, benützte er seine Stellung als Kammerherr, um das Erziehungssystem zu verbessern und Künstler und Wissenschaftler zu unterstützen. Er arbeitete am Band V des Kosmos, als ihn der Tod in seinem neunzigsten Jahr ereilte. Preußen gab ihm ein Staatsbegräbnis.

VII. KUNST

Jene Zeit war in Deutschland weder der Wissenschaft noch der Kunst günstig. Der Krieg, ob im Gang oder erst erwartet, verbrauchte Begeisterung, Gefühl und Reichtum. Private Kunstförderung war selten und zurückhaltend. Die öffentlichen Galerien in Leipzig, Stuttgart, Frankfurt und insbesondere in Dresden und Berlin stellten Meisterwerke aus, doch Napoleon entführte sie in den Louvre.

Dennoch brachte während des ganzen Durcheinanders die deutsche Kunst einige denkwürdige Werke hervor. Während Paris unter dem Chaos erzitterte, errichtete Berlin kühn das Brandenburger Tor. Karl Gotthard Langhans entwarf es mit kannelierten dorischen Säulen und feierlichem Giebel, als ob er den Tod von Barock und Rokoko ankündigen wollte; vor allem jedoch verkündete der mächtige Bau die Macht der Hohenzollern und ihre Entschlossenheit, keinen Feind nach Berlin hereinzulassen. Napoleon betrat es 1806, die Russen 1945.

Der Bildhauerkunst erging es gut. Sie ist ihrem Wesen nach eine klassische Kunst, die von der Linie lebt und (seit der Antike) die Farbe meidet. Die Unregelmäßigkeit des Barock und die Verspieltheit des Rokoko waren ihrem Geist fremd. Johann von Dannecker meißelte eine Sappho und Catulls Mädchen mit dem Vogel für das Stuttgarter Museum, eine Ariadne für das Bethmann-Museum in Frankfurt und eine berühmte Schillerbüste für die Weimarer Bibliothek. Johann Gottfried Schadow (1764–1850) kehrte, nachdem er zusammen mit Canova in Rom studiert hatte, in sein heimatliches Berlin zurück und erregte 1793 die Aufmerksamkeit der Hauptstadt, als er auf das Brandenburger Tor eine gemeißelte Quadriga stellte, gelenkt von einer geflügelten Siegesgöttin in einem römischen Triumphwagen. Für Stettin schuf er eine Marmorstatue Friedrichs des Großen in Uniform, die Feinde mit seinen Augen durchbohrend, doch mit zwei dicken Büchern zu seinen Füßen, um an sein schriftstellerisches Werk zu erinnern; seine Flöte wurde vergessen. Zarter sind die beiden Prinzessinnen Luise und Friederike (1797), halb erstickt unter dem Faltenwurf ihrer Gewänder, doch ruhig Arm in Arm schreitend, auf dem Wege zu Begeisterung und Gram. Die Königin inspirierte die Künstler durch ihre Schönheit, ihren leidenschaftlichen Patriotismus und ihren Tod. Heinrich Gentz (1766–1811) weihte ihr ein schwermütiges Mausoleum in Charlottenburg; Christian Rauch (1777–1857) meißelte für diese Ruhestätte ein ihres Körpers und Geistes würdiges Grabmal.

Die deutsche Malerei litt noch unter der Anämie des Neoklassizismus, der versuchte, sein Leben aus der Asche von Herculaneum und Pompeji, den Abhandlungen Lessings und Winckelmanns, den blassen Gesichtern von Mengs und David und den römischen Träumereien Angelika Kauffmanns und zahlloser Tischbeins zu schöpfen. Doch diese importierte Farblosigkeit besaß keine nährenden Wurzeln in Geschichte oder Charakter der Deutschen. Deutsche Maler dieser Zeit wandten sich vom Neoklassizismus ab und kehrten zum Christentum zurück, weit jenseits der Reformation und ihrer Feindseligkeit oder Gleichgültigkeit gegenüber der Kunst. Sie lauschten – lange vor den englischen Präraffaeliten – Stimmen wie denen Wilhelm Wackenroders und Friedrich Schlegels, die sie aufriefen, noch hinter Raffael zur mittelalterlichen Kunst zurückzugehen, die in der Einfachheit und Glückseligkeit eines nicht in Frage gestellten Glaubens gemalt, geschnitzt und gedichtet hatte. So entstand die als Nazarener bekannte Malerschule.

Ihr Führer war Johann Friedrich Overbeck (1789–1869). In Lübeck geboren, schleppte er achtzig Jahre lang den würdigen Ernst der alten Kaufmannsfamilien und die alles umhüllenden Nebel der Ostsee mit sich. Er wurde zum Kunststudium nach Wien geschickt, fand jedoch in dem ihm dort gebotenen Neoklassizismus keinen Nährboden. 1809 gründete er mit seinem Freund Franz Pforr die «Lukasbrüderschaft», die der Wiederbelebung der Kunst geweiht war, indem sie sie zur Erneuerung des Glaubens, der in den Tagen Albrecht Dürers (1471–1528) lebendig gewesen war, zurückführte. 1819 zogen sie nach Rom, um Perugino und andere Maler des fünfzehnten Jahrhunderts zu studieren. 1811 hatten sich ihnen Peter von Cornelius (1783–1867) und später Philipp Veit, Wilhelm von Schadow-Godenhaus und Julius Schnorr von Carolsfeld angeschlossen.

Sie lebten vegetarisch wie Heilige im verlassenen Kloster San Isidoro auf dem Monte Pincio. «Wir führten ein echt mönchisches Leben», erinnerte sich Overbeck später. «Vormittags arbeiteten wir zusammen; mittags kochten wir abwechselnd unser Essen, das aus Suppe und Pudding oder einem schmackhaften Gemüse bestand.» Abwechselnd posierten sie für einander. St. Peter ließen sie links liegen, da es zuviel «heidnische Kunst» enthalte und wandten sich lieber alten Kirchen oder den Klöstern wie San Giovanni in Laterano oder San Paolo fuori le Mura zu. Sie fuhren nach Orvieto um Signorelli, nach Siena, um Duccio und Simone Martini, und vor allem nach Florenz und Fiesole, um Fra Angelico zu studieren. Sie beschlossen, sich weder mit Porträt- noch mit dekorativer Malerei zu befassen, sondern das vor Raffael gültige Ziel der Malerei, nämlich die Förderung christlicher Frömmigkeit und eines mit dem christlichen Glauben verbundenen Patriotismus wieder zu beleben.

Ihre große Chance kam 1816, als der preußische Konsul in Rom, J. S. Bartholdy, sie beauftragte, seine Villa mit Fresken aus der Geschichte Josephs und seiner Brüder auszumalen. Die «Nazarener» hatten die Verdrängung des Freskos durch die Ölmalerei auf Leinwand beklagt. Nun beschäftigten sie sich mit Chemie, um geeignete Oberflächen für dauerhafte Farben zu finden und waren insofern erfolgreich, als ihre

Fresken, aus Rom entfernt und in der Berliner Nationalgalerie dem Publikum zugänglich gemacht, zum stolzesten Besitz der preußischen Hauptstadt zählten. Der alte Goethe allerdings lehnte diese Ekstasen ab, da sie Imitationen italienischer Stile des vierzehnten Jahrhunderts seien, genau wie der Neoklassizismus die heidnische Kunst imitierte. Die Nazarener machten sich nichts aus dieser Kritik, traten aber leise von der Szene ab, als Wissenschaft und Philosophie den alten Glauben allmählich aushöhlten.

VIII. MUSIK

Die Musik war Deutschlands Stolz im Glück und sein Trost im Unglück. Als Madame de Staël 1803 nach Weimar kam, fand sie, daß Musizieren bei gebildeten Familien fast ein Bestandteil des täglichen Lebens war. In vielen Städten gab es Operngesellschaften, die sich, seit Gluck, mehr und mehr bemühten, von italienischen Kompositionen und Arien unabhängig zu werden. Mannheim und Leipzig besaßen in ganz Europa berühmte Orchester. Die Instrumentalmusik begann, öffentlich mit der Oper in Wettstreit zu treten. Deutschland besaß große Geiger wie Louis Spohr (1784–1895) und gefeierte Pianisten wie Johann Hummel (1778–1837). König Friedrich Wilhelm II. war ein so guter Cellist, daß er in Quartetten, gelegentlich sogar im Orchester, mitspielte, und Prinz Louis Ferdinand war ein so vorzüglicher Pianist, daß ihn nur seine königliche Abkunft daran hinderte, mit Beethoven und Hummel in Wettbewerb zu treten.[24]

Außerdem besaß Deutschland einen Musikmeister von europäischem Ruf als Lehrer, Komponisten und Virtuosen auf nahezu sämtlichen Instrumenten: den Abt Georg Joseph Vogler (1749–1814). Er erwarb sich frühzeitig einen Ruf als Organist und Pianist, erlernte das Geigenspiel ohne Lehrer und entwickelte ein neues System des Fingersatzes, das seinen überlangen Fingern angepaßt war. Als er nach Italien geschickt wurde, um bei Padre Martini Komposition zu studieren, lehnte er sich gegen einen Lehrer nach dem anderen auf, wandte sich der Religion zu und errang in Rom großen Beifall. Nach Deutschland zurückgekehrt, gründete er Musikschulen in Mannheim, dann in Darmstadt, schließlich in Stockholm. Er lehnte die mühsamen Kompositionsmethoden, wie sie die Italiener lehrten, ab und versprach seinen Schülern eine raschere Ausbildung. Mozart und manche andere hielten ihn für einen Scharlatan, doch die spätere Betrachtung wies ihm einen hohen Rang zu, nicht als Komponist, aber als Lehrer, Interpret, Orgelbauer und Mensch. Er bereiste Europa als Organist, zog gewaltige Zuhörermengen an, strich enorme Honorare ein und verbesserte den Orgelbau. Er veränderte den Stil des Orgelspiels und gewann einen Wettbewerb gegen Beethoven im Improvisieren.[25] Er war der verehrte Lehrer eines Dutzends berühmter Schüler einschließlich Webers und Meyerbeers. Als er starb, trauerten sie um ihn wie um einen Vater. Weber schrieb am 13. Mai 1814: «Am 6. wurde unser geliebter Meister Vogler uns plötzlich durch den Tod entrissen ... Er wird stets in unseren Herzen weiterleben.»[26]

Carl Maria von Weber (1786–1826) war eines von vielen Kindern des zweimal verheirateten Franz Anton von Weber. Von Antons Töchtern oder Nichten wurden zwei bereits in diesen Bänden besprochen: Aloysia, Mozarts erste Liebe und eine berühmte Sängerin, und Constanze, die Mozarts Frau wurde. Die Söhne Fritz und Edmund studierten bei Joseph Haydn, der Sohn Carl jedoch zeigte so wenig Begabung, daß Fritz zu ihm sagte: «Carl, du kannst werden, was du willst, ein Musiker wirst du nie».[27] Carl entschied sich für die Malerei. Doch während der Wanderungen Franz Antons als Direktor einer Schauspieler- und Musikertruppe, die hauptsächlich aus seinen Kindern bestand, wurde Carls Musikunterricht von einem interessierten Lehrer, Joseph Heuschkel wieder aufgenommen. Unter seiner Anleitung entwickelte der Knabe in kurzer Zeit ein Talent, das seinen Vater in Erstaunen setzte und belohnte. Um 1800, mit vierzehn Jahren, komponierte Carl und trat öffentlich auf. Leider aber beeinflußte das hektische Umherziehen von Stadt zu Stadt Carls Charakter: Er wurde ruhelos, nervös, erregbar und launisch. Die von seinem Freund Alois Senefelder erfundene Lithographie faszinierte ihn so, daß er das Komponieren für eine Weile sein ließ und mit seinem Vater nach Freiberg in Sachsen ging, um das Lithographieren als Geschäft zu betreiben. Dann, im Frühjahr 1803, lernte er Abt Vogler kennen, sein Interesse erwachte wieder, er wurde Voglers Schüler und unterzog sich einer strengen Ausbildung in Theorie und Praxis. Voglers Zutrauen zu ihm spornte ihn an. Er entwickelte sich jetzt so schnell, daß ihm auf Voglers Empfehlung eine Kapellmeisterstelle in Breslau angeboten wurde (1804). Er war erst siebzehn, doch er nahm an und übersiedelte mit seinem leidenden Vater in die schlesische Hauptstadt.

Der junge Mann war nicht reif für eine Stellung, die nicht allein alle möglichen musikalischen Fertigkeiten erforderte, sondern ebenso Geschicklichkeit in der Behandlung von Männern und Frauen der verschiedenartigsten Temperamente. Er gewann ergebene Freunde und machte sich erbitterte Feinde. Er war zu freigebig, maßregelte mangelndes Können zu scharf und trank zu maßlos. Er hielt irrtümlich ein Glas mit Salpetersäure für Wein und trank davon, ehe er merkte, daß er Feuer schlürfte. Sein Hals und seine Stimmbänder wurden bleibend geschädigt; er konnte nicht mehr singen und nur noch mit Schwierigkeiten sprechen. Nach einem Jahr verlor er seine Stelle; er verdiente den Unterhalt für seinen Vater, eine Tante und sich selbst durch Stundengeben. Er war der Verzweiflung nahe, als Herzog Eugen von Württemberg allen dreien Wohnung in seinem Schloß Karlsruhe in Schlesien anbot (1806). Doch die Zerschlagung des Staatsgebiets und der Finanzen Preußens ruinierte den Herzog, und Weber mußte, um sein Trio zu unterhalten, die Musik eine Weile vergessen und als Sekretär Dienste bei Herzog Ludwig von Württemberg in Stuttgart nehmen. Dieser Fürst liebte festliche Gelage und zügellose Zerstreuungen und verdarb Carl durch seinen Einfluß. Eine leidenschaftliche Liebe fesselte ihn an die Sängerin Margarethe Lang; als er sie verlor, verlor er auch seine Ersparnisse und seine Gesundheit. Aus diesen Ausschweifungen rettete ihn eine jüdische Familie in Berlin – die Beers, Meyerbeers Eltern. Eine

Heirat ernüchterte ihn, stellte aber seine Gesundheit nicht wieder her. Während des Befreiungskrieges machte er sich einen Namen, als er Karl Theodor Körners kriegerische Gesänge in Musik setzte. Nach dem Krieg schloß er sich einer anderen Kampagne an – gegen die italienische Oper; er komponierte den «Freischütz» (1821) als Unabhängigkeitserklärung gegenüber dem erfolgreichen Rossini. Die Erstaufführung fand am 18. Juni 1821, dem Jahrestag der Schlacht von Waterloo, statt. Die Flügel des Patriotismus trugen sie hoch hinauf; noch nie war eine deutsche Oper so erfolgreich gewesen. Sie bezog ihren Stoff aus dem «Gespensterbuch» und trieb Possen mit den Feen, die den Freischützen beschützten. Deutschland nahm in jenen Tagen der Brüder Grimm häufig die Hilfe von Feen in Anspruch; bald sollte (1826) Mendelssohn seine Ouvertüre zum Sommernachtstraum vorlegen. Webers Oper bezeichnete den Sieg der Romantik in der deutschen Musik.

Er hoffte, seinen Erfolg mit Euryanthe wiederholen zu können, die 1823 in Wien uraufgeführt wurde, doch Rossini hatte eben erst Wien erobert, und Webers subtilere Musik kam beim Publikum nicht an. Dieser Mißerfolg deprimierte ihn im Verein mit seinem sich verschlechternden Gesundheitszustand so, daß er fast zwei Jahre lang nicht mehr komponierte. Dann bot ihm Charles Kemble, der Leiter des Covent Garden Theaters, tausend Pfund für eine Oper nach Wielands Oberon an, die er selbst in London dirigieren sollte. Weber unterzog sich der Aufgabe freudig und lernte so unverdrossen Englisch, daß er es, als er nach London kam, nicht nur lesen, sondern auch gut sprechen konnte. Die Uraufführung (28. Mai 1825) war ein toller Erfolg, worüber der glückliche Komponist noch am selben Abend an seine Frau schrieb:

> Diesen Abend hatte ich den größten Erfolg meines Lebens ... Als ich das Pult betrat, brach das bis unters Dach gefüllte Haus in rasenden Applaus aus. Hüte und Taschentücher wurden in der Luft geschwenkt. Am Ende der Aufführung wurde ich auf die Bühne gerufen ... Alles ging ausgezeichnet; jedermann in meiner Umgebung war glücklich.[28]

Weitere Aufführungen wurden aber nicht so gut aufgenommen, und ein Benefizkonzert für Weber am 26. Mai 1826 war ein trauriger Mißerfolg. Ein paar Tage danach mußte sich der deprimierte und erschöpfte Komponist zu Bett legen, von einem Anfall akuter Tuberkulose niedergeworfen. Am 5. Juni starb er, fern von Heimat und Familie. Die Romantiker sterben jung, denn sie erleben in vierzig Jahren, was andere in siebzig erfahren.

IX. THEATER

Fast jede deutsche Stadt besaß ein Theater, denn die Menschen wollen sich, vom Alltag ermüdet, abends ins Reich der Phantasie flüchten. Einzelne Städte – Mannheim, Mainz, Frankfurt, Hamburg, Weimar, Bonn, Leipzig, Berlin – unterhielten feste Theaterensembles; in anderen traten reisende Schauspielertruppen auf, und für solche Gelegenheitsbesuche wurde jedesmal eine Bühne hergerichtet. Das Mannheimer Theater genoß den besten Ruf für Akteure und Aufführungen, Berlin wegen der Gagen, Weimar als Aufführungsort klassischer Theaterkunst.

Weimar hatte 1789 eine Bevölkerung von 6200 Seelen, von denen ein Großteil für den Hof und seine aristokratische Umgebung beschäftigt war. Eine Zeitlang hatten die Einwohner der Stadt eine Schauspielertruppe unterhalten, doch sie war um 1790 an «Unterernährung» eingegangen. Herzog Karl August nahm sich der Sache an, machte das Theater zu einem Teil des Hofes und überredete Staatsrat Goethe, die Leitung zu übernehmen. Alle Rollen außer den Hauptparts wurden mit Angehörigen des Hofes besetzt; für die Spitzenrollen engagierte man führende Schauspieler oder Schauspielerinnen aus den am Theaterhimmel kreisenden «Sternen». So kam der große Iffland nach Weimar und die stolze Korona Schröter (1751 bis 1802), deren Stimme, Figur und strahlende Augen Goethe fast Charlotte von Stein abspenstig machten. Der Dichter-Staatsmann-Philosoph war selbst ein bedeutender Darsteller, ob er als Partner von Mademoiselle Schröters Iphigenie die tragische Gestalt des Orestes verkörperte oder mit überraschendem Erfolg in komischen, sogar possenhaften Rollen auftrat.[29] Er erzog die Darsteller zu einem gallischen Sprachstil, fast zur Deklamation; dies führte zwar zu einer gewissen Monotonie, besaß aber den Vorzug der Klarheit. Der Herzog unterstützte diese Methode voll und ganz und drohte, jeden Fehler in der Artikulation auf der Stelle, von seiner Loge aus, zu beanstanden.

Das Weimarer Theater schuf sich ein anspruchsvolles Repertoire, das von Sophokles und Terenz bis Shakespeare, Calderon, Corneille, Racine und Voltaire, sogar bis zu den zeitgenössischen Dramen Friedrich und August Wilhelm von Schlegels reichte und mit Schillers Wallenstein einen stolzen Triumph errang (1798). Schiller kam aus Jena, um sich in Weimar niederzulassen und wurde auf Goethes Drängen Mitglied der Theaterleitung. Jetzt (1800) machte das kleine Theater Weimar zum Ziel Tausender theaterliebender Deutscher. Nach Schillers Tod (1805) verlor Goethe das Interesse am Theater. Als der Herzog, auf Drängen seiner damaligen Mätresse, darauf bestand, daß das Ensemble eine Komödie mit einem Hund als Hauptdarsteller aufführte, trat Goethe von seinem leitenden Posten zurück, und das Weimarer Theater verschwand aus der Geschichte.

Zwei Schauspieler beherrschten zu dieser Zeit die deutsche Bühne. August Wilhelm Iffland (1759–1814) feierte keine geringeren Triumphe als Talma, und Ludwig Devrient (1784–1832) wiederholte Karriere und Tragödie Edmund Keans. In Hannover geboren, verließ Iffland, das väterliche Verbot mißachtend, mit achtzehn Jahren sein Elternhaus, um sich in Gotha einer Theatertruppe anzuschließen; nur zwei Jahre später glänzte er in Mannheim in Schillers *Die Räuber*. Auf diese radikale Periode folgte Anerkennung und Sympathie mit den französischen Emigranten; bald wurde er zum Idol der Konservativen. Nach einer anstrengenden Karriere, die ihn durch den größten Teil Deutschlands führte, folgte er Goethes Einladung nach Weimar (1796) und erfreute seine höfische Zuhörerschaft mit bürgerlichen

Komödien. In tragischen Rollen, wie Wallenstein oder Lear, gefiel er allerdings weniger. Er schrieb verschiedene Stücke, deren Humor und Gefühl allgemeinen Beifall fanden. 1798 erreichte er das Ziel seines Ehrgeizes – er wurde zum Leiter des Nationaltheaters in Berlin ernannt.

Kurz vor seinem Tod engagierte er einen anderen Schauspieler, Ludwig Devrient, der alles Gefühl und alle Tragik der Romantikerzeit auf die deutsche Bühne brachte. Sein französischer Familienname war Teil seines hugenottischen Erbes. Er war der letzte von drei Söhnen, die ein Berliner Tuchhändler in zwei Ehen gezeugt hatte. Seine Mutter starb, als er noch ein Kind war, und ließ ihn unglücklich in einem überfüllten Heim zurück. Er verkroch sich in eine düstere Verschlossenheit und tröstete sich nur mit seinem hübschen Gesicht und seinem rabenschwarzen Haar. Er lief von Elternhaus und Schule fort, wurde aber wieder eingefangen und seinem Vater zurückgebracht. Man versuchte alles, um einen Tuchhändler aus ihm zu machen, doch Ludwig erwies sich als so hoffnungslos uninteressiert, daß er sich selbst und seinen eigenen Neigungen überlassen wurde. Im Jahre 1804 schloß er sich mit zwanzig Jahren in Leipzig einer Theatertruppe an und erhielt einige kleinere Rollen, aus denen er plötzlich infolge der Erkrankung eines Hauptdarstellers in eine größere Rolle berufen wurde.

Da er fand, die Rolle eines betrunkenen Landstreichers entspräche seinem Geschmack, spielte er so gut, daß er für immer zur Laufbahn eines reisenden Schauspielers, der auf den Brettern und auch ohne sie zum Trunk neigt, verurteilt schien. In Breslau schließlich, 1809, fand er zu sich selbst, nicht in der Rolle Falstaffs, sondern als Karl Moor in Schillers radikalem Schauspiel. In diese Rolle legte er alles, was er an menschlicher Bosheit, Unterdrückung und Haß erfahren hatte; er ließ den Räuberhauptmann Besitz von sich ergreifen und verlieh ihm in jeder Körperbewegung, im beweglichen Wechsel des Mienenspiels und dem Blitzen der Augen Ausdruck. Breslau hatte niemals etwas ähnlich Lebendiges und Eindrucksvolles gesehen; nur Edmund Kean konnte in jener Zeit großer Darsteller diese Höhen und Tiefen der Schauspielkunst ausspielen. Nun wurden die tragischen Rollen zu Devrients Domäne. Er verkörperte Lear mit einer so totalen Hingabe an diese gebrechliche Mischung aus Weisheit und Wahnsinn, daß er eines Nachts mitten im Spiel zusammenbrach und nach Hause – oder in seine Stammkneipe – gebracht werden mußte.

1814 kam Iffland, fünfundfünfzig Jahre alt, nach Breslau, trat zusammen mit Devrient auf, spürte seine Kraft und sein Können und bot ihm an, ans Nationaltheater zu kommen. «Der einzige Ort, der Ihrer würdig ist, ist Berlin. Dieser Platz – ich fühle es nur zu gut – wird bald vakant sein. Er ist für Sie reserviert.»[30] Im September starb Iffland; im darauffolgenden Frühling trat Devrient an seine Stelle. Hier spielte er sich aus, lebte von Ruhm und Wein und verbrachte glückliche Stunden im Geplauder mit E. T. A. Hoffmann in einer Weinstube in der Nähe des Theaters. 1828 folgte er, ein Opfer seines Ruhmes, einem Ruf nach Wien. Er kehrte als nervöses Wrack nach Berlin zurück. Er starb am 30. Dezember 1832 mit achtundvierzig Jahren. Drei begabte Neffen, die alle seinen Namen trugen, führten seine künstlerische Laufbahn bis zum Ende des Jahrhunderts fort.

X. DIE DRAMATIKER

Nach der meisterhaften Shakespeare-Übersetzung August Wilhelm von Schlegels (1798ff.) wurden die deutschen Bühnen zur neuen Heimat für das Elisabethanische Schauspiel. Einheimische Dramatiker zwischen Lessing und Kleist zielten in der Regel auf das bürgerliche Publikum, und ihre populären Erfolge haben sich im Schutt der Zeit verloren. Zacharias Werner brachte seinen Mystizismus vorübergehend auf die Bretter. August von Kotzebue (1761–1816) entzückte eine Generation mit seinen Stücken und verdrängte Goethe und Schiller sogar in Weimar.

Heinrich Wilhelm von Kleist, 1777 in Frankfurt an der Oder geboren, war nicht nur geographisch, sondern auch dem Temperament nach den Slawen benachbart. Als guter Deutscher diente er sieben Jahre in der Armee, beklagte aber später diese Jahre als verloren. Er studierte an der örtlichen Universität Naturwissenschaft, Literatur und Philosophie und verlor seinen Glauben sowohl an die Religion als auch an die Philosophie. Er hielt um die Tochter eines Generals an, doch sie schreckte vor dem Gedanken an eine Ehe zurück. Er reiste nach Paris und anschließend in die Schweiz, wo er mit dem Gedanken spielte, einen Bauernhof zu kaufen und durch die unabänderliche Aufeinanderfolge der Jahreszeiten die mangelnde Stetigkeit eines von Gedanken schwindligen Geistes zu zähmen. Er wandte sich wieder der Literatur zu und schrieb eine historische Tragödie, *Robert Guiskard*, die er nie beendete. 1808 brachte er in Weimar ein Lustspiel, *Der zerbrochene Krug*, auf die Bühne, das eine spätere Generation als unvergeßlichen Klassiker einstufte. Während eines Aufenthalts in Weimar (1802 bis 1803) erhielt er freundliche Aufmunterung durch den gütigen alten Agnostiker Christoph Wieland, der dem jungen Dramatiker, nachdem er einzelne Auszüge aus *Guiskard* gehört hatte, sagte, er hätte in sich «die Geister von Äschylus, Sophokles und Shakespeare»[31], und sein Genie sei dazu bestimmt, «die Lücke in der Entwicklung des deutschen Dramas zu füllen, die selbst Schiller und Goethe noch nicht gefüllt hätten».[32] Dies genügte, um den fünfundzwanzigjährigen Sophokles zu vernichten.

Er zog nach Paris, empfand das Fieber der Stadt und grübelte hoffnungslos über dem der deutschen idealistischen Philosophie inhärenten Skeptizismus: Wenn wir nur so wenig von der Welt erfahren, wie es nach der Umformung durch unsere Wahrnehmungsmechanismen in unser Bewußtsein gelangt, so können wir der Wahrheit nie nahe kommen. Gewiß ist nur Eines: Schicksal aller Philosophen, Wissenschaftler, Dichter, Heiligen, Bettler oder Verrückten ist es, nach kurzer Zeit zu Staub zu werden oder zu einem verblassenden Andenken bei ein paar Sterblichen. Kleist verlor den Mut, einer Realität, von der wir so wenig wissen, ins Auge zu sehen, sie zu akzeptieren und sich an ihr zu erfreuen. Er zog den Schluß, daß sein Genie nur Selbsttäuschung, seine Bücher und Manuskripte nur Nichtigkeiten seien. In einem Augenblick der Wut und Verzweiflung verbrannte er alle Manuskripte, die er bei sich hatte, und versuchte, in die Armee einzutreten, die Napoleon am Kanal zusammenzog. Am 26. Oktober 1803 schrieb er an seine Schwester, für die er möglicherweise mehr als brüderliche Liebe empfand:

> Was ich Dir sagen werde, kann Dich Dein Leben kosten; doch ich muß, ich muß es tun. Ich habe meine Arbeiten wieder durchgelesen, habe sie verworfen und verbrannt; jetzt ist das Ende gekommen. Der Himmel verweigert mir den Ruhm, das größte aller irdischen Güter; darum werfe ich wie ein launisches Kind alles übrige fort. Ich kann mich Deiner Freundschaft nicht würdig zeigen und ohne Deine Freundschaft kann ich nicht leben; ich wähle den Tod. Bleibe ruhig, Erhabene! Ich werden den schönen Tod in der Schlacht sterben. Ich habe die Hauptstadt dieses Landes verlassen und bin an seine Nordküste gewandert. Ich werde in den Dienst Frankreichs treten; bald wird sich die Armee nach England einschiffen; unser aller Untergang lauert jenseits des Meeres. Ich jauchze in der Aussicht auf ein ruhmreiches Grab. Du, Geliebte, wirst mein letzter Gedanke sein.

Sein Plan, als Deutscher in die französische Armee einzutreten, erregte Verdacht. Auf Drängen des preußischen Botschafters wurde er aus Frankreich ausgewiesen. Kurz darauf erklärte Frankreich Preußen den Krieg; 1806 zerschlug Napoleon die preußische Armee, fast auch den preußischen Staat. Kleist suchte Zuflucht in Dresden, doch französische Soldaten nahmen ihn dort als der Spionage verdächtig fest; er verbrachte sechs Monate im Gefängnis. Nach Dresden zurückgekehrt, schloß er sich einer patriotischen Gruppe von Schriftstellern und Künstlern an und arbeitete zusammen mit Adam Müller an der Herausgabe einer Zeitschrift, in der einige seiner schönsten Essays erschienen.

1808 publizierte er ein tragisches Drama, *Penthesilea*. Seine Heldin ist eine Königin der Amazonen, die nach Hektors Tod den verzweifelten Trojanern gegen die Griechen vor Troja zu Hilfe kommt. Sie zieht aus, um Achilles zu töten, wird von ihm überwunden, verliebt sich in ihn, und dann (gemäß dem Gesetz der Amazonen, daß jede von ihnen sich selbst erproben muß, indem sie ihren Geliebten im Kampf besiegt) durchbohrt sie Achilles mit einem Pfeil, hetzt ihre Hunde auf ihn, reißt ihn mit ihnen zusammen in Stücke, trinkt sein Blut und bricht tot zusammen. Das Stück ist ein Echo der bacchantischen Raserei, von der Euripides in den Bacchen erzählt – eine Seite von Charakter und Mythologie der Griechen, die von den Hellenisten vor Nietzsche verschwiegen wurde.

Es war ohne Zweifel der Zorn über Napoleons niederträchtige Zerstückelung Preußens, der den Dichter aus seinen eigenen Kümmernissen herausriß und ihn zu einer der Stimmen werden ließ, die Deutschland zum Befreiungskrieg aufriefen. Gegen Ende 1808 ließ er ein Schauspiel, *Die Hermannsschlacht*, erscheinen, das durch den Bericht über Arminius' Siege über die römischen Legionen 6. v. Chr. den Mut der Deutschen in dem offensichtlich hoffnungslosen Konflikt mit Napoleon zu stärken suchte. Auch hier wieder trieb die Glut von Kleists Patriotismus ihn zu neurotischen Exzessen: Hermanns Gemahlin Thusnelda verlockt den deutschen Heerführer Ventidius zu einem Stelldichein und führt ihn in die tödliche Umarmung eines wilden Bären.

In den Jahren von 1809–1810 erreichte Kleists Genie seinen Gipfelpunkt. Sein Versdrama *Das Käthchen von Heilbronn* wurde erfolgreich in Hamburg, Wien und Graz aufgeführt, und die beiden Novellenbände, die er 1810 erscheinen ließ, zeigten ihn als den vielleicht besten Prosaisten der Goethezeit. Dann verließ ihn die Inspiration, möglicherweise infolge des Zusammenbruchs seiner Gesundheit. Eine seltsame Ähnlichkeit der Leiden brachte ihm die Verbindung und schließlich eine Liebesromanze mit einer unheilbar kranken Frau, Henriette Vogel. Seine Briefe an sie zeigen einen Geist am Rand des Wahnsinns. «Meine Jette, mein Alles, mein Schloß, Wiesen, Summe meines Lebens, meiner Ehe, Taufe meiner Kinder, meine Tragödie, mein Ruhm, mein Schutzengel, mein Cherub und Seraph!» Sie antwortete, wenn er sie liebe, müsse er sie töten. Am 21. November 1811 erschoß er zuerst sie und dann sich selbst am Ufer des Wannsees in der Nähe von Potsdam.

In ihm erreichte die romantische Hingabe an das Gefühl ihren Höhepunkt an unkontrollierter Intensität, Einbildungskraft und stilistischer Brillanz. Zu Zeiten scheint er mehr Franzose als Deutscher gewesen zu sein, ein Antipode Goethes und Bruder Baudelaires oder besser Rimbauds. Fast rechtfertigte er Goethes gefühlloses Urteil: «Die Klassik ist gesund, die Romantik kränklich.» Wir wollen sehen.

SIEBENTES KAPITEL

Deutsche Literatur

[1789–1815]

I. REVOLUTION UND REAKTION

DIE deutsche Literatur im Zeitalter Napoleons war geprägt von der natürlichen Rebellion der Jugend, dem Nachklang des Sturm und Drang, von dem Widerhall, den die romantische englische Dichtung und Richardsons Romane fanden, von der klassischen Tradition bei Lessing und beim späten Goethe, vom erfolgreichen Aufstand der amerikanischen Kolonien, von den Ketzereien der französischen Aufklärung, vor allem aber von den tagtäglichen Auswirkungen der Französischen Revolution und – gegen Ende – von Napoleons dramatischem Aufstieg und Niedergang. Viele gebildete Deutsche hatten – manche von ihnen in Französisch – Werke von Voltaire, Diderot und Rousseau gelesen, und eine kleinere Zahl hatte die geistige Schärfe von Helvétius, d'Holbach und La Mettrie gespürt. Die französischen *philosophes* hatten Herrscher wie Friedrich den Großen, Joseph II. von Österreich, Herzog Karl Wilhelm Ferdinand von Braunschweig und Herzog Karl August von Sachsen-Weimar entscheidend beeinflußt; und so hatten diese Autoren – und sei es auch nur durch die Vermittlung dieser Männer – in der deutschen Kultur ihre Spuren hinterlassen. Die Französische Revolution erschien zu Anfang als eine logische Weiterentwicklung der Aufklärungsphilosophie: eine glückliche Beendigung von Feudalismus und Klassenprivilegien, eine nachdrückliche Proklamation der allgemeinen Menschenrechte, eine erlösende Befreiung für Rede, Presse, Religion, Verhalten und Denken. Diese Gedanken – von denen sich viele völlig unabhängig zugleich auch in Deutschland entwickelt hatten – überquerten den Rhein auf den Schwingen der Neuigkeit oder mit den Revolutionsarmeen und fegten über das Kernland Europas hinweg bis ins ferne Königsberg.

So kam es, daß die Gestalter des deutschen Denkens und die Verfasser der deutschen Literatur die Französische Revolution in ihren ersten drei Jahren willkommen hießen. Vornehme Freimaurer, schwärmerische Rosenkreuzer, stolze Illuminaten feierten sie als den Anbruch des goldenen Zeitalters, auf das sie so lange und so sehnlich gewartet hatten. Bauern inszenierten Aufstände gegen die Feudalherren, «die Reichsritter», und gegen die fürstbischöflichen Herrscher von Trier und Speyer.[1] Das bürgerliche Hamburg bejubelte die Revolution als eine Erhebung der Geschäftsleute gegen die eingebildeten Aristokraten. Klopstock, der alte Dichter, der in Hamburg lebte, las seine Gedichte bei einem Fest der Freiheit vor und weinte vor Freude über seine eigenen Worte. Gelehrte, Journalisten, Dichter und

Philosophen setzten zu wortgewaltigen Jubelhymnen an. Johann Voss, der Homerübersetzer, Johannes von Müller, der Historiker, Friedrich von Gentz, der Diplomat für besondere Aufgaben, Friedrich Hölderlin, der Dichter, Friedrich Schleiermacher, der Theologe, die Philosophen von Kant bis Hegel – sie alle sangen Loblieder auf die Revolution. Georg Forster, der Captain Cook um die Welt begleitet hatte, war erstaunt festzustellen, welch übermächtigen Einfluß die neuen Ideen auf den Einzelnen und den Staat hatten.[2] Allenthalben, selbst im preußischen Königshaus (so Prinz Heinrich, der noch lebende Bruder Friedrichs des Großen) lobte und pries Deutschland eine enthusiastische Weile lang das revolutionäre Frankreich. Nachdem die deutsche Literatur sich vor den religiösen Streitigkeiten in einen so lange andauernden Winterschlaf zurückgezogen hatte, fügte sie nun in dieser Zeit der Ekstase Friedrichs Siegen die Revolution hinzu und entwickelte innerhalb von dreißig Jahren (1770–1800) soviel Kraft, Vielfalt und Genie, daß sie den Vergleich mit der hochentwickelten Literatur in England und Frankreich nicht zu scheuen brauchte. Und diese Wiedergeburt, die so erstaunlich schnell vor sich ging, trug entscheidend dazu bei, daß Deutschland sich gegen das französische Joch erhob und es abwarf, um in das politisch, industriell, wissenschaftlich und philosophisch ergiebigste Jahrhundert seiner Geschichte einzutreten.

Natürlich dauerte diese Freudenstimmung nicht an. Man erfuhr vom Sturm auf die Tuilerien, von den Septembermassakern und dem Terror, von Gefangennahme und Exekution des Königs und der Königin. Und dann besetzten die Franzosen deutsche Fürstentümer, verlangten immer mehr Steuern und Soldaten als Bezahlung für den kaiserlichen Schutz und als kriegerischen Zoll für die Verbreitung der Freiheit. Jahr für Jahr schwand die deutsche Begeisterung für die Revolution mehr dahin, ihre Verteidiger verwandelten sich (mit Ausnahme von Kant) einer nach dem anderen in enttäuschte Skeptiker, und einige von ihnen wurden zu wütenden Gegnern der Revolution.

II. WEIMAR

Die Männer, die sich am Hof von Weimar zu einer so glänzenden Gruppe von Genies vereinigt hatten, waren für die Deutschen während der unruhevollen Auswirkungen der Revolution und der napoleonischen Zeit so etwas wie ein geistiger Anker. Herzog Karl August selbst war eine lebhafte Mischung aus Talenten und Launen. Er erbte das Herzogtum, als er ein Jahr alt war, und trat mit achtzehn die Herrschaft an (1775). Er verdankte seine Grunderziehung einem Hauslehrer und seine weitere Ausbildung den Verantwortlichkeiten der Verwaltung, den Launen einer Geliebten, den Gefahren des Krieges und der Jagd. Nicht die unwichtigste seiner Erziehungsstätten war der Salon seiner Mutter. Dort traf er Dichter, Generale, Wissenschaftler, Philosophen, Geistliche und Geschäftsleute sowie einige der kultiviertesten aber dabei sehr natürlich empfindenden Frauen Deutschlands, die ihre angeborene Klugheit mit Witz und Charme würzten und einzig jene verlorenen Tage zählten, die nicht durch eine heimliche Liebelei erwärmt worden waren. Jean Paul Richter äußerte sich mit Begeisterung über die Reize und die Freizügigkeit auch der verheirateten Frauen in Weimar.[3]

1772 lud die Herzogin (die selbst ein Muster heiterster Tugend war) den Gelehrten, Dichter und Romanschriftsteller Christoph Martin Wieland nach Weimar ein, um ihre Söhne Karl August und Konstantin von ihm unterrichten zu lassen.* Bescheiden und tüchtig ging er seinen Pflichten nach und blieb in Weimar bis zu seinem Tod. Er war sechsundfünfzig, als die Revolution ausbrach; er begrüßte sie, aber er bat die französische Nationalversammlung (in seiner «Kosmopolitischen Adresse» vom Oktober 1789), vor der Herrschaft des Pöbels auf der Hut zu sein:

> Die Nation ist, nach allen Symptomen zu urteilen, seit etlichen Monaten in einer seltsamen Art von Freiheitsfieber begriffen ... das ... die Pariser, das artigste und politeste Volk in der Welt, so grimmig und nach aristokratischem Blute durstig machte, daß alle Waffenschmiede der ganzen Welt kaum zugereicht hätten, ihre friedlichen Kunst- und Kücheninstrumente schnell genug in Werkzeuge des Todes umzuschmieden ... Sollte da wohl die Nation, wenn sie über kurz oder lang wieder zu sich selbst kommt, nicht ganz natürlich auf den Gedanken gebracht werden ... daß die vierundzwanzig Millionen Menschen anstatt eines einzigen Königs nun die Ehre haben, von zwölfhundert kleinen Melks (um mit Herrn von Voltaire zu reden) an der Nase geführt zu werden? ... Sie selbst, meine Herren, können nicht überzeugter sein, als ich es bin: Daß eine Nation, die sich über ein Jahrhundert lang so mitspielen ließ, wie der Ihrigen mitgespielt worden ist, sehr Unrecht hatte, es so lange mit anzusehen; daß das allgemeine Beste in einem monarchischen Staat eine solche Constitution erfordert, wodurch die drei Mächte der Staatverwaltung, die gesetzgebende, richterliche und vollziehende, einander in gehörigem Gleichgewicht halten; ... daß ein jedes Volk ein unverlierbares Recht an so viel Freiheit hat, als mit der nötigen Ordnung bestehen kann; ... daß jeder Bürger des Staats, ohne Ausnahme, zu den Lasten desselben nach Proportion dessen, was er über das Unentbehrliche hinaus besitzt oder einzunehmen hat, beizutragen schuldig ist ...[4]

1791 schrieb er, er habe nie damit gerechnet, daß sein Traum von politischer Gerechtigkeit der Verwirklichung so nahe kommen könne wie in der Person Ludwigs XVI.[5] Die Hinrichtung des Königs im Jahre 1792 brachte ihn gegen die Revolution auf; der Terror erregte seinen Abscheu. Ein Jahr danach veröffentlichte er die «Worte zur rechten Zeit an die politischen und moralischen Gewalthaber», worin er zu einigen bescheidenen Schlußfolgerungen gelangte: «Man kann es nicht oft genug wiederholen, oder vielmehr, es ist eine Wahrheit, die man so lange predigen und den Menschen auf alle nur ersinnliche Weise anschaulich zu machen und einzuprägen suchen muß, bis sie endlich Wirkung tut: ‚Die Menschen können nur dadurch glücklicher werden, wenn sie vernünftiger und moralischer werden' ... Und was das Wichtigste ist, diese Bedingung der Glückseligkeit ist in unserer

* Auf die vier Männer, die in diesem Kapitel als Zeugen ihrer Zeit besonders herausgehoben werden – hauptsächlich unter Zuhilfenahme des hervorragenden Buches „Germany and the French Revolution" (1966) des verstorbenen George Gooch – sind wir in dem Band „Am Vorabend der Französischen Revolution" näher eingegangen: Wieland (1733–1813), Herder (1744–1803), Schiller (1759–1805) und Goethe (1749–1832).

Macht; dahingegen der Erfolg einer gewaltsamen Revolution nicht in unserer Macht steht ...»[6]

Johann Gottfried von Herder – der letzte des Weimarer Quartetts, der sich dort niederließ, und der erste, der starb – lobte die Revolution, bis die Königin guillotiniert wurde; danach lehnte er die Revolution ab als eine grausame Verkehrung der menschlichen Ideale. In seinen letzten Jahren schöpfte er wieder Hoffnung: Trotz ihrer *dementia praecox*, so spürte er, bedeutete die Revolution einen Fortschritt, der in der Geschichte des modernen Europa nur von der Reformation übertroffen wurde. Sie würde der Macht der Feudalherren über die Leiber der Menschen ein Ende setzen, so wie die Reformation der päpstlichen Macht über das Denken der Menschen ein Ende gesetzt hatte. Von nun an würde die Bedeutung auf Geburt und Rang liegen; diese Fähigkeit, wo immer sie sich zeigte, würde die Freiheit haben, sich zu entwickeln und schöpferisch zu werden. Der Fortschritt würde Europa jedoch teuer zu stehen kommen, und Herder war froh, daß das Experiment in Frankreich und nicht in seinem geliebten Deutschland stattgefunden hatte, wo die Menschen nicht so leicht Feuer fingen und darin verbrannten, sondern wo gleichmäßige Arbeit und behutsame Ausbildung die heranwachsende Jugend wie ein mildes aber beständig und stetig sich ausbreitendes Licht leiten würden.

Friedrich Schiller – die romantische Seele, die von den klassischen Drei liebevoll umhegt wurde – war nach aufregenden Abenteuern in Drama, Poesie, Geschichte und Philosophie nach Weimar gekommen (1795). Auf romantische Weise phantasievoll, auf schmerzliche Weise empfindsam, hatte er in dem Württemberg seiner Jugend wenig der Liebe Wertes gefunden. Er beantwortete die Unterdrückung mit Verehrung für Rousseau und schrieb ein Revolutionsstück. Karl Moor, der Held der *Räuber* (1781), prangerte die Ausbeutung des Menschen durch den Menschen mit einer solchen Heftigkeit an, daß Marx dem nur noch seine Gelehrsamkeit hinzufügen konnte. Noch revolutionärer war Schillers drittes Stück *Kabale und Liebe* (1784): Es zeigte die Verdorbenheit und die Verschwendungssucht des Adels und das zähe Festhalten an unverdienten Privilegien und pries das beständige und produktive Leben des deutschen Bürgertums. In *Don Carlos*, dem besten seiner vorrevolutionären Dramen (1787), appellierte der nun achtundzwanzigjährige Schiller weniger an die Wut der Armen als an einige potentielle adlige Herrscher. Er legte dem Marquis Posa Worte in den Mund, mit denen dieser Philipp II. aufforderte: «Weihen Sie dem Glück der Völker die Regentenkraft» und «Lassen Sie, großmütig, wie der Starke, Menschenglück aus Ihrem Füllhorn strömen – Geister reifen in Ihrem Weltgebäude! Geben Sie, was Sie uns nahmen, wieder. Werden Sie von Millionen Königen ein König».[7]

Mit dem Übergang von der Jugend zum mittleren Alter vollzog sich bei Schiller auch ganz natürlich der Übergang vom Radikalismus zum Liberalismus. Er entdeckte das alte Griechenland und gelangte mit Hilfe seiner Dramatiker zu tieferen Erkenntnissen. Er las Kant und trübte seine Poesie mit Philosophie. 1787 besuchte er Weimar, ließ sich dort von den Frauen erregen und von Wieland und Herder beruhigen. (Goethe weilte zu dieser Zeit in Italien.) 1788 veröffentlichte er die *Geschichte des Abfalls der Vereinigten Niederlande* und überprüfte seine Philosophie anhand der Geschichte. 1789 wurde Schiller auf Goethes Empfehlung an den Herzog von Sachsen-Weimar hin als Professor für Geschichte nach Jena berufen. Im Oktober jenes Jahres schrieb er an einen Freund: «Es ist ein armseliges kleinliches Ideal, für eine Nation zu schreiben; einem philosophischen Geiste ist diese Grenze durchaus unerträglich ... Er kann sich nicht weiter dafür erwärmen, als soweit ihm diese Nation oder Nationalbegebenheit als Bedingung für den Fortschritt der Gattung wichtig ist.»[8]

Als die Neuigkeiten von der Revolution in Jena eintrafen, erreichten sie dort einen Schiller, der sich seines mittleren Alters mit gutem Einkommen und entsprechenden Perspektiven erfreute, öffentliche Achtung genoß und tolerantes Verständnis zeigte. Sein Briefwechsel mit Goethe, der achtzehn Kilometer Entfernung und zehn Jahre Altersunterschied überbrückte, hatte dem Dichter in Goethe geholfen, die Prosa der Verwaltung und den Opportunismus des Wohlstandes zu überleben und Schiller hatte er zu der Erkenntnis gebracht, daß sich die menschliche Natur im Laufe der Geschichte zu wenig verändert hat, als daß politische Revolutionen zu Gunsten der Armen ausgehen könnten. Er sympathisierte mit dem König und der Königin, die 1789 in Versailles gefangen gesetzt, 1791 in Varennes auf der Flucht verhaftet und 1792 aus ihrem Palastgefängnis vertrieben worden waren. Kurz darauf verlieh die revolutionäre Versammlung *«le sieur Gilles»* einstimmig den Titel eines *citoyen français*. Eine Woche später kündigten die Septembermassaker die Herrschaft einer bewaffneten Menge an; im Dezember wurde Ludwig XVI. der Prozeß gemacht. Schiller begann ein Pamphlet zu seiner Verteidigung zu schreiben; bevor er es vollenden konnte, war der König guillotiniert worden. Goethe lächelte über den Wandel in den politischen Überzeugungen seines Freundes, er selbst hatte sich von den Träumen seiner Jugend sehr weit entfernt. Er hatte mannigfaltige Erfahrungen mit Frauen aller Art gesammelt, bevor er 1775 mit sechsundzwanzig Jahren die Aufforderung erhielt, Frankfurt zu verlassen und in Weimar bei Herzog Karl August Dichter in Amt und Würden und dessen Kamerad in jeder Form der Jagd zu werden. Während der nächsten zwölf Jahre nahm er die ökonomischen und politischen Realitäten in sich auf und machte schnelle Karriere. Der schwärmerische Verfasser der *Leiden des jungen Werther* (1774) ging in dem Geheimen Rat auf, der 1792 in Valmy ein neues Zeitalter europäischer Geschichte anbrechen sah. Das Chaos, in das die Revolution in jenem Jahr abrutschte, brachte ihn zu der Auffassung, daß allmähliche Reformen unter «aufgeklärten Despoten», die philosophisch beeinflußt waren – und unter regionalen Herrschern, die von Bildung und gutem Willen geleitet waren, so wie sein eigener Herzog von Weimar – das Volk weniger kosten würden als ein plötzlicher Umsturz, bei welchem gewagte Ausgangspositionen und Beschlüsse sozialer Art in ein Zeitalter der unkontrollierten Leidenschaften und der Gewalt hineinführen könnten. In einem seiner *Venezianischen Epigramme* hatte er diese Befürchtung bereits 1790 ausgedrückt:

Frankreichs traurig Geschick, die Großen mögen's bedenken!
Aber bedenken fürwahr sollen es Kleine noch mehr.
Große gingen zu Grunde: doch wer beschützt die Menge
Gegen die Menge? Da war Menge der Menge Tyrann.

Er war voll und ganz einverstanden, als Napoleon dem Wirrwarr der Revolution ein Ende bereitete, indem er die Macht ergriff und eine Verfassung einsetzte, die dem Volk das Vergnügen eines gelegentlichen Plebiszits zugestand, ohne daß es einer entschlossenen und fähigen Regierung allzu hinderlich werden konnte. Seine Wertschätzung des Korsen verminderte sich in keiner Weise durch den schmeichelhaften Empfang, den Napoleon ihm 1807 in Erfurt bereitete; und der Bericht von jenem Gespräch trug wesentlich dazu bei, dem Dichter-Rat internationales Renommee zu verschaffen.

Einige romantische Gefühle bewahrte er sich neben seiner zunehmenden klassischen Ausgewogenheit in Urteil und Geschmack. Faust, I. Teil (1808), war ebensosehr eine Liebesgeschichte wie eine mittelalterliche «Moralität». Und *Die Wahlverwandtschaften* (1809) waren so etwas wie eine Rechtfertigung für das sich immer stärker artikulierende Verlangen der jungen Generation, sich aufgrund der gegenseitigen Anziehung zu verbinden und nicht aus Gründen der elterlichen Finanzpolitik. Der Rat, der zum Philosophen geworden war, ließ sich selbst mit siebzig noch von jungen Frauen aus der Ruhe bringen. Aber sein Studium der klassischen Kunst in Italien, sein wachsendes Interesse an den Naturwissenschaften, seine Lektüre von Spinozas Werken und seine abnehmende physische Kraft sorgten für wohlüberlegtes Urteil und Weitblick. Diese Veränderung drückte sich in seiner Autobiographie aus (1811), die ihren Helden mit bemerkenswerter Objektivität darstellte. Das romantische Deutschland – angestachelt von gefühlsbetonten Dichtern wie Wackenroder und Novalis, den frei liebenden Schlegels, dem geisteskranken Hölderlin und dem barmherzigen Selbstmörder Kleist – verübelte ihm seine wachsende Kritik an der Französischen Revolution und nahm dabei kaum zur Kenntnis, daß er mit seinen Schlägen auch die herrschende Klasse nicht verschont hatte. Während des deutschen Freiheitskrieges fand er es schwierig, Napoleon und die Franzosen zu hassen. Er erklärte gegenüber Eckermann:

Wie hätte ich, dem nur Kultur und Barbarei Dinge von Bedeutung sind, eine Nation hassen können, die zu den kultiviertesten der Erde gehört und der ich einen so großen Teil meiner eigenen Bildung verdanke! Überhaupt ... ist es mit dem Nationalhaß ein eigenes Ding. Auf den untersten Stufen der Kultur werden Sie ihn immer am stärksten und heftigsten finden. Es gibt aber eine Stufe, wo er ganz verschwindet und wo man gewissermaßen über den Nationen steht und man ein Glück oder ein Wehe seines Nachbarvolkes empfindet als wäre es dem eigenen begegnet.[9]

Seine Generation in Deutschland vergab ihm nie und las ihn selten. Sie stellte Schiller über ihn[10] und zog Kotzebue beiden vor.[11] Goethes Dramen wurden in Weimar selten aufgeführt, und seine Verleger beklagten den spärlichen Verkauf seiner gesammelten Werke. Dennoch widmete ihm 1820 ein Engländer, Lord Byron, seinen *Marino Faliero* als dem «mit Abstand hervorragendsten Literaten, der seit dem Tode Voltaires in Europa gelebt hat».[12] Er hatte eine Abneigung gegen Kants Schriften, aber er war der klügste Mann seiner Zeit.

III. DIE LITERARISCHE SZENE

In Deutschland wurde so eifrig wie nie zuvor geschrieben und gedruckt, wurden Zeitungen, Zeitschriften und Bücher veröffentlicht. 1796 stieß Alois Senefelder in München zufällig auf den Vorgang, der später Lithographie genannt wurde, als er die Wäscheliste seiner Mutter auf einen Stein schrieb. Er erkannte plötzlich, daß man Worte und Bilder (spiegelverkehrt) in verschiedenen Farben auf glatten Stein oder auf eine Metallplatte auftragen und damit zahllose Kopien drucken konnte. Die Folge war ein ganzes Meer von Drucken – von Goya und Hiroshige bis zu Currier, Ives und Picasso.

Zeitungen gab es viele, kleine, kämpferische und zensierte. Die *Allgemeine Zeitung*, die 1798 in Tübingen gegründet worden war, zog nach Stuttgart um, dann nach Ulm, dann nach Augsburg, dann nach München, immer auf der Flucht vor der örtlichen Polizei. Der *Kölnischen Zeitung*, die 1804 gegründet wurde, war ein ruhigeres Leben beschieden, nachdem sie sich zuerst auf patriotische Weise katholisch und dann napoleonisch ausrichtete. Berlin, Wien, Leipzig, Frankfurt und Nürnberg hatten Zeitungen, die auf vorrevolutionäre Zeiten zurückgingen und immer noch bestanden. Zeitschriften gab es in Hülle und Fülle. Als eine der besten ist die *Allgemeine Musikalische Zeitung* zu nennen, die in Leipzig von der Firma Breitkopf & Härtel von einer Revolution bis zur anderen, von 1795–1849, herausgegeben wurde. Die berühmteste von allen war *Athenäum*, 1798 von den Brüdern Schlegel gegründet. Verleger gab es unzählige. Die jährliche Ausstellung ihrer Produkte machte die Leipziger Buchmesse zum literarischen Ereignis des Jahres.

Eine besondere Gruppe von Schreibern, die locker als Publizisten eingeordnet wurden, gewannen großen Einfluß aufgrund ihrer entschlossen parteiischen aber gut informierten Erörterung der wesentlichen Zeitereignisse. Friedrich von Gentz (1764 bis 1832) bejubelte den Fall der Bastille, aber er kühlte sich ab, als er auf den skeptischen Verstand eines Wilhelm von Humboldt traf, und er las und übersetzte Burkes *Reflections on the French Revolution*. Nachdem er im preußischen Zivildienst zum Rat im Kriegsministerium aufgestiegen war, führte er einen Feldzug mit der Feder gegen Ideen wie Menschenrechte, Freiheit und Gleichheit, Herrschaft des Volkes und Pressefreiheit. Er ließ sich auch nicht beschwichtigen, als Napoleon die Revolution in Fesseln legte. Er kritisierte Napoleon als einen Militaristen, dessen Eroberungen das Gleichgewicht der Kräfte zu zerstören drohten, von dem, nach Ansicht der meisten Diplomaten, Friede, Ordnung und Gesundheit Europas abhingen. Er war die wortgewaltigste jener Stimmen, die den König von Preußen drängten, einen Kreuzzug gegen Napoleon zu führen, und als Friedrich Wilhelm III. zögerte, wechselte Gentz ins österreichische Lager über (1802). Nachdem Napoleon die Österreicher bei Austerlitz besiegt hatte, flüchtete Gentz nach Böhmen, aber 1809 war er wieder in Wien und unterstützte den neuen Krieg gegen Napoleon. Er diente Metternich als Sekretär und Assistent beim Wiener Kongreß und bestärkte ihn in seiner Nachkriegspolitik, die darin bestand, jede liberale Entwicklung zu unterdrükken. Alt und krank durchlebte er die Aufstände von 1830 und starb in der Überzeugung, daß er den Interessen der Menschheit gut gedient habe.

Joseph von Görres war ein empfindsamerer Geist, Halbitaliener und ganz Gefühl, kaum geeignet für eine kämpferische Arena voller Gladiatoren der Feder. Der geborene Katholik trat aus der Kirche aus, um die Revolution zu unterstützen. Er war dabei, als die Franzosen das linke Rheinufer eroberten und bekundete seine Zustimmung, als Napoleon das Heilige Römische Reich in den Rheinbund umwandelte. Er begrüßte die Besetzung Roms durch die Franzosen mit dem Ruf: «Rom ist frei!» Aber die Überheblichkeit der französischen Truppen und die Abgabenerpressungen durch die französischen Verwaltungsbeamten erregten den Unwillen des jungen Revolutionärs. 1798 gründete er eine kleine kurzlebige Zeitung, *Das rothe Blatt*. Es war die Stimme eines Republikaners, der die Revolution liebte, aber den Franzosen mißtraute. Er sah in Napoleons Übernahme der französischen Regierung das Ende der Revolution und bei Napoleon selbst einen gefährlichen Appetit auf Macht. Er heiratete und nahm Urlaub von der Politik. Als Deutschland sich zu seinem Befreiungskrieg erhob, schloß sich Görres mit dem *Rheinischen Merkur* der Bewegung an, aber als die Sieger nach Napoleons Sturz wo immer sie konnten eine reaktionäre Politik erzwangen, griff Görres sie so heftig an, daß er in die Schweiz flüchten mußte, wo er in äußerster Armut lebte. Nachdem ihm alle anderen Lichter der Hoffnung erloschen waren, kehrte er in trauriger Reue in den Schoß der katholischen Kirche zurück (1824). Ludwig I. von Bayern befreite ihn aus der Armut, indem er ihn zum Professor für Geschichte in München berief. Dort, wo er seine vierbändige *Christliche Mystik* (1836–1842) schrieb, belebte er seine Tage durch phantasiebegabten Wissensdurst und verdunkelte seine Nächte mit Visionen von Satan und Hölle. Vierunddreißig Jahre nach seinem Tod (1876) wurde die Görres-Gesellschaft gegründet mit dem Ziel, seine Forschungen zur Geschichte der christlichen Kirche weiterzuführen.

Die Prosa wurde von den Romantikern beherrscht, aber ein Schriftsteller ließ sich nicht einordnen. Jean Paul Richter begann sein Leben 1763 in Bayreuth. Er verdankte seine Taufnamen einem Großvater, Johann Paul Kuhn; bis 1793 war er einfach Hans. Sein Vater war ursprünglich Lehrer und Organist und wurde dann Pfarrer in Joditz an der Saale. Hier verbrachte Hans seine ersten dreizehn Jahre in einem Glück, das ihm später immer ein Rückhalt blieb. Dieser einfache ländliche Ort bestimmte seine Haltung durch alle finanziellen Schwierigkeiten und theologischen Stürme hindurch. Als die Familie nach Schwarzenbach am selben ruhigen Fluß umzog, benutzte er voller Vergnügen die Bibliothek eines in der Nachbarschaft wohnenden Geistlichen, der die Fähigkeiten, aber nicht die Zweifel des Knaben erkannte. Dort starb Richters Vater (1779) und ließ seine zahlreiche Nachkommenschaft in dürftigen Verhältnissen zurück. Mit zwanzig trat Hans in die Theologenschule in Leipzig ein; aber seine Lektüre hatte seinen Glauben erschüttert. Er verließ die Schule bald und stellte sein Glück mit dem Versuch auf die Probe, von seiner Feder zu leben. 1783, mit zwanzig, gelang ihm die erste Veröffentlichung, die nächste erst wieder 1789. In beiden Fällen handelte es sich um Satiren, die Heiterkeit mit beißendem Witz würzten. 1793 gab er *Die unsichtbare Loge* heraus unter dem Pseudonym «Jean Paul», das er aus Verehrung für Rousseau angenommen hatte. Das Buch gefiel einem kleinen Leserkreis, der sich mit der Herausgabe seines empfindsamen Romans *Hesperus* (1795) noch vergrößerte. Charlotte von Kalb, eine Freundin Schillers, lud den erfolgreichen jungen Autor nach Weimar ein und war so angetan von ihm, daß sie seine Geliebte wurde.[13] Dort begann er seinen vierbändigen Roman *Titan* (1800–1803), dessen eigentlicher Held die Französische Revolution war.

Er verteidigte leidenschaftlich die Entwicklung, die sie in ihren Anfängen nahm, aber er beschuldigte Marat, daß er sie zur Herrschaft des Pöbels verkommen ließe, und er pries Charlotte Corday als eine neue Jeanne d'Arc. Er begrüßte Napoleons Machtergreifung als eine notwendige Wiederherstellung der Ordnung; er konnte nicht anders, als diesen jungen Mann von dreißig Jahren zu bewundern, der nichts als einen eisernen Willen besaß und Laser-Augen, mit deren Hilfe er die hochgewachsenen Gestalten seiner Untergebenen verkleinerte. Acht Jahre später hatte Richter nichts dagegen einzuwenden, daß dieser Mann, der einen Kontinent in Kopf und Hand halten konnte und Frankreich von Berlin und Moskau aus regierte, die Macht über ganz Europa übernahm. Aber in seinem Herzen blieb Jean Paul ein Republikaner, der in jedem militärischen Sieg die Saat für einen neuen Krieg sah. Er bedauerte die zwangsweise eingezogenen jungen Männer und die trauernden Familien: «Denn da das Volk fast allein die ganze Kriegs-Fracht auf Quetschwunden zu tragen bekommt ... so wird seine verlierende Mehrheit viel seltener als die erbeutende Minder-Zahl ausgedehntes Opfern und Bluten beschließen.»[14] Einen seiner schärfsten Pfeile schoß er gegen jene Herrscher ab, die ihre Truppen an ausländische Machthaber verkauften. Er forderte Freiheit von der Zensur, denn eine Macht außerhalb der Regierung müsse die Möglichkeit haben, die Fehler der Regierung aufzudecken und die Möglichkeiten für den Fortschritt zu erforschen.

1801, mit achtunddreißig Jahren, heiratete Jean Paul, und 1804 ließ er sich in Bayreuth nieder. Nach einigen Experimenten am lebenden Objekt schrieb er *Levana*, ein Buch über Erziehung, ein Klassiker freiheitlicher Pädagogik. Er gab eine ganze Reihe von Romanen und Essays heraus, von denen einige von Carlyle hervorragend ins Englische übertragen wurden. Die Mischung von realistischer Satire und romantischem Gefühl brachte ihm eine größere Leserschaft ein, als Goethe und Schiller sie aufzuweisen hatten. Er starb 1825 und ließ einen unvollendeten Essay über die Unsterblichkeit der Seele zurück: Nun bot sich ihm die Möglichkeit, diese Angelegenheit aus erster Hand zu erforschen. Sein Ruhm als einer von Deutschlands besten Autoren hielt sich in Europa bis in die Mitte des neunzehnten Jahrhunderts.

Nachdem er dort erloschen war, wechselte er nach Amerika über, wo Longfellow einer der ergebensten Anhänger des Dichters wurde. Selbst in Deutschland wird er heutzutage wenig gelesen, aber viele Deutsche kennen seinen berühmten Satz, der einen Pfeil gegen die deutsche Philosophie abschießt und das Napoleonische Zeitalter ungleich kürzer zusammenfaßt, als dieses Buch es vermag: «Es scheint darum ordentlich, da wir geistige Gütergemeinschaft mit allen Völkern haben – und so wie die Franzosen die Herren des Landes sind, die Engländer die des größern Meeres, wir die der beide und alles umfassenden Luft sind –, daß wir deshalb, um ein Verquickungsmittel der spröden Völker zu sein, in alle Länder und Klimen ausgesät worden, wie die Juden, Jesuiten, Eisen und das Tier, das unsere Treue teilt.»[15]

Zwei andere Erzähler gewannen sich einen großen Leserkreis. Ernst Theodor Wilhelm Hoffmann (1776–1822) – der 1813 in seiner Begeisterung über Mozart «Wilhelm» in «Amadeus» änderte – war einer der ungewöhnlichsten und vielseitigsten Deutschen: Er malte Bilder, er komponierte und dirigierte, er inszenierte eine Oper (*Undine*), er war als Jurist tätig und er schrieb spannende und märchenhafte Geschichten, die Jacques Offenbach zu *Hoffmanns Erzählungen* (1881) inspirierten.

Einzigartig war das Leben, wenn nicht das Werk von Adalbert von Chamisso (1781–1838). Zur Welt gekommen war er als französischer Adliger, er floh vor der Revolution, erhielt den größten Teil seiner Ausbildung in Deutschland, trat in ein preußisches Regiment ein und kämpfte in der Schlacht bei Jena mit. 1813 schrieb er, der darunter litt, kein Vaterland zu haben und im Freiheitskrieg zwischen den Fronten zu stehen, als eine Allegorie *Peter Schlemihls wundersame Geschichte*, die merkwürdige Erzählung von einem Mann, der seinen Schatten dem Teufel verkauft hat. Als Botaniker von anerkanntem Ruf begleitete er Otto von Kotzebue auf seiner wissenschaftlichen Reise um die Welt (1815–1818); er legte seine Entdeckungen in der einst berühmten *Reise um die Welt* nieder. Für den Rest seines Lebens leitete er zum einen den Botanischen Garten in Berlin und schrieb zum anderen romantische Gedichte. Heinrich Heine lobte seine Gedichte, und Robert Schumann vertonte Chamissos Gedichtfolge *Frauenliebe und -leben*.

Dichter gab es in Hülle und Fülle, und viele von ihnen werden in Deutschland noch immer geschätzt, aber sie füllten ihre Sprache mit einer Musik und einem Gefühl, die sehr schwierig in eine andere Sprache, ein anderes Land oder eine andere Zeit übertragbar waren. Eine bedauernswerte Gestalt unter ihnen war Friedrich Hölderlin (1770–1843), dessen dichterische Sensibilität sich als zu übermächtig für seine Gesundheit erwies. In Tübingen, wohin man ihn zum Studium für ein geistliches Amt geschickt hatte, entwickelte er eine fruchtbare Freundschaft zu Georg Hegel, der zu jener Zeit das Christentum in Frage stellte. Die neuesten Nachrichten von der Französischen Revolution regten den jungen Mann zu Visionen von menschlichem Glück an. Es las Rousseau, komponierte eine *Hymne an die Freiheit* und 1792 sah er über das sterbende Jahrhundert hinweg ein wunderbares Zeitalter der Gerechtigkeit und der Menschenwürde heraufdämmern. Als der Krieg ausbrach, schrieb er an seine Schwester: «... und bete für die Franzosen, die Verfechter der menschlichen Rechte.» Als die Revolution im Blut versank, klammerte er sich verzweifelt an seinen Traum:

> Und was das Allgemeine betrifft, so hab ich einen Trost, daß nämlich jede Gärung und Auflösung entweder zur Vernichtung oder zu neuer Organisation notwendig führen muß. Aber Vernichtung gibts nicht, also muß die Jugend der Welt aus unserer Verwesung wiederkehren. Man kann wohl mit Gewißheit sagen, daß die Welt noch nie so bunt aussah wie jetzt ... Ich glaube an eine künftige Revolution der Gesinnungen und Vorstellungsarten, die alles Bisherige schamrot machen wird.[16]

Auch die Vergangenheit ließ Träume zu. Wie sein Zeitgenosse Keats verliebte er sich in die Helden und Götter des klassischen Griechenland und begann ein Prosaepos, *Hyperion*, über einen griechischen Revolutionär. Er ging nach Jena, studierte bei Fichte, lernte Kant zu verehren und begegnete den Weimarer Göttern, als auch sie sich dem Hellenismus ergeben hatten. Schiller verschaffte ihm einen Posten als Erzieher für einen Sohn der Charlotte von Kalb. 1796 fand er eine lukrativere Anstellung als Hauslehrer bei dem Bankier J. F. Gotthard in Frankfurt am Main. Er verliebte sich in die Frau des Bankiers, die seine Gedichte so sehr schätzte, daß er entlassen wurde und sich gezwungen sah, die Stadt zu verlassen. Ekstase und Exil verursachten ein gewisses Maß von geistiger Verwirrung. Doch schrieb er zu dieser Zeit (1799) ein Fragment, *Der Tod des Empedokles*, das zu den Meisterwerken deutscher Dichtung gehört. Mehrere Jahre hindurch wanderte er auf der Suche nach Broterwerb und Ideen von Stadt zu Stadt. Er bat Schiller, ihn für eine Dozentur in griechischer Literatur zu empfehlen, aber Schiller hielt ihn für zu unbeständig für einen Lehrstuhl. In Bordeaux, wo er sich als Privatlehrer aufhielt, erreichte ihn die Nachricht vom Tod der Madame Gotthard. Er gab seine Stellung auf und wanderte durch Frankreich nach Deutschland zurück, wo sich Freunde, die erkannten, daß er unheilbar geisteskrank war, seiner annahmen (1802). Er lebte noch bis 1843, als seine Gedichte längst auch von ihm selbst vergessen waren. 1890 wurden sie der Aufmerksamkeit einer breiten Öffentlichkeit zurückgegeben; Rainer Maria Rilke und Stefan George feierten ihn, und heutzutage reihen Kenner ihn unmittelbar hinter Goethe und Schiller ein.

Noch viele andere dichteten. Karl Theodor Körner (1791–1813), Sohn von Christian Gottfried Körner, der Schiller so sehr geholfen hatte[17], warf sich mit Feder und Schwert in den Befreiungskampf gegen Napoleon, rüttelte die Deutschen mit seinem Ruf zu den Waffen auf und starb am 26. August 1813 in der Schlacht. Ernst Moritz Arndt (1769–1860) erlebte in seinen einundneunzig Jahren drei Revolutionen. Er erreichte die Abschaffung des Feudalismus in Pommern durch seine realistische Darstellung in *Versuche einer Geschichte* (1803). Und in *Der Geist der Zeit* (1806) ließ er einen so mächtigen Aufschrei gegen Napoleon ertönen, daß er gezwungen war, vor dem Sieger von Jena nach Schweden zu flüchten. 1812 rief ihn Stein nach St. Petersburg, wo er helfen sollte, das russische Volk zum Widerstand gegen die französischen Eindringlinge aufzurütteln. Nach 1815 kämpfte er in Preußen gegen die konservative Reaktion an und mußte für kurze Zeit ins Gefängnis.

1848 wurde er in die Nationalversammlung in Frankfurt gewählt. Als auch diese Revolution erstarb, widmete er seine Talente endgültig der Frömmigkeit.

Joseph von Eichendorff (1788–1857), ein katholischer Adliger, schrieb volkstümliche Gedichte, die uns noch heute bewegen, wie zum Beispiel *Auf meines Kindes Tod*. Hier kann sogar ein nicht deutschsprachiger Skeptiker die Melodie spüren, das Gefühl teilen und die Hoffnung bewundern:

Von fern die Uhren schlagen,
Es ist schon tiefe Nacht,
Die Lampe brennt so düster,
Dein Bettlein ist gemacht.

Die Winde nur noch gehen
Wehklagend um das Haus,
Wir sitzen einsam drinne
Und lauschen oft hinaus.

Es ist als müßtest leise
Du klopfen an die Tür,
Du hättst dich nur verirret
Und kämst nun müd zurück.

Wir armen, armen Toren!
Wir irren ja im Graus
Des Dunkels noch verloren –
Du fandst dich längst nach Haus.

IV. DIE ROMANTISCHE EKSTASE

Die hervorragendsten Schreiber jener deutschen Blütezeit waren jene, die ihre Umwelt verschreckten mit der Forderung nach der Befreiung des Instinkts vom Verstand, des Gefühls von der Vernunft, der Jugend vom Alter und des Einzelnen von der Familie und dem Staat. Wenige von uns lesen sie heute noch, aber in ihrer Generation waren sie Flammenzungen, die staubtrockene Philosophien ebenso wie die gesellschaftlichen Fesseln in Brand setzten, die das Individuum durch Sitten und Gebräuche, Tabus, Herrschaft und Gesetz an der Entfaltung hinderten.

Die Quelle des Aufstands war die natürliche Abneigung, die jeder aufgeweckte Jugendliche gegen die Zwänge verspürt, die ihm durch Eltern, Brüder, Schwestern, Lehrer, Geistliche, Polizisten, Grammatiker, Logiker und Moralisten auferlegt werden. Hatte nicht der anerkannte Philosoph Fichte bewiesen, daß die grundlegende Realität für jeden von uns das eigene denkende Ich ist? Wenn das so ist, hat das Universum für keinen von uns eine Bedeutung außer den Auswirkungen, die es auf ihn selbst hat, und jeder von uns kann sich mit gutem Recht zum Richter machen über jede Tradition, jedes Verbot, jedes Gesetz jeden Glauben, und eine Begründung für alles verlangen, was er befolgen soll. Man mochte bereit sein, sich demütig den Geboten zu unterwerfen, die von Gott oder einem mit Göttlichkeit ausgestatteten Sendboten ausgegeben und aufrechterhalten worden waren; aber was war nun aus Gott geworden, da Diderot, d'Alembert, Helvétius, d'Holbach und La Mettrie ihn auf die allgemeinen Gesetze des Universums reduziert hatten?

Zu der stolzen und befreienden Aufklärung war nun die Revolution hinzugekommen. Die Klassenunterschiede verflüchtigten sich. Jene Herren, die einst die Gesetze erlassen und Gehorsam verlangt hatten, gingen nun auf panische Flucht und ließen keine Schranken mehr zwischen den Klassen zurück, kein Gespenst der Tradition, das die Gesetze gestützt hätte. Nun hatte jedermann die Möglichkeit, sich um jede Stellung oder Macht zu bemühen und dabei die Guillotine zu riskieren; jeder Talentierte konnte Karriere machen, die Chancen standen für alle gleich. Nie zuvor in der bekannten Geschichte der Zivilisation war der Einzelne so frei gewesen – frei, seine Beschäftigung zu wählen, seine Unternehmungen, seinen Lebensgefährten, seine Religion, seine Regierung und seinen Moralkodex. Wenn es nichts außer Individualpersönlichkeiten gibt, was anderes sind dann der Staat, die Armee, die Kirche, die Universität, als Verschwörungen von privilegierten Individuen, mit dem gemeinsamen Ziel, den indoktrinierten Rest einzuschüchtern und zu kontrollieren, zu formieren und zu deformieren, zu regieren und zu besteuern, zusammenzutreiben und abzuschlachten? Nur selten wird ein Genie unter solchen Beschränkungen zur Erfüllung kommen. Und ist nicht ein Genie ein Dutzend Pädagogen, Generäle, Hohepriester, Könige oder ganze Menschenmengen wert?

Doch gab es in dieser neuen Welt der unbegrenzten Möglichkeiten unter den befreiten Seelen viele empfindsame Geister, die spürten, daß die Vernunft einen zu hohen Preis für die Befreiung gefordert hatte. Es war die «Vernunft», die die alte Religion bekämpft hatte mit ihren Heiligenlegenden, ihren wohlriechenden Zeremonien und ihrer bewegenden Musik, ihrer vermittelnden Madonna und ihrem erlösenden Christus. Es war die «Vernunft», die diese übersteigerten Visionen ersetzt hatte durch eine trostlose Prozession von materialistischen Massen, die sich ziellos auf die Zerstörung hinbewegten. Und es war die «Vernunft», die das Bild von Männern und Frauen, die in täglichem Zwiegespräch mit der Gottheit lebten, ersetzte durch ein Bild von ernüchterten Massen von Männern und Frauen, die sich tagtäglich mechanisch, stumpf, näher auf einen schmerzlichen, entwürdigenden und ewig dauernden Tod zubewegten. Die Phantasie hat ihre Berechtigung, auch wenn sie nicht durch Vernunftschlüsse sanktioniert wird; und wir können uns selbst eher und mit mehr Recht als Seelen betrachten, die den Verstand beherrschen, denn als Maschinen, die die Seelen in Funktion halten. Das Gefühl hat seine Berechtigung und forscht tiefer als der Intellekt. Der arme wandernde, sich wundernde Jean-Jacques mag richtiger empfunden haben als der scharfsinnige Kobold von Ferney (Voltaire) glaubte.

Deutschland hatte sowohl Rousseau als auch Voltaire kennengelernt und gehört und entschied sich für Rousseau. Es hatte *Émile* und *Héloïse* gelesen und mitempfunden und zog sie dem *Dictionnaire philosophique* und *Candide* vor. Es folgte Lessing, indem es Shakespeare über den klassischen Racine stellte. Es hatte mehr übrig für *Clarissa Harlowe*, *Tristram Shandy* und Macphersons *Ossian* als für die französischen *philosophes* und *salonnières*. Es verwarf die Regeln, die Boileau als die Gesetze des klassischen Stils niedergelegt hatte. Es verübelte die Wichtigkeit, die er Klarheit und Ausgewogenheit beimaß. Sie paßten nicht gut zum allgemeinen Enthusiasmus und zum Griff nach Orient und Unendlichkeit.

Die deutsche Romantik respektierte die Wahrheit, wenn sie zu finden war, aber sie mißtraute der «wissenschaftlichen Wahrheit», die das Gesicht des Lebens verdunkelte. Einen warmen Platz in der Erinnerung sicherte sie den Mythen, Fabeln und Märchen, die Clemens Brentano (1778–1842) und Achim von Arnim (1781 bis 1831) in *Des Knaben Wunderhorn* (1805–1808) und die Brüder Grimm (Jacob, 1785–1863, und Wilhelm, 1786–1859) für ihre *Kinder- und Hausmärchen* (1812) sammelten. Dieses Echo aus der Kindheit des Landes und des Individuums waren ein Teil der guten deutschen Seele, vielleicht sogar ihres «unbewußten» innersten Wesens.

Wenn dieses Erbe der Phantasie über die Revolution hinaus zurück zum mittelalterlichen Katholizismus führte, so war der Geist der Romantik bereit, ihm zurück zu den bemoosten alten Kathedralen und dem bedingungslosen Glauben und den fröhlichen Handwerkern zu folgen, die sie errichtet hatten; zurück zu den Gebeten und Gesängen und Glocken und Prozessionen, die die Gottheit Tag für Tag ins menschliche Bewußtsein brachten und den müden Einzelnen friedlich in der Gemeinschaft aufgehen ließen; zurück zu den Heiligen, deren Leben den christlichen Kalender zu einem religiösen Epos machten; zurück zu der Jungfrau Maria, die die Unschuld des jungen Mädchens und die Hingabe der Mutter an die Familie, das Volk und das ganze Menschengeschlecht sanktioniert hatte. All dies war natürlich eine schwärmerische Verschleierung des mittelalterlichen Glaubens und seiner Schrecken, der gejagten Ketzer und der verfolgten Seelen. Aber es brachte viele deutsche Romantiker auf den Gipfel der Ekstase und einige von ihnen in Erschöpfung und Reue an den Fuß des Altars und in die warme Umarmung der Mutter Kirche.

V. DIE STIMMEN DES GEFÜHLS

Die deutsche Romantik übte ihren Einfluß auf beinahe jeden Bereich des Lebens aus: auf die Musik durch Beethoven, Weber und Felix Mendelssohn; auf den Roman durch Hoffmann und Tieck; auf die Philosophie durch Fichte und Schelling; auf die Religion durch Schleiermacher und ein gutes Hundert von Bekehrten wie Friedrich Schlegel und Dorothea Mendelssohn. Es waren vor allem fünf Männer, die die Bewegung in der deutschen Literatur anführten. Und mit ihnen sollte auch der Frauen der Romantik gedacht werden, die ihnen in freier oder in legalisierter Liebe und in geistiger Kameradschaft verbunden waren und damit die sittsamen Hausmütter von einem Frankfurt zum anderen schockierten.

Dicht an der Quelle der Bewegung glühte der empfindsame und scheue Wilhelm Heinrich Wackenroder (1773–1798), dem Wirklichkeit und Vernunft unbehaglich waren, Religion tröstlich und Kunst beglückend. In der Gabe des Künstlers, Dinge zu erfassen und umzusetzen, sah er eine beinahe göttliche Fähigkeit der Schöpfung. Er formulierte seine neue Religion in ehrfurchtsvollen Essays über Leonardo, Raffael, Michelangelo, Dürer ... An den Universitäten von Göttingen und Erlangen fand er Verständnis bei Ludwig Tieck; dieser ebenso enthusiastische Kommilitone schlug einen hübschen Titel für die Schriften seines Freundes vor: *Herzensergießungen eines kunstliebenden Klosterbruders*. So getauft fanden sie 1797 einen Verleger. Wackenroder verspottete den Rationalismus Lessings und den Klassizismus Winckelmanns beinahe ebensosehr wie die Unzugänglichkeit der deutschen Bürgerseele für künstlerische Erregung und er forderte seine Zeit auf, die mittelalterliche Verbindung von Künstler und Arbeiter unter der umfassenden Bezeichnung Handwerker wiederaufleben zu lassen. Der Typhus setzte Wackenroders Leben mit vierundzwanzig Jahren ein Ende.

Sein Freund Ludwig Tieck (1773–1853) spielte achtzig Jahre hindurch das gewagte Spiel von Gefühl gegen Vernunft und Phantasie gegen Wirklichkeit. Zusammen mit Wackenroder studierte er das elisabethanische Drama und die mittelalterliche Kunst und freute sich über den Fall der Bastille. Anders als Wackenroder hatte er Humor und Lust am Spiel; er spürte, daß das Leben ein Spiel sein müsse, das die Götter mit Königen und Königinnen, Bischöfen und Edelleuten, Burgen und Kathedralen und bescheidenen Bauern spielten. Als er nach seiner Universitätszeit in das heimatliche Berlin zurückkehrte, veröffentlichte er 1795/96 den Roman *Die Geschichte des Herrn William Lovell*, der in Richardsonscher Briefform verfaßt war und der in sinnlicher Ausführlichkeit die sexuellen und intellektuellen Wanderungen eines jungen Mannes beschrieb, der sich mit der christlichen Theologie auch der christlichen Ethik entledigt hat und der aus der Fichteschen Erkenntnistheorie den Schluß zieht, daß das eigene Ich, wenn es die einzige uns unmittelbar bekannte Realität ist, auch Herr über Moral und Gesetze sein müsse:

> So beherrscht mein äußerer Sinn die physische, mein innerer Sinn die moralische Welt. Alles unterwirft sich meiner Willkür, jede Erscheinung, jede Handlung kann ich nennen, wie es mir gefällt; die lebendige und leblose Welt hängt an den Ketten, die mein Geist regiert ... Ich selbst bin das einzige Gesetz in der ganzen Natur, diesem Gesetz gehorcht alles ... Freilich ist die Wollust das große Geheimnis unseres Wesen ...
>
> ... ich bedaure die Thoren, die ewig von der Verächtlichkeit der Sinnlichkeit schwatzen, in einer kläglichen Blindheit opfern sie einer ohnmächtigen Gottheit, deren Gaben kein Herz befriedigen ... Nein, ich habe zum Dienste jener höheren Gottheit geschworen, vor der sich ehrerbietig die ganze lebende Natur neigt, die in sich jede abgesonderte Empfindung des Herzens vereinigt, die alles ist, Wollust, Liebe, für die die Sprache keine Worte, die Zunge keine Töne findet. – Erst in Louisens Armen hab' ich die Liebe kennen gelernt, die Erinnerung an Amalien erscheint mir wie in einer nächtlichen neblichten Ferne.[18]

Fünfundachtzig Jahre vor den Brüdern Karamasow (1880) finden wir hier Iwan Karamasows ahnungsvollen Ausblick auf das unmoralische Jahrhundert, das nachfolgen sollte: «Wenn es keinen Gott gibt, ist alles erlaubt.» Doch Lovell kehrt vor seinem Ende zur Religion zurück: «Bin ich reiner geworden, darf ich auch zum Ewigen selbst, zur unvergänglichen Liebe meine Hoffnung wieder erheben ... Gebessert, geweiht, gereinigt treten wir dann vor den Thron des Richters.»[19] So erklärte er gerade noch rechtzeitig, denn bald nach diesem Bekenntnis wird Lovell in einem Duell getötet.

Das Buch war der Ausdruck einer befreiten Jugend, die noch nicht das Alter der Vernunft erreicht hatte. 1797 veröffentlichte er eine Novelle, *Der blonde Eckbert*, die ihm die Bewunderung der Brüder Schlegel einbrachte. Auf ihre Einladung zog er nach Jena um, das nun die Zitadelle der Romantik war. Tieck verließ es jedoch 1801 wieder, um auf der Besitzung eines Freundes in Frankfurt an der Oder zu leben. Eine Zeitlang widmete er sich der Übersetzung elisabethanischer Stücke; dann, mit hervorragenden Kritiken, der Herausgabe der Werke seiner Zeitgenossen Novalis und Kleists. Lessings Spuren folgend hatte er siebzehn Jahre lang (1825 bis 1842) den umstrittenen Posten eines Dramaturgen am Dresdner Theater inne. Die freimütigen Essays, die er dort schrieb, trugen ihm einige Feinde, aber auch landesweite Berühmtheit auf dem Gebiet der Literaturkritik ein, die nur von Goethe und August von Schlegel übertroffen wurde. 1842 lud ihn König Friedrich Wilhelm IV. (der von *Lovell* noch nie etwas gehört hatte) nach Berlin ein; Tieck (für den *Lovell* längst der Vergangenheit angehörte), nahm an und verbrachte die restlichen Jahre seines Lebens als eine Säule der Literatur in der preußischen Hauptstadt.

Novalis (1772–1801) waren nicht so viele Jahre gegeben, um über die Ideen seiner Jugend hinauszugelangen. Er hatte den für die Literatur wenig brauchbaren Vorteil einer adligen Herkunft: Sein Vater, Direktor der Salzwerke in Sachsen, war ein Vetter von Fürst Karl von Hardenberg, der im preußischen Ministerium saß. Der richtige Name des Dichters war Freiherr Georg Friedrich Philipp von Hardenberg; er benutzte «Novalis» als Pseudonym, aber es war der tatsächliche Name seiner Vorfahren aus dem dreizehnten Jahrhundert. Seine Familie gehörte der pietistischen Herrnhuter Gemeinde an; er hielt an ihrer streng religiösen Ausrichtung fest, aber schließlich betrachtete er eine Aussöhnung des Katholizismus mit dem Protestantismus als einen Schritt auf die europäische Einheit zu. Mit neunzehn Jahren begann er an der Universität von Jena zu studieren, entwickelte herzliche Freundschaft zu Tieck, Schiller und Friedrich von Schlegel und hörte wahrscheinlich einige von Fichtes Vorlesungen, deren Funken von Jena nach Weimar übersprühten.

Nach einem Jahr an der Universität von Wittenberg folgte er seinem Vater nach Arnstadt in Thüringen, um in dessen Unternehmen zu arbeiten. Im nahegelegenen Grüningen begegnete er Sophie von Kuhn, die ihn durch ihre körperlichen und charakterlichen Vorzüge so stark beeindruckte, daß er bei ihren Eltern um ihre Hand anhielt. 1795 feierten er und Sophie offizielle Verlobung, obwohl sie erst vierzehn war. Bald danach erkrankte sie an einem unheilbaren Leberleiden. Zwei Operationen schwächten sie noch mehr, und 1797 starb sie. Novalis kam über diesen «Liebestod» niemals hinweg. Seine berühmtesten Gedichte, sechs *Hymnen an die Nacht* (1800), waren melancholische Erinnerungen an Sophie. 1798 verlobte er sich mit Julie von Charpentier, aber auch diese Verbindung kam nicht bis zur Ehe; neben dem Kummer wurde der Dichter auch von der Tuberkulose verzehrt. Novalis starb am 25. März 1801 im Alter von achtundzwanzig Jahren.

Er hinterließ einen Roman, *Heinrich von Ofterdingen* (1798–1800), in dem er die Sehnsucht, in der Religion Frieden zu finden, auf bewegende Weise zum Ausdruck brachte. Er hatte einst Goethes *Wilhelm Meister* als realistische, jedoch ausgezeichnete Darstellung der Entwicklung eines Mannes gepriesen; nun verurteilte er das Buch, da es die prosaische Anpassung an irdische Aufgaben idealisiere. Der Held seines eigenen Romans wurde als historischer Charakter vorgestellt, als tatsächlicher Verfasser des *Nibelungenliedes*, ein Galahad, der sich der Suche nach der blauen Blume verschrieben hat, die die Umwandlung des Todes in einen Zugang zum unendlichen Verständnis symbolisiert. «... aber die blaue Blume sehn ich mich zu erblicken», sagt Heinrich. «Sie liegt mir unaufhörlich im Sinn, und ich kann nichts anderes dichten und denken.»[20] Hier und in einem einst berühmten Essay über das *Christentum in Europa* verherrlichte Novalis das Mittelalter (bis hin zur Verteidigung der Inquisition) als die Verwirklichung einer immer wiederkehrenden europäischen Sehnsucht nach politischer Einheit unter einem religiösen Glauben. Es war (so spürte er) klug und richtig, wenn die Kirche sich gegen eine Stärkung der materialistischen Wissenschaften und weltlichen Philosophie wandte. Aus dieser Sicht war die Aufklärung ein tragischer Rückschritt für die europäische Seele. Als der Tod ihn heranwinkte, verwarf Novalis alle irdischen Ziele und Freuden und träumte von einem zukünftigen Leben, in dem es keine Krankheit und keinen Kummer geben und in dem die Liebe niemals enden würde.

VI. DIE BRÜDER SCHLEGEL

August Wilhelm von Schlegel (1767–1845) und Friedrich von Schlegel (1772–1829) waren ein bemerkenswertes Brüderpaar: unterschiedlich in Temperament und Liebesleben, unterschiedlich in bezug auf Glauben und Interessen und schließlich vereint im Sanskrit und in der Philologie. Sie wuchsen in Hannover als Söhne eines protestantischen Pfarrers auf; fromm während der Pubertät, wurden sie mit zwanzig zu Ketzern. In Göttingen regte Christian Heyne, der Virgilübersetzer, durch seine Persönlichkeit und seine Vorlesungen August Wilhelm dazu an, sich mit der Übertragung von Sprache zu beschäftigen, und auf die elisabethanischen Literaturschätze brachte ihn Gottfried Bürger, Shakespeareübersetzer und Verfasser der Ballade *Lenore*.[21] Die gleiche Universität empfing Friedrich von Schlegel fünf Jahre nach seinem Bruder; er begann als Student der Rechte und wandte sich bald Literatur, Kunst und Philosophie zu. Er lernte schnell, folgte 1796 seinem Bruder nach Jena und gründete gemeinsam mit ihm die Zeitschrift *Athenäum*, die zwei Jahre lang

(1798–1800) Sprachrohr und Leitstern der romantischen Bewegung in Deutschland war. Novalis und Schleiermacher arbeiteten mit, Tieck kam, Fichte und Schelling brachten ihre Philosophie ein. Und dieser angeregte Kreis wurde ergänzt durch einige talentierte Frauen, die ein romantisch freies Leben führten.

Friedrich von Schlegel war der intellektuelle Schrittmacher des Zirkels, wenn auch vielleicht nur deshalb, weil er schneller als die anderen Ideen aufnahm und wieder verwarf. 1799 veröffentlichte er einen Roman, *Lucinde*, der so etwas wie eine rote Flagge wurde, die dem Kampf gegen veraltete Anschauungen und lästige Tabus vorangetragen wurde. Theoretisch war dieses Buch (wie Shelleys *Defense*) eine Verteidigung der Dichtkunst als einer Verständnishilfe und einem Leitfaden durchs Leben. Wie klug ist zum Beispiel die Verachtung des Dichters für die Jagd nach Reichtümern? «Was soll also das unbedingte Streben und Fortschreiten ohne Stillstand und Mittelpunkt? ... denn der Fleiß und der Nutzen sind die Todesengel mit dem feurigen Schwert, welche dem Menschen die Rückkehr ins Paradies verwehren.»[22] Der Held tritt auch ein für «das hohe Evangelium der echten Lust und Liebe», worunter er die Freuden der Liebe ohne die Bande der Ehe versteht. Als Friedrich seinen Bruder besuchen wollte, der zu dieser Zeit (1800) in Göttingen lehrte, sandten die hannoverschen Behörden dem Göttinger Universitätsrektor eine besorgte Anordnung: «Sollte der Bruder des Professors, der durch seine sittenverderblichen Schriften berüchtigte Friedrich Schlegel, sich dort einfinden, um sich einige Zeit daselbst aufzuhalten, so ist Selbigem Solches nicht zu erlauben, sondern ihm die Bedeutung zu tun, daß er Göttingen zu verlassen habe.»[23]

Die Frau, die Schlegel zu *Lucinde* inspiriert hatte, war Caroline Michaelis. 1763 geboren, heiratete sie 1784 einen Universitätsprofessor und wurde unglücklich mit ihm. Durch seinen Tod befreit, genoß sie einige Jahre hindurch das angenehme Leben einer Witwe, die sowohl wegen ihres Geistes als auch wegen ihrer Schönheit gefeiert wird. August Wilhelm von Schlegel verliebte sich als Student in Göttingen in sie und machte ihr einen Heiratsantrag. Sie wies ihn ab, weil er vier Jahre jünger war als sie. Als er nach Amsterdam ging, um dort eine Stellung als Hauslehrer anzutreten (1791), ließ sie sich in eine Reihe von Abenteuern ein, von denen eines ihr unerwartete Mutterschaft bescherte. Sie schloß sich einer revolutionären Gruppe in Mainz an, wurde verhaftet, von ihren Eltern aus dem Gefängnis geholt und ging nach Leipzig, um dort ihr Kind zur Welt zu bringen. August Wilhelm von Schlegel tauchte dort auf, machte ihr erneut einen Antrag, heiratete sie (1796), adoptierte ihr Kind und nahm beide mit nach Jena.

Dort wurde sie aufgrund ihrer Bildung, ihrer Lebhaftigkeit und ihrer geistvollen Konversation zur Lieblingsgastgeberin der Liberalen. Wilhelm von Humboldt bezeichnete sie als die klügste Frau, die er je gekannt habe.[24] Goethe und Herder kamen von Weimar herüber, um an ihrem Tisch zu sitzen und sich an ihrer Gesellschaft zu erfreuen.[25] Friedrich von Schlegel, der zu dieser Zeit bei seinem Bruder lebte, verliebte sich nun ihrerseits in sie. Er machte sie zur Lucinde seines Romans und stimmte solche Lobgesänge auf sie an, daß seine Leidenschaft in den Worten erstickte. Indessen ging August Wilhelm, dessen Liebe sich zu Ritterlichkeit abgekühlt hatte, nach Berlin (1801), um dort Vorlesungen zu halten. Er knüpfte eine Beziehung zu Sophie Bernardi an, die sich von ihrem Ehemann scheiden ließ, um mit ihrer neuen Liebe zusammenzuleben. Als August Wilhelm nach Jena zurückkehrte, fand er Caroline verliebt in Schelling und willigte freundschaftlich in eine Scheidung ein. Caroline heiratete Schelling (1804) und blieb bei ihm bis zu ihrem Tode (1809). Obwohl Schelling sich wiederverheiratete, spürte er ihren Einfluß noch viele Jahre hindurch. «Wäre sie mir nicht gewesen, was sie war, ich müßte als Mensch sie beweinen, trauern, daß dies Meisterstück des Geistes nicht mehr ist, dieses seltene Weib von männlicher Seelengröße, von dem schärfsten Geist, mit der Weichheit des weiblichsten, zartesten, liebevollsten Herzens vereinigt. Etwas der Art kommt nie wieder!»[26]

Nicht minder bemerkenswert war Dorothea von Schlegel (1763–1839), geborene Brendel Mendelssohn. Ihrem berühmten Vater zu Gefallen heiratete sie 1783 den Bankier Simon Veit. Sie gebar ihm einen Sohn, Philipp Veit, der in der nächsten Generation ein prominenter Maler wurde. Nun, da sie Geld genug hatte, verlor sie das Interesse daran, wagte sich auf das noch ungewissere Gebiet der Philosophie und wurde eine der geistvollsten Persönlichkeiten in Rachel Varnhagens Salon in Berlin. Dort traf sie Friedrich von Schlegel, der sich auf der Stelle in sie verliebte; und sie, die in Ideen verliebt war, fand, daß er darin schwelgte. Er war fünfundzwanzig, sie war zweiunddreißig; aber der flatterhafte Schriftsteller war fasziniert von den vielfältigen Reizen dieser *femme de trente ans* und mehr. Sie war keine ausgesprochene Schönheit, aber sie erkannte und würdigte seinen Geist, sie konnte seinen philosophischen und philologischen Denkabenteuern mit Verständnis folgen und sie schenkte ihm eine Hingabe, die alle Streitigkeiten bis zu seinem Tod überlebte. Ihr Ehemann, der spürte, daß sie für ihn verloren war, willigte in die Scheidung ein (1798). Sie lebte mit Schlegel zufrieden in unlegalisierter Gemeinschaft, begleitete ihn 1802 nach Paris, willigte in die Taufe ein, erhielt den Namen Dorothea und wurde Friedrich 1804 angetraut.

Sein Bruder August Wilhelm war inzwischen zum berühmtesten Universitätsdozenten des Kontinents geworden und hatte Fortschritte mit der bemerkenswerten Shakespeareübersetzung gemacht, die den großen Elisabethaner in Deutschland fast so bekannt wie in England machte. Obwohl man August Wilhelm «den Begründer der romantischen Schule in Deutschland»[27] genannt hat, verfügte er über viele Eigenschaften, die für einen klassischen Verstand und Charakter bezeichnend sind: Ordnungsliebe, Klarheit, Ausgeglichenheit, Mäßigkeit und Ausdauer. Seine Vorlesungen «Über dramatische Kunst und Literatur», die er in verschiedenen Städten und Jahren hielt, zeichnen sich durch diese Qualitäten aus; und die über Shakespeare enthalten eine Fülle von aufschlußreichen Erläuterungen – und manchmal auch mutige Kritik an dem verehrten Barden. Diese Vorlesungen, so schrieb Wilhelm Hazlitt 1817, «bilden den bei weitem besten Kommentar zu den Stücken, der bisher erschienen ist ... Wir müssen mit einem gewissen Neid eingestehen ... daß es einem ausländischen Kritiker vorbehalten war, die Gründe für den Glauben darzulegen, den wir Engländer an Shakespeare haben.»[28]

Madame de Staël, die Deutschland auf der Suche nach Material für ein Buch bereiste, überredete August Wilhelm (1804), für zwölftausend Francs im Jahr als Hauslehrer für ihre Kinder und als lebendiges Nachschlagewerk für sie selbst mit ihr nach Coppet zu kommen. Später reiste er mit ihr durch Italien, Frankreich und Österreich, kehrte mit ihr nach Coppet zurück und blieb bei ihr bis 1811, als die Schweizer Behörden ihm, einer Anordnung Napoleons folgend, befahlen, die Schweiz zu verlassen. Er ging nach Wien und war überrascht, daß sein Bruder dort in Vorlesungen das Mittelalter als das goldene Zeitalter europäischen Glaubens und europäischer Einheit pries.

Wien war die katholische Hauptstadt Deutschlands, und Friedrich und Dorothea waren 1808 zum katholischen Glauben übergetreten. Jahre zuvor hatte sie gesagt: «Die Bilder und die katholischen Gesänge haben mich so gerührt, daß ich mir vorgenommen habe, wenn ich eine Christin werde, so muß es durchaus katholisch sein.»[29] Friedrich von Schlegel schrieb seine eigene Konvertierung einer *prédilection d'artiste* zu; und in vieler Hinsicht schien der Katholizismus – der Phantasie, Gefühl und Schönheitsempfinden so stark entgegenkam – der natürliche Verbündete und die Erfüllung für das romantische Gefühl zu sein. Irritiert von den unerforschlichen Geheimnissen und gedemütigt von der Sterblichkeit war der Rationalist des Denkens müde geworden. Der Individualist, der sich in der Ungewißheit seines Ichs einsam fühlte, wandte sich der Kirche zu als einem Gemeinschaft bietenden Hort und einer tröstlichen Zuflucht. So ging nun Friedrich von Schlegel, der brillanteste Denker, der leidenschaftlichste der jungen Individualisten, der Verwegenste der Rebellen, hinter Voltaire, hinter Luther und Calvin zurück zum mittelalterlichen Europa und zu seiner allmächtigen Kirche. Er bedauerte, daß die phantasieanregenden Mythen durch trostlos nüchterne Wissenschaft ersetzt worden waren und erklärte, daß der größte Mangel aller modernen Kunst darin bestünde, daß die Künstler keine Mythologie mehr hätten.[30]

Vielleicht hatte sich seine Hochachtung für die Mythologie verstärkt durch seine Beschäftigung mit der Literatur und den Mythen des alten Indien. Diese Studien, die er 1802 in Paris begonnen hatte, gipfelten in einer klugen, aufschlußreichen Abhandlung *Über die Sprache und Weisheit der Inder* (1808), die dazu beitrug, die vergleichende Philologie der indoeuropäischen Sprachen zu begründen. Wahrscheinlich diskutierte Friedrich diese Fragen mit seinem Bruder, als dieser ihn 1811 für eine Weile in Wien besuchte. August Wilhelm, der sich der philologischen Arbeit mit Christian Heyne erinnerte, ließ sein Interesse für dieses Gebiet wiederaufleben. Der gemeinsame Beitrag der Brüder zur Sanskrit-Forschung war das solideste und bleibendste Ergebnis ihres Schaffens.

Friedrich hatte sich im kulturellen und gesellschaftlichen Leben Wiens eine anerkannte Stellung erobert. Er hatte einen Sekretärsposten in der österreichischen Regierung erlangt und mitgeholfen, den antinapoleonischen Aufruf zu verfassen, den

Erzherzog Karl Ludwig anläßlich des Feldzuges von 1809 herausgegeben hatte. 1810 und 1812 hielt er in Wien hervorragende Vorlesungen zur europäischen Geschichte und Literatur; innerhalb dieser Abhandlungen legte er seine Theorien zur literarischen Kritik und Wissenschaft dar und verfaßte eine klassische Analyse der romantischen Kunstauffassung. 1820 wurde er Herausgeber der rechtsgerichteten katholischen Zeitschrift *Concordia*. Die damit bekundete Abwendung von den Überzeugungen, die er in seinen Jenaer Tagen so lebhaft verteidigt hatte, führte zur bleibenden Entfremdung von seinem Bruder. Er hielt seine letzte Vorlesungsreihe 1828 in Dresden und starb dort im darauffolgenden Jahr. Dorothea hütete sein Vermächtnis und folgte ihm in Worten und in Taten bis an ihr Ende im Jahre 1839.

August Wilhelm überlebte sie beide. Im Mai 1812 war er wieder mit Madame de Staël vereinigt; er geleitete sie durch Österreich und Rußland nach St. Petersburg und fuhr weiter mit ihr nach Stockholm. Dort wurde er aufgrund von Madames Einfluß zum Sekretär von Bernadotte, dem schwedischen Kronprinzen, ernannt und begleitete diesen im Feldzug von 1813 gegen Napoleon. Für seine Dienste erhob ihn die schwedische Regierung in den Adelsstand. 1814 war er wieder bei Madame de Staël in Coppet und blieb bei ihr bis zu ihrem Tod. Nachdem sich seine bemerkenswerte Ergebenheit für sie damit erfüllt hatte, akzeptierte er eine Professur für Literatur an der Universität Bonn (1818). Er nahm sein Studium des Sanskrit wieder auf, begründete eine Zeitschrift über Sanskrit, edierte und publizierte die *Bhagavad-Gita* und das *Ramayana* und arbeitete zehn Jahre lang an der dreibändigen *Indischen Bibliothek*. Er starb 1845 im Alter von achtundsiebzig Jahren und hinterließ einen Schatz von sorgfältig ins Deutsche übertragenen Shakespeare-Werken und in seinen Vorlesungen eine Fülle von literarischen Erinnerungen und Gedanken, die Coleridge auf seinem Weg zur deutschen Philosophie nur aufzusammeln brauchte. Es war ein gutes Leben.

ACHTES KAPITEL

Deutsche Philosophie

[1789–1815]

UNSER Verständnis der idealistischen Philosophie Kants und seiner Nachfolger wird erschwert durch die gängige Deutung des Wortes «ideal» im Sinne moralischer Unfehlbarkeit und durch unsere Gewohnheit – in einem Zeitalter der Wissenschaft und der Industrie – mehr über erkannte Dinge nachzudenken als über den Prozeß der Erkenntnis selbst. Bereits in der griechischen Philosophie standen entgegengesetzte Meinungen im Wettstreit miteinander: Während Demokrit Atome als Ausgangspunkt nahm, ging Plato von Ideen aus. In der modernen Philosophie betonte Bacon das Problem der Erkenntnis der Welt, Descartes das Problem des denkenden Ich. Hobbes reduzierte alles auf die Materie, Berkeley auf den Geist. Kant verlieh der deutschen Philosophie ihren eigenständigen Charakter, indem er darlegte, daß ihre vornehmliche Aufgabe in der Erkenntnis des Erkenntnisprozesses selbst bestünde, d. h. in der Frage nach dem Ablauf von Erkenntnisvorgängen. Er gestand den Dingen der Außenwelt Realität zu, behauptete aber, daß wir niemals wissen könnten, wie sie tatsächlich beschaffen seien, da wir sie nur in der Form sehen könnten, in der sie, verändert durch Wahrnehmungsorgane und -vorgänge, in unserer Anschauung erscheinen. Der philosophische «Idealismus» geht daher davon aus, daß uns nichts bekannt ist außer Ideen und daß die Materie deshalb nichts anderes als eine Form der Vorstellung ist.*

I. FICHTE: 1762–1814

1. Der Radikale

Wie so häufig in der Geschichte der Literatur ist hier ein Autor interessanter als seine Bücher. Diese veralten durch die philosophischen Modeströmungen sowohl in bezug auf Auffassungen wie auf Form, aber die Betrachtung eines Menschen, der sich seinen Weg durch das Labyrinth des Lebens sucht, ist eine lebendige Lektion in Philosophie, ein stets aufs Neue bewegender Anschauungsunterricht, wie die Erfahrung einen Charakter bildet und das Denken verändert.

---

* Siehe dazu Charles Singer, Wissenschaftshistoriker: «Das Bewußtsein ist die elementare Voraussetzung, das, was als gegeben angenommen wird, der Richter sozusagen, dem die Wissenschaft ihren Bericht über die Erkenntnis der Erscheinungen vorlegen muß. In dieser Darstellung, und in ihr allein, besteht die Aufgabe der Wissenschaft.»[1]

Johann Gottlieb Fichte machte in seinen zweiundfünfzig Lebensjahren eine beachtliche Vielzahl an Erfahrungen. Sein Vater war ein sächsischer Bandweber. Seine Mutter hoffte und betete, daß ihr Sohn Pastor werden möge. Nachdem Fichte an seinem Geburtsort eine gewisse Schulbildung erhalten hatte, wurde er nach Jena geschickt, um dort Theologie zu studieren. Je mehr er studierte, um so mehr Fragen und Zweifel kamen ihm. Ein Dorfgeistlicher gab ihm eine *Widerlegung der Irrtümer Spinozas*; Fichte war gerade von den Irrtümern fasziniert[2] und kam zu der Einsicht, daß er für ein Pfarramt nicht geeignet sei. Dennoch promovierte er an der theologischen Fakultät. Ohne einen Pfennig in der Tasche wanderte er von Jena nach Zürich, um einen Posten als Privatlehrer zu übernehmen. Dort verliebte er sich in Johanna Maria Rahn und verlobte sich offiziell mit ihr; aber sie beschlossen, erst dann zu heiraten, wenn er es sich finanziell erlauben konnte.

Er ging nach Leipzig, arbeitete dort ebenfalls als Privatlehrer, las Kants *Kritik der reinen Vernunft* und war fasziniert. Er machte sich auf nach Königsberg und legte Kant einen *Versuch einer Kritik aller Offenbarung* vor (1792). Der alte Philosoph wies Fichtes Bitte um ein Darlehen zurück, aber er half ihm, einen Verleger für seine Abhandlung zu finden. Der Drucker versäumte, den Namen des Verfassers anzugeben; als ein Kritiker den Aufsatz Kant zuschrieb, nannte Kant den Namen des Verfassers und lobte das Buch; Fichte wurde sogleich in die nicht so ganz «heitere Bruderschaft der Philosophen»[3] aufgenommen. Bei den Theologen schnitt er nicht so gut ab, denn seine Abhandlung beinhaltete, daß wir unseren moralischen Kodex Gott zuschreiben müssen, wenn dieser Kodex von der Menschheit akzeptiert und befolgt werden soll, obwohl die Offenbarung die Existenz Gottes nicht beweist.

Auf Kants Empfehlung fand Fichte eine einträgliche Beschäftigung als Hauslehrer in Danzig. Seine Verlobte war nun einverstanden, ihre Ersparnisse seinem Einkommen hinzuzufügen, und auf dieser Grundlage heirateten sie im Jahre 1793. Er verlieh diesem Jahr zusätzliche Bedeutung durch die anonyme Veröffentlichung zweier wesentlicher Aufsätze. In *Zur Zurückforderung der Denkfreiheit von den Fürsten Europens* begann er mit einem Lob auf einige aufgeklärte Herrscher und schalt jene Fürsten, die den Fortschritt des menschlichen Geistes behinderten; und er beklagte die Welle der Unterdrückung, die auf den Tod Friedrichs des Großen gefolgt war. Reform ist besser als Revolution, denn eine Revolution kann den Menschen in die Barbarei zurückwerfen; und doch kann eine erfolgreiche Revolution die Menschheit in einem halben Jahrhundert soweit voranbringen, wie es Reform nur in einem Jahrtausend könnte. Dann wandte sich Fichte an seine Leser – zu einer Zeit, als der Feudalismus noch in fast ganz Deutschland in Kraft war:

> Ruft es demnach, ruft es in jedem Tone euren Fürsten in die Ohren, bis sie es hören, daß ihr euch die Denkfreiheit nicht werdet nehmen lassen und beweist ihnen die Zuverlässigkeit eurer Versicherung durch euer Betragen. Lasset euch nicht durch Furcht des Vorwurfs der Unbescheidenheit abschrecken ... Gegen was könnet ihr unbescheiden sein? Gegen das Gold und die Diamanten an der Krone, gegen den Purpur an den Kleidern des Fürsten, nicht gegen ihn ...

Die Zeiten der Barbarei sind vorbei, ihr Völker, wo man euch im Namen Gottes ankündigen durfte, daß ihr eine Herde Vieh wäret, die Gott auf die Erde gesetzt hatte, um von einigen Dutzenden Beherrschern zum Tragen ihrer Lasten, zu Arbeiten für ihre (Küche), zu Knechten und Mägden für ihre Arbeiten und endlich zum (Abschlacht) gebracht zu werden ... Der Mensch kann weder vererbt noch verkauft werden, er kann niemandes Eigentum sein, weil er sein eignes Eigentum ist und bleiben muß ... Der Fürst hat also seine Rechte durch Übertragung von der Gesellschaft: die Gesellschaft aber kann keine Rechte an ihn übertragen, die sie selbst nicht hatte.[4]

Die zweite Schrift, *Beitrag zur Berichtigung der Urteile des Publikums über die französische Revolution* war noch radikaler. Feudale Privilegien sollten nicht erblich sein; sie bestünden durch die Zustimmung des Staates und sie sollten nach Ermessen des Staates endigen. Ebenso sollte es mit kirchlichem Eigentum sein: Es bestehe mit Erlaubnis und Schutz des Staat es und könne verstaatlicht werden, sobald Bedürfnisse und Wille des Staates es erfordern würden. Die Französische Nationalversammlung hätte dies getan und wäre damit im Recht gewesen. Hier endet das Fragment.

Nur die Kenntnis, daß diese Äußerungen anonym veröffentlicht worden waren, läßt uns begreifen, wieso Fichte den Lehrstuhl für Philosophie in Jena bekommen konnte (Dezember 1793). Herzog Karl August war immer noch der unbekümmerte Herrscher von Weimar und Jena und Goethe, dem die Leitung der dortigen Universitätsfakultät anvertraut war, hatte noch nicht entschieden, daß die Französische Revolution eine romantische Krankheit sei.[5] So begann Fichte seine Vorlesungen in Jena mit dem Ostersemester 1794. Er war ein überzeugender Lehrer, ein temperamentvoller Redner, er konnte die Philosophie mit Gefühl erfüllen und die Metaphysik zur Herrscherin über alles machen. Aber sein hitziges Temperament war für einen Professor gänzlich unangemessen und ließ intellektuelle Unruhe erwarten.

Fünf seiner frühen Vorlesungen wurden 1794 als *Einige Vorlesungen über die Bestimmung des Gelehrten* veröffentlicht. Ihre These, daß sich der Staat in irgendeiner glücklichen Zukunft auflösen und die Menschen wahrhaft frei hinterlassen würde, war fast so anarchistisch wie Godwins *Enquiry Concerning Political Justice*, die ein Jahr zuvor veröffentlicht worden war:

Das Leben im Staate gehört nicht unter die absoluten Zwecke des Menschen, was auch ein großer Mann darüber sage; sondern es ist ein nur unter gewissen Bedingungen stattfindendes Mittel zur Gründung einer vollkommenen Gesellschaft. Der Staat geht, ebenso wie alle menschlichen Institute, die bloße Mittel sind, auf seine eigene Vernichtung aus: es ist der Zweck aller Regierung, die Regierung überflüssig zu machen. Jetzt ist der Zeitpunkt sicher noch nicht – und ich weiß nicht, wie viele Myriaden Jahre bis dahin sein mögen ... Aber es ist sicher, daß auf der a priori vorgezeichneten Laufbahn des Menschengeschlechts ein solcher Punkt liegt, wo alle Staatsverbindungen überflüssig sein werden.[6]

Dieser Prognose – die den Fürsten durch den Verweis auf die zeitliche Distanz schmackhaft gemacht wurde – fügte Fichte eine weitere von Hoffnung auf die Zukunft durchdrungene Meinung hinzu: «Mithin ist das letzte höchste Ziel der Gesellschaft völlige Einigkeit und Einmütigkeit mit allen möglichen Gliedern derselben.» Dies war ein tönendes Echo auf Jean-Jacques, und Fichte leugnete die Abstammung nicht: «Friede sei über seiner Asche und Segen über seinem Andenken! – Er hat gewirkt, er hat Feuer in manche Seele gegossen, die weiter führte, was er anfing.»[7] Die romantischen Rebellen, die sich 1796 in Jena versammeln sollten, hießen diesen Ruf nach Utopia willkommen. «Der größte metaphysische Denker, der jetzt lebt», schrieb Friedrich von Schlegel an seinen Bruder, «ist ein sehr populärer Schriftsteller ... Vergleiche die hinreißende Beredsamkeit dieses Mannes in den Vorlesungen über die Bestimmung des Gelehrten mit Schillers stilisierten Deklamationsübungen. Er ist ein solcher, nach dem Hamlet vergebens seufzte: jeder Zug seines öffentlichen Lebens scheint zu sagen: dies ist ein Mann.»[8]

2. *Der Philosoph*

Worin bestand seine metaphysische Philosophie, die die Romantiker so sehr faszinierte? Ihre Hauptthese war, daß das einzelne, seiner selbst bewußte Ich – dessen Wesen der Wille sei und dessen Wille frei sei – der Mittelpunkt und die Summe jeder Realität wäre. Nichts hätte die Romantiker mehr erfreuen können. Aber die Angelegenheit war nicht so einfach wie Friedrich von Schlegels *Lucinde*. Fichte selbst fand es nach Veröffentlichung seiner *Grundlage der gesamten Wissenschaftslehre* (1794) notwendig, dies neuerlich klarzustellen (1797) durch eine *Zweite Einleitung* und durch eine *Neue Darstellung*, von denen jede der Abhandlung freilich neue Absurditäten hinzufügte. Das Schlüsselwort brauchte selbst einen Schlüssel: «Wissenschaftslehre» bedeutete das Studium des Ausgangspunkts allen Wissens – d. h. des Verstandes – oder, um ein abschreckenderes Wort zu gebrauchen: Erkenntnistheorie.

Fichte begann mit der Aufteilung der Philosophen in zwei Gruppen: «Dogmatiker» oder «Realisten», die überzeugt seien, daß die Dinge unabhängig vom Verstand existieren; und Idealisten, die glaubten, daß alle Erfahrung und alle «Tatsachen» geistige Wahrnehmungen seien und daß deshalb jede Art von Realität, soweit wir urteilen können, Teil des wahrnehmenden Verstandes sei. Er wandte gegen den Realismus ein, daß er logischerweise zu einem mechanistischen Determinismus führe, der das Bewußtsein überflüssig mache und Verantwortung und Ethik untergrabe – während Freiheit des Willens zu den unmittelbarsten und zähesten unserer Überzeugungen gehöre. Fichte wandte weiter ein, daß keine Philosophie, die von der Materie ausgehe, Bewußtsein erklären könne, welches erwiesenermaßen immateriell sei. Aber die Hauptprobleme der Philosphie betreffen gerade jene mysteriöse Realität, die man Bewußtsein nennt.

So begann Fichte mit dem bewußten Selbst – dem Ego, dem Ich. Er erkannte eine äußere Welt an, aber nur, soweit sie uns durch sinnliche Anschauungen bekannt ist. Diese verwandeln durch ihren ureigenen Ablauf – die Interpretation von Empfindungen aufgrund von Erinnerung und Absicht – das Objekt in einen Teil des Bewußtseins. (So ist ein Wort als Laut grundlegend verschieden von dem gleichen Wort, das aufgrund von Erfahrung, Zusammenhang und Absicht interpretiert wird; und ein Unwetter, das für beide bloße Empfindung nichts als eine wirre und bedeutungslose Mischung von Mitteilungen ist, die auf verschiedene Sinne eindringen, wird in der Vorstellung – ergänzt durch Erinnerung, Umstände und Wünsche – zum Ansporn für eine bedeutungsvolle Aktion.) Fichte schloß daraus, daß wir ein äußeres Objekt oder sogenanntes «Nicht-Ich» als Grundlage unserer äußeren Wahrnehmungen annehmen müssen, aber daß dieses Objekt, so wie es durch Wahrnehmung und Erfahrung gedeutet wird, ein Gebilde des Bewußtseins ist. Aus dieser Sicht sind sowohl Subjekt wie Objekt Teile des Ich und nichts außerhalb des Ich kann jemals erfahren werden.

All dies ist nur ein Aspekt von Fichtes Philosophie. Hinter dem wahrnehmenden Ich steht das wünschende, wollende Ich.[9] (Hier trifft sich Fichte mit Spinoza, für den als Grundtrieb jeden Lebewesens der Selbsterhaltungstrieb gilt und Wille oder Begierde heißt. Gleichzeitig leitet Fichte über zu Schopenhauer, der die «Welt als Wille und Vorstellung» sieht.) Dieser rastlose Wille ist kein Teil jener Außenwelt, die dem mechanistischen Determinismus sklavisch unterworfen scheint; folglich ist der Wille frei. Diese Freiheit ist die eigentliche Bestimmung des Menschen, denn sie gibt ihm die Möglichkeit zu verantwortlichem, sittlichem Handeln, befähigt ihn, aus freier Entscheidung einem sittlichen Gesetz zu gehorchen.

Später entwickelte Fichte Kants Bewunderung für die Naturgesetze und die moralischen Gesetze zu einer neuen Theologie weiter, die von der Existenz eines sittlichen Gesetzes ausging, das sowohl das Universum wie die Charaktere und die Gemeinschaft der Menschen beherrscht und formt. Schließlich identifizierte er diese moralische Ordnung des Universums – in der sozusagen jeder Teil seine Pflicht tut und damit das Ganze aufrechterhält – mit Gott.[10] Das Ziel und die Pflicht des freien Menschen besteht darin, mit diesem göttlichen Sittengesetz in Einklang zu leben. Diese allumfassende moralische Ordnung ist keine Person, sondern ein Prozeß, der vor allem in der sittlichen Entwicklung der Menschheit sichtbar wird.[11] Die Bestimmung des Menschen besteht darin, im Einklang mit dieser göttlichen Ordnung zu leben. – All dies erinnert wieder an Spinoza; aber andererseits gemahnt Fichte an Hegel: Das Ich oder die Seele des einzelnen ist sterblich[12], aber es hat teil an der Unsterblichkeit jener Gesamtheit von bewußten Ichs, die das Absolute Ich, die Vorstellung oder die Seele des Ganzen bilden.

In Fichtes Philosophie spüren wir die verzweifelte Suche eines Menschen, der seinen überlieferten religiösen Glauben verloren hat, aber darum kämpft, für sich selbst und für seine Leser oder Schüler seinen eigenen Weg zwischen Glauben und Zweifel zu finden. 1798 setzte er sich erneut mit dem Problem auseinander: in *Über den Grund unseres Glaubens an eine göttliche Weltregierung*. Er bekräftigte seine Auffassung von Gott als der unpersönlichen sittlichen Weltordnung, aber er räumte ein, daß manche Menschen dieser Gottheit Persönlichkeiten zuschreiben möchten, um ihre Vorstellung und ihre Andacht auf ein Ziel richten zu können. Doch fügte er hinzu, daß die Vorstellung von Gott als einem Tyrannen, von dessen Gunst zukünftige Belohnungen abhingen, einem Götzendienst gleichkäme; und jene, die solchen Götzendienst verrichteten, müßten Atheisten genannt werden.

Ein anonymer Kritiker prangerte diese Abhandlung als glaubensfeindlich an; andere schlossen sich dieser Attacke an; die Regierung von Sachsen konfiszierte alle verfügbaren Kopien von Fichtes Abhandlung und reichte bei der Weimarer Regierung Klage ein. Sie dulde, behaupteten sie, daß innerhalb ihres Zuständigkeitsbereichs Atheismus gelehrt würde. Der Weimarer Erziehungsausschuß versuchte die Angelegenheit mit einer höflichen Antwort an Sachsen beizulegen, aber Fichte, der kein Duckmäuser war, veröffentlichte als Verteidigung seines Buches zwei Pamphlete (1799), eines davon eine direkte *Appellation an das Publikum*. Der Weimarer Ausschuß faßte diese Appellation an das Publikum als Herausforderung gegen seine Behandlung der Angelegenheit auf, und ein Gerücht drang bis zu Fichte, daß der Ausschuß den Universitätssenat auffordern würde, ihn mit öffentlicher Zensur zu belegen. Mit dem Argument, daß dies eine Verletzung der akademischen Freiheit bedeute, schrieb Fichte an den Geheimen Rat Voight in Weimar, daß er für den Fall, daß eine solche Zensur angeordnet würde, seinen Rücktritt einreichen werde; und er fügte hinzu, daß mehrere andere Professoren beabsichtigten, in einem solchen Fall gemeinsam mit ihm zurückzutreten. Der Weimarer Ausschuß übermittelte (mit Zustimmung von Schiller und Goethe) dem Universitätssenat einen Erlaß des Inhalts, daß Fichte unter Zensur zu stellen sei. Und dann wurde Fichte als Antwort auf seine Drohung und Herausforderung entlassen. Die Studenten legten zwei Petitionen vor, um den Widerruf dieser Anordnung zu erreichen; sie blieben ohne Antwort.[13]

Im Juli 1799 ging Fichte gemeinsam mit seiner Frau nach Berlin, wo ihn Friedrich von Schlegel, Schleiermacher und andere aus dem Kreis der Romantiker, die den romantischen Ansatz in Fichtes Denken und den heroischen Ego-ismus seiner Philosophie spürten, einen herzlichen Empfang bereiteten. Um sich die Kosten für einen eigenen Haushalt zu sparen, nahm Fichte (gegen den Willen seiner Frau) Schlegels Einladung an, bei ihm und Brendel Mendelssohn-Veit zu leben. Dem lebenslustigen Philosophen gefiel dieses Zusammenleben, und er schlug vor, die Wohngemeinschaft noch zu erweitern. «Reussiert dieses, so machen wir, d. h. die beiden Schlegel, Schelling ... und wir, eine Familie, mieten ein großes Logis, halten eine Köchin.»[14] Der Plan gelangte nicht zur Ausführung, weil Caroline von Schlegel sich mit Brendel nicht verstand; der Individualismus ist die Schlange in jedem sozialistischen Paradies.

Fichte bewahrte sich jedoch bis zu seinem Ende eine sozialistische Neigung. 1800 veröffentlichte er einen Aufsatz, *Der geschlossene Handelsstaat*, in welchem er argumentierte, daß Außenhandel und Währungsmanipulationen die reicheren Staaten in den Stand setzten, ärmere Staaten ihres Reichtums an Edelmetallen zu berauben; deshalb sollte die Regierung den gesamten Außenhandel kontrollieren und die Verfügung über alles verkehrsfähige Gold und Silber und die gesamten Zahlungsmittel haben. Ausgestattet mit dieser Macht, sollte der Staat jedem Individuum ein Existenzminimum und einen gerechten Anteil am Volkseinkommen garantieren; als Ausgleich dafür muß das Individuum dem Staat die Befugnisse zugestehen, die Preise festzusetzen und die Stelle und die Art seiner Arbeit zu bestimmen.[15]

In merkwürdiger zeitlicher Übereinstimmung mit dieser radikalen Forderung stand ein religiöser Traktat, *Die Bestimmung des Menschen* (1800), der Gott als die sittliche Ordnung des Universums beschrieb und sich zu ekstatischer Bewunderung erhob:

> Es ist sein Licht, durch welches wir das Licht, und alles, was in diesem Lichte uns erscheint, erblicken ... Alles unser Leben ist Sein Leben. Wir sind in seiner Hand, und bleiben in derselben, und niemand kann uns daraus reißen. Wir sind ewig, weil Er es ist.
>
> Erhabener, lebendiger Wille, den kein Name nennt, und kein Begriff umfaßt, wohl darf ich mein Gemüt zu dir erheben; denn du und ich sind getrennt. Deine Stimme ertönt in mir, die meinige tönt in dir wieder ... Am besten fasset dich die kindliche, dir ergebne Einfalt ... Ich verhülle vor dir mein Angesicht, und lege die Hand auf den Mund ... Du wirkest in mir die Erkenntnis von meiner Pflicht, von meiner Bestimmung in der Reihe der vernünftigen Wesen; wie, das weiß ich nicht, noch bedarf ich es zu wissen ... In der Anschauung dieser deiner Beziehungen zu mir, dem Endlichen, will ich ruhig und selig sein.[16]

Fichte, der zur Bestreitung seines Lebensunterhalts offensichtlich von öffentlichen Vorlesungen und ihrer Veröffentlichung abhängig war, bewegte sich nun mehr und mehr auf eine christliche Frömmigkeit und den deutschen Patriotismus zu. 1805 wurde er auf den Lehrstuhl für Philosophie an der Universität Erlangen berufen. Er war im Begriff, sich dort erneut einen Ruf zu schaffen, als der Einmarsch der napoleonischen Truppen in Deutschland (1806) ihn zwang, sich einen sichereren Posten zu suchen. Er zog nach Ostpreußen und lehrte eine Zeitlang in Königsberg. Bald zwang ihn die Nähe der napoleonischen Truppen im benachbarten Friedland zu erneutem Umzug – dieses Mal nach Kopenhagen. Der Heimatlosigkeit müde, kehrte er im August 1807 nach Berlin zurück. Dort legte er die Philosophie beiseite und setzte seine ganze Kraft darein, den Stolz und den Kampfgeist eines zerrütteten und gedemütigten Volkes wiederherzustellen.

3. *Der Patriot*

Vom 13. Dezember 1807 bis zum 20. März 1808 hielt Fichte an Sonntagen im Auditorium maximum der Berliner Akademie die Vorlesungen, die später als *Reden an die deutsche Nation* veröffentlicht wurden. Sie waren der leidenschaftliche Appell an ein Volk, Selbstachtung und Mut wiederzufinden und Maßnahmen zu ergreifen, um sich wieder aus dem Elend zu erheben, das durch die säbelrasselnde Selbstgefälligkeit der preußischen Militärkaste, den unmenschlichen Frieden von Tilsit und die brutale Zerstückelung des preußischen Königreiches durch den siegreichen Korsen entstanden war. Inzwischen überwachte das französische Militär die eroberte Hauptstadt und französische Spione überprüften jede Rede.

Diese *Reden an die deutsche Nation* sind der lebendigste Teil von Fichtes nachgelassenen Werken und sie zeugen noch immer von der Begeisterung des Philosophen, der sich zum Patrioten gewandelt hat. Sie ließen die intellektuelle Spielerei theoretischer Logik beiseite und setzten sich mit den bitteren Realitäten in Preußens schwärzestem Jahr auseinander. Er sprach nicht allein zu den Preußen, sondern zu allen Deutschen, und obwohl ihre verstreuten Fürstentümer wohl kaum eine Nation darstellten, sprachen sie die gleiche Sprache und brauchten den gleichen Ansporn. Er versuchte, ihnen zu einer gewissen Einheit zu verhelfen, indem er sie an die deutsche Geschichte erinnerte, an berühmte Siege – und an Erfolge auf politischem, religiösem, literarischem und künstlerischem Gebiet; gleichzeitig verwarf er den hoffnungslosen Materialismus, den er in englischer Lebensweise und Theorie zu finden behauptete, und die religiöse Verarmung, die die Französische Aufklärung und Revolution mit sich gebracht hatten. Er sprach mit beträchtlichem Stolz von den Kaufmannsstädten des alten Deutschland – dem Nürnberg Albrecht Dürers, dem Augsburg der Fugger, den weltoffenen Städten der Hanse. Gegenwärtige Niederlagen, so sagte Fichte seiner Gesellschaft und seinem Land, seien in der Perspektive einer glänzenden Vergangenheit zu sehen; diese Unterdrückung einer Nation durch eine andere könne nicht andauern; das deutsche Volk verfüge in seinem Nationalcharakter über die körperlichen und geistigen Mittel, um diesen augenblicklichen Tiefpunkt zu überwinden.

Die Frage nach dem Wie? beantwortete Fichte mit dem Vorschlag einer totalen Reform des Erziehungswesens: die Erziehung habe jedes deutsche Kind mit Hilfe von Finanzierung und Zwang durch die Regierung zu erfassen; ihr Zweck dürfe nicht mehr in kommerziellem Erfolg bestehen, sondern müsse umgewandelt werden in moralisches Engagement. Das Gerede von Revolution muß aufhören; es gibt nur eine Revolution, und die besteht in der Aufklärung des Geistes und der Reinigung des Charakters. Die kindlichen Fähigkeiten sollten mit Hilfe der Methode Pestalozzis entwickelt werden; und sie müßten auf nationale Ziele gerichtet werden, die der Staat zu bestimmen habe. Der Staat muß von gebildeten und ergebenen Männern geführt werden; er darf nicht auf der Stärke seiner Armee ruhen, sondern in der Führung und Ausführung des nationalen Willens. Jeder Bürger muß der Diener des Staates sein, und der Staat muß allen dienen. «Sollte eine so gesunkene Nation dennoch sich retten können, so müßte dies durch ein ganz neues, bisher noch niemals gebrauchtes Mittel, vermittelst der Erschaffung einer ganz neuen Ordnung der Dinge geschehen.» Die Erziehung der Kinder sollte nicht mehr den Geistlichen überlassen bleiben: «Dagegen soll die Religion der alten Zeit, die das geistige Leben von dem göttlichen abtrennte und dem ersteren nur vermittelst eines Abfalls von dem zweiten das absolute Dasein zu verschaffen wußte ... und welche Gott als Faden brauchte, um die Selbstsucht noch über den Tod des sterblichen Leibes hinaus in andere Welten einzuführen ... diese Religion ... soll allerdings mit der alten Zeit zugleich zu Grabe getragen werden.»[17] Sie müsse ersetzt werden durch eine Religion sittlichen Bewußtseins, die sich auf die ausgebildete Einsicht in die Verantwortung für die Gemeinschaft stützt.

Um diesen neuen Menschentyp zu schaffen, so glaubte Fichte, müßten die Kinder von den Erwachsenen getrennt werden: «Könnte nur die nachwachsende Jugend ohne alle Berührung mit den Erwachsenen ... aufwachsen.»[18]

Das ist ein phantastischer Traum, der an Platos Republik erinnert und die sozialistischen Prophezeiungen vorwegnimmt, die die Hoffnungen des darauffolgenden

Jahrhunderts entfachen sollten. Trotzdem hatte er geringen Einfluß auf seine Zeit und wenig Anteil (obwohl dieser übertrieben dargestellt wurde) an der wachsenden nationalen Begeisterung für den Kampf gegen Napoleon.[19] Aber Fichte dachte an Größeres als an die Vertreibung der Franzosen aus Preußen; er war auf der Suche nach einer Methode, um jenen menschlichen Charakter zu verbessern, der, im Guten wie im Bösen, seine gewaltige Geschichte hat. Auf jeden Fall war es ein edler Traum, wenn er auch zu großes Vertrauen setzte in die Macht der Erziehung über die ererbten Anlagen, ein Traum, der traurigerweise Ansatzpunkte bot für Mißverständnis und Mißbrauch durch autoritäre Regime. Aber Fichte mochte die Hoffnung nicht aufgeben, die Deutschen von der Richtigkeit seines Plans überzeugen zu können. Allein in dieser Art der Erziehung sah er die Rettung für das Land.[20]

Die Anstrengungen seiner Flucht von Erlangen nach Königsberg, Kopenhagen und Berlin hatten ihn bleibend geschwächt. Kurz nachdem er seine *Reden an die deutsche Nation* publik gemacht hatte, brach er gesundheitlich zusammen. Er ging nach Teplitz und erholte sich einigermaßen. 1810 wurde er zum Rektor der neuen Berliner Universität ernannt. Als Preußen seinen Befreiungskrieg begann, entfachte Fichte bei seinen Studenten eine solch patriotische Begeisterung, daß sich beinahe alle freiwillig zu den Soldaten meldeten.[21] Fichtes Frau verpflichtete sich zum Dienst als Krankenschwester; sie erkrankte an einem offensichtlich lebensgefährlichen Fieber. Er pflegte sie tagsüber und hielt abends seine Vorlesungen an der Universität; er infizierte sich bei ihr; sie überlebte, er starb am 27. Januar 1814. Fünf Jahre später wurde sie an seiner Seite bestattet, getreu jenem guten alten Beerdigungsbrauch, der Liebende und Eheleute wieder miteinander vereinigt – wenn auch nur noch als Haare und Knochen – als Symbol dafür, daß sie einst eins waren und nun wieder eins sind.

II. SCHELLING: 1775–1854

Obwohl Fichte die Existenz einer Außenwelt anerkannte, vermied er ihre Erörterung in seiner Philosophie weitgehend, es sei denn, im Filter der Wahrnehmung. Friedrich Wilhelm Joseph von Schelling akzeptierte, trotz seiner adligen Präposition, bereitwillig die Natur und vereinigte sie mit dem Geist zu einem Kondominium, das er mit Gott gleichsetzte.

Er war der Sohn eines vermögenden lutherischen Pastors in Württemberg. Da man ihn für die geistliche Laufbahn bestimmt hatte, studierte er an der theologischen Fakultät in Tübingen. Dort bildeten er, Hölderlin und Hegel ein fröhliches Trio von akademischen Radikalen, die die Französische Revolution feierten, die Göttlichkeit neu definierten und neue philosophische Mischungen aus Spinoza, Kant und Fichte herstellten. Schelling fügte ein Gedicht mit dem Titel «Epikureisches Glaubensbekenntnis Heinz Widerporstens»[22] hinzu. Man konnte aus diesen Jugendwerken mit beträchtlicher Sicherheit ein respektierlich konservatives Alter vorhersagen.

Wie Fichte und Hegel war er eine Zeitlang als Privatlehrer tätig. Sein Aufsatz *Vom Ich als Prinzip der Philosophie*, den Schelling 1795 mit zwanzig Jahren veröffentlichte, gewann ihm Fichtes Aufmerksamkeit und brachte ihm drei Jahre später eine Einladung, in Jena Philosophie zu lehren. Er begnügte sich für eine Weile, sich als einen Schüler Fichtes zu bezeichnen und den Geist als die einzige Realität zu akzeptieren. Aber in Jena und später in Berlin schloß er sich den Romantikern an, gestand auch dem Körper vorübergehende «Ekstase» zu und bekannte freimütig, welch erregende Wirkung weibliche Schönheit auf seinen Geist und Körper habe.[23]

Naturgemäß mußte einen so glühenden Liebhaber faßbarer Realität der idealistische Nimbus verblüffen, der Fichte in Jena umgab und den er erst hinter sich ließ, als er nach Berlin ging. In *Erster Entwurf eines Systems der Naturphilosophie* (1799) und im *System des transzendentalen Idealismus* (1800) sah Schelling das Hauptproblem der Philosophie in der offensichtlichen Unvereinbarkeit von Materie und Geist. Der Gedanke scheint unmöglich, daß das eine das andere hervorgebracht haben könne; und er schloß daraus (in einer weiteren Rückwendung zu Spinoza), daß der beste Ausweg aus diesem Dilemma darin bestünde, Geist und Materie als zwei Attribute einer komplexen, dabei einheitlichen Realität zu betrachten. Für ihn führte jede Form der Philosophie, die sich allein auf die Vernunft stützte, unweigerlich in den Spinozismus. Aber diese Philosophie war nach Schellings Ansicht von so starrer Logik, daß ihr die Vitalität fehlte. Und eine dynamische Naturauffassung war nach seiner Ansicht in keinem Falle mit Spinozas Philosophie zu vereinbaren.[24] *

Um diesen dualistischen Monismus verständlicher zu machen, schlug Schelling vor, Kraft oder Energie als das eigentliche Wesen sowohl der Materie als des Geistes zu betrachten. In keinem Fall wissen wir, worin diese Kraft besteht, aber da wir sehen können, daß sie in der Natur zunehmend subtilere Formen annimmt – vom Geheimnis der Bewegungsübertragung über die Anziehung oder Abstoßung der Teilchen, die Empfindlichkeit der Pflanzen oder die suchenden, greifenden Pseudopodien der Amöbe zu der schnellen Intelligenz des Schimpansen und der bewußten Vernunft des Menschen können wir schließen, daß die elementare Realität, der eine allgegenwärtige Gott, weder Materie noch Geist an sich ist, sondern deren Vereinigung in einem unglaublichen Panorama von Formen und Kräften. Schelling schrieb hier gleichzeitig ein Werk der Poesie und Philosophie, und sowohl Wordsworth als auch Coleridge sahen in ihm einen verwandten Geist, der darum kämpfte, einen neuen Glauben für jene Seelen zu finden, die von der Wissenschaft überwältigt waren und nach Gott dürsteten.

1803 verließ er Jena, um an der neu eröffneten Universität Würzburg zu lehren. Er schrieb weiterhin philosophische Abhandlungen, aber es fehlte ihnen die Kraft seiner «Naturphilosophie». 1809 starb seine ihn anregende Frau Caroline, und sie schien

* Aber Spinoza hatte dies bereits mit drei Worten getan: *omnia quodammodo animata*, «alle Dinge haben in gewisser Weise ein Leben» – d. h. eine Seele (Ethik, II, 13, scholium).

die Hälfte seiner Lebenskraft mit sich genommen zu haben. Er heiratete wieder (1812) und schrieb unablässig, aber nach 1809 veröffentlichte er nichts mehr. Außerdem war Hegel zu dieser Zeit zum unbestrittenen Napoleon der Philosophie geworden.

Im vorgerückten Alter fand Schelling Trost im Mystizismus und suchte transzendentale Erklärungen für die offenbaren Widersprüche zwischen einem liebenden Gott und einer blutrünstigen Natur und zwischen dem Determinismus der Wissenschaft und dem freien Willen, der für moralische Verantwortlichkeit offenkundig Voraussetzung ist. Er übernahm von Jakob Böhme (1575–1624) die Idee, daß Gott selbst ein Schlachtfeld von Gut und Böse sei, so daß die Natur schwanke zwischen dem Kampf um Ordnung und der Hingabe an das Chaos; auch der Mensch selbst trage etwas zutiefst Irrationales in sich.[25] Schließlich (so versprach Schelling seinen Lesern) wird alles Böse überwunden sein und der Göttlichen Weisheit wird es gelingen, selbst die Torheiten und die Verbrechen der Menschheit in Gutes zu verwandeln.[26]

Es bereitete ihm nun langanhaltendes Unbehagen, zusehen zu müssen, wie Hegel allen Lorbeer der Philosophie einheimste und ihn dann um dreiundzwanzig Jahre zu überleben, während die «jungen Hegelianer» die dialektischen Hinterlassenschaften ihres Meisters zwischen Kommunismus und Reaktion aufteilten. 1841 berief König Friedrich Wilhelm IV. Schelling auf den Lehrstuhl für Philosophie an der Universität Berlin in der Hoffnung, daß sein Konservativismus die radikale Welle eindämmen würde. Aber Schelling konnte seine Zuhörerschaft nicht halten. Der Strom der Ereignisse, der sich von der Philosophie der Revolution zuwandte, ließ ihn scheitern.

Doch zuvor hatte Wordsworth Schellings pantheistischen Vitalismus bereits in erhabene Verse gekleidet[27], und Coleridge hatte ihm, mit gewissen Abstrichen, «die Vollendung und den bedeutendsten Sieg der (Kantianischen) Revolution in der Philosophie» zugeschrieben.[28] Und ein halbes Jahrhundert nach Schellings Tod nannte Henri Bergson, der Erneuerer des Vitalismus, Schelling einen der größten Philosophen aller Zeiten.[29] Hegel würde protestiert haben.

III. HEGEL: 1770–1831

Nach der Lektüre von Kant schrieb Schopenhauer um 1816: «Das Publikum war genötigt worden einzusehen, daß das Dunkle nicht immer sinnlos ist ...» Fichte und Schelling, so fand er, zogen unzulässigen Vorteil aus Kants Erfolg mit der Unverständlichkeit. Jedoch – fuhr Schopenhauer fort

> die größte Frechheit im Auftischen baren Unsinns, im Zusammenschmieren sinnleerer rasender Wortgefechte, wie man sie bis dahin nur in Tollhäusern vernommen hatte, trat endlich im Hegel auf und wurde das Werkzeug der plumpesten allgemeinen Mystifikation, die je gewesen, mit einem Erfolg, welcher der Nachwelt fabelhaft erscheinen und ein Denkmal deutscher Niaiserie bleiben wird.[30]

1. Der Skeptiker im Vormarsch

Georg Wilhelm Friedrich Hegel lebte und freute sich seines Daseins, als dieses Klagelied veröffentlicht wurde (1818); er überlebte weitere dreizehn Jahre. Er kam aus einer Stuttgarter Familie des mittleren Bürgertums, die von Mystizismus und Pietät durchtränkt war. Das Familienvermögen wurde mit Hypotheken belastet, um Georg zum Studium der Theologie auf das Tübinger Stift zu schicken (1788–1793). Hölderlin, der Dichter, war dort, und Schelling kam 1790; gemeinsam beklagten sie die Ignoranz ihrer Lehrer und feierten die Siege des revolutionären Frankreich. Hegel entwickelte eine besondere Vorliebe für das griechische Drama, und sein Lob des griechischen Patriotismus kündigte bereits seine eigene spätere politische Philosophie an:

> Wie es der griechischen geistigen Kunstgestalt wesentlich war, auch als äußerlich und wirklich zu erscheinen, so hat sich auch die absolute geistige Bestimmung des Menschen zu einer erscheinenden realen Wirklichkeit herausgearbeitet, mit deren Substanz und Allgemeinheit in Einklang zu sein das Individuum die Forderung machte. Dieser höchste Zweck war in Griechenland das Staatsleben, die Staatsbürgerschaft und deren Sittlichkeit und lebendiger Patriotismus. Außer diesem Interesse gab es kein höheres, wahrhafteres.[31]

Nachdem Hegel das Seminar mit einem Abschluß in Theologie verlassen hatte, enttäuschte er seine Eltern mit der Weigerung, die geistliche Laufbahn einzuschlagen. Er verdiente seinen Lebensunterhalt als Privatlehrer in Bern im Hause eines Patriziers mit einer gediegenen Bibliothek; dort und später in Frankfurt las er Thukydides, Machiavelli, Hobbes, Spinoza, Leibniz, Montesquieu, Locke, Voltaire, Hume, Kant, Fichte; wie konnte sein sowieso wankender christlicher Glaube einer solchen Phalanx von Zweiflern widerstehen? Der natürliche Widerspruchsgeist jeder kraftvollen Jugend trieb ihn ins heidnische Lager.

Im Jahre 1796 schrieb er *Das Leben Jesu*, das bis 1905 unveröffentlicht blieb. Es war zum Teil eine Vorwegnahme des *Leben Jesu* (1835), mit dem David Strauss, ein Hegel-Schüler, einen Großangriff auf das Neue Testament startete. Hegel beschrieb Jesus als den Sohn von Joseph und Maria; er verwarf die Wunder, die Christus zugeschrieben wurden, oder er erklärte sie auf natürliche Weise; er zeichnete Christus als Verteidiger des individuellen Gewissens gegen priesterliche Regeln; er endete mit dem Begräbnis des gekreuzigten Rebellen und sagte nichts von Wiederauferstehung. Und er gab eine Definition von Gott, die er bis zu seinem Ende aufrechterhalten sollte: Für ihn bestand Göttlichkeit in der reinen, grenzen- und schrankenlosen Vernunft.[32]

1799 starb Hegels Vater und hinterließ ihm 3154 Gulden. Hegel schrieb an Schelling und fragte ihn um Rat, wo er eine Stadt mit einer guten Bibliothek und einem guten Bier finden könne.[33] Schelling empfahl Jena und erbot sich, die Unterkunft mit ihm zu teilen. Hegel kam 1801 und erhielt die Erlaubnis, als Privatdozent, der nur von seinen Schülern, elf an der Zahl, bezahlt wurde, an der Universität zu lesen. Nach drei Jahren solcher Knechtschaft wurde er zum außerordentlichen Professor ernannt, und ein Jahr darauf erhielt er dank Goethes Vermittlung sein erstes Gehalt – einhundert Taler. Er wurde niemals ein beliebter Lehrer, aber in Jena wie später in Berlin weckte er in verschiedenen Studenten ein ganz besonders starkes Interesse, das die rauhe Oberfläche seiner Sprache bis zur verborgenen Kraft seines Denkens durchdrang.

1801 begann er eine bedeutsame Abhandlung, die er unvollendet und unveröffentlicht hinterließ: *Kritik der Verfassung Deutschlands* (1893 veröffentlicht). Beim Blick auf Deutschland erinnerte er sich der kleinen Fürstentümer, die das Italien der Renaissance zersplittert und fremder Eroberung geöffnet hatten, und er erinnerte sich Machiavellis Wunsch nach einem starken Fürsten, der diese verstreuten Einzelstücke in eine Nation hämmern würde. Er hatte kein Vertrauen in das Heilige Römische Reich und sagte seinen vorzeitigen Zusammenbruch voraus. Er rief nach der Einheit Deutschlands, aber er fügte hinzu, daß diese zweifellos nur durch Gewalt und eine starke Hand zu erreichen sei.[34] Wahrscheinlich dachte er nicht daran, Napoleon dazu aufzufordern, aber als Napoleon 1805 sowohl die Österreicher als auch die Russen in Austerlitz besiegte, mag Hegel sich zu fragen begonnen haben, ob dieser Mann nicht dazu bestimmt sei, nicht nur Deutschland, sondern ganz Europa zu vereinigen. Als sich die französische Armee im darauffolgenden Jahr Jena näherte und die Zukunft Europas auf dem Spiel zu stehen schien, sah Hegel Napoleon durch Jena reiten (am 13. Oktober 1806) und er schrieb seinem Freund Niethammer zu diesem Erlebnis einen Brief, der vor Bewunderung für diesen außergewöhnlichen Franzosen geradezu überströmte. Aus vollem Herzen wünschte er Napoleon Glück zu seinen Eroberungen.[35]

Am nächsten Tag hatte die französische Armee die Oberhand gewonnen, und einige französische Soldaten, die sich dem Auge der Weltseele entzogen hatten, begannen, die Stadt zu plündern. Eine Gruppe von ihnen betrat Hegels Mietzimmer. Als er das Kreuz der Ehrenlegion am Mantel eines Korporals erblickte, brachte der Philosoph die Hoffnung zum Ausdruck, daß ein so hervorragender Mann einen einfachen deutschen Gelehrten ehrenwert behandeln werde. Diese Eindringlinge setzten sich zu einer Flasche Wein nieder, aber die zunehmenden Plünderungen erschreckten Hegel so sehr, daß er sich in das Büro des stellvertretenden Rektors der Universität flüchtete.

Am 5. Februar 1807 brachte Christina Burkhardt, die Frau von Hegels Hauswirt, einen Knaben zur Welt, den der zerstreute Professor als eines seiner anonymen Werke anerkannte. Da der Herzog von Sachsen-Weimar wegen der Finanzierung der Jenaer Fakultät in arger Bedrängnis war, meinte Hegel, es sei ein guter Zeitpunkt, eine neue Stadt, eine neue Frau und eine neue Aufgabe auszuprobieren. Am 20. Februar verließ er Jena, um Herausgeber der »Bamberger Zeitung« werden. Mitten im Aufruhr veröffentlichte er (1807) die *Phänomenologie des Geistes*. Niemand scheint geglaubt zu haben, daß dies später als sein Meisterwerk eingestuft werden sollte und als der schwierigste und der fruchtbarste Beitrag zur Philosophie zwischen Kant und Schopenhauer Anerkennung finden sollte.

Verärgert über die Zensur, mit der die Regierung sein Blatt belegte, verließ Hegel Bamberg (1808), um Direktor eines Nürnberger Gymnasiums zu werden. Er arbeitete gewissenhaft in diesem neuen Bereich, unterrichtete so gut, wie er die Schule führte, aber er sehnte sich nach einer sicheren und angemesseneren Stellung an einer angesehenen und solventen Universität. Am 16. September 1811 heiratete er mit einundvierzig Jahren Marie von Tucher, die zwanzigjährige Tochter eines Nürnberger Senators. Kurz darauf überraschte Christina Burkhardt das Paar mit einem Besuch, bei dem sie Hegels vierjährigen Sohn Ludwig mitbrachte. Seine Frau meisterte die Situation bravourös und nahm den Knaben in ihre Familie auf.

Hegel, der von einem Posten in Berlin träumte, nahm 1816 eine Einladung der Universität Heidelberg an, dort erster Professor für Philosophie zu werden. Er begann seine Vorlesung mit fünf Studenten, aber es waren zwanzig, bevor das Semester vorüber war. Dort veröffentlichte er (1817) seine *Enzyklopädie der philosophischen Wissenschaften*. Sie gefiel sowohl der Intelligenz als der Regierung von Berlin viel besser als seine Logik, die dort 1812 erschienen war. Bald forderte ihn der preußische Minister für Erziehung auf, nach Berlin zu kommen und den Lehrstuhl für Philosophie zu übernehmen, der seit Fichtes Tod (1814) verwaist war. Der nun siebenundvierzigjährige Hegel handelte, bis ihn das schließlich angebotene Honorar für das lange Warten entschädigte. Neben dem Jahresgehalt von zweitausend Talern verlangte er eine gewisse Entschädigung für die hohen Mieten und Preise in Berlin, für die Möbel, die er gekauft hatte, und die er nun mit Verlust verkaufen mußte, die Kosten für die Reise mit seiner Frau und seinen Kindern nach Berlin; des weiteren bedang er sich das Recht zu eigenen Veröffentlichungen aus.[36]

Nachdem ihm all dies zugestanden worden war, trat Hegel am 22. Oktober 1818 an der Berliner Universität sein Amt an, das er bis zu seinem Tode innehaben sollte. In diesen dreizehn Jahren zogen seine Vorlesungen, die bekannt langweilig, aber letztendlich bedeutungsvoll waren, eine immer größere Zuhörerschaft an, bis die Studenten aus beinahe jedem Land Europas – und darüber hinaus – kamen, um ihn zu hören. Nun gab er dem vollständigsten und einflußreichsten Gedankensystem in der Geschichte des nachkantianischen Europa Form und Struktur.

2. *Logik als Metaphysik*

Er beginnt mit Logik, nicht in unserem modernen Sinn als den Regeln des Denkens, sondern im alten und klassischen Sinn als Ratio oder Grundprinzip, Grundbedeutung oder grundlegender Vorgang für alles, so wie wir heute die Begriffe Geologie, Biologie oder Psychologie für die Bedeutung und die Wirkungen von Erde, Leben oder Geist gebrauchen. So gründet, nach Hegel, in der Logik die Bedeutung und der Ablauf alles Existierenden. Im großen und ganzen fällt für ihn der Ablauf in den Bereich der Naturwissenschaften, die Bedeutung in den Bereich der Philosophie. Er schlägt vor, nicht die «Worte» denkerisch zu analysieren, sondern die Vernunft oder Logik in der Wirklichkeit. Quelle und Summe all dieser Erscheinungen bezeichnet er als Gott, sehr ähnlich den alten Mystikern, die die Gottheit mit dem Logos gleichsetzten, der Vernunft und der Weisheit der Welt.*

Der wahrnehmende Geist mißt den Dingen besondere Bedeutung bei, indem er untersucht, in welcher Beziehung sie in Raum und Zeit zu anderen erinnerten oder wahrgenommenen Dingen stehen. Kant hatte diese Beziehungen als Kategorien bezeichnet, und er hatte zwölf Hauptkategorien genannt: Einheit, Vielheit, Allheit, – Realität, Negation, Limitation; – Ursache und Wirkung, Sein und Nichtsein, Kontingenz und Notwendigkeit. Hegel fügt noch viele weitere hinzu: Seinsbestimmung, Begrenzung, Vielfalt, Anziehung und Abstoßung, Gleichheit und Verschiedenheit. Jeder Gegenstand unserer Erfahrung ist ein komplexes Gewebe aus solchen Beziehungen. Ein Tisch zum Beispiel hat einen besonderen Platz, Alter, Form, Stärke, Farbe, Gewicht, Geruch, Schönheit; ohne diese besonderen Beziehungen wäre der Tisch nichts als ein Durcheinander von obskuren und voneinander abgetrennten Eindrücken; erst durch ihren Bezug fügen sich diese Eindrücke zu einer einheitlichen Wahrnehmung. Diese Wahrnehmung, durch das Gedächtnis erhellt und durch ihre Zweckbestimmung unterstrichen, wird zu einer Idee. Deshalb besteht für jeden von uns die Welt aus unseren Empfindungen – inneren und äußeren –, die durch die Kategorien zu Wahrnehmungen und Ideen geordnet werden, vermischt mit unseren Erinnerungen und manipuliert durch unser Wollen.

Die Kategorien sind keine Dinge, sie sind Wege und Werkzeuge des Verständnisses, sie geben den Empfindungen Form und Bedeutung. Sie bilden das Grundprinzip und die Logik, die Struktur und die Begründung für jedes erfahrene Gefühl, jeden Gedanken oder jedes Ding. Zusammen bilden sie nach Hegels Auffassung die Logik, den Grund, den Logos des Universums.

Die einfachste und umfassendste der Kategorien, mit deren Hilfe wir versuchen können, unsere Erfahrungen zu begreifen, ist das bloße Sein – Sein wie es für alle Gegenstände ohne Spezifizierung gilt. Die Universalität dieser elementaren Kategorie ist ihr Verhängnis: Da ihr jede unterscheidende Form, jedes abhebende Merkmal fehlt, kann sie keinen bestehenden Gegenstand und keine Idee repräsentieren. Deshalb ist die Auffassung vom bloßen Sein in der Tat gleichbedeutend mit seiner entgegengesetzten Kategorie – Nichtsein oder Nichts. Folglich vermischen sie sich ohne weiteres; das, was nicht war, wird dem Sein hinzugefügt und nimmt ihm seine Unbestimmtheit oder Reinheit; Sein und Nichtsein werden zu etwas, allerdings etwas Negativem. Dieses geheimnisvolle Werden ist die dritte Kategorie, die brauchbarste von allen, da ohne sie nichts als geschehend oder gestaltannehmend wahrgenommen werden kann. Alle folgenden Kategorien ergeben sich aus ähnlichen Kombinationen von offenbar widersprüchlichen Ideen.

Dieses Hegelsche Taschenspielerkunststück, das die Welt (wie bei Adam und Eva) aus einer Vereinigung heraus entstehen läßt, erinnert an die mittelalterliche Vor-

---

* Das Vierte Evangelium beginnt mit den Worten: «Am Anfang war der Logos.» Der heilige Hieronymus übersetzte Logos als *verbum*; König Jakobs Gelehrte übersetzten es als das *Wort*; sie hätten es besser mit *Vernunft* übersetzt.

stellung, daß Gott die Welt aus dem Nichts heraus schuf. Aber Hegel beteuert, daß seine Kategorien keine Objekte seien, sondern Methoden, Dinge zu begreifen, ihr Verhalten verständlich zu machen, häufig vorhersehbar, manchmal lenkbar.

Er fordert uns auf, gewisse Modifikationen des kontradiktorischen Prinzips (der alten Logik so teuer) zuzugestehen – daß A Nicht-A sein kann. Sehr gut; aber A kann Nicht-A *werden*, so wie Wasser zu Eis oder zu Dampf werden kann. Die gesamte Wirklichkeit, so nimmt Hegel an, ist in einem Prozeß des Werdens begriffen; sie ist keine statische parmenidische Welt des Seins, sondern eine fließende heraklitische Welt des Werdens; alle Dinge sind im Fluß. Nach Hegel befinden sich die gesamte Wirklichkeit, alle Gedanken und Dinge, die gesamte Geschichte, Religion, Philosophie in unablässiger Evolution; nicht durch eine natürliche Auslese von Abweichungen, sondern durch die Entwicklung und Lösung von internen Widersprüchen und das ständige Fortschreiten in Richtung auf ein komplexeres Stadium.

Das ist die berühmte Hegelsche (früher Fichtesche) Dialektik (wörtlich die Kunst der Gesprächsführung) von These, Antithese und Synthese: Ein Gedanke oder eine Situation birgt potentiell ihren Widerspruch in sich, entwickelt ihn, bekämpft ihn, vereinigt sich dann mit ihm, um eine neue wiederum vergängliche Form anzunehmen. Eine logische Diskussion hätte dem dialektischen Ablauf von Widerspruch und Versöhnung zu folgen. Vernünftige Überlegungen – das Abwägen von Gedanken und Wünschen auf der Waage der Erfahrung – würden es ebenfalls tun. Die Unterbrechung, so beharrte Madame de Staël, belebt das Gespräch – aber sie tötet es, wenn der Widerspruch nicht sachdienlich ist und nicht aufgelöst wird. Der aufgelöste Gegensatz ist das Geheimnis der Weisheit und die Vollendung des Sieges. Eine echte Synthese verwirft weder die Zustimmung noch die Ablehnung, sondern übernimmt Teile von beiden. Karl Marx, ein Schüler Hegels, glaubte, daß der Kapitalismus den Samen des Sozialismus in sich trage, daß die rivalisierenden Formen ökonomischer Systeme in einem tödlichen Kampf aufeinander prallen müßten, und daß der Sozialismus die Oberhand gewinnen würde. Ein konsequenterer Hegelianer würde eine Vereinigung beider Systeme vorausgesagt haben, so wie es heutzutage in Westeuropa der Fall ist.

Hegel war der kompromißloseste aller Hegelianer. Er unternahm es, die Kategorien zu deduzieren – zu zeigen, wie jede von ihnen notwendigerweise aus der Auflösung der Widersprüche ihrer Vorgänger resultierte. Er ordnete seine Argumente und versuchte, jedes seiner Werke in eine Dreierform zu bringen. Er wendete seine Dialektik sowohl auf die Realität wie auf das Denken an: Der sich wiederholende Prozeß von Widerspruch, Konflikt und Synthese zeigt sich in Politik, Wirtschaft, Philosophie und Geschichte. Er war ein Realist im mittelalterlichen Sinne: Das Allgemeine ist wirklicher als jedes der darin enthaltenen Einzelteile: Der Mensch trägt alle Menschen in sich, ob kurz am Leben oder dauerhaft tot; der Staat ist wirklicher und langlebiger als jeder seiner Bürger; Schönheit hat unsterbliche Macht, läßt Zerstörung und Verse hinter sich, obwohl Pauline Bonaparte tot ist und Aphrodite nie gelebt hat. Schließlich führte der bezwingende Philosoph seine Kategorienparade auf die realste, umfassendste und mächtigste von allen zurück – die Absolute Idee, die der Allgemeinbegriff für alle Dinge und Gedanken ist. Die Vernunft, die Basis und die Ordnung, die den Kosmos aufrechterhält, den Logos, der das Ganze krönt und regiert.

3. *Geist*

Die *Phänomenologie des Geistes* wurde in Jena geschrieben, während die Grande Armée sich der Stadt näherte; sie wurde 1807 veröffentlicht, als die gnadenlose Verwüstung Preußens durch die Söhne der Französischen Revolution zu beweisen schien, daß der menschliche Geist in jener historischen Suche von der Monarchie durch den Terror zur erneuten Monarchie irgendwo die Straße zur Freiheit verpaßt hatte. Hegel schlug vor, den Geist des Menschen in seinen verschiedenen Phänomenen zu studieren, wie Empfindung, Wahrnehmung, Gefühl, Bewußtsein, Erinnerung, Vorstellung, Begierde, Wollen, Selbstbewußtsein und Vernunft; vielleicht würde er am Ende dieser langen Straße das Geheimnis der Freiheit finden. Von diesem Programm noch nicht eingeschüchtert, nahm er sich weiterhin vor, den menschlichen Geist in Gemeinschaften und im Staat, in Kunst, Religion und Philosophie zu studieren. Das Ergebnis seiner Suche war sein Hauptwerk, überzeugend und unverständlich, herausfordernd und entmutigend, das beträchtlichen Einfluß auf Marx und Kierkegaard, Heidegger und Sartre ausüben sollte.

Die Schwierigkeit beginnt mit dem Wort «Geist», das eine ganze Reihe von Bedeutungen in sich birgt. Geist ist keine selbständige Substanz oder Einheit hinter den psychologischen Vorgängen; er ist identisch mit diesen Vorgängen. Es gibt keine getrennten «Fähigkeiten», es gibt nur die tatsächlichen Vorgänge, durch die Erfahrung in Aktion oder Denken umgewandelt wird.

In einer seiner vielen Definitionen des Geistes identifizierte ihn Hegel mit Bewußtsein.[37] Bewußtsein ist natürlich das Geheimnis aller Geheimnisse, denn da es das Werkzeug zur Interpretation von Erfahrung ist, kann es sich nicht selbst interpretieren. Trotzdem ist es die unmittelbarste wie auch die bemerkenswerteste aller uns bekannten Realitäten. Materie, die sich außerhalb des Geistes befinden kann, scheint weniger geheimnisvoll, obwohl sie uns weniger direkt bekannt ist. Hegel stimmt mit Fichte darin überein, daß wir Gegenstände nur insoweit kennen, als sie Teil von uns, als der wahrnehmenden Subjekte, werden; aber er stellt niemals die Existenz einer äußeren Welt in Frage. Wenn das wahrgenommene Objekt ein anderes offensichtlich mit Geist ausgestattetes Individuum ist, dann wird das Bewußtsein durch Widerspruch zur Selbsterkenntnis; damit ist das bewußte persönliche Ich geboren und ihm wird mit Unbehagen klar, daß Wettbewerb das Handwerk des Lebens ist. Und schließlich, so sagt unser beharrlicher Philosoph, zielt jeder Mensch auf die Zerstörung und den Tod des anderen ab[38], bis einer von beiden sich unterwirft[39] oder tot ist.

Inzwischen nährt sich das Ich von der Erfahrung, als wäre es sich bewußt, daß es sich stärken und wappnen muß für die Kämpfe des Daseins. Der ganze komplexe

Prozeß, mit dessen Hilfe das Ich Empfindungen in Wahrnehmungen umsetzt, speichert diese im Gedächtnis auf, verwandelt sie in Ideen, wird eingesetzt, um die Begierden, aus denen das Wollen zusammengesetzt ist, zu erklären, zu beeinflussen und ihm zu dienen. Das Ich ist ein Brennpunkt, eine Aufeinanderfolge und eine Kombination von Begierden; Wahrnehmungen, Gedanken, Erinnerungen, Überlegungen sind wie Arme und Beine Werkzeuge für das Ich oder Ego, um zu überleben, um Vergnügen oder Macht zu erringen. Wenn die Begierde eine Leidenschaft ist, dann wird sie dadurch, im Guten oder im Bösen, verstärkt; man darf sie nicht blindlings verurteilen, denn «der subjektive Wille, die Leidenschaft, ist der Betätigende, Verwirklichende ...»[40]

Die Begierde kann zum Leiden führen, aber das ist unwichtig, wenn sie zum erwünschten Ergebnis beiträgt. Das Ziel des Lebens ist nicht Glück, sondern Vollendung.[41]

Ist der Wille (d. h. sind unsere Begierden) frei? Ja, aber nicht im Sinne einer Freiheit von Kausalität oder Ordnung; der Wille ist frei in dem Maße, in dem er mit den Gesetzen und der Logik der Realität übereinstimmt; ein freier Wille wird durch das Verständnis erhellt und von der Vernunft geführt. Die einzige wirkliche Befreiung, die für die Nation oder den einzelnen möglich ist, besteht in der Steigerung der Intelligenz; und Intelligenz ist koordiniertes und benutztes Wissen. Die höchste Freiheit besteht im Wissen von den Kategorien und von ihrer Wirksamkeit innerhalb der elementaren Abläufe der Natur und ihrer Vereinigung und Übereinstimmung in der Absoluten Idee, d. h. in Gott.

Es gibt drei Wege, auf denen der Mensch sich diesem Gipfel des Verstehens und der Freiheit nähern kann: durch Kunst, Religion oder Philosophie. In kurzen Zügen in der *Phänomenologie* und ausführlicher in seinen posthum erschienenen *Vorlesungen über Ästhetik* versuchte Hegel das Wesen und die Geschichte der Kunst unter die triadischen Formeln seines Systems zu bringen. Dabei offenbarte er ganz nebenbei ein überraschendes Wissen auf den Gebieten der Architektur, Skulptur, Malerei und Musik und eine detaillierte Kenntnis der Kunstsammlungen von Berlin, Dresden, Wien, Paris und den Niederlanden. Kunst, so spürte er, war ein Versuch des Geistes – mehr durch Intuition (d. h. durch unmittelbare, intensive, ausdauernde Wahrnehmung) als über den Verstand – geistige Bedeutungen durch ein sinnliches Medium zu vermitteln. Er unterschied drei Hauptepochen in der Kunst: 1. die orientalische Epoche, in der die Architektur das geistige Leben und die mystische Vision durch mächtige Tempel zu unterstützen suchte, wie etwa in Ägypten und Indien; 2. die griechisch-römisch klassische Epoche, welche die Ideale von Vernunft, Gleichgewicht und Harmonie durch vollendete bildhauerische Formen wiederzugeben versuchte; und 3. die der christlichen Romantik, die mit Hilfe von Malerei, Musik und Dichtung die Emotionen und die Sehnsüchte der modernen Seele auszudrücken versucht hat. In diesem dritten Stadium fand Hegel einige Ansätze von Degeneration und wies daraufhin, daß die größte Epoche der Kunst sich ihrem Ende nähere.

Die Religion verwirrte und verblüffte ihn in seinen späteren Jahren, als er ihre historische Funktion in der Bildung des Charakters und in Unterstützung der sozialen Ordnung erkannt hatte, aber ihm war die Vernunft zu teuer, als daß ihm die tastende Suche der Theologie, die Ekstasen und die Leiden der Heiligen, die Furcht vor und der Dienst an einem persönlichen Gott etwas hätte bedeuten können.[42] Er bemühte sich darum, den christlichen Glauben mit der Hegelschen Dialektik in Einklang zu bringen, aber er war nicht mit dem Herzen dabei[43], und seine einflußreichsten Anhänger interpretierten seinen Gott als das unpersönliche Gesetz oder die Vernunft des Universums und Unsterblichkeit als die bleibenden – vielleicht endlosen – Nachwirkungen des Daseins eines jeden Menschen auf dieser Erde.

Gegen Ende der *Phänomenologie* enthüllte er seine wahre Liebe – die Philosophie. Sein Ideal war nicht der Heilige, sondern der Weise. In seinem Enthusiasmus kannte er für die zukünftige Ausweitung des menschlichen Verständnisses keine Begrenzung an. «Das Ziel, das absolute Wissen, oder der sich als Geist wissende Geist hat zu seinem Wege die Erinnerung der Geister, wie sie an ihnen selbst sind ... nur aus dem Kelch dieses Geisterreiches schäumt ihm seine Unendlichkeit.»[44] Aber lange vor diesem Höhepunkt wird die Philosophie begriffen haben, daß die reale Welt nicht jene Welt ist, die wir sehen oder berühren, sondern aus den Beziehungen und Regelmäßigkeiten besteht, die ihr Ordnung und Würde geben, den ungeschriebenen Gesetzen, die die Sonne und die Sterne bewegen und die den unpersönlichen Geist der Welt bilden. Dieser Absoluten Idee oder der kosmischen Vernunft wird der Philosoph sich in Treue verpflichten, in ihr wird er den Gegenstand seiner Verehrung, seine Freiheit und eine ruhige Zufriedenheit finden.

4. *Sittlichkeit, Gesetz und Staat*

Im Jahre 1821 veranlaßte Hegel die Herausgabe eines weiteren Hauptwerks – *Grundlinien der Philosophie des Rechts*. In Deutschland ist «Recht» ein inhaltsschweres Wort, denn es bedeutet sowohl Sittlichkeit als auch Gesetz, beides gleichwertiger Rückhalt für Familie, Staat und Gesellschaft. Hegel behandelte alle diese Themen in seinem maßgeblichen Werk, das einen nachhaltigen Einfluß auf seine Landsleute hatte.

Der Philosoph stand inzwischen in seinem sechsten Lebensjahrzehnt und war an Beständigkeit und Wohlergehen gewöhnt.[45] Er strebte einen Posten im Staatsdienst an, denn er hatte willig dem natürlichen Konservativismus des Alters nachgegeben. Darüber hinaus hatte sich die politische Situation seit den Tagen, da er sich für Frankreich begeistert und Napoleon bewundert hatte, drastisch geändert: Preußen hatte zu den Waffen gegriffen, sich unter Blücher dem aus Rußland geflohenen Napoleon entgegengestellt und den Usurpator besiegt. Inzwischen hatte sich Preußen wieder auf die Friederizianischen Grundsätze besonnen: ein siegreiches Heer und die Feudalmonarchie als Stützen eines Volkes, das durch die Kriegskosten in Armut, soziale Unordnung und Angst und Schrecken vor einer Revolution versetzt worden war.

Jakob Fries, damals Inhaber des philosophischen Lehrstuhls an der Universität Jena, veröffentlichte 1816 die Abhandlung *Von Deutschem Bund und Deutscher Staatsverfassung*. Es war der Entwurf eines Reformprogramms, auf das die deutschen Regenten erschreckt mit den strengen Dekreten des Karlsbader Kongresses (1819) reagierten. Fries wurde seiner Professur enthoben und von der Polizei in Acht erklärt.[46]

Hegel verwandte die Hälfte des Vorwortes zu seinem Buch darauf, Fries als gefährlichen Einfaltspinsel anzuprangern und dessen Ansicht, «in dem Volke, in welchem echter Gemeingeist herrsche, würde jedem Geschäft der öffentlichen Angelegenheiten das Leben von unten aus dem Volke kommen», als «Hauptsinn der Seichtigkeit» zu verurteilen. «Nach solcher Vorstellung», so protestierte Hegel, «sollte die sittliche Welt der subjektiven Zufälligkeit des Meinens und der Willkür übergeben werden. Mit dem einfachen Hausmittel, auf das Gefühl das zu stellen, was die ... Arbeit der Vernunft und des Verstandes ist, ist freilich alle die Mühe der von dem denkenden Begriffe geleiteten Vernunfteinsicht und Erkenntnis erspart.»[47] Ärgerlich richtete der Professor seine Verachtung gegen alle sich so nennende Philosophen, die jeden Abend nach dem Motto «den Seinen gibt Er's schlafend» den vollkommenen Staat konstruieren.[48] Gegen solches Wunschdenken verkündete er als Grundlage seiner Philosophie (der politischen wie der metaphysischen) das Prinzip, daß «Was vernünftig ist, das ist wirklich; und was wirklich ist, das ist vernünftig.»[49] (Es ist, was der logische Ablauf der Ereignisse dazu gemacht hat, was es unter den gegebenen Umständen sein mußte.) Die deutschen Liberalen prangerten den Verfasser als konservativen Postenjäger, als «Philosophus Laureatus» einer reaktionären Regierung an. Er machte weiter.

Die Zivilisation, das heißt das Leben des einzelnen als Bürger (civis) in einer Gemeinschaft, bedarf der Sittlichkeit ebenso wie der Gesetze; denn eine Gemeinschaft kann nur Bestand haben, wenn sie zu ihrem Schutz der Freiheit Grenzen setzt. Sittlichkeit muß ein gemeinsames Band sein, nicht ein individuelles Vorrecht. Freiheit innerhalb der Gesetze ist eine konstruktive Kraft; Freiheit außerhalb der Gesetze ist in der Natur unmöglich und in der Gesellschaft destruktiv, wie einige Phasen der Französischen Revolution beweisen. Die Einschränkungen der individuellen Freiheit durch Sitten und Gebräuche – die ethischen Werte entstanden im Verlauf der Entwicklung einer Gemeinschaft – sind die ältesten, am meisten verbreiteten, beständigsten und weitestreichenden Maßnahmen, die eine solche Gemeinschaft für ihren Fortbestand und ihr Wachstum trifft. Da diese Regeln vor allem durch die Familie, die Schule und die Kirche vermittelt werden, sind diese Institutionen eine lebenswichtige Voraussetzung für jede Gesellschaft.

Deshalb ist es töricht, eine Familie auf eine Verbindung zu gründen, die ausschließlich auf Liebe beruht. Der Geschlechtstrieb ist eine weise Einrichtung zur Erhaltung der Art und der Gemeinschaft, aber er ist keine soziale Basis für eine lebenslange Partnerschaft, die gemeinschaftlich das Vermögen verwaltet und Kinder erzeugt.[50] Die Gesetzgebungen müssen die Auflösung der Einehe erschweren. Der gemeinschaftliche Verbrauch des Vermögens soll vom Mann verwaltet werden.[51] In der Familie hat «die Frau ihre substantielle Bestimmung und in dieser Pietät ihre sittliche Gesinnung».[52]

In der Erziehung sollten Freiheit und Spiel nicht (wie bei Pestalozzi und Fichte) zum Fetisch gemacht werden. «Der Zweck von Bestrafungen ist nicht die Gerechtigkeit als solche, sondern subjektiver, moralischer Natur, Abschreckung der noch in Natur befangenen Freiheit und Erhebung des Allgemeinen in ihr Bewußtsein und ihren Willen.»[53]

Auch Gleichheit sollte nicht zum Fetisch gemacht werden. Wir sind nur insofern gleich, als jeder von uns ein menschliches Wesen ist, das nicht als Werkzeug eines anderen Menschen benutzt werden sollte. Aber es ist offensichtlich, daß wir ungleich sind, wenn es um die physischen oder geistigen Kapazitäten geht. Das ökonomischste System ist das, das dem Fähigsten die Möglichkeit zur Weiterentwicklung bietet und die relative Freiheit schafft, neue Ideen in produktive Wirklichkeit umzusetzen.

Die Religion ist ein ideales Instrument zur Zivilisierung – zur Umwandlung von Wilden in Staatsbürger –, denn sie setzt das Individuum in Beziehung zur Gesamtheit. «Es ist in der Natur der Sache, daß der Staat eine Pflicht erfüllt, der Gemeinde für ihren religiösen Zweck ... Schutz zu gewähren, ja, indem die Religion das ihn für das Tiefste der Gesinnung integrierende Moment ist, von allen seinen Angehörigen zu fordern, daß sie sich zu einer Kirchengemeinde halten – übrigens zu irgendeiner, denn auf den Inhalt, insofern er sich auf das Innere der Vorstellung bezieht, kann sich der Staat nicht einlassen.»[54]

Die Kirchen sollten vom Staat getrennt sein, aber sie sollten den Staat als «vollendenden Gottesdienst» ansehen, in dem das Ziel der Religion, die Vereinigung des Individuums mit der Gesamtheit, soweit wie auf Erden nur irgend möglich erreicht wird.[55]

Dann ist der Staat die größte Errungenschaft des Menschen. Er ist das Organ der Gemeinschaft zum Schutz und zur Weiterentwicklung der Menschen. Er hat die schwierige Aufgabe, die soziale Ordnung mit dem natürlichen Individualismus des Menschen und dem Argwohn innerhalb der Gruppen in Einklang zu bringen. Das Gesetz ist die Freiheit des zivilisierten Menschen, denn es gewährt ihm Schutz vor Ungerechtigkeit und Gefahr als Gegenleistung für seine Zusage, anderen Menschen keinen Schaden zuzufügen. «Der Staat ist die Wirklichkeit der konkreten Freiheit.»[56] Um nun Chaos in freiheitliche Ordnung verwandeln zu können, braucht der Staat eine gewisse Autorität, die manchmal die Anwendung von Gewalt nicht ausschließt; Polizei und, in Krisenzeiten, auch Zwangseinberufung sind notwendig; wenn aber der Staat gut geleitet wird, kann man ihn eine Organisation der Vernunft nennen. In diesem Sinn kann man vom Staat – wie auch vom Universum – sagen, daß «Was vernünftig ist, das ist wirklich; und was wirklich ist, das ist vernünftig». Denn er ist keine Utopie, da Utopie unwirklich ist.

War dies eine Idealisierung des preußischen Staates von 1820? Nicht ganz. Im Gegensatz zur bestehenden Regierungsform wurde hier ein voller Erfolg der Reformen Steins und Hardenbergs vorausgesetzt. Hier wurde der Ruf nach einer konstitutionellen Monarchie, nach einer verfassungsmäßigen Regierung, nach Aufhebung der Leibeigenschaft und nach Anerkennung der Juden laut. Despotismus wurde definiert als «Zustand der Gesetzlosigkeit, wo der besondere Wille als solcher, es sei nun eines Monarchen oder des Pöbels (Ochlokratie), als Gesetz oder vielmehr statt des Gesetzes gilt, da hingegen die Souveränität gerade im gesetzlichen, konstitutionellen Zustande das Moment der Idealität ... ausmacht».[57] Hegel lehnte die Demokratie völlig ab: Der gewöhnliche Bürger ist nicht fähig, sich seine fähigen Herrscher selbst zu wählen oder Wege und Ziele der Staatsführung zu bestimmen. Der Philosoph ließ die revolutionäre französische Verfassung von 1791 gelten, die eine konstitutionelle Monarchie vorsah, in der das Volk eine Nationalversammlung, nicht aber den Herrscher wählt. Eine Wahlmonarchie ist die «schlechteste der Institutionen».[58] Hegel empfahl eine Regierung, die zusammengesetzt ist aus einer von Grundbesitzern gewählten Zweikammer-Legislative, einem exekutiven und administrativen Ministerkabinett und einem erblichen Monarchen, der «das letzte Selbst des Staatswillens»[59] ist. «Die Ausbildung des Staats zur konstitutionellen Monarchie ist das Werk der neuern Welt.»[60]

Es wäre unfair, diese Philosophie reaktionär zu nennen. Sie stand in einer Linie mit dem aufklärerischen Konservativismus eines Montaigne, Voltaire, Burke, Macaulay, Napoleons Berater Benjamin Constant und Tocqueville nach seinem Studium der französischen und amerikanischen Regierungsformen. Sie ließ Raum für Gedankenfreiheit des einzelnen und für religiöse Toleranz. Wir müssen sie in ihrem Kontext mit Ort und Zeit ihres Entstehens sehen: Wir müssen uns in die Wirren des nach-napoleonischen Europa versetzen – sein totaler Zusammenbruch und seine reaktionären Regierungen, die versuchten, das Ancien Régime wiederherzustellen –. Erst dann verstehen wir die Reaktion eines Denkers, der zu alt war für abenteuerliche Gedanken, zu etabliert, um Geschmack an revolutionärer Verzückung zu finden oder die Ablösung einer alten Regierungsform durch unerfahrene Theoretiker oder Pöbelherrschaft riskieren zu wollen. Das hitzige Vorwort jedoch, nicht etwa das sorgfältig aufgebaute und durchdachte Buch, war eines Philosophen unwürdig. Der alte Herr fürchtete den beredsamen Fries und dessen überwältigenden Erfolg. Er rief nach der Polizei, und es tat ihm nicht leid, daß «die Regierungen auf solches Philosophieren endlich die Aufmerksamkeit gerichtet haben».[61] Das Alter will nicht wagen, es will bewahren.

5. *Geschichte*

Hegels Studenten müssen ihren Lehrer geliebt und bewundert haben: Nach seinem Tod stürzten sie sich auf seine Vorlesungsmanuskripte, fügten ihre eigenen Mitschriften der Vorlesungen hinzu, brachten das Ergebnis in eine gewisse Ordnung und gaben es unter Hegels Namen heraus. So erschienen posthum vier Bände: *Aesthetik, Religionsphilosophie, Philosophie der Geschichte* und *Geschichte der Philosophie.* Von allen seinen Werken sind sie die verständlichsten, vielleicht deshalb, weil sie am geringsten von der Komplexität seines Denkens und seines Stils beeinflußt sind.

«Der einzige Gedanke, den die Philosophie mitbringt, ist aber der einfache Gedanke der Vernunft, daß die Vernunft die Welt beherrsche, daß es also auch in der Weltgeschichte vernünftig zugegangen sei.»[62] Auch hier war die Wirklichkeit vernünftig, das einzig logische und notwendige Ergebnis dessen, was vorangegangen war. Hegel spricht oft in religiösen Worten von der Macht der Vernunft, seine Definition aber gleicht der von Spinoza und Newton: Die Vernunft ist «die Substanz ..., wodurch und worin alle Wirklichkeit ihr Sein und Bestehen hat – die unendliche Macht», oder aber «der unendliche Stoff alles natürlichen und geistigen Lebens». Die Kategorien der Logik bilden die Grundlage für das Verständnis der maßgeblichen Beziehungen, in denen «der unendliche Inhalt, alle Wesenheit und Wahrheit»[63] verarbeitet werden kann.

Wenn geschichtliche Prozesse ein Ausdruck von Vernunft sind – von Gesetzmäßigkeit in der Natur der Dinge –, dann muß auch in der scheinbaren Laune des Geschicks Methode liegen. Hegel sieht sowohl im Prozeß wie auch im Resultat Methode. In der Geschichte, wie auch in der Logik, ist der Prozeß der Vernunft dialektisch: Jeder Zustand, jede Bedingung (These) birgt in sich Widersprüche (Antithese), die sich zu einer Synthese durchzusetzen suchen. So versuchte der Despotismus, den menschlichen Freiheitsdrang zu unterdrücken; dieser Drang entlud sich in Auflehnung; die Synthese daraus war die konstitutionelle Monarchie. Steckt also hinter dem Verlauf der Geschichte eine bestimmte Absicht? Wenn dies bedeutet, daß eine allwissende übergeordnete Macht alle Ursachen und Wirkungen auf ein ganz bestimmtes Ziel hinführt, dann ist die Antwort nein. Die Antwort ist insofern ja, als der Strom der Ereignisse, der im Voranschreiten der Zivilisation immer breiter wird, durch den Geist gelenkt wird, um die Menschheit näher an ihr höchstes Ziel zu bringen: Freiheit durch Vernunft. Nicht Freiheit vom Gesetz – obwohl es denkbar wäre, daß es dazu kommen könnte, wenn die menschliche Einsicht ihre höchste Blüte erreichen würde –, sondern Freiheit durch das Gesetz.

Die Herausbildung des Staates kann der Freiheit zum Wohl gereichen. Die Entwicklung in Richtung auf Freiheit ist aber nicht kontinuierlich, denn durch die Dialektik in der Geschichte müssen Widersprüche ausgeräumt, Gegensätze aufgehoben werden, und zentrifugale Verschiedenheiten müssen durch die jeweilige Zeit und das jeweilige Schaffen herausragender Persönlichkeiten auf einen Mittelpunkt zusammengezogen werden.

Diese beiden Kräfte – die Zeit und der Geist – sind die Baumeister der Geschichte, und wenn sie zusammenarbeiten, sind sie unüberwindlich. Hegel – und das war sein Einfluß auf Carlyle – glaubte an Helden und Heldenverehrung. Genies sind nicht notwendigerweise Vorbilder, und doch ist es falsch zu glauben, daß sie selbstsüchtige Individualisten seien. Napoleon war nicht nur Eroberer um der

Eroberung willen, er war, bewußt oder unbewußt, der Wegbereiter für das Streben in Europa nach Einigkeit und übereinstimmenden Gesetzen. Doch das Genie ist hilflos, wenn es nicht – bewußt oder unbewußt – den Zeitgeist verkörpert. «Solche Individuen hatten in diesen ihren Zwecken nicht das Bewußtsein der Idee überhaupt, sondern sie waren praktische und politische Menschen. Aber zugleich waren sie denkende, die die Einsicht hatten von dem, was not und was an der Zeit ist. Das ist eben die Wahrheit ihrer Zeit und ihrer Welt, sozusagen die nächste Gattung, die im Innern bereits vorhanden war.»[64] Wenn ein großer Mensch in so einer Zeit geboren wird (wie Galilei, Franklin oder James Watt), treibt er die Entwicklung voran, auch wenn er Elend über eine ganze Generation bringt. Das Genie ist nicht dazu da, mit dem Glück hausieren zu gehen.

«Die Weltgeschichte ist nicht der Boden des Glücks. Die Perioden des Glücks sind leere Blätter in ihr; denn sie sind die Perioden der Zusammenstimmung, des fehlenden Gegensatzes»[65], und so lange ruht die Geschichte.

Die Interpretation der Geschichte als fortlaufende Entwicklung muß da auf ihre Grenzen stoßen, wo Zivilisationen untergehen oder gänzlich verschwinden. Doch Hegel sah in solchen Zwischenfällen keinen Widerspruch zu einer Dialektik. Er teilte (wie schon zuvor erwähnt) die Vergangenheit der Menschheit in drei Abschnitte ein: den orientalischen, den griechisch-römischen und den christlichen. In ihrer Aufeinanderfolge sah er eine gewisse fortlaufende Entwicklung: In der orientalischen Welt hatte ein Mensch die Freiheit, die anderen Menschen zu beherrschen; in der klassischen Antike hatte eine bestimmte Schicht die Freiheit, andere als Sklaven zu unterwerfen; die christliche Welt strebte die Freiheit für alle Menschen an, da jeder einzelne eine Seele besitzt. Doch sie stieß, was den Sklavenhandel anlangte, auf Widerstand, und dieser Konflikt wurde erst mit der Französischen Revolution aus der Welt geschafft. An diesem Punkt angelangt, stimmte Hegel einen überraschenden Lobgesang auf diesen Umbruch an, besser gesagt, auf die ersten beiden Revolutionsjahre:

> «Der ganze Zustand Frankreichs in der damaligen Zeit ist ein wüstes Aggregat von Privilegien gegen alle Gedanken und Vernunft überhaupt, ein unsinniger Zustand, womit zugleich die höchste Verdorbenheit der Sitten, des Geistes verbunden ist ... Die Veränderung war notwendig gewaltsam, weil die Umgestaltung nicht von der Regierung vorgenommen wurde (... weil der Hof, die Klerisei, der Adel, die Parlamente selbst ihren Besitz der Privilegien ... (nicht) aufgeben wollten) ... Der Gedanke, der Begriff des Rechts machte sich mit einem Male geltend, und dagegen konnte das alte Gerüst des Unrechts keinen Widerstand leisten ... Es war dieses somit ein herrlicher Sonnenaufgang. Alle denkenen Wesen haben diese Epoche mitgefeiert ... Ein Enthusiasmus des Geistes hatte die Welt durchschauert».[66]

Die Gewalttaten des Pöbels verdunkelten diesen Sonnenaufgang. Doch das Blut wurde weggewaschen, ein wesentlicher Schritt nach vorn war getan. Und Hegel war immer noch Weltbürger genug, um zu erkennen, daß die Französische Revolution den meisten Deutschen entscheidenden Nutzen gebracht hatte – so z. B. den Code Napoléon, die Abschaffung der feudalen Privilegien, größere Freiheit der Person und des Eigentums ...[67] Alles in allem zeigt die Analyse der Französischen

Revolution auf den letzten Seiten seiner *Philosophie der Geschichte*, daß Hegel selbst als Konservativer die Ideale seiner Jugend noch nicht gänzlich verworfen hatte.

Seiner Ansicht nach machte die Revolution den großen Fehler, die Religion zum Hauptfeind zu stempeln. Die Religion «ist das Werk der sich offenbarenden Vernunft, und ihr höchstes, vernünftigstes. Es sind absurde Vorstellungen, daß Priester dem Volke zum Betrug und Eigennutz eine Religion überhaupt gedichtet haben.»[68] Folglich ist es «eine andere und entgegengesetzte Torheit ..., Staatsverfassungen unabhängig von der Religion erfinden und ausführen zu lassen».[69] «Die Religion ist der Ort, wo ein Volk sich die Definition dessen gibt, was es für das Wahre hält ... Diese Vorstellung von Gott macht somit die allgemeine Grundlage eines Volkes aus».[70]

«Die Gestalt ..., welche die vollständige Realisierung des Geistes im Dasein ist»[71], ist der Staat. Er ist als objektive Einheit «die Grundlage und der Mittelpunkt der andern konkreten Seiten des Volkslebens ..., der Kunst, des Rechts, der Sitten, der Religion, der Wissenschaft».[72] Wenn der Staat sich auf die Religion gründet und durch sie gerechtfertigt wird, dann wird er göttlich.

In dem Bestreben, ein philosophisches System zu errichten, das durch eine gemeinsame Grundformel der Erklärung zusammengehalten wird, wandte Hegel seine Dialektik auf einen Bereich nach dem anderen an. Seiner *Philosophie der Geschichte* fügten seine Studenten nach seinem Tod die *Geschichte der Philosophie* hinzu. In diesem Werk wurden die berühmten alten Lehren in eine Reihe gebracht, die entsprechend den Kategorien der Logik aufeinander folgen mußten. Parmenides lehrte das ewige Sein, Heraklit das ewige Werden, die Entwicklung, die Veränderung; Demokrit behandelte die Objektivität der Materie, Plato die Subjektivität der Idee. Aristoteles erkannte die Synthese. Jede Philosophie – wie auch jede Kategorie und jede Generation – schließt die vorangegangene ein und baut darauf auf. Wenn man also die neueste Philosophie begreift, begreift man alle Philosophien. «Was so jede Generation an Wissenschaft, an geistiger Produktion vor sich gebracht hat, dies erbt die folgende Generation, es macht deren Seele, geistige Substanz, als ein Angewöhntes, deren Grundsätze, Vorurteile und deren Reichtum aus.»[73] Da Hegels Philosophie die letzte in der «heiligen Kette» der philosophischen Tradition war, schloß sie (nach Ansicht ihres Autors) alle grundsätzlichen Ideen und Werte aller vorausgegangenen wichtigen Philosophien ein und war deren historischer und theoretischer Höhepunkt.[74]

6. Tod und Wiederkehr

Seine Zeit schätzte ihn eine Zeitlang fast ebenso ein, wie er sich selbst. Die Zahl seiner Hörer wuchs trotz seines mürrischen Wesens und seines absonderlichen Vortragsstils. Prominente Zeitgenossen kamen von weither – wie z. B. Cousin und Michelet aus Frankreich, oder Heiberg aus Dänemark –, um zu verfolgen, wie er das Universum auf seine Kategorien einpendelte. Paris überhäufte ihn 1827 mit Ehrungen, und auch der greise Goethe schloß sich der allgemeinen Wertschätzung an. Die radikalen Umtriebe und revolutionären Strömungen im Jahr 1830 erschütterten ihn zutiefst, und er verdammte sie öffentlich. 1831 sandte er einen Aufruf nach England, die Durchsetzung der Reform Bill, Grundstein der englischen Demokratie, zu verhindern. Immer wieder formulierte er seine Philosophie um, um bei den protestantischen Theologen Anerkennung zu finden.

Er war immer noch voller Schaffenskraft, als er im Alter von 61 Jahren das Opfer einer Choleraepidemie wurde. Am 14. November 1831 starb er und wurde nach seinem Willen neben Fichte beigesetzt. Wie zum Zeugnis seiner eigenen Undeutlichkeit zerspalteten sich seine Schüler in zwei entgegengesetzte Gruppen: die «Rechtshegelianer» unter Johann Erdmann, Kuno Fischer und Karl Rosenkranz, und die «Linkshegelianer» unter Ludwig Feuerbach, David Strauss, Bruno Bauer und Karl Marx. Die «Rechte» erwuchs aus den wortgetreuesten Schülern, abweichend nur in der «historischen Bibelkritik». Die «Linke» erweiterte die Lehre um Angriff auf religiöse und politische Orthodoxie. Die «Linke» interpretierte Hegels Gleichsetzung von Gott und Vernunft dahingehend, daß die Natur, der Mensch und die Geschichte unabänderlichen und nicht an Personen gebundenen Gesetzen unterworfen sind. Feuerbach zitierte Hegel folgendermaßen: «Das Wissen von Gott ist das Wissen des Menschen von sich, von seinem eigenen Wesen.»[75] Das heißt, die Vernunft des Universums wird erst im Bewußtsein des Menschen existent; nur der Mensch kann sich kosmische Gesetze erdenken. Marx, der Hegel ausschließlich aus seinen Schriften kannte, wandelte die dialektische Entwicklung der Kategorien um in eine ökonomische Interpretation der Geschichte. Danach verdrängte der Klassenkampf als Hauptträger der Weiterentwicklung den Heroen. Und die Marxsche Synthese aus Kapitalismus und dessen innerer Widersprüchlichkeit wurde zum Sozialismus.

Hegels Ruhm verblaßte eine Zeitlang, als Schopenhauer mit seiner sarkastischen Wut die Philosophie bestimmte. Und die Geschichtsphilosophen verloren in dem Maße an Einfluß, wie das geschichtliche Wissen wuchs. Der Hegelianismus schien in Deutschland tot zu sein, doch er entstand zu neuem Leben in England, durch John und Edward Caird, T. H. Green, J. M. E. McTaggart und Bernard Bosanquet. Und als er in England tot war, entstand er neu in den Vereinigten Staaten. Vielleicht half Hegels Staatsverehrung, den Weg für Bismarck und Hitler zu ebnen. Unterdessen sahen Sören Kierkegaard, Karl Jaspers, Martin Heidegger und Jean-Paul Sartre in der *Phänomenologie des Geistes* einen deutlichen Hinweis auf den Existenzkampf des Menschen in einer Welt, die offensichtlich jeglicher göttlichen Führung beraubt ist. So wurde Hegel zum Vater des Existentialismus.

Alles in allem war das Zeitalter Goethes, Beethovens und Hegels einer der Höhepunkte in der Geschichte Deutschlands. Sie hatte solche Höhepunkte schon früher mit der Renaissance oder der Reformation. Doch der Dreißigjährige Krieg hatte das wirtschaftliche und geistige Leben lahmgelegt und hatte Deutschland fast ein Jahrhundert lang jegliche Hoffnung aufgeben lassen. Doch allmählich hatte sich das Land wieder auf seine natürliche Kraft, auf seine handwerklichen und kaufmännischen Fähigkeiten und auf sein geistiges und künstlerisches Potential besonnen, sich ausländischem Einfluß geöffnet und ihn auf den eigenen Geschmack und Charakter zugeschnitten (so z. B. aus England Shakespeare und die romantischen Dichter, oder aus Frankreich die Aufklärung und die Revolution). In Goethe und Wieland wurde Voltaire vermittelt, in Schiller und Richter Rousseau. Die Antwort auf Napoleon war ein Befreiungskrieg. Und so wurde der Weg bereitet für die mannigfachen Errungenschaften des deutschen Volkes im 19. Jahrhundert.

Zivilisation bedeutet ebenso Zusammenwirken wie Wettstreit. Deshalb ist es gut, daß jede Nation eine eigene Kultur, eine eigene Politik und Wirtschaft und eigene Trachten und Lieder hat. Viele Organisations- und Ausdrucksformen waren nötig, um das subtile und vielgestaltete Europa zu formen und dem heutigen Europa ein faszinierendes und unerschöpfliches Erbe zu hinterlassen.

NEUNTES KAPITEL

Rund um das Herzland

[1789–1812]

I. DIE SCHWEIZ

DIESES gesegnete Land fühlte infolge seiner nachbarlichen Nähe die Erschütterungen der Umwälzung in Frankreich in voller Stärke. Schweizer Liberale begrüßten die Revolution als Aufforderung zur Freiheit – Johannes von Müller (1752–1809), der berühmteste zeitgenössische Historiker, nannte den 14. Juli 1789 den schönsten Tag in der Geschichte Europas seit dem Fall des Römischen Reiches. Als die Jakobiner die Macht übernahmen, schrieb er an einen Freund: «Zweifellos teilen Sie mein Bedauern, daß in der Nationalversammlung Beredsamkeit mehr ausrichtet als Vernunft und Sie werden vielleicht einsehen, daß Sie infolge Ihres Bestrebens, allzufrei zu werden, überhaupt keine Freiheit erlangen werden. Dennoch wird für immer etwas bewahrt bleiben, denn diese Ideen wohnen in jedem Herz.»[1]

Frédéric César de La Harpe, der 1796 in seine schweizerische Heimat zurückgekehrt war, nachdem er den Zarewitsch Alexander mit liberalen Ideen vertraut gemacht hatte, tat sich mit Peter Ochs und anderen Schweizer Rebellen zusammen, um den Helvetischen Klub zu gründen, dessen Ziel es war, die in den Kantonen herrschenden Oligarchien zu stürzen. Napoleon, der nach seinem ersten Italienfeldzug durch die Schweiz kam, erkannte diese Funken und erklärte dem Direktorium, daß es eine Menge Verbündete fände, wenn es sich zum Vorgehen gegen die antirevolutionären Aktivitäten französischer *émigrés* entschließen sollte, die von der Schweizer Aristokratie beherbergt und unterstützt wurden. Das Direktorium erkannte den strategischen Wert der Schweiz im Konflikt zwischen Frankreich und den deutschen Fürsten. Es entsandte eine Armee in die Kantone, annektierte Genf, setzte die Oligarchen ab und errichtete mit der begeisterten Unterstützung einheimischer Revolutionäre die Helvetische Republik unter französischem Protektorat (1798).

Die neue Regierung bestand aus jakobinischen «Patrioten», Gemäßigten und Föderalisten. Diese Gruppen bekämpften sich und planten um die Wette *coups d'état*, bis sie aus Angst vor Chaos und Krieg Napoleon (damals Konsul) baten, ihnen eine neue Verfassung zu geben. 1801 schickte er ihnen die «Verfassung von Malmaison», die «trotz ihrer Unvollkommenheiten die beste war, die sich das Land unter den gegebenen Umständen erhoffen konnte»[2], obwohl sie die Schweiz unter französischer Schutzherrschaft beließ. Nach weiteren internen Streitigkeiten stürzten die

Föderalisten die republikanische Regierung, stellten eine neue Armee auf und machten sich daran, die Oligarchie wiederherzustellen. Napoleon intervenierte und schickte eine Armee von 30 000 Mann, um die französische Kontrolle über die Schweiz wiederherzustellen. Die kämpfenden Parteien ersuchten Napoleon erneut um seine Vermittlung. Er formulierte eine «Mediationsakte», die von allen größeren Fraktionen angenommen wurde. Sie setzte der Helvetischen Republik ein Ende und begründete die Schweizerische Konföderation, so wie sie im wesentlichen heute noch besteht, mit Ausnahme der ständigen Verpflichtung, jährlich ein Truppenkontingent für die französische Armee zu stellen. Abgesehen von dieser Belastung war es eine gute Verfassung[3], und die Kantone gaben Napoleon den Ehrentitel eines Erneuerers der Freiheit.

So großartig die Landschaft der Schweiz ist, so bot sie doch dem Genie nur eine kleine Bühne und ein geringes Publikum, und mehrere ihrer Schriftsteller, Künstler und Wissenschaftler suchten den Spielraum und die Anregung größerer Länder. Johann Füssli ging nach England, um zu malen; Augustin de Candolle (1778–1841) ging nach Frankreich, wo er die Beschreibung und Klassifizierung der Pflanzen befruchtete. Johann Pestalozzi (1746–1827) blieb und erregte europaweite Aufmerksamkeit mit seinen Erziehungsexperimenten. 1805 eröffnete er in Yverdon eine öffentliche Elementarschule, die auf dem Grundsatz beruhte, daß, zumindest für Kinder, Ideen nur im Zusammenhang mit konkreten Gegenständen einen Sinn erhalten und daß Kinder am besten durch Arbeit in der Gruppe und gemeinsames Rezitieren erzogen werden. Die Schule zog Lehrer aus einem Dutzend Ländern als Besucher an und beeinflußte die Grundschulerziehung in Europa und den Vereinigten Staaten. Fichte machte sie zu einem Grundbestandteil seines Planes für eine nationale Verjüngung.

Johannes von Müller verwendete zweiundzwanzig Jahre auf seine umfangreiche *Geschichte Schweizerischer Eidgenossenschaft* und konnte das Werk dennoch nur bis zum Jahre 1489 fortführen; doch es wird nach Inhalt und Stil immer ein Klassiker bleiben, so vortrefflich, daß es ihm den Ehrentitel eines Tacitus der Schweiz einbrachte. Seine Idealisierung der mittelalterlichen Kantone trug zusammen mit militärischen Siegen zur Ausbildung des Nationalstolzes bei, und seine Schilderung des legendären Tell gab Schiller den Stoff für ein berühmtes Schauspiel. 1810 begann Müller im Alter von achtundfünfzig Jahren seine *Vierundzwanzig Bücher allgemeiner Geschichte*. Durch seine Leser nach Deutschland gelockt, trat er in die Dienste des katholischen Kurfürsten von Mainz, war dann an der kaiserlichen Kanzlei in Österreich tätig und wurde schließlich Direktor des Erziehungswesens im Westfalen Jérôme Bonapartes. Nach seinem Tod schrieb Madame de Staël über ihn: «Wir können nicht begreifen, wie der Kopf eines einzigen Mannes eine solche Welt von Fakten und Daten enthalten konnte ... Es scheint, als ob mehr als ein Mann von uns genommen worden wäre.»[4]

Nicht weit hinter ihm zurück als fleißiger Historiker stand einer von Madames *cavalieri serventi*, Jean Charles Léonard de Sismondi (1773–1842). Geboren in Genf, floh er nach England, um revolutionärer Gewalt zu entgehen, dann nach Italien und kehrte schließlich in ein wieder beruhigtes Genf zurück. Er lernte Germaine 1803 kennen, begleitete sie nach Italien und war später ein ständiger Besucher ihres Salons in Coppet. Während der ganzen Zeit schrieb er eifrig, aber mit gewissenhafter Gelehrsamkeit. Seine sechzehnbändige *Histoire des républiques italiennes au moyen âge* (1809–1818) trug zur Inspiration von Männern wie Manzoni, Mazzini, Cavour und anderer Führer des Risorgimento bei. Dreiundzwanzig Jahre lang arbeitete er an seiner einunddreißigbändigen *Histoire des Français* (1821–1844), die während einiger Zeit so berühmt war wie die von Michelet. 1818 besuchte er England erneut und ließ sich durch die Unbarmherzigkeit des dortigen Wirtschaftssystems bewegen, ein bemerkenswert prophetisches Buch zu schreiben und zu veröffentlichen (1819), *Nouveaux Principes d'économie politique*. Die Grundursache der englischen Depression, so führte er aus, war das Zurückbleiben der Kaufkraft der Bevölkerung hinter einer Produktion, die mit der Zunahme von Erfindungen rasch anstieg; dieses Zurückbleiben, so meinte er, sei der Hauptgrund für die Unterbezahlung der Arbeiter. Ähnliche Krisen der Verbrauchseinschränkung würden solange immer wiederkehren, wie das Wirtschaftssystem nicht geändert würde.

Sismondis Änderungsvorschläge waren äußerst radikal. Der Wohlstand der Bevölkerung habe das Hauptanliegen der Regierung zu sein. Die Gesetze gegen gewerkschaftliche Zusammenschlüsse von Arbeitern seien aufzuheben. Die Arbeiter müßten gegen Arbeitslosigkeit abgesichert und vor Ausbeutung geschützt werden. Die Interessen der Nation oder der Humanität dürften nicht «dem gemeinsamen Angriff sämtlicher Gelüste geopfert, ... die Reichen müßten vor ihrer eigenen Raffgier geschützt werden». Trotz dieses «vormarxschen Marxismus» lehnte Sismondi den Sozialismus (der damals Kommunismus genannt wurde) ab; dieser würde wirtschaftliche und politische Macht in derselben Hand vereinigen und die persönliche Freiheit einem allmächtigen Staat aufopfern.[5]

II. SCHWEDEN

Schweden konnte sich mit der Französischen Revolution, zumindest in ihren frühen Phasen, abfinden, denn während der «Schwedischen Aufklärung» des achtzehnten Jahrhunderts war das schwedische Denken im Einklang mit dem französischen. Der König selbst, Gustav III. (reg. 1771–1792) war ein Sohn der französischen Aufklärung und Bewunderer Voltaires. Doch Gustav machte keine Verbeugung vor der Demokratie; für ihn war unter den gegebenen Umständen eine starke Monarchie die einzige Alternative zur Herrschaft einer Aristokratie von Grundherren, die eifersüchtig über ihre traditionellen Privilegien wachten. Er betrachtete die französischen Generalstände (Mai 1789) als eine Interessengemeinschaft von Gutsbesitzern und sah in dem fortschreitenden Konflikt dieser Körperschaft mit Ludwig XVI. eine grundsätzliche Bedrohung aller Könige. So bot sich der liberale und aufgeklärte

Gustav selbst als Führer der Ersten Koalition gegen die Revolution an. Während er sich mit Plänen zur Rettung Ludwigs XVI. beschäftigte, plante eine Gruppe schwedischer Adliger seine Ermordung. Am 16. März 1792 wurde er niedergeschossen; am 26. März starb er, und in Schweden begann eine Periode politischer Unordnung, die bis 1810 andauerte.

Die Regierung Gustav IV. (1792–1809) war vom Unglück verfolgt. Er schloß sich der Dritten Koalition gegen Frankreich an (1805), was Napoleon einen Vorwand lieferte, sich Pommerns und Stralsunds zu bemächtigen, der letzten Besitzungen Schwedens auf dem Festland. 1808 überschritt eine russische Armee auf dem Eis den Bottnischen Meerbusen und bedrohte Stockholm. Schweden wurde gezwungen, als Preis für den Frieden Finnland abzutreten. Der Reichstag setzte Gustav IV. ab, stellte die Macht des Adels wieder her und wählte den Onkel des Königs, der damals achtundsechzig Jahre alt war, als fügsamen König Karl XIII. (reg. 1809 bis 1818). Da Karl kinderlos war, mußte ein Thronerbe gefunden werden. Der Reichstag ersuchte Napoleon, einem seiner fähigsten Marschälle, Jean Baptiste Bernadotte, zu gestatten, die Wahl zum Kronprinz anzunehmen. Napoleon stimmte zu, vermutlich in der Hoffnung, daß Bernadottes Gemahlin, die einmal Napoleons Verlobte gewesen und Joseph Bonapartes Schwägerin war – einen profranzösischen Einfluß in Schweden geltend machen würde. So wurde Bernadotte 1810 unter dem Namen Karl Johan Kronprinz.

Innerhalb dieses Regierungsgefüges hielt der schwedische Geist weiterhin Schritt mit den Errungenschaften von Erziehung, Wissenschaft, Literatur und Kunst. Die Universitäten Uppsala, Åbo und Lund gehörten zu den besten Europas. Jöns Jakob Berzelius (1779–1848) war einer der Begründer der modernen Chemie. Durch sorgfältige Untersuchungen von mehr als zweitausend Verbindungen gelangte er zu einer Tabelle der Atomgewichte, die weit exakter war, als die von Dalton aufgestellte und nur geringfügig von der 1917 international anerkannten abwich.[6] Er isolierte viele chemische Elemente als erster. Er revidierte Lavoisiers System der chemischen Nomenklatur. Er stellte klassisch gewordene Studien über die vom elektrischen Strom hervorgerufenen chemischen Wirkungen an und entwickelte das dualistische System, welches das Verhalten von Elementen in chemischen Verbindungen als elektrisch positiv oder negativ beschreibt. Sein Lehrbuch, das er 1808 publizierte und der «Jahresbericht», den er 1810 herauszugeben begann, wurden für eine Generation von Chemikern zum Evangelium.

Dichter gab es so viele, daß sie sich in zwei rivalisierende Schulen teilten: die «Phosphoristen», die ihren Namen von ihrem Magazin *Phosphorus* ableiteten und die mystischeren Elemente der deutschen Romantik importierten und die «Gotiker», die ihre Lyren auf heroische Themen stimmten.

Essaias Tegnér begann seine literarische Laufbahn als Gotiker, doch mit fortschreitender Entwicklung erweiterte er seinen Gesichtskreis derart, daß er alle schwedischen Dichterschulen in sich zu fassen schien. 1782 geboren, war er erst sieben Jahre alt, als der größte aller Phosphoristen – die Französische Revolution –

sein Licht und seine Hitze in Europa verbreitete; und er war erst dreiunddreißig, als Napoleon nach St. Helena gebracht wurde. Tegnér lebte noch weitere einunddreißig Jahre, doch war er bereits berühmt, als ihm die Königlich Schwedische Akademie 1811 einen Preis für sein Gedicht *Svea* zuerkannte, worin er seine Zeitgenossen tadelte, weil sie es nicht fertigbrachten, die Sitten ihrer Vorfahren zu bewahren. Er schloß sich der «Gotischen Union» an und machte die Phosphoristen als romantische Schwächlinge lächerlich. Mit dreißig wurde er Professor für Griechisch an der Universität Lund; mit zweiundvierzig wurde er zum Bischof von Växjö ernannt. Mit dreiundvierzig (1825) veröffentlichte er das berühmteste Gedicht in schwedischer Sprache.

Die *Frithjof Saga* besteht aus einer Reihe von Legenden, die einem Zyklus altnordischer Heldenlieder entstammen. Einige Kritiker[7] fanden das Epos zu rhetorisch – der Dichter konnte den Bischof nicht verleugnen; doch der Glanz seiner Lyrik trug dem Werk enthusiastischen Beifall ein, selbst im Ausland. Um 1888 waren einundzwanzig englische und neunzehn deutsche Übersetzungen erschienen.

Tegnér scheint sich in seiner Dichtung verausgabt zu haben, denn nach ihrem Erscheinen ging es mit seiner Gesundheit bergab. Er schrieb weiterhin gelegentlich Gedichte, eines davon einer verheirateten Frau in Växjö gewidmet. Anfänglich ein Liberaler, wandte er sich einem dogmatischen Konservatismus zu und engagierte sich in heißen Kontroversen mit der liberalen Minderheit im Reichstag. 1840 erlitt er einen Schlaganfall, dem geistige Verwirrung folgte, die ihn aber nicht hinderte, weiterhin gute Gedichte zu schreiben. Er starb 1846 in Växjö.

Inzwischen übernahm, da König Karl XIII. ständig krank war, Kronprinz Karl Johan die Funktionen des Regenten und die Regierungsverantwortung. Er sah sich bald vor die Wahl zwischen zwei Loyalitäten gestellt – der zu seinem Geburts- und der zu seinem Adoptivland. Da Staaten so raubgierig sind wie die sie bewohnenden Menschen und Greifarme, Armeen genannt, aussenden, um Objekte, die ihre Habgier reizen, an sich zu reißen, blickte die schwedische Regierung voll Verlangen nach dem angrenzenden Norwegen, auf das damals und zwar schon seit 1379, Dänemark Besitzrechte geltend machte. Der Kronprinz ließ gegenüber Napoleon durchblicken, daß die französische Zustimmung zu einer Einverleibung Norwegens durch Schweden die Freundschaft zwischen Schweden und Frankreich stärken werde. Napoleon lehnte ab, denn Dänemark war einer seiner treuesten Alliierten. Im Januar 1812 besetzte Napoleon Schwedisch-Pommern aufs neue mit der Begründung, daß es in Verletzung seiner Kontinentalsperre den Import britischer Güter gestatte. Prinz Karl Johan wandte sich Rußland zu, das sich ebenfalls nicht um das Embargo kümmerte; Rußland stimmte der Annexion Norwegens durch Schweden zu, während Schweden die Annexion Finnlands durch Rußland bestätigte. Im April 1812 unterzeichnete Schweden ein Bündnis mit Rußland und öffnete dem britischen Handel seine Häfen.

Dies war die Lage, als Napoleon auf seinem Weg nach Moskau in Dresden Könige bei sich zu Gast sah.

III. DÄNEMARK

Die Nachricht vom Fall der Bastille regte die Dänen nicht übermäßig auf, die bereits 1772 Leibeigenschaft und Tortur abgeschafft, Gesetze, Gerichte und Polizeiwesen reformiert, die Verwaltung von Korruption und Amtsmißbrauch gereinigt, Religionsfreiheit proklamiert und Literatur wie Kunst gefördert hatten. Die Dänen betrachteten ihr Königshaus als Pfeiler der Stabilität im Kampf der Klassen und dem ständigen Wechsel der Politik. Als dann Ludwig XVI. – der, wie ihre eigenen Könige, liberalen Maßnahmen aufgeschlossen gegenüberstand – vom Pariser Pöbel angegriffen und von der revolutionären Nationalversammlung zum Tod verurteilt wurde, stimmten sie mit ihrem König in der Ablehnung solcher Exzesse überein. Man vermerkte mit Genugtuung, daß Napoleon der Revolution Einhalt geboten und die Ordnung in Frankreich wiederhergestellt hatte. Dänemark lehnte es ab, der Koalition gegen Bonaparte beizutreten.

Im Gegenteil bestritt die dänische Regierung den Anspruch der britischen Admiralität, daß ihre Schiffskapitäne berechtigt seien, jedes nach Frankreich bestimmte Schiff anzuhalten und nach Konterbande zu durchsuchen. In den Jahren 1799 und 1800 hatten britische Kapitäne verschiedentlich dänische Schiffe entern lassen und ein Kommandant hatte sieben dänische Kaufleute, die ihm Widerstand geleistet hatten, festgenommen und in einem britischen Hafen zurückgehalten. Im August 1800 lud Zar Paul I. die Könige von Preußen, Schweden und Dänemark ein, mit ihm eine Zweite Liga der bewaffneten Neutralität mit dem Ziel des Widerstands gegen die britische Durchsuchung neutraler Schiffe zu bilden.* Zwischen dem 16. und 18. Dezember 1800 unterzeichneten die vier Ostseemächte eine Deklaration der Grundsätze, die zu verteidigen sie übereingekommen waren:

> 1. Daß jedes neutrale Schiff an den Küsten im Kriege befindlicher Nationen frei von Hafen zu Hafen verkehren darf; 2. Güter, die Untertanen kriegführender Mächte gehören, mit Ausnahme von Konterbande, auf neutralen Schiffen frei sind (von einer Durchsuchung während des Transports); ... 5. Die Erklärung des Befehlshabers des oder der Schiffe der königlichen oder kaiserlichen Marine ... daß sein Konvoi keine Konterbande an Bord hat, genügen muß, um jedes Anbordgehen zu verhindern.[8]

Napoleon drückte seine Befriedigung über diese Deklaration aus. Paul I. lud Frankreich ein, zusammen mit Rußland eine Invasion Indiens zu unternehmen mit dem Ziel, die britische Herrschaft dort zu beenden.[9] England erkannte, daß der Streit an einem kritischen Punkt angelangt war, denn die vereinigten Flotten der neutralen Mächte und Frankreichs stellten eine Bedrohung der britischen Seeherrschaft dar, die als der einzige Schutz gegen eine Landung Napoleons in England erschien. Die britische Regierung kam zu dem Schluß, daß entweder die dänische oder die russische Flotte aufgebracht oder versenkt werden müsse; vorzugsweise aber die dänische, da ein vorausgehender Angriff auf Rußland die britische Flotte der Gefahr eines Angriffs im Rücken aussetzen würde.

---

* Die Erste Liga der bewaffneten Neutralität, 1780 gegründet, war 1793 auseinandergefallen.

Am 12. März 1801 lief eine britische Flotte unter Sir Hyde Parker aus Yarmouth aus mit dem Befehl, nach Kopenhagen zu segeln und den Austritt Dänemarks aus der Liga der bewaffneten Neutralität zu fordern. Würde dieses Ansinnen abgelehnt, sei die dänische Flotte zu kapern oder zu versenken. Vizeadmiral Horatio Nelson, zweiundvierzig Jahre alt, der zweite im Kommando, war verärgert über seine Unterstellung unter Admiral Parker, der mit seinen zweiundsechzig Jahren eine Neigung zur Vorsicht hatte erkennen lassen, die Nelsons Temperament fremd war.

Sie sichteten die Westküste Jütlands am 17. März, segelten vorsichtig nach Norden durch das Skagerrak, umrundeten die Nordostspitze der Halbinsel, dann südlich durch das Kattegat nach der Insel Sjaelland, schließlich durch den engen Kanal zwischen dem schwedischen Hälsingborg und dem dänischen Helsingör (Hamlets Elsinore), wo sie in das Feuer der Batterien der Festung Kronborg gerieten. Die britische Flotte überstand den Angriff und segelte weiter nach Süden in den «Sund» zum engsten Meeresarm von allen, wo Kopenhagen im Schutz der Forts und der dänischen Flotte unerreichbar schien – siebzehn Kriegsschiffen, die in einer Linie von Norden nach Süden Aufstellung genommen hatten, jedes bestückt mit zwanzig bis vierundsechzig Kanonen.

Admiral Parker entschied, daß seine größeren Schiffe, die mehr Tiefgang hatten als die von Nelson befehligten, nicht in diese enge Straße eindringen könnten, ohne die Gefahr, aufzulaufen und zerstört zu werden. Nelson, der mit seiner Flagge von der *St. George* auf die *Elephant* übergewechselt war, führte einundzwanzig leichtere Schiffe in den Meeresarm und marschierte direkt gegenüber den dänischen Schiffen und Forts auf. Die Schlacht (2. April 1801) wurde auf so geringe Distanz ausgefochten, daß fast jeder Schuß Tod oder Zerstörung brachte. Die Dänen kämpften mit ihrer gewohnten Tapferkeit, die Briten mit ihrer hergebrachten Disziplin und bewährten Treffsicherheit. Nahezu jedes an dem Treffen beteiligte Schiff wurde fast kampfunfähig geschossen. Nelson Position schien so kritisch, daß Admiral Parker ihm das berühmte «Signal Nr. 39» zuwinken ließ, sich vom Feind zu lösen und sich in den Sund zurückzuziehen. Ein englischer Bericht besagt, Nelson habe das Signal beobachtet, indem er sein Teleskop absichtlich vor sein blindes Auge hielt. Auf jeden Fall schwor er später, er habe die Aufforderung zum Rückzug niemals gesehen. Er setzte den Kampf fort.

Das «Große Spiel»[10] war erfolgreich. Die dänischen Schiffe wurden eines nach dem anderen kampfunfähig geschossen oder versenkt. Nelson bot eine Feuereinstellung an; sie wurde angenommen. Nelson, der sich (wie Napoleon) in der Diplomatie ebenso wie im Kriege zu Hause fühlte, ging an Land, um mit dem dänischen Regenten, Kronprinz Frederick über die Friedensbedingungen zu verhandeln. Der Prinz hatte die Nachricht von der Ermordung Zar Paul I. (23. März 1801) erhalten, die Liga der bewaffneten Neutralität fiel auseinander. Frederick erklärte seine Austrittsbereitschaft. Die britische Regierung bestätigte Nelsons Abmachungen, und er kehrte zu einem weiteren Triumph heim. Er ruhte auf seinen Lorbeeren, bis die Nation ihn rief (1805), um bei Trafalgar die britische Seeherrschaft zu retten.

Dänemark überlebte, und England folgte dem Beispiel Europas und respektierte es. Während der nächsten sechs Jahre bemühte sich das kleine Königreich, seine Neutralität zwischen den Nationen – Großbritannien und Rußland –, die die angrenzenden Meere kontrollierten und den französischen Armeen, von denen die an die gefährdete Halbinsel angrenzenden Länder besetzt waren, aufrechtzuerhalten. Im allgemeinen neigten die Dänen mehr dazu, sich auf die Seite Napoleons zu stellen, doch lehnten sie sein wiederholtes Drängen auf eine entschiedenere Parteinahme ab. Nach dem Frieden von Tilsit richtete er eine Note an die dänische Regierung, worin er auf der vollständigen Ausschließung des britischen Handels und der Zusammenarbeit der neuen dänischen Flotte mit der französischen bestand.

Nun aber ergriff, wie 1801, die britische Regierung die Gelegenheit beim Schopf und entsandte eine starke Flotte mit insgesamt 27 000 Mann an Bord in die dänischen Gewässer (26. Juli 1807), angeblich mit den friedlichsten Absichten. Doch Außenminister George Canning wußte seine Regierung davon zu überzeugen, daß Napoleon die dänische Flotte als Teil einer Invasionsarmada zu benutzen gedächte, die eine Landung in Schottland oder Irland versuchen sollte.[11] Am 28. Juli wies Canning den britischen Geschäftsträger in Dänemark an, dem dänischen Kronprinzen mitzuteilen, es sei für die Sicherheit Großbritanniens unerläßlich, daß Dänemark sich mit England verbünde und ihm seine Flotte zur Verfügung stelle. Der Kronprinz weigerte sich und bereitete den Widerstand vor. Daraufhin umrundeten britische Schiffe Sjaelland, und britische Truppen schlossen Kopenhagen von der Landseite ein. Die Stadt wurde von Land und See aus unter Feuer genommen (2.–5. September 1807) mit so «furchtbarer Wirkung», daß die Dänen am 7. September ihre gesamte Flotte – achtzehn Linienschiffe, zehn Fregatten und zweiundvierzig kleinere Schiffe – an England auslieferten.[12] Dänemark kämpfte jedoch weiter und schloß sich dann bis 1813 an Frankreich an.

Zwischen den Kriegen – und nicht selten durch sie angefeuert – leisteten die Dänen wesentliche Beiträge zu Natur- und Geisteswissenschaften, Literatur und Kunst. Hans Christian Oersted (1777–1851) entdeckte, daß sich eine drehbar gelagerte Magnetnadel senkrecht zu einem stromführenden Objekt einstellt; der Begriff Oersted wurde in allen europäischen und amerikanischen Sprachen als Maßeinheit der elektrischen Feldstärke eingeführt. Oersted begründete durch dreißigjähriges Experimentieren die Wissenschaft des Elektromagnetismus.

Nikolai Grundtvig vollbrachte es in den neunundachtzig Jahren seines Lebens, ein liberaler Theologe, ein Bischof, Philosoph, Historiker, fortschrittlicher Erzieher, ein Bahnbrecher beim Studium nordischer Legenden und angelsächsischer Literatur und der Verfasser eines epischen Gedichts, wie von Liedern und Hymnen zu werden, die in Skandinavien heute noch beliebt sind.

Dänemark besaß in diesem dramatischen Zeitabschnitt ein lebendiges Theater, dessen Lustspiele sich als Störenfriede für soziale Prätentionen gefielen. So machte sich Peter Andreas Heiberg (1758–1841) in *De Vonner og de Vanner* (Die Vons und die Vans) über Klassenunterschiede lustig und machte sich damit so viele Feinde, daß er in Paris Schutz suchen mußte, wo er im Außenministerium unter Talleyrand Dienst tat. Der Nachwelt hinterließ er einen Sohn, Johan Ludvig Heiberg (1791–1860), der das dänische Theater in der nächsten Periode beherrschte.

Die dänische Literatur weist in dieser Zeit mindestens zwei Dichter auf, deren geistiger Horizont und Ruhm die Grenzen von Nation und Sprache überwanden. Jens Immanuel Baggesen (1764–1826) besaß den doppelten Vorzug eines attraktiven Charakters und eines eleganten Stils. Der Herzog von Augustenburg ermöglichte, von seinen frühen Gedichten bezaubert, dem jungen Mann Besuche in Deutschland und der Schweiz. Jens begegnete Wieland, Schiller, Herder und Klopstock; er empfand die romantischen Sehnsüchte Rousseaus und jubelte über die Französische Revolution. Er stürzte sich selbst in den Strom des Kantianismus, der die deutsche Philosophie nährte; er fügte Kants Namen seinem eigenen hinzu. Die Wanderungen seines Körpers und Geistes goß er in *Labyrinthen eller Digtervandringer* (Irrungen eines wandernden Dichters, 1792), das an Humor und Gefühl Laurence Sterne fast gleichkam. Wieder in Dänemark, vermißte er die Anregung von Weimar und Paris. Von 1800–1811 lebte er in Frankreich und wurde Zeuge, wie Napoleon Freiheit in Ordnung und eine Republik in ein Imperium verwandelte. 1807 ließ er ein lebendiges Gedicht, *Gjengengeren og han selv* (Das Gespenst und das Selbst) erscheinen, worin er mit Witz und Scharfsinn sein Schwanken zwischen den klassischen Idealen der Ordnung, Wahrheit und Mäßigung und dem romantischen Ausbruch von Freiheit, Phantasie und Wunschdenken analysierte. 1811 erhielt er eine Professur an der Universität Kiel. Zwei Jahre später geriet er in eine zermürbende Auseinandersetzung mit dem größten Dichter Dänemarks.

Adam Gottlob Oehlenschläger (1779–1850) verlebte eine ungewöhnlich glückliche Jugend. Sein Vater war Hausverwalter eines kleinstädtischen Palais. Dem Knaben diente der Garten als Spielplatz, die Halle als Kunstgalerie und die Bibliothek als Schule. Seine Phantasie trieb ihn zum Schauspielerberuf, doch sein Freund Hans Christian Oersted zog ihn an die Universität Kopenhagen. Er wurde Zeuge der britischen Beschießung von Flotte und Hauptstadt im Jahre 1801 und er spürte den Einfluß des norwegischen Philosophen Henrik Steffens. Schließlich fand er seinen eigenen Ton in *Digte* (Gedichte, 1802), die die romantische Bewegung in der dänischen Literatur begründeten.

Er setzte seinen Feldzug mit *Poetiske Skriften* (1803) fort, einem lyrischen Zyklus, der das Leben Christi zu dem jahreszeitlichen Wechsel der Natur in Beziehung setzte. Die Staatskirche verdammte das Werk als häretischen Pantheismus, doch die dänische Regierung belohnte ihn mit einem Stipendium für eine Reise durch Deutschland, Italien und Frankreich. Er traf mit Goethe zusammen und lernte vielleicht aus seinem Beispiel, seine romantische Subjektivität und seinen Gefühlsüberschwang zu zügeln. In *Nordiske Digte* (Nordische Gedichte, 1807) wandte er sich der skandinavischen Mythologie mit einem Epos zu, das die Fahrten des Gottes Thor feierte und mit einem Drama um Jarl Haakon, der von 970–995 in Norwegen herrschte und eine verlorene Schlacht gegen das vordringende Christentum ausfocht. Als Oehlenschläger nach Kopenhagen zurückkehrte (1809), wurde er als der größte Dichter Dänemarks empfangen.

Er nutzte seine Popularität für die Veröffentlichung einer Reihe überhastet zusammengeschriebener Werke. Jens Baggesen verurteilte diese öffentlich als nachlässige und minderwertige Produkte. Es entspann sich eine Kontroverse, an welcher Oehlenschläger selbst sich nur in geringem Maße beteiligte. Seine Anhänger jedoch verteidigten ihn leidenschaftlich und forderten Baggesen zu einem Duell in Form einer lateinischen Disputation heraus. Unterdessen publizierte Oehlenschläger *Helge* und *Den lille Hyrdedreng*; Baggesen war davon so entzückt, daß er die Rückkehr des «alten Adam» begrüßte.[13] 1829 wurde Oehlenschläger von Esais Tegnér in Lund mit dem Lorbeer gekrönt. Am 4. November 1849, seinem siebzigsten Geburtstag, wurde er von zeitgenössischen Dichtern als «Der Adam unseres Parnass» gefeiert.

In der Bildenden Kunst schenkte Dänemark Europa einen Bildhauer, der in seinem Zenith keinen lebenden Rivalen außer Canova hatte. Berthel Thorwaldsen (1770–1844) gewann ein Stipendium der Kopenhagener Akademie und ließ sich 1797 in einem Rom nieder, das künstlerisch noch im Bann von Winckelmanns Evangelium der hellenischen Skulptur als Ideal der Kunst stand. Canova wurde auf ihn aufmerksam und in seiner Nachfolge schuf er Statuen heidnischer Gottheiten und zeitgenössischer Berühmtheiten in griechischer oder römischer Pose und Gewandung; so modellierte er 1817 eine unbekleidete Büste Byrons als ernster Antinous. Er trat Canovas Nachfolge als Führer der neoklassizistischen Bildhauerschule an, und sein Ruhm verbreitete sich so weit, daß, als er Rom zu einem Aufenthalt in Kopenhagen verließ, seine Reise über Wien, Berlin und Warschau fast einem Triumphzug glich.[14] Jetzt (1819) machte er das Modell, nach dem Lucas Ahorn den wuchtigen «Löwen von Luzern» aus Sandsteinblöcken meißelte, zur Erinnerung an den Heroismus der Schweizergarden, die 1792 bei der Verteidigung Ludwig XVI. ihr Leben opferten. Kopenhagen trauerte, als er wieder nach Rom reiste, feierte aber 1838 stolz seine Rückkehr. Inzwischen hatte ihm seine Kunst ein Vermögen eingebracht, wovon er einen Teil für die Gründung eines Museums verwendete, das seine Werke aufnehmen sollte. Herausragend unter diesen ist eine Porträtstatue seiner selbst, nicht so ganz klassisch in ihrer aufrichtigen Beleibtheit. Er starb 1844 und wurde im Garten seines Museums begraben.

IV. POLEN

Von Grund auf geschwächt durch den stolzen Individualismus seines Adels, wie auch durch die von der fortdauernden Leibeigenschaft bewirkte wirtschaftliche Stagnation war Polen nicht imstande gewesen, sich den drei Teilungen (1772, 1793, 1795 bis 1796) zu widersetzen, die es unter Rußland, Preußen und Österreich aufteilten. Es hörte zwar auf, als Staat zu existieren, lebte aber weiter als eine an Literatur und Kunst reiche Kultur und als ein Volk, das leidenschaftlich entschlossen war, seine Freiheit wieder zu erringen. Es waren fast ausschließlich Slawen, ausgenommen eine Handvoll Deutscher im Westen und eine jüdische Minorität in Warschau und im Osten. Die Polen waren römisch-katholisch, glühend und dogmatisch, da diese Religion sie in ihrem Gram aufrechterhalten, ihre Hoffnungen genährt und während des

Zusammenbruchs ihres Staates die soziale Ordnung aufrechterhalten hatte. Daher verurteilten sie Häresie als Verrat, und ihr Patriotismus war intolerant. Nur die Gebildetsten und Begütertsten unter ihnen konnten irgendwelche Brüderlichkeit gegenüber den Juden empfinden, die in Handel und Handwerk aufstiegen – viel weniger aber mit jenen armen Juden, die vom Getto und seinem Elend gezeichnet, nicht daran glauben konnten, daß der, in dessen Namen sie verfolgt worden waren, der ihnen verheißene Messias sei.

Christen und Juden staunten gleichermaßen über die Erniedrigung Österreichs und Rußlands durch Napoleon bei Austerlitz und mehr noch über seine Siege über die Preußen bei Jena und Auerstedt. Jetzt, 1806, saß er sogar in Berlin und erteilte einem halben Kontinent seine Befehle. Er hatte die Räuber Polens gezüchtigt; er war im Begriff, Rußland anzugreifen. Könnte er nicht – *en route* – Polen für frei erklären, ihm einen König und eine Verfassung und das Versprechen seines mächtigen Schutzes geben? Eine Abordnung führender Polen trug ihm diesbezügliche Bitten vor; er entließ sie mit höflichen Versicherungen, daß er ihnen zur Zeit helfen wolle, soweit es ihm möglich sei, daß aber die Befreiung Polens vom Ausgang seiner bevorstehenden Konfrontation mit Rußland abhänge.

Kosciusko, der standhafteste der polnischen Patrioten, warnte seine Landsleute davor, ihre Hoffnungen auf Napoleon zu setzen. «Er denkt nur an sich selbst. Er haßt jedes starke Nationalgefühl und mehr noch den Geist der Unabhängigkeit. Er ist ein Tyrann und sein einziges Ziel ist es, seinen eigenen Ambitionen Genüge zu tun.» Als Napoleon bei Kosciusko anfragen ließ, was seine Vorstellungen seien, antwortete der polnische Führer: Eine Regierung wie die englische, Freiheit für die Leibeigenen und ein Polen von Danzig bis Ungarn und von Riga bis Odessa.[15]

Inzwischen hatten die Polen eine kleine Armee aufgestellt und die Preußen aus Warschau vertrieben. Als Napoleon am 19. Dezember 1806 in die Hauptstadt einzog, bereitete ihm die Bevölkerung einen wildbegeisterten Empfang; polnische Truppen schlossen sich seiner Armee an, voll Verlangen, gegen Rußland zu kämpfen, wie schon in Italien eine polnische Legion für ihn gekämpft hatte. Mehr noch schätzte der Kaiser wahrscheinlich die Schönheit und Anmut der polnischen Frauen. Maria Walewska, die sich ihm anfänglich als Opfer für ihr Vaterland hingegeben hatte, faßte eine tiefe Liebe zu ihm und blieb während des harten Winters, der bei Eylau fast seine Armee vernichtete, an seiner Seite. Dann kehrte sie nach Warschau zurück, während er auszog, um die Russen bei Friedland zu besiegen.

Im Frieden von Tilsit (9. Juli 1807) zwang er Friedrich Wilhelm III., Preußens Ansprüche auf Zentralpolen fallen zu lassen. Artikel IV des Vertrages anerkannte das neue Großherzogtum Warschau als unabhängigen Staat unter der Herrschaft des Königs von Sachsen. Am 22. Juli gab Napoleon dem Herzogtum eine auf der französischen basierende Verfassung, in welcher Gleichheit vor dem Gesetz, Religionsfreiheit, Konskription, höhere Steuern und Pressezensur festgelegt waren. Die katholische Kirche wurde staatlicher Autorität unterstellt, doch der Staat anerkannte und schützte den katholischen Glauben als Religion des polnischen Volkes. Die Verfassung gab den Juden die vollen Bürgerrechte, führte jedoch die staatliche Genehmigungspflicht für ihre Heiraten und Landkäufe ein.[16] In Voraussicht eines Kampfes auf Leben und Tod mit Alexander zimmerte Napoleon die polnische Verfassung unter dem Gesichtspunkt, die polnische Unterstützung für Frankreich sicherzustellen.

In diesem Punkt war sein Kalkül weitgehend gerechtfertigt. Als seine politische Katastrophe kam, unterstützten alle Schichten Polens Napoleon, bis er sie 1814 nicht länger beschützen konnte. Die polnischen Legionen in seinen verschiedenen Armeen kämpften für ihn bis zu ihrem letzten Atemzug. Als während des großen Rückzuges aus Rußland viele Polen beim Einsturz einer Brücke über die Beresina ertranken, riefen einige von ihnen «*Vive l'Empereur!*» als sie in den Tod stürzten.

V. DIE TÜRKEI IN EUROPA

Die Tage der ottomanischen Großtaten in Regierung, Literatur und Kunst waren vorüber, doch 1789 beherrschten die Türken – wenn auch oberflächlich – immer noch Ägypten, den Nahen Osten bis zum Euphrat, Kleinasien und Armenien, Griechenland, Bulgarien, Albanien, Serbien und jene Donaufürstentümer Walachei und Moldau (heute Rumänien), die zu den strittigen Brocken gehörten, die von Napoleon (der sie gar nicht besaß) im Frieden von Tilsit Alexander überlassen wurde. Die Sultane, durch wirtschaftliche Stagnation und moralischen Verfall geschwächt, gestatteten den Paschas, die Provinzen bei nur geringfügiger Einmischung durch Konstantinopel zu beherrschen und auszusaugen. Wir haben bei Byron Ali Paschas hartes Regiment in Albanien kennengelernt (1788–1822). Ali übernahm sich, als er gegen die Pforte konspirierte. Sultan Mahmud II. ließ ihn ermorden.

Die Serben kämpften um ihre Unabhängigkeit. Als ihr volkstümlicher Pascha von Janitscharen ermordet wurde, unternahm ein serbischer Patriot, Karadjordje 1804 den Versuch, eine Republik mit einer gewählten Versammlung, die ihrerseits einen Senat wählen sollte, zu gründen; 1808 wählte der Senat Karadjordje zum Fürsten mit dem Recht der Erbfolge. Sultan Mahmud entsandte eine starke Armee nach Belgrad, um die neue Republik zu unterdrücken (1813). Karadjordje floh mit Tausenden seiner Anhänger nach Österreich. Eine zweite Revolte unter Fürst Milŏs Obrenović veranlaßte den Sultan, einen Kompromiß zu schließen (1815), worin den Serben Religionsfreiheit, freie Erziehung und freier Handel garantiert wurden. Milŏs stärkte seine Herrschaft durch eine Mischung von Politik und Mord, ließ seinen Rivalen Karadjordje umbringen und erreichte vom Sultan die Anerkennung seiner erblichen Herrschaft. Um 1830 war Serbien de facto ein unabhängiger Staat.

Griechenland war 1452 in die Hände der Türken gefallen und stand nun so lange Zeit unter ottomanischer Herrschaft, daß es seinen alten Stolz halb vergessen hatte. Die Eroberung durch die «Franken» und slawische Einwanderung vermischten Blut, rassische Traditionen und Dialekte, bis die «demotische» Volkssprache wesentlich vom Griechischen der Tage Platos abwich. Trotzdem hatten Gelehrte, Dichter und Patrioten einige Erinnerungen an das klassische Griechenland bewahrt und an die elf

Jahrhunderte (395–1452), während derer Griechen das Kaiserreich von Byzanz beherrscht hatten und fortgefahren waren, Gelehrsamkeit, Philosophie und Kunst zu bereichern. Die Nachricht von der Französischen Revolution entzündete diese Erinnerungen aufs neue und ließ manche Griechen mit Byrons «Childe Harold» hoffen, daß Griechenland wieder frei werden möge. Rhigas Pheraios (1757?–1798), ein in Thessalien geborener Walache, der in Wien lebte, schrieb und verbreitete eine griechische Bearbeitung der «Marseillaise» und organisierte eine *hetairia* oder Bruderschaft, die Griechen und Türken durch ein gemeinsames Band von Freiheit und Gleichheit einen sollte. Er machte sich 1797 mit «zwölf Kisten voll Proklamationen»[17] nach Griechenland auf, wurde in Triest festgenommen und in Belgrad hingerichtet. Eine andere *hetairia* bildete sich in Odessa, verbreitete sich auch in Griechenland und hatte Anteil an der Vorbereitung des griechischen Geistes auf eine Revolte. Adamantios Koraës (1748–1833), ein in Smyrna geborener Grieche, ließ sich 1788 in Paris nieder und weihte sich der Aufgabe, die griechische Umgangssprache zu «reinigen» und wieder in engere Übereinstimmung mit den klassischen Normen zu bringen. Er jubelte über die Französische Revolution und verbreitete in anonymen Gedichten und Traktaten ebenso wie in seinen Ausgaben griechischer Klassiker seine republikanischen und antiklerikalen Ideen – obwohl er die Warnung aussprach, eine Revolution sei vielleicht verfrüht. Sie kam 1821, und um 1830 war Griechenland frei.

Soweit unser Urteil den Nebel von Zeit und Raum, von Sprache und Vorurteil durchdringen kann, war die türkische Regierung auch nicht tyrannischer als die europäischen Regierungen vor 1800. Byron war schockiert (21. Mai 1810) beim Anblick der abgeschnittenen Köpfe von Verbrechern, die zu beiden Seiten des Serailtores aufgespießt waren, doch wir dürfen annehmen, daß die französische Revolutionsregierung mehr Männer und Frauen guillotiniert hatte, als die Sultane jemals in einer vergleichbaren Zeitspanne enthaupten ließen. Der Hauptteil des Reichtums befand sich in den Händen einer kleinen Minderheit – wie anderswo auch. Die Türken waren ein gleichermaßen philosophisches und poetisches wie kriegerisches Volk. Sie nahmen das Schicksal des Tages als Allahs Willen auf sich, der durch Murren nicht geändert werden kann und betrachteten eine schöne Frau, wohlerzogen und parfümiert, als das wertvollste von allen Dingen außer Gold. Sie schätzten die Polygamie, wenn sie sich sie leisten konnten. Warum sollten sich nicht die Fähigsten am stärksten vermehren? Sie hatten wenig Bedarf an Prostituierten, richteten aber Bordelle für Christen ein. Sie brachten immer noch gute Literatur und Kunst hervor: Dichter gab es im Überfluß; die Moscheen funkelten; wahrscheinlich war Istanbul im Jahre 1800 die schönste Stadt in Europa.

In politischer Hinsicht war die Position der Türkei gefahrvoll. Ihre Wirtschaft und ihre Armee waren in Unordnung, während die materiellen Hilfsquellen und die militärische Macht ihrer Feinde im Wachsen waren. Ihre Hauptstadt war ein Punkt der Landkarte von höchster strategischer Bedeutung, und das gesamte christliche Europa wünschte diese Perle zu besitzen. Katharina die Große hatte Rußlands

Macht bis ans Schwarze Meer ausgedehnt, den Tataren die Krim entrissen und träumte, mit Voltaires Segen, davon, ihren Enkel in Konstantinopel krönen zu lassen.

So war die Lage, als Selim III. im Alter von siebenundzwanzig Jahren Sultan wurde (1789). Er hatte eine gute Erziehung genossen, war eng mit dem französischen Botschafter befreundet und hatte einen Agenten nach Frankreich geschickt, um sich über westeuropäische Politik, Ideen und Lebensweise unterrichten zu lassen. Er erkannte, daß sein Land sich seiner Feinde nicht erwehren konnte, wenn die türkischen Einrichtungen nicht von Grund auf reformiert würden. Er schloß mit Katharine den Frieden von Jassy (1792) und erkannte die russische Souveränität über die Krim und die Flüsse Dnjestr und Bug an. Dann machte er sich an die Aufgabe, dem ottomanischen Reich eine «Neue Organisation» (Nizam-i-Jadid) zu schaffen – die auf einer Wahl von Ortsvorständen und Abgeordneten durch das Volk beruhte. Mit der Hilfe westeuropäischer Offiziere und Experten gründete er Schulen für Seefahrt und Ingenieurwesen und formierte stufenweise eine neue Armee. Seine Revanchepläne gegen Rußland wurden durch Napoleons Eroberung Ägyptens und seinen Angriff auf das türkische Akkon zunichte gemacht. Er verbündete sich mit England und Rußland im Krieg gegen Frankreich (1798). Der Friede wurde 1802 wieder hergestellt, doch der Krieg war kostspielig und unpopulär gewesen; die örtlichen Gouverneure und die käuflichen Beamten rebellierten gegen die neue Verfassung. Selim willigte in seine Abdankung (1807), wurde aber trotzdem ermordet. Nach einem Jahr des Chaos gewannen seine Anhänger die Oberhand, und sein Neffe Mahmud II. begann 1808 ein Sultanat, das einunddreißig Jahre dauerte.

Die rivalisierenden christlichen Mächte versuchten, die Politik der Pforte durch Geld oder Gewalt zu beeinflussen. Die Türkei überlebte als Staat, weil keine von ihnen einer anderen gestatten konnte, den Bosporus zu kontrollieren. 1806 entsandte Alexander I. Truppen in die Moldau und die Walachei, um diese Provinzen für Rußland zu annektieren. Napoleons Botschafter bei der Pforte drängte Selim zum Widerstand; die Türkei erklärte Rußland den Krieg. 1807 unternahm es Napoleon in Tilsit, einen Frieden zustande zu bringen. Der dabei geschlossene Waffenstillstandsvertrag wurde zu wiederholten Malen verletzt, bis Alexander, zum Krieg gegen Napoleon entschlossen, sich entschied, seine Armee von der Südfront abzuziehen. Am 28. Mai 1812 – einen Tag, ehe Napoleon Dresden verließ – um sich zu seinen sich sammelnden Truppen nach Polen zu begeben, unterzeichneten Rußland und die Türkei den Frieden von Bukarest, worin Rußland auf alle Ansprüche auf die Donaufürstentümer verzichtete. Jetzt konnte Alexander seine Bataillone zusammenziehen, um den 400 000 Mann – Franzosen und anderen – zu begegnen, die im Begriff waren, die Memel in Richtung Rußland zu überschreiten.

ZEHNTES KAPITEL

Rußland

[1796–1812*]

I. MILIEU

FRANKREICH und Österreich», schrieb Talleyrand 1816, «... wären die stärksten Mächte in Europa, wenn sich nicht während des vergangenen Jahrhunderts im Norden eine andere Macht erhoben hätte, deren bedrohliche und rapide Entwicklung Anlaß zu der Befürchtung gibt, daß die zahlreichen Übergriffe, mit welchen sie ihr Kommen ankündigte nur das Vorspiel weiterer Eroberungen sind, die erst enden werden, wenn sie alles verschlungen hat.»[1]

Raum kann Geschichte schaffen. Man lasse das Auge über eine Weltkarte von Kaliningrad (das Kant als Königsberg kannte) an der Ostsee nach Kamtschatka am Stillen Ozean wandern; dann vom Arktischen zum Kaspischen Meer, zum Himalaya, der Mongolei, China und Japan alles, was dazwischen liegt, ist Rußland. Lassen wir die Karte sprechen oder hören wir Madama de Staël auf ihrer Reise von Wien nach St. Petersburg 1812:

> Es gibt in Rußland soviel Raum, daß sich alles darin verliert, selbst die Schlösser, selbst die Bevölkerung. Man könnte glauben, man reise durch ein Land, das gerade eben von seiner Bevölkerung verlassen worden ist ... Die Ukraine ist ein sehr fruchtbares Land, aber in keiner Weise angenehm ... Man sieht weite Flächen mit Weizen bestanden, die von unsichtbaren Händen bebaut zu werden scheinen, da Wohnungen und Einwohner so selten sind.[2]

Die Bewohner drängten sich in verstreuten Dörfern zusammen, denn noch war die Erinnerung an die Tataren lebendig, die das Land verheeert und die Bewohner zum Vergnügen abgeschlachtet hatten. Sie waren zwar verschwunden, doch ihresgleichen konnten jederzeit wiederkommen. Auch hatten sie im russischen Charakter Spuren ihrer Gewalttätigkeit hinterlassen, die jetzt durch Arbeit und Disziplin gezähmt waren. Die natürliche Auslese war gnadenlos gewesen und hatte die Männer begünstigt, die unermüdlich für Land und Familie gearbeitet und gehungert hatten. Peter der Große hatte einige von ihnen zu Soldaten oder Seeleuten gemacht. Seine Nachfolger hatten unternehmende Deutsche und geschickte Tschechen ins Land geholt, um die großen Ebenen zu bevölkern. Katharina die Große hatte immer größere Armeen unter beutegierigen Generalen immer weiter nach Süden geschickt, die Tataren und Türken vor sich hertrieben, die Krim eroberten und triumphierend das Schwarze Meer befuhren. Unter Alexander I. setzte sich die Ex-

---

* Alle Daten gelten näherungsweise.

pansion fort; Russen ließen sich in Alaska nieder, errichteten ein Fort in der Nähe von San Francisco und gründeten eine Kolonie in Kalifornien.[3]

Das harte Klima des europäischen Rußland – ohne den Schutz von Wäldern oder Bergen vor arktischer Kälte oder tropischer Hitze – zeugte ein zähes Volk, bereit, selbst unmöglich scheinendes zu vollbringen, wenn es nur Brot und Zeit hatte. Sie konnten grausam sein, denn das Leben war grausam zu ihnen gewesen; sie konnten Gefangene foltern und Juden massakrieren. Doch diese Barbarei erwuchs zum Teil aus ihren eigenen Erfahrungen und den Erinnerungen an Unsicherheit und Feindschaft. Sie waren nicht unabänderlich in ihrem Blut festgelegt, denn die wachsende Sicherheit des organisierten Lebens in der Gemeinschaft machte sie gutmütiger, ließ sie Mitleid empfinden und nachdenken wie eine Million Karamasows, warum sie töteten oder sündigten. Sie sahen mit ergebener Melancholie auf eine gewalttätige und unverständliche Welt.

Die Religion milderte ihr Erstaunen und zähmte ihre Gewalttätigkeit. Die Priester spielten hier – wie es die römisch-katholischen Priester in den Frühphasen der westeuropäischen Gemeinschaften getan hatten – die Rolle des «geistlichen Arms», der die Macht der Gesetze durch die geheimen und verschiedenartigen Kräfte des Mythos stärkte, zu verwirren oder zu erklären, zu erschrecken oder zu trösten. Die Zaren wußten, wie lebenswichtig diese Mythen für die soziale Ordnung, die geduldige Arbeit und den aufopfernden Heroismus in Krieg wie Frieden waren. Sie bezahlten den höheren Klerus gut und den niederen ausreichend, um ihn am Leben und patriotisch zu erhalten. Sie schützten abweichende religiöse Meinungen, solange sie sich dem Staat gegenüber loyal und friedlich verhielten. Katharina II. und Alexander I. drückten ein Auge gegenüber den Freimaurerlogen zu, die in aller Vorsicht politische Reformen vorschlugen.

Der russische Adel forderte und genoß alle feudalen Rechte und kontrollierte fast jede Einzelheit im Leben seiner Leibeigenen. Der adlige Herr konnte seine Leibeigenen verkaufen oder sie an städtische Fabriken vermieten. Er konnte sie einsperren und sie mit Rute, Peitsche oder Knute züchtigen. Er konnte sie der Behörde übergeben, um sie zur Arbeit oder ins Gefängnis nach Sibirien zu schicken.[4] Es gab einzelne Erleichterungen. Der Verkauf eines Leibeigenen ohne seine Familie war selten. Einzelne Adlige ließen Leibeigene ausbilden, in der Regel für technische Arbeiten auf den Besitzungen des Eigentümers, gelegentlich auch für eine Verwendung in größerem Rahmen. Wir hören von einem Leibeigenen (um 1800), der eine Textilfabrik mit fünfhundert Webstühlen leitete – doch die meisten davon waren Hauswebstühle auf den riesigen Besitzungen der Familie Scheremetjew. Eine russische Volkszählung im Jahre 1783 ergab eine Gesamtbevölkerung von 25677058 Seelen. Von den 12 838 529 Männern waren 6 678 239 Leibeigene privater Grundbesitzer – d. h. (auf jeden Mann eine Frau gerechnet) mehr als die Hälfte der Bevölkerung. Zu dieser Zeit erreichte die Leibeigenschaft in Rußland ihren Höhepunkt. Während der Herrschaft der großen Katharina verschlimmerten sich die Zustände und Alexander I. gab seine anfänglichen Versuche zu ihrer Milderung auf.[5]

Dieselbe Volkszählung wies von der Gesamtbevölkerung Rußlands 94,5% als Landbevölkerung aus, doch waren darin Bauern enthalten, die in Städten arbeiteten und lebten. Die Städte wuchsen langsam und zählten 1796 erst 1 301 000 Einwohner.[6] Der Handel war lebhaft und im Wachsen begriffen, insbesondere entlang der Küsten und der großen Kanäle. Odessa war bereits ein geschäftiges Zentrum des Seehandels. Die Industrie wuchs in den Städten langsamer, da sie zum großen Teil in ländlichen Werkstätten und als Heimindustrie ausgeübt wurde. Der Klassenkampf spielte sich viel weniger zwischen einem Proletariat und seinen Arbeitgebern ab als zwischen emporstrebenden Kaufleuten, die über die Steuern murrten und dem von Steuern befreiten Adel.

Die Klassenunterschiede waren streng und gesetzlich festgelegt; dennoch verwischten sie sich mit zunehmendem Wirtschaftswachstum und der Ausdehnung des Schulwesens. Vor Peter dem Großen hatten die russischen Herrscher zumeist verächtlich auf Schulen geblickt, die sie als Wegbereiter für westeuropäischen Radikalismus und Gottlosigkeit betrachteten. Peter, der den Westen bewunderte, gründete Schulen für Nautik und Ingenieurwesen für die Söhne des Adels, «Diözesanschulen» für die Ausbildung von Priestern und zweiundvierzig technisch orientierte Elementarschulen, die allen Klassen außer den Leibeigenen offenstanden. 1795 gründete P. A. Schuwalow die Universität Moskau, von deren zwei Gymnasien eines für den Adel, das andere für freie Bürgerliche bestimmt war. Katharina, von den französischen *philosophes* inspiriert, richtete auf breiter Basis Schulen ein und setzte sich für die Erziehung der Frauen ein. Sie genehmigte private Verlagsfirmen; vierundachtzig Prozent der im achtzehnten Jahrhundert in Rußland produzierten Bücher erschienen während ihrer Regierungszeit. Bereits um 1800 hatte sich eine Intelligenzschicht gebildet, die bald zu einem Faktor in der politischen Geschichte der Nation werden sollte. Ebenso hatten um 1800 verschiedene Kaufleute oder Söhne von Kaufleuten Zugang zu einflußreichen Positionen und sogar am Hof gefungen.

Ungeachtet der Feuer- und Schwefel-Theologie der Bischöfe und der örtlichen Priester, der Popen, war das Niveau von Moral und Sitten allgemein niedriger als in Westeuropa, abgesehen von einer Minderheit bei Hof. Fast jeder Russe war in seinem Herzen gütig und gastfreundlich, vielleicht weil er die anderen als Leidensgenossen in einer harten Welt betrachtete; dennoch schwelte die Barbarei in den Seelen und erinnerte an die Zeiten, als man töten mußte, um nicht getötet zu werden. Trunkenheit war eine gebräuchliche Zuflucht vor der Realität, selbst beim Adel, und das unsichere Leben der Schriftsteller brachte manche von ihnen dazu, sich dem Alkohol zu ergeben und eines frühen Todes zu sterben.[7] Verschlagenheit, Lüge und kleine Diebstähle waren beim gemeinen Volk weit verbreitet, denn gegenüber grausamen Herren, unredlichen Kaufleuten und neugierigen Steuereintreibern erschien jeder Trick als erlaubt. Die Frauen waren fast so hart wie die Männer. Sie arbeiteten mindestens so schwer, kämpften ebenso wild und regierten, wenn der Zufall sie an die entsprechende Stelle führte, ebenso gut. Welcher Zar herrschte nach Peter so erfolgreich wie Katharina II.? Ehebruch wurde mit der Steigerung des Einkommens häufiger. Reinlichkeit war etwas außergewöhnliches und war im Winter besonders schwierig; andererseits haben wenige Völker mehr Wert auf heiße Bäder und rauhe Massagen gelegt. Bestechlichkeit war ein allgemeines Laster, vom Leibeigenen bis zum adligen Herrn, vom städtischen Beamten bis zum kaiserlichen Minister. «In keinem anderen Land», schrieb 1820 ein französischer Botschafter, «ist die Korruption so allgemein. Sie ist gewissermaßen organisiert, und es gibt vielleicht nicht einen einzigen Regierungsbeamten, der nicht für einen entsprechenden Preis käuflich wäre».[8]

Unter Katharina erreichte der Hof einen Grad von Ungezwungenheit und Verfeinerung, der nur dem Versailles Ludwigs XV. und Ludwigs XVI. nachstand, obgleich sich in manchen Fällen hinter Verbeugungen die Barbarei verbarg. Die Sprache an Katharinas Hof war Französisch und die Gedankengänge waren, abgesehen von Nebensächlichkeiten, die der französischen Aristokratie. Französische Aristokraten wie der Prince de Ligne waren in St. Petersburg fast ebenso zu Hause wie in Paris. Die französische Literatur fand in der nördlichen Hauptstadt weite Verbreitung; italienische Opern wurden dort ebenso gesungen und geschätzt wie in Venedig und Wien; russische Frauen, vermögend und aus alter Familie, trugen ihre Häupter und Perükken so hoch und zeigten sich ihren Männern so abwechslungsreich, wie die Herzoginnen des Ancien Régime. Kein gesellschaftliches Ereignis an der Seine übertraf den Glanz der Bälle, die im prachtvollen Palast an der Newa die Sommersonne am Abendhimmel stehen sahen, als ob sie sich nicht entschließen könne, die Szene zu verlassen.[9]

II. PAUL I.: 1796–1801

An der Spitze dieses höfischen Glanzes stand am Ende des 18. Jahrhunderts ein Verrückter. Paul (Pawel Petrowitsch) war der Sohn Katharinas II., doch das Genie übersprang eine Generation und ließ Paul weniger als mürrisches Mißtrauen und die Demenz der absoluten Macht.

Er war acht Jahre alt, als er erfuhr, daß sein Vater, Zar Peter III., im stillschweigenden Einverständnis mit Alexej Orlow, dem Bruder Grigorij Orlows, des damaligen Liebhabers der Mutter Pauls, ermordet worden war. Paul erholte sich von dieser Enthüllung nie ganz. Im normalen Gang der Thronfolge hätte Paul den Thron seines Vaters erben müssen; Katharina überging ihn aber und riß die volle Macht an sich. Pauls erste Gemahlin plante mit seinem Wissen, Katharina zu entthronen und Paul zum Zaren zu machen; Katharina entdeckte das Komplott und zwang Paul und seine Gattin zu einem Geständnis. Die Kaiserin erkannte ihn als Erben ihrer Herrschaft an, doch er war nie sicher, daß er nicht ebenfalls vorzeitig liquidiert werden würde. Seine Frau lebte in ständiger Angst und starb bei der Geburt eines toten Kindes.

Seine zweite Gemahlin, Maria Feodorowna, schenkte ihm einen Sohn (1777), Alexander, den Katharina eine Zeitlang unter Übergehung Pauls als Nachfolger vorgesehen hatte. Sie setzte diesen Gedanken nie in die Tat um, doch Paul argwöhnte, daß sie es tun wollte und nährte Mißtrauen gegen seinen Sohn. 1783 schenkte Katharina Paul ein Landgut in Gatschina, 50 Kilometer vor St. Petersburg. Dort bildete Paul sein eigenes Regiment aus und drillte es nach dem Vorbild seines Vaters im Stechschritt Friedrichs des Großen. Katharina, die fürchtete, er plane einen neuen Versuch, sie abzusetzen, setzte Spione zu seiner Überwachung ein. Er seinerseits ließ diese Spione überwachen. Er litt unter Wahnvorstellungen, daß er nachts mit dem Geist seines Vorfahren Peters des Großen zusammenträfe. Sein Geist war nahe daran, sich zu verwirren, als er 1796 nach zweiundvierzig Jahren eines unglücklichen Lebens endlich auf den Thron kam, den er schon lange als sein rechtmäßiges Eigentum betrachtet hatte.

In einer Anwandlung von Hochstimmung erließ er einige wohlwollende Edikte, Er ließ mehrere Opfer von Katharinas Altersängsten frei – Nowikow und Radischtschew, radikale Denker, sowie Kosciusko und andere, die für die Freiheit Polens gekämpft hatten. Er war so entsetzt über die Zustände im Moskauer Hospital, daß er seine Renovierung und Reorganisierung befahl (1797), mit dem Ergebnis, daß das neue Moskauer Hospital zu einem der besten Europas wurde.[10] Er reformierte und stabilisierte die Währung. Er senkte die Zolltarife, die den Außenhandel behindert hatten und öffnete dem Binnenhandel neue Kanäle.

Andererseits erließ er eine Flut von Befehlen an seine Truppen über das Polieren von Knöpfen, Reparieren von Uniformen und Pudern von Perücken; für seine Untertanen erließ er Kleidervorschriften und verbot unter Androhung schwerer Strafen Kleider oder Moden, die nach der Französischen Revolution in Europa eingeführt worden waren.[11] 1800 verbot er die Einfuhr ausländischer Bücher und erschwerte den Druck neuer Bücher in Rußland. Er drängte die Autokratie des Adels zurück, überließ aber privaten Grundbesitzern 530 000 Leibeigene, die vorher als Leibeigene des Staates unter leichteren Bedingungen gelebt hatten. Er sanktionierte die harte Bestrafung von Leibeigenen – «soviel ihr Eigentümer wünschen mag».[12] Seine Soldaten, die ihm vorher ergeben waren, murrten über seine unermüdliche Überwachung und gebieterische Disziplin.

Seine Außenpolitik war schwankend und unberechenbar. Er verwarf die Pläne Katharinas zur Entsendung von vierzigtausend Soldaten gegen das revolutionäre Frankreich. Er mißbilligte Napoleons Annexion von Malta und Ägypten und verbündete Rußland mit der Türkei und England gegen ihn; er überredete den Sultan, russischen Kriegsschiffen die Durchfahrt durch den Bosporus und die Dardanellen zu gestatten; seine Flotte bemächtigte sich der Jonischen Inseln und landete Truppen im Königreich Neapel, um bei der Vertreibung der Engländer zu helfen. Doch als sich Großbritannien weigerte, ihm als dem erwählten Großmeister der Malteserritter Malta zu übergeben, zog sich Paul aus der antifranzösischen Koalition zurück und stellte sich auf die Seite Napoleons. Als Napoleon mit Freundschaftsbekundungen antwortete, verbot Paul jeglichen Handel mit England und beschlagnahmte alle englischen Waren in russischen Verkaufsläden. Er verhandelte mit Napoleon über eine französisch-russische Expedition zur Vertreibung der Engländer aus Indien. Seine Zornesausbrüche häuften sich, als die auswärtigen Angelegenheiten nicht nach seinen Wünschen liefen und die Willfährigkeit im Innern angesichts des Übermaßes seiner Forderungen schwand. Er bestrafte die geringfügigen Kränkungen auf das schwerste, verbannte Adlige aus Moskau, die seine Politik in Frage gestellt hatten, und schickte Armeeoffiziere, die nicht blind gehorchten, nach Sibirien. Sein Sohn Alexander war häufig die Zielscheibe von Pauls besonderem Zorn und mußte viele Kränkungen hinnehmen.[13]

Mehr und mehr adlige und Offiziere fanden sich in einer Verschwörung zu seiner Absetzung zusammen. General Levin Benningsen gewann den Außenminister Graf Nikita Panin und den Grafen Peter von Pahlen, der Garnison und Polizei befehligte, für den Plan. Sie suchten und erreichten schließlich Alexanders Zustimmung unter der Bedingung, daß seinem Vater kein Leid geschehe. Sie willigten ein, da sie wußten, daß ein *fait accompli* ein überzeugendes Argument ist. Am frühen Morgen des 24. März 1801 um 2 Uhr führte Pahlen die Verschwörer und eine Gruppe Offiziere in den Michailowsky-Palast, wo sie die Wachen überwältigten, den sich sträubenden Kaiser ergriffen und ihn erwürgten. Ein paar Stunden später unterrichteten sie Alexander, daß er jetzt Zar von Rußland sei.

III. DIE ERZIEHUNG EINES KAISERS

Es ist schwierig für Geister, die sich jahrelang in die Geschichte des Kometen namens Napoleon vertieft haben, sich darüber klar zu werden, daß Alexander I. (Aleksandr Pawlowitsch, 1777–1825) in Rußland ebenso verehrt wurde, wie Bonaparte in Frankreich; daß er, ebenso wie sein Freund und Freind, unter dem Einfluß der französischen Aufklärung aufwuchs und seine Autokratie durch liberale Ideen milderte; daß er erreichte, was der größte «moderne» General (denn wir müssen den Namensvetter des Zaren würdigen) versucht und nicht zu Ende gebracht hatte – nämlich seine Armee quer durch den Kontinent von seiner eigenen Hauptstadt zu der seines Gegners zu führen und ihn zu besiegen; und daß er in der Stunde des Triumphes Mäßigung und Bescheidenheit zur Schau trug und – unter so vielen Generalen und Genies – sich als der ausgezeichnetste Gentleman erwies. Konnte dieses Vorbild aus Rußland gekommen sein? Ja, doch nach einer langen, durch einen Schweizer geleiteten Vertiefung in die Literatur und Philosophie Frankreichs.

Seine Erziehung verdiente einen zweiten Xenophon, um aus ihr eine zweite *Cyropaedeia* über die Jugend und Erziehung eines Königs zu machen. Sie wurde von mancherlei miteinander im Widerspruch stehenden Elementen beeinflußt. Zunächst seine besorgte, aber abwesende und vielbeschäftigte Großmutter, die große Katharina, die ihn seiner Mutter weggenommen und ihm, ehe sie ihr selbst abhanden kamen, die Prinzipien des aufgeklärten Despotismus eingepflanzt hatte, vermischt mit Brocken aus ihren damals favorisierten Schriftstellern – Voltaire, Rousseau und Diderot. Wahrscheinlich auf ihre Anordnung hin wurde er daran gewöhnt, von früher Kindheit an nur unter einer leichten Decke bei weit offenen Fenstern auf einer heugefüllten Saffianledermatratze zu schlafen.[14] Er wurde fast völlig unempfindlich gegen das Wetter und erfreute sich einer «außergewöhnlichen Gesundheit und Vitalität», dennoch starb er mit achtundvierzig Jahren.

1784 ließ Katharina Frédéric César de La Harpe als Alexanders ersten Hauslehrer aus der Schweiz kommen (1754–1838), einen enthusiastischen Anhänger der *philosophes* und später der Revolution. In hingebungsvoller Tätigkeit führte er Alexander neun Jahre lang in die Geschichte und Literatur Frankreichs ein. Der Prinz lernte, fließend Französisch zu sprechen und fast wie ein Franzose zu denken. (Napoleon sprach Französisch mangelhaft und dachte wie ein Italiener der Renaissance.) Ein Kindermädchen hatte Alexander bereits Englisch gelehrt, und nun unterrichtete Michail Murawiow ihn in Sprache und Literatur des antiken Griechenland. Graf N. J. Saltykow führte ihn in die Gebräuche der kaiserlichen Autokratie ein. Weitere spezialisierte Lehrer waren für Mathematik, Physik und Geographie da. Der Erzpriester Somborsky übermittelte ihm die Ethik des Christentums in dem Prinzip, daß jeder «in jedem menschlichen Wesen seinen Nachbarn erkennen muß, um Gottes Gesetz zu erfüllen».[15] Vielleicht sollten wir dieser Aufzählung von Alexanders Lehrern Luise Elisabeth von Baden-Durlach hinzufügen, die ihn 1793 auf Wunsch Katharinas heiratete und – in Jelisaweta Alexejewna umbenannt – ihm vermutlich die richtige Art beibrachte, wie ein Mann mit Frauen umgeht.

Es war die richtige Erziehung für einen Gelehrten und Gentleman, doch schwerlich für einen «Selbstherrscher aller Russen». Als der Verlauf der Französischen Revolution Katharinas Begeisterung für Voltaire und Diderot abkühlte, entließ sie La Harpe (1794), der in die Schweiz zurückkehrte, um dort die Revolution anzuführen. Alexander fand die Realität am Hof und in Gatschina den philosophischen Disputen und den Idealen Rousseaus verwirrend unähnlich. Bestürzt über die Komplexität der Probleme, denen sich die Regierung gegenübersah, vermißte er wohl den Optimismus La Harpes und schrieb, über dem Tod seiner Großmutter brütend, 1796 an seinen engen Freund Graf Kotschubey:

> Ich bin mit meiner Situation von Grund auf unzufrieden. Sie ist viel zu glänzend für meinen Charakter, der weit besser für ein Leben in Frieden und Ruhe geeignet ist. Das Hofleben ist nichts für mich. Ich fühle mich elend in der Gesellschaft solcher Leute ... Gleichzeitig nehmen sie die höchsten Ämter im Reich ein. In einem Wort, mein lieber Freund, ich sehe, daß ich nicht für die hohe Stellung geboren bin, die ich jetzt einnehme und noch weniger für das, was mich in Zukunft erwartet, und ich habe mir geschworen, mich auf die eine oder andere Weise zurückzuziehen ... Die Staatsgeschäfte sind in völliger Unordnung, überall Korruption und Bestechung, sämtliche Ministerien werden schlecht verwaltet ... Trotz alldem strebt das Reich weiter nach Expansion. Ist es also möglich für mich, den Staat zu verwalten, ihn sogar zu reformieren und die eingewurzelten Übel auszurotten? Meiner

Meinung nach übersteigt dies die Kräfte eines Genies, geschweige denn eines Mannes mit durchschnittlichen Fähigkeiten wie ich es bin.

Nachdem ich dies alles in Erwägung gezogen habe, bin ich zu dem erwähnten Entschluß gelangt. Ich habe vor, abzudanken (wann kann ich nicht sagen) und mich mit meiner Frau am Ufer des Rheins niederzulassen, wo ich das Leben eines einfachen Bürgers führen, mich der Gesellschaft meiner Freunde erfreuen und die Natur beobachten möchte.[16]

Das Schicksal schenkte ihm fünf Jahre, um sich an die Erfordernisse seiner Lage anzupassen. Er lernte die konstruktiven Elemente des russischen Lebens schätzen: den Idealismus und die vom Christentum inspirierte Ergebung, die Bereitschaft zu gegenseitiger Hilfe, den Mut und die Tapferkeit, die sich in den Kriegen gegen Tataren und Türken entwickelt hatten, die Macht und Tiefe der slawischen Phantasie, die bald eine inhaltsschwere und einzigartige Literatur hervorbringen sollte und den schweigenden Stolz, der aus dem Bewußtsein von Raum und Zeit in Rußland erwuchs. Als Alexander, Dichter und Möchtegern-Einsiedler, am 24. März 1801 plötzlich vom Schicksal gefordert wurde, fand er in seinen Wurzeln und Träumen die Urteilskraft und den Charakter, die nötig waren, um sein Volk zur Größe zu führen und Rußland zum Schiedsrichter Europas zu machen.

IV. DER JUNGE ZAR: 1801–1804

Er entließ Panin oder Pahlen, die den Tod seines Vaters zu verantworten hatten, nicht sofort; er fürchtete ihre Macht und war außerdem seiner eigenen Schuldlosigkeit nicht sicher. Er brauchte Pahlen und seine Polizei, um die Ruhe in Moskau zu sichern und Panin, um mit England fertig zu werden, das, nachdem es die dänische Flotte zerstört hatte, nun drohte, mit der russischen ebenso zu verfahren. Britannien wurde dazu gebracht, Frieden zu halten; die Zweite Liga der bewaffneten Neutralität fiel auseinander. Pahlen wurde im Juni entlassen, Panin demissionierte im September 1801.

Am ersten Tag seiner Herrschaft befahl Alexander die Freilassung Tausender von politischen Gefangenen. Nach kurzer Zeit entließ er die Männer, die Paul als Berater oder Helfer bei seinen Terrormaßnahmen gedient hatten. Am 30. März berief er «zwölf hohe Beamte, denen am wenigsten zu mißtrauen war»[17], und bildete aus ihnen einen «Ständigen Rat», der ihn in Gesetzgebung und Verwaltung zu beraten hatte. Er rief die liberalsten aus dem Adel an seine Seite, einige aus der Verbannung: Graf Viktor Kotschubey als Minister des Innern, Nikolai Nowosiltsow als Staatsminister, Graf Pawel Stroganow als Minister für Erziehung und als Außenminister Fürst Adam Jerzy Czartoryski, einen polnischen Patrioten, der sich der russischen Souveränität gebeugt hatte. Diese und die Chefs anderer Ministerien bildeten zusammen einen Ministerrat, der als weitere beratende Versammlung diente. Als weiteren Berater rief Alexander La Harpe aus der Schweiz zurück (November 1801), um ihn bei der Formulierung und Koordinierung seiner Politik zu unterstützen. Unter dieser Exekutive stand ein Senat aus Angehörigen des Adels mit

Befugnissen in Gesetzgebung und Rechtsprechung, dessen Ukasse oder Dekrete (entsprechend den *senatus consulta* unter Napoleon) Gesetzeskraft besaßen, wenn der Zar nicht sein Veto einlegte. Die Provinzialverwaltung blieb in den Händen von Beamten, die von der Zentralregierung ernannt worden waren.

Dies alles ähnelt der Verfassung des Kaiserreichs unter Napoleon, mit Ausnahme des Fehlens einer aus allgemeinen Wahlen hervorgegangenen Abgeordnetenkammer und des Weiterbestehens einer Leibeigenschaft ohne jegliche politische Rechte. In den ersten Jahren seiner Herrschaft waren Alexanders Berater liberale und gebildete Männer, doch sie waren (wie Napoleon es ausdrückte) «der Natur der Dinge unterworfen». In diesem Zusammenhang erschienen «Rechte» als unrealistische Abstraktionen angesichts von Notwendigkeiten – wirtschaftliche und politische Ordnung, Produktion und Verteilung, Verteidigung und Überleben – bei einer Nation, die zu neunzig Prozent aus kräftigen, des Lesens und Schreibens unkundigen Bauern bestand, von denen man nicht erwarten konnte, daß sie über ihr Dorf hinausdachten. Alexander war von einer mächtigen Adelskaste abhängig, die infolge ihrer Organisation und örtlichen Entscheidungsgewalt über Landwirtschaft, Gerichtsbarkeit, Polizei und ländliche Industrie fast vollständig autonom war. Die Leibeigenschaft war so tief in Zeit und Status verwurzelt, daß der Zar nicht an sie zu rühren wagte, aus Furcht, die soziale Ordnung zu zerstören und seinen Thron zu verlieren. Klagen der Bauern gelangten zu Alexander und «er verhängte in vielen Fällen schwere Strafen über die schuldigen Besitzer»[18], doch er konnte auf solchen Einzelfällen kein Befreiungsprogramm aufbauen. Noch sechzig Jahre sollten verstreichen, ehe Alexander II. (zwei Jahre vor Lincolns Proklamation der Sklavenbefreiung) Erfolg mit der Befreiung der russischen Leibeigenen hatte. Napoleon sah, als er 1812 besiegt aus Rußland zurückkehrte, in dieser Angelegenheit keinen Fehler an seinem siegreichen Gegner. «Alexander», sagte er zu Caulaincourt, «ist zu liberal in seinen Ansichten und zu demokratisch für seine Russen; ... dieses Volk braucht eine starke Hand. Er würde besser zu den Parisern passen ... Er ist galant zu den Damen und liebenswürdig zu den Männern ... Sein gutes Betragen und seine außerordentliche Höflichkeit sind sehr erfreulich.»[19]*

Innerhalb der gegebenen Grenzen erzielte Alexander einzelne Fortschritte. Es gelang ihm, 47 153 Bauern zu befreien. Er ließ die Gesetzbücher im Hinblick auf Systematik, Folgerichtigkeit und Klarheit bearbeiten. «Im Bestreben, die Wohlfahrt des Volkes auf die Einheitlichkeit unserer Gesetze zu gründen», hieß es in einem erläuternden Reskript, «und in der Überzeugung, daß zwar verschiedene Maßnahmen dem Land glücklichere Zeiten bringen, doch nur das Gesetz diese für immer

---

* Diese Beurteilung Alexanders durch einen Mann, der ihn gut kannte und wenig Ursache hatte, ihn zu lieben, steht im Gegensatz zu dem Bild, das einzelne jüngere französische Geschichtswerke von ihm zeichnen, die seinen Liberalismus als unaufrichtig bezeichnen; er habe mit gewinnenden Phrasen eine Außenpolitik des Verrats und der Täuschung verschleiert. Siehe Georges Lefebvre *Napoleon I*, S. 199–200; Louis Madelin, *The Consulate and the Empire I*, S. 249–250. Unser Bericht unterstellt den Liberalismus seiner frühen Jahre als aufrichtig.

bekräftigen kann, habe ich es vom ersten Tag meiner Regierung an unternommen, die Voraussetzungen dieses Ressorts zu überprüfen».[20] Anklage, Verhandlung und Bestrafung hatten einer genau definierten und vorgeschriebenen Prozedur zu folgen. Politische Straftaten mußten vor den ordentlichen Gerichtshöfen und nicht vor geheimen Tribunalen verhandelt werden. Neue Erlasse schafften die Geheimpolizei ab, verboten die Folter (Paul hatte sie bereits verboten, sie war aber unter seiner Regierung weiterhin angewendet worden), erlaubten freien Russen, im In- und Ausland zu reisen, und gestatteten Ausländern eine freiere Einreise nach Rußland. Zwölftausend Exilierte wurden zur Rückkehr eingeladen. Die Pressezensur blieb bestehen, wurde jedoch dem Erziehungsministerium unterstellt, mit einem freundlichen Wink, Schriftstellern gegenüber duldsam zu sein.[21] Das Verbot der Einfuhr ausländischer Bücher wurde aufgehoben, doch ausländische Zeitschriften blieben weiterhin verboten. Ein Statut aus dem Jahre 1804 gewährleistete die akademische Freiheit unter Universitätsräten.

Alexander erkannte, daß keine Reform zum Erfolg führen konnte, wenn sie nicht von einem Großteil der Bevölkerung unterstützt und verstanden wurde. 1802 übertrug er dem Erziehungsministerium, unterstützt von Nowosiltsow, Czartoryski und Michael Murawiow die Aufgabe, ein neues System der öffentlichen Erziehung zu entwickeln. Ein Gesetz vom 26. Januar 1803 unterteilte Rußland in sechs Regionen und forderte in jeder mindestens eine Universität, mindestens eine Sekundarschule in jedem Gouvernement, mindestens eine Bezirksschule in jeder Bezirkshauptstadt und wenigstens eine Grundschule für je zwei Pfarrsprengel. Zu den bereits vorhandenen Universitäten Moskua, Wilna und Dorpat wurden weitere in St. Petersburg, Charkow und Kasan errichtet. Der Adel allerdings unterhielt für seine Kinder Hauslehrer und Privatschulen und orthodoxe Rabbiner verlangten von jüdischen Eltern, die staatlichen Schulen als schädliche Einrichtungen zur Untergrabung des jüdischen Glaubens zu meiden.[22]

V. DIE JUDEN UNTER ALEXANDER

Katharina II. hatte die Lebensbedingungen der Juden innerhalb der «Niederlassungsgrenzen» – das heißt der Regionen Rußlands, in welchen Juden sich niederlassen durften, wesentlich verbessert. 1800 umfaßten diese Grenzen das ganze russische, früher zu Polen gehörende Gebiet und den größten Teil von Südrußland einschließlich Kiew, Tschernigow, Jekaterinoslaw und der Krim. Außerhalb dieser Grenzen durfte kein Jude sich für dauernd niederlassen. Innerhalb sollten die Juden, etwa 900 000 an der Zahl[23], alle bürgerlichen Rechte, einschließlich der Wählbarkeit in Ämter genießen, mit einer Ausnahme: Juden, die Aufnahme in die Klasse der Kaufleute in den Städten finden wollten, hatten eine Steuer zu bezahlen, die das doppelte der anderen Geschäftsleuten auferlegten betrug, da diese sich beklagten, daß unbehinderte jüdische Konkurrenz sie ruinieren würde.[24] So hatten die Moskauer

Kaufleute (1790) eine Klage gegen Juden eingereicht, die «ausländische Waren zu geringeren Preisen als den angemessenen verkauften und dadurch dem örtlichen Handel sehr schweren Schaden zufügten».[25] Außerdem waren die ländlichen Gastwirte über ihre Konkurrenz erbost und die Regierung unternahm alle Anstrengungen, um sie von den Dörfern fernzuhalten und sie auf die Städte zu beschränken. 1795 ordnete Katharina an, daß Juden ausschließlich in Städten registriert werden (und damit die bürgerlichen Rechte erhalten) sollten.

Im November 1802 setzte Alexander ein «Komitee für die Verbesserung der Lebensverhältnisse der Juden» ein, das ihre Probleme studieren und Änderungsvorschläge unterbreiten sollte. Dieses Komitee forderte die Kahals – die Verwaltungsräte, durch die die jüdischen Gemeinden sich selbst verwalteten und besteuerten – auf, Abgeordnete nach St. Petersburg zu schicken, um mit der Regierung über die jüdischen Bedürfnisse zu verhandeln. Diesen Abgeordneten legte das Komitee seine Empfehlungen vor. Nach langen Debatten baten sie um eine Bedenkzeit von sechs Monaten, um von ihren Kahals besondere Vollmachten und Weisungen einholen zu bönnen. Das Komitee zog es vor, seine Vorschläge direkt an die Kahals zu schicken. Diese widersprachen der Anregung des Komitees, Juden vom Landbesitz und vom Branntweinverkauf auszuschließen und verlangten, daß diese Maßnahmen um zwanzig Jahre verschoben würden, um Zeit für schwierige wirtschaftliche Umstellungen zu gewinnen. Das Komitee lehnte dies ab, und am 9. Dezember 1804 erließ die russische Regierung mit Genehmigung des Zaren die «Jüdische Verfassung».

Sie war eine Menschenrechtsdeklaration und gleichzeitig eine Gettoverordnung. Die zuerkannten Rechte waren wesentlicher Natur. Jüdischen Kindern wurde freier Zugang zu allen öffentlichen Schulen, Gymnasien und Universitäten im russischen Kaiserreich gewährt. Die Juden erhielten die Erlaubnis, ihre eigenen Schulen zu unterhalten, doch eine von drei Sprachen – Russisch, Polnisch oder Deutsch – mußte dort gelehrt und in offiziellen Schriftstücken gebraucht werden. Jede Gemeinde durfte ihre Rabbiner und ihren Kahal wählen, doch dem Rabbiner war es verboten, Exkommunikationen auszusprechen, und der Kahal war verantwortlich für die Einziehung aller vom Staat erhobenen Steuern. Es wurde den Juden freigestellt, sich in der Landwirtschaft zu betätigen und unbebautes Land in bestimmten Gegenden des Niederlassungsgebietes zu kaufen oder sich auf Ländereien der Krone niederzulassen, wo sie für die ersten paar Jahre von staatlichen Steuern befreit sein sollten.

Andererseits, ab 1. Januar 1808 «darf kein Jude in irgendeinem Dorf oder Weiler Grundstücke pachten, ein Gasthaus oder einen Schnapsausschank betreiben ... oder in den Dörfern Wein verkaufen, auch nicht aus welchem Grund auch immer in ihnen wohnen».[26] Dies bedeutete die Aussiedlung von 60 000 jüdischen Familien aus ihren dörflichen Heimstätten. Hunderte von Petitionen strömten nach St. Petersburg und baten um Aufschub für diese Massenevakuierung, wobei sich viele Christen dem Appell anschlossen. Graf Kotschubey erklärte Alexander, daß Napoleon plante, im Februar 1807 einen Sanhedrin von Rabbinern aus ganz Westeuropa nach Paris einzuberufen, um Maßnahmen zur vollen Befreiung der Juden zu formulieren. Alexander befahl, das strittige Programm zurückzustellen. Seine Zusammenkünfte mit Napoleon in Tilsit (1807) und Erfurt (1808) dürften sein Bestreben, dem Westen als völlig aufgeklärter Despot zu erscheinen, neu belebt haben. 1809 informierte er seine Regierung, daß der Evakuierungsplan nicht durchführbar sei, weil «die Juden auf Grund ihrer elenden Lebensbedingungen über keinerlei Mittel verfügen, die es ihnen ermöglichen würden, sich nach dem Verlassen ihrer derzeitigen Unterkünfte in einer neuen Umgebung niederzulassen und ein Heim zu finden, während die Regierung ebenfalls nicht in der Lage ist, sie alle in neuen Wohnstätten unterzubringen».[27] Als die Invasion Rußlands durch die Franzosen unmittelbar bevorstand, beglückwünschte sich Alexander dazu, seine jüdischen Untertanen seiner Person ergeben und dem Staat gegenüber loyal erhalten zu haben.

VI. RUSSISCHE KUNST

Der Prince de Ligne, der jedermann und jede Angelegenheit von Bedeutung im Europa dieser Zeit kannte, beschrieb St. Petersburg um 1787 als «die schönste Stadt der Welt».[28] 1812 urteilte Madame de Staël, es sei «eine der schönsten Städte der Welt».[29] Peter I., auf Paris eifersüchtig, begann mit der Verschönerung seiner neugeborenen Hauptstadt. Katharina die Große tröstete ihre abgelegten Liebhaber mit Palästen, die dauerhafter waren als ihre Liebe. Alexander I. setzte die königliche Wache klassischer Säulen, die streng auf die Newa blickten, fort. In Europa herrschte der Neoklassizismus und Zar und Zarin vergaßen gleichermaßen russische Formen und suchten römische Erinnerungen. So ließen sie Architekten und Bildhauer aus Italien und Frankreich kommen, um den slawischen Stolz mit klassischer Kunst zu stützen.

Das Winterpalais, 1755 von Bartolomeo Rastrelli begonnen und 1817 von Giacomo Quarenghi und C. J. Rossi vollendet, war der imposanteste Königspalast Europas, der Versailles in den Schatten stellte und überstrahlte. 25 Kilometer Korridore, 2500 Räume, zahllose Marmorsäulen, tausend berühmte Gemälde, in den untersten Geschossen 2000 Bediente und – in einem Seitenflügel – Hühner, Enten, Ziegen und Schweine[30] in friedlicher Gemeinschaft auf dem strohbeschütteten Boden.

Alexander I. fühlte sich, besonders nachdem er mit Napoleon in Tilsit zusammengetroffen war, angeregt, es diesem nicht nur in der Ausdehnung seiner Macht gleichzutun, sondern auch in der Großartigkeit seiner Hauptstadt. Er berief französische und italienische Architekten, die mit ihrer Tradition und ihrem Können die einheimischen Baumeister anspornen sollten. Die westlichen Künstler blieben den klassischen Formen verbunden, doch gingen sie über Rom und seine Ruinen hinaus nach Süditalien und zu griechischen Überresten, wie den Heratempeln in Paestum (bei Salerno). Diese waren so alt wie der Parthenon und fast ebenso schön; die männliche Strenge ihrer dorischen Säulen hauchte der neoklassischen Ekstase in Rußland neues Leben ein.

Doch das kennzeichnende Merkmal des «Empirestils» Alexanders war die allmähliche Befreiung der russichen Architektur von der lateinischen Bevormundung. Während unter der Herrschaft Katharina II. (1762–1796) die herausragenden Baumeister drei Italiener – Bartolomeo Rastrelli, Antonio Rinaldi und Giacomo Quarenghi – gewesen waren, waren die Chefarchitekten unter Alexander I. Thomas de Thomon, Andrej Woronychin und Adrian Zacharow, drei französisch beeinflußte Russen[31] und ein Italiener, Carlo Rossi, der in den späteren Regierungsjahren Alexanders zu Einfluß gelangte.

1801 beauftragte Alexander Thomas mit dem Entwurf und Bau einer Börse, um die Tätigkeit der aufsteigenden Klasse von Kaufleuten und Finanziers in St. Petersburg auszuzeichnen. Der ehrgeizige Architekt errichtete (1807ff.) einen immensen Tempel, der durch Paestum inspiriert war und mit der gleichzeitigen Börse (1808 bis 1827) Alexandre Brogniarts in Paris wetteiferte. Woronychins Hauptwerk ist die Kazansky Sobor – die der Muttergottes von Kasan geweihte und 1801–1811 am Ufer der Newa errichtete Kathedrale. Ihre schöne halbkreisförmige Kolonnade und die dreistufige Kuppel gehen offen auf die Meisterwerke Berninis und Michelangelos oder, direkter, auf Soufflots Panthéon in Paris zurück. Noch höher eingeschätzt wird die Admiralität, ein vierhundert Meter langer Komplex mit Säulen, Karyatiden, Fries und spitzem Turm, der für die russische Marine errichtet wurde. Diesem Heiligtum entspricht das Gebäude des Generalstabes, das kurz nach Alexanders Tod von Rossi auf dem Palastplatz errichtet wurde.

Auf Befehl Nikolaus I. krönte Ricard de Montferrand Rußlands Alexandrinisches Zeitalter mit einer hohen monolithischen Säule (vielleicht in Erinnerung an die Vendôme-Säule in Paris) als dauernden Tribut an den Zaren, der Frankreich erobert, aber nie aufgehört hatte, seiner Kunst Verehrung zu zollen.

Auch russische Bildhauer saßen zu Füßen französischer Künstler, die vor römischen Künstlern gekniet hatten, die ihrerseits Anleihen bei dem eroberten Griechenland gemacht hatten. Vor der westlich orientierten Katharina II. hatte der Einfluß einer weitgehend orientalischen byzantinischen Religion, die den menschlichen Körper als Werkzeug Satans fürchtete, die russischen Bildhauer vor der Rundplastik zurückschrecken lassen; nur langsam, mit dem kräftigen Heidentum der Aufklärung, das mit Katharina Eingang fand, war dieses Tabu im ewigen Kampf und Schwanken zwischen Religion und Sex gewichen. Étienne Maurice Falconet, von Katharina 1766 aus Frankreich gelockt, modellierte und meißelte in Rußland bis 1778. Sein epochemachendes Standbild Peters des Großen erhob nicht nur einen Mann und ein Pferd aus Bronze in die Luft, sondern führte auch einen Streich für das Recht der Kunst, ihre Botschaft frei und ungehindert und nur bestimmt von ihrer Konzeption von Schönheit, Wirklichkeit und Macht auszusprechen.

1758 war Nicolas François Gillet gekommen, um an der Akademie der schönen Künste, die ein Jahr zuvor in St. Petersburg eröffnet worden war, Bildhauerei zu lehren. Einer seiner Schüler, F. F. Schtschedrin, wurde nach Paris geschickt, um seinem Meißel den letzten Schliff zu geben; er machte solche Fortschritte, daß seine *Venus* ihrem französischen Vorbild, der *Baigneuse* seines Meisters Gabriel d'Allegrain gleichkam. Schtschedrin war es auch, der die Karyatiden für das Hauptportal der Admiralität Zacharows modellierte. Der letzte unter Gillets berühmten Schülern, Iwan Markos, arbeitete einige Zeit mit Canova und Thorwaldsen in Rom und fügte ihrem klassischen Idealismus ein wenig von dem romantischen Gefühl hinzu, das den Neoklassizismus zu verdrängen begann. Kritiker bemängelten, daß er den Marmor weinen mache und daß seine Arbeiten nur für einen Friedhof taugten.[32] Auf den Leningrader Friedhöfen kann man seine Kunst heute noch bewundern.

Die russische Malerei hatte unter dem französischen Einfluß in der Akademie der schönen Künste einen grundlegenden Wandel durchgemacht. Bis 1750 war diese Kunst fast ausschließlich religiös bestimmt gewesen und produzierte fast nur in Leimfarbe oder Fresco auf Holz gemalte Ikonen. Die französischen Neigungen Katharinas II. und ihr Import französischer und italienischer Künstler und Gemälde regten die Russen bald zur Nacheiferung an; sie gingen von Holz auf Leinwand über, von Fresco auf Öl, von religiösen auf weltliche Sujets – «Historienmalerei», Porträts, Landschaften und endlich Genre.

Vier Maler schufen während der Zeit Pauls und Alexanders Vortreffliches. Wladimir Borowikowsky, der möglicherweise einen Wink von Madame Vigée-Lebrun (die 1800 in St. Petersburg malte) richtig verstanden hatte, fand attraktive Modelle unter den jungen Damen des Hofes mit ihren fröhlichen oder nachdenklichen Augen, ihren stolzen Figuren und fließenden Gewändern[33]; ebenso erfaßte er aber die alternde Kaiserin mit einem momentanen Ausdruck der Einfachheit und Naivität, den man von einer königlichen Nymphomanin kaum erwarten sollte. Er hinterließ auch, in einer grausamen Stimmung, ein abschreckendes Porträt einer *unbekannten Frau mit Kopfputz*[34], das wahrscheinlich Madame de Staël darstellt, die Europa durchirrte, um Napoleon zu entgehen.

Fjodor Alexejew, der sich in Venedig zum Dekorationsmaler ausbilden sollte, kehrte zurück, um einer von Rußlands bedeutendsten Landschaftsmalern zu werden. 1800 schuf er eine Serie von Gemälden und Zeichnungen von Moskau, die unsere besten Führer für den Anblick sind, den die Stadt bot, ehe Rostoptschins patriotische Brandstifter ein Drittel von ihr vor den Augen Napoleons verbrannten.

Sylvester Schtschedrin, der Sohn des obenerwähnten Bildhauers zog die Natur den Frauen vor, um seinen Pinsel zu inspirieren. 1818 zum Kunststudium nach Italien geschickt, verliebte er sich in die Sonne, die Buchten, Strände und Wälder von Neapel und Sorrent und schickte Landschaften in die Heimat, die den Betrachter sicher die Kälte St. Petersburgs doppelt stark empfinden ließen.

Orest Adamowitsch Kiprensky (1782–1836) kam unter den russischen Malern dieser Zeit wahrer Größe am nächsten. Der uneheliche Sohn einer Leibeigenen wurde von deren Ehemann adoptiert, freigelassen und fand, vom Zufall unterstützt, seinen Weg in die Akademie der schönen Künste. Eines seiner ersten und besten

Porträts malte der Künstler 1804 von seinem Adoptivvater, als er erst zweiundzwanzig war. Es erscheint unglaublich, daß ein so junger Mensch schon das Verständnis und die Meisterschaft erworben haben sollte, um in einem Porträt die Stärke des Körpers und Charakters zu sehen und auszudrücken, die einen Suworow und Kutusow ausmachte und die siegreichen Russen 1812–1813 von Moskau nach Paris führte. Völlig anders ist Kiprenskys Porträt (1827) des Dichters Puschkin – hübsch, sensitiv, fragend, mit einem Dutzend Meisterwerken im Kopf. Einmalig wiederum ist das Porträt in voller Lebensgröße (1809) des Kavallerieoffiziers Evgraf Dawidow, prunkvolle Uniform, stolze Haltung, eine Hand am Degen als der letzten Instanz. Dann 1813, in einer gänzlich veränderten Welt, das Bild des jungen Alexander Pawlowitsch Bakunin – heute bekannt als Verwandter des Michail Alexandrowitsch Bakunin, der eine Generation später Karl Marx mit abweichenden Absolutismen beunruhigte und die nihilistische Bewegung in Rußland gründete. Kiprensky war selbst in gewissem Sinne ein Rebell, sympathisierte mit dem Dekabristenaufstand von 1825, wurde als Sozialrebell abgestempelt und suchte Zuflucht in Florenz, wo die Uffiziengalerie ihn um ein Selbstporträt gebeten hatte. Er starb 1836 in Italien und überließ es späteren Generationen von Russen, ihn als den größten russischen Maler seiner Zeit anzuerkennen.

VII. RUSSISCHE LITERATUR

Die russische Literatur war unter Katharina der Großen sowohl zur Blüte gelangt als auch in Verfall geraten. Noch selten hatte ein Herrscher sich mit solchem Enthusiasmus einer fremden Kultur zugewandt, oder sich ihrer lebenden Führer so sichtbar bemächtigt wie sie während ihrer Liebesaffäre mit der Aufklärung und ihrer geschickten Verpflichtung Voltaires, Diderots und Friedrich Melchior von Grimms als beredte Verteidiger Rußlands in Frankreich und Deutschland. Doch als die Revolution kam, zitterten alle Throne und die Götter der Erleuchtung galten nur noch als die Paten der Guillotine. Der russische Hof sprach zwar noch das Französisch des achtzehnten Jahrhunderts, doch russische Schriftsteller verkündigten die Schönheit der russischen Sprache, und einzelne unter ihnen «belegten», laut Madame de Staël, «Leute, die des Russischen nicht mächtig waren, mit dem Epitheton *Taubstumm*».[35] Ein heftiger Streit erhob sich und entwickelte sich zu einem nationalen Zweikampf zwischen den Bewunderern ausländischer Vorbilder in Literatur und Lebensführung und den Verfechtern einheimischer Sitten und Gebräuche, Gegenstände, Redeweisen und Stile. Dieser «slawophile» Geist war eine verständliche und notwendige Selbstbestätigung des nationalen Geistes und Charakters; er bereitete den Weg für die Flut russischen literarischen Genies im neunzehnten Jahrhundert. Er bezog einen wesentlichen Antrieb aus den Kriegen zwischen Alexander und Napoleon.

Alexander selbst war durch seinen eigenen Geist und seine Entwicklung ein Symbol dieses Konflikts. Er war in hohem Grade empfänglich für Schönheit in Natur und Kunst, bei Frauen und sich selbst. Er erkannte in der Kunst das doppelte Wunder einer vorübergehender Schönheit oder Persönlichkeit verliehenen Dauer und erhellenden Bedeutung vor dem Hintergrund einer blinden Realität. Der Einfluß La Harpes und ein frankophiler Hof machten aus dem Enkel der Deutschen Katharina einen Genleman, der es mit jedem Gallier an Manieren und Bildung aufnahm. Er unterstützte natürlich die Bemühungen Karamsins und anderer, französische Anmut und Feinheit in die russische Sprache und Lebensart einzuführen. Seine Freundschaft zu Napoleon (1807–1810) förderte diese Neigung zum Westen; sein Konflikt mit Napoleon (1811–1815) rührte an seine russischen Wurzeln und lenkte seine Sympathien auf Alexander Schiskow und die Slawophilen. In jeder dieser Stimmungen ermutigte der Zar Schriftsteller durch Pensionen, Pfründen, Auszeichnungen oder Geschenke. Er ordnete den Druck wichtiger Beiträge zu Literatur, Wissenschaft oder Geschichte auf Regierungskosten an. Er subventionierte Übersetzungen von Adam Smith, Bentham, Beccaria und Montesquieu. Als er erfuhr, daß Karamsin beabsichtige, eine Geschichte Rußlands zu schreiben, jedoch fürchte, während dieses Unternehmens zu verhungern, setzte Alexander ihm ein Jahrgeld von zweitausend Rubeln aus und befahl dem Schatzamt, die Veröffentlichung seiner Bände zu finanzieren.[36]

Nikolai Michailowitsch Karamsin (1766–1826) war der Sohn eines tatarischen Gutsbesitzers in der Provinz Simbirsk an der unteren Wolga. Er genoß eine gute Erziehung, lernte Deutsch und Französisch und begab sich gut vorbereitet auf seine achtzehnmonatige Reise durch Deutschland, die Schweiz, Frankreich und England. Nach Rußland zurückgekehrt, gründete er eine Monatsschrift, das *Moskowsky Journal*, dessen interessanteste Beiträge seine eigenen *Briefe eines russischen Reisenden* waren. Sein leichter und anmutiger Stil, der nicht nur betrachtete Gegenstände beschrieb, sondern ebenso die Gefühle, die sie in ihm erweckten, zeigte den Einfluß Rousseaus und die russische Neigung zum Sentiment. In seinem Roman *Arme Lisa* folgte Karamsin ebenfalls der romantischen Linie (1792): Ein Bauernmädchen, verführt und verlassen, begeht Selbstmord. Obwohl die Erzählung keinen Anspruch darauf erhob, etwas anderes als Erfindung zu sein, wurde der Teich, in dem Lisa sich ertränkt hatte, ein Wallfahrtsort für die russische Jugend.[37]

Karamsin leistete auf fast jedem Gebiet der Literatur Vorzügliches. Seine Gedichte, unerschrocken romantisch, fanden eine breite Leserschaft. Als Kritiker schockierte er die Slawophilen, als er englische oder französische Begriffe zum Ersatz russischer Begriffe oder Redewendungen einführte, die seinem auf Reisen geschulten Ohr plump, verschwommen oder mißtönend klangen. Schiskow beschuldigte ihn des Verrats an seinem Land. Karamsin behauptete seinen Standpunkt und siegte; er reinigte und entwickelte die russische Sprache, brachte sie mit der Musik in Einklang und übermittelte ein gesäubertes und geschliffenes Werkzeug an Puschkin und Lermontow.

Karamsin gewann auch aus einem anderen Grunde die Oberhand: Er praktizierte das, was er lehrte in den zwölf Bänden der ersten wirklichen *Russischen Geschichte*. Finanzielle Unterstützung durch die Regierung ermöglichte es ihm, fast seine gesamte Zeit dieser Aufgabe zu widmen. Er benützte mit sorgfältiger Überlegung ältere Chronisten, fügte Gefühl zu ihren nackten Fakten und schmückte die lange Geschichte mit einem klaren und fließenden Stil. Als die ersten acht Bände (1816 bis 1818) in einer Auflage von dreißigtausend Exemplaren erschienen, waren sie in fünfundzwanzig Tagen ausverkauft. Das Werk konnte sich nicht den Gschichtswerken Voltaires, Humes oder Gibbons an die Seite stellen; es war offen patriotisch und betrachtete die absolute Monarchie als die richtige Regierung für ein Volk, das gegen ein erbarmungsloses Klima und barbarische Eindringlinge um sein Leben kämpfte und gezwungen war, im Lauf seiner Ausbreitung die Gesetze erst zu schaffen. Doch dies erwies sich als eine wertvolle Fundgrube für Dichter und Novellisten der folgenden Generationen. Hier fand zum Beispiel Puschkin die Erzählung von Boris Godunow. Es hatte, wie auch der Rückschlag Napoleons in Moskau in gewissem Maße Anteil an der Entiwcklung des russischen Geistes zu seiner brillanten und einmaligen Rolle in der Literatur und Musik des neunzehnten Jahrhunderts.

War Karamsin der Herodot, so war Iwan Andrejewitsch Krylow (1769–1844) der Äsop dieses Alexandrinischen Frühlings. Der Sohn eines armen Armeeoffiziers dürfte in den Militärlagern einiges von der urwüchsigen Sprache und der satirischen Verve mitbekommen haben, die seine Komödien so beißend machten. Später wandte er sich von der Literatur praktischeren Beschäftigungen zu – Hauslehrer, Sekretär, berufsmäßiger Karten- und Glücksspieler ... 1809 schließlich ließ er ein Buch Fabeln erscheinen, das das ganze gebildete Rußland zum Lachen über die gesamte Menschheit mit Ausnahme des Lesers selbst brachte. Einzelne dieser Geschichten waren, wie dies bei Fabeln nicht selten ist, früheren Fabeldichtern abgelauscht, insbesondere La Fontaine. Die meisten davon erläuterten – durch den Mund von Löwen, Elefanten, Krähen und anderen Philosophen – populäre Weisheiten in volkstümlicher Sprache in gemächliche Jamben gegossen. Krylow hatte das Geheimnis des großen Fabulierers wiederentdeckt – daß die einzige faßliche Weisheit die des Bauern ist und die Kunst darin besteht, das Ego hinter dem äußeren Schein zu finden. Krylow deckte Laster, Dummheit, Tücke und Bestechlichkeit der Menschen auf und hielt die Satire für einen ebenso guten Lehrmeister wie einen Monat im Gefängnis. Da kaum jemals ein Leser auf den Gedanken kam, er selbst könnte mit der Erzählung gemeint sein, kaufte das Publikum das kleine Buch eifrig – vierzigtausend Exemplare in zehn Jahren – in einem Land, in dem Lesenkönnen eine stolze Auszeichnung war. Krylow zapfte die Ader immer erneut an und veröffentlichte zwischen 1809 und 1843 neun weitere Bücher mit Fabeln. Die Regierung, dankbar für Krylows grundsätzlichen Konservativismus, setzte ihn auf einen Posten in der öffentlichen Bücherei, der seinen Lebensunterhalt sicherte. Er hatte ihn inne, faul und zufrieden, bis er sich eines Tages in seinem fünfundsiebzigsten Lebensjahr an Rebhühnern überaß und starb.[38]

VIII. ALEXANDER UND NAPOLEON: 1805–1812

Sie kamen fast zur gleichen Zeit an die Macht und beide durch Gewalt: Napoleon am 9. November 1799, Alexander am 24. März 1801. Ihre zeitliche Nähe überwand ihre räumliche Trennung. Wie zwei einander entgegengesetzte Kräfte in einer Zelle dehnten sie ihre Macht aus, bis sie Europa in Stücke rissen, zuerst kriegerisch bei Austerlitz, dann friedlich in Tilsit. Hinsichtlich der Türkei waren sie Rivalen, da jeder den Kontinent zu beherrschen gedachte, mit Konstantinopel als Schlüssel; abwechselnd buhlten sie um Polen, weil es eine strategische Brücke zwischen Ost und West darstellte. Im Krieg von 1812 bis 1813 ging es um die Entscheidung, wer von beiden Europa beherrschen und vielleicht Indien erobern würde. Alexander sah sich 1801 als junger Mann von vierundzwanzig Jahren einem Tollhaus im Ränkespiel erfahrener Mächte gegenüber, er schwankte in seiner Außenpolitik, dehnte jedoch wiederholt seinen Herrschaftsbereich aus. Er wechselte zwischen Krieg und Frieden mit der Türkei, annektierte 1801 Georgien, 1803 Alaska, verbündete Rußland 1802 mit Preußen, 1804 mit Österreich, 1805 mit England. 1804 legte ihm sein Außenminister einen Plan zur Aufteilung des Osmanischen Reiches vor.[39] Er bewunderte Napoleons Leistungen als Konsul, verurteilte ihn wegen der summarischen Exekution des Herzogs von Enghien, stellte sich an die Seite Österreichs und Preußens in einem unglücklichen Feldzug gegen den Usurpator (1805–1806), traf mit ihm in Tilsit zusammen, umarmte ihn und kam mit ihm überein, daß die Hälfte Europas für jeden von ihnen bis auf weiteres genug sei.

Beide verließen Tilsit in der Überzeugung, einen großen diplomatischen Sieg errungen zu haben. Napoleon hatte den Zaren überredet, England fallen zu lassen, sich mit Frankreich zu verbünden und die Kontinentalsperre gegen britische Güter zu verstärken. Alexander, nach der Zerschlagung seiner Hauptarmee bei Friedland nicht verteidigungsbereit, hatte sein Reich vor einer ruinösen Invasion bewahrt, indem er einen Alliierten gegen einen stärkeren eintauschte und sich freie Hand gegenüber Schweden und der Türkei sicherte. Napoleons Armee und Hauptstadt spendeten seinen militärischen und diplomatischen Triumphen Beifall. Alexander fand bei seiner Rückkehr nach St. Petersburg fast jedermann – Familie, Hof, Adel, Geistlichkeit, Kaufleute und Bevölkerung – empört, daß er einen demütigenden Frieden mit einem hochgekommenen atheistischen Banditen geschlossen hatte. Einige Schriftsteller – wie F. N. Glinka und Graf Feodor Rostoptschin (der spätere Gouverneur von Moskau) – veröffentlichten Aufsätze, worin sie erklärten, der Friede von Tilsit sei lediglich ein Waffenstillstand und versprachen, daß der Krieg gegen Napoleon bei passender Gelegenheit wieder aufgenommen und bis zu seiner endgültigen Vernichtung weitergeführt werden würde.[40]

Der Kaufmannsstand verurteilte den Friedensschluß ebenfalls, da dieser in seiner Sicht für Rußland die Verstärkung der Kontinentalsperre bedeutete. Der Verkauf russischer Erzeugnisse an Britannien und der Import britischer Güter nach Rußland waren lebenswichtige Grundpfeiler der Prosperität der Kaufleute gewesen; das Verbot dieses Handels würde viele von ihnen ruinieren und die Volkswirtschaft schädigen. Tatsächlich war die russische Regierung 1810 dem Bankrott nahe.

Alexander verlor an Selbstvertrauen und verschärfte sein Regiment. Er führte die Zensur von Presse und Rede wieder ein und gab seine Reformpläne auf. Seine liberalen Minister – Kotschubey, Czartoryski, Nowosiltow – traten zurück, zwei von ihnen verließen Rußland. Dann wählte er 1809 in einem letzten Versuch, sich aus den Wogen des Konservativismus zu befreien, einen fast rücksichtslosen Reformer, zu seinem Hauptberater, der vorschlug, der Zar sollte eine konstitutionelle Regierung einführen.

Graf Michail Michailowitsch Speransky war 1772 als Sohn eines Dorfpriesters zur Welt gekommen. Er bekundete großes Interesse für die Naturwissenschaften und brachte es zum Professor für Mathematik und Physik an einem St. Petersburger Seminar, wo seine Arbeiten die Aufmerksamkeit des Zarewitsch Alexander erregten. 1802 wurde er in das Innenministerium berufen, das damals dem Reformer Kotschubey unterstand. Dort arbeitete er so intensiv und verfaßte so intelligente Berichte, daß der Zar ihm die Leitung der Kodifizierung des russischen Rechts übertrug. Als Alexander 1808 zu seiner zweiten Begegnung mit Napoleon aufbrach, nahm er Speransky mit sich als «den einzigen klaren Kopf in Rußland».[41] Eine nicht sicher belegte Geschichte berichtet, daß Speransky, als Alexander ihn fragte, was er von den damals von Napoleon kontrollierten Staaten halte, die scharfsichtige Antwort gegeben habe, «wir haben die besseren Männer, aber sie haben die besseren Einrichtungen».[42] Nach St. Petersburg zurückgekehrt, stattete der Zar seinen neuen Favoriten mit mehr und mehr Machtbefugnissen aus, bis sie zusammen eine generelle Neugestaltung der russischen Regierung ins Auge faßten.

Speransky wünschte, die Leibeigenschaft abzuschaffen, gab aber zu, daß dies 1809 noch nicht möglich sei. Dennoch, vielleicht in Erinnerung an ein ähnliches Vorgehen Steins in Preußen, schlug er zur Vorbereitung ein Dekret vor, das allen Klassen gestattete, Grundbesitz zu erwerben. Der nächste Schritt, regte er an, solle die Wahl einer lokalen Duma (Rat) durch alle Landbesitzer in jedem Volost (Gemeinde) sein, die die Gemeindefinanzen zu kontrollieren, örtliche Beamte zu ernennen und Abgeordnete für eine Distriktsduma zu wählen sowie dieser Empfehlungen zu unterbreiten hätte; diese wiederum würde Distriktsbeamte ernennen, Verwaltungsmaßnahmen für ihren Bereich beraten sowie Abgeordnete und Empfehlungen an eine Provinzduma entsenden, die dasselbe für eine nationale Duma in St. Petersburg tun würde. Nur der Zar würde die Autorität besitzen, Gesetze zu erlassen, doch die Nationalduma würde das Recht haben, ihm Gesetze zur Erwägung zu empfehlen. Zwischen der Duma und dem Herrscher sollte eine von ihm ernannte beratende Versammlung ihn in Verwaltung und Gesetzgebung unterstützen.

Alexander billigte den Plan im großen und ganzen, doch er wurde durch die übrigen Kräfte im Staat behindert. Die Aristokratie sah sich gefährdet; sie mißtraute Speransky als einem Bürgerlichen, beschuldigte ihn der Parteinahme für die Juden[43] und der Bewunderung für Napoleon und flüsterte Alexander ein, sein ehrgeiziger Minister strebe danach, die Macht hinter dem Thron zu sein. Die Bürokratie beteiligte sich an den Angriffen, in der Hauptsache weil Speransky den Zaren überredet hatte, ein Dekret zu erlassen (6. August 1809), das für die Wählbarkeit auf höhere Verwaltungsposten einen akademischen Grad oder das Ablegen eines strengen Examens forderte. Alexander ließ sich schließlich soweit beeinflussen, daß er sich die Meinung zu eigen machte, die internationale Lage erlaube keine einschneidenden Experimente am Regierungssystem.

Seine Beziehungen zu Frankreich waren durch die Heirat Napoleons mit einer österreichischen Erzherzogin und seine Besetzung des Herzogtums Oldenburg (22. Januar 1811), dessen Herzog der Schwiegervater der Schwester des Zaren war, getrübt worden. Napoleon erklärte, der Herzog habe sich geweigert, seine Häfen für britische Güter zu sperren, auch sei ihm eine Entschädigung angeboten worden.[44] Alexander mißfiel die Errichtung eines Großherzogtums Warschau durch Napoleon so nahe an dem von Rußland in Besitz genommenen früheren polnischen Territorium; er fürchtete, Napoleon würde irgendwann ein rußlandfeindliches erneuertes Königreich Polen zum Leben erwecken. Er kam zu dem Schluß, daß er, um sein Land geeint und sicher hinter sich zu wissen, dem Adel und dem Kaufmannsstand Konzessionen machen müsse.

Er war davon unterrichtet, daß britische Waren – oder Waren aus den britischen Kolonien – mit Hilfe von durch russische Händler oder Beamte gefälschten Papieren nach Rußland eingeführt wurden. Darin wurde bescheinigt, das Material stamme aus Amerika und könne daher zugelassen werden. Alexander unternahm nichts gegen diese Praktiken, und ein Teil der Einfuhren wurde durch Rußland nach Preußen und in andere Länder geschleust.[45] Napoleon übermittelte durch den russischen Botschafter in Paris dem Zaren einen ärgerlichen Protest. Alexander genehmigte mit Dekret vom 31. Dezember 1810 die Einfuhr britischer Kolonialgüter, senkte die Einfuhrzölle auf diese und erhöhte die Zölle auf französische Waren. Im Februar 1811 beschwerte sich Napoleon schriftlich: «Ew. Majestät zeigt keinerlei Freundschaft mehr für mich, in den Augen Englands und Europas existiert unser Bündnis nicht mehr.»[46] Alexander beantwortete den Brief nicht, sondern mobilisierte 240 000 Soldaten an verschiedenen Punkten seiner Westgrenze.[47] Nach Caulaincourts Ansicht hatte er sich bereits im Mai 1811 zum Krieg entschlossen: «Es ist möglich und sogar nicht unwahrscheinlich, daß Napoleon uns besiegen wird, doch damit wird er den Frieden nicht gewinnen ... Wir haben riesige Räume, in die wir uns zurückziehen können ... Wir werden es unserem Klima, unserem Winter überlassen, unseren Krieg zu führen ... Ich werde mich eher nach Kamtschatka zurückziehen, als auch nur eine meiner Besitzungen aufzugeben.»[48]

Jetzt stimmte er den englischen Diplomaten in St. Petersburg ebenso wie Stein und anderen preußischen Flüchtlingen an seinem Hof zu, die ihm schon seit langem erklärt hatten, daß es Napoleons Ziel sei, ganz Europa seiner Herrschaft zu unterwerfen. Um die Nation zu einigen, gab Alexander alle Reformen und Reformvorschläge preis, die ihm die meisten einflußreichsten Familien entfremdet hatten. Er glaubte jetzt, nicht einmal das einfache Volk sei reif für sie. Am 29. März 1812 entließ er Speransky, verbannte ihn vom Hof und aus St. Petersburg und lieh sein Ohr mehr und mehr dem konservativen Grafen Alexej Araktschejew. Im April unterzeichnete er einen Vertrag mit Schweden, worin er sich bereit erklärte, die schwedischen Ansprüche auf Norwegen zu unterstützen. Er schickte Geheimbefehle an seine Vertreter im Süden, mit der Türkei Frieden zu schließen, selbst wenn dafür alle russischen Ansprüche auf die Moldau und die Walachei aufgegeben werden müßten; alle russischen Armeen mußten zur Abwehr Napoleons verfügbar sein. Die Türkei unterschrieb den Friedensvertrag am 28. Mai.

Alexander wußte, daß er alles aufs Spiel setzte, doch er hatte sich mehr und mehr der Religion als Stütze in diesen Tagen der Spannung und Entscheidung zugewandt. Er betete häufig und las jeden Tag in der Bibel. Er fand Beruhigung und Stärke im Gefühl, daß seine Sache gerecht und der göttlichen Hilfe gewiß sei. Er sah Napoleon jetzt als das Prinzip und die Verkörperung alles Bösen, als machtbesessenen Anarchisten, der unersättlich nach der Ausbreitung seiner Herrschaft strebte. Allein er, Alexander, konnte, unterstützt von einem gottberauschten Volk und einem von Gott gegebenen unendlichen Raum diesem räuberischen Teufel Einhalt gebieten, die Unabhängigkeit und hergebrachte Ordnung in Europa wiederherstellen und die Völker von Voltaire zu Christus zurückbringen.

Am 21. April 1812 verließ er, begleitet von den Spitzen seiner Regierung und den Gebeten seines Volkes, St. Petersburg und reiste südwärts nach Wilna, der Hauptstadt von Russisch-Litauen. Am 26. April traf er dort ein und erwartete mit einer seiner Armeen Napoleon.

Drittes Buch

FINALE

[1811—1815]

ERSTES KAPITEL

Moskau

[1811–1812]

I. DIE KONTINENTALSPERRE

Die unmittelbare Ursache des französisch-russischen Krieges von 1812 war die Weigerung Rußlands, die durch Napoleons Berliner Dekret vom 21. November 1806 verhängte Kontinentalsperre weiterhin zu beachten. Dieses Dekret enthielt Napoleons Plan für die Schließung sämtlicher Häfen und Küsten des europäischen Kontinents für die Einfuhr britischer Güter. Es verfolgte den Zweck, Großbritannien zur Beendigung der Blockade zu zwingen, die es (16. Mai 1806) über alle von Frankreich kontrollierten Häfen zwischen Brest und der Elbmündung verhängt hatte; die Einmischung der Briten in den Seehandel Frankreichs zu beenden; die Rückgabe der von Großbritannien weggenommenen französischen Kolonien zu erzwingen und den Zahlungen von Subsidien durch Britannien an kontinentale Staaten, die gegen Frankreich Krieg führten, ein Ende zu machen.

Wie wirkte sich die Kontinentalsperre aus? Um 1810 hatte sie in England eine schwere wirtschaftliche Depression bewirkt. In den ersten zwei Jahren nach Napoleons Berliner Dekret (1806–1808) sanken die britischen Exporte von 40 800 000 Pfund auf 35 200 000 Pfund; die Einfuhren von Rohbaumwolle gingen um fünfundneunzig Prozent zurück. Als Folge stiegen die Inlandspreise für Korn in wenig mehr als einem Jahr (1807–1808) von 69 auf 94 Schilling pro Quarter (12,7 kg). Der stockende Außenhandel drückte die Arbeitslöhne, verstärkte die Arbeitslosigkeit und führte zu heftigen Streiks. Britannien benötigte schwedisches Eisen für seine Industrie und russisches Holz für seinen Schiffbau; der Krieg mit Schweden und Rußlands Bündnis mit Frankreich (1807) verstopften diese Quellen. Britannien bemühte sich, diese Rückschläge durch den Ausbau der ihm verbliebenen Absatzmärkte wettzumachen; seine Exporte nach Portugal, Spanien und der Türkei stiegen zwischen 1805 und 1811 um vierhundert Prozent – daher Napoleons kostspielige Invasion der Halbinsel.

Die Verhältnisse in Britannien verschlimmerten sich mit dem Fortgang der Kontinentalsperre; seine Exporte in das nördliche Europa sanken von 1810–1811 um zwanzig Prozent. Seine passive Handelsbilanz verstärkte den Goldabfluß nach Europa und brachte die internationale Bewertung des Pfundkurses auf einen solchen Tiefstand, daß die Oppositionsführer Grenville und Grey nach einem Frieden um jeden Preis riefen.[1] 1811, ein Jahr vor Napoleons Rußlandfeldzug, erreichte seine Kontinentalsperre den Höhepunkt ihrer Wirksamkeit in Großbritannien.

Verglichen mit England begünstigte die gegenseitige Blockade Frankreich in erheblichem Maße. Zwar befanden sich seine Hafenstädte – Le Havre, Nantes, Bordeaux und Marseille – in einem derartigen Niedergang, daß die beiden letzteren nach einer Rückkehr der Bourbonen zu rufen begannen[2], doch der Binnenhandel profitierte vom Ausschluß der britischen Konkurrenz, dem Zustrom von Gold, dem Kapitalüberfluß und den Subventionen einer geschäftstüchtigen Regierung, die ihren Staatsschatz mit den Gewinnen aus dem Krieg auffüllte. Die Geschäftswelt Frankreichs zog noch mehr Nutzen aus diesen Faktoren wie auch aus dem erleichterten Zugang zu den unter Napoleons Kontrolle stehenden kontinentalen Märkten. Die Zahl der mechanischen Webstühle vervierfachte sich in der Zeit von 1806–1810 und beschleunigte die Industrielle Revolution in Frankreich. Vollbeschäftigung und politische Stabilität innerhalb der erweiterten Grenzen gaben der Industrie einen derartigen Auftrieb, daß Frankreich, wenn es die Napoleonischen Kriege gewonnen hätte, in Produktivität und weltweitem Handel mit England hätte gleichziehen können.

Die Kontinentalsperre begünstigte im «Kontinentalsystem» von Napoleon unterworfener Staaten Industrie und Binnenhandel und schädigte den Außenhandel. Die Hansestädte – Amsterdam, Hamburg, Bremen, Lübeck – litten unter der doppelten Blockade; die Schweiz aber, Norditalien und die rheinischen Staaten zogen Nutzen aus der unbehinderten Ausbreitung Napoleonischer Einrichtungen. Weiter östlich, wo die Industrie weniger entwickelt war, wurde die Kontinentalsperre, da sie den Verkauf der Landesprodukte an Britannien verhinderte, zu einer Last, die steigende Unzufriedenheit im Gefolge hatte. Dies traf natürlich insbesondere auf Rußland zu.

Die grundsätzliche Schwäche der Kontinentalsperre lag darin, daß sie dem menschlichen Bedürfnis nach Ausschöpfung aller Gewinnmöglichkeiten zuwiderlief. Die Häfen und Küstenstädte Europas wimmelten von Männern, die bereitwillig ihr Leben riskierten, um britische Waren auf den Kontinent zu schmuggeln, die durch das Verbot doppelt begehrenswert wurden. Auf der anderen Seite jammerten Fabrikanten auf dem Kontinent, die ausländische Märkte beliefert hatten, daß sie der britischen Märkte verlustig gingen. Die Unzufriedenheit der großen Kaufmannsfamilien in Holland ging König Louis Bonaparte so zu Herzen, daß er einen Brief an den Zaren Alexander schrieb, der «die grausamsten Pamphlete an Bitterkeit gegenüber Napoleon übertraf».[3]

Gegen die steigende Opposition setzte Napoleon 200 000 Zollstationen, Tausende von offenen oder verkleideten Agenten und unzählige Soldaten ein, um Verletzungen der Sperre auf die Spur zu kommen, um zu verhaften, zu bestrafen und zu konfiszieren. 1812 erließ das Hamburger Zollgericht innerhalb von achtzehn Tagen 127 Strafurteile, einige davon Todesurteile; die letzteren allerdings wurden, wenn überhaupt, nur selten vollstreckt. Beschlagnahmte Waren wurden zugunsten des französischen Schatzamtes verkauft, andere wurden öffentlich verbrannt, was die jeweiligen Zuschauer fast allgemein in feindselige Stimmung brachte.

Teils um die Feindseligkeit zu besänftigen, aber auch um die Einnahmen zu erhöhen oder Engpässe zu überwinden, begann Napoleon, wie schon früher berichtet, 1809 mit dem Verkauf von Lizenzen, in der Regel zum Preis von 1000 Franc, für den Import britischer, für die französische Industrie oder die Stimmung in der Bevölkerung für notwendig gehaltener Güter, oder für den Export von Waren nach Britannien, die mit Kaffee, Zucker oder Gold bezahlt wurden. Britannien hatte bereits ähnliche Lizenzen ausgegeben – zwischen 1807 und 1812 exakt 44 346 – um Einfuhrsperren zu umgehen.[4] Im Vergleich dazu erteilte Napoleon bis zum 25. November 1811 nur 494 Genehmigungen[5]; doch Alexander wies darauf hin, daß Napoleon, während er von Rußland den strikten Ausschluß britischer Waren forderte, der Einfuhr nah Frankreich Vorschub leistete.

Alles in allem schien die Kontinentalsperre ungeachtet ihrer weitverbreiteten Unpopularität, wie auch der Schwierigkeiten und Fehler bei ihrer Durchsetzung, gegen 1810 zum Erfolg zu führen. England sah sich am Rande des Bankrotts, sogar einer Revolution zur Erzwingung des Friedens. Die mit Frankreich verbündeten Staaten stöhnten zwar, unterwarfen sich aber; und Frankreich florierte trotz des durch den Halbinselkrieg bewirkten Aderlasses an Menschen und Geldmitteln wie vielleicht niemals zuvor. Die Franzosen hatten wenig Freiheit, doch sie hatten Francs und jeder seinen gehörigen Anteil am Ruhm des siegreichen Frankreich und seines unvergleichlichen Kaisers.

II. FRANKREICH IN DER DEPRESSION: 1811

Dann schien plötzlich, als ob eine finstere Macht Katastrophen aufeinanderhäufte, die gesamte vielschichtige Wirtschaft zusammenzubrechen und in einem Strudel von Bankzusammenbrüchen, Börsenkrächen, Fabrikschließungen, Arbeitslosigkeit, Streiks, Armut, Krawallen und der Drohung des Hungers unterzugehen – gerade als der wunderwirkende Kaiser im Begriff stand, Geld und Truppen zusammenzubringen und die Moral für einen Kampf auf Leben und Tod mit einem entfernten, unbekannten und ungeheuren Rußland zu stärken.

Es ist schwierig genug, die Ursachen einer Depression der jüngsten Zeit zu analysieren. Wie sollen wir den Gründen jener von 1811 in Frankreich auf die Spur kommen, die offensichtlich schwerer war, als irgendeine, an die sich die ältesten unter uns erinnern können? Ein gelehrter Historiker[6] führt sie auf zwei Hauptursachen zurück: 1. die Unmöglichkeit für die französische Textilindustrie, das benötigte Rohmaterial und Kapital aufzutreiben; und 2. die Zahlungseinstellung einer Lübecker Bank. Französische Spinnereien waren auf die Einfuhr von Rohbaumwolle für ihre Spinnmaschinen angewiesen. Die protektionistische Politik der französischen Regierung hatte solche Importe mit hohen Zöllen belegt; die Zufuhr ging zurück und wurde teurer; die französischen Fabriken waren nicht in der Lage, diese Preise für das gesamte Material zu bezahlen, das sie brauchten, um alle ihre Maschinen in Gang zu halten. Sie konnten auch die steigenden Zinsen nicht aufbringen, welche die französischen Banken für Kredite forderten. Die Spinnereibesitzer sahen sich gezwungen, immer mehr ihrer Arbeiter zu entlassen. Der Zusammenbruch der Lübecker Bank, gefolgt von ähnlichen Zusammenbrüchen in Hamburg und Amsterdam, zog Pariser Firmen in Mitleidenschaft. Siebzehn französische Banken stellten im Oktober 1810, einundvierzig im November und einundsechzig im Januar 1811 ihre Zahlungen ein. Verknappung und hohe Kosten von Bankkrediten zwangen eine Firma nach der anderen, ihre Belegschaft zu reduzieren oder sogar ihren Betrieb zu schließen. Bald waren die Straßen französischer Städte überfüllt von Arbeitslosen, die versuchten, ihre Habe zu verkaufen, oder um Brot bettelten; ein paar begingen Selbstmord.[7] In Nordfrankreich rotteten sich Arbeitslose zusammen, überfielen Bauernhöfe und raubten Korn. In den Städten plünderten sie Märkte und Warenhäuser; auf Straßen und Flüssen hielten sie Lebensmitteltransporte an und beraubten sie. Das Chaos von 1793 schien zurückgekommen zu sein.

Napoleon dekretierte schwere Strafen für Verbrechen gegen die öffentliche Ordnung, setzte Soldaten ein, um wilde Streiks zu beenden, organisierte die kostenlose Verteilung von Lebensmitteln und schickte 2540 Tonnen Weizen und 30 000 Säcke Mehl in die besonders schwer betroffenen Zentren. Er hob die Kontinentalsperre vorübergehend auf, um den Import ausländischen Getreides zu ermöglichen; er erhöhte die Zölle auf Auslandserzeugnisse, die mit französischen Waren konkurrierten; er ließ Regierungskredite bereitstellen, um es Firmen zu ermöglichen, Arbeiter einzustellen und die Produktion wieder aufzunehmen. Im Mai 1812 verordnete er, dem Beispiel der Revolution folgend, einen «Maximum»-Preis für Weizen. Dies erwies sich als Fehlschlag, denn die Bauern hielten ihre Produkte zurück, bis sie den geforderten Preis erzielten. Private Wohltätigkeit half der Regierung, eine Volkserhebung zu verhindern. Graf Rumford, ein amerikanischer Wissenschaftler, der damals in Frankreich lebte, erfand eine «Rumfordsuppe», die in der Hauptsache aus Bohnen und Erbsen bestand und nicht nur pflanzliches Protein lieferte, sondern auch den Hunger stillte.

Diese wirtschaftliche Krise, die mitten in seine Vorbereitungen für die Invasion Rußlands fiel, war eine Nervenprobe für Napoleon und sie mag ihr Teil zur Schwächung seines Selbstvertrauens und seiner Entschlossenheit beigetragen haben. Doch das Glück verließ ihn noch nicht. Die Ernte von 1812 versprach gut zu werden und wurde es auch. Brot wurde billiger, die Arbeitslosen konnten sich wenigstens satt essen. Banken wurden wieder eröffnet oder durch Neugründungen ersetzt; das Kapital, dieser unsichtbare und unentbehrliche Produzent, spielte wieder seine Rolle in den Fabriken. Es konnten wieder Löhne für die Herstellung von Waren bezahlt werden, die vielleicht erst nach einem halben Jahr einen Käufer finden würden. Und die Märkte wurden wieder beliefert. Nun konnte Napoleon sich in einen Krieg zur Erzwingung einer Blockade stürzen, die bereits im Verhalten von Völkern und durch die menschliche Natur verurteilt worden war.

III. EINLEITUNG ZUM KRIEG: 1811–1812

Die kaiserlichen Gegner bereiteten sich auf den Kampf mit diplomatischen Schachzügen, der Aufstellung von Truppeneinheiten und Massenbewegungen von Soldaten vor. Jeder versuchte, den anderen davon zu überzeugen, daß er den Frieden wünsche. Napoleon ernannte Armand de Caulaincourt zu seinem Botschafter, einen Mann von mehr als nur genealogischem Adel. Bei der Ankunft in St. Petersburg (November 1807) war Caulaincourt beeindruckt von der Entwicklung Alexanders, den er dort noch 1801 als scheuen jungen Herrscher gesehen hatte. Der Zar war ein Vorbild an gutem Aussehen, anmutigen Manieren und gefälliger Unterhaltung geworden. Alexander bekannte sich als Verehrer Napoleons und weiterhin als Verfechter der in Tilsit getroffenen Abmachungen – mit einigen geringfügigen Berichtigungen, die der brillante Kaiser der Franzosen sicherlich vernünftig finden würde.

Doch Polen trennte sie. Napoleon hatte das Großherzogtum Warschau unter französischem Protektorat errichtet (1807); Alexander lockte im Gegenzug polnische Adlige mit dem Angebot, das gesamte Polen, wie es vor den Teilungen bestanden hatte, als im Innern autonomes Königreich wiederherzustellen, das nur den russischen Zaren als seinen König und Herrn seiner Außenpolitik anzuerkennen hätte. Briefe, die dieses Angebot enthielten, fielen Napoleon in die Hände und versetzten ihn in Wut.[8] Er berief Caulaincourt ab (Februar 1811) und ersetzte ihn als französischen Botschafter in Rußland durch Jacques Law, den späteren Marquis de Lauriston.

In diesem Monat forderte Alexander Österreich auf, sich mit ihm zu einem Angriff auf die Streitkräfte Napoleons in Polen zu verbünden, wobei er ihm nebenbei als Lohn die halbe Moldau und die ganze Walachei versprach.[9] Österreich lehnte ab. Auf St. Helena beleuchtete Napoleon seine Polenpolitik ein wenig: «Ich würde nie einen Krieg mit Rußland unternommen haben, nur um den Interessen des polnischen Adels zu dienen.» Und im Hinblick auf die Befreiung der Leibeigenen: «Ich kann nie vergessen, daß polnische Leibeigene, als ich mit ihnen über Freiheit sprach, mir antworteten, ‚natürlich würden wir sehr gerne frei sein, doch wer wird uns dann Essen, Kleidung und Wohnung geben?'»[10]. Das heißt, sie würden sich hilflos jeder plötzlichen Veränderung gegenüber gesehen haben. Caulaincourt erreichte, beladen mit Geschenken des Zaren, Paris am 5. Juni 1811. Er versuchte immer wieder, Napoleon von Alexanders friedlichen Absichten zu überzeugen und warnte ihn, daß eine französische Invasion Rußlands an Klima und Raum scheitern müsse. Napoleon kam zu dem Schluß, daß Caulaincourt, entgegen diplomatischen Gepflogenheiten, die Partei des Zaren ergriffen habe.[11] Napoleon begrub die Hoffnung auf eine friedliche Lösung und massierte – da er russische Versuche argwöhnte, Preußen und Österreich auf die Seite Rußlands zu ziehen[12] – Truppen in oder in der Nähe von Preußen und schüchterte Friedrich Wilhelm III. so ein, daß er ein Bündnis mit Frankreich unterzeichnete (5. März 1812). Darin verpflichtete sich Preußen, ein Kontingent von 20 000 Mann für die französische Invasion in Rußland bereitzustellen und außerdem die französische Armee auf ihrem Marsch durch Preußen zu verpflegen. Die Kosten hierfür sollten von der Kriegsentschädigung abgezogen werden, die Preußen Frankreich noch schuldete.[13] Am 14. März schloß Österreich eine in ähnlicher Weise erzwungene Allianz mit Frankreich. Im April schlug Napoleon dem Sultan ein Bündnis vor, demzufolge die Türkei ihren Konflikt mit Rußland zum Heiligen Krieg erklären und mit Frankreich gemeinsam auf Moskau marschieren sollte. Im Erfolgsfall solle die Pforte die Donaufürstentümer zurückgewinnen und die volle Souveränität über die Krim und das Schwarze Meer erhalten. Eingedenk der Tatsache, daß Napoleon die Türken in Ägypten und Syrien bekämpft und in Tilsit Alexander freie Hand gegen die Türkei gelassen hatte, wies der Sultan den Vorschlag zurück und schloß Frieden mit Rußland (28. Mai 1812). Am 5. April unterzeichnete Alexander einen Beistandspakt auf Gegenseitigkeit mit Schweden, am 18. April bot er Großbritannien den Frieden und eine Allianz an. Am 29. Mai erklärte er alle russischen Häfen als offen für Schiffe aller Nationen. Im Ergebnis bedeutete dies den Rückzug aus der Kontinentalsperre und die Kriegserklärung an Frankreich.

Gleichzeitig mit diesem diplomatischen Duell vollzog sich eine der umfangreichsten Kriegsrüstungen der Geschichte. Für Alexander stellte sich dieses Problem begrenzter und einfacher als für Napoleon. Er hatte nur Kräfte und vaterländische Gefühle eines einzigen Landes zu mobilisieren. Um die Gefühle brauchte er sich kaum zu sorgen. Mütterchen Rußland erhob sich spontan gegen die Barbarenhorden, die ein ungläubiger Wilder gegen es ins Feld führte. Die patriotische Begeisterung, die den Frieden von Tilsit verurteilt hatte, wandelte sich zu gleichsam religiöser Unterstützung für den Zaren. Wohin er immer kam, drängten sich einfache Männer und Frauen aus dem Volk um ihn und küßten sein Pferd oder seine Stiefel. Von dieser Stimmung getragen, vergrößerte er seine Armeen, gab seine Befehle für die Vorbereitung auf den Krieg und zog 200 000 Mann längs der Düna und des Dnjepr zusammen, der großen Flüsse, die das eigentliche Rußland von den bei den Teilungen gewonnenen litauischen und polnischen Provinzen trennten.[14]

Napoleons Mobilmachung war komplizierter. Er sah sich von allem Anfang an der Schwierigkeit gegenüber, daß 300 000 Mann französischer Truppen mit einem Dutzend französischer Generale in Spanien gebunden waren und möglicherweise noch mehr nötig wären, um Wellington daran zu hindern, durch die Halbinsel und über die Pyrenäen nach Frankreich einzumarschieren. Er hatte gehofft, nach Spanien zurückzukehren und seine Siege von 1809 wiederholen zu können. Jetzt hatte er sich zu entscheiden zwischen dem Verlust Spaniens, Portugals und der Kontinentalsperre und dem Verlust des russischen Alliierten, der auch zur Durchlöcherung der Blockade führte. «Niemand wußte besser als ich, daß Spanien ein schwärendes Krebsgeschwür war, das erst ausgeheilt werden mußte, ehe wir uns auf einen schrecklichen Krieg einlassen konnten, dessen erste Schlacht fünfzehnhundert Meilen von meiner Grenze entfernt geschlagen werden würde.»[15]

Er hatte 1810 mit seinen militärischen Vorbereitungen begonnen, als er in aller Stille die französische Garnison in Danzig verstärkte und so unauffällig wie möglich die französischen Kontingente vermehrte, die Preußen überwachten. Im Jahre 1811 rief er den laufenden Jahrgang zu den Fahnen und verlegte ihn an die deutsche Küste zwischen Elbe und Oder, als Sicherung gegen einen russischen Flankenangriff von der Seeseite. Im Frühling forderte er die Rheinbundfürsten auf, ihre zugesagten Truppenkontingente für den aktiven Dienst bereitzustellen. Im August begann er mit dem sorgfältigen Studium der topographischen Gegebenheiten in Rußland und entschied sich für den Juni als den günstigsten Monat für eine Invasion.[16] Im Dezember setzte er ein Netz von Spionen auf Rußland und die es umgebenden Länder an.[17]

Bis zum Februar 1812 hatten beide Seiten ihre Mobilmachung beendet. Die Einberufung hatte in Frankreich einen merklichen Rückgang in der Popularität der Armee sichtbar werden lassen: Von 300 000 Einberufenen leisteten 80 000 dem Befehl keine Folge; Tausende von ihnen wurden als Vogelfreie verfolgt.[18] Viele Rekruten desertierten oder wurden nur widerwillig Soldaten und erwiesen sich in kritischen Situationen als gefährlich unzuverlässig. Bei früheren Feldzügen hatten die Neulinge das stolze Vorbild der Veteranen der kaiserlichen Garde vor Augen und ihre väterliche Ermunterung empfangen. Jetzt aber waren die meisten Mitglieder dieser Schlachtenbruderschaft tot oder in Spanien oder zu alt, um als Helden zu glänzen – es sei denn in Erinnerungen. Auch die Anfeuerung durch eine geeinte und begeisterte Nation fehlte den Rekruten. Napoleon appellierte an sie und an seine Untertanen, das Unternehmen als einen heiligen Krieg der westlichen Zivilisation gegen die anschwellende Woge der slawischen Barbarei[19] zu betrachten, doch die skeptischen Franzosen hatten solche Sprüche schon öfter gehört, und Rußland war in jedem Fall zu weit weg, um ihnen Angst einzujagen. Er versuchte seine Generale zu begeistern, doch waren sie, wenn unter sich, fast ohne Ausnahme gegen den neuen Krieg, der zu einer Tragödie führen mußte. Viele von ihnen waren dank seiner Großzügigkeit reich geworden und wünschten, er möge sie ihren Reichtum in Frieden genießen lassen.

Einzelne seiner Mitarbeiter waren mutig genug, ihre Zweifel in seiner Gegenwart zu äußern. Caulaincourt, der ihm gegenüber stets loyal war und ihm bis 1814 als sein Großstallmeister diente, warnte ihn, daß ein Krieg mit Rußland verhängnisvoll sein würde und wagte es sogar, ihm zu sagen, daß er all diese Schwierigkeiten nur auf sich genommen habe, um «seiner liebsten Leidenschaft zu fröhnen», dem Krieg.[20] Fouché, vermutlich wegen seiner unheilbaren Intrigensucht aus der Umgebung des Kaisers verbannt, aber zurückgerufen, um ihn im Auge oder am Zügel zu behalten, sagte zu Napoleon (wenn man Fouché überhaupt glauben kann), daß es aus klimatischen Gründen unmöglich sei, Rußland zu besiegen und daß er sich vom Traum einer Universalherrschaft verleiten ließe.[21] Napoleon erklärte, sein Traum sei es lediglich, eine Vereinigung der Staaten Europas zu gründen, dem Kontinent ein einheitliches modernes Gesetzbuch, ein Währungssystem, ein System von Maßen und Gewichten, einen obersten Gerichtshof zu geben – dies alles unter seinem Dreispitz. Und diese ungeheure, noch nie dagewesene Armee, die er mit soviel

Mühe versammelt und ausgerüstet hatte – wie konnte er sie jetzt nach Hause schikken und den Rest seines Lebens mit eingezogenem Schweif herumlaufen?

Es war in der Tat eine riesige Armee: 680 000 Mann, einschließlich 100 000 Mann Kavallerie, ungerechnet politische Beamte, Dienerschaft und weibliche Hilfskräfte. Von der Gesamtzahl waren weniger als die Hälfte Franzosen; der Rest waren in Italien, Illyrien, Österreich, Deutschland und Polen ausgehobene Kontingente. Ein halbes Hundert Generale – Lefebvre, Davout, Oudinot, Ney, Murat, Victor, Augereau, Eugène de Beauharnais und Fürst József Antoni Poniatowski, der Neffe von Polens letztem ritterlichen König – führten das Kommando. Alle diese Streitkräfte waren in getrennten Armeen zusammengefaßt, hatten von verschiedenen Punkten aus nach Rußland zu marschieren, jeder General mit speziellen Instruktionen, wann und wohin er seine Truppe in Marsch zu setzen habe.

Die Aufgabe, eine derartige Menge auszurüsten und zu verpflegen, hatte wahrscheinlich mehr Genie, Geduld und Geld erfordert, als die, sie zusammenzubringen. In der Tat waren sowohl die frühen wie auch die letzten Phasen des Unternehmens entscheidend von logistischen Bedingungen beeinflußt. Der Feldzug konnte nicht beginnen, ehe genügend Gras gewachsen war, um die Pferde zu füttern; sein Scheitern wurde mehr oder weniger endgültig durch die Erbeutung der Vorräte durch die Russen begünstigt, welche die zurückflutenden, ausgehungerten Franzosen in Smolensk zu finden erwartet hatten. Napoleon bemühte sich, alles vorauszusehen, mit Ausnahme einer Katastrophe. Er organisierte Depots mit Material, Ersatzteilen, Verpflegung, Bekleidung und Medikamenten in Wesel, Köln, Bonn, Koblenz, Mainz und anderen Orten an den Marschwegen seiner zusammenströmenden Armeen; derselbe Nachschub sollte in Hunderten von Transportfahrzeugen dem Vormarsch der Invasoren in Rußland folgen. Napoleon kannte sich aus, wo er zu kaufen und was er zu zahlen hatte; er kannte die Tricks der Armeelieferanten und war schnell bei der Hand, einen Kaufmann, der wissentlich Wucherpreise forderte oder seinen Armeen schlechte Ware lieferte, einem Erschießungskommando zu überantworten.

Woher nahm er das Geld für diese ganze Ausrüstung, für Transport und Lagerung, wie für die Männer, die sie verbrauchten? Er erhob Steuern, nahm Anleihen auf, lieh Geld von der Bank von Frankreich und von Privatbanken. Er entnahm seinem Privatschatz von 380 Millionen Goldfrancs in den Kellern der Tuilerien Millionen. Extravaganz bekämpfte er, wo er konnte; er schalt seine geschiedene geliebte Josephine aus, weil sie das Geld hinauswarf wie eine Kaiserin und lobte Kaiserin Marie Louise für ihre Sparsamkeit.[22] Alles in allem, so sagte er später, «war der Rußlandfeldzug ... der beste, der geschickteste, der am besten geführte und der methodischste von allen Feldzügen, die ich befehligt habe».[23]

War er tauglich, ihn zu befehligen? Wahrscheinlich besser, als irgendeiner seiner Zeitgenossen, aber doch nicht in der Form, die das Unternehmen verlangte. Mit dreiundvierzig Jahren war er bereits zu alt für das Leben im Feldlager und die Erfordernisse der Schlacht. Wir dürfen annehmen, daß er unter den Unpäßlichkeiten litt, die ihn bei Borodino und Waterloo quälten: Magenschmerzen, häufiges und erschwertes Wasserlassen und Hämorrhoiden. Obwohl im privaten Bereich immer noch ein gütiger und gerechter Mann, ein guter Ehemann für Marie Louise und ein liebevoller Vater für ihren Sohn, war er, nach acht Jahren kaiserlicher Macht, ungeduldig, diktatorisch, leicht reizbar geworden und geneigt, seine geistige und politische Macht zu überschätzen. Es gab dabei viele Ausnahmen: Er ertrug gutgelaunt Caulaincourts Kritik und verzieh seinen Brüdern und Generalen manche kostspieligen Irrtümer. Was seine eigene Person betrifft, so hatte er realistische Augenblicke. Sein Sekretär berichtete uns: «Während seiner Überlegungen hörte ich Napoleon oftmals seine Lage mit den Worten charakterisieren: ‚der Bogen ist überspannt'».[24] Doch er hatte zuwenige Niederlagen erlitten, um Augenmaß und Selbstbeschränkung erreicht zu haben. «Schließlich», sagte er zu Narbonne, «ist dieser lange Weg (nach Moskau) der Weg nach Indien».[25]

So verließ er also am 9. Mai 1812 St. Cloud, zunächst auf dem Wege nach Moskau. Alles in seinem Leben war Glücksspiel gewesen, und dies war das gewagteste von allen.

IV. DER WEG NACH MOSKAU: 26. JUNI – 14. SEPTEMBER 1812

Marie Louise hatte ihn überredet, sie bis Dresden mitzunehmen und ihre Eltern einzuladen, dort mit ihnen zusammenzutreffen, so daß sie wieder einmal, wenn auch nur kurz, mit ihrer Familie zusammen sein könne. Napoleon war einverstanden und hielt es für klug, auch Friedrich Wilhelm III. von Preußen sowie verschiedene andere Fürstlichkeiten und hochgestellte Persönlichkeiten einzuladen. Von Mainz an glich seine Reise durch das Rheinland einem Triumphzug. Die einzelnen Herrscher kamen, um ihrem Souverän zu huldigen und geleiteten seinen Zug auf der Weiterfahrt nach Sachsen. Einige Meilen westlich von Dresden erwartete sie König Friedrich August, der sie in seine Hauptstadt geleitete. Sie erreichten die Stadt am 16. Mai eine Stunde vor Mitternacht. Die Straßen, die sie durchfuhren, waren überfüllt mit Menschen, die Fackeln trugen und in begeisterte Willkommensrufe ausbrachen; Artilleriesalven wurden abgefeuert, und die Kirchenglocken läuteten.[26]

Am 18. Mai traf Metternich mit dem österreichischen Kaiserpaar ein.* Marie Louise umarmte ihren Vater mit sichtbarer Rührung; ihr Glück wurde durch die Vorahnung gedämpft, daß das Jahr Unheil bringen werde. Kurz darauf trafen der König und der Kronprinz von Preußen ein, die sich wahrscheinlich angesichts der offensichtlichen *entente cordiale* zwischen den historischen Feinden ihres Landes nicht sehr behaglich fühlten; allerdings besaß Zar Alexander die geheime Zusicherung, daß sowohl Preußen als auch Österreich auf Napoleons Niederlage hoff-

---

* Es war dies die dritte Gemahlin Franz II., Maria Ludovica von Modena; Marie Louise war die Tochter seiner zweiten Gattin, Maria Theresia von Neapel, die 1807 starb.

ten.[27] König Friedrich August erhellte den politischen Hintergrund als Gastgeber mit Opern- und Schauspielaufführungen, Jagden, Feuerwerk und Empfängen, bei welchen die deutschen Fürsten Napoleon huldigten, der – äußerlich anspruchslos – zwölf Tage auf dem Zenith seiner Laufbahn genoß.

Am 28. Mai brach er auf, um sich zu einer seiner Armeen in Thorn an der Weichsel zu begeben. Seine Generale hatten Befehl erhalten, mit ihm am Ufer der Memel zusammenzutreffen, die das Großherzogtum Warschau von Rußland trennte. Er reiste in einem Wagen, der mit Lampe, Tisch, Schreibmaterial, Karten und Büchern ausgestattet war. Während des Vormarsches wurde diese Ausstattung jede Nacht in ein Zelt gebracht, wo er die Befehle ausarbeitete und seinen Sekretären diktierte, die den Generalen für die Operationen des nächsten Tages zugeleitet werden sollten. Sein alter Sekretär Méneval, sein jüngerer Sekretär François Fain und sein Kammerdiener Véry Constant begleiteten ihn auf dem ganzen Weg nach Moskau und zurück. Er erreichte die Memel am 23. Juni, rekognoszierte und sah keinerlei Anzeichen feindlicher Präsenz auf der anderen Seite. In Kürze waren drei Pontonbrücken geschlagen und am 24.–26. Juni überquerten 200 000 seiner Soldaten den Fluß in Richtung Kowno (jetzt Kaunas). Fast zur gleichen Zeit überschritt eine andere französische Armee von 200 000 Mann den gleichen Fluß weiter stromabwärts bei Tilsit (heute Sowetsk)[28], wo Napoleon und Alexander sich vor fünf Jahren Freundschaft bis zum Tode geschworen hatten.

Alexander befand sich um diese Zeit in Wilna, siebenundfünfzig Meilen südöstlich von Kowno. Mehrere Armeen erwarteten seine Befehle: Im Norden 150 000 Mann unter Fürst Michail Barclay de Tolly, der aus Schottland stammte; im Süden 60 000 unter Fürst Pjotr Bagration, einem Georgier; im Osten schließlich 40 000 unter General Alexsander Tormasow. Sie konnten Napoleons 400 000 Mann nicht aufhalten, doch konnten sie auf einem geordneten Rückzug alle brauchbaren Vorräte verbrauchen, vernichten oder abtransportieren und den Eindringlingen wenig zur Plünderung übriglassen. Eine weitere russische Armee von 60 000 Mann, die durch den Friedensschluß mit der Türkei freigeworden war, marschierte unter dem Kommando von General Paul Tschitschagow von Süden herauf. Sie waren jedoch noch mehrere Tagesmärsche entfernt.

Am 24. Juni war Alexander Ehrengast auf einem *bal champêtre* (Ball im Freien) auf dem Landsitz des Grafen Levin Bennigsen, der Napoleon 1807 bei Eylau zum Rückzug gezwungen hatte. Während des Festes brachte ein Kurier dem Zaren die Meldung, daß die Franzosen über die Memel nach Rußland einmarschierten. Alexander verschwieg die Nachricht, bis der Ball zu Ende war. In sein Hauptquartier zurückgekehrt, erließ er an die erreichbaren Armeen den Befehl, sich wenn möglich zu vereinigen, sich aber auf jeden Fall ins Landesinnere zurückzuziehen. Die Franzosen waren früher gekommen, als erwartet; die russischen Streitkräfte konnten sich nicht vereinigen, doch sie zogen sich in guter Ordnung zurück.

Am 26. Juni übermittelte der Zar Napoleon das Angebot, die Verhandlungen wieder aufzunehmen, doch nur unter der Bedingung, daß die Franzosen sich unverzüglich aus Rußland zurückzögen. Er setzte jedoch wenig Vertrauen in den Erfolg seines Vorschlags und verließ Wilna mit der Armee Barclay de Tollys in Richtung Witebsk. Dort gab er den unentwegten Vorstellungen seiner Offiziere, er sei nicht darauf vorbereitet, strategische Entscheidungen zu treffen, nach und begab sich nach Moskau, wo er die Bürger aufrief, Gut und Blut für ihr bedrohtes Vaterland zu opfern. Sie brachen in Begeisterungsstürme aus, und er kehrte voll Zuversicht nach St. Petersburg zurück.

Am 27. Juni brach Napoleon mit seiner Hauptarmee zu dem langen Marsch – rund 550 Meilen (880 Kilometer) – von Kowno nach Moskau auf. Bereits diese ersten Tage in Rußland waren eine Zerreißprobe: Die Tage waren heiß, die Nächte kalt; heftiger Regen durchtränkte alles. Jeder Soldat trug für fünf Tage Verpflegung bei sich, doch um ihre Rationen zu strecken oder zu vergrößern, plünderten sie, ohne das Verbot des Kaisers zu beachten, Felder und Häuser. Die Armee erreichte Wilna am 28. Juni und plünderte soviel sie konnte, ehe Napoleon eintraf. Er kam in der Erwartung, als Befreier begrüßt zu werden. Vereinzelte Polen und Litauer grüßten ihn auch so, andere aber starrten ihn in zornigem Schweigen an, erbost über die Räubereien.[29] Eine Abordnung bat ihn, die Wiederherstellung der polnischen Monarchie zu versprechen. Er wollte sich nicht festlegen, da er fürchten mußte, die Preußen und Österreicher in seiner Armee oder ihre Regierungen vor den Kopf zu stoßen; er forderte die Bittsteller auf, die Angelegenheit bis zu seiner siegreichen Rückkehr aus Moskau ruhen zu lassen.

Er hatte gehofft, eine der Armeen des Zaren bei Wilna einzuholen und zu vernichten, doch Barclay und seine Truppen waren nach Witebsk entkommen, und Napoleons Streitkräfte waren zu erschöpft, um sie zu verfolgen. Es dauerte zwei Wochen, bis Manneszucht und Kampfgeist wiederhergestellt waren. Verschiedene Enttäuschungen verdüsterten die Laune des Kaisers. Er hatte seinen Bruder Jérôme mit beträchtlichen Kräften auf die Verfolgung Bagrations nach Süden angesetzt. Jérôme gelang es nicht, seine Beute zu packen, er kehrte zur französischen Hauptarmee zurück, wurde von Napoleon für saumseliges Vorgehen und schlappe Führung getadelt, legte sein Kommando nieder und zog sich an seinen Hof in Westfalen zurück.[30] Am 16. Juli führte Napoleon seine neuverproviantierte Armee aus Wilna heraus und begann den Marsch von 250 Meilen nach dem nordöstlich gelegenen Witebsk. Er hatte geplant, Barclay de Tolly dort zu fassen, doch der schlaue Schotte war bereits nach Smolensk abmarschiert. Napoleon konnte ihn nicht weiter verfolgen, denn er hatte Verstärkungen und Nachschub nach Witebsk beordert, die noch nicht eingetroffen waren. Mehrere seiner Generale rieten ihm, dort Winterquartier zu beziehen, anstatt zu versuchen, vor Einbruch des Winters nach Moskau und wieder zurück zu gelangen. Napoleon erwiderte, daß Witebsk nicht für eine erfolgreiche Befestigung und Verteidigung geeignet sei; außerdem sei die Gegend zu wenig bebaut, um seine Armee zu ernähren; überdies würde jeder Aufenthalt, ehe Moskau erreicht oder eine entscheidende Schlacht geschlagen sei, Rußland Zeit geben, weitere Armeen aufzustellen und auszurüsten, um die Franzosen auf dem

Marsch zu behindern oder in Witebsk einzuschließen. Einzig und allein die Einnahme von Rußlands heiliger Stadt und früherer Hauptstadt würde Alexander zu Verhandlungen zwingen.

Nach einer Pause von fünfzehn Tagen in Witebsk nahm er mit seiner Armee den Marsch wieder auf in der Hoffnung, bei Smolensk auf Barclay zu treffen. Smolensk war das volkreiche Zentrum einer fruchtbaren Region, für Handel und Industrie günstig infolge seiner Lage am Dnjepr und so gut befestigt, daß Barclay und Bagration, die ihre Armeen dort vereinigt hatten, sich entschlossen, dort Aufstellung zu nehmen und zumindest Napoleons Vormarsch zum Stehen zu bringen.

Die Franzosen langten am 16. August an, erschöpft von ihren langen Märschen und durch Tod und Desertion auf 160 000 Mann zusammengeschrumpft.[31] Trotzdem war ihr sofortiger Angriff heftig und wirkungsvoll. In der Nacht zum 17. August, entweder infolge einer russischen Verzweiflungstat oder durch französischen Artilleriebeschuß, brachen Brände in der Stadt aus, sehr zur Freude Napoleons. «Ist dies nicht ein wunderbarer Anblick?» fragte er seinen Oberstallmeister. «Furchtbar, Sire», antwortete Caulaincourt. Napoleon: «Bah! Denken sie daran, was ein römischer Kaiser sagte: ‚Der Leichnam eines Feindes riecht immer gut.‘»[32] Am 18. August schickte der Kaiser an seinen Außenminister Maret einen Bericht, dazu bestimmt, die Moral der Pariser zu stärken: «Wir haben Smolensk eingenommen, ohne einen Mann zu verlieren.»[33] Eine spätere Berechnung durch einen englischen Historiker kam zu dem Ergebnis, daß die Franzosen 8000–9000 Mann und die Russen 6000 verloren hätten.[34] Die französischen Verluste waren unersetzbar. Die russischen Armeen zogen sich in befreundete Städte und auf eine Reserve von dienstfähigen Männern zurück.

Am 20. Juli entschied Zar Alexander, veranlaßt durch die unterschiedlichen Ansichten seiner Generale über die einzuschlagende Taktik, daß seine Streitkräfte einem Oberstkommandierenden unterstellt werden müßten. Er berief auf diesen Posten Michail Hilarionowitsch Kutusow (1745–1813), der in vielen Feldzügen den Ruf eines erfolgreichen Generals von unwidersprochener Autorität erworben hatte. Er war siebenundsechzig Jahre alt, faul und wenig beweglich, so fett, daß er im Lager oder auf dem Schlachtfeld in einem Wagen gefahren werden mußte. Er hatte ein Auge in der Schlacht verloren und sah auf dem anderen auch nicht gut; er war ziemlich wollüstig und Frauen gegenüber tolpatschig. Doch er hatte die Kriegskunst in fünfzig Dienstjahren gelernt und ganz Rußland hatte nach seiner Ernennung gerufen. Er enttäuschte fast jedermann, einschließlich Napoleon, als er einer Schlacht auswich und den weiteren Rückzug befahl.

Napoleon war versucht, die Jagd abzubrechen, Smolensk zu einer Festung mitten in Rußland auszubauen, den Winter dort zu verbringen und eine durch Befestigungen geschützte Verbindungslinie nach Westeuropa aufrechtzuerhalten. Er sah sich jetzt jedoch einer völlig unerwarteten Lage gegenüber: Seine Armee war durch den Zerfall in die verschiedenen völkischen Gruppen und den Zusammenbruch der Disziplin so in Unordnung geraten, daß es sicherer erschien, sie marschieren zu lassen, weil dann die Furcht vor einem Angriff den Zusammenhalt erzwang. «Diese Armee», erklärte er General Sébastiani, «kann jetzt nicht Halt machen ... Nur die Bewegung hält sie zusammen. Man kann ihr voranmarschieren, doch nicht anhalten oder zurückgehen.»[35] Er verließ also am 25. August kurz nach Mitternacht – nur eine Woche nach der Einnahme – Smolensk mit seinen Truppen und marschierte auf der heißen, staubigen Straße nach Wjasma, Gshatsk ... und Moskau. Es war ein Marsch von drei Wochen, Murat und seine Kavallerie bildeten die Vorhut und stärkten die Kampfmoral durch die unbekümmerte Rücksichtslosigkeit, mit welcher er und seine Reiter jeden Angriff der Nachhut der zurückmarschierenden Russen abschlugen. Später beschrieb ihn Napoleon so:

> Tapfer war er nur in Anwesenheit des Feindes. Dann war er der tapferste Mann von der Welt. Sein ungestümer Mut führte ihn in den Mittelpunkt der Gefahr. Er war mit Gold und Federn bedeckt, die sich wie ein Kirchturm über seinem Kopf erhoben. Wie durch ein Wunder entging er immer wieder der Gefahr, denn er war an seiner Uniform leicht zu erkennen. Er bot dem Feind eine regelrechte Zielscheibe. Die Kosaken bewunderten ihn wegen seiner erstaunlichen Tollkühnheit.[36]

Am 5. September, als sie sich der Stadt Borodino (noch 120 Kilometer vor Moskau) näherten, hatte die französische Vorhut von der Kuppe eines Hügels aus in der vor ihr liegenden Ebene einen Anblick, der sie zugleich erfreute und bedrückte: Hunderte von Russen bauten an Schanzen, hinter denen Artillerie in Stellung gehen konnte, und weiter hinten in den Feldern, nahe beim Zusammenfluß der Flüsse Kalatscha und Moskwa, Tausende von Soldaten. Offenbar hatte Kutusow sich entschlossen, sich zu stellen.

Der ganze 6. September verging für beide Heere mit den Vorbereitungen zur Schlacht. Während der folgenden kalten, regnerischen Nacht schlief kaum jemand. Um 2 Uhr morgens erließ Napoleon eine Proklamation, die in Übersetzung vor den verschiedenen Divisionen seiner Armee verlesen wurde: «Soldaten! Vor euch liegt die Schlacht, die ihr so lange ersehnt habt. Jetzt hängt der Sieg von euch ab. Er wird uns Überfluß, gute Winterquartiere und eine baldige Rückkehr in unser Vaterland bringen.»[37] In derselben Nacht trugen auf Befehl Kutusows die Priester, die seine Armee begleiteten, eine Ikone der «Schwarzen Muttergottes» durch sein Lager, die aus dem brennenden Smolensk gerettet worden war. Die Soldaten knieten nieder, bekreuzigten sich und wiederholten leidenschaftlich die Gebete der Priester «*Gospodi pomilui* – Gott erbarme Dich unser». Und Kutusow beugte das Knie, um die Ikone zu küssen.[38]

Etwa um dieselbe Zeit brachte ein Kurier Napoleon einen Brief von Marie Louise mit einem neuen Bild ihres einjährigen Sohnes. Außerdem erhielt er die Nachricht, daß seine Armee durch Wellington bei Salamanca eine schwerwiegende Niederlage erlitten hatte. Er verbrachte einen großen Teil der Nacht damit, Instruktionen für die bevorstehende Schlacht an seine Offiziere auszugeben. Es muß ihm schwergefallen sein, zu schlafen, denn seine gewohnte Dysurie plagte ihn. Sein Urin war beängstigend verfärbt, seine Beine waren ödematös geschwollen, sein Puls war schwach und setzte häufig aus.[39] Trotz dieser Schwierigkeiten ritt er am ersten Tag der Schlacht drei Pferde zuschanden, ständig unterwegs von einem Teil seiner Armee zum anderen.[40]

Er verfügte über 130 000 ermüdete Männer, Kutusow über 112 000. Die Franzosen hatten 587 Kanonen, die Russen 640. Während des ganzen 7. September kämpften diese Tausende von Soldaten, furchterfüllt, haßerfüllt, tötend und sterbend mit demselben Heroismus und der gleichen Zähigkeit auf beiden Seiten, als ob sie fühlten, daß das Geschick Europas von ihnen abhing. Bagration fiel an der Spitze einer russischen Attacke; Caulaincourt verlor in diesem Krieg, den er zu verhindern gesucht hatte, einen geliebten Bruder; Eugène, Davout, Murat sahen dem Tod hundertmal ins Auge; Ney erhielt auf diesem Schlachtfeld von Napoleon den törichten Titel eines Fürsten von der Moskwa. Der Sieg schwankte mit anscheinender Gleichgültigkeit den ganzen Tag von einer Seite zur anderen. Als die Nacht hereinbrach, zogen sich die Russen langsam zurück. Die Franzosen behaupteten das Feld, doch Napoleon hielt seinen Sieg keineswegs für gewiß. Kutusow schickte einen stolzen Bericht an Alexander, auf den hin in den Kathedralen von St. Petersburg und Moskau ein Te Deum angestimmt wurde. Die Franzosen hatten 30 000 Mann an Toten und Verwundeten zu beklagen, die Russen 50 000.[41]

Zunächst dachte Kutusow am 8. September daran, die Schlacht fortzusetzen, doch als seine Verlustziffern hereinkamen, meinte er, er könne die Überlebenden nicht noch einem weiteren solchen Schlachttag aussetzen. Er nahm seine Rückzugstaktik wieder auf und führte sie weiter durch bis zum Ende. Am 13. September befahl er die Evakuierung Moskaus, und am 14. marschierte er ab, neuen Ungewißheiten entgegen.

An diesem Tag erreichten Napoleon und seine 95 000 Überlebenden[42] die Tore von Moskau nach einem Marsch von dreiundachtzig Tagen von Kowno aus. Eine Botschaft von General Miloradowitsch, dem Befehlshaber der Moskauer Garnison, ersuchte um eine Feuereinstellung, während er seine Truppen aus der Stadt führte; sie wurde ihm gewährt. Napoleon wartete, daß Notabeln kämen, um ihn zu begrüßen und um seinen Schutz zu bitten, aber niemand kam. Als er die Stadt betrat, stellte er fest, daß keiner der Einwohner zurückgeblieben war, mit Ausnahme von «ein paar tausend Leuten aus den unteren Schichten».[43] Ein paar in der Hoffnung auf Francs zurückgebliebene Dirnen zeigten sich bald mit Nahrung und Unterkunft zufrieden. Napoleon hatte eine Ladung gefälschter russischer Banknoten mitgebracht, doch die Russen verweigerten ihre Annahme, und sie mußten verbrannt werden.[44] Die Sieger durchstreiften die Stadt, plünderten die Paläste und raubten die Güter in der Umgebung aus. Sie beluden sich mit Wein und Wertsachen; die Letzteren sollten auf dem Rückmarsch, eine nach der anderen, weggeworfen werden.

Am 15. September nahm Napoleon Quartier im Kreml und wartete, daß Alexander um Frieden bitten würde. An jenem Abend begann Moskau zu brennen.

V. DER BRAND MOSKAUS: 15.–19. SEPTEMBER 1812

Napoleon staunte über die Schönheit der verlassenen Stadt. «Sie konnte», wie er zu Las Cases sagte, «in jeder Hinsicht den Vergleich mit irgendeiner der Hauptstädte Europas aushalten. Die meisten davon übertrifft sie sogar.»[45] Moskau war die größte Stadt Rußlands, seine Heilige Stadt oder geistliche Hauptstadt mit 340 Kirchen, deren Zwiebelkuppeln bunt in den Himmel ragten. Die meisten dieser Kirchen überstanden den Brand, da sie aus Stein gebaut waren. Die Wohnhäuser waren fast alle aus Holz; 11000 davon wurden zerstört, einschließlich von 6000 aus «feuersicherem» Material erbauten.

Die Franzosen bemerkten bereits bei ihrem Einmarsch vereinzelte Brände und beeilten sich, sie zu löschen, doch brachen neue aus und verbreiteten sich mit solcher Schnelligkeit, daß sie die Nacht des 15. September in Tag verwandelten und durch ihren Schein die Diener alarmierten, die Napoleons Schlaf bewachten. Sie weckten ihn auf. Er befahl den Einsatz der Armeefeuerwehr und legte sich wieder schlafen. Am Morgen des 16. baten Murat und Eugène, die fürchteten, ein Funke könne die Pulvermagazine zur Explosion bringen, die die Armee im Kreml angelegt hatte, Napoleon, die Stadt zu verlassen. Nach langem Sträuben ritt er mit ihnen zu einem Palast in einem Außenviertel, gefolgt von Wagen, die seine Kanzlei transportierten. Das Feuer erlosch am 18. September, nachdem es zwei Drittel von Moskau zerstört hatte. Napoleon kehrte in den Kreml zurück.

Wer trug die Schuld? Die städtischen Behörden hatten vor ihrer Flucht die Gefangenen freigelassen[46], und es ist möglich, daß diese im Verlauf ihrer Raubzüge die ersten Brände legten. Manche französischen Soldaten könnten beim Plündern ebenfalls unvorsichtig mit Feuer umgegangen sein.[47] Napoleon erhielt am 16. September eine Reihe von Berichten, denen zufolge Männer mit Fackeln durch Moskau streiften und vorsätzlich Feuer legten. Er befahl, festgenommene Brandstifter an die Wand zu stellen oder zu hängen; diese Befehle wurden ausgeführt. Ein Brandstifter, ein Angehöriger der russischen Militärpolizei, der ertappt wurde, als er in einem Turm des Kreml Feuer legte, gestand, daß er auf Befehl gehandelt habe. Napoleon verhörte ihn selbst, dann wurde er in den Hof geführt und erschossen.[48] Mehrere festgenommene Russen gaben an, der Gouverneur der Stadt, Graf Rostoptschin, habe vor seiner Abreise den Befehl erteilt, die Stadt in Brand zu stecken.[49]

Am 20. September schrieb Napoleon an Alexander:

> Die stolze schöne Stadt Moskau existiert nicht mehr. Rostoptschin ließ sie in Brand stecken. Vierhundert Brandstifter wurden auf frischer Tat festgenommen. Sie erklärten einstimmig, sie hätten auf Befehl des Gouverneurs, des Polizeidirektors, Feuer gelegt. Sie wurden exekutiert. Drei von vier Häusern sind niedergebrannt worden ... Eine derartige Tat ist ebenso nutzlos wie furchtbar. War die Absicht, unsere Vorräte zu vernichten? Sie waren in Kellern gelagert, die das Feuer nicht erreichen konnte. Was wäre dies außerdem für ein nichtswürdiges Ziel, um dafür das Werk von Jahrhunderten und eine der schönsten Städte der Welt zu zerstören! Ich kann schwerlich glauben, daß Sie, bei Ihren Grundsätzen, Ihren Gefühlen und Ihrem Rechtsempfinden, Ausschreitungen gestattet haben sollten, die eines gerechten Souveräns und einer großen Nation unwürdig sind.

Ich habe den Krieg ohne irgendwelche feindseligen Gefühle in das Land Eurer Majestät getragen. Ein einziger Brief von Ihnen, vor oder nach der letzten Schlacht, würde jeden weiteren Vormarsch verhindert haben, und ich hätte freiwillig auf den Vorteil der Besetzung Moskaus verzichtet. Wenn Ew. Majestät nur noch ein wenig Ihrer früheren Gefühle für mich hegen, so werden Sie diesen Brief gut aufnehmen. Auf jeden Fall werden Sie mir zustimmen müssen, daß ich Ihnen zu Recht berichtet habe, was in Moskau vor sich geht.[50]

Alexander beantwortete diesen Brief nicht, doch er unterhielt sich mit dem russischen Offizier, der abgeschickt worden war, um ihm den Brand Moskaus zu melden. Der Zar fragte, ob das Ereignis der Moral von Kutusows Armee geschadet habe. Der Offizier antwortete, das einzige, wovor die Armee Angst habe, sei, daß der Zar Frieden mit Napoleon schließen könne. Wie berichtet wird, antwortete Alexander: «Sagen Sie meinen tapferen Männern, daß ich, wenn ich nur noch einen einzigen Soldaten habe, mich an die Spitze meines Adels und meiner Bauern stellen werde. Und wenn es das Schicksal will, daß meine Dynastie aufhören muß zu regieren, werde ich meinen Bart bis auf meine Brust wachsen lassen und werde eher gehen und in Sibirien Kartoffeln essen als die Schande meines Landes und meiner braven Untertanen zu unterschreiben.»[51]

Das russische Volk spendete dieser Entschlossenheit Beifall, denn die Einnahme und der Brand von Moskau hatten sie bis in die Tiefen ihres religiösen Glaubens aufgewühlt. Sie verehrten Moskau als Zitadelle ihres Glaubens; sie betrachteten Napoleon als gewissenlosen Atheisten und glaubten, daß die von ihm mitgebrachten Wilden die heilige Stadt angezündet hätten. Sie sprachen Alexander schuldig, daß er die Freundschaft eines solchen Mannes angenommen habe. Zeitweise fürchteten sie, dieser lebende Teufel würde St. Petersburg ebenfalls einnehmen und Millionen von ihnen abschlachten. Einzelne aus dem Adel, die fürchteten, Napoleon könnte zu jeder Zeit die Freilassung ihrer Leibeigenen proklamieren, setzten sich für einen Kompromiß ein, um ihn aus Rußland loszuwerden. Doch die Mehrheit der Umgebung Alexanders drängte ihn zum Widerstand. Die Ausländergruppe um ihn – Stein, Arndt, Madame de Staël und ein Dutzend *émigrés* – diskutierte täglich mit ihm. Mit dem Fortgang des Ringens gelangte er dazu, sich nicht nur als Führer seines Landes, sondern Europas, der Christenheit, der Kultur zu sehen. Er lehnte es ab, eines der drei Friedensangebote zu beantworten, die Napoleon aus Moskau an ihn richtete. Als die russische Aristokratie sah, wie Woche um Woche vorbeiging, ohne daß Napoleon etwas unternahm, begann sie die Weisheit der tödlichen Untätigkeit Kutusows einzusehen und richtete sich auf einen langen Krieg ein. Von neuem begannen die Paläste der Hauptstadt von Gräfinnen in juwelenbesetzten Roben und Offizieren in stolzen Uniformen zu glitzern, die sich selbstsicher in würdevollen Tänzen zu einer Musik bewegten, die nie den Hauch einer Revolution verspürt hatte.

Nach dem Erlöschen des Brandes befahl Napoleon seinen Leuten, sich um die verletzten oder notleidenden Überlebenden, gleich welcher Volkszugehörigkeit, zu kümmern[52]. Er organisierte die Lagerung und ordnungsgemäße Verteilung der von den geflohenen Einwohnern zurückgelassenen Lebensmittel, er beantwortete die

Botschaften oder Anfragen, die ihm Kuriere aus den ihm untertänigen Ländern brachten. Später brüstete er sich, daß während seines Aufenthalts in Moskau nicht ein einziger seiner Kuriere – durchschnittlich einer pro Tag – unterwegs vom Feind abgefangen worden sei.[53] Er reorganisierte seine Armee und ließ ihre Ausrüstung überholen, versuchte sie auch durch häufiges Exerzieren tauglich zu erhalten; doch der Kampfgeist war nicht wieder zu beleben. Er ließ von französischen Musikern und Schauspielern, die in Moskau ansässig gewesen waren, Konzerte und Theaterstücke aufführen[54] und fand sogar die Zeit, eine detaillierte Anweisung für die Reorganisation und Aufführungspraxis der Comédie Française in Paris auszuarbeiten.

Ein Monat verging, doch Alexander ließ nichts von sich hören. «Ich schlage die Russen, wo immer es sei», klagte Napoleon, «doch auf diese Weise erreiche ich garnichts».[55] Aus dem September wurde der kühle Oktober und bald würde der russische Winter da sein. Endlich, nachdem er die Hoffnung auf irgendeine Antwort von der Seite des Zaren oder einer Herausforderung durch Kutusow aufgegeben und sich klar gemacht hatte, daß jeder Tag seine Lage verschlimmerte, rang er sich zu der bitteren Entscheidung durch: Rückzug, mit leeren Händen oder höchstens ein paar tröstlichen Trophäen nach Smolensk, Wilna, Warschau ... Paris. Welcher Sieg könnte jemals die Schmach dieser Niederlage auslöschen?

VI. DER RÜCKZUG: 19. OKTOBER–28. NOVEMBER 1812

Eine Hoffnung blieb noch. Kutusow hatte in Kaluga, neunzig Meilen südwestlich von Moskau, Verpflegungsvorräte angesammelt. Napoleon plante, dorthin zu marschieren und den verschlagenen General zu einer Schlacht um diese Vorratsläger zu zwingen. Wenn die Franzosen einen entscheidenden Sieg errängen, würde vielleicht der russische Adel Alexander nötigen, um Frieden zu bitten. Außerdem lag Kaluga an einer anderen Straße nach Smolensk, als der, auf welcher die Invasoren gekommen waren. So würde ihnen der Schmerz erspart bleiben, durch Borodino zu ziehen, wo so viele ihrer Kameraden gefallen waren. Es erging der Befehl: Alles zur Evakuierung vorbereiten.

So begann am 19. Oktober Napoleons Armee – 50 000 Soldaten und 50 000 Nonkombattanten – ihren Abmarsch aus Moskau. Trainwagen beförderten Verpflegung für zwanzig Tage; dies würde reichen bis Smolensk, wo frischer Nachschub auf sie warten sollte.[56] Andere Karren waren mit Kranken oder Verwundeten, einigen schweren Trophäen und Napoleons schwindendem Kriegsschatz beladen.

Bei Malojaroslawetsch, fünfundzwanzig Meilen nördlich Kaluga, kamen die Franzosen in Berührung mit der Armee Kutusows. Ein heftiger Angriff (24. Oktober) zwang die Russen, sich hinter ihre Befestigungen in Kaluga zurückzuziehen. Napoleon entschied, daß seine Armee nicht für eine lange Belagerung ausgerüstet sei. Widerwillig befahl er seinen Einheiten, den Weg über Borowsk und Moshaisk nach Borodino zu nehmen. Von dort marschierten sie auf der Route zurück, der sie im Sommer ihrer Hoffnungen gefolgt waren. Doch jetzt ließ dieser Teufel Kutusow seine Armee auf einer Parallelroute zu der ihrigen marschieren, wobei er sich unerreichbar außer Sicht bewegte, aber immer wieder Kavalleriedetachements wilder Kosaken vorschickte, um die Franzosen in der Flanke anzugreifen. Außerdem schossen die Bauern auf jeden Nachzügler, der sich zu weit von der sechzig Meilen langen Marschkolonne entfernte.[57]

Napoleon war gut geschützt, doch nur vor der unmittelbaren Gefahr. Kuriere brachten ihm auf dem Marsch Nachrichten von offenen Streitigkeiten, die seine Regierung in Paris bedrohten, und aufflackernder Rebellion in den unterworfenen Ländern. Am 26. Oktober, eine Woche, nachdem sie Moskau verlassen hatten, fragte er Caulaincourt, ob er, Napoleon, sich nicht sofort nach Paris begeben und der Unzufriedenheit entgegentreten solle, die als Folge seiner Niederlage um sich gegriffen hatte. Außerdem sei es nötig, eine neue Armee aufzustellen, um die in Preußen und Österreich stehenden französischen Truppen zu verstärken. Caulaincourt riet ihm, abzureisen.[58] Am 6. November traf die Nachricht ein, daß Claude François de Malet, ein General der französischen Armee, am 22. Oktober die französische Regierung gestürzt und die Unterstützung prominenter Personen gewonnen habe, daß er jedoch abgesetzt und erschossen worden sei (29. Oktober). Napoleon entschloß sich zur Abreise.

Auf dem weiteren Rückzug verschlechterte sich das Wetter. Am 29. Oktober fiel Schnee. Bald sollte er eine geschlossene Decke bilden, schön und blendend, die sich in der Nachtkälte in Eis verwandelte, auf dem viele Zugpferde ausglitten und stürzten. Manche waren zu erschöpft, um sich wieder zu erheben und mußten zurückgelassen werden. Auf dem weiteren Marsch wurden solche Opfer von den hungernden Soldaten gegessen. Die meisten Offiziere hielten ihre Reitpferde durch sorgsame Pflege und Warmhalten am Leben. Der Kaiser fuhr zeitweise mit Marschall Berthier in seinem Reisewagen, doch zwei- oder dreimal am Tage, oder auch öfter, so Méneval, marschierte er mit dem Rest seiner Truppen.[59]

Am 13. November erreichte die Armee, mittlerweile auf eine Gesamtstärke von 50 000 Köpfen zusammengeschmolzen, Smolensk. Die Soldaten tobten vor Wut, als sie feststellen mußten, daß der größte Teil der Verpflegung und Bekleidung, die Napoleon für sie angefordert hatte, durch Kosakenüberfälle und Veruntreuung verloren gegangen war. So waren tausend für die Armee bestimmte Ochsen an ortsansässige Kaufleute verkauft worden, die sie an jeden beliebigen Interessenten weiterverkauften.[60] Die Soldaten schlugen sich um die übriggebliebenen Vorräte und nahmen sich auf den Märkten mit Gewalt alles, dessen sie habhaft werden konnten.

Napoleon hatte gehofft, seinen Männern in Smolensk eine lange Rast gönnen zu können, doch er erhielt die Meldung, daß Kutusow mit 80 000 Russen heranrücke, die nicht länger willens waren, zurückzuweichen. Gegen sie konnte Napoleon nur noch 25 000 kampftaugliche Männer aufbieten.[61] Am 14. November setzte er einen Teil seiner Streitkräfte auf der Straße nach Krasnoje in Marsch, auf einer anderen Strecke nach Wilna, als der, die sie im Sommer marschiert waren. Davout sollte ihm am 15., Ney am 16. November folgen. Die Straße führte über Hügel und war vereist. Die Pferde, für winterliche Verhältnisse nicht richtig beschlagen, rutschten auf den Abhängen aus. Nach mehreren Stürzen widersetzten sie sich zu Hunderten jedem Versuch, sie wieder auf die Beine zu bringen und nahmen den Tod als Erlösung hin. Viele Soldaten erlitten das gleiche Schicksal. «Während unseres ganzen Marsches», erinnerte sich ein Veteran, «mußten wir über Tote oder Sterbende steigen».[62] Beim Abstieg von diesen vereisten Hügeln wagte niemand zu reiten, nicht einmal zu laufen. Alle, der Kaiser wie die anderen, rutschten sitzend hinunter, wie es einige von ihnen zwölf Jahre vorher getan hatten, als sie vor Marengo die Alpen überquerten. Offenbar war es bei dieser Gelegenheit, daß Napoleon Dr. Yvan überredete, ihm eine Phiole mit Gift zu geben, die er für den Fall seiner Gefangennahme oder falls er aus anderen Gründen seinem Leben ein Ende setzen wollte, von da an bei sich trug.

Sie erreichten Krasnoje am 15. November, konnten aber keine Rast einlegen. Kutusow rückte mit einer erdrückenden Streitmacht heran und Napoleon befahl den Weitermarsch nach Orscha. Eugène übernahm die Spitze und wehrte unzusammenhängende Angriffe kleinerer Abteilungen ab, der Kaiser und Davout folgten. Nach drei weiteren Marschtagen auf dem Eis erreichten sie Orscha. Dort warteten sie besorgt auf Ney, der das letzte Drittel der französischen Kräfte heranbringen sollte.

Ney war zu dieser Zeit das leuchtende Vorbild der Armee, wie er es bei Borodino gewesen war. Als Befehlshaber der Nachhut hatte er seine 7000 Mann in einem Dutzend Gefechten geführt, um den Rückzug gegen die Angriffe von Kutusows Kosaken zu sichern. Er rückte mit seiner Division am Abend des 15. November in Smolensk ein. Sie waren entsetzt, als sie entdeckten, wie wenig Lebensmittel die abgezogenen Divisionen Napoleons und Davouts dort für sie zurückgelassen hatten. Sie behalfen sich, so gut sie konnten und eilten weiter nach Krasnoje. Dort fanden sie nicht Napoleon, wie es abgemacht war, sondern Kutusow, der ihnen mit mörderischem Sperrfeuer seiner Artillerie den Weg verlegte. Unter dem Schutz der Nacht (18.–19. November) führte Ney seine Truppen an einem gefrorenen Fluß entlang bis an den Dnjepr, überschritt ihn mit einigen Verlusten an Männern und Pferden und erkämpfte sich seinen Weg durch Kosakenschwärme und über gefrorene Sümpfe, bis er am 20. November Orscha erreichte. Dort bewillkommneten Napoleon und die wartenden Divisionen die ausgehungerten Helden mit Lob und Nahrungsmitteln. Napoleon umarmte Ney, nannte ihn «den Tapfersten der Tapferen». Später äußerte er: «Ich habe vierhundert Millionen in Gold in den Kellern der Tuilerien, ich hätte sie freudig alle hingegeben, um Marschall Ney wiederzusehen.»[63]

Um sich von Kutusows langsameren Massen abzusetzen, eilten die Franzosen vier Tage lang weiter, bis sie sich dem nächsten Hindernis gegenübersahen, dem Fluß Beresina. Als sie ihn erreichten (25. November), stellten sie fest, daß General Tschitschagow mit 24 000 Mann von Süden heraufgekommen war und eine weitere russische Streitmacht von 34 000 Mann unter Marschall Ludwig Wittgenstein von

Norden herbeieilte, um die Franzosen gerade in dem Augenblick zwischen zwei Feuer zu nehmen, als sie so durcheinandergeraten waren, daß ihre Führer an ihrer Rettung verzweifeln mußten.

Nicht alle Nachrichten waren schlecht. Napoleon erfuhr bald, daß zwei verbündete Truppenkörper ihm zu Hilfe gekommen waren. Eine polnische Division unter General Jan Henryk Dombrowski hatte, obwohl drei zu eins unterlegen, Tschitschagow angegriffen und den russischen Vormarsch verzögert. Und am 23. November hatte eine französische Kampfgruppe von 8000 Mann unter Marschall Oudinot Tschitschagow überrascht, eines seiner Bataillone gefangengenommen und die übrigen über eine Brücke bei Borissow auf das rechte oder Westufer der südwärts fließenden Beresina in die Flucht gejagt. Allerdings hatten die Russen die Brücke zerstört, die einzige, die in jener Gegend den Fluß überspannte.

Die Nachricht von diesen Operationen erreichte Napoleon, als sich sein ermattetes Heer – jetzt noch 25 000 Soldaten und 24 000 Nichtkämpfer – dem Strom näherte, der, wie sie hofften, Kutusows weitere Verfolgung aufhalten würde. Auch er hatte Leute verloren, durch Desertion, Krankheit oder Tod. Nur 27 000 waren übrig von den 97 000, die mit ihm von Kaluga aufgebrochen waren. Sie befanden sich jetzt vierzig Meilen hinter Napoleons Nachhut. Noch war es Zeit, den Fluß zu überschreiten, wenn dies möglich war.

Napoleon schöpfte wieder Hoffnung und schickte ein Detachement unter Marschall Victor nach Norden, um Wittgenstein aufzuhalten und ein zweites unter Ney, um zusammen mit Oudinot Tschitschagow am erneuten Überschreiten des Flusses zu hindern. Die ganze Zeit, seit sie die Memel überschritten hatten, hatte Napoleon die Pioniere in seinem Stab behalten, die dort im Juni die Brücken gebaut hatten. Jetzt befahl er ihnen, einen Platz an der Beresina zu suchen, wo sie zwei Pontonbrücken schlagen könnten. Sie fanden einen solchen Platz bei Studenki, rund 15 Kilometer nördlich von Borissow. Sie arbeiteten mit ihren Helfern zwei Tage lang im eiskalten Wasser. Eisschollen machten ihnen schwer zu schaffen und mehrere von ihnen ertranken. Doch um 1 Uhr mittags am 26. November war eine Brücke fertig, und die Armee begann mit dem Übergang. Gegen 4 Uhr konnten auf einer zweiten Brücke die Artillerie und andere schwere Lasten passieren. Napoleon und seine Generale warteten, bis der größte Teil der Soldaten das Westufer erreicht hatte. Dann gingen auch sie hinüber, wobei sie eine Abteilung unter Victor zurückließen, um den Übergang von 8000 Nonkombattanten zu decken, die sich noch drüben befanden. Ehe diese letzte Operation gelang, griffen die Russen zugleich auf beiden Seiten des Flusses an. Sie wurden von Victor, Oudinot und Ney zurückgeworfen. Napoleon organisierte Übergang und Widerstand, so gut er es bei dem Durcheinander Tausender von Männern vermochte, die ums Überleben kämpften. Zweimal brach eine Brücke zusammen, Hunderte ertranken. Unterdessen überschüttete Wittgensteins Artillerie die letzten Tausende, die sich vor dem Übergang zusammendrängten, mit Geschossen. Am 29. November befahl Napoleon seinen Sappeuren, um die Verfolgung seiner Truppen durch Wittgensteins Kräfte und den herannahenden Kutusow zu verzögern, beide Brücken zu zerstören und ließ so Hunderte von Nichtkämpfern zurück, die flehten, noch hinübergelassen zu werden. Alles in allem war das Entkommen über die Beresina die heroischste Episode in sechs Monaten kostspieliger Hirngespinste und Fehlrechnungen eines der größten Heerführer der Geschichte.

Die Tragödie nahm ihren Fortgang, als die Überlebenden ihren Marsch nach Westen fortsetzten. Die Temperatur fiel erneut unter den Gefrierpunkt. Doch hatte dies einen Vorteil, denn es erlaubte den Marsch über die zugefrorenen Sümpfe, wodurch sich der Weg nach Wilna verkürzte. Nachdem keine Kosaken und feindlichen Bauern mehr zu fürchten waren, vervielfachten sich die Desertionen, und die Disziplin schwand.

Napoleon sah, daß er jetzt für den kümmerlichen Rest des Heeres nur noch von geringem Nutzen war. Er hörte sich wohlwollend Murats Rat an, nach Paris zurückzukehren, damit Frankreich nicht erneut in Revolution zusammenbräche. Beim nächsten größeren Halt, in Molodetschno, erfuhr er weitere Einzelheiten der Malet-Affäre. Dieser Usurpator hatte erhalten, was ihm gebührte, doch die Leichtigkeit, mit welcher er die Amtsträger beeindruckt hatte, deutete auf eine laxe Regierung, die den Glauben an einen so lange abwesenden, vielleicht toten, offenbar aber ausgeschalteten Napoleon zu verlieren begann. Jakobiner und Royalisten, Fouché und Talleyrand schmiedeten Komplotte zu seiner Absetzung.

Um sich erneut zu behaupten und das französische Volk zu beruhigen, gab er in Smorgonje am 5. Dezember Bulletin Nr. 29 heraus, das sich von seinen Vorläufern dadurch unterschied, daß es fast die Wahrheit sagte. Die Franzosen, hieß es darin, hatten jede Schlacht gewonnen, jede Stadt auf ihrem Marsch eingenommen, sogar Moskau erobert. Dennoch hatte der grausame russische Winter das große Unternehmen scheiten lassen und hatte zivilisierte, an ein zivilisiertes Klima gewöhnte Franzosen mit Krankheit und Tod heimgesucht. Das Bulletin gab den Verlust von 50 000 Mann zu, doch es berichtete stolz, wie Marschall Ney Kutusow entkommen sei und schilderte den Übergang über die Beresina eher in seinem heroischen als seinem tragischen Aspekt. Die Botschaft schloß, gleichsam als Warnung an seine Feinde: «Die Gesundheit seiner Majestät war nie besser.»

Trotzdem war sein Stolz zutiefst verwundet. Er sagte zu Caulaincourt, «ich kann meine Herrschaft über Europa nur von den Tuilerien aus aufrechterhalten».[64] Murat, Eugène und Davout stimmten ihm zu. Er übergab den Oberbefehl über die marschierende Armee an König Murat und stellte ihm in Wilna Nachschub und Verstärkungen in Aussicht. Am Spätabend des 5. Dezember verließ er Smorgonje, um nach Paris zu reisen.

Die Marschkolonne, nun noch 35 000 Köpfe stark, marschierte am nächsten Tag nach Wilna ab, das sechsundvierzig Meilen entfernt war. Jetzt fiel die Temperatur auf dreißig Grad unter Null (Fahrenheit), und der Wind schnitt, wie ein Überlebender berichtete, «durch Fleisch und Bein».[65] In Wilna angekommen (8. Dezember) stürzten sich die ausgehungerten Soldaten in wüstem Durcheinander auf die sie erwartenden Vorräte, wobei eine Menge Lebensmittel zertrampelt wurden. Sie marschierten weiter und überschritten am 13. Dezember in Kowno, nur noch 30 000 Mann stark, dieselbe Memel, die 400 000 von ihnen, dort und bei Tilsit, im Juni über sich hatte wegziehen sehen. In Posen übergab Murat, nun seinerseits um seinen Thron besorgt, sein Kommando an Eugène (16. Januar 1813) und eilte quer durch Europa nach Neapel. Eugène, nunmehr dreißig Jahre alt, jung, doch recht erfahren, übernahm den Befehl über die verbliebenen Truppen und führte sie geduldig, einen Tag nach dem anderen, an das Ufer der Elbe, wo er die Befehle seines Adoptivvaters erwartete.

Napoleon verließ Smorgonje im ersten von drei Reisewagen, von denen jeder auf einen Schlitten montiert war und von zwei Pferden gezogen wurde. Eines der Fahrzeuge beförderte Freunde und Adjutanten des Kaisers, ein weiteres eine Eskorte polnischer Kavalleristen. Napoleon reiste mit Caulaincourt, der den Pferdewechsel arrangierte und General Wonsowicz, der als Dolmetscher fungierte. Ihm übergab Napoleon zwei Pistolen, wobei er sagte, «im Falle einer wirklichen Gefahr töten sie mich lieber, als mich in Gefangenschaft fallen zu lassen».[66] Gefangennahme oder Ermordung fürchtend, verkleidete er sich, indem er mit Caulaincourt die Uniform tauschte. «Auf der Fahrt durch Polen», erinnerte sich Caulaincourt, «war immer ich der vornehme Reisende und der Kaiser war nur mein Sekretär».[67]

Die Reise nach Paris ging Tag und Nacht ohne Unterbrechung weiter. Der längste Aufenthalt war in Warschau, wo Napoleon den französischen Vertreter, den Abbé de Pradt, mit einer heute sprichwörtlichen Bemerkung überraschte: «Vom Sublimen zum Lächerlichen ist es nur ein Schritt.»[68] Er wollte noch einen anderen Besuch machen – bei Gräfin Walewska. Doch Caulaincourt brachte ihn davon ab[69], vielleicht, indem er ihn daran erinnerte, daß sein Schwiegervater ebenfalls ein Kaiser war. Auf der Fahrt von Warschau nach Dresden, sagt Caulaincourt, «pries Napoleon unentwegt die Kaiserin Marie Louise und erzählte von seinem häuslichen Leben mit einer Gefühlsstärke und Einfachheit, die zu hören einem gut tat».

In Dresden ließen Napoleon und Caulaincourt ihren Schlitten und ihre polnische Eskorte zurück und stiegen in den geschlossenen Wagen des französischen Botschafters um. Sie erreichten Paris am Abend des 18. Dezember, nach dreizehn Tagen einer fast ununterbrochenen Fahrt. Napoleon fuhr direkt zu den Tuilerien, gab sich den Palastwachen zu erkennen und schickte eine Botschaft, um sich bei seiner Gemahlin anzumelden. Kurz vor Mitternacht «stürzte er in das Schlafzimmer der Kaiserin und schloß sie in seine Arme».[70] Er schickte einen Boten an Josephine, um ihr zu versichern, daß ihr Sohn in Sicherheit sei. Dann erwärmte er sein Herz am Anblick des lockenköpfigen Kindes, das er zum König von Rom ernannt hatte.

ZWEITES KAPITEL

Nach Elba

[1813–1814]

I. NACH BERLIN

GANZ Europa schien wieder der Zerstückelung zuzustreben, die für das achtzehnte Jahrhundert so kennzeichnend war, als Napoleon über schneebedeckte Straßen und durch Städte eilte, um seinen wankenden Thron wieder zu festigen. Jede frühere Grenze wurde zu einem Riß im fundamentlosen Gebäude der fremden Macht. Die Mailänder, die um Söhne trauerten, die im Dienst Napoleons nach Rußland geschickt worden waren, bereiteten die Absetzung des liebenswürdigen Eugène, des abwesenden Vizekönigs eines abwesenden Königs, vor, die Römer, dem geduldigen Papst zugetan, der immer noch in Fontainebleau in Gefangenschaft schmachtete, beteten um seine Rückkehr auf seinen apostolischen Stuhl. In Neapel warteten Fürsten und Bevölkerung auf den Augenblick, wo der ehrgeizige Murat, über sein eigenes Ego stolpernd, von einem gesalbten und legitimen Bourbonen gestürzt werden würde. Österreich, durch den Krieg zerstückelt und durch einen harten Frieden gedemütigt, wartete begierig, daß Metternich es durch irgendwelche diplomatischen Schachzüge aus der erzwungenen Allianz mit seinem Erbfeind lösen würde. Die Rheinbundstaaten träumten von einer Prosperität, die nicht durch die Hingabe ihrer Söhne an einen ausländischen und unberechenbaren Genius bezahlt werden müßte. Preußen, durch seinen alten Feind und jetzigen unwillkommenen Verbündeten der Hälfte seines Staatsgebiets und seiner Hilfsquellen beraubt, sah seinen Ausplünderer von einer ungeheuren Katastrophe betroffen. Hier war endlich die Gelegenheit, die man so lange ersehnt hatte. Jetzt erinnerte es sich an den Aufruf Fichtes und hörte die Mahnung des exilierten Stein, die französischen Besatzungstruppen hinauszuwerfen, ebenso wie die französischen Eintreiber der Kriegsentschädigung, die es ausbluten ließ, frei und stark wie unter Friedrich dazustehen und eine Bastion der deutschen Freiheit zu werden.

Hinter diesen ähnlich gearteten Rebellionen steckten überraschende Nachrichten, daß Rußland nicht nur den angeblich unüberwindlichen Korsen besiegt, nicht nur die französische Armee von seinem Boden vertrieben hatte, sondern sie über die Grenze in das Großherzogtum Warschau verfolgte und das Herzland Europas aufrief, sich ihm in einem heiligen Krieg anzuschließen und den Usurpator, der Frankreich zum Werkzeug seiner Tyrannei gemacht hatte, vom Thron zu stoßen.

Am 18. Dezember 1812 – dem Tag, an welchem der geschlagene Napoleon in Paris eintraf – verließ Alexander St. Petersburg. Am 23. traf er in Wilna ein und feierte mit Kutusow und seiner Armee zusammen den Sieg. Auch diese Armee hatte auf ihrem Marsch, der die Franzosen begleitete und zermürbte, gelitten; 100 000 Mann waren gefallen oder gestorben, fünfzigtausend waren verwundet, weitere fünfzigtausend waren desertiert oder sonstwie verlorengegangen[1]. Alexander pries ihren General in der Öffentlichkeit, stellte jedoch privatim seine Führungsqualitäten in Frage. «Alles, was er gegen den Feind unternahm», erklärte er gegenüber Sir Robert Wilson (wenn wir Sir Robert Glauben schenken können), tat er, weil er durch die Macht der Verhältnisse dazu gezwungen wurde und nicht anders konnte. Er hat sich selbst zum Trotz gesiegt ... Ich werde die Armee nicht mehr verlassen, denn ich will sie nicht den Gefahren eines solchen Oberbefehls aussetzen.»[2] Trotzdem verlieh er dem ermüdeten Krieger die höchste militärische Auszeichnung Rußlands – das Großkreuz des St. Georgsordens.

Durch die Erfüllung seiner Voraussagen überzeugt, daß er auf irgendeine Weise göttlich inspiriert sei und bei seinem weiteren Vorgehen auf alle Mächte der Vorsehung rechnen könne, schob Alexander alle Bedenken seines Generals beiseite, übernahm selbst das Oberkommando über seine vereinigten Armeen und befahl den Weitermarsch zur Westgrenze. Unter Umgehung von Kowno, das dem immer noch feindlichen Polen gegenüberlag, marschierte er die Memel entlang nach Tauroggen, wo General Johann York von Wartenburg, der ein preußisches Kontingent befehligte, die Russen nicht am Überschreiten des Flusses nach Ostpreußen hinderte (30. Dezember 1812). Stein, der Alexander von St. Petersburg herbegleitet hatte, drängte ihn zum Weitermarsch in der Erwartung, daß das preußische Volk ihn willkommen heißen werde. Der Zar proklamierte eine Amnestie für alle Preußen, die gegen ihn gekämpft hatten und rief König und Volk von Preußen auf, sich seinem Kreuzzug anzuschließen. Friedrich Wilhelm III., zwischen dem französischen Adler und dem russischen Bären hin- und hergerissen, lehnte es ab, Yorks Vorgehen zu sanktionieren und zog sich aus Berlin nach Breslau zurück. Alexander setzte seinen Vormarsch durch Ostpreußen fort, wobei er von der Bevölkerung jubelnd mit den Rufen begrüßt wurde: «Lang lebe Alexander! Hoch die Kosaken!»[3]

Als der Kaiser sich der Grenze zwischen Ostpreußen und Polen näherte, richtete er eine Botschaft an die polnischen Führer, worin er ihnen eine Amnestie, eine Verfassung und ein Königreich mit dem russischen Zaren als König versprach. Offenbar infolge einer Geheimabmachung zwischen Rußland und Österreich zog Fürst Karl Philipp von Schwarzenberg, der die österreichischen Truppen in Warschau befehligte, sie nach Galizien zurück. Die polnischen Behörden kamen, um Alexander zu begrüßen, und am 7. Februar 1813 marschierte er ohne Schwierigkeit in die Hauptstadt ein. Das «Großherzogtum Warschau» starb eines frühzeitigen Todes und Polen wurde in seiner ganzen Ausdehnung zum Vasallenstaat Rußlands. Preußen hatte gehofft, den Teil Polens, den es 1795 besessen hatte, wiederzugewinnen. Alexander beeilte sich, Friedrich Wilhelm III. zu versichern, daß in Kürze ein akzeptables Äquivalent für seinen verlorenen Anteil gefunden werden würde. Gleichzeitig forderte er wiederum den König und das preußische Volk auf, ihn gegen Napoleon zu unterstützen.

Die Preußen hatten lange auf einen solchen Ruf gewartet. Sie waren ein stolzes Volk, das sich immer noch an Friedrich erinnerte. Der Geist des Nationalismus war durch die rasche Expansion Frankreichs und den erfolgreichen Aufstand in Spanien gestärkt worden. Die Mittelklassen protestierten heftig gegen die Kontinentalsperre und die hohen Steuern, die erhoben wurden, um die Kriegsentschädigung an Frankreich zu bezahlen. Die preußischen Christen liebten ihre Kirchen und hüteten ihre Glaubensbekenntnisse eifersüchtig, doch alle mißtrauten Napoleon als heimlichem Atheisten und waren sich in der Verdammung seiner Behandlung des Papstes einig. Der Tugendbund rief alle Deutschen auf, bei der Verteidigung ihres gemeinsamen *Vaterlandes* zusammenzustehen. Der König von Preußen gestattete seinen Ministern, die preußische Armee wieder aufzubauen und zu vergrößern unter dem Vorwand, Preußen gegen Alexanders Invasion verteidigen zu wollen. Die Russen hatten im Januar Marienburg eingenommen; am 11. März marschierten sie in Berlin ein, ohne auf Widerstand zu treffen. Vor eine Entscheidung gestellt, erließ der friedliebende König am 17. März von Breslau aus die Proklamation «An mein Volk», einen bewegenden Aufruf, sich in Waffen gegen Napoleon zu erheben:

> ... Brandenburger, Preußen, Schlesier, Pommern, Litauer! Ihr wißt, was ihr in den vergangenen sieben Jahren erduldet habt; ihr kennt das traurige Schicksal, das euch erwartet, wenn wir diesen Krieg nicht zu einem ehrenvollen Ende bringen. Seid eingedenk der Vergangenheit – des Großen Kurfürsten, des Großen Friedrich! Erinnert euch an die Segnungen, für die eure Väter unter ihrer Herrschaft kämpften und für die sie mit ihrem Blut zahlten – Gewissensfreiheit, nationale Ehre, Unabhängigkeit, Handel, Industrie, Bildung. Blickt auf das große Beispiel unserer mächtigen Verbündeten, der Russen; blickt auf Spanier und Portugiesen. Legt Zeugnis ab vom Heroismus der Schweizer und des Volkes der Niederlande ...
>
> Dies ist der letzte, der entscheidende Kampf; von ihm hängt unsere Unabhängigkeit, unser Wohlstand, unsere Existenz ab. Es gibt keine anderen Alternativen als einen ehrenhaften Frieden oder ein heroisches Ende ... Wir können vertrauensvoll den Ausgang erwarten. Gott und unser eigener fester Vorsatz werden unserer Sache zum Sieg verhelfen und uns damit einen gesicherten und ruhmreichen Frieden und die Rückkehr glücklicherer Zeiten bringen.

Alle Schichten folgten dem Aufruf des Königs. Die Geistlichkeit – insbesondere die protestantische – proklamierte einen heiligen Krieg gegen den Ungläubigen. Hochschullehrer – unter ihnen Fichte und Schleiermacher – entließen ihre Studenten und sagten ihnen, die Zeit verlange nicht Studium, sondern Handeln. Hegel identifizierte sich nicht mit «der Schlacht», doch Goethe gab einem Regiment seinen Segen, das ihn im Vorbeimarschieren grüßte.[4] Dichter – Schenkendorf, Uhland, Rückert – gossen die Gefühle von König und Volk in Verse oder vertauschten ihre Feder mit Gewehr und Säbel; einige von ihnen, wie Theodor Körner, fielen im Kampf. Ernst Moritz Arndt, aus seinem russischen Exil zurückgekehrt, half mit seinem Lied «Was ist des Deutschen Vaterland» den deutschen Geist zu wecken und zu bilden. In diesem «Befreiungskrieg» wurde ein neues Deutschland geboren.

Doch keine Nation kann sich, wenn ihre Existenz auf dem Spiel steht, auf Freiwillige verlassen. So befahl Friedrich Wilhelm III. am gleichen Tage, an dem er seinen Aufruf an sein Volk erließ, die Einberufung aller Männer zwischen siebzehn und vierzig Jahren und verbot die Stellung von Ersatzmännern. Zu Beginn des Frühlings 1813 besaß Preußen 60 000 ausgebildete und einsatzbereite Soldaten. Von den verschiedenen Armeen, die aus Rußland gekommen waren, waren etwa 50 000 Mann einsatzbereit. Mit diesen 110 000 Mann[5] traten Alexander und Friedrich Wilhelm in den Feldzug ein, der das Geschick Napoleons und die Gliederung Europas entscheiden sollte.

Sie waren sich darüber klar, daß dies nicht ausreichen würde und suchten daher Verbündete, die Mannschaft und Geld beitragen konnten. Österreich zog es für den Augenblick noch vor, seiner Allianz mit Frankreich treu zu bleiben, da es fürchtete, das erste Land zu sein, das angegriffen würde, wenn es dem neuen Bündnis beiträte. Außerdem dachte Franz II. daran, daß seine Tochter auf dem französischen Thron saß. Kronprinz Bernadotte hatte Alexander 30 000 Mann zugesagt[6], doch er hatte einen Großteil von ihnen bei der Eroberung Norwegens eingesetzt. England trug Ende April 2 Millionen Pfund Sterling zu dem neuen Feldzug bei. Preußen öffnete seine Häfen für britische Waren und bald waren die Lagerhäuser an der Elbe voll davon.

Kutusow starb am 28. April 1813 in Schlesien, nachdem er weiterhin geraten hatte, die Russen sollten in die Heimat zurückkehren. Alexander ernannte Barclay de Tolly als Nachfolger Kutusows im direkten Oberbefehl der russischen Armee, behielt aber die Oberste Leitung für sich. Jetzt brach er auf, um im Westen alles das zu vollbringen, was Napoleon im Osten zu erreichen gehofft hatte: in das Land des Feindes einzudringen, seine Armeen zu schlagen, seine Hauptstadt einzunehmen, ihn zur Abdankung zu zwingen und ihm den Frieden zu diktieren.

II. NACH PRAG

Inzwischen kämpfte Napoleon in einem Frankreich, das nicht länger von seinen Siegen fasziniert war, ums Überleben. Fast jede Familie im Land war nun gezwungen, sich von einem weiteren Sohn oder Bruder zu trennen. Die Mittelklassen hatten Napoleon als ihren Beschützer willkommen geheißen, doch jetzt gebärdete er sich monarchischer als die Bourbonen und bemühte sich um Royalisten, die Pläne zu seiner Absetzung schmiedeten. Der Klerus mißtraute ihm, Generale riefen nach Frieden. Er selbst war kriegsmüde. Er war korpulent geworden, von Krankheiten geplagt, fühlte sein Alter; mit seinem langsamer reagierenden Geist, seinem unsteten Willen konnte er nicht länger aus dem Elixier des Sieges den Willen zum Kampf oder den Wunsch zu herrschen ziehen. Wie konnte dieser müde Mann in dieser erschöpften Nation die Hilfsquellen finden, die das wachsende Vordrängen seiner Feinde verlangte?

Der Stolz gab ihm seine letzte Kraft. Dieser treulose Zar, der hübsche Tänzer, der den General spielte; dieser zaudernde Schwächling in Preußen, der die Armee des Großen Friedrich mit einer Kosakenhorde verband; dieser abtrünnige französische Marschall, der eine schwedische Armee gegen sein Geburtsland führen wollte – sie würden niemals des frohen Mutes und kämpferischen Draufgängertums eines französischen Soldaten, nie der Leidenschaft und Kraft einer Nation Herr werden, die aufgerufen war, jene schwer errungenen natürlichen Grenzen zu verteidigen, die die großartigste Kultur Europas bargen. «Von jetzt an», sagte Napoleon im Dezember 1812 in einem verzweifelten Appell an den Rassenstolz, «hat Europa nur noch einen Feind, den russischen Koloß».[7]

Er erhob also Steuern, nahm Anleihen auf und griff in seinen im Keller versteckten Hort. Es ergingen Befehle, den Rekrutenjahrgang von 1813 im aktiven Dienst einzusetzen, den Jahrgang 1814 zur Ausbildung einzuziehen, die «Kohorten» der Miliz, die nur für den Heimatdienst bestimmt waren, für den Felddienst vorzubereiten, Lieferkontrakte für Munition, Bekleidung, Bewaffnung, Pferde und Verpflegung abzuschließen. Er organisierte für die Neuausgehobenen die Ausbildung im Exerzierdienst, im Marschieren und für den Kampf, die Stationierung der ausgebildeten Bataillone in besonderen Feldlagern, die ständige Bereitschaft, sich auf Befehl zur gegebenen Zeit an einem gegebenen Platz zu vereinigen. Gegen Mitte April 1813 hatte er eine Armee von 225 000 Mann aufgestellt. Er ernannte Marie Louise während der Zeit seiner Abwesenheit an der Front zur Regentin, gab ihr seinen erprobten und verbrauchten Sekretär Méneval zur Seite und verließ Paris am 15. April, um sich zu seinen Armeen an Main und Elbe zu begeben.

Eugène marschierte mit den aus dem russischen Debakel geretteten Resten nach Süden, verstärkt durch Truppen, die aus ihren Garnisonen in Deutschland abgezogen worden waren. General Betrand kam von Süden herauf. Mit diesen zuverlässigen Männern, die seine rechten und linken Flügel befehligten, marschierte Napoleon mit seiner Armee vom Main ab und traf am 2. Mai bei Lützen in der Nähe von Leipzig auf eine Armee der Alliierten unter dem Befehl des russischen Generals Wittgenstein und unter den Augen von Zar und preußischem König. Die Franzosen waren jetzt 150 000 Mann stark, die Russen 58 000, die Preußen 45 000. Vielleicht um seine Rekruten anzufeuern, setzte der Kaiser, wieder einmal die Erregung des Kampfes auskostend, sein Leben wiederholt in vorderster Linie aufs Spiel. «Dies war wahrscheinlich der Tag in seiner ganzen Karriere», schrieb Marschall Marmont, «an dem er sich auf dem Schlachtfeld in die schlimmste direkte Gefahr begab».[8] Die Alliierten mußten eine Niederlage einstecken und retirierten nach Meißen und Dresden, aber die siegreichen Franzosen hatten 20 000 Mann verloren, 8000 mehr als ihre Gegner.[9] Ein kleiner Trost für Napoleon war die Entscheidung König Friedrich August I. von Sachsen – dem beunruhigten Nachbarn des gefräßigen Preußen –, seine Armee von 10 000 Mann zu den Franzosen stoßen zu lassen. Am 9. Mai wurde seine Hauptstadt Dresden zum Hauptquartier Napoleons zwischen den Feldzügen.

Da er fürchtete, Österreich würde sich den Alliierten anschließen, um den Versuch einer Wiedergewinnung Norditaliens zu machen, schickte Napoleon Eugène nach Mailand, um dort seine Armee wieder neu aufzubauen und ein Auge auf italienische Revolutionäre zu haben. Er selbst verließ Dresden am 18. Mai in der

Hoffnung, einen entscheidenden Sieg über die Alliierten zu erringen, die sich bei Bautzen, dreißig Meilen ostwärts von Dresden, neu formiert hatten. Er befahl Ney, in einem Halbkreis um sie herumzumarschieren und sie im Rücken anzugreifen, während er selbst seine Hauptarmee in einem Frontalangriff führen wollte. Ney nahm sich Zeit und erschien zu spät auf dem Schlachtfeld, um die von Napoleon geschlagenen Verbündeten am Rückzug nach Schlesien zu hindern, nachdem sie 15 000 Mann verloren hatten. Napoleon marschierte an die Oder, entsetzte die französische Garnison von Glogau und reihte ihre Männer in seine Armee ein. Roger de Damas, ein *emigree*, schrieb voll Zorn: «Das französische Kaiserreich hat die Krise überwunden und ist triumphierend wieder auferstanden.»[10]

In diesem Augenblick, als er längs der Oder hätte weitermarschieren sollen, weitere Garnisonen entsetzen und ihre ausgebildeten Soldaten in seine Armee einreihen, lieh Napoleon Metternich sein Ohr, der die österreichische Vermittlung für Friedensverhandlungen anbot. Berthier als Sprecher der Generale des Kaisers und Caulaincourt im Namen seiner Diplomaten drängten ihn, das Angebot anzunehmen, da sie einen langen Krieg mit einer vergrößerten Koalition mit endlosen Hilfsquellen gegen ein zerstrittenes und ausgeblutetes Frankreich fürchteten. Napoleon argwöhnte eine Finte, hoffte aber, ein Waffenstillstand würde ihm die Zeit geben, weitere Rekruten einzuberufen und Verstärkungen für seine Kavallerie zu sammeln; außerdem fürchtete er, eine Weigerung würde Österreich ins alliierte Lager treiben. In Pleißwitz wurde ein Waffenstillstand für zwei Monate geschlossen (4. Juni), der später bis zum 10. August verlängert wurde. Napoleon zog seine Streitkräfte nach Dresden zurück, gab Anweisungen für die Auffüllung seiner Bataillone und reiste nach Mainz, um einige Zeit mit Marie Louise zu verbringen; vielleicht konnte sie ihren Vater überreden, das Bündnis aufrechtzuerhalten, für das sie ein Pfand war. Unterdessen vergrößerte und verproviantierte Metternich die österreichische Armee unter dem Vorwand, die Alliierten zu fürchten.

Diese nutzten den Waffenstillstand weidlich. Sie hießen Bernadotte willkommen, der jetzt seine Armee von 25 000 Mann ihrer Sache zur Verfügung stellte. Mit ihm kam Moreau, der – freundschaftlicher Beziehungen zu den Verschwörern, die Napoleons Tod geplant hatten, überführt – die Erlaubnis erhalten hatte, nach Amerika zu emigrieren. Jetzt bot er den Verbündeten seine Dienste an, als ein Mann, der die Geheimnisse von Napoleons Strategie kannte. Er betonte vor allem einen Grundsatz: eine Schlacht vermeiden, wenn Napoleon das Kommando führt, sie suchen, wenn er abwesend ist. Erfreuter waren die Verbündeten über Lord Cathcart, der ihnen am 15. Juni 4 Millionen Pfund Subsidiengelder schickte gegen die Verpflichtung, keinen Frieden mit Napoleon ohne Englands Zustimmung zu schließen.[11] Am 27. Juni stimmten die Alliierten einer Vermittlung durch Österreich zu und kamen überein, daß alle drei Parteien Unterhändler nach Prag entsenden sollten, um die Friedensbedingungen auszuhandeln. Napoleon schickte Narbonne und Caulaincourt, da er hoffte, daß Alexanders Zuneigung zu dem Letzteren, überwacht vom Ersteren, den Zaren entgegenkommend stimmen würde. Auf jeden Fall waren die Napoleon durch Caulaincourt und Metternich angebotenen Bedingungen so, daß er sie in Anbetracht seiner Niederlagen in Rußland und Polen und des Aufstandes in Preußen als vernünftig betrachten konnte. Er wurde aufgefordert, alle Preußen entrissenen Gebiete herauszugeben und ebenso alle Ansprüche auf das Großherzogtum Warschau, die Hansestädte, Pommern, Hannover, Illyrien und die Rheinbundstaaten fallen zu lassen. Er konnte sich nach Frankreich zurückziehen, dessen natürliche Grenzen nicht angetastet würden; auch sollten sein Thron und seine Dynastie nicht in Frage gestellt werden. Der Vorschlag enthielt einen schwerwiegenden Haken: England hatte sich das Recht vorbehalten, zusätzliche Forderungen zu stellen, und ohne seine Zustimmung konnte kein Friedensvertrag unterzeichnet werden.

Napoleon schickte ein Ersuchen um die offizielle Bestätigung dieser Bedingungen durch die Alliierten nach Prag. Sie ging ihm erst am 9. August zu, gleichzeitig mit einer Warnung Metternichs, daß der Kongreß ebenso wie der Waffenstillstand um Mitternacht am 10. August beendet sein würden. Seine Annahme müsse bis dahin eingetroffen sein. Napoleon schickte eine bedingte Annahme, die Prag jedoch erst erreichte, nachdem Metternich den Kongreß und den Waffenstillstand als beendet erklärt hatte. Am 11. August trat Österreich der Koalition gegen Frankreich bei, und der Krieg begann aufs neue.

III. ZUM RHEIN

Derart verstärkt und finanziert, hatten die Verbündeten nunmehr etwa 492 000 Mann unter Waffen, mit 1383 Geschützen. Napoleon, zu dem ein Kontingent aus Dänemark und die Neuausgehobenen, die er erwartet hatte, gestoßen waren, verfügte über 440 000 Soldaten mit 1200 Kanonen. Die Alliierten bildeten drei Armeen: eine «Nordarmee» unter Bernadotte, um Berlin konzentriert; eine «Schlesische Armee», unter dem ungestümen und nicht zu entmutigenden Blücher um Breslau herum; schließlich die größte der drei, die «Böhmische Armee», unter Fürst Schwarzenberg, die um Prag konzentriert war. Zusammen bildeten sie einen Halbkreis, der Napoleons Kräfte in Dresden umfaßte; getrennt war jede der drei Armeen frei, sich ihren eigenen Weg nach Paris zu erkämpfen. Gegen sie setzte Napoleon eine «Linke Flügelarmee» unter Oudinot ein, um Bernadotte festzuhalten; eine «Zentralarmee» unter Ney, um Blücher zu bewachen, und eine «rechte Flügelarmee», die er selbst befehligte, um die Straßen zu sperren, auf denen Schwarzenberg eine Soldatenlawine aus Böhmen heranführen konnte. Die französische Aufstellung wies entmutigende, aber offenbar unvermeidliche Defekte auf: Napoleon konnte sein bewährtes italienisches Schema nicht anwenden, seine ganze Macht zunächst gegen einen seiner Gener einzusetzen, weil dies den Weg nach Paris für die anderen freimachen würde; zwei seiner Armeen mußten ohne den Ansporn seiner Gegenwart und die rasche Beweglichkeit seines taktischen Geschicks zurechtkommen.

Am 12. August eröffnete Blücher den Herbstfeldzug 1813 mit einem Vormarsch von Breslau nach Westen, um Neys Divisionen an der Katzbach in Sachsen anzugreifen. Neys Truppe wurde überrumpelt, vielleicht sogar im Schlaf, und floh in Panik. Napoleon eilte mit seiner kaiserlichen Garde und Murats Kavallerie von Görlitz herbei, formierte Neys Truppen neu und führte sie zu einem Sieg, der Blücher 6000 Mann kostete.[12] Zur gleichen Zeit jedoch führte Schwarzenberg seine 200 000 Mann nach Norden, um das französische Hauptquartier in Dresden im Handstreich zu nehmen. Napoleon brach Blüchers Verfolgung ab, marschierte mit 100 000 Mann in vier Tagen 192 Kilometer und fand, daß die Österreicher fast alle Höhen um die sächsische Hauptstadt besetzt hatten. Am 26. August brach die französische Armee, an ihrer Spitze die alte und die junge Garde, unter dem Ruf «*Vive l'empereur*»» durch die feindlichen Linien und focht so wild – wobei Murat seine Kavallerie so tollkühn wie in alten Zeiten führte –, daß Schwarzenberg nach zwei Schlachttagen den Rückzug befahl, 6000 seiner Soldaten tot, verwundet oder gefangen zurücklassend. Napoleon hatte selbst einige Batterien im dichtesten Kampfgetümmel geleitet.[13]

Alexander hatte die Schlacht von einem exponierten Hügel aus beobachtet, neben sich seinen neuen Favoriten Moreau. Eine Kanonenkugel zerschmetterte Moreau beide Beine. Ein paar Tage später starb er in den Armen des Zaren, mit dem Aufschrei: «Ich, Moreau sterbe, von einem französischen Schuß getroffen, mitten unter den Feinden Frankreichs!»[14]

Vandamme verfolgte die zurückflutenden Österreicher, ohne daß Napoleon nachrückte und ihn unterstützte (der wieder unter heftigen Magenschmerzen litt), geriet in einen Hinterhalt und mußte mit seinen 7000 Mann vor einer von Schwarzenbergs Divisionen kapitulieren (28. August). Bald danach verlor Ney 15 000 Mann in einem Treffen bei Dennewitz (6. September). Traurig sah Napoleon so seinen Sieg bei Dresden zunichte gemacht. Er schickte dem Senat den Befehl, 120 000 Rekruten des Jahrgangs 1814 und 160 000 des Jahrgangs 1815 einzuberufen. Dabei handelte es sich um junge Männer, die viele Monate der Ausbildung nötig haben würden. Gleichzeitig stießen 60 000 russische Soldaten, abgehärtet durch einen Feldzug in Polen, zu Alexanders Armee. Am 8. Oktober schloß sich auch die bayerische Armee, die bis dahin Napoleon unterstützt hatte, seinen Gegnern an.

Auf solche Weise wesentlich verstärkt, setzten sich die Alliierten nun zum Ziel, Leipzig zu erobern und den Krieg in einer Schlacht zu entscheiden, in der ihre vereinten Kräfte jeder napoleonischen Strategie überlegen wären. Im Oktober marschierten 160 000 Soldaten – befehligt von Blücher, Bennigsen, Bernadotte, Schwarzenberg, Eugen von Württemberg und anderen Generalen – auf die Stadt zu. Napoleon führte seine Armeen aus dem Norden, Süden und dem Zentrum, insgesamt 115 000 Mann, unter Marmont, Alexandre Macdonald, Augereau, Bertrand, Kellermann, Victor, Murat, Ney und Fürst Józef Poniatowski heran. Noch selten waren soviel militärisches Genie oder so viele Nationalitäten auf einem einzigen Schlachtfeld zusammengetroffen. Es kam zu der Völkerschlacht, wie die Deutschen sie benannten.

Napoleon bezog seinen Gefechtsstand an einer exponierten Stelle im Rücken seiner Streitkräfte und leitete ihre Bewegungen während der drei Tage der Schlacht (16.–19. Oktober 1813). Wie er selbst erklärte[15], hatten die Franzosen bis zum 18. Oktober die Oberhand, als das sächsische Kontingent zu den Alliierten überlief und dann seine Kanonen auf die Franzosen richtete, die, überrascht und verwirrt, das Feld zu räumen begannen. Am nächsten Tag liefen die Kontingente der Rheinbundstaaten zu den Verbündeten über. Napoleon, der sah, daß seine Männer, denen offenbar die Munition knapp wurde[16], enorme Verluste erlitten, befahl ihnen, sich über die Flüsse Pleiße und Elster zurückzuziehen. Den meisten gelang dies auch, doch ein aufgeregter Pionieroffizier sprengte eine Brücke über die Elster, während sich noch Franzosen auf ihr befanden. Viele ertranken, darunter der ritterliche Poniatowski, der so tapfer gekämpft hatte, daß Napoleon ihn auf dem Schlachtfeld zum Marschall beförderte. Nur 60 000 von den 115 000 Mann, die für Napoleon bei Leipzig gekämpft hatten, erreichten die Saale; Tausende fielen in Gefangenschaft und 120 000 französische Soldaten, die in deutschen Festungen zurückblieben, waren für Frankreich verloren. Die zurückgegangenen Franzosen, welche die Saale erreichten, wurden mit Verpflegung, Bekleidung und Ausrüstung versorgt. Dann marschierten sie nach Westen an den Main bei Hanau. Dort besiegten sie eine österreichisch-bayerische Streitmacht; und am 2. November erreichten sie nach zweiwöchigem Rückzug bei Mainz den Rhein und überquerten den Strom nach Frankreich.

IV. DIE ZERREISSPROBE

Napoleon schien so geschlagen zu sein, daß er sich nicht mehr erholen konnte. Abgesehen von den französischen Soldaten, die in Deutschland eingeschlossen waren, bestand seine Armee jetzt aus 60 000 besiegten und erschöpften Männern, die am Rhein zusammengedrängt waren, «ein Haufen Versprengter ohne Waffen, ohne Bekleidung, vom Typhus befallen, mit dessen Keimen sie jeden Ort infizierten, durch den sie zogen».[17] Aus allen Richtungen kamen entmutigende Nachrichten. In Italien hatte Eugène unter großen Anstrengungen eine Streitmacht von 36 000 Mann zusammengebracht, sah sich jetzt aber 60 000 Österreichern gegenüber, die jenseits der Etsch standen. In Neapel plante Murat zu den Alliierten überzulaufen, um seinen Thron zu retten. In den Niederlanden schüttelte eine Volkserhebung mit Unterstützung einer preußischen Division unter Blücher das französische Joch ab (November 1813); englische Truppen setzten sich in den Besitz der Scheldemündung; das Haus Oranien wurde wieder eingesetzt. Jérôme war aus Westfalen geflohen. Von Spanien aus überschritt der triumphierende Wellington die Bidassoa nach Frankreich (7. Oktober); im Dezember begann er mit der Belagerung von Bayonne. Frankreich selbst schien zusammenzubrechen. Der Verlust Spaniens wie die Unterbrechung des Handels mit Deutschland und Italien hatten eine Wirtschaftskrise erzeugt, die zu Fabrikschließungen und Bankzusammenbrüchen führte. Im Oktober leitete die Schließung der Jabach-Bank eine Serie von Bankrotten ein. Der Wertpapierindex fiel von 80 im Januar 1813 auf 47 im Dezember. Tausende von Arbeitslosen bevölkerten die Straßen, verbargen ihre Armut zu Hause oder gingen zur Armee, um zu essen zu haben. Das einfache Volk rebellierte gegen weitere Konskriptionen, die Mittelklassen protestierten gegen Steuererhöhungen, die Royalisten riefen nach Ludwig XVIII. Alle Schichten forderten den Frieden.

Napoleon traf am 9. November in Paris ein, wo er von seiner traurigen Kaiserin und seinem vergnügten Sohn willkommen geheißen wurde. Er machte sich daran, eine neue Armee von 300 000 Mann als erste Voraussetzung sowohl für den Krieg oder den Frieden aufzustellen. Er setzte Ingenieure ein, um die Straßen zu den neuen Fronten instand zu setzen, Stadtbefestigungen auszubauen, Festungen zu bauen, die Vorbereitungen für den Durchstich von Deichen oder die Sprengung von Brücken zu treffen, um gegebenenfalls den Vormarsch eines Angreifers zu verlangsamen. Er zog Pferde für die Kavallerie ein, bestellte Kanonen in den Gießereien, Waffen und Munition für die Infanterie; und als die Staatseinnahmen infolge der Verarmung und des Widerstandes gegen die Steuererhebung sanken, griff er tiefer und tiefer in seinen gehorteten Goldschatz. Die Nation blickte in Erstaunen und Angst auf ihn, bewunderte seine Spannkraft und Findigkeit und fürchtete sich vor einem weiteren Kriegsjahr.

Die Alliierten, die angesichts des Rheinübergangs und des Wintereinbruchs zögerten, schickten ihm am 9. November von Frankfurt aus ein informelles, nicht unterschriebenes Friedensangebot: Frankreich dürfe seine natürlichen Grenzen – den Rhein, die Alpen und die Pyrenäen – behalten, müsse aber alle Ansprüche auf irgendwelche jenseits dieser Grenzen liegenden Gebiete aufgeben[18]. Am 2. Dezember erteilte Napoleon durch seinen Außenminister Caulaincourt seine offizielle Zustimmung. Der Aufstand in Holland setzte jedoch der französischen Kontrolle der Rheinmündungen ein Ende; die Alliierten unterstützten diese Erhebung und zogen ihre Anerkennung natürlicher Grenzen für Frankreich zurück.[19] Statt dessen erließen sie (5. Dezember) die «Frankfurter Deklaration»: «Die alliierten Mächte führen keinen Krieg gegen Frankreich. Die Souveräne wünschen ein großes, starkes und glückliches Frankreich ... Die Mächte bestätigen das französische Kaiserreich im Besitz eines Territoriums, das es unter seinen Königen niemals besaß.»[20]

Es brauchte nicht viel, um das Volk vom Kaiser zu trennen. Senat und Legislative befanden sich in offenem Aufstand gegen ihn und verlangten eine Verfassung mit Freiheitsgarantien. Am 21. Dezember überschritten die Verbündeten den Rhein nach Frankreich hinein. Am 29. Dezember übermittelte der Senat Napoleon seine Versicherungen der Loyalität und Unterstützung. Doch am selben Tag verlas Lainé, ein Mitglied aus dem royalistischen Bordeaux vor der Legislative einen Bericht, der die «Irrtümer» und «Exzesse» der kaiserlichen Administration anprangerte, «die glückliche Herrschaft der Bourbonen» pries und die Alliierten beglückwünschte, da sie «wünschen, uns innerhalb der Grenzen unseres eigenen Gebiets zu halten und eine ehrgeizige Aktivität zu unterbinden, die in den letzten zwanzig Jahren soviel

Unheil über alle Völker Europas gebracht hat».[21] Die Legislative stimmte ab, 223 zu 31, daß Lainés Bericht gedruckt werden sollte. Am selben Abend schloß Napoleon die Sitzungsperiode.

Am 1. Januar 1814 erschien eine Abordnung der Legislative, um ihm Glückwünsche zum Jahreswechsel zu überbringen. Er antwortete mit einem Ausbruch von angestautem Ärger und Ermüdung:

«Gewiß, wenn wir den Feind aus unseren Grenzen treiben müssen, ist nicht der Zeitpunkt, mich um eine Verfassung zu bitten. Sie sind nicht die Vertreter der Nation, sie sind lediglich die von den Departements entsandten Abgeordneten ... Ich allein bin der Repräsentant des Volkes. Was ist denn schließlich der Thron? Vier Stücke vergoldetes Holz mit Samt überzogen? Nein! Der Thron ist ein Mann, und dieser Mann bin ich. Ich bin es, der Frankreich retten kann und nicht sie! Wenn ich auf sie hörte, würde ich dem Feind mehr überlassen, als er verlangt. Sie werden in drei Monaten Frieden haben, oder ich werde untergehen.»[22]

Nachdem die erschrockenen Delegierten ihn verlassen hatten, schickte Napoleon nach einigen ausgewählten Senatoren, erläuterte ihnen seine Politik und seine Friedensverhandlungen und schloß mit einem demütigen Bekenntnis, als ob er vor dem Richterstuhl der Geschichte stände:

«Ich stehe nicht an, zuzugeben, daß ich den Krieg zu lange ausgedehnt habe. Ich hatte ungeheure Pläne gefaßt; ich wollte Frankreich die Weltherrschaft sichern. Ich war im Irrtum, diese Pläne standen nicht im richtigen Verhältnis zur zahlenmäßigen Stärke unserer Bevölkerung. Ich wäre gezwungen gewesen, sie alle unter die Fahnen zu rufen, und ich erkenne jetzt, daß die Entwicklung der Gesellschaft, wie auch die moralische und soziale Wohlfahrt eines Staates nicht mit der Umwandlung eines ganzen Volkes in eine Nation von Soldaten vereinbar sind.

Ich muß den Fehler büßen, den ich dadurch begangen habe, daß ich zu sehr auf mein Glück vertraute und ich werde ihn wiedergutmachen. Ich werde Frieden schließen. Ich werde ihn zu solchen Bedingungen schließen, wie es die Umstände erfordern und dieser Friede wird mich allein demütigen. Ich habe mich selbst getäuscht; ich muß dafür leiden, nicht Frankreich. Es hat keinen Fehler begangen, es hat sein Blut für mich vergossen, es hat mir kein Opfer verweigert ...

Gehen sie also, meine, Herren und machen sie in ihren Departements bekannt, daß ich künftig kein französisches Blut mehr für meine Unternehmungen, für mich verlangen werde, ... allein noch für Frankreich, um die Unversehrtheit seiner Grenzen zu sichern. Geben sie bekannt, daß ich nur die Mittel verlange, um einen ausländischen Feind von unserer Heimat fernzuhalten. Geben sie bekannt, daß das Elsaß, die Franche-Comté, Navarra und Bearn vom Feind besetzt sind. Geben sie bekannt, daß ich die Franzosen aufrufe, der Freiheit zu Hilfe zu kommen.»[23]

Am 21. Januar wies er seine Beauftragten an, Papst Pius VII. aus Fontainebleau zu entlassen und seine Rückkehr nach Italien in die Wege zu leiten. Am 23. Januar versammelte er die Offiziere der Nationalgarde in den Tuilerien, stellte ihnen die Kaiserin und den «König von Rom» vor (ein hübscher Junge von noch nicht ganz drei Jahren), und empfahl sie der Obhut der Garde. Von neuem ernannte er Marie Louise zur Regentin während seiner Abwesenheit, dieses Mal zusammen mit seinem Bruder Joseph als Generalleutnant des Kaiserreichs und Verwaltungschef für die

Kaiserin. Am 24. wurde er davon unterrichtet, daß Murat zu den Alliierten übergelaufen sei und mit 80 000 Mann von Neapel heraufmarschiere, um bei der Vertreibung Eugènes aus Italien mitzuwirken. An diesem Tag verabschiedete er sich von Frau und Sohn, die er niemals wiedersehen sollte und verließ Paris, um sich zu seiner reorganisierten Armee zu begeben und den Invasoren Frankreichs entgegenzutreten.

V. NACH PARIS

Sie marschierten wieder in getrennten, aber auf das Ziel gerichteten Marschsäulen heran. Diesmal war Paris das Ziel. Schwarzenberg überrundete buchstäblich die Franzosen, indem er mit 160 000 Mann bei Basel den Rhein überschritt und im freundlichen Einvernehmen mit den Berner Oligarchen die Schweizer Neutralität verletzte, dann rasch durch die Kantone marschierte, das unverteidigte Genf besetzte und 160 Kilometer weiter westlich in Frankreich auftauchte, als die Franzosen erwartet hatten. Dann eilte er nach Norden in Richtung Nancy in der Hoffnung, sich dort mit Blücher zu vereinigen, oder mit ihm zusammenzuarbeiten. Napoleon hatte französischen Armeen befohlen, ihre örtlichen Feldzüge in Italien und dem südöstlichen Frankreich einzustellen und nach Norden zu marschieren, um Schwarzenberg aufzuhalten; Eugène aber wurde von den Österreichern festgehalten und Soult hatte mit Wellington alle Hände voll zu tun.

Inzwischen ging Blücher mit seiner noch 60 000 Mann starken Schlesienarmee bei Mainz, Mannheim und Koblenz über den Rhein und rückte, fast ohne auf Widerstand zu treffen, auf Nancy vor, dessen Behörden und Bevölkerung ihn und seine preußischen Truppen als Befreier von der Tyrannei Napoleons begrüßten.[24] Bernadotte, der die Hoffnung aufgegeben hatte, zum Nachfolger Napoleons gewählt zu werden, hatte nach Leipzig die Alliierten verlassen, um die Dänen zur Abtretung Norwegens an Schweden zu zwingen (14. Januar 1814); nachdem dies erreicht war, vereinigte er sich mit Blücher zum Marsch auf Paris.

Die französischen Streitkräfte, die Napoleon im Osten Frankreichs zurückgelassen hatte, wagten es nicht, Blücher oder Schwarzenberg anzugreifen. Ney zog sich aus Nancy nach Westen zurück, Mortier aus Langres, Marmont aus Metz und alle drei erwarteten die Ankunft Napoleons.

Er schlug sein neues Hauptquartier in Chalons-sur-Marne auf und brachte mit sich etwa 60 000 Rekruten. Mit den 60 000 Überlebenden von Leipzig unter Ney, Marmont und Mortier verfügte er über insgesamt 120 000 Mann, um Blüchers und Schwarzenbergs Kräfte von insgesamt 220 000 Mann aufzuhalten. Er mußte seine Strategie darauf beschränken, die verbündeten Armeen an der Vereinigung zu hindern, die Konfrontation mit Schwarzenberg zu vermeiden und ihren Vormarsch auf Paris durch kleine Teilerfolge über alliierte Divisionen zu stoppen oder zu verzögern, die sich überraschen ließen oder zu weit von ihrem Kommandozentrum entfernt waren, um ihnen mit der Hauptmacht zu Hilfe zu kommen. Der Feldzug von 1814 war einer der strategisch brillantesten, aber auch – infolge des Mangels an

Verstärkungen – einer der am meisten mit kostspieligen Fehlern belasteten. Blücher unterliefen auch viele Fehler, doch er war der unbezähmbarste und einfallreichste von allen Generalen, die jetzt oder später Napoleon gegenübertraten. Schwarzenberg war vorsichtiger, teils aus Gründen des Temperaments, teils weil Zar Alexander und Kaiser Franz II. sich bei seinem Train befanden.

Einzelne anfängliche Siege erfüllten Napoleon mit unangebrachter Zuversicht. Er erwischte Blüchers Soldaten während des Essens oder Schlafens bei Brienne (29. Januar 1814), schlug sie und konnte um ein Haar Blücher selbst gefangennehmen. Sie traten den Rückzug an und Napoleon war zu klug, sie zu verfolgen, denn seine eigene Armee hatte 4000 Mann verloren, außerdem war er selbst mit knapper Not entronnen: ein Preuße näherte sich ihm mit gezogenem Säbel, als General Gourgeaud den unverschämten Kerl erschoß. Napoleon trauerte über die Verwüstungen, die die Schlacht in der Stadt und ihrer berühmten Schule angerichtet hatte, in welcher er seine wissenschaftliche Erziehung und seine militärische Ausbildung erhalten hatte. Er versprach, nach der Vertreibung der Invasoren aus Frankreich beide wiederaufzubauen.[25]

Ihm blieb wenig Zeit für Erinnerungen. Schwarzenberg eilte herbei, um Blücher zu stärken, und mit einem Schlag sahen sich Napoleons 46 000 Sieger bei La Rothière (1. Februar) fast eingekesselt von 100 000 Österreichern, Preußen und Russen. Napoleon blieb keine Wahl als der Kampf; er befahl also den Angriff und kommandierte in Person. Die Schlacht stand fast gleich, doch gleiche Verluste waren für die Franzosen verheerend und der Kaiser befahl den Rückzug nach Troyes. Der angesichts von Schwarzenbergs zögerndem Vormarsch ruhelose Blücher trennte sich von ihm und beschloß, mit der ihm eigenen Schnelligkeit entlang der Marne seinen Weg nach Paris zu suchen, während die Österreicher dem Lauf der Seine folgten. Alliierte Offiziere waren so siegessicher, daß sie Verabredungen im Palais Royal für die kommende Woche trafen.[26]

Nachdem Napoleon seiner angeschlagenen Armee eine Woche Rast gegönnt hatte, unterstellte er einen Teil davon Victor und Oudinot, um Schwarzenberg festzuhalten, und marschierte mit 60 000 Mann quer durch die Sümpfe von St. Gond als Abkürzung nach Champaubert. Dort trafen sie auf Blüchers Nachhut und Marmont führte die Franzosen zu einem entscheidenden Sieg (10. Februar). Im Nachstoß trafen sie einen Tag später bei Montmirail auf einen anderen Teil von Blüchers Armee; Napoleon und Blücher waren beide dabei, doch wieder war Marmont der Held. Am 14. Februar stießen die Hauptkräfte bei Vauchamps in einem größeren Treffen aufeinander und Napoleon führte seine jetzt zuversichtlichere Armee zum Sieg. Blücher hatte in vier Tagen 30 000 Mann verloren.[27] Napoleon ließ 8000 Gefangene durch Paris führen, um die Moral der Bürger zu stärken.[28]

Unterdessen aber hatte Schwarzenberg Oudinot und Victor fast bis nach Fontainebleau zurückgedrängt. Ein einziger Großangriff hätte die österreichisch-russische Armee mit ihren beiden Kaisern bis auf einen Tagesmarsch an Paris heranbringen können. Außer sich über die Nachricht von diesem Rückschlag, der all seine Siege zunichte machte, ließ Napoleon Marmont zurück, um Blücher zumindest zu behindern, warf in Eilmärschen 70 000 Mann nach Süden, traf bei Montereau auf eine alliierte Armee unter Wittgenstein, schlug sie (18. Februar), bezog Stellung bei Nangis und setzte Victor und Oudinot ein, um Schwarzenberg von Flanke und Rücken her anzugreifen. Der österreichische General, der sich so von drei Seiten bedroht sah, hielt es für opportun, Napoleon einen Waffenstillstand vorzuschlagen. Der Kaiser erwiderte, er würde einer Feuereinstellung nur dann zustimmen, wenn sich die Alliierten zur Einhaltung des Frankfurter Angebots verpflichteten – das Frankreich seine natürlichen Grenzen zugestand. Die Alliierten, beleidigt durch diese Forderung, sich hinter den Rhein zurückzuziehen, brachen die Verhandlungen ab und verlängerten, im Gegenzug, am 9. März in Chaumont ihre Allianz für zwanzig Jahre. Schwarzenberg retirierte nach Troyes mit immer noch 100 000 Mann unter seinem Befehl.

Napoleon folgte ihm vorsichtig mit 40 000. Währenddessen erfuhr er, daß Blücher seine Kräfte neu formiert hatte und wiederum mit 50 000 Mann auf Paris marschierte. Er ließ Oudinot, Macdonald und Etienne Maurice Gérard zurück, um Schwarzenberg zu beschäftigen, führte seine Truppen von der Seine zur Marne und vereinigte sich mit Marmont und Mortier in der Hoffnung, Blücher an der Aisne einzukreisen, wo den Preußen nur eine Brücke nach Soissons als Rückzugsweg blieb. Doch zwei andere alliierte Armeen, 50 000 Mann stark, marschierten von Norden her gegen Soissons und schüchterten den Kommandanten dermaßen ein, daß er Stadt und Brücke übergab. Blüchers Streitkräfte überschritten die Brücke, verbrannten sie und vereinigten sich mit ihren Rettern zu einer Gesamtstreitmacht von 100 000 Mann. Napoleon verfolgte sie mit 50 000 Soldaten, lieferte ihnen bei Craonne ein unentschiedenes Treffen und wurde in einem wilden zweitägigen Gefecht bei Laon von ihnen geschlagen (9.–10. März).

Es nützte ihm nicht viel, daß er am 13. März eine andere preußische Armee, die Reims besetzt hatte, aus der Stadt vertrieb und von der Bevölkerung herzlich begrüßt wurde. Er schickte Marmont und Mortier gegen Blücher und marschierte wiederum von einem Feind zum anderen. Bei Arcis-sur-Aube warf er am 20. März in verzweifelter Wut seine restlichen 20 000 Mann gegen Schwarzenbergs Armee, die immer noch 90 000 stark war. Nach zwei Tagen eines heroischen Massakers mußte er seine Niederlage eingestehen und überschritt die Aube, um einen Ruheplatz für seine zerschlagene Armee zu finden.

Er war wiederum am Ende seiner Ressourcen. Seine körperliche und nervliche Erschöpfung zeigte sich in seinem unbeherrschten Temperament, in zornigem Tadel für Offiziere, die in einem Krieg nach dem anderen ihr Leben für ihn aufs Spiel gesetzt hatten. Sie warnten ihn, daß er von einer Nation, die bis zur Apathie ausgeblutet und der *la gloire* gleichgültig geworden war, keine Verstärkung mehr erwarten könne. Die Regierung, die er in Paris zurückgelassen hatte – selbst sein Bruder Joseph –, appellierten wieder und wieder an ihn, um jeden Preis Frieden zu schließen.

In seiner Verzweiflung entschloß er sich, in einem weiteren Vorstoß phantastischer Strategie alles aufs Spiel zu setzen. Er wollte seine besten Generale einsetzen, um den alliierten Vormarsch so gut wie möglich aufzuhalten; er selbst wollte mit einer kleineren Streitmacht nach Osten marschieren, die in deutschen Festungen am Rhein eingeschlossenen französischen Soldaten entsetzen, mit diesen altgedienten Soldaten seine mitgenommenen Regimenter auffüllen, die Verbindungs- und Nachschublinien der Alliierten abschneiden, ihre Nachhuten angreifen und sie zwingen, ihren Vormarsch einzustellen. Dann könnte Paris, von seinem Mut angesteckt, seine Verteidigung ausbauen und seine Angreifer abwehren. In einem lichteren Augenblick schickte er Joseph Instruktionen, daß die Regierung, falls die Übergabe unmittelbar drohe, mit Marie-Louise und dem König von Rom an einen sicheren Ort hinter der Loire verbracht werden solle, wo sich dann alle verfügbaren französischen Truppen zum letzten Widerstand sammeln sollten.

Während Napoleon seine verblüfften überlebenden Soldaten nach Osten führte, brachen die Alliierten allmählich, Tag um Tag, den Widerstand der Reste der französischen Armee und näherten sich dem Ende ihres langen Marsches. Franz II. blieb in Dijon zurück, nicht willens, bei der Demütigung seiner Tochter zugegen zu sein. Friedrich Wilhelm III. für gewöhnlich so mild, war der Ansicht, er könne gerechterweise Rache für die Zerschlagung seiner Armee, die Zerstückelung seines Landes und das jahrelange Exil aus seiner Hauptstadt nehmen. Alexander, stolz und straff, der an den täglichen Schlachten keinen Gefallen fand, sah sich selbst im Begriff, den Schwur zu erfüllen, den er in Wilna getan hatte, Rußland von der Schändung Moskaus reinzuwaschen und Europa von der Machtbesessenheit des Korsen zu befreien.

Am 25. März unternahmen Marmont und Mortier einen verzweifelten Versuch, die Alliierten bei La Fère-Champenoise, hundert Meilen vor Paris, aufzuhalten. Zwei zu eins unterlegen, fochten sie mit solcher Todesverachtung, daß Alexander sich selbst in das Gewühl stürzte und befahl, das ungleiche Gemetzel zu beenden, indem er rief «*Je veux sauver ces braves!*» (Ich will diese Tapferen retten). Nach dem Ende des Kampfes erstatteten die Sieger den besiegten Generalen ihre Pferde und Degen zurück.[29] Marmont und Mortier zogen sich nach Paris zurück, um die Verteidigung der Hauptstadt vorzubereiten.

Blücher und Schwarzenberg erreichten die Vorstädte von Paris am 29. März. Der Donner ihrer Geschütze und der Anblick von Bauern, die in die Stadt flüchteten, verursachte eine Panik unter den Bürgern und Zittern bei den 12 000 Milizsoldaten – von denen die meisten nur mit Piken bewaffnet waren –, die jetzt aufgerufen wurden, die Restarmee bei der Besetzung der Forts und Hügel der Hauptstadt zu unterstützen. Joseph hatte schon seit langem die Kaiserin-Regentin gebeten, die Stadt zu verlassen, wie Napoleon es angeordnet hatte. Jetzt gehorchte sie. Doch «L'Aiglon» weigerte sich, bis er vom Lärm der sich nähernden Schlacht in Schrekken versetzt wurde.

Am 30. März eröffneten 70 000 Angreifer den letzten Kampf. Marmont und Mortier verteidigten die Stadt, an deren Befestigung der stolze Kaiser niemals gedacht hatte, mit ihren 25 000 Mann so gut sie konnten. Veteranen aus Les Invalides, Studenten der École Polytechnique, Arbeiter und andere Freiwillige beteiligten sich am Abwehrkampf. Joseph beobachtete den Widerstand, bis er sah, daß er nutzlos war und nur zur zerstörerischen Beschießung der Stadt führen konnte, die reich und arm gleich teuer war. Mochte auch Alexander Erbarmen und Mitleid zeigen, den Kosaken war nicht zu trauen und Blücher war nicht der Mann, seine preußischen Kohorten davor zurückzuhalten, ihrer Rachsucht freien Lauf zu lassen. Joseph übertrug also den Marschällen seine Autorität und reiste zu Marie-Louise und der Regierung nach Blois an der Loire. Marmont sah nach einem Tag des Blutvergießens keinen Sinn in weiterem Widerstand und unterschrieb um 2 Uhr früh am 31. März 1814 die Kapitulation der Stadt.

Später an diesem Morgen führten Alexander, Friedrich Wilhelm III. und Schwarzenberg den formellen Einzug von 50 000 Soldaten in Paris an. Die Bevölkerung begrüßte sie mit feindseligem Schweigen, doch der Zar besänftigte sie mit nicht zu entmutigender Höflichkeit und wiederholten Begrüßungen.[30] Als die Feierlichkeiten vorüber waren, besuchte er Talleyrand in der Rue St. Florentin und erbat seinen Rat, wie ein ordnungsgemäßer Regierungswechsel in Frankreich zu vollziehen sei. Sie kamen überein, daß der Senat wieder zusammentreten und eine neue Verfassung ausarbeiten solle; dann solle er eine provisorische Regierung ernennen. Der Senat trat am 1. April zusammen, erarbeitete eine Verfassung, die fundamentale Freiheiten garantierte, ernannte eine provisorische Regierung und wählte Talleyrand zu ihrem Präsidenten. Am 2. April erklärte der Senat Napoleon für abgesetzt.

VI. DEM FRIEDEN ENTGEGEN

Er befand sich in St. Dizier, 240 Kilometer von Paris weg, als er die Nachricht erhielt (27. März), daß die Alliierten die Stadt eingeschlossen hätten. Am nächsten Morgen marschierte er mit seiner Armee ab. Am Nachmittag erhielt er eine dringendere Botschaft: «Die Gegenwart des Kaisers ist notwendig, wenn er die Übergabe seiner Hauptstadt an den Feind verhindern will. Es ist kein Augenblick zu verlieren.» Er verließ in Troyes seine Armee und legte den größten Teil der verbleibenden Distanz trotz seiner Schmerzen zu Pferd zurück. Als er sich Paris näherte (31. März), sagte er zu Caulaincourt: «Ich werde mich an die Spitze der Nationalgarde und der Armee stellen. Wir werden die Dinge wieder in Ordnung bringen.» Er war schockiert, zu erfahren, daß es zu spät war; die Kapitulation war am gleichen Morgen unterzeichnet worden. Er entsandte Caulaincourt nach Paris in der Hoffnung, dieser «Russe» könne Alexander zu einer Kompromißregelung überreden. Da der Kaiser fürchtete, gefangengenommen zu werden, wenn er die Stadt beträte, ritt er weiter nach Fontainebleau. Dort erhielt er an diesem Abend die Nachricht von Caulaincourt: «Ich wurde abgewiesen.»[31] Am 2. April erfuhr er, daß er abgesetzt worden sei. Einen Augenblick lang dachte er daran, wie angenehm es wäre, nachzugeben. «Ich klebe nicht am Thron», sagte er, «ich bin als Soldat geboren und kann ohne Klage Bürger werden». Das Eintreffen seiner Armee jedoch, die immer noch 50 000 Mann stark war[32], berührte eine empfindliche Saite seines Wesens. Er befahl den Truppen, ihr Lager entlang der Essonne (ein Nebenfluß der Seine) aufzuschlagen und sich für weitere Befehle bereitzuhalten. In dieses Lager führte Marmont die Reste der Truppen, die Paris verteidigt hatten.

Am 3. April musterte Napoleon die kaiserliche Garde im Hofe des Palastes von Fontainebleau. Er sagte in seiner Ansprache: «Ich habe dem Kaiser Alexander einen Frieden angeboten, für den ich große Opfer gebracht hätte ... Er hat abgelehnt ... In ein paar Tagen werde ich ihn in Paris angreifen. Ich zähle auf euch.» Zunächst blieben die Soldaten stumm, doch als er sie fragte, «habe ich recht?» riefen sie, «*Vive l'Empereur! Nach Paris!*» und das Grenadier-Musikkorps intonierte die alten Revolutionshymnen «Le Chant du départ» und «La Marseillaise».

Die Generale waren skeptisch. Bei einer privaten Unterhaltung mit ihnen fand er, daß sie gegen eine Restauration der Bourbonen waren, einem Versuch, die Alliierten aus Paris zu vertreiben, jedoch kühl gegenüberstanden. Am 4. April betraten die Marschälle Ney, Oudinot, Moncey und Lefebvre sein Gemach ohne Aufforderung und erklärten ihm, daß sie ihm, da ihn der Senat abgesetzt habe, bei einem Angriff auf die alliierten Streitkräfte und die provisorische Regierung nicht folgen könnten. Er antwortete, dann würde er die Armee eben ohne sie führen. Ney gab zurück, «die Armee wird ihren Führern gehorchen». Napoleon fragte, was sie wollten, daß er tue. Ney und Oudinot antworteten, «abdanken». Napoleon schrieb eine bedingte Abdankung, worin er den Thron seinem Sohn unter Marie-Louises Regentschaft hinterließ. Dann schickte er Caulaincourt, Macdonald und Ney nach Paris, um sein Angebot zu überbringen. Unterwegs hielten sie am Essonnelager, um sich mit Marmont zu beraten und waren bestürzt, feststellen zu müssen, daß er von sich aus mit Schwarzenberg wegen einer Übergabe verhandelt hatte. In derselben Nacht (4. auf 5. April) führte Marmont seine 11 000 Mann unter voller Anerkennung der leichten Bedingungen Schwarzenbergs über die Stadtgrenze. Am 5. April signalisierten die Führer der Alliierten an Caulaincourt, daß sie keine weiteren Verhandlungen mit Napoleon führen würden, solange er nicht bedingungslos abgedankt hätte. In der Zwischenzeit ließen sie Fontainebleau durch ihre Truppen einschließen, um sein Entkommen zu verhindern.

Alexander milderte diese Härten, indem er Paris vor der Plünderung bewahrte und Marie-Louise, Josephine und Hortense Höflichkeitsbesuche abstattete. Der Russe war unter den Eroberern der zivilisierteste. Er überredete seine Mitstreiter, zusammen mit ihm den «Vertrag von Fontainebleau» zu unterzeichnen, der Napoleon eine Insel im Mittelmeer als geräumiges Gefängnis anbot, erhellt durch den italienischen Himmel und ein französisches Einkommen. Das Wichtigste:

Seine Majestät der Kaiser Napoleon auf der einen, und ihre Majestäten der Kaiser von Österreich, ... der Kaiser aller Russen, und der König von Preußen auf der anderen Seite treffen in ihrem eigen und im Namen ihrer Alliierten folgende Vereinbarung ...

Artikel I: Seine Majestät der Kaiser Napoleon verzichtet für seine Person, seine Nachfolger und Abkömmlinge, ebenso wie für sämtliche Mitglieder seiner Familie, auf alle Souveränitäts- und Herrschaftsrechte sowohl über das französische Imperium als auch ... irgendein anderes Land.

Artikel II: Ihre Majestäten Kaiser Napoleon und Kaiserin Marie-Louise werden ihren Titel und Rang auf Lebenszeit behalten. Die Mutter, Brüder, Schwestern, Neffen und Nichten des Kaisers werden ebenfalls, wo auch immer sie wohnen, den Titel von Prinzen der kaiserlichen Familie behalten.

Artikel III: Die Insel Elba, von seiner Majestät Kaiser Napoleon als Ort seiner Niederlassung ausersehen, soll während seines Lebens ein eigenes Fürstentum bilden, das ihm zu eigen gehören und seiner vollen Souveränität unterstehen soll.

Außerdem wird dem Kaiser Napoleon als sein alleiniges Eigentum ein jährliches Einkommen von 2 000 000 Franc in Renten gewährt, einzutragen in das französische Grundbuch, wovon 1 000 000 der Kaiserin als Heimfallsrecht zustehen.[33]

Napoleon unterschrieb dies am 13. April gleichzeitig mit seiner ersten Abdankung; dann unterzeichneten die Alliierten den Vertrag. Er hatte auf Korsika als Insel seines Exils gehofft, doch er wußte, daß man ihm nicht gestatten würde, dorthin, in eine wahre Brutstätte der Revolte, zu gehen und hatte selbst Elba als zweite Möglichkeit vorgeschlagen.[34] Marie-Louise durfte nicht mit ihm gehen. Sie hatte versucht, mit ihm in Fontainebleau zusammenzutreffen, doch die Alliierten hatten dies untersagt und Napoleon selbst hatte davon abgeraten.[35] Am 27. April verließ sie mit ihrem Sohn widerwillig Rambouillet, um sich nach Wien zu begeben.

Vielleicht hatte Napoleon ihr abgeraten, zu ihm zu kommen, weil er sich entschlossen hatte, sich das Leben zu nehmen. Wie bereits erwähnt, hatte er auf dem Rückzug aus Rußland von Dr. Ywan eine Giftphiole erhalten. In der Nacht vom 12. zum 13. April schluckte er den Inhalt. Offenbar aber hatte das Gift seine Wirksamkeit verloren; Napoleon erkrankte, genas aber, sehr zu seiner Beschämung. Er entschuldigte sein Weiterleben mit seinem Vorsatz, eine Selbstbiographie zu schreiben, worin er die Ereignisse aus seiner Sicht darstellen und die Taten *mes braves* verherrlichen wollte.[36]

Am 16. April schrieb er Josephine ein Lebewohl: «Vergiß niemals den, der Dich niemals vergessen hat, noch Dich jemals vergessen wird.»[37] Sie starb einen Monat später, am 29. Mai. Am 19. April verabschiedete er sich von seinem Kammerdiener Constant und seinem Mamelukenleibwächter Rustam. Am 20. richtete er *les adieux* an die Soldaten der Alten Garde, die ihm bis zum Ende treu geblieben waren:

«Soldaten, ich sage euch Lebewohl. In zwanzig Jahren, die wir zusammengewesen sind, hat eure Haltung mir keinen Wunsch offen gelassen. Ich habe euch stets auf dem Weg zum Ruhm gefunden ... Mit euch und den tapferen Männern, die noch treu geblieben sind, hätte ich einen Bürgerkrieg weiterführen können, doch Frankreich wäre dabei unglücklich gewesen. Seid also eurem neuen König treu, gehorcht euren Kommandeuren und laßt unser geliebtes Land nicht im Stich.

Beklagt mein Schicksal nicht. Ich werde glücklich sein, wenn ich weiß, daß ihr es seid. Ich hätte sterben können ... Wenn ich weiterlebe, so, um euren Ruhm zu vermehren. Ich werde über die großen Dinge schreiben, die wir vollbracht haben.

Ich kann euch nicht alle umarmen, doch ich umarme euren General. Kommen Sie, General Petit, damit ich Sie an mein Herz drücken kann. Bringt mir den Adler (das Feldzeichen der Garde), daß ich auch ihn umarmen kann. Ah, teurer Adler, möge dieser Kuß, den ich dir gebe, bei der fernsten Nachwelt sein Echo finden! Adieu, meine Kinder; die besten Wünsche meines Herzens werden immer mit euch sein. Vergeßt mich nicht!»[38]

Vierhundert Mann der Garde folgten ihm freiwillig nach Elba.

Er bestieg einen Wagen zusammen mit General Bertrand, der bis zum Ende bei ihm bleiben wollte. Aus Gründen der Sicherheit wurde er von vier alliierten Offizieren – einem Russen, Preußen Österreicher und Engländer – begleitet. Außerdem hatte er zum Schutz eine kleine Eskorte französischer Soldaten.[39] Schutz brauchte er, als er durch die Provence reiste, wo die Bevölkerung, streng katholisch und zum Teil royalistisch, ihm Beschimpfungen zurief, als er vorbeifuhr. Bei Orgon, in der Nähe von Arles, sah er sich selbst im Geiste schon gehängt, als er von einer Menschenmenge bedroht wurde, die ihn aufforderte, «*Vive le Roi!*» zu sagen. Und er gehorchte, wie es Ludwig XVI. umgekehrt getan hatte. Daraufhin verkleidete er sich zur Sicherheit mit einer Uniform und einem Mantel, die ihm österreichische und russische Offiziere geliehen hatten. Seine Stimmung hob sich, als er am 26. April seine Schwester Pauline in Le Luc seiner harrend fand. Sie hatte die französische Riveria verlassen und eine Einladung nach Rom ausgeschlagen, um in einem kleinen Bauernhof zu wohnen. «Der Kaiser wird in Kürze hier vorbeikommen», schrieb sie an Felice Bacciocchi, «und ich wünsche ihn zu sehen und ihm mein Mitgefühl zu bezeugen ... Ich habe ihn nicht geliebt, weil er ein Herrscher war, sondern weil er mein Bruder ist».[40] Sie weigerte sich, ihn in seiner erniedrigenden Verkleidung zu umarmen. Er legte sie ab und wärmte sich vier Stunden lang an ihrer Ergebenheit.

Am 27. reiste er nach Fréjus weiter. Dort wurde er am 28. April an Bord des britischen Schiffs *Undaunted* mit einem Salut von einundzwanzig Kanonenschüssen empfangen und ging nach Elba in See. Die nächsten neun Monate lang sollte er versuchen, die Schlichtheit des Friedens zu genießen.

DRITTES KAPITEL

Nach Waterloo

[1814–1815]

I. LUDWIG XVIII.

Er war der vierte – wie Ludwig XVI. der dritte – Sohn des Dauphins Ludwig, des Sohnes Ludwig XV. Bis 1791, also bis zu seinem sechsunddreißigsten Lebensjahr, war er offenbar damit zufrieden, Comte de Provence zu sein, gutaussehend, jovial, ein Freund und Mäzen der Literatur, und im Salon seiner Mätresse elegante Konversation zu machen.[1] Als Ludwig XVI. versuchte, aus Frankreich zu entkommen (1791), tat der Graf dasselbe, es gelang ihm und er gesellte sich zu seinem jüngeren Bruder, dem Comte d'Artois, der sich in Brüssel aufhielt. Als Ludwig XVII. in seiner traurigen Gefangenschaft dahinsiechte und im Alter von zehn Jahren starb (1795), nahm der Comte de Provence als nächster legitimer Erbe des Thrones von Frankreich den Titel Ludwig XVIII. an und betrachtete sich während der ganzen Jahre der Revolution und der Herrschaft Napoleons als König von Frankreich. Als der Machtbereich der Usurpatoren sich ausdehnte, war Ludwig gezwungen, seinen Wohnsitz mehrfach zu wechseln – von Deutschland nach Rußland, nach Polen, wieder nach Rußland, und endlich nach England (1811). Dort genoß er die Unterstützung der Regierung und eignete sich Respekt für die britische Verfassung an. Am 14. April 1814 erließ der französische Senat unter Talleyrands Vorsitz folgende Entschließung:

> In Übereinstimmung mit den Vorschlägen der provisorischen Regierung und dem Bericht einer Sonderkommission von sieben Mitgliedern, legt der Senat die provisorische Regierung von Frankreich in die Hände seiner Königlichen Hoheit des Grafen von Artois mit dem Rang eines Generalleutnants des Königreichs, bis Ludwig Stanislas Xavier, auf den Thron von Frankreich berufen, die Charta der Verfassung angenommen haben wird.[2]

Die vom Senat ausgearbeitete Verfassung forderte eine Amnestie für die überlebenden Revolutionäre, das Verbot feudaler Privilegien und kirchlicher Zehnten, die Bestätigung des Erwerbs von «Nationaleigentum» (das bei Kirche und *emigres* konfisziert worden war), die Einrichtung einer Deputiertenkammer und eines Oberhauses und Achtung vor den bürgerlichen Freiheiten und der Souveränität des Volkes.

Ludwig, erfreut über diese Einladung und verwirrt durch ihre Bedingungen, erbat sich Bedenkzeit. Am 24. April verließ er England und begab sich nach Frankreich. Am 2. Mai kündigte er von St.-Quen aus an, daß er die vorgeschlagene Verfassung zum größten Teil respektiert werde, die Souveränität des Volkes jedoch als unvereinbar mit seinem ererbten Recht als König von Gottes Gnaden ablehnen müsse. Er versprach, Frankreich und dem Senat anstelle einer Verfassung eine «Charta» zu «gewähren». Der Senat solle eine vom König ernannte Peerskammer sein; das Corps Législatif solle zu einer Deputiertenkammer umgestaltet werden, gewählt durch Stimmberechtigte, die 300 Franc oder mehr jährlich an direkten Steuern bezahlten; diesen beiden Kammern solle das Recht übertragen werden, Einnahmen und Ausgaben der Regierung zu kontrollieren. Angetan von der Verfügungsgewalt über den Staatssäckel, akzeptierten die beiden Kammern die Charta, der König erklärte sich zur Mitarbeit bereit, und die Bourbonische Restauration begann (4. Juni 1814).

Inmitten dieser Wachablösung reduzierten die alliierten Mächte durch den «Ersten Pariser Vertrag» (30. Mai 1814) Frankreich auf seine Grenzen von 1792 und überließen ihm Chambéry, Annecy, Mühlhausen und Montbéliard. Frankreich trat wichtige Kolonien an England und Spanien ab, anerkannte die österreichische Herrschaft in Norditalien und stimmte im vornhinein sämtlichen Entscheidungen zu, die der künftige Wiener Kongreß über Gebiete fällen würde, die Frankreich sich seit 1792 einverleibt hatte.

Nachdem Ludwig XVIII. sich in den Tuilerien niedergelassen hatte, war er der Meinung, nun ein Recht auf Ruhe und den Genuß seines wiedererlangten Besitzes zu haben. Von 1814 sprach er als «dem neunzehnten Jahr meiner Herrschaft». Er war jetzt neunundfünfzig, jovial und höflich, faul und langsam, fett und gichtisch und keineswegs jeder Zoll ein König. Er beschränkte sich darauf, als konstitutioneller Monarch zu regieren und fand sich nachgiebig mit Abstimmungen, Rhetorik, Parteiungen und einer Presse ab, die freier war als unter dem Direktorium oder unter Napoleon. Salons auf dem Boden literarischer und politischer Diskussion blühten wieder auf. Madame de Staël begann triumphierend wieder mit ihren Pariser Zusammenkünften und sah Könige bei sich.

Wichtiger für die Bevölkerung waren die wirtschaftlichen Erfolge des neuen Regimes. Ludwig war klug genug, den Napoleonischen Code, die Rechtspflege, die Verwaltung und die Wirtschaftsstruktur unverändert zu lassen. Wie Napoleon das Glück gehabt hatte, für das lebenswichtige Finanzministerium einen Mann von großen Fähigkeiten und absoluter Integrität in François Mollien zu finden, so fand Ludwig XVIII. für dasselbe Amt Baron Joseph Dominique Louis, der allen Verpflichtungen des Schatzamtes prompt nachkam und allen Versuchungen zu fiskalischen Schikanen widerstand.

Der Hof des Königs spiegelte seine Anstrengungen wider, den Übergang zwischen den beiden Regimen reibungslos zu gestalten. Im ersten Jahr seiner Herrschaft gab es kaum Vergeltungsmaßnahmen gegen Leute, die Napoleon gedient hatten; die Marschälle des Kaisers, Davout ausgenommen, verkehrten frei mit den Royalisten adliger Abstammung am Bourbonischen Hof. Angehörige des niederen Adels, wie Monsieur und Madame de Rémusat, die Napoleon sehr nahe gstanden hatten, beeilten sich, dem renovierten Altar ihre Ehrerbietung zu bezeigen. Talleyrands bissige Bemerkung, die Bourbonen hätten «nichts gelernt und nichts vergessen», mochte hinsichtlich des Grafen von Artois – ein gutartiger und gutaussehender, aber bis zur Dummheit stolzer Mensch – zutreffen; sie ließ sich jedoch gerechterweise nicht auf

Ludwig XVIII. anwenden. Napoleon selbst rechtfertigte auf St. Helena die Schnelligkeit, mit der die Mehrheit des französischen Volkes das *ancien regime nouveau* akzeptierte als einen bereitwilligen Rückfall in alte Gewohnheiten, die zu lange bestanden hatten, um völlig verdrängt zu werden.

Dennoch gab es verschiedene Ursachen für Streit und Mißvergnügen. Die Kirche erkannte das Konkordat nicht an und bestand auf der Wiederherstellung ihrer vorrevolutionären Machtstellung insbesondere auf dem Gebiet der Erziehung. Der König fand sich bereit, ein Dekret zu erlassen, das strengste religiöse Observanz der Sonn- und Feiertage befahl; sämtliche Läden mit Ausnahme von Apotheken und Kräuterhandlungen mußten an diesen Tagen von morgens bis abends geschlossen sein und es war keinerlei bezahlte Arbeit oder gewerblicher Güterverkehr gestattet.[3] Es wurde gefährlich, sich nicht zum Katholizismus zu bekennen. Am meisten Schwierigkeiten jedoch bereitete die offensichtlich gerechtfertigte Forderung der Kirche, daß ihr der gesamte, während der Revolution konfiszierte kirchliche Besitz zurückerstattet werden müsse. Diese Forderung war nicht zu erfüllen ohne die Gefahr einer Revolte der Hunderttausende von Bauern und Angehörigen der Mittelklasse, die derartiges Eigentum vom Staat gekauft hatten. Die Angst dieser Käufer vor vollständiger oder teilweiser Enteignung brachte viele Bauern, aber auch manchen gesetzten Bürger auf den Gedanken, Napoleon zurückzuwünschen, wenn er nur von seiner Kriegslust geheilt sei.

Eine weiterhin aktive Minderheit der Bevölkerung hielt die Prinzipien der Revolution hoch und arbeitete, wenn auch heimlich, an ihrer Erneuerung. Vom neuen Regime strengstens unterdrückt, spielten diese «Jakobiner» mit der Hoffnung, ein zurückgekehrter Napoleon könnte sich gezwungen sehen, wieder der Sohn der Revolution zu sein, um den Bourbonen zu stürzen. Die Marschälle waren von der Freundlichkeit des Königs eingenommen, das Offizierskorps jedoch – das seine Visionen von Beförderung schwinden sah, als der Adel wieder sein hergebrachtes Monopol auf die höheren Stellen erhielt – sehnte die Tage zurück, als ein Marschallstab auf dem Schlachtfeld und am Tage der Schlacht gewonnen und verliehen werden konnte. Ludwig XVIII. hatte im Bemühen, das Budget auszubalancieren, 18 000 Offiziere und 300 000 Soldaten demobilisiert; fast alle diese entlassenen Soldaten, die darum kämpften, einen Platz in der Wirtschaft zu finden, idealisierten in ihrer Erinnerung den Kaiser, der Ruhm ebenso wie Tod ausgeteilt hatte und sogar den Tod als ruhmreich erscheinen ließ.

Die Unzufriedenheit der Armee war unter den Kräften, die das Tor für eine Rückkehr des faszinierenden Unersättlichen öffneten, die stärkste. Hinzu kam eine Bauernschaft, die Enteignung oder eine Wiedereinführung der Feudalabgaben fürchtete; die Fabrikanten, die der Zustrom britischer Waren schädigte; das abgesehen von den orthodoxen Katholiken allgemeine Unbehagen über den zunehmenden Einfluß des Klerus; die vom König angeordnete Vertagung beider Kammern Ende 1814 – die erst im nächsten Mai wieder zusammentreten sollten; und hinzu eine geheime Sehnsucht der Armen nach der Erregung und dem Glanz, die Frankreich zur Zeit Napoleons erfüllt hatten: es waren vage und unsichere Anzeichen sich eröffnender Möglichkeiten, doch die über sie nach Elba gelangenden Berichte stärkten den Geist, des gefangenen, zwar verwundeten, aber nicht toten Gladiators.

II. DER WIENER KONGRESS: SEPTEMBER 1814–JUNI 1815

Er war die außergewöhnlichste politische Versammlung der europäischen Geschichte. Seine beherrschenden Mitglieder waren naturgemäß die Hauptsieger im Krieg der Nationen: Rußland, Preußen, Österreich und Großbritannien. Außerdem nahmen Delegierte aus Schweden, Dänemark, Spanien, Portugal, dem Kirchenstaat, Bayern, Sachsen, Württemberg teil. Auch mit dem besiegten Frankreich war zu rechnen, wenn auch nur, weil es durch den gerissenen Talleyrand vertreten wurde. Der Fortgang der Verhandlungen sollte zwei einander nicht durchaus widersprechende Prinzipien deutlich machen: daß Kanonen lauter sind als Worte und daß physische Gewalt nur selten siegreich ist, wenn sie nicht durch geistige Kraft gesteuert wird.

Rußland wurde in erster Linie durch Zar Alexander I. vertreten, der über die größte Armee und den liebenswürdigsten Charme verfügte. Mit der Unterstützung von Graf Andreas Rasumowsky (dem Gönner Beethovens) und Graf Karl Robert Nesselrode forderte er, Rußland müsse ganz Polen erhalten, da es die Alliierten aus ihrer zögernden Haltung an Memel und Spree heraus zum Sieg an der Seine geführt habe; Fürst Czartoryski, der mit Billigung Alexanders Polen vertrat, unterstützte diese Forderung in der Hoffnung, die Wiedervereinigung Polens könne ein Schritt zur Unabhängigkeit sein.

Preußen wurde formell durch König Friedrich Wilhelm III. vertreten, direkt jedoch durch Fürst Hardenberg, dem Wilhelm von Humboldt als philosophischer Berater diente. Sie verlangten eine ausreichende Entschädigung für die militärischen Leistungen von Marschall «Vorwärts» Blücher und den von Preußen erbrachten Blutzoll. Alexander war einverstanden und – vorausgesetzt, daß Preußen seine früheren Ansprüche auf einen Teil Polens aufgebe – bot Friedrich Wilhelm ganz Sachsen an, dessen König (der zu dieser Zeit in Berlin in Haft war) diese Beraubung verdient habe, weil er die sächsische Armee an Napoleon ausgeliefert habe; der Freiherr vom Stein hielt dies für eine elegante Lösung.

Österreich betonte, daß seine Parteinahme für die Alliierten den Krieg entschieden habe und daß ihm jetzt beim Fest der Sieger ein großzügiger Bissen zustehe. Die Verdrängung Österreichs aus Polen war unerträglich, und die Einverleibung Sachsens durch Preußen würde das europäische Gleichgewicht der Kräfte zwischen Norden und Süden über den Haufen werfen. Metternich entfaltete seine ganze Geduld, um mit Scharfsinn und Gerissenheit zu verhindern, daß Österreich auf den Stand einer Macht zweiten Ranges herabgedrückt würde. Kaiser Franz II. unterstützte seinen Außenminister, indem er seine Gäste mit Festlichkeiten milder stimmte. Der Krieg hatte seine Staatsfinanzen an den Rand des Bankrotts gebracht;

er setzte die verbliebenen Mittel ein, um seine Gäste mit Wein und Champagner zu betäuben und sie mit üppigen Gastmählern einzulullen. Die Räume der kaiserlichen Paläste erglänzten fast jede Nacht von verschwenderischen Festen. Schauspieler und Schauspielerinnen, Sänger und Virtuosen wurden engagiert, um die Potentaten und ihr Gefolge in Entzücken zu versetzen. Beethoven rüttelte die Stadt mit «Die Schlacht von Vitoria» auf. Schöne Frauen trugen Vermögen an Juwelen auf ihren Roben oder im Haar und zeigten soviel von ihren Reizen, wie es der Respekt vor Kardinal Consalvi gestattete. Hohe Herren hatten keine Schwierigkeiten, eine Mätresse zu finden und für die Bedürfnisse weniger bedeutender Teilnehmer boten sich Kurtisanen an. Der Stadtklatsch hatte Mühe, über die Amouren Zar Alexanders auf dem laufenden zu bleiben.[4]

Alexander gewann die Damen und verlor den diplomatischen Krieg. Metternich suchte unter den Delegierten der kleineren Mächte Verbündete gegen ihn. Er argumentierte, daß das Prinzip der Legitimität die Beraubung eines Königs verbiete, wie sie Rußland und Preußen in Sachsen vorhatten. Sie stimmten ihm zu, doch wie sollten sie mit einem Rußland, das 500 000 Soldaten an seiner Westgrenze massiert hatte, von Prinzipien reden? Metternich wandte sich an Lord Castlereagh, den Vertreter Englands: Würde sich England nicht unsicher fühlen gegenüber einem Rußland, das sich Polen einverleibt hatte und mit einem durch Sachsen vergrößerten Preußen verbündet war? Castlereagh drückte sein Bedauern aus; Britannien lag im Krieg mit den Vereinigten Staaten und konnte keine Konfrontation mit Rußland riskieren.

So wandte sich Metternich als letzte Zuflucht an Talleyrand. Er hatte den Franzosen verärgert, als er Frankreich zusammen mit den kleineren Mächten von den Privatbesprechungen der «Großen Vier» ausschloß und die erste gemeinsame Konferenz aller teilnehmenden Staaten auf den 1. November 1814 anberaumte. Talleyrand machte gemeinsame Sache mit anderen ausgeschlossenen Delegationen und schwang sich rasch zu ihrem Sprecher auf. So gerüstet begann er von Frankreich als einer Macht immer noch ersten Ranges zu sprechen, die jederzeit imstande sei, eine Armee von 300 000 Mann aufzustellen und auszurüsten. Metternich, der dies als Drohung hätte auffassen können, sah darin eine mögliche Chance. Er bemühte sich um Talleyrands Unterstützung gegen Rußland, Talleyrand holte die Zustimmung Ludwigs XVIII. ein. Dann gewannen die beiden Diplomaten Castlereagh für ihre Sache, da inzwischen der Friede mit Amerika geschlossen war. Am 3. Januar 1815 schlossen sich Frankreich, Österreich und Großbritannien in einer Tripleallianz für gegenseitige Hilfeleistung zur Aufrechterhaltung des Mächtegleichgewichts zusammen. Angesichts dieses neuen Bündnisses zog Rußland seinen Anspruch auf ganz Polen zurück. Preußen, das Thorn und Posen wiedergewonnen hatte, erklärte sich mit zwei Fünfteln von Sachsen zufrieden. Das Hauptverdienst fiel Talleyrand zu, der sich brüstete, daß seine Diplomatie Frankreich von einem geschlagenen Bettler wieder zu einer Großmacht erhoben habe.

Nach fast neunmonatigem Feilschen verteilten die versammelten Würdenträger durch die «Wiener Kongreßakte» vom 8. Juni 1815 Europa gemäß dem alten

Grundsatz, daß die Beute den Siegern gehört – wenn die Sieger noch stark genug sind, sie zu behalten. England behielt Malta als seinen Wachtposten im Zentrum des Mittelmeers. Es errichtete sein Protektorat über die Ionischen Inseln als Wache der Adria; es gab einige der französischen und holländischen Kolonien zurück, die es während des Krieges an sich gebracht hatte, und behielt einige (so vor allem Ceylon und das Kap der Guten Hoffnung). Es erlangte Hannover zurück und erzielte ein vorteilhaftes Übereinkommen mit dem neuen Königreich der Niederlande, das jetzt sowohl Holland als auch Belgien umfaßte und daher die Rheinmündungen beherrschte.

Polen mußte eine erneute Teilung – allerdings mit einzelnen Verbesserungen – hinnehmen. Preußen erhielt die Landstriche um Posen und Danzig. Österreich bekam Galizien, Rußland das Großherzogtum Warschau, das in ein Königreich Polen unter dem Zaren als König umgewandelt wurde und eine liberale Verfassung erhielt.

Preußen bescherte der Krieg Gebietsgewinne, die es für Bismarck vorbereiteten: außer zwei Fünfteln von Sachsen erhielt es Schwedisch-Pommern und Rügen sowie den größten Teil von Westfalen; ferner Neuchâtel in der Schweiz und einen beherrschenden Einfluß im «Deutschen Bund», der jetzt Napoleons Rheinbund ersetzte.

Sachsen behielt drei Fünftel seines früheren Staatsgebiets und erhielt seinen König zurück. Österreich fügte zu den Gebieten, die es vor dem Kongreß besessen hatte, Salzburg, Illyrien, Dalmatien, Tirol und das «Lombardo-Venetische Königreich» in Norditalien hinzu. Der Kirchenstaat wurde den Päpsten zurückgegeben; die Toskana kehrte unter habsburgisch-bourbonische Herrschaft zurück. Schließlich verurteilte, in einer Verbeugung vor dem Christentum, der Kongreß den Sklavenhandel.

Während der Monate Dezember 1814 und Januar 1815 beriet der Kongreß Vorschläge für das weitere Verhalten gegenüber Napoleon. Mit Sicherheit würde (wie einige Delegierte vorstellten) dieser erregbare Mann nicht lange damit zufrieden sein, Souverän des winzigen Elba zu bleiben. Außerdem lag diese Insel in unbehaglicher Nähe von Italien und Frankreich. Welche Teufelei würde er anzetteln, wenn ihm die Flucht gelänge? Dem Kongreß wurden verschiedene Vorschläge unterbreitet, eine Streitmacht nach Elba zu schicken, sich Napoleons zu bemächtigen und ihn in weiterer Entfernung und größerer Sicherheit zu isolieren. Dies war die Ansicht Talleyrands und Castlereaghs; Zar Alexander wandte sich dagegen und dabei blieb es.[5]

Der Kongreß näherte sich seinem Ende, als Metternich in der Frühe des 7. März durch eine als «Dringend» gekennzeichnete Botschaft geweckt wurde. Sie stammte vom österreichischen Konsul in Genua und unterrichtete den Minister, daß Napoleon von Elba entkommen war. Nachdem die Delegierten in Kenntnis gesetzt worden waren, beschlossen sie, die Beendigung des Kongresses zu verschieben und in Wien zu bleiben, bis man sich auf eine gemeinsame Aktion geeinigt haben würde. Am 11. März traf eine weitere Nachricht ein, daß Napoleon bei Antibes gelandet sei. Am 13. März belegte der Kongreß durch sein «Komitee der Acht» (Signatarmächte des ersten Pariser Friedens) Napoleon mit einem Bann und erklärte ihn als vogelfrei; jedermann könne ihn töten ohne Furcht oder Behinderung durch das Gesetz. Der Kongreß hatte seine Aufgaben erfüllt, tagte jedoch – obwohl die Delegierten jetzt auseinandergingen – technisch gesehen weiter bis zum 19. Juni, als ihm zur Kenntnis gebracht wurde, daß Napoleon am Tage zuvor bei Waterloo geschlagen worden sei. Daraufhin erklärte sich der Kongreß offiziell als aufgelöst.

III. ELBA

Napoleon erreichte Portoferraio in Elba am 3. Mai 1814. Am nächsten Morgen ging er unter dem wilden Beifall der Stadtbevölkerung an Land, die dachte, er bringe Millionen Francs mit sich, um sie auszugeben. Acht Tage vorher hatten sie ihn *in effigie* gehängt als einen Mann, der nach Krieg verrückt war.[6] Die Menge eskortierte ihn zum Palast des Gouverneurs, der nun zur kaiserlichen Wohnung werden sollte. Für die nächsten neun Monate sollte er nun Kaiser über sechsundachtzig Quadratmeilen und zwölftausend Seelen sein. Er umgab sich (zum Teil vielleicht, weil er glaubte, daß Schaugepränge die Hälfte des Spiels um die Macht ausmacht) mit allem Drum und Dran einer Majestät: mit Uniformen, königlicher Leibwache, Kämmerern, Dienstleuten, Musikern, hundert Pferden, siebenundzwanzig Galakutschen.[7] Am 26. Mai langten vierhundert Mann seiner alten Garde an, um ihm als Kern einer Miniaturarmee zu dienen. Einige zweihundert Freiwillige kamen aus Frankreich, andere aus Italien oder Korsika; insgesamt verfügte er in Kürze über sechzehnhundert Mann, bereit, jeden Versuch abzuwehren, dem gehaßten und geliebten Kaiser ein Leid anzutun. Zur größeren Sicherheit befestigte er den Hafen und stellte eine Flotte in Dienst – eine Brig (die *Inconstant*) und vier kleine Fahrzeuge, alle armiert.

Wie finanziert er dies alles – wie auch die öffentlichen Arbeiten und die Unternehmungen, durch die er die Verhältnisse auf der Insel verbesserte? Im Vertrag von Fontainebleau war ihm eine jährliche Pension aus Frankreich zugesagt worden, die aber nicht ausgezahlt wurde.[8] Napoleon hatte zwar 3 400 000 Francs in Silber und Gold mitgebracht und er nahm auf das Jahr gerechnet 400 000 Lire aus Steuern und anderen Abgaben ein. Nach einem halben Jahr jedoch begann er sich zu fragen, wie er seine Ausgaben bestreiten solle, wenn er länger als ein Jahr dort bliebe.

Während einiger Zeit war er leidlich glücklich, wenn man seinen Größenwahn in Betracht zieht. Am 9. Mai schrieb er an Marie Louise: «Ich bin vor fünfzehn Tagen hier angekommen. Ich habe mir eine hübsche Wohnung eingerichtet ... Meine Gesundheit ist ausgezeichnet, das Land ist angenehm. Was mir fehlt, sind Nachrichten von Ihnen und die Versicherung, daß es Ihnen gut geht ... Auf Wiedersehen, meine Liebste. Küssen Sie meinen Sohn.»[9]

Ein anderer Sohn befand sich mit seiner Mutter, der treuen Gräfin Walewska, unter seinen ersten Besuchern. Die Seeleute und Bürger hielten sie irrtümlich für die Kaiserin und bereiteten ihr eine Begrüßung wie für eine Königin. Napoleon war verwirrt, da er gehofft hatte, seine Frau und der «König von Rom» würden zu ihm auf die Insel kommen. Er entspannte sich für zwei Tage in den Armen der Walewska[10] und schickte sie dann liebevoll fort aus Gründen der Staatsräson. Es ist nicht ausgeschlossen, daß Marie-Louise einiger aufgeblähter Klatsch über diese zwei Tage zu Ohren kam.[11]

Im Oktober kamen seine Mutter und seine Schwester Pauline, um ihm Gesellschaft zu leisten. Pauline bot ihm ihre Juwelen an und bat ihn, Murat seinen Verrat zu vergeben. Madame Mère umgab ihn mit mütterlicher Wärme und Fürsorge und bot ihm ihre gesamten Ersparnisse an. Sie und Pauline blieben bei ihm, obwohl sie die warme Lebendigkeit des Lebens in Italien schmerzlich vermißten.

Man kann sich vorstellen, wie gelangweilt er sich nach den ersten paar Monaten angesichts der geringen Bewegungsfreiheit und des bescheidenen Einflusses fühlte, die die kleine Insel seinem Charakter und seinen Träumen bieten konnte. Er versuchte der Langeweile durch physische Aktivität zu entrinnen, doch fast täglich trugen Nachrichten vom Festland zu seiner Ruhelosigkeit bei. Méneval, der sich in den Diensten Marie-Louises in Wien aufhielt, informierte ihn über die Beratungen des Kongresses über die Frage, ob man ihn in sicherer Entfernung internieren solle[12], und fügte hinzu, daß der Kongreß wahrscheinlich am 20. Februar zu Ende gehen werde. Andere Informanten berichteten ihm über die Unzufriedenheit in der Armee, die Sorgen der Bauern, die Agitationen der Jakobiner und die erneute Stärkung des katholischen Gottesdienstes. Im Februar 1815 schickte ihm Hugues Maret, Herzog von Bassano, via Fleury de Chaboulon eine Botschaft, die alle jene Berichte bestätigte.[13]

Von diesen Mitteilungen erregt und von Hoffnung auf einen edleren Tod, als den durch Altersschwäche erfüllt, sprach er mit seiner Mutter über seine Versuchung und bat um ihren Rat. Sie argwöhnte, daß sie, wenn sie ihn jetzt gehen ließe, ihn niemals wiedersehen würde. «Laß mich», sagte sie, «noch für eine Weile nur Mutter sein, dann will ich dir meine Ansicht mitteilen». Doch sie wußte, daß er sich bereits für das letzte Spiel entschieden hatte. «Geh, mein Sohn», sagte sie zu ihm, «und erfülle dein Geschick».[14]

Er fühlte, daß er schnell handeln müsse. Noch kurze Zeit, und er würde keine Mittel mehr besitzen, um diese tausend Franzosen zu bezahlen, die in seinen Diensten standen und unterhalten werden mußten. Die Voraussetzungen für einen Versuch, seinen Thron wiederzugewinnen, ihn zu verteidigen und auf seinen Sohn, schön wie Adonis, den er zum Herrscher erziehen wollte, zu übertragen, hatten sich günstig entwickelt. Die Alliierten lösten ihren Kongreß auf und kehrten mit ihren Truppen in ihre Heimat zurück. Vielleicht würden sie getrennt einem Friedensappell zugänglich sein. Die Nächte waren noch lang, in der Dunkelheit konnte seine kleine Flotte der Entdeckung entgehen und er würde wieder auf Frankreichs Boden stehen.

Er betrieb seine Vorbereitungen so unauffällig wie möglich, doch mit seiner gewohnten Umsicht und Gründlichkeit. Er befahl der kaiserlichen Garde und achthundert Grenadieren – insgesamt elfhundert Mann –, sich marschfertig zu machen und sich am Abend des 26. Februar am Hafen zu versammeln für eine Fahrt von mehreren Tagen mit ungenanntem Ziel. Trotzdem vermuteten sie, daß es nach Frankreich ginge und freuten sich. Am vorbestimmten Abend umarmte er Mutter und Schwester (die bald zu Freunden nach Italien reisen wollten), begab sich zu seinem kleinen Regiment, schiffte sich mit ihm auf der *Inconstant* und fünf anderen Booten ein und ging nach Einbruch der Dunkelheit in aller Stille in See. Der Wind war ihnen nicht günstig, ließ sie zeitweise in einer Flaute treiben und trieb die kleine Flotte gelegentlich in gefährliche Nähe der Küste. Sie fürchteten schon, entdeckt, angehalten und schmählich gefangengenommen zu werden. Drei Tage lang segelten sie längs der italienischen Küste nach Norden, dann westwärts an Genua und der italienischen Riviera vorbei. Unterwegs verfertigten die Männer, die des Schreibens kundig waren, Hunderte von Abschriften einer von Napoleon aufgesetzten Proklamation, die in Frankreich verteilt werden sollte:

Franzosen:
Ich habe in meinem Exil Eure Klagen und Gebete gehört: Ihr sehnt Euch nach der von Euch erwählten Regierung, die die allein rechtmäßige ist. Ich habe die See überquert und komme, um meine Rechte zurückzuverlangen, die auch die Euren sind. An die Armee: Euer Besitz, Euer Rang, Euer Ruhm, wie die Eurer Kinder haben keine schlimmeren Feinde als jene Fürsten, die Euch Ausländer aufgezwungen haben ... Der Sieg wird uns vorauseilen, der Adler, mit den Nationalfarben, wird von Turm zu Turm, bis hin zu den Türmen von Notre Dame fliegen. Ihr werdet die Befreier Eures Vaterlandes sein.[15]

IV. DIE UNGLAUBLICHE REISE: 1.–20. MÄRZ 1815

Die kleine Flotte, die «Caesar und sein Glück» trug, sichtete Cap d'Antibes in der Morgendämmerung des 1. März. Kurz nach Mittag begannen im Golf Juan die elfhundert Mann mit der Ausschiffung; einige sprangen in das seichte Wasser und wateten an die Küste. Napoleon, der als Letzter an Land ging, befahl ein Biwak in einer Olivenpflanzung zwischen dem Meer und der Straße von Antibes nach Cannes. Er schickte eine kleine Gruppe nach Cannes, um Pferde und Verpflegung einzukaufen und sie bar zu bezahlen, denn er hatte von Elba noch 800 000 Goldfrancs mitgebracht. Einer anderen Gruppe befahl er, nach Antibes zu gehen und die dortige Garnison zu überreden, sich ihm anzuschließen; der dortige Kommandant wies das Ansinnen zurück und ließ die Boten einsperren. Napoleon lehnte es ab, einen Versuch zu ihrer Befreiung zu unternehmen. Er war entschlossen, Paris wiederzugewinnen, ohne einen Schuß abzufeuern.

In Antibes wurde er nicht freundlich aufgenommen. Die des Weges Kommenden, die erfuhren, daß der kleine Mann, der an einem Tisch unter freiem Himmel Karten studierte, der Kaiser sei, äußerten keine Begeisterung. Die Gegend war von den Kriegen, den Konskriptionen und der doppelten Blockade hart getroffen worden, man hatte kein Verlangen nach einer Wiederholung. Der Bürgermeister von Antibes kam, um sich ein Bild von den Ankömmlingen zu machen und erklärte Napoleon, «wir fingen gerade wieder an, glücklich und ruhig zu werden. Sie werden alles zerstören!» Napoleon, der sich in St. Helena an diese Szene erinnerte, sagte zu Gourgaud, «Ich kann ihnen nicht sagen, wie mich diese Bemerkung bewegte und welchen Schmerz sie mir bereitete».[16] Ein vorbeikommender Kurier beruhigte ihn etwas: die Armee und die Bevölkerung von Paris bis Cannes, berichtete er, seien für ihn, doch in der Provence sei das Volk gegen ihn.

Napoleon wußte dies gut, er brauchte nur an seine bitteren Erfahrungen vor elf Monaten in Orgon zu denken, und diese Erinnerungen bestimmten jetzt seine Route nach Paris. Anstatt mit dem Risiko blutiger Zusammenstöße den stark befahrenen und zumeist ebenen Landstraßen von Cannes nach Toulon, Marseille und Avignon nach Paris zu folgen, wählte er die bergige Route von Cannes nach Grasse, Digne, Grenoble und Lyon. Die Gegend südlich von Grenoble war dünn bevölkert, die Garnisonen waren klein und notorisch antibourbonisch eingestellt. Die Bergpässe waren noch von Schnee bedeckt. Die alten Gardisten und die Grenadiere würden murren, doch sie würden ihn niemals verlassen.

Gegen Mitternacht vom 1. zum 2. März setzten sich die elfhundert Mann auf der Straße nach Cannes in Marsch. Etwa sechzig von ihnen hatten Pferde kaufen können, doch um mit den anderen Schritt zu halten und keinen zu verärgern, marschierten sie neben ihren mit Gepäck beladenen Tieren. Napoleon fuhr meist im Wagen. In der Mitte der Kolonne bewachten einige Gardesoldaten Napoleons Gold. Zähe Korsen bildeten die Nachhut.[17]

In Grasse ließen sie ihre Kanonen zurück, deren Transport auf eisbedeckten Bergstraßen zu schwierig gewesen wäre. Napoleons Veteranen, daran gewöhnt, Kriege mit ihren Beinen zu gewinnen, legten den übrigen ein gutes Marschtempo vor. Am 5. März erreichten sie Gap, nachdem (die meisten von ihnen) sie in vier Tagen 150 Meilen marschiert waren. Bei La Mure, 20 Meilen südlich von Grenoble, erwartete sie das erste ernsthafte Hindernis.

Der Kommandant der in Grenoble stationierten 5. Armeedivision hatte aus Paris den Befehl erhalten, Napoleon gefangenzunehmen und hatte ein Bataillon in Stärke von 500 Mann entsandt, um die herannahenden Rebellen aufzuhalten. Als sich die beiden Marschkolonnen einander näherten, befahl Napoleon seinen Leuten, die Waffen zu senken. Er löste sich aus der Front und ging den herannahenden Soldaten entgegen. Kurz vor ihnen hielt er an und sprach zu ihnen: «Soldaten der Fünften, ich bin euer Kaiser, erkennt ihr mich?» Er öffnete seinen Militärumhang und sagte: «Wenn unter euch ein Soldat ist, der seinen Kaiser töten möchte, hier bin ich (*me voila*)». Fast wie ein Mann senkte das Bataillon seine Waffen und schrie: «*Vive l'Empereur!*» Es löste sich auf und die glücklichen Soldaten drängten sich um Napoleon, viele versuchten ihn zu berühren. Er unterhielt sich freundschaftlich mit ihnen, kehrte zu seinen Männern zurück und sagte zu ihnen, «Alles in Ordnung. In zehn Tagen werden wir in den Tuilerien sein.»[18]

Am selben Abend erreichten sie Grenoble. Hunderte von Bauern und Proletariern strömten zusammen, um ihn zu begrüßen. Als sie eines der Stadttore verschlossen fanden, brachen sie es auf und ließen die kleine Armee ein. Napoleon wünschte seinen erschöpften Männern eine gute Rast bis zum nächsten Mittag und begab sich zum Gasthof zu den Drei Dauphins. Der Bürgermeister, die Leiter der städtischen Behörden, sogar die militärischen Befehlshaber stellten sich zu seiner Begrüßung ein. Am nächsten Morgen empfing er eine größere Delegation, die ihn bat, sich zu einer Konstitutionellen Regierung zu verpflichten. Er wußte, daß Grenoble in vorderster Front der Revolution gestanden und niemals seinen Freiheitsdurst verloren hatte. Er sprach zu der Abordnung in Wendungen, die seinen früheren Absolutismus verleugneten und Reform versprachen. Er gab zu, daß er sich exzessive Macht angeeignet und seine Kriege, die ursprünglich allein der Verteidigung dienten, zu Eroberungskriegen habe werden lassen, die Frankreich nahezu erschöpft hätten. Er verpflichtete sich, Frankreich eine Repräsentativregierung zu geben, die loyal den Grundsätzen von 1789 und 1792 folgen werde. Jetzt, sagte er, sei seine teuerste Hoffnung, seinen Sohn zu einem würdigen und liberalen Führer eines aufgeklärten Frankreich zu erziehen.[19]

Am Nachmittag (8. März) setzte er seine Gefolgschaft wieder in Marsch. Er selbst wollte noch einen Tag in Grenoble bleiben, um Direktiven für Städte zu erlassen, die bereit waren, seiner Führung zu folgen. Doch er versprach, rechtzeitig wieder bei seiner Truppe einzutreffen, um sie zu friedlichen Siegen zu führen. Am 10. März war er wieder bei ihnen und führte sie nach Lyon.

Um diese Zeit hatte die Nachricht von Napoleons Flucht Ludwig XVIII. erreicht. Zunächst war er nicht alarmiert, da er überzeugt war, der Ausreißer würde binnen kurzer Zeit angehalten werden. Doch als der Marsch weiterging und sich dem für seine feindselige Einstellung gegen die Bourbonen bekannten Grenoble näherte, erließ Ludwig am 7. März eine Proklamation, worin jeder Bürger ermahnt wurde, bei der Festnahme dieses lästigen Verbrechers behilflich zu sein, damit er zur Verhandlung und Exekution einem Militärgericht überantwortet werden könne. Dieselbe Strafe wurde allen angedroht, die ihm ihre Unterstützung liehen. Der König rief Ney aus dem Ruhestand zurück und bat ihn, eine Streitmacht gegen Napoleon zu führen. Ney war einverstanden, doch die Geschichte, er habe geschworen, Napoleon in einem eisernen Käfig zurückzubringen, ist wahrscheinlich ein Märchen.[20] Ney eilte nach Süden, übernahm in Besançon den Befehl über ein Bataillon und forderte die Generale de Bourmont und Lecourbe auf, in Lons-le-Saunier (Nordwestlich von Genf) mit ihren Truppeneinheiten zu ihm zu stoßen. An die so zusammengekommenen sechstausend Soldaten hielt er eine feurige Ansprache, um ihren Mut anzustacheln. «Es ist gut», sagte er, «daß der Mann aus Elba seinen törichten Streich unternommen hat, denn dies wird der letzte Akt der *Napoleonade* sein».[21] Das Echo bei seinen Leuten war dürftig.

Am gleichen Tag, dem 10. März, jubelte Lyon Napoleon zu. Die Fabrikanten hatten allgemein von der Kontinentalsperre Nutzen gehabt, da sie ganz Europa mit

Ausnahme Englands für Lyoner Erzeugnisse geöffnet hatte und sie hatten nichts für die *émigrés* übrig, die in die Stadt zurückgekehrt waren und sich aufführten, als ob es niemals eine Revolution gegeben habe. Ihre Arbeiter teilten in diesem Punkt ihre Meinung, wenn auch aus anderen Gründen. Viele von ihnen waren glühende Jakobiner, Angehörige einer Untergrundbewegung, die jetzt an die Oberfläche kam, um Napoleon zu begrüßen, in der Hoffnung, er werde sie wieder in das Jahr 1789 zurückführen. Die Bauern des Hinterlandes zitterten um ihre ungesegneten Ländereien und hofften, Napoleon werde den Feldzug der Kirche um die Rückgabe der nationalisierten und aufgeteilten kirchlichen Domänen zum Stillstand bringen. Die Soldaten der Garnison brannten darauf, die rote Kokarde an ihren Bajonetten zu ersetzen.

Lyon öffnete also seine Tore, die Royalisten flohen, die Bourgeoisie lächelte, Arbeiter und Soldaten jubelten, als Napoleon sein Regiment in die Stadt führte. Die Stadträte, die Richter, sogar einzelne militärische Führer kamen, um ihn ihrer Ergebenheit zu versichern. Er antwortete mit dem Versprechen, eine konstitutionelle Regierung und eine Politik des Friedens einzuführen. Als er den Marsch auf Paris fortsetzte, schloß sich ihm die gesamte Garnison mit Ausnahme ihrer adligen Offiziere an. Er hatte nun zwölftausend Soldaten unter seinem Befehl, hoffte aber immer noch, den Sieg ohne einen Schuß davonzutragen. Er schrieb an Marie-Louise und versprach ihr, am 20. März, dem dritten Geburtstag ihres Sohnes, in Paris zu sein. Er sagte ihr, wie glücklich er wäre, wenn sie bald zu ihm nach Paris käme. Er schickte eine Botschaft an Ney, in so herzlichem Ton, als ob niemals eine Wolke ihre Freundschaft getrübt hätte. Er lud ihn zu einer Begegnung in Châlons ein und versprach, ihn zu empfangen wie nach der Schlacht bei Borodino – als «Fürsten von der Moskwa».

Am 14. März, noch in Lons-le-Saunier, rief Ney seine Truppen zusammen und verlas die Botschaft vor ihnen, die ihn das Leben kosten sollte: «Soldaten, die Sache der Bourbonen ist für immer verloren. Die legitime Dynastie, die Frankreich sich erwählt hat, ist im Begriff, den Thron wiederzugewinnen. Der Kaiser Napoleon, unser Souverän, wird künftig unser ruhmreiches Land regieren.» Die Soldaten ließen mit ihren immer wiederholten Rufen «*Vive l'Empereur! Vive le maréchal Ney!*» die Erde erzittern.[22] Er schlug ihnen vor, sich mit Napoleons Truppen zu vereinigen. Sie stimmten zu, Napoleon traf am 17. März in Auxerre mit ihnen zusammen. Am 18. empfing Napoleon Ney und die alte Freundschaft wurde erneuert. Danach wagte es niemand mehr, den Marsch nach Paris aufzuhalten.

Am Abend des 17. trat Ludwig XVIII. im königlichen Schmuck vor die im Palais-Bourbon versammelten Kammern und kündigte seine Entschlossenheit an, Napoleon Widerstand zu leisten. «Ich habe», sagte er, «Für das Glück meines Volkes gearbeitet. Könnte ich, der ich nun sechzig bin, meine Tage besser beenden, als bei seiner Verteidigung zu sterben?» Er befahl die Mobilmachung aller loyalen Truppenverbände. Einige antworteten, doch das waren in der Hauptsache seine Gardetruppen. Die reguläre Armee reagierte langsam und es meldete sich kein fähiger Führer, um sie anzuführen oder anzufeuern. Die Royalisten begannen wieder zu emigrieren.

Madame de Staëls Salon schwirrte von Gerüchten, und auch sie dachte an Flucht. Am 19. März publizierte das *Journal des débats* einen Artikel aus der Feder ihres zeitweiligen Liebhabers Benjamin Constant, worin er seine Unterstützung für Ludwig XVIII. und eine konstitutionelle Regierung bekräftigte. Am selben Abend begab er sich in ein Versteck. Ludwig selbst, der sich wie stets nur widerwillig in Bewegung setzte, verschob seine Abreise, bis am 19. März die Nachricht eintraf, Napoleon habe Fontainebleau erreicht und sei am nächsten Tag in Paris zu erwarten. Um 11 Uhr nachts fuhr Ludwig mit seiner Familie aus den Tuilerien ab und begab sich auf den Weg nach Lille. Diese Stadt war streng royalistisch, doch der König dachte zweifellos ab und zu an einen Bruder, der sich 1791 auf eine ähnliche Reise begeben hatte und als Gefangener des Volkes zurückgebracht worden war.

Als sich am 20. März die Nachricht verbreitete, daß der König mit seiner Leibgarde die Tuilerien verlassen habe, versammelte sich eine Anzahl begeisterter Bonapartisten im Palast und begann in einer spontanen fröhlichen Aktion, die königlichen Gemächer für den Empfang Napoleons vorzubereiten. Während dieses ganzen Tages marschierte seine wachsende Armee ihrem Ziel zu. Napoleon selbst blieb bis 2 Uhr mittags in Fontainebleau, diktierte Botschaften und Instruktionen und erging sich vermutlich froh in dem Palast, der soviel Geschichte gesehen hatte, einschließlich seiner Abdankung, die jetzt annulliert und gerächt werden sollte. Er erreichte Paris gegen 9 Uhr abends; Bertrand und Caulaincourt begleiteten ihn. Ihre Ankunft wurde kaum bemerkt, bis sie die Tuilerien erreichten. Dort begrüßte ihn eine Menge von Verwandten und Freunden mit wilder Begeisterung und er wurde auf den Schultern die Treppe hinaufgetragen. Er mußte eine Umarmung nach der anderen über sich ergehen lassen, bis er schließlich erschöpft und verwirrt vor ihnen stand, vor Glück fast den Tränen nahe. Hortense kam. Er machte ihr Vorwürfe, weil sie Gefälligkeiten von Alexander angenommen hatte. Sie verteidigte sich; er wurde weich, umarmte sie und sagte: «Ich bin ein guter Vater, du weißt es ... Du bist ja auch bei der armen Josephine gewesen, als sie starb. Während unserer vielen Mißgeschicke hat ihr Tod meinem Herzen weh getan.»[23]

So endete die unglaubliche Reise: 1158 Kilometer hatte er von Cannes nach Paris zurückgelegt, wobei die meisten seiner Kameraden zu Fuß marschierten. Der Schwur, daß bei seiner Wiedereroberung Frankreichs kein Schuß fallen sollte, wurde gehalten. Jetzt stand er vor der Aufgabe, Frieden und Einigkeit im Innern wiederherzustellen, eine neue Regierung zu bilden und sich auf die Konfrontation mit 500 000 Soldaten vorzubereiten, die Rußland, Preußen, Österreich und England zusammenzogen, um ihn auf seine kleine Insel oder eine weiter entfernte oder vor ein Exekutionskommando zu schicken.

Jedes Ende ist ein Beginn und an diesem 20. März 1815 begann Napoleon seine Hundert Tage.

V. WIEDERAUFBAU

Die Aufgabe, eine Regierung, eine Armee und einen Nationalwillen wiederaufzubauen, wurde in dreifacher Hinsicht durch die Illegalität seiner Position, die Vereinigung seiner ausländischen Feinde und die Uneinigkeit seines Volkes erschwert.

Er hatte wiederum, wie 1799, eine legal an die Macht gekommene Regierung gewaltsam – oder durch Gewaltandrohung – beseitigt. Es ist zwar richtig, daß er eine Autorität, die ihm durch Waffengewalt entrissen worden war, gewaltsam zurückgewonnen hatte; er hatte jedoch durch seine Abdankung formell auf seine Macht verzichtet und der Senat hatte den Thron Ludwig XVIII. angeboten, der ihn als sein rechtmäßiges Eigentum in Empfang genommen und bisher nicht preisgegeben hatte. In den Augen der Alliierten – und eines beträchtlichen Teiles des französischen Volkes – war er ein Usurpator.

Seine ausländischen Feinde standen jetzt noch fester gegen ihn zusammen als in ihren großen Feldzügen von 1813–1814. Die vielen beim Wiener Kongreß vertretenen Nationen hatten ihn einstimmig als vogelfrei erklärt. Nicht nur hatten Rußland, Preußen, Österreich und England sich verpflichtet, jeweils 150 000 Soldaten für einen neuen Feldzug aufzubieten, um ihn auszuschalten; Schweden, der neue Deutsche Bund, ja selbst die kleine Schweiz hatten versprochen, zu dem Wall aus Geld und Fleisch beizutragen, der sich zu erheben begann, um ihn zu erdrücken.

Er richtete demütige Angebote an sie, über eine unblutige Regelung zu verhandeln; sie beantworteten sie nicht. Er wandte sich an seinen Schwiegervater, den Kaiser Franz II. von Österreich, mit der Bitte, sich für ihn bei den anderen Alliierten zu verwenden – keine Antwort. Er schrieb an seine Frau, um ihre Unterstützung bei der Besänftigung ihres Vaters zu erbitten; der Brief gelangte offenbar nie in ihre Hände. Am 25. März proklamierten die Alliierten gemeinsam, daß sie keinen Krieg gegen Frankreich führen, niemals aber Frieden mit Napoleon Bonaparte schließen würden, damit er nicht Frankreich – freiwillig oder nicht – in einen neuen Krieg verwickeln könne, der die Grundlagen der europäischen Ordnung erschüttern müßte.

Frankreich stand keineswegs gegen die Alliierten zusammen. Tausende von Royalisten waren im Land geblieben, um die Sache des abwesenden Königs zu vertreten und ihre Verteidigung zu organisieren. Am 22. März begrüßten sie ihn in Lille zu Hunderten bei seiner Flucht aus Paris und bedauerten es sehr, als er nach Gent weiterreiste, wo die Briten seinen Schutz übernahmen. Im Süden Frankreichs waren die Royalisten stark genug, um Bordeaux und Marseille zu beherrschen. Im Westen hatte sich die streng katholische Vendée wiederum in Waffen gegen Napoleon erhoben, den die Bewohner als atheistischen Verfolger ihres Papstes, als krypto-jakobinischen Verbündeten der Königsmörder[24] und als hartnäckigen Verteidiger der Kirche gestohlenen Besitzes ansahen. Im Mai 1815 entsandte er 20 000 Soldaten, um diese leidenschaftliche Revolte zu unterdrücken. Späterhin klagte er oft, daß diese zusätzlichen Truppen für den Sieg bei Waterloo entscheidend hätten sein können.[25]

Gegen seine Feinde im Innern konnte er mit der Unterstützung verschiedener Gruppen der Bevölkerung rechnen, die jedoch nicht durchaus seinen Wünschen und seinem Charakter entsprachen. Am besten war die Armee, die (ausgenommen Bordeaux und die Vendée) ihm als dem Organisator und Bringer des Sieges ergeben war. Die untersten Schichten der Bevölkerung – Bauern, Arbeiter und die städtischen Massen – waren bereit, seiner Führung zu folgen, doch sie hofften, daß er einen Krieg vermeiden könne und brachten ihm nicht länger die Verehrung entgegen, die ihn rücksichtslos und stolz gemacht hatte. In den Städten gab es noch eine Menge Jakobiner, die bereit waren, seine feindselige Haltung gegen sie zu vergessen, wenn er seine Loyalität gegenüber der Revolution erklärte. Er nahm ihre Unterstützung an, wollte sich aber nicht ihrem Kampf gegen Kaufleute und Priester anschließen.

Er schätzte die Mittelklasse als Fundament jener sozialen und moralischen Ordnung, die seit den Septembermassakern zum Zentrum seiner politischen Philosophie geworden war; sie bot ihm jedoch weder ihre Unterstützung noch ihre Söhne an. Sie schätzte die Freiheit des Unternehmertums, des Handels und der Presse, doch nicht die des allgemeinen Wahlrechts oder der öffentlichen Redefreiheit; sie fürchtete die Radikalen und wünschte das Stimmrecht auf Landbesitzer beschränkt zu sehen. Sie hatte die Deputiertenkammer gewählt und war entschlossen, das Recht dieser Körperschaft auf die Beschränkung der Macht des Königs oder Kaisers zu verteidigen. Und jener wachsende Teil der Bourgeoisie – die Intelligenzschicht aus Journalisten, Schriftstellern, Wissenschaftlern und Philosophen – ließ keinen Zweifel daran, daß sie mit allen Mitteln gegen einen Versuch Napoleons ankämpfen würde, die kaiserliche Macht wiederaufzurichten.

Der so in die Schranken geforderte Held selbst war in seinen Zielen und seinem Willen gespalten. Er arbeitete immer noch hart, nahm von allem Kenntnis, erteilte Befehle, diktierte an manchem Tag bis zu 150 Briefe.[26] Doch gerade diese seine Wachheit schwächte ihn, denn sie zeigte ihm, wie wenig er sich auf seine neuen Generale, die Kammern, die Nation, sogar auf sich selbst verlassen konnte. Die Krankheiten, die sechs Jahre später zu seinem Tod führen sollten, quälten ihn bereits; Hämorrhoiden irritierten und demütigten ihn. Er konnte nicht so lange arbeiten wie in den ruhigen Tagen von Marengo und Austerlitz. Er hatte einiges von der früheren Klarheit des Geistes und der Zielstrebigkeit der Vorsätze, wie auch von der fröhlichen Zuversicht auf den Sieg verloren. Er hatte begonnen, an seinem «Stern» zu zweifeln.[27]

Noch am Abend seiner Ankunft in Paris ernannte er ein neues Ministerium, da er dessen Unterstützung sofort benötigte. Er war erfreut zu hören, daß Lazare Carnot (der «Organisator des Sieges» während der Revolution) bereit war, ihm gegen seine Feinde zu dienen. Er fand ihn – im Alter von zweiundsechzig Jahren – zu alt für die Schlacht, machte ihn jedoch, als einen Mann, der allgemeines Vertrauen genoß, zum Minister des Innern. Wohl kaum aus dem gleichen Grund wählte er Joseph Fouché als Polizeiminister. Dieser war jetzt sechsundfünfzig, von jedermann beargwöhnt und gefürchtet, hatte er ein privates Netz von Spitzeln aufgebaut und unterhielt geheime Beziehungen zu fast jeder Fraktion. Wahrscheinlich übertrug ihm der Herrscher, der keine Zeit zu verlieren hatte, sein altes Amt, um ihn unter Überwachung zu halten; überdies zweifelte niemand an Fouchés Fähigkeiten. Bei den meisten der kommenden Schwierigkeiten hatte er den klarsten Blick und die biegsamste Moral. «In meinen Augen», schrieb er in seinen *Mémoires,* war der Kaiser nichts als ein verbrauchter Schauspieler, dessen Auftritt nicht wiederholt werden konnte.»[28] Noch in Napoleons Diensten prophezeite er gegen Ende März, «er macht es höchstens noch drei Monate».[29]

Der nächste Schritt war die Aufstellung einer Armee. Ludwig XVIII. hatte für eine solche keine Notwendigkeit gesehen, es sei denn, um die Ordnung im Innern aufrechtzuerhalten; demzufolge hatte er die Konskription eingestellt und die Truppenstärke auf 160 000 Mann reduziert. Napoleon führte im Juni die Konskription wieder ein, aber die glücklichen davon betroffenen jungen Männer waren noch nicht eingezogen, als Waterloo den Krieg beendete. Er rief die Nationalgarde auf, sich für den vollen – einschließlich den Auslandsdienst – vorzubereiten. Viele weigerten sich, 150 000 gehorchten. Als diese und einige Freiwillige in die bestehende Armee eingereiht waren, konnte er im Juni 300 000 Mann mustern. Er verlegte die meisten davon in die nördlichen Departements und befahl ihnen, weiterer Anweisungen gegenwärtig zu sein. Unterdessen wiederholte er seine Erfahrungen von 1813 und 1814 bei der Aufbringung und Lagerung von Verpflegung und Ausrüstung für die neue Armee. Insgeheim importierte er Kanonen von seinem Erzfeind England.[30] Er konnte nicht mit allen seinen früheren Marschällen rechnen, denn einige waren zu Ludwig XVIII. übergegangen, doch es blieben ihm Ney, Davout, Soult, Grouchy und Vandamme. Er studierte die Landkarten sowie Berichte über Feindbewegungen und plante jeden wichtigen Aspekt des bevorstehenden Feldzugs. In solchen Planungen war er in Hochform und fühlte sich glücklich.

Am wenigsten wohl fühlte er sich bei seiner dritten Aufgabe – die Unterstützung der Öffentlichkeit ungeachtet seiner Machtergreifung zu gewinnen. Fast alle Bevölkerungsgruppen mit Ausnahme der Royalisten verlangten, daß er sich auf eine Verfassung festlege, die Rede- und Pressefreiheit garantieren und ihn einem gewählten Parlament verantwortlich machen würde. Dies ging ihm am ärgsten gegen den Strich, denn er war seit langem an die absolute Herrschaft gewöhnt und der Ansicht, daß ein fähiger und wohlmeinender Diktator wie er selbst für ein Land besser war als ein palaverndes Parlament und die Auszählung von Stimmen, seien es nun die von Wählern oder von Deputierten. Trotzdem schickte er in einer versöhnlichen Geste nach Benjamin Constant (6. April) und forderte ihn auf, eine Verfassung zu entwerfen, die die Liberalen zufriedenstellen würde, ohne der Monarchie Fesseln anzulegen. Er wußte, daß Constant heftig gegen ihn geschrieben hatte, doch er hielt ihn für einen ausgezeichneten Stilisten und einen biegsamen Geist. Constant kam, ungewiß, wie es ihm ergehen würde und atmete auf, als er hörte, daß der Kaiser nicht mehr von ihm verlangte, als aus dem Stegreif eine Verfassung zu entwerfen, die sowohl Napoleon wie auch Madame de Staël zufriedenstellen würde. Er arbeitete eine Woche lang und legte seine Fortschritte täglich seinem Auftraggeber vor. Am 14. April wurde das Resultat dem Staatsrat unterbreitet. Sie sah eine konstitutionelle Monarchie vor, in welcher das erbliche Staatsoberhaupt über weitgehende Exekutivgewalt verfügen, aber einer vom Herrscher ernannten Peerskammer und einer gesetzgebenden Kammer von (sechshundert) vom Volk vermittels dazwischengeschalteter Wählergremien gewählten Vertretern verantwortlich sein würde. Besondere Klauseln schafften die staatliche Zensur ab und garantierten Gottesdienst- und Pressefreiheit. Auf diesem recht traditionellen Wege glaubten der Kaiser und sein Schreiber, die Vorzüge von Demokratie, Aristokratie und Monarchie vereinigt zu haben.

Nachdem Napoleon dies alles akzeptiert hatte, bestand er darauf, daß die neue Verfassung dem Volk vorgelegt werden müsse, nicht als Zurückweisung seiner vergangenen Herrschaft, sondern als «Acte Additionel», die Freiheiten bestätigte, die (wie Napoleon argumentierte) bereits unter dem Kaiserreich bestanden hatten. Constant und seine liberalen Berater protestierten, gaben aber dann nach. Am 23. April wurde die «Acte Additionel» einer Abstimmung aller registrierten Wähler unterworfen. Die Royalisten weigerten sich, abzustimmen, viele andere übten Stimmenthaltung. Die Abstimmung ergab 1 552 450 gegen 4800 Stimmen. Napoleon ordnete an, daß die Bevölkerung sich am 26. Mai auf dem Marsfeld versammeln solle, das in einer ausgedehnten und formellen Zeremonie in Maifeld umbenannt wurde, um die Annahme der Verfassung, den Beginn einer neuen Ära wie Verabschiedung und Abmarsch der Truppen zu feiern. Der auf den 1. Juni verschobenen Versammlung zeigte sich Napoleon in königlicher Attitüde: er kam in seinen kaiserlichen Gewändern, in seiner von vier Pferden gezogenen Krönungskutsche unter Vorantritt seiner Brüder als kaiserlicher Prinzen. Die Versammlung war keineswegs erfreut über diesen Duft einer toten Vergangenheit. Was war aus der neuen Verfassung geworden? Die Nation nahm sie mit einigem Skeptizismus und großer Gleichgültigkeit auf. Offenbar zweifelten viele an ihrer Aufrichtigkeit oder Dauer. Napoleon selbst äußerte sich widersprüchlich zu diesem Punkt. Laut Las Cases war der Kaiser der Ansicht, daß Zweifel an seiner Aufrichtigkeit ungerechtfertigt seien:

> Ich kam aus Elba als ein neuer Mensch zurück. Sie konnten es nicht glauben. Sie konnten sich nicht vorstellen, daß ein Mann soviel Seelenstärke haben könne, um seinen Charakter zu ändern oder sich der Macht der Verhältnisse zu beugen. Ich hatte aber Beweise dafür geliefert und war auch Verpflichtungen in dieser Richtung eingegangen. Wer wüßte nicht, daß ich kein Mann der halben Maßnahmen bin? Ich wäre ebenso aufrichtig ein Herrscher mit einer Verfassung des Friedens gewesen, wie ich einer mit absoluter Macht und großen Unternehmungen war.[31]

Der in der Regel vertrauenswürdige Gourgaud jedoch, der Napoleon ergeben war, zitierte seinen Ausspruch, «es war falsch von mir, wertvolle Zeit mit einer Verfassung zu verlieren, um so mehr, als es meine Absicht war, sie (die Deputierten) sogleich nach Hause zu schicken, nachdem ich den Sieg errungen haben würde».[32]

Er hatte vorgehabt, die Kammern erst einzuberufen, wenn er nach dem Feldzug mit einem überzeugenden Sieg vor sie treten könne. Doch Lafayette, der, nunmehr fünfundachtzig, aus seiner ländlichen Abgeschiedenheit aufgetaucht war, um eine Rolle im Drama zu übernehmen, bestand darauf, daß das Repräsentantenhaus vor Napoleons Abreise zu seinen Truppen zusammentreten müsse. Napoleon gab nach und das Haus versammelte sich am 3. Juni. Seine Einstellung wurde sofort erkennbar, als es den Comte Jean Denis Lanjuinais, einen erbitterten Feind des Kaisers, zu seinem Präsidenten wählte. Am 7. Juni begab sich Napoleon in einfachem Zivil ins Palais-Bourbon und hielt vor den vereinigten Kammern eine Ansprache in so bescheidenem Ton, daß sämtliche Delegierte einen Eid auf die neue Verfassung ablegten und dem Kaiser Treue schworen.[33]

Am 12. Juni gegen 3 Uhr morgens reiste Napoleon an die Front, während Paris noch schlief.

VI. DER LETZTE FELDZUG

1. 15. Juni 1815: Belgien

Napoleons Feldzugsplan beruhte auf seinen Informationen über Stärke, Aufteilung, Führung, Standorte und voraussichtliche Strategie der alliierten Streitkräfte. Ihr Marsch nach Westen war hinausgeschoben worden, um den Russen Zeit zum Anmarsch und zur Teilnahme zu lassen; Napoleons schneller Vormarsch brachte jedoch die Entscheidung, ehe die Russen den Rhein erreichen konnten.

Um den 1. Juni war eine preußische Armee von 120 000 Mann unter dem dreiundsiebzigjährigen Marschall Blücher in der Nähe von Namur in Belgien zusammengezogen worden. Weiter im Norden in der Umgebung von Brüssel stand der Herzog von Wellington (nachdem er seine Mission in Portugal und Spanien triumphal beendet hatte) als Befehlshaber einer, wie er sie nannte, «infamen Armee» von 93 000 britischen, holländischen, belgischen und deutschen Rekruten, von denen die meisten nur eine Sprache beherrschten und für einen englischen Kommandeur ein Problem bildeten. Wellington war gezwungen, ihre Ausbildungsmängel durch seine eigene Entschlossenheit und Erfahrung auszugleichen. Ein Blick auf sein Porträt von der Hand von Lawrence – stolze Haltung, feine Gesichtszüge, ein ruhiger stetiger Blick – läßt erkennen, mit welchem Mann es der ermüdete und kranke Napoleon, physisch stärker gealtert, als es ihrem gleichen Lebensalter entsprach, am 18. Juni zu tun haben sollte.

Napoleon hatte einen Teil seiner Armee zum Schutz von Paris und seiner Verbindungslinien zurückgelassen. Für die Begegnung mit den 213 000 Mann unter Blücher und Wellington verfügte er über die 126 000 seiner Armée du Nord. Er hoffte natürlich, auf eine der beiden Armeen zu treffen und sie zu schlagen, ehe sie sich vereinigen konnten, um sich dann, nach einer Rast und Neuformierung seiner Truppen, der anderen zuzuwenden. Die Hauptverbindungsstraße zwischen den alliierten Armeen führte von Namur über Sombreffe nach Quatre-Bras (vier Arme) und von dort auf einer breiteren Straße nach Westen, von der französisch-belgischen Grenze bei Charleroi nach Norden über Waterloo nach Brüssel. Napoleons erstes Ziel war die Besetzung von Quatre-Bras und damit die Sperrung der Verbindung zwischen den beiden alliierten Armeen.

Den drei Marschsäulen seiner Nordarmee hatte er den Befehl erteilt, am 14. Juni am Sambrefluß gegenüber Charleroi zusammenzutreffen. Er schloß sich einer davon an und ließ alle drei am 15. Juni gegen 3 Uhr früh mit dem Übergang über den Fluß hinein nach Belgien beginnen. Sie vertrieben ohne Schwierigkeit die kleine preußische Garnison aus Charleroi. Ungefähr um die gleiche Zeit jedoch ging General Louis de Bourmont zu den Alliierten über und verriet Napoleons Pläne an die Offiziere Blüchers. Der schlaue «Marschall Vorwärts» hatte etwas Ähnliches vermutet und einen Teil seiner Armee westlich nach Sombreffe geschickt, dem er sich gegen 4 Uhr früh am 15. anschloß.

Napoleon teilte jetzt seine Armee in einen rechten Flügel unter Grouchy, einen linken Flügel unter Ney und eine Reserve unter Drouet d'Erlon, die bei Charleroi darauf wartete, Grouchy oder Ney zu Hilfe zu eilen – je nachdem, wie es die Notwendigkeit erforderte. Grouchy sollte in Richtung Nordosten gegen Sombreffe marschieren, um Blücher zu stellen; Ney sollte nach Norden vorrücken, Quatre-Bras einnehmen und unter allen Umständen verhindern, daß sich Wellington mit Blücher vereinigte. Napoleon selbst, der einen größeren Zusammenstoß mit Blücher erwartete, ritt mit Grouchy. Ney, bislang «der Tapferste der Tapferen», befolgte am 15. und 16. Juni eine Taktik der Vorsicht, die Napoleons Pläne böse zunichte machte. Auf dem Marsch von Charleroi nach Norden vertrieb er die Preußen aus Gosselies und machte dann Halt, weil er fürchtete, mit Wellingtons weit stärkeren Verbänden zusammenzustoßen. Er schickte einen Kavalleriespähtrupp los, um die Lage in Quatre-Bras zu erkunden. Dieser kehrte mit der Meldung zurück, daß die Stadt frei von feindlichen Truppen sei. Er brach mit 3000 Mann auf, um sie zu besetzen, in der Meinung, daß dies genüge. Als er jedoch Quatre-Bras sichtete, war es bereits von Prinz Bernhard von Sachsen-Weimar mit 4000 Soldaten und neun Kanonen besetzt worden. Ney zog sich nach Gosselies zurück und erwartete weitere Instruktionen. Bernhard schickte eine Botschaft an Wellington, er möge seine Hauptmacht auf Quatre-Bras in Marsch setzen, da das Gros von Neys Streitkräften es bald angreifen werde.

Am 15. Juni um 3 Uhr mittags erhielt Wellington in Brüssel die Nachricht, daß Napoleons Armee nach Belgien eingedrungen sei. Im Glauben, Napoleon wolle seiner Gewohnheit entsprechend in einem Gewaltmarsch zu einem Flankenangriff ansetzen, hielt er seine Kräfte in der Nähe der belgischen Hauptstadt in Bereitschaft. An jenem Abend nahm er mit vielen seiner Offiziere – «tapfere Männer» mit einer Vorliebe für «schöne Frauen» – an einem Ball teil, den die Herzogin von Richmond gab.[34] Dort erreichte ihn gegen Mitternacht eine Meldung, daß Quatre-Bras gefährdet sei. In aller Stille erteilte er seinen Offizieren den Befehl, den Abmarsch für die Frühe des nächsten Tages vorzubereiten. Er selbst blieb, um das elegante Ereignis nicht zu stören und tanzte bis 3 Uhr früh.[35]

2. 16. Juni: Ligny

Gegen 2 Uhr mittags am 16. Juni schickte Marschall Soult, Napoleons Stabschef, letzte Befehle an Ney:

> Der Kaiser hat mich beauftragt, Sie davon zu unterrichten, daß der Feind Truppen zwischen Sombreffe und Brye massiert hat und daß Marschall Grouchy sie mit dem 3. und 4. Korps um 2.30 Uhr angreifen wird. Seine Majestät wünscht, daß Sie jeden (Feind) in ihrer Reichweite angreifen und nachdem Sie sie heftig zurückgedrängt haben, auf uns zu marschieren und mit uns den Feind umzingeln.[36]

Blücher zog seine gesamten 83 000 Mann zusammen, um den Franzosen die Stirn zu bieten. Die Schlacht begann um 3 Uhr mittags bei der Stadt Ligny mit gleichzeitigen Angriffen von Grouchys rechtem Flügel unter Vandamme, seines Zentrums unter Gérard und seines linken – der Kavallerie – unter Grouchys eigenem Befehl. Napoleon leitete die dreifache Operation der 78 000. Es erwies sich bald, daß mit dem gefüchteten Blücher nicht leicht fertig zu werden war; wenn aber die Franzosen hier eine Niederlage erlitten, würde ihr gesamter Feldzug zusammenbrechen. Um 3.15 Uhr schickte Napoleon einen dringenden Appell an Ney: «Die preußische Armee ist verloren, wenn Sie tatkräftig handeln. Das Schicksal Frankreichs liegt in Ihrer Hand. Zögern Sie daher nicht einen Augenblick, die von Ihnen verlangte Bewegung auszuführen und gegen St. Amand und Brye zu marschieren, um sich mit uns zu einem allesentscheidenden Sieg zu vereinigen.»[37]

Doch Ney war ebenfalls in Schwierigkeiten. Gegen 3 Uhr mittags hatte Wellington den größten Teil seiner Armee um Quatre-Bras konzentriert. In Unkenntnis dieser Entwicklung (denn die Nachrichtenverbindungen waren in den Händen Soults abgerissen), schickte Napoleon an Drouet d'Erlon in Charleroi den Befehl, schnellstens mit seiner Reserve nach Norden zu eilen und Blücher in der rechten Flanke anzugreifen. Drouet war fast bis Ligny gekommen, als ein Kurier ihm einen dringenden Befehl von Ney überbrachte, er solle ihm gegen Wellingtons überlegene Kräfte bei Quatre-Bras zu Hilfe kommen. Drouet hielt Neys Situation für die dringendere und schwenkte mit seinem Korps in Richtung Quatre-Bras, nur um festzustellen, daß Ney nach verzweifelten Anstrengungen und nachdem zwei Pferde unter ihm erschossen worden waren, den Versuch, Wellington zu werfen, aufgegeben hatte.

Bei Ligny wütete die Schlacht sechs Stunden lang in einem Gemetzel, in dem von keiner Seite Pardon gegeben wurde. Ein preußischer Offizier berichtete später: «Die Männer massakrierten einander, als ob sie von persönlichem Haß getrieben würden.»[38] Früher ruhige Dörfer wie St. Amand und La Haye wechselten im verzweifelten Kampf Mann gegen Mann von einer Seite zur anderen. Ligny selbst ging in Flammen auf. Als die Nacht hereinbrach und Regen fiel, befahl Napoleon seiner Alten Garde, das preußische Zentrum anzugreifen. Der Regen wurde zu einem Unwetter und das preußische Zentrum wich. Blücher, immer noch kämpfend, fiel vom Pferd und mußte vom Feld getragen werden. Die Franzosen waren zu sehr erschöpft, um die Niederlage in eine vernichtende Flucht zu verwandeln. Die Preußen zogen sich nach Norden in Richtung Wawre zurück und ließen zwölftausend Tote und Verwundete zurück. Napoleon selbst hatte fast die letzten Reserven seiner Nervenkraft verbraucht. Wäre Wellington imstande gewesen, in diesem Augenblick von Quatre-Bras einzutreffen, so würde es wohl kein Waterloo gegeben haben.

3. 17. Juni: Regen

Ebenso günstig war es für Napoleon, daß der Wolkenbruch am 17. eine große Schlacht unmöglich machte. Der Untergrund war nur noch Schlamm. Wie sollte man Artillerie auf dieser aufgeweichten, schwankenden Erde bewegen oder in Stellung bringen? Dieselben Adjektive hätten auf den Geisteszustand des Kaisers gepaßt, als um 7 Uhr morgens eine Botschaft Neys Napoleon unterrichte, daß Wellington Quatre-Bras halte und nur die gesamte französische Armee ihn hinauswerfen könne. Napoleons Antwort, beziehungsweise ihre unklare Ausdrucksweise, muß Ney in größte Verwirrung gestürzt haben: «Beziehen Sie Stellung in Quatre-Bras ... Sollte dies unmöglich sein, ... so melden Sie es sofort und der Kaiser wird handeln. Wenn ... nur eine Nachhut vor ihnen ist, so greifen Sie an und nehmen sie die Stellung.»[39] Es war weit mehr als eine Nachhut und Ney weigerte sich, den Angriff zu erneuern. Wellington, der von Blüchers Niederlage erfahren hatte, zog seine Armee in nördlicher Richtung auf ein gut zu verteidigendes Plateau, genannt Mont St.-Jean zurück und begab sich in sein Hauptquartier im nahegelegenen Waterloo.

Napoleon ließ Grouchy mit 30 000 Mann während des ganzen 17. Juli die Preußen verfolgen, um auf jeden Fall ihre Vereinigung mit Wellington zu verhindern. Er selbst marschierte mit 40 000 Überlebenden aus der Schlacht von Ligny nach Quatre-Bras, um sich mit Ney zu vereinigen. Als er gegen 2 Uhr mittags eintraf, war er entmutigt, feststellen zu müssen, daß Wellington nicht dort war. «*On a perdu la France!*» rief er aus («Wir haben Frankreich verloren!»).[40] Er befahl, die Verfolgung aufzunehmen und führte sie selbst zusammen mit Ney und Drouet d'Erlon; ein heftiger Regenschauer ließ ihn jedoch seinen Entschluß ändern. Um 9 Uhr abends ritt er, naß bis auf die Haut, ein paar Meilen zurück, um in Caillou in einem Bett zu schlafen und seine ausgepumpte Armee biwakierte – nachdem der Regen aufgehört hatte – für die Nacht auf dem nassen Erdboden.

4. Sonntag 18. Juni: Waterloo

Um 2 Uhr früh schickte Blücher eine Botschaft an Wellington, worin er versprach, daß ein preußisches Korps unter General Friedrich Wilhelm von Bülow bei Tagesanbruch aus Wawre abmarschieren und zu ihm stoßen werde und daß zwei weitere preußische Korps in Kürze nachfolgen würden. Um 10 Uhr vormittags schickte Napoleon in Unkenntnis dieser Entwicklung Grouchy den Befehl, mit der Verfolgung Blüchers nach Wavre fortzufahren.

Er hatte geplant, um 9 Uhr morgens den Angriff zu eröffnen, seine Artilleriekommandeure überredeten ihn aber, noch zu warten, bis der Boden etwas aufgetrocknet sei. Unterdessen hatte Wellington seine Streitkräfte auf höher gelegenem Land südlich des Mont St.-Jean Stellung beziehen lassen. Er verfügte über 70 000 Mann und 184 Kanonen; Napoleon hatte demgegenüber 74 000 Mann und 266 Kanonen. Bei jedem der beiden Oberbefehlshaber waren Generale, die sich einen Platz in der Geschichte gesichert hatten – oder hier sichern würden: Prinz Friedrich von Braunschweig (der Sohn des Herzogs, der bei Valmy verloren hatte und bei Auerstedt tödlich verwundet worden war), Dörnberg, Alten, Kempt, Somerset, Uxbridge, Hill, Ponsonby, Picton unter einem Wellington, der so hart war wie seine Sprache und so stolz wie ein Herzog. Dazu Bülow, Zieten und Pirch unter Blücher und bei den Franzosen Ney, Grouchy, Vandamme, Gérard, Cambronne, Kellermann, Reille, Lobau und Napoleon.

Es zeigte sich allmählich, daß er nicht ungestraft die Leistung von Jahren in jeden Monat pressen, in Hast essen und lieben, unter ständiger Hochspannung auf dem Thron und dem Schlachtfeld leben und seit jüngster Zeit seine Sorgen mit Essen betäuben konnte. Sechs Jahre später würde die Obduktion seiner inneren Organe ein halbes Dutzend Krankheiten und Anomalien an den Tag bringen. Jetzt, bei Waterloo, mußte er stundenlang zu Pferd sitzen, obwohl er unter Hämorrhoiden litt[41]. Er hatte Blasensteine und seine Dysurie zwang ihn zu häufigem und oft unzeitigem Urinieren. Vielleicht auch zehrte der Krebs, an dem er wie sein Vater starb, schon an ihm.[42] Diese Störungen beeinträchtigten seine Energie, Geduld, Zuversicht und seinen Mut. «Ich hatte die Sicherheit, am Ende erfolgreich zu sein, verloren ... Ich fühlte, daß das Glück mich verließ.»[43] Trotzdem, wahrscheinlich um ihr Vertrauen zu stärken, versicherte er seinen beunruhigten Generalen, «wenn meine Befehle ordnungsgemäß ausgeführt werden, werden wir heute nacht in Brüssel schlafen».[44]

Seine Generale sahen die Lage klarer. Soult riet ihm, Grouchy den Befehl zu schicken, er solle seine 30 000 Mann so rasch als möglich nach Westen führen und am Angriff teilnehmen. Statt dessen ließ Napoleon sie Zeit und Kräfte bei der Verfolgung Blüchers nach Norden in Richtung Wavre vergeuden. Er hoffte vermutlich, daß Grouchy, wenn sich die Preußen nach Westen wandten, um Wellington zu Hilfe zu eilen, ihre Nachhut angreifen würde. Auch Wellington beging, rückblikkend betrachtet, einen ähnlich schweren Fehler, indem er 17 000 Mann in der Nähe von Brüssel zurückließ, um seine lebenswichtigen Verbindungswege zur See gegen einen französischen Flankenangriff abzuschirmen.

Um 11 Uhr vormittags befahl Napoleon seiner Armee den Angriff – auf das feindliche Zentrum, wo zähe Schotten und Engländer standen. Ney führte mit all seinem früheren tapferen Ungestüm, doch die Briten hielten stand. Von einem Hügel nach dem anderen spie verborgene Artillerie aus Hinterhangstellungen Tod auf die überraschten Franzosen. Gegen 1 Uhr mittags sah Napoleon von seinem Gefechtsstand, der in beträchtlicher Entfernung südwestlich des Kampfgeschehens lag, sich einen Truppenkörper in Richtung der Schlacht bewegen. Ein deutscher Gefangener berichtete ihm, dies sei die Avantgarde von Bülows preußischem Korps, das Wellington zu Hilfe komme. Napoleon schickte ein Bataillon unter General Lobau, um die Preußen aufzuhalten und einen Befehl an Grouchy, Bülow anzugreifen und anschließend der französischen Hauptarmee gegen Wellington zu Hilfe zu eilen. Gegen 11.30 hörte Grouchy, der zwischen Gembloux und Wavre nach Norden marschierte, im Westen Geschützdonner. General Gérard drängte ihn, die Verfolgung Blüchers abzubrechen und querfeldein zu marschieren, um seine 30 000 Mann mit Napoleon zu vereinigen. Grouchy traf auf einen Teil von Blüchers Kräften, schlug sie, besetzte Wavre, fand, daß Blücher abmarschiert war und legte eine Rast ein.

Um diese Stunde, 4 Uhr nachmittags, stand die Schlacht von Waterloo auf ihrem Höhepunkt: ein wüstes Durcheinander von Männern, die töteten oder getötet wurden, eine strategische Position errangen oder verloren, Kavallerieattacken standhielten, einem Dutzend geschwungener Säbel auswichen, fielen und auf dem schlammigen Boden starben. Auf beiden Seiten desertierten Tausende. Wellington verbrachte einen Teil seiner Zeit damit, hinter die Linien zu reiten und Deserteure auf ihre Posten zurückzuscheuchen. Ney führte einen Sturmangriff nach dem anderen; vier Pferde wurden unter ihm erschossen. Um 6 Uhr abends erhielt er von Napoleon den Befehl, La Haye Sainte – die Heilige Hecke – zu nehmen. Es gelang ihm und er dachte, er könne jetzt an Wellingtons hinterste Linie herankommen. Er forderte bei Napoleon zusätzliche Infanterieunterstützung an und stürmte voran. Napoleon schäumte über seinen bedenkenlosen Vorstoß, für den er keine entsprechende Unterstützung abstellen konnte, ohne den Gesamtplan zu gefährden. Er meinte jedoch, daß man den «armen Teufel» nicht in den Untergang rennen lassen könne und befahl Kellermann, Ney mit 3000 Kürassieren zu Hilfe zu kommen. Als der Kommandeur der hintersten britischen Linie Wellington um Verstärkungen bat, antwortete der Herzog, er habe keine. Der Offizier soll geantwortet haben: «Sehr wohl, Mylord, wir werden bis zum letzten Mann standhalten.»[45] Ein englischer Offizier, Oberst Gould sagte: «Ich fürchte, alles ist vorbei.»[46] Ein hannoversches Regiment desertierte zu diesem Zeitpunkt und floh in Richtung Brüssel mit dem Geschrei, «die Schlacht ist verloren und die Franzosen kommen!»[47] Wer jedoch kam, waren die Preußen. Bülow hatte Lobaus Widerstand gebrochen und näherte sich rasch dem Hauptschauplatz; zwei weitere preußische Korps waren im Anmarsch. Napoleon sah, daß seine letzte Chance darin lag, die Engländer zu zersprengen, ehe die Preußen eingreifen konnten. Er rief seine Alte Garde, ihm zur entscheidenden Attacke zu folgen. Ein französischer Deserteur gelangte bis zu Wellington und warnte ihn. «Die Garden werden in einer halben Stunde über Ihnen sein.» Zu dieser Zeit sichtete ein britischer Scharfschütze Napoleon. «Dort Bonaparte, Sir», sagte er, «ich glaube, ich kann ihn erreichen. Darf ich feuern?» Der Herzog winkte ab: «Nein, nein, Generale, die Armeen kommandieren, haben etwas anderes zu tun, als sich gegenseitig abzuschießen.»[48]

Dann, als die Franzosen schon glaubten, den Sieg in der Tasche zu haben, zeigten Napoleon, den Garden und Ney Schlachtrufe an, daß die Preußen, 30 000 Mann stark[49], die Franzosen angriffen und Schrecken und Verwirrung verbreiteten. Als Ney nochmals angriff, hielt die britische Linie stand und er mußte zurück. Wellington erkannte seine Chance. Er ritt auf den höchsten Punkt des Abhangs, um besser gesehen zu werden und schwenkte seinen Hut in der Luft als das vereinbarte Signal zum Generalangriff. Trommeln und Hörner trugen die Botschaft weiter. 40 000 Engländer, Schotten, Belgier und Deutsche – rechts, im Zentrum und links – wechselten von der Verteidigung zum Angriff und stürmten mit Todesverachtung vorwärts. Die Kampfmoral der Franzosen schwankte und brach zusammen. Sie wandten sich zur Flucht, selbst die Alte Garde wendete ihre Pferde. Napoleon schrie Befehle, aber sie gingen im Tumult unter und der Pulverdampf machte ihn im Verein mit der hereinbrechenden Dämmerung in der Masse unerkennbar. Sich diesem plötzlichen Plebiszit beugend, befahl er den Rückzug in der von der Dienstvorschrift vorgeschriebenen Form, doch die Franzosen, sowohl frontal als auch von der Flanke her von weit überlegenen Kräften angegriffen, hatten keine Zeit mehr, disziplinierte Formationen zu bilden. «*Sauve qui peut*» Rette sich wer kann!» wurde der Kampfruf, ausgesprochen oder nicht, der zerschmetterten Armee, die nicht länger aus Soldaten, sondern nur noch aus Menschen bestand. Inmitten der wilden Flucht stand Marschall Ney, der zaghafte Führer von Quatre-Bras, der Held der Helden von Waterloo, das Gesicht geschwärzt vom Pulverdampf, ohne Pferd und völlig verwirrt, die Uniform zerfetzt, den zerbrochenen Degen in der Hand, die gerade noch nach dem Sieg gegriffen hatte.[50] Dann schloß sich auch er – und Napoleon – den 40 000 Mann an, die über Straßen und Felder nach Genappe strömten, dann nach Quatre-Bras, nach Charleroi und schließlich – egal auf welche Weise – über die Sambre nach Frankreich.

Hinter sich ließen sie 25 000 Tote oder Verwundete und 8000 Gefangene. Wellington hatte 15 000 Mann verloren, Blücher 7000. Die beiden Sieger trafen sich auf der Straße nach La Belle Alliance und umarmten sich. Wellington überließ die Verfolgung den begeisterten Preußen. Blücher, zu alt für die Jagd, übergab in Genappe das Kommando an Gneisenau und schrieb von dort an seine Frau: «Im Verein mit meinem Freund Wellington habe ich Napoleons Armee vernichtet.» Er schrieb aber auch an seinen Freund Knesebeck: «Ich zitterte an allen Gliedern. Die Anstrengung war zu groß.»[51] Wellington äußerte sich zu Lord Uxbridge in seiner herzlichen Art: «Wir haben Napoleon den *coup de grace* gegeben. Es bleibt ihm nichts übrig, als sich aufzuhängen.»[52]

Auf dem Rückzug schloß sich Napoleon einem der noch leidlich geordneten Regimenter an, saß ab und marschierte mit den anderen. Er weinte um seine verlorene Armee.[53] Er trauerte, daß er nicht gefallen war.

VIERTES KAPITEL

Nach St. Helena

I. DIE ZWEITE ABDANKUNG: 22. JUNI 1815

Am 21. Juni gegen 8 Uhr morgens kam er in Paris an. «Ich war völlig erschöpft», erinnerte er sich später. «Ich hatte drei Tage lang weder gegessen noch geschlafen.»[1] Er begab sich in den Elysée-Palast und sagte entschuldigend zu Caulaincourt: «Ich brauche zwei Stunden Ruhe.»[2] Unterdessen trat das Repräsentantenhaus zusammen, wo die meisten Mitglieder seine Abdankung forderten. Davon in Kenntnis gesetzt, äußerte er zu seiner nächsten Umgebung, das Durcheinander der Meinungen im Land und die Notwendigkeit gemeinsamen Handelns zur Verteidigung Frankreichs und seiner Hauptstadt gegen jeden Versuch der Alliierten, die Nation oder ihre Regierung unter ihre Botmäßigkeit zu bringen, erforderten eine zeitweilige Diktatur.

Als das Volk von Paris von der militärischen Katastrophe erfuhr, versammelten sich eine Menge Leute vor dem Elysée, bekundeten mit Rufen «*Vive l'Empereur!*» ihren unerschütterten Glauben an Napoleon und verlangten Waffen, um die Stadt zu verteidigen. Napoleon, der ihre Rufe hörte, sagte zu Benjamin Constant, «Wie Sie sehen, sind es nicht diese Leute, die ich mit Geld und Ehren überhäuft habe. Was schulden sie mir? Ich habe sie arm vorgefunden und arm verlassen ... Wenn ich wollte, würde die rebellische Kammer in einer Stunde aufgehört haben, zu bestehen ... Aber das Leben eines einzelnen Mannes ist diesen Preis nicht wert. Ich habe kein Verlangen, der König der Volksaufstände zu sein. Ich bin nicht von Elba gekommen, um Paris im Blut zu ertränken.»[3]

Selbst während seiner Flucht von Waterloo hatte er Pläne geschmiedet, eine neue Armee, diesmal 300 000 Mann stark, aufzustellen.[4] Zwischen dem 22. und 24. Juni sammelten sich die Reste seiner geschlagenen Armee in Laon, siebenundsiebzig Meilen nordöstlich von Paris, wo sie neu formiert wurden; dort stieß am 26. Juni Grouchy, nach einem hervorragend durchgeführten Rückzug, mit 30 000 Mann zu ihnen. Inzwischen hatte aber Blücher seine siegreichen Kräfte gesammelt und führte sie in Richtung Paris, wobei er Laon sorgsam aus dem Wege ging. Wellington, dessen Armee böse mitgenommen war, zögerte, sich dem ungestümen Preußen anzuschließen, machte sich dann aber auch bald auf den Marsch, wobei auch er an Laon vorbeimarschierte. Gleichzeitig, zwischen dem 22. und 25. Juni, überschritten die Armeen Österreichs, Bayerns und Württembergs den Rhein und bewegten sich auf Paris zu. Die Geschichte wiederholte sich.

Das Repräsentantenhaus kam nach erregten Debatten zu dem Schluß, daß Widerstand gegen die Alliierten unmöglich sei und man auf Napoleons Abdankung bestehen müsse. Fouché, noch als Napoleons Polizeiminister im Amt, bemühte sich in seiner durchtriebenen Art, diese Abdankung zu erreichen. Vor Waterloo hatte er vorausgesagt: «Der Kaiser wird eine oder zwei Schlachten gewinnen; die dritte wird er verlieren, dann werden wir an der Reihe sein.»[5] Doch Fouché wartete gar nicht so lange. Napoleons Bruder Lucien eilte in die Kammer, um einen Aufschub zu fordern; Fouché arbeitete gegen ihn, und Lafayette stellte die Frage, ob Napoleon noch nicht genug Leben verbraucht habe? Lucien, der Sieger von 1799, mußte das Fehlschlagen seiner Bemühungen für dieses Mal zugeben. Er riet Napoleon, die Kammern mit Gewalt aufzulösen. Napoleon lehnte ab. Die Erschöpfung durch Schlacht und Niederlage hatte seinen Willen geschwächt, aber seinen Blick geschärft; während die Menge vor dem Palast fortfuhr, «*Vive l'Empereur!*» zu rufen, diktierte er Lucien unter dem Datum des 22. Juni 1815 seine zweite Abdankung, gerichtet an beide Kammern:

> Als ich den Krieg für die nationale Unabhängigkeit begann, rechnete ich auf die Vereinigung aller Kräfte, ... und auf die Zustimmung aller die Nation führenden Körperschaften. Es scheint mir, daß sich die Verhältnisse geändert haben ... Ich biete mich selbst dem Haß der Feinde Frankreichs als Opfer an. Mögen ihre Erklärungen, daß sie sich ausschließlich gegen meine Person wendeten, aufrichtig sein. Vereinigen Sie sich alle, für die öffentliche Sicherheit und für das, was noch zu tun bleibt ... Ich rufe meinen Sohn als Napoleon II. aus.[6]

Seine sämtlichen Minister waren mit seiner Abdankung einverstanden, mit Ausnahme von Carnot, der weinte. Fouché triumphierte.

Die beiden Kammern nahmen die Abdankung an, ignorierten die darin enthaltene Nominierung des vierjährigen Sohnes Napoleons (zu der Zeit in Wien) als seinen Nachfolger und wählten fünf ihrer Mitglieder – Fouché, Carnot, Caulaincourt, Grenier (ein unbekannter General) und Ouinette (ein Mitglied des alten Revolutionskonvents) – als «Commission Exécutive» und provisorische Regierung. Fouché wurde zum Präsidenten dieser Kommission gewählt und verhandelte direkt mit den Alliierten und Napoleon. Da er eine Volkserhebung zugunsten Napoleons fürchtete, überredete er Davout, den Militärbefehlshaber der Hauptstadt, auf Napoleon einzuwirken, daß er Paris verlasse und sich nach Malmaison zurückziehe. Am 25. Juni brach Napoleon in Begleitung von Bertrand, Gourgaud, Comte de Las Cases und Comte de Montholon nach Malmaison auf, wo Hortense ihn im Heim ihrer verstorbenen Mutter willkommen hieß. Als er mit Hortense im Garten spazierenging, sprach er liebevoll über Josephine. «Wirklich», sagte er, «sie besaß mehr Liebreiz als irgendeine Frau, der ich jemals begegnet bin.»[7]

Jetzt kam ihm der Gedanke, Zuflucht und Frieden in Amerika zu suchen. Er bat Bertrand, ihm einige Bücher über die Vereinigten Staaten zu besorgen.[8] Er hatte Alexander von Humboldts *Voyages aux contrées équinoctiales du nouveau continent* gelesen; er nahm sich vor, den Rest seines Lebens der Wissenschaft zu widmen; er wollte jetzt nach Amerika reisen und seine Landschaft, Flora und Fauna von Kanada bis Kap Horn erforschen. Am 26. Juni übermittelte er der provisorischen Regierung die Bitte um Genehmigung einer Reise nach Rochefort, um von dort nach Amerika zu segeln.[9] Fouché beauftragte sofort den Marineminister, «zwei Fregatten in

Rochefort bereitzustellen, um Napoleon Bonaparte in die Vereinigten Staaten zu bringen».[10] Am selben Tag erhielt Napoleon den Besuch seiner Brüder Joseph, Lucien und Jérôme, die sich alle entschlossen hatten, Frankreich zu verlassen – Joseph ebenfalls nach Amerika. Vielleicht waren sie es, die ihm einen Brief ihrer Mutter brachten, die ihm «alles anbot, was sie besaß». Er dankte ihr, nahm aber ihr Angebot nicht an. Er besaß noch einen beträchtlichen Fonds bei dem Bankier Jacques Laffitte, der selbst nach Malmaison kam, um Napoleons Finanzen zu regeln. Am 28. Juni erschien ein Offizier der Nationalgarde, um ihn zu warnen, daß die Preußen nahe genug an Malmaison herangekommen seien, um ein Detachement zu seiner Gefangennahme zu entsenden. Blücher hatte in der Tat einer fliegenden Kolonne befohlen, sich Napoleons lebendig oder tot zu bemächtigen, und seine Absicht kundgetan, ihn als einen Vogelfreien zu erschießen.[11] Als Gourgaud davon hörte, schwor er, «wenn ich den Kaiser in die Hände der Preußen fallen sehe, werde ich ihn erschießen». Selbst unter diesen Umständen war Napoleon abgeneigt, Malmaison zu verlassen, wo jeder Raum und Weg so viele glückliche Erinnerungen barg. Am 29. Juni beauftragte Fouché General Becker, mit einer Abteilung nach Malmaison zu reiten und Napoleon zu zwingen, nach Rochefort abzureisen.

Napoleon erklärte sich einverstanden. Hortense drängte ihn, ihr Diamantenhalsband anzunehmen, das in einem Gürtel verborgen und 200 000 Franc wert war. Er verabschiedete sich von den wenigen Soldaten, die ihn beschützt hatten. Am 29. Juni um 5 Uhr nachmittags verließ er Malmaison in einer von vier Pferden gezogenen Kalesche mit einer kleinen militärischen Eskorte. Ein paar Stunden später kam Blüchers Kavallerie.

II. DIE ZWEITE RESTAURATION: 7. JULI 1815

Die Kammern und die provisorische Regierung debattierten, ob man sich den näherkommenden Alliierten zum Kampf stellen oder um möglichst günstige Bedingungen verhandeln solle. Davout bot an, seine Stadtmiliz gegen Wellington und Blücher zu führen, wenn diese darauf beständen, Ludwig XVIII. wieder einzusetzen. Die Abgeordneten fürchteten, daß Widerstand und Niederlage zur Zerstückelung Frankreichs führen und es ihnen selbst nicht viel besser ergehen würde. Die Überreste der Nordarmee Napoleons hatten kein Verlangen nach einem zweiten Waterloo; sie waren unzureichend ausgerüstet, und die feindlichen Heere standen vereint zwischen Laon und Paris.

Ludwig XVIII., der erfuhr, daß eine Gruppe der Alliierten ihn durch Louis Philippe, Herzog von Orleans ersetzen wolle, begab sich besorgt von Gent nach Chateau-Cambrésis und gab dort eine Erklärung ab (25. Juni), worin er Aussöhnung und ein liberales Regime versprach. Die Kammern waren zufrieden, und am 30. Juni unterzeichneten die provisorische Regierung und die Alliierten vorläufige Vereinbarungen über die Kapitulation der Hauptstadt. Alle französischen Truppen mußten hinter die Loire zurückgezogen werden, doch Sicherheit und Eigentum der Bürger wurden garantiert. Am 7. Juli marschierten die Alliierten in Paris ein. Am 8. Juli fuhr Ludwig XVIII. mit königlichem Prunk über die Champs-Élysées und nahm den Thron von Frankreich wieder ein. Der Präfekt des Departements Seine gebrauchte in seiner Begrüßungsansprache – offenbar das erste Mal – den Begriff «Cent Jours», oder Hundert Tage, als Bezeichnung des Zeitabschnitts zwischen Napoleons zweiter Usurpation (20. März) und der Wiedereinsetzung des Königs.

Fast das ganze Land akzeptierte dieses *da capo al fine* als die einzig mögliche praktische Lösung der Probleme, die durch den plötzlichen Zusammenbruch des napoleonischen Regimes entstanden waren. Blücher allerdings löste einen Aufschrei aus mit seiner Ankündigung, er werde seinen Pionieren befehlen, die Pont d'Iéna in die Luft zu sprengen – die Brücke, die an den französischen Sieg über die Preußen 1806 erinnerte; außerdem forderte er die Zerstörung aller Napoleondenkmäler. Wellington drängte zusammen mit Ludwig XVIII. Blücher, von seinem Vorhaben abzusehen; er gab aber nicht nach. Erst Zar Alexander I., König Friedrich Wilhelm III. und Kaiser Franz II., die mit den russischen, österreichischen und piemontesischen Truppen eintrafen, befahlen dem alten Patrioten, seine Wut zu zähmen.[12]

Die Gesamtzahl der ausländischen Truppen in Frankreich belief sich jetzt auf 800 000, die alle von der Bevölkerung unterhalten werden mußten und sie dafür überwachten. Castlereagh berechnete, daß die Ernährung der Besatzungstruppen Frankreich täglich 1 750 000 Franc koste. Zusätzlich wurde jedem Distrikt eine hohe Kriegsentschädigung auferlegt. Ludwig XVIII. erklärte den Alliierten, daß er, wenn sie weiterhin im Widerspruch zu ihrer Proklamation vom 25. März seine Untertanen als Feinde behandelten, Frankreich verlassen und in Spanien Asyl suchen würde. Die Alliierten erklärten sich bereit, die Kriegsentschädigungen auf 50 Millionen Franc zu ermäßigen und argumentierten, daß diese durch das Kriegsrecht und die von Napoleon in Preußen und Österreich geschaffenen Präzedenzfälle vollauf gerechtfertigt seien.

Die Royalisten in einzelnen französischen Städten schwelgten nun in einem «Weißen Terror» als Rache für den Roten Terror, der von 1793–1794 so viele Royalisten das Leben gekostet hatte. Es geschah dies nicht immer ohne unmittelbaren Anlaß. Als die Partei der Royalisten in Marseille eine Demonstration abhielt, während der die Wiedereinsetzung Ludwigs XVIII. gefordert wurde, feuerten einige Soldaten der örtlichen Garnison, die noch zu Napoleon hielt, auf sie. Der Kommandeur setzte dem rasch ein Ende und versuchte seine Soldaten aus der feindlichen Stadt zu führen; auf ihrem Marsch jedoch wurden ein paar hundert von ihnen aus Fenstern oder von Dächern herab erschossen (25. Juni). An diesem und dem nächsten Tag durchstreiften bewaffnete Royalisten die Stadt und schossen auf Bonapartisten und Jakobiner; zweihundert der Opfer starben, viele riefen noch im Tode «*Vive l'Empereur!*» Royalistische Frauen führten Freudentänze um die Leichen auf.[13] In Avignon kerkerten die Royalisten alle Bonapartisten ein und brachten sie um, deren sie habhaft werden konnten. Sie suchten besonders nach einem Mann – Guillaume

Bruné, der beschuldigt wurde, 1792 den Kopf der Prinzessin de Lamballe auf seiner Pike getragen zu haben. Er versteckte sich in einem Hotel in Avignon; die Menge fand ihn, erschoß ihn und zerrte seinen Leichnam durch die Straßen, wobei sie ekstatisch auf ihn einschlug; nachdem sie ihn dann in die Rhone geworfen hatten, tanzten die Männer und Frauen vor Freude (2. August 1815). Ähnliche Szenen spielten sich Nîmes, Montpellier und Toulouse ab.

Diese Barbareien konnte man kaum Ludwig XVIII. anlasten, der im Grunde kein nachtragender Mensch war. Niemals allerdings konnte er Ney vergeben, der versprochen hatte, ihm Napoleon lebend oder tot zu bringen, zu diesem übergelaufen war und bei Waterloo so vielfachen Tod ausgeteilt hatte. Ney floh am 6. Juli aus Paris und wanderte in Verkleidung von Stadt zu Stadt; er wurde erkannt und verhaftet; ein Gerichtshof von 161 Peers verhandelte gegen ihn und fand ihn des Verrats schuldig. Er verweigerte jeden geistlichen Beistand und wurde am 7. Dezember 1815 von einem Exekutionskommando hingerichtet.

Fouché und Talleyrand, jetzt in der Regierung Ludwig XVIII., wurden ihres Triumphes nicht froh. Die Royalisten im Kabinett schnitten Fouché als einen Königsmörder und legten dem König nahe, ihn zu entlassen. Ludwig fand einen Kompromiß und ernannte ihn zum Botschafter in Sachsen (15. September); drei Monate später jedoch berief er ihn ab und verbannte ihn aus Frankreich. Fouché wanderte als überall Unerwünschter von Prag nach Linz und dann nach Triest, wo er 1820 starb, nachdem er eine unglaubliche Zahl von Teufeleien in seinen einundsechzig Jahren angezettelt hatte.

Talleyrand kam ihm an Tücke gleich und übertraf ihn an Lebensdauer. Ludwig XVIII. beurteilte ihn mit den Zeilen Corneilles: «Er hat mir zuviel Gutes getan, als daß ich schlecht von ihm sprechen könnte, und zuviel Schaden, als daß ich gut von ihm sprechen könnte.»[14] Es war offenbar Talleyrand, der von den Bourbonen gesagt hatte (1796), «Sie haben nichts gelernt und nichts vergessen»[15]; dies traf jedoch schwerlich auf Ludwig XVIII. zu, der gelernt hatte, mit gewählten Kammern auszukommen, Napoleons Generale willkommen hieß und einen Großteil von Napoleons Gesetzgebung bestehen ließ. Die royalistischen Minister haßten Talleyrand nicht nur als Königsmörder und Apostaten, sondern auch als Verräter an seinem Stand. Ludwig gab ihrem Drängen nach und entließ ihn (24. September 1815). Talleyrand kam wieder hoch, überlebte Ludwig XVIII. und die Abdankung Karls X. (1830) und wurde mit sechsundsiebzig Jahren zum Botschafter in Großbritannien ernannt (1830 bis 1834). Als der Marquess of Londonderry im Oberhaus Kritik an Talleyrand übte, verteidigte Wellington ihn; er habe (sagte der Herzog) bei vielen Gelegenheiten mit Monsieur de Talleyrand zu tun gehabt und habe nie einen Mann getroffen, der energischer und geschickter die Interessen seines Landes vertreten habe und aufrechter und ehrenhafter bei Verhandlungen mit anderen Ländern gewesen sei. Als Talleyrand dies las, kamen ihm fast die Tränen, denn es gab wohl kaum etwas, das weniger auf ihn gepaßt hätte. «Ich bin dem Herzog um so dankbarer, denn er ist der einzige Staatsmann der Welt, der jemals Gutes von mir gesagt hat.»[16] Nachdem er 1834 noch bei der Errichtung der Quadruple-Allianz tätig geworden war, starb er 1838 mit vierundachtzig Jahren, nachdem er jedermann und fast den Tod selbst überlistet hatte.

Am 20. November 1815 unterzeichnete Ludwig XVIII. mit den Alliierten den Zweiten Pariser Vertrag, der die Bedingungen enthielt, die Frankreich auferlegt wurden, weil es sich wieder unter Napoleons Herrschaft gebeugt hatte. Es wurde gezwungen, das Saargebiet und Savoyen sowie vier Grenzstädte, darunter Philippeville und Marienburg, abzutreten und die von seinen siegreichen Generalen geraubten Kunstschätze zurückzuerstatten; weiter eine Kriegsentschädigung von 700 Millionen Franc plus 240 Millionen zur Entschädigung privater Ansprüche zu bezahlen; die Besetzung durch Truppen und Reparationskommissionen der Alliierten für drei bis fünf Jahre zu dulden und für ihren Unterhalt aufzukommen.[17] Talleyrand weigerte sich, dieses Dokument zu unterzeichnen; sein Nachfolger im Amt des Außenministers, Armand Emmanuel du Plessis, Duc de Richelieu unterschrieb unter Protest und rief dann aus: «Ich bin entehrt.»[18]

III. AUF GNADE UND UNGNADE: 4. JULI–8. AUGUST 1815

Auf der Fahrt von Malmaison nach Süden gesellten sich in Niort sein Bruder Joseph und sein Waffenbruder Gourgaud zu Napoleon. Sie erreichten Rochefort (dreizehn Meilen südöstlich von La Rochelle) am Abend des 3. Juli und fanden die erwarteten Fregatten – die *Saale* und die *Méduse* – im Hafen vor Anker; im Hintergrund jedoch blockierte ein kleines Geschwader britischer Kriegsschiffe den Hafen und sollte offenbar eine Ausfahrt ohne Erlaubnis verhindern.

Am 4. Juli schickte Napoleon dem Kapitän der *Saale* eine Anfrage – ob Räume für ihn und ein paar Freunde für eine Reise nach Amerika bereitgestellt werden könnten und ob die *Saale* die Blockade umgehen könne? Die Antwort lautete, daß die Fregatten bereit seien und versuchen könnten, bei Nacht den Kriegsschiffen zu entkommen unter Gefahr, angehalten oder beschossen zu werden; wenn sie allerdings durchkämen, würde ihre überlegene Schnelligkeit die Kriegsschiffe bald hinter sich lassen. Jetzt erkannte Napoleon die Auswirkungen seiner neun Tage dauernden qualvollen Unentschlossenheit, seines Schwankens von einem Fluchtplan zum andern und von einem Berater zu anderen. Joseph, ihm von Statur ähnlich, bot an, er wolle sich als der Kaiser verkleiden und sich von den Briten verhaften lassen, während Napoleon in Zivil vielleicht die Möglichkeit hätte, auf einer offenbaren Routinereise mit einer der Fregatten den Hafen zu verlassen. Napoleon weigerte sich, seinen Bruder in Gefahr zu bringen. Joseph selbst segelte später auf einem der Schiffe nach Amerika.

Napoleon verdrängte fünfzehn Kriegsjahre aus seinem Gedächtnis und gaukelte sich vor, daß ihn England, wenn er sich freiwillig stelle, als distinguierten Gefangenen behandeln und ihm gestatten würde, auf einem bescheidenen Stück Land als friedlicher Gutsbesitzer zu leben. Am 10. Juli schickte er Las Cases und Savary (Duc de Rovigo), um bei Captain Frederick Maitland auf H.M.S. *Bellerophon* anzufragen, ob er irgendwelche Pässe für Napoleons Überfahrt nach Amerika erhalten habe. Der Kapitän hatte natürlich keine. Dann fragte Las Cases, ob Napoleon, wenn er selbst sich den Briten stelle, erwarten könne, mit der bekannten Großmut des englischen Volkes behandelt zu werden. Maitland erwiderte, er würde sich freuen, Napoleon zu empfangen und nach England zu bringen, besitze jedoch keinerlei Vollmacht, irgendwelche Versprechen über seinen dortigen Empfang abzugeben.

Kurz vor oder nach oder während dieser Unterhaltung erhielt Captain Maitland eine Botschaft seines Vorgesetzten, Vizeadmiral Sir Henry Hotham (der zu dieser Zeit vor der französischen Nordwestküste kreuzte), die ihn davon in Kenntnis setzte, daß Napoleon sich in oder bei Rochefort aufhalte und die Absicht habe, nach Amerika zu fahren. Der Admiral fügte hinzu: «Ergreifen Sie die geeignetsten Maßnahmen, um seine Abreise auf den Fregatten zu verhindern ... Wenn Sie das Glück haben sollten, ihn gefangenzunehmen, so stellen Sie ihn unter sichere Bewachung, und segeln Sie rasch, aber vorsichtig nach einem englischen Hafen.»[19]

Um den 14. Juli erhielt Napoleon eine Warnung, daß Ludwig XVIII. General Bonnefours den Befehl erteilt habe, sich nach Rochefort zu begeben und ihn zu verhaften.[20] Bonnefours kam seinem Auftrag so langsam nach, wie er es irgend wagte. Napoleon sah sich jetzt vor drei Möglichkeiten gestellt: sich Ludwig XVIII. zu überliefern, der allen Grund hatte, ihn zu hassen; beim Versuch, die britische Blockade zu durchbrechen, eine Gefangennahme zu riskieren; oder sich Captain Maitland zu überliefern, in der Hoffnung auf britische Großzügigkeit. Er wählte den letzten Weg. Am 14. Juli schrieb er an den Prinzregenten, der zu dieser Zeit in Britannien herrschte:

> Eure Königliche Hoheit:
> Den Gruppen, die mein Land quälen und der Uneinigkeit der größten Mächte Europas preisgegeben, habe ich meine politische Laufbahn beendet und komme wie Themistokles, um am Herd des britischen Volkes zu sitzen. Ich stelle mich unter den Schutz seiner Gesetze und bitte Eure Königliche Hoheit als den mächtigsten, entschlossensten und großmütigsten meiner Feinde, mir diesen Schutz zu gewähren.
>
> Napoleon[21]*

Napoleon vertraute Gourgaud diesen Brief an und bat ihn, sich die Erlaubnis zu beschaffen, ihn mit dem nächsten Schiff nach London zu bringen. Maitland hatte nichts dagegen, doch das Schiff, auf dem Gourgaud reiste, wurde lange in der Quarantäne festgehalten, und es gibt keinen Anhaltspunkt dafür, daß der Brief je sein Ziel erreichte.

---

* Themistokles, Athens größter Feldherr, wurde von der athenischen Volksversammlung um 470 v. Chr. in die Verbannung geschickt. Er wurde von einer griechischen Stadt zur anderen verfolgt, und erhielt schließlich Schutz und Sicherheit von Athens größten Feinden, den Persern, die Themistokles 480 v. Chr. bei Salamis besiegt hatte.

Am 15. Juli wurden Napoleon und seine Begleitung zur *Bellerophon* gerudert und boten dort ihre freiwillige Übergabe an Großbritannien an. «Ich komme an Bord Ihres Schiffes», sagte Napoleon zu Maitland, «um mich unter den Schutz der englischen Gesetze zu stellen.»[22] Der Kapitän empfing sie höflich und erklärte sich bereit, sie nach England zu bringen. Er sagte ihnen nichts von Admiral Hothams Botschaft, doch er warnte Napoleon, daß er ihm keine freundliche Aufnahme in England garantieren könne. Am 16. Juli ging die *Bellerophon* nach England unter Segel.

Rückblickend war Maitland des Lobes voll über seinen wertvollen Gefangenen:

> Seine Umgangsformen waren außerordentlich liebenswürdig und umgänglich. Er beteiligte sich an jeder Konversation, erzählte zahlreiche Anekdoten und bemühte sich in jeder Weise, die gute Stimmung zu fördern. Er gestattete seiner Begleitung große Familiarität, ... obwohl sie ihn in der Regel sehr respektvoll behandelten. Er besaß in außerordentlichem Maße die Fähigkeit, auf die Leute, mit welchen er eine Unterhaltung begann, einen günstigen Eindruck zu machen.[23]

Die britische Besatzung war bezaubert und behandelte ihn mit der größten Hochachtung.

Am 24. Juli erreichte die *Bellerophon* Tor Bay, eine Einfahrt in den Englischen Kanal an der Küste von Devonshire. Sogleich kreuzten zwei bewaffnete Fregatten zu beiden Seiten des Schiffes auf. Es war klar, daß Napoleon als Gefangener betrachtet wurde. Admiral Viscount Keith kam an Bord und begrüßte ihn mit zurückhaltender Höflichkeit. Gourgaud folgte ihm und berichtete Napoleon, es sei ihm nicht gelungen, seinen Brief dem Prinzregenten zuzuleiten, er habe ihn vielmehr Keith übergeben müssen, der dessen aber keine Erwähnung tat.[24] Keith befahl Maitland, sein Schiff in den Hafen von Plymouth, dreißig Meilen entfernt, zu bringen; dort blieb die *Bellerophon* bis zum 5. August. Dort wurde sie zum Ziel der britischen Neugier; Männer und Frauen fuhren aus allen Winkeln des südlichen England nach Plymouth, drängten sich in Boote und warteten, daß der kaiserliche Drache seinen täglichen Spaziergang an Deck unternehme.

Die britische Regierung verbrachte Tage mit Beratungen darüber, was mit ihm zu tun sei. Die vorherrschende Meinung neigte dazu, ihn als außerhalb des Gesetzes stehend zu betrachten, der durch eine formelle Deklaration der Alliierten als vogelfrei erklärt worden war; er sei im Vertrag von Fontainebleau mit Milde behandelt worden, habe seine Pflicht zur Einhaltung dieses Vertrages jedoch verletzt und damit Europa in einen weiteren, Menschenleben und Geld verschlingenden Krieg gestürzt. Er hatte offensichtlich den Tod verdient und müsse dankbar sein, wenn er nur in Haft gehalten würde. Die Haft müsse jetzt aber derart sein, daß es ihm unmöglich gemacht würde, zu entkommen und neuerlich zu kämpfen. Man könne ihm, da er sich den Alliierten freiwillig überliefert und ihnen dadurch manche Schwierigkeiten erspart habe, einige Erleichterungen zubilligen, doch dürften diese keine Möglichkeit einer Flucht zulassen. Die britische Regierung beauftragte also Keith, den Gefangenen davon in Kenntnis zu setzen, daß er künftig sein Domizil auf der Insel St. Helena, einige zwölfhundert Meilen westlich von Afrika, zu nehmen habe. Sie war abgelegen, aber das mußte sie sein, und ihre Abgelegenheit würde den Gefangenen und seine Wächter der Notwendigkeit strenger Einschließung und harter Überwachung entheben. England konsultierte seine Alliierten, die sich mit dem Verdikt einverstanden erklärten und nur ihr Recht betonten, Kommissare auf die Insel zu entsenden, die sich an der Überwachung zu beteiligen hätten.

Napoleon brach fast zusammen, als er erfuhr, daß er zu einem, wie er es sah, trostlosen Leben verurteilt sei. Er setzte sich mit leidenschaftlichen Protesten zur Wehr, gab aber nach, als er merkte, daß diesen mit schweigender Entschlossenheit begegnet wurde. Einige Vergünstigungen wurden ihm gewährt. Er durfte fünf freiwillige Freunde zu seiner Begleitung auswählen. Er benannte General Bertrand, seinen «Großmarschall des Palastes», den Grafen und die Gräfin de Montholon (er war bei Waterloo Napoleons Flügeladjutant gewesen); General Gourgaud, seinen ergebenen Beschützer, und (für einen zählend) Graf de Las Cases und seinen Sohn. Jedem wurde gestattet, Bediente und 1600 Franc mitzunehmen. Napoleon nahm mehrere Diener mit und brachte es außerdem fertig, eine beträchtliche Summe Geldes auszuführen. Hortenses Diamantenhalsband wurde in Las Cases' Gürtel versteckt; 350 000 Franc in den Kleidern seiner Diener verborgen. Jeder Teilnehmer der Gesellschaft wurde aufgefordert, seinen Degen abzugeben, doch als Admiral Keith von Napoleon den seinen in Empfang nehmen wollte, drohte der Kaiser, ihn zur Selbstverteidigung zu ziehen, und Keith ließ die Sache auf sich beruhen.[25]

Am 4. August segelte die *Bellerophon* von Plymouth nach Portsmouth und übergab dort ihren Gefangenen, sein Gefolge und Gepäck an ein größeres Schiff, die *Northumberland*, die am 8. August nach St. Helena in See ging.

FÜNFTES KAPITEL

Dem Ende entgegen

I. ST. HELENA

Es war eine lange Reise von England – vom 8. August bis zum 15. Oktober. An Handeln und rasche Konversation gewöhnt, ertrug Napoleon die Langeweile nur mit Mühe. Admiral Sir George Cockburn versuchte die Situation durch tägliche Einladungen Napoleons und des einen oder anderen seiner Begleiter zum Diner mit ihm und seinen Offizieren zu erleichtern; allerdings saßen die Briten zweieinhalb Stunden lang bei Tisch. Es war nicht schwierig für Napoleon, sich zu entschuldigen, wenn das Trinken begann. Er zuckte jedesmal zusammen, wenn sie ihn als «General» anstatt als «Kaiser» anredeten, doch bewunderte er ihre Höflichkeit. Seine Freunde regten an, es sei ein gutes Mittel, die Zeit hinzubringen, wenn er ihnen seine Memoiren aus Herrschaft und Krieg diktiere. So begannen die Erzählungen, die, von O'Meara, Las Cases, Gourgaud oder Montholon niedergeschrieben und nach seinem Tod von ihnen veröffentlicht, Anteil daran hatten, die Erinnerung an Napoleon in Frankreich während des Jahrhunderts zu einer lebendigen Kraft zu machen.

Männer auf See sehnen sich so nach dem Land, daß sich sogar Napoleon gefreut haben muß, als er die Felsenküste von St. Helena sichtete. Der größte Teil der Insel war in einem Blick zu überschauen; ihr Umfang betrug nur zwanzig Meilen; fast die ganze Bevölkerung von 5000 Seelen drängte sich in der Hafenstadt Jamestown mit ihrer einzigen Straße zusammen. Ein rauhes, unebenes Gelände, das sich bei Longwood zu einem Plateau erhob; tropisches Klima mit Hitze, Nebel und Regen; keine normale Aufeinanderfolge der Jahreszeiten, sondern unberechenbarer Wechsel von naß und trocken; ein karger Boden, der jeden Anbau nur mit spärlichen Ernten lohnte. Es war ein idealer «Fleck Erde», um einen Unruhestifter zu isolieren, aber eine Tortur für einen Mann, dessen Leben Aktion war, die einen Kontinent als Bühne forderte.

Er blieb mit seiner Begleitung an Bord, während Admiral Cockburn eine Interimsunterkunft für sie suchte, bis die Arbeiten an dem großen Haus vollendet sein würden, das die britische Regierung als ihr gemeinsames Heim ausersehen hatte. Für Napoleon, Las Cases und dessen Sohn fand der Admiral ein hübsches Haus, «the Briars», dessen Eigentümer William Balcombe es interessant fand, einen Kaiser als Gast zu haben. Zwei Töchter von sechzehn und vierzehn belebten die Szene; sie sprachen etwas Französisch, spielten und sangen und faßten eine solche Zuneigung zu Napoleon, daß die jüngere weinte, als er nach «Longwood» umziehen mußte.

Es war ein altes Farmhaus, sechs Meilen von Jamestown gelegen. Die vielen Zimmer waren einfach, aber vollständig möbliert. Nach dem von Las Cases jr. gezeichneten ausgezeichneten Grundriß erhielt Napoleon sechs Räume: ein großes «Vorzimmer und Wartezimmer für Besucher», ein Besuchszimmer, ein Schlafzimmer, ein Studio, eine Bibliothek und einen großen Speiseraum. Die Innenwände waren häßlich mit geteertem Segeltuch bespannt, hatten aber viele Fenster. Napoleon akzeptierte seine Suite anfänglich ohne Klagen, er freute sich sogar über das Badezimmer, das er als «einen unerhörten Luxus auf dieser elenden Insel»[1] beschrieb. «Der Kaiser», berichtete Las Cases, «war mit allem zufrieden.»[2] In einem anderen Flügel des Gebäudes waren Räume für Las Cases und seinen Sohn, für Graf und Gräfin Montholon, General Gourgaud und Dr. O'Meara, Napoleons Arzt, hergerichtet. Für Napoleons Dienerschaft[3] waren große Gemeinschaftsräume vorgesehen, ebenso für die Dienerschaft seines Stabes. General Bertrand, seine Frau und ihre Diener bezogen ein einzelstehendes Haus an der Straße nach Jamestown. Diener war hier für wenig mehr als Kost und Logis zu haben.

Napoleon konnte sich frei bewegen – zu Fuß, zu Pferd oder im Wagen – innerhalb eines Radius von fünf Meilen von seinem Haus; wenn er jedoch das Longwood Plateau verließ, mußte er sich Überwachung durch britische Soldaten gefallen lassen. Die Mahlzeiten für Napoleon und seine Begleitung wurden täglich vom Gouverneur der Insel hinaufgeschickt, und sie konnten auch, in gewissen Grenzen, Wünsche bezüglich ihrer Verpflegung äußern.[4] Der Kaiser nahm in der Regel vor 8 Uhr abends nur wenig Nahrung zu sich; dann speiste er mit seinem Stab in aller Gemächlichkeit, bis es Zeit war, zur Ruhe zu gehen. Napoleon hatte aus Frankreich ein kostbares Silberservice mitgebracht, das regelmäßig gebraucht wurde; auch von goldenen Messern, Gabeln und Löffeln wird berichtet.[5] Die Teller waren zumeist aus Sèvresporzellan. Die Diener trugen grüngoldene Livrees. Las Cases war beeindruckt von «der Eleganz der Bedienung bei Tisch und den geschmackvoll gedeckten Tafeln».[6] In Longwood herrschte die Etikette der Tuilerien. Napoleon gestattete seinen treuen Freunden weitgehende Offenheit in der Unterhaltung, jedoch keine Vertraulichkeiten; sie sprachen von ihm stets als «Der Kaiser» und redeten ihn mit «Eure Majestät» an. Briefe, die an ihn als «General» adressiert waren, blieben ungeöffnet; Besucher hatten ihn als «Kaiser» anzureden oder wegzubleiben.

Es gab oft Anlaß zum Ärger und auch mancherlei Ungemach. Ratten nisteten sich im Hause ein, sogar im Hut des Kaisers; während er aß, rannten sie unter den Tischen hin und her; Flöhe und Wanzen kümmerten sich nicht um gesellschaftliche Unterschiede; «wir werden buchstäblich aufgefressen», beklagte sich Las Cases.[7] Fast jeden zweiten Tag steckte das Haus im feuchten Nebel. Öfter fehlte es an Wasser, und der Kaiser vermißte sein heißes Bad. Die ständige Überwachung, wenn auch aus der Entfernung und in höflicher Form, zwang gewöhnlich zu mönchischer Keuschheit, obwohl gerade die überreichliche Muße Versuchungen doppelt verlokkend erscheinen ließ. Doch wo sonst hatte schließlich ein Gefangener so viele Freunde in Reichweite, Dienerschaft, Pferd und Wagen und so viele Bücher, wie er nur lesen konnte? Alles in allem war es ein so erträgliches Gefängnis, wie es ein Gefangener nur erwarten konnte, besonders wenn er aus einer früheren Haft entkommen und der Aufwand von Millionen Pfund Sterling und unzähliger Menschenleben nötig gewesen waren, um seiner wieder habhaft zu werden. Es ging alles leidlich gut, bis Sir Hudson Lowe kam.

II. SIR HUDSON LOWE

Er traf am 14. April 1816 ein, um Sir George Cockburn als Gouverneur der Insel zu ersetzen. Die britische Regierung war dei Ansicht, eine wohlüberlegte Wahl getroffen zu haben: Sir Hudson war ein gewissenhafter Beamter, der seine Instruktionen korrekt ausführen würde. Diese lauteten dahingehend, daß dem Gefangenen «jede Vergünstigung zu gewähren sei, die sich mit der ungeschmälerten Sicherung seiner Person vereinbaren läßt».

Er begann gut. Er brachte fast 2000 französische Bücher mit und stellte sie Napoleon und seinen Gefährten zur Verfügung. Er teilte mit, er habe gehört, daß in Longwood verschiedene Reparaturen nötig seien und werde für ihre Erledigung Sorge tragen.[8] Er meinte, seinem prominenten Gefangenen seine Aufwartung machen zu müssen und bat seinen Vorgänger Admiral Cockburn, ihn zu begleiten. Er wußte vermutlich nicht, daß Napoleon, als Vorsichtsmaßnahme gegen Neugierige und Wichtigtuer, Bertrand instruiert hatte, niemand zu ihm zu lassen, als mit Bertrands Erlaubnis und in seiner Begleitung. Sir Hudson und der Admiral kamen unangemeldet und wünschten vorgelassen zu werden; Napoleon ließ ihnen sagen, er sei erkrankt und könne sie nicht empfangen. Lowe fragte an, wann sein Besuch erwünscht sei. Napoleon antwortete, morgen. Lowes Stolz war verletzt. Er kam am anderen Morgen in Begleitung Bertrands. Napoleon empfing ihn kalt und zählte verschiedene Unannehmlichkeiten auf, die ihn störten: Wachtposten waren zu nahe an seinem Haus postiert und spähten manchmal nachts durch seine Fenster; er konnte nicht über eine enggezogene Grenze hinausreiten, ohne daß ihm ein englischer Offizier folgte. Lowe versprach, sein Möglichstes zu tun.[9] Nachdem er abgefahren war, bemerkte Napoleon zu seinen Gefährten, er habe «noch nie eine Visage gesehen, die der eines italienischen Halsabschneiders so ähnelte».[10]

Sir Hudson besaß mehr Stolz als Humor. In sein Büro zurückgekehrt, ließ er Napoleons Adjutanten wissen, daß die Beschränkungen, über die sich Napoleon beklagte, von der britischen Regierung angeordet seien und es nicht in seiner Macht läge, sie zu beseitigen. Er fügte hinzu, wobei er sich wiederum auf Instruktionen seiner Regierung berief, daß jeder Briefverkehr zwischen Longwood und der Außenwelt durch seine Hände gehen und seiner Durchsicht unterliegen müsse.[11] Laut Las Cases weigerte sich der Gouverneur, Briefe weiterzuleiten, die an «den Kaiser Napoleon adressiert waren».[12] Er schickte eine Einladung zum Diner an General Bertrand und «General Napoleon». Napoleon lehnte ab.

Der Streit nahm an Heftigkeit zu, als Lowe Bertrand mitteilte, die britische Regierung habe die hohen Kosten moniert, die der Unterhalt Napoleons und seines Haushalts von einundfünfzig Personen ihr verursache.[13] Die Regierung hatte hierfür

8000 Pfund pro Jahr genehmigt; die tatsächlichen Ausgaben für das erste Jahr hatten aber 18 000 Pfund betragen; daher forderte die Regierung, daß künftig alle Ausgaben, die 8000 Pfund überstiegen, von Napoleon getragen werden müßten. Der Kaiser befahl Montholon, das kaiserliche Silber zu verkaufen und erbot sich, die Mehrkosten seines Haushalts selbst zu bezahlen, wenn Lowe einen Brief Napoleons an seinen Bankier ungeöffnet passieren ließe; das lehnte Lowe ab. Napoleons Familie schickte ihm Geldangebote; er bedankte sich, sagte aber, er könne die Angelegenheit selbst regeln. Sie boten ihm an, ihn zu besuchen und mit ihm zu leben; er untersagte es ihnen mit der Begründung, sie würden das Klima und die Isolierung nicht lange überleben. Lowe versuchte die Situation zu entspannen, indem er das Jahrgeld des Kaisers auf 12 000 Pfund erhöhte[14]. Doch diese Erörterung seiner Ausgaben machte Napoleon rasend. Als Lowe ihn wieder besuchte (16. Juli 1816), brach Napoleon, wie er Las Cases erzählte, alle Brücken ab, indem er schrie, «darf ich Ihnen sagen, was wir von Ihnen denken? Wir denken, daß Sie zu allem fähig sind; *ja, zu allem* ... Ich beklage mich, daß die übelste Handlung Ihrer Minister nicht war, mich nach St. Helena zu schicken, sondern daß sie Ihnen das Kommando übertragen haben. Sie sind ein größeres Unglück für uns als die ganze Armseligkeit dieses furchtbaren Felsens.»[15] «Der Kaiser», sagt Las Cases, «räumte ein, daß er Sir Hudson Lowe während dieser Unterredung verschiedentlich beleidigte.» «Ich bin völlig außer mir geraten. Sie haben mir etwas Schlimmeres geschickt als einen Kerkermeister! Sir Hudson ist ein ausgesprochener Henker! ... Ich muß im höchsten Grade zornig gewesen sein, denn die Wadenmuskeln meines linken Beines haben gezittert.»[16]

Sir Hudson zog sich empört zurück. Sie trafen nicht mehr zusammen.

III. DIE TAPFEREN GEFÄHRTEN

Der verblüffendste Aspekt bei diesem abgeschlossenen Leben ist die beständige und unwandelbare Treue der Adjutanten, die Napoleon nach St. Helena begleiteten. Möglicherweise trug die berauschende Aura des Ruhms dazu bei, ihren Diensteifer anzuspornen, doch ihre Beharrlichkeit trotz aller Schwierigkeiten und des Heimwehs im Exil, den Streitigkeiten im Wettstreit um die Gunst des Kaisers und der Gereiztheit über ein drückendes Klima und einen unangenehmen Gouverneur verleiht dem Bericht über sie fast den Schimmer einer Artuslegende, durch Eifersüchteleien getrübt, doch durch Treue geadelt.

Der edelste unter ihnen war Graf Henri Gratien Bertrand (1773–1844). Er trat als Pionieroffizier unter Napoleon im ersten Italienfeldzug in die Geschichte ein. Während der ägyptischen Expedition befehligte er in der Schlacht bei den Pyramiden ein Bataillon und wurde beim Sieg von Abukir verwundet. Die Brücken, die er während des Feldzugs von 1809 über die Donau baute, wurden von Napoleon als die beste derartige Arbeit seit den Zeiten der Römer bewertet.[17] 1813 wurde er zum Großmarschall des Palastes ernannt. Er stand während der bitteren Jahre des Rückzugs vor den Alliierten loyal zu Napoleon, begleitete ihn nach Elba, blieb während der Hundert Tage bei ihm, fuhr mit ihm nach Rochefort und segelte mit ihm nach England und St. Helena. Dort übte er weiterhin seine Funktion als Großmarschall aus, überprüfte Besucher, beruhigte aufgeregte Temperamente, hielt einen Waffenstillstand zwischen Napoleon und dem Gouverneur aufrecht und ertrug mit verzeihender Geduld den Versuch, seine Frau zu verführen.* Sie war eine Kreolin englischer Abstammung, eine Nichte Lord Dillons und mit Josephine verwandt. Sie ertrug in St. Helena treu, aber ungeduldig ihre Isolierung vom Leben der Pariser Gesellschaft. Bertrand brachte sie fünf Monate nach Napoleons Tod wieder zurück nach Frankreich. Er hatte in St. Helena drei Bände eines Tagebuches zusammengestellt, lehnte es aber ab, sie zu veröffentlichen. Sie wurden 1849–1859 dechiffriert und publiziert ein Jahrhundert nach seinem Tod. Er wurde in der Krypta des Invalidendoms neben Napoleon beigesetzt.

Fast ebenso anhänglich war der irische Chirurg Barry O'Meara (1786–1836). Als Schiffsarzt auf der *Northumberland* behandelte er Napoleon, unterhielt sich mit ihm in Französisch oder Italienisch, stimmte, was seine Meinung über Ärzte betraf, in mancher Beziehung mit ihm überein und wurde ihm so zugetan, daß er von der britischen Regierung die Genehmigung erbat – und erhielt –, als Arzt Napoleons auf St. Helena zu bleiben. Sir Hudson Lowe schätzte eine derartige Intimität zwischen einem britischen Arzt und einem französischen Verbrecher gar nicht; er verdächtigte O'Meara, ein Komplott zur Befreiung Napoleons zu schmieden, und bestand darauf, einen Soldaten zur Bewachung des Chirurgen auf allen seinen Wegen abzustellen; O'Meara protestierte; Lowe veranlaßte seine Rückberufung nach England (Juli 1818). Im Jahre 1822 veröffentlichte O'Meara *Napoleon in Exile, or A Voice from St. Helena*, ein leidenschaftliches Plädoyer für eine bessere Behandlung des gestürzten Kaisers. Die beiden Bände fanden großen Absatz und erzeugten eine Welle der Sympathie für Napoleon in England. Das Buch enthält einzelne Irrtümer, da es aus dem Gedächtnis niedergeschrieben ist;[19] Las Cases jedoch verteidigte O'Mearas Bericht, und die gesamte Umgebung Napoleons scheint eine hohe Meinung von ihm sowohl als Arzt wie als Gentleman gehabt zu haben.

Die von den Ereignissen geprägte Bindung Graf Emmanuel Augustin Dieudonné de Las Cases' (1766–1842) und sein umfangreiches *Mémorial de Sainte Hélène* rücken ihn an die dritte Stelle nächst Napoleon und Lowe unter den *dramatis personae* der Insel. Er gehörte dem niederen Adel an, kämpfte in Condés Armee gegen die Revolution, emigierte nach England, beteiligte sich am Versuch einiger *émigrés*, bei Quiberon in Frankreich einzudringen, konnte aber nicht landen, kehrte nach England

* Bertrands Tagebuch unter dem 26. April 1821: «Der Kaiser erwiderte (wie Montholon Madame Bertrand berichtete): ‚... ich habe es ihr übelgenommen, daß sie es ablehnte, meine Geliebte zu werden ... Ich werde es Dr. Antommarchi niemals verzeihen, daß er einer Frau seine Aufwartung machte, die sich weigerte, meine Geliebte zu werden.'»[18] Doch als Napoleon dies sagte, hatte er nur noch zehn Tage zu leben und mag seine früheren Liebschaften vergessen haben. Bertrand notierte am gleichen Tag: «Er schien häufig die Erinnerung verloren zu haben.»

zurück und ernährte sich, indem er Geschichtsunterricht gab. Er gab einen *Atlas historique* heraus, dem Napoleon später hohes Lob spendete. Kurz nach dem 18. Brumaire wagte er es, nach Frankreich zurückzukehren. Er sah in Napoleon das geeignete Heilmittel für die Revolution, suchte jede Gelegenheit, ihm zu dienen, und stieg zum Mitglied des Staatsrats auf. Waterloo kühlte seine Bewunderung für den Kaiser keineswegs ab; er kam nach Malmaison, um ihn zu unterstützen, folgte ihm nach Rochefort, England und St. Helena.

Von allen Gefährten hielt er sich stets am nächsten beim Kaiser auf, war der Eifrigste beim Aufnehmen seines Diktats und bewahrte sich seine hohe Meinung von ihm durch alle Temperamentsausbrüche des Verbannten. Er notierte alles über Napoleon mit Ausnahme der Fehler; er teilte Cromwells Ansicht nicht, daß Warzen unsterblich machen. Sein Bericht über Napoleons Erinnerungen und Bemerkungen erhebt keinen Anspruch auf wörtliche Genauigkeit. «Der Kaiser diktierte sehr rasch, fast so schnell, wie er bei der normalen Konversation zu sprechen pflegte. Ich war daher gezwungen, eine Art Hieroglyphenschrift zu erfinden; ich meinerseits diktierte das so Festgehaltene dann meinem Sohn»; oder «Ich saß neben meinem Sohn, als er das Diktat des Kaisers aufnahm ... Ich las dem Kaiser jedesmal vor, was er am vorhergehenden Tag diktiert hatte, er machte dann Korrekturen und diktierte weiter».[20] Die Sprache jedoch, in welcher Las Cases seine eigenen Ansichten ausdrückt, gleicht so auffallend der, die er Napoleon in den Mund legt, daß wir seinen Bericht nicht als so unparteiisches Bild Napoleons anerkennen können wie das mit lebendigerer Unmittelbarkeit abgefaßte Journal Gourgauds.

Im Bestreben, Europa mit den Härten bekanntzumachen, unter denen Napoleon zu leiden hatte, schrieb Las Cases einen Bericht darüber auf ein Stück Seide, adressierte es an Lucien Bonaparte und vertraute es einem Diener an, der nach Europa zurückkehren sollte. Der Diener wurde durchsucht, und man entdeckte die Botschaft; Sir Hudson Lowe ließ Las Cases verhaften, konfiszierte seine Papiere (einschließlich der Unterhaltungen mit Napoleon) und deportierte Las Cases mit seinem Sohn nach Kapstadt (25. November 1816). Von diesem entlegenen Platz aus begann der Graf jahrelange Wanderungen – meist unter feindseliger Überwachung – durch England, Belgien und Deutschland. Im Oktober 1818 legte er dem Kongreß der Alliierten in Aachen ein Gesuch der Mutter Napoleons um Freilassung ihres Sohnes vor. Er selbst richtete Appelle an die Herrscher von Rußland, Preußen, Österreich und England. Er erhielt keine Antwort. Nach Napoleons Tod erhielt er die Erlaubnis, nach Frankreich zurückzukehren. Er erreichte von der britischen Regierung die Rückgabe seiner konfiszierten Manuskripte und publizierte sie fast vollständig im *Mémorial de Sainte Hélène* (1823). Die Bände wurden das literarische Ereignis des Jahres; Las Cases und seine Erben wurden durch den Verkauf reich; sein leidenschaftliches Zeugnis für die Behandlung, die, wie er glaubte, Napoleons Tod verursacht hatte, wurde ein dauerhafter Bestandteil der «Napoleonischen Legende», die Napoleon III. zu einer dauerhafteren Herrschaft als die seines Onkels erhob und Las Cases jr. einen Senatssitz im Zweiten Kaiserreich bescherte.

Die übrigen Gefährten waren auf Las Cases eifersüchtig, da er am häufigsten und nächsten mit Napoleon zusammen war. Besonders verärgert war General Gaspard Gourgaud (1783–1852), der vielfachen Anspruch auf die Gunst des Kaisers besaß. Er hatte in Spanien, Österreich, Rußland und Frankreich für ihn gekämpft und bei Brienne sein Leben gerettet. Er war der ausdrucksstärkste und überschwenglichste unter den Verbannten, ein glühender Freund und leidenschaftlicher Feind, er forderte Montholon zum Duell und war Napoleon mit einer eifersüchtigen Liebe zugetan, die keine anderen Liebhaber duldete; «er liebt mich», sagte Napoleon, «wie ein Liebhaber seine Geliebte.»[21] Um den Frieden im Hause wiederherzustellen, schickte Napoleon ihn mit einer Botschaft für Zar Alexander nach Europa (1818). Immerhin ist Gourgauds *Journal inédit de Sainte Hélène* (1899) der faszinierendste und realistischste aller Berichte aus St. Helena.

Graf Charles Tristan de Montholon (1783–1853) hatte Gourgauds Haß wohl kaum verdient, denn er war der höflichste und zuvorkommendste im kaiserlichen Quartett. Er besaß stolze Erinnerungen an den Mathematikunterricht, den ihm, als er zehn Jahre alt war, ein junger Artilleriehauptmann namens Bonaparte erteilt hatte. Später folgte er Napoleons Stern in seinem Aufstieg und Sturz und bestand darauf, ihn nach St. Helena zu begleiten. Seine Frau, Albinie de Vassal, hatte zwei geschiedene Ehen hinter sich, als er sie heiratete. Ihre geschiedenen Ehemänner lebten noch, so daß er ihrer nie ganz sicher war. Der Klatsch in St. Helena behauptete, sie habe Napoleons Bett gewärmt; die russischen Vertreter in Jamestown drückten den Sachverhalt gröber aus: «Obwohl alt, liederlich und fett, ist sie jetzt die Mätresse des großen Mannes.»[22] Als sie die Insel verließ (1819), weinte Napoleon.[23] Montholon selbst blieb bis zum Ende und teilte sich mit Bertrand in die Wache über den sterbenden Gladiator; er wurde zum Mitvollstrecker des kaiserlichen Testaments ernannt. Nach Frankreich zurückgekehrt, teilte er eine siebenjährige Haft mit dem Neffen Napoleons und half ihm dabei, ein zweiter Kaiser zu werden.

IV. DER GROSSE DIKTIERER

Der große Feind aller Verbannten waren die Zeit und ihr Kind, die Langeweile. Diese Männer, die der Tat geweiht und mit dem Tod familiär gewesen waren, mußten sich nun auf die Sorge für Körper und Person einer Persönlichkeit der Weltgeschichte beschränken, die, der kaiserlichen Würde und Gewänder entkleidet, zu einem hilflosen Gefangenen geworden war, dessen quälende Leiden und menschliche Schwächen nun zutage kamen. «Meine Lage ist schrecklich», sagte er, «ich bin wie ein toter Mann, und doch voll Leben»[24] oder doch dem Verlangen danach. Der Held, der sich vorher mehr Zeit gewünscht hatte, um seinen selbstgewählten Aufgaben gerecht zu werden oder seine Pläne durchzuführen, fühlte jetzt die bedrückende Last der Stunden und begrüßte die Nacht, von der er sich Vergessen erhoffte. Doch dann fand er es als Folge der erzwungenen Untätigkeit unmöglich einzuschlafen, vertauschte das Bett mit Feldbett oder Stuhl und legte sich wieder zur Ruhe auf der Suche nach Schlaf.

Er spielte fast täglich Schach; da es aber kein Gegner wagte, ihn zu schlagen, langweilten ihn die ständigen Siege. Im ersten Jahr seiner Verbannung hatte er täglich ein paar Meilen zu Pferd zurückgelegt, doch gab er dieses Training bald auf, als er merkte, daß ihn stets irgendein britischer Offizier im Auge behielt. Jeden Tag las er ein paar Stunden. Er hatte Bücher immer geliebt und selbst an arbeitsreichen Tagen Zeit für das Lesen erübrigt, er hatte Hunderte von Bänden auf seine Feldzüge mitgenommen – achthundert allein nach Waterloo (davon siebzig von Voltaire).[25] Er hatte vierhundert Bücher aus Frankreich mitgebracht; von einem Zwischenaufenthalt der *Northumberland* in Madeira hatte er der britischen Regierung die Bitte um eine Anzahl gelehrter Werke übermittelt, die er im Juni 1816 erhielt; eine weitere Sendung traf ein Jahr später ein; außerdem schickte ihm Sir Hudson Lowe einige aus seiner eigenen Bibliothek.[26] Er wurde zum Experten für die Feldzüge Alexanders, Hannibals und Caesars. Er las wieder und wieder die Dramen Corneilles und Racines, manchmal laut in Gesellschaft seiner Gefährten und mit verteilten Rollen. Er schätzte die englische Literatur und ließ sich von Las Cases genügend Englisch beibringen, um es zu lesen und sogar etwas zu sprechen; «Seine Majestät», berichtete Gourgaud, «spricht stets englisch mit mir».[27]

Einen Vorteil hatte er anderen Gefangenen voraus: er war imstande, sich aus der Gegenwart in die Vergangenheit zu versenken, indem er von der Geschichte seines Landes wie halb Europas zwischen 1796 und 1815 berichtete, fast ausschließlich aus dem Gedächtnis und aus dem Blickpunkt eines Hauptbeteiligten. Er war zu ungeduldig, um zu schreiben, doch er konnte sprechen. Es war offenbar Las Cases, von dem die Anregung stammte, daß er durch das Diktat seiner Memoiren an den einen oder anderen seiner Umgebung die Tage interessant und nutzbringend gestalten könne. So brauchte er Dantes Zeilen nicht auf sich zu beziehen: «Kein größerer Schmerz, als sich im Unglück an Zeiten des Glücks zu erinnern»; das Gedenken an schöne Tage konnte gegenwärtigen Gram, selbst wenn es ihn vertiefte, doch besänftigen. «Es war ein herrliches Imperium!» rief er aus. «Ich hatte dreiundachtzig Millionen menschlicher Wesen unter meiner Herrschaft, die halbe Bevölkerung Europas.»[28]

Er rief also auf der *Northumberland* eine neue Diktatur ins Leben und setzte sie, mit Unterbrechungen, auf St. Helena vier Jahre lang fort. Er begann damit, Las Cases die Geschichte jener Italienfeldzüge von 1796 zu erzählen, deren schnelle Entscheidung Europa in Erstaunen versetzt und ihn für Frankreich unentbehrlich gemacht hatte. Als Las Cases dem Zorn Lowes weichen mußte, diktierte der Kaiser Gourgaud, später Montholon, seltener Bertrand, manchmal zweien von ihnen an einem Tag. So vertauschten also diese Krieger das Schwert mit der Feder und machten sich daran, ganze Bände vollzuschreiben, um die Erinnerungen und den guten Namen des Kaisers im wieder bourbonisch gewordenen Frankreich und vor dem Gerichtshof der Geschichte zu bewahren. Sie waren rascher erschöpft als er, der wußte, daß dies seine letzte Chance war, sich gegen die Redner, Journalisten und

Karikaturisten zur Wehr zu setzen, die es seinen Feinden ermöglicht hatten, ihn als inhumanen, blutdürstigen Drachen zu schildern. Da er sich darüber klar war, daß seine Berichterstatter keinen derart persönlichen Antrieb für ihre Arbeit haben konnten, gab er jedem von ihnen die vollen Rechte an seinem Manuskript und dessen Verwertung; tatsächlich machte auch jedes Manuskript nach der Veröffentlichung den Verfasser oder seine Erben zu wohlhabenden Leuten.[29]

Naturgemäß machte der Autor in seiner *apologia* eine gute Figur; doch alles in allem erscheint sie so fair, wie man es von einem Mann erwarten kann, der sein Leben verteidigt. Napoleon hatte zu dieser Zeit erkannt, daß er in Politik und militärischer Führung gravierende Fehler gemacht hatte. «Ich hatte Unrecht, mich mit Talleyrand zu streiten. Er besaß alles, was mir abging. Wenn ich ihm rückhaltlos erlaubt hätte, an meiner bedeutenden Stellung teilzuhaben, würde er mir gut gedient haben, und ich wäre bis zu meinem Tod im Besitz des Thrones geblieben.»[30] Er bekannte, daß er die Schwierigkeiten der Eroberung Spaniens oder der Unterwerfung Rußlands weit unterschätzt habe. «Ich habe Elba zu früh verlassen. Ich hätte warten sollen, bis der Kongreß sich aufgelöst hatte und die Fürsten wieder nach Hause zurückgekehrt waren.»[31] «Ich kann immer noch nicht verstehen, wie ich die Schlacht von Waterloo verlieren konnte.»[32] «Ich hätte bei Waterloo fallen sollen.»[33]

Seine Sekretäre fanden, obwohl von seinen Memoiren fast völlig in Anspruch genommen, doch noch genügend Energie in sich, um seine Konversation aufzuzeichnen. Sie war natürlich von großem Interesse, denn wer sonst hatte zu seiner Zeit so weitausgreifende und aufregende Abenteuer in drei Kontinenten erlebt! Er war ein ausgezeichneter Erzähler und kannte zu jedem Gegenstand eine lebendige Anekdote. Er war, in seiner derben Art, ein Philosoph und konnte vernünftig über fast jeden Gegenstand reden, von der Agrikultur bis zu Zeus. Er hatte sich so ausgiebig mit der Geschichte beschäftigt, daß er es unternahm, die Zukunft – mit allerdings zweifelhaftem Erfolg – vorauszusagen. «Das Kolonialsystem ... ist für jedermann am Ende – ebenso für England, das alle Kolonien besitzt, wie auch für die anderen Mächte, die keine mehr haben.»[34] Das französische Volk werde das Joch der Bourbonen bald abwerfen.[35] Deutschland werde bald den Zusammenschluß weiterführen, den es begonnen hatte.[36] Das neunzehnte Jahrhundert werde ein Jahrhundert der Revolutionen sein; die Prinzipien der Französischen Revolution, mit Ausnahme einzelner Exzesse, würden in Amerika, Frankreich und England triumphieren und «von ihrem Dreifuß wird das Licht über die Welt leuchten.»[37] «Das alte System ist am Ende, während das neue noch nicht konsolidiert ist und es auch erst nach langen und heftigen Konvulsionen sein wird.»[38] «Rußland ist die Macht, die am sichersten und mit den größten Schritten nach der Weltherrschaft strebt.»[39] Eine seiner falschen Voraussagen: «Die königliche Autorität in England, die täglich wächst, ... bewegt sich jetzt ungehindert auf der Straße zu Tyrannei und absoluter Macht.»[40]

Schließlich betrachtete er seine politische Laufbahn und zog eine äußerst günstige Bilanz:

Ich schloß den Abgrund der Anarchie und klärte das Chaos. Ich reinigte die Revolution, gab Nationen ihre Würde zurück und setzte Könige ein. Ich spornte jeden Wetteifer an, belohnte jedes Verdienst und schob die Grenzen des Ruhms weit hinaus ... Die Diktatur war absolut notwendig. Wagt man zu sagen, ich hätte die Freiheit eingeschränkt? Es steht fest, daß Zügellosigkeit, Anarchie und die übelsten Unregelmäßigkeiten immer noch den Hort der Freiheit bedrohten. Will man mir vorwerfen, ich habe den Krieg zu sehr geliebt? Die Geschichte zeigt, daß ich stets der Angegriffene war. Will man behaupten, ich hätte die Universalmonarchie angestrebt? ... Unsere Feinde führten mich selbst Schritt für Schritt zu dieser Entscheidung. Will man mich schließlich für meinen Ehrgeiz tadeln? Daß mir diese Leidenschaft zu eigen war, und in nicht geringem Grade, muß zweifellos zugegeben werden; doch war dieser mein Ehrgeiz gleichzeitig von der höchsten und edelsten Art, die es vielleicht jemals gab – der nämlich, das Reich der Vernunft aufzurichten und zu heiligen sowie die restlose Ausnützung und den vollen Genuß aller menschlichen Fähigkeiten zu ermöglichen. In diesem Punkt wird sich der Historiker wahrscheinlich gezwungen sehen, zu bedauern, daß ein solcher Ehrgeiz nicht zu seinem Ziel und Lohn gelangte ... Dies ist in ein paar Worten meine ganze Geschichte.[41]

Am 9. März 1821 wärmte er sein versagendes Herz mit einer stolzen Vision seines Nachruhms: «In fünfhundert Jahren wird die Phantasie der Franzosen erfüllt sein von mir. Sie werden nur noch vom Ruhm unserer glänzenden Feldzüge sprechen. Gott helfe dann jedem, der es wagt, schlecht von mir zu sprechen!»[42] Es war keine schlechtere Art als jede andere, dem Tod gegenüberzutreten.

V. DIE LETZTE SCHLACHT

Eine Vielzahl innerer Störungen und der Mangel an Bewegung ließen Napoleon zum alten Mann werden, während er noch in den Vierzigern war. Daß Lowe darauf bestand, daß ein britischer Soldat dem Kaiser folgen müsse, wann immer dieser die Grenzen von Longwood verließ, hatte den Gefangenen so verärgert, daß er alle Ausritte oder Ausfahrten unterließ. In Sichtweite seiner Räume stationierte Wachtposten lieferten Napoleon einen weiteren Grund, das Haus nicht mehr zu verlassen; sein Interesse am Weiterleben machte mehr und mehr einer teilnahmslosen Untätigkeit Platz. Bertrand berichtete 1818: «Hundert Tage sind vergangen, seit ... er sich aus dem Haus gerührt hat.» Las Cases notierte, daß sich die Blutzirkulation des Kaisers verlangsamt habe[43] und nicht mehr als fünfundfünfzig Pulsschläge pro Minute zählen lasse.[44]

1820 wandte er sich dem Gartenbau zu und ging seine Probleme mit soldatischem Mut und Energie an. Seine gesamte Kolonie mußte sich an dem Unternehmen beteiligen, und sie wandten sich gerne der neuen Beschäftigung des Grabens, Karrens, Pflanzens, Bewässerns und Unkrautjätens zu. Sir Hudson Lowe schickte als neue freundliche Geste seinem Gefangenen Pflanzen und Werkzeug.[45] Der gutbewässerte Garten brachte bald frische Gemüse hervor, die Napoleon mit Genuß aß. Seine Gesundheit besserte sich zusehends. Doch als die Ernte aus dem Garten verzehrt war und schlechtes Wetter einsetzte, fiel Napoleon in seine frühere häusliche Indolenz zurück.

Bald begannen seine Leiden an den verschiedensten Stellen wieder fühlbar zu werden: Zahnschmerzen, Kopfschmerzen, Hautausschlag, Erbrechen, Ruhr, kalte Gliedmaßen; seine Magengeschwüre verschlimmerten sich und der Krebs, den eine Obduktion aufdecken sollte, begann ihm fast pausenlose Schmerzen zu bereiten.[46] Die körperlichen Leiden beeinträchtigten seine Stimmung, sogar seinen Geist. Er wurde finster, reizbar und bitter, eitel und eifersüchtig auf seine Würde bedacht, leicht beleidigt, aber schnell bereit, zu vergeben, mit seinem Geld geizig, doch in seinem Testament großzügig.[47] 1820 schrieb er von sich selbst verzweifelt:

> Wie tief bin ich gesunken! Ich, dessen Aktivität keine Grenzen kannte, dessen Kopf niemals ruhte! Ich bin in einen lethargischen Stupor versunken. Es kostet mich Anstrengung, meine Lider zu heben. Früher pflegte ich über verschiedene Gegenstände vier oder fünf Sekretären zu diktieren, die so schnell schrieben, wie ich sprach. Doch damals war ich Napoleon; heute bin ich nichts ... Ich vegetiere, ich lebe nicht mehr.[48]

Er hatte nach- und miteinander eine Reihe von Ärzten, von welchen keiner so lange bei ihm blieb, daß er seine Symptome systematisch studieren oder eine Dauerbehandlung hätte verordnen können. Dr. O'Meara war der erste und beste; doch sein Aufenthalt in Longwood wurde abgebrochen. Zwei britische Ärzte, Stokoe und Arnott, ersetzten ihn, beide gute Männer, geduldig und gewissenhaft. Doch am 21. September 1819 änderte sich die Lage durch die Ankunft von Dr. Francesco Antommarchi, neununddreißig Jahre alt, der mit einer Empfehlung von Napoleons Onkel, Kardinal Fesch kam; die britischen Ärzte gestatteten ihm, die Behandlung zu übernehmen. Antommarchi rechtfertigte in hohem Maß die Frage Napoleons an ihn, ob Generale oder Ärzte die meisten Menschen umbrächten. Er war stolz, selbstsicher und erbarmungslos, wenn Napoleon über Magenschmerzen klagte. Antommarchi verschrieb ein Brechmittel in Limonade. Napoleon krümmte sich vor Schmerzen und gab fast den Geist auf; in der Annahme, er sei vergiftet worden, warf er Antommarchi hinaus und verbot ihm, wiederzukommen.[49] Doch zwei Tage später war Antommarchi wieder da mit seinen Chemikalien und Fläschchen, und der Kaiser mußte, obwohl er ihn in nicht wiederzugebenden Ausdrücken verfluchte, mit ihm zurechtkommen.[50]

Gegen Mitte März 1821 mußte sich Napoleon zu Bett legen, das er danach nur noch selten verließ. Er litt fast ständig unter Schmerzen, die Antommarchi und Arnott mit wiederholten kleinen Dosen Opium zu lindern suchten. «Wenn ich jetzt meine Karriere beenden sollte», sagte er am 27. März, «wäre das eine große Freude. Ich habe mich schon manchmal danach gesehnt zu sterben und habe keine Angst vor dem Tod.»[51] Während des letzten Monats seines Lebens erbrach er fast alle zugeführte Nahrung.

Am 15. April machte er sein Testament. Einige Auszüge:

> 1. Ich sterbe in der römisch-katholischen Religion, in deren Schoß ich geboren wurde ... 2. Es ist mein Wunsch, daß meine Gebeine am Ufer der Seine ruhen sollen, inmitten des französischen Volkes, das ich so sehr geliebt habe. 3. Ich habe immer Grund gehabt, mit meiner geliebten Frau Marie Louise glücklich zu sein. Ich bewahre ihr bis zu meinem letzten

Augenblick die zärtlichsten Gefühle. Ich bitte sie dringend, wachsam zu sein, um meinen Sohn vor den Fallstricken zu bewahren, die jetzt noch seine Kindheit bedrohen ... 5. Ich sterbe vorzeitig, ermordet von der englischen Oligarchie.[52]

Er hatte über etwa 6 Millionen Franc zu verfügen – 5,3 Millionen plus Zinsen – die bei Laffitte deponiert waren, und er glaubte, er habe 2 Millionen bei Eugène de Beauharnais gelassen. Er hinterließ Bertrand, Montholon und Las Cases beträchtliche Summen wie auch seinem ersten Kammerdiener Marchand, seinem Sekretär Méneval und verschiedenen Generalen oder deren Kindern. Er vermachte eine Reihe von Gegenständen an eine größere Anzahl von Leuten, die ihm gedient oder ihn anderweitig unterstützt hatten; keiner wurde vergessen. Ebenso «10 000 Franc an den Offizier Cantillon, der der versuchten Ermordung Lord Wellingtons angeklagt war, jedoch wegen erwiesener Unschuld freigesprochen wurde. Cantillon hatte ebensoviel Recht, diesen Oligarchen zu ermorden, wie jener, mich zu meinem Untergang auf den Felsen von St. Helena zu schicken.»[53]

Separat hinterließ er einige «Ratschläge für meinen Sohn» (Frühling 1821):

Mein Sohn darf nicht daran denken, meinen Tod zu rächen; er sollte lieber eine Lehre daraus ziehen. Er sollte die Erinnerung an alles, was ich vollbracht habe, stets im Gedächtnis bewahren. Er muß immer, wie ich selbst, jeder Zoll ein Franzose bleiben. Er sollte bestrebt sein, in Frieden zu herrschen. Wenn er es unternehmen sollte, alle meine Kriege noch einmal von vorne zu beginnen aus dem bloßen Wunsch heraus, mir nachzueifern, und ohne absolute Notwendigkeit, so wäre er nichts weiter als ein Affe. Mein Werk wiederholen zu wollen, hieße anzunehmen, daß ich nichts vollbracht habe. Andererseits würde seine Vollendung bedeuten, die Stärke seiner Fundamente zu zeigen und den gesamten Plan des angefangenen Baues zu erklären. Taten wie die von mir vollbrachten geschehen nicht zweimal im Laufe eines Jahrhunderts. Ich war gezwungen, Europa mit Waffengewalt in Schach zu halten und zu bändigen; heutzutage muß es überzeugt werden. Ich habe die Revolution gerettet, als sie im Sterben lag. Ich habe sie von ihren Verbrechen gereinigt und sie dem Volk als leuchtendes Beispiel vorgestellt. Ich habe Frankreich und Europa mit neuen Ideen erfüllt, die niemals mehr in Vergessenheit geraten werden. Möge mein Sohn alles zur Blüte bringen, was ich gesät habe! Möge er alle Elemente des Gedeihens weiterentwickeln, die im französischen Boden verborgen liegen![54]

Die letzten Vorbereitungen galten seinem Seelenheil. Er hatte lange gebraucht, um zu einem religiösen Glauben zu gelangen. Als wenn er Gibbon gelesen hätte, scheint er alle Religionen als für den Philosophen gleichermaßen falsch wie für den Staatsmann gleichermaßen nützlich betrachtet zu haben[55]; er war Mohammedaner geworden, um Ägypten zu erobern und Katholik, um Frankreich zu halten. Gourgaud gegenüber hatte er nackten Materialismus zum Ausdruck gebracht: «Sagen Sie, was Sie wollen, alles ist nur Materie, mehr oder weniger organisiert. Wenn ich auf der Jagd die Hirsche aufbrechen ließ, sah ich, daß ihre Eingeweide dieselben waren, wie beim Menschen. Wenn ich sehe, daß ein Schwein einen Magen hat wie ich und wie ich verdaut, so sage ich mir, ich habe eine Seele, also hat es auch eine.»[56] «Wenn wir tot sind, mein lieber Gourgaud, dann sind wir ganz und gar tot.»[57] Am 27. März, sechs Wochen vor seinem Tod, sagte er zu Bertrand: «Ich bin sehr froh, daß ich keine Religion habe. Ich halte dies für einen großen Trost, da ich mir keine Schrecknisse einbilde und keine Angst vor der Zukunft habe.»[58] Wie, fragte er, können wir das Gedeihen der Bösen und die Mißgeschicke der Heiligen mit der Existenz eines gerechten Gottes vereinbaren? «Sehen Sie sich Talleyrand an; er ist sicher, in seinem Bett zu sterben.»[59]

Als er sich dem Tode nahe fühlte, begann er Gründe für den Glauben zu finden. «Nur ein Wahnsinniger», sagte er zu Gourgaud, «kann erklären, daß er ohne Bekenntnis sterben wolle. Es gibt so vieles, das wir nicht wissen, das wir nicht erklären können.»[60] Letzten Endes, meinte er, sei die Religion ein notwendiger Bestandteil des Patriotismus:

> Die Religion bildet einen Teil unseres Geschicks. Zusammen mit dem Boden, den Gesetzen und Bräuchen bildet sie das geheiligte Ganze, das wir Vaterland nennen und das wir niemals im Stich lassen dürfen. Als zur Zeit des Konkordats einige alte Revolutionäre mir davon sprachen, Frankreich protestantisch zu machen, war ich ebenso empört, als wenn sie mich aufgefordert hätten, den Namen eines Franzosen abzulegen und mich als Engländer oder Deutschen zu bezeichnen.[61]

So gelangte er schließlich zu demütiger Ergebung in die traditionellen Rituale, mit denen ein Franzose stirbt. Er fand einen Priester am Ort und bewog ihn, jeden Sonntag in Longwood die Messe zu lesen. Er kehrte freudig und ohne Schwierigkeit zum Glauben seiner Kindheit zurück und amüsierte seine Freunde und sich selbst mit einer Vorschau auf seinen Empfang im Himmel: «Ich werde Kléber, Desaix, Lannes, Masséna, ... Ney treffen. Sie werden kommen und mich begrüßen ... Wir werden von unseren Taten sprechen. Wir werden mit Friedrich, Turenne, Condé, Caesar und Hannibal über unseren Beruf reden.»[62]

Am 26. April war er so schwach, daß er zum ersten Mal seinen Ärzten ohne Widerrede gehorchte. Am Abend phantasierte er eine Weile und erklärte, er werde seinem Sohn 400 Millionen Franc hinterlassen.[63] Montholon, der jetzt Tag und Nacht nicht mehr von seiner Seite wich, berichtete, daß am 26. April um 4 Uhr morgens Napoleon ihm «mit ungewöhnlicher Rührung» erzählte: «Ich habe gerade meine gute Josephine gesehen ... Sie saß dort; es war, als ob ich sie erst die vorhergehende Nacht gesehen hätte. Sie hat sich nicht verändert – immer die gleiche, mir immer noch völlig ergeben. Sie sagte mir, wir würden uns wiedersehen und einander nie mehr verlassen. Sie hat es mir versprochen. Haben Sie sie gesehen?»[64]

Am 3. Mai empfing er die Sterbesakramente. An diesem Tag wurden Arnott und Antommarchi zwei weitere Ärzte beigegeben, und die vier kamen überein, dem Patienten 10 grains Kalomel (650 Milligramm) einzugeben. «Die geradezu enorme Dosis dieser ungeeigneten Droge rief eine fürchterliche innere Reaktion hervor, mit Bewußtseinsverlust und ... allen Anzeichen einer Haemorrhagie im gastro-intestinalen System.»[65]

Er starb am 5. Mai 1821 und murmelte im Todeskampf: «*A la tête de l'armée* – an der Spitze der Armee».

Am 6. Mai führte Antommarchi die Obduktion durch, in Gegenwart von sechzehn Zeugen, einschließlich sieben britischer Chirurgen, Bertrands und Montholons.

Die Autopsie zeigte sofort die Hauptursache von Napoleons Schmerzen: karzinomatöse Geschwüre im Pylorus – dem Teil des Magens, der die Verbindung zum Darm bildet. Ein Geschwür hatte ein viertelzölliges Loch in die Magenwand gefressen und Eiterung verursacht. Antommarchi hatte Hepatitis diagnostiziert, doch die Leber, obwohl vergrößert, wies keine Anzeichen einer Erkrankung auf.[66] Fettgewebe fand sich nicht nur in Haut und Bauchfell, sondern auch im Herz, was vielleicht den anomal langsamen Puls verursacht hatte. Die Blase war klein und enthielt einige kleine Steine; dieser Umstand und eine mißgebildete linke Niere waren vielleicht die Ursache für den häufigen Harnzwang des Kaisers und könnten als Erklärung für ein gewisses Nachlassen seiner Aufmerksamkeit im Verlauf der Schlachten von Borodino und Waterloo dienen. Keiner der Untersucher berichtete über irgendwelche Anzeichen von Syphilis, doch die Genitalien waren klein und offenbar atrophisch.[67]

Am 9. Mai geleitete ein großer Trauerzug, an dem auch Sir Hudson Lowe teilnahm, die Leiche zu einem Grab außerhalb von Longwood, im «Geranientał»; Napoleon hatte selbst den Platz ausgesucht. Auf dem Sarg lagen der Mantel, den er bei Marengo getragen hatte, und der Degen, der ein stolzer Teil seiner offiziellen Uniform und ein Emblem seines Lebens gewesen war. Dort blieb Napoleon neunzehn Jahre, bis Frankreich, erneut von Liebe zu ihm erfüllt, ihn heimholte.

SECHSTES KAPITEL

Nachher

[1815–1840]

I. DIE FAMILIE

Seine Mutter überlebte ihn um fünfzehn Jahre und starb mit sechsundachtzig. Ihr Leben glich fast einem Abriß aller Mutterschaft durch die Zeiten: ein unsteter Ehegefährte, viele Kinder, Freude und Schmerz, Erfüllung und schmerzlicher Verlust, Schrecken und Einsamkeit, Staunen und Hoffnung. Sie war Zeugin aller Triumphe, Reichtümer und Mißgeschicke ihrer Kinder und sparte für den Tag, an welchem sie sie brauchen würden; «Wer weiß, ob ich nicht eines Tages für alle diese Könige sorgen muß?»[1] Sie lebte bis zu ihrem Tode genügsam, beschützt und geehrt von dem Papst, den ihr Sohn mißhandelt hatte. Nimmt man die Familie, so war sie die stärkste und gesündeste aller Bonapartes.

Joseph, ihr ältester Sohn, ein Liebhaber von Büchern und Geld, glücklich verheiratet mit Julie Clary, von seinem kaiserlichen Bruder geliebt und mit Aufgaben überlastet, diente ihm bis zur Grenze seiner beschränkten Fähigkeiten, fand nach dem Zusammenbruch des Imperiums Zuflucht in Amerika, kehrte nach Europa zurück, lebte in ländlichem Frieden in der Nähe von Genua und starb 1844 im Alter von siebenundsechzig Jahren.

Lucien, der sich unter dem Direktorium eine Stellung geschaffen und seinem Bruder geholfen hatte, es zu stürzen, widersetzte sich Napoleons Diktatur, heiratete entgegen dem kaiserlichen Willen, verzichtete auf die Jagd nach der Macht, wurde päpstlicher Fürst, segelte nach Amerika, wurde von einem britischen Schiff gefangengenommen und in England unter Bewachung gestellt, fand in den Hundert Tagen seinen Weg an Napoleons Seite, verteidigte ihn vor den Kammern, floh nach der zweiten Abdankung nach Rom und starb 1840 in Viterbo.

Louis Bonaparte lebte, nachdem er auf seinen holländischen Thron verzichtet hatte und von Hortense geschieden war, in Böhmen, Österreich und Italien und starb sechs Jahre, ehe sein dritter Sohn Kaiser Napoleon III. wurde.

Jérôme erfreute sich seiner königlichen Stellung in Westfalen, versagte als General im ersten Monat des russischen Feldzugs, kehrte auf seinen Thron zurück, verlor ihn 1813 an die Alliierten, kämpfte tapfer bei Waterloo und war fast der letzte Franzose, der das Feld der Niederlage verließ.[2] Nach der zweiten Abdankung wanderte er von einem Land ins andere, kehrte 1847 nach Frankreich zurück, erlebte, wie sein Neffe an die Macht gelangte, wurde unter Napoleon III. Präsident des Senats und starb 1860 nach siebenundsechzig Jahren eines voll genossenen Lebens in einem Zeitabschnitt, in dem jedes Jahr die Ereignisse einer Dekade enthielt.

Elisa Bonaparte Bacciochi war die älteste und fähigste von Napoleons drei Schwestern. Wir haben von ihren Erfolgen als Herrscherin der Toskana, des kulturellen Attika Italiens, gehört. Als es sich zeigte, daß ihr Bruder den vereinigten Alliierten nicht widerstehen konnte, zog sie sich nach Neapel zurück und versuchte, mit ihrer Schwester Caroline vereint, Murat zu helfen, seinen Thron zu bewahren.

Murat, der Napoleons Kavallerie bei Leipzig befehligt hatte, kehrte nach Neapel zurück, schloß ein Bündnis mit Österreich (8. Januar 1814) und verpflichtete sich, seine Armee der Koalition gegen Napoleon zur Verfügung zu stellen, wenn Österreich dafür seine Herrschaft in Neapel stütze. Die Alliierten lehnten es ab, diesen Pakt zu sanktionieren. Als Napoleon aus Elba entkam, setzte Murat alles aufs Spiel und rief ganz Italien auf, sich mit ihm in einem Unabhängigkeitskrieg gegen jegliche Fremdherrschaft zusammenzuschließen (30. März 1815). Seine Frau Caroline und ihre Schwester Elisa verließen ihn und fanden Zuflucht in Wien. Murat wurde bei Tolentino von einer österreichischen Armee geschlagen (2. Mai) und floh nach Frankreich, dann nach Korsika; Ferdinand IV. bestieg erneut seinen Thron in Neapel. Nach der Schlacht von Waterloo setze Murat, jetzt ein Mann ohne Land, mit einer Handvoll Soldaten von Korsika nach Kalabrien über, wurde gefangengenommen, vor ein Kriegsgericht gestellt und exekutiert (13. Oktober). Napoleon beschrieb ihn auf St. Helena herzlich, aber unbarmherzig als «den tapfersten aller Männer im Angesicht des Feindes, unvergleichlich auf dem Schlachtfeld, aber bei allem, was er sonst unternahm, ein Narr».[3]

Die interessanteste unter Napoleons Verwandten war seine Schwester Pauline (1780–1825). Sie war dazu bestimmt, Glück ebenso wie Skandale zu verbreiten, denn sie galt als die schönste Frau ihrer Zeit. Männer, die ihr begegneten, vergaßen sie nie mehr und Frauen, die sie sahen, verziehen ihr nie. Für die Monogamie war sie nicht geschaffen, doch war sie offenbar ihrem ersten Gatten, General Leclerc eine liebende Frau, die Gefahr und Gelbfieber mit ihm in St. Domingo teilte. Als er starb (1802), kehrte sie nach Paris zurück; nach einer schicklichen Trauerzeit war ihr prachtvolles Haar wieder gewachsen, sie badete jeden Tag in 5 Gallonen frischer Milch[4], eröffnete einen Salon und bezauberte viele Ehemänner durch ihre Schönheit, einige auch durch ihre Großzügigkeit. Napoleon, selbst vom klassischen Ebenmaß ihrer Formen betört, beeilte sich, sie mit dem reichen und gutaussehenden Fürsten Camillo Borghese zu verheiraten (1803).

In Florenz (1805) bat Canova sie, ihm für eine Statue der Jägerin Diana zu sitzen; sie war nicht abgeneigt, seinen Wunsch zu erfüllen, doch als sie hörte, daß Diana Jupiter gebeten hatte, ihr ewige Jungfräulichkeit zu verleihen, wollte sie sich totlachen. Canova überredete sie jedoch, für eine fast nackte Gestalt der Venus Victrix zu posieren, die die Galleria Borghese zu einem der meistbesuchten Orte in Rom gemacht hat. Borghese selbst, der einsah, daß er ihr nicht Genüge tun konnte, reiste ab, um seinen militärischen Pflichten unter Napoleon nachzukommen. Pauline amüsierte sich hemmungslos, was ihrer Gesundheit nicht gut bekam, es gibt jedoch keinen sicheren Beweis dafür, daß sie sich mit Syphilis ansteckte.[5]

Diese skandalumwitterte Göttin war gleichzeitig ein beispiellos gütiger Mensch, nur nicht gegenüber Josephine, gegen die alle Bonapartes, Napoleon ausgenommen, einen unablässigen Krieg führten. Sie schenkte verschwenderisch, gewann sich viele dauernde Freunde, selbst unter ihren abgelegten Liebhabern, und verhielt sich Napoleon gegenüber loyaler als irgendeiner der anderen Bonapartes, abgesehen von ihrer Mutter. Sie verließ ihren gewohnten Lebenskreis, um ihren unglücklichen Bruder auf seiner Reise nach Fréjus zu treffen und zu trösten, und folgte ihm bald nach Elba. Dort übernahm sie die Rolle der Hausfrau und erheiterte sein Leben und das der Insel mit ihren Partys, Spielen und ihrer *joie de vivre*.

Als er die Insel verließ, um den letzten Wurf zu wagen, gab sie ihm ihr schönstes Halsband. Marchand brachte es fertig, es nach St. Helena zu schmuggeln. Sie war im Begriff, dorthin zu reisen, als sie die Nachricht vom Tode Napoleons erhielt. Sie überlebte ihn nur um vier Jahre und fiel dann mit vierundvierzig Jahren dem Krebs[6] zum Opfer (5. Juni 1825). Ihr Gatte verzieh ihr ihre Sünden, lebte in ihrem letzten Jahr wieder mit ihr zusammen und drückte ihr die Augen zu.

Josephine war einer Erkältung erlegen (29. Mai 1814), die sie sich anläßlich eines Besuches Zar Alexanders in Malmaison zugezogen hatte.[7] Ihre Tochter, Hortense de Beauharnais (1783–1837), stand nach ihrer Scheidung von Louis Bonaparte unter dem Schutz des Kaisers und später unter dem des Zaren. Sie erlebte es nicht mehr, daß ihr Sohn Napoleon III. wurde. Hortenses Bruder Eugène hielt bis zur ersten Abdankung treu zu seinem Adoptivvater; fünf Tage danach zog er sich mit seiner Frau nach München zurück, wo er von seinem Schwiegervater, dem König von Bayern, freudig aufgenommen wurde. Als er starb (21. Februar 1824), erst dreiundvierzig Jahre alt, vereinigten sich alle Faktionen, um ihm die letzte Ehre zu erweisen.

Marie-Louise, gegen ihren Willen aus Frankreich fortgebracht, wurde in Wien als untadelige Prinzessin, die vom Opferaltar befreit wurde, empfangen. Sie durfte Méneval als ergebenen Kämmerer behalten, und er tat sein Bestes, die Einflüsse zu durchkreuzen, die sie täglich von ihrer Treue zu Napoleon abzubringen suchten. Méneval berichtet uns, daß sie während ihres fünfwöchigen Aufenthalts in Wien mehrere Briefe von ihrem Gemahl empfing, zwar keine Möglichkeit fand, ihm zu antworten, aber insgeheim hoffte, zu ihm nach Elba kommen zu können.[8] Ihr Vater, in Sorge um ihre Gesundheit in einem Wien, das einen Kongreß der triumphierenden Alliierten vorbereitete, schickte sie zu einer Badekur nach Aix-les-Bains und beauftragte am 1. Juli 1815 Graf Adam von Neipperg, ihr dort als ihr persönlicher Adjutant zur Verfügung zu stehen. Obwohl er neununddreißig und sie erst zweiundzwanzig war, tat die Nähe ihre Wirkung, und sie nahm ihn, als jede Chance einer Wiedervereinigung mit Napoleon geschwunden schien, als Liebhaber an. Im Jahre 1815 sprach ihr der Wiener Kongreß die Herzogtümer Parma, Piacenza und Guastalla zu. Neipperg begleitete sie und teilte sich mit ihr in die Regierung. 1817 gebar sie ihm eine Tochter. Napoleon hörte auf St. Helena von diesen Vorgängen, doch er entfernte niemals ihr Bild von der Wand seines Zimmers in Longwood und sprach, wie wir gesehen haben, in seinem Testament zärtlich von ihr. Nach Napoleons Tod heiratete sie Neipperg und lebte in offensichtlich treuer Ehe mit ihm bis zu seinem Tode (1829). Sie heiratete 1834 noch einmal und starb 1847. Wenn man alle Umstände in Betracht zieht, scheint sie eine gute Frau gewesen zu sein, die die Steine nicht verdiente, die man auf ihr Andenken geworfen hat.

Ihr Sohn von Napoleon – genannt «König von Rom» (der traditionelle Titel des Erben des Römischen Kaisers) und «L'Aiglon» (der junge Adler) – war bei der Abreise aus Paris von seiner Mutter getrennt worden, hatte den Namen Herzog von Reichstadt erhalten und war am Wiener Hof in Habsburger Traditionen erzogen worden. Er bewahrte treu das Andenken seines Vaters, träumte davon, eines Tages König in seinem eigenen Reich zu sein, litt unter wiederholten Erkrankungen und starb am 22. Juli 1832 im Palast Schönbrunn in Wien im Alter von einundzwanzig Jahren an Lungentuberkulose.

II. HEIMKEHR

Gerade als die Erinnerung an dieses hübsche Gesicht in Frankreich verblaßte, gewann das Bild Napoleons neues Leben in Erinnerung und Phantasie. Als die Zeit alte Wunden heilte und – in Familien, auf den Äckern und in den Werkstätten – die Plätze jener Millionen wieder füllte, die in den Krieg gezogen und nie zurückgekehrt waren, wurde das Bild des Napoleonischen Zeitalters glänzender und heroischer als irgendeines, das die Geschichte vergangener Jahrhunderte bot.

Als erste erinnerten sich die alten Soldaten an ihre Taten und vergaßen ihr «Gemurre»; sie verklärten Napoleons Siege und tadelten ihn selten für eine Niederlage; sie liebten ihn, wie wahrscheinlich kein anderer Befehlshaber jemals geliebt worden ist. Der alternde Grenadier wurde zum Orakel in seinem Dorf und wurde in tausend Gedichten, Geschichten und Liedern gefeiert. In «Le Vieux Drapeau» (Die alte Standarte) und hundert anderen Gesängen idealisierte Pierre de Béranger (1780 bis 1857) Napoleon und seine Feldzüge und machte den herrschenden Adel und die landgierigen Bischöfe mit solcher Schärfe und solchem Schwung lächerlich, daß er von der bourbonischen Regierung eingesperrt wurde (1821, 1828).

Victor Hugo schrieb eine «Ode an die Säule», worin die Vendôme-Säule mit ihren historischen Reliefs und der sie krönenden Gestalt des Kaisers gefeiert wurde, die 1815 abgenommen und 1833 wieder an ihren Platz gebracht wurde. Balzac zeichnete in *Le Médecin de campagne* (1833) ein lebendiges Bild eines stolzen Veteranen, der die Bourbonen anklagte, weil sie den Bericht von Napoleons Tod verbreitet hätten; ganz im Gegenteil, behauptete er, Napoleon sei noch am Leben und sei «Gottes Kind, geschaffen, um der Vater der Soldaten zu sein».[9] Stendhal erhob nicht nur in seinen Romanen immer wieder seine Stimme zum Lob Napoleons, er veröffentlichte 1837 ein *Vie de Napoleon*, dessen Tenor im Vorwort deutlich wurde– «Die Liebe zu Napoleon ist die einzige Leidenschaft, die mir geblieben ist»; er nannte Napoleon «den größten Mann, den die Welt seit Caesar gesehen hat».[10]

Napoleon würde sich dieses Urteil wahrscheinlich zu eigen gemacht haben, mit einigen Zweifeln hinsichtlich Caesars. Er hatte niemals die Hoffnung aufgegeben, daß Frankreich wieder zu ihm zurückkommen werde. Er tröstete sich in seiner Verbannung mit der Hoffnung, das gallische Ressentiment über seine Gefangenschaft werde die Ergebenheit der Franzosen für ihn wiederherstellen. «Wenn ich nicht mehr bin», sagte er zu O'Meara, «wird sich eine Reaktion zu meinen Gunsten zeigen ... Mein Martyrium wird meiner Dynastie die Krone Frankreichs wiedergewinnen ... Ehe zwanzig Jahre vorüber sind, wenn ich tot und begraben sein werde, werden sie in Frankreich eine neue Revolution erleben.»[11] Beide Prophezeiungen wurden erfüllt.

Er diktierte also seine Memoiren, um sein Image mit neuem Leben zu erfüllen, und sie dienten diesem Zweck vortrefflich. Seine Schilderung der Schlacht von Waterloo, die er Gourgaud gab, wurde aus St. Helena herausgeschmuggelt und 1820 in Paris veröffentlicht. Las Cases berichtet, die Publikation sei eine Sensation gewesen.[12] In den Jahren 1821–1822 erschienen in Frankreich weitere sechs Bände der diktierten Autobiographie. Die Erzählung in des Kaisers eigenen Worten fand rasche Verbreitung und spielte eine große Rolle bei der Ausbildung der «Legende», die den Toten zu einer lebendigen Kraft in Frankreich machte.

Aus seinen Gefährten wurden seine Apostel. O'Meara verteidigte ihn (1822) tapfer im Land seiner unnachgiebigen Feinde. Las Cases schilderte ihn als ohne Fehl in vier Bänden (1823), die zur Bibel des neuen befeuernden Glaubens wurden. Der ausführliche Bericht des Comte de Montholon erschien erst 1847, die Berichte Gourgauds und Bertrands erst nach deren Tod; in der Zwischenzeit nährte ihr lebendiges Zeugnis den Glauben. Montholon brachte auch die «Ratschläge vom Totenbett für meinen Sohn» des Kaisers mit zurück, worin Tugenden empfohlen wurden, die wohl geeignet waren, ein günstiges Licht auf die kaiserliche Vergangenheit zu werfen: Vorsicht, Mäßigung, konstitutionelle Herrschaft, Pressefreiheit und der Welt gegenüber eine Politik des Friedens. Hier findet sich auch ein Lieblingsratschlag: «Laßt meinen Sohn häufig Geschichte lesen und darüber nachdenken; dies ist die einzig wahre Philosophie.»[13]

Selbst nach dem Zeugnis seiner ergebenen Gefährten hatte der große Kaiser unter den Beschwernissen von Gefangenschaft und Krankheit die Fehler entwickelt, die dem Alter eigen sind; doch diese Schwächen gerieten nun in der Perspektive seiner militärischen Triumphe, seiner administrativen Hinterlassenschaft und der durchdringenden Schärfe seines Geistes in Vergessenheit. Er hatte praktisch die meisten Errungenschaften der Revolution zunichte gemacht, indem er Freiheit durch Absolutismus, Gleichheit durch eine Aristokratie, Brüderlichkeit durch Disziplin ersetzte; doch sein wiederaufgefrischtes Bild zeigte ihn erneut als den Sohn der Revolution, und die Jakobiner, einst seine dem Untergang geweihten und verfolgten Feinde, scharten sich jetzt um sein Andenken. Doch während Napoleon sein Bild durch sein Dulden läuterte, nutzte sich die ursprüngliche Anerkennung der bourbonischen Herrschaft, die an seine Stelle getreten war, rasch ab. Ludwig XVIII., an sich ein vernünftiger Mann, an dem die Aufklärung nicht spurlos vorübergegangen war, hatte gestattet, daß sein Hof unter den Einfluß von Royalisten geriet, die nichts verziehen hatten und alles haben wollten, einschließlich ihrer früheren Besitzungen und Machtfülle sowie einer durch repräsentative Institutionen unbehinderten Regierung. Gegen jeden Widerstand war ein «Weißer Terror» mit Denunzianten, Verfolgungen und übereilten Exekutionen eingesetzt worden. Alte Soldaten konnten die Hetzjagd auf Ney und seine Erschießung nicht vergessen. Auf der anderen Seite pflegte die Armee weiterhin ihre Erinnerungen an den Petit Caporal, der sich mit den Rekruten am Lagerfeuer unterhalten, sie ohne Klassenvorurteile oder bürokratische Hemmnisse befördert und die große Armee zum Schrecken der Könige und zum Stolz Frankreichs gemacht hatte. Die Bauern erinnerten sich, daß Napoleon sie gegen die Ansprüche des Adels und des Klerus beschützt hatte; dem Proletariat war es unter seiner Herrschaft gutgegangen; die Mittelklasse hatte an Reichtum und gesellschaftlicher Anerkennung gewonnen. Millionen Franzosen waren der Meinung, daß Napoleon bei aller Autokratie doch das Wesentliche der Revolution bewahrt hatte: das Ende des Feudalwesens mit seinen drückenden Zöllen und Abgaben; die Eröffnung von Aufstiegsmöglichkeiten für die Begabten aller Klassen; die Gleichheit aller vor dem Gesetz; die Ausübung der Rechtspflege nach klaren, geschriebenen und national einheitlichen Gesetzen.

So war also Napoleon zwanzig Jahre nach seinem Tod neu erstanden und beherrschte von neuem die Herzen und die Einbildungskraft der Menschen. «Die Welt gehört Napoleon», schrieb Chateaubriand, «... während seines Lebens gelang es ihm nicht, die Welt zu erobern; im Tode besitzt er sie».[14]

Die kleine Revolution von 1830 wurde durch das neue bonapartistische Sentiment unterstützt. Die gerade Linie der Bourbonen endete mit der Abdankung Karls X.; der neue König, Louis Philippe, aus dem Orleans-Zweig der Bourbonen, war der Sohn von Louis Philippe Joseph, des Herzogs von Orleans, der sich selbst Philippe-Egalité genannt und für die Hinrichtung Ludwig XVI. gestimmt hatte. Der neue König bemühte sich einige Zeit um die Unterstützung der Bonapartisten; er machte sich die Trikolore und andere Embleme des kaiserlichen Regimes zu eigen und befahl die Wiederaufrichtung der Statue Napoleons auf der Spitze der Vendômesäule.

Inzwischen war das Testament des Toten veröffentlicht worden, und seine zweite Bestimmung erschien gleichsam als der letzte kaiserliche Befehl: «Es ist mein Wunsch, daß meine Gebeine am Ufer der Seine ruhen sollen, inmitten des französischen Volkes, das ich so sehr geliebt habe.» In ganz Frankreich, zunächst hier und da leise, dann immer weiter und hörbarer erscholl der Ruf der Nation: «Holt ihn heim!» Laßt Frankreich seinem Helden das Begräbnis geben, das ein solcher Mann verdient hat! Laßt den Triumph der Asche (wie es später genannt wurde) die Schande der trostlosen Gefangenschaft wieder gutmachen! Der Ruf drang bis zur Regierung; der Außenminister Louis Adolphe Thiers (1797–1877) – der die bedeutendste aller Geschichten Napoleons schreiben* und (1871) zum ersten Präsidenten

* Histore du Consulat et de l'Empire, 19V. (Paris, 1845–1862).

der Dritten Republik erwählt werden sollte – war es offensichtlich, der seinen Kollegen und dann, mit ihnen gemeinsam, dem König die Anregung gab: Ersuchen wir Großbritannien um seine Zustimmung zur Überführung der Überreste Napoleons nach Paris. Louis Philippe stimmte zu; sich mit einer solchen Aktion zu identifizieren würde ihm die Herzen des französischen Volkes gewinnen. Das Kabinett fühlte bei den Spitzen der britischen Regierung vor. Lord Palmerston antwortete sofort und liebenswürdig: «Die Regierung Ihrer britischen Majestät hofft, daß ihre prompte Antwort in Frankreich als Zeichen ihres Wunsches betrachtet werden möge, auch die letzte Spur jener nationalen Animositäten auszulöschen, die zu Lebzeiten des Kaisers England und Frankreich die Waffen gegeneinander erheben ließen.»[15]

Der König beauftragte seinen Sohn François, Prinz von Joinville, nach St. Helena zu reisen und Napoleons Gebeine zurückzubringen. Am 7. Juli 1840 segelte der Prinz auf der *Belle Poule* von Toulon ab, in Begleitung der Generale Bertrand und Gourgaud, des Grafen de Las Cases und Napoleons vertrautesten Dieners, Marchand, die zusammen die Identität des Leichnams feststellen sollten. Sie erreichten St. Helena am 8. Oktober. Nach vielen Formalitäten wurde der Leichnam exhumiert; sie identifizierten ihn und trafen am 30. November mit ihm in Cherbourg ein.

Dort begann die sicherlich längste Beisetzungszeremonie der Geschichte. Der Sarg wurde auf das Dampfboot *Normandie* gebracht, das ihn nach Val de la Haye an der Seine unterhalb von Rouen beförderte. Dort wurde er von einem Schleppkahn übernommen, auf dem ein kleiner Tempel errichtet worden war; unter diesem Tempelchen wurde der Sarg – an dessen vier Ecken Bertrand, Gourgaud, Las Cases und Marchand die Ehrenwache hielten – in ruhiger Feierlichkeit die Seine hinaufgebracht, wobei in größeren Städten für Empfänge am Ufer angehalten wurde.[16] In Courbevoie, vier Meilen nördlich von Paris, wurde er auf einen geschmückten Leichenwagen geladen, der inmitten einer Prozession von Soldaten, Seeleuten und verschiedenen Würdenträgern durch Neuilly, unter dem Arc de Triomphe hindurch und über die auf beiden Seiten von einer applaudierenden und frohen Menge gesäumten Champs-Elysées gezogen wurde.[17] Spät an jenem bitterkalten Tag, dem 15. Dezember 1840, erreichte der Leichnam seinen Bestimmungsort, die von einer großartigen Kuppel gekrönte Kirche des Hôtel des Invalides. Haupt- und Seitenschiffe waren von Tausenden schweigender Zuschauer gefüllt, als vierundzwanzig Seeleute den schweren Sarg zum Altar trugen, wo der Prince de Joinville zu seinem Vater, dem König, sprach: «Sire, ich bringe Ihnen den Körper des Kaisers von Frankreich», worauf Louis Philippe antwortete: «Ich empfange ihn im Namen Frankreichs». Bertrand legte Napoleons Degen auf den Sarg; Gourgaud fügte den Hut des Kaisers hinzu; ein Requiem von Mozart wurde gesungen; und der Kaiser war endlich, wo er gewünscht hatte, daß seine Gebeine ruhen sollten – im Herzen von Paris, an den Ufern der Seine.

III. AUSBLICK

Wenn wir uns nun, Verfasser wie Leser, wieder von ihm erholen, erfüllen wir seine Voraussage, daß die Welt seinen Tod mit einem Seufzer der Erleichterung begrüßen werde. Er war eine verzehrende Kraft, ein Phänomen geballter und explosiver Energie, eine aufschießende, brennende, verlöschende Flamme, die alle verzehrte, die mit ihm in nahe Berührung kamen. Wir haben in der Geschichte keine Seele gefunden, die mit solcher Intensität so lange brannte. Jener Wille, zu Beginn so zögernd, ängstlich und mürrisch, fand seine Waffen und Quellen in einem durchdringenden Geist und Auge; er wurde zuversichtlich, tollkühn, gebieterisch, schwelgte in Herrschaft und Macht; bis die Götter, angesichts seiner Maßlosigkeit, geringere Willenskräfte zu einem Bund fügten, um ihn zu verfolgen, in die Ecke zu treiben, zu packen und an einen Felsen zu schmieden, bis sein Feuer ausgebrannt wäre. Es war dies eines der großen Dramen der Geschichte; es erwartet noch seinen Äschylus.

Doch schon zu seinen Lebzeiten gab es einen Hegel, der, von keiner Grenze geblendet, eine Weltmacht in ihm sah – den Zwang der Ereignisse und Umstände, der sich in einem einzigen Mann manifestierte –, die Fragmente zu einer Einheit und ein Chaos zu tatsächlicher Bedeutung schmiedete. Hier – zuerst in Frankreich, dann in Zentraleuropa – war der Zeitgeist Notwendigkeit und Befehl zur Ordnung, um die zerstörerischen Exzesse individueller Freiheit und zersplitterter Herrschaft zu beenden. In diesem Sinn war Napoleon eine progressive Kraft, die politische Stabilität erzwang, die Moral wiederherstellte, den Charakter disziplinierte, das Gesetz modernisierte, läuterte und kodifizierte, Leben und Besitz schützte, dem Feudalismus ein Ende bereitete oder ihn entschärfte, den Bauern Sicherheit gab, die Industrie unterstützte, eine gesunde Währung aufrechterhielt, Verwaltung und Rechtspflege reinigte und verbesserte, Wissenschaft und Kunst förderte (aber die Literatur behinderte und der Presse Fesseln anlegte), Schulen baute, Städte verschönerte und einiges der Zerstörungen des Krieges wiedergutmachte. Von seinem Ansporn getrieben, machte Europa während der fünfzehn Jahre seiner Herrschaft die Fortschritte eines halben Jahrhunderts.

Er war nicht die stärkste und dauerhafteste Kraft seiner Zeit. Stärker war die industrielle Revolution, die Großbritannien reich genug an Eisen und Gold machte, Napoleons Sturz zu finanzieren und zu vollenden, die dann Europa stark genug machte, um den Globus zu beherrschen, dann Amerika mit den nötigen Hilfsquellen versah, um Europa zu retten und wiederaufzubauen, dann ... Nur wenig schwächer als die industrielle Revolution, aber weit stärker und dauernder in ihrer Wirkung als der «Sohn der Revolution», war die Revolution, die 1789 in Frankreich ihren Anfang nahm und dann ihre Wirkung in ganz Europa durch die Verdrängungen feudaler Bindungen und Privilegien durch die Rechte des Individuums und den weltweiten Einfluß der rivalisierenden Begierden zeigte, die ihren klarsten Ausdruck in der Französischen Revolution fanden: den Hunger nach Freiheit – von Bewegung, Wachstum, Unternehmertum, Gottesdienst, Gedanken, Rede und Presse – und den

Hunger nach Gleichheit – im Zugang zu Aufstiegsmöglichkeiten, Erziehung, Gesundheit und gesetzgebundener Justiz. Diese einander widerstreitenden Begierden haben sich in der Bestimmung der modernen Menschheitsgeschichte abgewechselt: Der Hunger nach Freiheit zum Schaden der Gleichheit war das immer wiederkehrende Thema des neunzehnten Jahrhunderts in Europa und Amerika; der Hunger nach Gleichheit auf Kosten der Freiheit war der dominierende Aspekt der europäischen und amerikanischen Geschichte im zwanzigsten Jahrhundert. Die Französische Revolution und die amerikanische Revolution, wie Jefferson sie interpretierte, trieben die Freiheit bis zum Exzeß, indem sie dem Individualismus bis zur Stufe destruktiver Unordnung freie Bahn machten und besonderer Begabung einen Weg ebneten, der infolge der Konzentration des Reichtums zu wiederholten Krisen führte. Napoleon sorgte für die Disziplin, die im nachrevolutionären Frankreich die politische, ökonomische und moralische Unordnung im Zaum hielt; ähnliche Unordnung in unserer Zeit hat keine Disziplin gebändigt.

Als Napoleon nach dem Frieden von Tilsit (1807) das Ordnungsprinzip zum Exzeß übersteigerte, indem er die Staatskunst dem Willen zur Macht unterordnete, war er nicht länger Repräsentant des Zeitgeistes. Er ahmte die absolutistischen kontinentalen Monarchien, die er bekämpft hatte, nach und tat es ihnen gleich; er beneidete und hofierte die Aristokratie, die ihn verachtete und trachtete, ihn zu vernichten; er wurde zum Reaktionär, als Frankreich erneut nach Freiheit hungerte und nach Demokratie rief.

Eine andere Laune der Geschichte ist es, daß Napoleon, der während seines Lebens das Bedürfnis seines Landes nach Ordnung im Gefolge eines Aufstandes für die Freiheit verkörperte, nach seinem Tode – wie auch durch die Kraft seiner umgestaltenden Legende – wieder der Sohn der Revolution, der Feind von Absolutismus und Aristokratie, das Symbol des Aufstands, das handliche Sprachrohr des wiederholten Schreies nach Freiheit wurde. 1799 hatten ihn Glück und Charakter zu einem Diktator gemacht, der für die Geschichte fast zu groß war; nach 1815 und seiner Gefangenschaft und noch mehr nach 1821 und seinem Tod, machte ihn die Volksphantasie für ein halbes Jahrhundert zum überzeugendsten Apostel der Freiheit. Wenige große Männer sind nach ihrem Tode geblieben, was sie im Leben waren.

War er ein Kriegstreiber? War er verantwortlich für jene aufeinanderfolgenden und sich steigernden Kriege, jene Millionen junger Männer, die vernichtet wurden, ohne daß etwas anderes als die Anästhesie der Schlacht ihr Sterben erleichtert hätte und jene Millionen verlassener Frauen, zu denen sie niemals zurückkehrten? Hören. wir ihn selbst. Er gestand, sich an der militärischen Führung berauscht zu haben, weil er für die Kriegskunst ausgebildet war und sie gut beherrschte; doch wie oft hatte er sich danach gesehnt, keinen Krieg führen zu müssen, um seine andere Kunst auszuüben – die Verwaltung, die Verwandlung chaotischen Lebens in produktive Ordnung durch Errichtung eines festen Gebäudes aus Gesetz und Moralität! Wie oft hatte er Friedensverhandlungen angeboten und war beleidigt und zurückgestoßen worden! Die Italiener hatten ihn sowohl 1796 wie 1800 als Befreier begrüßt; die Österreicher hatten sie wieder unterworfen, während er in Ägypten weilte; die Österreicher hatten ihn angegriffen, während er am Kanal beschäftigt war, und Preußen wie Rußland hatten sich diesem Angriff angeschlossen, ohne daß er ihnen Schaden zugefügt hätte. Österreich hatte ihn wiederum angegriffen, während er in Spanien kämpfte; Rußland hatte seine Verpflichtung, ihm in einer solchen Lage zu helfen, verletzt; Rußland hatte sich in Tilsit zur Durchführung der Kontinentalsperre gegen britische Waren verpflichtet, die der einzige Weg war, auf dem Frankreich für die britische Blockade französischer Häfen und die Wegnahme französischer Schiffe und Kolonien Vergeltung üben konnte. Britisches Gold hatte eine Koalition nach der anderen gegen ihn finanziert, selbst wenn seine übrigen Feinde zum Frieden geneigt waren. Die britische Regierung hatte ihn wie einen Verbrecher behandelt, ungeachtet seiner freiwilligen Übergabe, während er selbst stets feindliche, in der Schlacht gefangene Offiziere human und höflich behandelt hatte. Seine Feinde hatten beschlossen, ihn zu vernichten, weil er ein Königreich durch seine eigenen Leistungen und Anstrengungen gewonnen hatte, anstatt durch den Zufall der Geburt.

So lautete Napoleons Verteidigung. Englische Historiker, in der Regel fair, deutsche Historiker, in der Regel akkurat, und viele französische Historiker, gewöhnlich patriotisch (Michelet, Lanfrey, Taine, Lefebvre), sind sich einig in der Verurteilung des Korsen. Er war ein Usurpator, der aus der Hinrichtung Ludwig XVI. und dem Zusammenbruch des korrupten Direktoriums Nutzen zog, um den Thron an sich zu reißen, der Ludwig XVIII. gehörte; solche Usurpationen konnten nicht toleriert werden, da sie eine für alle europäischen Nationen wertvolle Stabilität zerstörten. Seine Einladungen zu Friedenskonferenzen wurden nicht ernst genommen, da sich hinter ihnen unerträgliche Forderungen verbargen, wie die Anerkennung der französischen Kontrolle über die Schweiz und Italien sowie später des deutschen Rheinlands. Seine Geschicklichkeit in der Kriegführung verleitete ihn, sich in Kriege zu stürzen, so daß er nicht nur eine ständige Bedrohung für das friedenserhaltende Mächtegleichgewicht, sondern für die gesamte politische Struktur des europäischen Lebens war. Die ungeheuren Kriegsentschädigungen, die er nach seinen Siegen erpreßte, ließen den besiegten Regierungen keine Möglichkeit, weiterhin irgendwelchen Widerstand gegen seinen phantastischen Traum von der Vereinigung ganz Europas unter französischer Souveränität und Napoleonischer Herrschaft zu finanzieren; sie waren völlig im Recht, britische Hilfsgelder anzunehmen. Die Wegnahme französischer Kolonien als Mittel, Frankreich zur Vernunft zu bringen, war völlig in Übereinstimmung mit der Praxis aller Regierungen in den Kriegen des achtzehnten Jahrhunderts. Konnten katholische Regierungen, wie die österreichische, damit einverstanden sein, unter der Herrschaft eines offensichtlichen Atheisten zu leben, der den Papst, der ihn gesalbt hatte und keine anderen Waffen besaß als seine Frömmigkeit, in ruchloser Weise verfolgte? Napoleon war nach seiner ersten Abdankung von den Alliierten großzügig behandelt worden; er hatte seine gegebene Zustimmung verletzt, indem er Elba verließ und Europa zwang, Millionen an Staatsgeldern und

Tausende von Leben zu opfern, um ihn zu unterwerfen und gefangenzunehmen; England und seine Alliierten waren im Recht, ihn so zu isolieren, daß er keine Möglichkeit mehr hatte, den Frieden in Europa zu stören.

Die Wahrheit ist nur selten einfach; oft hat sie eine rechte und eine linke Hand und geht auf zwei Beinen. Hat es jemals, seit Aschoka, einen großen Krieg gegeben, in welchem eine Nation zugegeben hätte, daß die Sache des Feindes die gerechtere sei? Es ist für den durchschnittlichen Bürger natürlich, Gott zum *particeps criminis* in den Kriegen seines Landes zu machen. Auch kein Superstaat könnte dieses Problem lösen, denn einige unserer größten Kriege waren Bürgerkriege. Unsere größte Hoffnung besteht darin, mehr und mehr Männer und Frauen dazu zu bewegen, von ihren Regierungen zu fordern, daß sie mehr und mehr ihrer Streitigkeiten einem internationalen Gerichtshof oder den Vereinten Nationen vorlegen; wir dürfen allerdings nicht erwarten, daß irgendeine Nation für sie lebenswichtige Fragen einem Schiedsspruch unterwirft. Selbsterhaltung bleibt das Fundamentalprinzip des Lebens.

Innerhalb dieser Grenzen mag der Philosoph sein Metier ausüben, das darin besteht, zu verstehen und zu verzeihen. Wir können Kaiser Franz II. verstehen, der, durch Napoleon der Hälfte seines Staates beraubt, aus seiner lieblichen Hauptstadt vertrieben wurde und in sie zurückkehrte, immer noch von seinem Volk geliebt, aber gedemütigt und beraubt. Wir können verstehen, daß ein guter Katholik durch die rücksichtslose Behandlung eines gütigen Papstes schockiert wurde – der später die Alliierten bitten würde, die Haftbedingungen seines Verfolgers zu mildern. Wir können Zar Alexanders Widerwillen verstehen, den Handel seines Landes Napoleons Kontinentalsperre zu opfern. Wir können Englands Entschlossenheit verstehen, jenes Machtgleichgewicht zu verteidigen, auf dem seine Sicherheit vor auswärtiger Herrschaft beruhte. Und wir können verstehen, daß Frankreich den Mann verteidigte, der seine Regierung und Moralität aus selbstmörderischem Chaos gerettet, seine Grenzen durch glänzende Siege erweitert und ihm Ruhm gebracht hatte wie nie zuvor.

Nein, dieser faszinierende Mann war nicht lediglich ein Drache des Mordens und der Zerstörung. Er wurde gelenkt von seinem Machtwillen, von der ungebändigten Grenzenlosigkeit seiner Träume; er war ein Autokrat, war sicher, daß er besser wisse, was für Frankreich und Europa gut sei als deren Bürger. Doch er war ebenso, auf seine Art, ein großzügiger Mann, schnell bereit, zu vergeben, im Herzen zärtlich, der jahrelang zögerte, ehe er sich von der zarten Josephine scheiden ließ. Und wir können zu seinen Gunsten sagen, daß er litt und büßte, in seinen Krankheiten und unter seinen Ärzten, auf seinem Rückzug aus Rußland und während seines trostlosen Lebens auf St. Helena.

Er bleibt die herausragende Gestalt seiner Zeit, mit etwas Edlem um sich, das trotz seiner selbstsüchtigen Machtausübung und seines gelegentlichen Abstiegs von Größe zur Niederlage überlebt. Er meinte, wir würden seinesgleichen fünfhundert Jahre lang nicht wieder sehen. Wir hoffen nicht; und dennoch ist es gut – und genug –, einmal in einem Jahrtausend die Grenzen und die Kraft des menschlichen Geistes zu erkennen und zu erleiden.

BIBLIOGRAPHIE

ADAMSON, ROBERT, Fichte. Freeport, N. Y., 1969.
ALTAMIRA, RAFAEL, A History of Spain. Princeton, N. J., 1955.
–, History of Spanish Civilization. London, 1930.
ARNOLD, MATTHEW, Essays in Criticism, First and Second Series. New York: Al. Burt, n. d.
Arthur Schopenhauers sämtliche Werke, Bd. 1, Berlin o. J.
AULARD, ALPHONSE, The French Revolution, 4 Bde. New York, 1910.
AUSTEN, JANE, The Complete Novels. Modern Library.

BALCARRES, LORD, Evolution of Modern Sculpture. London, 1909.
BATESON, F. W., Wordsworth: A Re-interpretation. London, 1954.
BEARD, CHARLES, Introduction to the English Historians. New York, 1927.
BEETHOVEN, LUDWIG VAN, Letters, übersetzt und herausgegeben von Emily Anderson, 3 Bde. New York, 1961.
BELL, E. T., Men of Mathematics. New York, 1937.
BENN, ALFRED W., History of English Rationalism in the Nineteenth Century, 2 Bde. London, 1906.
BENTHAM, JEREMY, A Fragment on Government. Oxford, 1948.
–, Introduction to the Principles of Morals and Legislation. New York, 1948.
BERTRAND, COMTE HENRI G., Napoleon at St. Helena. New York, 1952.
BLAKE, WILLIAM, Poems and Prophecies. Everyman's Library.
–, Selected Poems. London, 1947.
BORROW, GEORGE, The Bible in Spain. London, 1908.
BOURRIENNE, LOUIS-ANTOINE FAUVELET DE, Memoirs of Napoleon Bonaparte, 4 Bde. New York, 1890.
BOWEN, MARJORIE, Patriotic Lady: Emma, Lady Hamilton. New York, 1936.
BRANDES, GEORG, Main Currents in Nineteenth Century Literature, 6 Bde. New York, 1915.
–, Hauptströmungen der Literatur des neunzehnten Jahrhunderts.
BRION, MARCEL, Daily Life in the Vienna of Mozart and Schubert. New York, 1962.
BROCKWAY, W., and H. WEINSTOCK, Men of Music. New York, 1939.
BYRON, GEORGE GORDON, LORD, Works, Bd. 1, ed. New York: George Leavitt, n. d.

CAIRD, EDWARD, Hegel. Edinburgh, 1911.
Cambridge History of Poland, 2 Bde. Cambridge, Eng., 1950.
Cambridge Modern History (CMH), Bde. VIII und IX. Cambridge, 1918.
CAMERON, KENNETH, N., The Young Shelley. New York, 1950.
CANOVA, ANTONIO, Works, with biographical memoir by Count Cicognara, 2 Bde. Boston, 1876.
CARLYLE, THOMAS, Critical and Miscellaneous Essays, 2 Bde. New York, 1901.
CAULAINCOURT, MARQUIS ARMAND DE, With Napoleon in Russia. New York, 1935.
CHATEAUBRIAND, FRANÇOIS-RENÉ DE, Memoirs, ausgewählt und hrsg. von Robert Baldick. New York, 1961.
COLE, G. D. H., Robert Owen. Boston, 1925.
COLERIDGE, SAMUEL TAYLOR, Selected Poetry and Prose. New York: Random House, n. d.
–, Biographia Literaria. Everyman's Library.
COLMER, JOHN, Coleridge Critic of Society. Oxford, 1959.

CORTI, EGON CAESAR, Rise of the House of Rothschild. New York, 1928.
DELDERFIELD, R. F., The Retreat from Moscow. New York, 1967.
DICAY, A. V., Law and Public Opinion in England during the 19th Century. London, 1926.
DOWDEN, EDWARD, Life of Shelley, 2 Bde. London, 1887.
DUBNOW, S. M., History of the Jews in Russia and Poland, 3 Bde. Philadelphia, 1916.

ECKERMANN, JOHANN PETER, Conversations with Goethe. London, 1882.
Encyclopaedia Britannica (EB). 24 Bde. Chicago, 1970.
Encyclopaedia Britannica, 24 Bde. New York, 1929.
Encyclopaedia of Philosophy, 8 Bde. New York, 1967.
ECKERMANN, J. P., Gespräche mit Goethe in den letzten Jahren seines Lebens. Hesse & Bekker, Leipzig, 9. Aufl.

FAIN, BARON AGATHON, Memoirs of the Invasion of France by the Allied Armies (1814). London, 1834.
FIALA, VLADIMIR, Russian Painting of the Eighteenth and Nineteenth Centuries. Artia, n. d.
FICHTE, JOHANN GOTTLIEB, Addresses to the German Nation. New York, 1968.
–, The Science of Knowledge. New York, 1970.
–, The Vocation of Man. Chicago, 1925.
FINDLAY, J. N., Hegel: A Re-examination. New York, 1962.
FINKELSTEIN, LOUIS, ed., The Jews: Their History, Culture and Religion, 2 Bde. New York, 1949.
FISHER, H. A. L., Studies in Napoleonic Statesmanship: Germany. Oxford, 1903.
FLORINSKY, MICHAEL T., Russia: A History and an Interpretation, 2 Bde. New York, 1955.
FOUCHÉ, JOSEPH, Memoirs, 2 Bde. London, 1825.
FRANCKE, KUNO, A History of German Literature as Determined by Social Forces. New York, 1901.
FRUMAN, NORMAN, Coleridge, the Damaged Archangel. New York, 1971.

GARDNER, MARTIN, ed., The Annotated Ancient Mariner. New York, 1965.
GARRISON, F., History of Medicine. Philadelphia, 1929.
GIBBON, EDWARD, History of the Decline and Fall of the Roman Empire, ed. Dean Milman. New York: Nottingham Society, n. d.
GILBERT, O. P., The Prince de Ligne. New York: McDevitt Wilson, n. d.
GODWIN, WILLIAM, Enquiry Concerning Political Justice, 2 Bde. London, 1842.
GOOCH, G. P., Germany and the French Revolution. New York, 1966.
GOODRICH, FRANK B., The Court of Napoleon. New York, 1857.
GRAETZ, HEINRICH, History of the Jews, 8 Bde. New York, 1919.
GREEN, J. R., Short History of the English People, 3 Bde. London, 1898.
Grove's Dictionary of Music and Musicians. 5 Bde. New York, 1927 ff.
GUICCIOLI, COUNTESS, My Recollections of Lord Byron. Philadelphia, 1869.

HALEVY, ÉLIE, History of the English People in 1815. New York, 1924.
HANCOCK, A. E., The French Revolution and the English Poets. Port Washington, N. Y., 1967.
HAWKINS, SIR JOHN, Life of Samuel Johnson. New York, 1961.
HAZLITT, WILLIAM, Lectures on the English Poets and The Spirit of the Age. Everyman's Library.
HEGEL, GEORG WILHELM, The Philosophy of Georg Wilhelm Hegel, ed. Carl J. Friedrich. Modern Library, 1954.

HEGEL, GEORG WILHELM, Philosophy of History. New York, 1900.
–, Philosophy of Right, Great Books. Vol. 40.
–, Sämtliche Werke, Bd. 2, Vorlesung über die Ästhetik, Stuttgart 1928.
HEILBRONER, ROBERT, L., The Worldly Philosophers. New York, 1953.
HELVÉTIUS, CLAUDE-ADRIEN, De l'Esprit, or Essays on the Mind. London, 1807.
HEROLD, J. CHRISTOPHER, Bonaparte in Egypt. New York, 1962.
–, (Hrsg.), The Mind of Napoleon. New York, 1965.
–, Mistress to an Age: A Life of Madame de Staël. Indianapolis, 1958.
HIRSCH, E. D., JR., Wordsworth and Schelling. New Haven, Conn., 1960.
HIRSH, DIANA, The World of Turner. New York, 1969.
HOBSBAWN, E. J., The Pelican Economic History of Britain. Baltimore, 1969.
HÖLDERLIN, Werke und Briefe. Frankfurt a. M., 1969.
HOFFDING, HARALD, History of Modern Philosophy, 2 Bde. New York, 1955.
HORN, F. W., History of the Literature of the Scandinavian North. Chicago, 1884.
HORNE, R. H., The History of Napoleon, 2 Bde. London, 1844.
HOUSSAYE, HENRI, La Première Abdication. Paris, 1905.
–, La Première Restauration. Paris, 1905.
–, 1815: La Seconde Abdication. Paris, 1905.
–, 1815: Waterloo. Kansas City, 1905.
HOWARTH, DAVID, Trafalgar. New York, 1969.
–, Waterloo: Day of Battle. New York, 1968.
HUMBOLDT, ALEXANDER VON, Cosmos, 5 Bde. London, 1845.
HUTT, MAURICE, Napoleon. Englewood Cliffs, N. J., 1972.

JEAN PAUL, Werke in zwölf Bänden. München, 1975.
Johann-Gottlieb-Fichte-Gesamtausgabe, Bd. 2, Stuttgart-Bad Cannstatt 1967.

KAUFMAN, WALTER, Hegel: Reinterpretation, Texts and Commentary. New York, 1965.
KERST, FRIEDRICH, Beethoven in His Own Words. New York, 1964.
KIRCHEISEN, F. M., Memoirs of Napoleon I, Compiled from His Writings. New York, 1929.
KORNILOV, ALEXANDER, Modern Russian History. New York, 1924.
KROPOTKIN, PETER A., Ideals and Realities in Russian Literature. New York, 1919.
–, Modern Science and Anarchism. New York, 1908.

LÁNG, PAUL HENRY, Music in Western Civilization. New York, 1941.
LAS CASES, COMTE EMMANUEL DE, Memoirs of the Emperor Napoleon, 4 Bde. New York, 1883.
LEFEBVRE, GEORGES, Napoleon, 2 Bde. New York, 1969.
LONGFORD, ELIZABETH, Wellington: The Years of the Sword. New York, 1969.
LOWES, J. LIVINGSTON, The Road to Xanadu. New York, 1927.

MACLAURIN, C., Post Mortem. New York: Doran, n. d.
MADELIN, LOUIS, The Consulate and the Empire, 2 Bde. New York, 1967.
MAISTRE, COMTE JOSEPH-MARIE DE, Les Soirées de Saint-Pétersburg, 2 Bde. Paris: Garnier, n. d.
MALTHUS, THOMAS R., An Essay on the Principle of Population, 1798 and 1803. New York, 1926.
MANTZIUS, KARL, History of Theatrical Art, 6 Bde. New York, 1937.
MARCHAND, LESLIE A., Byron, 3 Bde. New York, 1957.
MARGOLIOUTH, H. M., William Blake. Oxford, 1951.

MARKUN, LEO, Mrs. Grundy: A History of Four Centuries of Morals. New York, 1930.
MARTINEAU, GILBERT, Napoleon's St. Helena. New York, 1969.
MARX, KARL, and FRIEDRICH ENGELS, Revolution in Spain. New York, 1939.
MAUROIS, ANDRÉ, Byron. New York, 1930.
MAYNE, ETHEL C., Life and Letters of Anna Isabella, Lady Noël Byron. London, 1929.
McCABE, JOSEPH, Crises in the History of the Papacy. New York, 1916.
MÉNEVAL, CLAUDE-FRANÇOIS DE, Memoirs of Napoleon, 3 Bde. London, 1894–1895.
MILL, JOHN STUART, On Bentham and Coleridge. New York, 1962.
MISTLER, JEAN, éd., Napoléon et l'Empire, 2 Bde. Paris, 1968.
MONROE, PAUL, Text-book in the History of Education. New York, 1928.
MOORE, F. J., History of Chemistry. New York, 1918.
MOORMAN, MARY, William Wordsworth: The Early Years. Oxford, 1968.
–, William Wordsworth: The Later Years. Oxford, 1968.
MORLEY, JOHN, Biographical Studies. London, 1923.
MOSSIKER, FRANCES, Napoleon and Josephine. New York, 1964.

NAPOLEON, Letters, ed. J. M. Thompson. Everyman's Library.
–, Letters to Josephine, tr. H. W. Bunn. New York, 1931.
New Cambridge Modern History (NCMH), Bde. VIII und IX. Cambridge, Eng., 1969.
NOLI, BISHOP F. S., Beethoven and the French Revolution. International Universities Press, 1947.
NOVALIS, Heinrich von Ofterdingen. Fischer-Bücherei, Exempla Classica. 1963.

O'MEARA, BARRY, Napoleon in Exile, or A Voice from St. Helena, 2 Bde. Philadelphia, 1822.
ORTZEN, LEN, Imperial Venus: The Story of Pauline Bonaparte Borghese. New York, 1974.
OSBORN, J. F., From the Greeks to Darwin. New York, 1922.
OWEN, ROBERT, A New View of Society. Everyman's Library.

PAINE, THOMAS, The Age of Reason. New York, n. d.
–, The Rights of Man. Everyman's Library.
PALMER, ALAN, Metternich. London, 1972.
–, Napoleon in Russia. New York, 1967.
Pelican Guide to English Literature, Bd. V. Baltimore, 1963.
PETERSEN, HOUSTON (Hrsg.), A Treasury of the World's Great Speeches. New York, 1954.
PHILLIPS, C. S., The Church in France, 1789–1848. London, 1929.
PLUMB, J. H., The First Four Georges. New York, 1957.
POPE, DUDLEY, The Great Gamble: Nelson at Copenhagen. New York, 1972.

QUENNELL, M. and C., History of Everyday Things in England, 1733–1851. New York, 1934.

RÉAU, LOUIS, L'Art russe. Paris, 1922.
RÉMUSAT, MME. DE, Memoirs. New York, 1880.
ROBINSON, HENRY CRABB, Diary. London, 1927.
ROGERS, JAMES EDWIN THOROLD, Six Centuries of Work and Wages. New York, 1890.
ROSE, J. HOLLAND, The Personality of Napoleon. New York, 1912.
ROSEBERY, ARCHIBALD PHILIP PRIMROSE, LORD, Napoleon: The Last Phase. New York, 1930.
–, Pitt. London, 1908.

RUDÉ, GEORGE, The Crowd in History. New York, 1964.
RUSSELL, A. G., The Engravings of William Blake. Boston, 1912.
RUSSELL, BERTRAND, Understanding History and Other Essays. New York, 1957.
SCHELLING, FRIEDRICH, The Ages of the World. New York, 1942.
–, Of Human Freedom. Chicago, 1936.
SCHILLER, FRIEDRICH, Don Carlos.
Schiller, Lebensaufriß aus Tagebüchern, Briefen, Zeitstimmen, zusammengefügt von Alexander von Gleichen-Pußwurm. Deutsche Bibliothek Berlin.
SCHLEGEL, FRIEDRICH VON, Lucinde. Pedam UB. Nr. 320/20a, 1963.
SCOTT, WALTER, The Heart of Midlothian, in Works. New York: John W. Lovell, n. d.
–, Poems. New York: A. L. Burt, n. d.
SEDGWICK, W. T., and H. W. TYLER, Short History of Science. New York, 1927.
SEELEY, J. R., Life and Times of Stein, 2 Bde. Boston, 1879.
SHELLEY, PERCY BYSSHE, Letters, ed. F. L. Jones, 2 Bde. Oxford, 1964.
–, Lost Letters to Harriet. London, 1930.
–, Poems, in Complete Poems of Keats and Shelley. Modern Library.
SOREL, ALBERT, Europe and the French Revolution, Bd. I. Garden City, N. Y. 1971.
SOUTHEY, ROBERT, Life of Nelson. London, 1868.
STACE, W. T., The Philosophy of Hegel. New York, 1955.
STAËL, MME. DE, Corinne, or Italy. New York: Crowell, n. d.
–, Germany, 2 Bde. New York, 1861.
–, Ten Years' Exile. Fontwell, Eng., 1968.
STEPHENS, H. MORSE, Principal Speeches of the Statesmen and Orators of the French Revolution, 2 Bde. Oxford, 1892.
–, The Story of Portugal. New York, 1893.
STRAKHOVSKY, LEONID, Alexander I of Russia. New York, 1947.
SULLIVAN, J. W. N., Beethoven: His Spiritual Development. New York, 1927.

TAINE, HIPPOLYTE, The Modern Regime, 2 Bde. New York, 1890.
TALLEYRAND-PÉRIGORD, CHARLES-MAURICE DE, Memoirs, 5 Bde. Boston, 1895.
THACKERAY, WILLIAM MAKEPEACE, The Four Georges, in Works. Boston: Dana Estes, n. d.
–, «The Second Funeral of Napoleon», Roundabout Papers, in Works. Boston: Dana Estes, n. d.
THAYER, A. W., Life of Ludwig van Beethoven, 3 Bde. London, 1962.
TIECK, LUDWIG, Schriften. Berlin, 1828.
THIERS, LOUIS-ADOLPHE, History of the Consulate and the Empire of France under Napoleon, 12 Bde. Philadelphia, 1893.
THORNTON, J. C., Table Talk from Ben Jonson to Leigh Hunt. Everyman's Library.
TRAILL, HENRY DUFF, Social England, 6 Bde. New York, 1902.
TREITSCHKE, HEINRICH VON, History of Germany in the Nineteenth Century, Bd. I. New York, 1915.
TREVELYAN, G. M., English Social History. London, 1947.

VANDAL, ALBERT, Napoléon et Alexandre Ier, 3 Bde. Paris, 1896.
VAN DOREN, DOROTHY, The Lost Art: Letters of Seven Famous Women. New York, 1929.

WATSON, J. STEVEN, The Reign of George III. Oxford, Eng., 1960.
WEIDMAN, FRANZ, Hegel: An Illustrated Biography. New York, 1968.
WHITE, R. J., Political Tracts of Wordsworth, Coleridge, and Shelley. London, 1953.
Wieland's Werke. Gustav Hempel, Berlin., Bd. 34.

WIENER, LEO, Anthology of Russian Literature, 2 Bde. New York, 1902.

WILLIAMS, HENRY SMITH, History of Science, 5 Bde. New York, 1909.

WINGFIELD-STRATTON, ESME, History of British Civilization. London, 1948.

WINWAR, FRANCES, Farewell the Banner. New York, 1938.

WOLF, A., History of Science, Technology and Philosophy in the Eighteenth Century. New York, 1939.

WOLLSTONECRAFT, MARY, A Vindication of the Rights of Woman. New York, n. d.

WOODS, WATT, and ANDERSON, The Literature of England, 2 Bde. Chicago, 1936.

WORDSWORTH, WILLIAM, Complete Poetical Works. New York: A. L. Burt, n. d.

WORDSWORTH and COLERIDGE, Lyrical Ballads. Oxford, 1969.

WRIGHT, RAYMOND, Prose of the Romantic Period, 1780–1830. Baltimore: Penguin (Pelican).

ANMERKUNGEN

I. BUCH, KAPITEL 1

[1] Bertrand, Henri, *Napoleon at St. Helena*, S. 148. – [2] Hobsbawn, E. J., *The Pelican Economic History of Britain*, S. 10. – [3] Kropotkin, *Modern Science and Anarchism*, S. 84, 87. – [4] Quennel, *History of Everyday Things in England*, S. 198. – [5] Heilbroner, R. L., *The Worldly Philosophers*, S. 67, 85. – [6] Watson, J. S., *The Reign of George III*, S. 517. – [7] Owen, Robert, *A New View of Society*, S. 120. – [8] ebd., S. 123. – [9] Halévy, Élie, *History of the English People in 1815*, S. 245. – [10] Watson, S. 530. – [11] Kropotkin, *Modern Science and Anarchism*, S. 33. – [12] Rogers, J. E. Thorold, *Six Centuries of Work an Wages*, S. 111. – [13] Watson, S. 526. – [14] Kropotkin, S. 33. – [15] EB, Bd. XVIII, S. 494. – [16] Kropotkin, S. 80f. – [17] Rogers, S. 110. – [18] Tocqueville, *Journeys to England and Wales*, S. 107, in Hobsbawn. – [19] Rudé, G., *The Growd in History*, S. 238. – [20] Heilbroner, S. 98. – [21] Malthus, *Essays on Population (1798)*, S. 14. – [22] Malthus, *Essay (1803)*, S. 106. – [23] Heilbroner, S. 90. – [24] Carlyle, *Latter-Day Pamphlets*, Nr. 1 (1850). – [25] Heilbroner, S. 95. – [26] Owen, *A New View of Society*; *«Catechism»*, S. 172. – [27] Owen, *New View*, S. 86. – [28] Heilbroner, S. 98; Russell, Bertrand, *Understanding, History*. S. 14. – [29] Owen, *address at New Lanark, in A New View of Society*, S. 95. – [30] ebd., S. 65. – [31] Titelseite der Erstausgabe von *A New View of Society*. – [32] *New View*, S. 20. – [33] ebd., S. 98. – [34] ebd., S. 35. – [35] ebd., S. 52f. – [36] ebd., S. 112. – [37] ebd., S. 83. – [38] ebd., S. 68. – [39] ebd., S. 162ff. – [40] ebd., S. 140ff. – [41] ebd., S. 246. – [42] ebd., S. 86. – [43] ebd., S. 111. – [44] EB, Bd. XVI, S. 1174b. – [45] Cole, G. D. H., *Robert Owen*, S. 187. – [46] ebd., S. 91. – [47] ebd., S. 231.

I. BUCH, KAPITEL 2

[1] Beard, Charles, *Introduction to the English Historians*, S. 520. – [2] Watson, George, Bd. III, S. 335; Hobsbawn, S. 95. – [3] Halévy, *History of the English People in 1815*, S. 195. – [4] Bertrand, H., *Napoleon at St. Helena*, S. 77. – [5] weitere Einzelheiten in Durant, Band 16, *Am Vorabend der Französischen Revolution*. – [6] Dicey, *Law and Public Opinion in England during the 19th Century*, S. 116. – [7] Halévy, S. 293. – [8] Blackstone in Halévy, S. 101. – [9] Las Cases, Bd. II, S. 366. – [10] Plumb, J. H., *The First Four Georges*, S. 147. – [11] Burke, Thomas, *English Night Life*, passim; Thackeray, *The Four Georges*, S. 84. – [12] Thackeray, *The Four Georges*, S. 93; Plumb, S. 101, 138. – [13] Markun, Leo, Mrs. Grundy: *A History of Four Centuries of Morals*, S. 219. – [14] EB, Bd. X, S. 212b. – [15] Trevelyan, G. M., *English Social History*, S. 493. – [16] Mill, J. S., *On Bentham and Coleridge*, S. 134f. – [17] NCMH, Bd. IX, S. 177. – [18] Markun, S. 251. – [19] Sorel, Albert, *Europe and the French Revolution*, Bd. I, S. 352. – [20] Halévy, S. 370. – [21] Corti, E. C., *Rise of The House of Rothschild*, Kapitel 1, 2, 3 und 4; Finkelstein, Louis, ed., *The Jews*, Bd. I, S. 266. – [22] Godwin, *Enquiry Concerning Political Justice*, Buch V, Kapitel 13. – [23] ebd., Buch VIII, Kapitel 10. – [24] Halévy, S. 464. – [25] Trevelyan, *English Social History*, S. 459. – [26] Monroe, Paul, *Text-book in the History of Education*, S. 724; EB, Bd. VII, S. 996c; Halévy, S. 463. – [27] Hirsh, Diana, *The World of Turner*, S. 100. – [28] Plumb, J. H., *The First Four Georges*, S. 180. – [29] Trevelyan, S. 491. – [30] Dicey, *Law and Public Opinion*, S. 371ff. – [31] EB, Bd. X, S. 518d. – [32] Wollstonecraft, Mary, *Vindication of the Rights of Woman*, S. 154. – [33] ebd., S. 142. – [34] ebd., S. 47, 139. – [35] ebd., S. 80. – [36] ebd., S. 44. –

[37] ebd., S. 46, 83, 128. – [38] ebd., S. 75. – [39] ebd., S. 69. – [40] ebd., S. 5. – [41] ebd., S. 83. – [42] ebd., S. 64. – [43] EB, Bd. X, S. 519C. – [44] Wollstonecraft, *Vindication*, S. 196. – [45] ebd., S. 157. – [46] Van Doren, Dorothy, *The Lost Art: Letters of Seven Famous Women*, S. 137ff. – [47] Markun, Mrs. Grundy, S. 235. – [48] Dicey, S. 87; Watson, S. 446; Halévy, S. 10. – [49] Trevelyan, S. 499. – [50] EB, Bd. XX, S. 635a. – [51] Traill, H. D., *Social England*, Bd. V, S. 495. – [52] Watson, S. 548. – [53] Traill, *Social England*, Bd. V, S. 499. – [54] Wright, Raymond, *Prose of the Romantic Period*, S. 41. – [55] ebd.; Markun, S. 232. – [56] Austen, Jane, *Mansfield Park*, Kapitel 21. – [57] in Fruman, *Coleridge, the Damaged Archangel*, S. 372. – [58] Burke, Thomas, *English Night Life*, S. 103. – [59] EB, Bd. XX, S. 478d. – [60] Mantzius, Karl, History of Theatrical Art, Bd. VI, S. 30. – [61] Burke, *Night Life*, S. 84; Mantzius, Bd. VI, S. 56. – [62] Mantzius, Bd. VI, S. 79. – [63] Burke, S. 81. – [64] EB, Bd. XIII, S. 263. – [65] Mantzius, Bd. VI, S. 94. – [66] Halévy, S. 8. – [67] Staël. Mme. de, *Germany*, Bd. I, S. 84.

I. BUCH, KAPITEL 3

[1] Im Victoria and Albert Museum. – [2] ebd. – [3] EB, Bd. VIII, S. 280d. – [4] Plumb, *The First Four Georges*, S. 164. – [5] Hirsh, *The World of Turner*, S. 56. – [6] Mistler, *Napoléon et l'Empire*, Bd. I, S. 234. – [7] EB, Bd. X, S. 419. – [8] *Pelican Guide to English Literature*, Bd. V, S. 258. – [9] *New York Evening Post*, April 13, 1918. – [10] Russell, A. G., *The Engravings of William Blake*, Tafeln 6–7. – [11] Hirsh, S. 123. – [12] G. W. Thornbury, in Hirsh, S. 17. – [13] EB, Bd. XXII, S. 412d. – [14] Hirsh, S. 7. – [15] ebd., S. 169. – [16] EB, Bd. XXII, S. 413. – [17] Hirsh, S. 175.

I. BUCH, KAPITEL 4

[1] Wolf A., *History of Science, Technology and Philosophy in the 18th Century*, S. 197. – [2] Williams, H. S., *History of Science*, Bd. III, S. 216. – [3] Garrison, *History of Medicine*, S. 350. – [4] Moore, F. J., *History of Chemistry*, S. 68. – [5] ebd., S. 69. – [6] Williams, H. S., Bd. III, S. 234. – [7] EB, Bd. VII, S. 109b. – [8] in Osborn, H. F., *From the Greeks to Darwin*, S. 146. – [9] Sedgwick an Tyler, *Short History of Science*, S. 426. – [10] (Quelle verlorengegangen).

I. BUCH, KAPITEL 5

[1] EB, Bd. XVII, S. 376. – [2] Paine, Thomas, *The Age of Reason*, Part II, preface. – [3] ebd., S. 5. – [4] ebd., S. 6. – [5] ebd., S. 9. – [6] dto. – [7] ebd., S. 30. – [8] ebd., S. 74. – [9] William Paley, *Natural Theology*, in Wright, R., *Prose of the Romantic Period*, S. 73, 74. – [10] EB, Bd. XVII, S. 175a. – [11] Hazlitt, *Lectures on the English Poets an The Spirit of the Age*, S. 183. – [12] dto. – [13] Godwin, *Enquiry Concerning Political Justice*, Buch IV, Kap. I. – [14] ebd., Buch VI, Kap. II. – [15] ebd., Buch IV, Kap. VII. – [16] ebd., Buch IV, Kap. VIII. – [17] ebd., Buch IV, Kap. XI. – [18] ebd., Buch IV, Kap. V. – [19] ebd., Buch XV. – [20] ebd., Buch VIII, Kap. VIII. – [21] ebd., Buch I, Kap. IV. – [22] ebd., Buch I, Kap. III. – [23] ebd., Buch VIII, Kap. V. – [24] ebd., Buch VIII, Kap. II. – [25] ebd., Buch II, Kap. V. – [26] ebd., Buch I, Kap. III. – [27] ebd., Buch V, Kap. XI; Buch III, Kap. VII; Buch VIII, Kap. II. – [28] ebd., Buch VIII, Kap. II. – [29] ebd., Buch IV, Kap. IV. – [30] ebd., Buch I, Kap. IV. – [31] ebd., Buch XV, XVI. – [32] EB, Bd. X, S. 519d. – [33] Malthus, *Essay on the Principle of Population*, S. 4. – [34] ebd., S. 7, 12, 86. – [35] ebd., S. 26ff.; Heilbroner, S. 85. – [36] Malthus, S. 49. – [37] ebd., S. 101. – [38] Malthus, *Second Essay on Population*, S. 98. – [39] ebd., S. 101. – [40] Heilbroner, S. 85. – [41] ebd., S. 71. – [42] Hazlitt, *Spirit of the Age*, S. 276. – [43] R. K. Wilson in Dicey, *Law an Opinion*, S. 133. – [44] Bentham, *Anarchical Fallacies*, in *Encyclopedia of Philosophy*, Bd. I, S. 284c. – [45] Benn, Alfred, *History of English Rationalism*, Bd. I, S. 295. – [46] ebd., S. 297. – [47] Bentham, *Fragment on Government*, S. 3, 56. – [48] Bentham, *Introduction to the Principles of Morals and Legislation*, S. 102f. – [49] Bentham, *Works*, Bd. X, S. 73, in Dicey, S. 133. – [50] EB, Bd. XI, S. 913b. – [51] Helvetius, *De l'Esprit*, S. 6, 17. – [52] Leviticus Buch XIX, S. 18.

I. BUCH, KAPITEL 6

[1] Austen, Jane, *Mansfield Park*, in Complete Novels, S. 733. – [2] *Pride an Prejudice*, S. 242. – [3] Margoliouth, H. M., *William Blake*, S. 3; EB, Bd. III, S. 755d. – [4] EB, Bd. III, S. 755d. – [5] Blake, «*Jerusalem*», in *Selected Poems*, S. 277. – [6] Blake, *Poems and Prophecies*, S. 392.

I. BUCH, KAPITEL 7

[1] «To a Butterfly». – [2] Moorman, Mary, William Wordsworth: *The Early Years*, S. 71. – [3] ebd., S. 150. – [4] ebd., S. 153. – [5] Wordsworth, *The Prelude*, Buch IX, in Poems, S. 297. – [6] Moorman, *Early Years*, S. 201. – [7] The Prelude, XI, in Poems, S. 311. – [8] ebd., X, in Poems, S. 305. – [9] Moorman, *Early Years*, S. 13, 171; Bateson, F. W., *Wordsworth: A Reinterpretation*, S. 186. – [10] «*Tintern Abbey*», Zeile S. 118f. – [11] Moorman, *Early Years*, S. 288. – [12] Letter to Thomas Poole, in Coleridge, *Selected Poetry and Prose*, S. 528f. – [13] Thornton, J. C., *Table Talk*, S. 171. – [14] Gilman, James, *Life of Coleridge*, S. 20f., in Fruman, Coleridge, *the Damaged Archangel*, S. 65. – [15] Letter of October, 1791, in Coleridge, *Select Poetry and Prose*, S. 534ff. – [16] ebd., S. 143. – [17] Domer, Joh., *Coleridge Critic of Society*, S. 112. – [18] in White, R. J., *Political Tracts of Wordworth, Coleridge, and Shelley*. – [19] Coleridge, *Letters*, Bd. I, S. 221 and 224, in Lowes, J. L., *The Road to Xanadu*, S. 600. – [20] in Moorman, *Early Years*, S. 317. – [21] The Prelude, Bd. XIV, in Wordsworth, *Complete Poems*, S. 331. – [22] Gardner, Martin (Hrsg.), *The Annotated Ancient Mariner*, S. 16. – [23] Wordsworth, Dorothy, *Journals*, S. 4ff. – [24] Moorman, *Early Years*, S. 373. – [25] Coleridge, *Biographia Literaria*, S. 147. – [26] Wordsworth an Coleridge, *Lyrical Ballads*, S. 3. – [27] Gardner, S. 172. – [28] *Lyrical Ballads*, S. 95, Zeile 294. – [29] ebd., S. 113, Zeile 36–49. – [30] Zeilen 88–112. – [31] Zeilen 133–142. – [32] Gardner, S. 24; Winwar, *Farewell the Banner*, S. 265. – [33] *Lyrical Ballads*, Anhang, S. 173. – [34] Letter to John Wilson, June, 1805, Bateson, S. 175. – [35] Letter of March 25, 1801, in *Selected Poetry an Prose*, S. 591. – [36] Dorothy Wordsworth, *the Grasmere Journal*, June 9–20, 1800; May 13–18 and July 3, 1802. – [37] Journal, June 20, 1800. – [38] Wordsworth, *Complete Poems*, S. 166. – [39] Journal, June 19, 1802. – [40] ebd., June 25, 1800. – [41] Feb. I, 1802. – [42] June 10, 1800. – [43] Dec. 11, 1801. – [44] Dec. 12, 1801. – [45] Dec. 22, 1801. – [46] Moorman, William Wordsworth: *The Later years*, S. 29f. – [47] Journal, Sept. 1, 1800. – [48] ebd., Nov. 4, 1800. – [49] Moorman, *Early Years*, S. 520. – [50] Wordsworth Complete Poems, S. 173. – [51] Moorman, *Early Years*, S. 573. – [52] dto. – [53] *Journal*, S. 57. – [54] Colmer, *Coleridge Critic of Society*, S. 55. – [55] (Quelle verloren.) – [56] Fruman, S. 264. – [57] Coleridge, *Selected Poetry and Prose*, S. 115. – [58] Notebooks, note 1214, in Fruman, S. 377. – [59] ebd., S. 380. – [60] Fruman, S. 26–58. – [61] Moorman, *Early Years*, S. 612. – [62] Notebooks, note 2091, in Fruman, S. 431. – [63] Moorman, *Later Years*, S. 87. – [64] Gardner, S. 26. – [65] Moorman, *Later Years*, S. 165. – [66] dto. – [67] ebd., S. 195. – [68] Robinson, Henry Crabb, *Diary*, Bd. I, S. 207ff. – [69] Winwar, S. 330. – [70] dto. – [71] *Letter to Wordsworth*, May 10, 1815. – [72] White, R. J., S. 15f. – [73] Coleridge, *Select Poetry and prose*, S. 497. – [74] White, R. J., S. 8. – [75] ebd., S. 11–12, 17–18. – [76] ebd., S. 60. – [77] ebd., S. 77, 102. – [78] Coleridge, *Select Poetry and Prose*, S. 140. – [79] White, R. J., S. 108. – [80] ebd., S. 83ff.; Mill, J. S., *On Bentham and Coleridge*, S. 96. – [81] White, R. J., S. 93. – [82] Coleridge in Benn, *History of English Rationalism*, Bd. I, S. 249. – [83] White, R. J., S. 85. – [84] Coleridge, *Biographia, Literaria*, Kap. IX, S. 70. – [85] Fruman, S. 70f., 81, 101, etc. – [86] *Biographia*, S. 72, 74. – [87] ebd., Kap. XXII, S. 236. – [88] Moorman, *Later Years*, S. 186. – [89] *Pelican Guide to English Literature*, Bd. V, S. 154. – [90] Moorman, *Later Years*, S. 55. – [91] EB, Bd. XXIII, S. 678d. – [92] Moorman, *Later Years*, S. 260. – [93] Hazlitt, *Spirit of the Age*, S. 256f. – [94] Moorman, *Later Years*, S. 181. – [95] Thornton, *Table Talk*, S. 211. – [96] Moorman, *Later Years*, S. 314f. – [97] Winwar, S. 328. – [98] Coleridge, *Selected Poetry and Prose*, S. 671. – [99] Thornton, S. 145, 177. – [100] Comer, John, *Coleridge Critic of Society*, S. 157. – [101] Benn, Bd. I, S. 285. – [102] Coleridge, *Select Poetry and Prose*, S. 469. – [103] De Quincey,

Collected Writings, Bd. I, S. 77, in Fruman, S. 84. – [104] Thornton, S. 255. – [105] Gardner, S. 33. – [106] Wright, S. 35. – [107] Hazlitt, *Lectures on the English Poets*, S. 163. – [108] Moorman, *Later Years*, S. 580f. – [109] ebd., S. 115. – [110] ebd., S. 36. – [111] Wright, S. 35. – [112] NCMH, Bd. IX, S. 109. – [113] Moorman, *Later Years*, S. 239. – [114] Marchand, L. A., *Byron*, Bd. I, S. 412. – [115] ebd., S. 421. – [116] Hazlitt, *Spirit of the Age*, S. 258. – [117] Moorman, *Later Years*, S. 292, 452. – [118] Wright, S. 50.

I. BUCH, KAPITEL 8

[1] Marchand, *Byron*, Bd. I, S. 4. – [2] Byron, *Childe Harold's Pilgrimage*, IV. Gerang, Stanze 10. – [3] Marchand, Bd. I, S. 36. – [4] ebd., S. 94. – [5] EB, Bd. IV, S. 509c. – [6] Byron, *English Bards and Scotch Reviewers*, Bd. I, S. 205; Bd. III, S. 68. – [7] Marchand, Bd. I, S. 235. – [8] Byron, *Works*, S. 205, Notiz I; Marchand, Bd. I, S. 238. – [9] ebd., S. 263. – [10] ebd., S. 286. – [11] ebd., S. 401. – [12] Byron, *Works*, P. XXII. – [13] Marchand, Bd. I, S. 437. – [14] ebd., S. 360. – [15] ebd., S. 334. – [16] ebd., S. 333. – [17] ebd., S. 360. – [18] Mayne, *Life and Letters of Anna Isabella*, Lady Noël Byron, S. 48f. – [19] EB, Bd. IV, S. 510a. – [20] Marchand, Bd. I, S. 403. – [21] ebd., S. 446. – [22] ebd., S. 429. – [23] ebd., S. 465ff. – [25] ebd., S. 479. – [26] Mayne, S. 154. – [27] Marchand, Bd. II, S. 510. – [28] Mayne, S. 161; Marchand, Bd. II, S. 510. – [29] Mayne, S. 161. – [30] ebd., S. 162. – [31] Mayne, S. 165; Marchand, Bd. II, S. 513. – [32] Marchand, Bd. II, S. 527. – [33] ebd., S. 547. – [34] Mayne, S. 190; Marchand, Bd. II, S. 544. – [35] Marchand, Bd. II, S. 549. – [36] ebd., S. 551f. – [37] ebd., S. 555. – [38] ebd., S. 556. – [39] ebd., S. 563; Mayne, S. 203. – [40] Marchand, Bd. II, S. 570. – [41] Mayne, S. 209; Marchand, Bd. II, S. 572. – [42] Marchand, Bd. II, S. 576f. – [43] Dowden, *Life of Shelley*, Bd. I, S. 4. – [44] Cameron, *The Young Shelley*, S. 3. – [45] in Hancock, D. E., *The French Revolution and the English Poets*, S. 53. – [46] Byron, *Brief an Hogg*, 2. Januar 1811, in Cameron, S. 15. – [47] ebd., S. 125. – [48] Dowden, Bd. I, S. 73. – [49] T. J. Hogg, *Life of Shelley*, in Dowden, Bd. I, S. 45f. – [50] Dowden, Bd. I, S. 118; Cameron, S. 24. – [51] Cameron, S. 91. – [52] ebd., S. 93. – [53] Dowden, Bd. I, S. 175. – [54] Cameron, S. 102. – [55] ebd., S. 97. – [56] Dowden, Bd. I, S. 211. – [57] ebd., S. 215. – [58] ebd., S. 218. – [59] ebd., S. 260f. – [60] Shelley, *Poems*, Notiz zu Queen Mab, in Complete Poems of Keats and Shelley, Teil II, S. 853. – [61] Shelley, *Queen Mab*, Gesang III, Zeile 33. – [62] ebd., S. 174ff. – [63] ebd., Gesang V, Vers 79, 177, 189. – [64] ebd., Gesang VII, Vers 13. – [65] ebd., Gesang VIII, Vers 106ff. – [66] Cameron, S. 274. – [67] Dowden, Bd. I, S. 287. – [68] Mrs. Shelley, in Shelley, *Poems* (Complete Poems of Keats and Shelley, Teil II. [69] Dowden, Bd. I, S. 258. – [70] Wright, R., *Prose Works of the Romantic Period*, S. 138f. – [71] In Cameron, S. 229. – [72] Shelley, *Last Letter to Harriet*, S. 22. – [73] T. L. Peacock, *Memoirs of Shelley*, S. 336, in *Dowden*, Bd. I, S. 433. – [74] Dowden, Bd. I, S. 424. – [75] ebd., S. 425, 429. – [76] Shelley, *Letters*, ed. F. L. Jones, Bd. I, S. 389. – [77] ebd., S. 241. – [78] ebd., S. 391. – [79] Marchand, Bd. II, S. 630. – [80] Brandes, G., *Main Currents*, Bd. IV, S. 303. – [81] Dowden, Bd. II, S. 30. – [82] Brandes, Bd. IV, S. 214. – [83] Shelley, *Poems*, S. 570. – [84] Brandes, Bd. IV, S. 319. – [85] Marchand, Bd. II, S. 699. – [86] Byron, *Childe Harold's Pilgrimage*, Gesang IV, Vers 25. – [87] Marchand, Bd. II, S. 747. – [88] ebd., S. 681, 740. – [89] Shelley, *Prometheus Unbound*, II. Akt, Vers 305. – [90] ebd., I. Akt, Vers 144. – [91] ebd., II. Akt, Vers 523. – [92] ebd., *Poems*, S. 616. – [93] ebd., S. 464ff. – [94] Dowden, Bd. II, S. 381. – [95] ebd., S. 411. – [96] Shelley, *Adonais*, Stanzen 151f. – [97] ebd. – [98] Keats, «*Ode to a Nightingale*». – [99] Dowden, Bd. II, S. 235; Marchand, Bd. II, S. 757; Byron, *Childe Harold's Pilgrimage*, Gesang IV, Stanzen 172ff. – [100] Marchand, Bd. II, S. 772. – [101] Brandes, Bd. IV, S. 325. – [102] in Hirsh, *The World of Turner*, S. 109. – [103] Marchand, Bd. II, S. 816. – [104] Eckermann, J. P., *Conversations with Goethe*, S. 261. – [105] Marchand, Bd. II, S. 905. – [106] Shelley, *Letters*, Bd. II, S. 316. – [107] Marchand, Bd. III, S. 949. – [108] Byron, Brief vom 10. November 1913, in Marchand, Bd. I, S. 420. – [109] in Arnold, Matthew, *Essays in Criticism*, S. 375. – [110] Byron, *Childe Harold*, Gesang I, Stanze 29.

– [111] Marchand, Bd. I, S. 308; Bd. III, S. 1104, 1108. – [112] ebd., Bd. II, S. 937. – [113] ebd., S. 955. – [114] ebd., Bd. III, S. 1126f. – [115] Byron, *Childe Harold*, Gesang III, Stanze 55. – [116] ebd., Gesang VIII, Stanze 50f. – [117] Marchand, Bd. II, S. 917. – [118] Guiccioli, Countess, *My Recollections of Lord Byron*. – [119] Eckermann, S. 265. – [120] Dowden, Bd. II, S. 389. – [121] ebd., S. 233. – [122] Marchand, Bd. III, S. 1018. – [123] Dowden, Bd. II, S. 377. – [124] Notiz zu Shelley Prometheus Unbound, in Shelley, *Poems*, S. 295. – [125] White, R. J., *Political Tracts of Wordsworth*, Coleridge and Shelley, S. 227. – [126] ebd., S. 136ff. – [127] ebd., S. 214. – [128] ebd., S. 243. – [129] ebd., S. 230f. – [130] ebd., S. 235, 245. – [131] Declaration of Rights, No. 18, in Woods, Watt, and Anderson, *The Literature of England*, Bd. II, S. 319. – [132] White, R. J., S. 247ff. – [133] «Defence of Poetry», in White, R. J., S. 206. – [134] Shelley, *Poems*, S. 227. – [135] in Dowden, Bd. II, S. 384. – [136] «Defence of Poetry», in White, R. J., S. 205. – [137] ebd., S. 204. – [138] Cameron, *The Young Shelley*, S. 119. – [139] Dowden, Bd. II, S. 459. – [140] ebd., S. 452. – [141] ebd., S. 504. – [142] Mrs. Shelley, *Notes on Poems of 1822*, in Shelley, *Poems*, S. 716. – [143] Dowden, Bd. II, S. 510, 513. – [144] ebd., S. 507. – [145] ebd., S. 518. – [146] Mrs. Shelley's Vorwort zu der Edition von 1839, Shelley, *Poems*. – [147] Marchand, Bd. III, S. 1018. – [148] Dowden, Bd. II, S. 529. – [149] Marchand, Bd. III, S. 1023. – [150] ebd., S. 1052. – [151] dto. – [152] ebd., S. 1074. – [153] ebd., S. 1147. – [154] ebd., S. 1212. – [155] ebd., S. 1217, 1224. – [156] ebd., S. 1232f. – [157] ebd., S. 1246. – [158] ebd., S. 1261. – [159] Maurois, Byron, S. 547. – [160] Mayne, *Life of ... Lady Byron*, S. 240. – [161] Maurois, S. 546. – [162] Marchand, Bd. III, S. 1243f. – [163] Maurois, S. 554. – [164] Marchand, Bd. III, S. 1245.

I. BUCH, KAPITEL 9

[1] Halévy, *History of the English People in 1815*, S. 103; EB, Bd. XX, S. 56b. – [2] Scott, Walter, *The Heart of Midlothian*, S. 106f. – [3] Halévy, S. 469. – [4] ebd., S. 482. – [5] über Reid see Rousseau and Revolution, S. 764; über Hartley see The Age of Voltaire, S. 581. – [6] Wright, R., *Prose of the Romantic Period*, S. 86. – [7] Scott, *Poems*, S. 114. – [8] Leslie Stephen in Benn, *History of English Rationalism*, Bd. I, S. 312. – [9] Moorman, William Wordsworth; *The Later Years*, S. 463. – [10] Siehe Longford, *Wellington*, S. 30f. – [11] Watson, *Reign of George II*, S. 388. – [12] dto. – [13] Cameron, *The Young Shelley*, S. 158. – [14] Halévy, S. 419. – [15] Lecky, *History of England in the 18th Century*, Bd. VIII, S. 394ff.; Rosebery, Lord, Pitt, S. 189, 193. – [16] Petersen, H., *Treasury of the World's Great Speeches*, S. 311.

I. BUCH, KAPITEL 10

[1] Green, J. R., *Short History of the English People*, Bd. III, S. 1750. – [2] Hawkins, Sir John, *Life of Samuel Johnson*, S. 198. – [3] Petersen, S. 240. – [4] ebd., S. 241. – [5] Morley, John, Burke, S. 15. – [6] ebd., S. 87. – [7] Brief an T. Allsop. – [8] Paine, Thomas, *The Rights of Man*, S. 135. – [9] Green, J. R., Bd. III, S. 1764. – [10] CMH, Bd. VII, S. 300. – [11] ebd., S. 304. – [12] Sothey, *Life of Nelson*, S. 42. – [13] ebd., S. 169. – [14] BOWEN, MARJORIE, PATRIOTIC LADY: *Emma, Lady Hamilton*, S. 143. – [15] Howarth, David, *Trafalgar, S. 31*. – [16] Southey, *Nelson*, S. 140, 322f. – [17] Nach einer Kopie in der Sammlung von Sir Douglas Fairbanks. Das Original befindet sich im Britischen Museum. – [18] Nelson, *Letters*, S. 462. – [19] Howarth, *Trafalgar*, S. 132. – [20] Southey, *Life of Nelson*, S. 274. – [21] Howarth, S. 209f. – [22] ebd., S. 239. – [23] Lefebvre, *Napoleon*, Bd. II, S. 131.

II. BUCH, KAPITEL 1

[1] CMH, Bd. VIII, S. 783. – [2] Stephens, H. M., *The Sotry of Portugal*, S. 385. – [3] ebd., S. 395. – [4] Borrow, George, *The Bible in Spain*, S. 211. – [5] Caulaincourt, *With Napoleon in Russia*, S. 307. – [6] Byron, *Childe Harold's Pilgrimage*, I, Zeile 33. – [7] Altamira, R., *History of Spanish Civilization*, S. 177f. – [8] Marchand, *Byron*, Bd. I, S. 194. – [9] Borrow, S. 330f. – [10] Sorel, Albert, *Europe and the French Revolution*, Bd. I, S. 364. – [11] Altamira, *Spanish Civiliza-*

tion, S. 177. – [12] Altamira, *History of Spain*. – [13] Longford, Elizabeth, Wellington: *The Years of the Sword*, S. 17. – [14] ebd., S. 16. – [15] ebd., S. 19. – [16] EB, Bd. XXIII, S. 395b. – [17] Longford, S. 120. – [18] Wingfield-Stratford, Esme, *History of British Civilization*, S. 853. – [19] Marx and Engels, The Revolution in Spain, S. 8. – [20] ebd., S. 30f. – [21] CMH, Bd. IX, S. 449. – [22] Lefebvre, Napoleon, Bd. II, S. 95. – [23] ebd., S. 94. – [24] Longford, S. 290.

II. BUCH, KAPITEL 2

[1] Sorel, Albert, *Europe and the French Revolution*, Bd. 1, S. 382. – [2] ebd., S. 381. – [3] McCabe, Joseph, *Crises in the History of the Papacy*, S. 17. – [4] CMH, Bd. VIII, S. 778. – [5] McCabe, *Crises*, S. 370. – [6] Southey, *Life of Nelson*, S. 225ff. – [7] Méneval, *Memoirs*, Bd. II, S. 493. – [8] Bertrand, H., *Napoleon at St. Helena*, S. 41. – [9] Lefebvre, *Napoleon*, Bd. II, S. 221f; CMH, Bd. IX, 404f.; EB, Bd. XV, S. 1182. – [10] EB, Bd. XVII, S. 247b. – [11] Madelin, *Consulate and Empire*, S. 211. – [12] ebd., S. 313. – [13] Taine, *Modern Regime*, Bd. II, S. 11. – [14] Madelin, S. 381. – [15] McCabe, *Crises*, S. 386. – [16] Phillips, C. S., *The Church in France*, S. 149. – [17] CMH, Bd. IX, S. 402. – [18] Herold (Hrsg.), *Mind of Napoleon*, S. 110. – [19] McCabe, *Crises*, S. 388. – [20] ebd., S. 389. – [21] Marchand, *Byron*, Bd. II, S. 679. – [22] Rémusat, S. 259. – [23] Staël, Mme. de, *Corinne*, S. 22. – [24] McCabe, S. 388. – [25] Mehr über Alfieri in Durant Bd. 15 Europa und der Osten im Zeitalter der Aufklärung. – [26] Marchand, Bd. II, S. 818. – [27] Canova, Antonio, *Works*, hrsg. von Countes Albruzzi and Count Cicognara, S. 70f. – [28] EB, Bd. IV, S. 800c. – [29] Canova, Bd. II, S. 3. – [30] Balcarres, Lord, *Evolution of Italian Sculpture*, S. 340. – [31] Byron, *Childe Harold's Pilgrimage*, IV, Buch, Zeile 55. – [32] EB, Bd. XVI, S. 24b. – [33] Bourrienne, Bd. II, S. 381. – [34] Las Cases, Bd. III, S. 255.

II. BUCH, KAPITEL 3

[1] EB, Bd. X, S. 311a. – [2] Brion, Marcel, *Daily Life in the Vienna of Mozart and Schubert*, S. 37; Rémusat, S. 309; Fouché, Memoirs, Bd. I, S. 343. – [3] Palmer, Alan, *Metternich*, S. 11. – [4] ebd., S. 36. – [5] Palmer, *Metternich*, S. 48. – [6] Vandal, *Napoleon et Alexandre*, Bd. III, S. 14. – [7] Brion, S. 237. – [8] ebd., S. 228. – [9] Graetz, H., *History of the Jews*, Bd. V, S. 414. – [10] Brion, S. 239. – [11] Staël, Mme. de, *Germany*, Bd. I, S. 64. – [12] Thayer, *Life of Ludwig van Beethoven*, Bd. I, S. 253. – [13] ebd., S. 183. – [14] Brion, S. 90. – [15] Staël, Mme. de, *Germany*, Bd. I, S. 67.

II. BUCH, KAPITEL 4

[1] Thayer, A. W., *Life of Ludwig van Beethoven*, London 1962, Bd. I, S. 57. – [2] Brockway and Weinstock, *Men of Music*, S. 166. – [3] Beethoven, seine Persönlichkeit in den Aufzeichnungen seiner Zeitgenossen, seinen Briefen und Tagebüchern, Herder & Co, Freiburg i. Br. 1920, S. 5. – [4] Thayer, A. W., *Ludwig van Beethovens Leben*, nach dem Original-Manuskript deutsch bearbeitet von Hermann Deiters, 2. Aufl., Breitkopf & Härtel, Leipzig 1910, Bd. I, S. 191. – [5] Thayer, A. W., *Life of Ludwig van Beethoven*, Bd. I, S. 253. – [6] Thayer, A. W., *Ludwig van Beethovens Leben*, Bd. I, S. 231. – [7] ebd., Bd. I, S. 348. – [8] Ludwig van Beethovens sämtliche Briefe, herausgegeben von Emerich Kastner, Nachdruck der völlig umgearbeiteten und wesentlich vermehrten Neuauflage von Dr. Julius Kapp, Verlag Hans Schneider, Tutzing 1975, S. 17. – [9] Die Erinnerungen an Beethoven, gesammelt von Friedrich Kerst, Verlag Julius Hoffmann Stuttgart, Bd. I, S. 97. – [10] Thayer, A. W., *Ludwig van Beethovens Leben*, Bd. I, S. 385. – [11] Grove's Dictionary of Music and Musicians, Bd. I, S. 266c. – [12] Thayer, A. W., *Ludwig van Beethovens Leben*, Bd. II, S. 80. – [13] Ludwig van Beethovens sämtliche Briefe, S. 25. – [14] Grove's, Bd. I, S. 276d. – [15] ebd. – [16] Ludwig van Beethovens sämtliche Briefe, S. 42. – [17] Beethoven, *Letters*, tr. and edited by Emily Anderson, S. 292. – [18] Noli, Bp. F. S., *Beethoven and the French Revolution*, S. 36ff. – [19] Grove's, Bd. I, S. 267b. – [20] Ludwig van Beethovens sämtliche Briefe, S. 544. – [21] Thayer, A. W., *Life of Ludwig van Beethoven*, Bd. I

S. 241, 246f.; Grove's, Bd. I, S. 268c. – [22] Ludwig van Beethovens sämtliche Briefe, S. 23. – [23] Beethoven, seine Persönlichkeit in den Aufzeichnungen seiner Zeitgenossen, S. 50. – [24] Ludwig van Beethovens sämtliche Briefe, S. 47. – [25] Kerst, F., *Beethoven in His Owen Words*, S. 45. – [26] Ludwig van Beethovens sämtliche Briefe, S. 56. – [27] Beethoven, seine Persönlichkeit in den Aufzeichnungen seiner Zeitgenossen, S. 54. – [28] ebd., S. 55. – [29] ebd., S. 34. – [30] Thayer, A. W., *Ludwig van Beethovens Leben*, Bd. II, S. 459. – [31] Thayer, A. W., *Life of Ludwig van Beethoven*, Bd. I, S. 253. – [32] 13 unbekannte Briefe an Josephine Gräfin Deym, geb. von Brunswick, Hrsg. Joseph Schmidt-Görd, Veröffentlichungen des Beethoven-Hauses in Bonn, S. 18. – [33] Ludwig van Beethovens sämtliche Briefe, S. 118f. – [34] ebd., S. 134. – [35] Beethoven, seine Persönlichkeit in den Aufzeichnungen seiner Zeitgenossen, S. 87ff. – [36] Thayer, A. W., *Ludwig van Beethovens Leben*, Bd. III, S. 141. – [37] Arnim, Bettina von, *Goethes Briefwechsel mit einem Kinde*, Verlag Philipp Reclam jr., Leipzig, S. 352ff., 358ff. – [38] Thayer, A. W., *Ludwig van Beethovens Leben*, Bd. III, S. 305. – [39] ebd., Bd. III, S. 327. – [40] ebd., Bd. III, S. 321. – [41] Beethoven, seine Persönlichkeit in den Aufzeichnungen seiner Zeitgenossen, S. 95. – [42] Ludwig van Beethovens sämtliche Briefe, S. 401. – [43] ebd., S. 634. – [44] Láng, Paul Henry, *Music in Western Civilization*, S. 769. – [45] D. F. Tovey in der EB, 14. Aufl., Bd. III, S. 321b. – [46] Thayer, A. W., *Life of Ludwig van Beethoven*, Bd. III, S. 164. – [47] ebd., S. 164ff. – [48] Sullivan, J. W. N., *Beethoven: His Spiritual Development*, S. 232ff. – [49] Grove's, Bd. I, S. 300c. – [50] Thayer, A. W., *Ludwig van Beethovens Leben*, Bd. III, S. 405. – [51] Ludwig van Beethovens sämtliche Briefe, S. 839. – [52] ebd., S. 842. – [53] Thayer, A. W., *Life of Ludwig van Beethoven*, Bd. III, S. 307. – [54] ebd., S. 306. – [55] Grove's, Bd. I, S. 371d.

II. BUCH, KAPITEL 5

[1] Treitschke, Heinrich von, *History of Germany in the 19th Century*, Bd. I, S. 119. – [2] Sorel, Albert, *Europe and the French Revolution*, Bd. I, S. 120. – [3] Fisher, H. A. L.: Studies in Napoleonic Statesmanship: *Germany*, Bd. 7. – [4] ebd., S. 120. – [5] ebd., S. 196. – [6] ebd., S. 268. – [7] ebd., S. 53ff. – [8] Treitschke, S. 55. – [9] ebd., S. 65. – [10] in Fisher, H. A. L., S. 35. – [11] Gooch, G. P., *Germany and the French Revolution*, S. 369. – [12] ebd., S. 518. – [13] Seeley, J. R., *Life and Times of Stein*, Bd. I, S. 128; Sorel, Albert, S. 480. – [14] Treitschke, S. 187. – [15] ebd., S. 307, 321. – [16] Seeley, Bd. I, S. 203. – [17] ebd., S. 185ff. – [18] ebd., S. 425.

II. BUCH, KAPITEL 6

[1] Staël, Mme. de, *Germany*, Bd. I, S. 84. – [2] EB, Bd. XII, S. 213d. – [3] Fisher, H. A. L., Studies in Napoleonic Statesmanship: *Germany*, S. 13f. – [4] Staël, Mme. de, *Germany*, Bd. I, S. 306. – [5] Fisher, S. 13. – [6] Carlyle, *Critical and Miscelloneous Essays*, Bd. II, S. 59. – [7] Fisher, S. 313, 330. – [8] Graetz, *History of the Jews*, Bd. V, S. 405. – [9] Nach Walt Whitman. – [10] Gooch, *Germany and the French Revolution*, S. 363f. – [11] ebd., S. 388. – [12] siehe im II. Buch, 8. Kapitel «Die deutsche Philosophie» (Abschnitt I, 3). – [13] Paulsen, Friedrich, *German Education*, S. 117. – [14] Fischer, S. 283. – [15] Staël, Mme. de, *Germany*, Bd. I, S. 116. – [16] Gooch, S. 107. – [17] Treitschke, S. 392. – [18] Bell, E. T., *Men of Mathematics*, S. 219. – [19] ebd., S. 220. – [20] EB, Bd. X, S. 35b. – [21] Bell, E. T., S. 200. – [22] EB, Bd. XI, S. 831d. – [23] Humboldt, Alexander von, *Cosmos*, Vorwort. – [24] Thayer, *Beethoven*, Bd. I, S. 196. – [25] Grove's Dictionary of Music and Musicians, Bd. I, S. 563n. – [26] ebd., S. 565. [27] Grove's Bd. I, S. 635. – [28] ebd., S. 656. – [29] Manzius, *History of Theatrical Art*, S. 234. – [30] ebd., S. 327. – [31] EB, Bd. XIII, S. 399b. – [32] Franke, Kuno, *A History of German Literature*, S. 469. – [33] ebd., S. 470.

II. BUCH, KAPITEL 7

[1] Treitschke, S. 137. – [2] Gooch, *Germany and the French Revolution*, S. 40. – [3] Brandes, *Main Currents*, Bd. IV, S. 26. – [4] Wieland, *Werke*, Bln., Bd. 34, S. 47, 53. – [5] Gooch, S. 145. – [6] Wieland, *Werke*, Bd. 34, S. 349. – [7] Schiller, *Don Carlos*, 3. Akt, 10. Auftritt. – [8] Schiller, *Lebensaufriß aus Tagebüchern, Briefen, Zeitstimmen* (hrsg. v. Gleichen-Rußwurm) Deutsche Bibliothek, Berlin, S. 215. – [9] Eckermann, Johann Peter, *Gespräche mit Goethe in den letzten Jahren seines Lebens*, Leipzig, 9. Aufl., S. 684. – [10] Treitschke, S. 230. – [11] Brandes, Bd. IV, S. 35. – [12] Marchand, *Byron*, Bd. II, S. 883. – [13] Brandes, S. 24. – [14] Jean Paul, *Werke* (12 Bde.), München, 1975, Bd. X, S. 962. – [15] ebd., S. 889. – [16] Hölderlin, *Werke*, Ffm., 1969, Bd. II, S. 863. – [17] Durant Band 16, «Am Vorabend der Französischen Revolution». – [18] Ludwig Tieck, *Schriften*, Bln., 1828, Bd. VI, S. 95, 179, 212. – [19] ebd., Bd. VII, S. 332. – [20] Novalis, *Heinrich von Ofterdingen*, F-TB, 1963, S. 9. – [21] Durant Band 15 «Europa und der Osten im Zeitalter der Aufklärung». – [22] Friedrich von Schlegel, *Lucinde* (Reclam – B. 320/20a, 1963, S. 14, 32). – [23] Brandes, Bd. I, S. 225. – [24] ebd., Bd. IV, S. 91. – [25] ebd., Herold, *Mistress to an Age*, S. 271. – [26] Brandes, S. 91. – [27] ebd., S. 54. – [28] William, Hazlitt, notiert von Francke, S. 151. – [29] Brandes, S. 89. – [30] Lewes, G. H., *Life of Goethe*, Bd. II, S. 216.

II. BUCH, KAPITEL 8

[1] EB, Bd. XX, S. 16d. – [2] Adamson, Robert, *Fichte*, S. 15. – [3] nach Whitman. – [4] Johann Gottlieb Fichte-Gesamtausgabe, Friedrich Frommann-Verlag, Stuttgart–Bad Cannstatt 1967, Bd. II, 2, S. 201 ff. – [5] Rousseau and Revolution, S. 588. – [6] Johann Gottlieb Fichte-Gesamtausgabe, Bd. I, 3, S. 37. – [7] ebd., Bd. I, 3, S. 66. – [8] Kritische Friedrich-Schlegel-Ausgabe, hrsg. v. Ernst Behler, Verlag F. Schöningh München–Paderborn–Wien, Thomas-Verlag Zürich 1975, Bd. VIII, S. LIV. – [9] Adamson, S. 184; Höffding, *History of Modern Philosophy*, Bd. II, S. 157. – [10] Adamson, S. 186ff. – [11] Fichte, *Science of Knowledge* (Wissenschaftslehre), S. 187. – [12] Adamson, S. 178, 204f. – [13] ebd., S. 56ff., Brandes, *Main Currents*, Bd. IV, S. 88f. – [14] Brandes, Georg, *Hauptströmungen der Literatur des 19. Jahrhunderts*, Erich Reiss Verlag, Berlin 1924, Bd. I, S. 239. – [15] Adamson, S. 77; Gooch, *Germany and the French Revolution*, S. 293. – [16] Fichte, Johann Gottlieb, *Fichtes Reden an die deutsche Nation*, Deutsche Bibliothek Berlin 1912, S. 40. – [17] ebd. – [18] ebd., S. 180. – [19] ebd. – [20] Adamson, S. 102. – [21] Höffding, Bd. II, S. 163. – [22] Brandes, *Main Currents*, S. 82 nach Plitt, *Aus Schellings Leben*, Bd. I, S. 282. – [23] Schelling, F. W. J. von, *Philosophische Untersuchungen über das Wesen der menschlichen Freiheit*. – [24] Schelling, *The Ages of the World* (Die Weltalter), S. 76. – [25] Schelling, *Of Human Freedom* (Über das Wesen der menschlichen Freiheit), S. 26. – [26] Hirsch, E. D., *Wordsworth and Schelling*, an verschiedenen Stellen. – [27] Coleridge, *Biographie Literaria*, Bd. I., S. 104. – [28] Schelling, *The Ages of the World* (Die Weltmeister), in der Einleitung von Frederick Bolman. – [29] Arthur Schopenhauers sämtliche Werke, Verlag A. Weichert Berlin, Bd. I, S. 427. – [30] Hegel, G. W. F., *Sämtliche Werke*, Fr. Frommanns Verlag Stuttgart 1928, Vorlesungen über die Ästhetik, Bd. II, S. 110. – [31] Kaufman, Walter, *Hegel: Reinterpretation, Texts and Commentary*, Garden City, N. Y., 1965, S. 61. – [32] Caird, S. 46. – [33] Hegel, Karl, *The Philosophy of Georg Wilhelm Hegel*, hrsg. von Carl Friedrich, S. 526, 532, 539. – [34] Weidman, Franz, *Hegel*, Zitat aus Hegels Briefen, Bd. I, S. 120; Caird, S. 66. – [35] Weidman, S. 64. – [36] Hegel, Karl, *The Philosophy of Georg Wilhelm Hegel*, S. 414. – [37] ebd., S. 402. – [38] Findlay, J. N., *Hegel: A Re-examination*, S. 96. – [39] Hegel, *Sämtliche Werke*, *Philosophie der Geschichte*, Bd. XI, S. 70. – [40] ebd., S. 26. – [41] Caird, S. 153. – [42] Findlay, S. 131, 142. – [43] Hegel, *Sämtliche Werke*, *Phänomenologie des Geistes*, Bd. II, S. 271. – [44] EB, Bd. XI, S. 300b. – [45] Weidman, S. 76. – [46] Hegel, *Grundlinien der Philosophie des Rechts*, Philipp Reclam jr., Stuttgart 1970, S. 50. – [47] ebd., S. 51. – [48] ebd., S. 56. – [49] ebd., §§ 162–163. – [50] ebd., § 170. – [51] ebd., § 166. – [52] ebd., § 174. – [53] ebd., § 270. – [54] Weidman nach Haym,

Rudolf, *Hegel und seine Zeit*, S. 413ff. – [55] Hegel, *Grundlinien der Philosophie des Rechts*, § 260. – [56] ebd., § 278. – [57] ebd., § 281. – [58] ebd., §§ 273, 280. – [59] ebd., § 273. – [60] ebd., S. 50. – [61] Hegel, *Philosophie der Geschichte*, Philipp Reclam jr., S. 48f. – [62] ebd., S. 49. – [63] ebd., S. 75. – [64] ebd., S. 70. – [65] ebd., S. 592. – [66] ebd., S. 594. – [67] Einleitung in die Geschichte der Philosophie, Philosophische Bibliothek, Hamburg 1940, Bd. 166, S. 43. – [68] Philosophie der Geschichte, S. 102. – [69] ebd., S. 100f. – [70] ebd., S. 105. – [71] ebd., S. 99.. – [72] Geschichte der Philosophie, S. 22. – [73] ebd., S. 21. – [74] Weidman, S. 119.

II. BUCH, KAPITEL 9

[1] Gooch, *Germany and the French Revolution*, S. 48. – [2] CMH, Bd. IX, S. 98. – [3] ebd., S. 106. – [4] Staël, Mme. de, *Germany*, Bd. I, S. 80. – [5] NCMH, Bd. IX, S. 110. – [6] Moore, F. J., *History of Chemistry*, S. 102. – [7] Horn, J. W., *History of the Literature of the Scandinavian North*, S. 388. – [8] CMH, Bd. IX, S. 46. – [9] ebd., S. 47. – [10] nach Dudley, *Pope's The Great Gamble*. – [11] CMH, Bd. IX, S. 298. – [12] ebd., S. 236, 299ff. – [13] Horn, S. 237. – [14] EB, Bd. XXI, S. 1082b. – [15] Cambridge, *History of Poland*, Bd. II, S. 213. – [16] Dubnow, S. M., *History of the Jews in Russia and Poland*, Bd. I, S. 298ff.; Lefebvre, *Napoleon*, Bd. II, S. 249ff. – [17] NCMH, Bd. IX, S. 546.

II. BUCH, KAPITEL 10

[1] Talleyrand, *Memoirs*, Bd. V, S. 399. – [2] Staël, Mme. de, *Ten Years' Exile*, S. 310, 330. – [3] Lefebvre, *Napoleon*, Bd. II, S. 305. – [4] Kornilov, Alexander, *Modern Russian History*, S. 26. – [5] Florinsky, Michael T., *Russia: A History and an Interpretation*, Bd. II, S. 716. – [6] Kornilov, S. 30. – [7] Wiener, Leo, *Anthology of Russian Literature*, Bd. II, S. 6. – [8] Florinsky, Bd. II, S. 701. – [9] Maistre, *Les Soirées de Saint-Pétersbourg*, Bd. I, S. 2f. – [10] Garrison, *History of Medicine*, S. 400. – [11] Strakhovsky, L., *Alexander I of Russia*, S. 17; Kornilov, S. 56. – [12] Kornilov, S. 54. – [13] Strakhovsky, S. 17ff. – [14] ebd., S. 28. – [15] Kornilov, S. 69. – [16] dto., S. 26. – [17] dto., S. 81. – [18] dto., S. 103. – [19] Caulaincourt, *With Napoleon in Russia*, S. 376. – [20] Kornilov, S. 82. – [21] *ebd.*[1] S. 100; Florinsky, Bd. II, S. 727. – [22] Florinsky, Bd. II, S. 723ff. – [23] Dubnow, *History of the Jews in Russia and Poland*, Bd. I, S. 341. – [24] ebd., S. 312, 317ff.; Kornilov, S. 105f. – [25] ebd., S. 315. – [26] ebd., S. 343; Graetz, Bd. IV, S. 473. – [27] Dubnow, Bd. I, S. 352. – [28] Gilbert, O. P., *Prince de Ligne*, S. 143. – [29] Staël, Mme. de, *Ten Years' Exile*, S. 361. – [30] Pope, *The Great Gamble*, S. 288. – [31] Réau, Louis, *L'Art russe*, S. 90.

III. BUCH, KAPITEL 1

[1] Watson, *The Reign of George*, Bd. III, S. 469; Mistler, *Napoleon et l'Empire*, Bd. II, S. 66. – [2] Lefebvre, *Napoleon*, Bd. II, S. 179. – [3] Vandal, *Napoleon et Alexandre*, Bd. III, S. 26. – [4] Lefebvre, *Napoleon*, Bd. II, S. 109, 123ff. – [5] ebd., S. 127f. – [6] Mistler, Bd. II, S. 184ff. – [7] ebd., S. 185. – [8] Vandal, Bd. II, S. 139. – [9] ebd., S. 34, 39, 597. – [10] Kornilov, S. 195. – [11] Caulaincourt, *With Napoleon in Russia*, Kapitel I. – [12] Méneval, *Memoirs*, Bd. II, S. 808. – [13] Vandal, Bd. III, S. 326. – [14] ebd., S. 2ff. – [15] Kircheisen, *Memoirs of Napoleon I*, S. 195. – [16] Brief vom 19. Dezember 1811, in Napoleon, *Letters*, S. 263; Palmer, Alan, *Napoleon in Russia*, S. 31. – [17] Brief vom 20. Dezember 1811. – [18] Guérard, *French Civilization in the 19th Century*, S. 76. – [19] Édouard Driault, in Geyl, Napoleon: *For and Against*, S. 311. – [20] Caulaincourt, S. 25. – [21] Fouché, *Memoirs*, Bd. II, S. 85f. – [22] Briefe vom 1. November 1811, in Napoleon, Letters, S. 259f. – [23] Kircheisen, S. 196. – [24] Méneval, Bd. III, S. 894. – [25] Taine, *Modern Regime*, S. 37; Vandal, Bd. III, S. 343. – [26] Mistler, Bd. II, S. 202. – [27] ebd., S. 449. – [28] ebd., S. 204. – [29] Palmer, Alan, *Napoleon in Russia*, S. 48. – [30] *Napoleon in Russia*, S. 48. – [30] Napoleon, *Letters*, S. 270 (14. Juli 1812). – [31] Lefebvre, *Napoleon*, Bd. II, S. 314. – [32] Herold (Hrsg.), *The Mind of Napoleon*, S. 205. – [33] Napoleon, *Letters*,

S. 271. – [34] ebd., Notiz von J. M. Thompson. – [35] Palmer, Alan, *Napoleon in Russia*, S. 81. – [36] Kircheisen, S. 188. – [37] Mistler, Bd. II, S. 207. – [38] Palmer, Alan, *Napoleon in Russia*, S. 113. – [39] Zeugnis von Napoleons Arzt in Mestivier, in Delderfield, *The Retreat from Moscow*, S. 62. – [40] Caulaincourt, S. 152. – [41] Lefebvre, *Napoleon*, Bd. II, S. 3. – [42] Caulaincourt, S. 152. – [43] Méneval, Bd. III, S. 859. – [44] Strakhovsky, *Alexander I of Russia*, S. 94. – [45] Las Cases, Bd. III, S. 167. – [46] ebd., S. 172. – [47] EB, Bd. XV, S. 878c. – [48] Delderfield, S. 82. – [49] Caulaincourt, S. 122; Lefebvre, Bd. II, S. 315. – [50] Napoleon, *Letters*, S. 273. – [51] Mistler, Bd. II, S. 210. – [52] Méneval, Bd. III, S. 865. – [53] Caulaincourt, S. 132; Kircheisen, S. 199. – [54] Palmer, Alan, *Napoleon in Russia*, S. 177. – [55] Caulaincourt, S. 41. – [56] Méneval, Bd. III, S. 871; Kircheisen, S. 200. – [57] Strakhovsky, S. 138. – [58] Caulaincourt, S. 192. – [59] Méneval, Bd. III, S. 887. – [60] ebd., Bd. III, S. 373; Delderfield, S. 109ff. – [61] Palmer, Alan, *Napoleon in Russia*, S. 221. – [62] ebd., S. 222. – [63] Méneval, Bd. III, S. 874ff.; Caulaincourt, S. 230; Mistler, Bd. II, S. 212. – [64] Caulaincourt, S. 261. – [65] Delderfield, S. 175. – [66] Mistler, Bd. II, S. 215. – [67] Caulaincourt, S. 325. – [68] Bartlett's *Familiar Quotations*, 13. Auflage, S. 399. – [69] Méneval, Bd. III, S. 888.

III. BUCH, KAPITEL 2

[1] EB, Bd. XVI, S. 25a. – [2] Strakhovsky, *Alexander I of Russia*, S. 141. – [3] Thiers, *History of the Consulate and the Empire*, Bd. VIII, S. 338. – [4] Francke, *History of German Literature*, S. 492. – [5] Thiers, *History of the Consulate and the Empire*, Bd. VIII, S. 435f. – [6] ebd. – [7] Caulaincourt, *Memoirs*, Bd. II, S. 213, in Herold (Hrsg.), *Mind of Napoleon*, S. 195. – [8] Mistler, *Napoleon et l'Empire*, Bd. II, S. 217. – [9] Lefebvre, *Napoleon*, Bd. II, S. 329. – [10] Madelin, *Consulate and Empire*, Bd. II, S. 214. – [11] ebd., S. 217. – [12] Mistler, Bd. II, S. 221. – [13] ebd., S. 221f.; Thiers, Bd. IX, S. 130ff.; Las Cases, Bd. III, S. 223f. – [14] Thiers, Bd. IX, S. 155; Mistler, Bd. II, S. 222. – [15] Kircheisen, *Memoirs of Napoleon I*, S. 203; Las Cases, Bd. III, S. 278. – [16] Mistler, Bd. II, S. 225a. – [17] Thiers, Bd. IX, S. 259. – [18] Lefebvre, Bd. II, S. 390; Thiers, Bd. IX, S. 276. – [19] ebd., S. 283. – [20] Madelin, Bd. II, S. 258. – [21] ebd., S. 266. – [22] Méneval, Bd. III, S. 952; Madelin, Bd. II, S. 265; Thiers, Bd. IX, S. 353. – [23] ebd., S. 365. – [24] ebd., S. 369. – [25] Fain, Agathon, *Memoirs of the Invasion of France by the Allied Armies*, S. 79ff. – [26] Mistler, Bd. II, S. 236. – [27] ebd., S. 239. – [28] Fain, S. 107. – [29] Méneval, Bd. III, S. 244. – [30] Thiers, Bd. X, S. 139. – [31] Mistler, Bd. II, S. 245ff. – [32] Thiers, Bd. X, S. 138. – [33] Fain, S. 271. – [34] Bertrand, H., *Napoleon at St. Helena*, S. 53. – [35] Fain, S. 257. – [36] Mistler, Bd. II, S. 249. – [37] Mossiker, *Napoleon and Josephine*, S. 375. – [38] Petersen (Hrsg.), *Treasury of the World's Great Speeches*, S. 324. – [39] Méneval, Bd. III, S. 1047; Fain, S. 268. – [40] Ortzen, *Imperial Venus*, S. 157.

III. BUCH, KAPITEL 3

[1] EB, Bd. XIV, S. 346d. – [2] Thiers, *History of the Consulate and the Empire*, Bd. X, S. 317. – [3] ebd., S. 443; Lefebvre, *Napoleon*, Bd. II, S. 360. – [4] Brion, *Daily Life in the Vienna of Mozart and Schubert*, S. 173ff. – [5] Thiers, Bd. XI, S. 70. – [6] ebd., S. 160. – [7] Mistler, *Napoleon et l'Empire*, Bd. II, S. 251. – [8] ebd., S. 253; Rose, *Personality of Napoleon*, S. 230. – [9] Mistler, Bd. II, S. 253. – [10] Rose, S. 332; Goodrich, F., *The Court of Napoleon*, S. 363. – [11] Rose, S. 336. – [12] Thiers, Bd. XI, S. 170. – [13] ebd., S. 172. – [14] ebd., S. 173. – [15] Mistler, Bd. II, S. 260. – [16] Gourgaud, *Journal*, 4. Jan. 1817. – [17] Thiers, Bd. XI, S. 184. – [18] ebd., S. 196; Mistler, Bd. II, S. 261. – [19] Thiers, Bd. XI, S. 199ff. – [20] ebd., S. 215. – [21] Houssaye, Henri, *La Premiere Abdication*, S. 305. – [22] Thiers, Bd. XI, S. 235. – [23] ebd., S. 268. – [24] Mistler, Bd. II, S. 267. – [25] Lefebvre, Bd. II, S. 363. – [26] Thiers, Bd. XI, S. 437f. – [27] Las Cases, Bd. IV, S. 110. – [28] Fouché, *Memoirs*, Bd. II, S. 246. – [29] Madelin, *Consulate and Empire*, Bd. II, S. 412. – [30] Houssaye, 1815: *Waterloo*, S. 17. – [31] Las Cases, Bd. II, S. 5. – [32] Gourgaud, *Journal*, Bd. I, S. 93. – [33] Thiers, Bd. 11, S. 481. – [34] Byron, *Childe Harold's*

Pilgrimage. – [35] Houssaye, 1815: *Waterloo*, S. 80f. – [36] Mistler, Bd. II, S. 221. – [37] dto. – [38] Houssaye, S. 91. – [39] EB, Bd. XXII, S. 286. – [40] Longford, *Wellington*, S. 438. – [41] Howarth, *Waterloo*, S. 52, 55f. – [42] Mac Laurin, C., *Post Mortem*, S. 224f. – [43] Houssaye, 1815: *Waterloo*, S. 255. – [44] Mistler, Bd. II, S. 276. – [45] Longford, S. 472. – [46] Madelin, Bd. II, S. 457. – [47] Howarth, *Waterloo*, S. 144. – [48] Longford, S. 472. – [49] Kircheisen, *Memoirs of Napoleon I*, S. 223. – [50] Houssaye, 1815: *Waterloo*, S. 212. – [51] ebd., S. 221. – [52] Houssaye, 1815: *La Seconde Abdication*, S. 113. – [53] Houssaye, 1815: *Waterloo*, S. 216, 224.

III. BUCH, KAPITEL 4

[1] Kircheisen, *Memoirs of Napoleon I*, S. 225. – [2] Houssaye, 1815: *La Seconde Abdication.* – [3] Constant, Benjamin, *Memoirs sur les Cent Jours*, in Houssaye, S. 46. – [4] Brief vom 19. Juni, in Letters, S. 307. – [5] Houssaye, 1815: *La Seconde Abdication*, S. 10. – [6] ebd., S. 61; Mistler, Bd. II, S. 282. – [7] Houssaye, S. 199. – [8] *Letters*, S. 398 (25. Juni 1815). – [9] Houssaye, S. 194, 215. – [10] Las Cases, Bd. I, S. 15f. – [11] CMH, Bd. IX, S. 644. – [12] Houssaye, S. 337ff. – [13] ebd., S. 160ff. – [14] Talleyrand, *Memoirs*, Einführung von de Broglie. – [15] Bartlett's Quotations, S. 384. – [16] Talleyrand, Bd. I. – [17] Lefebvre, *Napoleon*, Bd. II, S. 367. – [18] Houssaye, S. 561. – [19] Mistler, Bd. II, S. 285. – [20] Houssaye, S. 396. – [21] Nach der Originalkopie in der Royal Library zu Windsor. – [22] Las Cases, Bd. I, S. 26. – [23] Rosebery, *Napoleon: The Last Phase*, Anhang I. – [24] Thiers, *History of the Consultate and the Empire*, Bd. XII, S. 305. – [25] ebd., S. 313.

III. BUCH, KAPITEL 5

[1] Kircheisen, *Memoirs of Napoleon I*, S. 260. – [2] Las Cases, Bd. I, S. 262. – [3] ebd., S. 266f. – [4] Las Cases, Bd. II, S. 247; Bd. III, S. 115. – [5] Mistler, *Napoleon le l'Empire*, Bd. II, S. 292a; Rosebery, *Napoleon: The Last Phase*, S. 172. – [6] Las Cases, Bd. III, S. 21. – [7] ebd., Bd. II, S. 40; Rosebery, S. 152. – [8] Las Cases, Bd. II, S. 93. – [9] Thiers, *History of the Consulate and the Empire*, Bd. XII, S. 334. – [10] ebd., S. 335. – [11] Las Cases, Bd. II, S. 386. – [12] ebd., Bd. III, S. 139. – [13] Rosebery, S. 109. – [14] ebd., S. 109; Las Cases, Bd. III, S. 158; Thiers, Bd. XII, S. 338. – [15] Las Cases, Bd. II, S. 4. – [16] ebd., Bd. II, S. 139; Rosebery, S. 89. – [17] EB, Bd. II, S. 536a. – [18] Bertrand, H., *Napoleon at St. Helena*, S. 201. – [19] Rosebery, S. 40, 93. – [20] Las Cases, Bd. I, S. 120; Bd. II, S. 322. – [21] Rosebery, S. 53. – [22] Mistler, Bd. II, S. 288c; Bertrand, S. 249. – [23] ebd., S. 248. – [24] Kircheisen, S. 224. – [25] Rosebery, S. 180. – [26] Kircheisen, S. 275. – [27] Gourgaud, *Journal*, 23. April 1816. – [28] Gourgaud, Bd. I, S. 415. – [29] Rosebery, S. 175. – [30] Kircheisen, S. 227. – [31] dto. – [32] ebd., S. 224. – [33] Mistler, Bd. II, S. 8. – [34] Herold, *Mind of Napoleon*, S. 248. – [35] CMH, Bd. IX, S. 762; Herold, S. 66. – [36] Las Cases, Bd. IV, S. 107. – [37] Herold, S. 66. – [38] Las Cases, Bd. IV, S. 75. – [39] Gourgaud, Bd. II, S. 75; Bd. I, S. 567ff.; Bd. III, S. 315; Las Cases, Bd. IV, S. 74. – [40] ebd., S. 78. – [41] Bd. II, S. 120. – [42] Bertrand, S. 112. – [43] Las Cases, Bd. I, S. 236. – [44] Thiers, Bd. XII, S. 370. – [45] ebd., S. 377. – [46] Mistler, Bd. II, S. 320. – [47] Gourgaud, Bd. I, S. 150. – [48] Herold, *Mind of Napoleon*, Einführung. – [49] MacLaurin, *Post Mortem*, S. 211ff. – [50] Bertrand, S. 130. – [51] ebd., S. 124. – [52] Las Cases, Bd. IV, S. 400. – [53] ebd., S. 411. – [54] Kircheisen, S. 269. – [55] Gibbon, Edward, *Decline and Fall of the Roman Empire*, Bd. I, S. 250. – [56] Gourgaud, Bd. I, S. 440. – [57] ebd., Bd. II, S. 437. – [58] Bertrand, S. 125. – [59] Gourgaud, Bd. II, S. 405; Rosebery, S. 191. – [60] Gourgaud, Bd. II, S. 431. – [61] Thiers, Bd. XII, S. 366. – [62] ebd., S. 384. – [63] Bertrand, S. 200, 210. – [64] Marquis Charles de Montholon, *Histoire de la captivité de Ste.-Hélène*, Bd. II, S. 103, in Herold, *Mind of Napoleon*, S. 17. – [65] Martineau, Gilbert, *Napoleon's St. Helena*, S. 215. – [66] Bertrand, S. 235; MacLaurin, *Post Mortem*, S. 215; Rosebery, S. 240. – [67] MacLaurin, S. 216.

III. BUCH, KAPITEL 6

[1] Horne, R. H., *History of Napoleon*, Bd. II, S. 55. – [2] Méneval, Bd. II, S. 1025. – [3] EB, Bd. XV, S. 1004. – [4] Ortzen, *Imperial Venus*, S. 69, 92. – [5] ebd., S. 83. – [6] EB, Bd. III, S. 900b. – [7] Thiers, *History of the Consulate and the Empire*, Bd. X, S. 411; Mossiker, *Napoleon and Josephine*, S. 399. – [8] Méneval, Bd. III, S. 1059. – [9] Mistler, *Napoleon et l'Empire*, Bd. II, S. 304. – [10] in Geyl, S. 33. – [11] O'Meara, B., *Napoleon in Exile*, S. 176, 363. – [12] Las Cases, Bd. III, S. 179. – [13] in Hutt, M., *Napoleon*, S. 77. – [14] Chateaubriand, *Memoirs*, (Hrsg. Baldick), S. 300. – [15] Horne, *Anhang*, S. 2. – [16] ebd., S. 16. – [17] Thackeray, «*The Second Funeral of Napoleon*», in Roundabout Papers.

PERSONENVERZEICHNIS

A

Acton, Sir John Francis Edward (1736–1811), 259, 261
Adams, Samuel (1722–1803), 65
Addington, Henry (1757–1844), 234
Addison, Joseph (1672–1719), 98
Ahorn, Lucas, 408
Albrechtsberger, Johann Georg (1736–1809), 290
Alexander I. (Aleksandr Pawlowitsch) Zar von Rußland (1801–1825), 281, 321, 325, 329, 410, 412ff., 417ff., 427, 430ff., 438ff., 442, 445f., 448, 451ff., 460ff., 464, 466, 471, 473ff., 481ff., 490, 505, 517, 527
Alexander II. (Alexandr Nikolajewitsch) Zar von Rußland (1855–1881), 421
Alexejew, Fjodor, 426
Ali Pascha (1741–1822), 157, 410
Alfieri, Vittorio (1749–1803), 269f.
Allen, Robert, 117
Alten, Karl August von (1764 bis 1840), 499
Althorp, Lord John Charles Spencer (1782–1845), 53
Amelia, Tochter Georgs III., 39, 240
Antommarchi, Francesco (1780? bis 1838), 521, 523
Araktschejew, Graf Alexij (1769 bis 1834), 433
Arco della Pace, Luigi Cagnolas, 272
Aristoteles (384–322 v. Chr.), 395
Arndt, Ernst Moritz (1769 bis 1860), 359, 452, 461
Arnim, Achim von (1781–1831), 362
Arnim, Bettina von (1785 bis 1859), siehe Brentano, Bettina
Arnott, Archibald (1771–1855), 18, 521, 523
Anstein, Nathan von, 283
Artois, Comte d', 478f.
Äschylos, 187
Augereau, Pierre-François-Charles (1757–1816), 444, 466
Aurel, Mark, 277
Austen, Jane (1775–1817), 46, 54, 100f., 103

B

Bacciocchi, Felice Pasquale (1762–1841), 477
Bach, Johann Christian (1735 bis 1782), 291
Bach, Johann Sebastian (1685 bis 1750), 283, 290, 305
Bacon, Sir Francis (1561–1626), 155, 334, 371
Baggesen, Jens Immanuel (1764 bis 1826), 407f.
Bagration, Katharina, 281
Bagration, Fürst Pjotr Iwanowitsch (1765–1812), 446ff., 450
Baillie, Matthew (1761–1823), 166
Bakunin, Alexander Pawlowitsch, 427
Bakunin, Michail Alexandrowitsch (1814–1876), 427
Balcombe, William, 511
Ball, Sir Alexander (1759–1809), 135
Ballantyne, James (1772–1833), 215ff.
Ballantyne, John (1774–1821), 215ff.
Banks, Sir Joseph (1743–1820), 72, 74, 77
Bartholdy, J. S. (1779–1825), 340
Basire, James (1730–1802), 104
Bauer, Bruno (1809–1882), 396
Beatty, Sir William († 1842), 237
Beauharnais, Eugène de (1781 bis 1824), 263, 444, 522
Beauharnais, Hortense de (1783 bis 1837), 475, 490, 503f., 527
Beauharnais, Josephine, siehe Josephine
Beaupuis, Michel de (1755 bis 1796), 112
Beccaria, Cesare Bonesana (1738 bis 1794), 96, 258, 260, 278
Becker, 504
Beckford, William, 61f.
Beethoven, Johann van († 1792), 287, 289f., 294, 308
Beethoven, Caspar Karl van (1774–1815), 287, 290, 294, 304
Beethoven, Karl van (* 1807), 304f., 307f.
Beethoven, Ludwig van (1770 bis 1827), 283ff., 295ff., 309, 319, 333, 341, 362, 396, 482
Beethoven, Nikolaus Johann van (1776–1848), 287
Beethoven, Theresia van, 304
Behn, Aphra (1640–1689), 51
Bell, Andrew (1753–1832), 43
Bell, Charles (1774–1842), 78
Bellingham, John († 1812), 240
Bennigsen, Levin (1745–1826), 446, 466
Bentham, Jeremy (1748–1832), 27, 36, 40, 50, 72, 86, 93ff., 213, 283
Bentinck, William Cavendish, Herzog von Portland, 239

Béranger, Pierre de (1780–1857), 528
Beresford, William Carr, später Viscount Beresford (1768 bis 1854), 253
Bergson, Henri (1859–1941), 381
Berkeley, George (1685–1753), 155, 371
Berlioz, Hector (1803–1869), 272
Bernadotte, Jean-Baptiste-Jules (1763?–1844), 292, 369, 402f., 462, 465f., 470
Bernard, Sir Thomas, 79
Bernardi, Sophie, 367
Bernhard, Prinz von Sachsen-Weimar (1792–1862), 496
Bernini, Giovanni Lorenzo (1598 bis 1680), 425
Berthier, Louis-Alexandre (1753 1815), 261, 454, 464
Berthollet, Claude-Louis (1748 bis 1822), 77
Bertrand, Graf Henri Gratien (1773–1844), 463, 466, 477, 490, 503, 510, 512f., 515, 517f., 520, 522f., 529, 531
Berzelius, Jöns Jakob (1779 bis 1848), 402
Bessborough, dritter Earl of, 161
Bickell, Maria, 67
Bigot, Marie, 299
Bismarck, Otto von (1815 bis 1898), 315, 483
Blackstone, Sir William (1723 bis 1780), 93f.
Blake, Robert († 1787), 105
Blake, William (1757–1827), 18, 49, 54, 64, 99, 104, 105, 106, 107
Blessington, Countess Marguerite of (1789–1849), 165, 206
Blücher, Gebhard Leberecht von (1742–1819), 321, 466f., 470ff., 481, 495ff., 500f., 504f.
Böhme, Jakob (1575–1624), 328, 381
Boissy, Octave Rouillé de Condray, Marquis de (1798 bis 1866), 209
Bonaparte, Caroline, siehe Murat, Caroline
Bonaparte, Charles-Louis-Napoléon, siehe Napoleon III.
Bonaparte, Eugène, 267, 275f., 450f., 458f., 467, 470, 527
Bonaparte, Jérôme (1784–1860), König von Westfalen (1807 bis 1813), 298, 315ff., 400, 447, 467, 504, 525
Bonaparte, Joseph (1768–1844), König von Neapel (1806 bis 1808), König von Spanien (1808–1813), 236, 248f., 252, 254, 263, 264, 265, 266, 267, 271, 275, 469, 473f., 504, 507, 525
Bonaparte, Louis (1778–1846), König von Holland (1806 bis 1810), 438, 527
Bonaparte, Lucien (1775–1840), 503f., 516
Bonaparte, Pauline, siehe Borghese, Pauline
Bonaparte Bacciocchi, Elisa (1777–1820), 272, 526
Bonnefours, 508
Bonnevard, François de, 180
Bonpland, Aimé-Jacques-Alexandre (1773–1858), 337
Borghese, Fürst Camillo (1775 bis 1832), 526
Borghese, Pauline (1780–1825), 273, 477, 485, 526
Borowikowsky, Wladimir (1757 bis 1825), 426
Borrow, George (1803–1881), 247
Bosanquet, Bernard (1848 bis 1923), 396
Boswell, James (1740–1795), 45, 212, 214
Boucher, Chaterine, 104
Boulton, Matthew (1728–1809), 20
Bourmont, Louis-Auguste-Victor de (1773–1846), 488, 496
Bourrienne, Louis-Antoine Fauvelet de (1769–1834), 276, 317
Boyle, Robert (1627–1691), 76
Boynton, Harriet, 176
Bozzaris, Marco (1788?–1823), 206
Brentano, Antonie, 301
Brentano, Bettina, 301, 302, 333
Brentano, Clemens (1778–1842), 362
Brentano, Franz, 301
Breuning, Eleonore von, 289, 293, 294
Breuning, Lorenz von, 289
Breuning, Stephan von, 299
Brogniarts, Alexandre-Théodore (1739–1813), 425
Brougham, Henry (1778–1868), 43, 54, 98
Browning, Robert (1812–1889), 148
Bruce, Thomas, siehe Elgin, Thomas
Brummel, George Bryan «Beau» (1778–1840), 52
Bruné, Guillaume († 1815), 505
Brunswick, Komtesse Theresa von, 300
Bülow, Friedrich Wilhelm von (1755–1816), 498ff.
Bürger, Gottfried (1747–1794), 215
Burke, Edmund (1729–1797), 17, 40, 72, 213f., 218, 225f., 279, 392
Burkhardt, Christina, 383f.
Burney, Frances (Fanny; 1752 bis 1840), 100
Burns, Robert (1759–1796), 107, 212, 215, 224
Byron, Ada (1815–1852), 207, 209
Byron, Augusta Leigh (1783 bis 1852), 154
Byron, Anabella, 162ff.
Byron, Captain John (1756 bis 1791), 153, 154
Byron, Catherine, 154
Byron, John (1723–1786), 153
Byron, George Gordon, Lord (1788–1824), 25, 52, 54, 58, 61f., 88, 98, 133, 136, 144f., 149ff., 153ff., 174, 179ff., 190, 193ff., 214f., 247, 250f., 269, 271, 274, 354, 410f.
Byron, William, fünfte Lord Byron (1722–1798), 153

C

Cadell, Robert (1788–1849), 217
Caird, Edward (1835–1908), 396
Caird, John (1820–1898), 396
Calvert, Raisley, 99

Cambronne, Pierre-Jacques-Étienne (1770–1842), 499
Candolle, Augustin de (1778 bis 1841), 400
Canning, George (1770–1827), 41, 239, 240, 406
Canova, Antonio (1757–1822), 272ff., 339, 408, 426, 526
Caracciolo, Francesco (1752 bis 1799), 260ff.
Carey, Ann, 56
Carlyle, Thomas (1795–1881), 23, 25, 91, 110, 134, 357, 393
Carmarthen, Lady Amelia D'Arcy Osborne († 1784), 154
Carnot, Lazare (1753–1823), 219, 492
Caroline, Prinzessin von Braunschweig (1768–1821), 39
Carpentier, Julie von, 365
Castlereagh, Robert Stewart, Viscount (1769–1822), 239, 482f., 505
Cathcart, Sir William Schaw, erster Earl Cathcart (1755 bis 1843), 464
Caulaincourt, Armand-Augustin-Louis de (1772–1827), 421, 441, 443, 445, 448, 450, 454, 457f., 464f., 468, 474f., 490, 502f.
Cavour, Conte Camillo Benso di (1810–1861), 315, 401
Chambers, Sir William (1726 bis 1796), 61f.
Chambers, Mary, 56
Chamisso, Adalbert von (1781 bis 1838), 358
Championnet, Jean Étienne (1762–1800), 261
Charlotte, Prinzessin (1796 bis 1817), 39
Charlotte Sophia, Königin von England, 66
Chatham, 1. Earl of, siehe Pitt, William d. Ä.
Chaucer, 111
Chauvelin, Marquis François-Bernard de (1766–1832), 229
Chaworth, William († 1765), 153
Cimarosa, Domenico (1749 bis 1801), 271
Clarkson, Thomas (1760–1846), 51, 144
Clairmont, Jane (Clara Mary Jane – «Claire»; 1798–1879), 88, 168, 178ff., 185f., 187, 195, 199, 203, 208f.
Clary, Julie, 525
Clementi, Muzio (1752–1832), 271, 291
Cloots, Anacharsis (Jean-Baptiste du Val-de-Grâce; 1755–1794), 82
Cobbett, William (1763–1835), 25, 43, 85, 98
Cockburn, Sir George (1772 bis 1853), 511, 513
Cogni, Margarita, 184
Coleridge, David Hartley (* 1796), 115ff., 132
Coleridge, John (1719–1779), 115
Coleridge, Samuel Taylor (1772 bis 1834), 26, 43, 60, 73, 75f., 79, 88, 98f., 107, 109, 118ff., 126ff., 132ff., 143ff., 168, 198, 201, 215, 224, 226, 229, 316, 380f.
Coleridge, Sara, 118, 126, 128, 132, 148
Collingwood, Cuthbert (1750 bis 1810), 236, 237
Colquhoun, Patrick (1745 bis 1820), 43
Condé, Louis-Joseph de Bourbon, Prince de (1736–1818), 515
Consalvi, Ercole (1757–1824), 268, 482
Constable, Archibald (1774 bis 1827), 99, 217
Constable, John (1776–1837), 54, 58, 63, 65ff.
Constant, Benjamin (1767 bis 1830), 168, 392, 476, 490, 493f., 502
Constant (Constant Véry; 1778 bis 1845), 446
Cookson, William, 113
Copley, John Singleton (1738 bis 1815), 65
Corday, Charlotte (1768–1793), 357
Corneille, Pierre (1606–1684), 506
Cornelius, Peter von (1783 bis 1867), 340
Cottle, Joseph (1770–1853), 99, 122f., 126
Cousin, Victor (1792–1867), 396
Cowper, William (1731–1800), 51, 224
Cramer, Johann Baptist (1771 bis 1858), 291
Croker, John Wilson (1780 bis 1857), 40
Crome, John (1768–1821), 65f.
Cromwell, Oliver, Lord Protector (1653–1658), 66, 516
Crosby, Richard, 101
Curran, John Philpot (1750 bis 1817), 221
Curran, Sarah, 221
Czartoryski, Fürst Adam Jerzy (1770–1861), 420, 422, 431, 481
Czerny, Karl (1791–1857), 305, 309

D

Dalberg, Karl Theodor von, Erzbischof und Kurfürst von Mainz (1744–1817), 314
Dale, David (1739–1806), 26, 29
Dallas, Robert (1754–1824), 198
Dalton, John (1766–1844), 26, 73, 75f., 402
Dalrymple, Sir Hew Whitefoord (1750–1830), 251
Damas, Roger de (1765–1823), 464
Dannecker, Johann Heinrich von (1758–1814), 339
Danton, Georges-Jacques (1759 bis 1794), 117
Darwin, Charles (1809–1892), 78, 93
Darwin, Erasmus (1731–1802), 78, 137
David, Jacques-Louis (1748 bis 1825), 274, 340
Davies, Scrope, 168
Davout, Louis-Nicolas (1770 bis 1823), 444, 450, 454f., 479, 493, 503
Davy, Sir Humphry (1778 bis 1829), 73, 76f., 137
Degas, Edgar (1834–1917), 71
Demokrit (um 400 v. Chr.), 76, 371, 395
De Quincey, Thomas (1785 bis 1859), 79, 110, 135, 147f.

Descartes, Renée (1596–1650), 371
Desmoulins, Camille (1760 bis 1794), 117
Devrient, Ludwig (1784–1832), 344f.
Deym, Gräfin Josephine von, 299
Diderot, Denis (1713–1784), 349, 361
Dillon, Charles Dillon, zwölfter Viscount († 1813), 515
Disraeli, Benjamin (1804–1881), 42
Disraeli, Isaac (1766–1848), 42
Dombrowski, Jan Henryk (1755 bis 1818), 456
Dönhoff, Gräfin Sophie, 319
Douglas, Charles, 114
Drouet d'Erlon, Comte Jean-Baptiste (1765–1844), 496ff.
Dryden, John (1631–1700), 103
Dumont, Pierre-Étienne-Louis (1759–1829), 97
Duphot, Léonard (1769–1797), 261
Dürer, Albrecht (1471–1528), 340

E

Eckermann, Johann Peter (1792 bis 1854), 354
Edgeworth, Maria (1767–1849), 100
Egremont, Sir George O'Brien Wyndham, dritter Earl of (1751–1837), 45, 60, 70
Eichendorff, Joseph von (1788 bis 1857), 360
Ekenhead, William, 158
Elgin, Thomas Bruce, siebter Earl of (1766–1814), 61
Eliot, George (Mary Ann Evans; 1819–1880), 216
Elisabeth I., Königin von England und Irland (1558–1603), 58, 98, 168
Emerson, Ralph Waldo (1803 bis 1882), 151
Emmet, Robert (1778–1803), 221
Emmet, Thomas Addis (1764 bis 1827), 221
Epsteins, Sir Jacob (1880–1959), 107
Erdmann, Johann Eduard (1805 bis 1892), 396
Ernst II., Herzog von Sachsen-Gotha (1772–1804), 312
Erskine, Thomas (1750–1823), 212, 229
Esterházy, Anton, 290
Esterházy, Fürst Miklos Joszef (1714–1790), 286
Esterházy, Fürst Miklós Nicolaus (1765–1833), 286, 297
Eugen, Herzog von Württemberg (1788–1857), 342, 466
Evans, Mary, 118

F

Fain, François (1778–1837), 446
Falconet, Étienne-Maurice (1716 bis 1791), 425
Falier, Giovanni, 272f.
Faraday, Michael (1791–1867), 73, 77
Fawkes, Guy (1570–1606), 41
Feodorowna, Maria, 417
Ferdinand III., Kronprinz von Toscana (1790–1799, 1814 bis 1824), 248f.
Ferdinand IV., König von Neapel (1759–1806, 1815–1825) und als Ferdinand III. König von Sizilien (1806–1815), 233, 257ff., 261f., 264f., 271, 526
Ferdinand VII., König von Spanien (1808, 1814–1833), 255
Feuerbach, Ludwig Andreas (1804–1872), 396
Fichte, Johann Gottlieb (1762 bis 1814), 201, 304, 311, 333ff., 359f., 362, 364, 366, 371ff., 386, 391, 396, 459, 461
Fielding, Henry (1707–1754), 100
Filangieri, Gaetano (1752–1788), 260
Fischer, Kuno (1824–1907), 396
Fitzherbert, Maria Anne (1756 bis 1837), 39
Flaxman, John (1755–1826), 61, 104
Fletcher, William, 156, 158, 208
Foggi, Elise, 185
Foote, Edward, 261f.
Forster, Therese (* 1764), 333
Foscolo, Ugo (1778–1827), 270f.
Fouché, Joseph (1759–1820), 443, 457, 493, 503f., 506
Fox, Charles James (1749–1806), 39, 49, 51, 54, 64, 224f., 239
Fox, Henry, 209
Franklin, Benjamin (1706–1790), 31, 82, 394
Kaiser Franz II., Kaiser (1792 bis 1806) und als Franz I. von Österreich, 263, 279, 281, 298, 312, 314, 445, 462, 471, 473, 481, 491, 505, 535
Freud, Siegmund (1856–1939), 65
Fricker, Edith, 118
Fricker, Sara, siehe Coleridge, Sara
Friederike Louise von Hessen-Darmstadt, 319
Friedrich II. der Große, König von Preußen (1740–1786), 277f., 318f., 328
Friedrich August I., König von Sachsen (1806–1827) und als Friedrich August III. «der Gerechte», Kurfürst (1786 bis 1806), 317f., 445, 463
Friedrich Wilhelm I., König von Preußen (1713–1740), 318
Friedrich Wilhelm II., König von Preußen (1786–1797), 279, 319, 333, 341
Friedrich Wilhelm III., König von Preußen (1797–1840), 320f., 323f., 331, 338, 355, 409, 445, 460ff., 473f., 481, 505
Friedrich Wilhelm IV., König von Preußen (1840–1861), 364, 381
Fries, Jakob Friedrich (1773 bis 1843), 390, 392
Fulton, Robert (1765–1815), 21, 26
Füssli, Johann Heinrich, später Henry Fuseli (1741–1825), 65, 400

G

Galvani, Luigi (1737–1798), 269
Gallenberg, Graf, 299
Gamba, Graf Pietro († 1827), 195f., 206f., 209

Gamba, Graf Ruggero, 195f.
Gainsborough, Thomas (1727 bis 1788), 55
Galilei, Galileo (1564–1642), 271, 394
Garibaldi, Giuseppe (1807 bis 1882), 270, 315
Garrick, David (1717–1779), 54f., 58
Gauss, Karl Friedrich (1777 bis 1855), 336
Genovesi, Antonio (1712–1769), 260
Gentz, Friedrich von (1764 bis 1832), 280f., 350, 355f.
Gentz Heinrich (1766–1811), 339
Georg I., König von England (1714–1727), 316
Georg III., König von England und Irland (1760–1820), 36, 38f., 42, 49f., 65, 224, 229, 231, 240, 316
Georg IV. (George Augustus Frederick, Prince of Wales), König von England, Irland und Hannover (1811–1820 als Prinzregent, 1820–1830 als König), 38, 63
George, Stefan (1868–1933), 359
Gérard, Étienne-Maurice (1773 bis 1852), 472, 497, 499f.
Gibbon, Edward (1737–1794), 62, 117, 170, 180
Gideon, Sampson, 42
Gifford, William (1756–1826), 208
Gillet, Nicolas François († 1791), 425f.
Gillman, Dr. James, 145
Gillray, James (1757–1815), 63
Gleichenstein, Baron von, 299
Glinka, F. N., 430
Gluck, Christoph Willibald (1714–1787), 271, 305
Gneisenau, Graf August Neithardt von (1760–1831), 322, 501
Godoy, Manuel de (1767–1851), 249
Godwin, William (1756–1836), 33, 40, 43, 49, 72, 85ff., 99, 104, 151, 168f., 172ff., 176ff., 185, 199ff., 224, 230
Goethe, Johann Wolfgang von (1749–1832), 107, 117, 196, 201, 300ff., 304, 311f., 333, 341, 346, 349, 351, 353f., 359, 366, 373, 376, 382, 396f., 407, 461
Goldsmid, Abraham (1756? bis 1810), 42
Goldsmid, Benjamin (1753? bis 1808), 42
Goldsmith, Oliver (1728–1774), 54
Golizyn, Fürst Nikolai Borisowitsch († 1865), 305, 307
Gordon, Lady Margaret, 62
Gordon of Gight, Catherine, siehe Byron, Catherine
Görres, Joseph von (1776 bis 1848), 356
Gotthard, J. F., 359
Gourgaud, Gaspard (1783–1852), 471, 494, 503f., 507ff., 516ff., 523, 529, 531
Goya y Lucientes, Francisco José de (1746–1828), 248
Grasmere, Dorothy, 130
Grattan, Henry (1746–1820), 54, 218
Gravina, Admiral Federico Carlos de (1756–1806), 235, 237f.
Green, Thomas Hill (1836 bis 1882), 396
Greene, Nathanael (1742–1786), 82
Grenier, Paul (1768–1827), 503
Grenville, Baron William Wyndham Grenville (1759–1834), 437
Greville, Honorable Charles, 231
Grey, Charles Grey, zweiter Earl (1764–1845), 41, 107, 437
Grillparzer, Franz (1791–1872), 285, 309
Gebrüder Grimm (Jakob, 1785 bis 1863, Wilhelm, 1786 bis 1859), 316, 343, 362
Grouchy, Emmanuel de (1766 bis 1847), 493, 496ff.
Grove, Harriet, 169
Guicciardi, Gräfin Julia Guicciardi-Gallenberg, 292, 300
Guiccioli, Graf Alessandro, 192
Guiccioli, Gräfin Teresa († 1873), 192f., 198, 201, 204f., 209
Gustav III., König von Schweden (1771–1792), 401
Gustav IV., König von Schweden (1792–1809), 402

H

Hamilton, Lady Emma, siehe Lyon, Amy (1761–1815), 149, 231, 233f., 236ff., 261
Hamilton, Horatio Nelson Thompson (1801–1881), 234, 238
Hamilton, Sir William (1730 bis 1803), 231, 233f., 261
Hancock, John (1737–1793), 65
Händel, Georg Friedrich (1685 bis 1759), 305
Hardenberg, Freiherr Georg Friedrich Philipp von, siehe Novalis
Hardenberg, Fürst Karl August von (1750–1822), 322, 324, 364, 392, 481
Hardy, Captain Thomas Masterman (1769–1839), 229, 237
Hartley, David (1705–1757), 78, 128, 212
Hauschkel, Joseph, 342
Haydn, Franz Joseph (1732 bis 1809), 61, 286, 289ff., 295, 298, 305, 342
Hazlitt, William (1778–1830), 57, 85, 91, 99, 147, 149, 151, 367
Hegel, Georg Wilhelm Friedrich (1770–1831), 201, 298, 311, 350, 358, 379ff., 392ff., 532
Heidegger, Martin (1889–?), 387, 396
Heine, Heinrich (1797–1856), 358
Heinrich VIII., König von England (1509–1547), 79, 153, 315
Heinrich, Prinz, Bruder Friedrichs des Großen (1726 bis 1802), 350
Helmholtz, Hermann von (1821 bis 1894), 75
Helvétius, Claude-Adrien (1715 bis 1771), 86, 96, 349, 361
Helyer, William, 169
Heraklit, 103, 395
Herder, Johann Gottfried von (1744–1803), 351f., 366, 407

Herz, Henrietta (1764–1847), 333
Herz, Marcus (1747–1803), 330
Heyne, Christian Gottlob (1729 bis 1812), 365
Hill, Baron Rowland (1772 bis 1842), 499
Hippel, Theodor Gottlieb von (1741–1796), 332
Hobbema, Meindert (1638 bis 1709), 66
Hobbes, Thomas (1588–1679), 371
Hobhouse, John Cam (1786 bis 1869), 155ff., 164ff., 182, 184, 208f.
Hoche, General Louis-Lazare (1768–1797), 219
Hodgson, Francis (1781–1852), 198
Hoffmann, Ernst Theodor Amadeus (1776–1822), 358, 362
Hogarth, William (1697–1764), 45
Hogg, Thomas Jefferson (1792 bis 1862), 169ff., 177, 199, 210
Holbach, Baron Paul-Henri-Dietrich d' (1723–1789), 86, 349, 361
Holcroft, Thomas (1745–1809), 49, 54, 86
Hölderlin, Friedrich (1770 bis 1843), 334, 350, 354, 358, 379, 382
Holland, Lady Elizabeth Fox (1170–1845), 54
Holland, Lord Henry Richard Vassall Fox (1773–1840), 168
Hooker, Richard (1554?–1600), 146
Hoppner, John (1758–1810), 62, 65f., 250
Hoppner, Richard, 186, 194f.
Hotham, Sir Henry (1777–1833), 508, 509
Houdon, Jean-Antoine (1741 bis 1828), 274
Humboldt, Alexander von (1769 bis 1859), 336ff., 503
Humboldt, Wilhelm von (1767 bis 1835), 331, 333f., 337, 355, 366, 481
Hume, David (1711–1776), 89, 155, 212
Hummel, Johann Nepomuk (1788–1837), 309, 341
Hunt, Familie, 206
Hunt, Leigh (1784–1859), 98, 136, 168, 202ff., 210
Huss, John (1369?–1415), 328
Hutcheson, Francis (1694–1746), 96
Hutchinson, John (1694–1746), 130
Hutchinson, Mary, siehe Wordsworth, Mary
Hutchinson, Sara († 1835), 128, 130, 133, 136, 140, 152
Hutton, James (1726–1797), 73
Huyghens, Christian (1629 bis 1695), 75

I

Iffland, August Wilhelm (1759 bis 1814), 344, 345
Imlay, Fanny, 88, 185
Imlay, Gilbert, 48, 185
Inchbald, Elizabeth, 54
Isabella, Königin von Kastilien (1474–1504), Königin von Aragon (1479–1504), 248
Itzig, Fanny, 283

J

Jackson, William (1737?–1795), 219
Jakob II., 41
Jaspers, Karl (1883–1969), 396
Jean Paul (1763–1825), 351, 356f.
Jefferson, Thomas (1743–1826), 31, 85, 95, 533
Jeffrey, Lord Francis (1773 bis 1850), 98, 144
Jenner, Edward (1749–1823), 79f.
Jervis, Sir John, Lord St. Vincent (1735–1823), 232f.
Johann, Erzherzog (1782–1859), 28
Johann VI., König von Portugal (1816–1826), Sohn v. Königin Maria Francisca, 245f.
Johnson, Joseph (1738–1809), 49, 99, 104
Johnson, Samuel (1709–1784), 47
Joinville, François-Ferdinand de Bourbon-Orléans, Prince de (1818–1900), 531
Jones, Robert, 111
Joseph II. (1765–1790), 224, 258f., 277f., 283ff., 330
Josephine, Kaiserin der Franzosen, erste Gemahlin Napoleons I., geb. Tascher de la Pagerie, verw. Vicomtesse de Beauharnais (1763–1814), 64, 444, 458, 475f., 490, 503, 515, 523, 527, 535
Junot, Andoche (1771–1813), 247, 251, 281
Junot, Laure (1784–1838), 281

K

Kalb, Charlotte von (1761 bis 1843), 333, 357
Kant, Immanuel (1724–1804), 122, 138, 201, 311, 329, 330, 334, 350, 359, 371f., 375, 385
Karamsin, Nikolai Michailowitsch (1766–1826), 428f.
Karl I., König von England, Schottland und Irland (1625 bis 1649), 41
Karl II., König von England, Schottland und Irland (1625 bis 1649), 41, 153
Karl III., König von Spanien (1759–1788), 224, 245, 248, 257
Karl IV., König von Spanien (1788–1808), 249
Karl VI., Kaiser (1711–1740), 257
Karl X. (Charles-Philippe, Comte d'Artois), 506, 530
Karl XIII., König von Schweden (1809–1818), 402f.
Karl der Große, König der Franken (768–814), Herrscher des Weströmischen Reiches (800–814) und Kaiser, 258, 265, 277
Karl August, Herzog von Sachsen-Weimar (1775–1828), 344, 349f., 353, 373
Karl Ludwig, Erzherzog (1717 bis 1847), 369
Karl Wilhelm Ferdinand, Herzog von Braunschweig (1780 bis 1806), 112, 336, 349

Katharina II. die Große (1762 bis 1796), 224, 277, 259f., 332, 411ff., 422ff.
Kauffmann, Angelika (1741 bis 1807), 232, 340
Kaunitz, Eleonore von, 280
Kaunitz, Herzog Wenzel Anton von (1711–1794), 281
Kean, Edmund (1787–1833), 56, 167, 345
Kean, Moses, 56f.
Keats, John (1795–1821), 98, 110, 144, 190f., 303, 359
Keith, Viscount George Keith Elphinstone (1746–1823), 509f.
Kellermann, François-Étienne (1770–1835), 466, 499f.
Kemble, Charles (1775–1854), 343
Kemble, Henry (1848–1907), 54
Kemble, John Philip (1757 bis 1823), 54f.
Kemble, Roger (1721–1802), 54
Kemble, Sarah, siehe Siddons, Sarah
Kemble, Stephen (1758–1822), 54
Kempt, Sir James (1764–1854), 499
Kevenich Laym, Maria Magdalena, 287
Kierkegaard, Sören (1813–1855), 387, 396
Kilwarden, Lord Arthur Wolfe (1739–1803), 221
Kinnaird, Douglas James William (1788–1830), 184
Kinsky, Graf, 286
Kiprensky, Orest Adamowitsch (1782–1836), 426f.
Kleist, Heinrich Wilhelm von (1777–1811), 346ff., 354
Klopstock, Friedrich Gottlieb (1724–1803), 127, 349, 407
Knesebeck, Baron Karl Friedrich von dem (1768–1848), 501
Kopernikus, Nikolaus (1473 bis 1543), 137
Koraës, Adamantios (1748 bis 1833), 411
Körner, Karl Theodor (1791 bis 1813), 343, 359, 461
Kosciusko, Thaddeus (1746 bis 1817), 409, 417
Kotschubey, Graf Viktor Pavlowitsch, 319, 420, 423, 431
Kotzebue, August Friedrich Ferdinand von (1761–1816), 346
Kotzebue, Otto von (1787 bis 1846), 354, 358
Kreutzer, Rodolphe (1766 bis 1831), 309
Krüdener, Baronesse Julie von (Barbara Juliane; 1764 bis 1824), 329
Krupp, Friedrich (1787–1826), 327
Krylow, Iwan Andrejewitsch (1769–1844), 429
Kuhn, Sophie von († 1797), 364
Kutusow, Michail, Hilarionowitsch (1745–1813), 427, 452ff., 456f., 459, 462

L

Lafayette, Marie-Joseph-Paul-Gilbert du Motier, Marquis de (1757–1834), 495, 503
Laffitte, Jacques (1767–1844), 504
La Harpe, Frédéric César de (1754–1838), 399, 419f.
Lainé, Joseph-Louis-Joachim (1767–1835), 469
Lamarck, Jean-Baptiste de Monet, Chevalier de (1744 bis 1829), 78
Lamartine, Alphonse de (1790 bis 1869), 209
Lamb, Lady Caroline (1785 bis 1828), 161f., 208f.
Lamb, Charles (1775–1834), 88, 136, 146f.
Lamb, Mary Ann (1764–1847), 88, 145
Lamb, William (1779–1848), 161
Lamballe, Marie-Thérèse de Savoie-Carignan, Princesse de (1749–1792), 279, 506
La Mettrie, Julien Offroy de (1709–1751), 349, 361
Lancaster, Joseph (1778–1838), 43
Landseer, Sir Edwin (1802 bis 1873), 73
Lanfrey, Pierre (1828–1877), 534
Lang, Margarethe, 342
Langhans, Karl Gotthard (1732 bis 1808), 339
Lanjuinais, Comte Jean-Denis (1753–1827), 495
Laplace, Pierre-Simon (1749 bis 1827), 336
Las Cases, Graf Emmanuel Augustin Dieudonné de (1766 bis 1842), 276, 494, 503, 507f., 510ff., 518, 520, 522, 529, 531
Lavoisier, Antoine-Laurent (1743 bis 1794), 74, 402
Law, Jacques, Marquis de Lauriston (1768–1828), 441
Lawrence, Sir Thomas (1769 bis 1830), 66, 69, 495
Leclerc, Charles-Victor-Emmanuel (1772–1802), 526
Lecourbe, Claude-Jacques (1759 bis 1895), 488
Lefebvre, Georges, 444, 475, 534
Leibniz, Gottfried Wilhelm von (1646–1716), 316
Leigh, Augusta (1783–1852), 164ff., 207ff.
Leigh, George, 163
Leigh, Medora (* 1814), 163
Leonardo da Vinci (1452–1519), 69
Leopardi, Herzog Giacomo (1798–1837), 270
Leopold II., 258, 260, 277ff., 284f.
Lermontow, Michael Yuriewitsch (1814–1841), 428
Lespinasse, Julie de (1732–1776), 49
Lessing, Gotthold Ephraim (1729 bis 1781), 312, 316, 340, 346, 349, 363
Leukipp (um 450 v. Chr.), 76
Levin, Rachel, 331, 333, 367
Lewis, Matthew «Monk» (1775 bis 1818), 100
Lichnowsky, Fürst Karl (1753 bis 1815), 286, 290, 292
Lichnowsky, Familie, 306
Lichtenberg, Georg Christoph (1742–1799), 329
Ligne, Prince Charles-Joseph de (1735–1814), 416, 424

Lincoln, Abraham (1809–1865), 421
Linnell, John (1792–1882), 107
Liverpool, Lord Robert Blanks Jenkinson (1770–1828), 25
Llorente, Juan Antonio (1756 bis 1823), 248
Lobau, Georges Mouton, Comte de (1770–1838), 499f.
Lobkowitz, Fürst Jose Fran (1772–1816), 286, 291, 298
Locke, John (1632–1704), 51, 155
Longfellow, Henry Wadsworth (1807–1882), 358
Longman, Thomas Norton (1771 bis 1842), 99
Longwood, 513
Lonsdale, Lord, 139
Lorrain, Claude (1600–1682), 71
Louis Ferdinand, Prinz (1772 bis 1806), 320, 333, 341
Louis, Baron Joseph Dominique (1755–1837), 479
Louis Philippe Joseph, Herzog von Orleans, Philippe-Égalité, (1830–1848), 530f.
Lovell, Robert, 118
Lowe, Sir Hudson (1769–1844), 513ff., 518, 520, 524
Lowther, Sir James, Earl of Lonsdale (1757–1844), 110ff., 130f.
Lowther, Sir William, Earl of Lonsdale (1757–1844), 130
Ludwig I. von Bayern (1825 bis 1848), 356
Ludwig, Herzog von Württemberg, 342
Ludwig XIV. (1643–1715), 40
Ludwig XV. (1715–1774), 245, 478
Ludwig XVI. (1774–1792), 82, 224, 229, 246, 279, 318, 351, 353, 401f., 404, 408, 478, 530, 534
Ludwig XVII., 478
Ludwig XVIII. (1814–1815, 1815 bis 1824), 38, 468, 478ff., 482, 488ff., 493, 504f., 506ff., 529, 534
Luise Elisabeth von Baden-Durlach (Jelisaweta Alexejewna), 419
Luise, Königin von Preußen, 329
Lushington, Stephen Dr. (1782 bis 1873), 168
Lyon, Amy, siehe Hamilton, Emma, 231

M

Macaulay, Thomas Babington (1800–1859), 392
Macaulay, Zachary (1768–1838), 51
Macdonald, Alexandre (1765 bis 1840), 466, 475
Machiavelli, Niccolo (1469 bis 1517), 200, 271, 383
Mack (Mack von Leiberich), Baron Karl (1752–1828), 261
Mackintosh, Sir James (1765 bis 1832), 26, 213f., 227
Maclure, William (1763–1840), 30f.
Macpherson, James (1736–1796), 104, 107
Macri, Theresa, 157
Mahmud II., Sultan (1808–1839), 410, 412
Maitland, Frederick (1777 bis 1839), 508f.
Malet, Claude François de (1754 bis 1812), 454
Malfatti, Johann (1775–1859), 308
Malfatti, Therese, 299
Malthus, Daniel († 1800), 89
Malthus, Thomas Robert (1766 bis 1834), 25ff., 30, 72, 89ff., 200
Manet, Edouard (1832–1883), 71
Manzoni, Alessandro (1785 bis 1873), 401
Marchand, Louis-Joseph-Narcisse (1791–1876), 522, 531
Maret, Hugues-Bernard (1763 bis 1839), 448, 485
Maria Amalia von Österreich (1746–1804), 277
Maria Carolina von Österreich, Königin von Neapel (1752 bis 1814), 233, 257, 259, 277
Maria I. Francisca, Königin von Portugal (1777–1816), 245f.
Maria Ludovica von Modena (1787–1816), 445
Maria Luisa von Parma, Frau Karls IV., (1751–1819), 249
Maria Theresia, Kaiserin von Österreich, Ungarn und Böhmen (1740–1780), 257, 277, 284, 288, 332
Maria Theresia von Neapel († 1807), 445
Marie Antoinette (1755–1793), 224, 233, 277ff.
Marie Louise, Kaiserin von Frankreich (1791–1847), 274, 282, 445, 449, 458, 463f., 473ff., 484f., 489, 527
Markos, Iwan, 426
Marmont, Auguste-Frédéric-Louis Viesse de (1774–1852), 254, 463, 466, 470ff.
Marx, Karl (1818–1883), 26, 252, 352, 386f., 396, 427
Masterman, Thomas, 237
Mavrokordatos, Fürst Alexandros (1791–1865), 206f.
Maximilian, Kurfürst von Köln (1784–1801), 288
Maximilian I. Joseph, König von Bayern (1806–1825), 74
Maximilian von Österreich, Erzherzog (1782–1863), 28
Mazzini, Giuseppe (1805–1872), 270, 315
Mecklenburg-Strelitz, Luise von, 320
Medwin, Thomas (1788–1869), 202
Melbourne, Lady, 161ff.
Melbourne, Lord, 161
Mendelssohn, Brendel, später Dorothea von Schlegel (1763 bis 1839), 331, 333, 362, 367ff., 376
Mendelssohn, Felix (1809–1847), 362
Mendelssohn, Moses (1729 bis 1786), 330
Méneval, Claude-François (1778 bis 1850), 446, 454, 463, 522
Mengs, Anton Raphael (1728 bis 1779), 232, 340
Metternich, Franz Georg Karl von (1746–1818), 280
Metternich, Klemens Wenzel Lothar von (1773–1859), 54, 280f., 320, 356, 445, 459, 464f., 481ff.
Meyerbeer, Giacomo (1791 bis 1864), 341

Michaelis, Caroline, siehe Schelling, Caroline von
Michelangelo, Buonarroti (1475 bis 1564), 64, 271, 425
Michelet, Jules (1798–1874), 396, 401, 534
Milbanke, Anabella, siehe Byron, Anabella
Milbanke, Lady Judith († 1822), 166
Milbanke, Sir Ralph, 167
Mill, James (1773–1836), 40, 43, 93, 97, 213
Mill, John Stuart (1806–1873), 40, 93, 97
Milner, Emily, 164
Miloradowitsch, Michail (1771 bis 1825), 450
Milton, John (1608–1674), 84, 111, 131, 139, 151, 183, 193f.
Miollis, François (1759–1828), 266
Mirabeau, Honoré-Gabriel-Victor Riqueti, Comte de (1749 bis 1791), 329, 331
Mollien, François-Nicolas (1758 bis 1850), 479
Moncey, Bon-Adrien-Jeannot de (1754–1812), 475
Monet, Claude (1840–1926), 71
Montagu, Basil (1770–1851), 114, 115, 136
Montagu, Lady Mary Wortley (1689–1762), 80
Montaigne, Michel Eyquem de (1533–1592), 75, 392
Montferrand, Ricard de (1786 bis 1858), 425
Montholon, Comte Charles-Tristan de (1738–1853), 503, 510ff., 514, 517f., 522f., 529
Montholon, Comtesse Albinie de, 510, 512
Monti, Vincenzo (1754–1828), 270
Moore, Sir John (1761–1809), 252
Moore, Thomas (1779–1852), 38, 54, 99, 136, 150, 159, 164, 193, 208, 218
More, Hannah (1745–1833), 41, 43
Moreau, Jean-Victor (1763 bis 1813), 464, 466
Morelli, Cosimo (1732–1810), 272
Morgan, J. Pierpont (1837 bis 1913), 64
Mortier, Edouard-Adolphe (1768 bis 1835), 470, 472f.
Mozart, Leopold (1719–1787), 288
Mozart, Wolfgang Amadeus (1756–1791), 62, 271, 284f., 288f., 292, 295, 305, 312, 319, 341f.
Müller, Adam Heinrich (1779 bis 1829), 347
Müller, Johannes von (1752 bis 1809), 316, 350, 399f.
Murat, Caroline (Caroline Bonaparte; 1782–1839), 526
Murat, Joachim (1767–1815), König von Neapel (1805 bis 1815), 249, 264f., 271, 275, 315, 444, 449ff., 457f., 466f., 470, 526
Murawiow, Michail Nikitsch (1757–1807), 419, 422
Murillo, Bartolomé Esteban (1617–1862), 248
Murray, Alexander (1775–1813), 43
Murray, John (1778–1843), 98f., 181, 184, 194, 199, 208

N

Napoleon I. (1769–1821), 17ff., 31, 33f., 38, 62f., 74, 76f., 101, 131, 133, 156, 165, 198, 200, 220ff., 233ff., 238ff., 246f., 249f., 252ff., 260ff., 273ff., 281, 287, 292, 296, 303, 311, 313ff., 323ff., 328, 330, 333ff., 337, 339, 347, 349, 354ff., 359, 368f., 379, 383, 394, 397, 399f., 402ff., 406f., 409f., 417f., 421, 423f., 427f., 430ff., 437ff., 478ff., 483ff., 493ff., 520, 523ff., 530ff.
Napoleon III. (1852–1871), 525, 527
Narbonne-Lara, Comte Louis de (1755–1813), 445, 464
Nash, John (1752–1835), 62f.
Neipperg, Graf Adam Adalbert von (1775–1829), 527f.
Nelson, Horatio (1758–1805), 17, 21, 66, 149, 223, 230, 232f., 235ff., 261f., 405
Nesselrode, Graf Karl Robert (1780–1862), 481
Newton, John, 75, 137, 176, 336
Ney, Michel (1769–1815), 444, 450, 455f., 464ff., 470, 475, 488f., 493, 496ff., 506, 530
Niccolini, Antonio (1772–1850), 272
Niebuhr, Barthold Georg (1776 bis 1831), 335
Nietzsche, Friedrich Wilhelm (1844–1900), 347
Nikolaus I. (1825–1855), 28, 425
Norfolk, Charles Howard, Herzog von (1746–1815), 56
Novalis, Freiherr Georg Friedrich Philipp von Hardenberg (1772–1801), 304, 354, 364ff.
Nowikow, Nikolai Ivanowitsch (1744–1818), 417
Nowosiltow, Nikolai Nikolaewitsch (1761–1836), 420, 422, 431
Nugent, Catherine, 178

O

Ochs, Peter (1752–1821), 399
Oehlenschläger, Adam Gottlob (1779–1850), 407, 408
Oersted, Hans Christian (1777 bis 1851), 407
Offenbach, Jacques (1819–1880), 358
O'Meare, Barry Edward (1786 bis 1836), 511f., 515, 521, 529
Orleans, Philipp, Herzog von («Philippe-Égalité», 1747 bis 1793), 54
Orlow, Alexej Grigoriewitsch (1737–1809), 416
Orlow, Grigorij Grigoriewitsch (1734–1783), 416
Otto I., der Große (936–973), 277
Oudinot, Nicolas-Charles (1767 bis 1847), 444, 456, 465, 471f., 475
Overbeck, Johann Friedrich (1789–1869), 340

Owen, Richard (1771–1858), 24, 26ff., 40, 43, 87, 91, 145, 214

P

Paganini, Niccolò (1782–1840), 272
Paget, Arthur (1771–1840), 234
Pahlen, Graf Peter von (1745 bis 1826), 418, 420
Paine, Thomas (1737–1809), 40, 43, 49, 72, 82ff., 99, 104, 106, 227, 230
Paisiello, Giovanni (1740–1816), 271
Paley, William (1743–1805), 82, 85, 147
Palmerston, Viscount Henry John Temple (1784–1865), 33, 531
Panin, Graf Nikita Petrowitsch (1770–1837), 418, 420
Parini, Giuseppe (1729–1799), 260
Parker, Sir Hyde (1739–1807), 405
Parmenides, 395
Pascal, Blaise (1623–1662), 75
Paul I. (Pawel Petrowitsch), Zar, Sohn Katharina II. (1796 bis 1801), 404f., 416ff., 422
Pawel Petrowitsch, siehe Paul I.
Pawlowitsch, Aleksandr, siehe Alexander I.
Peacock, Thomas Love (1785 bis 1866), 177, 202
Peel, Sir Robert (1788–1850), 145
Perceval, Spencer (1762–1812), 240
Percy, Thomas (1729–1811), 104, 107, 215
Pestalozzi, Johann Heinrich (1746–1827), 391, 400
Peter I., der Große, Zar (1682 bis 1725), 415f., 424
Peter III., Zar (1762), 416
Pforr, Franz (1788–1812), 340
Philip II., König von Spanien (1556–1598), 248
Piccini, Niccolò (1728–1800), 271
Picton, Sir Thomas (1758–1815), 499
Pinney, John, 114
Pippin der Kurze, König der Franken, 258, 265
Pirch, General, 499
Pissarro, Camille (1830–1903), 71
Pitt, William d. Ä. (1708 bis 1778), 223
Pitt, William d. J. (1759 bis 1806), 38, 42f., 49ff., 82, 91, 149, 219ff., 223f., 228, 230, 334ff., 238, 250
Pius VI. (Giovanni Angelo Breschi), Papst (1775–1799), 259ff., 278
Pius VII. (Luigi Barnaba Chiaramonti), Papst (1800–1823), 259, 265ff., 273, 276, 469
Place, Francis (1771–1854), 43, 92
Plato (427?–347 v. Chr.), 29, 371, 395
Pollard, Jane, 111
Pombal, Sebastião José de Carvallo e Mello, Marquês de (1699–1782), 245
Poniatowski, Fürst Józef Antoni (1763–1813), 444, 466f.
Ponsonby, Sir William (1772 bis 1815), 499
Poole, Thomas (1765–1837), 119, 120, 121, 136
Pope, Alexander (1688–1744), 51, 103, 156
Price, Richard (1723–1791), 224f.
Priestley, Joseph (1733–1804), 78, 96
Puschkin, Aleksandr Sergeewitsch (1799–1837), 428
Pye, Henry James (1745–1813), 149
Pythagoras, 132

Q

Quarenghi, Giacomo (1744 bis 1817), 424, 425
Quintana, Manuel José (1772 bis 1857), 248

R

Radcliffe, Ann (1764–1823), 100
Radet, Étienne (1762–1825), 267
Radischtschew, Aleksandr Nikolaewitsch (1749–1802), 417
Radziwill, Fürst Antoni Henryk (1775–1833), 305
Raeburn, Sir Henry (1756 bis 1823), 214
Rapin de Thoyras, Paul de (1661–1725), 93
Rastrelli, Bartolomeo (1700 bis 1771), 424f.
Rasumowsky, Graf Andreas Kyrilowitsch (1752–1836), 297, 481
Rauch, Christian Daniel (1777 bis 1857), 339
Reid, Thomas (1710–1796), 212
Reille, Honoré-Charles (1775 bis 1860), 499
Reimarus, Hermann Samuel (1694–1768), 329
Reinagle, Ramsay Richard (1775 bis 1862), 66
Rémusat, Claire de Vergennes, Comtesse de (1780–1821), 269, 479
Renoir, Pierre-Auguste (1841 bis 1919), 71
Repton, Humphrey (1752 bis 1818), 62
Reynolds, Sir Joshua (1723 bis 1792), 65f., 69, 104
Ricardo, David (1772–1823), 25f., 42, 91
Richard II., König von England (1377–1399), 168
Richardson, Samuel (1689 bis 1761), 100, 107
Richelieu, Armand-Emmanuel du Plessis, Duc de (1766–1822), 507
Richmond, Herzogin Charlotte Gordon Lennox, 496
Ries, Ferdinand (1784–1838), 290, 296
Rinaldi, Antonio (1709–1790), 425
Roberts, Captain Daniel, 204
Robertson, William (1721 bis 1793), 212
Robinson, Henry Crabb (1775 bis 1867), 136, 145, 151
Robinson, Mary (1758–1800), 39
Rochefort, 507
Roederer, Comte Pierre-Louis (1754–1835), 264

Roger, Niklos, 284
Rogers, James Edwin Thorold (1823–1890), 23
Rogers, Samuel (1763–1855), 43, 136, 159, 168
Roget, Dr. Peter (1779–1869), 76
Rolando, Luigi (1773–1831), 269
Romney, George (1734–1802), 231
Rosenkranz, Karl (1805–1879), 396
Rossi, Carlo J. (1775–1849), 424f.
Rossini, Giacchino Antonio (1792–1868), 271, 306, 343
Rostoptschin, Graf Feodor Wasiliewitsch (1763–1826), 430, 451
Rothschild, Meyer Amschel (1743–1812), 42, 330
Rothschild, Nathan Meyer (1777 bis 1836), 42
Rousseau, Jean-Jacques (1712 bis 1778), 86, 89, 107, 117, 137, 180, 227, 349
Rowlandson, Thomas (1756 bis 1827), 63
Rückert, Friedrich (1788–1866), 461
Rudolf, Erzherzog (1788–1831), 285f., 298, 303, 305
Ruffo, Fabrizio, Kardinal (1744 bis 1827), 261f.
Rugby, Arnold von, 110
Rumford, Graf Benjamin Thompson (1753–1814), 72, 74f., 77, 440
Ruskin, John (1819–1900), 70f., 110

S

Salieris, Antonio (1750–1825), 271
Saltykow, Graf N. J., 419
Sartre, Jean-Paul (* 1905), 387, 396
Saussure, Horace-Bénédict de (1740–1799), 337
Savage, Richard (1697?–1743), 51
Savary, René (1774–1833), 507
Savigny, Friedrich Karl von (1779–1861), 335
Schadow, Johann Gottfried, (1764–1850), 339
Schadow-Godenhaus, Wilhelm von (1789–1862), 340
Scharnhorst, Gerhard Johann David von (1755–1813), 322
Schelling, Caroline von (1783 bis 1809), 333, 366f., 376
Schelling, Friedrich Wilhelm Joseph von (1775–1854), 128, 139, 201, 304, 311, 333f., 362, 366f., 376, 379ff.
Schenkendorf, Max von (1783 bis 1817), 461
Schikaneder, Johann Emanuel (1748–1812), 285
Schiller, Friedrich (1759–1805), 201, 304, 306, 311, 334, 346, 351ff., 357, 359, 364, 376, 397, 407
Schindler, Anton (1795–1864), 291, 307f.
Schiskow, Alexander, 428
Schlegel, August Wilhelm von (1767–1845), 128, 304, 333f., 346, 354f., 365ff.
Schlegel, Caroline, siehe Schelling, Caroline von
Schlegel, Dorothea von, siehe Mendelssohn, Brendel
Schlegel, Friedrich von (1772 bis 1829), 330, 331, 334, 340, 354f., 362, 364ff., 374, 376
Schleiermacher, Friedrich (1768 bis 1834), 329, 331, 335, 350, 362, 366, 376, 461
Schnorr von Carolsfeld, Julius (1795–1872), 340
Schopenhauer, Arthur (1788 bis 1860), 311, 375, 381, 396
Schröter, Korona (1751–1802), 344
Schtschedrin, F. F., 426
Schtschedrin, Sylvester, 426
Schubert, Franz (1797–1828), 309
Schumann, Robert (1810–1856), 358
Schuppanzigh, Ignaz (1776 bis 1830), 290
Schwarzenberg, Fürst Karl Philipp von (1771–1820), 460, 465f., 470ff.
Scott, Sir Walter (1771–1832), 66, 98ff., 108, 110, 133, 145, 149f., 194, 214ff.
Sébastiani, Comte Horace (1772 bis 1851), 449
Segati, Marianna, 182
Selim III., Ottoman Sultan (1789 bis 1807), 412
Senefelder, Alois (1771–1834), 342, 355
Shakespeare, William (1564 bis 1616), 31, 54, 67, 111, 128
Sharp, Granville (1735–1813), 51
Shelley, Sir Bysshe (1731–1815), 168, 171
Shelley, Harriet (1795–1816), 171f., 174ff., 185, 199ff.
Shelley, Mary Godwin (1797 bis 1851), 88, 201ff., 208f.
Shelley, Percy Bysshe (1792 bis 1822), 31, 33, 43, 58, 86ff., 98, 110, 144, 148ff., 155, 168ff., 174ff., 180ff., 184ff., 190ff., 195f., 198ff., 210, 218
Shelley, Timothy (1753–1844), 168, 171, 179
Shelley, William (1816–1819), 188, 205
Sheridan, Richard Brinsley (1751 bis 1816), 38, 54f., 64, 159, 166, 218
Siddons, Sarah (1755–1831), 54f.
Siddons, William († 1808), 54
Sidney, Sir Philip (1554–1584), 168
Sismondi, Jean Charles Léonard, (1773–1842), 400f.
Smart, Sir George (1776–1867), 308
Smith, Adam (1723–1790), 20, 26, 212, 223
Smith, Benjamin, 61
Smith, Mrs. Spencer, 156
Smith, Sir William Sidney (1764 bis 1840), 73, 98
Smollet, Tobias (1721–1771), 100
Soane, Sir John (1753–1837), 61
Somborsky, 419
Somerset, Henry (1792–1853), 499
Soufflot, Jacques-Germain (1713 bis 1780), 425
Soult, Nicolas (1769–1851), 253, 470, 493, 497, 499
Southerne, Thomas (1660–1746), 55

Southey, Edith (* 1837), 148 ff.
Southey, Robert (1774–1843), 25, 53, 75 f., 98 f., 109, 117, 135, 145, 148 ff., 172 f., 196, 224
Spenser, Edmund (1552?–1599), 111
Speransky, Graf Michail Michailowitsch (1772–1839), 431, 433
Spinoza, Baruch (1632–1677), 138, 141, 170, 375
Spohr, Louis (1784–1895), 341
Stadion, Graf Philipp von (1763 bis 1824), 281
Staël, Germaine de, Baronin von Staël-Holstein (1766–1817), 53 f., 59, 134, 181, 269, 284 f., 327, 329, 334, 341, 368 f., 400, 413, 424, 426 f., 452, 479, 490, 494
Stanhope, Charles, dritter Earl of (1753–1816), 86
Stanhope, Leicester Fitzgerald Charles (1784–1862), 206 f.
Steele, Sir Richard (1672–1729), 98
Steffens, Henrik (1773–1845), 407
Stein, Charlotte von (1742 bis 1827), 333, 344
Stein, Freiherr Heinrich Friedrich Karl vom und zum (1757 bis 1831), 322 ff., 359, 392, 452, 459
Stendhal (Henri Beyle; 1783 bis 1842), 182, 184, 269
Steiner, Sigmund, 305
Stephan II., Papst (752–757), 265
Stephenson, George (1781 bis 1848), 21
Stewart, Dugald (1753–1828), 212
Stewart, Robert, 239
Stokoe, John, 521
Stranitzky, Joseph Anton († 1726), 285
Strauss, David Friedrich (1808 bis 1874), 382, 391
Strauß, Johann (1804–1849), 284
Stroganow, Graf Pawel Alexandrowitsch, 420
Stuart, Sir John, 213
Suckling, Maurice (1725–1778), 230
Sutton, Daniel und Robert, 80
Suworow, Alexander Wasiljewitsch (1729–1800), 427
Swieten, Baron Gottfried van (1734–1803), 286, 291

T

Taine, Hippolyte (1828–1893), 534
Talleyrand-Périgord, Charles-Maurice de (1754–1838), 47, 54, 239, 263, 413, 457, 474, 478, 481 ff., 506 f., 519
Talma, François-Joseph (1763 bis 1828), 56
Tambroni, Clotilda (1758–1817), 269
Tanucci, Marchese Bernardo di (1698–1783), 260
Tascher de la Pagerie, Josephine, siehe Josephine
Taylor, John, 178
Teatro la Fenice, Antonio Salvas, 272
Tegnér, Essaias (1782–1846), 402 f.
Telford, Thomas (1757–1834), 21
Telwall, John, 229
Thayer, A. W., 284
Thiers, Louis Adolphe (1797 bis 1877), 530
Thomas de Thomon, Thomas-Jean (1754–1813), 425
Thompson, Benjamin, siehe Rumford, Graf Benjamin Thompson
Thomson, James (1700–1748), 51, 107
Thorwaldsen, Berthel (1770 bis 1844), 408, 426
Ticknor, George (1791–1871), 165
Tidswell, Charlotte, 56
Tieck, Ludwig (1773–1853), 304, 362 ff., 366
Tischbein, Familie, 340
Tocqueville, Alexis Clérel de (1805–1859), 23, 312
Tolly, Fürst Michail Barclay de (1761–1818), 446 ff., 462
Tone, Theobald Wolfe (1763 bis 1798), 218 f.
Tooke, John Horne (1736 bis 1812), 64, 229
Tormasow, Alexander, 446
Treitschke, Heinrich von (1834 bis 1896), 311
Trelawny, Edward John (1792 bis 1881), 202, 204 ff., 210
Trevithick, George (1771–1833), 21
Tschitschagow, Paul, 446, 455 f.
Tucher, Marie von, 384
Turner, Joseph Mallord William (1775–1851), 18, 45, 54, 58, 60, 67 ff.
Tyler, Elizabeth, 117 f.
Tyler, Wat († 1381), 117

U

Uhland, Johann Ludwig (1787 bis 1862), 461
Uxbridge, Sir Henry William Paget, Earl of (1768–1854), 499, 501

V

Vallon, Annette (* 1767), 130, 152
Vancouver, George (1758? bis 1798), 73
Vandamme, Dominique-René (1770–1830), 493, 497, 499
Varnhagen von Ense, Rachel, siehe Levin, Rachel
Vassal, Albinie de, 517
Veit, Philipp (1793–1877), 340, 367
Veit, Simon, 331, 367
Velázquez, Diego Rodríguez de Silva y (1599–1660), 248
Victor, Claude (1766–1841), 253, 444, 456, 466, 471 f.
Victoria, Königin von England (1837–1901), 31
Vigée-Lebrun, Marie-Anne-Elisabeth (1755–1842), 232, 426
Villanueva, Juan de (1739–1811), 248
Villeneuve, Pierre de (1763 bis 1806), 235 f., 238
Vivian, Charles († 1822), 204
Viviani, Emilia, 188, 190, 199
Vogel, Henriette († 1811), 348
Vogler, Abt Georg Joseph (1749 bis 1814), 341 f.

Voight, 376
Volney, Constantin Chassebœuf, Comte de (1757–1820), 173
Volta, Alessandro (1745–1825), 269, 337
Voltaire (François-Marie Arouet; 1694–1778), 25, 111, 117, 137, 170, 173, 278, 319, 349, 392, 397
Voss, Johann Heinrich (1751 bis 1826), 350
Voss, Julie von († 1789), 319

W

Wackenroder, Wilhelm Heinrich (1773–1798), 340, 354, 363
Waldstein, Graf Ferdinand von (1762–1823), 289, 293
Walewska, Gräfin Marie Laczyńka (1789–1817), 409, 458, 485
Walker, John (1770–1831), 171
Walpole, Horace, vierter Earl of Orford (1717–1797), 61f., 107
Walpole, Sir Robert, erster Earl of Orford (1676–1745), 230
Wartenburg, Johann York von, 460
Washington, George (1732 bis 1799), 82
Watt, James (1736–1819), 20, 77, 394
Weber, Aloysia von (1761? bis 1839), 342
Weber, Carl Maria von (1786 bis 1826), 341ff., 362
Weber, Constanze von, 342
Weber, Franz Anton von (1734 bis 1812), 342
Webster, Lady Frances, 163
Webster, John (1580?–1625), 187
Wedgwood, Familie (Josiah, Josiah II., Thomas), 51, 99, 122, 127, 135
Wegeler, Franz, 293, 298f.
Weishaupt, Adam (1748–1830), 284
Wellesley, siehe Wellington
Wellington, Sir Arthur Wellesley, Herzog von (1769–1852), 61, 66, 249ff., 274, 467, 470, 495ff., 504ff., 522
Wenthworth, William, 219
Werner, Zacharias (1768–1823), 346
West, Benjamin (1738–1820), 65f.
Westbrook, Charles, 172, 179, 185
Westbrook, Eliza, 172
Whitbread, Samuel (1758–1815), 43, 57
Wieland, Christoph Martin (1733–1813), 343, 346, 351f., 397, 407
Wilberforce, William (1759 bis 1833), 41, 50f., 223, 239
Williams, Edward († 1822), 202ff.
Williams, Jane, 204, 210
Wilson, Sir Robert Thomas (1777–1849), 460
Winckelmann, Johann Joachim (1717–1768), 340, 363
Wittgenstein, Ludwig Adolf Peter (1769–1843), 455f., 463, 472
Wolf, Friedrich August (1759 bis 1824), 335
Wöllner, Johann Christian von (1730?–1800), 319
Wollstonecraft, Mary (1759 bis 1797), 46ff., 88, 104, 177, 179ff., 185f., 188, 190, 332
Wollstonecraft, William, 179, 185
Wonsowicz, 458
Wordsworth, Ann (1747–1778), 110
Wordsworth, Caroline, 152
Wordsworth, Christopher (1774 bis 1846), 110
Wordsworth, Dorothy (1771 bis 1855), 115, 140, 148, 152, siehe auch unter Wordsworth William
Wordsworth, John, 110, 130, 148
Wordsworth, Mary (1770 bis 1859), 115, 128, 130, 148, 152
Wordsworth, Richard (1768 bis 1816), 110
Wordsworth, Robinson, 152
Wordsworth, William (1770 bis 1850), 49, 58, 60, 67, 69, 75f., 86, 88, 98f., 107, 109ff., 113, 115, 118, 120ff., 131ff., 139ff., 146ff., 150ff., 175, 181f., 201, 217, 224, 251, 380f.
Woronychin, Andrej, 425
Wyatt, James (1746–1813), 61f.

Y

Young, Thomas (1773–1829), 73ff.
Ywan, 455, 476

Z

Zacharow, Adrian, 425
Zelter, Karl Friedrich (1758 bis 1832), 302
Zieten, Hans Ernst Karl von (1770–1848), 499

QUELLENVERZEICHNIS DER ABBILDUNGEN

Archiv Dollinger, Wörthsee: Bildseiten 1, 3, 4, 6; Bildarchiv Preußischer Kulturbesitz, Berlin: Bildseite 2, 5, 7, 8

Farbtafeln:
Bavaria-Verlag, Gauting: Bildseite 8; Bruckmann KG, Bildarchiv, München: Bildseite 5; Archiv Dollinger, Wörthsee: Bildseiten 2, 4; Karl-Heinz Jürgens, Köln: Bildseite 7; Kunstbildarchiv Aline Lenz/Jochen Remmer, Hamburg: Bildseiten 3, 6; Bildarchiv Preußischer Kulturbesitz, Berlin: Bildseite 1